Roland Czada · Hellmut Wollmann (Hrsg.)

Von der Bonner zur Berliner Republik
10 Jahre Deutsche Einheit

LEVIATHAN
Zeitschrift für Sozialwissenschaft

Sonderheft 19/1999

Roland Czada · Hellmut Wollmann (Hrsg.)

Von der Bonner zur Berliner Republik

10 Jahre Deutsche Einheit

Mit Beiträgen von
Martin Gornig, Hartmut Häußermann, Rolf Reißig, Gerhard Lehmbruch, Ute Wachendorfer-Schmidt, Adrienne Héritier, Michael Staack, Anne-Marie Le Gloannec, William E. Paterson, Frank Stern, Vladimir Handl, Klaus Armingeon, Arnold J. Heidenheimer, Detlef Pollack, Richard Stöss, Kai-Uwe Schnapp, Christian Welzel, Claus Leggewie, Otfried Jarren, Patrick Donges, Volker Ronge, Uwe Berlit, Jürgen Seifert, Helmut König, Roland Czada, Manfred G. Schmidt, Frank Bönker, Hellmut Wollmann, Nico A. Siegel, Sven Jochem, Helga Kania, Bernhard Blanke, Claus Schäfer, Edgar Grande, Burkard Eberlein, Susanne Lütz, Gisela Färber, Marika Sauckel

Westdeutscher Verlag

Die Deutsche Bibliothek – CIP-Einheitsanfnahme
Ein Titeldatensatz für diese Publikation ist bei
Der Deutschen Bibliothek erhältlich

Alle Rechte vorbehalten
© Westdeutscher Verlag GmbH, Wiesbaden, 2000

Der Westdeutsche Verlag ist ein Unternehmen der Fachverlagsgruppe BertelsmannSpringer.

Das Werk einschließlich aller seiner Teile ist urheberrechtlich geschützt. Jede Verwertung außerhalb der engen Grenzen des Urheberrechtsgesetzes ist ohne Zustimmung des Verlags unzulässig und strafbar. Das gilt insbesondere für Vervielfältigungen, Übersetzungen, Mikroverfilmungen und die Einspeicherung und Verarbeitung in elektronischen Systemen.

www.westdeutschervlg.de

Höchste inhaltliche und technische Qualität unserer Produkte ist unser Ziel. Bei der Produktion und Verbreitung unserer Bücher wollen wir die Umwelt schonen: Dieses Buch ist auf säurefreiem und chlorfrei gebleichtem Papier gedruckt. Die Einschweißfolie besteht aus Polyäthylen und damit aus organischen Grundstoffen, die weder bei der Herstellung noch bei der Verbrennung Schadstoffe freisetzen.

Umschlaggestaltung: Horst Dieter Bürkle, Darmstadt
Umschlagbild: Roland Czada
Satz: Martina Fleer, Herford

ISBN-13: 978-3-531-13440-6   e-ISBN-13: 978-3-322-89103-7
DOI: 10.1007/978-3-322-89103-7

Inhalt

Vorwort 9

Einleitung

Roland Czada: Nach 1989. Reflexionen zur Rede von der „Berliner Republik" 13

I. Berlin, Deutschland, Europa

Martin Gornig / Hartmut Häußermann: Die neue Bundeshauptstadt. Zukunftsaussichten einer zurückliegenden Metropole 49

Rolf Reißig: Nach dem Systemschock. Transformation im Osten und Wandel der „alten" Bundesrepublik 73

Gerhard Lehmbruch: Institutionelle Schranken einer ausgehandelten Reform des Wohlfahrtsstaates. Das Bündnis für Arbeit und seine Erfolgsbedingungen 89

Ute Wachendorfer-Schmidt: Gewinner oder Verlierer? Der Föderalismus im vereinten Deutschland 113

Adrienne Héritier: Wirtschaftsdynamik und politische Langsamkeit. Europa nach dem Ost-West-Konflikt 141

II. Selbstbild und Außenwahrnehmung

Michael Staack: Abschied vom „Frontstaat". Deutschlands veränderte Außen- und Sicherheitspolitik 159

Anne-Marie Le Gloannec: Eine distanzierte Nähe. Anmerkungen zum Deutschlandbild Frankreichs 180

William E. Paterson: Ambivalenz und Nachahmung. Großbritannien und die Berliner Republik 194

Frank Stern: Deutsch-jüdisch-israelische Ambivalenzen. Die distanzlose Entfernung zur Berliner Republik 213

Vladimir Handl: Ungleiche Partner. Deutschland – aus tschechischer Sicht gesehen 228

Klaus Armingeon: Deutschland und die mittelwesteuropäischen Kleinstaaten . 251

Arnold J. Heidenheimer: Nationalsymbolik und Mitbürgerinklusion. Ein Vergleichsraster für die Berliner Republik 264

III. Gesellschaft der Wendezeit

Detlef Pollack: Das geteilte Bewusstsein. Einstellungen zur sozialen Ungleichheit und zur Demokratie in Ost- und Westdeutschland 1990-1998 . 281

Richard Stöss: Mehr Kontinuität als Wandel. Das Parteiensystem vor und nach der deutschen Vereinigung 308

Kai-Uwe Schnapp / Christian Welzel: Wohin steuert das politische System? Institutionelle Machtverschiebungen im vereinten Deutschland 328

Claus Leggewie: Generation Berlin? Oder: Zeitgenossen von 1989 349

Otfried Jarren / Patrick Donges: Die Mediengesellschaft als Herausforderung für die „Berliner Republik" 363

Volker Ronge: Auf dem Weg zum „Einwanderungsland"? 382

IV. Demokratie und Rechtsstaat

Jürgen Seifert: Der fragile Rechtsstaat. Zum Bedeutungswandel von Rechtsstaatlichkeit in veränderten innergesellschaftlichen und zwischenstaatlichen Strukturen 411

Uwe Berlit: Wie weit trägt das Bonner Grundgesetz? Verfassungsentwicklung nach der deutschen Vereinigung 425

Inhalt 7

Helmut König: Von der Entscheidung zur Kommunikation. Vergangenheitsbewältigung als Demokratieproblem 451

Roland Czada: Die Tragweite des Eigentums. Vereinigungspolitik, marktwirtschaftliche Transformation und offene Vermögensfragen 467

V. Herausforderungen an den Sozialstaat

Manfred G. Schmidt: Immer noch auf dem „mittleren Weg"? Deutschlands Politische Ökonomie am Ende des 20. Jahrhunderts 491

Frank Bönker / Hellmut Wollmann: Sozialstaatlichkeit im Übergang: Entwicklungslinien der bundesdeutschen Sozialpolitik in den Neunzigerjahren . 514

Nico A. Siegel / Sven Jochem: Der Sozialstaat als Beschäftigungsbremse? Deutschlands steiniger Weg in die Dienstleistungsgesellschaft 539

Helga Kania / Bernhard Blanke: Von der „Korporatisierung" zum „Wettbewerb". Gesundheitspolitische Kurswechsel in den Neunzigerjahren 567

Claus Schäfer: Jahrzehnt der Vermögenden. Vermögensverteilung und Vermögenspolitik als Schlüssel für alte und neue „Systemfragen" 592

VI. Staat und Wirtschaft

Edgar Grande / Burkard Eberlein: Der Aufstieg des Regulierungsstaates im Infrastrukturbereich. Zur Transformation der politischen Ökonomie der Bundesrepublik Deutschland 631

Susanne Lütz: Vom koordinierten zum marktorientierten Kapitalismus? Der deutsche Finanzsektor im Umbruch 651

Gisela Färber / Marika Sauckel: Die Krise der föderalen Finanzverfassung .. 671

Hellmut Wollmann: Staat und Verwaltung in den 90er Jahren. Kontinuität oder Veränderungswelle? 694

Verzeichnis der Autorinnen und Autoren 732

Vorwort

Der vorliegende Sonderband des Leviathan knüpft an den von Bernhard Blanke und Hellmut Wollmann 1991 herausgegebenen Band „Die alte Bundesrepublik" an. Noch vor der deutschen Vereinigung konzipiert, war dieser darauf gemünzt, die damals 40-jährige Entwicklung der Bundesrepublik zu bilanzieren. Der jetzige enthält nun Analysen zur Entwicklung der 90er Jahre. Dieser zeitliche Fokus unterscheidet ihn von nicht wenigen 1999 erschienenen Publikationen, die – aus gegebenem Anlass – dem Thema „50 Jahre Bundesrepublik" gewidmet waren.

Die im früheren Band von 1991 versammelten Beiträge stimmten in der Beobachtung und Einschätzung überein, dass sich die Bundesrepublik durch eine bemerkenswerte Kontinuität und einen in den Politikergebnissen ablesbaren „mittleren Weg" auszeichnete. Heftige „Ausschläge", wie sie etwa Großbritannien nach der Regierungsübernahme durch die Konservativen unter Maggie Thatcher in den 80er Jahren erlebte, waren diesem System fremd. Als Bestimmungsgründe „inkrementell-kontinuierlichen" Wandels nannten die Autoren vor allem innerstaatliche Faktoren, namentlich das föderative, parteienstaatliche und „neo-korporatistische" politische Entscheidungssystem.

Dem vorliegenden Band liegt nun die sozialwissenschaftlich wie politisch aufregende Frage zugrunde, welchen Entwicklungspfad die Bundesrepublik in den 90er Jahren einschlug – in einem Jahrzehnt, in dem sich wesentliche politische, sozio-ökonomische und sozio-kulturelle Rahmenbedingungen einschneidend verändert haben. Vorgänge wie die Vereinigung der beiden deutschen Staaten, eine gemeinsame europäische Währung, die globale Entfesselung des Kapitalismus, um nur diese zu nennen, ließen das Wort von der „Zeitenwende" aufkommen. Unsere Leitfrage lautet vor diesem Hintergrund: Bewegt sich die Institutionen- und Politikwelt der Bundesrepublik – von diesem mehrfachen Veränderungsgewitter unberührt und ungerührt – weiterhin in der Spur ihres „mittleren Weges" oder durchläuft sie eine Strecke tiefgreifender Veränderungen und, wenn ja, in welchen Feldern? Lange diskutierten die Herausgeber und Autoren, ob die in der politischen Publizistik kursierende Rede von der „Berliner Republik" für den Titel des Bandes taugt. Wir entschieden uns letztlich, den Band „Von der Bonner zur Berliner Republik" zu nennen und auf das ebenfalls diskutierte Fragezeichen zu verzichten, um den Titel in seiner Doppeldeutigkeit – zwischen der schieren Bezeichnung der „politisch-geographischen" Verlagerung der Hauptstadt und der expliziten Frage nach inhaltlich-strategischen Standortverschiebungen einer veränderten, wenn nicht „neuen" Republik – stehen zu lassen.

In den ersten Wochen des Jahres 2000 ist die Bundesrepublik mit dem Ruchbarwerden des gesetzwidrigen und politisch unmoralischen Geldbeschaffungs(un)wesens des „Systems Kohls" in eine Unwetterzone geraten, die in dieser Wucht und Vehemenz niemand vorhersah. Illegale Parteispenden in vielfacher Millionenhöhe haben nicht nur die CDU als bislang staats-tragende Partei in eine Krise gestürzt, sondern auch ein Parteiensystem, das als wesentlicher Garant politischer Stabilität und Kontinuität galt. Hier stehen möglicherweise Veränderungen an, die zu den in diesem Band skizzierten hinzukämen, wenn auch die CDU das Schicksal der in einem vergleichbaren Finanzskandal zerborstenen italienischen Democrazia Christiana – wofür vieles spricht – nicht teilen wird.

Die Entwürfe der Beiträge dieses Bandes wurden auf einer Autorenkonferenz im Frühjahr 1999 an der Humboldt-Universität zu Berlin diskutiert. Der Fritz-Thyssen-Stiftung sind wir für die Förderung der Tagung zu großem Dank verpflichtet. Sehr zu danken haben wir auch Uta Kühn, Hildegard Heck und Gudrun Schwarz für ihre Hilfe bei der organisatorisch wie redaktionell herausforderungsvollen Herausgabe des recht umfangreich geratenen Bandes.

Hagen/Berlin, im Januar 2000
Roland Czada
Hellmut Wollmann

Einleitung

Roland Czada

Nach 1989

Reflexionen zur Rede von der „Berliner Republik"

> The Germany that enters the year 2000 is going to be very different from the Germany that began this decade with one of the most momentuos events in its modern history.
>
> George Melloan[1]

Zehn Jahre nach dem Ende des Kalten Krieges und der Vereinigung der beiden deutschen Nachkriegsstaaten ist die „postnatale Depression" (Hamilton 1994, S. 31) der neuen Bundesrepublik ebenso überstanden wie ihr anfänglicher Überschwang. In vielen Politikfeldern wird sichtbar, welche langfristigen Problemlagen von den Ereignissen der Jahre 1989 und 1990 ausgehen. Die Beiträge dieses Bandes behandeln Entwicklungen der Neunzigerjahre in Politik, Gesellschaft, Kultur und Wirtschaft.

Die friedliche Revolution des Jahres 1989 versprach den Aufbruch in ein Zeitalter, in dem Menschenrechte, Rechtsstaat, Demokratie und Wirtschaftsfreiheit erstmals universelle, weltweite Gültigkeit und Verwirklichung erlangen sollten (Fukuyama 1992). In dieser Hinsicht wären die Ereignisse durchaus mit der französischen Revolution von 1789 vergleichbar. Von ihr wissen wir, dass nicht ein einzelnes Datum den Lauf der Geschichte bestimmt hat. Eine Gesamtheit vielschichtiger und oft widersprüchlicher Entwicklungen fand ihren Anfang. Frühe Tendenzen wurden im Fortgang der Revolution gebrochen und haben ihren ursprünglichen Sinn umgekehrt (Hirschman 1991, S. 20-27). Oft dauerte es Jahrzehnte, bis erkennbar wurde, welches die entscheidenden Weichenstellungen waren und wo der Zug der Geschichte hinfuhr.

Alexis de Tocqueville hat in seinem Werk „Der alte Staat und die Revolution" die damalige Epochenwende und ihre Auswirkungen auf Frankreich untersucht. Er konfrontiert die Aufbruchstimmung der Revolution mit den Unwägbarkeiten und Wendungen der nach-revolutionären Phase und entdeckt dabei das „paradoxe

---

1 George Melloan: German's 'Flagship' Cast Off as Kohl Fiddles, in: Wall Street Journal vom 13. Januar 1997; zitiert nach Edinger/Nacos (1998).

de la frustration relative", ein Befund, der – als Arbeitshypothese – auch die Untersuchung der neuen Bundesrepublik leiten könnte. De Tocqueville veröffentlichte seine Arbeit erstmals 1856 – 67 Jahre nach den Revolutionsereignissen. Im Vergleich dazu erscheint eine Gesamtschau der Umbrüche nach 1989 und ihrer Auswirkungen auf Deutschland verfrüht. Indes zeichnen sich zehn Jahre nach dem Fall der Berliner Mauer künftige Entwicklungspfade recht deutlich ab. Die neue Bundesrepublik erscheint nur auf den ersten Blick als eine harmonische Fortsetzung des im Westen entstandenen, von Bonn aus regierten Staates. Die nähere Untersuchung von einzelnen Sektoren, Politikfeldern und Organisationen offenbart eine Fülle von zumeist nur kleinen, aber potenziell folgenreichen Abweichungen vom Entwicklungspfad der alten Bundesrepublik.

I. Begriff und Wirklichkeit

Als die Regierung von Bonn nach Berlin umzog, spekulierte der amtierende Bundeskanzler Schröder in einem Beitrag für die Illustrierte „Stern" über den Beginn einer neuen politischen Kultur in Deutschland. Sein Beitrag „Meine Berliner Republik" bewegte sich wie die meisten Äußerungen zu diesem Thema in einer Grauzone zwischen Wunsch und Wirklichkeit. Die Rede von der „Berliner Republik" erscheint einerseits völlig überzogen, besonders dann, wenn man die institutionelle Stabilität der politischen Grundfesten der Bundesrepublik im Vereinigungsprozess dagegen hält. Andererseits kann sie sich auf epochale Veränderungen der Staatenwelt, der Ökonomie und der gesellschaftlichen Diskurse nach 1989 stützen. In diesem Zwiespalt ist zu bedenken, dass Begriffe auf die Wirklichkeit zurückwirken. Es ist vor allem diese Sorge, die Kritiker des neuen Namens gegen seine Verwendung vorbringen.

Der neue Name für das vereinte Deutschland wurde nach anfänglichem Zögern vor allem in den Medien gebräuchlich. In den ersten Jahren nach der Vereinigung waren es noch überwiegend ausländische Beobachter, die von einer neuen „Berliner Republik" sprachen. Sie äußerten neben dem Hinweis auf reale Veränderungen eine veränderte Rollenerwartung an das vereinigte Deutschland, wie sie auch in den Beiträgen ausländischer Deutschlandexperten in diesem Band aufscheint. Außerhalb Deutschlands ist die „Berliner Republik" mittlerweile ein geläufiger Begriff geworden. Im Ausland gilt er als Symbol des Endes der deutschen Zweistaatlichkeit und als neuer Name für das vereinte Deutschland. Vielleicht liegt es daran, dass gerade die Goethe-Institute in ihrer auswärtigen Kulturarbeit als erste deutsche staatliche Einrichtung wie selbstverständlich mit dem neuen „Markenzeichen" umgingen. Aus der Außenperspektive ist offenkundig, was Michael Staack in seinem Beitrag zu diesem Band schreibt: Bonn war nicht Weimar, und Berlin wird nicht Bonn sein. Die veränderte internationale Umwelt führt zwangsläufig zu einer veränderten Außenpolitik.

Eine Frage wird in den Diskursen um eine neue Berliner oder Dritte Republik nicht behandelt, obwohl sie am Beginn jeder ernsthaften Befassung stehen müsste: Was unterscheidet Republiken voneinander? Ab wann kann von einer „Berliner Republik" gesprochen werden? Ich möchte einleitend zu den in diesem Band versammelten Analysen zunächst dieses Problem aufgreifen, dann auf die realen Veränderungen nach 1989 eingehen, ehe der Diskurs um die „Berliner Republik" näher beleuchtet wird. Am Schluss des Beitrages soll dann die Frage diskutiert werden, wie zutreffend oder abgehoben von den tatsächlichen Entwicklungen dieser Diskurs geführt wird.

1. Verfassungsentwicklung und politischer Systemwandel

Der amerikanische Politikwissenschaftler Theodore Lowi (1979, S. 271-313) spricht in seinem Buch „The End of Liberalism" von der zweiten, dritten oder gar vierten amerikanischen Republik, die in stetiger Abfolge und im Rahmen der unveränderten Verfassungsprinzipien von 1787 entstanden seien. Er beschreibt Entwicklungen, die, obwohl sie sich nahezu unbemerkt einstellten, den Befund einer konstitutiv, in ihren Grundprinzipien veränderten Staatlichkeit rechtfertigen; einen fundamentalen Wandel in der Art der Behandlungen öffentlicher Angelegenheiten. Als Grund und Ausgangspunkt solcher Wandlungsprozesse nennt er die Anwendung neuer, die Gesellschaft und den Staatsapparat umwälzender Politikstrategien, wie etwa das Aufkommen des *regulatory state* nach der Jahrhundertwende oder des *New Deal* der Dreißigerjahre. Solche Befunde sind, wie Lowi ausdrücklich feststellt, auch in den USA umstritten, weil sie das Selbstverständnis des politischen Gemeinwesens tangieren oder – in unsicheren Zeiten – sogar im Kern treffen können: „Viele Amerikaner glauben, es habe keine grundlegenden Wechsel gegeben, und andere fürchten, dass die Anerkennung solcher Wandlungen sie erst recht in Gang setzen könnten" (Lowi 1979, S. 271). Die Rede von der neuen „Berliner Republik" trifft hier zu Lande auf ganz ähnliche Befürchtungen.

Lowi konzentriert sich in seinem Befund einer neuen amerikanischen Republik ganz auf Programme und Verfahren der Politik. Die policy-Dimension steht im Vordergrund, die Art und Weise, was in der Politik wie und mit welchen Ergebnissen gemacht wird. Die Verfassung als Gegenstand politischer Veränderung kann er im Fall der USA außer Acht lassen. Schließlich wurde sie in 200 Jahren – zwischen 1787 und heute – nur 27-mal geändert. An der amerikanischen Verfassungsentwicklung lässt sich der Wandel des politischen Systems nicht ablesen. Trotzdem käme kein Politikwissenschaftler auf die Idee, die amerikanische Republik von 1787 als ein nach Struktur und Betriebsweise bis heute unverändertes politisches Gemeinwesen zu bezeichnen. Wäre der Umzug der amerikanischen Bundeshauptstadt von Philadelphia nach Washington D.C. im Jahre 1800 mit einem politischen Einschnitt ähnlich dem der deutschen Vereinigung zusammengefallen, so würde die Gründungsphase der Vereinigten Staaten vielleicht *Philadelphia Republic* genannt werden (vgl. den Beitrag von Arnold Heidenheimer zur Möglichkeit einer *Washington Republic*, wenn die Südstaaten den amerikanischen Bürgerkrieg gewonnen hätten).

Es macht wenig Sinn, die historische Periodisierung eines politischen Systems allein auf Verfassungsmerkmale hin anzulegen. Die politischen Orientierungen, die Strukturen der Interessenvermittlung im Parteien- und Verbändesystem, das Verhältnis von Staat und Wirtschaft, das „policy-making" sowie generell die Aufgabenverteilung und Vernetzung zwischen staatlichen und gesellschaftlichen Akteuren sind Indikatoren, an denen die Betriebsweise eines politischen Systems zu messen wäre. Sie bilden die „Erbinformationen" des Systems, seinen *genpool*, von dem die weitere Entwicklung abhängt.

Ließe man Zahl und Umfang von Verfassungsänderungen als alleinige, quantitative Indikatoren von politischem Systemwandel gelten, dann zählte die Bundesrepublik zu den westlichen Industrieländern, die den stärksten Wandel erfahren haben. Jürgen Seifert (1974) bilanzierte bereits 25 Jahre nach der westdeutschen Staatsgründung: „Seit der Verkündung des Grundgesetzes sind 45 Artikel geändert bzw. mehrmals geändert, 35 Artikel neu eingefügt und 5 Artikel gestrichen, insgesamt rund 350 Verfassungssätze hinzugefügt, neu verfasst oder gestrichen worden". 1998 wurden mit der Einfügung von Ausnahmen zum Grundrecht auf Unverletzlichkeit der Wohnung (Großer Lauschangriff, Art. 13, Abs. 3-6)) und einer kleinen Verlängerung der Wahlperiode des Bundestages (Art. 39, Abs. 1) das 45. und 46. Gesetz zur Änderung des Grundgesetzes verabschiedet. Überwiegend waren die Grundgesetzänderungen „organisationstechnischer Natur" (Glaeßner 1999, S. 569). Gleichwohl stellen z.B. die Wehrverfassung von 1956, die Notstandsgesetze von 1968, die Einschränkungen des Asylrechtes 1993 oder Änderungen am Recht auf Unverletzlichkeit der Wohnung 1998 gravierende Eingriffe in den Grundrechtskatalog dar (vgl. die Beiträge von Jürgen Seifert und Uwe Berlit in diesem Band).

Selbst im Staatsaufbau waren in der Geschichte der Bundesrepublik stets Veränderungen im Gange und fanden ihren Niederschlag im Grundgesetz. Die Grundgesetzänderungen von 1992 (Art. 23) und von 1994 (Art. 72, 74, 75, 76, 77, 80) bedeuten einen Kompetenzzuwachs der Landesregierungen und die weitere faktische Aufwertung des Bundesrates zu einer gleichberechtigten zweiten Kammer im Gesetzgebungsverfahren. Dies als Reföderalisierung im Sinne einer Korrektur von Fehlentwicklungen der bundesstaatlichen Ordnung und Rückkehr zum Staatsaufbau des Grundgesetzes von 1949 zu werten, wie es die Länder in der gemeinsamen Verfassungskommission getan haben (Batt 1996, S. 108-120), erscheint weit hergeholt. Erweiterte Länderzuständigkeiten gegen eine Reduzierung der Gesetzgebungsfunktion des Bundesrates wäre der geeignetere Weg gewesen, mehr Klarheit und Berechenbarkeit sowie nicht zuletzt mehr demokratische Legitimation in die verflochtenen bundesstaatlichen Strukturen einzubringen. Stattdessen wurde die föderale Politikverflechtung im Gesetzgebungsprozess in den Neunzigerjahren noch ausgebaut (vgl. Lehmbruch 1998, S. 179-191).

Erweiterte Befugnisse der Länder wurden zuerst in Reaktion auf den Maastricht-Vertrag im Grundgesetz Art. 23 n.F. (Europaartikel) festgeschrieben. Nach der weiteren Verfassungsänderung von 1994 verbleibt dem Bund nach Art. 71 II n.F. im Bereich der konkurrierenden Gesetzgebung das Gesetzgebungsrecht, wenn es die „Herstellung gleichwertiger Lebensverhältnisse" und die „Wahrung der Rechtseinheit" erfordern. Dabei wird die Beweislast auf den Bund verlagert, der im Konfliktfall kaum nachweisen kann, dass die Herstellung *gleichwertiger* (zuvor *einheitlicher)* Lebensverhältnisse nicht auch durch eine hinreichend koordinierte Landesgesetzgebung erzielbar wäre, oder dass die nationale Rechtseinheit unterhalb des Standes europäischer Rechtsvereinheitlichung „im gesamtstaatlichen Interesse erforderlich" sei. Hier wird das Bundesverfassungsgericht in jedem strittigen Einzelfall, sofern er nicht durch erpresserische politische Tauschgeschäfte gelöst wird, die nötigen Entscheidungen treffen und auf diese Weise das Grundgesetz fortschreiben müssen. Verfassungsrichter werden im Zweifelsfall bestimmen, was als „Gleichwertigkeit der Lebensverhältnisse" und „gesamtstaatliches Interesse" in Deutschland zu gelten hat.

Dies alles läuft nicht nur auf eine Veränderung der föderalen Gewaltenteilung hinaus, sondern auch auf eine konstitutionelle Verlagerung im Verhältnis der gesetzgebenden zu den exekutiven und judikativen Gewalten. Die Aufwertung der Länderexekutiven und des Bundesrates und die Wahrscheinlichkeit einer erhöhten Inanspruchnahme des Bundesverfassungsgerichtes mindern das politische Gewicht des Bundestages. Dies kann die Statik des Verfassungsgefüges verändern bis hin zu einer Aushöhlung des demokratischen Prinzips der Volkssouveränität. Kompetenzen des Bundesrates schwächen ja nicht nur den Bundestag, sondern auch die Länderparlamente: Je mehr die Landesregierungen in wechselseitigen Verhandlungen zu entscheiden haben, umso weniger können sie von ihren Parlamenten kontrolliert werden. Die Landesparlamente haben nach den Ergebnissen der Potsdamer Elitenstudie von 1995 von allen institutionellen Akteuren das größte politische Gewicht eingebüßt (vgl. den Beitrag von Kai-Uwe Schnapp und Christian Welzel in diesem Band).

Rainer Prätorius (1995) beklagt: „Nicht die einmalige rationale Gestaltung aus einem souveränen Gründungswillen scheint die Autorität des Verfassungstextes *über* die Institutionen auszumachen; sondern die Einbettung dieses Textes *in* den institutionellen Wandel" und – so ließe sich hinzufügen – in den aktuellen Problemhaushalt der Republik. Gewiss: Die inhaltlichen Probleme und Problemlösungen der Politik haben sich in den Neunzigerjahren weit stärker verändert als ihre institutionellen Grundlagen. Die Korrekturen der Verfassung blieben insgesamt geringfügig. Doch was heißt dies für die Zukunft? In einem so „überkomplex gewordenen bundesstaatlichen System" (Lehmbruch 1999, S. 184) können kleine Kompetenzverschiebungen unintendierte schleichende Veränderungen bewirken.

Erwachsen daraus Funktionsstörungen, werden weitere kleine Korrekturen erforderlich, deren Wirkungen wiederum nicht kalkulierbar sind und so fort. Die Entwicklung hängt nicht zuletzt davon ab, welche Probleme in welcher Dringlichkeit auf die institutionellen Akteure zukommen. Wer die Erfahrungen der ersten 50 Jahre Bundesrepublik ernst nimmt, muss erwarten, dass auch weiterhin – in verstärktem Maße – neue Herausforderungen und Problemlösungsalternativen *(policies)* auf den politischen Prozess *(politics)* einwirken und letztlich zu institutionellen Anpassungen bis hin zu neuen Verfassungsinterpretationen *(polity)* führen werden. Die veränderten politischen Problemlagen und Lösungsversuche der 90er Jahre – die policy-Perspektive also – erscheinen durchaus eingehender Betrachtung wert, auch wenn es im Kern um institutionelle Fragen geht.

2. Veränderungen der 90er Jahre

Nicht das Jahr 2000, sondern 1989 markiert eine Zeitenwende, an der die Nachkriegsordnung zerfiel und die Geschichte neue Wege einschlug. Der Zusammenbruch der sozialistischen Staatenwelt und das Ende der Ost-West-Konfrontation beeinflusste die politischen, wirtschaftlichen und sozialen Verhältnisse weltweit. Die politischen Probleme und die Möglichkeiten ihrer Bewältigung hatten sich fast schlagartig verändert. Deutschland war durch den Fall der Berliner Mauer im November 1989 und durch die im Einigungsvertrag vereinbarte Eingliederung der früheren DDR besonders betroffen. Mit der Übertragung der westdeutschen Staats- und Wirtschaftsordnung auf die neu gegründeten östlichen Bundesländer blieb zwar die Legalordnung der alten Bundesrepublik im Wesentlichen unverändert. Gleichwohl gab es gesellschaftliche und politische Umwälzungen in ganz Deutschland, die in den meisten Beiträgen dieses Bandes zur Sprache kommen. Hinzu kam eine Vertiefung der europäischen Integration. Mit der Währungsunion und dem Abbau von Grenzkontrollen zwischen den europäischen Kernstaaten entstand „Euroland", ein nach den Kriterien ökonomischer Freizügigkeit und bürgerlicher Rechtsstaatlichkeit ausgebildeter Spartenstaat, aus dem, wenn weitere Merkmale militärischer, sozialer, und kultureller Staatlichkeit hinzukommen, auf lange Sicht ein umfassendes transnationales politisches Gemeinwesen erwachsen kann. Die Weichen der 90er Jahre deuten aber in dieser Hinsicht eher auf „politische Langsamkeit" (Adrienne Héritier in diesem Band) und funktionale an Stelle territorialer Integration. Spartenstaat meint in diesem Zusammenhang eine neue Form der Staatlichkeit, die in variabler Geometrie entlang von Politikfeldern organisiert ist.

2.1 Politische Vereinigung und ökonomische Entgrenzung

Auf 1989 folgten nicht nur die deutsche Vereinigung und die Vertiefung der europäischen Integration, sondern auch eine beschleunigte Globalisierung der Wirtschaft. Die marktwirtschaftliche Transformation in Ostdeutschland fiel in eine Zeit, in der sich die nationalstaatlichen Handlungsspielräume namentlich in Deutschland verengt haben. Das war an zahlreichen Subventionsentscheidungen zu erkennen, die, nach herkömmlicher Praxis getroffen, später unter zunehmendem Druck der europäischen Beihilfekontrolle revidiert werden mussten.[2] Die maßgeblichen politischen Akteure in der Aufbaugruppe-Ost des Bundeskanzleramtes, der Berliner Treuhandanstalt und in den Landesregierungen waren von der Verve und Härte der EU-Wettbewerbskommission überrascht worden. Zu der aus der europäischen Integration resultierenden Komplizierung und Begrenzung der Handlungsspielräume in der Wirtschaftsstrukturpolitik kommen weitere, ebenfalls restriktive Einwirkungen auf die Politik hinzu, die aus veränderten Strukturen des internationalen Wettbewerbs herrühren.

Der organisierte rheinische Kapitalismus (Albert 1992) und mit ihm das deutsche Wohlfahrtsstaatsmodell hatten es schwer, mit dem territorial entgrenzten und politisch entfesselten Turbokapitalismus (Luttwak 1999) der Neunzigerjahre zurecht zu kommen. Zwar begann die Liberalisierung von Märkten in den westlichen Industriestaaten bereits in den frühen 80er Jahren. Der Zusammenbruch des Sozialismus und die nun heraufscheinende kapitalistische Welteinheit hat die neoliberale Strategiewende vor allem in den Staaten zusätzlich befördert, die ihr zuvor noch zögernd gegenüberstanden. Das Ende des Kalten Krieges öffnete schlagartig den Zugang zu riesigen Märkten und Millionen von Arbeitskräften, die nahezu alle Massenartikel und zunehmend auch hochwertige Güter konkurrenzlos billig produzieren konnten. Dies fiel umso leichter, als neue Informations- und Kommunikationstechnologien den kostengünstigen Aufbau und Betrieb globaler Entwicklungs-, Produktions- und Distributionsnetzwerke ebenso ermöglichten wie sekundenschnelle weltweite Kapitalbewegungen. Nicht nur die durchschnittlichen Arbeits- und Transaktionskosten der Produktion sind in den Neunzigerjahren weltweit gesunken, auch investitionsbereites Kapital war reichlich und zu historischen Niedrigstzinsen vorhanden. Nur Deutschland machte hier eine Ausnahme. Die Erfüllung sozialstaatlicher Leistungsansprüche in Ostdeutschland und die Notwendigkeit einer Umlenkung der Kapitalverkehrsbilanz zur Finanzierung des Aufbaues-Ost erzwang eine dem internationalen Trend entgegengesetzte Belastung der Löhne mit Sozialbeiträgen und eine bis in die Mitte des Jahrzehnts anhaltende Hochzinspolitik (Czada 1998). Der Wirtschaftsstandort Deutschland war in eine

---

2 Interventionen des europäischen Wettbewerbskommissars betrafen vor allem Werften- und Stahlprivatisierungen, den Mineralöl- und Chemiesektor in Ostdeutschland sowie Strukturhilfen für das VW-Werk in Mosel/Sachsen.

schwierige Lage geraten, und zwar aufgrund innerer und äußerer Entwicklungen, die beide auf die Ereignisse des Jahres 1989 zurückgehen.

Was sind die Gründe für die in der Geschichte des Kapitalismus seltene, wenn nicht einmalige Konstellation weltweit sinkender Faktorpreise? Es handelt sich um ein Ursachenbündel, dessen historische Wurzeln ebenso wie die abweichende deutsche Entwicklung im Zusammenbruch der sozialistischen Staaten und dem Ende der ökonomischen Systemkonkurrenz zu suchen sind. Dabei können politisch-ideologische und aus Marktdynamiken resultierende Entwicklungen unterschieden werden. Sie umfassen im Kern den Abbau quantitativer Staatlichkeit in allen Industrieländern außer Deutschland, eine weltweit unbehinderte Kapitalmobilität und eine seit den frühen Achtzigerjahren vor allem in den Vereinigten Staaten ungebrochene Kapitalvermehrung aufgrund des explosiven Wachstums der Börsenwerte von Unternehmen.

Zunächst zum Staat: Der Staatsanteil am Volkseinkommen ist in den meisten Industrieländern zu Gunsten privater Haushalte und Unternehmen stark zurückgegangen. Ein Grund liegt in der Kürzung der Rüstungsetats nach dem Ende des Kalten Krieges; dies, obwohl die NATO-Staaten zu Beginn des Jahrzehnts den Golfkrieg und an dessen Ende den Kosovokrieg finanzieren mussten.[3] Die meisten westlichen Industriestaaten konnten darüber hinaus ihre Schuldenlast verringern. Die USA waren dazu aufgrund einer ökonomischen Dauerkonjunktur in der Lage, die europäischen Staaten waren nach den im Maastrichter Vertrag formulierten Beitrittskriterien zur europäischen Währungsunion zum Sparen angehalten. Nur Deutschland machte auch auf diesem Feld eine große Ausnahme. Hier hat sich der Schuldenstand der öffentlichen Haushalte zwischen 1989 und 1999 wegen der Vereinigungslasten verdoppelt. Die Maastricht-Kriterien konnten mit Mühe durch ein System von Sonderhaushalten erfüllt werden.

Neben der in den meisten Industrieländern verfolgten Austeritätspolitik hat die Privatisierung öffentlicher Unternehmen nicht nur in den postsozialistischen Reformstaaten Osteuropas, sondern auch in Westeuropa die Staatstätigkeit fundamental beeinflusst. Der Schwenk vom quantitativen, von eigenwirtschaftlicher und umverteilender Tätigkeit geprägten Wohlfahrtsstaat zum qualitativen, als Regulierungsinstanz tätigen Ordnungsstaat scheint mit der Privatisierung von Infrastrukturmonopolen einen *point of no return* erreicht zu haben (Grande/Eberlein in diesem Band). In diesem Bereich war das vereinigte Deutschland sogar in einer Vorreiterrolle. Die auf Privatisierungen folgende Errichtung von Regulierungsbehörden im Verkehrs-, Telekommunikations-, Medien- und Finanzsektor führte zu neuen Verwaltungsstrukturen und -praktiken, wie sie in der deutschen Staatstra-

---

3 Die Militärausgaben nahmen weltweit in der Zehnjahresperiode von 1988 bis 1998 nominal (zu jeweiligen Preisen) um ein Drittel ab, und zwar von 1.110 auf 740 Milliarden Dollar (SPIRI 1999). Inflationsbereinigt ergibt sich eine Halbierung der Rüstungsausgaben, die vor allem auf Einsparungen in Russland, zu einem beträchtlichen Teil aber auch in den USA zurückgehen.

dition nicht angelegt sind. Sie unterscheiden sich von der herkömmlichen Wirtschaftsaufsicht dadurch, dass sie eine ständige, an wechselnden Marktlagen und technischen Erfordernissen orientierte Fortentwicklung von Regelwerken sowie rasche, fallweise Anpassungen der Aufsichtspraxis anstreben. Die neuen Behörden vereinen legislative Funktionen der flexiblen Regelbildung und -anwendung mit exekutiven und judikativen Überwachungs- und Erzwingungsaufgaben. Ihre langfristigen Folgen tangieren den förderalen Staatsaufbau ebenso wie die Zukunft korporatistischer Interessenvermittlung und verbandlicher Selbstregulierung in Deutschland (vgl. Czada/Lütz/Mette 2000).

Während sich die Industriestaaten unter dem Einfluss einer neoliberalen Wirtschaftsdoktrin, unter dem Druck von Haushaltsproblemen und aufgrund internationaler ökonomischer und politischer Anpassungszwänge seit geraumer Zeit auf ihre vermeintlichen Kernaufgaben zurückziehen, können sich die Märkte umso freier entfalten. Die Probleme der Politik wurden indessen dadurch nicht geringer. Im Gegenteil: Der Rückzug des Staates und die Dynamisierung der Märkte glichen einem wechselseitigen Aufschaukelungsprozess, in dem die Politik Handlungsoptionen verlor und zu immer weiteren Schritten der Marktliberalisierung gezwungen wurde. Der in den Neunzigerjahren fundamental gewandelte Markt für Unternehmen spielt hier eine zentrale Rolle, weil er die nationalstaatliche Bindung von Unternehmen aufhebt und auf diese Weise nationale Eigenheiten des Kapitalismus einebnet. Erst auf der Basis einer neuen, weltweit gültigen und in ihrem Volumen ständig anschwellenden Aktienwährung, die das Bargeld als Transaktionsmedium für Unternehmensübernahmen erübrigte, konnte sich eine vom Nationalstaat losgelöste, eigenständige politische Ökonomie des Weltmarktes durchsetzen.

1989 waren noch 93 Prozent der weltweiten Unternehmensübernahmen und Fusionen mit Bargeld bezahlt worden. Zehn Jahre später, 1999, bildete Bargeld nur noch 21 Prozent des Transaktionsvolumens; 70 Prozent der Unternehmen wechselten durch Aktientausch ihre Eigentümer, und in weiteren neun Prozent war Aktientausch maßgeblich beteiligt. Im gleichen Zeitraum hat sich die Summe aller auf diese Weise neu zusammengeführten Unternehmenswerte verzehnfacht (GFD 1999). Dies hat weit reichende Folgen für das deutsche Konsensmodell industrieller Selbstorganisation und Unternehmensführung. Wo Firmenübernahmen durch Aktientausch finanziert werden, können selbst kleine Unternehmen, wenn ihr auf spekulative Zukunftserwartungen gestützter Börsenwert hoch genug ist, Transaktionen bewältigen, deren Volumen hundertfach größer ist als ihr Jahresumsatz.[4] Um selbst Übernahmen bewerkstelligen zu können oder sich gegen sie zu schützen, müssen auch deutsche Firmen dem auf eine größtmögliche Stei-

---

4 Dafür gibt es inzwischen die absonderlichsten Beispiele, die vor zehn Jahren noch nicht für möglich gehalten worden wären. So erwarb 1999 die kalifornische Internetfirma Ariba mit 28 Millionen Dollar Jahresumsatz und einem fast ebenso großen Jahresverlust ein Konkurrenzunternehmen im Tausch gegen Aktien im Wert von 1,86 Milliarden Dollar.

gerung des Börsenwertes abzielenden *shareholder-value Prinzip* folgen.[5] Das auf die Kooperation von Industrie, Banken, Staat und Gewerkschaften angelegte deutsche Modell eines organisierten Kapitalismus lässt sich vor diesem Hintergrund kaum aufrechterhalten (vgl. den Beitrag von Susanne Lütz in diesem Band).

Während die Kapitalmärkte ihre Struktur veränderten, hat sich die bereits in den Achtzigerjahren begonnene außergewöhnliche Steigerung der an der Börse gehandelten Unternehmenswerte fortgesetzt. Zwischen 1989 und der Jahreswende 1999/2000 stieg der Kurswert aller inländischen börsennotierten Aktiengesellschaften in Deutschland und in den USA um knapp 400 Prozent (einschl. Neuemissionen). Er betrug 1999 in Deutschland 1.100 Mrd. Euro, weltweit 15.000 Mrd. Euro (GFD 1999; DAI 1999). Diese Durchschnittsangaben täuschen allerdings darüber hinweg, dass die Entwicklung nationaler und regionaler Finanzmärkte äußerst heterogen verlief. In Japan, Taiwan, auf den Philippinen, in Südafrika, Neuseeland und Australien sind die Unternehmenswerte im letzten Jahrzehnt aufgrund der Asien-Krise zum Teil beträchtlich gefallen. Diese Entwicklung verschärfte zwischen und innerhalb der Wirtschaftsräume die Vermögens- und Einkommensunterschiede. In Deutschland, wo das Aktienkapital in wenigen Händen konzentriert ist, wird dieser Effekt besonders deutlich. Die Neunzigerjahre waren nicht zuletzt deshalb auch ein „Jahrzehnt der Vermögenden" (vgl. den Beitrag von Claus Schäfer in diesem Band).

2.2 Folgen für das „Modell Deutschland"

Die skizzierten politisch-ökonomischen Entwicklungen lassen bereits heute weit reichende gesellschaftliche und kulturelle Folgen erkennen. Dabei sticht ein Befund besonders hervor. Ganz gleich ob die Vereinigungspolitik, das Parteiensystem, der Föderalismus, die Modernisierung des Staates, die Einwanderungspolitik, die Vermögensverteilung, die Elitenstruktur oder die Sozialpolitik untersucht werden, stets wird dies deutlich: Das vereinigte Deutschland ist am Ende der Neunzigerjahre ein politisch integriertes, wirtschaftlich und gesellschaftlich aber gespaltenes Land. Wenn der Verlust früherer Gestaltungsmöglichkeiten der Politik nirgendwo stärker als in Deutschland beklagt wird, so findet dies nicht zuletzt darin seine eigentliche Ursache. Eine marktliberale Politik, die im Westen angebracht wäre, schwächt den Osten, und die im Osten praktizierte Staatsintervention führt zur Erosion

---

5 Bislang erlaubt das deutsche System der Rechnungslegung die Bildung von Rücklagen in Aktiengesellschaft, die den Gewinn bilanztechnisch schmälern und daher auf den internationalen Aktienmärkten zu einer vergleichsweisen Unterbewertung der Unternehmen führen. Dies macht sie gegenüber feindlichen Übernahmen verletzlich, wie vor allem das Beispiel der „Übernahmeschlacht" um die Mannesmann AG gezeigt hat. Ein Vorgang, der ohne das Instrument des Aktientausches nicht denkbar gewesen wäre: Kein Investor hätte ein Barkapital von mehreren 100 Milliarden Mark für ein so großes Unternehmen aufbringen können.

politisch-ökonomischer Institutionen in ganz Deutschland (von Hagen/Strauch 1999).
Die Gestaltungsmöglichkeiten der deutschen Politik haben sich in den 90er Jahren drastisch verringert. Den Regierungen in Bund und Ländern fehlen die Mittel, um auf eine manifest gewordene Krise des Wohlfahrtsstaates angemessen reagieren zu können. Die kompensatorische, auf Gruppensolidarität und sozialen Ausgleich angelegte Politik des alten „Modells Deutschland", in dem der Staat als Moderator und Finanzier korporatistischer Problemlösungen auftrat, erscheint nicht länger möglich. Nicht nur ihre finanziellen, sondern auch ihre institutionellen Reserven erschöpfen sich (Czada 1998). Die Ursachen liegen nicht nur in Entwicklungen der internationalen politischen Ökonomie begründet. Neben den durch interne Organisationsprobleme und Mitgliederschwund geschwächten heimischen Verbändestrukturen ist vor allem die Segmentierung des bundesdeutschen Korporatismus für Rückschläge und Misserfolge bei dem Versuch einer ausgehandelten Reform des Wohlfahrtsstaates verantwortlich (vgl. den Beitrag zum Bündnis für Arbeit von Gerhard Lehmbruch in diesem Band). Die wechselseitige Abschottung sektoral-korporatistischer Subsysteme der Sozialpolitik, Rentenpolitik, Gesundheitspolitik, Tarifpolitik und Wirtschaftsstrukturpolitik lassen solche umfassenden Reformen illusorisch erscheinen; umso mehr, als die herkömmliche Finanzierung korporatistischer Tauschgeschäfte zwischen den Tarifparteien durch den Staat aufgrund fiskalischer Engpässe an seine Grenzen stößt (Czada 1998, S. 31-35).
Die fiskalischen Spielräume waren ausgereizt, nachdem sich gegen Ende des Jahrzehnts infolge von West-Ost-Transfers die Staatsschuld auf über 2.000 Milliarden D-Mark verdoppelt hatte; und dies, obwohl in Deutschland die wichtigsten Steuern zum Teil mehrmals erhöht wurden, während vergleichbare Industriestaaten Sparerfolge bei gleichzeitigen Steuersenkungen erzielen konnten (Bundesbank 1997).[6] Ähnlich verhält es sich mit den sozialen Sicherungssystemen. Auch sie wurden durch West-Ost-Transfers belastet. Dadurch stiegen die Sozialbeiträge und die Arbeitskosten am Standort Deutschland, was wiederum dessen internationale Wettbewerbsfähigkeit gefährdete (vgl. Czada 1998). Die Massenarbeitslosigkeit und die Krise der sozialen Sicherungssysteme mussten vor diesem Hintergrund fast ausweglos erscheinen. Eine Wirtschaftspolitik, die für die alte Bundesrepublik richtig gewesen wäre – Steuersenkungen und Entlastungen bei den Sozialabgaben –

---

6 Allein die Mehrwertsteuer stieg zwischen 1989 und 1999 in zwei Schritten von 14 auf 16 Prozent, ähnlich die Mineralölsteuer in vier Schritten von 0,48 DM im Jahre 1988 auf 1,04 DM im Jahr 1999 (jeweils pro Liter bleifreies Benzin). Die aus einer Mehrwertsteuererhöhung (1998) und einer Mineralölsteuererhöhung (1999) finanzierte Ausweitung des Bundeszuschusses an die Rentenversicherung bewegt das beitragsfinanzierte Bismarcksche Sozialversicherungssystem schrittweise in Richtung einer *steuerfinanzierten Staatsversorgung*. Dadurch steigen die Möglichkeiten, das Äquivalenzprinzip auszuhöhlen und die Altersversicherung in ein System der allgemeinen Grundsicherung umzubauen (Czada 1998).

und wie sie auf der Basis konsolidierter Staatsfinanzen und gefüllter Sozialkassen für die Neunzigerjahren geplant war (SVR 1979), konnte angesichts der Kosten des Aufbaus-Ost nicht mehr umgesetzt werden. Ebenso war das, was in Ostdeutschland angeraten erschien – der schrittweise, von einer Mittelstandsförderung begleitete und auf Zukunftsindustrien ausgerichtete Übergang in die Marktwirtschaft – nach der in Westdeutschland bereits in den Achtzigerjahren eingeläuteten neoliberalen Wende nicht zu machen. Strukturpolitik galt in der mit dem marktwirtschaftlichen Umbau beauftragten Berliner „Treuhandanstalt" als Unwort. Aus ideologischen Gründen und weil sie eigentlich in die Kompetenz der neuen Länder fiel, erschien sie der mit allen Eigentumsrechten an der ostdeutschen Industrie ausgestatteten Bundesbehörde als Störquelle. Nur dort, wo – wie in Sachsen und Thüringen – eine auf Zukunftsindustrien ausgerichtete Wirtschaftsstrukturpolitik der Länder gemacht wurde, hat sich der Erfolg noch in den Neunzigerjahren eingestellt. Wohingegen Altindustrien mit milliardenschweren öffentlichen Subventionen zu vollautomatisierten Hightech-Kolossen – Raffinerien, Stahlwerke, Werften, Bergwerken – aufgerüstet wurden, waren bislang meist nur Arbeitsplatzverluste, Überproduktion und Absatzkrisen die Folge. Deutschland erscheint auch zehn Jahre nach der Vereinigung als ein Land mit zwei Wirtschaftsräumen, für die eine je eigene Wirtschaftspolitik vonnöten wäre.

Was noch schwerer wiegt als der wirtschafts- und sozialpolitische Problemdruck, ist die Tatsache, dass ebenfalls in den Neunzigerjahren eingetretene Veränderungen, im Parteienwettbewerb, in der politischen Koalitionsarithmetik, im Föderalismus sowie im Verbändesystem, die Fähigkeit minderten, notwendige politische Entscheidungen und Problemlösungen herbeizuführen. Herkömmliche Muster der politischen Kompromissbildung greifen nicht mehr. Die Mühen und Klippen der Steuerreform, der Wohlfahrtsstaatsreform und der Arbeitsmarktpolitik, an denen die Regierung von Helmut Kohl gescheitert ist, wurden während der Kanzlerschaft Gerhard Schröders nicht kleiner. Eine Fülle von Ereignissen der letzten Jahre lassen die deutsche Verhandlungsdemokratie der Nachkriegsepoche geschwächt erscheinen, und es stellt sich die Frage, ob konsensuelle Problemlösungen, wie sie die Bundesrepublik lange Zeit auszeichneten, in absehbarer Zeit wieder möglich sein werden. Die Beiträge in diesem Band kommen hier zu unterschiedlichen Einschätzungen. Während Gerhard Lehmbruch in seinem Beitrag nachhaltige Strukturprobleme der deutschen Verhandlungsdemokratie beschreibt und Susanne Lütz eine Abkehr vom koordinierten Kapitalismus feststellt, sieht Manfred G. Schmidt die Berliner Republik weiter auf dem „Mittleren Weg" der alten Bundesrepublik, und nach der Analyse von Richard Stöss blieb das Parteiensystem während der Neunzigerjahre in seinen Grundzügen unverändert. Insgesamt fällt auf, dass die Innenansicht der Bundesrepublik nicht immer mit der Außenwahrnehmung übereinstimmt. Die im zweiten Kapitel versammelten Beiträge eines deutschen, in Russland lehrenden Außenpolitikexperten und ausländischer Deutschlandexperten kommen zum Schluss, dass sich die politischen Verhältnisse nach 1989 außerordentlich gewandelt haben. Die zur Gesellschaft der Wendezeit im dritten Kapitel vorgelegten Analysen sind in dieser Hinsicht eher zwiespältig. Am einschneidensten erscheinen die von Detlef Pollak analysierten Ost-West-Differenzen im politischen Wertehaushalt und die von Volker Ronge thematisierten Veränderungen auf dem Weg zum Einwanderungsland. Stillstand oder eher problematische Entwicklungstendenzen konstatieren demgegenüber die meisten Beiträge zur Entwicklung von „Demokratie und Rechtsstaat" im vierten Kapitel des Bandes. Die im fünften Teil versammelten Sozialstaatsanalysen kommen wiederum zu unterschiedlichen Ergebnissen. Von der politisch-ökonomischen Grundkonstellation und dem internationalen Vergleich ausgehend, kann Manfred G. Schmidt höchstens kleine, pfadabhängige Entwicklungsschritte ausmachen. Begibt man sich aber in einzelne Politikfelder wie die Gesundheitspolitik oder die Alterssicherung, werden Probleme sichtbar, die den deutschen Wohlfahrtsstaat in seinem Traditionsbestand bedrohen. Schließlich werden zum Thema „Staat und Wirtschaft" im sechsten Teil erhebliche Anpassungsprozesse berichtet. Die Privatisierung einstiger öffentlicher Monopolunternehmen und der daraus hervorgehende Aufstieg des Regulierungsstaates im Infrastrukturbereich transformiert, wie Grande und Eberlein zeigen, durchaus die Grundstrukturen der politischen Ökonomie der Bundesrepublik. Die Veränderung von Staatlichkeit findet sich, parallel dazu, auch im Modernisierungsprozess der öffentlichen Verwaltung und in einem fundamentalen, von drei Finanzmarktförderungsgesetzen begleiteten Umbau der Institutionen der Finanzmarktregulierung (Susanne Lütz in diesem Band). Die Anpassungsfähigkeit der Politik an Herausforderungen der Marktöffnung und des internationalen Wettbewerbs erscheint vor diesem Hintergrund beachtlich. Die wahren, bis heute unlösbar erscheinenden Probleme des deutschen Wohlfahrtsstaates liegen in der Arbeitsmarkt- und der Sozialpolitik.

2.3 Wohlfahrtsstaatsreform als Kernproblem

Die Bundesrepublik hatte sich in den ersten Jahrzehnten nach ihrer Gründung zu einem Wohlfahrtsstaat mit Vorbildcharakter entwickelt, in dem wirtschaftliche und soziale Belange so zum Ausgleich kamen, dass sich auf dieser Basis ein demokratisch gefestigtes Gemeinwesen entwickeln konnte. Die wesentlichen sozialpolitischen Weichenstellungen sind im Konsens der Parteien, in Übereinstimmung mit den Bundesländern und auf der Basis einer korporatistischen Regulierung von Kapital und Arbeit erreicht worden. Die Wirtschafts- und Sozialpolitik der ausgehenden Neunzigerjahre erscheint demgegenüber blockiert, und zwar in einem komplexeren Sinne, als es die vorherrschende These einer „Politikverflechtungsfalle" im Bund-Länder-Verhältnis erklären könnte. Die Probleme haben – so die These Gerhard Lehmbruchs in diesem Band – damit zu tun, dass die parteienpolitischen, bundesstaatlichen und korporatistischen Arenen der Politikentwicklung internen Wandlungsprozessen unterliegen und dabei zunehmend ihre Fähigkeit verlieren, einzelne Politikfelder aufeinander abzustimmen, um auf diese Weise integrierte Problemlösungen zu entwickeln und umzusetzen.

Die Konfliktstrukturen und Konfliktregelungsmuster im Parteiensystem, im Bundesstaat und in den industriellen Beziehungen haben sich in den 90er Jahren so entwickelt, dass sie eine über einzelne Politikfelder hinausgehende Konzertierung der Wirtschafts-, Sozial- und Arbeitsmarktpolitik erschweren, wenn nicht gar unmöglich erscheinen lassen. Es handelt sich einerseits um Koordinationsprobleme, die seit jeher im sektoralen Bereichskorporatismus der Bundesrepublik angelegt sind, der bekanntlich von je eigenen Netzwerken einzelner Wirtschaftssektoren, des Arbeitsmarktes, des Gesundheitswesens und der sozialen Sicherungssysteme gesteuert wird. In den Glanzzeiten des „Modells Deutschland" reichten die Autoritätsstrukturen und institutionellen Konsensreserven des damaligen Drei-Parteiensystems, des kooperativen Föderalismus und der Arbeitsmarktparteien aus, sektorübergreifende Problemlösungen in Gang zu bringen. Auf diese Weise konnten Spannungen zwischen Wirtschaftssektoren, wie sie im tief greifenden Strukturwandel der Siebziger- und Achtzigerjahre unvermeidbar waren, überbrückt werden. Und ebenso ließen sich die Entwicklungen der einzelnen Zweige der Sozialversicherung und des Arbeitsmarktes hinreichend in Einklang bringen.

Die Möglichkeiten einer sektorübergreifenden Konzertierung schwinden nicht zuletzt deshalb, weil neuere innergesellschaftliche und aus der internationalen Umwelt herrührende Entwicklungen am Parteien- und Verbändesystem nicht spurlos vorübergehen. Sie finden ihren Niederschlag in veränderten Strukturen der korporativen Akteure und ihrer Netzwerke. Die Zahl der den Parteienwettbewerb prägenden Parteien, die nahe oder über der Fünf-Prozent-Hürde liegen, hat zugenommen. Die frühere Koalitionsarithmetik gilt nicht mehr und entsprechend verändert sich der Parteienwettbewerb. Auch die Binnenorganisation der Parteien ist aufgrund größerer Interessenunterschiede zwischen den Landesverbänden heterogener geworden. Ähnliches gilt für die Wirtschaftsverbände und Gewerkschaften. Ebenso hat sich im Zuge der deutschen Vereinigung und der europäischen Integration die Anzahl und Stellung der Bundesländer verändert. Die institutionelle Gleichgewichtslage des politischen Systems der Bundesrepublik ist dadurch im Ganzen gestört worden, wenn nicht bereits so stark ins Wanken geraten, dass mit einer Wiederherstellung der alten Verhältnisse zumindest kurzfristig kaum zu rechnen ist.

Hier ist nicht von einem entwicklungsgeschichtlichen Bruch die Rede, sondern von Veränderungen im politischen Akteursystem, in deren Verlauf das herkömmliche, in Parteien, Verbänden und Regierungen vorhandene Strategierepertoire entwertet und durch neue Handlungsoptionen ersetzt wird. Es ist eine Entwicklung, die sich unterhalb der verfassungsmäßigen Ordnung abspielt und in gängigen Wohlstandsindikatoren und politischen Performanzdaten noch kaum erkennbar wird.

Die Strukturprobleme des deutschen Wohlfahrtsstaates sind mit seiner Problemumwelt eng verknüpft. In der Vergangenheit bewährte Lösungen sind veränderten Problemlagen nicht mehr gewachsen. Offenkundig unterscheiden sich die politischen Herausforderungen der 90er Jahre – deutsche Vereinigung, europäische Wirtschafts- und Währungsunion, Neuordnung der internationalen Staatenwelt und die ökonomische Entgrenzung der Wirtschaft – von denen vorangegangener Jahrzehnte. Wir haben es also einerseits mit einer Veränderung der Strukturen des politischen Wettbewerbs zu tun, andererseits mit neuen Aufgaben, zu deren Bewältigung herkömmliche Lösungsmuster nicht ausreichen. Allein dies genügt, um die Überschaubarkeit und Stabilität wechselseitiger Erwartungen zu reduzieren, von denen die deutsche Politik über Jahrzehnte hinweg geprägt war. Wenn dann noch wie in der zweiten Hälfte der 90er Jahre eine Fiskalkrise hinzutritt und ein Viertel der Staatseinnahmen als Zinsausgaben für politische Gestaltungszwecke ausfallen, ergibt sich eine prekäre Lage aus Sachzwängen, die unausweichlich zu exekutieren sind, einerseits und Schwierigkeiten der Entwicklung, Umsetzung und Legitimation entsprechender politischer Problemlösungen andererseits. Dies alles spräche für eine korporatistische Krisenlösung, wie sie andere Länder erfolgreich praktizieren konnten und wie sie nach allem, was wir über die politischen Konfliktregelungsmechanismen der alten Bundesrepublik wissen, auch hier zu Lande längst zu erwarten wäre. Indes bleibt die Politik gerade in Deutschland oft blockiert, während andernorts mit Sozialpakten und neuen Konzepten eines „Third Way" viele der anstehenden Probleme gelöst und Ansprüche auf einen fairen gesellschaftlichen Interessenausgleich, für den die Bundesrepublik einst als Vorbild gelten konnte, durchaus erfüllt wurden.

II. Zur Periodisierung der bundesdeutschen Geschichte

Wer von der Berliner Republik spricht, hat eine bestimmte Periodisierung der bundesdeutschen Geschichte im Blick, bei der Spaltung, Zweistaatlichkeit und Vereinigung die entscheidenden Ereignisse darstellen. Dabei gerät leicht in Vergessenheit, dass sich die Bundesrepublik zwischen ihrer Gründung 1949 und der Vereinigung 1989 tief greifend verändert hat. Ein Beispiel: Das Bundesverfassungsgericht hat die Verfassung des Mediensektors in acht zwischen 1961 und 1994 gefällten Rundfunk- und Fernsehurteilen grundlegend neu geordnet (BVerfGE 12, 205; 31, 314; 57, 295; 73, 118; 74, 297; 83, 238; 87, 181; 90, 60). Es hat damit nicht nur die Organisationsgrundlagen eines wichtigen gesellschaftlichen Funktionsbereiches verfassungs- und zeitgemäß neu gestaltet, sondern auch seine eigene Position im politischen System festgelegt. Wegen des Postulates der Staatsferne von Funkmedien war dies natürlich ein bevorzugtes Feld für das Verfassungsgericht. Aber auch darüber hinaus waren Fragen der Abgrenzungen und Verschränkungen von Staat, Wirtschaft und Gesellschaft der häufigste Gegenstand von Verfassungskonflikten. Die Themenpalette der für das politische System wegweisenden Entscheidungen des Bundesverfassungsgerichtes reicht hier von der Parteienfinanzierung bis zur Religionsfreiheit. Hinzu treten die Aufgaben eines Staatsgerichtshofes, namentlich die Regelung von Kompetenzkonflikten zwischen den föderativen Staatsorganen. Anders als der Parlamentarische Rat es voraussah, konnte mit den Entscheidungen des Bundesverfassungsgerichtes das der deutschen Rechtsstaatstradition ursprünglich fremde Institut des „case-law" im deutschen Regierungssystem Fuß fassen. Wie die amerikanische Verfassung durch den „supreme court", so wird auch das Grundgesetz vom Bundesverfassungsgericht gemäß den Zeitläuften fallweise interpretiert und so in Stand gehalten.

Befürworter wie Kritiker des Begriffes „Berliner Republik" erwecken den Anschein, als hätte es solche Entwicklungen nicht gegeben. Die Befürworter sehen im Wesentlichen die Abfolge von Spaltung und Vereinigung. Die westdeutsche Bundesrepublik erscheint lediglich als Zwischenspiel. Wer sich gegen den Begriff „Berliner Republik" ausspricht, beschwört dagegen meist eine ungebrochene Kontinuität seit 1945. Auch dabei bleibt die Dynamik der politischen Systementwicklung der Nachkriegsrepublik ausgeblendet. Dabei hat sich die Bundesrepublik in ihrer 40-jährigen Geschichte erheblich verändert (vgl. Ellwein/Holtmann 1999; Kaase/Schmid 1999) und wird sich weiterhin entwickeln – nur eben nach 1998 unter anderen Bedingungen.

1. Stimmen zur „Berliner Republik"

Der Begriff „Berliner Republik" ist schon frühzeitig in wissenschaftlichen Beiträgen gebraucht worden, um auf eine Zäsur im politischen System durch die deutsche Vereinigung hinzuweisen (Lehmbruch 1990; Baring 1993). Er trägt inzwischen auch zur parteipolitischen Polarisierung bei. Manche Politiker fürchten, die Rede von der „Berliner Republik" könne die Wertgrundlagen und Verfassungsprinzipien der „Bonner Republik" aufweichen. Die Debatte um den Gebrauch des Begriffes „Berliner Republik" zeigt, wie umstritten und emotional die Frage nach Kontinuität und Wandel der westdeutschen Bundesrepublik behandelt wird.

Der Politikwissenschaftler Max Kaase sagte auf einer Veranstaltung des Aspen-Instituts Berlin, er lehne den Begriff „Berliner Republik" ab, weil Begriffe das Denken prägten, und der als Antonym zur „Bonner Republik" gebrauchte Ausdruck eine Unterbrechung der Kontinuität impliziere (NZZ v. 11.11.1998, Nr. 262, S. 5). Für Wolfgang Schäuble, einen der entschiedensten Verfechter des Regierungsumzuges von Bonn nach Berlin, ist vor allem „die begriffliche Nähe zur Weimarer Republik ein schiefer Ansatzpunkt".[7] Seine Befürchtung geht dahin,

---

[7] Bewährungsprobe der Normalität. Rede zur deutschen Außenpolitik im Rahmen der Vortragsreihe der Deutschen Gesellschaft für Auswärtige Politik „Reden zur Außenpolitik der Berliner Republik" im Kronprinzenpalais in Berlin am 18. Juni 1997.

dass – ähnlich wie zwischen Bonn und Weimar – nun eine neue historische Zäsur zwischen Bonn und Berlin konstruiert werden könnte. Der Wandel eines als besonders erfolgreich angesehenen politischen Modells weckt hier offenbar Ängste, weil er nur als Zäsur und nicht – wie es richtig wäre – als ein Prozess erfolgreicher Anpassung gedacht wird.

Der Begriff scheint – weil er inzwischen politisch polarisiert – politikwissenschaftlich kaum weiter brauchbar. Er suggeriert, es gäbe ein Nachkriegsdeutschland, die westdeutsche Bundesrepublik, in der die Bewahrung des Erreichten oberstes Gebot sei. Dabei wird übersehen, was Theodore Lowi (1979) für die amerikanische Politik beschrieben hat: Regime-Wechsel vollziehen sich zuweilen lautlos. Große qualitative Sprünge sind gerade im bundesdeutschen System selbst dann nicht zu erwarten, wenn sich die Herausforderungen an die Politik fundamental verändern. Das hat die auf die Bewahrung des westdeutschen Status quo ausgerichtete Vereinigungspolitik deutlich gezeigt (von Beyme 1999, S. 139). Andere westeuropäische Länder zeigten tiefergehende Reaktionen auf die Wende von 1989 als Deutschland. In Italien brach daraufhin das von der „Democrazia Christiana" und ihrer Frontstellung zur kommunistischen Partei beherrschte Parteiensystem zusammen, und das gesamte politische System änderte seine Funktionsweise. Gundle und Parker (1996) sprechen in diesem Zusammenhang von einer „neuen italienischen Republik". William E. Paterson macht in seinem Beitrag für diesen Band deutlich, dass sich die politischen Verhältnisse in Großbritannien im Verlauf der 90er Jahre mindestens ebenso stark, wenn nicht sogar weitgehender verändert haben als in Deutschland. Die Föderalisierung des britischen Staates bricht radikal mit einer jahrhundertealten Tradition und nähert, wie Paterson ausführt, Großbritannien dem deutschen System an.

Die Rede vom Übergang der „Bonner" in die „Berliner Republik" kann also zunächst nicht mehr meinen als den Übergang von der deutschen Zweistaatlichkeit in das vereinte Deutschland. Wofür sie darüber hinaus stehen könnte, offenbart sich angesichts der in der Eigendynamik gesellschaftlicher Prozesse wurzelnden Prognoseunfähigkeit der Sozialwissenschaften (vgl. Mayntz 1995) erst in der historischen Rückschau. Soziale Dynamik meint, dass kleine Ereignisse über die Zeit große Wirkung entfalten können. Zustandsänderungen stellen sich in komplexen institutionellen Gleichgewichtslagen nicht abrupt ein, sondern bilden sich evolutionär. Das politische System mutiert und gerade deshalb sind seine möglichen Entwicklungen nicht beliebig, sondern von der eigenen Vergangenheit abhängig, genauer: von der in einem historischen Kontext ermöglichten oder restringierten Verarbeitung gegenwärtiger Ereignisse. Der Begriff „Berliner Republik" kann in diesem Sinne als ein Ausdruck dafür verstanden werden, dass sich die Bundesrepublik in Reaktion auf die Umwälzungen nach 1989 selbst noch kaum, dafür aber ihre langfristigen Entwicklungsbedingungen erheblich verändert haben.

So wie 1949 noch keineswegs klar war, welche künftige Entwicklungen der Bundesrepublik und der DDR beschieden waren, so wenig war in den Jahren

1989 und 1990 vorauszusehen, welchen Weg die neue, größer gewordene Bundesrepublik nehmen würde. Heute wissen wir, dass vieles anders kam, als es die meisten an der Zeitenwende der Jahre 1989/90 erwartet hatten. 1949 und in den Folgejahren der Staatsgründung war es ganz ähnlich. Abgeordnete des Parlamentarischen Rates sprachen wiederholt von einem Staatsfragment, einem Provisorium, dessen Platz in der Geschichte nur spekulativ zu bestimmen war. Wie das politische Gebilde, das sie schufen, einmal funktionieren würde, wusste niemand.[8] So wie die politische Festigkeit der Staatsordnung war auch die ökonomische und soziale Stabilität der Bundesrepublik 1949 nicht vorhersehbar. Zwar waren günstige Voraussetzungen vorhanden, aber erst der „Koreaboom" und der Kalte Krieg schufen die außenwirtschaftlichen und internationalen Bedingungen des Nachkriegserfolges (Abelshauser 1987).

Bei aller Betonung der nach 1989 eingetretenen Veränderungen ist darauf hinzuweisen, dass das Denken in historischen Zäsuren ein falsches Bild der Wirklichkeit vermittelt. Die Betriebsweise politischer Systeme entsteht nicht in einem historischen Gründungsakt, sondern entwickelt sich langsam, schrittweise und stets unter dem Rückgriff auf ihre Vorläufer. Begriffe wie „Weimarer", „Bonner" oder „Berliner" Republik gewinnen daher erst in der Retrospektive ihre Gültigkeit. Wer von der „Berliner Republik" bereits im zehnten Jahr ihres Bestehens spricht, kann sich folglich nicht um die Frage drücken, was der Wesenskern der „Bonner Republik" war und warum sie ihrem Ende entgegengeht.

2. Normalisierung als Kennzeichen der „Bonner Republik"

Die Rede von der „Berliner Republik" enthält eine Behauptung, die zwei noch immer verbreitete Thesen zum Ort der Bundesrepublik in der deutschen Geschichte ablöst. Die erste ist die *Restaurationsthese*. Ihr zufolge war die Wiederherstellung überkommener politischer, ökonomischer und sozialer Strukturen und Mentalitäten in Westdeutschland der entscheidende Unterschied zu einem vermeintlichen ostdeutschen Neuanfang. Obgleich die „den Strukturbruch von 1945 überlebende Kontinuität staatlicher und halbstaatlicher Institutionen" (Wollmann 1991, S. 555) in Westdeutschland nicht zu leugnen ist, erinnerte doch gerade die untergegangene DDR viele ältere Westdeutsche an die Vorkriegszeit und deren gesellschaftliche, ökonomische und politisch-institutionelle Strukturen.

Wenn Politiker von SPD und Grünen im Wahlkampf des Jahres 1998 von

---

8 Vgl. Bundesarchiv/Deutscher Bundestag (Hrsg.) 1975-97 sowie die Rundfunkansprache von Thomas Dehler über die Krise im parlamentarischen Rat vom 2.2.1949 und seinen Appell an die Gegner des Gesetzentwurfes bei der 10. Sitzung (Dritte Lesung des Entwurfs für ein Grundgesetz) am 8.5.1949: „Nach bestem Wissen und Gewissen". Die Beratungen zum Grundgesetz im Parlamentarischen Rat 1948/49. CD-Rom Stiftung Deutsches Rundfunkarchiv, Frankfurt a.M./Berlin 1998.

der „Berliner Republik" sprachen, war dies ein Signal, restaurativen Ballast der „Bonner Republik" und der untergegangenen DDR abzuschütteln. Es war der rhetorische Versuch, die deutsche Vereinigung mit einem politischen Neuanfang in Verbindung zu bringen. Ob Jürgen Trittin (Grüne) von den „globalen Herausforderungen an die Berliner Republik" sprach (Rede zur Eröffnung des Ratschlags Außenpolitik am 11.10.1997 in Bonn) oder ob Gerhard Schröder (SPD) den „Übergang von der Bonner zur Berliner Republik" eine Chance zum Neuanfang nannte (Zeit-Interview, Rede anlässlich des Kongresses Politikwechsel am 28./29. Juni 1998 in Berlin), stets wird der Wunsch nach Veränderung spürbar. Wenn ostdeutsche Politiker wie Jürgen Reiche (SPD) „Auf Wiedersehen und Danke, Bonner Republik" sagen, beschwören sie den Neuanfang auch als eine Art Verpflichtung, welche die Bundesrepublik gegenüber den ostdeutschen Landesteilen zu erfüllen hätte.

Eine zweite, zur westdeutschen Restaurationsthese gegenläufige Behauptung betont den mit der westdeutschen Staatsgründung des Jahres 1949 erreichten *Neuanfang*. Im politischen Bereich könnte sie die *Bonn-ist-nicht-Weimar-These* heißen. Sie steht bei den Gegnern des Begriffes „Berliner Republik" besonders hoch im Kurs, die um den Erhalt der gewonnenen politischen Stabilität fürchten. Hier schwingt immer mit, dass der Neuanfang, der mit der „Berliner Republik" herbeigeredet würde, tatsächlich bereits im Jahre 1949, und zwar im parlamentarischen Rat in Bonn, gelegt wurde.

Alle Vorstellungen vom Charakter der Bundesrepublik als restaurativer Gegenpart zur DDR oder als politisch stabiles Gegenbild zur Weimarer Republik sind nicht falsch. Aber sie treffen den Kern der Sache nicht. Treffender scheint ein Befund, der auf die Verwestlichung und Normalisierung der Bundesrepublik abhebt. Die Bundesrepublik ist der erste deutsche Staat, in dem sich die *intelligence of democracy* (Lindblom 1965), das Modell eines dezentrierten, entwicklungsoffenen politischen Systems entfalten konnte.[9] Es sind die lautlosen, bruchlosen Entwicklungsfortschritte, die sie vor ihren Vorläufern und ihrem Mitläufer DDR auszeichnen. Dieser Befund ergänzt eine Reihe jüngerer zeitgeschichtlicher Forschungsbeiträge, die allesamt zum Schluss kommen, dass „eine umfassende, bereits in den 1950er Jahren einsetzende Modernisierung das eigentliche Kennzeichen der Bundesrepublik ist" (Ritter 1998, S. 15 mit weiteren Nachweisen). Diese für die gesellschaftliche Entwicklung gut begründete Aussage (vgl. Schwarz 1984) trifft auch auf die Politik und das politische System zu. Letztlich zeigt sich die Bundesrepublik als ein zählebiges politisches Gebilde, das zahlreichen Reformversuchen

---

9 Lindblom (1965) geht davon aus, dass weitläufige Umwälzungen (cataclysmic events) in liberal-demokratischen Systemen nur ausnahmsweise vorkommen, und dass sie – falls sie dennoch eintreten – politisch kaum kontrollierbar und ebenso regressiv wie progressiv sein können. Der wirkliche Fortschritt liege demgegenüber in der komplexen Sequenz von kleinen Schritten, von denen jeder nicht mehr als den Versuch zur Lösung eines einzelnen Problems darstellt oder nur untergeordnete Ziele anstrebt.

trotzte, das aber gleichwohl bemerkenswerte Wandlungen des Regierungssystems und seiner Funktionsweise erkennen lässt.

3. Die Ära der Zweistaatlichkeit

Mit der Vereinigung von 1990 kam der Gedanke auf, die deutsche Geschichte würde nun – nach einer Interimsperiode der Zweistaatlichkeit – wieder auf einen älteren historischen Pfad einschwenken. In Deutschland war man bedacht, diesem Eindruck entgegenzutreten. Gleichwohl gab es Stimmen, die mit der Wende des Jahres 1989 die Notwendigkeit einer tief greifenden Umorientierung der Politik gekommen sahen (Baring 1993, 1994; Groß 1995). Andere fürchteten solche Veränderungen und sahen den „in der alten Bundesrepublik eingeleiteten Prozess der kulturellen Verwestlichung und Zivilisierung" gefährdet (Habermas 1993, S. 208). Wieder andere verweisen auf die Schwierigkeiten der Bundesrepublik, sich in der neuen Situation zurechtzufinden: „Die Zukunft, in die wir hineingehen, ist schwierig. Sie ist nicht ohne weiteres mehr kalkulierbar, so wie das einige Jahrzehnte in der Vergangenheit war", mahnte Roman Herzog in seiner Rede nach der Wahl zum Bundespräsidenten am 23. Mai 1994.[10]

Analysen der deutschen Vereinigung und ihrer Folgen gewinnen ihre Aussagen und Einschätzungen aus einem bestimmten Verständnis der Spaltung. Wer zum Beispiel die DDR als eine Verirrung der deutschen Geschichte betrachtet, muss hier zu anderen Ergebnissen gelangen, als sie bei einer differenzierteren Einschätzung der Zweistaatlichkeit aufkommen. Daher erscheint die Frage, inwieweit die deutsche Zweistaatlichkeit irreversible Tatbestände geschaffen hat, die nun auf die weitere Entwicklung einwirken, ebenso wichtig, wie die – weit häufiger gestellte – Frage nach Weichenstellungen im Vereinigungsprozess selbst.

Vieles, was sich in der Bundesrepublik nach 1949 entwickeln konnte, war eine direkte Folge der Zweistaatlichkeit. Sie schuf den Boden für politische, gesellschaftliche und wirtschaftliche Neuerungen, die in einem ungeteilten Deutschland kaum möglich gewesen wären. 1949 entstanden zwei Staats- und Gesellschaftsordnungen auf deutschem Boden: die kapitalistische im Westen und die sozialistische im Osten. Durch sie geriet die innergesellschaftliche Spaltung, an der die Weimarer Republik gescheitert war, zu einem zwischenstaatlichen Konflikt zwischen Ost- und Westdeutschland. Bei den Beratungen des Grundgesetzes im Parlamentarischen Rat waren noch mehrere kommunistische Abgeordnete beteiligt. Dort sprach zum Beispiel Otto Grotewohl und verstand sich – wie die Ministerpräsidenten aus den westlichen Bundesländern – als Vertreter der zwischen Elbe und Oder lebenden Deutschen. So übertrieben die östliche Propaganda damals die entstehende Bundesrepublik als Staat des Klassenfeindes brandmarkte, so unaufrichtig war damals auch das im Westen verbreitete Bild von den unterjochten

---

10 Abgedruckt in „Frankfurter Allgemeine Zeitung" vom 25. Mai 1994, S. 4.

und eingesperrten Landsleuten im Osten. Ost- und Westdeutschland entwickelten sich 1949 getrennt, aber nie ganz unabhängig voneinander. Sie blieben auch im Kalten Krieg und bis zur Vereinigung stets aufeinander bezogen, und man wird vieles, was sich hüben und drüben politisch und gesellschaftlich ereignete, nur als Reaktion auf den jeweils anderen Teil verstehen können.

Die politischen Orientierungen, die Struktur des Parteiensystems, der ökonomische Wiederaufbau, die Regierungspolitik der vergangenen fünfzig Jahre können zu großen Teilen als Folgen der deutschen Teilung erklärt werden. Ohne die Erfahrung der Zwangsvereinigung mit der SED im Osten hätte vermutlich die SPD im Westen weniger rasch ihr ideologisches Erbe abgeschüttelt. Auch der nach der Vereinigung der Rheinlande mit Preußen (1815) entstandene politische Katholizismus konnte nur durch die erneute Abgeschiedenheit vom protestantischen Osten in einer interkonfessionellen Allerweltspartei wie der CDU aufgehen. Die politisch-kulturelle Landkarte hatte mit der Teilung ein ganz neues Gesicht bekommen. Ähnliches geschah mit der Wirtschaftsstruktur. Am Oderbruch wäre – fern der Eisen- und Kohlenreviere – nie ein riesiges Stahlwerk – das Eisenhüttenkombinat Herrmann Matern in Stalinstadt, (später Eisenhüttenstadt) – gebaut worden, und vermutlich wären Unternehmen wie Siemens, Auto-Union oder Carl Zeiss nie aus Berlin, Zwickau und Jena nach Süddeutschland ausgewandert. Bayern hätte mehr Mühe gehabt, sich vom Agrarland zum technologischen Musterland aufzuschwingen. Den Landstrichen am Zonenrand wäre das Schicksal ökonomischer Notstandsgebiete erspart geblieben. In Ostdeutschland hätten die Folgen der ostelbischen Agrarverfassung weitergewirkt, und es wären nicht Landwirtschaftliche Produktionsgenossenschaften als dominierende Unternehmensform entstanden, die nun das Gesicht einer neuen Struktur des Agrarsektors im vereinten Deutschland prägen (Lehmbruch/Mayer 1998).

Noch mehr als die innere Entwicklung war die Außenpolitik von der Spaltung beeinflusst. Die deutsch-französische Allianz wäre mit einem größeren, ungeteilten Deutschland kaum gelungen: Nicht ohne Grund hatte der französische Staatspräsident De Gaulle gesagt, die Westdeutschen könnten sich über den Verlust der Teilung hinwegtrösten, denn sie hätten dafür Frankreich als Freund gewonnen. Mit der Zweistaatlichkeit war es möglich geworden, die unselige Schaukelpolitik zwischen Ost- und Westorientierung auszuschalten. Oder hätte nach dem zweiten Weltkrieg ein einziger deutscher Staat Hauptverbündeter der USA – wie die Bundesrepublik – und der UdSSR – wie die DDR – sein können? Die deutsche Spaltung brachte Westdeutschland politisch, demographisch und wirtschaftlich auf ein europäisches Normalmaß, und sie war Ausdruck eines Systemwettbewerbs, der neue Bündnisstrukturen unter maßgeblicher Beteiligung beider deutscher Staaten geschaffen hat. Sie kann insofern auch als die wichtigste Erfolgsvoraussetzung eines gleichgewichtigen europäischen Integrationsprozesses betrachtet werden. Ohne sie hätte sich vermutlich die westeuropäische Integration nicht so rasch und so weit entwickeln können.

Es ist wohl kaum übertrieben festzustellen: Kein anderes Ereignis des an Zäsuren nicht gerade armen Jahrhunderts bewirkte in Deutschland ähnlich umfassende und nachhaltige Veränderungen der außenpolitischen Lage wie die beiden Staatsgründungen des Jahres 1949. Hier ist zu sehen, dass die Gründung der Bundesrepublik auf eine Initiative der Westalliierten zurückging, die genau diese außenpolitische Lage im Blick hatten. Die deutsche Zweistaatlichkeit erwuchs aus außenpolitischen Strategien, während sich die inneren Entwicklungen der beiden Staaten großteils als Folgen dieser Strategien darstellen. Die westdeutsche Bundesrepublik konnte in vieler Hinsicht, meist unbeabsichtigt und weitgehend unverdient, von der deutschen Teilung profitieren. Die DDR hatte demgegenüber sowohl außenpolitisch als auch ihren wirtschaftlichen Voraussetzungen nach den schwereren Stand.

Die Zweistaatlichkeit erwies sich – obwohl die meisten nicht mehr daran glaubten – als reversibel. Ihre sozialen und ökonomischen Folgen sind nicht oder – in Teilbereichen – nur mit Mühe und unscharf prognostizierbar. Gewiss ist nur: Die Spaltung erzeugte eine Reihe irreversibler politischer, gesellschaftlicher und wirtschaftlicher Strukturveränderungen. Zum Beispiel werden die aus dem Osten ausgewanderten Firmen ihre Zentralen nicht dorthin zurückverlagern (vgl. den Beitrag von Gornig und Häußermann in diesem Band).

Die neue Bundesrepublik ist heterogener geworden: wirtschaftlich, sozial, kulturell (vgl. den Beitrag von Detlev Pollak in diesem Band). Das Aufkommen der PDS als ostdeutsche Regionalpartei und eine bunte Koalitionslandschaft in den neuen Bundesländern tragen dazu bei. Das soziale Gefälle, etwa in der Verteilung des Geldvermögens zwischen West- und Ostdeutschland, ist ein weiterer Indikator dieser Entwicklung (vgl. den Beitrag von Claus Schäfer in diesem Band).

III. Die Folgen der 90er Jahre

Wenn der Begriff „Berliner Republik" jenseits von Wahlkampf und Parteienwettbewerb einen Sinn machen soll, dann als eine Hypothese, die der empirischen Analyse einer Republik im Wandel zugrunde liegt – einer Republik, deren künftige Konturen noch keinesfalls klar hervortreten und deren charakteristischen Merkmale noch zu erforschen wären. Dabei ist von historischer Pfadabhängigkeit auszugehen. Pfadabhängigkeit bedeutet: „Die Auswirkungen unbedeutender Ereignisse können Lösungen herbeiführen, die, sobald sie einmal überwiegen, einen ganz bestimmten Verlauf bewirken" (North 1992, S. 112).[11] Demnach ist langfristiger Wandel „die kumulative Folge unzähliger kurzfristiger Entscheidungen" (ebd., S. 123). Das Konzept der Pfadabhängigkeit kann also ex ante nur einen Möglichkeitsraum und gewisse Übergangswahrscheinlichkeiten in neue Systemzustände aufzeigen. „Mit

---

11 Im englischen Original heißt es: „Path dependence – the consequence of small events and chance circumstances can determine solutions that, once they prevail, lead one to a particular path." (North 1990, S. 94)

der Behauptung der Pfadabhängigkeit engt man die vorgestellte Entscheidungsmenge ein und verbindet die Entscheidungen über die Zeit miteinander. Es ist dies keine Geschichte unvermeidlicher Abläufe, in der die Vergangenheit die Zukunft klipp und klar vorhersagt" (ebd., S. 117).[12] Zehn Jahre nach der deutschen Vereinigung sollte sich in der Rückschau über ihre Folgen zumindest eine Frage beantworten lassen, die in den meisten Kapiteln dieses Bandes gestellt wird. Wie steht es um Kontinuität und Wandel der Bundesrepublik in dieser Zeit?

1. Stabilität oder Kursänderung?

Zweifellos haben der Fall der Berliner Mauer, die deutsche Vereinigung und die marktwirtschaftliche Transformation in Mittel- und Osteuropa die politischen Gelegenheitsstrukturen verändert. Haben nicht sogar wenige Einzelereignisse der Jahre 1989 und 1990 den Kurs der Politik in eine andere Richtung gelenkt, sodass, über das inkrementalistische Konzept der Pfadabhängigkeit hinaus, von einer abrupten Pfadänderung zu sprechen wäre? Die Skizzierung alternativer Entwicklungsszenarien könnte bei der Beantwortung dieser Frage weiterhelfen. Das Beispiel der Fiskalpolitik mag dies besonders verdeutlichen.

Die Staatsverschuldung hätte sich ohne den Einschnitt von 1989/90 nicht innerhalb von zehn Jahren verdoppelt. Das Jahresgutachten 1989/90 des Sachverständigenrates zur Begutachtung der gesamtwirtschaftlichen Lage ließ, wie wir gesehen haben, für die Neunzigerjahre eine ganz andere Entwicklung erwarten, die den Kurs der Haushaltskonsolidierung und Steuersenkungspolitik der 80er Jahre fortsetzen und zugleich die Arbeitnehmereinkommen in einer tarifpolitischen Nachschlagsrunde erhöhen sollte (SVR 1989, S. 101, 152 f., 165 f.). Das von einem policy-mix aus neoliberaler Standortpolitik und dosierter Stärkung der Binnennachfrage bestimmte Wachstumskonzept für die 90er Jahre ließ sogar eine positive Arbeitsplatzbilanz erwarten. Auf dieser Basis wäre der Konsens der Tarifparteien für eine Wohlfahrtsstaatsreform leichter erreichbar gewesen und hätte zudem aus dem Staatshaushalt nach herkömmlicher Praxis neo-korporatistischer Tauschpolitik finanziert werden können.[13]

Ähnliche Differenzen der Problemszenarien und Lösungskonzepte zwischen 1989 und den Folgejahren, wie sie in den Gutachten des Sachverständigenrates sichtbar werden, finden sich in vielen Politikfeldern. Auf die Außen- und Sicherheitspolitik sind in der postsozialistischen Weltordnung neue, ungewohnte He-

---

12 Hier heißt es im englischen Original: „Path dependence is a way to narrow conceptually the choice set and link decision making through time. It is not a story of inevitability in which the past neatly predicts the future." (North 1990, S. 98 f.)

13 Die „Bilanz der Ära Kohl" ist in ökonomischer und fiskalischer Hinsicht durchaus zwiespältig, wobei sie sich nach der deutschen Vereinigung deutlich schlechter darstellt als in der Vorperiode. (vgl. die detaillierten Analysen in Wewer 1998).

rausforderungen zugekommen bis hin zu einem ersten NATO-Krieg und Auslandseinsätzen der Bundeswehr. Der kooperative Föderalismus, das Tarifvertragswesen und das Verhältnis von Staat und Verbänden sahen sich wiederkehrend neuartigen Belastungsproben ausgesetzt.

Die Bundesbank, eine der folgenreichsten neu geschaffenen Institutionen der Nachkriegsrepublik, wurde von einer Europäischen Zentralbank abgelöst. Dass dies schneller ging, als ursprünglich erwartet, war eine vereinigungsbedingte Folge des Zusammenbruches des Europäischen Währungssystems (EWS) im Jahre 1992. Die Defizitfinanzierung der deutschen Vereinigung bei gleichzeitigem Inflationsdruck zwang die Bundesbank zu einer Hochzinspolitik. Als der Zentralbankrat im Juli 1992 den Leitzins auf eine historische Höchstmarke festsetzte, sahen sich Bundesbank und Bundesregierung massivem außenpolitischem Druck ausgesetzt. Der damalige französische Premierminister (Bérégovoy) beschwerte sich, Frankreich und ganz Europa müssten die deutsche Einheit mit Rezession und Arbeitslosigkeit bezahlen. Die deutsche Zinspolitik hatte die Schwäche der italienischen Volkswirtschaft und die Überbewertung des britischen Pfundes im EWS offen gelegt. Der Zinsentwicklung der Ankerwährung zu folgen, bedeutete für beide Länder eine Verlängerung der Wirtschaftskrise mit entsprechenden Abwertungstendenzen, denen wiederum ihre Notenbanken durch DM-Verkäufe und die Hartwährungsländer – nach EWS-Regeln – durch Stützungskäufe der bedrohten Währungen entgegenwirken mussten. Devisenhändler hatten in Kenntnis dieses Zusammenhanges die Flucht aus Pfund und Lira angetreten, mit der Folge, dass Großbritannien und Italien am 17. September 1992 nach mehreren Spekulationswellen aus dem europäischen System der festen Wechselkurse ausscheiden mussten. Die Bundesbank war bis zuletzt nur dem französischen Franc beigestanden. Dafür übernahm die später autonomisierte Banque de France die deutsche Geldmengensystematik und spricht heute ihr Geldmengenziel mit der Bundesbank ab, die wiederum ihre Mindestreservesätze den französischen angepasst hat. Die Herausbildung einer „DM-Franc-Zone" in Europa war einer von zahlreichen Nebeneffekten der einigungsbedingten Hochzinspolitik und hat die Einführung des Euro beschleunigt.

2. Problemdruck und Heterogenisierung des politischen Akteursystems

Die Koinzidenz von deutscher Vereinigung und europäischer Währungsunion wird von Ökonomen für die massiven fiskalpolitischen und ökonomischen Probleme der zweiten Hälfte der 90er Jahre verantwortlich gemacht: Von Hagen und Strauch (1999, S. 20) sprechen von einem „perplexen Grad der Schizophrenie. An der europäischen Front scheute die Kohl-Regierung keine Mühe, auf eine enge Fiskalpolitik und Verschärfung der Kriterien des Maastricht-Vertrages hinzuwirken. Zuhause zeigte dieselbe Regierung das Gegenteil, eine zunehmende Missachtung solider Fiskalpolitik und ihrer institutionellen Regeln. (...) Deutschland verlässt daher die 90er Jahre mit einem großen Fiskalproblem, für das sich noch keine nachhaltige Lösung abzeichnet".

Die deutsche Vereinigung und die europäische Integration verlangten nach neuen *policies*. Sie ließen aber, wie in diesem Band gezeigt wird, auch das politische System nicht unberührt. Dies ist wichtig, weil der politische Entwicklungspfad vom Zusammenwirken institutionell eingebetteter Akteure abhängt. Strukturmerkmale des politischen Akteursystems, die dieses Zusammenwirken steuern, und die Zeit, über die man solche Prozesse beobachtet, sind hier die entscheidenden Größen. Während die Bundesrepublik nach außen Souveränität gewann, ist ihr innerer Aufbau komplizierter geworden. An Stelle von vormals elf gibt es jetzt 16 Bundesländer. Deren ökonomische Strukturen und Leistungskräfte divergieren so stark, dass hergebrachte Ausgleichsmechanismen mittelfristig zu versagen drohen wenn man an bisherigen Homogenitätsansprüchen festhält (Biedenkopf 1994, S. 63). Außerdem wurde die klare Scheidung in SPD-dominierte A-Länder und CDU-dominierte B-Länder von einer bunten, in den neuen Bundesländern zudem brüchigen Koalitionslandschaft abgelöst.

1998 gab es zwei CDU/CSU-Alleinregierungen (Bayern, Sachsen), eine CDU/FDP-Koalition (Baden-Württemberg), vier SPD-Alleinregierungen (Niedersachsen, Brandenburg, Saarland, Sachsen-Anhalt), vier SPD/Grüne Koalitionen (Hamburg, Hessen, NRW, Schleswig-Holstein), eine SPD/PDS-Koalition (Mecklenburg-Vorpommern), eine SPD/FDP-Koalition (Rheinland-Pfalz) und drei große Koalitionen von CDU und SPD (Berlin, Bremen, Thüringen). Nie zuvor gab es in der Bundesrepublik eine solche Vielfalt von Regierungskoalitionen.

Die neue Heterogenität der Wirtschaftsräume wirkt sich zusammen mit der „Erweiterung von Zuständigkeiten der Länderregierungen" (Glaeßner 1999, S. 567; vgl. Hennis 1993) nach den Grundgesetzänderungen von 1992 (Europaartikel) und 1994 sowie aufgrund der vielfältigen Parteikoalitionen in den Ländern nicht nur auf den Föderalismus insgesamt, sondern auch auf den inneren Zusammenhalt der einzelnen Parteien aus. Ihren Bundesorganisationen fällt es nach der deutschen Vereinigung schwerer, einheitliche programmatische Standpunkte zu formulieren und durchzusetzen. Dadurch wird der bereits vorher beobachtbare Trend zur Föderalisierung der Parteiorganisationen weiter verstärkt. Die Krise der Staatsfinanzen intensiviert föderale Verteilungskonflikte und erhöht auf diese Weise ebenfalls die Spannung zwischen Partei- und Länderinteressen. Die klaren parteipolitischen Fronten der Siebzigerjahre weichen schon seit geraumer Zeit einer Konstellation, in der strukturelle Heterogenität und die Dominanz von Verteilungsfragen regelmäßig die programmatischen Linien der Bundesparteien durchkreuzen.

Die Zuständigkeit für die Wirtschaftsstrukturpolitik liegt traditionell bei den Ländern und zunehmend auch auf der europäischen Ebene. Daraus erwuchs eines der Dilemmata des Aufbaus-Ost, weil hier ein Organ des Bundes, die Berliner Treuhandanstalt, zwar über die vollständigen Eigentumsrechte an der Industrie verfügte, zugleich aber in ihrem Handeln auf die Koordination mit den neuen Bundesländern und – wie sie schmerzlich erfahren musste – mit der Europäischen Kommission angewiesen war. In den sensiblen Problembranchen, wo der Aufbau-Ost zu einem Politikum wurde – im Schiffbau, in der Stahlindustrie und dem Chemie- und Mineralölsektor – kam es daher notwendig zu einem „Durchwursteln" zwischen Bonn, Berlin, Brüssel und den Regierungen der neuen Bundesländer (Lehmbruch/Czada 1998). Das Hin und Her der Beihilfeentscheidungen für ostdeutsche Industriestandorte, an dem neben den genannten Instanzen zuweilen auch noch andere europäische Regierungen wie die dänische (bei den Ostseewerften) und französische (z.B. im Mineralölsektor bei der Privatisierung des ostdeutschen Minol-Tankstellennetzes und dem Bau der Leuna-Raffinerie) beteiligt waren, vermittelt eine Ahnung davon, was passiert, wenn die Zahl der institutionellen „Spieler" im politischen Geschehen zunimmt.

3. Informalisierung der Politik

Die Vermehrung der an politischen Entscheidungen beteiligten Akteure und ihre zunehmende Verflechtung führt entweder zu Bürokratisierung oder Informalisierung der Politik. Im ungünstigsten Fall kommt es zu beidem. Die Vereinigungspolitik hat gezeigt, dass die demokratische politische Kontrolle in dieser Situation leicht verloren geht. Davon zeugen nicht nur die Koordinationsgremien, wie sie im Umfeld von Treuhandanstalt, Bundeskanzleramt und neuen Ländern gewachsen sind, sondern auch die Schattenhaushalte sowie die faktische Ausschaltung parlamentarischer Kontroll- und Eingriffsrechte im Zuge des „Aufbaus-Ost". Das „Vereinigungsmanagement" basierte auf einer Informalisierung der Aufgabenerledigung, die bei Interviews im Treuhand-Umfeld in Begriffen wie „Basar-Methoden", „Bürokraten als Partisanen" oder „Management by Chaos" deutlich werden.[14] Zugleich wuchsen die bürokratischen Kontrollen. Den beiden Regelwerken der THA, Privatisierungshandbuch und Organisationshandbuch, wurden täglich mehrere Seiten hinzugefügt, bis kaum noch jemand Notiz davon nahm.[15]

Die Informalisierung der Vereinigungspolitik reichte von der operativen Ebene vor Ort bis ins Kanzleramt, wo unter der Leitung von Johannes Ludewig die so

---

14 Interviews: Dr. Martin Keil am 23.2.1993, Wolf Schöde am 17.6.1992, Dr. Hartmut Maaßen am 17.6.1992, damals alle Treuhandanstalt. Die transkribierten Interviews entstammen einem Forschungsprojekt „Treuhandanstalt", an dem der Verfasser beteiligt war.
15 Interviews mit Klaus König am 4.9.1992 und Dr. K.-P. Paulin am 30.7.1992, beide Treuhandanstalt. Letzterer sagte wörtlich zu den Organisations- und Privatisierungshandbüchern: „Ich wette, in meinem Direktorat inklusive mir, hat kein Mensch diesen Verwaltungsordner oder diese mehreren überhaupt nur im Ansatz studiert. (...) Manchmal ist es besser, man weiß das gar nicht, was man eigentlich alles machen müßte, lieber was tun, wenn sie uns erwischen, okay, dann kriegen wir einmal einen auf den Hut, dann machen wir es nie wieder und fertig".

genannte „Aufbaugruppe-Ost" nicht nur mit der Gesamtkoordination, sondern auch mit Einzelfällen, insbesondere sensitiven Problemfällen, befasst war. Nicht selten hat der „Kanzler der Einheit", Helmut Kohl, in Telefongesprächen bis in den Verwaltungsvollzug und das operative Vereinigungsmanagement hineinregiert. Trotzdem erscheint die von George Melloan im „Wall Street Journal" vom 13. Januar 1997 aufgestellte Behauptung, das deutsche „Flaggschiff" bewege sich nach Kohls Pfeife, überzogen. An der Vereinigungspolitik haben alle deutschen Politiker und maßgeblichen Akteure der Wirtschaft mitgewirkt. Es war Kohls Versäumnis, dass er ihnen – außer sie „am nationalen Protepée zu fassen" (Detlev Carsten Rhowedder) – keine programmatische policy-Orientierung vermitteln konnte.

Die Treuhandkonstruktion erlaubte die direkte Einbindung von Politikern der Opposition und weiterer gesellschaftlicher Kräfte. Der SPD-Bundestagsabgeordnete und Vorsitzende der IG-Chemie, Hermann Rappe, war Mitglied im Verwaltungsrat der Treuhandanstalt im Treuhandunterausschuss und Treuhandausschuss des Bundestages. Außerdem war er häufiger Gesprächspartner in der Treuhandanstalt und Unterzeichner mehrerer Rahmenvereinbarungen zwischen IG-Chemie und Treuhandanstalt. Zahlreiche Gewerkschaftsfunktionäre waren als Aufsichtsräte in Treuhandunternehmen, prominente SPD-Politiker als Sonderbeauftragte der Treuhandanstalt tätig. Dabei sind die früheren Bundesminister Klaus von Dohnanyi und Hans Apel hervorzuheben. Neben vier Gewerkschaftsvertretern im Verwaltungsrat der Treuhandzentrale erwiesen sich Gewerkschaften und Betriebsräte als unverzichtbare Informanten und Kooperationspartner. Für sie war es oft schwierig, die Arbeitnehmerbänke der zahlreichen in Treuhandbesitz befindlichen Aktiengesellschaften und GmbHs in kurzer Zeit kompetent zu besetzen. Insgesamt waren alle maßgeblichen politischen Kräfte in die postsozialistische Transformationspolitik so stark involviert, dass eine umfangreiche kritische Aufarbeitung der Materie aus diesen Reihen kaum zu erwarten ist. Nicht viel anders sieht es im Verwaltungsapparat aus. Es gibt kaum einen leitenden Beamten in Bund und Ländern, der nicht selbst in irgendeiner Form am Aufbau-Ost beteiligt gewesen wäre. Dasselbe gilt für die meisten Manager der deutschen Wirtschaft, nahezu alle Betriebsprüfer der alten Bundesrepublik und viele Absolventen wirtschaftswissenschaftlicher Studiengänge, die zwischen 1990 und 1994 in der Treuhandanstalt ein Karrieresprungbrett gefunden hatten (etwa 17 Prozent der Referenten und zwei Prozent der Abteilungsleiter waren Berufsanfänger). Letztere bilden als Teil der künftigen Wirtschaftselite ein besonderes Segment der „Generation der Wendezeit" (vgl. zu den „Zeitgenossen von 1989" den Beitrag von Claus Leggewie, zu den Funktionseliten von Schnapp/Welzel).

Die Informalisierung der Politik kontrastiert merkwürdig mit der Gesetzes- und Verordnungsflut der 90er Jahre. Künftige Analysen werden zeigen, dass in keinem Jahrzehnt mehr Gesetze verabschiedet und novelliert wurden. Allein das Gesetz zur Regelung offener Vermögensfragen erfuhr in fünf Jahren acht Änderungen (vgl. Beitrag von Roland Czada in diesem Band). Die meisten Gesetze zur Transformation Ostdeutschlands waren wie das Vermögensgesetz „lückenhafte, die Realitäten der ehemaligen DDR teilweise praxisfern beurteilende, *nachbesserungsbedürftige* Regelungen" (Köhler-Apel/Bodenstab 1995, S. 311). Es gab eine Reihe von „Reparaturgesetzen", durch die frühe Regelungen der Vereinigungs- und Transformationsgesetzgebung ersetzt wurden. Im „Stromstreit" zwischen ostdeutschen Kommunen und der Elektrizitätswirtschaft sah sich das Bundesverfassungsgericht außer Stande, die einschlägigen Regelwerke (Kommunalvermögensgesetz, Treuhandgesetz, Einigungsvertrag, Stromverträge, Vermögenszuordnungsgesetz) anzuwenden, weil sie in der Turbulenz der ersten Vereinigungsgesetzgebung widersprüchlich konstruiert worden waren (Czada/Lehmbruch 1998; Czada in diesem Band). Die Vereinigungspolitik ist reich an gut gemeinten Gesetzesverstößen, die zum Teil notwendig erschienen und deren nachträgliche Heilung durch Reparaturgesetze Regierung und Bundestag offenkundig überfordert hat (ebd.).

Vereinigungskriminalität und massive Verstöße gegen das Parteiengesetz, wie sie zum Ende des Jahrzehnts bekannt wurden, zählen freilich nicht in die Kategorie gut gemeinter Regelverletzungen. Die Vereinigungspolitik schuf eine einmalige Gelegenheitsstruktur für gesetzwidriges und betrügerisches Handeln. Illegale Parteispenden im Zusammenhang mit der Privatisierung des Minol-Tankstellennetzes der DDR, der Privatisierung von Wohnungen der Deutschen Reichsbahn, dem Bau der Leuna-Raffinerie sowie als Beraterhonorare getarnte Schmiergeldzahlungen an Abgeordnete, die als Aufsichtsratsmitglieder von zu privatisierenden Ost-Unternehmen tätig waren, könnten das heroische Bild verblassen lassen, das von der Bundesregierung im Zusammenhang mit dem „Aufbau-Ost" gezeichnet wurde. Die Aufsichtsräte der Treuhand-Unternehmen arbeiteten für einen Ehrensold. Freilich waren auch schwarze Schafe darunter. So musste ein Universitätsprofessor und prominenter langjähriger CDU-Abgeordneter seinen Aufsichtsratsposten räumen, nachdem herauskam, dass er für nichtssagende Gutachten 1.529.472,50 D-Mark Honorar abgerechnet hatte,[16] was allerdings – nachdem er erwischt worden war und den Betrag zurückgezahlt hatte – dem Verlauf seiner weiteren Karriere auf europäischer Ebene zunächst nicht geschadet hat. Ohne die enge informelle Kooperation der Treuhandanstalt mit der Arbeitnehmerseite, bis hinauf zu den Gewerkschaftszentralen und deren Repräsentanten im THA-Verwaltungsrat wären solche Operationen ohne Anwendung strafrechtlicher Mittel kaum durchführbar gewesen. Eine Stabsstelle mit vier Abteilungen im Direktorat Recht der Treuhandanstalt ermittelte in Zusammenarbeit mit Strafverfolgungsbehörden und Wirtschaftsprüfern in Sachen treuwidriger Unternehmensführung, Aushöhlung von Unternehmen, Subventionsbetrug, Vereinigungskriminalität, Korruption, Geheimnisverrat, Verleumdung, Umweltdelikte. Durch schnelle Aufklärung konnten 90 Prozent des bis zum Dezember 1992 intern ermittelten Betrugsvolumens von

---

16 Interview mit Hermann Wagner, THA Beteiligungsführung, am 22. März 1993. Hier ist anzuführen, dass mein Interviewpartner, dem ich diese Informationen verdanke, später selbst unter Betrugsverdacht die THA verlassen musste.

3 Milliarden D-Mark gesichert werden.[17] Hinsichtlich der gesamten Vereinigungskriminalität (dazu gehören Währungsmanipulationen, Transferrubelbetrug, Unterschlagung von Grundstücken und Sachwerten, Veruntreuung staatlichen Eigentums) berichtete der Leiter in der Ermittlungsstelle für die Regierungs- und Vereinigungskriminalität, Manfred Kittlaus, am 18. Januar 1996 vor dem 2. Untersuchungsausschuss „DDR-Vermögen" des Bundestages: „Dem Staat sind nach Erkenntnissen der Zentralen Ermittlungsstelle im Zusammenhang mit der deutschen Vereinigung Schäden von rund 26 Milliarden DM entstanden. Diese 1993 veröffentlichte Summe ist wegen Personalmangels jedoch nicht mehr überprüft worden" (Bundestag Heft 1 vom 24.01.1996).

Oberflächlich gedacht, mag die Vereinigungspolitik als eine Episode erscheinen. Tatsächlich hat sie in den Institutionen und im politischen Bewusstsein nicht nur der politischen Eliten tiefe Spuren hinterlassen. Die Vereinigungspolitik hat die Grenzen des „Modells Deutschland" aufgezeigt und Reformdruck aufgebaut. Ohne die von ihr ausgehenden fiskalischen Belastungen und institutionellen Funktionsstörungen wäre die Politik der 90er Jahre anders verlaufen. Indessen gibt es Entwicklungen, die nicht oder nur mittelbar mit der Vereinigungsproblematik zusammenhängen. In den 90er Jahren haben sich viele Politikfelder aus den verschiedensten Gründen mehr als in früheren Jahrzehnten verändert. Die Gesundheitspolitik (vgl. den Beitrag von Kania/Blanke), die Alterssicherung (Bönker/Wollmann) die Struktur und Politik der Infrastruktursektoren Telekommunikation, Bahn und Energie (Grande/Eberlein), die Finanzmärkte und ihr politisches Regelungsumfeld (Susanne Lütz), eine neue Medienwelt (Jarren/Donges) nicht zuletzt auch das „New Public Management" im Staatssektor (Wollmann) brachten Bewegung in die Politik, die allerdings jeweils sektoral begrenzt blieb und deshalb in der breiten Öffentlichkeit nicht die verdiente Aufmerksamkeit gefunden hat. Im Unterschied zu den ebenfalls bewegten 60er und 70er Jahren folgte die Politik der 90er keiner Leitidee. Wo versucht wurde, ein früheren Wohlfahrtsstaats- und Demokratieidealen ebenbürtiges Leitbild einzuführen, wie zum Beispiel im „Schröder-Blair-Papier" von 1999,[18] entlarvte der politische Diskurs diesen Versuch rasch als Stückwerk.

Vielleicht enthält die Kritik, die Konservative wie Arnulf Baring (1993, 1994) und Linke wie Jürgen Habermas (1993) vorbrachten, einen Schlüssel zum Verständnis dieses Jahrzehnts. Beide beklagen eine politische Lähmung angesichts der Herausforderungen, die nach 1989 auf das Land zukamen. Dabei entgeht ihnen, dass es in jedem Politikfeld eine Fülle von angemessenen, aber auch missglückten

---

17 Interview mit dem Leiter der Stabsstelle in THA, Staatsanwalt Daniel Noa am 23.2.1993.
18 Das Schröder-Blair-Papier enthielt Ansätze einer gemeinsamen programmatischen Plattform der SPD unter Kanzler Schröder und der britischen Labour Party unter Premierminister Tony Blair. In Deutschland wurde es weithin als untauglicher Versuch gewertet, sozialdemokratische Traditionskonzepte in Richtung einer neoliberal inspirierten Gesellschaftspolitik aufzuweichen.

Reaktionen auf diese Herausforderungen gegeben hat. Es kümmert sie einfach nicht, wie kleinschrittige, sektorale Neuerungen den historischen Pfad abstecken. Sie vermissen die großen, weit sichtbaren Leuchtfeuer am Horizont der Geschichte. Nur von ihnen erwarten sie Wegweisung und Sinnstiftung. In dieser Hinsicht hatten die letzten zehn Jahre vor der Jahrtausendwende tatsächlich wenig zu bieten; weit weniger jedenfalls als die großen Hoffnungen von 1989 erwarten ließen. Vielleicht ist dies sogar die größte und einschneidendste Veränderung dieses Jahrzehnts: Mit dem realen Sozialismus ist die letzte große Gesellschaftsutopie untergegangen und durch den Rationalismus des ökonomischen Prinzips ersetzt worden. Die politischen Folgen dieser geistesgeschichtlichen Wende entwickeln sich langsam.

Epilog

> Practicing politics costs money, and all politicians, unless they are fabulously wealthy, depend on campaign contributions. The more generous donors usually would like a favor or two. Quid pro quo, dating back at least to the steps of the Roman Forum, is alive and well in the U.S., as in most other corners of the world.
> George Melloan[19]

Nach Abschluss des Manuskriptes überschlugen sich die Ereignisse eines Parteispendenskandals, in dem der bis 1998 amtierende deutsche Bundeskanzler Helmut Kohl eine Schlüsselrolle einnimmt. Davon sind Themen dieses Bandes zum Parteiensystem, zur Rechtsstaatlichkeit und Demokratie und zur politischen Kultur in Deutschland betroffen. Der frühere Kanzler weigert sich, die Spender von mehreren Millionen D-Mark namentlich zu nennen, die ihm in den ersten Jahren nach der deutschen Vereinigung persönlich und – wie Kohl aussagt – für den Aufbau der Partei in Ostdeutschland übergeben worden waren. Vieles, was im Parteispendenskandal bekannt wurde, verweist auf die Sondersituation der Vereinigung. Dazu gehört nicht zuletzt, dass Helmut Kohl ohne die Vereinigung schwerlich 16 Jahre Kanzler gewesen wäre. Eine Reihe von Großspenden wurde im Zusammenhang mit Privatisierungsmaßnahmen in Ostdeutschland genannt (Wohnungen der Deutschen Reichsbahn, Minol-Tankstellennetz und Leuna-Raffinerie).

„Schwarze"Auslandskonten der Hessischen CDU, auf denen in den 80er Jahren illegale Einnahmen geparkt und später als Erbschaften deklariert wurden, zählen demgegenüber zum Sündenregister der alten Bundesrepublik. Das gleiche gilt für Spenden der Fraktion in die Parteikasse. Sowohl das Grundgesetz (Art. 21 I) als

---

19 George Melloan: „Influence Peddlers Have a Growing Global Clientele", in: Wall Street Journal vom 17. Februar 1998, S. A23.

auch das Parteiengesetz schreiben in Anbetracht unheilvoller Erfahrungen der Weimarer Republik den Parteien vor, über ihre Mittel sowie über ihr Vermögen öffentlich Rechenschaft zu geben. Gänzlich untersagt sind Spenden von politischen Stiftungen und Parlamentsfraktionen, gemeinnützigen Körperschaften sowie solche, die „erkennbar in Erwartung eines bestimmten wirtschaftlichen oder politischen Vorteils gewährt werden" (Paragraph 25, Parteiengesetz).

Der Parteispendenskandal birgt eine Ambivalenz, wenn wir nach den politischen Veränderungen nach 1989 fragen. Einerseits zeigt er, dass die alte Republik – wie vielfach nach der deutschen Vereinigung – auch auf dem Feld der Parteienfinanzierung weiter lebte, als ob nichts geschehen wäre. Die politischen Ereignisse am Ende der 90er Jahre offenbaren erneut die Zählebigkeit der alten Republik. Sie verdeutlichen jedoch gleichzeitig den gewaltigen, über viele Jahre angestauten Veränderungsdruck und Erneuerungsbedarf, der inzwischen auf ihr lastet. Diese Spannung zwischen Beharrung und Veränderungsdruck kommt in den Beiträgen dieses Bandes zum Ausdruck. Den vor diesen Ereignissen abgeschlossenen Analysen ist insoweit nichts hinzuzufügen.

Literatur

Abelshauser, Werner, 1987: Die langen fünfziger Jahre: Wirtschaft und Gesellschaft der Bundesrepublik Deutschland 1949-1966, Düsseldorf.
Albert, Michel, 1992: Kapitalismus contra Kapitalismus, Frankfurt a.M./New York.
Baring, Arnulf 1994: L'empire des illusions, in: Géopolitique 44, S. 34-35.
Baring, Arnulf, 1993: Pflicht und Ehre? Ein Plädoyer für eine neue Verantwortungsethik in Deutschland, in: Copernicus. Das Magazin für die Universitäten Berlins 1, S. 12-14.
Batt, Helge-Lothar, 1996: Die Grundgesetzreform nach der deutschen Einheit, Opladen.
Beyme, Klaus von, 1999: Die „Berliner Republik"?, in: Gegenwartskunde 48, S. 135-139.
Biedenkopf, Kurt, 1994: Die neuen Bundesländer. Eigener Weg statt „Aufholjagd", in: Warnfried Dettling (Hrsg.), Perspektiven für Deutschland, München, S. 62-78.
Blanke, Bernhard und Hellmut Wollmann (Hrsg.), 1991: Die alte Bundesrepublik. Kontinuität und Wandel (= Leviathan Sonderheft 12), Opladen.
Bundesbank, 1997: Neue Entwicklungen der Steuereinnahmen, in: Monatsberichte der Deutschen Bundesbank, August, S. 83-103.
Czada, Roland, 1998: Vereinigungskrise und Standortdebatte. Der Beitrag der Wiedervereinigung. Zur Krise des „Modells Deutschland", in: Leviathan, 26. Jg., Heft 1, S. 24-59.
Czada, Roland und Gerhard Lehmbruch (Hrsg.), 1998: Transformationspfade in Ostdeutschland. Beiträge zur sektoralen Vereinigungspolitik (Schriften des Max-Planck-Instituts für Gesellschaftsforschung; Bd. 32), Frankfurt a.M.
Czada, Roland, Susanne Lütz und Stefan Mette, 2000: Regulative Politik, Opladen.
DAI, 1999: DAI-Factbook. Statistiken, Analysen und Grafiken zu Aktionären, Aktiengesellschaften und Börsen, Frankfurt a.M.: Deutsches Aktieninstitut.
Edinger, Lewis J. und Brigitte L. Nacos (Hrsg.), 1998: From Bonn to the Berlin Republic: Can a Stable Democracy Continue?, in: Political Science Quarterly 113, S. 179-192.
Edward Luttwak, 1999: Turbo-Capitalism: Winners and Losers in the Global Economy, New York: Harper Collins Publishers.

Ellwein, Thomas und Everhard Holtmann (Hrsg.), 1999: 50 Jahre Bundesrepublik Deutschland. Rahmenbedingungen, Entwicklungen, Perspektiven, Wiesbaden/Opladen.
Fukuyama, Francis:, 1992: Das Ende der Geschichte: wo stehen wir?, München.
GFD, 1999: Global Financial Data's World Stock Market Indices, Los Angeles.
Glaeßner, Gert-Joachim, 1999: Demokratie und Politik in Deutschland, Opladen.
Gross, Johannes, 1995: Begründung der Berliner Republik: Deutschland am Ende des 20. Jahrhunderts, Stuttgart.
Gundle, Stephen und Simon Parker (Hrsg.), 1996: The New Italian Republic. From the Fall of the Berlin Wall to Berlusconi, London: Routledge.
Habermas, Jürgen, 1993: Vergangenheit als Zukunft. Das alte Deutschland im neuen Europa?, München.
Habermas, Jürgen, 1997: A Berlin Republic: Writings on Germany, Lincoln: Univ. of Nebraska Press.
Hagen, Jürgen von und Rolf Strauch, 1999: Tumbling Giant: Germany's Experience with the Masstricht Fiscal Criteria. Working Paper B5, Zentrum für Europäische Integrationsforschung, Bonn.
Hamilton, Daniel, 1994: Jenseits von Bonn: Amerika und die „Berliner Republik", Frankfurt a.M.
Hirschman, Albert O., 1992: Denken gegen die Zukunft. Die Rhetorik der Reaktion, Frankfurt a.M.
Kaase, Max und Günther Schmid (Hrsg.), 1999: Eine lernende Demokratie. 50 Jahre Bundesrepublik Deutschland, Berlin.
Köhler-Apel, Stefan und Reinhard Bodenstab, 1995: Fünf Jahre Vermögensgesetz: Überblick über dies Gesetzes- und Rechtsprechungsentwicklung, in: OV-spezial – Informationsdienst zum Vermögens- und Entschädigungsrecht in den neuen Bundesländern 19, S. 310-319.
Lehmbruch, Gerhard, 1990: Die improvisierte Vereinigung. Die dritte deutsche Republik, in: Leviathan, 18. Jg., S. 462-486.
Lehmbruch, Gerhard, 1998: Parteienwettbewerb im Bundesstaat. Regelsysteme und Spannungslagen im Institutionengefüge der Bundesrepublik Deutschland, 2. Aufl., Opladen.
Lehmbruch, Gerhard und Thomas Mayer, 1998: Kollektivwirtschaften im Anpassungsprozeß: der Agrarsektor, in: Roland Czada und Gerhard Lehmbruch (Hrsg.), Transformationspfade in Ostdeutschland. Beiträge zur sektoralen Vereinigungspolitik (Schriften des Max-Planck-Instituts für Gesellschaftsforschung; Bd. 32), Frankfurt a.M., S. 331-366.
Lindblom, Charles E., 1965: The Intelligence of Democracy, New York: The Free Press.
Lowi, Theodore, 1979: The End of Liberalism. The Second Republic of the United States, 2. Aufl., London/New York.
Manow, Philip, 1996: Informalisierung und Parteipolitisierung – Zum Wandel exekutiver Entscheidungsprozesse in der Bundesrepublik, in: Zeitschrift für Parlamentsfragen, 27. Jg., S. 96-107.
Mayntz, Renate, 1995: Historische Überraschungen und das Erklärungspotential der Sozialwissenschaft (Heidelberger Universitätsreden; Bd. 9), Heidelberg.
North, Douglass, N., 1992: Institutionen, institutioneller Wandel und Wirtschaftsleistung, Tübingen (engl. Originalausgabe 1990, Institutions, Institutional Change and Economic Performance, Cambridge: Cambridge University Press).
Prätorius, Rainer, 1995: Institutionen und Regierungsprozeß, in: Arno Mohr (Hrsg.), Grundzüge der Politikwissenschaft, München/Wien, S. 487-566.
Reitz, Ulrich und Lothar Schröder (Hrsg.), 1999: Streitfall Berliner Republik. Aufsätze, Polemiken, Interviews, Düsseldorf.
Schmidt, Manfred G., 1996: Germany. The Grand Coalition State, in: Josep M. Colomer (Hrsg.), Political Institutions in Europe, London, S. 62-98.
Schröder, Gerhard, 1999: Meine Berliner Republik, in: Stern, Nr. 36 vom 2.9., S. 38-39.

Schwarz, Hans-Peter, 1984: Modernisierung oder Restauration? Einige Vorfragen zur künftigen Sozialgeschichtsforschung über die Ära Adenauer, in: Kurt Düwell und Köllmann Wolfgang (Hrsg.), Nordrhein-Westfalen im Industriezeitalter, Bd. 3, Wuppertal: Hammer, S. 278-293.

Seifert, Jürgen, 1974: Grundgesetz und Restauration. Verfassungsgeschichtliche Analyse und synoptische Darstellung des Grundgesetzes vom 23. Mai 1949 mit sämtlichen Änderungen, Darmstadt/Neuwied.

SIPRI, 1999: SPIRI Yearbook 1999. Armaments, Disarmament and International Security, Oxford: Oxford University Press.

Tocqueville, Alexis de, 1978: Der alte Staat und die Revolution. Vollst. Ausg. in d. Übers. von Theodor Oelckers, hrsg. von J.P. Mayer, München.

Wewer, Göttrik (Hrsg.), 1998: Bilanz der Ära Kohl, Opladen.

Wollmann, Hellmut, 1991: Vierzig Jahre alte Bundesrepublik zwischen gesellschaftlich-politischem Status quo und Veränderung. Zwischenbilanz einer politikwissenschaftlichen Diskussion, in: Bernhard Blanke und Hellmut Wollmann (Hrsg.), Die alte Bundesrepublik. Kontinuität und Wandel (= Leviathan Sonderheft 12), Opladen, S. 547-576.

I. Berlin, Deutschland, Europa

Martin Gornig / Hartmut Häußermann

Die neue Bundeshauptstadt

Zukunftsaussichten einer zurückliegenden Metropole

Ein häufig diskutierter Aspekt der Verlegung des Regierungssitzes von Bonn nach Berlin ist die 'Ästhetik der Macht', die in Bauten, Plätzen, Straßen und funktionalen Gliederungsprinzipien der Hauptstadt zum Ausdruck kommt. Dazu gehört der symbolisch aufgeladene Umgang mit dem baulichen Erbe aus vier verschiedenen Gesellschaftssystemen, die in der Mitte von Berlin ihre Regierungszentralen hatten. Kaiserreich, Weimarer Republik, Nationalsozialismus und DDR – diese vier politischen Systeme haben unterschiedliche Eingriffe in den Grundriss und in die Gebäudekulisse der Innenstadt vorgenommen. Nicht anders verfährt die Bundesregierung als Herrschaftszentrum des fünften deutschen Regimes, das in Berlin seine Hauptstadt einrichtet. Mit der Wiedervereinigung und dem Beschluss des Bundestages, seinen Sitz und den der Bundesregierung sowie weiterer Verfassungsorgane nach Berlin zu verlegen, standen erneut Entscheidungen über die bauliche und funktionale Struktur des Zentrums von Berlin an, die selbstverständlich als politische Gesten, Ausdruck eines politischen Selbstverständnisses oder einer politischen Kultur kritisch interpretiert werden. Insbesondere aus dem Ausland werden die Entscheidungen über die Standorte von Parlament und Ministerien und deren bauliche Gestaltung nicht nur als ästhetisches Problem, sondern als politische Botschaften interpretiert (Wise 1998; Ladd 1997; Cochrane/Jonas 1999; Welch Guerra 1999). Herausragende Aufmerksamkeit fand in diesem Kontext die Entscheidung über das Holocaust-Mahnmal.

Der folgende Beitrag wird sich nicht in die Diskussion über die symbolischen Bedeutungen der physischen Struktur der Stadtmitte einordnen. Die Frage danach, was Berlin als Hauptstadt für die wieder vereinigte Republik bedeutet, soll vielmehr umgekehrt werden in die Frage, was es für Berlin bedeutet, dass es ab 1999 wieder die tatsächliche Hauptstadt eines größer gewordenen Deutschlands ist. Die Stadt Berlin ist mit der Wiedervereinigung in eine tiefe ökonomische und finanzielle Krise geraten, weil ihre Wirtschaft nach fast 50-jähriger Isolation von den Bewegungen des Weltmarktes eine fundamentale Anpassungskrise erlebt (vgl. Gornig/ Häußermann 1999; Häußermann 1997; Geppert 1999). Die Auflösung von politischen, kulturellen und ökonomischen Zentralen im Ostteil der Stadt muss ebenso verkraftet werden wie das Ende der Subventionen im Westteil. Die Fragestellung dieses Beitrags lautet vor diesem Hintergrund, ob und wie der Hauptstadt-Status und die damit verbundenen baulichen Veränderungen im Zentrum von Berlin der Stadt helfen können, ihre Anpassungskrise zu überwinden?

Die zentrale These unseres Beitrags ist, dass das zukünftige ökonomische Wachstum von Berlin nicht auf einer erneuten regionalen Umverteilung, also der Rückholung von Funktionen und Unternehmensbereichen beruhen kann, die im Zuge der Teilung der Stadt in andere Regionen abgewandert sind. Berlin wird eine ökonomische Struktur entwickeln müssen, die durch die Innovationen und Bedürfnisse des 21. Jahrhunderts und nicht des 20. Jahrhunderts geprägt sein muss. Der städtische Raum, seine Gestalt, seine Struktur und seine Nutzung ist dafür die entscheidende Ressource – die allerdings erst noch entwickelt werden muss.

Der Beitrag ist wie folgt aufgebaut: Wir beginnen mit einem historischen Rückblick auf die Struktur und die Funktionen der Stadtmitte von Berlin in der Zeit, als Berlin unbestritten zu den Metropolen der westlichen Welt gehörte. Dann gehen wir auf den Wandel dieses Zentrums und die Umbaupläne, die in der Zeit des Nationalsozialismus und der DDR angefertigt und realisiert wurden, ein. Diesem stadtstrukturellen Rückblick folgt die ökonomische Analyse, in der zunächst die Stellung Berlins in der ökonomischen Arbeitsteilung mit anderen deutschen Regionen bzw. Städten untersucht wird, um anschließend die Situation der Hauptstadt heute zu charakterisieren. Daraus sollte dann erkennbar sein, worin die Chancen der künftigen Entwicklung liegen. Unsere These lautet also, dass die Zukunft des Standorts Berlin in einer *urbanen Ökonomie* liegt, deren Entfaltung stark von den Strukturen des städtischen Raumes abhängt.

I. Struktur und Funktion der Stadtmitte

Berlin galt am Anfang dieses Jahrhunderts als paradigmatisch für eine 'moderne' Stadt. Dazu trug einerseits die moderne Infrastruktur bei, die zum Vorbild für viele europäische Städte geworden war, andererseits aber das Bild der 'pulsierenden Metropole', für das insbesondere die Überlagerung verschiedenster Funktionen auf engem Raum den Stoff bildete. Die hohe Nutzungsdichte und die unerhörte Nutzungsvielfalt, die sich bis zum Zweiten Weltkrieg innerhalb des vergleichsweise kleinen Gebiets, das die barocke Stadterweiterung der Friedrichstadt umfasste, haben eine ökonomische und kulturelle Produktivität hervorgebracht, die auf der ganzen Welt Bewunderung fand. Im folgenden Abschnitt wollen wir den Nutzungswandel und die Veränderungen der baulichen Kulisse im Berliner Zentrum nachzeichnen.

1. Kaiserzeit und Weimar

Nachdem Berlin im Jahr 1870/71 deutsche Reichshauptstadt geworden war, entwickelte die Stadt vor allem im politischen Bereich und im Bereich der Finanzen eine höchst zentrale Position. Die Organe der Reichsregierung wurden dem monarchistisch und militaristisch geprägten Stadtzentrum hinzugefügt und breiteten sich vor allem am Westrand des Stadtzentrums (Wilhelmstraße) aus. In der Friedrichstadt, zwischen Wilhelmstraße und Schlossplatz entwickelte sich der Bankenstandort Berlin, der die Zentralen der größten Banken vereinigte.

Die neue Berliner Geschäftsstadt hat sich vom Ende des 19. Jahrhunderts bis zu den 30er Jahren innerhalb der barocken Stadterweiterung entfaltet (vgl. zum folgenden Bodenschatz 1995). Die barocke Stadterweiterung, das Zentrum des modernen Berlins, hat auf Grund seines Rastergrundrisses keinen zentralen Punkt. Dieses Muster eignete sich in hervorragender Weise für die Entwicklung einer arbeitsteiligen und differenzierten City; Flexibilität und Nachverdichtung waren möglich.

Es gab verschiedene Viertel: Regierungs- und Gesandtschaftsviertel vor allem Wilhelmstraße; Hotelviertel nördlich der Linden; das „eigentliche Geschäftsviertel", Leipziger-, Gertrauden-, Spandauer-, Königs- sowie Friedrichstraße; Bankenviertel: Französische Straße und Unter den Linden/Behrensstraße; Versicherungen: südlich davon in der Mohrenstraße als Hauptstraße; das Konfektionsviertel um den Hausvogteiplatz; das neue Viertel für Büros südlich der Leipziger Straße mit den Ausläufern des Zeitungsviertels, in der südlichen Friedrichstadt bildete sich in den 20er Jahren außerdem das Filmviertel. Die Friedrichstadt ist in den 20er Jahren der eigentliche Mittelpunkt von Berlin mit einem sehr heterogenen Nutzungsmix geworden: Universität, Theater, Banken, Hotels, elegante Läden und Warenhäuser, Bierpaläste, Cafés, stärkster Verkehr. Die Nutzungen waren so dicht, dass sie sich nur bei zeitlicher Diversifizierung auf dem engen Raum unterbringen ließen. Gleichsam im Schichtbetrieb wechselten sich hochwertige Unternehmensfunktionen, Freizeit und Einkaufen sowie Vergnügung und Nachtleben im selben Quartier ab.

Die Friedrichstraße und die Leipziger Straße waren zugleich luxuriöse Einkaufsstraßen und Ansammlungen von Hotels, Cafés, Varietés und Etablissements für nächtliche Vergnügungen. Die enge und vielfältige Mischung von höchst zentralen Funktionen des Deutschen Reiches mit den neuesten und extravagantesten Kauferlebnissen und Unterhaltungsveranstaltungen machte die spezifische Situation aus, die Berlin als die „moderne Stadt" weltberühmt machte. Vom Potsdamer Platz bis zum Alexanderplatz, vom Halleschen Tor bis zur Invalidenstraße breitete sich ein urbanes Gemisch von tertiären Aktivitäten aus, die eine Stadtmitte mit höchster Dynamik bildeten.

2. NS-Zeit

In der Zeit des Nationalsozialismus wurde zwar mehr geplant als tatsächlich gebaut – aber das, was die Nazi-Stadtplaner realisierten und in gigantischen Projekten vorgesehen hatten, lief auf eine Schwächung der alten City und auf eine Westverlagerung zentraler Funktionen hinaus.

Der Freiraum, der vom Spreebogen bis zum südlichen Tiergarten heranreichte, sollte durch umfangreiche Abrisse bis zum Flughafen Tempelhof erweitert und dann entlang einer großen Achse mit einer nationalsozialistischen Via Triumphalis bebaut werden, die alle zentralen Funktionen des nationalsozialistischen Staats- und Parteiapparates aufnehmen sollte (Bild Nr. 1). Mit dieser neuen von Speer geplanten Achse sollte die Hauptstadt des Nationalsozialismus ein vollkommen neues Zentrum erhalten, das von Monumentalität und Zentralität geprägt war. Diese Pläne konnten nie verwirklicht werden, allerdings wurden in dieser Gegend bereits Abbrüche vorgenommen und die Bevölkerung – u.a. im Zuge des 'Entjudungsprogramms' – umgesetzt.

Baulich physische Spuren des nationalsozialistischen Stadtzerstörungsprogramms, die den Weltkrieg und die nachträglichen Zerstörungen überlebt haben, sind heute noch im Stadtgebiet zu finden: die Reichsbank und das Reichsluftfahrtsministerium im Zentrum, das Olympiagelände, die Deutschlandhalle und das Messegelände in Charlottenburg, das Verwaltungszentrum am Fehrbelliner Platz und der Tempelhofer Flughafen.

3. DDR

Die DDR-Regierung wollte das Zentrum vollkommen umgestalten, sie machte daraus einen Ort der zentralen Selbstinszenierung des neuen gesellschaftlichen und politischen Systems. Die Umbaupläne für die Hauptstadt der DDR konzentrierten sich ganz auf die Mitte der Mitte von Berlin, auf den Bereich zwischen Alexanderplatz und Brandenburger Tor. Gebaut wurde zunächst die Stalinallee, deren Design eine eigenartige Verbindung von historisierender Architektur und modernem Städtebaukonzept darstellte. Monumentalität und achsiale Zentralität der Anlagen machen deutlich, dass hier eine große Hand am Werk war: Die Großartigkeit der Räume und der Gebäude sollte die Individuen beeindrucken, Demut erzeugen und mitteilen, dass das Individuum nichts ist, das Kollektiv hingegen alles. Dies kommt bis heute in der Verlorenheit zum Ausdruck, die jeder Fußgänger in diesen Orten empfinden muss. Funktional handelte es sich um ein reines Wohngebiet mit Versorgungseinrichtungen, das städtebauliche Design ähnelte jenseits der Magistrale den im Westen dominierenden Konzepten der durchgrünten und aufgelockerten Stadt – hier allerdings mit Hochhäusern im

Die neue Bundeshauptstadt 53

Bild 1

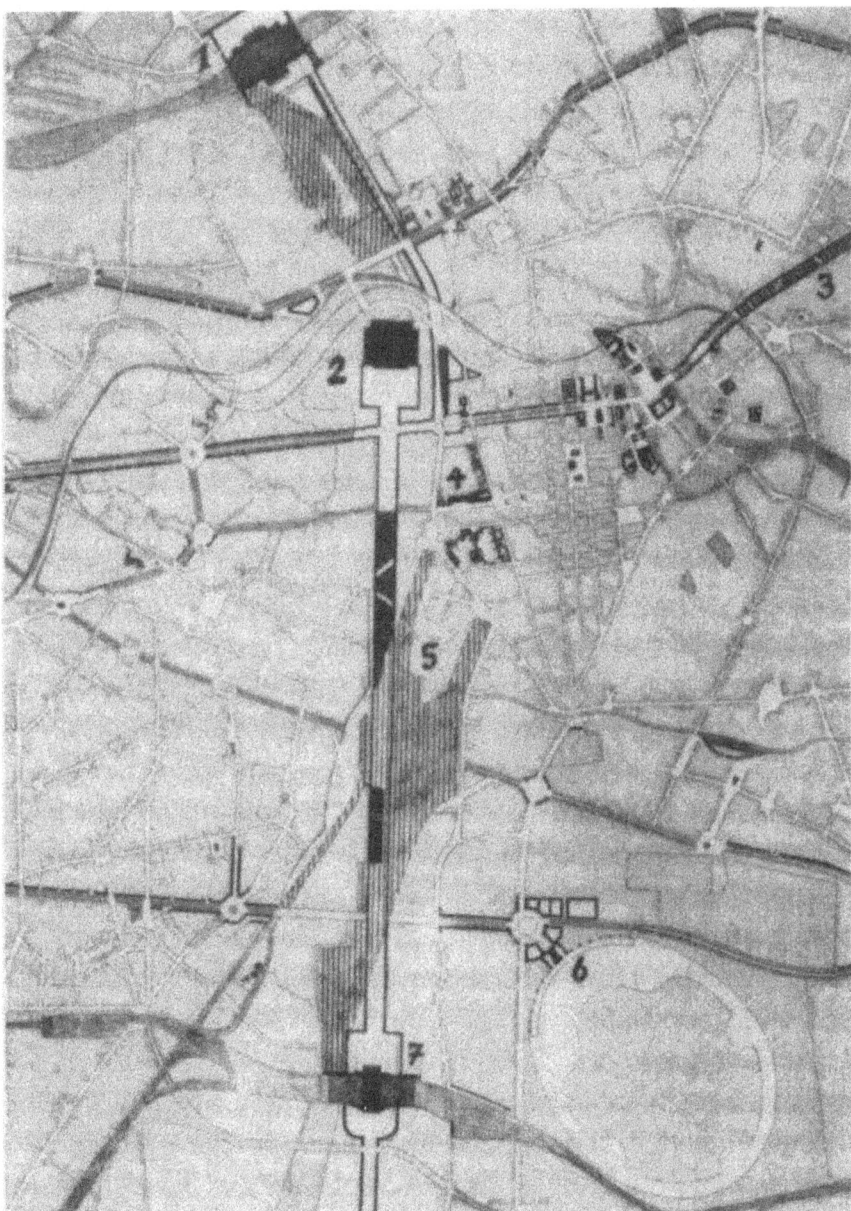

Quelle: Günter Peters, Kleine Berliner Baugeschichte, Berlin 1995, S. 167.

Stadtzentrum realisiert. Der historische Stadtgrundriss spielte für diese frühe Phase des DDR-Städtebaus keine Rolle – Im Gegenteil: der souveräne Umgang mit dem Boden, der durch keine privaten Eigentumsgrenzen behindert wurde, zeigte die neue historische Qualität, die mit der Etablierung des Sozialismus erreicht werden sollte.

Insgesamt kann man die Stadtplanung der DDR als eine *Siegerplanung* bezeichnen (vgl. Demps 1996), die geprägt ist vom Auslöschen der vorherigen Epochen, die als historisch überwunden gelten konnten und deshalb in der Stadt nicht mehr repräsentiert sein brauchten. Dies galt zwar nicht für die meisten Kulturbauten (Oper, Dom, Zeughaus etc.), jedoch für alle politisch aufgeladenen Gebäude. So wurde bereits 1950 das Stadtschloss gesprengt, und auch die Ruinen der Reichskanzlei sowie die Gebäude am Potsdamer Platz wurden in den 50er Jahren ebenso beseitigt wie die gesamte Berliner Altstadt zwischen Spree und Alexanderplatz, auf der Fischerinsel, in der Königstadt und Stralauer Vorstadt.

Zu der absolutistischen Sprache, mit der die DDR das Zentrum umbaute, gehörte neben der Anlage großer Paradestraßen im Übrigen die Auflösung der Straße in den Wohngebieten – ein modernistischer Zug, in dem auch ein Gesellschaftskonzept zum Ausdruck kommt. Damit wurden auch jene baulichen Nischen beseitigt, die das Kleinhandwerk oder innovative ökonomische Initiativen in einer Stadt als Starträume benötigen. Aber gerade diese kleinen privaten Initiativen sollten in der DDR ja überwunden werden zu Gunsten großer, zentral gelenkter Produktions- und Distributionseinheiten.

Die grundlegenden Ideen für die Gestaltung des Zentrums waren bereits 1950 entwickelt (vgl. Flierl 1998) und sie gipfelten in einem Hochhaus an der Spree, das zweierlei signalisierte: hoch, d.h. eine Stadtkrone, die Markierung des Zentrums durch ein von weither erkennbares Gebäude; zum Zweiten der Inhalt dieses Gebäudes, nämlich der Staat. Ein solches Gebäude (vgl. Entwurf Kosel, Bild Nr. 2) sollte dort entstehen, wo heute das Marx-Engels-Denkmal steht. An der Vorderseite sollte eine Brücke über die Spree mit Treppen auf dem Schlossplatz münden, von denen aus – umgebaut zur Tribüne – die Herrscher die Paraden des sozialistischen Volkes und seines Militärs abnehmen konnten.

Ein weiteres Element der Gestaltung des öffentlichen Raumes zeigt der Entwurf für dieses Hochhaus von 1958, in dem die benachbarten Stadtviertel, das Nikolaiviertel und das Viertel an der Spandauer Straße bis zur Spree, völlig beseitigt und durch innerstädtische Seen ersetzt sind. Diese Gestaltung des öffentlichen Raums ist eine noch größere Demonstration der Macht des Sozialismus, dem es möglich war, ganze Stadtteile restlos abzuräumen und dafür als Schmuckelement einen innerstädtischen See anzulegen.

In den 16 Grundsätzen des Städtebaus wurde im 6. Grundsatz festgelegt: (...) es wimmelt nur so von Zentralität, von Inszenierungen sozialistischer Zentralität. Dies war ein klares Abbild des sozialistischen politischen Systems, eine Massenchoreographie des Staatssozialismus. Denn die Überlegungen, wie der Raum um

Bild 2

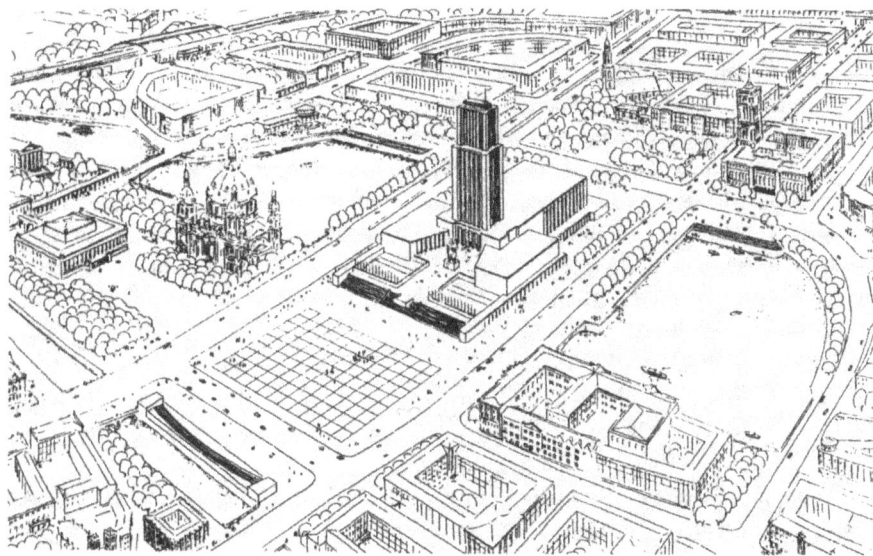

Quelle: Flierl (1998, S. 137).

den Marx-Engels-Platz zu gestalten sei, bezogen sich stets auf die mit den Inszenierungen sozialistischer Zentralität verbundenen Stand- und Fließdemonstrationen der werktätigen Massen.

Kennzeichnend für die sozialistische Stadtkonzeption ist die große Freifläche, die zwischen dem Palast der Republik und dem Alexanderplatz geschaffen wurde: einerseits als Ort für das Marx-Engels-Denkmal, umgeben von Parkanlagen, andererseits als große, gepflasterte Freifläche mit dem Neptunbrunnen und einer Grünfläche bis zum Fernsehturm, deren Sinn und Zweck eigentlich nur im Flanieren liegen könnte, obwohl die Räume dazu viel zu groß und viel zu unattraktiv sind. Soll man sie deshalb als „Loch in der Mitte" bezeichnen, wie es Niethammer auch im Blick auf andere sozialistische Hauptstädte getan hat? Diese öffentlichen Räume, die durch Abräumen der historischen Stadt entstanden sind, sind überdeutliche Demonstrationen sozialistischer Macht: Kein kapitalistisches System dieser Welt hätte es sich leisten können, ein dichtes innerstädtisches Viertel abzureißen, um die Fläche anschließend zu begrünen oder zum Spazierengehen freizugeben. Aber damit ist auch ein Funktionsgeflecht beseitigt worden und ein bauliches Netz, das sich vielen Nutzungen hätte anpassen können.

4. Berliner Republik

Mit der Wiedervereinigung im Oktober 1990 wurde das historische Zentrum von Berlin, das 45 Jahre lang Hauptstadt der DDR gewesen war, wieder Hauptstadt für das ganze Deutschland und Regierungssitz für die Bundesregierung.
Betrachtet man die Standorte der verschiedenen Regierungen im Zentrum der Stadt (vgl. Bild Nr. 3), so zeigen sich doch symbolträchtige Verschiebungen: Der große Neubau, den der Bund im Zentrum errichtet, das Kanzleramt, weicht aus den historischen Regierungsbezirken auf und bildet mit der Überbauung der Spree nach Meinung der Jury, die ihn im Wettbewerb ausgewählt hat, eine symbolische Verklammerung zwischen Ost und West. Die noch vorhandenen Nazigebäude im Zentrum, die Reichsbank, in der das ZK der SED residiert hatte, sowie das Haus der Ministerien (vormals Reichsluftfahrtsministerium) werden von der neuen Regierung weiter genutzt. Sie sind durch die zwischenzeitliche Nutzung durch die DDR-Regierung offensichtlich dekontaminiert.
Eine herausragende Bedeutung für die zukünftige städtebauliche Entwicklung im Zentrum von Berlin hat das städtebauliche Leitbild 'Planwerk Innenstadt', das als Senatsbeschluss im Amtsblatt für Berlin am 13. August 1999 nach langer öffentlicher Debatte seine hoheitliche Weihe bekam. Das Planwerk Innenstadt möchte die Eingriffe der städtebaulichen Moderne im Zentrum rückgängig machen bzw. reparieren, ohne auch nur ein einziges Gebäude abzureißen. Die Zerstörung des Straßenraumes, die in den innerstädtischen Neubauwohngebieten des östlichen Zentrums ebenso zu sehen sind wie in den Verkehrsanlagen des westlichen Zentrums, soll durch den Rückbau der Straßen begrenzt werden. Durch Umbau soll die Monumentalität der Straßen im Osten reduziert werden. Die Flächen, die für Autos reserviert sind, sollen kleiner werden, Fußgängern und Radfahrern sollen Aufenthaltserlaubnisse in der Innenstadt zurückgegeben werden.
Das Projekt ist aber auch ein gesellschaftspolitisches: Die Reetablierung des Stadtbürgers durch die Privatisierung des Bodens in kleinen Häppchen liegt ihm als ideologische Legitimation zu Grunde. Parzellierung und kleine Investoren (möglichst für die Selbstnutzung) sollen eine Schicht städtischer Bürger wiedererschaffen, die durch die Verstaatlichung des Bodens und die Enteignung des DDR-Regimes ausgelöscht worden ist. Es handelt sich um eine Revolution rückwärts, durch die die Bürger wieder zum Subjekt der Stadt gemacht werden sollen – auch zum Subjekt der ökonomischen Entwicklung?
Ein anschauliches Beispiel für die Intentionen des Planwerks bildet der Spittelmarkt, der vor dem Zweiten Weltkrieg ein typisches Beispiel europäischer Stadtkultur mit seinen Funktionsmischungen bildete (Bild Nr. 4). Im Planwerk Innenstadt ist vorgesehen, den Platz, der durch die DDR Planung vollkommen verschwunden ist (Bild Nr. 5), in den Grundrissen wiederherzustellen (Bild Nr. 6).

Die neue Bundeshauptstadt 57

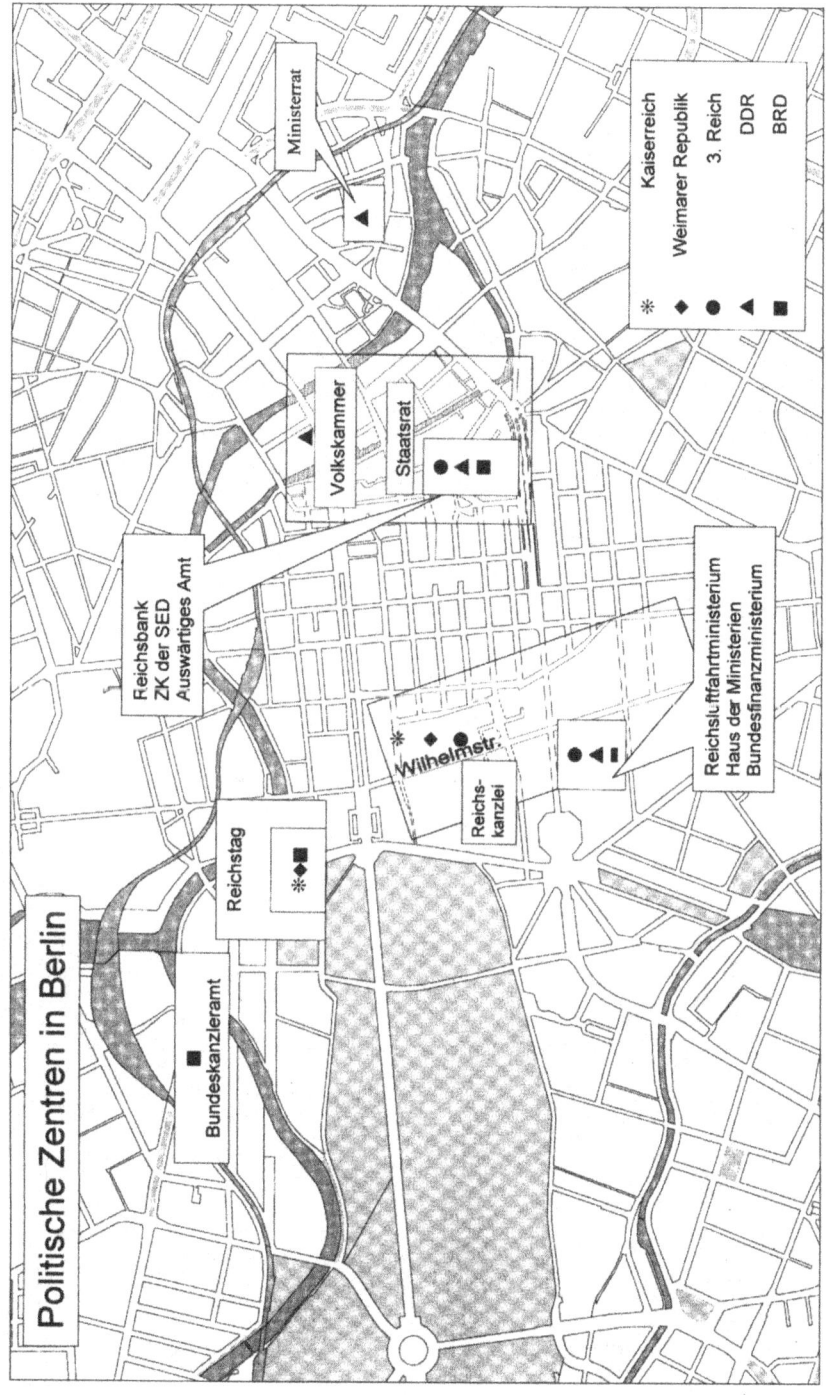

Bild 3

Bild 4

Bild 5: Spittelmarkt, Blick Richtung Gertraudenbrücke, Bestand 1996

Bild 6: Spittelmarkt, Blick Richtung Gertraudenbrücke, Stadträumliche Studie Stand Februar 1997

Das Planwerk Innenstadt ist zwar vorwiegend ein ästhetisches Projekt, das sich gegen Straßenzerstörung und Monumentalismus der DDR-Planung richtet. Die Fußgänger sollen in den Stadtraum zurückkehren können, und dafür muss dieser Stadtraum erst wieder geschaffen werden. Im Planwerk Innenstadt werden Gelegenheiten für private Investoren neu geschaffen – aber die neue Struktur müsste kleinteiliger und multifunktionaler als die bisher realisierten Projekte an der Friedrichstraße und am Potsdamer Platz sein, wenn sie zur Revitalisierung der verlorenen Stadtökonomie und -kultur beitragen sollen.

Die Neubauten, die bis 1999 als große Projekte die Stadtentwicklung bestimmen und die bereits fertig gestellt sind, sind sämtlich Projekte von privaten Investoren. Sie sind zugleich Paradebeispiele des privaten Städtebaus, dessen Bedeutung für die Stadtentwicklung bereits heute sehr groß ist und noch größer werden dürfte (vgl. Häußermann 1996). Beispiele dafür sind die Projekte Hackesche Höfe, Friedrichstraße und Potsdamer Platz. Dort haben große Investoren Räume geschaffen, die ökonomisch bereits gut funktionieren. Dabei handelt es sich um ökonomisierte Räume, die keine Spielräume bieten für ökonomisch schwache Anfänger oder für kulturelle Innovationen. Die sorgfältig kalkulierten Nutzungen und die Besetzung der neuen Räume durch Kettenläden zeigen, dass Stadtbürger hier nur noch als Kunden zum Zuge kommen können. Die öffentlichen Räume der Straße werden ins Private verlegt oder privat kontrolliert: in Form von Malls und unterirdischen Wegen, die Konsumorte verbinden.

II. Die ökonomische Entwicklung Berlins

Mehr noch als auf nationaler, deutscher Ebene setzen die Verantwortlichen in Berlin auf den Dienstleistungssektor, wenn es um die Stärkung der Wirtschaftskraft und den Abbau der Arbeitslosigkeit in der Stadt geht. Früher hatte die Industrie ein hohes Gewicht in Berlin, doch mittlerweile sind für die breite Masse der Industrie sowohl die Bodenpreise als auch die Lohnkosten in den großen Städten zu hoch. Lediglich im relativ kleinen Bereich technologisch hochwertiger Produktionen mit intensiven Austauschbeziehungen zur Dienstleistungsökonomie sind städtische Standorte noch attraktiv. Erklärtes Ziel der Wirtschaftspolitik der Stadt ist es daher, zur Dienstleistungsmetropole mit internationalem Rang zu werden.

Im Folgenden wird nach einem historischen Rückblick dargestellt, welche Entwicklungen die Dienstleistungen[1] in Berlin in den letzten knapp 10 Jahren genommen haben, wo Berlin heute im Vergleich zu anderen Dienstleistungszentren steht und wo die Zukunftsfelder der Stadt liegen könnten.

1. Historischer Rückblick

Ein Indikator für die hohe ökonomische Bedeutung Berlins in der Vorkriegszeit ist der Anteil der Arbeitsplätze in der Stadt an der Gesamtbeschäftigung in Deutschland (hier bezogen auf das *heutige* Staatsgebiet). Insgesamt waren 1939 über 10 Prozent aller Beschäftigten Deutschlands in Berlin tätig (vgl. Tabelle 1). Selbst im Produzierenden Gewerbe waren es 9 Prozent. Insbesondere die großen Elektro- und Maschinenbaukonzerne wie Siemens, AEG, Osram und Borsig machten die wirtschaftliche Stärke der Stadt aus. Im Bereich Handel und Verkehr trugen vor allem die großen Warenhauskonzerne und die Zentralen der staatlichen Infrastrukturunternehmen Reichsbahn, Reichspost und Lufthansa zum hohen Beschäftigungsanteil Berlins bei, der bei 11 Prozent lag.

Am deutlichsten allerdings wird die Metropolfunktion Berlins im Bereich der eigentlichen Dienstleistungsunternehmen. Die Stadt war das deutsche Zentrum

---

1 Für die konkrete Bestimmung des Bereichs der privaten Dienstleistungen ist hier die Abgrenzung der amtlichen Statistik verwendet worden. Danach zählen dazu Kreditinstitute, Versicherungsunternehmen, Leasingfirmen, Wohnungsvermietungen, Unternehmens-, Steuer- und Rechtsberater, Werbeagenturen, Softwarehäuser, Architektur- und Ingenieurbüros, Bewachungsdienste ebenso wie Medien, Gastgewerbe, Kultur- und Freizeiteinrichtungen, Bildungsstätten, Gesundheitsdienste, Reinigung und Körperpflege. Hinzugerechnet werden können dem Dienstleistungssektor darüber hinaus die großen, allgemeinen Bereiche Handel und Verkehr sowie Staat und Organisationen ohne Erwerbscharakter.

Tabelle 1: Anteil Berlins an der Beschäftigung in Deutschland[1] 1939 bis 1989

	1939	1961	1989
	Anteil in %		
Produzierendes Gewerbe	8,7	4,7	3,8
Handel und Verkehr	10,6	5,5	5,3
Dienstleistungsunternehmen	15,9	8,3	5,0
Staat und Organisationen	16,5	7,7	7,1
Summe	10,3	5,6	5,0

1 Heutiges Staatsgebiet.
Quellen: Arbeitsstättenzählungen, Berufstätigenerhebung, VGR der Länder, eigene Berechnungen und Schätzungen.

der Banken, Versicherungen, Verlage und des Kulturbereichs. Bei der Entwicklung der neuen Kulturindustrie war Berlin sogar eine europäische Metropole. Die schrille und schillernde Welt von Kino, Rundfunk und Fernsehen hatte ihren Mittelpunkt in Berlin und begründete den Mythos vom Roaring Berlin. Die starke Konzentration der Dienstleistungen dokumentiert sich auch im Beschäftigungsanteil. 16 Prozent der Beschäftigten in deutschen Dienstleistungsunternehmen waren in Berlin tätig. Damit lag der Anteil der Stadt hier fast so hoch wie im Bereich Staat und Organisationen, wo 16,5 Prozent aller Arbeitsplätze in der Reichshauptstadt angesiedelt waren.

Die Nazis wollten Berlin zum Zentrum der Weltbeherrschung machen – und dadurch verlor die Stadt fast alles. Sie wurde nach dem Ende des Krieges in vier Besatzungszonen aufgeteilt und unter internationales Recht gestellt. Die Banken zogen um nach Frankfurt/Main, die Versicherungsunternehmen vor allem nach München, Medienzentren wurden Hamburg und München. Auch die großen Industriekonzerne verließen die Stadt und trugen mit dazu bei, dass sich Stuttgart und München zu Zentren der modernen Industriegesellschaft entwickelten. Und nicht zuletzt übernahm die Region Bonn/Köln die politischen Leitungsfunktionen für den neuen Weststaat (vgl. auch Henckel u.a. 1993). Ostberlin wurde zwar Hauptstadt der DDR, litt aber zunächst unter starken Bevölkerungsverlusten (vgl. auch Scherf u.a. 1990). Beim Mauerbau 1961 lag der Anteil Berlins insgesamt an der Beschäftigung in Deutschland bei nur noch 5,6 Prozent und damit fast auf der Hälfte des Stands von 1939.

Bis in die Endphase der deutschen Teilung ging die ökonomische Bedeutung Berlins noch weiter zurück. 1989 lag der Beschäftigungsanteil Berlins bei nur noch 5 Prozent. Für diesen weiteren Bedeutungsverlust steht insbesondere die Entwicklung im Westteil der Stadt, der mit Ausnahme einiger hoch subventionierter Industrie- und Kulturbereiche jede überregionale Bedeutung verloren hatte. Ostberlin entwickelte sich dagegen nach dem Mauerbau zur absolut dominierenden und deshalb auch gehassten Metropole der DDR. So konzentrierten sich auf den

Ostteil Berlins rund ein Drittel der Beschäftigten der DDR, die 1989 dem Bereich der Dienstleistungsunternehmen zugeordnet werden konnten. Da aber gleichzeitig der Tertiärisierungsprozess in Westdeutschland sehr viel stärker ausfiel als in der DDR und an Westberlin weitgehend vorbeiging, verlor die Stadt insgesamt ihre Spezialisierungsfunktion im Bereich der Dienstleistungsunternehmen. Der Beschäftigungsanteil lag 1989 mit nur 5 Prozent ähnlich hoch wie im Durchschnitt aller Sektoren und um 2/3 niedriger als 1939. Lediglich im Bereich Staat und Organisationen konnte bei einem Beschäftigungsanteil von 7 Prozent noch von einem Funktionsüberschuss der Stadt in Bezug auf beide deutschen Staaten gesprochen werden, eben als Vorposten des Westens oder als Hauptstadt der DDR.

2. Entwicklungsprozesse nach der Vereinigung

Unmittelbar nach der Vereinigung Deutschlands und Berlins wurden die ökonomischen Entwicklungsperspektiven der Stadt in aller Welt außerordentlich positiv eingeschätzt. Ob in Politik, Wissenschaft oder in der Immobilienbranche – überall überwogen nahezu euphorische Wachstumserwartungen, die sich vor allem auf eine Expansion der Dienstleistungen in Berlin stützten. So weisen Prognosen aus den frühen Neunzigerjahren Beschäftigungszuwächse für die Stadt in einer Größenordnung von etwa 200.000 neuen Arbeitsplätzen bis zum Jahr 2000 aus (vgl. Ring u.a. 1992).

Die tatsächliche wirtschaftliche Entwicklung nach 1989 sieht allerdings anders aus: Die Gesamtbeschäftigung nahm nicht zu, sondern Jahr für Jahr reduzierte sich die Zahl der Arbeitsplätze. Die wirtschaftliche Entwicklung in Berlin lässt sich dabei ähnlich wie in Deutschland insgesamt in zwei unterschiedliche Phasen einteilen (vgl. Abbildung 1). Die erste Phase ist geprägt von einem krassen Entwicklungsgegensatz zwischen Ost und West. Sie reicht – bezogen auf die Beschäftigungsveränderung – von 1989 bis 1992.

Mit dem politischen und wirtschaftlichen Zusammenbruch der DDR verliert der Ostteil Berlins seine Steuerungsfunktion in Staat, Partei und Ökonomie. Bis 1992 gehen nahezu 40 Prozent der Arbeitsplätze verloren. Dies ist deutlich mehr als in den anderen Gebieten der DDR, wenngleich auch in den neuen Bundesländern die Beschäftigung zwischen 1989 und 1992 um fast 30 Prozent zurückgeht. Im Westteil Berlins dagegen setzte nach 1989 eine wirtschaftliche Boomphase ein. Auf Grund der hohen Nachfrage aus dem Beitrittsgebiet schnellten die Beschäftigungszahlen insbesondere im Handel und bei den Dienstleistungen an. Westberlin hatte seine zentralörtliche Funktion für sein Umland wiedergewonnen. In nur drei Jahren bis 1992 nahm die Beschäftigung um nahezu 15 Prozent zu. Im Durchschnitt der alten Bundesländer war der Zuwachs dagegen 1989 bis 1992 mit weniger als 7 Prozent noch nicht einmal halb so hoch.

Die neue Bundeshauptstadt

Abbildung 1: Beschäftigungsentwicklung 1989 bis 1997

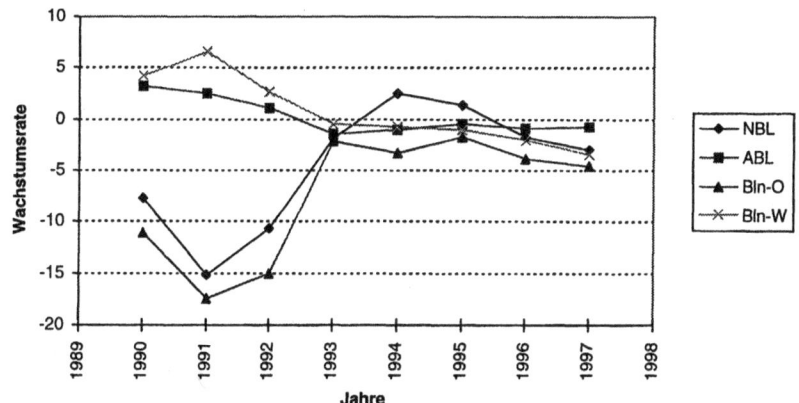

Quellen: VGR der Länder, eigene Berechnungen.

Seit 1993 sind die Entwicklungen im West- und Ostteil Berlins zumindest in Bezug auf die Beschäftigungsveränderung auf einen ähnlichen Pfad eingeschwenkt. In beiden Stadthälften ist dabei eine bis 1997 durchgängige negative Beschäftigungsentwicklung zu konstatieren, die zum Ende der Beobachtungsperiode durch wieder höhere Beschäftigungsverluste gekennzeichnet ist. Von 1993 bis 1997 gehen in Ostberlin nochmals fast 15 Prozent der Arbeitsplätze verloren. In Westberlin beträgt der Rückgang insgesamt knapp 8 Prozent, dies entspricht etwa der Hälfte des Arbeitsplatz-Zuwachses zwischen 1989 und 1992. Der Beschäftigungsabbau ist dabei in Ostberlin weiterhin höher als in den neuen Bundesländern und auch Westberlin bleibt nun hinter der Entwicklung in den alten Bundesländern zurück. Dabei zeigen insbesondere die Jahre 1996 und 1997, dass durch den Verlust großer Teile der Industrie die Westberliner Wirtschaft sich von der Wirtschaftsentwicklung im Westen abkoppelt.

In der Summe hat das ökonomische Gewicht Berlins innerhalb Deutschlands gegenüber der Situation während der Teilung weiter abgenommen (vgl. Tabelle 2). Der Anteil Berlins an der Beschäftigung verringerte sich von 5,0 Prozent 1989 über 4,6 Prozent 1992 auf 4,3 Prozent 1997. Besonders stark ist dabei der Anteilsrückgang trotz Bauboom beim Produzierenden Gewerbe. Verantwortlich hierfür ist zum einen der Rückgang der Westberliner Industrie im Zuge von Subventionsabbau und Suburbanisierung und zum anderen die Auflösung der Kombinate, die vielfach in Ostberlin ihren Sitz hatten.

Ebenfalls rückläufig ist der Anteil Berlins an der Beschäftigung in Deutschland im Bereich Staat und Organisationen. Dies ist zunächst Ausdruck vor allem der Abwicklung des Partei- und Staatsapparates der DDR, dann aber auch Folge der zunehmenden Finanzprobleme des Stadtstaates Berlin, die zu Reduzierungen im Bereich der öffentlichen Verwaltung geführt haben.

Tabelle 2: Anteil Berlins an der Beschäftigung in Deutschland 1989 bis 1997

	1989	1992	1997
	Anteil in %		
Produzierendes Gewerbe	3,8	3,2	2,8
Handel und Verkehr	5,3	4,8	4,0
Dienstleistungsunternehmen	5,0	5,6	5,5
Staat und Organisationen	7,1	5,9	5,7
Summe	5,0	4,6	4,3

Quellen: VGR der Länder, eigene Berechnungen und Schätzungen.

Aufholen konnte die Stadt dagegen im Bereich der Dienstleistungsunternehmen. Besonders expansiv war dabei die Phase von 1989 bis 1992, in der vor allem in Westberlin die Zahl der Dienstleistungsarbeitsplätze stark zunahm. Seit 1993 hat sich der Wachstumsprozess insgesamt verlangsamt und sich gleichzeitig räumlich mehr und mehr auf Ostberlin mit dem Stadtbezirk Mitte verlagert.

3. Bedeutung und Entwicklung überregionaler Dienstleistungen

In den Raumwissenschaften lässt sich – auch wenn es keine geschlossene Theorie des Städtesystems gibt – die Städtelandschaft als ein hierarchisches System von Beziehungen beschreiben. Die Bedeutung bzw. der Rang einer Stadt ergibt sich dabei aus der Reichweite ihres Einzugsgebietes (vgl. Blotevogel 1995). In ökonomische Kategorien übersetzt bedeutet dies, dass sich die Stellung einer Stadt an ihren Exportleistungen bzw. überregionalen Funktionsüberschüssen festmachen lässt. Auf Grund der Spezialisierung können sich auf der Ebene einzelner Funktionen die überregionalen Handelsbilanzen stark unterscheiden bzw. sich die Einzugsgebiete überlappen. Allerdings lässt sich in der Summe aller überregionalen Funktionen auch dann eine Rangfolge der ökonomischen Bedeutung festlegen.

Unter Metropole ist dabei der Mittelpunkt eines Städtenetzes zu verstehen, das dominante Zentrum in einer Region. Um wirklich Metropole sein zu können, müssen sich in einer solchen Stadt die Zentren verschiedener Funktionsbereiche überlagern: sie muss Mittelpunkt nicht nur des politischen, sondern auch des ökonomischen und kulturellen Lebens des Landes sein – dann, und nur dann ergibt es Sinn, eine große Stadt Metropole zu nennen. Vor dem 2. Weltkrieg war Berlin zweifellos eine solche Metropole, wenngleich die anderen großen deutschen Städte wie Hamburg, Leipzig, Frankfurt oder München niemals in dem Maße zu Provinzstädten herabgesunken sind, wie es für jede Großstadt in Frankreich oder England neben Paris oder London schon immer der Fall war.

Mit dem Blick auf die mögliche künftige Metropolenfunktion Berlins sind dabei vor allem solche Dienstleistungen interessant, die auf überregionalen Absatz und Wirkung ausgerichtet sind. Sie machen die Funktionsüberschüsse einer Stadt aus, sie sind es, die zusätzliches Einkommen in die Region bringen. Eine potenziell starke überregionale Orientierung besitzen dabei zunächst die auf „Vorleistungsbedarf" anderer Unternehmen ausgerichteten Bereiche Finanzwesen (Kreditinstitute, Versicherungsunternehmen) und Beratung (Rechts- und Unternehmensberatung, Architektur- und Planungsbüros, Softwarehäuser, Werbeagenturen). Aber auch bei den so genannten haushaltsbezogenen Dienstleistungen kann eine überregionale Ausrichtung vorliegen, wie bei den Medien (Verlage, TV-Anstalten, Filmhersteller, Nachrichtenbüros) und – im Zusammenhang mit dem Tourismus – beim Kultursektor (Opernhäuser, Theater, freischaffende Künstler) und beim Gastgewerbe (Hotels, Gaststätten).

Betrachtet man die Entwicklungstendenzen der genannten überregional orientierten Dienstleistungen in Berlin anhand der Beschäftigungsveränderung, sind starke Differenzen sowohl zwischen unternehmens- und haushaltsbezogenen Zweigen als auch zwischen dem West- und Ostteil der Stadt festzustellen (vgl. Tabelle 3).

Starke Beschäftigungsgewinne weisen im Gesamtzeitraum 1989 bis 1996 die unternehmensbezogenen Zweige Kreditinstitute, Versicherungen und Beratungsdienste auf. Besonders dynamisch war die Entwicklung des Finanzsektors in der unmittelbaren Nachwendezeit bis 1992, weil ein differenziertes Banken- und Versicherungssystem im Ostteil erst eingeführt wurde und Westberlin als Vertriebsstützpunkt für Ostdeutschland ausgebaut wurde. Seit 1992 hat das Wachstumstempo allerdings stark nachgelassen. Einen ähnlichen Entwicklungsverlauf zeigen die Beratungsdienste in Westberlin, wenngleich der Wachstumsrückgang in den Jahren 1992 bis 1996 deutlich geringer ausfällt. Im Ostteil der Stadt setzt sogar erst nach 1992 ein starker Beschäftigungszuwachs bei den Beratungsdiensten ein, da die Beschäftigungsentwicklung in der Nachwendezeit belastet wurde durch die Auflösung oder Durchrationalisierung insbesondere technischer Beratungseinrichtungen der DDR.

In den haushaltsbezogenen Zweigen Medien und Kultur sowie dem Gastgewerbe war in Westberlin die Beschäftigungsentwicklung insgesamt weit weniger dynamisch als in den unternehmensbezogenen Bereichen. Insbesondere in der ersten Periode von 1989 bis 1992 blieben sie hier deutlich zurück. Seit 1992 allerdings nimmt das Gastgewerbe stärker zu als der Finanzsektor, und auch der Bereich Medien und Kultur kann seinen Wachstumsrückstand spürbar verringern. In Ostberlin erleiden die haushaltsbezogenen Zweige gegenüber der Situation vor der Vereinigung sogar starke Beschäftigungseinbußen. Dies gilt vor allem für die Periode bis 1992. Neben Rationalisierungseffekten wirken sich dabei auch die Schließungen zentraler Einrichtungen wie des DDR-Fernsehens aus. Im Gastgewerbe wurde allerdings schon zwischen 1992 und 1996 ein leichter Beschäftigungszu-

Tabelle 3: Entwicklung überregionaler Dienstleistungen in Berlin 1989 bis 1996

	1989-1992	1992-1996	1989-1996
	Beschäftigungsveränderung in %		
	Berlin		
Kreditinstitute	28,3	2,7	31,7
Versicherungen	84,3	2,1	88,2
Beratungsdienste	23,6	34,3	66,1
Medien und Kultur	-39,6	-5,0	-42,6
Gastgewerbe	-0,8	4,2	3,4
Summe	-0,6	12,3	11,6
	Westberlin		
Kreditinstitute	31,3	3,0	35,2
Versicherungen	68,7	4,6	76,5
Beratungsdienste	55,1	35,5	110,3
Medien und Kultur	1,5	1,9	3,4
Gastgewerbe	8,0	5,4	13,9
Summe	26,1	14,3	44,1
	Ostberlin		
Kreditinstitute	17,9	1,5	19,7
Versicherungen	158,4	-5,6	143,8
Beratungsdienste	-10,7	32,2	18,0
Medien und Kultur	-61,5	-14,7	-67,1
Gastgewerbe	-14,8	1,6	-13,4
Summe	-30,5	8,2	-24,8

Quellen: Berufstätigenerhebung, Strukturberichterstattung des DIW, VGR der Länder, eigene Berechnungen und Schätzungen.

wachs erreicht, während – wenn auch deutlich verlangsamt – bei Medien und Kultur sich der Arbeitsplatzabbau fortsetzte.

Trotz der teilweise hohen Beschäftigungsverluste in Ostberlin – vor allem im Vergleich zur DDR-Zeit – ist aber nicht zu übersehen, dass mit der Vereinigung Berlin insgesamt bei den überregional orientierten Dienstleistungen einen großen Sprung nach vorn gemacht hat. In Westberlin sind – gemessen an der Beschäftigung – die Kapazitäten in den unternehmensbezogenen Bereichen (Finanzwesen, Beratungsdienste) um über 80 Prozent ausgeweitet worden. Bei den haushaltsbezogenen Zweigen (Medien, Kultur, Gastgewerbe) sind es immerhin rund 10 Prozent. In Ostberlin sind diese Aktivitätsbereiche teils völlig umstrukturiert und insgesamt auf ein neues Effizienzniveau gehoben worden. Dennoch konnte bei den unternehmensbezogenen Bereichen sogar ein Beschäftigungszuwachs von über 20 Prozent erreicht werden.

Die neue Bundeshauptstadt 67

4. Position und Chance

Der beschriebene Entwicklungsschub im Bereich überregional orientierter Dienstleistungen hat die Ausgangslage für die künftige Entwicklung spürbar verbessert. Allein durch das bloße Mehr an überregional orientierten Dienstleistungsunternehmen sind die Chancen interner Vernetzung und spezialisierter Kompetenzentwicklung gestiegen: Berlin hat an Agglomerationskraft gewonnen. Allerdings muss auch gesehen werden, dass mit dem Auslaufen der vereinigungsbedingten Sonderkonjunkturen Berlin jetzt mehr und mehr in den „normalen" Wettbewerb mit anderen Dienstleistungszentren eintritt. Im nationalen Rahmen treten dabei als Konkurrenten vor allem Städte aus dem Westteil der Republik auf, die nach 1945 zentrale Funktionen von Berlin übernommen und erfolgreich ausgebaut hatten. Lediglich im Bereich der administrativen Funktionen sind mit der Umzugsentscheidung von Parlament und Regierung die Weichen für Berlin gestellt. Die Stadt wird (wieder) Zentrum der höchstrangigen nationalen Funktionen von Staat und Parteien.

Auch die Wirtschaftsverbände kommen nach Berlin zurück, die in der deutschen Verhandlungsdemokratie zweifelsohne eine wichtige Rolle spielen. Die eigentlichen Entscheidungskompetenzen aber – zumal im Zeitalter der Globalisierung – liegen bei den Unternehmen. Für die ökonomische Funktion Berlins haben somit die Verbände kaum eine wirkliche Bedeutung. Im Bereich der ökonomischen Funktionen, die in der Vorkriegszeit Berlins Position mindestens ebenso wie die administrativen Funktionen bestimmt haben, sind die Perspektiven aber noch weitgehend offen.

Um einzuschätzen, welche Position Berlin im ökonomischen Bereich heute hat, wird im Folgenden der Umfang überregional orientierter Dienstleistungen – gemessen an der Beschäftigung – in Berlin verglichen mit jenem in den Regionen Hamburg, Köln/Bonn, Rhein-Main und München. Durch den Bezug auf großräumig abgegrenzte Stadtregionen wird dabei eindeutig auf die überregionalen Funktionen abgestellt, da anders als bei reinen Städtevergleichen hier die Versorgungsfunktionen des Zentrums für das Umland nicht ins Gewicht fallen. Um darüber hinaus die unterschiedliche Regionsgröße zu berücksichtigen, die einen unterschiedlichen Eigenversorgungsbedarf an Dienstleistungen impliziert, wird die Beschäftigtenzahl in Bezug zur Einwohnerzahl (Beschäftigtenbesatz) gesetzt.

Der statistische Vergleich mit dem Indikator Beschäftigtenbesatz weist darauf hin, dass in fast allen Bereichen überregionaler Dienstleistungen die Stadt innerhalb Deutschlands heute eher eine zweitrangige Bedeutung besitzt (vgl. Tabelle 4). Im Vergleich zu den westdeutschen Dienstleistungszentren liegt Berlin – gemessen am Beschäftigtenbesatz – bei den Kreditinstituten, den Versicherungsunternehmen, den Rechts- und Wirtschaftsberatern, der Werbewirtschaft und bei den Medien weit abgeschlagen auf dem letzten Platz. Bei der technischen Beratung und dem

Tabelle 4: Überregionale Dienstleistungen im Stadtregionenvergleich 1996

	Berlin	Hamburg	Köln/Bonn	Rhein-Main	München
	Beschäftigte[1] je 10.000 Einwohner				
Kreditinstitute	71	110	94	288	179
Versicherungen	28	87	90	87	125
Beratungsdienste	158	186	169	262	325
Recht/Wirtschaft	70	101	90	141	117
Technik/EDV	80	53	63	85	187
Werbung	8	32	16	35	21
Medien und Kultur	51	81	72	56	127
Medien	35	72	66	49	114
Kultur	15	9	6	7	13
Gastgewerbe	95	85	84	109	138
Summe	402	549	509	802	894

1 Sozialversicherungspflichtig Beschäftigte.
Quellen: Strukturberichterstattung des DIW, eigene Berechnungen.

Tourismus reicht es gerade für einen Platz im Mittelfeld. Lediglich im kleinsten Sektor Kultur erreicht die Stadt knapp vor München den höchsten Beschäftigtenbesatz.

So eindeutig dieser empirische Befund ist, so vielschichtig sind die Interpretationen und Schlussfolgerungen, die man daraus ziehen kann. So weisen die Besatzrückstände zweifelsohne auf enorme Wachstumspotenziale hin, wenn es Berlin gelingt, ähnlich leistungsfähige überregionale Dienstleistungsangebote zu entwickeln wie München, Frankfurt/M., Köln oder Hamburg. Eine Interpretation, die mit zu den euphorischen Wachstumsprognosen für Berlin in der Nachwendezeit beigetragen hat.

Die gleichen Besatzrückstände können aber gerade auch Hinweis darauf sein, dass ein solch angedachter Aufholprozess gar nicht stattfinden wird oder kann. Ein hoher Beschäftigtenbesatz ist nicht nur Ausdruck eines großen Beschäftigungsumfangs, sondern er steht auch für die räumliche Ballung von Kompetenzen und Kommunikationsstrukturen in bestimmten Feldern überregionaler Dienstleistungen, die sich u.a. im Vorhandensein etablierter starker Großunternehmen und spezifischer Infrastrukturen ausdrücken. Wie weit hier Berlin häufig zurückliegt, lässt sich an drei Beispielen verdeutlichen:

- Im Bereich Kreditinstitute, Rechts- und Wirtschaftsberatung liegt der Beschäftigtenbesatz im Rhein-Main-Gebiet mehr als dreimal so hoch wie in Berlin, und auch gegenüber den anderen Zentren ist der Abstand beträchtlich. Gleichzeitig ist Frankfurt/M. nicht nur Sitz von drei der vier größten Banken, sondern auch der Europäischen Zentralbank.

- Im Bereich technische Beratung (Architektur-, Ingenieurbüros, Softwarehäuser) dominiert beim Beschäftigtenbesatz die Region München. Der Beschäftigtenbesatz ist dort rund 2,5 mal so hoch wie in Berlin. Das Europäische Patentamt, die großen Patentanwaltskanzleien sowie Siemens und große ausländische EDV-Firmen haben dort ihren Sitz.
- Im Bereich Medien und Werbung haben sich München und Hamburg deutlich von den anderen deutschen Großstädten abgesetzt. Der Beschäftigtenbesatz liegt hier 3 bzw. 2,5 mal so hoch wie in Berlin. Große öffentlich-rechtliche TV-Anstalten und Filmstudios sind dort beheimatet.

Warum sollte eigentlich bei einer solchen Ballung von Ressourcen das Wachstum in etablierten Feldern überregionaler Dienstleistungen nicht in diesen etablierten Zentren, sondern in Berlin stattfinden? Oder warum sollten gar Verlagerungsprozesse nach Berlin eintreten, bei denen die Firmen ihre etablierten Verflechtungsbeziehungen sicherlich teilweise zurücklassen müssten?

Der Regierungsumzug allein jedenfalls wird dazu mit Sicherheit nicht führen. Dafür sprechen weder die Erfahrungen mit der alten Bundesrepublik noch die Vergleiche mit anderen europäischen Ländern. So hat die räumliche Nähe zu Parlament und Regierung Köln nie zum Banken-, Beratungs- oder Medienzentrum mit hoher überregionaler Bedeutung werden lassen und auch der Entwicklung Mailands oder Barcelonas zu ökonomischen Zentren hat es wenig geschadet, nicht Hauptstadt zu sein.

Die Chance Berlins, überregionale ökonomische Funktionen im Dienstleistungssektor zu übernehmen, liegt nicht darin, etablierte Geschäftsfelder von anderen Zentren abzuziehen oder diese zu kopieren. Sie besteht vielmehr darin, frühzeitig Nischen überregionaler unternehmens- und vor allem auch haushaltsbezogener Dienstleistungen zu besetzen und auszubauen. Die ökonomischen Bedingungen dafür sind durchaus günstig, nicht nur weil die Dienstleistungen insgesamt expandieren, sondern auch weil sich die Dienstleistungsproduktion grundlegend umstrukturiert (Gornig/v. Einem 1999). Hervorzuheben sind hier vor allem zwei Grundtendenzen: die Internationalisierung des Absatzes und die Dezentralisierung der Organisation.

Überregionale Absatzorientierung von Dienstleistungen bedeutet in Deutschland bislang primär, dass zwar viele Leistungen außerhalb der Region, aber weitgehend innerhalb der nationalen Grenzen verkauft werden: Die tatsächlichen Exportanteile – also Lieferungen an ausländische Kunden – sind derzeit vielfach noch sehr gering. Gleichzeitig ist eine eindeutige Veränderung auch der geographischen Ausrichtung internationaler Kooperations- und Verkaufsaktivitäten feststellbar. Die Hauptrichtung der Internationalisierungsstrategien deutscher Dienstleistungsunternehmen geht heute nach Mittel- und Osteuropa.

In modernen Organisationskonzepten spielen Zentralen eine geringere Rolle als früher. Delegation von Verantwortung, Dezentralisierung von Entscheidungen,

Konkurrenz von Unternehmensteilen miteinander – das sind die Rezepte für Innovation und zur Steigerung der Produktivität. Dies bedeutet: nicht ein Zentrum, sondern viele Zentren; nicht hierarchische Kommunikation, sondern Vernetzung; nicht zentral gesteuerte Arbeitsteilung, sondern Entfaltung der endogenen Potenziale im Wettbewerb, unterstützt von modernen Verkehrs- und Kommunikationstechniken, die die notwendigen räumlichen Austauschbeziehungen erleichtern.

In einem System zunehmender internationaler Verflechtung und dezentralisierter Organisation kann und wird Berlin nicht das herausragende Zentrum überregionaler Dienstleistungen wie vor dem Krieg werden und damit nicht die Metropole von Deutschland. Dennoch ist Berlin die größte Stadt Deutschlands und sie besitzt in ihren Innenstadtbezirken eine Bevölkerungsdichte, die woanders in diesem Land nicht zu finden ist. In der Ausbildung und Kultivierung von Verschiedenheit und Exzentrik, die in einer solchen Menschenmenge mit ihren vielen Lebensstilen fast naturwüchsig erfolgen, liegt wiederum der eigentliche produktive Mehrwert einer großen Stadt. Sie sind der Humus für ökonomische und kulturelle Innovationen.

Berlin muss allerdings bereit sein, eine solche Vielfalt zuzulassen und Räume zur Verfügung zu stellen, wo die Synergien ökonomischer, kultureller und auch sozialer Spannungsverhältnisse gelebt und genutzt werden können. Und wo anders sollte dies sein als im Stadtbezirk Mitte?

III. Zusammenfassung

Die Dynamik der alten Berliner City erstarb während des Krieges; durch den Bombenkrieg und die späteren zusätzlichen Zerstörungen durch die DDR-Regierung veränderte das Stadtzentrum sein funktionales Gefüge und seine ökonomische Funktion. Die Regierungsfunktionen des DDR-Staates wurden nach Osten verlegt, um dem ehemaligen Schlossplatz herum entstand das politische Zentrum der sozialistischen Republik (Staatsratsgebäude, Zentralkomitee der SED in der ehemaligen Reichsbank, Außenministerium, Platz der Republik). Die höchsten ökonomischen Funktionen wurden in den neuen Hochhäusern am Alexanderplatz konzentriert, die Friedrichstraße wurde zögerlich mit Kultureinrichtungen wieder aufgebaut und sollte später luxuriöse Einkaufszentren aufnehmen, während die Wilhelmstraße bis in die 80er Jahre als Ruinenfeld liegen geblieben war. Die Besetzung des Stadtzentrums durch die DDR-Regierung als einen Ort, an dem sich die Parteiherrschaft und das in Kolonnen aufmarschierte Volk begegnen sollten, sowie die gigantomanischen Fantasien von sozialistischen Stadtplanern führten dazu, dass die historische Bausubstanz im Zentrum der Stadt fast vollständig beseitigt wurde. Die kleinteilige, multifunktional genutzte alte Baustruktur wurde zu Gunsten von Freiflächen (zwischen Alexanderplatz und Palast der Republik, Marx-Engels-Platz) oder zu Gunsten einer neuen Bebauung mit Hochhäusern (Fischerinsel, Rathausstraße, Liebknechtstraße, Karl-Marx-Allee) beseitigt. Da der tertiäre Sektor in der DDR-Ökonomie im Vergleich zu westlichen Großstadtökonomien extrem unterentwickelt war, entstand eine entsprechende Nutzungslücke im Zentrum. Im Grunde war das Zentrum nur bei staatlich organisierten Großveranstaltungen belebt, denn im Übrigen gab es wenig Anlässe, das Zentrum aufzusuchen.

Die Stadtmitte weist gegenüber anderen Großstadtzentren der westlichen Welt eine Besonderheit auf: In der Stadtmitte wurden bis in die 80er Jahre hinein große Wohngebäude errichtet (Leipziger Straße, Wilhelmstraße), sodass in der Stadtmitte das nicht entstehen kann, was für westliche Großstädte typisch ist: ein *central business district*, in dem Bürofunktionen und Einkaufsstraßen dominieren, in dem jedoch kaum noch jemand wohnt. In der Stadtmitte von Berlin gibt es zahlreiche Wohnhochhäuser aus sozialistischer Zeit; die seit 1990 hinzugefügten Neubauten weisen allerdings nur einen 20-prozentigen Anteil der Geschossflächen für Wohnnutzungen auf – und selbst dieser kleine Anteil musste den Investoren mühsam abgerungen werden, denn diese schielten nur auf die höchste Rentabilität ihres Projekts, die sie mit Konzepten aus den 70er Jahren besser gesichert sahen.

Darin liegt der Schlüssel für eine mögliche Zukunft von Berlin, die sich möglicherweise an der Entwicklung seines Zentrums entscheidet. Die neu errichteten Gebäude zeigen mögliche Nutzungen, die ein neues, in den 90er Jahren errichtetes Zentrum von dem der 60er und 70er Jahre unterscheiden. Nicht reine Bürohäuser, sondern Wohnungen, Unterhaltungseinrichtungen und inszenierte Einkaufswelten bestimmen neben den tertiären Nutzungen von Dienstleistungsunternehmen das Nutzungsgefüge. Der spezifische Mix, der das Stadtzentrum von Berlin prägt, ist eine Mischung aus produktionsorientierten und konsumorientierten Dienstleistungen – wie es sie so in kaum einer anderen Stadt gibt.

Deutlich ist, dass Berlin seine zentralen Funktionen durch die Teilung der Stadt, durch den Mauerbau, durch die Gefährdung der Zufahrtswege, durch das Neutralitätsgebot während des Vier-Mächte-Status verloren hat. Es gibt in Berlin keine internationale Institution, weil deren Ansiedlung nicht zulässig war. Die höchsten Funktionen der lokalen Großindustrie (z.B. Siemens) wurden spätesten nach 1961 nach Westen verlagert, die Stadt hat ihre ökonomische und politische Elite während der Teilung verloren. Ob diese Verluste als ein dauerhafter Aderlass gelten müssen, der die Stadt von der Entwicklung des westlichen Deutschlands abgehängt hat, oder ob sich daraus ein Potenzial für die Zukunft ergibt, ist zu diskutieren. Die Chance könnte darin bestehen, dass in Berlin eine neue Infrastruktur aufgebaut wird und sich ein „postmoderner" Mix von Funktionen im Stadtzentrum entwickelt, der auf einem Vorteil räumlicher Dichte gründet.

Die Stadtmitte ist kein monofunktionales Bürozentrum, sondern ein heterogener Raum, in dem sich Wohnfunktionen, Kultur, Handel, Unterhaltung und tertiäre Dienstleistungsunternehmen in einem nichtgeordneten Mix aneinander reihen, aus dem eine spezifische Spannung entsteht, aus der sich die Innovationen ergeben könnten, die für die ökonomische Zukunft von höchster Bedeutung sind.

Diese *kreative Stadt* ist sicher der Schlüsselbereich für die ökonomische Zukunft der Stadt, was zugleich heißt, dass die Entwicklung der Stadtmitte für die Zukunft der Stadt entscheidend ist.

Literatur

Blotevogel, Hans H., 1995: Zentrale Orte, in: Akademie für Raumforschung und Landesplanung (Hrsg.), Handwörterbuch der Raumordnung, Hannover: ARL, S. 1117-1124.

Bodenschatz, Harald (mit Engstfeld, Hans-Joachim und Carsten Seifert), 1995: Berlin auf der Suche nach dem verlorenen Zentrum, Hamburg: Junius.

Cochrane, Allan und Andrew Jonas, 1999: Reimagining Berlin: World City, National Capital or Ordinary Place?, in: European Urban and Regional Studies, Bd. 6, Nr. 2, S. 145-164.

Demps, Laurenz, 1996: Die Wilhelmstraße, in: W. Süß (Hrsg.), Hauptstadt Berlin, Bd. 3, Berlin: Berlin Verlag, S. 435-446.

Flierl, Bruno, 1998: Der Zentrale Ort in Berlin – Zur räumlichen Inszenierung sozialistischer Zentralität, in: ders., Gebaute DDR, Über Stadtplaner, Architekten und die Macht, Berlin: Verlag für Bauwesen, S. 121-171.

Geppert, Kurt, 1999: Berlin – Dienstleistungszentrum der Zukunft?, in: W. Momper u.a. (Hrsg.), Berlins zweite Zukunft, Berlin: edition sigma, S. 85-110.

Gornig, Martin und Eberhard von Einem, 1999: Charakteristika einer dienstleistungsorientierten Exportbasis, in: H.-J. Bullinger und F. Stille (Hrsg.), Dienstleistungs-Headhunter Deutschland, Stuttgart: Gabler Verlag.

Gornig, Martin und Hartmut Häußermann, 1999: Der steinige Weg zur Dienstleistungsmetropole, in: Berlin: offene Stadt, Berlin: Nicolai, S. 76-89.

Häußermann, Hartmut, 1996: Stadtentwicklung im Labor: Berlin-Mitte in: M. Wentz (Hrsg.), Stadt-Entwicklung, Frankfurt a.M.: Campus, S. 76-89.

Häußermann, Hartmut, 1997: Berlin: Lasten der Vergangenheit und Hoffnungen der Zukunft, in: Aus Politik und Zeitgeschichte, B 17 (18. April 1997), S. 10-19.

Henckel, Dietrich u.a., 1993: Entwicklungschancen deutscher Städte – Die Folgen der Vereinigung. Schriften als DIfU, Bd. 150, Stuttgart u.a.

Ladd, Brian, 1997: The Ghosts of Berlin. Confronting German History in the Urban Landscape, Chicago/London: Chicago University Press.

Ring, P. u.a., 1992: Projektionen und Szenarien der wirtschaftlichen Entwicklung in der Region Brandenburg-Berlin, in: Industrie- und Handelskammer zu Berlin (Hrsg.), Wirtschaftsentwicklung und Raumplanung in der Region Brandenburg-Berlin, Berlin.

Scherf, K. u.a. (Hrsg.), 1990: DDR – Ökonomische und soziale Geographie, Gotha.

Wise, Michael, 1998: Capital Dilemma. Germany's Search for a New Architecture of Democracy, New York: Princeton Architectural Press.

Welch Guerra, Max, 1999: Hauptstadt Einig Vaterland, Planung und Politik zwischen Bonn und Berlin, Berlin: Verlag für das Bauwesen.

Rolf Reißig

Nach dem Systemschock

Transformation im Osten und Wandel der „alten" Bundesrepublik

I. Deutscher Regimewechsel – Anpassung ohne Wandel?

1. Die Ausgangslage

Der plötzliche Systemzusammenbruch im Osten und die Chance der deutschen Einheit überraschten die politische Elite der Bundesrepublik (von Beyme 1994). Das dominierende strategische Leitmotiv des Handelns aller politischen Akteure der Bundesrepublik gegenüber den sozialistischen Systemen sowjetischen Typs, namentlich dem der DDR, lautete damals nicht Systemwechsel sondern Systemwandel. Keiner der Akteure in West-, aber auch in Ostdeutschland verfügte angesichts der im Herbst 1989 aufbrechenden akuten Systemkrise in der DDR über ein schlüssiges Konzept der Systemtransformation.

Die zunehmende Massenflucht von DDR-Bürgern seit Sommer 1989 und die anwachsenden Massendemonstrationen seit Herbst 1989 rückten dann das Problem des System*wechsels* und der deutschen *Einheit* politisch auf die Tagesordnung. Vor allem mit der überraschenden Öffnung der Westgrenze der DDR entstand eine grundlegend neue Situation. Die in der politischen Arena agierenden drei ost- und zwei westdeutschen Akteurgruppen – Regierung der DDR, Bürgerrechtler, Teilnehmer der Massendemonstrationen; Regierungskoalition und Opposition der Bundesrepublik – präferierten zunächst unterschiedliche Erstoptionen für einen Systemwechsel und eine Transformation der DDR (vgl. auch Brie 1999):

- *Reform der DDR* und Erhalt ihrer Selbständigkeit: abdankende SED-Führung unter Krenz, anfangs auch noch die Regierung Modrow und Teile der Reformsozialisten;
- *Systemwechsel in der DDR* durch Brechung des Machtmonopols der SED bei Weiterexistenz einer „neuen" DDR: Bürgerrechtsbewegung, Reformsozialisten, Oppositionsparteien der Bundesrepublik;
- *Vereinigung* bei Sicherung eines (zumindest zeitweiligen) *ostdeutschen Sonderstatus:* Teilnehmer der Massendemonstrationen;
- *Beitritt ohne Sonderstatus:* Regierung der Bundesrepublik.

Helmut Kohl und sein Umfeld hatten die neue Situation am ehesten erkannt und änderten die politische Tagesordnung der Bundesrepublik schlagartig, indem sie die Herstellung der Einheit nun ins Zentrum der Politik rückten. Innerhalb der Ost-West-Akteurkonstellation erlangte die Bundesregierung so die strategische Überlegenheit, auch in der Noch-DDR. War die neu entstandene politische Tagesordnung für die SPD mit einem tiefen Bruch ihres gerade konzipierten sozialökologischen Reformkonzepts für moderne Industriegesellschaften (Berliner Programm 1989) verbunden, konnten die Akteure der Regierungskoalition auf das historisch bewährte „Modell Deutschland" zurückgreifen und nun auch auf Ostdeutschland übertragen.

Die Beitrittsoption fand bald die Zustimmung der Mehrheit der Ostdeutschen. Denn nur sie erschien ihnen als glaubwürdige und sichere Option. Nur der sie repräsentierende Akteur (Bundesregierung) verfügte über die zu seiner Umsetzung erforderlichen Ressourcen. Der politische Ordnungswechsel und auch seine Form waren mithin endogen induziert und nicht primär „fremdbestimmt". Er basierte unausgesprochen auf einem Tausch zwischen dem ostdeutschen Massenakteur und der Bundesregierung: Teilhabe der Ostdeutschen am westdeutschen System der Wohlfahrt und persönlichen Freiheit gegen die Delegierung der Steuerung des Systemwechsels und der Transformation von Ost- nach Westdeutschland.

Die Grundlagen der offiziellen westdeutschen Politik bedurften keiner Revision. Mehr noch – diese neue politische Tagesordnung implizierte geradezu den Rückgriff auf das tradierte Strategierepertoire der „alten" Bundesrepublik. Und allein „strategische Problemvereinfachung" und Komplexitätsreduktion (Lehmbruch 1991, S. 590) schienen dieser Umbruch- und Krisensituation angemessen zu sein. Neue Suchprozesse und Problemlösungen wurden im dominierenden Strategiemuster verworfen. Was in dieser akuten Krisensituation Ende 89/Anfang 90 als adäquates Wahrnehmungs- und Deutungsmuster erschien, wurde in seinen Grundkoordinaten dann auch im weiteren Transformationsverlauf mit seinen tiefen Einschnitten beibehalten.

2. Transformationsmuster Ostdeutschland

Der Systemwechsel in und die Transformation der DDR sind durch ein ganzes Bündel von Gemeinsamkeiten mit den anderen postsozialistischen Ländern Mittel-Ost-Europas gekennzeichnet. Dies wird oft übersehen. Auch, dass alle postsozialistischen Staaten im Verlauf der Transformation zu einem Sonderfall wurden und divergente Entwicklungspfade beschreiten. Nichtsdestotrotz unterscheidet sich der deutsche Fall von allen anderen Fällen postsozialistischer Transformation. Die DDR-Transformation vollzog sich unter den einzigartigen Bedingungen einer Inkorporation in einem „Fertig-Staat" („ready-made-state"). Damit etablierte sich ein spezifisches Transformationsmuster für Ostdeutschland. Es ist durch folgende Charakteristika gekennzeichnet:

1. Exogen bestimmter Transformationstyp (Lehmbruch), das heißt Außensteuerung des sozialen und politischen Wandels. Von Anfang an und später zunehmend erlangten jedoch endogene Faktoren auch im ostdeutschen Fall ihr Gewicht.
2. Institutionen-, Eliten- und Ressourcentransfer von West- nach Ostdeutschland in einem bislang nicht gekanntem Umfang und Tempo;
3. Verzicht auf Konstituierung einer besonderen ostdeutschen Transformationsgesellschaft, deren Institutionen, Akteure und Ressourcen primär auf die Lösung spezifischer Transformationsprobleme gerichtet sind;
4. Externe Pfadabhängigkeit; Versuch der schnellen Integration Ostdeutschlands in den historisch herausgebildeten, spezifisch westdeutschen Entwicklungspfad des „mittleren Weges" (vgl. Schmidt in diesem Band);
5. Systemwandel als Minimierung von Risiken, Ambivalenzen, Transaktionskosten durch Maximierung von Kontinuitäts- und Stabilitätspräferenzen der „alten" Bundesrepublik.

Die *Motivation* hinter der strategischen Entscheidung des die Dominanz erlangten Akteurs, also der Bundesregierung, entwickelte sich im Rahmen der kognitiven Erwartung, der Umbau von Wirtschaft und Gesellschaft werde ein zielgerichteter, rascher und leichter sein, „der sich am besten innerhalb der bewährten institutionellen Muster der westdeutschen Erfolgsstory organisieren lasse" (Offe 1998, S. 396). Die Option eines Institutionenwandels konnte danach die antizipierten Risiken nur erhöhen. Das Vertrauen in die Wirkungs- und Geltungsmacht des bundesdeutschen Institutionensystems und in die Übertragungsstrategie war nahezu grenzenlos.

Die Transformationsperspektive reduzierte sich auf das Tempo von Transfer-Anpassung-Angleichung. Erwartet wurde durch die Inkorporation der neuen Bundesländer eine vergrößerte, aber keine sich dadurch verändernde Bundesrepublik. Im Osten sollte sich alles, im Westen nichts ändern. Auch im sozialwissenschaftlichen Mainstream war dies zunächst Konsens. Transformationsforschung vollzog sich so als Analyse der Umbrüche im Osten bei Ausblendung ihrer Rückwirkungen auf den Westen der nun gemeinsamen Republik.

Die Fragestellung nach den möglichen Folgen dieses Transformations- und Integrationsmusters lässt sich in vier Hypothesen zuspitzen, die zunächst eher als alternative denn komplementäre Szenarien gedacht werden, obgleich sie sich in der „Vereinigungsgesellschaft" möglicherweise als Mischformen entwickeln. Transformation und Integration als

- Stabilisierung der „alten" Bundesrepublik und Anpassung bzw. Angleichung Ost- an Westdeutschland („Anpassungsthese");

- Aufspaltung der gesamtdeutschen Bundesrepublik entlang ihrer Ost-West-Achse („Dualisierungsthese");
- Besitznahme des Beitrittsgebiets Ost- durch das hegemoniale Westdeutschland („Kolonialisierungsthese");
- Öffnung der Politikmuster und Strukturen in den alten und neuen Bundesländern für neue Lösungen und Wandlungen („Wandlungsthese").

II. Die Ambivalenzen der ostdeutschen Transformation und ihre Folgen für die Bundesrepublik

Die Perspektive ist hier nicht, ob es eine grundlegend andere Alternative gegeben hätte, sondern welche Folgen die gewählte hatte, haben musste. Dabei ist sozialwissenschaftlich weniger erklärungsbedürftig, dass gesteuerte Großprojekte immer Risiken und Brüche beinhalten und die ursprünglichen Intentionen der Akteure sich meist nicht oder nur partiell realisieren. Das trifft voll und ganz auch auf den ostdeutschen Transformationsfall zu. Erklärungsbedürftig aber sind die diesem Transformationsmodus entspringenden Ambivalenzen; vor allem insoweit, als sie heute die ostdeutsche Teilgesellschaft nachhaltig prägen und zunehmend auf die gesamtdeutsche Bundesrepublik einwirken. In diesen meist nichtintendierten, ambivalenten Folgewirkungen liegen – so meine These – Blockierungen und Öffnungschancen für eine neue Phase intensiven sozialen Wandels in Ostdeutschland. Auf der Basis empirischer Forschungsbefunde werde ich diese Ambivalenzen an fünf Punkten festmachen.

1. Ressourcentransfer als Privilegierung und Alimentierung Ostdeutschlands

Der Transfer von Institutionen, Kompetenzen und Ressourcen von West- nach Ostdeutschland wird bis heute mit Recht als Privileg des ostdeutschen Transformationsfalls angesehen. Die schnelle institutionell-organisatorische Konsolidierung Ostdeutschlands, das erzielte hohe Maß an rechtsstaatlicher Sicherheit, die deutlichen Wohlfahrtsgewinne der Ostdeutschen und die rasche Modernisierung der Infrastruktur in den neuen Bundesländern wurden wesentlich durch diese Transferleistungen möglich.

Die erste Übertragung der Institutionen auf den Osten, bekannt als „Wirtschafts-, Sozial- und Währungsunion" (1. Juli 1990), schuf dafür die Grundlage und hatte zugleich Folgen, die nachhaltig die Entwicklung Ostdeutschlands und der gesamten Bundesrepublik beeinflussen. Das Paket der Liberalisierungsmaßnahmen, die Aufwertung der DDR-Währung um rund 300 Prozent bei Umstellung der Löhne und Gehälter im Verhältnis 1:1 sowie der sofort ausgelöste Prozess der Lohnangleichung, vor allem die abrupte Öffnung der Wirtschaft für den Weltmarkt bei Wegbrechen der traditionellen Ost-Märkte (RGW) zogen 1990 einen „Öffnungsschock" (Hüther 1993) nach sich. Dieser führte – auf dem Hintergrund der akuten Basiskrise der DDR-Wirtschaft – zu einer Depression, zu einer plötzlichen Entwertung der vorhandenen Produktionskapazitäten, zu Deindustrialisierungsprozessen und dem Anstieg von Arbeitslosigkeit und Unterbeschäftigung auf ein Niveau (rund 40 Prozent), wie es in der Wirtschaftsgeschichte der Industriestaaten beispiellos sein dürfte.

Subventioniert werden musste nun eine soziale Absicherung auf zunächst noch rasch steigendem Niveau, ohne dass der Wirtschaftsaufschwung sich in der erwarteten Schnelligkeit vollzog. Die Kaufkraft der ostdeutschen Bevölkerung liegt weit über dem Schnitt der anderen Transformationsländer. Aber mehr als ein Drittel des ostdeutschen Pro-Kopf-Einkommens und nahezu die Hälfte der ostdeutschen Länderhaushalte beruhen direkt oder indirekt auf Transferzahlungen. Trotz dieser finanziellen Anstrengungen und distributiven Maßnahmen zur Besserstellung der Ostdeutschen sind qualitativ gleichwertige Lebensverhältnisse zwischen Ost- und Westdeutschland noch nicht in Sicht, gibt es weder ein rasch steigendes subjektives Zufriedenheitspotenzial noch die Übersetzung der Finanztransfers in entsprechende politische Integration.

Dieser notwendige Sozialtransfer schränkte zudem den Spielraum für produktive Investitionen ein, die einen sich selbst tragenden Aufschwung hätten eher ermöglichen können. Nur rund ein Fünftel der ca. 1,2 Billionen Bruttotransferleistungen entfiel auf Maßnahmen der Wirtschaftsförderung und des Infrastrukturaufbaus (Dietrich et al. 1997, S. 32). Zudem fehlten beim Aufbau Ost wichtige Voraussetzungen und Erfolgsbedingungen für eine entwickelte Marktwirtschaft: Von den wirtschaftlichen Wettbewerbsstrukturen über die regionale Strukturpolitik bis zu den institutionellen Akteuren wie Unternehmern, Banken, Verbänden und entsprechenden Kooperations- und Vertrauensbeziehungen. Und diese konnten auch nicht transferiert werden. Trotzdem griffen die maßgeblichen Akteure in Staat, Wirtschaft und Gewerkschaften auf das Handlungsrepertoire des „Modell Deutschland" zurück. Als verhängnisvoll erwies sich die mangelnde Sensibilität für die politisch-institutionelle Einbettung der Märkte (vgl. dazu Czada 1998, S. 37).

Trotz der wirtschaftlichen Erfolge und der Existenz innovativer „Leuchttürme" bleibt die ostdeutsche Ökonomie vorerst eine Transferökonomie. Bis heute ist die kritische Masse für eine selbsttragende Wirtschafts- und Arbeitsmarktentwicklung nicht ausreichend vorhanden. Ein Ost-West-Angleichungsprozess und vor allem eine eigendynamische Wirtschaftsentwicklung werde – so Wirtschaftsexperten – noch einige Jahrzehnte in Anspruch nehmen. Die strukturelle Abhängigkeit der ostdeutschen Volkswirtschaft von dem westdeutschen Finanz- und Gütertransfer bleibt damit auf lange Zeit bestehen. Die wirtschaftlich, sozial, regional recht homogene „alte" Bundesrepublik ist Vergangenheit.

Die neuen Bundesländer funktionsfähig zu halten, erforderte, einen dauerhaften

Ressourcentransfer. Westdeutschland ist aber immer weniger in der Lage, diese Ressourcen aufzubringen. Eine verschärfte Ost-West-Standort- und Verteilungskonkurrenz ist bei weiterer Ressourcenverknappung vorauszusehen. An einer geeigneten Arena oder speziellen institutionellen Vorkehrungen zur Austragung und Bewältigung dieser Konflikte und der anderen Spannungsfelder zwischen alten und neuen Bundesländern aber mangelt es. Auch der Parteienwettbewerb, die Koalitionspolitik und die Institutionen des Föderalismus bieten dafür keine geeigneten Voraussetzungen (vgl. auch Offe 1998, S. 370).

2. Institutionenwechsel ohne endogene Transformation

In der Folge eines raschen und effizienten Institutionentransfers gibt es heute in den neuen Bundesländern ein in organisatorisch-technischer Hinsicht gut funktionierendes Institutionensystem. Im Vergleich zu anderen Transformationsländern fallen die Vorteile ins Auge (vgl. Wollmann 1997). Doch kam es damit in Ostdeutschland zu der einmaligen Situation eines Systemwechsels ohne Ausnutzung und Anpassung der durchaus vorhandenen endogenen Potenziale, oder genauer: zu einer zeitlicher Aussetzung ihrer eigenen Transformation (vgl. dazu Brie 1999).

Die Abwertung und „Zerstörung" endogener Ressourcen sind in jedem Transformationsfall eingeschlossen und bestimmen eine notwendige Seite von Transformationspolitik. Die andere Seite von Transformationspolitik aber verlangt Umwandlung und Förderung von endogenen Akteuren und deren Ressourcen sowie Mikroinstitutionen, da sie auf diese alternativlos angewiesen ist. Im Falle Ostdeutschlands schien die Systemtransformation weder auf ostdeutsche Akteure noch auf deren Ressourcen angewiesen. Die mit dem Institutionentransfer entstandene Akteurs- und Kompetenzlücke wurde durch einen umfangreichen Eliten- und Wissenstransfer von West nach Ost ausgeglichen. Ein schneller Wechsel des institutionellen Systems, der Verzicht auf Umbau zugunsten weitgehender Stilllegung und Ersatz durch Transfer sollte gerade jegliche Risiken und Instabilitäten vermeiden sowie einen raschen Erfolg sichern.

Der Vorteil des privilegierten Falls offenbarte jedoch – wie im Wirtschafts- so auch im politischem Sektor – zugleich Nachteile. Die anders als im westlichen Modernisierungsprozess im ostdeutschen Transformationsfall elitengesteuerten, instrumentell und von „außen" *eingeführten* politisch-administrativen und intermediären Institutionen, welche die Ostdeutschen durchaus wollten und wollen, sind in der ostdeutschen Gesellschaft und in den Lebenswelten der Bürger bislang noch schwach verankert. Es mangelt der neuen institutionellen Ordnung an den erforderlichen kulturell-politischen Stützen (Offe 1997, S. 216). Die symbolische Repräsentation der Institutionen einerseits und die Erwartungen, Überzeugungen und Wertorientierungen der Bürger andererseits sind in Ostdeutschland wenig kompatibel (vgl. den Beitrag von Detlev Pollak zu politischen Wertorientierungen in Ostdeutschland in diesem Band). Als Folge verzeichnen wir auf Seiten der Institutionen schwache Orientierungs- und Integrationsleistungen, auf Seiten der Bürger eine brüchige Vertrauens- und Legitimationsbasis. Hinter dem intakten institutionellen Ordnungsrahmen ist die Konflikthaftigkeit von politischer Struktur und politischer Kultur virulent und die Gesellschaft deshalb noch fragil. Es gehört zu den elementaren sozialwissenschaftlichen Erkenntnissen, dass nur in den Interaktionen zwischen politischer Struktur und politischer Kultur sich die konkreten Bedingungskonstellationen für die Dauerhaftigkeit politischer Ordnungen entfalten (Kaase/Lepsius 1997, S. 167).

3. Institutionelle Integration und gesellschaftliche Teilung

Es gelang in kürzester Zeit, die neuen Bundesländer ohne größere Konflikte und Turbulenzen institutionell in die Bundesrepublik zu integrieren. Die Bundesrepublik ist nach der Vereinigung *ein* integriertes Staatswesen. Die Implosion der DDR, ihre Inkorporation und der Institutionentransfer haben aus den ehemaligen zwei deutschen Staaten mit ihren gegensätzlichen Systemqualitäten Unterschiede innerhalb eines Staates und eines Gemeinwesens, dem der Bundesrepublik, werden lassen. In Ost- und Westdeutschland existieren heute gemeinsame und jeweils auch dominante Strukturmuster. Andererseits sind die Differenzen zwischen Ost- und Westdeutschland noch so grundlegend, dass man von zwei Teilgesellschaften in einem Staat sprechen kann. Und die inneren Disparitäten in der ost- beziehungsweise westdeutschen Teilgesellschaft sind heute meist noch geringer als die zwischen Ost- und Westdeutschland. Insofern ist die Bundesrepublik zugleich eine *dualistische Vereinigungsgesellschaft* mit zwei separaten Wirtschaftsräumen, zwei unterschiedlichen Parteienteilsystemen, zwei unterschiedlichen politischen Kultur- und Kommunikationsräumen. Und die wechselseitigen, disparaten Wahrnehmungsmuster zwischen Ost- und Westdeutschen haben sich erst einmal verfestigt (Kaase/Bauer-Kaase 1998, S. 257-267; vgl. den Beitrag von Detlev Pollack in diesem Band).

Die Existenz einer spezifisch ostdeutschen Teilgesellschaft in der Bundesrepublik ist die Folge weit zurückreichender historischer Entwicklungsfaktoren, nachwirkender DDR-Gesellschaft sowie auch Folge eines spezifischen Institutionen- und Elitentransfers im Vereinigungsprozess. Ihr Bestand – obgleich in sich zunehmend differenziert und in ihrer Abgrenzung zur westdeutschen Teilgesellschaft nur relativ – dürfte dennoch von längerfristiger Dauer sein. Es ist dies gleichsam die paradoxeste Folge einer Transformation durch Inkorporation und Implementation.

Ostdeutschland heute – das ist zum einen eine von der alten Bundesrepublik abhängige Teilgesellschaft. Die historisch herausgebildeten Ost-West-Asymmetrien sind nach der Vereinigung ausgeglichener (Sozialstruktur, Infrastruktur, Wohlfahrtsentwicklung), zum Teil haben sie sich aber auch vertieft oder es sind neue entstanden. In der Transformationsforschung werden dafür als empirische Befunde die Verteilung des Produktivvermögens, die Elitenzusammensetzung sowie die einseitige politisch-kulturelle Deutungskompetenz angeführt.

Ostdeutschland heute – das ist zum anderen eine Teilgesellschaft, in der innovative institutionelle Strukturen, Arrangements und Handlungsmuster individueller und kollektiver Akteure entstanden sind. Sie entspringen sowohl dem Transfer und dem damit einhergehenden Anpassungs- und Lernprozessen als auch – und vor allem – Ansätzen endogener Transformation der letzten Jahre. Davon zeugen spezifische institutionelle Konfigurationen, neue Elemente in den ostdeutschen Landes- und Kommunalverfassungen; die Mischformen des Arbeitsmarktes und die neuen Formen der Arbeitsmarktpolitik; die Umrisse eines vielleicht in die Zukunft weisenden Typs politischer Parteien; neu entstandene, dynamische West-Ost-Akteurkonfigurationen *quer* zu den Institutionen auf regionaler und kommunaler Ebene, soziale Mobilität und Flexibilität sowie ein spezifischer sozialer Wertehaushalt der Ostdeutschen.

4. Am Ende des Systemwechsels beginnt eine neuen Phase sozialen Wandels

Die Logik einer auf die Inkorporation eines Landesteiles hinauslaufenden Transformationspolitik hat sich in ihrer ganzen Ambivalenz entfaltet. Der Systemwechsel ist einerseits erfolgreich abgeschlossen. Der politisch-ökonomische Entwicklungspfad der alten Bundesrepublik, also der des „mittleren Weges" (vergleiche den Beitrag von Manfred G. Schmidt in diesem Band), ist im Osten aber noch nicht dauerhaft verankert. Politik, Kultur und Gesellschaft entwickeln sich nach eigenen Kriterien weiter, und nicht unbedingt in der gleichen Weise wie in Westdeutschland. Zwar hat sich Ostdeutschland seit 1990 grundlegend gewandelt und konsolidiert. Die Ostdeutschen befürworten auch aus heutiger Sicht den Systemwechsel und den Wandel in der Bundesrepublik. Durch Transfer und Anpassung sind freilich auch neue endogene Potenziale entstanden. Alles deutet vor diesem Hintergrund auf eine neue Phase intensiven sozialen Wandels hin. Sie ist allerdings schwer in das bekannte, auf eine Finalisierung der Transformation ausgerichtete Phasenmodell aus der Abfolge von Liberalisierung, Demokratisierung und Konsolidierung einzupassen und erheischt vielleicht auch deshalb keine größere Aufmerksamkeit mehr. Der ostdeutsche Transformationsprozess hat inzwischen die Phasen der „Übertragung" und der „Konsolidierung" der transferierten Institutionen abgeschlossen und steht offensichtlich am Anfang einer neuen „Entwicklungsphase". Im Unterschied zum Systemwechsel und zur Vereinigung handelt es sich dabei um längerfristige Prozesse mit offenem Ausgang. Die Dynamik dieses Wandels ergibt sich auch nicht mehr primär aus den Systemumbrüchen und Vereinigungsprozessen, sondern aus den Blockierungen und Ambivalenzen der ostdeutschen Teilgesellschaft sowie dem Veränderungsdruck, den das „Modell Deutschland" insgesamt ausgesetzt ist.

Auf der Grundlage eines weiterhin erforderlichen Ressourcentransfers erhält nun die Rekombination, Förderung und Vernetzung der innovativen endogenen Ressourcen, Kompetenzen in den neuen Bundesländern zentrale Bedeutung. Es ist der beschwerliche Weg vom exogen inspirierten und geförderten zum endogen getragenen Wandel. Das erfordert von den Akteuren neue Ideen, Konzepte und eigenständige Strategien für die neuen Bundesländer. Denn der Aufbau Ost als einfacher Nachbau West ist festgefahren.

Wenn trotz wirtschaftlicher Spaltungen und gesellschaftlicher Restriktionen inzwischen neue Grundlagen und Chancen des Wandels in und für Ostdeutschland entstanden sind, dann liegt dies – auf der Basis des erfolgreichen Systemwechsels – m.E. in Folgendem begründet: zum einen in den durch die Transfers und die Transformation ausgelösten Lernprozesse individueller und kollektiver Akteure und zum anderen in der Stärkung neuer *advocacy-coalitions,* die mit eigenem Selbstverständnis sowie Identitäts- und Deutungsmustern auf spezifisch ostdeutsche Problemlösungen bezogen sind.

Für eine neue Politik im Osten sind offensichtlich drei Aufgaben zu bewältigen: *Erstens* bedarf es einer *selbsttragenden* und *zukunftsfähigen Wirtschaftsentwicklung* in den neuen Ländern. Dies ist mit einem Paradigmenwechsel verbunden. Die Strategie kann nicht mehr allein darauf zielen, international mobiles Kapital nach Ostdeutschland zu locken. Die Frage muss nunmehr lauten: Wie können – beim weiterhin notwendigen Finanztransfer – die im Osten vorhandenen produktiven und innovativen Ressourcen und Kompetenzen besser mobilisiert werden? Diese Potenziale – das hohe Qualifikationsniveau der Menschen, ihre industriegesellschaftlichen Traditionen und neuen sozialen Erfahrungen, ihre Leistungsbereitschaft und soziale Mobilität, aber auch die neu aufgebaute Infrastruktur – gilt es zu nutzen, zu stärken und miteinander zu kombinieren. Viele für den Osten notwendige neue Lösungen könnten dann auch für den Westen der Republik nachahmenswert werden. Neue, staatlich geförderte Rahmenbedingungen machen jedoch nur dann Sinn, wenn sie die Eigeninitiative und -verantwortung der Unternehmen, der Verwaltungen, der wirtschaftspolitischen Akteure, der Bürger stärken.

Zweitens gilt es, neue *regional geprägte Entwicklungspfade* aufzuspüren. In einigen ostdeutschen Bundesländern gibt es hier bereits positive Erfahrungen. Diese regionalen Entwicklungen sollten den spezifischen Stärken und Profilen der Regionen entsprechen, neue positive Leitbilder initiieren, zuerst die Wachstumspole stärken und auf regionale Wirtschaftskreisläufe sowie neue Akteurkoalitionen quer zu den Institutionen und Organisationen setzen. Das erfordert auch eine Dezentralisierung und Föderalisierung der gesellschaftlichen Steuerungs- und politischen Aushandlungssysteme. In diesen Wandlungsprozessen – kommunal, regional, gesamtgesellschaftlich – werden deshalb künftig neue Institutionen zu begründen sein. Von einem möglichen „Beirat Ostdeutschland", einer denkbaren „Innovationsbank Ost" über „Runde Tische zu regionalen und kommunalen Entwicklungsprojekten" und „Bündnissen für Arbeit und Ausbildung", neuen Formen eines institutionell gestützten „dritten Sektors" zwischen Staat und Markt bis zu direkteren Formen der Bürgerbeteiligung, Partizipation reicht offensichtlich der Bogen neuer Institutionalisierungsformen.

Drittens gewinnt zur „Entfesselung" der Akteure in den neuen Bundesländern eine *positive Identitäts- und Partizipationspolitik* einen besonderen Stellenwert. Denn diese neue Phase ostdeutscher Entwicklung erfordert, dass sich die Ostdeutschen aus der verordneten und selbstgewählten Objektrolle befreien und sich in eine Subjektrolle bringen. Das heißt auf politischer Ebene: Stärkung des Selbstwertgefühls der Menschen und ihre Einbeziehung durch neue Chancen von Mitsprache und Mitgestaltung vor Ort, im Unternehmen, in der Gemeinde, der Region, im Land. Es gilt, die noch immer stark verbreiteten Ohnmachtsgefühle und autoritären Denkmuster zurückzudrängen, Selbstbewusstsein, individuelles Engagement zu stärken und Hoffnungen zu verbreiten. Das erforderte auch den produktiven Umgang des „Westens" mit „ostdeutscher Identität" als einer möglichen Brücke zu mehr Selbstbewusstsein und Selbstbestimmung. Was kurzfristig viele im Westen und auch unter ehemaligen Bürgerrechtlern bedauern, weil es mit Abgrenzungen zur westdeutschen Wir-Gruppe und deren Identitätskonstruktion einhergeht, kann sich langfristig noch zu einem günstigen Bild fügen. Die positive Bewertung der neuen politischen Ordnung durch eine Mehrheit der Ostdeutschen ist nicht nur abhängig von der Zukunft der Arbeit, sondern auch vom Gefühl der gleichwertigen Zugehörigkeit zur und des Wohlbefindens in der Gesellschaft. Wichtig scheint schließlich auch eine Politik, die neue Zugangs- und Repräsentationschancen (Anrechte) für Ostdeutsche im gesamtdeutschen Institutionensystem eröffnet.

Ob und in welchen Zeitdimensionen Ostdeutschland aus einer „alimentierten Sonderzone" zu einer „zukunftsfähigen Wachstumsregion" geführt werden kann, ist heute noch offen, auf welchem Wege und mit welchen konkreten Politiken unter den Akteurkoalitionen umstritten. Dass hierbei eigenständige Strategien in den und für die neuen Bundesländer erforderlich sind, wächst als Erkenntnis. Was in der Phase staatlicher Vereinigung als Ost-West-Konfrontation erschien, bestimmt heute allmählich eine sich wandelnde politische Agenda. Im Osten hat zudem nur der Akteur noch Chancen auf Machtgewinn und Machterhalt, der seine autonome Problemlösungskapazität unter Beweis stellt. Bei der erforderlichen strategischen Umorientierung des „Projekts Ostdeutschland" wird es aber nicht um Abkopplung oder einen strategischen Sonderweg Ostdeutschland gehen. Transformation und Integration bedingen sich wechselseitig. Und die besonders zugespitzten Konflikte des Ostens sind einerseits Ausdruck und Folge der Problemlagen der Bundesrepublik insgesamt, und andererseits vertiefen sie diese zusätzlich. Aber die tatsächlich unterschiedlichen und zum Teil grundverschiedenen

Strukturen und Problemlagen verlangen zugleich unterschiedliche Instrumentarien und Lösungsvarianten. Das Handeln der zentralen Akteure der Bundespolitik ist hier aber durch Überforderung und Verunsicherung gekennzeichnet.

5. Institutionelle Stabilität und die Erosion des „Modell Deutschland"

Das Ziel der Bewahrung von Kontinuität und Stabilität des politischen Systems der alten Bundesrepublik hatte im Jahrzehnt nach 1989 Vorrang. Auf eine verfassungsmäßige und institutionelle Neuordnung der Grundlagen des vereinten Deutschlands im Vereinigungsprozess (Artikel 146 des Grundgesetzes) wurde deshalb verzichtet. Zweifelsohne hat dieses Strategiemuster – im Nachhinein betrachtet – die Kontinuität und Stabilität des politischen Systems der Bundesrepublik gesichert. Die Wandlungsprozesse wurden erst einmal von Westdeutschland fern gehalten und auf Ostdeutschland lokalisiert. Die Transferleistungen und die geglückte staatliche Vereinigung belegen zudem die Robustheit der wirtschaftlichen und politischen Ordnung der Bundesrepublik.

Die Transformationsfolgen und -krisen, auf die alle Akteure keine adäquaten Antworten fanden, erhöhten jedoch einerseits den Problem- und Wandlungsdruck in der gesamtdeutschen Bundesrepublik merklich, während andererseits die langfristige Problemlösungskapazität des „halbsouveränen Staates" – also gerade sein bisheriger Vorzug – zurückging (vgl. auch Landfried 1995, S. 48). Der Prozess der Erosion der institutionellen Grundlagen des „Modells Deutschland" steht wesentlich auch im Zusammenhang mit der Vereinigungspolitik und ihren Folgen, wie neuere Studien hinsichtlich der ökonomischen und sozialen Entwicklung belegen (Czada 1998). Dieser Zusammenhang wird darüber hinaus deutlich an den Problemen der Verfassung und des erodierten Wertekonsens in der gesamtdeutschen Bundesrepublik, der Neuordnung des Länderfinanzausgleichs, der Länderneugliederung, an dem Reformbedarf bei den sozialen Sicherungssystemen, der Arbeitsmarkt- und Beschäftigungspolitik sowie bei der verbandlichen Selbstregulierung. Der erfolgreiche, traditionelle westdeutsche Weg der politischen Konfliktbewältigung und ihrer ökonomischen Grundlagen erweist sich aber als immer weniger gangbar.

Generell ist ein *Themenwechsel* angezeigt: von der auf herkömmlichen Problemlösungsmustern basierenden Vereinigungspolitik zu einer Innovations- und Reformpolitik. Auch der Diskurs verlagert hier seine Schwerpunkte. Und die Diskussion der Probleme der „inneren Einheit" verweist inzwischen darauf, das Maß von Integration und Pluralität in der gesamtdeutschen Bundesrepublik neu zu bestimmen. Das im Westen lange favorisierte Konzept, innere Einheit durch einseitige Anpassung der Ost- an die Westdeutschen zu erreichen, ist als gescheitert anzusehen. Ost und West sind auf neue Art zusammenzudenken und zusammenzuführen. Gegenwärtig verfügt noch kein politischer Akteur über ein zeitgemäßes und praktikables Ost-West-Integrations- und Reformkonzept.

Der Wandlungsdruck, der von der „alten" Bundesrepublik auch mit einem spezifischen Transformationsmodus in Ostdeutschland fern gehalten werden sollte, hat diese inzwischen voll eingeholt. Das bisherige „Modell Deutschland" verlor seinen früheren Glanz, gerade auch unter den Ostdeutschen. Die gesamtdeutsche Bundesrepublik steht infolge der Globalisierung und Europäisierung von Wirtschaft und Politik, aber eben auch infolge der Vereinigung und ihrer Ambivalenzen an einer neuen „Scheidewegsituation" (Verba 1971). Alternative Entwicklungspfade zeichnen sich ab. Das ist weder die Stunde nostalgischer Vergangenheitsverklärungen noch des Entwurfs neuer utopischer Zukunftsprojekte. Die gesamte Bundesrepublik – Ost und West – befindet sich in einem Prozess tief greifender Veränderungen. Ihr Innovations- und Reformpotenzial ist auf neue Weise herausgefordert und zugleich noch weiter blockiert. Langfristig lautet das zentrale Problem des sozialen Wandels im Osten und Westen der „Berliner Republik": Zukunftsfähige Entwicklung; soziale Gerechtigkeit; neue Wege der Inklusion der Gesellschaft.

III. Vereinigung und Transformation im Diskurs um den Wandel der „alten" zur „neuen" Bundesrepublik

Die Transformations- und Vereinigungsprozesse bieten die einzigartige Chance, neue Einsichten über den sozialen Wandel im Allgemeinen und in der Bundesrepublik im Besonderen zu gewinnen. Diese Chance wurde bislang weitgehend vergeben, weil Transformation zunächst ausschließlich als „nachholende Modernisierung" und die Bundesrepublik alt allein als Folie der Evaluation betrachtet wurden. Aufgrund der umfangreichen empirischen und theoretischen Forschung zur ostdeutschen Transformation und deutsch-deutschen Integration können inzwischen aber durchaus einige allgemeinere Schlüsse gezogen werden, die auch für den Diskurs um den Wandel der „alten" Bundesrepublik relevant sein sollten:

1. Eine Interpretation der Transformation und Umstrukturierung Ostdeutschlands als bloße Anpassung an westdeutsche Verhältnisse trägt zwar in vieler Hinsicht, aber als Gesamtinterpretation greift sie zu kurz. Die Transformation Ostdeutschlands erwies sich am Ende weniger als im Mainstream angenommen als linearer Angleichungsprozess, dafür als historisch voraussetzungsvoll, komplex strukturiert, variabel und partiell offen. Selbst dieser besondere und privilegierte ostdeutsche Fall von Transformation (Inkorporation) hat die Grenzen einer Transformation im Sinne von „Modellübertragung" und „Masterplan" verdeutlicht und gezeigt, dass Transformation ein zwar intendierter, aber zugleich ein eigendynamischer Wandlungsprozess ist, in dem Besonderes, Eigenes und auch Neues entsteht. Er ist also mehr bricolage, denn xerox. In diesem Sinne wurde eher die

Wandlungs- denn die Anpassungshypothese bestätigt. Trotz Inkorporation, Transfer von Institutionen, Eliten, Ressourcen und der Entstehung einer abhängigen ostdeutschen Teilgesellschaft trifft jedoch auch die Kolonialisierungshypothese nicht das Typische ostdeutscher Realität. Mit dem Transfer und der in jüngster Zeit zunehmenden Transformation endogener Potenziale entstanden in den neuen Bundesländern neue gesellschaftliche Entwicklungsoptionen und inzwischen auch günstigere Voraussetzungen für die schrittweise Überwindung der strukturellen Abhängigkeiten.

2. Der deutsche Fall von Transformation bestätigt die Erkenntnis, dass Kontinuitäts- und Stabilitätspräferenzen beim Wandel komplexer Systeme nur dann „Sinn machen", wenn sie gleichzeitig das Offenhalten für neue Lösungen und Strukturen gewährleisten (Bühl 1990, S. 43).

Die die Transformation steuernde politische Elite der „alten" Bundesrepublik schloss diese Erkenntnis als Maxime ihres Handelns zunächst völlig aus. Auf die ersten Transformations- und Vereinigungskrisen reagierte das politische System der Bundesrepublik und seine Elite dann mit partiellen Lernprozessen sowie Korrekturen im Steuerungsprozess. Bei diesen Reaktionsmustern handelte es sich alles in allem jedoch um einen Rückgriff auf die institutionellen Strategiemuster des westdeutschen „halbsouveränen Staates". Eine neue Transformationspolitik – wie das eine Reihe Transformationsforscher sehen – wurde m.E. damit jedoch nicht konzipiert und wirksam. Es ist gerade für den deutschen Transformationsfall charakteristisch, dass die transformationsbedingten Rückkoppelungseffekte und Öffnungen für Neues, für Innovationen im politischen System der Bundesrepublik gering blieben bzw. ganz ausblieben. Nur im deutschen Fall wurden – aus nahe liegenden Gründen – die überfälligen institutionellen Reformen verschoben und selbst jedes „Nachdenken über institutionellen Wandel als die 'Wiedereinführung des Rades' lächerlich gemacht" (von Beyme 1996, S. 315). Dabei bot sogar der Institutionen*transfer* von West nach Ost die Chance für Lerneffekte und kritische Selbstreflexion der neuen Probleme in den *westlichen* Gesellschaften. Am ostdeutschen Beispiel transferierter Institutionen können durchaus die Problemlösungskapazität, die Richtungskonstanz und Selbsterneuerungspotenziale moderner Institutionensysteme auf neuer Grundlage kritisch getestet werden. Diese Perspektive war allerdings nur schwach ausgeprägt.

Die politische Klasse hielt am einmal gesetzten Ziel fest, auch als die Folgewirkungen von Transformation und Vereinigung den Problemdruck zusehends erhöhten. „Der Neokapitalismus teilte in der Tat mit dem alten Staatssozialismus, den er als Erbfeind ansah, die Illusion, daß Maßnahmen, die nicht griffen, durch mehr Maßnahmen in die gleiche Richtung ersetzt werden mussten. Beide Paradigmen ließen sich ungern durch Skepsis gegenüber dem Endziel beirren (...)" (von Beyme 1996, S. 309). Die Gründe für diese „Beharrlichkeit" liegen sowohl in der Wirksamkeit der dominanten Wahrnehmungs- und Deutungsmuster von Transformation und Vereinigung als auch in spezifischen Interessen- und Machtkalkülen der zentralen Transformations- und Vereinigungsakteure. Die in Vergessenheit geratene grundlegende Einsicht, dass sozialer und politischer Wandel als Reform und Innovation nur gegen den Widerstand etablierter gesellschaftlicher Interessen (Zapf 1994, S. 188) durchgesetzt werden kann, gilt eben nicht nur für die Transformationsgesellschaften, sondern auch für die modernen Gesellschaften des Westens. Die Bundesrepublik heute ist dafür geradezu ein Musterbeispiel.

3. Der deutsche Transformations- und Vereinigungsfall zeigt ferner: die Integration zweier selbständiger Systeme führt – selbst bei Dominanz des einen – zu einem neuen System und damit zu Rückwirkungen auf beide (Kaase et al. 1996, S. 13) und ihren Wechselwirkungen. Bekanntlich wurde gerade diese Annahme und Erkenntnis für die Bundesrepublik mehrheitlich als irrelevant abgetan. Inzwischen hat die Macht des Faktischen die politische Tagesordnung gewandelt. Allmählich setzt sich die Erkenntnis durch: „Das vereinte Deutschland ist nicht einfach eine Maßstabsvergrößerung der alten Bundesrepublik, sondern ein Verbund neuer und alter Bundesländer: dies bedeutet eine neue Qualität und Pluralität." (Hauser et al. 1996, S. 489)

Genauer zu beobachten sind dabei die neuen Zusammenhänge des Wandels zwischen dem Osten und Westen der gemeinsamen „Berliner Republik". Einen unmittelbaren Kausalzusammenhang zwischen den Transformationsprozessen im Osten und dem sozialen Wandel im Westen gab und gibt es nicht. Gleichwohl finden beide Prozesse in der Zeitenwende von 1989 ihren Ausgangspunkt: Das Ende des Ost-West-Konfliktes und die Probleme der Vereinigungspolitik sowie die zugleich beschleunigte europäische Integration trafen nicht nur den Osten, sondern die ganze Bundesrepublik und ihre politische und ökonomische Verfassung wie ein „Systemschock" (Carlin/Soskice 1997; vgl. den folgenden Beitrag von Ute Wachdendorfer-Schmidt).

Die direkten Rückwirkungen von Transformation und Vereinigung auf Westdeutschland waren demgegenüber tatsächlich lange Zeit marginal. Inzwischen haben aber Auswirkungen ostdeutsche Entwicklungen – wie gezeigt – den Westen der Republik erreicht und den gesamtdeutschen Wandlungs- und Reformdruck beträchtlich erhöht. Dabei bildeten die Transformationsprobleme des Ostens lange Zeit keine „Lösungsmuster" für anstehende Veränderungen im Westen. Das könnte sich partiell in der jetzt einsetzenden Phase sozialen und politischen Wandels in den neuen Bundesländern ändern. Schon die ostdeutsche Gegenwart dürfte in einigem den künftigen Verhältnissen der „Berliner Republik" näher stehen als die westdeutsche Gegenwart – wenn man an die Zukunft der Arbeit, die soziale Mobilität und Flexibilität (Diewald/Solga 1997, S. 237) oder an die Neudefinition der sozialen und demokratischen Frage denkt.

Auf jeden Fall bietet der (ost-)deutsche Transformationsfall reichlich Material zur Analyse der Steuerungsmöglichkeiten und -grenzen von sozialem Wandel, besonders in politischen Ordnungen mit unterschiedlichen Teilgesellschaften. Die lange Zeit verkürzte Perspektive – Analyse der Strukturbrüche im Osten ohne

Thematisierung ihrer Folgen für die normativen und faktischen Prämissen und Institutionen des Westens – läuft gegenwärtig Gefahr, dass sie nur mit umgekehrtem Vorzeichen fortgeschrieben wird: sozialer Wandel nun als Zukunftsthema des Westens bei gleichzeitiger Marginalisierung oder Ausblendung des Ostens. Angesichts der Erfahrungen der letzten zehn Jahre sollte sich diese Sicht sowohl in der politischen Elite als auch in den Sozialwissenschaften von selbst ausschließen. Der Diskurs um die „neue" Bundesrepublik begänne ansonsten wieder mit einer beträchtlichen Schieflage.

Literatur

Beyme, Klaus von, 1994: Der Zusammenbruch des Sozialismus und die Folgen für die sozialwissenschaftliche Theorienbildung, in: Mitteilung des Wissenschaftszentrums Berlin, Nr. 63, S. 9-19.
Beyme, Klaus von, 1996: Der kurze Sonderweg Ostdeutschlands zur Vermeidung eines erneuten Sonderweges: Die Transformation Ostdeutschlands im Vergleich postkommunistischer Systeme, in: Berliner Journal für Soziologie, Heft 3, S. 305-316.
Brie, Michael, 1999: Die ostdeutsche Teilgesellschaft. Jahrbuch des Wissenschaftszentrums Berlin 1999, Berlin (Ms.).
Bühl, Walter, 1990: Sozialer Wandel im Ungleichgewicht. Zyklen, Fluktuationen, Katastrophen, Stuttgart.
Carlin, W. und David Soskice, 1997: Shocks to the System: the German Economy Under Stress, in: National Institute Economic Review 159, S. 60.
Czada, Roland, 1998: Vereinigungskrise und Standortdebatte. Der Beitrag der Wiedervereinigung zur Krise des westdeutschen Modells, in: Leviathan, Heft 1, S. 24-59.
Dietrich, Vera et al., 1997: Wechselbeziehungen zwischen Wirtschaftsstruktur und Wachstum in den neuen Bundesländern. Veröffentlichungen des Instituts für Wirtschaftsforschung Halle, Sonderheft 4.
Diewald, Martin und Heike Solga, 1997: Berufliche Transformationsprozesse in Ostdeutschland, in: Jan Wielghos und Helmut Wiesenthal (Hrsg.), Einheit und Differenz, Berlin, S. 221-238.
Hirschmann, Albert O., 1992: Abwanderung, Widerspruch und das Schicksal der Deutschen Demokratischen Republik, in: Leviathan, Heft 3, S. 330-358.
Hüther, Michael, 1993: Integration der Transformation. Überlegungen zur Wirtschaftspolitik für das vereinigte Deutschland, in: Jahrbuch für Sozialwissenschaft, Heft 1, S. 31-52.
Kaase, Max et al. (Hrsg.), 1996: Politisches System, Opladen.
Kaase, Max und Petra Bauer-Kaase, 1998: Deutsche Vereinigung und innere Einheit 1990-1997, in: Heiner Meulemann (Hrsg.), Werte und nationale Identität im vereinten Deutschland, Opladen.
Landfried, Christine, 1995: Architektur der Unterkomplexität, in: Gerhard Lehmbruch (Hrsg.), Einigung und Zerfall. Deutschland und Europa nach dem Ende des Ost-West-Konflikts, Opladen.
Lehmbruch, Gerhard, 1991: Die deutsche Vereinigung: Strukturen und Strategien, in: Politische Vierteljahresschrift, Nr. 4, S. 585-604.
Offe, Claus, 1998: Der deutsche Wohlfahrtsstaat: Prinzipien, Leistungen, Zukunftsaussichten, in: Berliner Journal für Soziologie, Heft 3, S. 359-380.
Offe, Claus, 1997: Die politisch-kulturelle Innenseite der Konsolidierung, in: Jan Wielghos und Helmut Wiesenthal (Hrsg.), Einheit und Differenz, Berlin, S. 214-220.

Reißig, Rolf (Hrsg.), 1993: Rückweg in die Zukunft. Über den schwierigen Transformationsprozeß in Ostdeutschland, Frankfurt a.M./New York.
Reißig, Rolf, 1994: Transformation – Theoretisch-konzeptionelle Ansätze und Erklärungsversuche, in: Berliner Journal für Soziologie, Heft 3, S. 323-343.
Reißig, Rolf, 1998: Transformationsforschung: Gewinne, Desiderate und Perspektiven, in: Politische Vierteljahresschrift, Heft 2, S. 301-328.
Verba, Sydney, 1971: Sequences and Development, in: I. Binder et al. (Hrsg.), Crises and Sequences in Political Development, Princeton, S. 283-316.
Wollmann, Hellmut, 1997: Der Systemwechsel in Ostdeutschland, Ungarn, Polen und Russland. Phasen und Varianten der politisch-administrativen Dezentralisierung, in: Aus Politik und Zeitgeschichte, B5/97, S. 3-15.
Zapf, Wolfgang, 1994: Alternative Pfade der gesellschaftlichen Entwicklung, in: Wolfgang Zapf, Modernisierung, Wohlfahrtsentwicklung und Transformation, Berlin, S. 187-199.

Gerhard Lehmbruch

Institutionelle Schranken einer ausgehandelten Reform des Wohlfahrtsstaates

Das Bündnis für Arbeit und seine Erfolgsbedingungen

Die Diskussion über eine Reform des deutschen Wohlfahrtsstaates hat in den 90er Jahren eine neue Richtung eingeschlagen. Als die von Helmut Kohl geführte konservativ-liberale Koalition 1982 ins Amt kam, orientierten sich ihre programmatischen Aussagen weitgehend an der neokonservativen Rhetorik des britischen „Thatcherismus" und der amerikanischen „Reaganomics". Die damals von der neuen Mehrheit proklamierte politische „Wende" ließ indessen auf sich warten. Die Veränderungsbilanz der 80er Jahre umfasste in erster Linie eine vergleichsweise geringfügige Deregulierung des Arbeitsmarktes, die Abschaffung des öffentlich-rechtlichen Rundfunkmonopols und einige Schritte zur Privatisierung und Deregulierung des Fernmeldemonopols. Dies war nicht zuletzt auf institutionelle Reformhindernisse im „halbsouveränen" deutschen Staat (Katzenstein 1987) zurückzuführen (vgl. die Analysen in Lehmbruch u.a. 1988). Dass diese Anstrengungen begrenzt blieben, hatte aber auch damit zu tun, dass sich der Wohlfahrtsstaat nach der zu jener Zeit noch vorherrschenden Sicht nicht in einer ernsthaften Krise befand. Die Unterschiede der Krisenperzeption werden vor allem in der Retrospektive deutlich, wenn man die Situation der beginnenden 80er Jahre mit der Finanz- und Wirtschaftskrise der 90er Jahre vergleicht. Ungemein bezeichnend für die neue Krisenanalyse war die viel beachtete Rede des Bundespräsidenten Roman Herzog vom 26. April 1997, der pikanterweise ausgerechnet die Eröffnung eines neuen Berliner Luxushotels (des „Adlon") als passende Gelegenheit benutzte, um den „Verlust wirtschaftlicher Dynamik, die Erstarrung der Gesellschaft, eine unglaubliche mentale Depression" zu beklagen.[1] Pathetisch rief er nach einem „Ruck", der durch Deutschland gehen und den Modernisierungsstau überwinden solle.

Diese geradezu exemplarische Zusammenstellung aller Gemeinplätze der neuen Krisenrhetorik war nun aber insofern besonders bemerkenswert, als Herzog in seiner Rede die Folgeprobleme der deutschen Vereinigung und die Schwierigkeiten

---

1 Zitiert nach der wörtlichen Wiedergabe auf der Internetseite des Bundespräsidenten (www.bundespraesident.de/n/nph-b/reden/de/berlin.htm?reden/deutsch1997.map).

der Integration Ostdeutschlands mit keinem Wort zu erwähnen für nötig hielt und ein „Problempanorama" beschrieb, das ausschließlich auf Erfahrungen und Wahrnehmungen aus der „alten" Bundesrepublik gemünzt war. Auch das ist nicht untypisch für die Einseitigkeit verbreiteter Krisendiagnosen. Man darf nämlich nicht außer Acht lassen, dass die außergewöhnliche Herausforderung der von niemandem ernsthaft vorhergesehenen deutschen Vereinigung zwar auf der einen Seite eine bemerkenswerte Neubelebung des in den 60er und 70er Jahren entwickelten korporatistischen Steuerungsrepertoires zur Folge hatte, auf der anderen Seite aber die Krise des Wohlfahrtsstaates verschärfte. Deshalb sollen zunächst die ambivalenten Auswirkungen des Vereinigungsprozesses auf die wohlfahrtsstaatlichen Krisenstrategien rekapituliert werden.

I. Die Vereinigung und der illusorische Triumph des deutschen Korporatismus

Der Zusammenbruch der DDR war ein unerwarteter Systemschock, der zunächst eine erstaunliche Wiederbelebung korporatistischer Strategien hervorbrachte. Die Bundesregierung hatte sich anfänglich vor dem Hintergrund einer überkomplexen Aufgabe, die eine politische Strategie der Problemvereinfachung nahe legte, einer marktliberalen Rhetorik bedient. Sie nährte so die Erwartung, dass der Markt als mächtiger Motor der Systemtransformation die Politik entlasten würde, wenn nur die Basisinstitutionen der Wettbewerbswirtschaft im Osten etabliert seien. Der Regierung und den Wirtschaftseliten wurde aber bald klar, dass die Marktkräfte allein nicht ausreichten, das staatssozialistische System in Kürze zu einer effizienten und produktiven Wettbewerbsgesellschaft umzubauen. Die Übertragung der westdeutschen Wirtschaftsordnung einschließlich des Systems der Mitbestimmung und der Tarifautonomie sowie der komplexen Kompetenzverteilung zwischen Bund und Ländern in der Wirtschaftsstrukturpolitik ließ einen Rückgriff auf das korporatistische Strategierepertoire und Mechanismen der Verhandlungsdemokratie unabweislich erscheinen. Dies erklärt, warum Helmut Kohl, der zuvor seit seinem Regierungsantritt kein sonderliches Interesse an einer Wiederbelebung der korporatistischen Spitzengespräche im Stil der Konzertierten Aktion hatte erkennen lassen, erstmals am 20. Februar 1990 mehr als 50 Spitzenvertreter der Wirtschaft und der Gewerkschaften zu einem Meinungsaustausch ins Kanzleramt einlud. Nach 1991 trafen sich die neben der *Treuhandanstalt* am „Aufbau Ost" beteiligten Wirtschaftsverbände und Gewerkschaften zu Kanzlergesprächen, in denen jenseits der parlamentarischen und parteipolitischen Arena Unterstützungsmaßnahmen für den Aufbau Ost vereinbart wurden.

Parallel zu den Kanzlergesprächen bemühten sich der *Deutsche Gewerkschaftsbund*, seine Mitgliedsgewerkschaften und die *Bundesvereinigung der Arbeitgeberverbände* (BDA) um den Transfer des westdeutschen Systems der industriellen

Beziehungen nach Ostdeutschland. Die „Gemeinsame Erklärung des DGB und der BDA zu einer einheitlichen Wirtschafts- und Sozialordnung in beiden deutschen Staaten" vom 9. März 1990 ging davon aus, dass dieses System, das im Rahmen des Prinzips der Tarifautonomie auf verbandsmäßiger Organisation der Tarifparteien beruht, ein zentrales und unverzichtbares Element des Ordnungsrahmens der real existierenden Marktwirtschaft sei, wie sie sich in der alten Bundesrepublik ausgebildet hatte. Man kann hier von einem korporatistischen Bündnis sprechen, das sich durchaus mit der Gründung der Zentralarbeitsgemeinschaft im Jahr 1919 (Stinnes-Legien-Abkommen) vergleichen ließe. Und als 1991 die ersten Zeichen einer Vereinigungskrise sichtbar wurden, zögerten die beiden Dachorganisationen und ihre Mitgliedsverbände nicht, unter Einbeziehung von Treuhandanstalt und Bundesanstalt für Arbeit mit einem ehrgeizigen *policy mix* aus Tarifpolitik, Sozialplanvereinbarungen und aktiver Arbeitsmarktpolitik gegenzusteuern (zu dieser Interpretation vgl. Lehmbruch 1996b).

Eines der wichtigsten Handlungskalküle, das diese Zusammenarbeit der Sozialpartner leitete, entstammte dem Repertoire der korporatistischen Modernisierungskoalition, wie wir es aus den 70er und 80er Jahren kennen. Es basierte auf der gemeinsamen Überzeugung, dass in einem vereinigten Deutschland die östlichen Teile nicht zu einem Niedriglohngebiet werden dürften, sondern auf der Basis einer schnellen und durchgreifenden industriellen Modernisierung mit Westdeutschland gleichziehen sollten. Ein herausragender Ausdruck dieses Konsensus war der Stufentarifvertrag in der Metallindustrie, der das Lohnniveau in Ostdeutschland rasch an westliche Standards angleichen sollte. Dies sollte zum einen die Migration qualifizierter Arbeitskräfte in den Westen stoppen, zum anderen den Umbau und die Rationalisierung der ostdeutschen Industrie beschleunigen. Dieser Umbau würde natürlich zunächst viele Arbeitskräfte freisetzen, doch durch die Einbindung der Bundesanstalt für Arbeit in einen ganz außergewöhnlichen Schub der aktiven Arbeitsmarktpolitik und durch die Vereinbarungen mit der Treuhandanstalt über Sozialpläne und Beschäftigungsgesellschaften sollte die Transformation sozialverträglich flankiert werden. In den Verbänden, einschließlich der Gewerkschaften, glaubte man damals weithin, dass die Privatisierungspolitik erhebliche Modernisierungsreserven freisetzen könne, und mit der Treuhandanstalt war man sich noch einig in der Erwartung, dass damit eine leistungsfähige ostdeutsche Exportbasis geschaffen werden könne, die sich vor allem in der Verteidigung und Eroberung der osteuropäischen Märkte bewähren sollte. Die Illusionen, die hinter der Modernisierungsstrategie standen, wurden nur allmählich entzaubert. Erst als mit dem Zusammenbruch der Sowjetunion die anfänglichen „Ostphantasien" einer realistischen Bewertung wichen und eine Vielzahl bereits erteilter Aufträge an Treuhandfirmen aus dem osteuropäischen Raum storniert wurden, kündigten die ostdeutschen Metallarbeitgeberverbände den Stufentarifvertrag. Die Folge war eine von der *IG Metall* angeführte Streikbewegung, die einerseits das kooperative Klima schwächte, andererseits neue Kooperationszwänge, diesmal auf dem Feld der Arbeitsmarktpolitik, erzeugte. Die korporatistische Basis der ostdeutschen Arbeitsmarktpolitik wird in mehreren Übereinkommen der Treuhandanstalt mit den Gewerkschaften, insbesondere der *IG Chemie,* und den Branchen-Arbeitgeberverbänden deutlich, in denen die Umwidmung von Abfindungszahlungen der Treuhandanstalt an entlassene Arbeitnehmer in Unterstützungszahlungen an bestehende Beschäftigungsgesellschaften vereinbart wurde. Beteiligt war hier auch die *Bundesanstalt für Arbeit,* die – erstmals in der Geschichte der Bundesrepublik – Lohnersatzleistungen (Arbeitslosengeld) in den Lohnfond von Beschäftigungsgesellschaften lenkte, denen sie über die ostdeutschen Arbeitsämter Arbeitslose aus Treuhandunternehmen und Ex-Treuhandunternehmen zur vorübergehenden Beschäftigung und Qualifizierung zuwies.

Die im Sommer 1992 offenkundig werdende Vereinigungskrise brachte zwei weitere Neuerungen, die ebenfalls das korporatistische Strategierepertoire tangieren. Zum einen ging es um den Erhalt der zwar unter Produktivitätsgesichtspunkten veralteten, aus sozial- und regionalpolitischen Rücksichten aber erhaltenswert erscheinenden „industriellen Kerne" in Ostdeutschland. Zum anderen führte die Vereinigungskrise zu ersten Gesprächen über einen Solidarpakt, der Staat, Wirtschaft und Gewerkschaften zu gemeinsamen Anstrengungen im Aufbau bewegen sollte. Der Solidarpakt wurde damals als Anzeichen dafür gewertet, dass sich das korporatistische „Modell Deutschland" in der Vereinigungspolitik bewähren und erhalten würde, während Erwartungen einer Transformation der alten Bundesrepublik als Konsequenz der deutschen Einheit widerlegt seien (Jann 1995; Sally/Webber 1994). Indessen sollte sich bald herausstellen, dass solche Bewertungen verfrüht waren: Die Gewerkschaften widersetzten sich Forderungen der Regierung, das Ziel einer raschen Angleichung der Entgelttarifverträge zwischen Ost- und Westdeutschland aufzugeben, Verhandlungen mit dem Bankenverband über die so genannte „Bankenmilliarde", einen Investitionsfond, den die deutschen Banken zur Verwendung in Ostdeutschland aufbringen sollten, kamen nur zögerlich und zum Teil zustande. Statt die Vitalität des Deutschen Modells zu bestätigen, wurden der Vereinigungsprozess und der Aufbau Ost zum Katalysator seiner Krise.

Es hatte schon in den späteren 80er Jahren einen beunruhigenden Anstieg der Arbeitslosigkeit in der „alten" Bundesrepublik gegeben. Solche Krisenzeichen wurden durch die Folgen der deutschen Einheit erheblich verschärft (Czada 1998). Die Verschiebung der Kosten der deutschen Einheit auf die Kreditmärkte mit Hilfe der Konstruktion des „Fonds deutsche Einheit" und die Umkehrung der ursprünglichen Erlöserwartungen bei der Privatisierungspolitik der Treuhandanstalt bewirkten einen erheblichen Anstieg der Staatsverschuldung. Die Abwälzung beträchtlicher Vereinigungslasten auf die sozialen Sicherungssysteme trug ganz erheblich zu deren finanziellen Engpässen bei und verschärfte insbesondere die Krise der Altersrentenversicherung, die sich in Deutschland – wie in anderen westlichen Ländern – als Folge demographischer Trends abzeichnet. Zwar wurden die durch die Vereinigung erheblich zugespitzten finanzpolitischen Verteilungskonflikte im

Föderalismus wider Erwarten 1993 durch die Solidarpakteinigung einstweilen beigelegt (Altemeier 1999; Renzsch 1994), aber in der Folge wurde diese Einigung von den süddeutschen Ländern durch einen Verfassungsstreit über den Länderfinanzausgleich überraschend bald wieder in Frage gestellt. Umso mehr muss auffallen, dass der Anteil der deutschen Vereinigung an der Krise der öffentlichen Finanzen und des Wohlfahrtsstaates in der Krisenrhetorik, die in der zweiten Hälfte der 90er Jahre einsetzte, weitgehend ausgeblendet wurde.[2] Man wird dafür nicht zuletzt den Umstand verantwortlich machen können, dass fast die gesamte politische Führungsschicht der alten Bundesrepublik die Entscheidungen mit getragen hatte, die unausweichlich in die Vereinigungskrise führten (Czada a.a.O.).

II. Krisenrhetorik und partieller Reformkonsens

Wie schon die „Adlon"-Rede von Roman Herzog zeigt, fand die Forderung nach Reformen des Wohlfahrtsstaates und der deutschen Verhandlungsdemokratie in der zweiten Hälfte der 90er Jahre weitreichende und prominente Unterstützung. Während der Bundespräsident sich eher einer moralisierenden Rhetorik bediente und Defizite an „Tatkraft" und „Gemeinschaftsgeist" bemängelte, machte der Präsident des Bundesverbandes der Deutschen Industrie, Hans-Olaf Henkel, die politischen Institutionen für die Standortkrise der deutschen Wirtschaft verantwortlich. Sein Angriff auf die deutsche Verhandlungsdemokratie, die mit ihren dauernden und komplexen Abstimmungserfordernissen sowohl in der bundesstaatlichen wie in der korporatistischen Arena eine „Konsenssoße" erzeugten, galt vor allem den institutionellen Kernstrukturen des traditionellen westdeutschen Wohlfahrtsstaates. Damit standen zunächst die Arbeitsbeziehungen und das Tarifvertragswesen mit ihren starken korporatistischen Elementen sowie die sozialen Sicherungseinrichtungen, dann aber auch der deutsche Verbundföderalismus plötzlich im Zentrum der Systemkritik. Ihnen wurden sowohl die hohe Arbeitslosigkeit als auch die Krise der Staatsfinanzen angelastet.

In eigentümlichem Kontrast zu der Rhetorik des „Reformstaus" stehen freilich die bemerkenswerten Veränderungen, die sich insbesondere in den Infrastruktursektoren vollzogen haben. Vergleichsweise rasch hatte sich ein breiter politischer Konsens zugunsten der Deregulierung und Privatisierung staatlicher und staatsnaher Wirtschaftssektoren, insbesondere der Telekommunikation und der Eisenbahn herausgebildet. Obwohl die Telekommunikationspolitik stark von Initiativen

---

2 Erst in den Auseinandersetzungen um das 1999 aufgelegte „Sparpaket" der rot-grünen Koalition hat die CDU-Opposition gegenüber den Vorwürfen der Opposition mit Recht geltend gemacht, dass die Schuldenlast des Bundes zu einem erheblichen Teil auf die deutsche Vereinigung zurückzuführen sei. Dabei vernachlässigte sie allerdings den Umstand, dass man mit der Kreditfinanzierung der Vereinigungspolitik eine „weiche" Strategie gewählt hatte, weil man davor zurückscheute, dem Wähler „Blut, Schweiß und Tränen" für das zuzumuten, was man doch für eine große nationale Aufgabe hielt.

der Europäischen Union ermutigt wurde, ging der Hauptantrieb doch von innergesellschaftlichen Kräften aus. Um die Telekommunikation und das Eisenbahnsystem in einer sich globalisierenden Ökonomie wettbewerbsfähig zu halten, schienen unternehmerische Flexibilität und erhebliche Ausrüstungsinvestitionen vonnöten, die innerhalb des Staatssektors nicht zu leisten waren. Deshalb schlossen sich selbst die Sozialdemokraten, ungeachtet der Kritik der ihnen nahe stehenden Gewerkschaften, diesen Initiativen an. Heute ist die Deregulierung des Telekommunikationssektors in Deutschland weiter fortgeschritten als in den meisten anderen europäischen Ländern, und die Deregulierung der Elektrizitätsversorgung ist bereits weit auf den Weg gebracht. Keine dieser Änderungen in der politischen Ökonomie der Bundesrepublik wurden durch den Wahlsieg der rot-grünen Koalition im Jahre 1998 in Frage gestellt. Im Gegenteil: Wie die Auseinandersetzungen um die Verlängerung oder gar Abschaffung der Ladenschlusszeiten im Sommer 1999 zeigte, befinden sich die Regierungsparteien in der Zwickmühle zwischen den Forderungen einer Koalition aus Kleingewerbetreibenden und Gewerkschaften einerseits und neuen Erwarten einer breiten Konsumentenöffentlichkeit andererseits, und alles deutet darauf hin, dass die Gewerkschaften viel von ihrem traditionellen Vetopotenzial verloren haben.

Diese bemerkenswerten Fortschritte der Deregulierung und Privatisierung vitaler öffentlicher Dienstleistungen stehen in Gegensatz zu einer in den vergangenen Jahren populär gewordenen Sicht der deutschen politischen und gesellschaftlichen Verhältnisse. Sie kultiviert das Stereotyp einer weit reichenden institutionellen Rigidität, die den Vetopositionen organisierter Sonderinteressen oder institutionellen Politikblockaden zugeschrieben wird. Während nun Fortschritte im Umbau politisch-ökonomischer Wirtschaftssektoren darauf hindeuten, dass die Möglichkeiten der Anpassung an neue Herausforderungen einer globalisierten Ökonomie größer sind, als uns diese pessimistische Szenarios glauben machen, treten Kontroversen über eine institutionelle Krise des deutschen Wohlfahrtsstaates in den 90er Jahren umso stärker hervor. Im Brennpunkt der Kritik stehen Kernbereiche des Wohlfahrtsstaates wie die herkömmlichen Institutionen des Arbeitsmarktes und der sozialen Sicherungssysteme ebenso wie das komplexe System der Staatsfinanzen.

Die Bundestagswahlen vom 27. September 1998 beendeten die Ära Kohl und brachten einen für die meisten Beobachter überraschend hohen Wahlsieg der Sozialdemokraten unter Gerhard Schröder und eine klare Mehrheit für eine rot-grüne Bundesregierung. Die neue Regierung nannte die Bekämpfung der Arbeitslosigkeit als ihre zentrale Aufgabe. Sie sollte in einem *Bündnis für Arbeit, Ausbildung und Wettbewerbsfähigkeit* bewältigt werden. Der Begriff *Bündnis für Arbeit* war ursprünglich vom Vorsitzenden der IG Metall, Klaus Zwickel, in die politische Debatte eingeführt worden. Bereits im Herbst 1995 hatte er beim Kongress seiner Gewerkschaft eine Abkehr von der traditionellen Hochlohnpolitik im Gegenzug für die Schaffung neuer Arbeitsplätze angeboten. Der Vorschlag fand ein breites

Echo, und der Begriff *Bündnis für Arbeit* wurde zu einem zentralen semantischen Bezugspunkt in der fortlaufenden Debatte über eine neue Standortkrise und ihre Bewältigung. Die Formel weckte weit reichende normative Erwartungen in eine Strategie korporatistischer Konfliktbewältigung und Problemlösung im Dialog zwischen Gewerkschaften, Wirtschaftsverbänden und Regierung.

Die SPD hatte ihren Wahlkampf aber mit zwei programmatischen Schwerpunkten bestritten, deren Inkonsistenz ihr erst schrittweise klar wurde. Während sie einerseits ankündigte, in einem *Bündnis für Arbeit* mit den Verbänden der Sozialpartner Reformen aushandeln zu wollen, um eine spürbare Rückführung der hohen Arbeitslosigkeit zu ermöglichen, hatte sie andererseits ihre Opposition gegen die – ihrerseits höchst inkohärente – finanz- und sozialpolitische Austeritätspolitik der CDU-FDP-Regierung mit dem Versprechen gekrönt, einige der für breite Wählermassen spürbarsten Einschnitte rückgängig zu machen. Für den zweiten Teil dieses Programms stand vor allem der Parteivorsitzende Oskar Lafontaine, der zugleich – als saarländischer Ministerpräsident – der Wortführer der Sozialdemokraten im Bundesrat gewesen war. Für den ersten Teil engagierte sich vor allem der Kanzlerkandidat Gerhard Schröder, und er berief sich dabei – wie seine Berater – auf die erfolgreichen Versuche einer ausgehandelten Reform des Wohlfahrtsstaates, nicht zuletzt auf das „Modell Holland".[3] Dass diese Vorbilder ihrerseits durch eine entschiedene finanz- und sozialpolitische Austeritätspolitik ausgezeichnet waren, kam im Wahlkampf freilich kaum zur Sprache. Und als die neue Regierung ihre Wahlversprechen zügig umsetzte, blieb zunächst die Frage offen, mit welchen Alternativen denn die Finanzkrise des Wohlfahrtsstaates zu bewältigen sei. Erst der spektakuläre Rücktritt des Parteivorsitzenden und Finanzministers Oskar Lafontaine legte die inneren Widersprüche der Programmatik von 1998 offen und ebnete den Weg für eine Politik strikter Haushaltsdisziplin, freilich ohne dass im Übrigen ein profilierter Regierungskurs deutlich wurde.

Das „Bündnis für Arbeit" hat im ersten Jahr der neuen Mehrheit kaum greifbare Erfolge erbracht. Die Regierung verwandte viel Zeit und Energie auf die Klärung ihrer programmatischen Optionen. Das weit gehende Scheitern des korporatistischen Ansatzes zur Wohlfahrtsstaatsreform unter Kohls Kanzlerschaft hatte bei den beteiligten Akteuren ein Misstrauen hinterlassen, das nicht leicht zu überwinden war. Der nur langsame Fortschritt des neuen Anlaufes für ein *Bündnis für Arbeit* führt darüber hinaus zu der allgemeineren Frage, ob das institutionelle Profil des deutschen Korporatismus geeignet ist, die von Gerhard Schröder ins Auge gefasste verhandelte Wohlfahrtsstaatsreform zu bewältigen. Im Folgenden soll gezeigt werden, dass wir es hier mit einem Ausmaß institutioneller Segmentierung zu tun haben, das eine Reformpolitik auf der Basis integrierter Verhand-

---

3 So hatte unter anderem schon die Titelzeile der *Wirtschaftswoche* vom 20. Februar 1997 gelautet (Olaf Gersemann and Monika Dunkel: Niederlande – Nachbar mit Mumm: Die Holländer demonstrieren, wie man den erstarrten Wohlfahrtsstaat zurückschraubt und zukunftstauglich macht, S. 22).

lungen erschwert. Darüber hinaus hat das Parteiensystem in Deutschland nicht die unterstützende Rolle gespielt, die sich in anderen Ländern als wichtige Erfolgsvoraussetzung für korporatistische Verhandlungserfolge herausstellte.

III. Das Bündnis für Arbeit und seine institutionelle Architektur

Obwohl Schröders *Bündnis für Arbeit* in Rahmen der Verfassungsordnung nicht mehr als eine informelle Diskussion zwischen Regierung und den Arbeitsmarktparteien darstellt, zeichnet es sich durch eine hoch formalisierte und hierarchisierte institutionelle Architektur aus. Den Kern bilden die Spitzengespräche, zu denen sich in Dreimonatsabständen der Kanzler und die Minister für Finanzen, Wirtschaft, Arbeit und Gesundheit mit den Präsidenten der Spitzenverbände der Wirtschaft und der Gewerkschaften treffen. Diese Zusammenkünfte werden von einer Steuerungsgruppe vorbereitet, in der die parlamentarischen Staatssekretäre und Spitzenbeamten des Kanzleramtes und der vier beteiligten Ministerien zusammen mit den Generalsekretären der Spitzenverbände vertreten sind. Die Steuerungsgruppe wird unterstützt durch eine *Benchmarking-Gruppe* und acht Arbeitsgruppen sowie weitere Expertengruppen, die sich um spezielle Politikfelder, wie Steuerpolitik, Rentenpolitik, Gesundheitspolitik, Arbeitszeitpolitik oder Frühpensionierung kümmern. Diese Arbeitsgruppen umfassen wiederum Spitzenbeamte aus dem Ministerium und Experten der Dachorganisationen von Unternehmerschaft und Arbeit.

Drei Aspekte dieser Konstruktion sind besonders bemerkenswert. Auffallend ist zunächst der Unterschied zwischen dem *Bündnis für Arbeit* und seinen Vorgängern, der *Konzertierten Aktion* von 1967 bis 1974 sowie den Kanzlergesprächen von Helmut Kohl in den 90er Jahren. Der Initiator der *Konzertierten Aktion*, Karl Schiller, Wirtschaftsminister von 1966 bis 1972, sah in ihr nicht so sehr einen Ort der Aushandlung von Kompromissen, sondern vielmehr das Forum für einen rationalen Dialog mit den autonomen Gruppen, wie sie damals genannt wurden. Dahinter stand die seinerzeit vorherrschende keynesianische Kreislauftheorie, die es nahe legte, den ökonomischen Akteuren Einsichten in die Interdependenz makroökonomischer Aggregatgrößen und Sachzwänge zu vermitteln, um auf der Basis rationaler Verhaltenserwartungen zu einer freiwilligen Koordination ihrer Interessenpolitik zu gelangen (Lehmbruch 1977, 1979). Der Zweck wechselseitiger Information und Überzeugung ließ es sinnvoll erscheinen, ein sehr breites Spektrum organisierter Interessen zu den Gesprächen einzuladen. Die Zahl der Teilnehmer ist von zunächst etwa 50 kontinuierlich auf über 200 gestiegen. Dazu zählten zum Beispiel der Beamtenbund, der Bauernverband, die Verbände der privaten und öffentlichen Banken, des Einzelhandels und des Großhandels, und natürlich war auch die Bundesbank und der Sachverständigenrat mit von der Partie. Es ist oft behauptet worden, dass die schiere Größe der *Konzertierten Aktion* für ihre relative Ineffizienz verantwortlich gewesen sei. Hinzu kommt, dass sie ganz in der Verantwortung des Wirtschaftsministers stand, während der Kanzler nicht beteiligt war. Die Verpflichtungsfähigkeit der Regierung war also nicht garantiert, obwohl der damalige Wirtschaftsminister in der Nachfolge von Ludwig Erhard sehr hohes Prestige genoss.

Als Helmut Kohl im Jahr 1990 zu den ersten Kanzlergesprächen einlud, hat er die Lehren aus den organisatorischen Schwächen der Konzertierten Aktion berücksichtigt: Er behielt von Anfang an die Initiative der Gesprächsrunde, und er achtete zunehmend darauf, die Beteiligung auf die Repräsentanten der mächtigsten Verbandsakteure zu beschränken. Sein Ziel ging über den Informationsaustausch hinaus. Die Kanzlergespräche sollten die beteiligten Spitzenverbände auf bestimmte Beiträge zum Aufbau Ost verpflichten. Schröders *Bündnis für Arbeit* folgt dem Beispiel insofern, als der Regierungschef sich persönlich für den Erfolg des Vorhabens engagiert und das Kanzleramt die Federführung behält. Aber Schröders Konzertierungsstil unterscheidet sich von Kohls Kanzlergesprächen mit ihrer ausgeprägten Personalisierung durch ein hohes Maß formaler Strukturierung.[4] Damit unterstreicht die Regierung die von ihr eingegangene Verpflichtung und setzt sich und die übrigen Beteiligten unter Erfolgsdruck.

Ein zweiter – und neuer – Aspekt von Schröders Bündnis ist der *Benchmarking*-Ansatz, der semantisch an Managementtechniken der Wirtschaft anknüpft. Er zielt auf den Vergleich des Wirtschafts- und Sozialstandortes Deutschland mit anderen Industrieländern ab. Wir begegnen damit einem Topos, der für die Krisenrhetorik der 90er Jahre besonders charakteristisch ist und auf das Ziel verweist, durch Angebotspolitik den „Investitionsstandort Deutschland" attraktiver zu machen.[5] Auch die Sozialdemokratie nimmt damit Abschied von der „Modell Deutschland"-Rhetorik, wie sie unter dem Kanzler Helmut Schmidt gepflegt wurde. Der *Benchmarking*-Ansatz enthält das Eingeständnis, dass Deutschland nicht länger als beispielgebendes ökonomisches und soziales Modell gilt, sondern Anregungen aus dem internationalen Umfeld sucht. Besondere Aufmerksamkeit er-

---

4 Bezeichnend dafür ist das Organisationsschema auf der Internetseite (www.buendnis.de) des Bundespresse- und Informationsamts.
5 Die Kontinuität in der Krisenperzeption ist unübersehbar, wenn man zum Vergleich die oben zitierte „Adlon"-Rede von Bundespräsident Herzog heranzieht: „Die meisten traditionellen Industriestaaten standen oder stehen vor ähnlichen Problemen wie wir. Eine ganze Reihe von ihnen hat aber bewiesen, dass diese Probleme lösbar sind. In Neuseeland hat man aus alten, ineffizienten Strukturen eine moderne Kommunalverwaltung aufgebaut. In Schweden hat man den überbordenden Sozialstaat erfolgreich modernisiert. In Holland hat man im Konsens mit den Tarifpartnern die Arbeitsbeziehungen flexibler gemacht. Folge: die Arbeitslosigkeit ist in Holland drastisch gesunken. In den USA hat eine gezielte Strategie neuartiges Wachstum ausgelöst, das Millionen neue Arbeitsplätze geschaffen hat. Ich weiß, hier kommt gleich das Argument, dass nicht alles, was in Amerika geschieht, auf uns übertragbar ist und dass wir amerikanische Verhältnisse bei uns auch gar nicht wollen. Das ist sicher richtig, aber es darf uns nicht hindern, einmal genauer hinzuschauen. Ich fordere auf, von anderen zu lernen, nicht sie zu kopieren!"

regte in dieser Hinsicht das „Modell Holland", das als überzeugendstes Beispiel der Redimensionierung eines überspannten Wohlfahrtsstaates auf der Basis einer zwischen gesellschaftlichen Großgruppen konzertierten Sozialstaatsreform gilt (Visser/Hemerijck 1997). Ein anderes, häufig bemühtes Modell wäre *New Labour*, wobei sich die sozialdemokratischen Reformer nicht immer darüber im Klaren waren, dass diesen beiden Referenzmodellen ziemlich unterschiedliche politische Strategien zugrunde liegen.[6]

Aus den ausländischen Vorbildern wurde nicht zuletzt die programmatische Lehre gezogen, dass der Verhandlungsprozess ein sehr breites Spektrum politischer Themenfelder abdecken muss (Visser/Hemerijck 1997, S. 13 ff.). Auch dies ist ein weiter, wichtiger Unterschied zur *Konzertierten Aktion*. Verhandelte Wohlfahrtsstaatsreformen sollen die Arbeitsbeziehungen, die Einkommensentwicklung ebenso wie die Fiskalpolitik, die Arbeitsmarktpolitik und Arbeitslosenversicherung, das Gesundheitswesen und die Rentenpolitik einschließen, weil all diese Subsysteme hochgradig interdependent sind und zudem gleichermaßen unter Anpassungsdruck stehen. Die Architektur des *Bündnisses für Arbeit* läuft darauf hinaus, diese Politikfelder in einer Serie tripartistischer Verhandlungen zwischen Regierung, Wirtschaftsverbänden und Gewerkschaften so zu bearbeiten, dass integrierte Problemlösungen möglich werden. Den Beteiligten sollen dabei jeweils spezifische Anreize zur Kooperation in Aussicht gestellt werden – den Gewerkschaften insbesondere eine Ausweitung der Beschäftigung, den Arbeitgebern eine Senkung der Arbeitskosten, speziell der die sozialen Sicherungssysteme finanzierenden Lohnnebenkosten.

Nun muss man sich aber fragen, ob ein tripartistischer Ansatz der konzertierten Wohlfahrtsstaatsreform den eigentümlichen Bedingungen des deutschen Falles gerecht wird, ob also der Anknüpfung an das Modell der *Konzertierten Aktion* nicht ein Denkfehler zugrunde liegt. Zwar sind Arbeitsbeziehungen, soziale Sicherung und Arbeitsmarktpolitik, wie Visser/Hemerijck (a.a.O.) betonen, im internationalen Vergleich generell institutionell ausdifferenzierte Politikfelder. Der deutsche Wohlfahrtsstaat ist aber durch eine – entwicklungsgeschichtlich bedingte – besonders ausgeprägte institutionelle Segmentierung gekennzeichnet. Das Tarifvertragswesen, die arbeitsmarktpolitischen Institutionen, das System der Gesetzlichen Krankenversicherung und die Alterssicherungssysteme haben sich schrittweise und voneinander unabhängig entwickelt. Sie werden daher von je spezifischen Diskursformen und Spielregeln gesteuert, die im tripartistischen Bündnis von Regierung, Arbeit und Wirtschaft nicht direkt vertreten sind und auch indirekt nur teilweise berücksichtigt werden. In allen Sektoren spielt zwar schon seit langem das korporatistische Prinzip der Parität von Organisationen eine konstitutive Rolle,

---

6 Als der Kanzleramtsminister Bodo Hombach mit Labours *spin doctor* Peter Mandelson das pointiert angebotspolitisch ausgerichtete „Schröder-Blair-Papier" entwarf, bedachte er offensichtlich nicht, dass dies das Misstrauen der Gewerkschaften hervorrufen und damit das „Bündnis für Arbeit" erschweren müsste.

das sich auf eine lange deutsche Tradition zurückführen lässt (Lehmbruch 1996a), aber weil es sich in jedem Sektor auf der Basis sektorspezifischer Konfliktlinien konsolidiert hat, überlappen sich die Akteursnetzwerke allenfalls an den Rändern. Demgegenüber sind die erfolgreichen sozialen Pakte in den kleineren europäischen Ländern dadurch charakterisiert, dass sie sektorübergreifenden Charakter haben. Hinzu kommt, dass in diesen Ländern das Parteiensystem oft eng mit dem korporatistischen Subsystem verknüpft ist und insofern als Bindeglied zwischen sektoralen Politiknetzwerken fungieren kann. Das bipolare deutsche Parteiensystem erzeugt demgegenüber eine institutionelle Handlungslogik, die zu der korporatistischen Arena quer liegt (Lehmbruch 1999). Das *Bündnis für Arbeit* ist infolgedessen mit Problemen der institutionellen Koordination des deutschen Wohlfahrtsstaates konfrontiert, bei denen der tripartistische Ansatz zu kurz greift.

IV. Die Institutionen der Arbeitsbeziehungen

Die Arbeitsbeziehungen und das Tarifvertragswesen stehen neben der Krise der Systeme der sozialen Sicherung im Mittelpunkt der Kontroversen um die Zukunft des deutschen Wohlfahrtsstaates. Kontrovers diskutiert wird vor allem, in welchem Ausmaß die hohen Lohnstückkosten auf eine Hochlohnpolitik der Gewerkschaften oder den langjährigen Aufwertungstrend der Währung zurückgehen. Einigkeit herrscht darüber, dass die hohen Arbeitskosten die Modernisierung und Rationalisierung der deutschen Industrie vorantrieben, und damit auch Niedriglohnsektoren beseitigten. Auf mittlere und längere Frist haben sie jedoch auf diesem Weg die hohe Massenarbeitslosigkeit mit verursacht, und sie sind in beträchtlichem Maße mitverantwortlich für die anhaltende Schwäche des wirtschaftlichen Erholungsprozesses in Ostdeutschland. Die Flexibilisierung der Arbeitsbeziehungen und des Tarifvertragswesens gilt gemeinhin als ein möglicher Ausweg aus dieser Entwicklung, die lange Zeit (als „Rationalisierungspeitsche") industriepolitisch begrüßenswert erschien, arbeitsmarktpolitisch jedoch immer abträglicher geworden ist. Die Gewerkschaftspolitik der 90er Jahre zeigt zunächst eine zunehmende Bereitschaft, diese Diagnose anzuerkennen und gemeinsame Schritte mit den Arbeitgebern zur Reform des Tarifvertragswesens zu unternehmen. Besonders in der Metallindustrie sind diese Gespräche aber schließlich ziemlich ergebnislos stecken geblieben. Darüber hinaus gibt es nach wie vor bei einigen zentralen Diskussionsgegenständen fundamentale strategische Differenzen.

Zwar haben die deutschen Gewerkschaften traditionell den Zusammenhang von Lohnentwicklung und Wettbewerbsfähigkeit der Wirtschaft in Rechnung gestellt. Diese wurde vor allem in einer produktivitätsorientierten Lohnpolitik sowie in vielen Beispielen meso-korporatistischer Rationalisierungs- und Modernisierungspolitiken deutlich. Das gewerkschaftliche Kalkül war hier, durch Produktivitätssteigerungen eine Verbesserung der Wettbewerbsposition der Industrie, die

Grundlagen für hohe Löhne und kürzere Arbeitszeiten zu schaffen. Verbreitete sozialpartnerschaftliche Orientierungen und eine hoch qualifizierte Arbeiterschaft waren dafür beste Voraussetzung. Wie wir schon gesehen haben, war dieses strategische Repertoire auch für einige Schlüsselentscheidungen nach der deutschen Vereinigung und während des Aufbaues Ost maßgebend. Erst in den letzten Jahren ist ein Umdenken der Gewerkschaften erkennbar, das von zunehmenden Zweifeln über die Beschäftigungseffekte dieser Politik begleitet wird.

Besonders bezeichnend ist der Umstand, dass die IG Metall, als die größte deutsche Einzelgewerkschaft, auf einem sozialpartnerschaftlichen Strategierepertoire der 80er Jahre beharrt, das den inzwischen zutage getretenen Zielkonflikten zwischen hergebrachter Beschäftigungspolitik und langfristiger Alterssicherung nicht mehr gerecht wird. Ausgehend von der fragwürdigen Prämisse, dass das Arbeitsvolumen in modernen Gesellschaften begrenzt ist und deshalb zur Lösung der Arbeitsmarktkrise Beschäftigung umverteilt werden muss, haben die Tarifparteien in der Vergangenheit durch großzügigen Gebrauch der von Gesetzgeber bereitgestellten Instrumente der Frühverrentung den Arbeitsmarkt auf Kosten des Rentenversicherungssystems zu entlasten versucht. Diese Praxis wurde gerne damit gerechtfertigt, dass sie ein wirkungsvolles Instrument zur Vermeidung von Jugendarbeitslosigkeit sei, sie kam aber vor allem den Interessen einerseits der älteren Gewerkschaftsmitglieder, andererseits der Wirtschaft – besonders der Großindustrie – an der Verschlankung und Verjüngung ihrer Belegschaften entgegen. Nach der deutschen Vereinigung wurde die Frühverrentung dann auch noch in großem Maßstab dazu benutzt, nicht nur die manifesten Beschäftigungsverluste zu verdecken, sondern sich zugleich auf elegante Weise eines großen Teils des DDR-Führungspersonals zu entledigen. Als schließlich angesichts der – nicht zuletzt demographisch bedingten – Strukturkrise der Rentenfinanzen deutlich wurde, dass die Frühverrentungspraxis nicht länger bezahlbar war, gelang es der Regierung Kohl am 12. Februar 1996 in der einzigen erfolgreichen Verhandlungsrunde ihres kurzlebigen *Bündnisses für Arbeit und Standortsicherung*, die bisherige gesetzliche Regelung im Konsens mit den Sozialpartnern abzuschaffen und durch erweiterte Angebote für Altersteilzeitbeschäftigung zu ersetzen. Weil aber diese Alternative weder von den Unternehmen noch von den Beschäftigten in dem erhofften Umfang angenommen wurde, kehrte die *IG Metall* 1999 mit der Forderung nach einer „Rente mit 60" zu der alten Strategie zurück.[7] Aber nicht zuletzt die nachdrücklichen Warnungen der Rentenversicherungsträger machten diesmal deutlich, dass die Gewerkschaftsführung damit in einem Strategierepertoire befangen blieb, das

---

7 Theoretisch soll diese Möglichkeit der Frühverrentung nur für fünf Jahre vereinbart und auch nicht auf Kosten des Rentenversicherungssystems, sondern mit „Tariffonds" auf der Basis eines vorübergehenden geringfügigen Lohnverzichts finanziert werden. Ob dies realistische Perspektiven sind, sei hier dahingestellt. In jedem Fall erwartet die IG Metall auch einen Beitrag der Arbeitgeber, der natürlich in die Lohnzusatzkosten eingehen würde.

die zutage getretenen Zielkonflikte in der Interdependenzbeziehung von Arbeitsmarktpolitik und sozialer Sicherung weiterhin ignorierte.

Hier wird eine tiefer liegende Differenz sichtbar. Vor drei Jahrzehnten stand die Konzertierungsstrategie unter keynesianischen Vorzeichen. Ihr lag eine eigentümliche korporatistische „Austauschlogik" zugrunde, die auf der Vorstellung einer makroökonomisch vermittelten Interdependenz von Löhnen, Preisen und Beschäftigungsniveau basierte. Im Rahmen der weithin akzeptierten kreislauftheoretischen Vorstellungen und auf der Basis einer langfristigen Wachstumsorientierung der Wirtschaftspolitik ließ sich allen beteiligten Akteuren die Erwartung vermitteln, dass sich Kooperation längerfristig für jeden von ihnen auszahlen würde. Diese austauschlogisch orientierte Politik war letztlich gar nicht einmal von den formalisierten, als „Konzertierte Aktion" bezeichneten Gesprächen abhängig. Diese hatten eher symbolische Funktion dafür, dass es bei konzertierter Einkommenspolitik der Sozialpartner um die Herstellung öffentlicher Güter ging, und sollten die kooperative Tarifpolitik zugleich legitimieren und unter fortdauernden Rechtfertigungsdruck setzen. Eine vergleichsweise leicht einsichtige Tauschbeziehung zwischen den Partnern, wie sie sich im Falle der Konzertierten Aktion auf der Basis der keynesianischen Makroökonomik konstruieren ließ, ist aber beim Versuch einer konzertierten und sektorübergreifenden Wohlfahrtsstaatsreform umso schwerer herzustellen, als diese (wie das bei den intergenerationellen Verteilungskonflikten in der Alterssicherung besonders deutlich wird) potenziell redistributiven Charakter hat.

Zu diesen großen Differenzen in der Problemwahrnehmung kommt als weiteres Hindernis für die neue Zielsetzung des *Bündnisses für Arbeit,* dass sich die Gewerkschaften beharrlich dagegen sträuben, lohnpolitische Themen als Gegenstand der Bündnisgespräche zu akzeptieren. Ein Grund, der oft genannt wird, liegt im tripartistischen Charakter des Bündnisses: Aus Sicht der Gewerkschaften führt dies zur Einmischung der Regierung in die kollektivvertraglichen Arbeitsbeziehungen und gefährdet so das Prinzip der Tarifautonomie. Während die sozialen Sicherungssysteme in den 90er Jahren zunehmende Interventionen der Regierung auf Kosten der traditionellen paritätischen Selbstverwaltung erkennen lassen, blieb die andere Komponente des deutschen Wohlfahrtsstaates, das System der Arbeitsbeziehungen, ganz in der Hand der Tarifparteien. Die auf bipartistischen Beziehungen ruhende Tarifautonomie gehört zu den zentralen Kennzeichen der politischen Ökonomie Westdeutschlands, die sie sowohl von der Praxis der Zwangsschlichtung in der Weimarer Republik, als auch von Praktiken staatlicher Eingriffe in die Lohnbildung, wie etwa in den Niederlanden, unterscheidet. Nun spräche dies nicht unbedingt dagegen, das bipartistische Tarifvertragswesen und die tripartistische Architektur des Bündnisses informell zu koppeln. Der Widerstand der Gewerkschaften gegen eine solche Kopplung rührt im Wesentlichen aus der Sorge vor internen Spannungen, die eine von der Regierung nahegelegte Lohnzurückhaltung im Gewerkschaftslager auslösen könnte. Bekanntlich ist der DGB ein

Dachverband, der gerade im Tarifvertragswesen keinerlei Eingriffsmöglichkeiten gegenüber seinen Mitgliedsverbänden besitzt. Diese wiederum sind in der Tarifpolitik ganz unterschiedlich eingestellt: Während die *IG Bergbau und Chemie* einen sozialpartnerschaftlichen Ansatz bevorzugt, ist die *IG Metall* in Erinnerung an negative Erfahrungen während der *Konzertierten Aktion*, als sie mit spektakulären spontanen Streiks konfrontiert wurde, zurückhaltend bis ablehnend.

Die Krise korporatistischer Arbeitsbeziehungen lässt sich aber weniger auf Spannungen im Arbeitnehmerlager zurückführen (denn diese reichen weit in die Vergangenheit zurück), als vielmehr auf zunehmende Konflikte zwischen den Spitzenverbänden der Wirtschaft. Der Erfolg des westdeutschen Korporatismus in der Vergangenheit war ja nicht allein der Struktur und den Koordinationspraktiken der Gewerkschaften zuzuschreiben, sondern hatte ebenso seine Ursachen in der Machtstellung zentralisierter Arbeitgeberverbände (Thelen 1991, S. 41 f.). Nun ist aber einerseits die Position der *Bundesvereinigung der Deutschen Arbeitgeberverbände* (BDA) gegenüber ihren Mitgliedern stark geschwächt worden. Andererseits lässt sich eine neue Rivalität zwischen der die Arbeitgeberfunktion vertretenden BDA und dem *Bundesverband der Deutschen Industrie* (BDI) beobachten. Im Lager der Industrieverbände sind die herkömmlichen Verbandsstrukturen durch den Wirtschaftsstrukturwandel, insbesondere die Stärkung der Unternehmen im Dienstleistungssektor, unter starken Anpassungsdruck geraten. Unter Hans-Olaf Henkel, dem früheren Vorstandsvorsitzenden von IBM Europa, begann der BDI nach Möglichkeiten zu suchen, seine Aktivitäten auszuweiten, und eine der Optionen, die Henkel offen verfochten hat, war die Übertragung der Tarifhoheit auf die industriellen Branchenverbände, die unter dem Dach des BDI organisiert sind. Henkel verband diese Überlegung mit beißender Kritik an der kooperativen Haltung des BDA und des Metallarbeitgeberverbandes Gesamtmetall.

Unabhängig davon, wie solche Konflikte ausgehen, erscheint es ziemlich wahrscheinlich, dass der traditionelle Flächentarifvertrag einschneidende Veränderungen erfahren wird. Dies ist nicht gleich bedeutend mit einem Zusammenbruch des etablierten Systems der industriellen Beziehungen. Deren entscheidendes Merkmal bleibt weiterhin das „duale System", in dem die Mitbestimmung und die Kollektivvertrags-Arena verkoppelt werden, ein System, das in der Vergangenheit bemerkenswerte Anpassungsfähigkeit gezeigt hat (Streeck 1979; Thelen 1991). Beide Teile dieses Systems sind regelgebunden und von gleichen Prinzipien geleitet. Sowohl die Mitbestimmungsgesetzgebung als auch die von der Arbeitsgerichtsbarkeit fortgeschriebenen Regeln des Tarifvertragssystems sind vom Paritätsdenken geleitet. Ihre institutionellen Ursprünge finden sich im vaterländischen Hilfsdienstgesetz von 1916, in der Zentralarbeitsgemeinschaft von 1918 und im Betriebsrätegesetz von 1920, in dem die Strategie des Konfliktmanagements durch Parität erstmals systematisch auf die Beziehung zwischen Kapital und Arbeit angewendet wurden. Das Prinzip der Parität hat in den Nachkriegsjahrzehnten in Westdeutschland Wurzeln gefasst und die Gewerkschaften auch dort gestärkt, wo die Unterstützung durch ihre Mitglieder nicht ausreiche. Trotz vieler Vorbehalte haben die meisten Arbeitgeber inzwischen entdeckt, dass die Betriebsratsmitbestimmung Möglichkeiten der Flexibilisierung und Dezentralisierung der Arbeitsbeziehungen bietet, die sie auf anderer Ebene oft vermisst haben. Alles in allem erwies sich die institutionelle Symbiose von Mitbestimmung einerseits und Tarifautonomie andererseits als bemerkenswert stabil. Dies wurde während der erfolgreichen Übertragung des dualen Systems nach Ostdeutschland erneut bestätigt.

V. Die Politiknetzwerke der sozialen Sicherung

Die sozialen Sicherungssysteme sind zwar ihrer historischen Genesis nach mit dem System der Arbeitsbeziehungen verknüpft, und sie sind auch in ihren Strukturen diesem System in mancher Hinsicht verwandt. Sie sind durchweg korporatistisch verfasst, in dem Sinne, dass Großorganisationen an ihrer Verwaltung einen entscheidenden Anteil haben, wobei das Paritätsprinzip auch hier als eine zentrale Friedensformel dient. Aber die Unterschiede sind doch unübersehbar. Zwar korrespondiert der Tarifautonomie in den Arbeitsbeziehungen das Prinzip der Selbstverwaltung in der sozialen Sicherung, doch das lässt sich in mehrfacher Beziehung nicht einfach mit Autonomie gleichzusetzen. Wie schon der Terminus „Selbstverwaltung" zum Ausdruck bringt, kreieren die Beteiligten die Regelwerke und Leistungskataloge nicht selbst, sondern sie implementieren Regelwerke, die der Gesetzgeber vorgegeben hat. Im Vergleich dazu ist der Interventionsspielraum des Gesetzgebers in die Arbeitsbeziehungen sehr viel enger. Selbstverwaltung unterliegt aber auch schon begrifflich einer Aufsicht durch die Staatsverwaltung, die unter Umständen tief eingreifen kann. Dies hat nicht zuletzt mit dem Prinzip der Zwangsmitgliedschaft zu tun, durch das sich die sozialen Sicherungssysteme von den Arbeitsbeziehungen unterscheiden. Allerdings gibt es zwischen den einzelnen Systemen nicht unbeträchtliche Unterschiede, was die Kompetenzen der Selbstverwaltung angeht, und auch die Kompetenzen des Gesetzgebers und der Aufsichtsverwaltung variieren von einem System zum anderen. Beispielsweise ist in der Gesetzlichen Krankenversicherung (GKV) der Handlungsspielraum der Selbstverwaltung (zum Beispiel hinsichtlich der Beitragsfestsetzung) deutlich größer als in der Rentenversicherung.

Die sozialen Sicherungssysteme sind überwiegend über die Selbstverwaltung mit dem System der Arbeitsbeziehungen verkoppelt, weil der geteilten Beitragspflicht von Arbeitnehmern und Arbeitgebern ihre Beteiligung in den Selbstverwaltungsgremien korrespondiert, und das bedeutet in der Praxis, dass diese Gremien von den Vertretern der organisierten Tarifparteien beschickt werden. (Ich sehe dabei zunächst von dem Kassenarztsystem als einem zentralen Bestandteil des Gesundheitssystems ab). Die Parität der Sozialpartner – in ihrer Eigenschaft als Vertreter der Beitragszahler – soll ein gemeinsames Interesse von Kapital und

Arbeit an der Effizienz dieser Systeme begründen, und insoweit ist ihre Einbeziehung in die Reformbemühungen im „Bündnis für Arbeit" gut begründet. Aber diese Parität bildet keineswegs alle Interessenkonflikte ab, mit denen die gegenwärtige Krise der sozialen Sicherungssysteme einhergeht.

Ein besonders prägnantes Beispiel dafür ist das System der Alterssicherung. Seitdem das Kapitaldeckungsverfahren zugunsten der Umlagefinanzierung aufgegeben worden ist, beruht das System bekanntlich auf dem euphemistisch so genannten „Generationenvertrag", in welchem die jeweilige Generation der Beitragszahler die gleichzeitig lebende Rentnergeneration alimentiert. Aber die „Generationen" als solche können bekanntermaßen bei diesem intergenerationellen Umverteilungsprozess ihren Interessen nicht Ausdruck verleihen. Und weil sich infolge des gleichzeitigen Rückgangs der Geburtenraten und der steigenden Lebenserwartung die Schere zwischen den Ansprüchen der Rentenberechtigten und der Leistungsfähigkeit der Zahler immer stärker öffnet, haben wir es hier mit einem latenten Verteilungskonflikt zu tun, der vom Alterssicherungssystem selbst institutionell nicht abgearbeitet werden kann und auch im Gesetzgebungsprozess nicht direkt von den Betroffenen artikuliert wird. Bei den Gewerkschaften scheint die Vermutung begründet, dass sie tendenziell eher die Interessen ihrer älteren Mitglieder berücksichtigen, und auch die Sozialverbände, die sich aus den früheren Verbänden von Kriegsopfern und Hinterbliebenen entwickelt haben und nun als Lobby von außen her die Interessen einer heterogenen Klientel von Leistungsempfängern in den Sicherungssystemen wahrzunehmen suchen,[8] repräsentieren jedenfalls nicht die Seite der Beitragszahler. Deren Interessen sind zwar eher diffus und nur schwer wirkungsvoll zu artikulieren. Des ungeachtet geht es in den Rentenpolitik jetzt nicht mehr nur um distributive, sondern um redistributive Politik (im Sinne der bekannten Typologie von Lowi 1964), und angesichts dieser Herausforderung kann das Verbändenetzwerk die Aufgabe der Interessenaggregation in der Rentenpolitik nicht ausreichend leisten. Es ist kein Zufall, dass seit der Einführung der dynamischen Rente im Jahr 1957 die politischen Parteien immer eine Hauptrolle bei der Konsensbildung spielten. Deshalb werden auch bei einer redistributiven Reform der Rentenversicherung die Parteien die entscheidenden Akteure sein müssen.[9] Und dabei wird es natürlich darauf ankommen, ob und wie es ihnen gelingt, ihre wahlpolitischen Kalküle mit den Notwendigkeiten der Funktionsfähigkeit und langfristigen Stabilisierung des Alterssicherungssystems zur Deckung zu bringen.

---

8 Dies sind der 1950 entstandene VdK (er hieß zunächst *Verband der Kriegsopfer*, seit 1970 aber *Verband der Kriegs- und Wehrdienstopfer, Behinderten und Sozialrentner Deutschlands*) und der 1917 gegründete *Reichsbund* (ursprünglich *Reichsbund der Kriegsteilnehmer und Kriegsbeschädigten*, jetzt *Reichsbund der Kriegs- und Wehrdienstopfer, Behinderten, Sozialrentner und Hinterbliebenen*). Beides sind klassische Beispielen für die Umdefinition der Ziele von Organisationen, deren ursprüngliche Klientel allmählich ausstirbt. Der VdK behauptet, 1 Million Mitglieder zu haben, der *Reichsbund* 500.000.

9 Entsprechendes gilt übrigens auch für das System der Arbeitslosenversicherung.

Noch deutlich komplexer sind die Governance-Strukturen des Gesundheitssystems. Sein historischer Kern, die Gesetzliche Krankenversicherung, war zwar seit seinen Anfängen sozialpartnerschaftlich verfasst. Aber die Spitzenorganisationen der Sozialpartner (die ja schon intern erhebliche Koordinierungsprobleme zu bewältigen haben) können schon wegen der aus jenen Anfängen überkommenen institutionellen Fragmentierung und Dezentralisierung der Krankenkassenorganisationen kaum für eine effektive Koordination mit anderen für die Wohlfahrtsstaatsreform relevanten Politikfeldern sorgen.[10] Hinzu kommt, dass sich an diesen historischen Kern im Laufe der Entwicklung andere, stark ausdifferenzierte und institutionell verfestigte Verhandlungsnetzwerke angelagert haben. Die GKV mit ihrer sozialpartnerschaftlichen Selbstverwaltung ist somit seit langem nur ein Teilsystem in der mehrschichtigen Architektur des Gesundheitssystems. Insbesondere ist sie bekanntlich mit dem Kassenarztsystem in einem komplexen Aushandlungssystem verkoppelt, das zwar nach Analogie des kollektivvertraglichen Tarifsystems funktioniert, das aber mit den *Kassenärztlichen Vereinigungen* weitere kollektive Akteure umfasst, die ganz außerhalb der tripartistischen Kommunikationsstrukturen stehen. Das Kassenarztsystem beruht zwar ebenfalls auf den Prinzipien der Zwangsmitgliedschaft, Selbstverwaltung und Parität, also auf einer isomorphen Logik der Interorganisationsbeziehungen, und mit dem *Bundesausschuss* (ursprünglich: *Reichsausschuss*) *der Ärzte und Krankenkassen* verfügt es auch über ein Spitzengremium, das bei der Definition von bindenden Standards einer angemessenen und effizienten Gesundheitsversorgung eine unverzichtbare Rolle spielt. Aber das Kassenarztsystem hat seine eigentümlichen Koordinationsprobleme, die sich nicht zuletzt aus der Verbindung von föderaler Dezentralisierung und internen Verteilungskonflikten ergeben, die der Verpflichtungsfähigkeit der *Kassenärztlichen* (und *Kassenzahnärztlichen*) *Vereinigungen* enge Grenzen setzen.[11]

Zudem umfasst das Kassenarztsystem ja nur ein Segment der Akteure, die Leistungen im System der GKV erbringen, nämlich den Sektor der ambulanten Medizin. Weitgehend davon getrennt ist der stationäre Sektor mit seiner starken Anbindung an Kommunen und Länder, die sich jahrelang den seit den 70er Jahren unternommenen Bemühungen um eine konzertierte Politik der Kostendämpfung zu entziehen verstanden hatten. Die Verweigerungshaltung der Länder hat sich

10 Zwar sind die einzelnen Krankenkassen in ihrer ursprünglichen Rolle als kollektivvertraglicher Verhandlungspartner der Kassenärztlichen Vereinigungen inzwischen durch die Krankenkassenverbände abgelöst worden, die auch in den Vertragsverhandlungen oftmals einheitlich vorgehen. Aber die Segmentierung in rivalisierende Krankenkassenverbände (insbesondere die Gruppen der Allgemeinen Ortskrankenkassen, der Ersatzkassen und Betriebskrankenkassen) mit der Konkurrenz um die kostengünstigste Mitgliederstruktur dauert trotz aller Koordinierungsanstrengungen des Gesetzgebers an.

11 Der schwerwiegendste interne Verteilungskonflikt ist der zwischen Allgemeinmedizinern und Fachärzten. Hier hat sich die Politik mittlerweile zum direkten Eingriff genötigt gesehen (insbesondere durch die gesetzliche Stärkung der Verteilungsposition der Hausärzte), weil die *Kassenärztlichen Vereinigungen* mit der Aufgabe der Interessenaggregation offensichtlich überfordert sind.

erst gelockert, seitdem sich diese Anbindung (vor allem nach dem Rückzug des
Bundes aus der Krankenhausfinanzierung) immer mehr als eine finanzielle Bürde
erwies. So konnte der stationäre Sektor erst im letzten Jahrzehnt durch eine administrative Strategie der „Korporatisierung" (Döhler/Manow-Borgwardt 1992)
allmählich in die Verhandlungsnetzwerke der Gesundheitspolitik eingebunden werden.[12] Aber damit sind – angesichts der organisatorischen Domänenkonflikte zwischen niedergelassenen Ärzten und Krankenhausmedizin – die internen Koordinierungsprobleme des Gesundheitssystems keineswegs aus der Welt geschafft. Im
Gegenteil hat der Rückgriff der gesundheitspolitischen Konzertierung auf die paritätische Selbstverwaltung an Wirkung immer mehr eingebüßt, und das Ausmaß
an Staatsintervention hat entsprechend zugenommen. Zunächst hatte ja 1977 die
CDU-Opposition im Bundesrat die von der sozialliberalen Regierung versuchte
interventionistische Politik der Kostendämpfung abgeblockt und war mit ihrem
Gegenvorschlag einer *Konzertierte Aktion im Gesundheitswesen* (KAG) durchgedrungen (dazu Wiesenthal 1981). Die KAG sollte in Spitzengesprächen der korporativen Akteure im Gesundheitswesen Empfehlungen zur Kostendämpfung aushandeln, die sich an die Adresse der Krankenkassen und Kassenärztlichen Vereinigungen richteten. Sie funktionierte ursprünglich nach einer korporatistischen
„Austauschlogik", bei der die organisierte Ärzteschaft Mäßigung ihrer Honorarforderungen in Aussicht stellte, wenn die staatliche Seite Abhilfe gegen die so
genannte „Ärzteschwemme" in Aussicht stellte. Solche Versprechen konnte die
Regierung freilich schon aus verfassungsrechtlichen Gründen kaum wirksam einlösen, und im Laufe der folgenden Jahre verlor die KAG zunehmend an Einigungs-
und Durchsetzungsfähigkeit. Dass die Regierung 1985 einen *Sachverständigenrat
für die Konzertierte Aktion im Gesundheitswesen* einrichtete, war schon ein Symptom
für die Krise des Verhandlungssystems aus Krankenkassen, Leistungserbringern
und Verwaltung. Im *Sachverständigenrat* waren die wichtigen korporativen Akteure
des Gesundheitssystems informell vertreten, zudem sollte er durch seine Zusammensetzung den ausgeprägten Gegensatz zwischen Ärzteschaft und Gesundheitsökonomen überbrücken (Perschke-Hartmann 1994, S. 50 ff.). Er sollte also nicht
so sehr neutralen Sachverstand mobilisieren, sondern der Verwaltung Lösungen
anbieten, die als Basis für Kompromisse geeignet waren (Döhler 1990, S. 467 ff.).
So sollte die Regierung in die Lage versetzt werden, auf der Basis eines gemeinsamen
Nenners für konfligierende Interessen dann zu intervenieren, wenn der direkte
Aushandlungsprozess blockiert war.

In der Tat drängte die institutionelle Logik des Gesundheitssystems in den
80er Jahren die Regierung in zunehmendem Maße zur Intervention. Das lag vor
allem an den ungemein hohen Konsensschwellen, die sich aus den vielfältigen
und sich überkreuzenden Status- und Verteilungskonflikten innerhalb des Systems

---

12 Sie zielte darauf ab, die Krankenhausverbände, die früher nur begrenzte Servicefunktionen
gehabt hatten, in den Status von Verhandlungspartnern im kollektivvertraglichen System
der GKV zu erheben.

ergaben.[13] Ungeachtet des Regierungswechsels im Jahr 1982 und der Bekenntnisse der neuen konservativ-liberalen Mehrheit zur Koordinierungsfunktion der Märkte hatte eine grundlegend marktorientierte Reform des Gesundheitssystems nie eine ernsthafte Verwirklichungschance (Döhler 1990). Die Einführung von Kostenbeteiligung, die – nach den Vorstellungen der Marktliberalen – den dem System inhärenten *moral hazard* reduzieren sollten, hatte nur bescheidene Steuerungseffekte und war bei den Wählern zunehmend unpopulär. Deshalb nahm die Gesundheitspolitik zunehmend Kurs auf die „Deckelung" und dann „Budgetierung" der Ausgaben, wobei es die undankbare Aufgabe der Kassenärztlichen Vereinigungen wurde, Verteilungsmaßstäbe für den dadurch erzwungenen Verzicht auf Einnahmenzuwächse zu entwickeln.[14] Es ist ungemein bezeichnend, dass schon die Gesundheitspolitik der konservativ-liberalen Regierung schließlich auch mit dem Versuch begann, die Kassenärzte mit dem Instrument der Budgetierung gleichsam kollektiv als Geiseln für die Begrenzung des Zuwachses bei den Arzneimittelkosten zu nehmen.[15] Denn Versuche der interventionistischen Kostendämpfung (etwa über eine „Positivliste" für erstattungsfähige Arzneimittel) scheiterten regelmäßig am Widerstand durchsetzungsfähiger Lobbys aus der Arzneimittelindustrie. Und die zeitweise von der konservativ-liberalen Regierung unternommenen Versuche, den Spitzenverband der Industrie für einen „Solidarbeitrag" zur Kostendämpfung zu gewinnen, blieben weitgehend wirkungslos (als Überblick vgl. Perschke-Hartmann 1994, S. 104 ff.). Gerade in der Kostendämpfungspolitik sind die Interessen der einzelnen Sektoren innerhalb der Branche derart gegensätzlich, dass ihr Spitzenverband nie ernsthaft als Partner für eine korporatistische Strategie in Frage

13 In diesem Zusammenhang muss man darauf hinweisen, dass es die Dinge allzu sehr vereinfacht, wenn man die materiellen Interessen der Ärzte für die Finanzkrise des Gesundheitssystems verantwortlich macht. Der hartnäckige Widerstand der Ärzteschaft sowohl gegen Marktmechanismen wie gegen staatliche Regulierung resultiert seit jeher vor allem aus einer ausgeprägten Sorge um ihre professionelle Autonomie, und das Prinzip der Selbstverwaltung trägt dieser Sorge am besten Rechnung. Erst die aus dem Kassenarztsystem resultierenden Verteilungskonflikte innerhalb der Ärzteschaft führen dazu, dass die materiellen Forderungen nach außen abgeleitet und so von der Öffentlichkeit besonders deutlich wahrgenommen werden.
14 Verrechnungstechnische Basis dafür sind die „Punktwerte" der ärztlichen Leistungen nach der Gebührenordnung. Die zunehmenden Forderungen der Ärzteschaft nach direkter Abrechnung mit den Patienten erklären sich daraus, dass die Kassenärzte dann (wie bei ihren Privatpatienten) den monetären Wert ihrer Leistungen (im Rahmen der Gebührenordnung) selbst bestimmen könnten. Jetzt sind sie von den Entscheidungen ihres Zwangsverbandes abhängig, der nach der Logik des Systems den monetären Gegenwert der Punkte entsprechend den zur Verteilung verfügbaren Ressourcen rationieren muss. (Dass die Kassenärztlichen Vereinigungen selbst erfindungsreich in der Suche nach Wegen sind, diesen organisationsinternen Dilemmata zu entkommen, ist nur allzu verständlich.)
15 Die Ärzteschaft soll – vereinfacht ausgedrückt – mit Kürzungen bei den zur Verteilung anstehenden Honorarressourcen bestraft werden, wenn festgelegte Budgets für die Summe der Arzneimittelausgaben überzogen werden. Die nicht unrealistische Erwartung ist die, dass dies das Verschreibungsverhalten der Ärzte wirksam beeinflussen würde. Freilich ist auch hier Trittbrettfahrerverhalten *(free riding)* nur schwer zu kontrollieren.

kam.[16] Schließlich brach angesichts dieser internen Differenzen der Bundesverband der Pharmazeutischen Industrie auch formell auseinander, und die exportorientierten Branchenführer konstituierten sich als eigener *Verband forschender Arzneimittelhersteller.*[17] Dies illustriert besonders eindringlich die außergewöhnlichen Koordinierungsschwierigkeiten, die dem Versuch einer korporatistischen Wohlfahrtsstaatsreform entgegenstehen.

Die rot-grüne Regierungsmehrheit trat schließlich 1999 mit dem Vorhaben eines „Globalbudgets", das in einem Zug alle Akteure des Gesundheitssystems einem vom Gesetzgeber diktierten Kostenrahmen unterwerfen sollte, die interventionistische Flucht nach vorn an. Dieser Versuch hatte nicht zuletzt den bemerkenswert kontraproduktiven Effekt, fast alle rivalisierenden Akteure des Gesundheitssystems gemeinsam gegen die Gesundheitspolitik der Regierung aufzubringen, denn nun fühlten sich alle diese Gruppen als potenzielle Opfer der internen Verteilungskonflikte, die aus der Budgetierungspolitik und der damit verbundenen Strategie einer kollektiven Geiselnahme der Verbände resultierten.[18] Unter diesen Umständen gelang es der Bundesärztekammer im Sommer 1999 sogar, so gut wie alle sonst rivalisierenden Akteure, von den Krankenhausverbänden bis zu den paramedizinischen Heilberufen, in ein „Bündnis für Gesundheit" zu locken, das schon mit dieser Etikettierung pointiert den Widerstand gegen die Reformstrategie im „Bündnis für Arbeit" artikulierte. Im Unterschied zu diesem war ihm von den Initiatoren nicht die Rolle eines Forum für die Diskussion oder Aushandlung möglicher Problemlösungen zugedacht. Es war vielmehr eine breite Koalition der „Leistungserbringer" im Gesundheitssystem zur Mobilisierung von öffentlichem Protest, die unter anderem durch eine Massendemonstration vor dem Reichstagsgebäude in Erscheinung trat. Freilich stieß das Projekt der grünen Gesundheitsministerin Andrea Fischer nicht nur auf solches propagandistisches Sperrfeuer. Als deutlich wirkungsvoller erwies sich der Umstand, dass es im Bundesrat

---

16 Insbesondere gilt das für den Interessengegensatz zwischen den international operierenden Branchenführern mit ihren hohen Forschungsaufwendungen, die an einer Amortisierung dieser Aufwendungen vital interessiert sind, und den Generikaherstellern, die nach Ablauf des Patentschutzes preiswerte Nachahmungsprodukte auf den Markt bringen. Hinzu kommen die Hersteller von Naturheilmitteln und homöopathischen Produkten, die wiederum ihre eigenen Gegner und ihre eigene Lobby haben.
17 Diese Gruppe hatte schon Jahre zuvor einen Fachkongress veranstaltet, der ausdrücklich der Auseinandersetzung mit den Gefahren eines „Korporatismus im Gesundheitssystem" galt (Gäfgen 1988).
18 Ein drastisches Beispiel für die Auswirkungen der Budgetierungspolitik auf die interorganisatorischen Konflikte im Gesundheitssystem ist dies, dass sich die Berufsgruppe der Heilgymnasten kollektiv in ihrer Existenz bedroht sieht, weil die Verschreibungen krankengymnastischer Heilbehandlung den selben Regressmechanismen unterliegen sollen, die für die Überschreitung des Kostenrahmens bei Arzneimitteln vorgesehen sind. Hier haben wir offensichtlich einen *spill-over*-Effekt, bei dem der Ärzteschaft als dem *gate-keeper* des Gesundheitssystems ein Anreiz gegeben wird, einen Teil der Kosten der Sparpolitik auf die organisatorisch weitaus schwächeren paramedizinischen Professionen abzuwälzen.

zustimmungspflichtig war. Hier scheiterte es an der Sperrminorität, die der CDU-Opposition inzwischen infolge einer Serie von Landtagswahlerfolgen zugefallen war, und das ließ der Regierungsmehrheit nur noch den Ausweg, wieder mit einer nicht sonderlich kohärenten Serie von (nicht zustimmungspflichtigen) Eingriffen in verschiedene Teilbereiche des Gesundheitssystems wenigstens bescheidene Versuche zur Kostenentlastung zu machen.

Gerade an den Strukturen des Gesundheitssystems lässt sich also zeigen, dass die Politiknetzwerke der sozialen Sicherungssysteme deutlich komplexer sind, als es die Paritätsformeln in der klassischen sozialen Selbstverwaltung nahe zu legen scheinen. Der Kreis der hier jeweils involvierten kollektiven Akteure variiert von einem Teilsystem zum andern, und die Sozialpartner treten dabei zum Teil nur marginal oder gar nicht in Erscheinung. Es ist bezeichnend, dass die „Arbeitsgruppe Reform der Gesetzlichen Krankenversicherung und der Pflegeversicherung", die im „Bündnis für Arbeit" unter der Leitung der Bundesgesundheitsministerin die „die laufenden Gesetzgebungsvorbereitungen zur Reform der Gesetzlichen Krankenversicherung begleitet" (http://www.buendnis.de/), bei den Aushandlungsprozessen für die Gesundheitsreform keine sonderlich sichtbare Rolle gespielt hat. Das ist schon deshalb nicht verwunderlich, weil keine der wichtigen Organisationen in den gesundheitspolitischen Netzwerken, mit Ausnahme der hier ja nur partiell involvierten Gewerkschaften und Unternehmerverbände, in dieser Arbeitsgruppe vertreten ist. Deshalb sind starke Zweifel angebracht, ob man vom Tripartismus von Regierung und Sozialpartnern jene Koordinierungsleistungen erwarten kann, wie sie die erfolgreichen Sozialpakte in kleineren europäischen Ländern ausgezeichnet haben.

VI. Die Rolle des Parteiensystems

Das Scheitern des groß angelegten Versuchs einer rot-grünen Gesundheitsreform an der CDU-Opposition im Bundesrat illustriert zugleich erneut die Schlüsselrolle, die den Parteiensystem zukommt, und die in dem tripartistischen Konzept des *Bündnisses für Arbeit* weitgehend außer Acht gelassen wurde. Das hier zutage tretende programmatische Versäumnis muss man wohl aus dem politikstrategischen Kontext erklären, in dem die rot-grüne Koalition die Regierungsmacht übernommen hatte. Die 90er Jahre waren durch die Konfrontation zwischen der konservativ-liberalen Bundestagsmehrheit und der sozialdemokratischen Bundesratsmehrheit charakterisiert (vgl. zum Folgenden Lehmbruch 2000, S. 170 ff.). Die aus dieser Konstellation resultierenden Verhandlungszwänge hätten es an sich der Regierung leichter machen können, bei Eingriffen in den Wohlfahrtsstaat die Kooperation mit den Sozialdemokraten zu suchen, und zeitweise ist das auf dem Gebiet der Gesundheitspolitik auch geschehen. 1992 hatte sich der CSU-Gesundheitsminister Horst Seehofer von Bundeskanzler Kohl Rückendeckung geholt, um mit der SPD den Aufsehen erregenden „Lahnsteiner Kompromiss" über das Gesundheitsstrukturgesetz auszuhandeln, bei dem die Verbände der Leistungserbringer im Gesundheitssystem, aber auch der ihnen nahe stehende liberale Koalitionspartner taktisch ausmanövriert wurden (Einzelheiten bei Perschke-Hartmann 1994, S. 257 ff.). Für die FDP war das jedoch eine so traumatische Erfahrung, dass sie sich für die Zukunft ein Mitspracherecht in allen Ressortverhandlungen ausbedingte und davon den Erhalt der Koalition abhängig machte. Damit waren für die nächsten Jahre konsensorientierte Aushandlungsprozesse im Parteiensystem blockiert. Und die daraus resultierende Polarisierung erreichte ihren Höhepunkt, als die Sozialdemokraten 1997 im Bundesrat das Steuerreformprojekt der Regierung Kohl zu Fall brachten und 1998 die Bundestagswahlen mit dem Versprechen gewannen, einige der unpopulärsten Einschnitte der Regierungskoalition in die sozialen Sicherungssysteme – insbesondere bei der GKV und in der Altersrentenversicherung – nach einem Wahlsieg rückgängig zu machen. Dass die Erfüllung dieser Wahlversprechen dann naturgemäß sowohl ihren finanziellen als auch ihren strategischen Handlungsspielraum einengen musste, war eine problematische und wohl auch nicht ausreichend einkalkulierte Konsequenz. Zeitweise sah es gar so aus, als ob die CDU-Opposition ihrerseits nach dem Aufsehen erregenden Erfolg einer Unterschriftenaktion gegen die von der Koalition in Angriff genommene Reform des Staatsangehörigkeitsrechtes eine vergleichbare Kampagne gegen die rentenpolitischen Pläne des Bundesarbeitsministers lancieren könnte. Dass sie davon schließlich Abstand nahm und die Parteien in der Folge auch konsensorientierte Gespräche zwischen Regierungsmehrheit und Opposition über die Rentenpolitik ins Auge fassten, hatte offenbar einerseits mit der zunehmenden Sorge in beiden Lagern zu tun, dass durch eine Fortführung und Steigerung der Konfrontation die Spielräume für jeglichen Konsens über Reformen des Wohlfahrtsstaates immer enger werden könnten. Es wurde aber auch dadurch erleichtert, dass die von der CDU im Laufe des Jahres 1999 gewonnene Sperrminorität im Bundesrat die Regierungsmehrheit mit einem zunehmenden Verhandlungszwang konfrontierte.

Die Entwicklungen der 90er Jahre illustrieren so den Sachverhalt, dass sich auch aus der eigentümlichen Funktionslogik, die für das deutsche Parteiensystem charakteristisch ist (Lehmbruch 1999, 2000), gravierende institutionelle Hindernisse für eine ausgehandelte Reform des Wohlfahrtsstaates ergeben können. Zu den Erfolgsvoraussetzungen für die neuen Sozialpakte in kleineren europäischen Ländern gehörten in der Regel auch entschiedene – und nicht selten mit Sanktionsdrohungen bewehrte – Anstöße, die von einer durchsetzungswilligen und durchsetzungsfähigen Regierung gegeben wurden. In dem komplexen institutionellen Gefüge des „halbsouveränen" deutschen Staates bieten sich aber für eine große Oppositionspartei vielfältige Möglichkeiten, die Durchsetzungschancen der Regierung empfindlich zu schmälern. Eine Majorisierungsstrategie, wie sie für das „Westminstermodell" der Wettbewerbsdemokratie charakteristisch ist, kann dann sehr schnell an ihre Grenzen stoßen, und ausgehandelte Reformen des Wohlfahrtsstaates drohen damit in die Sackgasse zu geraten. Andererseits ist zu bedenken, dass beide großen Parteien ihre historischen Wurzeln in den eigentümlichen, früher einmal minoritären Sozialmilieus (im Sinne von Lepsius 1966) haben – nämlich dem politischen Katholizismus und der Arbeiterbewegung –, die ihre allmähliche Kooptation in die politische Machtstruktur Deutschlands ihren engen Verflechtungen mit den korporatistischen Subsystemen verdankten. Die FDP, als eine Partei politischer Unternehmer, der eine solche Milieuverankerung zunehmend abgeht, rekrutiert demgegenüber ihre Klientel heute bewusst vor allem aus jenen gesellschaftlichen Gruppen, die sich (wie Ärzte, Apotheker oder kleine Gewerbetreibende) als Opfer des deutschen Korporatismus wahrnehmen.

Aus der vorangegangenen Analyse ergibt sich offensichtlich die Folgerung, dass angesichts der institutionellen Segmentierung des deutschen Korporatismus eine erfolgreiche sektorübergreifende Konsensbildung über eine Neudefinition wohlfahrtsstaatlicher Ansprüche, mit der die Sozialsysteme funktionsfähig erhalten können, mit dem tripartistischen Ansatz des *Bündnisses für Arbeit* nicht geleistet werden kann. Hierfür bedarf es vielmehr eines verhandlungsdemokratischen Konsenses vor allem zwischen den beiden großen „Volksparteien", weil sich nur dadurch die institutionelle Fragmentierung des deutschen politischen Systems überbrücken und Ängste und Widerstände, wie sie eine Reformpolitik unvermeidlich hervorrufen muss, überwinden lassen. Dem Parteiensystem kommt in den europäischen Demokratien eine Schlüsselfunktion bei der Aushandlung von Sozialpakten zu, und unter den spezifischen institutionellen Bedingungen deutscher Staatlichkeit muss ein Gleichgewicht zwischen Wettbewerbsdemokratie und Verhandlungsdemokratie gefunden werden.

Literatur

Altemeier, Jens, 1999: Föderale Finanzbeziehungen unter Anpassungsdruck: Verteilungskonflikte in der Verhandlungsdemokratie, Frankfurt a.M.: Campus Verlag.
Czada, Roland, 1998: Vereinigungskrise und Standortdebatte. Der Beitrag der Wiedervereinigung zur Krise des westdeutschen Modells, in: Leviathan 26. Jg., (1), S. 24-59.
Döhler, Marian, 1990: Gesundheitspolitik nach der „Wende": Policy-Netzwerke und ordnungspolitischer Strategiewechsel in Großbritannien, den USA und der Bundesrepublik Deutschland, Berlin: Edition Sigma.
Döhler, Marian und Philip Manow-Borgwardt, 1992: Korporatisierung als gesundheitspolitische Strategie, in: Staatswissenschaften und Staatspraxis 3 (1), S. 64-106.
Gäfgen, Gérard (Hrsg.), 1988: Neokorporatismus und Gesundheitswesen, Baden-Baden: Nomos Verlag.
Jann, Werner, 1995: Politische Willensbildung und Entscheidungsstrukturen im Prozeß der deutschen Einigung – Im Osten nichts Neues?, in: Gerhard Lehmbruch (Hrsg.), Einigung und Zerfall: Deutschland und Europa nach dem Ende des Ost-West-Konflikts. 19. Wissenschaftlicher Kongreß der Deutschen Vereinigung für Politische Wissenschaft, Opladen: Leske + Budrich, S. 55-72.

Katzenstein, Peter, 1987: Policy and politics in West Germany: the growth of a semisovereign state, Philadelphia: Temple University Press.
Lehmbruch, Gerhard, 1977: Liberal corporatism and party government, in: Comparative Political Studies 10, S. 91-126.
Lehmbruch, Gerhard, 1979: Liberal corporatism and party governmen, in: Philippe Schmitter und Gerhard Lehmbruch (Hrsg.), Trends toward corporatist intermediation, London: Sage, S. 147-184.
Lehmbruch, Gerhard, 1996a: Die korporative Verhandlungsdemokratie in Westmitteleuropa, in: Schweizerische Zeitschrift für Politische Wissenschaft 2 (4), S. 19-41.
Lehmbruch, Gerhard, 1996b: Die Rolle der Spitzenverbände im Transformationsprozeß: eine neo-institutionalistische Perspektive, in: Raj Kollmorgen, Rolf Reißig und Johannes Weiß (Hrsg.), Sozialer Wandel und Akteure in Ostdeutschland, Opladen: Leske + Budrich, S. 117-146.
Lehmbruch, Gerhard, 1999: Verhandlungsdemokratie, Entscheidungsblockaden und Arenenverflechtung, in: Andreas Busch und Wolfgang Merkel (Hrsg.), Demokratie in Ost und West: für Klaus von Beyme, Frankfurt a.M.: Suhrkamp, S. 402-424.
Lehmbruch, Gerhard, 2000: Parteienwettbewerb im Bundesstaat: Regelsysteme und Spannungslagen im Institutionengefüge der Bundesrepublik Deutschland, 3., erg. Aufl., Opladen: Westdeutscher Verlag.
Lehmbruch, Gerhard, Otto Singer, Edgar Grande und Marian Döhler, 1988: Institutionelle Bedingungen ordnungspolitischen Strategiewechsels im internationalen Vergleich, in: Manfred G. Schmidt (Hrsg.), Staatstätigkeit: international und historisch vergleichende Analysen, Opladen: Westdeutscher Verlag, S. 251-283.
Lepsius, Rainer M., 1966: Parteiensystem und Sozialstruktur: zum Problem der Demokratisierung der deutschen Gesellschaft, in: Wilhelm Abel (Hrsg.), Wirtschaft, Geschichte und Wirtschaftsgeschichte. Festschrift zum 65. Geburtstag von Friedrich Lütge, Stuttgart: Fischer, S. 371-393.
Lowi, Theodore, 1964: American business, public policy, case studies and political theory, in: World Politics 16, S. 677-715.
Perschke-Hartmann, Christiane, 1994: Die doppelte Reform: Gesundheitspolitik von Blüm zu Seehofer, Opladen: Leske + Budrich.
Renzsch, Wolfgang, 1994: Föderative Problembewältigung: zur Einbeziehung der neuen Länder in einen gesamtdeutschen Finanzausgleich ab 1995, in: Zeitschrift für Parlamentsfragen 23, S. 116-138.
Sally, Razeen und Douglas Webber, 1994: The German solidarity pact: A case study in the politics of the unified Germany, in: German Politics 3 (1), S. 18-46.
Streeck, Wolfgang, 1979: Gewerkschaftsorganisation und industrielle Beziehungen: Einige Stabilitätsprobleme industriegewerkschaftlicher Interessenvertretung und ihre Lösung im westdeutschen System der industriellen Beziehungen, in: Politische Vierteljahresschrift 20 (3), S. 241-257.
Thelen, Kathleen A., 1991: Union of parts: labor politics in postwar Germany, Ithaca: Cornell University Press.
Visser, Jelle und Anton Hemerijck, 1997: 'A Dutch miracle': job growth, welfare reform and corporatism in the Netherlands, Amsterdam: Amsterdam University Press.
Wiesenthal, Helmut, 1981: Die Konzertierte Aktion im Gesundheitswesen: Ein Beispiel für Theorie und Politik des modernen Korporatismus, Frankfurt a.M.: Campus Verlag.

Ute Wachendorfer-Schmidt

Gewinner oder Verlierer?

Der Föderalismus im vereinten Deutschland

I. Die Herausforderung der Neunzigerjahre

Wie hat der Föderalismus die Herausforderungen der Neunzigerjahre gemeistert? Hat er die deutsche Vereinigung und die vertiefte europäische Einigung blockiert oder behindert? Konnten die Länder verhindern, dass die Bundesregierung weitere Kompetenzen an sich zieht und dafür mehr Steueranteile einfordert, also das bundesstaatliche Gleichgewicht sich zu ihren Gunsten verschiebt? Verändert die europäische Integration die Innenpolitik und damit den Föderalismus grundlegend? Wie ist es um seine Fähigkeit zur Selbstreform bestellt, und welchen Beitrag leistet er zur Lösung sozialer und politischer Probleme? Und schließlich: Ist der Föderalismus zukunftsfähig?

Die Prognosen, die sich Anfang der Neunzigerjahre zur Beantwortung dieser Fragen anboten, stimmten in vielerlei Hinsicht nicht sonderlich optimistisch: der Föderalismus galt als einer von mehreren „Blockadefaktoren" (Mayntz 1990, S. 296) im politischen System Deutschlands. Zugleich schien die föderale Machtbalance bedroht, weil die staatlichen Aufgaben nach der Vereinigung die alten Bundesländer überforderten und die neuen Länder auf unabsehbare Zeit unterstützungsbedürftig waren. In einem Bundesstaat aber, der auf dem Prinzip der Gleichbehandlung beruht, bestimmt die Leistungsfähigkeit der schwächsten Glieder, welche Kompetenzen auch die stärksten noch ausführen dürfen (Häde 1996, S. 318). Der einzige Ausweg aus diesem Dilemma war nach Meinung von Experten die Durchführung grundlegender Reformen. Unter dem „Leidensdruck" der Zentralisierung würden, so hoffte man, die Länder endlich den Mut finden, gleich leistungsfähige politische Einheiten zu schaffen, die föderale Kompetenzverteilung neu zu ordnen und die Finanzverfassung zu revidieren (Scharpf 1991, S. 58). Die Vertiefung der europäischen Integration erhöhte nach dieser Auffassung den Reformdruck noch, indem sie den Standortwettbewerb zwischen den Regionen verschärfte, was mehr Handlungsautonomie der regionalen Einheiten erforderte. Die Politikverflechtung, die den schon im Grundgesetz festgelegten hohen Abstimmungsbedarf zwischen Bund und Ländern noch gesteigert hat, müsse deshalb überwunden werden. Die europäische Integration biete dazu nicht nur den Anlass, sondern auch die Mittel, da sie die innerstaatlichen Grundlagen der Politikverflechtung ohnehin aushöhle.

Anfang der Neunzigerjahre wurden aber auch positive Eigenschaften des deutschen Föderalismus hervorgehoben. Er habe zu dem „politischen Wunder" der Bundesrepublik beigetragen, das stabile demokratische Regierungen im Nachkriegsdeutschland hervorbrachte (Gunlicks 1989). Er habe Integration und regionalen Ausgleich bewirkt (Hesse/Renzsch 1990); in schweren normativen Konflikten, die nicht durch Mehrheitsbeschluss entschieden werden konnten, könne der Föderalismus friedensstiftend wirken und Lernprozesse befördern (Czada 1993). Gerade der deutschen Spielart des Föderalismus sei die Fähigkeit eigen, sich an neue Anforderungen durch eine „Modernisierung der Staatsorganisation" auch ohne grundlegende Reform anzupassen (Hesse/Benz 1990).

In diesem Beitrag wird eine vorläufige Bilanz über Gewinne und Verluste des deutschen Föderalismus zehn Jahre nach der deutschen Vereinigung gezogen. In Abschnitt 1 geht es um die besonderen Merkmale des Föderalismus in der alten Bundesrepublik. Abschnitt 2 widmet sich der Verarbeitung der deutschen Einheit und der europäischen Einigung im Föderalismus. Abschnitt 2 ist in vier Unterkapitel gegliedert und untersucht, inwieweit die beiden Großereignisse deutsche Einheit und europäische Integration eine Zentralisierung bewirkt haben (Abschnitt 2.1), wie beweglich föderale Institutionen und Prozesse sind (2.2), welchen Beitrag der Föderalismus zur Lösung sozialer und politischer Probleme leistet (2.3), und wie es um die Zukunft des Föderalismus in Deutschland und Europa bestellt ist (2.4).

II. Der Föderalismus in der alten Bundesrepublik

Was unterscheidet den deutschen Föderalismus von anderen Bundesstaaten?

John Kincaid (Kincaid 1995, S. 31-32) schlägt vor, beim Vergleich von Bundesstaaten drei Fragen zu stellen: (1) Wie wird der Bund geschlossen – freiwillig, unter den gegebenen Umständen willig, oder erzwungen? (2) Warum wird der Bund geschlossen, d.h. welche Werte soll er betonen – Vielfalt oder Einheitlichkeit? (3) Welche konstitutionellen Arrangements finden bei den Bundesgenossen Zustimmung und befördern die von ihnen angestrebten Werte und Ziele des Bundes? Eine vierte Frage soll hier hinzugefügt werden: wie wirkt sich der Föderalismus auf die Ergebnisse der Politik in einem politischen System aus?

(1) Der erste deutsche Bundesstaat war kein freiwilliger Zusammenschluss gleichberechtigter Staaten, sondern das Ergebnis eines militärischen Sieges unter preußischer Führung. Reichskanzler Bismarck gründete einen „obrigkeitliche(n) Bundesstaat" (Lehmbruch 1998, S. 59), in dem Föderalismus einen unitarischen

Nationalstaat ersetzte (Renzsch 1989). Von Anfang an besaß der Föderalismus des Kaiserreichs mehr „kooperative" Merkmale als der amerikanische: das Reich erhielt umfangreiche Kompetenzen, und die materielle Rechtsordnung, die Gerichtsverfassung und die Wirtschaftsverfassung wurden frühzeitig unitarisiert. Für die Abgabe von Kompetenzen wurden die Länder entschädigt, indem ihnen der Vollzug der Reichsgesetze vorbehalten blieb. Auch die Gerichtsbarkeit kam den Länderbehörden zu. An der Gesetzgebung des Reiches waren die Länder – überwiegend Fürstentümer und Monarchien – über den Bundesrat beteiligt, der als dynastisch-föderativer Gegenpol zum Reichstag geschaffen worden war. Die Bismarckverfassung erlaubte es, die Gesetzgebungstätigkeit des auf Unitarisierung zielenden bürgerlichen Parlaments einzuhegen, indem die monarchischen Bürokratien allein über die Exekutivgewalt verfügten; Polizei und Innenverwaltung blieben in der Hand der einzelstaatlichen Regierungen (überwiegend Fürsten), Außenpolitik und Militär in der Gewalt des Kaisers und preußischen Königs als Exekutivorgan des Bundes (Oeter 1998, S. 32).

Föderalismus in der Tradition des deutschen Kaiserreiches bezog seine Legitimation also nicht aus der Förderung von Demokratie und Gewaltenteilung (Hamilton/Madison/Jay 1993, Art. 51), sondern diente der Schaffung eines gemeinsamen Binnenmarktes und schonte zugleich die Herrschaft der Fürsten und Könige in den Einzelstaaten.

Auch die Bundesrepublik Deutschland ist kein freiwilliger Zusammenschluss souveräner Einzelstaaten. Die westlichen Alliierten bauten in ihren drei Besatzungszonen zunächst Länderverwaltungen und Landesregierungen wieder auf, die bis zum Herbst 1946 durch Wahlen legitimiert wurden. Im Juli 1948 übergaben die alliierten Militärgouverneure der Westzonen den Regierungschefs der westdeutschen Länder die „Frankfurter Dokumente", in denen sie aufgefordert wurden, eine Verfassunggebende Versammlung einzuberufen, um eine demokratisch-föderative Verfassung auszuarbeiten. Die Vorgabe eines bundesstaatlichen Aufbaus für den künftigen (west)deutschen Staat traf bei den Nachkriegsparteien nicht auf ungeteilte Zustimmung. Die SPD folgte ihrem traditionellen unitarisch-republikanischen Ideal und favorisierte einen Einheitsstaat mit weitgehender Dezentralisierung, um mit dem „reaktionären Erbe" des Föderalismus aufzuräumen (Oeter 1998, S. 105). Auch Teile der CDU um Konrad Adenauer waren unitarisch gesinnt, die CSU und CDU-Politiker vor allem der süddeutschen Länderregierungen dagegen engagierte Föderalisten (Eschenburg 1983, S. 477). Während die westlichen Alliierten sich darin einig waren, dass die neue Verfassung Deutschlands die Länder gegenüber der Zentralregierung stärken müsse, hatten nur die Amerikaner ein eigenes Föderalismuskonzept.[1] Der von ihnen propagierte Trennföderalismus war jedoch den deutschen Föderalisten fremd, die sich an der Tradition des Kaiserreiches orientierten.

---

1 Als Berater der amerikanischen Militärregierung wirkte u.a. Carl J. Friedrich, Professor der Harvard-University (Eschenburg 1983, S. 475).

(2) Der Krieg hatte die Bevölkerung durch Flucht und Vertreibung durcheinandergemischt. Ethnische und sprachliche Konfliktlinien waren in der Bundesrepublik nicht vorhanden, dafür aber unterschieden sich die Länder nach Größe, Einwohnerzahl, Wirtschaftskraft, Sozialstruktur und Konfession beträchtlich.
In der Bevölkerung übertraf daher die Erwartung an den Föderalismus, einheitliche Lebensverhältnisse in der ganzen Republik herzustellen, das Bedürfnis nach Respektierung von Verschiedenheit. Der föderale Staatsaufbau fand nach den Erfahrungen mit der nationalsozialistischen Herrschaft seine Legitimation vor allem in der Begrenzung der Macht des Zentralstaats.

(3) Das Grundgesetz ist ein Kompromiss zwischen den Vorstellungen der beteiligten Akteure. Bei der Zuständigkeitsverteilung folgte der Parlamentarische Rat der deutschen Verfassungstradition: Das Schwergewicht der Gesetzgebung liegt beim Bund, das der Verwaltung bei den Ländern. Für die Ausführung der meisten Bundesgesetze bleibt der Bund auf die Länder angewiesen, deren Behörden die Bundesgesetze unter begrenzter Aufsicht des Bundes durchführen. Daher fordert die Verfassung der Bundesrepublik von Anfang an ständige und starke Kooperation zwischen Bund und Ländern.
Die zweite Kammer erhielt ihre Form nach einer Verabredung zwischen den süddeutschen Föderalisten der CSU und der eher unitarisch gesinnten SPD. Die SPD, aber auch Teile der CDU um Konrad Adenauer, traten für einen direkt gewählten Senat nach amerikanischem Vorbild ein. Gegen eine solche echte Parlamentarisierung der zweiten Kammer sträubten sich die süddeutschen Föderalisten, die einen Bundesrat als „Widerlager zur Parteipolitik" wünschten, der ihnen eine institutionelle Basis dafür bieten würde, den Konfliktregelungsstil aus der Kaiserzeit – Aushandlung zwischen den Exekutiven – fortzuführen (Lehmbruch 1998, S. 81). Sie verlangten auch eine volle Gleichberechtigung des Bundesrates. Der Verfassungskompromiss zwischen CSU und SPD, auf den auch die CDU einschwenkte, führte zur Bundesratslösung, jedoch ohne volle Gleichstellung der Zweiten Kammer im Gesetzgebungsverfahren (Eschenburg 1983, S. 495; Oeter 1998, S. 128-129).
Bei der Finanzordnung entschied sich der Parlamentarische Rat für eine Mischform zwischen der Lösung des Kaiserreiches – in dem das Reich Kostgänger seiner Gliedstaaten war – und der Weimarer Republik, in der umgekehrt die Länder von Finanzzuweisungen des Zentralstaats abhingen. Der Bund erhielt nun die Gesetzgebungshoheit für die wichtigsten Gesetze, um eine einheitliche Steuergesetzgebung zu gewährleisten. Die Ertragshoheit wurde jedoch zwischen Bund und Ländern geteilt. Im Grundgesetz sind daher Bundes- und Ländersteuern sowie Gemeinschaftssteuern[2] vorgesehen, deren Verteilung auf Bund und Länder teils

---

2 Von Anfang an war das Trennsystem durch die so genannte Inanspruchnahmeregelung modifiziert; mit der Finanzreform von 1955 wurde ein kleiner Steuerverbund zwischen Bund und Ländern geschaffen, der durch die Finanzverfassungsreform von 1969 in einen großen Steuerverbund überführt wurde (Renzsch 1991).

im Grundgesetz, teils durch Bundesgesetze festgelegt wird. Das Grundgesetz sieht vor, dass die steuerarmen an die steuerreichen Länder Ausgleichszahlungen leisten („horizontaler Finanzausgleich"). Sollte dieser Ausgleich nicht ausreichen, kann der Bund an leistungsschwache Länder Ergänzungszuweisungen[3] zahlen („vertikaler Finanzausgleich"). Diese Finanzordnung bemüht sich um Ausgleich und Gerechtigkeit, aber die Verteilung der Gemeinschaftssteuer und der Lastenausgleich sind ständiger Anlass für Streitigkeiten zwischen Bund und Ländern. Die Finanzverfassung wurde vor allem von der SPD gegen Einwände der Alliierten verteidigt, die einen Finanzausgleich zwischen Ländern mit hohem und Ländern mit geringem Steueraufkommen ablehnten und zwischen Bund und Ländern getrennte Systeme für die Steuergesetzgebung und Steuerverwaltung verlangten.

Die auf Unitarisierung und Kooperation angelegten Elemente im Grundgesetz verstärkten sich, nachdem die Bundesrepublik durch den 1955 in Kraft getretenen Deutschlandvertrag eine eingeschränkte Souveränität erhalten hatte (Schwarz 1981, S. 252): Der Bund leitete einen Prozess direkter Zentralisierung ein (Klatt 1998), indem er seine Gesetzgebungs- und Verwaltungskompetenzen ausschöpfte oder sich neue Zuständigkeiten von den Ländern übertragen ließ. Gleichzeitig stimmten sich die Länderverwaltungen bei der Ausführung von Bundesgesetzen ab oder akzeptierten Bundeszuschüsse mit unitarisierenden Verwendungsauflagen. Das Ergebnis war ein „unitarischer Bundesstaat" (Hesse 1962), der eine einheitliche Politik bei dezentraler Ausführung garantierte.

Ende der Sechzigerjahre erfolgte eine zweite Welle von Kompetenzübertragungen an den Bund. Es wurden ein großer Steuerverbund und Planungsgremien geschaffen, die makroökonomische Steuerungsinstrumente zur Sicherung eines ausgewogenen Wirtschaftswachstums bereitstellen sollten. Die Finanzreform von 1969 verankerte außerdem eine neue, indirekte Form der Zentralisierung im Grundgesetz: Nach Art. 91a und 91b wirkten Bund und Länder jetzt bei Aufgaben wie dem Hochschulbau und der regionalen Wirtschaftsförderung zusammen. In diesen bisher den Ländern zustehenden Bereichen wurde gemeinsam geplant, entschieden und finanziert, teils sogar verwaltet. Aus der vertikalen Machtteilung im Staate, wie sie das Grundgesetz vorsah, war nun eine *Machtfusion* geworden: die Politikverflechtung (Scharpf/Reissert/Schnabel 1976).

Die Reform der Finanzverfassung von 1969 verstärkte im deutschen Bundesstaat die „bismarckische" Komponente. Die politischen Entscheidungen im bundesstaatlichen Gefüge fielen – wie schon zu Bismarcks Zeiten – im Allgemeinen außerhalb des Bundesrates. Sie wurden durch die Länderbürokratien vorbereitet und von den Länderregierungen beschlossen – zu Lasten der Landesparlamente, die in die Entscheidungsprozesse nicht einbezogen waren.

---

3 Von den drei Rechtsinstituten des Finanzausgleichs – vertikaler und horizontaler Ausgleich sowie Bundesergänzungszuweisungen – wurde das dritte Element erst in einer Finanzausgleichsnovelle der Großen Koalition 1967 gesetzlich geregelt (Renzsch 1991, S. 203).

(4) Eine weitere Vergleichsdimension föderaler Staaten ist ihre politische Leistung. Sie kann daran gemessen werden, wie weit ein Bundesstaat hält, was sich die politische Theorie vom Föderalismus verspricht.

Ein föderaler Staatsaufbau bietet nach den Aussagen der politischen Theorie viele Vorteile. Vielleicht am wichtigsten ist die Begrenzung der Regierungsmacht, die eine zusätzliche vertikale Gewaltenteilung erlaubt (Madison 1993; Federalist 51); Föderalismus ist der Versuch, das Hobbes'sche Ordnungsproblem zu lösen, ohne die Freiheit der Bürger zu gefährden (Morley 1959, S. 1). Er soll den Bürger vor innerer und äußerer Tyrannei schützen, auch vor der Tyrannei der Mehrheit (Tocqueville 1976, S. 289). Föderalismus kann dazu genutzt werden, auf die Bedürfnisse einer heterogenen Gesellschaft einzugehen und Vielfalt zu wahren. Er bietet dem Bürger mehr Gelegenheit zur Teilhabe an der Demokratie; durch die Konkurrenz der Gliedstaaten um mobile Bürger eröffnet der Föderalismus auch die Chance für mehr Innovation und Responsivität (US Supreme Court in Gregory vs. Ashcroft, nach Derthick 1992, S. 671). Dieselbe Konkurrenz hat nach der ökonomischen Theorie des Föderalismus einen weiteren Vorteil: sie bewahrt den Bürger davor, von den Einnahme- und Ausgabewünschen eines nimmersatten staatlichen Leviathans erdrückt zu werden (Buchanan 1995).

Untersuchungen haben gezeigt, dass sich politische Institutionen auf die Entwicklung des Wohlfahrtsstaats und der Staatsintervention tatsächlich auswirken. In der Schweiz hat der Föderalismus zusammen mit der direkten Demokratie den Wohlfahrtsstaat und den Ausbau staatsinterventionistischer Politik gebremst (Linder 1999; Obinger 1998). Vergleichende Analysen von OECD-Ländern deuten darauf hin, dass Föderalismus Sozialausgaben dämpft; in Verbindung mit neokorporatistischer Koordination der Wirtschaftspolitik führt er allerdings tendenziell zu steigenden Sozialausgaben, zugleich aber zu niedrigeren Inflationsraten und höherem Wirtschaftswachstum (Lancaster/Hicks 1998).

Der deutsche Föderalismus hat nach Meinung vieler Experten die guten Seiten dieser Staatsorganisation zu einem großen Teil verwirklicht. Frieden, Freiheit, Wohlstand, Minderheiten- und Grundrechtsschutz sind in der alten Bundesrepublik nicht zuletzt durch den Föderalismus gewahrt worden. In einigen Fällen unterschieden sich dagegen die Leistungen des Föderalismus stark von denen anderer Bundesstaaten: Erstens legte er mehr Wert auf die Einheitlichkeit der Lebensverhältnisse als auf regionale Vielfalt. Die alte Bundesrepublik besaß eine regional so ausgewogene Infrastruktur wie kaum ein unitarischer Staat. Zweitens etablierte sich ein kompliziertes Verhältnis von Föderalismus und Demokratie: Die bismarckischen Züge des Verbundföderalismus, verstärkt durch die Politikverflechtung seit Ende der Sechzigerjahre, haben die Länderparlamente an den Rand der Aushandlungsprozesse zwischen Bund und Ländern gedrängt. Sie segnen häufig von den Exekutiven der beiden staatlichen Ebenen ausgehandelte Lösungen nur noch im Ganzen ab. Der Verlust an demokratischer Kontrolle auf Landesebene setzt sich aber nicht auf Bundesebene fort: Der Bundestag ist unverändert ein wichtiges Entscheidungszentrum, allerdings nur im Verbund mit der Regierung und verklammert durch die Parteien (von Beyme 1997, S. 370). Dieser „legislative Leviathan" (ebd.) und seine Bundesverwaltung wird durch den Bundesrat wesentlich effizienter kontrolliert, als dies durch die rein parlamentarische Kontrolle einer Regierung und ihrer Verwaltung je erreicht werden könnte.[4] Die gouvernemental-bürokratische Schlagseite bei der Bund-Länder-Abstimmung wie auch bei der Kontrolle der Bundesregierung wird dadurch gemildert, dass das Volk in sechzehn Landtagswahlen eine Art Dauerplebiszit über die Politik der Bundesregierung durchführt (Scharpf 1998b).

Die dritte und folgenreichste Abweichung des deutschen Föderalismus vom Ideal des Bundesstaates in der politischen Theorie ist seine Auswirkung auf Sozialausgaben und Staatsfinanzen. Die institutionelle Struktur des bundesdeutschen Föderalismus, besonders die dichter werdende Politikverflechtung, wirkt in Verbindung mit den Strukturen des Sozialversicherungsstaates auf die Staatsfinanzen tendenziell expansiv und ist eine der Ursachen für den dramatischen Anstieg der Staatsverschuldung seit 1989 (Schmidt 1990, S. 51; Renzsch 1997, S. 98). Die Dynamik steigender Staatsschuld und steigender öffentlicher Zinsbelastung war in den deutschen Ländern und im Bund bereits im Zeitraum von 1970 bis 1985 erkennbar, ganz im Gegensatz zur Entwicklung in der Schweiz (Kirchgässner/Pommerehne 1996, S. 169).

Die große Ausweitung der Staatsquote in der Bundesrepublik war nicht nur auf die Effizienzverluste des kooperativen Föderalismus zurückzuführen, sondern auch eine Folge des starken Sozialstaats. Die Sozialleistungsquote ist im Zeitraum von 1970 bis 1989 von 26,6 Prozent auf 30,5 Prozent gestiegen (Bundesministerium für Arbeit und Soziales 1993). Dagegen entwickelte sich die Steuerquote sogar leicht rückläufig von 22,8 Prozent (1970) auf 22,7 Prozent (1990) (Bundesministerium der Finanzen 1998, S. 345). Der starke Sozialstaat ist ein Bestandteil der Politik des „mittleren Weges", welche die Bundesrepublik charakterisiert (Manfred Schmidt in diesem Band), und der Föderalismus hat dieses Politikmodell mitgetragen.

III. Die Verarbeitung der deutschen Einheit und der europäischen Einigung

Die Einheit Deutschlands und die vertiefte Einigung Europas trafen den deutschen Föderalismus wie ein „Systemschock" (Carlin/Soskice 1997). Für jeden Bundesstaat wäre dies eine große Herausforderung, mehr noch war es dies für einen Födera-

---

4 So jedenfalls Bundespräsident Roman Herzog in seiner Rede zum 50. Jahrestag der Konstituierung des Landtags Nordrhein-Westfalen und zum Föderalismus in Deutschland am 2.10.1996 in Düsseldorf.

lismustyp, dem Trägheit bei institutionellen Reformen und Inkrementalismus bei der Lösung politischer Probleme nachgesagt werden.

1. Zentralisierung oder Föderalismusreform durch die Einheit?

Die Prognose eines Machtgewinns des Bundes zu Lasten der (westdeutschen) Länder infolge der deutschen Einheit stützte sich vor allem auf die Erkenntnis, dass Ostdeutschland für längere Zeit auf finanzielle Hilfe aus dem Westen angewiesen sein würde und der Finanzbedarf des Beitrittsgebiets die Leistungsfähigkeit der westdeutschen Länder bei weitem übersteigen würde (Hesse/Renzsch 1990, S. 567; Scharpf 1990, S. 582). Damit schien ein Wiederaufleben der „zentralistischen Koalition" aus den Fünfzigerjahren denkbar, als die Bundesregierung mit Unterstützung der kleinen und schwachen Länder ihre Kompetenzen auf Kosten auch der großen und leistungsfähigen Länder ausgeweitet hatte (Scharpf 1991, S. 53).

Verbreitet war auch die Überzeugung, dass die Herausforderungen der deutschen Vereinigung mit den bestehenden bundesstaatlichen Institutionen und ihren Entscheidungsabläufen nicht zu bewältigen seien. Jetzt sahen einige Autoren die Chance, den Bundesstaat noch einmal neu zu gründen, diesmal als „Konkurrenzföderalismus", der dem amerikanischen Föderalismus näher läge als der „unitarische Bundesstaat". Die Vereinigung der beiden deutschen Staaten nach Art. 146 GG, der eine neue Verfassungsgebung vorsah, sollte dafür Raum schaffen (Lehmbruch 1998, S. 184). Die friedliche Revolution im Osten Deutschlands sollte den Anstoß für die Schaffung gleich leistungsfähiger Bundesländer, eine Neuordnung der Finanzverfassung und eine Reföderalisierung der Gesetzgebungskompetenzen geben (Schultze 1993, S. 238-239).

Der Föderalismus nach 1990 hat weder die Befürchtungen noch die Hoffnungen bestätigt. Große Veränderungen im Institutionengefüge kamen vor allem aus zwei Gründen nicht zu Stande: Die Bundesregierung betrieb erstens die Vereinigung – und die Mehrheit der westdeutschen Gesellschaft unterstützte sie dabei – unter der stillschweigenden Annahme, dass die Machtverteilung in der alten Bundesrepublik dabei nicht verändert werden dürfe. Status-quo-Erhalt im Westen und Klassenpolitik bei der Transformation der ostdeutschen Wirtschaft prägten die Vereinigungspolitik (von Beyme 1996, S. 393-401). Der erste Einigungsvertrag wurde zwischen der Bundesregierung und der DDR-Regierung ohne Beteiligung der westdeutschen Länder ausgehandelt und übertrug die Wirtschafts- und Sozialordnung der Bundesrepublik auf Ostdeutschland. Die Regierung der DDR unter Lothar de Maizière erklärte am 6. Juli 1990 ihre Bereitschaft, den Beitritt zur Bundesrepublik Deutschland nach Art. 23 GG zu vollziehen und strebte zur Aushandlung besonders der finanziellen und eigentumsrechtlichen Bedingungen einen weiteren Vertrag an, in dem die Interessen der ostdeutschen Bevölkerung juristisch festgeschrieben werden sollten (Küsters/Hofmann 1998, S. 205). Dazu musste das auf westdeutscher Seite federführende Bundesministerium des Innern die westdeutschen Länder und über sie auch die Opposition beteiligen, denn der Einigungsvertrag erforderte die Zustimmung einer Zweidrittelmehrheit im Bundestag und im Bundesrat, in dem SPD-Länderregierungen die Mehrheit hatten. Die Bundesregierung bestand dabei darauf, die Änderungen im Grundgesetz auf das unverzichtbare Minimum zu beschränken (Küsters/Hofmann 1998, S. 198-199). Bundeskanzler Kohl hat die Entscheidung, ob Artikel 23 oder Artikel 146 die deutsche Vereinigung steuern sollte, als Gretchenfrage bezeichnet: „Wie hältst du es mit dem Staat des Grundgesetzes, mit dem freiheitlichsten und menschlichsten Staat in der deutschen Geschichte?" (Kohl 1996, S. 291).

In einem wichtigen Aspekt der Staatsverfassung bemühten sich Teile der Bundesregierung dagegen um Änderung: Das Bundesinnenministerium wollte Art. 29 GG über die Länderneugliederung neu fassen, um eine Neuordnung des Bundesgebietes zu erleichtern. Die Länder zeigten daran freilich kein Interesse, und das Bundesministerium der Finanzen sah politisch keine Chance für eine Änderung des Artikels, sodass das Bundeskanzleramt das Projekt nicht weiter verfolgte, um die Verabschiedung des Einigungsvertrags nicht zu gefährden (Küsters/ Hofmann 1998, S. 199). Die westdeutschen Länder verteidigten den Status quo auch im Kernbereich der bundesstaatlichen Ordnung, indem sie es ablehnten, Ostdeutschland sofort in den Finanzausgleich einzubeziehen.

Der zweite Grund für die institutionelle Kontinuität nach der Vereinigung war, dass schon die unvermeidlichen Veränderungen große Unsicherheit sowie Zeit- und Handlungsdruck erzeugten. Unabhängig vom Willen der Akteure waren der bundesstaatliche Aufbau und seine Zusammensetzung komplizierter und heterogener geworden, da er nun 16 statt bisher 11 Länder umfasste und deren Wirtschaftskraft so starke Unterschiede aufwies, dass die herkömmlichen Ansprüche an gleiche Lebensbedingungen im Bundesgebiet nicht mit den bisherigen Instrumenten finanzierbar waren. Die neue Unterschiedlichkeit spiegelte sich auch im Parteiensystem wider, dem die PDS als stabile neue Kraft in Ostdeutschland hinzutrat, und das neuartige Koalitionen in den Ländern ermöglichte. Rational handelnde korporative Akteure sind in einer solchen Situation risikoavers und entscheiden sich für ein Mindestmaß an institutionellen Neuerungen (Czada 1995a, S. 202).

Wenn angesichts der großen Veränderungen die Beharrungskräfte groß waren, so hatte dies beim Föderalismus zumindest einen guten Effekt: Die befürchtete Zentralisierung blieb aus. Zwar wirkte sich die Führung der Bundesregierung im Vereinigungsprozess anfangs zentralisierend aus, denn die Weichen für die Wirtschafts- und Währungsunion wurden ohne Mitsprache der westdeutschen Länder gestellt. Die Entscheidung der Bundesregierung, die DDR-Betriebe nach dem Beitritt durch die Treuhand zu privatisieren, nahm den neuen Ländern jeden Einfluss auf die Strukturpolitik und führte dazu, dass ein Parafiscus, Bankenkonsortien,

Investorengruppen und Ministerialbürokraten über die Filetstücke des DDR-Produktivvermögens entschieden (von Beyme 1996, S. 401).

Die westdeutschen Länder vertraten jedoch ihre Interessen mit Entschiedenheit. Schon beim zweiten Staatsvertrag nutzten sie ihre Vetoposition. Sie verhinderten zentralistische Lösungen beim Vereinigungsmanagement (geplant war ein Aufbauministerium beim Bund), und beteiligten sich stattdessen bilateral am Aufbau der politischen Institutionen und Verwaltungen in Ostdeutschland (Depenheuer 1997, S. 214). Der Föderalismus reproduzierte sich dadurch in effizienter Weise selbst. Heraus kam dabei ein „Fertigstaat" (Rose/Haerpfer 1996, S. 113 f.), der zwar nicht alle Ansprüche an eine Modernisierung der Staatsorganisation befriedigte, dabei aber flexibel und lernfähig war (Eisen/Wollmann 1996).

Im Bundesrat veränderten sich die Stimmenverhältnisse durch den Beitritt der neuen Länder. Vier von ihnen hätten jeweils vier Stimmen zugestanden,[5] wodurch sie gemessen an ihrer Einwohnerzahl überrepräsentiert worden wären. Schon im Vorfeld der Verhandlungen zum Einigungsvertrag verlangte deshalb Bayern mit Unterstützung Nordrhein-Westfalens, dass der Einfluss der bevölkerungsstarken Länder gewahrt bleiben müsse.[6] Mit dem Einigungsvertrag[7] wurde Artikel 51 Absatz 2 GG im Sinne einer „Stimmenspreizung" so verändert, dass die vier bevölkerungsreichsten Bundesländer – Baden-Württemberg, Bayern, Niedersachsen und Nordrhein-Westfalen – künftig sechs statt bisher fünf Stimmen führen. Damit verfügen die „Großen Vier" mit 24 (von insgesamt 69) Stimmen im Bundesrat über eine Sperrminorität gegen Verfassungsänderungen. Den großen und starken Ländern ist es allerdings nicht gelungen, sich gegen die Ausbeutung durch die kleinen und schwachen Länder zu schützen, denn Niedersachsen gehört zu den finanzschwachen Ländern und dürfte als Bündnispartner in Finanzordnungsfragen nicht zur Verfügung stehen (Scharpf 1991, S. 52).

Auch dem Versuch der alten Länder – und unter ihnen besonders der starken – den Einigungsprozess für eine Stärkung des bundesstaatlichen Elements in der Verfassung zu nutzen, war nur ein Teilerfolg beschieden. In ihrem Papier „Eckpunkte für die bundesstaatliche Ordnung im vereinigten Deutschland"[8] forderten die westdeutschen Länderchefs eine Neuordnung der Finanzverfassung, eine Rückverlagerung von Gesetzgebungskompetenzen auf die Länder und eine Beteiligung des Bundesrates an Entscheidungen, die Kompetenzen auf zwischenstaatliche Ein-

---

5 Nach der 1962 gemäß Art. 51 Abs. 2 GG a.F. beschlossenen Stimmenverteilung.
6 Gespräch zwischen den Bundesministern Seiters und Schäuble und den Chefs der Staats- und Senatskanzleien der Länder Nordrhein-Westfalen, Bayern und Berlin am 26. Juni 1990 (Dästner 1997).
7 Art. 4 Ziff. 3 EinigungsV.
8 Um einer befürchteten Zentralisierung im Bund-Länder-Verhältnis entgegenzutreten, hatten die Staats- und Senatskanzleien der Länder auf Initiative Hamburgs eine gemeinsame Position erarbeitet, die sie am 5. Juli Bundeskanzler Kohl übermittelten. („Eckpunkte für die bundesstaatliche Ordnung im vereinten Deutschland", zit. bei Küsters/Hofmann 1998, Dokument Nr. 342A).

richtungen übertragen. Bei der Neuordnung der Finanzbeziehungen konnten schon deshalb keine Fortschritte erzielt werden, weil die Länder in einem Atemzug die Stärkung des Konkurrenzföderalismus und des unitarischen Bundesstaates forderten, denn wenn den Ländern eigenständige Finanzquellen und eigene Kompetenzen in der Steuergesetzgebung zugestanden werden, kann nicht zugleich die Beseitigung wirtschaftlicher und sozialer Disparitäten erreicht werden. Eine Rückverlagerung von Gesetzgebungskompetenzen auf die Länder wurde durch die Verschärfung und Verengung der Bedürfnisklausel in Art. 72 Abs. 2 GG und die in Art. 72 Abs. 3 GG neu geschaffene Rückholklausel erleichtert. Staatsrechtler sehen darin die Gefahr einer Erosion des Bundesrechts auf Gebieten, die für die Wahrung der Rechts- und Wirtschaftseinheit von zentraler Bedeutung sind (Dittmann 1997, S. 242); für Forscher mit Sympathie für mehr Eigenständigkeit der Bundesländer haben diese Regelungen nicht dazu beigetragen, den einzelnen Ländern zu mehr Autonomie zu verhelfen (Abromeit 1996, S. 18). Unstrittig ist, dass die Ländergesamtheit ihre Stellung gegenüber dem Bund im Bereich der auswärtigen Beziehungen gestärkt hat (s.u.).

Als nach dem Beitritt der DDR im Oktober 1990 der gesamtdeutsche Alltag begann, trat die Bundesregierung als vorherrschender Akteur zurück, und die gewohnten Routinen bundesstaatlicher Problembearbeitung wurden wieder aufgenommen. Interessant ist, was die Länder im föderalistischen Aushandlungsprozess *nicht* verhinderten: Sie trugen die Ausweitung der Fiskalpolitik mit und standen auch der Finanzierung durch Staatsverschuldung nicht im Wege. Beides war nötig geworden, weil Bundeskanzler Helmut Kohl sich für eine teure Variante der Vereinigungspolitik entschieden hatte, deren Kosten er vor den Wählern herunterspielte. Die Christdemokraten gewannen die Volkskammerwahlen im März 1990 unter anderem mit ihrer Zusage, die D-Mark nach Ostdeutschland zu bringen, und das unter bestimmten Bedingungen zu einem Umtauschkurs von 1:1. Bei den gesamtdeutschen Wahlen führten sie ihre Kampagne mit dem Versprechen, dass niemand durch die Vereinigung schlechter gestellt werden solle. Damit wurde die Finanzierung der Einheit Thema des Parteienwettbewerbs, und eine – anfänglich durchaus vorhandene – Opferbereitschaft in der Bevölkerung wurde nicht genutzt, ebenso wenig wie die Bühne des föderalen Aushandelns, um eine tragfähige Finanzierungskonzeption für die Einheit zu erreichen und die Opposition einzubinden. Da die Bundesregierung im Gegensatz zur SPD-Opposition die Ansicht vertrat, die Lasten der Einheit seien ohne Steuererhöhungen finanzierbar, wurde in erheblichem Maße auf die Staatsverschuldung zurückgegriffen.[9] Der föderale

---

9 Die Bundesregierung hatte durch ihre Konsolidierungspolitik in den Achtzigerjahren dafür allerdings eine günstige Ausgangsposition geschaffen, denn 1989 betrug die Nettokreditaufnahme den niedrigsten Wert in dieser Dekade. In den folgenden Jahren schnellte ihr Wert aber von unter 20 Mrd. DM auf 78,3 Mrd. DM 1996 hoch. Neben der regulären Verschuldung schuf die Bundesregierung Schattenhaushalte, wie den Fonds „Deutsche Einheit" und andere Sondervermögen, um die Staatsverschuldung politisch weniger sichtbar zu machen (Zohlnhöfer 1999, S. 15).

Staatsaufbau trug zu dieser Finanzierungsstrategie bei, weil Steuererhöhungen und Ausgabenkürzungen nur mit Zustimmung der Oppositionsmehrheit im Bundesrat und der Länderparlamente durchführbar waren, was langwierige Beratungen und Kompromisse erforderte (Czada 1995). Die Blockade bei der Finanzierung der Einheit wurde deshalb durch Zugriffe auf Nebenhaushalte, die Sozialversicherungen und andere Parafisci umgangen. Diese Finanzierungsform kostete jedoch einen Preis: Sie trug zur Erhöhung der Lohnnebenkosten bei, was sich nach verbreiteter Ansicht auf die Standortqualität Deutschlands negativ auswirkte, und sie verlagerte die Kosten in einem übergroßen Maß auf künftige Generationen. Als diese Finanzierungsart Mitte der Neunzigerjahre nicht mehr haltbar war, erhöhte der Staat schließlich doch die Steuern und kürzte Ausgaben. Da Ausgaben aber in der Regel als Antwort auf akute haushaltspolitische Notlagen in Form von Haushaltssperrungen gekürzt wurden, ging dies in erster Linie zu Lasten von Investitionen sowie Forschung und Entwicklung. Die Wachstums- und Investitionsschwäche der Wirtschaft wurde dadurch noch mehr verstärkt (Sachverständigenrat 1997, Ziffer 323).

Die Nagelprobe für die bundesstaatliche Balance war die Eingliederung der ostdeutschen Länder in die Finanzverfassung. Bei den Einigungsverhandlungen waren sich alle Experten einig, dass die gewaltigen Finanzkraftunterschiede zwischen Ost und West nicht mit dem Instrumentarium der Finanzverfassung zu bewältigen waren. Der Einigungsvertrag setzte daher zwar die Staatsverfassung der Bundesrepublik in Ostdeutschland in Kraft, enthielt aber für die Finanzverfassung Übergangsbestimmungen. Für die neuen Länder galten Sonderregelungen.[10] Diese Lösung – spöttisch als „Zwei-Klassen-Bundesstaat" kommentiert (Schuppert 1993, S. 26) – wurde jedoch mit dem Solidarpakt 1993 beendet. Mit ihm gelang es zur Verblüffung der meisten Beobachter, die ostdeutschen Länder gleichberechtigt in die Finanzverfassung aufzunehmen – ohne die Finanzverfassung grundlegend zu reformieren. Forderungen des Bundesfinanzministers an die Länder, dem Bund Umsatzsteueranteile zur Finanzierung der Einheit abzutreten, wiesen die Länder zurück. Stattdessen musste der Bund sieben Prozentpunkte seines eigenen Anteils an der Umsatzsteuer an die Länder abtreten. Damit wurde die Finanzkraft der neuen Länder so an den westdeutschen Länderdurchschnitt angeglichen (auf 92 Prozent), dass das Beitrittsgebiet nun an den üblichen Verfahren des horizontalen und vertikalen Finanzausgleichs beteiligt werden konnte. Am Ende wurde jedem ausgleichsberechtigten Land eine Finanzausstattung von 99,5 Prozent des Durchschnitts garantiert.[11]

---

10 Sie betrafen vor allem die vertikale Umsatzsteuerverteilung, den horizontalen Länderfinanzausgleich und die Bundesergänzungszuweisungen. Die dadurch entstehenden Defizite in der Finanzausstattung der neuen Länder sollten durch den Fonds Deutsche Einheit ausgeglichen werden. Die finanzverfassungsrechtlichen Sonderregelungen für das Beitrittsgebiet mussten wiederholt nachgebessert werden, weil der Finanzbedarf Ostdeutschlands unterschätzt worden war.
11 § 11 Abs. 2 Finanzausgleichsgesetz (FAG).

Vom Standpunkt des bundesstaatlichen Status quo war der Solidarpakt ein Erfolg, und der Schlüssel dazu war ein beträchtlicher Handlungsdruck,[12] die Lernfähigkeit der Ministerpräsidenten, die sich vom Bund nicht auseinander dividieren ließen, und die Bereitschaft des Bonner Finanzministers, im Interesse einer Regelung zu zahlen. Aus bundespolitischer Perspektive wurde der Solidarpakt als eine Ausbeutungsstrategie kritisiert, die auf einem Gesetzentwurf basiere, mit dem sich „zwölf Bundesländer auf Kosten der beiden reichen Länder Hessen und Baden-Württemberg sowie zu Lasten des Bundes schadlos halten wollten".[13] Der Bund beklagte in der Folgezeit auch, dass bei der Finanzierung der Einheit eine Schieflage zu seinen Lasten entstanden sei. Allerdings kam dafür zu zwei Dritteln der Steuer- und Beitragszahler auf: Von den Netto-Lasten der Einheit in Höhe von jährlich 4,25 bis 5 Prozent des Bruttoinlandsprodukts ist der Löwenanteil – geschätzt werden 3,4 Prozent des BIP – vom Steuer- und Beitragszahler getragen worden. Der verbleibende Rest von 1 bis 1,5 Prozent des BIP wurde zu mehr als der Hälfte von den westdeutschen Ländern finanziert. Da beim Föderalen Konsolidierungsprogramm (Solidarpakt) verabredet worden war, dass der Bund zwei Drittel, die alten Länder ein Drittel der Einheitskosten zu übernehmen hätten, kann von einer Schieflage zu Lasten des Bundes nicht die Rede sein. Allenfalls kann man davon sprechen, dass die finanzpolitische Blockade des Föderalismus vermieden wurde, indem man die Lasten einem Dritten aufbürdete: dem Steuer- und Beitragszahler (Renzsch 1998, S. 356; ähnlich Peffekoven 1994, S. 283).

Der Föderalismus ist aus der deutschen Vereinigung nicht als Sieger hervorgegangen, auch wenn die Balance im Bundesstaat gewahrt blieb und die Revolution in Ostdeutschland mit schnellen und wirksamen Integrationsangeboten beantwortet wurde, was eine bemerkenswerte Flexibilität der bundesstaatlichen Akteure beweist. Aber die Gestaltungsmöglichkeiten der Politik haben sich weiter verengt, weil die Einheitslasten wegen der anhaltend hohen Arbeitslosigkeit und der Wachstumsschwäche der Wirtschaft auch künftig hoch und schwer finanzierbar sein werden. Mit der Übertragung der geldpolitischen Entscheidungsbefugnisse an die Europäische Zentralbank ist ein wichtiges Instrument der wirtschaftspolitischen Steuerung und mittelbar auch der Beschäftigungspolitik abgewandert. Der Stabilitätspakt zwischen den Euro-Staaten, der die öffentliche Verschuldung der Mitgliedsländer der Währungsunion begrenzt, beschränkt für die Länder den Zugang zu ihrer einzigen autonomen Finanzquelle, dem Kapitalmarkt.

---

12 Nach Art. 4 Nr. 5 Einigungs-Vertrag waren die finanzverfassungsrechtlichen Abweichungen längstens bis zum 31. Dezember 1995 zulässig. Die Bundesbank übte außerdem Druck auf die Gebietskörperschaften aus, die Finanzierung der Einheit tragfähig zu regeln.

13 (Peffekoven 1994, S. 306). Dieser Gesetzentwurf wurde von allen Bundesländern außer Baden-Württemberg, Hessen, Mecklenburg-Vorpommern und Sachsen-Anhalt unterstützt, und später von Nordrhein-Westfalen und Bayern im Bundesrat eingebracht. In ihm wurden dort, wo den alten Ländern durch die Integration Ostdeutschlands in den Finanzausgleich zusätzliche Belastungen entstanden wären, Ausgleichsforderungen erhoben (ebd.).

2. Zentralisierung oder Reform durch die europäische Einigung?

Mit der europäischen Einigung wurde das binnenstaatliche Arrangement, wonach die Länder an den Bund Kompetenzen abgetreten und im Austausch dafür Mitspracherechte bei der Bundesgesetzgebung erhalten hatten, brüchig. Länderbeteiligungsrechte drohten ins Leere zu laufen, da die Bundesregierung weiterhin eigene und sogar Länderbefugnisse nach Brüssel übertrug und in immer mehr Politikbereichen mehrheitlich statt einstimmig abgestimmt wurde. Das innerstaatliche Vetorecht der Länder hat dann auf europäischer Ebene keine gleichwertige Entsprechung mehr.

Der Bund ist nach Art. 24 GG befugt, Hoheitsrechte auf zwischenstaatliche Einrichtungen zu übertragen. Das Grundgesetz stellt ihn in diesem Fall vom formalen Erfordernis einer Verfassungsänderung frei, ermächtigt ihn aber nicht, „die Identität der geltenden Verfassungsordnung der Bundesrepublik Deutschland durch Einbruch in ihr Grundgefüge, in die sie konstituierenden Strukturen, aufzugeben" (BVerfGE 73, 339, 375 f.). Zu diesen Kernbeständen des Grundgesetzes gehört auch das Bundesstaatsprinzip nach Art. 79 Abs. 3 GG. Dennoch hat die Bundesregierung bei drei Reformen der Integrationsverträge[14] nicht nur eigene, sondern auch Länderkompetenzen auf die Europäische Gemeinschaft übertragen, zum Beispiel in den Bereichen Hochschule, Berufsbildung, Umweltschutz, Verkehrswirtschaft und Regionalpolitik, Forschung und Kultur (Laufer/Münch 1998, S. 289). Der Einfluss der Europäischen Union wurde dadurch gestärkt, dass sie außer neuen Kompetenzen auch mehr Mitgestaltungsrechte erhielt; in immer neuen Politikfeldern wurden die Möglichkeiten zur intergouvernementalen Zusammenarbeit ausgebaut.

Seit Maastricht gibt es kein Politikfeld mehr, das nicht – zumindest teilweise – auf europäischer Ebene bearbeitet wird (Hrbek 1999, S. 218).

Die Länder reagierten auf die Bedrohung ihrer Staatsqualität durch die Europäische Integration mit einer Dreifachstrategie in der Tradition der Politikverflechtung. Sie waren damit ziemlich erfolgreich, weil sie die Bundesregierung zur Beachtung ihrer Belange zwingen konnten, indem sie mit der Verweigerung ihrer Zustimmung im Bundesrat zu den Integrationsverträgen drohten.

(1) Die Länder setzten über mehrere Stufen ihre Beteiligung an der Europapolitik der Bundesregierung durch. Nachdem ihre Teilhabe zunächst einfachgesetzlich geregelt war, wurde sie beim Verfahren der Zustimmung zum Maastricht-Vertrag durch Verabschiedung des neuen Art. 23 im Grundgesetz verankert. Den Ländern ist es dadurch gelungen, die Europapolitik als „Gemeinschaftsaufgabe neuen Typs" zu etablieren (Klatt 1998). Auf Vorschlag der Gemeinsamen Verfassungskommis-

---

14 Durch die Unterzeichnung der Einheitlichen Europäischen Akte 1986, der Maastrichter Verträge 1992, und des Amsterdamer Vertrags 1997.

sion wurde außerdem Art. 24 Abs. 1a GG eingefügt, der den Ländern erlaubt, mit Zustimmung der Bundesregierung selbst Hoheitsrechte auf grenznachbarschaftliche Einrichtungen zu übertragen (Dittmann 1997, S. 247). Damit können die Länder ihre außenpolitischen Interessen auf zwei Wegen verfolgen: in kooperativer Form gemeinsam mit dem Bund, also durch „doppelte Politikverflechtung" (Scharpf 1994, S. 115), oder parallel durch Entfaltung einer eigenen Paradiplomatie, über ihre Brüsseler Vertretungen und in der grenzüberschreitenden und interregionalen Zusammenarbeit (Knodt 1998).

(2) Durch die Revision des Artikels 146 EG-Vertrag, der die Zusammensetzung des Ministerrats bestimmt, können die Länder jetzt auch direkt als Vertreter der Bundesrepublik im Ministerrat Platz nehmen.

Ab 1987, zwei Jahre nach seiner Gründung, traten die deutschen Länder dem Ausschuss der europäischen Regionen bei, um auf internationaler Ebene Interessenkoalitionen für die Stärkung des regionalen Einflusses auf europäische Entscheidungsprozesse zu bilden (Hrbek 1999, S. 226). Die deutschen Bundesländer haben maßgeblich dazu beigetragen, dass die Stellung des Ausschusses der Regionen im Vertrag von Amsterdam gestärkt wurde.

(3) Das Subsidiaritätsprinzip wurde seit Maastricht in Artikel 3 b EGV festgelegt und damit eine allgemeine Kompetenzausübungsschranke im primären Gemeinschaftsrecht verankert. Im Amsterdamer Vertrag setzte die Bundesregierung auf Drängen der Länder eine Präzisierung des Subsidiaritätsprinzips durch.[15]

Auf allen drei Wegen haben sich die Länder als Spieler auf europäischer Ebene etabliert, wenn auch am erfolgreichsten mit den Beteiligungsrechten an der Europa- und Integrationspolitik. Der Weg der doppelten Politikverflechtung nach Art. 23 GG ersetzt zwar nicht vollkommen die verlorenen Teilhabemöglichkeiten an der Bundesgesetzgebung, weil die Länder kein Vetorecht gegen Mehrheitsbeschlüsse der Europäischen Union besitzen, doch gewannen die Länder neue Gestaltungsmöglichkeiten durch Art. 24 Abs.1 GG hinzu, der ihnen die Chance zur externen Interessenrepräsentation eröffnet. Erfolgreich genutzt werden kann diese Möglichkeit aber nur durch Länder mit ausreichenden administrativen und finanziellen Ressourcen, was vor allem die ostdeutschen Länder in Nachteil bringt und konkurrenzföderalistische Impulse setzt (Knodt 1998, S. 166).

Die europäische Einigung hat alles in allem nicht, wie erwartet, die Politikverflechtung beschädigt, weil sich der deutsche Bundesstaat und die Europäische Union füreinander geöffnet haben (so auch Hrbek 1997, S. 20). Es wird sich jedoch noch zeigen müssen, ob die Diagnose gerechtfertigt ist, die besonderen Merkmale des deutschen Föderalismus[16] seien durch die vertiefte europäische In-

---

15 Ziffer 4 des „Protokolls über die Anwendung der Grundsätze der Subsidiarität und der Verhältnismäßigkeit" (Müller-Brandeck-Bocquet 1997, S. 28).
16 Dazu gehören vor allem die funktionale Aufgabenteilung zwischen Zentrum und Gliedstaaten, die Betonung gemeinsamer Entscheidungsfindung zwischen den unteren politi-

tegration unterstützt und zum Teil sogar verstärkt worden (Goetz 1995, S. 93), oder ob die deutsche Politikverflechtung unter dem Druck des politischen und ökonomischen Wettbewerbs in Europa ihr Gesicht allmählich verändert, zumal sie auch innenpolitisch an Attraktivität verliert (s. Abschnitt 2).

Für die Kompatibilität des deutschen Föderalismus und des gemeinsamen Europas ist auf jeden Fall ein Preis zu entrichten gewesen: Politische Entscheidungen in der Europäischen Union werden von den Exekutiven der Mitgliedstaaten dominiert und verstärken damit die Nachteile der Politikverflechtung. Politik wird dadurch nicht bürgernäher und demokratischer. Diese Tatsache wird nicht durch Überlegungen zu einer Demokratisierung der politischen Prozesse in Europa entkräftet, die zwischen den Arenen der gouvernementalen, der parlamentarischen und der assoziativen Repräsentation unterscheiden und diese Funktionsdifferenzierung – durch lose Kopplung verbunden – als Pendant zur klassischen Gewaltenteilung ausgestalten wollen (Benz 1998, S. 357-360). So wichtig konzeptionelle Beiträge zur Demokratisierung Europas sind, so wenig sollten die Sozialwissenschaften sich damit zufrieden geben, angesichts neuer Herausforderungen klassische Demokratievorstellungen aufzugeben (so auch Neunreither 1998, S. 440-441).

3. Beweglichkeit föderaler Institutionen und Prozesse

Als Markenzeichen des deutschen Föderalismus gelten Trägheit bei Strukturveränderungen und Flexibilität bei Verfahren (Benz/Goetz 1996, S. 18), sodass Änderungen nur auf inkrementellem Weg möglich sind. Die Kritik daran geht stillschweigend davon aus, dass andere Bundesstaaten für Reformen aufgeschlossener sind – eine Annahme, die durch Analysen anderer föderalistischer Systeme nicht bestätigt wird (Linder 1998; Painter 1998; Ostrom 1995, S. 58) –, und dass große Veränderungen unabweisbar oder doch positiv zu bewerten sind. Die institutionelle (Un-)Beweglichkeit des Föderalismus darf aber nicht nur an seinem Beitrag zu Nicht-Entscheidungen gemessen werden, sondern auch daran, ob die vorgeschlagene Reform zur Problemlösung beiträgt, Unsicherheit über ihre Wirkung erzeugt, Probleme verschärft oder neue, größere Probleme schafft. Denn eine Blockade, die unangemessene Lösungen verhindert, kann am Ende mehr für das Gemeinwohl tun als Geschmeidigkeit bei einem Politikwechsel, der die Probleme vergrößert.

Ist zum Beispiel eine Länderneugliederung wirklich der Schlüssel zu einer sinnvollen Reform? Dagegen gibt es gewichtige sachliche und politische Einwände. Regionale Disparitäten würden ja durch die Neugliederung nicht beseitigt, sondern nur anders verteilt. Ostdeutschland wird auf Jahre hinaus finanzielle Unterstützung

schen Einheiten sowie zwischen ihnen und der obersten Entscheidungsebene, der Vorrang für einheitliche Gesetzgebung und rechtliche Standardisierung sowie die Implementation durch dezentrale Einheiten.

benötigen – wäre die in Bundesländern mit einem östlichen und einem westlichen Anteil besser gewährleistet als jetzt? Bildete man aber ein oder zwei große ostdeutsche Länder, so hätte man zwar möglicherweise leistungsfähigere politische Einheiten geschaffen, die Spaltung zwischen Ost und West in Deutschland aber wohl noch vertieft. Darüber hinaus ist die Zustimmung der Bevölkerung zu einer Neugliederung gleich welcher Art fraglich, denn Kosten und Nutzen der bestehenden Länderaufteilung werden von der Bevölkerung offenbar anders abgewogen: Darin gehen nicht nur die Kosten für den „Betrieb" einer Gebietskörperschaft oder für die Effizienz des Ganzen ein, sondern auch die „territorial gebundene kollektive Identität" als ein „im Lauf der Jahre und Generationen sich akkumulierendes Gut" (Bohley 1992, S. 54). Die Notwendigkeit einer Länderneugliederung kann außerdem mit dem Hinweis bestritten werden, dass andere föderalistische Staaten wie die USA und die Schweiz noch viel größere Unterschiede zwischen ihren Gliedstaaten verkraften. Auch die Anforderungen der europäischen Einigung können als Argument nicht geltend gemacht werden, solange die Mehrheit der anderen europäischen Nationalstaaten nicht föderalistisch organisiert ist. Ohnehin sind unter den sieben größten Regionen Europas bereits vier deutsche Bundesländer. Und schließlich hat eine Neugliederung Deutschlands in der Geschichte längst stattgefunden.[17]

Eine zentrale Rolle für die bundesstaatliche Qualität eines politischen Systems spielt dagegen seine Finanzverfassung, und hier besteht eindeutig Reformbedarf. Die in der Finanzverfassung niedergelegten Normen, welche die Ausgaben- und Einnahmeverteilung zwischen dem Gesamtstaat und den Gliedstaaten regeln, verletzen zwar nicht die Staatlichkeit der beiden Ebenen, auf die es in einem Bundesstaat ankommt (Häde 1996, S. 2 f.), aber sie lähmen durch Fehlanreize die wirtschaftliche Dynamik des Gesamtstaates und die Handlungsfähigkeit seiner subnationalen Ebenen in einem Europa, das auf den Wettbewerb der Regionen gegründet ist.

Der Korrekturbedürftigkeit der Finanzverfassung (siehe Färber/Sauckel in diesem Band) liegt eine Entwicklung zu Grunde, in deren Verlauf die Finanzbeziehungen zwischen Bund und Ländern – für die das Grundgesetz Kooperation *und* Eigenständigkeit zugleich vorgibt –, sich überwiegend auf Konsens und Kooperation ausrichteten, sodass staatliches Handeln das Ziel der Schaffung einheitlicher Lebensbedingungen zu Lasten ökonomischer Gesichtspunkte maximiert. Länder und Gemeinden konkurrieren zwar um Unternehmensansiedlungen miteinander, aber nicht um ein günstiges Verhältnis zwischen Steuerbelastung des Bürgers und öffentlichen Leistungen. Daher schöpft das deutsche System die Allokationsvorteile

---

17 Deutschland als Föderation hat heute eine Ausgewogenheit zwischen den Gliedstaaten erreicht, die in seiner Geschichte einmalig ist: Die Zahl der Gliedstaaten sank im Vergleich zur vornapoleonischen Zeit um Zehnerpotenzen und im Vergleich zur Weimarer Republik verringerten sich die Bevölkerungsunterschiede zwischen kleinstem und größtem Gliedstaat von 1:1800 auf heute 1:25 (Bohley 1992, S. 60).

des Finanzföderalismus nicht aus; es erreicht aber auch die Verteilungsziele eines „solidarischen" und „kooperativen" Föderalismus nicht. Trotz eines konfiskatorisch hohen Ausgleichsniveaus zwischen den Ländern hat der Finanzausgleich kaum eine Angleichung der Wirtschaftskraft bewirkt: Von 1970 bis 1990 wechselte nur ein Land dauerhaft vom Empfänger zum Zahler des Länderfinanzausgleichs; in den alten Ländern verringerten sich die Unterschiede beim Bruttoinlandsprodukt pro Kopf kaum und die Verteilung der Arbeitslosenquoten blieb weitgehend konstant (OECD 1998, S. 81). Der Finanzausgleich bietet wenig Anreize zur Ausweitung der ländereigenen Steuerbasis und fördert eher Steuervermeidung und öffentliche Verschuldung (Homburg 1994). Eine Reform für mehr wirtschaftliche Dynamik und weniger Vergeudung öffentlicher Mittel halten nicht mehr nur Finanz- und Wirtschaftswissenschaftler, sondern inzwischen auch Politikwissenschaftler für dringend erforderlich (Renzsch 1997). Für Finanzverfassungsänderungen, die neben den distributiven auch den allokativen Zielsetzungen des Finanzausgleiches stärker als bisher Rechnung tragen, sind zahlreiche Vorschläge gemacht worden (Peffekoven 1994).

Mehr Wettbewerb im Föderalismus fordern auch die politischen Parteien, und nicht nur CDU und FDP, sondern auch Teile der Grünen und der SPD.[18] Die von CDU und CSU regierten Bundesländer Baden-Württemberg und Bayern haben Klage vor dem Bundesverfassungsgericht gegen den Länderfinanzausgleich eingereicht, Hessen hat noch unter der rot-grünen Regierung von Ministerpräsident Hans Eichel eine eigene Klage angestrengt. Unterstützung aus Ostdeutschland erhielten die Südländer durch Sachsens christdemokratischen Ministerpräsident Biedenkopf, in abgeschwächter Form auch durch den thüringischen Landeschef Vogel. Die Wirtschaft verlangt eine Föderalismusreform, der Sachverständigenrat für Wirtschaftsfragen fordert sie und der Bundesfinanzminister der christlich-liberalen Regierung, Theo Waigel, sprach sich nach dem Scheitern der Steuerreform im Bundesrat für sie aus.

Die Reform kam dennoch nicht zu Stande. Zum einen sorgen die Mehrheitsverhältnisse in Bundestag und Bundesrat dafür, dass die reicheren Länder sich nicht dagegen wehren können, dass ihnen in die Tasche gegriffen wird. Die „Nehmerländer wollen weiter nehmen",[19] und sie können dies unter Berufung auf den „kooperativen Föderalismus" und die „bündische Solidarität" so lange tun, wie nicht nur die Mehrheitsverhältnisse auf ihrer Seite sind, sondern auch das Bun-

---

18 Frankfurter Allgemeine Zeitung, 14.4.1999, S. 16; Renzsch (1996, S. 323-333).
19 So die Schlagzeile der Frankfurter Allgemeinen Zeitung über den Schriftsatz des Bielefelder Staatsrechtlers Wieland gegen die Normenkontrollanträge Bayerns, Baden-Württembergs und Hessens vor dem Bundesverfassungsgericht gegen den Länderfinanzausgleich. Wieland vertritt die Länder Niedersachsen, Bremen und Schleswig-Holstein, die Empfänger im Länderfinanzausgleich sind, in dem Verfahren. Sie bringen gegen den Vorwurf der Südländer, der Länderfinanzausgleich sei verfassungswidrig, vor, ihm liege ein Wettbewerbsmodell des Föderalismus zu Grunde. Das Grundgesetz lege aber einen solidarischen und kooperativen Föderalismus fest (Frankfurter Allgemeine Zeitung, 28.4.1999, S. 5).

desverfassungsgericht ihre Ansprüche unterstützt[20] und die entscheidenden Akteure – die Finanzminister des Bundes und der Länder sowie der Bundeskanzler – sich die Sache der Reform nicht zu Eigen machen.[21] Das Argument, man würde durch eine Hinwendung zu mehr Wettbewerb zwischen den Ländern und zwischen Bund und Ländern das wirtschaftliche Aufholen der ostdeutschen Länder gefährden,[22] greift nur, wenn keine fairen Kompensationsarrangements getroffen werden,[23] die aber durchaus möglich wären. Ein solidarischer Ausgleich zwischen den Gebietskörperschaften muss nicht dazu führen, dass Fehlentscheidungen der Empfängerländer auf andere überwälzt werden können.

Der föderative Entscheidungsprozess erscheint bei der Finanzverfassung als eine „institutionelle Falle", ein selbstgeflochtenes Netz, in dem die Regierungen eher Gefangene denn Nutznießer sind (Scharpf 1989, S. 72). Solche Fallen bleiben jedoch nicht zwangsläufig geschlossen und es ist durchaus denkbar, dass die Not der Finanzknappheit in den öffentlichen Haushalten die bundesstaatlichen Akteure unter Vermittlung der Parteien zum Handeln zwingen wird (so Renzsch 1997) oder dass das Bundesverfassungsgericht die Steuerungsfunktion übernimmt (Selmer 1994, S. 353). Eine grundlegende Neuverteilung der Kompetenzen ist auch dann nicht zu erwarten, weil die Konsenshürden für die dafür notwendigen Verfassungsänderungen – eine Zweidrittelmehrheit in Bundestag und Bundesrat – sehr hoch sind. Das Grundgesetz ist aber innerhalb der Systemlogik häufig geändert worden, sowohl in der Finanzverfassung als auch bei den Bestimmungen über die Abgrenzung von Gesetzgebungskompetenzen (Renzsch 1991; Oeter 1998).

Anpassungen im Bundesstaat an neue Herausforderungen sind viel leichter in Bereichen zu bewerkstelligen, in denen der Konsensbedarf niedriger ist: Im Verhältnis zwischen Land und Gemeinden, im Bereich der konkurrierenden Gesetzgebung des Bundes und im gesamten sekundären Gemeinschaftsrecht außerhalb der ausschließlichen Zuständigkeiten der EU können Kompetenzen zwischen den Ebenen nach denselben Regeln verlagert werden, nach denen inhaltliche Bestimmungen geändert werden können (Oebbecke 1997, S. 473).

In diesen Bereichen finden laufend prozessuale Anpassungen statt, und sie

20 Das Bundesverfassungsgericht hatte in seinem Urteil vom 27.5.1992 dargelegt, die finanzverfassungsrechtlichen Normen des Grundgesetzes seien „zugleich Ausdruck der im Bundesstaat bestehenden Solidargemeinschaft von Bund und Ländern und des bündischen Prinzips des Einstehens füreinander" (abgedruckt in Hesse/Ellwein 1997, S. 261).
21 Bundeskanzler Gerhard Schröder und die sechzehn Ministerpräsidenten haben einen gemeinsamen Ausschuss gebildet, der Varianten einer neuen Finanzverfassung aufzeigen soll. Falls man sich dabei auf gemeinsame Ziele verständigt, soll eine Verfassungskommission von Bundestag und Bundesrat eingesetzt werden, die Grundgesetzänderungen vorbereiten würde (Süddeutsche Zeitung, 19./20.12.1998, S. 7).
22 Dieses Argument brachte unter anderem der wirtschaftspolitische Sprecher der SPD, Joachim Poß, gegen Waigels Vorschlag von einer Steuerscheidung zwischen Bund und Ländern vor (Süddeutsche Zeitung, 16.9.1998, S. 23).
23 Auch dafür gibt es Vorschläge, siehe z.B. Peffekoven (1994, S. 300-301); Braun (1996, S. 126 f.) und Wachendorfer-Schmidt (1998).

werden nicht nur von der Bundesregierung gesteuert, sondern auch von der Ländergesamtheit und den einzelnen Ländern: Teilweise entscheidet darüber ein Bundesorgan, der Bundesrat (Scharpf 1989, S. 78 f.), teilweise die „unsichtbare Hand"[24] des Wettbewerbs einzelner dezentraler Gesetzgeber. Über den Bundesrat können die Länderregierungen die Weichen für die föderale Kompetenzverteilung stellen, indem sie sich bestimmte Aufgaben entweder separat vorbehalten, sie gemeinsam mit anderen Ländern durch horizontale Verflechtung bearbeiten, sie unter finanzieller Beteiligung des Bundes in Form der vertikalen Politikverflechtung wahrnehmen oder die Regelung durch Bundesgesetze und -verordnungen akzeptieren und mitgestalten. Die Entscheidung der Länder für die jeweilige Kompetenzverteilung hängt unter anderem davon ab, ob und wie die Politikverflechtung genutzt werden kann:[25] um sich – wie beim Beispiel der Europa- und Integrationspolitik – der Disziplinierung durch die oberen Ebenen zu entziehen, um wie bei der Schulpolitik freiwillige Unitarisierung zu fördern, um ein geschlossenes Kartell von Bund und Ländern zu bilden, das sich gegen unerwünschte Forderungen abschirmt (Beispiel: Besoldungsrecht und Berufungsregeln für Hochschulprofessoren) oder das unpopuläre Maßnahmen gemeinsam durchsetzt (etwa die Gesetze zu 630-DM-Jobs und zur Scheinselbstständigkeit). Seit den Achtzigerjahren, verstärkt sogar seit der deutschen Vereinigung, ist ein Trend zur Akzeptanz von mehr Unterschiedlichkeit in der Gesetzgebung zu beobachten, zum Beispiel in der Hochschulpolitik und neuerdings sogar in der Schulpolitik, die lange Zeit als Inbegriff der Vereinheitlichung auf kleinstem gemeinsamem Nenner galt.[26] Exit-Optionen sind im verflochtenen Bundesstaat, wie dieses Beispiel zeigt, durchaus vorhanden und werden auch genutzt.

Der Föderalismus erfüllt daher auch unterhalb der Ebene formaler Kompetenzveränderungen die Funktionen von Innovation und Entwicklungsoffenheit. Dies ist kein geringer Vorteil angesichts der Tatsache, dass Föderalismus unterschiedliche Lösungen möglich machen soll ohne sie zu erzwingen. Denn von der Dezentralisierung – nach Prud'homme (1995, S. 201) einer Medizin, die nur

---

24 Die Konkurrenz zwischen gesetzgeberischen Lösungen kann man mit zwei anderen häufigen Konkurrenzformen – dem Wettbewerb am Markt und der biologischen Evolution – nur begrenzt vergleichen. Dafür bietet sich Adam Smith's Bild von der „unsichtbaren Hand" an. Danach trägt der einzelne Gesetzgeber – hier die Länder – mit seiner Suche nach der aus seiner Sicht besten Lösung zum Wohl des Ganzen, nämlich zur Entwicklung immer besserer gesetzgeberischer Regelungen, bei (Oebbecke 1997, S. 470).
25 Vergleiche die Bemerkungen Scharpfs über die vielen „Gesichter" und Zwecke der Politikverflechtung (Scharpf 1989, S. 84).
26 Im März 1999 verabschiedete die Kultusministerkonferenz (KMK) eine Strukturreform, die mehr Vielfalt in der Schulpolitik ermöglichen soll (Frankfurter Allgemeine Zeitung, 16.4.1999, S. 7). Faktisch gibt es bereits einen Wettbewerb der Länder in der Schulpolitik, wobei Hessen unter der neuen CDU/FDP-Regierung nun auch eine Vorreiterrolle anstrebt (Rhein-Neckar-Zeitung, 23.4.1999, S. 17), Bayern und Baden-Württemberg dies schon länger für sich beanspruchen (Frankfurter Allgemeine Zeitung, 17.4.1999, S. 5).

richtig dosiert Heilung verspricht, sonst aber schweren Schaden stiften kann – gehen ihrerseits Gefahren für Stabilität und Effizienz aus (ebd.).

4. Der Beitrag des Föderalismus zur Lösung sozialer und politischer Probleme

Welche Rolle spielt der Föderalismus aber bei der Bundesgesetzgebung, insbesondere bei abweichenden Mehrheiten in Bundestag und Bundesrat?

Verursacht er durch seine Besonderheiten, die eine starke Rolle der Länderregierungen bei der Bundesgesetzgebung einschließen, systematisch Steuerungsdefizite oder gar Entscheidungsblockaden (Scharpf/Reissert/Schnabel 1976)?

Bei der Prüfung dieser Frage darf nicht vergessen werden, dass eine der Hauptfunktionen des Föderalismus Machtbegrenzung und Machtkontrolle ist. Blockaden sind daher manchmal notwendig.[27] Zum Test des föderalen Leistungsvermögens seit der Vereinigung wurden die wichtigsten Entscheidungen in elf Politikfeldern untersucht.[28] Daraus ergeben sich vier Hauptbefunde[29]: Erstens, der Föderalismus der Neunzigerjahre hat sowohl flexible Problemlösungen als auch partielle Steuerungsleistungen und Immobilismus hervorgebracht. Zweitens, auch im deutschen Bundesstaat sind schnelle Reaktion, innovative Politik und massive Umverteilung möglich (Paradebeispiele sind die deutsche Einheit und die vertiefte europäische Integration). Drittens, eine Quelle des Immobilismus ist der Strukturbruch zwischen Parteienwettbewerb und Bundesstaat (Lehmbruch 1998). Sie ist aber nicht die einzige Ursache, denn weder bei der Länderneugliederung noch bei der Finanzverfassung ist die parteipolitische Polarisierung entscheidend. Viertens, die Bundesrepublik besitzt auch dann die Fähigkeit, angemessene Lösungen für soziale und politische Probleme zu erzeugen, wenn die Länder abgesicherte Veto- und Mitwirkungschancen bei der Bundesgesetzgebung haben. Die Rigiditäten im bundesstaatlichen Aushandlungssystem – hauptsächlich verursacht durch die Abhängigkeit der Bundesregierung von der Zustimmung jedes einzelnen Landes – können nämlich durch zwei Mechanismen aufgelöst werden: Die föderalen Verhandlungspartner können durch das Hinzukommen Dritter gezwungen werden, ihre institutionellen Eigeninteressen für eine angemessene Problemlösung zurückzustellen. Dritte in diesem Sinn können politische Parteien sein, supranationale Akteure, andere „Mitspieler" mit institutionell abgesicherten Beteiligungsrechten (Bundesbank bzw. Europäische Zentralbank, Bundesverfassungsgericht) oder solche mit weniger formalisierten Mitwirkungsrechten (Interessengruppen, öffentliche Mei-

---

27 Wie Klaus von Beyme (1997) kommt auch Thomas König (1999) zu dem Schluss, dass die (Bundes-)Gesetzgebungstätigkeit entgegen der Immobilismus-These gestiegen ist. König stellt außerdem fest, dass sich die Verabschiedungsquote von Regierungsvorlagen erhöht hat – die Macht der Regierung als Agenda-Setzer ist also ungebrochen.
28 Die Untersuchung ist Teil meines Forschungsvorhabens über „Politikverflechtung im vereinigten Deutschland".
29 Ausführlicher dargestellt werden diese Ergebnisse in Wachendorfer-Schmidt (1999).

nung). Ein zweiter Weg aus der „Politikverflechtungsfalle" (Scharpf 1985) führt über die Kostenverlagerung auf Dritte, nicht an dem föderalen Aushandlungsprozess Beteiligte. Eine häufig praktizierte Variante der Kostenverlagerung geht, wie bei der deutschen Einheit, zu Lasten künftiger Generationen und von Selbstverwaltungskörperschaften wie der Gemeinden (s.a. Kreuder 1997), der Sozialversicherungen und der Universitäten. Beide Interaktionsformen der föderalen Arena mit anderen Arenen – die „passive" durch Druck von außen und die „aktive" durch Weitergabe von Kosten politischer Entscheidungen nach außen – führen aber nicht immer zum Erfolg, sondern bisweilen auch in den Immobilismus.

Während der Föderalismus auch große Herausforderungen meistern und dabei beachtliche Flexibilität beweisen kann, erzeugen seine Anpassungsstrategien langfristig neue Folgeprobleme. Zu ihnen gehört der Trend zu mehr Staat, die Verschiebung der Verantwortung für Kosten oder Versorgungslücken zwischen den staatlichen Ebenen und die Befriedigung von Ansprüchen der Gegenwart zu Lasten der Zukunft. Diese Nachteile sind Besonderheiten des deutschen Föderalismus, die weder in den USA noch in der Schweiz anzutreffen sind (Peterson 1955; Linder 1999; Wachendorfer-Schmidt 1999).

5. Gewinner oder Verlierer? Aussichten des Föderalismus in Deutschland

Eine Bilanz nach fünfzig Jahren Grundgesetz, davon zehn Jahre vereinigtes Deutschland, kann zu Gunsten des Föderalismus verbuchen, dass durch ihn viele Vorzüge dieser Staatsform Wirklichkeit wurden. Ein Beitrag zu Frieden, Freiheit, und Stabilität, die Akzeptanz der liberalen Demokratie, Machtbalance und -kontrolle, in begrenztem Maß Innovation und Entwicklungsoffenheit, können ihm gutgeschrieben werden. Da politische Entscheidungen im Föderalismus größere Mehrheiten als in einem rein parlamentarischen System vom Westminster-Typ erfordern, werden drastische Politikwechsel und damit verbunden Rechtsunsicherheit bei den Bürgern sowie Erwartensunsicherheit bei der Wirtschaft in der Regel vermieden (von Beyme 1996, S. 388; Abromeit 1996). Institutionelle Veränderungen sind mit hohen Konsenshürden bewehrt, sodass Wandel in der Regel durch schrittweise Anpassung stattfindet, die allenfalls im Nachhinein durch Verfassungsänderungen bestätigt wird.

Der Föderalismus hat bei der Herbeiführung und Bewältigung der deutschen Einheit gezeigt, dass dieses evolutionäre Wandlungsmuster große Herausforderungen sehr erfolgreich bewältigen kann. Auch zur Lösung einzelner Sachprobleme trug der Föderalismus häufiger bei als er sie blockierte, wobei seine Entscheidungsmuster durch die Interaktion mit anderen Akteuren des politischen Systems und der Gesellschaft flexibilisiert werden konnten, sei es, dass das institutionelle Eigeninteresse der Länder und des Bundes hinter anderen Handlungsanforderungen zurückstehen musste, sei es, dass das institutionelle Eigeninteresse durch den Griff in die Taschen Dritter geschont wurde.

Der deutsche Bundesstaat hat sich auch europaoffen gezeigt, ohne seine eigenen institutionellen Grundlagen zu zerstören. Und schließlich bewältigte der Föderalismus die Veränderungen durch die deutsche Einheit und die vertiefte europäische Integration innerhalb weniger Jahre, ohne dass die föderale Balance in Deutschland zu Schaden kam.

Negativ fällt dagegen ins Gewicht, dass Politik in der Bundesrepublik als Teil des vereinigten Europas noch stärker expertokratischen Charakter annimmt als schon in der deutschen Politikverflechtung. Die wichtigsten Entscheidungen fallen nicht in den Landesparlamenten, sondern zwischen den Regierungen in Bonn (bzw. Berlin) und Brüssel.

Institutionell hat sich in der fünften Dekade des Bestehens der Bundesrepublik viel mehr verändert, als die Klage über den „Reformstau" glauben lässt: angefangen beim föderalen Staatsaufbau über das Parteiensystem bis hin zur Übertragung der Kompetenz für eine unabhängige Geldpolitik an eine Europäische Zentralbank. In vielen Feldern der Landesgesetzgebung und der Verwaltungspraxis ist eine Dezentralisierung, ein Zulassen von mehr Vielfalt, zu beobachten. Die Länder vertreten ihre Interessen teils gemeinsam über den Bund (und bisweilen auch gegen ihn), teils eigenständig bei den Gemeinschaftsorganen der Europäischen Union oder sie verfolgen eine „Nebenaußenpolitik" (Nass 1986) mit Grenznachbarstaaten. In der Standortpolitik wächst ihr Autonomiestreben, was sie beispielsweise bei der regionalen Wirtschaftsförderung in Konflikt mit der Brüsseler Kommission und der Bundesregierung bringen kann; in der Schulpolitik rütteln Landesväter, die sich zugleich als „Eurofürsten" verstehen, mit Erfolg am Vereinheitlichungszwang der Kultusministerkonferenz. Dieselben Ministerpräsidenten wirtschaftsstarker Länder rebellieren gegen die Einschränkung ihrer Handlungsfähigkeit durch die nivellierende Umverteilung im bundesstaatlichen Finanzausgleich und durch die anwachsenden Nettozahlungen der Bundesrepublik in der Europäischen Union.

Konkurrenzföderalistische Reformen würden diese Tendenzen unterstützen oder erst richtig entfesseln. Eine grundlegende Revision der föderalen Aufgaben- und Finanzverteilung in diesem Sinne hat jedoch auch in Zukunft wenig Aussichten, weil die Vetopositionen möglicher Verlierer einer solchen Reform zu vielfältig sind. Solange die ostdeutschen Länder auf den Schutz der Politikverflechtung zur Angleichung der Lebensverhältnisse angewiesen sind, wird sie kein ostdeutscher Ministerpräsident und kein Politiker mit bundespolitischer Perspektive aufgeben. Die Staatschefs armer westdeutscher Länder haben ebenfalls keinen Grund, auf die Vorteile der Politikverflechtung zu verzichten. Immerhin leistet die Politikverflechtung – auch wenn sie die Bürger der Bundesrepublik teuer zu stehen kommt – einen wichtigen Beitrag zur Integration Ostdeutschlands und zur Angleichung der Lebensverhältnisse. Für die Akzeptanz der Bevölkerung in den konkurrenzfähigeren Ländern, aber auch für die wirtschaftliche Dynamik des Gesamtstaates, wird es von großer Bedeutung sein, ob sich die unterstützungsbedürftigen Länder unter Berufung auf „bündische Solidarität" eigenen Anstrengungen verweigern und ob sie für begrenzte Korrekturen der Anreizstrukturen im Finanzausgleich offen sind.

Literatur

Abromeit, Heidrun, 1992: Der verkappte Einheitsstaat, Opladen.
Abromeit, Heidrun, 1995: Volkssouveränität, Parlamentssouveränität, Verfassungssouveränität: Drei Realmodelle der Legitimation staatlichen Handelns, in: Politische Vierteljahresschrift 1, S. 49-66.
Abromeit, Heidrun und Felix Wurm, 1996: Der bundesdeutsche Föderalismus – Entwicklung und neue Herausforderungen, in: Uwe Andersen (Hrsg.), Föderalismus in Deutschland, Schwalbach/Ts., S. 10-23.
Bauer, Hartmut, 1997: Die finanzverfassungsrechtliche Integration der neuen Länder, in: Josef Isensee und Paul Kirchhof (Hrsg.), Handbuch des Staatsrechts der Bundesrepublik Deutschland, Band IX, Heidelberg, S. 259-304.
Benz, Arthur, 1985: Föderalismus als dynamisches System, Opladen.
Benz, Arthur und Klaus H. Goetz, 1996: The German Public Sector: National Priorities and the International Reform Agenda, in: ders. (Hrsg.), A New Public Sector? Reform, Adaptation and Stability, Dartmouth, S. 1-26.
Beyme, Klaus von, 1994: Verfehlte Vereinigung – verpaßte Reformen? Zur Problematik der Evaluation der Vereinigungspolitik in Deutschland seit 1989, in: Journal für Sozialforschung, Nr. 3, S. 249-269.
Beyme, Klaus von, 1996: Das politische System der Bundesrepublik Deutschland nach der Vereinigung, München/Zürich.
Beyme, Klaus von, 1997: Der Gesetzgeber. Der Bundestag als Entscheidungs-Zentrum, Opladen: Westdeutscher Verlag.
Bohley, Peter, 1992: Chancen und Gefährdungen des Föderalismus, in: Kurt Bohr (Hrsg.), Föderalismus. Demokratische Struktur für Deutschland und Europa, München, S. 31-84.
Braun, Dietmar, 1996: Der bundesdeutsche Föderalismus an der Wegscheide, in: Staatswissenschaften und Staatspraxis, Nr. 2, S. 101-135.
Buchanan, James M., 1995: Federalism as an Ideal Political Order and an Objective for Constitutional Reform, in: Publius, Nr. 2, S. 19-27.
Carlin, W. und D. Soskice, 1997: Shocks to the System: the German Economy Under Stress, in: National Institute Economic Review 159, S. 60.
Czada, Roland, 1993: Konfliktbewältigung und politische Reform in vernetzten Entscheidungsstrukturen, in: ders. (Hrsg.), Verhandlungsdemokratie, Interessenvermittlung, Regierbarkeit. Gerhard Lehmbruch zum 65. Geburtstag, Opladen, S. 73-98.
Czada, Roland, 1995: Der Kampf um die Finanzierung der deutschen Einheit, in: Gerhard Lehmbruch (Hrsg.), Einigung und Zerfall. 19. Wissenschaftlicher Kongreß der deutschen Vereinigung für politische Wissenschaft, Opladen, S. 73-102.
Czada, Roland, 1995a: Der „kooperative Staat" im Prozeß der deutschen Vereinigung, in: Rüdiger Voigt (Hrsg.), Der kooperative Staat. Krisenbewältigung durch Verhandlung?, Baden-Baden, S. 195-216.
Czada, Roland, 1996: Interessenvermittlung und Anpassungslernen in der Vereinigungspolitik, in: Andreas Eisen und Hellmut Wollmann (Hrsg.), Institutionenbildung in Ostdeutschland. Zwischen externer Steuerung und Eigendynamik, Opladen, S. 337-358.

Dästner, C., 1997: Der Beitrag war bedeutsam. Die Mitwirkung der Länder bei den Entscheidungen zur Wiederherstellung der deutschen Einheit, in: Frankfurter Allgemeine Zeitung vom 20. Dezember, S. 11.
Depenheuer, Otto, 1997: Das soziale Staatsziel und die Angleichung der Lebensverhältnisse in Ost und West, in: Josef Isensee und Paul Kirchhof (Hrsg.), Handbuch des Staatsrechts der Bundesrepublik Deutschland, Band IX, Heidelberg, S. 149-227.
Derthick, Martha, 1992: Up-to-Date in Kansas City: Reflections on American Federalism, in: Political Science & Politics, Nr. 4, S. 671-675.
Dittmann, Armin, 1997: Föderalismus in Gesamtdeutschland, in: Josef Isensee und Paul Kirchhof (Hrsg.), Handbuch des Staatsrechts der Bundesrepublik Deutschland, Band IX, Heidelberg, S. 229-257.
Eisen, Andreas und Hellmut Wollmann (Hrsg.), 1996: Institutionenbildung in Ostdeutschland. Zwischen externer Steuerung und Eigendynamik, Opladen.
Eschenburg, Theodor, 1983: Jahre der Besatzung 1945-1949, in: Karl Dietrich Bracher et al. (Hrsg.), Geschichte der Bundesrepublik Deutschland, Band 1, Stuttgart/Wiesbaden.
Goetz, Klaus H., 1995: National Governance and European Integration: Intergovernmental Relations in Germany, in: Journal of Common Market Studies, 33. Jg., Nr. 1, S. 91-116.
Gunlicks, Arthur, 1989: Introduction, in: Arthur Gunlicks (Hrsg.), Federalism and Intergovernmental Relations in West Germany: A Fortieth Year Appraisal, Publius, Nr. 4, S. 1.
Häde, Ulrich, 1996: Finanzausgleich, Tübingen.
Hamilton, Alexander, James Madison und John Jay, 1993: Die Federalist Papers, Darmstadt.
Hesse, Joachim Jens und Arthur Benz, 1990: Die Modernisierung der Staatsorganisation. Institutionspolitik im internationalen Vergleich: USA, Großbritannien, Frankreich, Bundesrepublik Deutschland, Baden-Baden.
Hesse, Joachim Jens und Wolfgang Renzsch, 1990: Zehn Thesen zur Entwicklung und Lage des deutschen Föderalismus, in: Staatswissenschaften und Staatspraxis, Nr. 4, S. 562-578.
Hesse, Konrad, 1962: Der unitarische Bundesstaat, Karlsruhe.
Homburg, Stefan, 1994: Anreizwirkungen des deutschen Finanzausgleichs, in: Finanzarchiv, N.F. Nr. 3, S. 312-330.
Hrbek, Rudolf, 1999: The Effects of EU Integration on German Federalism, in: Charlie Jeffery (Hrsg.), Recasting German Federalism. The Legacies of Unification, London/New York, S. 217-233.
Isensee, Josef und Paul Kirchhof (Hrsg.), 1997: Handbuch des Staatsrechts der Bundesrepublik Deutschland, Band IX, Heidelberg.
Jeffery, Charlie, 1999: Recasting German Federalism. The Legacies of Unification, London/New York.
Kincaid, John, 1995: Values and Tradeoffs in Federalism, in: Publius, Nr. 2, S. 29-44.
Kirchgässner, Gebhard und Werner W. Pommerehne, 1996: Die Entwicklung der öffentlichen Finanzen in föderativen Systemen. Die Beispiele der Bundesrepublik und der Schweiz, in: Dieter Grimm (Hrsg.), Staatsaufgaben, Frankfurt a.M., S. 149-176.
Klatt, Hartmut, 1998: Zu den Rückwirkungen der europapolitischen Beteiligungsrechte der Länder auf das föderalstaatliche System der Bundesrepublik. Beitrag zur Konferenz „Der deutsche Föderalismus zwischen Vereinigung und Europäisierung", Europäisches Zentrum für Staatswissenschaften und Staatspraxis, Berlin, 25.-27. Juni 1998.
Klatt, Hartmut, 1999: Centralizing Trends in Western German Federalism, 1949-89, in: Charlie Jeffery (Hrsg.), Recasting German Federalism. The Legacies of Unification, London/New York, S. 40-57.
Knodt, Michèle, 1998: Auswärtiges Handeln der deutschen Länder, in: Wolf-Dieter Eberwein und Karl Kaiser (Hrsg.), Deutschlands neue Außenpolitik, München, S. 153-166.

König, Thomas und Thomas Bräuninger, 1997: Wie wichtig sind die Länder für die Politik der Bundesregierung bei der Einspruchs- und Zustimmungsgesetzgebung?, in: Zparl., Nr. 4, S. 605-628.
König, Thomas, 1999: Regieren im deutschen Föderalismus, in: Aus Politik und Zeitgeschichte, B13/99, S. 24-36.
Kohl, Helmut, 1996: Ich wollte Deutschlands Einheit, Berlin.
Kreuder, Thomas, 1997: Gestörtes Gleichgewicht: Die Gefährdung der politischen Autonomie von Ländern und Gemeinden durch Kostenverlagerungen, in: Aus Politik und Zeitgeschichte, B24/97, S. 31-36.
Küsters, Hanns Jürgen und Daniel Hofmann (Hrsg.), 1998: Dokumente zur Deutschlandpolitik. Deutsche Einheit, Sonderedition aus den Akten des Bundeskanzleramtes 1989/90, München.
Lancaster, Thomas D. und Alexander Hicks, 1998: The Impact of Federalism on Economic Performance: an Analysis of 18 OECD Countries. Paper presented to the Workshop: „Does Federalism Matter?". ECPR Joint Sessions of Workshops, 23.-29. März 1998, Warwick.
Laufer, Heinz und Ursula Münch, 1998: Das föderative System der Bundesrepublik Deutschland, Opladen, S. 343.
Lehmbruch, Gerhard, 1976: Parteienwettbewerb im Bundesstaat, Stuttgart.
Lehmbruch, Gerhard, 1986: Grenzen des Parteienwettbewerbs. Parteien im Netzwerk der Politikverflechtung, in: Christian Graf von Krockow und Peter Lösche (Hrsg.), Parteien in der Krise. Das Parteiensystem der Bundesrepublik und der Aufstand des Bürgerwillens, München, S. 105-114.
Lehmbruch, Gerhard, 1995: Sektorale Variationen in der Transformationsdynamik der politischen Ökonomie Ostdeutschlands, in: Wolfgang Seibel et al. (Hrsg.), Regierungssystem und Verwaltungspolitik: Beiträge zu Ehren von Thomas Ellwein, Opladen, S. 180-215.
Lehmbruch, Gerhard, 1996a: Die ostdeutsche Transformation als Strategie des Institutionentransfers: Überprüfung und Antikritik, in: A. Eisen und H. Wollmann (Hrsg.), Institutionenbildung in Ostdeutschland, Opladen, S. 63-78.
Lehmbruch, Gerhard, 1998: Parteienwettbewerb im Bundesstaat, 2. Aufl., Wiesbaden.
Linder, Wolf, 1999: Schweizerische Demokratie. Institutionen-Prozesse-Perspektiven, Bern et al.
Madison, James, 1993: Federalist Paper Nr. 51, in: Alexander Hamilton, James Madison und John Jay (Hrsg.), Die Federalist Papers, Darmstadt, S. 319-323.
Mayntz, Renate, 1990: Politische Steuerung und Reformblockaden: Überlegungen am Beispiel des Gesundheitswesens, in: Staatswissenschaften und Staatspraxis 1, S. 283-307.
Morley, Felix, 1959: Freedom and Federalism, Chicago.
Müller-Brandeck-Bocquet, Gisela, 1997: Der Amsterdamer Vertrag zur Reform der Europäischen Union, in: Aus Politik und Zeitgeschichte, B47, S. 21-29.
Nass, Klaus Otto, 1986: „Nebenaußenpolitik" der Bundesländer, in: Europa-Archiv, 21. Jg., S. 619-628.
Neunreither, Karlheinz, 1998: Government without Opposition: the Case of the European Union, in: Government And Opposition, Nr. 4, S. 419-441.
Obinger, Herbert, 1998: Federalism, Direct Democracy and Welfare State Development in Switzerland, Universität Bremen.
Oebbecke, Janbernd, 1997: Die unsichtbare Hand in der Ländergesetzgebung, in: Staatswissenschaften und Staatspraxis, Nr. 4, S. 461-483.
OECD, 1998: Economic Surveys 1997-1998: Germany, Paris.
Oeter, Stefan, 1998: Integration und Subsidiarität im deutschen Bundesstaatsrecht, Tübingen.
Ostrom, Vincent, 1995: Where to Begin?, in: Publius, Nr. 2, S. 45-60.
Painter, Martin, 1998: Collaborative Federalism. Economic Reform in Australia in the 1990s, Cambridge.

Peffekoven, Rolf, 1994: Reform des Finanzausgleichs – eine vertane Chance, in: Finanzarchiv, Nr. 3, S. 281-311.
Peterson, Paul, 1995: The Price of Federalism, New York.
Prud'homme, Rémy, 1995: The Dangers of Decentralization, in: The World Bank Research Observer, Nr. 2, S. 201-220.
Renzsch, Wolfgang, 1989: German Federalism in Historical Perspective: Federalism as a Substitute for the National State, in: Arthur Gunlicks (Hrsg.), Federalism and Intergovernmental Relations in West Germany: A Fortieth Year Appraisal, Publius Nr. 4, S. 17-33.
Renzsch, Wolfgang, 1991: Finanzverfassung und Finanzausgleich. Die Auseinandersetzungen um ihre politische Gestaltung in der Bundesrepublik Deutschland zwischen Währungsreform und deutscher Vereinigung (1948 bis 1990), Bonn.
Renzsch, Wolfgang, 1992: Die Rolle der Bundesregierung bei der Gestaltung der Finanzverfassung bis 1969. Entscheidungsmuster für die Einbeziehung der neuen Bundesländer?, in: Hans-Hermann Hartwich und Göttrik Wewer (Hrsg.), Regieren in der Bundesrepublik IV, Opladen, S. 101-131.
Renzsch, Wolfgang, 1994: Föderative Problembewältigung: Zur Einbeziehung der neuen Länder in den föderativen Finanzausgleich ab 1995, in: Zeitschrift für Parlamentsfragen, Nr. 1, S. 116-138.
Renzsch, Wolfgang, 1996: Der Föderalismus in der innerdeutschen Bewährung: der Kampf um die Neuregelung des Finanzausgleichs, in: Uwe Andersen (Hrsg.), Föderalismus in Deutschland, Schwalbach/Ts., S. 39-54.
Renzsch, Wolfgang, 1997: Einheitlichkeit der Lebensverhältnisse oder Wettbewerb der Regionen?, in: Staatswissenschaften und Staatspraxis, Nr. 4, S. 87-108.
Renzsch, Wolfgang, 1998: Die Finanzierung der deutschen Einheit und der finanzpolitische Reformstau, in: Wirtschaftsdienst, S. 348-356.
Rose, Richard und Christian Haerpfer, 1996: The Impact of a Ready made State, in: Helmut Wiesenthal (Hrsg.), Einheit als Privileg. Vergleichende Perspektiven auf die Transformation Ostdeutschlands, Frankfurt a.M./New York, S. 105-140.
Sachverständigenrat zur Begutachtung der gesamtwirtschaftlichen Entwicklung, 1997: Jahresgutachten 1997/1998. Bundestags-Drucksache 13/9090 vom 18.11.
Schäuble, Wolfgang, 1991: Der Vertrag. Wie ich über die deutsche Einheit verhandelte, Stuttgart.
Scharpf, Fritz W., Bernd Reissert und Fritz Schnabel, 1976: Politikverflechtung: Theorie und Empirie des kooperativen Föderalismus in der Bundesrepublik, Kronberg/Ts.
Scharpf, Fritz W., 1976: Theorie der Politikverflechtung. Einleitung, in: Fritz Scharpf, Bernd Reissert und Fritz Schnabel, Politikverflechtung. Theorie und Empirie des kooperativen Föderalismus in der Bundesrepublik, Kronberg/Ts., S. 13-70.
Scharpf, Fritz W., 1985: Die Politikverflechtungsfalle, in: Politische Vierteljahresschrift 26(4), S. 323-356. Hier zitiert nach Fritz W. Scharpf, 1994: Die Politikverflechtungsfalle, in: ders., Optionen des Föderalismus in Deutschland und Europa, Frankfurt a.M./New York, S. 11-44.
Scharpf, Fritz W., 1989: Der Bundesrat und die Kooperation auf der „dritten Ebene", hier zitiert nach: Fritz W. Scharpf, 1994: Optionen des Föderalismus in Deutschland und Europa, Frankfurt a.M./New York, S. 59-91.
Scharpf, Fritz W., 1990: Föderalismus an der Wegscheide: eine Replik, in: Staatswissenschaften und Staatspraxis, Nr. 4, S. 579-587.
Scharpf, Fritz W., 1991: Entwicklungslinien des bundesdeutschen Föderalismus, in: Bernhard Blanke und Hellmut Wollmann (Hrsg.), Die alte Bundesrepublik. Kontinuität und Wandel (= Leviathan-Sonderheft Nr. 12, S. 146-159). Hier zitiert nach Fritz W. Scharpf, 1994, S. 45-58.

Scharpf, Fritz W., 1998a: Die Problemlösungsfähigkeit der Mehrebenenpolitik in Europa. Beitrag zur Konferenz „Demokratisches Regieren jenseits des Staates" in Mannheim (MZES) vom 13. und 14. Juli 1998.

Scharpf, Fritz W., 1998b: Was ist deutsch an der deutschen Malaise?, in: Werner Weidenfeld (Hrsg.), Wege zur Erneuerung der Demokratie. Bellevue-Gespräche III, Gütersloh, S. 51-60.

Schmidt, Manfred G., 1998: Sozialpolitik in Deutschland. Historische Entwicklung und internationaler Vergleich, Opladen.

Schmidt, Manfred G., 1990: Staatsfinanzen, in: Klaus von Beyme und Manfred G. Schmidt, Politik in der Bundesrepublik Deutschland, Opladen, S. 36-73.

Schneider, Hans-Peter, 1999: German Unification and the Federal System: The Challenge of Reform, in: Charlie Jeffery (Hrsg.), Recasting German Federalism. The Legacies of Unification, London/New York, S. 58-84.

Schultze, Rainer-Olaf, 1993: Statt Subsidiarität und Entscheidungsautonomie: Politikverflechtung und kein Ende: der deutsche Föderalismus nach der Vereinigung, in: Staatswissenschaften und Staatspraxis, Nr. 2, S. 225-255.

Schuppert, Gunnar Folke, 1993: Maßstäbe für einen künftigen Länderfinanzausgleich, in: Staatswissenschaften und Staatspraxis 26.

Schwarz, Hans-Peter, 1991: Die Ära Adenauer 1949-1957, in: Karl Dietrich Bracher et al. (Hrsg.), Geschichte der Bundesrepublik Deutschland, Band 2, Stuttgart/Wiesbaden.

Selmer, Peter, 1994: Die gesetzliche Neuordnung der bundesstaatlichen Finanzbeziehungen, in: Finanzarchiv, N.F. Nr. 3, S. 331-357.

Stoiber, Edmund, 1998: Regierungserklärung des Bayerischen Ministerpräsidenten vom 4. Februar, München.

De Tocqueville, Alexis, 1976: Über die Demokratie in Amerika, München.

Tsebelis, George, 1995: Decision Making in Political Systems: Veto Players in Presidentialism, Parliamentarism, Multicameralism and Multipartyism, in: British Journal of Political Science, Nr. 3, S. 289-325.

Wachendorfer-Schmidt, Ute, 1998: Föderalismus und Finanzverfassung, in: Ursula Männle (Hrsg.), Föderalismus zwischen Konsens und Konkurrenz, Baden-Baden, S. 57-71.

Wachendorfer-Schmidt, Ute, 1999: Der Preis des Föderalismus in Deutschland, in: Politische Vierteljahresschrift, Nr. 1, S. 3-39.

Zohlnhöfer, Reimut, 1999: Der lange Schatten der schönen Illusion: Finanzpolitik nach der deutschen Einheit, 1990-1998. Zentrum für Sozialpolitik der Universität Bremen.

Adrienne Héritier

Wirtschaftsdynamik und politische Langsamkeit

Europa nach dem Ost-West-Konflikt

I. Einleitung

Auf die Herausforderungen der Globalisierung und das Ende des Ost-West-Konfliktes reagiert die Europäische Gemeinschaft gegensätzlich: *dynamisch,* wenn es um wirtschaftliche Liberalisierung geht, politisch *schwerfällig,* wenn es gilt, die disparitären Konsequenzen der Marktintegration durch eine umverteilende Politik abzumildern. So antwortete Europa auf die sich vertiefende ökonomische Internationalisierung mit der Einführung des Binnenmarkts und der Währungsunion der Euro-Staaten. Die politische Fähigkeit, etwaige Verlierer der Marktliberalisierung und Währungsunion zu entschädigen, erweist sich demgegenüber als sehr begrenzt.

Das Ende des Kalten Krieges und der Zusammenbruch der ehemaligen Sowjetunion führte zum Angebot der Gemeinschaft an die mittel- und osteuropäischen Staaten, sie als Mitglieder aufzunehmen. Aber auch hier gilt: Das unmittelbar daran geknüpfte politische Erfordernis, Ressourcen von alten Mitgliedsländern in diese neuen prospektiven Mitgliedstaaten umzulenken, lassen sich nur sehr langsam und in bescheidenem Umfang realisieren, wie die jüngste Reform der Strukturfonds und der Agrarpolitik zeigt. Die 90er Jahre waren im Übrigen von dem Versuch gekennzeichnet, die gemeinschaftliche Handlungsfähigkeit im Bereich der Polizei- und Justizangelegenheiten sowie der Sicherheits- und Verteidigungspolitik auszuweiten. Auch hier sind die Fortschritte moderat geblieben. Kurz: die politische Problemverarbeitungskapazität Europas, was Umverteilung, Sicherheit und Verteidigung anbelangt, ist gering, während die Fähigkeit, auf der in den 90er Jahren weltweit anschwellenden Woge der Marktliberalisierung zu reiten, beträchtlich war und ist.

Wie kommt das? Die Antwort ist einfach: Europa wurde institutionell so gebaut, dass eine direkte und weit greifende Umverteilung von Reichtum und Machtressourcen unmöglich sind. Das formale und faktisch praktizierte Einstimmigkeits- und Konsensusprinzip bedeutet, dass in der Regel das Gebot der Gleichbehandlung und Besitzstandswahrung beachtet wird. Die – trotz der Kompetenzerweiterung des Europäischen Parlaments – immer noch dominierende Gesetzgebungsfunktion des Ministerrats, in dem die einzelnen Mitgliedsregierungen vertreten sind, sorgt dafür. Da die Entscheidungsregeln nur durch Einstimmigkeit zu verändern sind, vollziehen sich nur inkrementale Veränderungen (Héritier 1997). Gleichzeitig wurde – gemäß dem bereits in den Römischen Verträgen verankerten freien Wettbewerbsprinzip – der Marktintegration über Entscheidungen der Kommission und des Europäischen Gerichtshofes eine ausgeprägte Dynamik verliehen. Es entstand eine für die Entwicklung Europas charakteristische Asymmetrie zwischen „negativer" und „positiver Integration" (Scharpf 1998).[1]

Und dennoch: Diese grundsätzliche Asymmetrie spiegelt eine wesentliche, aber nicht die ganze Wirklichkeit Europas wider. Denn immer wieder lassen sich Politikveränderungen konstatieren, die auf eine Marktkorrektur abzielen und Verluste zu kompensieren suchen, Maßnahmen, die sich in das Bild der oben skizzierten Logik nicht einfügen. Wie ist dies möglich? Ich behaupte, dass, gerade weil die europäische Politik bei der gegebenen Interessenvielfalt ökonomischer, institutioneller und ideologischer Art (Héritier/Knill/Mingers 1996) bei geltendem Konsensusprinzip immer durch eine Blockade bedroht ist, sich eine *Kultur der Schleichwege* herausgebildet hat, die integraler Bestandteil der europäischen Politikgestaltung geworden ist. Vielfältige Politikstrategien und Politikmuster bildeten sich im Verlaufe der Zeit heraus, die es erlauben, Verteilungskonflikte verdeckt auszutragen und die drohende Blockade zu umgehen. Sie mindern Widerstände, produzieren Festlegungen, die das logisch eigentlich Unmögliche möglich werden lassen (Héritier 1997, 1999). Diese politischen Fluchtwege sind Europa zur zweiten Natur geworden. Erklären lässt sich dies in erster Linie durch die institutionelle Unübersichtlichkeit und Fragmentierung des europäischen politischen Gebäudes, die Abkürzungen, Umwege und Politik in Nischen ermöglichen.

Im Folgenden ist – nach der Skizzierung des theoretischen Interpretationsrahmens – zu zeigen, wie Europa auf die doppelte Herausforderung von Globalisierung und Ende des Ost-West-Konfliktes reagiert(e). Die Diskrepanz zwischen einer Ermöglichung von Marktdynamik einerseits und politischen Kapazität, die Folgeprobleme der Liberalisierung zu bearbeiten, anderseits, wird dargestellt. Schließlich werden „Fluchtwege" aufgezeigt, die im europäischen Politikalltag gewählt werden, um die begrenzten Möglichkeiten der aktiven Politikgestaltung, die sich aus Diversität und Konsensuszwang ergeben, zu erweitern und die trotz bestehender politischer Widerstände geeignet sind, Marktfolgen zu korrigieren.

[1] Darüber hinaus hat die Dynamik der europäischen Marktintegration jedoch – wie Scharpf (1998) zeigt – noch die gravierende Folge, dass die nationalen Möglichkeiten einer aktiven, marktkorrigierenden Umverteilungspolitik stark eingeschränkt werden. Denn verfolgt ein Mitgliedstaat unter den Voraussetzungen der freien Bewegung von Gütern, Kapital, Dienstleistungen und Personen eine solche marktkorrigierende Politik etwa im Umwelt- oder Sozialbereich, so neigen die mobilen Produktionsfaktoren dahin, abzuwandern, wo sie geringere Steuer- und Regulierungskosten zu tragen haben. Dadurch aber werden die Gestaltungsspielräume für die nationale Politik entscheidend eingeengt.

II. Die Organisation Europa und ihre Umwelt

Die Kontingenztheorie von bürokratischen Organisationen behauptet, dass Organisationen sich entsprechend den Aufgaben, mit denen sie ihre Umwelt konfrontiert, strukturieren und „verhalten". Stellt diese vielfältige, wechselnde, komplexe und vielschichtige – und nicht einförmige – Anforderungen, wird die Organisation sich intern entsprechend ausdifferenzieren, ohne in eine rigide Arbeitsteilung zu verfallen und sich eher in einer flachen Hierarchie oder horizontalen Autoritätsverteilung strukturieren. Persönliche Beziehungen dominieren (Litwak 1971). Fallen die Anforderungen gleichförmig aus, sind die verwendeten Technologien einfach, kommt das Webersche Bürokratiemodell zum Tragen. Die internen Strukturen gestalten sich schematischer, unpersönliche Beziehungen dominieren, Autoritätsbefugnisse und Pflichten sind a priori definiert und eher an Positionen gebunden als an das einzelne Individuum. Die Beziehungen sind in einer steilen Hierarchie organisiert, zielsetzende und administrative Positionen sind getrennt, die Arbeit ist spezialisiert (Litwak 1971, S. 118, 119). Hier interessieren jedoch nicht so sehr die Einzelheiten der unterschiedlichen Typen von bürokratischen Organisationen, sondern das Argument, dass Organisationen in Reaktion auf die Umwelt interne Strukturen und Prozesse herausbilden und sich an Anforderungen der Umwelt unilateral anpassen.

Wendet man das Argument auf die doppelte neue Herausforderung an, die sich an die Gemeinschaft stellt, d.h. die ökonomische Internationalisierung und *das Ende des bipolaren Gleichgewichts,* so müsste sich der Umgang mit diesen neuen Aufgaben in den internen Strukturen und Prozessen der Union direkt wiederfinden lassen. In der Tat erfolgt Regieren in der EU im Rahmen einer flachen Hierarchie, an deren Spitze der Ministerrat und das Europäische Parlament sowie der Europäische Gerichtshof und die Kommission mit verflochtenen Entscheidungsbefugnissen stehen. Unterhalb dieser höchsten hierarchischen Ebene existiert eine Fülle von policy- und issue-spezifischen Arbeitsgruppen mit beratendem, aber auch beschließendem Charakter, die dem Ministerrat, der Kommission und dem Parlament zugeordnet sind. Auf neue vielfältige und komplexe Politikerwartungen antwortet die Gemeinschaft mit neuen Ausdifferenzierungen bei gleichzeitigen Integrationsleistungen. Die Vielzahl von issue-bezogenen Arbeitskreisen und Komitees, in denen zentrale Fragen der Politik abgearbeitet werden, haben dem Regieren in der EU die Bezeichnung einer „governance by networks" (Richardson/Mazey 1993; Kohler-Koch 1998) eingebracht. „(...) Unter modernen Verhältnissen (sind, Verf.) sowohl zentralistisch-unitarische als auch dezentral-fragmentierte Entscheidungsstrukturen immer weniger in der Lage, die Diversität, Variabilität und Komplexität von Interessen, Problemen und Lösungen in Gesellschaften zu erfassen, die zugleich differenzierter und interdependenter als je zuvor geworden sind. Deswegen mag loser strukturierten, flexiblen und informellen Kommunikations- und Interaktionsnetzen eine unverzichtbare Rolle bei der Entwicklung effektiver Lösungen für die typischen politischen Probleme der Gegenwart zukommen" (Scharpf 1998, S. 28; Ladeur 1997). Auf das Ende des Ost-West-Konfliktes antwortet Europa mit einer stärkeren Ausdifferenzierung seiner „Identität" durch die Erweiterung der Zahl seiner Mitglieder. In diesen Aspekten erfasst die Kontingenztheorie der Organisation die Form des Regierens in Europa, wenn es sich vor neue Herausforderungen gestellt sieht.

Was diese Theorie jedoch nicht erklären kann, sind die Grenzen dieser Entsprechung von Umwelt und Organisation. Organisationen sind nämlich keine willenlosen korporativen Akteure, die sich quasi „automatisch" den Anforderungen der Umwelt anpassen. Vielmehr verfolgen sie – wie die strategische Organisationstheorie (Crozier/Friedberg 1980) zeigt, ihre eigenen Ziele und versuchen, die Umwelt in ihrem Sinne zu beeinflussen (Lehmbruch 1991) und zwar so, dass diese ihrerseits wiederum Anforderungen an die Organisation stellen, die diese auch erfüllen kann und will. Auch innerhalb der Organisation „tobt das Leben" (Bosetzky/Heinrich 1994), denn in Organisationen wird politisch gehandelt und werden strategische Ziele verfolgt. So versuchen einzelne Akteure ihre Ziele und Sichtweisen von Problemen gegenüber anderen Akteuren in der Organisation durchzusetzen, indem sie mit anderen internen, aber auch externen Akteuren Koalitionen bilden. Mit anderen Worten, Organisationen betreiben Politik im Innern und nach außen. Dies erfolgt im Rahmen der bestehenden institutionellen Regeln, die die Organisation sich selbst gegeben hat oder die ihr auferlegt wurden. Diese Regeln fungieren als Restriktionen und Ermöglichungen individuellen strategischen Handelns. Als solche können sie über die Zeit ein gewisses Eigengewicht erhalten, das die weitere Entwicklung der Organisation beeinflusst.

Orientiert man sich an der strategischen Organisationstheorie, so lässt sich erwarten, dass die Union in der Auseinandersetzung mit der doppelten Herausforderung der Globalisierung und dem Ende des Ost-West-Konfliktes sich nicht passiv anpasst, sondern versucht, durch strategisches Handeln intern und nach außen, die Art und Weise des Umgangs mit diesen Entwicklungen selbst zu gestalten. Die Möglichkeiten und Grenzen dieser strategischen Versuche werden durch die bestehenden institutionellen Regeln, die die Mitglieder sich selbst gegeben haben und die von der internationalen Umgebung gesetzt werden, geprägt. Die strategische Organisationstheorie und deren Aussagen lassen sich in der Wirklichkeit der Europäischen Union leicht wiederfinden. Die Mitgliedstaaten haben sich in den Römischen Verträgen Entscheidungsregeln gegeben, die die Souveränität der Einzelstaaten bewusst respektieren. Die Einstimmigkeitsregel, die bei der Veränderung der Verträge gilt, dient diesem Zweck. Damit können einzelne Mitglieder starke Veränderungen im Sinne radikaler Anpassungen an Umweltanforderungen, soweit sie nicht allen Mitgliedstaaten genehm sind, verhindern. Im Außenverhältnis passt sich die Europäische Union neuen Umweltanforderungen auch nicht passiv an, sondern sucht die Richtung und den Grad der Veränderung aktiv zu beeinflussen. So bringt sie die Interessen der Mitgliedstaaten ein, wenn in internationalen Organisationen eine weltweite Regulierung bestimmter Aktivitäten, so beispielsweise in Handelsangelegenheiten oder dem Umweltschutz, erzielt werden sollen. Gleichzeitig benutzt insbesondere die Kommission, die diese Verhandlungen für die EU in internationalen Gremien führt, den externen Druck in internationalen Verhandlungen, um auf der europäischen Bühne ihrer eigenen Interessenposition Nachdruck zu verleihen (Putnam 1988). Mit anderen Worten, die Reaktion auf tief- und weit reichende Umweltanforderungen ist eine aktive Anpassung, in der die Union im Rahmen der existierenden institutionellen Bedingungen der Verträge und in Auseinandersetzung mit unterschiedlichen internen und externen strategischen Interessen die „terms of trade" der Anpassung selbst mitzugestalten versucht.

Während die existierenden institutionellen Regeln Europas die aktive Anpassung an die Marktliberalisierung erleichtern, limitieren sie die direkte marktkorrigierende politische Kapazität und damit die Abarbeitung der Folgen der Liberalisierungspolitik. Denn das Einstimmigkeitsprinzip erlaubt keine weit reichenden Umverteilungsmaßnahmen zugunsten der Verlierer der Marktliberalisierung. Ebenso limitieren die Regeln, die den Verlust an nationaler Souveränität verhindern sollen, nach dem Ende des Kalten Krieges eine nennenswerte Kooperation in der Außen- und Verteidigungspolitik sowie in Justiz- und Polizeiangelegenheiten.

Und doch sind diese Schranken, die sich logisch aus Interessenvielfalt und Konsensusregeln ableiten lassen, nicht undurchlässig. Sie werden durch eine Vielzahl von Strategien und Politikmustern aufgeweicht, die zumindest ein Stück weit eine politische Marktkorrektur möglich machen. Wiederum wirft die Organisationstheorie in ihrer soziologischen Orientierung (March/Olsen 1989; Brunsson 1989) ein Licht auf solche Strategien und Handlungsmuster. Sie betont, dass Organisationen, die durch ihre Umwelt mit konfligierenden Erwartungen konfrontiert werden, zu den verschiedensten Mitteln greifen, um dennoch Entscheidungen herbeizuführen. So befriedigen sie inkonsistente Wünsche, indem sie programmatische, vage Ziele formulieren, die allen gerecht werden; in den Handlungen, die dann folgen, werden allerdings konkret dann nur sehr selektiv die Erwartungen einzelner Gruppen erfüllt (Brunsson 1989). Dennoch wurde grundsätzlich, wenn auch in vager, nicht sehr verpflichtender Form auf höchster Ebene gehandelt und die Blockade zumindest in einem ersten Schritt überwunden. Eine leicht modifizierte Form ist die organisatorische Trennung: die offene politische Diskussion über die Politikziele wird organisatorisch von den eigentlich verändernden Entscheidungen getrennt, die hinter geschlossenen Türen im kleinen Kreise stattfinden (Brunsson 1989; Grande 1996). So können sie etwa in einem der unzähligen Gremien der Komitologie versteckt werden. Dadurch wird die Diskrepanz zwischen der Widersprüchlichkeit der an die Organisation herangetragenen Vorstellungen und dem, was faktisch beschlossen wird, verschleiert. Ein weiterer typischer Modus besteht darin, die politische Sichtbarkeit einer marktkorrigierenden Maßnahme zu verringern und die innovative Maßnahme Schritt für Schritt in inkrementalen Schritten einzuführen, wobei der erste Schritt aber schon eine Festlegung auf weitere, sich notwendig daraus ergebende Schritte bedeutet. Eine andere Form des politisch Unsichtbarmachens besteht darin, die Maßnahme an den „unpolitischen" anonymen Marktmechanismus einer Liberalisierungsmaßnahme anzukoppeln, um ihm zur Durchsetzung zu verhelfen. Ein weiteres wichtiges Muster der Politikinnovation, auf das die soziologische Organisationstheorie – angesichts einer drohenden Entscheidungsblockade – verweist und das in der europäischen Politik häufig zum Tragen kommt, ist folgendes: Die Entscheidung in der Organisation dient nicht dazu, eine inhaltliche Änderung zu beschließen, sondern die Beteiligten generell auf eine Veränderung als solche – obwohl noch nicht konkretisiert – zu verpflichten. Die Unterstützung wird zugesichert, Motivationen und Erwartungen werden geschaffen. Die Beteiligten legen sich auf ein generelles Ziel fest. Das vorrangige Ziel ist es hier, die Unsicherheit hinsichtlich des Verhaltens der beteiligten Akteure zu reduzieren und nicht die Unsicherheit hinsichtlich des konkreten Inhalts einer Entscheidung und deren Folgen. „Preferences are adapted (and) motivation and expectation attaching to a specific action are promoted" (Brunsson 1989, S. 179).

Die organisationstheoretischen Überlegungen zur Reaktion Europas auf die neuen Herausforderungen der Globalisierung und das Ende des Kalten Krieges münden also in drei generelle Hypothesenbündel: Europa als Organisation muss auf den Druck äußerer Umweltanforderungen reagieren und unterliegt somit einem Anpassungsdruck in seinen internen Strukturen und definierten Aufgaben (Kontingenztheorie der Organisation). Diese Anpassung erfolgt jedoch nicht automatisch, sondern intentional strategisch. Die Akteure in der Organisation Europa versuchen ihre Umwelt zu beeinflussen und zu steuern. Politik wird sowohl innerhalb der Organisation als auch außerhalb der „Organisation Europa" und in der absichtsvollen Verknüpfung der beiden Ebenen betrieben (strategische Organisationstheorie). Die institutionellen Regeln, die Europa sich gegeben hat, und deren spezifische Weiterentwicklung begünstigen die Fähigkeit, die Marktintegration zu beschleunigen, und schränken die Kapazität zur Marktkorrektur ein (Scharpf 1998). Allerdings ist diese Schwierigkeit nicht eine absolute. Durch die Trennung von Entscheidung und Handeln, Rahmenbeschlüssen und konkreten Entscheidungen, der Schaffung von Verpflichtungen, dem Unsichtbarmachen von Entscheidungen (soziologische Organisationstheorie) eröffnet sich eine weite Grauzone von Schleichwegen, um aus dem Gehäuse der rein marktschaffenden Politik auszubrechen und – trotz der institutionellen Hindernisse bei großer Interessenvielfalt – marktkorrigierende Maßnahmen durchzuführen.

Wie hat Europa denn nun konkret reagiert auf beiden großen Umweltanforderungen des letzten Jahrzehnts, Globalisierung und das Ende des Ost-West-Konfliktes? Wie lassen sich die theoretischen Überlegungen empirisch illustrieren? Wie wirken sich die selbstauferlegten institutionellen Beschränkungen im Einzelnen aus? Und wie werden Blockaden umgangen, die sich bei dem Ruf nach einer umverteilenden, marktkorrigierenden Politik formieren?

III. Antworten auf Umweltanforderungen

1. Globalisierung: Anpassung an die Dynamik der ökonomischen Integration

Ökonomische Internationalisierung, definiert als die zunehmende Häufigkeit der Transaktionen von Gütern, Kapital, Dienstleistungen und die zunehmende Mobilität von Arbeitskräften, wird durch den Abbau von Handelsschranken, sinkende Transaktionskosten, neue Kommunikations- und Transporttechnologien ermöglicht (Hirst/Thompson 1996). Um mit den sich integrierenden Märkten der North American Free Trade Association und Südostasien konkurrieren zu können, sah sich Europa Ende der 70er und Anfang der 80er Jahre unter verstärktem Druck, die im Innern Europas noch bestehenden Marktschranken schneller abzubauen, als dies bisher der Fall gewesen war. Das grundsätzliche Ziel, den freien Handel zu ermöglichen und Hemmnisse wie Zölle und andere quantitative Schranken zu eliminieren, war schon in den Römischen Verträgen als Handlungsprinzip der Gemeinschaft formuliert worden. Von dieser Grundlage ausgehend, wurde die Liberalisierungspolitik insbesondere durch Maßnahmen der Kommission ausgedehnt, die Verstöße gegen das Freihandelsprinzip und den freien Wettbewerb ahndet(e).[2] Diese Politik wurde durch eine entsprechende Rechtsprechung des Europäischen Gerichtshofes unterstrichen. Mit der Realisierung des Binnenmarkt-Programmes wurden 1992 dann auch die nicht-tarifären Handelshemmnisse abgeschafft, die dem freien Waren-, Kapital-, Dienstleistungs- und Personenverkehr entgegenstanden. Nationale Produktvorschriften und Praktiken mit diskriminierender Wirkung gegenüber fremden Anbietern wurden aufgehoben und Vorschriften angeglichen. Der Weg der Harmonisierung, der einen hohen politischen Konsensusbedarf voraussetzt und sich als langwierig erwies, wurde zunehmend durch das Prinzip der wechselseitigen Anerkennung ersetzt, das der Europäische Gerichtshof mit dem Cassis de Dijon-Urteil 1979 etablierte. Es schreibt vor, dass die in einem Land als gültig anerkannte Praxis der Produktprüfung auch für die anderen Länder Gültigkeit hat. Mit anderen Worten, Produkte, die legal in einem Mitgliedstaat verkauft werden, müssen in allen Mitgliedstaaten zugelassen werden, es sei denn, eine nationale Regulierung, die einem – vom Europäischen Gerichtshof definierten – anerkannten nationalen öffentlichen Interesse dient, steht dem entgegen. Harmonisierungsvorschläge treffen und trafen immer wieder auf die Ablehnung einzelner Mitgliedstaaten, die die Angleichung von Produktvorschriften auf einer bestimmten Ebene als zu hoch oder zu niedrig beurteil(t)en, je nachdem

---

[2] Jedes Unternehmen, das wettbewerbsbeschränkende Maßnahmen ergreifen will, muss in Brüssel „notifizieren" und auf die konstitutive Freistellung durch die Kommission warten.

ob dies der nationalen Industrie zum Vorteil oder Nachteil gereicht. Das Prinzip der wechselseitigen Anerkennung umschifft diesen langwierigen politischen Entscheidungsprozess der Harmonisierung. Die Kommission erkannte die Handlungschance, die das Cassis de Dijon-Urteil schuf, griff es in einer Kommunikation auf und erhob es zum zentralen Mechanismus der Marktintegrationspolitik, der dann in der Einheitlichen Europäischen Akte Eingang fand. Durch das geschickte strategische Handeln der Kommission – initiiert durch den Europäischen Gerichtshof – wurde somit die Langsamkeit der bisherigen Politik der Marktintegration beschleunigt und der potenzielle politische Widerstand einzelner Mitgliedstaaten gegen einzelne Harmonisierungsmaßnahmen umgangen. Damit erhöhte sich die Anpassung an globale Liberalisierungstendenzen entscheidend.[3]

Wie schon das Handeln der Kommission bei der Etablierung der wechselseitigen Anerkennung als Politikprinzip deutlich macht, vollzog sich – entsprechend den Thesen der strategischen Organisationstheorie – diese Anpassung an eine internationale Umgebung sich liberalisierender Märkte nicht als einseitiger Akt, sondern wurde strategisch angelegt und bei der Formalisierung in der Einheitlichen Europäischen Akte dann intern ausgehandelt. Die Verabschiedung des integrierten Marktprojektes musste gegen den Widerstand einzelner Akteure erkämpft werden. So errangen Spanien und Portugal im Tausch gegen ihre Zustimmung zum Binnenmarkt-Projekt eine Umverteilungsmaßnahme zu ihren Gunsten, nämlich eine deutliche Erhöhung der Strukturfondsmittel für ihre Länder. Auch die Einführung der Währungsunion war Gegenstand intensiver Verhandlungen im Rahmen des Maastrichter Vertrags und wurde wesentlich durch ein Tauschgeschäft zwischen Frankreich und Deutschland ermöglicht, in dem Frankreich die Zusage der Währungsunion erhielt und Deutschland im Gegenzug die Einführung einer stärkeren politischen Union in Aussicht gestellt wurde. Mit anderen Worten: Die Anpassung an den Druck der ökonomischen Internationalisierung verlief über aktives strategisches Handeln, Verhandeln und Einigungspakte im Innern der Europäischen Gemeinschaft.

Gleichzeitig versucht die Europäische Union, den Prozess der Definition von Regeln, die die ökonomische Internationalisierung steuern, auf internationaler Ebene mit zu beeinflussen. Dies geschieht wesentlich in den Verhandlungen der World Trade Organisation, so in den Verhandlungen über strittige Handelsfragen oder etwa die Bedingungen der Liberalisierung der Telekommunikationsindustrie. Zwar wird die Handlungsfähigkeit Europas in diesen Verhandlungen dadurch erschwert, dass die Europäische Gemeinschaft häufig nicht mit einer einheitlichen Position auftritt. Vielmehr verfolgen die Mitgliedstaaten oft sehr unterschiedliche Interessen und sind – gerade in Handelsfragen – ihrerseits in anderweitige bilaterale und multilaterale Verträge eingebunden, so beispielsweise Großbritannien mit den ehemaligen Commonwealth Ländern. Auch wenn die Erfolge einer strategischen Steue-

---

3 Allerdings ist der freie Verkehr von Waren und Kapital sehr viel schneller vorangeschritten als der freie Verkehr von Dienstleistungen und Arbeitskräften.

rung der internationalen Entscheidungen bescheiden sein mögen, ist entscheidend, dass solche Bestrebungen gegeben sind und keine passive Anpassung erfolgt. Als Fazit lässt sich festhalten, dass sich im Bereich der Marktintegration und der Liberalisierung in den letzten anderthalb Jahrzehnten eine erhebliche Dynamik entfaltete, die die Wirtschafts- und Lebensbedingungen in Europa – so etwa im Bereich der öffentlichen Daseinsvorsorge – stark beeinflussten.

2. Ende des Ost-West-Konfliktes: Anpassung an neue politische Kräfteverhältnisse

Die zweite große Herausforderung, vor die Europa sich Ende der 80er Jahre gestellt sah, war die Anpassung an das Ende der politisch-militärischen Bipolarität. Die Reaktion erfolgt im Wesentlichen auf drei Ebenen: durch eine Politik der Erweiterung der Mitgliedschaft nach Osten, eine Reaktion auf die intensivierten Wanderungsströme, und eine Politik, die sich auf die übergeordneten militärischen Kräfteverhältnisse einstellt, das heißt eine veränderte Außen- und Verteidigungspolitik. Die mit dem Auseinanderfallen der ehemaligen Sowjetunion aus dem Machtbereich des Warschauer Paktes entlassenen mittel- und osteuropäischen Staaten orientieren sich nach Europa hin. Sie bewarben sich um eine Mitgliedschaft in der Europäischen Union. Die grundsätzliche Erweiterungsentscheidung wurde – getragen vom Moment der historischen Ereignisse – relativ schnell 1993 in Kopenhagen gefällt, damit eine strukturell organisatorische Entsprechung auf die neue geopolitische Situation gefunden, wie dies die Kontingenztheorie der Organisation postuliert. In der grundsätzlichen Erweiterungsentscheidung kommt jedoch auch klar das Element der frühen Festlegung der Beteiligten zum Tragen, das von der soziologischen Organisationstheorie betont wird. Diese diente dazu, Unsicherheit bezüglich der grundsätzlichen Haltung der Entscheidenden zu reduzieren, und nicht Unsicherheit bezüglich des konkreten Inhalts einer Entscheidung. Die Beitrittsverhandlungen[4] im Einzelnen gestalten sich jedoch zäh und werden von interessenpolitischen Gesichtspunkten geleitet. So wird beispielsweise auf die Gesamtbalance hingewiesen, die die Europäische Union nach einer Osterweiterung hätte. Die mittel- und osteuropäischen Staaten würden sich stärker an Nordeuropa orientieren, während andere alte Mitgliedstaaten wie Frankreich, Italien und Spanien mehr an den Entwicklungen im Mittelmeerraum interessiert sind. Andere interessenorientierte Kalküle betonen die Wichtigkeit einer wirtschaftlichen und politischen Stabilität „vor der Haustüre im Osten".

Das Ende des Kalten Krieges hat durch die Öffnung der Grenzen auch ganz neue Wanderungsbewegungen ausgelöst, auf die die Europäische Gemeinschaft politisch reagierte. Positiv gestaltend tat sie dies, indem sie mit der Verabschiedung des Vertrags über die Europäische Union in Maastricht eine neue Dritte Säule

---

4 Bisher verhandelt Brüssel mit Polen, Ungarn, Tschechien, Slowenien, Estland und Zypern. Weitere Kandidaten sind u.a. Bulgarien, Rumänien, Litauen und Lettland.

europäischer Politik für Justiz- und Polizeiangelegenheiten konzipierte. Also auch hier findet sich wiederum – zumindest prima facie – eine relativ schnelle Abbildung neuer Umweltanforderungen in dem politischen Handlungsrepertoire Europas. Jedoch kommen in diesem Bereich, der besonders nahe am Souveränitätskern der Mitgliedstaaten liegt, die Reserven und die Abwehrhaltung gegenüber einer zu starken Vergemeinschaftung von Politik sehr stark zum Tragen. Dies drückte sich darin aus, dass die Dritte Politik-Säule strikt intergouvernemental angelegt wurde, d.h. dem Einstimmigkeitsgebot aller Mitgliedstaaten unterliegt (Lavenex 1999).

Dasselbe gilt für die Notwendigkeit, aufgrund der veränderten geopolitischen militärischen Konstellation die europäische Außen- und Sicherheitspolitik, die Zweite Säule, neu zu überdenken. Die Gemeinsame Außen- und Sicherheitspolitik umfasst sämtliche Fragen, welche die Sicherheit der Union betreffen. Dazu gehört auch die schrittweise Festlegung einer gemeinsamen Verteidigungspolitik, falls der Europäische Rat dies nach dem Einstimmigkeitsprinzip beschließt (Art. 17 EU Vertrag). Auch bei der Entwicklung dieser gemeinsamen Politik stößt die Ausweitung der Handlungskompetenzen, die in Reaktion auf externe Anforderungen nahe gelegt wird, schnell auf Grenzen. Im Interesse ihrer individuellen Souveränität leisten die Mitgliedstaaten Widerstand, was sich folgerichtig in den geltenden Entscheidungsregeln (Einstimmigkeit) niedergeschlagen hat.[5]

IV. Politische Langsamkeit: Die begrenzte Fähigkeit zur Marktkorrektur durch Umverteilung

Während die Gemeinschaft auf die Herausforderung der Globalisierung schnell mit einer beschleunigten Politik der Marktintegration und der Herbeiführung der Währungsunion reagierte, und nach dem Ende des Kalten Krieges sich zur Osterweiterung bereit erklärte, sind die politische Fähigkeit und Bereitschaft, sich direkt mit den Verteilungskonsequenzen dieser Entscheidungen zu befassen, deutlich geringer. Entscheidungen zur Korrektur von Konsequenzen der Marktintegration sind auf positive politische Entscheidungen angewiesen. Sie müssen vom Ministerrat und dem Europäischen Parlament verabschiedet werden und gewinnen dadurch politische Sichtbarkeit. Da marktkorrigierende Politiken immer Nutzen für bestimmte Akteure auf Kosten anderer implizieren, stoßen sie auf die Ablehnung derjenigen, die diese Kosten zu tragen haben. Sie scheitern folglich meist, wenn sie explizit als solche redistributive Maßnahmen formuliert werden. Nur solche Politikvorschläge haben eine Chance der Verabschiedung, die keinen massiven Widerstand auslösen, d.h., wenn Entscheidungen konsensual gefasst werden. Dies sind jedoch qua definitione diejenigen, welche keinen Beteiligten explizit

---

5 Der Krieg in Kosovo gegen Serbien, insbesondere die Verhandlungen über das Ende der Luftangriffe, mögen die weitere Entwicklung einer solchen Politik als europäische Politik in der NATO gefördert haben.

benachteiligen, sondern alle gleich behandeln bzw. etwaige Verluste ausgleichen. Im Gegensatz dazu begünstigen – wie wir gesehen haben – die institutionellen Regeln Europas marktschaffende Maßnahmen, weil die Kommission in wettbewerbspolitischen Fragen allein entscheiden kann und auf die Zustimmung des Ministerrats nicht angewiesen ist. Häufig wurde sie in der Vergangenheit auch durch wettbewerbsfreundliche Urteile des Europäischen Gerichtshofs gestützt. Hier wird also politisch wenig sichtbar zugunsten einer Liberalisierung gewirkt und gegen nationale Maßnahmen vorgegangen, die diese beeinträchtigen könnten (Scharpf 1998).

Konkret auf die hier erörterten Herausforderungen für Europa, die Globalisierung und das Ende des Kalten Krieges bezogen, fällt auf, dass die Folgekosten der Marktintegration zunächst auf politische Hilflosigkeit treffen. Weil die Korrektur solcher Konsequenzen auf eine explizite Umverteilungsentscheidung hinausliefe, die diejenigen begünstigt, die durch die Liberalisierung einen Verlust erleiden, stößt diese auf den Widerstand derjenigen, die diese Kosten zu tragen haben. Aufgrund der Konsensusregeln kommt keine entsprechende Kompensationsentscheidung zustande. So leiden beispielsweise die kleinen italienischen Transportunternehmen unter der europäischen Liberalisierung des Straßengütertransportes, die sie dem Konkurrenzdruck großer internationaler Transportunternehmer aussetzt. Auf der europäischen Ebene werden keine Ausgleichsmaßnahmen für diese Verlierer der Marktintegration beschlossen, wenn überhaupt, geschieht dies auf nationaler Ebene. Ebenso wird die Währungsunion europaweite Preisvergleiche erleichtern; die Möglichkeit, ökonomische Unterschiede über eine Veränderung von Wechselkursen abzupuffern, fällt weg. Es ist zu erwarten, dass sich daraus Verlagerungen von Investitionen, Kapital, Dienstleistungen und Arbeitskräften ergeben werden. Doch für diejenigen, die unter diesen Verschiebungen zu leiden haben, etwa weil Arbeitsplätze verloren gehen, wird auf europäischer Ebene kein direkter Ausgleich herbeigeführt werden. Denn entsprechende direkte europaweite sozialpolitische Auffangmaßnahmen sind bei den gegebenen institutionellen Entscheidungsregeln nicht zu realisieren. Oder, um ein Beispiel aus dem Bereich des Umgangs mit dem Ende des Kalten Krieges zu nehmen: Zwar wurde schnell die generelle Bereitschaft zur Osterweiterung deklariert. Die sich daraus ergebenden Notwendigkeit, in großem Maßstab Ressourcen umzuverteilen, so beispielsweise im Bereich der Struktur- und der Agrarpolitik, wird nicht durch eine entsprechende Bereitschaft zur Redistribution der jetzigen Mitgliedsländer getragen. Ganz im Gegenteil zeigen die Struktur- und Agrarfonds-„Reformen" von 1999, dass den jetzigen großen Empfängerländern nur mit großer Mühe geringfügige Zugeständnisse abgerungen werden konnten. So wurden die unangenehmen Umverteilungsentscheidungen darüber, welche Bauern im Rahmen des Agrarfonds welche Kürzungen hinzunehmen haben, und beim Regionalfonds, welche Regionen keine Unterstützung mehr erhalten sollen, auf die Mitgliedstaaten verlagert (The European, 23-29 March, 1999, S. 16).

Diese Asymmetrie, die die direkten Gestaltungsmöglichkeiten von marktkorrigierender im Verhältnis zu marktschaffender Politik bestimmt – so die These – hat dazu geführt, dass in Europa eine Grauzone entstanden ist, in der eine Fülle von politischen Maßnahmen so konzipiert wird, dass sie unterhalb dieser kritischen politischen Wahrnehmungsschwelle bleiben, dennoch aber Vorentscheidungen und Verpflichtungen schaffen, die dann Maßnahmen im Sinne einer marktkorrigierenden Politik einleiten (Héritier 1997, 1999). Bestehende Spielräume und Nischen in dem unübersichtlichen Gebäude Europa werden durch geschickte Initiativen für marktkorrigierende und ausgleichende Zwecke benutzt. Diese „Politik der Schleichwege" ist für Europa zur „zweiten Natur" geworden.

Im Zuge der Antizipation wahrscheinlicher und der Umgehung bestehender Blockaden haben sich vielzählige Schleichwege der europäischen Politik herausgebildet, die über Paketlösungen, Ausgleichszahlungen, das Schaffen von Festlegungen sowie das Verstecken von redistributiven Politikelementen faktisch redistributive Politikresultate hervorbringen (Héritier 1997, 1999). So stellen, um nur einige davon zu nennen, Paketlösungen einen wichtigen Modus dar, um Umverteilungsbegünstigungen über die Zeit und Entscheidungsbereiche hinweg so zu verteilen, dass keiner der beteiligten Akteure sich benachteiligt fühlt. Beispielsweise erhielten die südlichen Mitgliedstaaten im Gegenzug für ihre Zustimmung zu dem Binnenmarkt-Programm eine Erhöhung der Strukturfondsmittel. Den Verlust an Entscheidungsrechten in der regionalen Strukturpolitik zugunsten der Kommission, der sich damit verband, wurde durch eine stärkere Anwendung des Subsidiaritätsprinzip ausgeglichen, wenn es darum geht, die Mittel zu verteilen. Auch in der letzten „Reform" des Strukturfonds wurde ein Konsensus auf der europäischen Ebene nur durch die Unspezifizität der Entscheidung erzielt. In der Umweltpolitik, wo häufig Rahmen- oder Mutter-Direktiven verabschiedet werden, findet sich diese Strategie der – zunächst vagen – Festlegung auch. Damit wird eine marktkorrigierende politische Handlungslinie definiert, deren Kosten im Einzelnen jedoch noch nicht konkretisiert werden, die aber dann im Weiteren einen Handlungszwang auslösen (Héritier/Knill/Mingers 1996). Ebenso findet sich eine Praxis der Abschottung, wenn Entscheidungen mit Umverteilungscharakter involviert sind. Dies kann besonders dann leicht begründet werden, wenn die Entscheidungsbereiche durch hohe Unsicherheit und Komplexität gekennzeichnet sind. Experten treffen sich hinter verschlossenen Türen und zurren die Entscheidungen fest, ohne dass die folgenden Beratungen im Ministerrat, wo die notwendige Expertise fehlt, diese wieder in Frage stellen könnten.

Im Bereich der europäischen Sozialpolitik, wo die Unterschiedlichkeit von Interessen, institutionellen Traditionen und der Widerstand gegen eine Kompetenzabgabe an Europa besonders ausgeprägt sind (Streeck 1995), wurden gewisse marktkorrigierende Politikergebnisse dadurch erreicht, dass ein Arenenwechsel hin zum Europäischen Gerichtshof stattfand, der solchen politischen Konsensuszwängen nicht unterliegt. Eine große Zahl von Entscheidungen des Europäischen Gerichtshofs stellen das Recht von Personen fest, ihre sozialen Besitzstände aus dem Herkunftsland in das europäische Ausland mitzunehmen sowie das Recht, wenn im europäischen Ausland beschäftigt, die mit dieser Stellung verbundenen sozialen Leistungen in Anspruch zu nehmen (Leibfried/Pierson 1995). Ein ähnlicher Prozess der Anbindung von marktkorrigierenden an marktschaffende Fragen lässt sich auch in der Umweltpolitik beobachten. Bei drohender Blockade wird – wenn irgend möglich – eine Frage als eine Entscheidung der Marktintegration dargestellt, um den politischen Prozess voranzubringen. So wurde beispielsweise die Verpackungsverordnung nach mehreren schwierigen politischen Entscheidungsrunden schließlich als Vorschrift zur Produktregulierung „verkauft", was den Entscheidungsprozess erheblich beschleunigte (Gehring 1997). Systematisch interessant ist in diesem Zusammenhang, dass eben der Prozess der Marktintegration dazu genutzt werden kann, auch marktkorrigierende Maßnahmen zu fördern. Sozialpolitische und umweltpolitische Fragen wurden in Entscheidungen zur Marktliberalisierung umformuliert und damit zum Durchbruch verholfen. Die Asymmetrie zwischen negativer und positiver Integration ist also keine absolute. Die Erste kann zugunsten der Letzteren genutzt werden.[6]

V. Schlussfolgerung

In der Reaktion auf neue Herausforderungen reagiert Europa dynamisch, wenn es um Marktintegration geht, zögerlich, wenn es sich darum handelt, die Folgen der Marktliberalisierung zu kompensieren. Denn aufgrund seiner politisch-institutionellen Struktur kann Europa nicht direkt umverteilend-korrigierend in die Geschehnisse eingreifen, die die Marktliberalisierung auslöst. Und dennoch ist diese Schwierigkeit keine absolute. Vielmehr hat sich im Verlaufe der Jahrzehnte eine Vielzahl von Schleichwegen und Abkürzungen eingeschliffen, die das scheinbar Unmögliche partiell möglich werden lassen. Durch Rahmenentscheidungen werden grundsätzliche Beschlüsse und Festlegungen für eine Marktkorrektur herbeigeführt, die dann Schritt für Schritt inkrementale Entscheidungen in diese Richtung einleiten. Redistributive Entscheidungen werden hinter Fachjargon und in Nischen-Arenen versteckt, um sie politisch durchzusetzen. Auch wird – Ironie der Ironie – marktkorrigierende Politik häufig auch in die Form einer marktschaffenden Politik gekleidet, um ihr zum Durchbruch zu verhelfen. Eine Politik der Schleichwege hat jedoch auch ihre Kosten. Denn Konflikte werden nicht direkt, offen und konfrontativ ausgetragen, sondern weggedrückt, verschleiert und versteckt. Dies hat Konsequenzen für die Gestalt Europas als politisches Gebilde. Es entwickelt

---

6 Eine verwandte Strategie, die marktkorrigierenden Maßnahmen zum Durchbruch verhelfen kann, ist darauf gerichtet, diese an ein erfolgreiches Programm mit viel politischer Unterstützung anzudocken, so verbindet die Kommission regionale Strukturförderungsmaßnahmen häufig mit Projekten zur Förderungen von neuen Technologien.

sich nicht zu einem richtigen politischen System, denn – wie Stein Rokkan bezogen auf den Nationalstaat sagte – um ein System zu werden, muss man Konflikte direkt bearbeiten (Rokkan 1973). Dies deutet darauf hin, dass die politische Form, welche die regionale Integration Europas annimmt, eine neue Form von Polity darstellt, die nicht direkt an den Maßstäben der bestehenden Nationalstaaten gemessen werden kann.

Literatur

Bosetzky, H. und P. Heinrich, 1994: Mensch und Organisation: Aspekte bürokratischer Sozialisation. Eine praxisorientierte Einführung in die Soziologie und die Sozialpsychologie der Verwaltung Schriftenreihe Verwaltung in Praxis und Wissenschaft: 15, Köln: Deutsche Gemeindeverlag.
Brunsson, N., 1989: The Organization of Hypocrisy: Talk, Decisions and Actions in Organizations, Chichester: Wiley & Sons.
Crozier, M. und E. Friedberg, 1980: Actors and Systems: The Politics of Collective Action, Chicago: University of Chicago Press.
Gehring, Th., 1997: Governing in nested institutions: environmental policy in the European Union and the case of packaging waste, in: Journal of European Public Policy 4(3), S. 337-354.
Grande, E., 1996: The state and interest groups in a framework of multi-level decision-making: the case of the European Union, in: Journal of European Public Policy 3(3), S. 318-338.
Héritier, A., C. Knill und S. Mingers, 1996: Ringing the Changes in Europe. Regulatory Competition and the Transformation of the State. Britain, France, Germany, Berlin/New York: Walter de Gruyter.
Héritier, A., 1997: Policy-making by subterfuge: interest accommodation, innovation and substitute democratic legitimation in Europe – perspectives from distinctive policy areas, in: Journal of European Public Policy 4(2), S. 171-189.
Héritier, A., 1999: Policy-Making and Diversity in Europe. Escaping Deadlock, Cambridge: Cambridge University Press.
Hirst, P. und G. Thompson, 1996: Globalization in Question: The International Economy and the Possibilities of Governance, Cambridge: Polity Press.
Kohler-Koch, B., 1998: Regieren in entgrenzten Räumen, in: Politische Vierteljahresschrift, Sonderheft Nr. 29, Opladen: Westdeutscher Verlag.
Ladeur, K.-H., 1997: Liberal Institutions, Economic Constitutional Rights, and the Role of Organizations, Baden-Baden: Nomos-Verlagsgesellschaft.
Lavenex, S., 1999: The Europeanisation of Refugee Policies: Between Human Rights and Internal Security. Manuscript dissertation, Florenz (i.E.).
Lehmbruch, G., 1991: The organization of society, administrative strategies and policy networks, in: R. Czada und A. Windhoff-Héritier (Hrsg.), Political Choice, Institutions, Rules and the Limits of Rationality, Frankfurt a.M.: Campus, S. 121-160.
Leibfried, S. und P. Pierson (Hrsg.), 1995: European Social Policy: Between Fragmentation and Integration, Washington, DC: The Brookings Institution, S. 432-465.
Litwak, E., 1971: Drei alternative Bürokratiemodelle, in: R. Mayntz (Hrsg.), Bürokratische Organisation, Köln/Berlin: Kiepenheuer & Witsch, S. 117-126.
March, J.G. und J.P. Olsen, 1989: Rediscovering Institutions: The Organizational Basis of Politics, New York: Free Press.

Putnam, R.D., 1988: Diplomacy and domestic politics: the logic of two-level games, in: International Organization 42(3), S. 427-460.
Richardson, J. und S. Mazey (Hrsg.), 1993: Lobbying in the European Community, Oxford: Oxford University Press.
Rokkan, S., 1973: Nation-building, The Hague.
Scharpf, F.W., 1998: Regieren in Europa: effektiv und demokratisch?, Frankfurt a.M.: Campus.
Smith, M., 1999: „European Union Commercial Policy: between coherence and fragmentation". Oxford, Presentation held at the Centre for European Politics, Economics and Society, at the University of Oxford on 30 April 1999.
Streeck, W., 1995: From Market Making to State Building? Reflections on the Political Economy of European Social Policy, in: S. Leibfried und P. Pierson (Hrsg.), European Social Policy: Between Fragmentation and Integration, Washington DC: Brookings Institutions.

II. Selbstbild und Außenwahrnehmung

Michael Staack

Abschied vom „Frontstaat"

Deutschlands veränderte Außen- und Sicherheitspolitik

I. Einleitung

Seit der deutschen Vereinigung proklamiert jede Bundesregierung mit großem Nachdruck den Primat außenpolitischer Kontinuität. Deutschland werde, so der damalige Bundeskanzler Helmut Kohl in seiner Regierungserklärung anlässlich der ersten Sitzung des gesamtdeutschen Bundestages am 3. Oktober 1990, auch weiterhin „Souveränität (...) mit anderen (...) teilen"; „deutsche Sonderwege oder nationalistische Alleingänge" würden auch in Zukunft nicht beschritten (Auswärtiges Amt 1991, S. 217). Auch Bundeskanzler Gerhard Schröder bekräftigte, dass es „unter einer von mir geführten Bundesregierung keinen Wechsel in der grundsätzlichen Orientierung der deutschen Außen-, Europa- und Sicherheitspolitik geben" werde (Schröder 1998, S. 97).

Durch das Bekenntnis zu den vorhandenen Einbindungen sollte vor allem Verlässlichkeit demonstriert werden: Anfang der 90er Jahre zur beruhigenden Rückversicherung der Partner und Nachbarn angesichts des Machtzuwachses als Folge der deutschen Einheit; am Ende des Jahrzehnts zur Erhaltung des Vertrauenskapitals nach dem ersten Regierungswechsel seit sechzehn Jahren. Tatsächlich wurden die in den vier Jahrzehnten der alten Bundesrepublik gewachsenen Grundorientierungen deutscher Außenpolitik nach 1990 nicht nur bestätigt, sondern teilweise noch verstärkt (dazu ausführlich: Staack 1999). Keine relevante politische Kraft verlangte einen Kurswechsel in der Außen- und Sicherheitspolitik – und ein solcher wäre innenpolitisch mangels gesellschaftlicher Unterstützung auch nicht durchsetzbar gewesen. Die Anforderungen, die Kursanpassungen zur Folge hatten, kamen aus der internationalen Umwelt und nicht aus der Innenpolitik.

Aus dem „Frontstaat" an der Trennlinie des Ost-West-Konflikts war nach 1989 die wichtigste rein europäische Macht in einem nicht länger geteilten Kontinent geworden. Das bedeutete eine Erweiterung des außenpolitischen Handlungsspielraums,[1] erforderte aber auch eine Antwort auf gewachsene Anforderungen und

---

1 Außenpolitischer Handlungsspielraum wird im Folgenden verstanden als „die Fähigkeit, Probleme selbst zu definieren und eigene Handlungsstrategien zu ergreifen" (Haftendorn 1978, S. 18).

revitalisierte Besorgnisse. Nach dem Strukturbruch des internationalen Systems in den Jahren 1989/91, vom Systemwechsel in Mittel- und Osteuropa bis zum Zerfall der Sowjetunion, agiert Deutschlands Außenpolitik in einem radikal veränderten Umfeld. Die vergleichsweise überschaubare, bipolar zentrierte Struktur wurde abgelöst durch ein komplexeres, multipolares Muster. Hinzu kommt ein Trend zur „Ökonomisierung" der internationalen Beziehungen mit positiven Rückwirkungen auf das außenpolitische Gewicht gerade der Welthandelsmacht Deutschland. Die militärische Präsenz und politische Hegemonie der UdSSR in Zentraleuropa gehören der Vergangenheit an. An die Stelle der Teilung trat die Option des Zusammenwachsens: die Chance, ein „Europa demokratischer Rechtsstaaten" (Dieter Senghaas) zu schaffen, wurde grundlegend verbessert. Allerdings hat das Ende des Großkonflikts auch ein ganzes Panorama von nachgeordneten Konfliktdimensionen hinterlassen bzw. reaktiviert: oftmals sozial fundierte Nationalitätenkonflikte, die Rückkehr des Krieges nach Europa in der Balkan-Region, das historisch gewachsene, durch das ineffiziente Plansystem noch zugespitzte Wirtschaftsgefälle zwischen Ost und West, die „post-sowjetische Frage" nach der ungeklärten innen- und außenpolitischen Entwicklungsperspektive der Nachfolgestaaten der UdSSR. Dennoch zeichnet sich das neue internationale System des beginnenden 21. Jahrhunderts nicht nur durch Konfliktvielfalt, sondern zugleich durch ein hohes Maß an kooperativer Verregelung aus, das die diesem System innewohnende Anarchie in einem historisch unbekannten Ausmaß eingehegt oder überwunden hat.

Bei der Neugestaltung der internationalen Beziehungen, besonders aber im Gestaltungsprozess einer neuen europäischen Ordnung, kommt der Bundesrepublik eine einflussreiche, fallweise ausschlaggebende Rolle zu. Deutschland ist „auf Grund seiner Größe, seines wirtschaftlichen Potentials und seiner geographischen Lage (...) strukturabhängig ebenso wie es selbst strukturbildend wirkt" (Haftendorn 1994, S. 130). Sein außenpolitischer Handlungsspielraum erweiterte sich als Folge der Addition der bisherigen Teilstaaten „absolut", und zwar vor allem durch ein größeres Sozialprodukt und eine höhere Einwohnerzahl. Aber auch völkerrechtlich bedeutete die Herstellung der Einheit eine Zäsur. Mit dem Inkrafttreten des 2+4-Abkommens am 15. März 1991 erhielt Deutschland die uneingeschränkte Souveränität zurück und seine Außengrenzen wurden „endgültig" festgelegt (Bulletin 1990, S. 1153-1157). Damit wurden auch die Folgen des Besatzungsregimes beendet, so die Vier-Mächte-Verantwortlichkeit für „Deutschland als Ganzes" und die alliierte Truppenpräsenz „aus eigenem Recht". Deutschlands Recht zur freien Wahl einer Bündniszugehörigkeit wurde ausdrücklich bestätigt, seine potenzielle militärische Macht aber begrenzt: durch den Abbau der Bundeswehr auf maximal 370.000 Soldaten bis 1994,[2] durch den fortdauernden Verzicht auf die Herstellung, den Besitz und die Verfügungsgewalt über ABC-Waffen sowie durch die Freiheit des früheren DDR-Gebiets von Atomwaffen und ausländischen Stationierungstrup-

---

2 Faktisch bedeutete dies fast eine Halbierung, da die Streitkräfte der beiden noch getrennten deutschen Staaten zusammen (1990) ca. 650.000 Mann umfassten.

pen.³ Wenngleich die Bedeutung der „anachronistischen Souveränität" (Czempiel 1969) in einem interdependenten internationalen System relativiert werden muss, so sollte dieser Einschnitt auch nicht unterschätzt werden, denn der Souveränitätsverzicht Deutschlands erfolgte nunmehr aus eigenem Recht und Entschluss.

Noch wesentlich wichtiger für die Außenpolitikanalyse ist aber die Veränderung der eingangs genannten internationalen Rahmenbedingungen *(Multipolarität, Aufhebung der Teilung Europas, Ökonomisierung der internationalen Beziehungen)*, die mit einer Ausnahme *(Aufbrechen gewaltsam ausgetragener Konflikte innerhalb Europas)* für das vereinte Deutschland eine Erweiterung seines „relativen" Handlungsspielraums bewirkten. Nach dem Ende der Nachkriegsordnung ist es – im Gegensatz zur westdeutschen Republik mit ihrem auf politische Veränderung abzielenden Einheitsgebot – ein saturierter Nationalstaat; umgeben von Partnern unterschiedlicher politischer Nähe. Aus seiner Lage an der fortbestehenden, politisch sogar bedeutsamer gewordenen Wohlstandsgrenze zwischen West und Ost ergibt sich ein besonderes Interesse daran, die durch ökonomische und politische Verflechtung gekennzeichnete westeuropäische Stabilitätszone nach Osten auszudehnen. Als Folge der neuen Lage wurde die Bundesrepublik Deutschland – während des Ost-West-Konflikts selbst abhängig von den Schutzgarantien der USA – zum Exporteur von Sicherheit (politisch, wirtschaftlich, ökologisch, zivilgesellschaftlich und nunmehr auch militärisch).

Das vereinte Deutschland optierte dafür, seine erweiterten Handlungsspielräume im Rahmen der fortgesetzten und noch vertieften Bindungen auszugestalten. Gerade diese gewollte Einbindung ermöglicht es, deutsche Interessen mit derselben Selbstverständlichkeit zu vertreten, mit der dies auch andere Staaten – ohne historische Belastungen – tun können. Dementsprechend erfolgte kein Wechsel der Grundorientierungen, wohl aber eine Anpassung an veränderte Rahmenbedingungen des internationalen Systems. Damit einhergehend vollzog sich eine Veränderung politischer Schwerpunkte, inhaltlicher Begründungszusammenhänge und teilweise auch des außenpolitischen Stils. Die signifikanteste Anpassungsleistung erfolgte im Umgang mit den militärischen Instrumenten der Macht. Ermöglicht durch den neuen internationalen Kontext und zur Erhaltung der deutschen Bündnisfähigkeit, beteiligt sich die Bundeswehr auch an militärischen Einsätzen der kollektiven Sicherheits- und Verteidigungssysteme. Damit war aber keine Wiederkehr einer militärisch abgestützten Machtstaatspolitik verbunden, sondern eine Anpassung an den „Normalzustand" der UNO-Staatenwelt. Um den Weg vom „Frontstaat" zur europäischen Macht mit globalen Interessen und globaler Ver-

---

3 Mit letztgenannten Regelungen sollte auf sowjetischen Wunsch gewährleistet werden, dass die Ausdehnung der NATO auf das DDR-Gebiet kein Vorrücken der militärischen Integrationsstrukturen Richtung Osten nach sich ziehen würde. Durch die Osterweiterung der Atlantischen Allianz wurden diese völkerrechtlich immer noch fortbestehenden Bestimmungen politisch gleichwohl entwertet.

antwortung verstehen zu können, sollen zunächst die Kontinuitätslinien skizziert werden, welche die Außenpolitik der westdeutschen Republik kennzeichneten.

II. Entwicklungslinien deutscher Außenpolitik nach 1949

Die alte Bundesrepublik war ein Produkt des Ost-West-Gegensatzes, der ihre Außen- und Sicherheitspolitik bis 1989 prägte (für einen Überblick zur bundesdeutschen Außenpolitik bis zur Vereinigung siehe: Haftendorn 1985; Hanrieder 1991; sowie die außenpolitischen Beiträge bei Bracher et al. 1981 ff.). 1949 entstanden als ein Staatsgebilde, das nicht einmal über seine inneren Angelegenheiten frei bestimmen konnte, gelang es ihr in den 50er Jahren, rasch zu einem nahezu gleichberechtigten Mitglied der westlichen Gemeinschaft aufzusteigen. Die Bundesrepublik gehörte 1951 zu den Gründungsmitgliedern der „Montan-Union" als Vorstufe zur späteren Europäischen Gemeinschaft, wurde 1955 in die Nordatlantische Allianz aufgenommen und erreichte im selben Jahr mit dem „Deutschland-Vertrag" die weit gehende außenpolitische Souveränität. Bundeskanzler Adenauer hatte erkannt, dass es für den Bonner Staat keine Alternative zur Bindung an den Westen gab. Für ihn stellte die Westintegration aber auch ein Instrument dar, um im Tausch gegen die Einordnung der Bundesrepublik in die Organisationen der westlichen Zusammenarbeit Souveränität zurückzugewinnen und den außenpolitischen Handlungsspielraum zu vergrößern. Adenauers erfolgreicher Kurs bedeutete nicht nur eine Absage an Neutralitätsbestrebungen, sondern – viel wichtiger! – an die gescheiterten außenpolitischen Traditionslinien des untergegangenen Reiches, nämlich Balance- bzw. Schaukelpolitik zwischen West und Ost sowie militaristische Machtstaatspolitik. Mit der Westbindung wurde eine für Deutschland ganz neue, die Bundesrepublik prägende Tradition begründet (Besson 1970). Dieses Integrationsprogramm bedeutete sowohl Sicherheit für Deutschland als auch Sicherheit (der Nachbarn) vor Deutschland. Nachdem die 50er Jahre von der außen-, sicherheits- und wirtschaftspolitischen Westintegration geprägt worden waren, setzte sich in den 60er und 70er Jahren auch die geistig-kulturelle Orientierung an den Werten und der Lebensweise des demokratischen Westens durch.

Die Westbindung wurde durch eine Politik der aktiven „Ostverbindungen" (Werner Link) ergänzt. Für Adenauer war ein anderes Wiedervereinigungsmodell als der Anschluss der DDR zu westlichen Bedingungen nicht akzeptabel gewesen. Spätestens der Berliner Mauerbau (1961) hatte aber unmissverständlich verdeutlicht, dass die „deutsche Frage" durch eine westliche „Politik der Stärke" nicht gelöst werden konnte. Nachdem sich das gesamte westliche Bündnis Ende der 60er Jahre für den neuen Kurs der Entspannungspolitik entschieden hatte, war es die sozial-liberale Koalition unter der Kanzlerschaft Willy Brandts, die mit ihrer Ost- und Deutschlandpolitik dazu einen unverzichtbaren, im deutschen Interesse liegenden Beitrag leistete (dazu aus ganz unterschiedlichen Perspektiven:

Ash 1993; Bender 1995). Indem sie zur Anerkennung der Nachkriegsrealitäten und zur Verständigung mit den östlichen Nachbarn bereit war, schuf die Regierung Brandt die Voraussetzungen, um den Handlungsspielraum der Bundesrepublik nunmehr auch gegenüber dem Ostblock zu erweitern, den Beitritt zu den Vereinten Nationen (1973) zu ermöglichen und damit ihre volle internationale Handlungsfähigkeit herstellen zu können. Auf dieser Grundlage entwickelte sich Westdeutschland in den 70er und 80er Jahren unter den Bundeskanzlern Brandt, Schmidt und Kohl zu einem äußerst einflussreichen Akteur im internationalen System, und zwar sowohl in der Weltwirtschafts- als auch in der Außen- und Sicherheitspolitik.

Obwohl weit davon entfernt, „machtvergessen" (Schwarz 1985) zu agieren, war es der Bundesrepublik unter den Bedingungen des Ost-West-Konflikts und angesichts der fortbestehenden Sonderrechte der Westalliierten nicht möglich, ihre ökonomische Macht ungebrochen in politische Macht umzusetzen. Allerdings wurde eine solche Politik von den Bundesregierungen auch gar nicht angestrebt. Als Ergebnis eines kollektiven Lernprozesses hatten die politischen, wirtschaftlichen und geistig-kulturellen Eliten inzwischen erkannt, dass sich durch Bindungsbereitschaft nach Westen ein höherer Nettomachtgewinn erzielen ließ als durch jede andere Strategie. Nach 1949 entwickelte sich die Bundesrepublik in spezifischer Weise als ein vielfältig verflochtenes und eingebundenes „penetrated system" (Hanrieder 1967). Ihre politische, ökonomische und militärische Verflechtung ging über die zwischen den industrialisierten Staaten des transatlantischen Raumes generell feststellbaren Interdependenzen noch einmal hinaus.

Statt danach zu streben, die nationale Autonomiefähigkeit durch Beseitigung auferlegter Bindungen zu stärken, optierte sie für eine Erweiterung ihres Handlungsspielraums durch und im Rahmen des „penetrated system". Damit zog sie die Konsequenzen aus ihrer doppelten Verwundbarkeit: Als „Frontstaat" an der Grenzlinie des Ost-West-Konflikts wäre ihr eine militärische Selbstbehauptung aus eigener Kraft nicht möglich gewesen. Deshalb war die Bundesrepublik angewiesen auf das Sicherheitsbündnis mit den USA. Ihre Streitkräfte dienten der Komplettierung des westlichen Sicherheitssystems. Demzufolge entwickelte sie in der Verteidigungspolitik „kein eigenes nationales Profil" (Katzenstein 1991, S. 72).[4] Aber auch außenwirtschaftspolitisch verbot sich eine an Protektion oder Autarkie orientierte Politik von selbst. Als Folge der sich seit Ende der 50er Jahre herausbildenden hohen Exportquote seiner Wirtschaft war Westdeutschland außerordentlich stark von der Entwicklung auf den internationalen Rohstoff-, Waren-

---

4 Das Fehlen eines eigenständigen verteidigungspolitischen Profils darf jedoch keineswegs gleichgesetzt werden mit einer „machtvergessenen" Vernachlässigung der Sicherheitspolitik. Mit der Bundeswehr als zahlenmäßig größter konventioneller Streitmacht in Westeuropa, mit der Aufnahme westlicher Stationierungstruppen auf ihrem Territorium sowie mit der Bereitstellung logistischer und finanzieller Leistungen trug die Bundesrepublik Deutschland erheblich zur Verteidigungsfähigkeit des Westens bei.

und Geldmärkten abhängig. Dementsprechend entwickelte sich die Gewährleistung des freien Zugangs zu den Weltmärkten zum grundlegenden Ziel seiner Außenwirtschaftspolitik. Die Fähigkeit, grundlegende weltwirtschaftliche Entwicklungen beeinflussen zu können, war und ist nicht im Alleingang, sondern nur im Zusammenwirken mit anderen Staaten ähnlicher Interessenlage erreichbar.

Unter diesen Bedingungen verlor Deutschlands europäische Mittellage (vgl. Gruner 1989; Krell 1992) ihre Bedeutung als zentraler außenpolitischer Bestimmungsfaktor. Stattdessen wurde die Zugehörigkeit zum politischen Westen und zur OECD-Welt entscheidend für die Außenpolitik Bonns. Für sich selbst schloss die Bundesrepublik unilaterale Politikstrategien aus, wehrte sich aber auch gegen jede Form der Singularisierung und strebte, besonders in den 80er Jahren, die Beseitigung noch bestehender Diskriminierungen an. Nicht die Erweiterung der nationalen Autonomiefähigkeit, sondern die Erweiterung des außenpolitischen Handlungsspielraums durch Handeln im Verbund blieb das Ziel. Der Multilateralismus innerhalb der europäischen Integration, des Nordatlantischen Bündnisses, in den Vereinten Nationen, der KSZE und der OECD wurde zum prägenden Politikstil und zur bevorzugten außenpolitischen Strategie der Bundesrepublik, mit der sie sich das Vertrauen nicht nur ihrer Verbündeten, sondern auch der internationalen Staatengemeinschaft insgesamt erwarb.

Als die Mauer fiel, konnte die demokratisch gefestigte, in die westlichen Gemeinschaften eingebundene Bundesrepublik das in den vergangenen Jahrzehnten erworbene Vertrauenskapital aktivieren. Dieses immaterielle Kapital trug entscheidend dazu bei, dass die Weltmächte und die europäischen Staaten Deutschlands Vereinigung akzeptierten (vgl. Weidenfeld 1999). Aus freiem Entschluss steuerte die Regierung Kohl/Genscher einen Kurs, der „den verschwundenen Westbindungsschub des Kalten Krieges durch eine verstärkte autonome Integrationspolitik" (Czempiel 1996, S. 14) ersetzte. Das galt sowohl für die europäische Einigung als auch für das Nordatlantische Bündnis. So wurde der Weg zur Europäischen Währungsunion zwar schon vor 1989 beschritten, doch erst im Kontext der deutschen Vereinigung gewann dieser Prozess an Dynamik. Dass es im Vertrag von Maastricht nicht auch zu einer umfassenden Politischen Union mit einer wirklichen „Gemeinsamen Außen- und Sicherheitspolitik" kam, lag an den divergierenden Interessenlagen der Partner und am wenigsten an Deutschland. Auch den Zusammenhalt der Atlantischen Allianz stellte die größere Bundesrepublik nicht in Frage. Die deutschen Streitkräfte blieben voll in das Bündnis integriert; und durch die Aufstellung von multinationalen Einheiten wurde diese Bindung sogar noch verstärkt. Als Ergebnis dieser Entscheidungen ist das vereinte Deutschland ebenso wie die alte Bundesrepublik „allein weder kriegsführungs- noch kriegserklärungsfähig" (Bahr 1998, S. 44). Integrations- und Kooperationsbereitschaft, ein den Multilateralismus bevorzugender Politikstil und eine nachgeordnete Bedeutung des Faktors militärische Macht bildeten auch weiterhin die Charakteristika für Deutschlands Außenpolitik.

III. Deutschland als Handelsstaat

Das Festhalten an der Einbindungspolitik auch nach 1989/90 lässt sich durch eine unveränderte deutsche Interessenlage und die daraus resultierenden außenpolitischen Bestimmungsfaktoren erklären. Nach der Herstellung der staatlichen Einheit blieben „die nationalen Interessen Deutschlands (...) verflochtene Interessen" (Senghaas 1992, S. 35) mit der Folge einer strukturellen Präferenz für Multilateralismus, Integration und Kooperation. Rosecrance (1986) hat für dieses Verhaltensmuster den Begriff der Handelsstaatlichkeit geprägt.[5] Ein Handelsstaat verzichtet darauf, politische Autonomie oder gar ökonomische Autarkie erreichen zu wollen, weil diese Zielsetzungen in einem durch vielfältige Interdependenzen gekennzeichneten internationalen System weitgehend illusorisch geworden sind. Dementsprechend stellt die funktionale Differenzierung (internationale Arbeitsteilung) der Staatenwelt für den nach Wohlstandsmaximierung strebenden Handelsstaat auch keine Bedrohung, sondern eine wesentliche, die Integrations- und Kooperationsbereitschaft fördernde Bedingung für seine Kosten-Nutzen-Optimierung dar. Daraus ergeben sich außerdem Konsequenzen für die Innenpolitik, denn die Loyalität der Gesellschaft beschränkt sich, gefördert durch transnationale Vernetzungen, nicht mehr auf das eigene Staatswesen. Sie ist zugleich an der Prosperität der kooperierenden Staaten interessiert und deshalb bereit, Interdependenzen zu akzeptieren und supranationale Zusammenarbeit zu unterstützen. Diesem Ziel dient auch das Streben nach einer „Verrechtlichung der Außenbeziehungen" (Müller 1998, S. 34) im internationalen System. In diesem Kontext muss allerdings auch die – von Rosecrance vernachlässigte – „Schattenseite" der Handelsstaatlichkeit erwähnt werden. Weit davon entfernt, „altruistisch" zu sein, begünstigt die Ausrichtung an der Wohlstandsmaximierung eine Politik „globalpolitischer Defizite" (Rittberger 1990, S. 19), in deren Bezugssystem weltweite Herausforderungen (z.B. Umwelt- bzw. Naturschutz, Energieknappheit) ebenso vernachlässigt werden wie die Interessen der kaum gleichberechtigt kooperationsfähigen Entwicklungsländer.

Weil der neue Handelsstaat unter den Funktionsbedingungen komplexer Interdependenz agiert, treten die ökonomischen und gesellschaftlichen Bedingungsfaktoren der Außenpolitik in den Vordergrund. Der Nationalstaat als Akteur in der internationalen Politik hat „gesellschaftliche" und „ökonomische" Konkurrenz bekommen; sein ursprünglich fast vollständiges Monopol auf die Gestaltung der Außenbeziehungen existiert nicht mehr. Czempiel (1993) hat diese Entwicklung mit seinem Vorschlag für eine analytische Dreiteilung zwischen Staatenwelt, Gesellschaftswelt und Wirtschaftswelt zutreffend benannt. Bildete die europäische

---

5 Das Modell des Handelsstaates wird an dieser Stelle – im Gegensatz z.B. zu Hanns W. Maulls Zivilmacht-Entwurf – nicht als programmatisches Konzept, sondern als analytisches Modell verstanden.

Aristokratie im 18. und 19. Jahrhundert die tragende Gesellschaftsschicht einer staatszentrierten internationalen Kooperation, so haben mittlerweile die transnational agierende Wirtschaft und staatenübergreifend tätige gesellschaftliche Akteure Beziehungen entwickelt, die die traditionellen Staatenbeziehungen und die Reichweite ihrer Gestaltungsfähigkeit beeinflussen, überlagern oder in ihrer Bedeutung relativieren (dazu auch: Habermas 1998; Kohler-Koch 1998; Zürn 1998). Ohne die Kenntnisnahme dieser Realität lässt sich auch deutsche Außenpolitik nicht mehr erfassen.

Dass sich die Bundesrepublik Deutschland zu einem Handelsstaat entwickeln sollte, war zunächst nicht das Resultat ihrer freien Entscheidung, sondern die Konsequenz aus Rahmenbedingungen, die die westlichen Siegermächte gesetzt hatten. Für die Entwicklung von Demokratie und Gesellschaft in Deutschland bedeutete die Zäsur des Jahres 1945 einen revolutionären Strukturbruch. Mit der Niederlage Nazi-Deutschlands war nicht nur der Machtstaat, sondern auch der vordemokratisch-autoritäre, antipluralistische „deutsche Sonderweg" im Innern endgültig gescheitert. Die neue Ordnung, aus der sich eine demokratische Bürgergesellschaft entwickelte, wurde zwar von den Siegern etabliert, von den Besiegten aber mehr und mehr angenommen. Auch außenpolitisch erwies es sich als Vorteil, dass der Bundesrepublik die Rückkehr zur Machtstaatenwelt versperrt worden war. Stattdessen etablierten sich eine exportorientierte Ökonomie und die europäische Integration als Grundlagen des westdeutschen Erfolgsmodells. Für die Gesellschaft wurde sichtbar, dass sich die Interessen der Bundesrepublik im dauerhaft angelegten Verbund mit anderen Staaten sehr viel wirkungsvoller durchsetzen ließen als durch fallweise Kooperation und erst recht durch unilaterales Handeln. Auf diese Weise erwuchs aus den auferlegten Kontrollen und Souveränitätsbeschränkungen eine mit dem aufgeklärten Eigeninteresse der neuen Demokratie begründete Bindungsbereitschaft als westdeutsche Staatsräson.

Daraus ergab sich außerdem eine Präferenz für die Instrumente „sanfter" oder „kooptiver Macht" (Nye 1990), deren Bedeutung durch die zunehmende Globalisierung bzw. Internationalisierung aller Politikbereiche noch gestiegen ist. Wirtschaftlich-technologische Kompetenz, soziale Stabilität, Kompromissbereitschaft, Anpassungs- und Innovationsfähigkeit sowie die Kapazität, auch angesichts divergierender Interessen zur Regelung internationaler Problemlagen beizutragen, entwickelten sich zu spezifischen „Spezialisierungsvorteilen" (Kreile 1996, S. 11) des Handelsstaats Bundesrepublik. Seine Außenpolitik bildete sich zunehmend als ein Verfahren zur „Steuerung des permanenten Kompromisses" (Ernst-Otto Czempiel) heraus und näherte sich damit sehr stark den Prozessen der Aushandlung und Konsensfindung an, die für das Handeln gesellschaftlicher Akteure in der Innenpolitik charakteristisch sind und eine „Politik des mittleren Weges" zur Folge haben.[6] Tatsächlich findet Deutschlands Bereitschaft zur Beschränkung von

---

6 Vgl. dazu auch den Beitrag von Manfred Schmidt in diesem Band.

Autonomiefähigkeit in der Außenpolitik ihre innenpolitische Entsprechung in einer weit gehenden Machtteilung als Folge von Föderalismus, Koalitionsregierungen und Sozialpartnerschaft, die Katzenstein mit dem Begriff der „doppelten Fesselung der Macht" (Katzenstein 1991, S. 68 ff.) prägnant bezeichnet hat. Aus der Erfahrung mit der Machtstreuung im politischen System folgt eine strukturelle Disposition zu Gunsten ähnlicher Strategien und Lösungen im internationalen System, besonders in Bezug auf die supranationale Zusammenarbeit in Westeuropa.

Die „multilaterale Lernleistung" der Jahre 1949 bis 1989 war mit der deutschen Vereinigung nicht beendet. Auch nach dem Wegfall des Ost-West-Gegensatzes blieb das nunmehr vereinte Deutschland eingebunden in die Sicherheitsgemeinschaften[7] EG und NATO. Der 1989 vollzogene Strukturbruch in der internationalen Politik hatte keinen vergleichbaren Strukturbruch für die deutsche Außenpolitik zur Folge, deren Inhalt sich in drei als Verhaltensmuster über Zeit verstandenen Grundorientierungen zusammenfassen lässt:

1. Mit seinem Festhalten an Multilateralismus, Integration und Kooperation bekundet Deutschland seine unveränderte Bereitschaft zum Verzicht auf nationalstaatliche Autonomie. Dem liegt die Überzeugung zu Grunde, dass seine nationalen Interessen nicht durch größere Autonomie, sondern durch freiwillige Bindung am besten gewahrt werden können.
2. Für Deutschlands Außenpolitik bleibt der Primat der Wohlfahrtsoptimierung bestimmend. Die Maximierung des eigenen Wohlstands war – und ist – das übergeordnete außenpolitische Ziel, dem andere Zielsetzungen nachgeordnet bzw., dem Grundsatz praktischer Konkordanz folgend, zugeordnet werden.
3. Bei der Verfolgung ihrer Interessen in der internationalen Umwelt verfolgt die deutsche Außenpolitik einen Politikstil ziviler Diplomatie; eine grundsätzliche Präferenz für nicht-militärische Strategien und Instrumente. Militärische Einsätze kommen nur im Verbund in Frage; eine nationale militärische Machtprojektion findet nicht statt.

IV. Gesamteuropäische Zusammenarbeit oder Osterweiterung des Westens?

Obwohl die Strukturen der Integration bestehen blieben, veränderte sich ihre Bedeutung. Nach dem Ende des Ost-West-Konflikts verlor die nukleare Schutzgarantie der USA für Deutschland ihre existenzielle Relevanz. Stattdessen rückten die europäischen Strukturen in den Vordergrund. Die wirtschaftlichen Gründe für Deutschlands fortgesetztes Interesse an der europäischen Integration sind of-

---

[7] Nach Karl W. Deutsch (1957) zeichnet sich eine „pluralistische Sicherheitsgemeinschaft" dadurch aus, dass in ihrem Rahmen Gewalt als Mittel zwischenstaatlicher Interessensdurchsetzung überwunden ist (gewaltfreie Problemverarbeitung), ihre Teilnehmer in den grundlegenden politischen Werten übereinstimmen (Wertekonsens) und das wechselseitige Verhalten berechenbar ist (Erwartungsverlässlichkeit).

fensichtlich, denn als exportabhängiges Land ist es auf eine möglichst große Zone ökonomischer Prosperität sowie auf freien Handelsaustausch angewiesen. Die deutsche Volkswirtschaft als regionale Leitökonomie mit globaler Bedeutung bleibt auf Europa orientiert. Allein auf die EU-Partner entfiel (1997) mehr als 56% des gesamten Außenhandelsvolumens, auf Gesamteuropa sogar fast 72% (Bundesministerium für Wirtschaft 1998, S. 90/91). Für die bundesdeutsche Volkswirtschaft stellt die EG/EU seit den 60er Jahren – mit beständig etwa 50% der Direktanlagen – auch das bevorzugte Investitionsgebiet dar (Bundesministerium für Wirtschaft 1998, S. 102). Nur im Rahmen der Europäischen Union kann die Bundesrepublik ihre wirtschaftliche und technologische Wettbewerbsfähigkeit in der Triadenkonkurrenz mit den Vereinigten Staaten und Japan erhalten (vgl. Kloten 1994; Kreile 1992; Rode 1992). Hierin liegt auch das tiefere Rational für die Einführung des Euro als gemeinsamer Währung.

Die politische Dimension der Integration fällt nicht weniger ins Gewicht. Ein geeintes Deutschland strebte entweder zur kontinentaleuropäischen Hegemonie oder es schien seinen Nachbarn zu stark, sodass sich diese zu gegen Deutschland gerichteten Koalitionen zusammenschlossen. Darin lag, historisch betrachtet, eine zentrale Ursache für Spannungen und bewaffnete Auseinandersetzungen in Europa. Die europäische Integrationspolitik erwies sich als eine Strategie, um das alte Muster der Macht- und Gegenmachtbildung zu überwinden. Diese Strategie eröffnete Deutschland den Weg zur Gleichberechtigung; und seine Nachbarn konnten feststellen, dass sie die deutsche Politik, vermittelt durch die Institutionen der EG/EU, zu beeinflussen vermochten. Um eine Rückkehr zu kontraproduktiven Gegenmachtbildungen zu verhindern, entwickelte die Bundesrepublik nach der Vereinigung ein besonderes Interesse daran, dass sich seine Partner nicht – auch nur relativ – schwächer fühlen sollten.

Nach dem Zerfall der kommunistischen Systeme richtete sich das deutsche Integrationsinteresse auch auf die Staaten in Osteuropa. Die Friedenszone der OECD-Welt soll, in mittel- bis langfristiger Perspektive, auf der Grundlage demokratischer Herrschaftsstrukturen, ziviler Gesellschaften und funktionsfähiger sozialer Marktwirtschaften so weit wie möglich nach Osten ausgedehnt werden. Anknüpfend an das alte Konzept einer „gesamteuropäischen Friedensordnung" geht es dabei um „nichts weniger (...) als (um) eine neue, den Frieden produzierende Figur des europäischen Staatensystems" (Czempiel 1996). Diesem Kurs liegt die Überzeugung zu Grunde, dass eine bilateral ausgerichtete deutsche Politik gegenüber seinen mittelost- und osteuropäischen Nachbarn vermutlich ähnliche Probleme wie in der Vergangenheit hervorrufen und dadurch sogar die westliche Integration destabilisieren dürfte.[8] Daraus ergibt sich ein strukturelles Interesse

---

8 Als Beleg für diese These lässt sich auf die bilaterale Politik gegenüber Polen (Debatte über die Oder-Neiße-Grenze, 1989/90) und der Tschechischen Republik (Verhandlungen über eine Aussöhnungs-Erklärung, 1995/97) verweisen. In beiden Fällen unterschied sich der Politikstil der Bundesregierung signifikant von der Politik Deutschlands innerhalb der

Deutschlands, die im Westen fortschreitende Integrationspolitik schrittweise auch auf den Osten auszuweiten, und zwar von der Kooperation (aller) über die Assoziation (vieler) bis hin zur vollen Integration (zunächst nur einiger Staaten). So verstanden, erfüllt die Ausdehnung der westlichen Integration nach Osten eine wichtige Funktion in Bezug auf die Rolle Deutschlands in Europa, denn durch sie wird seine im Westen bereits vollzogene, multilaterale Einbindung vollendet, parallel dazu die westliche Stabilitätszone über die deutsche Ostgrenze hinaus erweitert und auf beiden Wegen das Sicherheitsdilemma reduziert.

Auch wirtschaftlich liegt diese Strategie im Interesse der Bundesrepublik, denn die mittel- und osteuropäischen Reformstaaten entwickeln sich immer stärker zu einem zukunftsträchtigen Wachstumsmarkt. 1996 überrundete der Handel mit dieser Gesamtregion erstmals den Umfang des deutschen Außenhandels mit den USA. Politisch bedeutsam sind dabei die regionalen Unterschiede als Folge divergierender Rahmenbedingungen, vor allem für die Rechtssicherheit des Auslandskapitals. Während sich das deutsche Exportvolumen in die drei fortgeschrittenen Reformstaaten Polen, Tschechische Republik und Ungarn von 26.2 Mrd. (1994) auf 57.1 Mrd. DM (1998) steigerte und auch die Netto-Direktinvestitionen von 1.958 (1993) auf 3.096 Mrd. DM (1997) zunahmen, blieb der Umfang des Exports (1993: 11.4 Mrd.; 1998: 14.5 Mrd. DM) und der Nettotransfer von Direktinvestitionen (1993: 135 Mill. DM; 1997: 218 Mill. DM) in die Russische Föderation vergleichsweise gering (alle Angaben nach: Statistisches Jahrbuch 1998).

Anfang der 90er Jahre dominierte in der deutschen Außenpolitik zunächst die vom damaligen Außenminister Genscher betriebene Orientierung auf Gesamteuropa. Durch den Aufbau kooperativer Strukturen innerhalb der KSZE sowie durch eine zügige Erweiterungs- und Assoziierungspolitik der Europäischen Gemeinschaft, so Genschers Zielsetzung, sollte die Teilung des Kontinents überwunden werden. Das Auseinanderbrechen der Sowjetunion und Jugoslawiens, aber auch die gravierenden Probleme beim politischen, wirtschaftlichen und gesellschaftlichen Transformationsprozess in den ehemaligen sozialistischen Staaten, führten bereits nach kurzer Zeit zur Ernüchterung und zu einer Neubestimmung der Integrationspolitik in zeitlicher, räumlicher und inhaltlicher Hinsicht. Während den unmittelbaren Nachbarstaaten der EG/EU eine konkrete – wenngleich terminlich gestreckte – Beitrittsperspektive eröffnet wurde, blieb für die meisten Staaten Südosteuropas und für die Nachfolgestaaten der Sowjetunion (mit Ausnahme des Baltikums) eine Assoziierung das höchste erreichbare Ziel. Sicherheitspolitisch wurde die Suche nach neuen, gesamteuropäischen Sicherheitsstrukturen im Rahmen der KSZE/OSZE abgelöst durch eine wachsende Attraktivität der NATO, deren Mitgliedschaft von fast allen Staaten außerhalb der Russischen

Integration. In Bezug auf Polen konnte dies durch die Einbettung der Grenzregelung in den 2+4-Prozessen weitgehend kompensiert werden, während im Falle Tschechiens ein entsprechender „Ausgleich" durch die Einbeziehung dritter Mächte bzw. durch einen multilateralen Rahmen nicht gegeben war. Vgl. auch den Beitrag von Vladimir Handl in diesem Band.

Föderation angestrebt wurde. Auch die deutsche Politik vollzog diesen Politikwechsel mit und trieb ihn seit 1993/94 aktiv voran. Statt als „Motor der Gesamteuropapolitik" (so Genschers Credo) verstand sich Deutschland nun in erster Linie als „Anwalt" (so sein Nachfolger Kinkel) der fortgeschrittensten Reformstaaten (wie Estland, Polen, Tschechische Republik, Ungarn, Slowenien) auf ihrem Weg in die NATO und in die Europäische Union.

Dieser Perspektivwechsel reflektierte die Realität des Transformationsprozesses, hatte aber auch neue Probleme zur Folge. Um eine Verschärfung des ökonomischen und zivilgesellschaftlichen Entwicklungsgefälles in Europa und damit das Entstehen neuer Krisenherde zu vermeiden, waren attraktive Kooperationsangebote für die Staaten ohne konkrete EU-Beitrittsoption erforderlich. Gerade die Aussicht auf eine Mitgliedschaft in der westlichen Integration hatte die Anwärter dazu veranlasst, ihre Grenzstreitigkeiten, bilateralen Rivalitäten und Minderheitenprobleme den OSZE- und EU-Normen entsprechend zu regeln. Ohne die disziplinierende Wirkung einer Annäherungsperspektive an die Sicherheitsgemeinschaften des Westens bleibt die Revitalisierung derartiger Konflikte außerordentlich wahrscheinlich. Zugleich musste der Gefahr entgegengesteuert werden, dass die – 1996 eingeleitete und im März 1999 durch die Aufnahme der ersten drei Kandidaten umgesetzte – Osterweiterung der NATO zu einer neuen Spaltung Europas führte. Als Antwort auf diese Herausforderungen betrieb Deutschland eine Intensivierung der Transformationshilfen für Ost- und Südosteuropa im bilateralen und EU-Kontext. Zugleich bemühte es sich um eine Ergänzung der NATO-Öffnung durch eine besondere Einbindung Russlands in neue, sicherheitspolitische Kooperationsstrukturen. Ob diese flankierenden Maßnahmen ausreichen, muss bezweifelt werden, nicht zuletzt, weil innerhalb des Westens – und auch in der deutschen Politik – kein Konsens über die Finalität der NATO-Erweiterung besteht (vgl. Staack 1997). Auch eine Problemregelung durch noch größere deutsche Finanztransfers wird angesichts der Haushaltslage nur sehr eingeschränkt möglich sein. Auf der Tagesordnung der deutschen Außenpolitik bleibt die Gestaltung von Integration und Kooperation in Europa die wichtigste Herausforderung. Diese Herausforderung umfasst die Entwicklung von Politikangeboten für die Nichtmitglieder des „erweiterten Westens" ebenso wie die Binnenstrukturreform der Europäischen Union.

V. Ein veränderter Umgang mit militärischer Macht

1. Die politische und verfassungsrechtliche Ausgangslage

Die Rolle militärischer Instrumente für die deutsche Außenpolitik bedurfte nach der Vereinigung einer grundlegenden Neubestimmung. Bis 1989 hatte das militärische Potenzial in der deutschen Außen- und Sicherheitspolitik zwar eine wichtige Rolle als Abschreckungsfaktor gespielt, war aber nie zum Einsatz gekommen.

An der Stelle des Militarismus, der bis 1945 Deutschlands Politik maßgeblich prägte, entwickelte sich eine innergesellschaftlich verankerte „Kultur der Zurückhaltung", die den Einsatz deutscher Soldaten mit Ausnahme der Landes- und Bündnisverteidigung ablehnte und stattdessen den zivilen Instrumenten der Konfliktregelung den Vorrang gab. Als Folge dieser „Zurückhaltung" hatte sich die Bundeswehr nicht an militärischen Einsätzen außerhalb des NATO-Vertragsgebiets („Out of area") beteiligt; und zwar unter Rücksichtnahme sowohl auf die NS-Vergangenheit als auch auf die exponierte Lage der beiden deutschen Staaten an der Grenze zwischen West und Ost. Der Bundesrepublik war eine solche Haltung möglich, weil sie auf den militärischen Schutz und Beistand der Partner vertrauen konnte. Außerdem wären deutsche Soldaten in den ersten Jahrzehnten nach dem Zweiten Weltkrieg an kaum einer Stelle der Welt erwünscht gewesen, auch nicht – nach dem UN-Beitritt der beiden deutschen Staaten – als Friedenstruppen im Dienst der Weltorganisation.

Bis zum Rücktritt Außenminister Genschers im Mai 1992 wurde die restriktive „Out of area"-Politik von allen Bundesregierungen mit der Verfassungslage begründet, nach der ein Einsatz deutscher Streitkräfte nur zur Landesverteidigung (Art. 87a GG), nicht aber außerhalb des NATO-Gebiets zulässig sei. Dennoch war diese Position nie unumstritten, und zwar weder politisch noch verfassungsrechtlich. Die Mehrheit der Verfassungsrechtler vertrat bereits vor 1989 die Auffassung, dass militärische Bundeswehreinsätze im Rahmen kollektiver Sicherheitssysteme wie der UNO mit dem Grundgesetz vereinbar seien (vgl. Frowein/Stein 1990). Ungeachtet dieser klaren Mehrheitsmeinung waren die juristischen Auffassungen zu gegensätzlich, um allein darauf eine Neuauslegung des Grundgesetzes stützen zu können. Nicht zuletzt stand dem auch die langjährige Auslegungspraxis der Regierung selbst entgegen. Eine politische Lösung war folglich unumgänglich. Nachdem die restriktiven Rahmenbedingungen des Ost-West-Konflikts der Vergangenheit angehörten, war die Bundesregierung entschlossen, diese Frage neu zu beantworten. Dabei sah sie sich mit drei Problemen konfrontiert: (1) Einerseits war es notwendig, durch eine verfassungspolitische Verständigung zwischen den Parteien bzw. durch eine Änderung des Grundgesetzes eine eindeutige verfassungsrechtliche Regelung herbeizuführen. (2) Andererseits kam es darauf an, einen möglichst umfassenden innenpolitischen Konsens darüber herzustellen, welche Funktionen militärische Instrumente in der Außenpolitik zukünftig wahrnehmen sollten. (3) Außerdem war es erforderlich, dass die angestrebte Regelung mit der Bündnisfähigkeit der Bundesrepublik vereinbar war. Nach dem Willen der Bundesregierung sollte Deutschland innerhalb der Verteidigungsbündnisse NATO und WEU keine Sonderrolle spielen. Auch eine „Singularisierung" Deutschlands, die negative Rückwirkungen auf den außenpolitischen Handlungsspielraum gehabt hätte, sollte unbedingt vermieden werden.

2. Grundsatzdebatte über das außenpolitische Selbstverständnis

Der ebenso langwierige wie kontroverse politische und verfassungsrechtliche Konflikt über Auslandseinsätze der Bundeswehr kann an dieser Stelle nicht nachgezeichnet werden (vgl. dazu Staack 1999, Kapitel V). Nach der Auseinandersetzung über die Westintegration in den 50er Jahren, über die Ostpolitik in der ersten Hälfte der 70er Jahre und über den NATO-Doppelbeschluss Anfang der 80er Jahre handelte es sich um die vierte große Debatte über Grundrichtungen deutscher Außenpolitik. Obwohl leidenschaftlich und oft auch polemisch zugespitzt ausgetragen, führten alle diese Debatten zu einem Ergebnis, das nachfolgend von der großen Mehrheit der politischen Eliten und der Gesellschaft akzeptiert werden konnte. Nachdem sich Regierung und Opposition nicht auf einen Kompromiss einigen konnten, erfolgte die notwendige Klärung durch das Bundesverfassungsgericht. In ihrer einstimmig ergangenen Entscheidung vom 12. Juli 1994 stellten die Verfassungsrichter fest, dass das Grundgesetz der Bundeswehr gestatte, sich an Einsätzen der Vereinten Nationen und an Aktionen von NATO und WEU zur Umsetzung von Beschlüssen des UN-Sicherheitsrates zu beteiligen (Bundesverfassungsgericht 1994, S. D 428-431). Habe der Gesetzgeber der Einordnung in ein bestimmtes System kollektiver Sicherheit zugestimmt, so das Gericht, so erfasse „diese Zustimmung auch die Eingliederung von Streitkräften in integrierte Verbände des Systems oder eine Beteiligung von Soldaten an militärischen Aktionen des Systems unter dessen militärischem Kommando", soweit dies im Gründungsvertrag oder in der Satzung des jeweiligen Systems zum Zeitpunkt der parlamentarischen Zustimmung bereits angelegt gewesen sei. Für eine Überraschung sorgte das Gericht bei seiner Auslegung des Begriffs der kollektiven Sicherheitssysteme. Dabei machte es sich eine weit gefasste Definition zu Eigen, die nicht nur die Vereinten Nationen, sondern auch Verteidigungsbündnisse wie NATO oder WEU erfasste. Darüber hinaus legten die Richter fest, dass für eine Entsendung bewaffneter Streitkräfte ins Ausland in jedem Einzelfall die vorherige Zustimmung des Deutschen Bundestages erforderlich sei. Die nachfolgende konkrete Ausgestaltung eines solchen Einsatzes falle dann in den Kompetenzbereich des Regierungshandelns.

Mit seiner Entscheidung hatte sich das Bundesverfassungsgericht inhaltlich der seit langem in der Staats- und Verfassungsrechtslehre vorherrschenden, von der CDU/CSU geteilten Auffassung angeschlossen; prozedural bestätigten sie die Auffassung von SPD und FDP, die stets einen „Parlamentsvorbehalt" für erforderlich gehalten hatten. Regierung und Parlament konnten nun „im Einzelfall und nach sorgfältiger Abwägung (deutscher) (...) Interessen, Verpflichtungen, Möglichkeiten und Grenzen ja oder nein (...) sagen." (Kinkel 1994) Nicht nur die Regierungsparteien, auch die SPD-Opposition begrüßte das Urteil des Bundesverfassungsgerichts. Abweichend von den bis zuletzt nach außen aufrechterhaltenen konträren

Grundsatzpositionen hatten sich die Auffassungen von Koalition und Sozialdemokraten ohnehin bereits aufeinander zubewegt. Insofern ebnete der Richterspruch den Weg zu einem neuen politischen Konsens, dem sich in den nächsten Jahren auch die Mehrheit von Bündnis 90/Die Grünen anschließen sollte. Zusammenfassend lassen sich der Verlauf, das Ergebnis und die Wirkungen dieser für das außenpolitische Selbstverständnis des vereinten Deutschlands zentralen Debatte wie folgt bewerten:

1. Der entscheidende Anstoß für die Neudefinition der militärischen Mittel im Gesamtkontext deutscher Sicherheitspolitik kam von außen und wurde durch die veränderten internationalen Herausforderungen nach dem Ende des Ost-West-Gegensatzes bestimmt. Dabei wirkten vor allem der Golf-Krieg (1991) und die Konflikteskalation im auseinander brechenden Jugoslawien (seit 1991/92) als Katalysatoren für die innerdeutsche Debatte. Sowohl die westlichen Verbündeten als auch die in der OSZE und der UNO zusammengeschlossene internationale Staatengemeinschaft wünschten eine Beteiligung Deutschlands an ihren militärischen Aktionen zur Konfliktprävention, Friedenserzwingung und Friedenssicherung und damit eine Anpassung des handelsstaatlichen Politikstils an neue Rahmenbedingungen.

2. Alle politischen Kräfte hatten sich über eine gesamte Legislaturperiode hinweg als unfähig erwiesen, in einer außenpolitischen Grundsatzfrage eine tragfähige Regelung zu finden. Diese Prozedur beschädigte nicht nur die Glaubwürdigkeit der Regierung, die sich in der Frage der „Out of area"-Missionen auf eine verfassungsrechtlich fragwürdige „Politik der vollendeten Tatsachen" eingelassen hatte, sondern beschränkte auch den außenpolitischen Handlungsspielraum der Bundesrepublik insgesamt. Dass sich der Weg zu einem neuen Konsens so schwierig und langwierig gestaltete, bestätigt Katzensteins These von der „Fesselung der Macht", hier auf deren innenpolitische Dimension bezogen. Paradigmatisch wurde die Schwerfälligkeit deutlich, mit der das deutsche machtteilende Entscheidungssystem auf neue (internationale) Anforderungen antwortet.

3. Die Entscheidung des Bundesverfassungsgerichts bedeutete gewiss kein Votum für eine „Militarisierung der Außenpolitik", sondern die Anerkennung der mit der Mitgliedschaft in kollektiven Sicherheitssystemen verbundenen Rechten und Pflichten sowie die Herstellung der Handlungsfähigkeit Deutschlands in diesem wichtigen außenpolitischen Teilbereich. Insofern vollzog die Bundesrepublik eine Anpassung an den „Normalzustand" der UN- und NATO-Staatenwelt. Damit bewahrte sie ihre Bündnisfähigkeit und war wieder in der Lage, ihr politisches Gewicht bei der Gestaltung von Entscheidungen der Vereinten Nationen, der Nordatlantischen Allianz oder der WEU voll einzubringen, was im Falle eines Abseitsstehens bei kollektiven Militäreinsätzen nicht möglich gewesen wäre.

4. Die Auseinandersetzung über Auslandseinsätze der Bundeswehr stellte nicht zuletzt eine gesellschaftliche Lernleistung dar. Vor dem Hintergrund der jüngsten deutschen Vergangenheit auf der einen Seite, aber auch anhaltenden Völkerrechtsbruchs und fortgesetzter Menschenrechtsverletzungen in der Gegenwart auf der anderen Seite, musste neu entschieden werden, welche Bedeutung militärischen Instrumenten künftig in der Außen- und Sicherheitspolitik zukommen sollte. Diese besonders innerhalb der SPD und den Bündnisgrünen mit Vehemenz ausgetragene Debatte endete mit einer gründlich reflektierten Absage an die spezifische Form der militärischen Zurückhaltung der „alten" Bundesrepublik und mit der Bereitschaft zur Verteidigung des Rechts notfalls auch mit militärischen Mitteln.

VI. Die Umstellung der Bundeswehr auf neue Aufgaben

Im Kontext der Neudefinition der deutschen sicherheitspolitischen Rolle musste auch der Auftrag der Bundeswehr im Rahmen der Bündnisstrukturen von NATO und WEU politisch neu bestimmt und in entsprechende operative Planungen umgesetzt werden. Dabei zeichnete sich schnell ab, dass dieser Umstrukturierungsprozess mit einem finanziellen Mehraufwand verbunden und eine zunächst erhoffte „Friedensdividende", d.h. die Freisetzung größerer Summen aus dem Verteidigungshaushalt für andere Aufgaben, jedenfalls in den 90er Jahren nicht zu erwarten sein würden.

Ausgangspunkt der 1992/93 in mehreren Schritten entwickelten neuen Bundeswehrplanung war die grundlegende Veränderung bzw. – aus deutscher Sicht – Verbesserung des sicherheitspolitischen Umfelds in Europa (vgl. dazu die drei entscheidenden Dokumente: Militärpolitische Grundlagen 1992; Verteidigungspolitische Richtlinien 1992; Weißbuch 1994). Nach dem Ende des Ost-West-Konflikts und dem Auseinanderfallen der UdSSR gehörte die existenzielle Bedrohung der Bundesrepublik durch einen unmittelbar benachbarten hochgerüsteten Block der Vergangenheit an. An die Stelle dieser massiven, seit den 60er Jahren aber auch weitgehend kalkulierbaren Bedrohung sei – so die Analyse – eine Vielzahl von kleineren, unübersichtlicheren bzw. schwerer berechenbaren Risiken getreten. Um auf dieses „Spannungsfeld von weit reichenden Chancen und komplexen Risiken" (Weißbuch 1994, S. 23) antworten zu können, so die neuen Planungsgrundlagen, müsse Deutschland eine auf die weltweite Förderung und Absicherung politischer, wirtschaftlicher, militärischer und ökologischer Stabilität beruhende Sicherheitspolitik betreiben. Eine „ausschließlich auf Deutschland oder Europa konzentrierte Betrachtungsweise" (Militärpolitische Grundlagen 1992, S. 508) werde den neuen Herausforderungen nicht mehr gerecht. Deshalb sei es erforderlich, die Beurteilung des Risikospektrums „zwar aus europäischer und Bündnissicht, aber stets mit weltweiter Perspektive" (Militärpolitische Grundlagen 1992, S. 508) vorzunehmen.

Damit die Bundeswehr ihre Aufgabe als politisches Instrument der „Sicherheitsvorsorge" (Weißbuch 1994, S. 39) zukünftig wahrnehmen könne, wurde eine grundlegende Umgestaltung der Struktur der Streitkräfte angestrebt. Die in ihrer Einsatzbereitschaft deutlich reduzierten „Hauptverteidigungskräfte" (HVK) sollten als „Fundament der Landesverteidigung" (Weißbuch 1994, S. 93) auch weiterhin die territoriale Integrität Deutschlands bzw. des Bündnisses schützen. Darüber hinaus war beabsichtigt, und darin lag die zentrale Innovation der Bundeswehrplanung, „zahlenmäßig begrenzte, im Frieden voll einsatzbereite und damit präsente Kräfte zur angemessenen Reaktion in Krisenlagen" (Militärpolitische Grundlagen 1992, S. 509) aufzustellen. Diese – von ursprünglich geplanten 80.000 auf 53.000 Mann reduzierten – „Krisenreaktionskräfte" (KRK) waren vorgesehen, um für Einsätze im Rahmen der NATO und kollektiver Sicherheitssysteme wie der Vereinten Nationen zur Verfügung zu stehen.

Das neue Bundeswehr-Konzept stellte nicht das Resultat einer national autonomen Planung dar, sondern folgte weitestgehend aus der veränderten NATO-Strategie und der damit korrespondierenden Entwicklung einer „europäischen Sicherheitsidentität" im Rahmen der WEU (vgl. NATO-Gipfelkonferenz 1991; Petersberg-Erklärung 1992).[9] Die neue Strategie des Bündnisses zielte darauf ab, die verteidigungspolitischen Kapazitäten des Bündnisses durch den Aufbau einer gemeinschaftlichen Fähigkeit zur Intervention im globalen Maßstab zu ergänzen. Der Bundesregierung kam es ergänzend darauf an, die multilaterale Einbindung der Bundeswehr durch die Aufstellung multinationaler Einheiten noch zu verstärken. Dadurch sollte sowohl eine „Renationalisierung" der Sicherheitspolitik vermieden als auch die Handlungsfähigkeit der Allianz angesichts reduzierter Streitkräftestärken aufrecht erhalten werden. Nachdem die parlamentarische Opposition dieser neuen Aufgabenbeschreibung anfangs vehement widersprochen und die Entwicklung der Bundeswehr zu einer global aktionsfähigen „Interventionsarmee" (Fuchs 1993, S. 36) kritisiert hatte, passte sich vor allem die SPD nach dem „Out of area"-Urteil des Bundesverfassungsgerichts der neuen Faktenlage an. Doch auch nachdem Deutschland auf diese Weise seinen Umgang mit den Instrumenten militärischer Macht neu bestimmt hatte, steht es vor der dauerhaften Notwendigkeit eines politischen Drahtseilakts. Auf der einen Seite soll es „den Forderungen von Freunden und Partnern nach angemessener Beteiligung an Aktionen kollektiver Friedenssicherung nachkommen, also die 'Bürgerpflicht' innerhalb der demokratischen Staatengemeinschaft erfüllen, und auf der anderen Seite ostentativ und unmissverständlich die klare Trennungslinie zwischen dem Deutschland von heute und der militaristischen Vergangenheit beibehalten" (Müller 1998, S. 31).

---

9 Diese Strategie wurde zuletzt durch die anlässlich des 50. Gründungsjahres der Allianz durchgeführte Konferenz der Staats- und Regierungschefs der NATO in Washington vom 24./25.4.1999 bestätigt. Vgl. Frankfurter Allgemeine Zeitung, 26.4.1999, S. 1-3.

VII. Ausblick

Bonn war nicht Weimar, und Berlin wird nicht Bonn sein. Die veränderte internationale Umwelt führt zwangsläufig zu einer veränderten Außenpolitik, auch wenn es bei den Grundorientierungen eines demokratischen Handelsstaates bleibt. Rückblickend betrachtet, könnte die deutsche Beteiligung am Krieg im Kosovo als Abschluss der Anpassung an die neuen Rahmenbedingungen des internationalen Systems angesehen werden. Ohne die politische, völkerrechtliche und strategische Sinnhaftigkeit – oder Fragwürdigkeit – dieses Einsatzes zu bewerten, bleibt festzuhalten, dass sich die neue Bundesrepublik auch im militärischen Machtgebrauch nicht mehr vom „Normalzustand" der UN-Staatenwelt unterscheidet. Dass dieser im Bündnisrahmen vorbereitete Krieg unter einer rot-grünen Regierung begonnen wurde, bedeutet eine Zäsur. Damit ist keine Wende zu einer „demokratischen Machtpolitik" nach dem Muster der USA gemeint. Aber beide Parteien werden sich kaum noch prinzipiell gegen ähnliche Einsätze wenden können, wenn sie in der Zukunft einmal von einer CDU/CSU-geführten Bundesregierung zu verantworten sind.

Der Wechsel zur rot-grünen Koalition im Herbst 1998 hatte nicht nur einen Regierungs-, sondern auch einen Generationenwechsel zur Folge. Zum ersten Mal wird die Bundesrepublik Deutschland von Akteuren geführt, deren politische Sozialisation ausschließlich in der Nachkriegsdemokratie stattgefunden hat, und zwar gerade auch in den Protestbewegungen gegen die Rüstungspolitik Reagans oder den Bau von Atomkraftwerken. Aus dieser Sozialisation ergibt sich ein veränderter Politikstil, eine selbstbewusstere Vertretung deutscher Interessen, allerdings ohne Infragestellung der multilateralen Politikkoordinierung und der kollektiven Verantwortung für die Geschichte. „Die Angehörigen meiner Generation", so Bundeskanzler Schröder, „sind eben nicht nur deshalb bewusste Europäer, weil sie die Einbindung Deutschlands in Europa aus der Geschichte heraus für notwendig halten, sondern weil das ein selbstverständlicher Teil ihrer eigenen Existenz ist. (...) Wir sind europäisch sozialisiert. Vor diesen Deutschen muss niemand mehr Angst haben in dem Sinn, dass ihre Mehrheit einen Rückfall in den Faschismus auch nur für möglich hielte." (Schröder 1999)

An den Grundorientierungen der Außen- und Sicherheitspolitik des multilateral eingebundenen und agierenden Handelsstaates Deutschland wird auch Rot/Grün festhalten. Ein im kollektiven Verbund durchgeführtes militärisches Eingreifen wie im Kosovo dürfte die Ausnahme bleiben. Die Priorität liegt auch weiterhin beim breit gefächerten Spektrum der zivilen Diplomatie und bei der europäischen Integrationspolitik. Damit einhergehen könnte eine institutionelle Aufwertung des Auswärtigen Amts und des Bundesministeriums für wirtschaftliche Zusammenarbeit und Entwicklung. Zu den Kurskorrekturen, die die neue Koalition angekündigt hat, gehört auch eine Koordinierung der Wirtschafts-, Finanz- und Sozialpolitik in der EU, eine Aufwertung der Entwicklungspolitik als „globale Strukturpolitik" sowie eine Stärkung der immer noch unterentwickelten Instrumente der Konfliktprävention und friedlichen Konfliktregelung unter Einschluss der Demokratisierungshilfe. Allerdings wird sich der Spielraum für die Umsetzung neuer inhaltlicher Schwerpunkte angesichts der gesamtstaatlichen Haushaltslage eher noch verringern. Ob sich aus der Summe der Korrekturen mehr ergibt als eine graduelle Anpassung der tatsächlich verfolgten Außenpolitik an neue programmatische Zielvorgaben, bleibt abzuwarten. Gegenwärtig spricht vieles dafür, dass nicht so sehr neue Inhalte, sondern der veränderte Stil demokratisch fundierter Selbstsicherheit zum wichtigsten Kennzeichen rot-grün verantworteter Außenpolitik werden könnten.

Literatur

Ash, Timothy Garton, 1993: Im Namen Europas. Deutschland und der geteilte Kontinent, München.
Auswärtiges Amt (Hrsg.), 1991: Deutsche Außenpolitik 1990/91, Bonn.
Bahr, Egon, 1999: Die „Normalisierung" der deutschen Außenpolitik, in: Internationale Politik 1(54), S. 41-52.
Bender, Peter, 1995: Die „Neue Ostpolitik" und ihre Folgen. Vom Mauerbau bis zur Vereinigung, 3. Aufl., München.
Besson, Waldemar, 1970: Der Streit der Traditionen. Über die historischen Grundlagen der westdeutschen Außenpolitik, in: Karl Kaiser und Roger Morgan (Hrsg.), Strukturwandlungen der Außenpolitik in Großbritannien und der Bundesrepublik, München/Wien, S. 94-109.
Bracher, Karl Dietrich et al. (Hrsg.), 1981-1987: Geschichte der Bundesrepublik Deutschland 1949-1989, 5 Bände, Stuttgart/Wiesbaden.
Bulletin, 1990: Vertrag über die abschließende Regelung in Bezug auf Deutschland, Bonn, S. 1153-1157.
Bundesministerium für Wirtschaft, 1998: Wirtschaft in Zahlen 98, Bonn.
Bundesverfassungsgericht, 1994: Entscheidung über Auslandseinsätze der Bundeswehr (Leitsätze), in: Europa-Archiv 15(49), Bonn, S. D 428-431.
Czempiel, Ernst-Otto (Hrsg.), 1969: Die anachronistische Souveränität, PVS-Sonderheft, Opladen.
Czempiel, Ernst-Otto, 1993: Weltpolitik im Umbruch. Das internationale System nach dem Ende des Ost-West-Konflikts, 2. Aufl., München.
Czempiel, Ernst-Otto, 1996: Deutschland auf der Suche nach einem neuen Platz in der Weltpolitik, in: Das Parlament v. 6./13.9., Bonn.
Deutsch, Karl W., 1957: Political Community and the North Atlantic Area: International Organization in the Light of Historical Experience, Princeton/N.J.
Frowein, Jochen Abr. und Torsten Stein, 1990: Rechtliche Aspekte einer Beteiligung der Bundesrepublik Deutschland an Friedenstruppen der Vereinten Nationen, Berlin.
Fuchs, Katrin, 1993: Mit deutschen Soldaten eine neue Weltordnung schaffen?, in: Sicherheit und Frieden 1(11), S. 36-43.
Gruner, Wolf D., 1989: Deutschland und das europäische Gleichgewicht seit dem 18. Jahrhundert, in: ders. (Hrsg.), Gleichgewicht in Geschichte und Gegenwart, Hamburg, S. 33-61.

Habermas, Jürgen, 1998: Die postnationale Konstellation, Frankfurt a.M.
Haftendorn, Helga, 1978: Verflechtung und Interdependenz als Strukturbedingungen westdeutscher Außenpolitik, in: Helga Haftendorn et al. (Hrsg.), Verwaltete Außenpolitik. Sicherheits- und entspannungspolitische Entscheidungsprozesse in Bonn, Köln.
Haftendorn, Helga et al., 1985: Sicherheit und Entspannung. Zur Außenpolitik der Bundesrepublik Deutschland 1955-1982, 2. Aufl., Baden-Baden.
Hanrieder, Wolfram F., 1967: West German Foreign Policy 1949-1963. International Pressure and Domestic Response, Stanford/Calif.
Hanrieder, Wolfram F., 1991: Deutschland, Europa, Amerika. Die Außenpolitik der Bundesrepublik Deutschland 1949-1989, Paderborn.
Katzenstein, Peter J., 1991: Die Fesselung der deutschen Macht im internationalen System – der Einigungsprozeß 1989-1990, in: Bernhard Blanke und Helmut Wollmann (Hrsg.), Die alte Bundesrepublik. Kontinuität und Wandel, Opladen, S. 68-80.
Kinkel, Klaus, 1994: Rede am 22.7.1994 vor dem Deutschen Bundestag, in: Das Parlament vom 5.8., Bonn, S. 2.
Kloten, Norbert, 1994: Die Bundesrepublik Deutschland als Weltwirtschaftsmacht, in: Karl Kaiser und Hanns W. Maull, Deutschlands neue Außenpolitik, Bd. 1, München, S. 63-80.
Kohler-Koch, Beate (Hrsg.), 1998: Regieren in entgrenzten Räumen, Opladen.
Kreile, Michael, 1992: The Political Economy of the New Germany, in: Paul Stares (Hrsg.), The New Germany and the New Europe, Washington, D.C., S. 55-92.
Kreile, Michael, 1996: Verantwortung und Interesse in der deutschen Außen- und Sicherheitspolitik, in: Aus Politik und Zeitgeschichte 5, Bonn, S. 3-11.
Krell, Gert, 1992: Gleichgewicht aus der Mitte? Deutschland und die europäische Friedensordnung im neuzeitlichen Staatensystem, in: Bruno Schoch (Red.), Deutschlands Einheit und Europas Zukunft, Frankfurt a.M., S. 257-279.
Militärpolitische Grundlagen, 1992: Militärpolitische und militärstrategische Grundlagen und konzeptionelle Grundrichtung der Bundeswehr. Vorlage des Bundesministeriums der Verteidigung an den Verteidigungsausschuß des Bundestages vom 20.1.1992, in: Blätter für deutsche und internationale Politik 4(27), S. 506-510.
Müller, Harald, 1998: Macht und Ohnmacht. Deutsche Außenpolitik vor dem Ende?, Schriftenreihe der Alfred Herrhausen Gesellschaft für internationalen Dialog, Frankfurt a.M.
NATO-Gipfelkonferenz, 1991: Das Neue Strategische Konzept des Bündnisses, in: Bulletin 128, S. 1039-1048.
Nye, Joseph S., 1990: Soft Power, in: Foreign Policy 80, New York, S. 153-171.
Petersberg-Erklärung, 1992: Erklärung des Ministerrates zu den künftigen Aufgaben der WEU vom 19.6.1992. Bulletin 68, Bonn, S. 649-653.
Rode, Reinhard, 1992: Deutschland – Weltwirtschaftsmacht oder überforderter Euro-Hegemonie?, in: Bruno Schoch (Hrsg.), Deutschlands Einheit und Europas Zukunft, Frankfurt a.M., S. 203-228.
Rosecrance, Richard, 1986: The Rise of the Trading State. Commerce and Conquest in the Modern World, New York.
Schröder, Gerhard, 1998: Ansprache des Bundeskanzlers beim Jahresempfang für das Diplomatische Corps am 23.11.1998 in Bonn, in: Internationale Politik 12(53), Bonn, S. 97-98.
Schröder, Gerhard, 1999: Interview mit dem „Tagesspiegel", 28.1., S. 5.
Schwarz, Hans-Peter, 1985: Die gezähmten Deutschen. Von der Machtbesessenheit zur Machtvergessenheit, Stuttgart.
Senghaas, Dieter, 1992: Verflechtung und Integration, in: Karl Kaiser und Hanns W. Maull (Hrsg.), Die Zukunft der deutschen Außenpolitik, Bonn, S. 35-52.
Staack, Michael, 1997: NATO-Erweiterung und gesamteuropäische Sicherheit – Ein Zielkonflikt für Deutschlands Außenpolitik?, in: Die Friedens-Warte 3(72), Berlin, S. 273-286.

Staack, Michael, 1999: Handelsstaat Deutschland. Außenpolitik in einem neuen internationalen System, Paderborn.
Statistisches Jahrbuch, 1998: Statistisches Jahrbuch für die Bundesrepublik Deutschland, Wiesbaden.
Verteidigungspolitische Richtlinien, 1992: Verteidigungspolitische Richtlinien für den Geschäftsbereich des Bundesministers der Verteidigung vom 26.11.1992, in: Blätter für deutsche und internationale Politik 9(28), Bonn, S. 1137-1151.
Weidenfeld, Werner, 1999: Außenpolitik für die deutsche Einheit. Die Entscheidungsjahre 1989/90, Stuttgart.
Weißbuch, 1994: Weißbuch zur Sicherheit der Bundesrepublik Deutschland und zur Lage und Zukunft der Bundeswehr, Bonn.
Zürn, Michael, 1998: Regieren jenseits des Nationalstaats. Globalisierung und Denationalisierung als Chance, Frankfurt a.M.

Anne-Marie Le Gloannec

Eine distanzierte Nähe

Anmerkungen zum Deutschlandbild Frankreichs

Vor einigen Jahren ermittelte ein Meinungsforschungsinstitut, dass mehr als 70 Prozent der jungen Deutschen unter 30 Jahren die deutsch-französischen Beziehungen als einen „Mythos" betrachten (Frankfurter Allgemeine Zeitung v. 26. Juni 1997). Selbstverständlich mögen Mythen eine positive Funktion ausüben, indem sie dazu beitragen, eine – beispielsweise nationale – Identität herauszubilden oder politische Handlungsweisen zu legitimieren: in diesem Sinne war die „special relationship" zwischen Großbritannien und den Vereinigten Staaten sowohl Mythos als auch Realität. Die Nachricht aber, dass junge Deutsche die deutsch-französischen Beziehungen als Mythos bezeichneten, versetzte diejenigen Franzosen, die davon erfuhren, in tiefes Nachdenken. Könnte es sein, dass sich das vereinigte Deutschland von früheren Bindungen loslöst: ist Deutschland nicht etwa unabhängiger geworden, ist es nicht östlicher oder vielleicht auch englischer geworden, wie einige deutsche Diplomaten 1997 mutmaßten (Hort 1997)? Seit einigen Jahren ist man mehr und mehr der Ansicht, dass die deutsch-französischen Beziehungen ins Leere liefen und die zweijährlich stattfindenden deutsch-französischen Gipfel eher ritualisierte Gestik denn einen neuen Inhalt offenbarten.

Aber beruht ein solches Urteil nicht auf einem beschönigten, gar verzerrten, von tatsächlichen früheren Missverständnissen, Verstimmungen oder Psychodramen freien Bild französisch-deutscher Vergangenheit? Zwar werden die französisch-deutschen Beziehungen mit Begriffen wie *Versöhnung* und ferner *Motor, Achse, Paar* oder gar *Ehe* bedacht. Das heißt aber noch lange nicht, dass sie – sogar zu den „Hochzeiten" von *De Gaulle* und *Adenauer* – frei von üblichen Friktionen und Unstimmigkeiten waren. Was würde eine Verkümmerung dieser Beziehungen bedeuten, die seit Mitte der Neunzigerjahre in Paris unterschwellig wahrgenommen wird? Wo liegen die Ursachen eines möglicherweise tatsächlichen Niederganges dieser Beziehungen bzw. dessen subjektiven Empfindens? Meines Erachtens liegen sie erstens in den objektiven Veränderungen, die sich seit 1989 in Europa vollzogen haben (und nicht nur in der deutschen Wiedervereinigung oder in geopolitischen Verschiebungen allein, was der Geopolitik ein zu großes Gewicht verleihen würde, während im neuen Europa politische Prozesse, wie etwa Verhandlungen und

Koalitionsmöglichkeiten mit einer größeren Anzahl von Partnern, eine besondere Rolle spielen) und zweitens in der Identitätskrise, in die Frankreich – wie andere Länder übrigens auch – infolge dieser Entwicklungen geraten ist. So sagt das Deutschlandbild Frankreichs viel mehr über Frankreich selbst als über Deutschland aus.

In dem folgenden Essay werden die deutsch-französischen Beziehungen nicht als solche analysiert, sondern nur insoweit, wie sie von unterschiedlichen Akteuren (öffentlicher und veröffentlichter Meinung, politischen Eliten) gesehen werden, wobei das dargestellte Bild eher ein impressionistisches sein wird.

I. Der Mythos des goldenen Zeitalters

„Die Beziehungen sind tatsächlich geschädigt. Durch das Erworbene und die Gewohnheiten laufen die Dinge, und glücklicherweise bestehen wahre Freundschaften auf so vielen Ebenen. Aber Visionen und Vorhaben gibt es nicht mehr. Wir verwalten das Erbe und versuchen dabei, es nicht zu sehr anzugreifen" (Delmas 1999, S. 175). Diese Aussage eines ehemaligen Botschafters Frankreichs in Deutschland fasst eine Meinung zusammen, die in Pariser Ministerien seit einigen Jahren kursiert. Ist jedoch die Vergangenheit wirklich so frei von Problemen, Missverständnissen und Misshelligkeiten gewesen? Gab es immer gemeinsame Visionen und Vorhaben?

Eine gemeinsame Geschichte, gar einen kulturellen Dialog, hatten die zwei Länder kaum oder nie trotz Nähe, gegenseitiger Einflüsse, Transfers und Auswirkungen in den letzten drei Jahrhunderten. Deutsche Fürstenhöfe standen unter dem Einfluss der französischen Kultur und der absolutistischen Herrschaftsform. Später fanden die durch die französische Revolution hervorgebrachten Ideen in Deutschland großen Widerhall. Aber weder Absolutismus noch Aufklärung brachten die beiden Länder einander näher. Im Gegenteil – wie *Etienne François* feststellte, „in dem Maße, wie die Auswirkung der Revolution von 1789 in beiden Ländern ebenso tief greifend wie unterschiedlich war, hat diese sie nicht einander näher gebracht, sondern im Gegenteil mehr als ein Jahrhundert lang dazu beigetragen, sie auseinander zu bringen" (François 1998, S. 37). Deutschland näherte sich zwar Frankreich, aber rebellierte gegen dieses Land infolge von Napoleons Eroberungskriegen. Ebenso führten spätere Transfers, diesmal von Deutschland nach Frankreich, in der zweiten Hälfte des 19. Jahrhunderts auch zu keiner Verklammerung. Die französische Niederlage von 1870/71 und die Ausrufung des deutschen Reichs in Versailles veranlassten französische Intellektuelle dazu, über die möglichen Ursachen der deutschen Übermacht – von der industriellen Entwicklung bis zu wissenschaftlichen und akademischen Errungenschaften – nachzudenken und deutsche Institutionen imitieren zu wollen – allerdings eher im

Konkurrenzkampf als im Sinne einer Annäherung, wie die zwei Weltkriege beweisen.

In diesem Sinne brach die Nachkriegsära mit vergangenen Jahrzehnten und Jahrhunderten. Die deutsch-französische Versöhnung, von *De Gaulle* und *Adenauer* eingeleitet und durch die Unterzeichnung des Elysée-Vertrags 1963 und das kurz darauf folgende Hochamt im Dom zu Reims, dem beide Männer beiwohnten, symbolisiert, leitete Jahre enger Kooperation ein. Sie war aber auch gleichzeitig ein politisches Instrument, das Deutschland dazu verhalf, einen Platz unter den Staaten und Gesellschaften der westlichen, der freien Welt, wie man es damals sagte, wiederzuerlangen, sich sowohl nach den furchtbaren Geschehnissen des Dritten Reichs moralisch zu rehabilitieren als auch nach der Niederlage nach einer neuen außenpolitischen Rolle für sich zu suchen. Allerdings war die französisch-deutsche Versöhnung weder für *De Gaulle* noch für die französische Gesellschaft selbstverständlich, da *De Gaulle* am Ende des Krieges zunächst eine Politik betrieben hatte, die darauf zielte, Deutschland einzukreisen und zu zerstückeln.

Obwohl beide Länder die gleichen Interessen verteidigten und gemeinsame Ziele verfolgten, u.a. die Schaffung und Stärkung einer westeuropäischen Gemeinschaft dank der deutsch-französischen Allianz, gingen sie gleichzeitig ihren eigenen, manchmal entgegengesetzten Interessen nach. Beide Länder versuchten ihre Eigenständigkeit zu untermauern, aber durch die unterschiedlichen Zwänge, die ihnen auferlegt waren, führte dies zu unterschiedlichen Strategien. Die Bundesrepublik Deutschland war abhängig von den ihre Sicherheit garantierenden Vereinigten Staaten und konnte höchstens auf eine Rolle als treuer Verbündeter hoffen. Frankreich jedoch wollte eine führende Rolle spielen, indem *De Gaulle* – Vertretern der IV. Republik folgend – eine Art Welttroïka zusammen mit den Vereinigten Staaten und dem Vereinigten Königreich zu errichten versuchte. Nachdem dieser Vorschlag von *Eisenhower* abgelehnt wurde, konnte der Elysée-Vertrag als Stützpfeiler einer Politik verstanden werde, der darauf zielte, ein Gegenstück zum amerikanischen Einfluss in Europa zu schaffen, wobei der deutsche Bundestag nicht bereit war, dem zuzustimmen.

Diejenigen, die in Paris das Stocken der französisch-deutschen Kooperation oder Entente beklagen, mögen vergessen haben, dass sie von Anfang an auf Missverständnissen beruhte. Die erste Hälfte der Sechzigerjahre war reich sowohl an Höhen – der Elysée-Vertrag, das symbolische Hochamt im Reimser Dom – als auch an Tiefen – die Ablehnung der zwei Fouchet-Pläne für eine Politische Union durch Frankreichs Partner innerhalb der Europäischen Gemeinschaft, d.h. durch die Bundesrepublik, die Entstellung des Elysée-Vertrags durch das Hinzufügen einer Präambel, die die deutsch-französische militärische Kooperation erschwerte, wenn nicht lahm legte, ebenso wie die Politik des Generals, die zu Frankreichs „politique de la chaise vide" in Brüssel führte. Die darauf folgenden Jahre und Jahrzehnte waren nicht weniger frei von Misshelligkeiten, aber auch von einem sich neu entfaltenden Konkurrenzkampf: die Entwertung des Francs 1969 wurde auf die Bundesbank zurückgeführt, die sich 1968 weigerte, die D-Mark aufzuwerten. Von nun an wurde die unterschiedliche Inflationsrate zur Obsession einiger französischer Politiker – obwohl zur gleichen Zeit die deutsch-französische Entente Früchte trug und zur Schaffung der „monetären Schlange" und später des Europäischen Währungssystems führte. Wer die französische Presse dieser Jahrzehnte durchblättert, muss feststellen, dass die öffentlichen Debatten nicht frei von Befürchtungen und Ängsten, von Anschuldigungen und Verdächtigungen waren, manchmal sogar an das Irrationale grenzend. Verstimmungen und Zwischenfälle verblassten. Man sollte sich ihrer jedoch entsinnen, um diejenigen der letzten Jahre zu relativieren.

Zu den bleibenden Errungenschaften zählen sowohl der Aufbau Europas dank der engen Kooperation Frankreichs mit Deutschland als auch die vielen Bande, die auf unterschiedlichen Ebenen geknüpft wurden, wie z.B. auf gesellschaftlicher, wirtschaftlicher oder im letzten Jahrzehnt auf ministerieller Ebene. Bemerkenswert sind die 55.000 deutsch-französischen Paare, die innerhalb von drei Jahrzehnten binationale Familien gründeten und ihre Kinder meist zweisprachig und bikulturell erziehen sowie die Tatsache, dass sich laut Umfragen sowohl Franzosen als auch Deutsche gegenseitig als beste Freunde verstehen, dass für Deutsche und Franzosen gleichfalls die deutsch-französische Achse („le franco-allemand") ausschlaggebend ist.

Wahrscheinlich einmalig in der Geschichte zweier Länder ist die enge Zusammenarbeit zwischen Beamten jeweiliger Ministerien – selbstverständlich zwischen dem Quai d'Orsay und dem Auswärtigen Amt, aber auch zwischen den Finanzministerien u.a., die sich vor allem in den Neunzigerjahren entwickelt hat.

Dennoch muss die Frage gestellt werden: Welche Bedeutung haben beispielsweise die Meinungsumfragen, wenn Deutsche die deutsch-französische Zusammenarbeit als notwendig erachten und Franzosen als die besten politischen Freunde sehen, wenn aber deutsche Jugendliche die deutsch-französische Freundschaft einen Mythos nennen? Bei alledem lassen sich auch Defizite feststellen: Die ministerielle Kooperation ist wahrscheinlich zwischen den Außenministerien beider Länder weiter vorangeschritten als zwischen den Verteidigungsministerien. Des Weiteren lernt eine immer geringer werdende Anzahl von Schülern beider Länder die Sprache des Nachbarn, und die Zahl der Franzosen, die Deutschland besuchen, ist im Abnehmen begriffen. Das Gesamtbild, das aus diesen vielen kleinen Pinselstrichen entsteht, ist etwas verschwommen. Einerseits hat sich seit Anfang der Neunzigerjahre die Berichterstattung in der französischen Presse verbessert, sei es in „Le Monde", sei es in „Libération" oder in anderen Zeitungen. Zum Beispiel wurden die Krawalle und Gewalttätigkeiten gegen Ausländer, vor allem in den neuen Bundesländern, nüchtern beschrieben und analysiert, ohne zu Schablonen oder Vorurteilen zu greifen. Andererseits aber sind die Kenntnisse der Franzosen über Deutschland eher mangelhaft, von einem Dialog der Kulturen kann nicht gesprochen werden. In einem Sammelband mit dem aufschlussreichen Titel „Au jardin des malentendus" (auf Deutsch: „100 Schlüsselbegriffe für Deutsche und Franzosen") schreibt *Jean-Louis Rambures:* „Si la réconciliation franco-allemande, en supprimant le ressort littéraire que constituait jadis le rapport ambigu de haine-fascination, n'a laissé place qu'au vide, n'est-ce pas par un refus mutuel d'aborder les véritables débats du voisin?" (Leenhardt/Picht 1990, S. 377). Kann man unter diesen Umständen von einem wohlwollenden Desinteresse der öffentlichen Meinung sprechen? Dieser Ausdruck würde allerdings nicht für die Wiedervereinigung („la réunification") zutreffen: die große Mehrheit der Franzosen verfolgte damals leidenschaftlich die Ereignisse in der DDR und in der Bundesrepublik und befürwortete die Vereinigung. Kurz darauf ließ das Interesse jedoch wieder nach.

Hinsichtlich des Beitrags Deutschlands und Frankreichs zum Aufbau Europas muss an die enge Kooperation beider Länder erinnert werden, die entscheidend war, um die Währungsunion zu Stande zu bringen. Es waren *François Mitterrand* und Bundeskanzler *Kohl,* die die Wirtschafts- und Währungsunion, wie sie sich *Jacques Delors* bereits vor 1989 gewünscht hatte, vorantrieben. Zwar wurden gewisse Gelegenheiten verpasst, insbesondere im militärischen Bereich: *Valéry Giscard d'Estaing* und *Helmut Schmidt* erwogen die Schaffung einer deutsch-französischen Armee als Kern einer europäischen Armee, es war hierfür aber zu spät (Soutou 1996, S. 496). Eine politische Union, die Bundeskanzler *Kohl* befürwortete, kam nie zu Stande, da *François Mitterrand* sie nicht zuließ – genauso wenig wie seine Vorgänger, die lose, zwischenstaatliche Übereinkünfte bevorzugt hatten. Stattdessen wollte Frankreich eine gemeinsame Sicherheits- und Außenpolitik (GASP) forcieren.

II. Der Mythos der geopolitischen Lage

Die deutsche Wiedervereinigung führte zu Missverständnissen zwischen beiden Regierungen, indem sie in Frankreich die Befürchtung weckte, dass das Gleichgewicht zwischen beiden Ländern gestört werden könnte und sogar das Staatsoberhaupt veranlasste, dagegen zu steuern. Es lässt sich vermuten, dass der französische Präsident versuchte, sie zu bremsen oder gar zu verhindern – was er und seine Umgebung stets verneinten, obwohl vieles dafür sprach: die Reden, die *François Mitterrand* im Dezember 1989 in der DDR hielt, anschließend die Reise nach Kiew, die Art und Weise, wie er in geopolitischen Kategorien dachte und dabei gesellschaftliche Entwicklungen nicht wahrnahm – was 1991 bereits bewiesen wurde, als er sich den Verantwortlichen des konservativen Staatsstreichs in der UdSSR anschloss. Sowohl die Rechten als auch die Linken zweifelten ebenso an den Vorteilen, die Frankreich aus der Wiedervereinigung ziehen könnte (Kolboom 1991, S. 107). Die Wiedervereinigung, so vermutete man, verändere die Struktur der französisch-deutschen Beziehungen. Zwar waren diese Beziehungen während des so genannten Kalten Krieges ungleichwertig, aber aus den Ungleichheiten entstand ein Gleichgewicht – „a balance of imbalances", wie es Stanley Hoffmann formulierte. In den Nachkriegsjahren – Deutschland war geschlagen, erniedrigt und geteilt worden – wurde ein relatives Gleichgewicht unter den Gründern der Europäischen Gemeinschaft – Frankreich, Deutschland, Italien und dem Benelux – hergestellt. Kein Land konnte es wagen, eine Hegemonie auszuüben, schon allein deshalb nicht, weil die Vereinigten Staaten die Hegemonialmacht auf dem Kontinent waren. In den Sechzigerjahren zeichnete sich ein wachsendes Ungleichgewicht dahingehend ab, dass die Bundesrepublik wirtschaftlich an Macht gewann, und dies gleichzeitig, als Frankreich seine Wirtschaft zwar modernisierte, allerdings auf Kosten der Währungsstabilität. Die Inflationsdifferenz zwischen beiden Währungen wurde, wie oben angedeutet, zur Obsession der politischen Eliten. Dies reichte aber nicht, um das französisch-deutsche Gleichgewicht zu zerstören – oder eher die Idee, die die politischen Eliten in Frankreich und anderswo davon hatten. Frankreich gehörte zu den Siegern des Zweiten Weltkriegs und konnte demnach erfolgreich einen Sitz im Sicherheitsrat beanspruchen. Zwar verlor es Kriege und Kolonien, aber es konnte – und wollte – immer weiter in entfernten Gegenden militärisch intervenieren; letztlich wurde es zur Nuklearmacht: Die Bombe neutralisierte die D-Mark, wie es manchmal krass formuliert wurde. *Valéry Giscard d'Estaing* dachte zwar daran, das französische Heer zu verstärken, um ein konventionelles Gleichgewicht zur Bundeswehr herzustellen, tat es dennoch nicht.

Die Wiedervereinigung wirkte als Schock, nicht nur weil sie in Deutschland oder anderswo in eine ferne Zukunft gerückt worden war und fast völlig unerwartet kam, sondern es schien, als ob die bisherigen Strukturen auf dem europäischen Kontinent in Frage gestellt würden. Würde Deutschland nun eine größere Macht auf dem Kontinent ausüben? Das Rechenexempel klang äußerst simpel: Einige französische Kommentatoren und Politiker erwähnten die achtzig Millionen Deutschen, die wirtschaftliche Macht, die aus der Summe zweier Wirtschaftssysteme resultieren würden (...) *Michel Rocard*, damals Premierminister, gehörte zu den wenigen, der die Aufmerksamkeit auf die wirtschaftliche Last der Vereinigung zu lenken versuchte und hinzufügte, dass es Frankreich möglich sein würde, Deutschland einzuholen. Es war zu vermuten, dass ein souveränes Deutschland seine Nationalinteressen stärker vertreten würde als bisher – etwa im Sinne eines *Hans-Peter Schwarz* oder eines *Arnulf Baring*, deren Bücher von einer Minderheit in Paris zur Kenntnis genommen wurden. Skeptiker glaubten Recht zu behalten, als *Helmut Kohl* etwas zögerte, bevor er die Ostgrenze deutlich anerkannte, oder als die Bundesregierung Druck auf ihre europäischen Partner ausübte, um die sich vom jugoslawischen Bund lösenden Republiken anzuerkennen, ohne die Anerkennung an den so genannten Badinter-Katalog zu binden. Später wurden die starre Haltung des Bundeskanzlers bei den Amsterdamer Verhandlungen ebenso wie die des neuen Bundeskanzlers bei der Reform der gemeinsamen Landwirtschaftspolitik als Beweis dafür interpretiert. Man sollte annehmen, dass es letztlich etwas lockerer und ungebundener zwischen Ost und West zugehen könnte. Damals wurde in Frankreich eine „Ostverführung" Deutschlands befürchtet, und würde der Umzug von Bonn nach Berlin diese Verführung nicht noch unwiderstehlicher machen? *François Mitterrand* bemühte sich, diesen Befürchtungen, die er sicherlich teilte, entgegenzutreten, indem er auf Deutschlands Zugehörigkeit zur NATO bestand, die allerdings nie zur Disposition gestellt wurde. Ebenso wollte er die Vertiefung der europäischen Integration forcieren, allerdings zusammen mit *Helmut Kohl.*

Die Befürchtungen beruhen auf geopolitischen Realitäten, die nicht zu bestreiten sind. Deutschland verändert sich: in seinen territorialen Grenzen, an Bevölkerungszahl und in der Mentalität, im Wirtschaftspotenzial, und es entsteht eine neue Hauptstadt. Es ist das einzige Land in einem Mittel- und Osteuropa, das in Kleinstaaten verfällt, das einzige Land in einem Westeuropa, das gleich bleibt. Nüchterne Schlussfolgerungen werden nicht immer gezogen. Dass die Bundesrepublik die Anerkennung Sloweniens und Kroatiens forcierte, wurde als Indiz dafür genommen, dass sie sich auf dem Balkan eine Einflusssphäre verschaffen wollte – währenddessen die Gründe dafür bei den unterschiedlichen Befürwortern in Deutschland von Naivität und Hilflosigkeit bis zur Überheblichkeit reichten. Der Begriff „deutsche nationale Interessen", von denen man in Frankreich vermutet, dass diese nach der Vereinigung entschiedener vertreten werden, mag unterschiedliche komplexe Begründungen subsumieren, die nicht immer verstanden werden, siehe das Bremsen der Länder, die in Amsterdam den Kanzler daran hinderten, den „dritten Pfeiler" der Union zu schaffen oder die mangelnde Vorbereitung der neuen Bundesregierung bei den Verhandlungen für die Agenda 2000. Noch weitere Ängste könnten Berlin und die so genannte Berliner Republik auslösen, wenn die Hauptstadt umzieht. Der Umzug wird manchmal als Rückzug gedeutet: Die Berliner Republik rücke nach Osten und kehre in die Vergangenheit zurück. „Le glissement à l'Est va assumer l'héritage prussien" (Der Ostruck wird das preußische Erbe übernehmen) schrieb 1998 ein bekannter politischer Kommentator, ohne dies aber genauer zu formulieren (Peyrefitte 1998). Und *Bernard-Henri Lévy* glaubt, in der neuen Hauptstadt eine Abstinenz der Geschichte erkennen zu können, indem er sich traut, *Martin Luther, Martin Heidegger* und *Martin Walser* in einem Atemzug zu nennen. Er behauptet, für das jetzige Deutschland ist „Erinnerung (...) nicht gleich Erinnerung. Da sind jene, die man kappt, und jene, die man fördert". Meines Erachtens ist diese Behauptung zu indifferenziert, zu plakativ (Lévy 1999). *Martin Walser* beging einen groben Fehler, indem er eigene Überlegungen mit öffentlicher Rede verwechselte. Er irrt sich auch bei seinen Interpretationen – erinnert er sich so gut an das Verhalten seiner Landsleute bei den Krawallen gegen Ausländer in den neuen Bundesländern? Die daraus entstandene Debatte zeigt jedoch, dass in Deutschland Geschichte und Erinnerung nicht in Vergessenheit geraten.

III. Der Mythos der Gleichgewichtspolitik

Einige Jahre nach der Vereinigung greifen paradoxerweise sowohl die Befürworter des Maastricht-Vertrags als auch dessen Gegner zu den gleichen Argumenten: Deutschland sei als solches zu groß für Europa, deshalb solle es entweder durch ein Vertragsnetz eingebunden werden oder im Gegenteil, der Vertrag solle nicht ratifiziert werden, da er Deutschland ein Sprungbrett zur Weltmacht biete (...) Der Maastricht-Vertrag wurde ratifiziert und die Politik der Einbindung triumphierte. 1999 wurde der Amsterdamer Vertrag ebenfalls ratifiziert, obwohl diesmal nur dessen Gegner Deutschland als Sündenbock genannt worden ist. Der Vertrag wurde am 18. Januar akzeptiert, am Tage der Proklamation des Deutschen Reiches in der *Galerie des Glaces* zu Versailles, wie von zwei prominenten Gegnern des Vertrags hervorgehoben wurde.[1]

Einbindung heißt aber, sich selbst einbinden zu lassen, um den Partner einbinden zu können. So ist diese Politik die Fortführung der großen Visionen und kleinen Schritte, die seit vier Jahrzehnten ihren Niederschlag im europäischen Aufbau findet. Es wäre anzustreben, die alte Politik der „balance of power", die im 19. Jahrhundert noch triumphierte und im 20. Jahrhundert ihre Niederlage fand, durch eine neue Politik der Kooperation und der Vergemeinschaftung zu ersetzen.[2] Nach der Wiedervereinigung wurde diese Politik nicht nur fortgesetzt, sondern in den Augen ihrer Befürworter besonders gefördert: Nur so konnte man sowohl Einfluss in Deutschland erlangen als auch die französisch-deutsche Kooperation und Entente zwecks europäischer Integration weiterbeleben. Allerdings war sie von einer veränderten Einschätzung französischer und deutscher Möglichkeiten und Rollen in Europa begleitet: Nach der Vereinigung ging man davon aus, dass Frankreich in manchen Bereichen nur eine zweitrangige Rolle übernehmen werde, da sich die Asymmetrien zwischen beiden Ländern vergrößerten.

Zwar dürfte und könnte Frankreich weitere Trumpfkarten besitzen, um Deutschland zwar vielleicht doch nicht auszubalancieren, aber zumindest „comparative advantages" auszunutzen, so dass Paris zwar eine in gewisser Hinsicht zweitrangige Rolle übernehmen, jedoch in gewissen Bereichen noch immer einen Einfluss ausstrahlen würde. Es könnte beispielsweise weiterhin militärisch intervenieren, ebenso wie Großbritannien übrigens, allerdings nur im multinationalen Rahmen. Das berühmte im September 1994 als Anregung zur künftigen Regierungskonferenz veröffentlichte *Lamers-Schäuble*-Papier wurde in Frankreich mit Unmut aufgenommen, da es die Möglichkeit einer besonderen französisch-britischen militärischen Kooperation auszuschließen drohte. Das Papier schlug die Schaffung eines harten, vor allem deutsch-französischen Kerns in allen Bereichen

---

1 Charles Pasqua auf der rechten Seite und Max Gallo, ein Angehöriger der SP, der allerdings bei den Europäischen Wahlen auf Pasquas Liste kandidierte.
2 „bandwaggoning" statt „balance of power", sozusagen.

vor, obwohl die Bundeswehr sich nicht im Stande sah, weltweit zu intervenieren. Paris antwortete mit dem Vorschlag, dass mehrere „harte Kerne" sich mit unterschiedlichen funktionalen Logiken überlappen sollten. Es ist jedoch hervorzuheben, dass Paris keine erstrangige militärische Rolle für sich beanspruchte, insbesondere nach dem Einzug *Jacques Chiracs* in den Elysée-Palast. Dieser war sich dreierlei bewusst: Erstens, dass Frankreichs Streitkräfte manche Unzulänglichkeiten aufwiesen, was Logistik oder auch Aufklärung betraf, wie der Golfkrieg es bewiesen hatte; zweitens, dass Frankreich nur im multinationalen Rahmen arbeiten sollte, d.h. im europäischen oder auch atlantischen Rahmen; dass aber drittens die europäischen Verbündeten sich keine Verdoppelung der NATO durch ein europäisches Instrument wünschten noch aufbauen konnten. Daraus schlussfolgerte er, dass eine europäische militärische Kooperation nur gemeinsam mit den Vereinigten Staaten als alleiniger militärischer Weltmacht organisiert werden könnte: Frankreich wollte die USA nicht herausfordern, sondern Einfluss auf sie nehmen. Das hieße, sowohl gegenüber den Vereinigten Staaten als auch gegenüber der Bundesrepublik wollten Frankreichs Regierende eine Strategie der Beeinflussung durch Kooperation verfolgen, eine Art „bandwaggoning", die nunmehr auf einer nüchternen Analyse französischer Möglichkeiten beruhte.

Diese Politik schließt aber einen abgeschwächten Konkurrenzkampf mit der Bundesrepublik nicht aus. Im militärischen Bereich ist dies offensichtlich und zugleich zweideutig: Offensichtlich, weil Frankreich eben über Mittel und Macht verfügt, die die Bundesrepublik trotz der Entwicklungen der letzten Jahre unter der Federführung sowohl *Volker Rühes* als auch *Rudolf Scharpings* nicht besitzt; zweideutig, weil sich manche in Paris eine erweiterte Rolle der Bundeswehr und der Bundesrepublik wünschten und immer noch wünschen. Paris ist es vor allem zu danken, dass Bonn trotz unzulänglicher militärischer Mittel eine Rolle innerhalb der Kontaktgruppe spielt, die Bosnien-Herzegowinas Zukunft geregelt hat. Der militärische Bereich ist der Bereich, in dem sich Frankreich einerseits behaupten, gegenüber der Bundesrepublik ein Gleichgewicht herstellen und andererseits eine enge französisch-deutsche Kooperation vorantreiben kann, obwohl sich beide Stränge der Balancepolitik und der Kooperation ebenfalls in anderen Bereichen niederschlagen könnten.

Dabei muss unterstrichen werden, dass Frankreichs Politik gegenüber der Bundesrepublik nie ganz frei von der Versuchung gewesen ist, einen Gegenpol zur deutsch-französischen Entente zu schaffen. Während in den Siebzigerjahren *François Mitterrand* als Führer der Sozialistischen Partei Frankreichs daran dachte, eine Sozialistische Internationale der Parteien Südeuropas um sich zu versammeln und *Jean-Pierre Chevènement* dafür plädierte, eine starke Beziehung zu Spanien oder zu Italien herzustellen, zeigten sich sowohl *Edouard Balladur* als auch *Jacques Chirac* in den Neunzigerjahren von ähnlichen Erwägungen angezogen. Als Antwort auf *Karl Lamers* und *Wolfgang Schäubles* Vorschlag, einen harten deutsch-französischen Kern zu Stande zu bringen, brachte der Premierminister einen Gegenvorschlag ein, der auf eine Multiplikation harter Kerne zielte und in diesem Sinne der britischen Vision der Kooperation *à la carte* eher ähnelte – trotz der Tatsache, dass beide, Frankreich und Deutschland, Europa stärken wollten (Balladur 1994).³ Sein Nachfolger *Alain Juppé* distanzierte sich von dieser Vision und gab dem deutschen Vorschlag den Vorrang, indem er eine Multiplikation harter Kerne um den französisch-deutschen Kern befürwortete. Der Präsident aber, der im Mai 1995 in den Elysée-Palast einzog, suchte für Frankreich die Rolle eines Vermittlers zwischen Bonn und London, obwohl die Grundpositionen Deutschlands und Großbritanniens damals diametral entgegengesetzt und Frankreichs Vermittlung unerwünscht waren.

Auf alle Fälle scheiterten diese Versuche an der Notwendigkeit der deutsch-französischen Beziehungen, an den vielen Fäden und Strängen der deutsch-französischen Kooperation, von Regierenden bis zu Beamten – zumindest solange *François Mitterrand* und *Helmut Kohl* den Ton angaben – und vor allem an der bloßen Tatsache, dass durch die Integration Europas – institutionalisierte Kooperation und Vergemeinschaftung – eine Gleichgewichtspolitik gar nicht durchzusetzen ist. Davon kann man höchstens träumen. Wenn eine Asymmetrie zwischen Deutschland und Frankreich besteht, kann sie partiell – so die Überlegungen – durch Frankreichs Teilnahme an militärischen Interventionen und politischen Regelungen und durch Einflussnahme auf Hauptverbündete kompensiert werden; sie wird auch partiell durch die Integration Europas aufgehoben, sowohl im politischen als auch im militärischen Bereich, eine Integration, die Frankreich seit einigen Jahren entschieden vorantreibt. Das heißt aber nicht, dass sowohl die Asymmetrie als auch die Politik, die sie aufheben soll, von allen Politikern und Meinungsmachern in Frankreich akzeptiert wurden. Die Politik, die so weit betrieben wurde, hat ihre Kehrseite, einen psychologischen Preis, der auf objektiven Entwicklungen beruht.

IV. Der Narzissmus der kleinen Unterschiede

Einbindung muss erfolgreich sein oder als erfolgreich wahrgenommen werden, um als erträglich oder gar als selbstverständlich angenommen zu werden. Anders ausgedrückt, die Einbindung muss klare Vorteile bringen, egal ob eine andere Politik möglich ist oder nicht, um getragen zu werden. Einbindung heißt, materielle oder immaterielle Vorleistungen zu erbringen, verbunden mit der Hoffnung, dass eine Vertrauensbasis geschaffen wird und Gegenleistungen im Rahmen einer engen Kooperation eingebracht werden. Sollten die Gegenleistungen nicht erbracht werden und die Vertrauensbasis schwinden – aus welchen Gründen auch immer –, wird die Einbindungspolitik in Frage gestellt, weil das dann hieße, eingebunden

---

3 E. *Balladurs* Version wurde in „Le Monde" veröffentlicht, zu einem Zeitpunkt, da der Minister in Großbritannien weilte.

zu sein, ohne einzubinden. Aus diesem Blickwinkel gesehen, mögen mehrere Aspekte die französischen Wahrnehmungen verändert haben.

Seit dem Ende des so genannten Kalten Krieges sind Europa und die anderen Industrienationen in eine Ära quasi-permanenter Verhandlungen eingetreten, sei es im Rahmen der G-7 oder G-8 oder der Sicherheitsforen, der NATO oder der Kontaktgruppe im Hinblick auf Bosnien-Herzegowina, aber auch der OSZE, sei es auf europäischer Ebene mit den Vorbereitungen des Maastricht- und später des Amsterdamer Vertrages, der Gründung der Wirtschafts- und Währungsunion, der vielen kleinen Schritte, um eine europäische Sicherheitsidentität zu schaffen mit den letztlich nötigen Reformen für die Aufnahme neuer Kandidaten in die EU. Solche Verhandlungen erfordern eine Klärung der Interessen, Positionen und Kompromissmöglichkeiten der jeweiligen Regierungen, die sonst nicht notwendig gewesen wären. Anfang und Ende der Neunzigerjahre wurden zum Beispiel mit der zweistufigen Reform der Gemeinsamen Landwirtschaftspolitik französische und deutsche Interessen konfrontiert: Während Anfang der Neunzigerjahre die Interessen beider Länder mehr oder weniger übereinstimmten, wurden diese durch einen neuen französischen Staatschef, ehemals Landwirtschaftsminister, und einen neuen Bundeskanzler, auf dessen Partei die Bauern wenig Einfluss ausübten, neu definiert. Im Laufe dieser „permanenten Verhandlungen" müssen Positionen geklärt werden, die vorher mangels eines konkreten Zieles der Klärung nicht bedurften.

Der in den letzten Verträgen festgelegte Wille, eine Europäische Sicherheitsidentität zu schaffen und der Union militärische Mittel zur Verfügung zu stellen, bringt zwar Deutschland und Frankreich einander näher, unterstreicht aber die Unterschiede in den außenpolitischen Konzeptionen und Orientierungen beider Länder. Zwar gehört die krasse Dichotomie zwischen einer von französischer Seite angestrebten Europäischen Macht *(Europe puissance)* einerseits und einem von der deutschen Regierung und Öffentlichkeit bevorzugten Europäischen Raum *(Europe espace)* andererseits zum großen Teil zur Vergangenheit an; auch haben die jüngsten militärischen Schläge gegen die so genannte Jugoslawische Republik gezeigt, dass auf Grund innerer Zwänge beide Regierungen nicht bereit waren, Bodentruppen nach Kosovo zu entsenden. Im Hinblick auf die künftige außenpolitische Rolle der Europäischen Union dürften aber beide Länder immer noch unterschiedliche Auffassungen haben.

In der Europäischen Union selbst haben sich die Koalitionsmöglichkeiten, d.h. zum Teil die Spielregeln, geändert. Die „kleine" Europäische Gemeinschaft war insofern überschaubar, als die Anzahl der Koalitionsmöglichkeiten gering und eine französisch-deutsche Achse durchaus unerlässlich waren. Als neue Mitglieder der EG beitraten, änderte sich die Konfiguration bis zu dem Zeitpunkt nicht, an dem eine kritische Masse erreicht wurde. In der Union ist die deutsche Diplomatie nicht unbedingt auf die Unterstützung Frankreichs angewiesen. Das zeigte die Nominierung *Wim Duisenbergs* als Direktor der Europäischen Zentralbank,

Deutschlands Favorit, der allerdings nicht nur von seinem Land, sondern auch von einer breiten Koalition unterschiedlicher Länder unterstützt wurde, währenddessen sich Frankreich völlig isolierte. Als Hauptimporteur und -exporteur, als Hauptinvestor sowie sozialer und politischer Akteur auf dem Kontinent – ohne dabei eine Hegemonialmacht auszuüben – hat Deutschland wahrscheinlich mehr Chancen als andere Länder, eine Koalition um sich herum zu Stande zu bringen. Diese Vermutung muss aber relativiert werden. Einerseits heißt das noch lange nicht, dass deutsche Diplomaten zu einer solchen Politik der Koalitionsbildung im Stande wären. Während die frühere Bundesregierung Koalitionen bildete, sieht es so aus, dass die neue Regierung diese Möglichkeit noch nicht wahrgenommen und sogar noch Porzellan zerschlagen hat, sei es in den Beziehungen zu Frankreich, ohne dabei die deutsch-britische Kooperation zu untermauern, sei es in den Beziehungen zu den neuen Kandidaten, vor allem zu Polen. Andererseits heißt das aber nicht, dass die deutsch-französische Kooperation der Vergangenheit angehört. Die Regierungskonferenz, die zur Unterzeichnung des Amsterdamer Vertrags führte, wurde von mageren Ergebnissen gekrönt, da beide Regierungen unterschiedlicher Auffassung waren. Sie stellt allerdings eine merkwürdige Umkehr dar, indem die (deutschen) Vertreter einer föderalistischen Vision später zu Verteidigern nationaler Kompetenzen wurden, während die (französischen) Fürsprecher zwischenstaatlicher Kooperationsformen später eine Vergemeinschaftung des dritten Pfeilers verlangten. Es zeigt vor allem, dass die deutsch-französische Entente in der Tat immer noch notwendig ist, vor allem um weit reichende Reformen durchzuführen.

Letztlich ist zu vermuten, dass Globalisierung und Europäisierung nationale Identitäten in Frage stellen. Es ist nicht selbstverständlich, dass nationale Identitäten ein für alle Mal definiert sind. Nationale Identitäten, vor allem die im 19. Jahrhundert entstandenen, werden mehr oder weniger permanent umgeformt, mehr, was insbesondere auf Nachkriegsdeutschland zutraf, während die Transformationen in Frankreich gradueller Art waren. Globale Entwicklungen und Fragestellungen *(global governance),* sei es auf europäischer Ebene, sei es weltweit, verlangen beachtliche Anpassungen von Individuen, sozialen Gruppierungen und politischen Eliten. Man läuft dann Gefahr, entweder die Bemühungen abzulehnen oder sie zumindest durch eine nationale Rhetorik abzumildern. In Frankreich fürchten sich Eliten vor einer Infragestellung der französischen Identität, die auf einem pyramidalen Modell beruht, das für „multi-level governance" wenig Platz hat. In diesem Sinne wäre Frankreich durch Europa gefährdet, durch ein Europa, das das deutsche Modell nachahmen würde. Frankreich und Deutschland wären zwei entgegengesetzte Modelle, das erstere eine laizistische und demokratische Republik, im Sinne eines Primats der *volonté populaire,* wobei das letztere den Gegenpol verkörpern würde. Für die Rolle des Rechts und der Währung, der Bundesbank und des Verfassungsgerichts hat ein Großteil der Franzosen wenig Verständnis. Auch die Rolle des Staates ist schwer verständlich: Wenn sich die Deutsche Telekom oder die DASA von ihren französischen Partnern abwenden, um ihr Glück in Italien oder Spanien zu suchen, wenn sich die Frankfurter Börse mit London verbindet, wird dies als Zeichen eines Abbröckelns der französisch-deutschen Entente verstanden, obwohl die Wirtschaft mit der Politik wenig zu tun hat.

In drei kürzlich erschienenen Büchern mit bezeichnenden Titeln (Delmas 1999, S. 204; Husson 1998, S. 163; Bollmann 1998, S. 194)[4] wird diese Thematik behandelt, indem die Geschichte als Wegweiser in die Zukunft fungiert: vom „Heiligen Römischen Reich deutscher Nation" bis zur heutigen Bundesrepublik bestehe dasselbe Prinzip der Fusion oder Konfusion zwischen Deutschland und Europa. Merkwürdigerweise behauptet einer der Autoren, dass die vereinigte Bundesrepublik in eine tiefe Identitätskrise geraten sei, weil „provinciale par constitution, l'Allemagne n'a jamais maîtrisé les logiques de l'Etat-nation. Sa pensée et sa pratique politiques ont toujours été en retard par rapport aux autres. (...) Mais comment trouver sa place dans un monde d'Etats-nations quand on ne le fut jamais sauf aux heures de nationalisme pathologique" (Delmas 1999, S. 145, 147). Es scheint, dass alle Länder mehr oder weniger in eine solche Krise geraten sind; es könnte auch sein, dass zwei von ihnen, Frankreich und Großbritannien, noch akuter darunter leiden als die Bundesrepublik, weil ihre politischen und administrativen Strukturen für eine *multi-level governance* wahrscheinlich weniger geeignet sind als die der Bundesrepublik; dabei muss man aber am Beispiel *Tony Blairs* unterstreichen, dass die politischen Eliten sie lindern oder schüren können, indem sie ihr Land auf Reformen vorbereiten oder eben auch Globalisierung und Europäisierung anprangern. Diejenigen Politiker, die „Kurzschlüsse" provozieren und einen symbolischen Rückzug auf nationales Territorium aufzeigen, greifen nach althergebrachten Erklärungsmustern wie dem „Heiligen Römischen Reich deutscher Nation" oder Eroberungskriegen unter anderen Formen, als ob sich die Zukunft an der Vergangenheit ablesen ließe: Der ehemalige Innenminister *Charles Pasqua*, der sich vor den Europa-Wahlen zur Wahrung der nationalen Souveränität geäußert hatte, sieht im Amsterdamer Vertrag eine Niederlage Frankreichs, ähnlich der seinerzeit bei Sedan. Unter diesen Umständen lässt sich vermuten, dass die Mechanismen, die zur Projektion dieses verzerrten Deutschland-Bildes führen, teilweise die gleichen sind, die den Antiamerikanismus erklären,[5] und dabei gleichfalls auf oberflächlichen Kenntnissen beruhen.

Letztlich soll ein Paradoxon hervorgehoben werden. *De Gaulle* und *Adenauer* forderten die deutsch-französische Versöhnung und das Knüpfen zahlreicher Beziehungen zwischen beiden Gesellschaften. Wie sich herausstellte, mit einem ge-

---

4 Die drei Bücher sind jedoch von unterschiedlicher Qualität. Während die ersten beiden gut recherchiert sind, beruht das letzte auf fantasievollen Exkursen, etwa wenn die Autorin behauptet, dass Postleitzahlenkombinationen, die nicht vergeben werden, an den Ost- und Westgrenzen liegen, was angeblich die Expansionslust Deutschlands zeige!

5 Zum Thema Antiamerikanismus gibt es eine Reihe von Büchern. Hier soll nur ein Heft genannt werden, das gerade erschienen ist und eine guten Überblick gibt (Ellwood 1999).

wissen Erfolg (Gründung binationaler Familien, Zusammenarbeit zwischen Beamten beider Länder). Es hat aber den Anschein, dass die gesellschaftliche Dynamik nicht ausreicht, um sie am Leben zu halten: Beide Gesellschaften ignorieren einander, sprechen kaum die Sprache des Anderen, lesen nur eine kleine Anzahl von Autoren, während immer weniger Franzosen eine Reise nach Deutschland unternehmen. Es mag sein, dass die Beziehungen einen politischen Impuls von oben benötigen und es mag auch sein, dass dieser nicht ausreichen wird. Der Reiz des Neuen ist abgeschliffen, die Dramatik abgenutzt; Europäisierung und Globalisierung vermehren die Anzahl der Partner. Auf alle Fälle wird dieser Impuls zurzeit nicht gegeben: Staatsoberhaupt und Bundeskanzler, *Lionel Jospin* und *Gerhard Schröder*, meiden einander. Es muss nicht so bleiben. Aber die Versöhnung bleibt nur ein halber Erfolg.

Literatur

Bollmann, Yvonne, 1998: La tentation allemande, Paris: Editions Michalon.
Delmas, Philippe, 1999: De la prochaine guerre avec l'Allemagne, Paris: Edition Odile Jacob.
Ellwood, David W., 1999: Anti-americanism in Western Europe: A Comparative Perspective, Occasional Paper, European Studies Seminar Series, Nr. 3, April 1999, Bologna: The John Hopkins University Bologna Center.
François, Etienne, 1998: Frankreich Deutschland: Verflochtene Geschichte, geteilte Erinnerung, Paris: Ministère des Affaires Etrangères, adpf, France Allemagne.
Hort, Peter, 1997: Die deutsche Europa-Politik wird „britischer", in: Frankfurter Allgemeine Zeitung vom 30.10.
Husson, Edouard, 1998: L'Europe contre l'amitié franco-allemande. Des malentendus à la discorde, Paris: François-Xavier de Guibert.
Kolboom, Ingo, 1991: Vom geteilten zum vereinten Deutschland. Deutschland-Bilder in Frankreich, in: Arbeitspapiere zur Internationalen Politik 61, April, Bonn: Forschungsinstitut der Deutschen Gesellschaft für Auswärtige Politik.
Leenhardt, Jacques und Robert Picht (Hrsg.), 1990: Au jardin des malentendus, Arles: Actes Sud.
Lévy, Bernard-Henri, 1999: Ein paar Versuche, in Deutschland spazieren zu gehen. Nach der Debatte: Besuche und andere Merkwürdigkeiten beim Personal der Republik, in: Frankfurter Allgemeine Zeitung vom 17./18.2.
Peyrefitte, Alain, 1998: Allemagne – Glissements, in: Le Figaro vom 28.10.
Rambures, Jean-Louis, 1990: Réception littéraire, in: Jacques Leenhardt und Robert Picht (Hrsg.), Au jardin des malentendus, Arles: Actes Sud, S. 375-377.
Soutou, Georges-Henri, 1996: L'alliance incertaine. Les rapports politico-stratégiques franco-allemands, 1954-1996, Paris: Fayard.

William E. Paterson

Ambivalenz und Nachahmung

Großbritannien und die Berliner Republik

I. Einleitung

Studien, die sich aus der Sicht Großbritanniens mit Deutschland beschäftigen, bewegen sich thematisch meist in einem Kontext, in dem das stabile und unveränderliche Inselreich auf ein Land blickt, das seit 1871 fünf verschiedene Regime und noch mehr Grenzveränderungen durchlebt hat. Nur zu leicht folgt auch die britischen Wahrnehmung Deutschlands nach der Wiedervereinigung diesem Genre. Dies war mit Sicherheit der Blickwinkel, den Mrs. Thatcher gegenüber dem wiedervereinigten Deutschland einnahm. Ein Viertel aller Deutschen, und zwar diejenigen, die im Osten des Landes leben, hatten einen dramatischen Regimewechsel durchgemacht, und die gesamte deutsche Bevölkerung hatte eine Grenzveränderung miterlebt. Eine solche, auf territoriale Veränderungen und Regimewechsel verengte britische Perspektive erscheint jedoch inzwischen, am Ende der Neunzigerjahre, irreführend, insbesondere deshalb, weil die deutsche Vereinigung in eine Zeit fiel, in der Großbritannien selbst einschneidende institutionelle Reformen erfuhr, die ihrerseits von Deutschland und seiner neuen Lage stark beeinflusst und verstärkt wurden.

Die kontinuierliche Einwirkung der Europäischen Union und Mrs. Thatchers Eingriffe in das Gleichgewicht der Regionen und Nationen in Großbritannien hatten dort einen Prozess institutioneller Kritik und Veränderung ausgelöst, der stark von der Wahrnehmung und Diskussion deutscher Erfahrungen mit dezentralisierten politischen Institutionen und Mehrebenenstrukturen geprägt war. Dies stellt eine gewaltige Veränderung gegenüber den Sechzigerjahren dar, als Ralph Dahrendorfs „Gesellschaft und Demokratie in Deutschland" im Einklang mit fast allen britisch-deutschen Vergleichsstudien davon ausging, dass für Deutschland das britische Modell der liberalen Demokratie vorbildhaft und erstrebenswert sei (Dahrendorf 1968). Dieses Kapitel befasst sich deshalb nicht nur mit der britischen Wahrnehmung Deutschlands, sondern es wird auch beleuchtet, welchen Einfluss *Lesson Drawing* und der Prozess der Politikübertragung auf die gegenseitigen Beziehungen und zukünftigen Entwicklungen der beiden Staaten haben.

II. Großbritannien und die deutsche Vereinigung

Die deutsche Vereinigung – staatsrechtlich am 3. Oktober 1990 vollzogen – war für Deutschlands Nachbarn und Partner von größter Bedeutung. Der westdeutsche Staat war ursprünglich mit Hilfe der westlichen Alliierten und mit dem Ziel geschaffen, sowohl deren eigenen außenpolitischen Ziele als auch die Bedürfnisse der westzonalen Bevölkerung zu befriedigen. Die britischen Ansprüche waren dabei fast immer mit denen der Vereinigten Staaten identisch. Dies bedeutete unter anderem, dass ein dauerhafter geopolitischer Partner im Kalten Krieg gefragt war. Die neu geschaffene Bundesrepublik sollte einen bedeutenden Beitrag leisten, um die Sowjetunion in Schach zu halten, ohne Westeuropa selbst zu bedrohen. Ein wirtschaftlich starkes und florierendes Deutschland erschien vor diesem Hintergrund unbedingt erforderlich.

Die britische Besatzungszone erstreckte sich größtenteils über die am dichtesten besiedelten, hochindustrialisierten Gebiete, in denen potenziell Exporteinkommen erzielt werden konnten, um die Versorgung der Bevölkerung zu gewährleisten. Ohne deutsche Exporterfolge hätte Großbritannien die volle Last der Versorgung tragen müssen. Also erschien es nicht nur im außenpolitischen, sondern auch im wirtschaftlichen Interesse Großbritanniens, den Wiederaufbau zu unterstützen. Obwohl die Vereinigten Staaten von Amerika einen weitaus größeren Einfluss auf den Aufbau und die weitere Entwicklung der Bundesrepublik hatte, waren britische Ideen und ihre Politik auf einigen Gebieten, wie zum Beispiel der Reform der Gewerkschaften und der Entwicklung des Öffentlichen Rundfunks, doch von großem Gewicht. Darüber hinaus war Großbritannien bemerkenswerterweise die erste Großmacht, die die zukünftige Entwicklung Deutschlands recht gut voraussagte.

In einem bedeutenden Memorandum an das Kriegskabinett am 10. Januar 1945 schlug Con O'Neill vor, dass das Problem der Kriegslust der Deutschen dadurch beseitigt werden sollte, dass man ähnlich mit ihnen verfahre wie mit den Schweden, die auch eine kriegerische Vergangenheit gehabt hatten. Ihm ging es vor allem gegen Versuche, Deutschland durch Strafmaßnahmen bessern zu wollen. „Deutschland muss sich zum Ziel setzen, ein Superschweden zu werden, sauberer, besser geplant und gesünder als jemals ein Staat war. Mit einem besseren Sozial-, Gesundheits- und Schulwesen und einem höheren Lebensstandard als sie jemals ein Staat genossen hat".

In den Siebzigerjahren erfüllte Deutschland dann auch die optimistischsten offiziellen britischen Erwartungen. 1972 spielte die Bundesrepublik eine bedeutende Rolle, indem sie Großbritanniens Eintritt in die Europäische Wirtschaftsunion unterstützte. Willy Brandt und Helmut Schmidt waren in Großbritannien sehr angesehene Kanzler, wobei Helmut Schmidt 1974 sogar einen überraschenden und positiv aufgenommenen Eintritt in die britische Volksabstimmungskampagne betreffend der EG unternahm (Young 1998). Großbritannien vertrat ebenso eine sehr positive Einstellung gegenüber der „Ostpolitik", ohne die Ängste vor einem „Alleingang" oder einem Abdriften in Richtung Osten zu haben, die manchmal Frankreich beschäftigten.

In den Achtzigerjahren jedoch führte der deutlich sichtbare Erfolg der Bundesrepublik, gestützt auf den wachsenden wirtschaftlichen- und politischen Einfluss, dazu, dass sich die bisherige partnerschaftliche Wahrnehmung in ein Gefühl der Herausforderung verlagerte. Plötzlich trafen die Schatten der Zukunft mit den Schatten der Vergangenheit in der britischen Wahrnehmung eines einst besiegten und erfolgreich gewordenen Deutschlands zusammen. Am deutlichsten war das im Bereich der Wirtschaft zu sehen, einem Feld, auf dem die Briten in den Achtzigerjahren mit der konservativen Thatcher-Regierung mit ihrem neoliberalen, anti-korporatistischen Kurs eine dezidiert andere Politik als Deutschland verfolgten.

Die Beziehungen zwischen den beiden Staaten auf dem Gebiet der Sicherheit waren am wenigsten ambivalent in einer Zeit, in der sie überzeugend als „die stille Allianz" beschrieben werden konnten (Kaiser/Roper 1987). Jedoch war auch hier ein Erosionsprozess zu beobachten. Die britische Regierung war sehr besorgt über die deutsche Singularitätsdebatte in den Achtzigerjahren, als in Deutschland starke Stimmen gegen eine besondere Bedrohung seines Territoriums im Falle eines Nuklearkrieges, vor allem gegen den Gebrauch von taktischen Atomwaffen, aufkamen. Den größten Einfluss auf die britische Meinung jedoch hatte Präsident Bushs Angebot an die Bundesregierung vom Juni 1989, die Beziehungen Deutschlands und der USA als *„partners in leadership"* weiter zu vertiefen und auszubauen. Großbritanniens beliebteste und bedeutungsvollste, nach dem Niedergang des Empires verbliebene weltpolitische Position und Führungsrolle war hiermit in Gefahr, nun an das wiedervereinigte Deutschland verloren zu gehen (Küsters/Hofman 1998).

III. *The Sound of One Hand Clapping*

Die allgemeine Euphorie, die den Zusammenbruch der Berliner Mauer am 9./10. November 1989 begleitete, war ein gemeinsames Erlebnis aller Europäer. Begeisterung war besonders in Großbritannien erkennbar, wo es immer die geringsten Sympathien für das kommunistische Regime in Osteuropa, einschließlich der DDR, gegeben hatte. Die kommunistische Partei war im britischen Parlament nicht repräsentiert und seit der ungarischen Revolution 1956 hatte die Partei auch nur noch wenige Mitglieder. Auf amtlicher Ebene war die Haltung jedoch sehr viel zwiespältiger. Seit dem Deutschlandvertrag von 1954 war Großbritanniens offizielle Linie zwar eindeutig für die deutsche Wiedervereinigung, jedoch hatte sich niemals jemand ernsthafte Gedanken darüber gemacht, welche Haltung die britische Regierung einnehmen sollte, wenn es tatsächlich zu einer deutschen Wiedervereinigung kommen sollte.

Während die offizielle britische Linie an der weit verbreiteten Begeisterung für den Zusammenbruch des kommunistischen Regimes teilnahm, waren die Reaktionen, trotz aller Vertragsverpflichtungen, in Bezug auf den deutlichen Machtanstieg, den die Wiedervereinigung Deutschlands erwarten ließ, ambivalent. In Praxis stand Großbritannien nun einem Staat gegenüber, dessen Bevölkerung, verglichen mit Großbritannien, auf einmal von einer etwa fünf Prozent höheren auf eine fast 40 Prozent höhere Einwohnerzahl angestiegen war. Verglichen mit dem bisherigen Zustand, als beide Staaten noch eine etwa gleiche Landfläche besaßen, hatte sich Deutschlands Landfläche nun um etwa 44 Prozent vergrößert. Dazu kam noch, dass für Deutschlands Bruttosozialprodukt ein außerordentliches Wachstumspotenzial gesehen wurde. Bonn hielt sich taktvoll zurück, wenn es um die offenkundige Tatsache seiner Einflusssteigerung in den EG-Institutionen ging. 1994, nach einer Zeit der Gleichstellung beider Staaten, wuchs die Anzahl der deutschen Europa-Abgeordneten auf 98 (bei einer Gesamtzahl von 567), was bedeutete, dass Deutschland nun 11 Abgeordnete mehr als Großbritannien stellen konnte (Hill 1996).

Großbritannien hatte generell zwiespältige Gefühle gegenüber dem Ende des kalten Krieges. Obwohl es siegreich aus dem Zweiten Weltkrieg hervorgegangen war, waren seine Machtressourcen nun stark erschöpft, einschließlich der enormen ehemaligen Auslandsreserven. Macht ist natürlich auch relativ zu verstehen und Großbritanniens Atomwaffenstatus war niemals einflussreich genug, um zur Supermachtklasse neben den Vereinigten Staaten und der Sowjetunion zählen zu können. Aufeinander folgende britische Regierungen strebten deshalb fortdauernd eine Großmachtrolle an, die Großbritannien zwar unterhalb der beiden Supermächte ansiedelte (einige waren sogar der Meinung, dass die britische Position nur unwesentlich geringer war), jedoch bedeutend über andere Westeuropäische Staaten stellte. Die Kosten, die entstanden, um diese letztlich illusorische Machtrolle zu erhalten, waren sehr groß. Zum Ersten investierte Großbritannien unverhältnismäßig viel Geld in harte Macht einschließlich der teuren nuklearen Abschreckungsmittel. Zweitens und von grundlegender Bedeutung, war, dass Großbritanniens Nachkriegsrolle von den Vereinigten Staaten getragen und abhängig war. Die Tatsache, dass Großbritannien es nicht schaffte, ein unabhängiges Verteilersystem (Blue Streak) für ihre nuklearen Trägerraketen zu entwickeln und die daraus resultierende Abhängigkeit vom amerikanischen Trident-System, reduzierte seine bis dahin vorhandene militärische Unabhängigkeit ernsthaft.

Gerade weil Großbritannien diese Kosten militärischer Abhängigkeit akzeptierte, war es ihm dennoch möglich, eine sehr bedeutende internationale Rolle zu spielen. Die hohen Verteidigungskosten wurden weiterhin als etwas Unausweichliches akzeptiert und genossen somit weite politische Unterstützung. Zusätzlich stellten diese Investitionen einen wirtschaftlichen Rettungsring für die Schwerindustrien dar, wie zum Beispiel die Schiffswerften. Überraschenderweise wurde die Abhängigkeit von den Vereinigten Staaten nie als solche erlebt und vielmehr als „die besondere Beziehung" verstanden. Seine Rolle als Hauptverbündeter der Vereinigten Staaten und die Abwesenheit Deutschlands als ein militärischer und politischer Machtfaktor erlaubte Großbritannien im Nachkriegssystem „über seine Gewichtsklasse hinaus zu boxen", in einer Form, welche die politische Klasse mit immenser Befriedigung erfüllte.

Mit dem Ende des kalten Krieges geriet dieser Status in Gefahr. Der Ausklang des kalten Krieges schien nun die Natur des internationalen Systems zu transformieren, und zwar weg von Sicherheit in Richtung Wirtschaft; von der Projektion von harter zu sanfter Macht; von einer Dimension, in der Großbritannien eine starke Position genoss, zu einer anderen, die Deutschland bevorzugte. Dominique Moisi bemerkte zu dieser potenziellen Verschiebung folgendes: „Die Bilanz des Vorteils hat sich von der Bombe in Richtung D-Mark verschoben".[1]

Das Auftauchen eines wiedervereinigten Deutschlands und die starke Unterstützung, mit der die amerikanische Administration diesen Prozess vorantrieb, zusammen mit Präsident Bushs vorherigem *„partners in leadership"* (Führungspartner) Angebot, konnte aus britischer Sicht dazu führen, dass Großbritannien seine Position als Hauptverbündeter der Vereinigten Staaten an Deutschland verlieren würde. Das britische politische Establishment machte sich ebenfalls Gedanken über die Implikationen, die ein größeres Deutschland auf die Europäische Union haben könnte, und es wurde befürchtet, dass die Veränderungen zu einem „Tanzen nach der deutschen Pfeife" führen könnten (Zitat aus Dahrendorf 1996). Wahrscheinlich hätten solche Überlegungen für jeden Premierminister eine schwere Last bedeutet, besonders wenn man die britische Denkungsart in Bezug auf das internationale System mit einbezieht. Mrs. Thatchers Ansichten produzierten jedoch eine besonders scharfe Reaktion.

Premierministerin Margaret Thatcher sah die Welt durch die Linse des außenpolitischen Machtrealismus: Ihrer Meinung nach musste der Machtanstieg eines Staates notwendigerweise einen Machtverlust eines anderes Staates verursachen. „Deutschland würde größer und wir nicht" wie sie gewöhnlich zu sagen pflegte (zit. in Paterson 1996). In Bezug auf die deutsche Wiedervereinigung nahm Mrs. Thatcher, die zu dieser Zeit eine absolut dominierende Rolle in ihrer Regierung spielte, eine weitaus feindseligere Haltung als das Auswärtige Amt ein, und es waren ihre Ansichten, die Großbritanniens anfänglich widerwillige Reaktion hervorriefen. Zusätzlich ist Großbritanniens traditionelles Machtdenken an einer Machtbalance interessiert, was darin resultierte, dass das Auftauchen eines potenziell dominanten Deutschlands auf dem Europäischen Festland starke Befürchtungen der Regierung hervorrief. Anfänglich hoffte Mrs. Thatcher, was auch nicht völlig abwegig war, dass sie in der Lage sein würde, den französischen Präsidenten

---

1 Im Gespräch mit dem Autor.

Mitterrand auf ihre Seite zu ziehen. Dies stellte sich jedoch sehr bald als eine Einbahnstraße heraus, da die starke Unterstützung für die deutsche Wiedervereinigung von Seiten der Amerikaner eine Vereinigung unausweichlich machte.

Von Seiten Bundeskanzler Kohls war Enttäuschung zu spüren, dass Großbritannien seiner Meinung nach versagt hatte, dem Vertragsversprechen von 1954 gerecht zu werden und die deutsche Vereinigung zu unterstützen. Er teilte jedoch die britischen Ängste über ein potenziell dominierendes Deutschland und suchte einen Ausweg in der tieferen europäischen Integration und in Deutschlands Einbindung in diese Strukturen. Während sich diese Politik durchsetzte und Vorbereitungen der Regierungskonferenz für die politische Union und die Wirtschafts- und Währungsunion getroffen wurden, fand Mrs. Thatcher immer noch wenig Gefallen an dem, was sich da abspielte: Ihre Zurückhaltung war zu dieser Zeit allgemein bekannt und die Zusammenfassung eines Seminars, welches sie am 24. März 1990 in *Chequers* leitete, fand weite Verbreitung. Durch Indiskretionen wurde vor einem Wochenende, an dem Mrs. Thatcher Bundeskanzler Kohl auf der Königswinterkonferenz in Cambridge und bei einem bilateralen Treffen in London sehen sollte, ihre ablehnende Haltung erneut an die Öffentlichkeit gebracht. Das britische Memorandum des Treffens beschrieb den deutschen Charakter mit Wörtern wie 'Angst, Aggressivität, Bestimmtheit, tyrannisch, egoistisch, Minderwertigkeitskomplex und Sentimentalität' (Klein 1996). Die Beziehungen zwischen den beiden Staaten wurden zusätzlich durch ein Interview belastet, in dem Nicholas Ridley, ein Mitglied des Kabinetts und enger Verbündeter von Mrs. Thatcher, im Zusammenhang mit der Wirtschafts- und Währungsunion (WWU) bemerkte, es sei 'ein deutsches Schwindelgeschäft, das dazu entworfen wurde, ganz Europa zu erobern'.[2]

Die ambivalente Haltung, die Großbritannien direkt nach der Wiedervereinigung zeigte, wurde besonders durch Entwicklungen in der Europäischen Gemeinschaft weiter ermutigt. Britische Ideen, die auf eine Europäische Gemeinschaft als „Wirtschaftsgemeinschaft" aufgebaut waren, wurden durch die Transformation der Europäischen Gemeinschaft in die Europäische Union und das sich generell vertiefende Programm auf der Regierungskonferenz in Maastricht in Frage gestellt (Young 1998). Kanzler Kohls sichtlich herausragende Rolle (besonders nachdem Jacques Delors als Präsident der Europäischen Kommission ausgeschieden war), sein Konzept von „Einbindung" sowie die Art, wie er die Vertiefung der EU plante, sorgte für ein weites Spektrum von euroskeptischen Ansichten in Großbritannien. Die EU erschien als ein von Deutschland gelenktes Großprojekt, sogar als eine „Fortsetzung von Deutschland mit anderen Mitteln".

---

2 The Spectator vom 14.7.1990.

IV. Deutschland als Modell und Anti-Modell

„Das politische Sicherheitssystem des deutschen Rechtsstaats entspricht der physischen Sicherheit eines Ingenieurdesigns und der intellektuellen Sicherheit eines philosophischen Systems, in dem jede mögliche Eventualität berücksichtigt wird und durch ein Gesetz abgesichert scheint. Alles ist durch Gesetzgebung, Gerichte und Verfassung reguliert. In Großbritannien dagegen hängt nur weniges von der Gesetzgebung ab; das meiste wird durch Gebräuche und Traditionen geregelt. Die Gesetzgebung ist eher ein Nebenprodukt von Gebräuchen, die über die Jahre durch Gewohnheiten entstanden sind. Der deutsche Staat wurde geplant und entworfen – und das sehr gut. Der britische Staat wuchs" (Mitsuko Uchida – Prospect 1998).

Historisch gesehen ist das Konzept des Lernens von anderen politischen Systemen in der britischen politischen Entwicklung fast vollkommen abwesend. Der britische Staat, dessen Legislatur sich bis vor kurzem noch als „die Mutter des Parlamentarismus" bezeichnen konnte, besaß ein beneidenswertes Selbstbewusstsein. Großbritanniens eigentliche historische Rolle war es, als politisches Modell für andere zu fungieren. Die Briten sind ein selbstbezogenes Volk, und die Anleitung zur Politikerneuerung fand man in der Untersuchung der eigenen Geschichte. Zudem war der politische Stil auf allmähliche Veränderung aufgebaut, in anderen Worten: *making it up as we go along*. Anstatt die Institutionen auf einem rationalistischen Diskurs und eine formale Verfassung zu gründen, wurden sie als organisch wahrgenommen. Die Konstruktion einer Verfassung, in der Abschnitte aus unterschiedlichen Teilen der Welt Einfluss gewinnen konnten, war niemals ein Teil britischer Tradition.

V. Kritischer Moment und Scheideweg

In den letzen Jahren waren historisch institutionelle Erklärungen sehr einflussreich in der britischen Politikwissenschaft. Im Rahmen dieser Erklärungen erscheinen Veränderungen oftmals als pfadabhängig, das heißt, eine anfängliche Weichenstellung legt die späteren Entwicklungen fest. Deshalb sind historische Institutionalisten besonders besorgt, wenn Abweichungen von etablierten Mustern stattfinden und neue Muster und Prozesse eingeführt werden. Collier und Collier beschreiben diese als „kritischen Scheideweg" (Collier/Collier 1991). In einem wichtigen neuen Aufsatz führen Bulmer und Crouch diese Idee weiter und unterscheiden zwischen kritischen Momenten und kritischen Scheidewegen (Bulmer/Crouch 1998). Ein kritischer Scheideweg liegt vor, wenn ein kritisches Ereignis eine Abweichung von etablierten Pfaden einleitet oder beschleunigt.

1945 repräsentiert den ersten kritischen Scheideweg in Großbritanniens moderner demokratischen Polity. Eine Labour Regierung führte 1945, basierend auf einer enormen parlamentarischen Mehrheit, einen Wohlfahrtsstaat und eine Keynesianische Mischwirtschaft ein, die Vollbeschäftigung zum Ziel hatte. Dieser Wechsel fand nicht in Stufen statt und war nicht von ausländischen Erfahrungen abhängig, bildete jedoch die Basis für die gesamte britische Wirtschafts- und Sozialpolitik der folgenden drei Jahrzehnte. 1979, als Mrs. Thatcher Premierministerin wurde, schien das System, das auf Keynesianischen Wirtschaftsideen basierte, am Rande des Zusammenbruchs, und es wurde allgemein angenommen, dass Großbritannien einen kritischen Moment erreicht hatte. Mrs. Thatcher transformierte dies in einen kritischen Scheideweg, in dem sie ein sehr ambitioniertes Markt- und Privatisierungsprogramm begann. Vollbeschäftigung als Regierungsziel wurde aufgegeben und Keynesianismus wurde durch Monetarismus ersetzt. Die Veränderungen unter Mrs. Thatcher wurden nicht stufenweise eingeführt, und sie basierten größtenteils auf amerikanischen Konzepten und Erfahrungen. Während sich Monetarismus und der generelle neoliberale Strategiewechsel in der britischen Wirtschafts- und Sozialpolitik unter den Thatcher- und Major-Regierungen fast ausschließlich auf amerikanische Beispiele beriefen, war die Initiative zur Privatisierung von Staatsbetrieben und zur Verschlankung des Staates innovativer und kann vielleicht als Mrs. Thatchers größtes Vermächtnis gelten.

Deutschland fungierte für die konservativen Regierungen vor und nach der Wiedervereinigung als ein Anti-Modell. Untypischerweise für britische Regierungen war die Wirtschafts- und Sozialpolitik unter Thatcher und Major eher ideologisch gelenkt. Mrs. Thatcher nannte sich selbst des Öfteren eine „Überzeugungspolitikerin". Die zentralen Elemente ihrer politischen Gesinnung waren die monetaristische Zangenpolitik, mit der sie den Verbandsinteressen zu Leibe rückte, und die Abschaffung der Vollbeschäftigungspolitik. Vor diesem Hintergrund war der fortdauernde deutsche Wirtschaftserfolg, der mit dem Begriff „Modell Deutschland" verknüpft war, ein Affront, da dies Mrs. Thatchers Überzeugung in Frage stellte, die völlig darauf basierte, dass Monetarismus die einzig realisierbare Möglichkeit für ein fortgeschrittenes kapitalistisches Wirtschaftssystem darstellte. Der neoliberale Ansatz, der ihre Wirtschaftspolitik leitete, überzeugte sie davon, dass eine Soziale Marktwirtschaft völlig unrealisierbar sei. In Großbritannien wurde die Globalisierung oftmals besonders willkommen geheißen, da dieser Prozess neue Möglichkeiten eröffnete, um alte Erstarrungen aufzulösen (zum Beispiel am Arbeitsmarkt) und das von den Vereinigten Staaten gelenkte Deregulationsprogramm weitflächig zu verbreiten. In Deutschland dagegen wurde der Globalisierungsprozess häufig als etwas verstanden, das die Erhaltung von Institutionen und der Sozialen Marktwirtschaft gefährdete.

Mrs. Thatcher war ebenso kritisch in Bezug auf die noch tiefer liegenden Fundamente des deutschen politischen Systems. Ihr Programm der Veränderung führte zu einer weiteren Zentralisierung des schon sehr zentralgesteuerten Großbritanniens und nahm Deutschlands internes und semi-souveränes System als eine weitere Barriere für Reformen wahr. Ihre Europapolitik, die auf einer Behauptung der nationalen Identität und einer Verteidigung von nationaler Souveränität basierte, machte sie misstrauisch gegenüber Deutschlands post-nationaler, reflexiver und multilateraler Europapolitik. Für eine Realistin, wie es Mrs. Thatcher war, sind Staaten definitionsgemäß unaufhörlich an ihrer Machterweiterung interessiert und Deutschlands integrationsorientierter Multilateralismus konnte somit ihrer Meinung nach nur einen Schleier darstellen.

Diese düstere Analyse, die – voller Ambivalenz – Deutschland entweder als eine heimtückische Gefahr oder als ein Beispiel für politisches Versagen wahrnahm, wurde stark durch die britischen Medien unterstützt. *The Economist* zum Beispiel mit seiner starken neoliberalen Haltung und einer harten Linie bezüglich Sicherheitsfragen pflegte eine fortwährend kritische Berichterstattung in Bezug auf Deutschland und stellte es meist als ein negatives Beispiel dar (vgl. den Beitrag von Siegel/Jochem in diesem Band). Zwei Drittel der in Großbritannien zirkulierenden nationalen Tageszeitungen gehören Rupert Murdoch und Conrad Black. Das Deutschlandbild, das in diesen Zeitungen vermittelt wurde, war nur ein Teil eines größeren euroskeptischen Programms mit dem Ziel, Misstrauen über Deutschland zu säen und zu instrumentalisieren, um damit einen populären Euroskeptizismus zu erzeugen.

Der Effekt war besonders stark erkennbar, nachdem Jacques Delors von der europäischen Bühne abtrat und Helmut Kohl begann, die Europäische Szene zu dominieren. Die geringe Mehrheit, die die Major-Regierung nach 1992 besaß, führte dazu, dass die Regierung verstärkt auf eine freundlich gesinnte Presse angewiesen war mit dem Resultat, dass die britische Politik des Öfteren durch die Medien gelenkt zu werden schien.

Das negative Bild Deutschlands, das von den Ansichten konservativer Regierungen geprägt war, konnte durch das besonders positive Bild ausgeglichen werden, das die Labour-Partei und die Presse, die nicht zu den Konzernen von Murdoch und von Black gehörte, verbreiteten. Das *„one hand clapping"* in Großbritannien in den Neunzigerjahren wurde immer mit der linken Hand ausgeführt und die Argumente, die zu der kritischen Haltung Margaret Thatchers führten, waren natürlich genau die, welche das Deutschlandmodell für die linke Mitte empfehlenswert machten. Die zweifelhaften Leistungen, die die Callaghan Regierung, die mit dem 'Winter der Unzufriedenheit' in 1979 endete, vorweisen konnte und die darauf folgende Serie von Wahlniederlagen von 1983, 1987 und 1992 hatten einen sehr negativen Einfluss auf das Selbstbewusstsein der Labour-Partei. Die britische Sozialdemokratie erschien erschöpft und die Suche nach einer moderaten Alternative zu *Thatcherismus* begann. Im Diskurs der linken Mitte erfüllte Deutschland zunehmend die Rolle einer hoffnungsvollen Alternative zum Thatcherismus. Will Huttons Buch „The State We're In" war fast das ganze Jahr 1995 hindurch die Nummer Eins der Sachbücher-Bestsellerliste (Hutton 1995). Seine zentrale Idee des *Stakeholder-* anstelle des *Shareholder-*Kapitalismus sowie alle weiteren

Hauptargumente des Buches sind eine Billigung des kontinentaleuropäischen, *rheinischen Kapitalismus* und eine Zurückweisung des angloamerikanischen Modells, das als zu wenig langfristig rational eingeschätzt wird und in dem das Schicksal des Landes ganz vom Auf und Ab der Aktienbörsen dominiert werde.

Die zunehmende Zentralisierung, einschließlich der starken Kompetenzverminderung auf der kommunalen Ebene – markante Merkmale der Thatcher Regierung –, verärgerten die Linke zutiefst, die traditionell auf der lokalen Ebene besonders stark war. Die zunehmende Zentralisierung in Richtung London provozierte ebenso starke Reaktionen in Schottland und Wales. Das führte dazu, dass man in Edinburgh und Cardiff ernsthafte Pläne für Legislaturveränderungen machte, für den Fall, dass Labour die Wahlen gewinnen sollte. Die Pläne von 1979 hatten keinen Erfolg gehabt und John Smith, der Parteichef vor Blair, verwies auf diese Devolutionspläne als „unbeendetes Geschäft". All diese innenpolitischen Entwicklungen konzentrierten die Aufmerksamkeit auf Deutschland als das erfolgreiche Beispiel von Föderalismus und *multilevel governance* in der Europäischen Union.

Die Reaktionen in Bezug auf Deutschland als ein Modell für die Europapolitik waren demgegenüber von größerer Ambivalenz. Nach Mrs. Thatchers Brügger Rede von 1988 wurde die Labour-Partei die Europäische Partei in Großbritannien, und ihr Europäisches Engagement erreichte unter John Smith (1992-94), einem überzeugten Europäer, ihren Höhepunkt. Nach seinem Tod 1994 führte das übergeordnete Ziel, die nächste Wahl zu gewinnen, und der durchdringende Einfluss der euroskeptischen Presse dazu, dass ein vorsichtigerer Europakurs verfolgt wurde. Der Labour-Partei widerstrebte es 1997, ihre Wahlkampagne auf Europa aufzubauen. Um dies zu vermeiden, mussten die unterschiedlichen Standpunkte, die zwischen den beiden Parteien in Bezug auf Europa bestanden, einander angeglichen werden. Unter britischen Bedingungen konnte Labour das Thema Europa nur neutralisieren, indem die Partei Deutschlands Europaprogramm nicht sichtbar unterstützte.

VI. Deutschlands Rolle im Britischen Normalisierungsprozess

Wie erwähnt, basierte das politische Nachkriegsmodell der Wirtschafts- und Sozialpolitik Großbritanniens auf Verstaatlichung und Keynesianismus. Mrs. Thatcher transformierte dieses System während der Achtzigerjahre in ein neo-liberales, monetaristisches Marktmodell. Dieser Politiktransfer fand im Wesentlichen im Austausch mit den Vereinigten Staaten statt. Ausmaß und Folgen des monetaristischen Politiktransfers waren in der politischen Geschichte Großbritanniens beispiellos.[3]

---

3 On Policy Transfer vgl. Marsh/Dolowitz (1996) und auch Rose (1993).

Der relative Erfolg (zum Beispiel in Bezug auf den Arbeitsmarkt) der britischen Wirtschaft, verglichen mit kontinentalen Staaten, veranlasste die Labour-Regierung unter Premierminister Blair, den vorangegangenen Kurs in vielem einzuhalten. Nachdem Blair an die Macht gekommen war, wurde weniger von *Stakeholder Capitalism* gesprochen und stattdessen die Betonung auf die Prämierung von Investitionen und den Erhalt flexibler Arbeitsmärkte gelegt.

Während die Thatcher Regierung mit einem transatlantischen Transfer von *Policies,* insbesondere auf dem Feld der Wirtschafts- und Sozialpolitik, aufwartete, führt die Blair-Regierung ein radikales *institutionelles* Transferprogramm durch. In vielerlei Hinsicht ist dieser institutionelle, den Staatsaufbau unmittelbar tangierende Transfer noch überraschender und grundlegender als Thatchers Politiktransfer. Der Aufbau eines Nationalempfindens in Großbritannien wurde nicht von Versuchen begleitet, eine gemeinsame Kultur zu erzeugen, oder durch ein Projekt, das es zum Ziel hatte „Briten zu machen", wie es in Frankreich und Italien der Fall war (Colley-Britons 1996). Die grundlegende Vereinbarung, auf die das Vereinigte Königreich gegründet wurde, der *Treaty of Union* zwischen Schottland und England in 1707, garantierte Schottland in den wichtigsten identitätsformenden Dimensionen wie Religion, Rechtssystem und dem Bildungswesen Autonomie. *Britishness* wurde um die Loyalität zu den *britischen Institutionen* aufgebaut, von denen das Parlament als die wichtigste Institution zählte. Die Schlüsselrolle und das Prestige, welche das Westminster-Modell im Vereinigten Königreich genossen, wurden noch durch das externe Prestige vervielfältigt, das ihm historisch als die wesentliche Institution eines außerordentlich erfolgreichen und mächtigen Staates zufiel.

1997 jedoch, begann die Kraft beider Faktoren zu verblassen. Den allmählichen Verlust an Macht, den Großbritannien erleben musste, und der nur zum Teil durch die 'besondere Beziehung' zu den USA maskiert werden konnte, sowie Großbritanniens langer Wirtschaftsniedergang hatten einen schwächenden Einfluss auf den externen Erfolg des britischen Regierungsmodells. Umgekehrt erschien der anhaltende Erfolg, den die Institutionen in der Bundesrepublik genossen, eine Nachahmung wert zu sein. Diese Attraktivität vergrößerte sich noch mehr durch die Wiedervereinigung Deutschlands, was die politische Klasse Großbritanniens zwang, ihre Theorien und Annahmen zu überprüfen. „Es ist wirklich auf der Ebene der Wahrnehmung, der persönlichen Zielsetzung und des Vorstellungsvermögens, wo die entscheidensten Einwirkungen der deutschen Wiedervereinigung auf Großbritannien am Ende gefühlt werden" (Hill 1996).

Der Wechsel im institutionellen „Handelsgleichgewicht" zwischen Großbritannien und Deutschland ist wahrscheinlich das drastischste Ergebnis der veränderten Machtverhältnisse und wäre für die Gründer der Bundesrepublik ebenso wie für ihre britischen Zeitgenossen einfach unvorstellbar gewesen. Der größte Impuls für institutionelle Veränderungen kam jedoch von innen. Zu dieser Zeit stand das unüberarbeitete Einheitsmodell des britischen Staates schon unter unerträglicher Belastung. Achtzehn Jahre konservative Regierung in Schottland, wo weniger als ein Viertel der Stimmen den Konservativen Einhundert Prozent politische Macht gebracht hatten, half den Status Quo zu delegitimieren und eine Allianz von nicht-konservativen Parteien in Schottland hervorzubringen (die schottische Konvention), die den Status Quo letztlich lebensunfähig machte. In dieser Situation sahen die Fürsprecher für Veränderung in Deutschland ein relevantes Beispiel für *multilevel governance*, wie sie der schottischen Konvention und der ins Amt gekommenen Labour-Regierung vorschwebte.

Einmal an der Macht, war das radikalste Merkmal der Blair-Regierung die einfallsreiche institutionelle Erneuerung Großbritanniens. Dies wurde nicht durch das Erstellen einer geschriebenen Verfassung herbeigeführt. Vielmehr passierte alles Stück für Stück, auf typisch britische Art, mit der Besonderheit, dass Institutionen von überall her geborgt wurden. Dies ist ein Merkmal, das mit der Doktrin der *best practice* des „dritten Weges" vereinbar ist. Eine überraschende Veränderung fand jedoch im Zusammenhang mit den üblichen Konventionen statt. Mit einer überwältigenden Mehrheit hat Premierminister Blair einen inklusiven Stil von Konsensuspolitik verfolgt, die Liberaldemokraten in einen Kabinettsausschuss einbezogen und konservative Verbündete für europäische Themen gesucht. Institutioneller Transfer ist jedoch ein zentrales und längerfristiges Thema, und deutsche Institutionen und Praktiken sind von zentraler Wichtigkeit für diesen Prozess.

Deutsche Einflüsse, die auf die institutionelle Erneuerung eingewirkt haben, werden in einem schwachen und in einem starken Sinn übertragen. Deutsche Ideen beeinflussten den Erneuerungsprozess, der von der Beteiligung an europäischen Institutionen ausging. Die britischen Entscheidungen über die Anerkennung der europäischen Konvention über Menschenrechte sowie die Schaffung einer unabhängigen Zentralbank wurden zwar nicht völlig durch das deutsche Beispiel gelenkt, rücken aber die britische Politik bedeutend näher an das deutsche Modell. Manchmal ist es jedoch der Fall, dass Institutionen direkt durch einen Lernprozess exportiert werden. Das Mehrheitswahlsystem ist lange Zeit als ein Grundstein des politischen Systems Großbritanniens betrachtet worden. Seine Fürsprecher halten dieses System für ein Schlüsselelement zur Erzeugung starker und stabiler Regierungen. Das System belohnt den Gewinner und resultiert in einem System der Einparteienmehrheit. Diese Haupteigenschaft hielten die Personen, die für die Planung der Wahlsysteme des schottischen Parlaments und der walisischen Versammlung (Assembly) zuständig waren, jedoch für wenig attraktiv. Zum Ersten existiert ein tief sitzender Einschnitt zwischen einem im Zentrum liegenden, vorwiegend von Labour dominierten Gebiet und dem ländlichen Schottland. Ein Mehrheitswahlsystem könnte dazu führen, dass die Bedürfnisse der ländliche Bevölkerung nicht ausreichend repräsentiert werden. Zweitens war der Premierminister daran interessiert, die Verfassungsveränderungen in Großbritannien im Einklang mit den Liberaldemokraten auszuführen, wobei Schottland einen idealen Musterfall dieser Kooperation darstellt. Drittens und von besonderer Wichtigkeit ist, dass alle Parteien, abgesehen von der Schottischen Nationalpartei (SNP), gegen ein mehrheitserzeugendes System eingestellt sind, da dies die Gefahr eines SNP-Erfolgs birgt. Dies würde letztlich bedeuten, dass die SNP die Unabhängigkeit Schottlands, seine Herauslösung aus dem britischen Staatsverband, herbeiführen könnte. Das deutsche Verhältniswahlrecht musste in dieser Situation besonders attraktiv erscheinen, da es in der Regel keine Einparteienregierungen erzeugt und die Verfassungsverbindung der Gliedstaaten sichert, die in Großbritannien von so großer Bedeutung ist. Die Pläne der Regierung für Schottland und Wales beinhalten daher die Schlüsselmerkmale des deutschen Systems: Jeder Wähler hat zwei Stimmen, eine für die Wahlkreiswahlen (wobei die jetzigen Unterhauswahlkreise benutzt werden) und eine Stimme für die geschlossene Parteiliste. Dazu kommt noch ein Verfahren, welches zusätzliche Mitglieder, abgesehen von den Wahlkreisparteigewinnern, belohnt, um eine echte Proportionalität zu sichern. Unterschiede zum deutschen Wahlsystem sind folgende: Es werden keine Qualifikationshürden eingeführt; Zweitstimmen werden nicht aufs ganze Land verrechnet, stattdessen werden sie in den Gebieten der momentanen europäischen Parlamentswahlkreise (fünf in Wales, acht in Schottland) verrechnet. Zusätzliche Mitglieder (vier per Euro-Wahlkreis in Wales, sieben in Schottland) werden belohnt. Damit wird zwar die Proportionalität in den Eurowahlkreisen gesichert, jedoch nicht über das ganze walisische/schottische Gebiet verteilt. Dies führt dazu, dass die Proportionalität geringer als in Deutschland sein wird (aber natürlich viel proportionaler, als es im einfachen Mehrheitswahlsystem der Fall ist). Die Formel, die benutzt wird, um die zusätzlichen Mitglieder, die jeder Partei angerechnet werden dürfen, zu ermitteln, basiert auf einer Beziehung zwischen Wahlkreismandaten und dem Gesamtstimmengewinn in jedem Europawahlkreis. Diese Formel berücksichtigt keine Überhangmandate. Die Proportionalität zwischen Wahlkreis und zusätzlichen Mitgliedern ist in Wales 66:33 und in Schottland 57:43 (Jeffery 1998). Wenn sich das System in Schottland und Wales bewährt, könnte es eine Basis für Westminster darstellen, obwohl der Premierminister „immer noch nicht überzeugt" ist (Blair).

1. Das britische Modell in der deutschen Debatte – Wird die Berliner Republik englischer?

In der alten Bundesrepublik sind Einflüsse britischer Politik größtenteils auf das Bürgermeistersystem in Nordrhein-Westfalen, den Gewerkschaften und auf einige Aspekte des Öffentlichen Rundfunks beschränkt. Welche Gründe könnten uns dazu verleiten anzunehmen, dass politische Ideen aus Großbritannien einen größeren Einfluss auf die neue Republik haben könnten? Die Anfangsphase war nicht besonders vielversprechend für diejenigen, die in Deutschlands Post-Vereinigungsphase an einem britischen Politiktransfer nach Deutschland interessiert waren. Im Vereinigten Königreich argumentierten viele, einschließlich des *Economist* und der

Financial Times, dass für die fünf neuen Länder der beste Weg der sei, der den Ländern durch weitflächige Deregulierung und die Einführung eines flexiblen Arbeitsmarktes Möglichkeiten eröffnen würde, mit den etablierten westlichen Ländern in Wettbewerb zu treten. Diese Vorschläge wurden jedoch in der politischen Debatte Deutschlands nicht sehr ernst genommen. Die Notwendigkeit der Integration und die Wichtigkeit der Erhaltung des sozialen Friedens sprachen gegen eine Annahme dieser Vorschläge. Langfristig hat sich dennoch eine Art von Deregulierung eingeschlichen, insofern als Arbeitgeber in den neuen Ländern zunehmend ohne Arbeitgeberverbände (Verbandsflucht) und Kollektivverhandlungen zurechtkommen.

Seit Mitte der Neunzigerjahre gibt es in Deutschland eine Standortdebatte. Sie beruht auf der Annahme, dass Deutschland ein Standortproblem habe und für Investoren wenig verlockend sei. Die Debatte privilegiert das britische Programm der Deregulierung, und die Hauptverfechter dieser Meinung, wie zum Beispiel Hans Olav Henkel, Präsident des BDI, heben Großbritannien immer als ein positives Modell in ihren Argumenten hervor. Trotzdem ist es in den Anfangsjahren der Berliner Republik unwahrscheinlich, dass sich das *rheinische Modell* merklich in Richtung angloamerikanisches Modell bewegen wird, da die Pfadabhängigkeit in diesem Bereich sehr stark ist und die Mehrheit der politischen Klasse in Deutschland noch nicht davon überzeugt ist, an einen kritischen Moment angekommen zu sein.

2. Das Schröder/Blair-Papier

Das Schröder/Blair-Dokument „Der Weg nach vorne für Europas Sozialdemokraten. Ein Vorschlag von Gerhard Schröder und Tony Blair", das am 8. Juni 1999 veröffentlicht wurde, repräsentiert den bisher ehrgeizigsten Versuch, politische Ideen aus Großbritannien in die deutsche und europäische Debatte über die Zukunft der Sozialdemokratie einzubeziehen. Die politischen Rezepte für einen flexiblen Arbeitsmarkt, die Reform des Sozialversicherungssystems zur Beschaffung von Arbeitsplätzen und die Verringerung der Verwaltungs- und Steuerlasten für Unternehmen sind fast alle von *New Labour*. Die große Ausnahme stellt der in Großbritannien weniger verwurzelte Vorschlag dar, eine entscheidende Verschiebung von Einkommens- und Körperschaftssteuern in Richtung Umweltsteuern vorzusehen. Das Dokument wird für die britische Regierung eine nützliche Waffe darstellen, mit der man den Anschuldigungen der konservativen Opposition entgegentreten kann, die eine Annäherung an Europa als ein Rezept für ein höheres Steuerregime verstehen. Während das Dokument vornehmlich eine Politik vertritt, die schon in Großbritannien implementiert worden ist, wird Bundeskanzler Schröder mehr Schwierigkeiten haben, seine eigene Partei davon zu überzeugen, dass die Zugeständnisse, die der Text zugunsten eines wettbewerbsorientierten Programmes verlangt, das deutsche Sozialmodell nicht gefährden. Das Dokument hätte nicht ohne den Rücktritt Oskar Lafontaines erzeugt werden können, und auch Regierungsmitglieder wie Walter Riester, Arbeitsminister und ein bitterer Kritiker Oskar Lafontaines, werden jedoch mit aller Wahrscheinlichkeit Teile des Dokumentes ablehnen.

3. Annäherungen in der Europa-Politik

Man kann darüber streiten, wieviel von dem britischen Programm der Wirtschafts- und Sozialpolitik überhaupt als ein britisches Produkt anerkannt werden sollte und wieviel davon wirklich aus Amerika kommt. Solche Zweifel lassen sich jedoch nicht auf die *Britishness* der Europapolitik des Vereinigten Königreichs übertragen. In der Zeit der Post-Wiedervereinigungsperiode wurde die deutsche Europapolitik selten herausgefordert. Diese Politik war durch reflexiven Multilateralismus gekennzeichnet und durch die Bereitschaft der deutschen Regierung, für die Rahmenbedingungen zu bezahlen, die für die europäische Integration nötig waren. Es wurde argumentiert, dass dies einen enormen Vorteil für Deutschland und ganz Europa darstellte. Eine geringe Zahl von Wissenschaftlern, die stark von den britischen Ideen beeinflusst waren, argumentierten, dass Deutschland seine Kultur der Zurückhaltung aufgeben solle, um eine Politik zu verfolgen, die deutlich nationale Interessen vertritt (vgl. Baring 1996). Obwohl diese Diskussionen weit verbreitete Publikationen fanden, blieben sie doch ohne greifbaren Einfluss auf die Politik.

Das erste Anzeichen, dass britische Ideen künftig vielleicht eine größere Rolle in der politischen Debatte spielen könnten, kann in einem Artikel von Peter Hort mit dem Titel „Wird die deutsche Europapolitik britischer?" gesehen werden (Hort 1997). Er argumentierte, dass, basierend auf Seminarbeobachtungen von Hans-Heinrich von Ploetz, Staatssekretär im Auswärtigen Amt, und von Joachim Bitterlich, Kohls Europa- und Außenpolitischer Berater, die britischen Einschätzungen der Europapolitik attraktiver geworden seien. Demnach solle Deutschland künftig eine britischere Linie bezüglich seiner Beiträge zum europäischen Haushalt einnehmen sowie eine vertiefte und erweiterte europäische Integration nur unterstützen, wenn damit erkennbare Vorteile für das eigene Land verbunden sind.

Die Blair Regierung hatte erwartet, dass ein Sieg Schröders zu einer „steilen Veränderung" in der britischen und deutschen Europapolitik führen würde. In den ersten sechs Monaten der neuen Regierung waren die Beziehungen indessen durch Störgeräusche beeinträchtigt, die von Steuerharmonisierungsvorschlägen der Deutschen ausgingen und von deutsch-französischen Gemeinsamkeiten in der Wirtschaftspolitik, wie sie der später zurückgetretene Finanzministers Lafontaine verfolgte, mit verursacht waren. Die Europapolitik nach Lafontaines Rücktritt steht der britischen sehr viel näher, das Gleiche gilt auch für die Lösung des

Kosovo-Konfliktes und sogar für die Geschwindigkeit, mit der das zukünftige institutionelle Programm der EU vorangetrieben wird. Die britische öffentliche Meinung war besonders von Außenminister Fischers Handhabung der Kosovo-Krise beeindruckt. Während die deutsche Politik in die britische Richtung gerückt ist, ist auch die offizielle britische Linie, die den Eintritt des Vereinigten Königreichs in die gemeinsame Europawährung vorsieht und eine Sprache des „konstruktiven Engagements" anwendet, der deutschen sehr viel ähnlicher geworden.

VII. Zusammenfassung: Großbritannien und die Berliner Republik

Der Zwischentitel *The Sound of One Hand Clapping* wurde für den Abschnitt, der sich mit der britischen Haltung gegenüber der deutschen Wiedervereinigung befasst, ausgewählt, um die strukturelle Ambivalenz im britischen Verhalten aufzuzeigen. Großbritannien hatte ein wesentliches Interesse an der Stabilität und dem Erfolg der Bundesrepublik, fühlte sich jedoch herausgefordert, als Deutschlands Erfolg Großbritanniens Stellung zu gefährden schien. Großbritannien hatte seine europäische Wirtschaftsvorherrschaft zwar ziemlich früh an Deutschland abgetreten, als jedoch Deutschlands Wichtigkeit als internationaler Akteur in den späten Achtzigerjahren an Bedeutung zunahm, stellte dies eine wesentliche Herausforderung für Großbritanniens Selbstwahrnehmung dar.

Frankreichs analoge Ängste konnten – zu einem gewissen Grade – in der Dekompressionskammer der Europäischen Union behandelt werden. Diese Möglichkeit hatte Großbritannien nicht. Erstens gab es wenig Enthusiasmus für eine Vertiefung der Europäischen Union und zweitens kam in Bezug auf die deutsch-französische Partnerschaft sowieso niemals der Eindruck auf, dass dort noch Platz für ein drittes Mitglied sei. Die Ergebnisse in den frühen Neunzigerjahren ähnelten dem Aufeinanderprall der tektonischen Platten, wo die Kohl/Mitterrand-Integrationslogik eine vergleichbare und oppositionelle Reaktion bei Thatcher und Major hervorrief. Die daraus folgende und blockierende britische Minderheitspolitik in Sachen Wiedervereinigung und europäischer Integration erwies sich, was vorauszusehen war, als eine Einbahnstraße. Zusätzlich war ebenfalls schon etwas Dampf aus dem deutschen Integrationsprogramm abgelassen worden.

Großbritanniens Ambivalenz in Bezug zur Berliner Republik ist heute somit weniger ausgeprägt als es in der Periode der deutschen Wiedervereinigung der Fall war. Die beiden Regierungen gehören zur selben politischen Familie, was jedoch keineswegs bedeutet, dass sie identischen Orientierungen folgen. Zusätzlich gehen die prägenden politischen Erfahrungen der beiden Parteiführer anstatt auf die Vierzigerjahre auf die Sechzigerjahre zurück. Von größerer Bedeutung ist jedoch der deutliche Anstieg des britischen Selbstbewusstseins. Die Arbeitsmarktlage ist gut und die neue Labour Regierung ist sehr viel mehr in Einklang mit den weitgehend vergleichbaren Mitte-Links-Regierungen anderer führender demokratischer

Staaten. Insbesondere haben sich die Ängste dramatisch verringert, die bisher in Bezug auf die Europapolitik bestanden haben – ein Prozess, der stark durch den Rücktritt Oskar Lafontaines unterstützt wurde.

Großbritannien selbst hat sich ebenfalls grundlegend verändert. Der Einheitsstaat wurde reorganisiert und Parlamente sind in Edinburgh und Cardiff etabliert worden. Nach einer ganzen Serie von institutionellen Transfers, wobei viele im Zusammenhang mit der Europäischen Union stehen, sieht Großbritannien nun weniger singulär aus. In einer Raumschiffmetapher könnte man sagen, dass Großbritannien nun das Gravitationsfeld des europäischen institutionellen Festlandes erreicht hat. Die Veränderungen betreffen nicht nur die politisch-institutionelle Ebene. Sie werden auch Auswirkungen auf die Bräuche und Sitten haben. Das schottische Parlament wird von einer Koalition regiert, was eine immense Wirkung auf Großbritannien haben wird, das bisher fast ausschließlich nur Erfahrungen mit einem Konfrontations-Oppositionsregierungsstil gemacht hat. Diese doppelte Erfahrung, die aus der Arbeit von Koalitionsregierungen und der *multilevel governance* resultiert, macht es wahrscheinlicher, dass Großbritannien mehr Verständnis für die Einschränkungen aufbringen wird, unter denen deutsche Regierungen arbeiten müssen. Zusätzlich kann Großbritannien in der EU eine entspanntere Verhandlungsstrategie verfolgen. Frühere Strategien wurden zu häufig von der 'winner takes all strategy' beeinflusst, die sich auf innenpolitische Erfahrungen stützte.

Die britische öffentliche Meinung hat wenig Besorgnis über die politische Stabilität der Berliner Republik oder den Umzug nach Berlin gezeigt. Die wenigen Vorbehalte, die noch vorhanden sind, zielen eher auf Frankfurt und die Rolle der EZB mit ihren potenziellen Einwirkungen auf die Wettbewerbslage der Londoner City; hier sind Großbritanniens wichtigste Interessen tangiert. Von britischer Seite aus wird einer der positiven Aspekte des Umzuges nach Berlin darin gesehen, dass Berlin der multikulturellen Norm anderer Welthauptstädte näher ist. Mit dem Umzug nach Berlin erscheint es wahrscheinlich, dass die neue Regierung sich vom deutschen Staatsbürgerschaftsrecht, das sich auf ein ethnisches Konzept stützt, weiter distanzieren wird, was besonders in London sehr positiv beurteilt wird.

Die Verschiebung der Hauptstadt von Bonn nach Berlin wird mit einigen Vorbehalten in Paris assoziiert, wo man Ängste in Bezug auf Veränderungen in der deutschen Westbindung hat. In London gibt es solche Ängste nicht. Der Umzug nach Berlin ist sogar willkommen, da Bonn immer als eine für Frankreich reservierte Domäne betrachtet wurde und Berlin möglicherweise offener sein wird. Da die NATO für Großbritannien weiterhin eine der deutlich definierten Institutionen neben der Europäischen Union darstellt, ist Deutschlands verstärktes Engagement in der NATO unter den schwierigen Umständen der Kosovo-Krise nach britischer Meinung ein klares Indiz dafür, dass die Westbindung der Berliner Republik so sicher ist wie die der Bonner Republik.

Dieser Aufsatz hat gezeigt, dass die Europäisierung zu einer starken institutionellen Annäherung zwischen Großbritannien und Deutschland beitrug. Was jedoch noch nicht beantwortet werden kann, ist die Frage, ob der Globalisierungsprozess analoge Einwirkungen auf die Politik haben wird.

Wir haben eine sehr bedeutende Veränderung in Großbritanniens Verhalten gegenüber dem wiedervereinigten Deutschlands festgestellt. Es konnte gezeigt werden, dass die britische Wahrnehmung von einem Gefühl der Ambivalenz und des Misstrauens, basierend auf den Herausforderungen, die Deutschland für Großbritanniens Machtposition darstellte, weggerückt ist und sich in eine Richtung bewegte, die den Änderungsimpuls aufnahm. Zusätzlich gab es institutionelle Transfers von Deutschland nach Großbritannien. Zwei kritische Scheidewege wurden aufgezeigt. Der Erste war von Margaret Thatcher herbeigeführt worden und führte zu einer umfassenden Politikübertragung in den Bereichen der Wirtschafts- und Sozialpolitik von den Vereinigten Staaten nach Großbritannien. Der zweite kritische Scheideweg entstand aus einer Krise im institutionellen System Großbritanniens, die dazu führte, dass ein bedeutender Transfer von Deutschland stattfand. Was noch zum Teil unklar bleibt, ist die Frage, ob wir uns nun an einem neuen kritischen Verzweigungspunkt befinden, der zu einem potenziellen kritischen Scheideweg in der britischen Europapolitik führt.

Für den Fall, die Wirtschafts- und Währungsunion würde ein Dauererfolg, wird Großbritanniens Europapolitik an einen kritischen Scheideweg gelangen und deutlich näher auf das deutsche Programm zurücken. Das unwahrscheinlichere Szenario, in dem die WWU in bedeutende Schwierigkeiten gerät, würde jedoch für die deutsche Europapolitik einen kritischen Moment hervorrufen mit dem Ergebnis eines politischen Programms, das möglicherweise sehr viel britischer aussehen würde.

Was auch immer das Resultat sein wird, die Europapolitik wird weiterhin eine Arena für Kooperation und Wettbewerb zwischen beiden Staaten darstellen, die sich augenblicklich sehr viel ähnlicher sind, als dies jemals in der Geschichte der Fall war. Obwohl sie sich immer ähnlicher werden, bleiben jedoch viele wichtige Unterschiede bestehen oder scheinen sich sogar erst zu entwickeln. Obwohl Großbritannien institutionelle Innovationen aus Deutschland importiert hat, wird jede neue institutionelle Veränderung durch ein Referendum legitimiert – ein Verfahren, das in Deutschland auf Bundesebene unmöglich wäre. Dieses direktdemokratische Merkmal erscheint seltsam in einem System, in dem die Souveränität nicht in Volk und Verfassung ruht, sondern in der Krone und im Parlament. Dies lässt mich mit einer ziemlich paradoxen Zusammenfassung enden, die darauf deutet, dass das deutsche System – obwohl es seit hundert Jahren ständige Verwerfungen erlebte – beständiger wirkt. Trotz der Grenzveränderung von 1990 scheinen die Antworten, die von den Gründungsvätern 1948/49 gefunden worden sind, von größter Permanenz zu sein. Die Berliner Republik wird der Bonner Republik sehr ähnlich sehen. Die Widersprüche, die das britische *underconstitutionalised* System in sich birgt, sowie der Druck Europas und der Devolution leiteten demgegenüber eine Periode von tiefen Veränderungen für den britischen Staat ein, jedoch keine Krise. Letzen Endes werden 'Persistenz' und 'Kontinuität' wohl eher mit der deutschen Seite des *Dahrendorfian Duos* identifiziert werden können als mit der britischen.

Literatur

Baring, Arnulf (Hrsg.), 1996: Germany's New Position in Europe. Problems and Perspectives, Oxford: Berg.
Bulmer, Simon und Martin Crouch, 1998: The Europeanisation of British Central Government. Paper for the ESRC Whitehall Programme Conference, December 1998, Birmingham.
Colley, Linda, 1996: Britons Forging a Nation – 1707-1837, London: Vintage.
Collier, D. und D. Collier, 1991: Shaping the Political Agenda, Critical Junctures, the Labor Movement and Regime Dynamics in Latin America, Princeton: Princeton UP.
Dahrendorf, Ralf, 1968: Gesellschaft und Demokratie in Deutschland, München: Pieper.
Dahrendorf, Ralf, 1996: Auszüge aus einem Gespräch mit Ralf Dahrendorf (geführt von Robert Leicht), in: Die Zeit Nr. 23 vom 31.5.
Hill, Christopher, 1996: The United Kingdom and Germany, in: Bertel Heurlin (Hrsg.), Germany in Europe in the Nineties, London: Macmillan, S. 220-240, S. 231.
Hort, Peter, 1997: Die Deutsche Europa Politik wird „britischer", in: FAZ vom 30.10., S. 16.
Hutton, Will, 1995: The State We're In, London: Cape.
Jeffery, Charlie, 1998: Electoral Reform – Learning from Germany, in: Political Quaterly, Bd. 69, S. 241.
Kaiser, Karl und John Roper (Hrsg.), 1987: Die stille Allianz – Deutsch-Britische Sicherheitskooperation, Bonn: Europa Union Verlag.
Klein, Yvonne, 1996: Obstructing or Promoting? British Views on German Unification 1989/90, in: German Politics, Vol. 5, Nr. 3, S. 414.
Küsters, H.J. und Daniel Hofman (Hrsg.), 1998: Dokumente zur Deutschlandpolitik; deutsche Einheit 1989/90, München: Oldenbourg.
Marsh, D. und D. Dolowitz, 1996: „Who Learns What from Whom?" A Review of the Policy Transfer Literature, in: Political Studies, Bd. 44, S. 343-357.
Paterson, W.E., 1996: Beyond Semi-Sovereignity. The New Germany in the New Europe, in: German Politics, Vol. 5, Nr. 2, S. 167-184.
Rose, Richard, 1993: Lesson Drawing in Public Policy; a Guide to Learning across Time and Space, Chatham N.J.: Chatham House.
Uchida, Mitsuko, 1998: Chalk and Cheese, Vol. 2, Nr. 2, S. 24-28.
Young, Hugo, 1998: This Blessed Plot, London: Macmillan.

Frank Stern

Deutsch-jüdisch-israelische Ambivalenzen

Die distanzlose Entfernung zur Berliner Republik

Was können israelische Perspektiven zur Innensicht der Vereinigungsumbrüche und zur Reflexion gesellschaftlicher Kontinuitäten Deutschlands beitragen? Inwieweit sind diese Perspektiven wirklich Fernsichten, wenn man sich daran erinnert, dass Teddy Kollek, langjähriger Bürgermeister von Jerusalem, dort den Traum des Wiener und Berliner Stadtparks verwirklichen wollte und die politisch so aktive Leah Rabin, Witwe des von israelischen Fundamentalisten ermordeten Yitzak Rabin, aus Königsberg stammt? Der Blick aus Israel auf Deutschland kann weder nur ein primär außenpolitisch und zwischenstaatlich bestimmter noch nur ein historisch durch den NS-Staat bedingter sein. Wo dennoch das eine oder andere dominiert, ist Realitätsverlust angesagt. Eine umfassende Perspektive aus Israel auf Deutschland ist folglich vielschichtiger als die Medien suggerieren oder Politikerreden implizieren.

Die *historische* Dimension beginnt nicht erst mit dem Aufdecken der Verbrechen von NS-Staat, SS, Wehrmacht und anderen Institutionen des Deutschen Reiches in den Vierzigerjahren, sondern mit den vielfältigen Beziehungen und Berührungspunkten, die sich seit den Begegnungen von Theodor Herzl und Kaiser Wilhelm II zwischen zionistischen Institutionen und den jüdischen Einwohnern Palästinas, verstärkt durch die Einwanderung auch aus Deutschland seit den Zwanzigerjahren, und den jeweiligen deutschen Staaten, politischen Systemen, deren Gesellschaften und Institutionen ergeben haben.[1]

Die *politische* Dimension kann sich nicht auf das Verhältnis deutscher Staaten zu den vorstaatlichen jüdischen Institutionen und dann zum Staat Israel und letztlich jenem vorstaatlichen Gebilde, das als Palästinensische Autonomie bezeichnet wird, beschränken. Parteipolitische, gewerkschaftliche, religiöse und andere eine

---

1 Im Zusammenhang dieses Beitrags sei von der immensen Bedeutung des deutschen Orientalismus, der von der imperialen Politik des Deutschen Reiches über die wissenschaftliche Traditionsbildung bis zu den Romanen von Karl May reichte – die zum Teil auch ins Hebräische übersetzt wurden – abgesehen. Darauf hinzuweisen ist, weil in den Bezügen auf die arabischen Staaten in der Periode der Hallstein-Doktrin und insbesondere in den auf Palästinenser fixierten Diskursen seit 1967 Grundmuster des deutschen Orientalismus durchschimmern.

politische Kultur institutionell prägende Kontakte haben mindestens seit der Jahrhundertwende, verstärkt seit den Zwanzigerjahren, die wechselseitigen Wahrnehmungen und öffentlichkeitswirksamen Bilder bestimmt.

Die *wirtschaftliche* Dimension der israelisch-deutschen Perspektive ist zwar medial und mentalitätsgeschichtlich durch die so genannte Wiedergutmachung beeinflusst, doch gilt auch hier, seit den Zwanzigerjahren, verstärkt dann mit Zunahme der Einwanderung nach Palästina in den 30 Jahren und insbesondere mit der Entwicklung der israelisch-deutschen Handelsbeziehungen eine Kontinuitätslinie, die oftmals übersehen wird. Israel als hoch entwickelter nahöstlicher Industriestaat hat seit langem in Deutschland den wichtigsten europäischen Handelspartner. Dass Deutschland im Israel der Neunzigerjahre als das *Tor nach Europa* gilt, ist zumindest in israelischen Wirtschaftskreisen kein Geheimnis, was aber nicht bedeuten muss, dass große Teile der Öffentlichkeit diese Perspektive teilen.

Am kompliziertesten ist eine Annäherung an die *politisch-kulturellen* Perspektiven im Sinne der wechselseitigen Wahrnehmung zweier politischer Kulturen, bis 1990 sogar von drei politischen Kulturen, wenn man die Geschichte der besonderen DDR-Nichtbeziehungen mit Israel berücksichtigen will (Timm 1997). Im Hinblick auf die politischen Kulturen spielen Deutschland- und Israelbilder eine wesentliche Rolle, da die Eigenwahrnehmung eng an die Wahrnehmung des Anderen gebunden ist. Die Sichtweise Deutschlands in der israelischen Öffentlichkeit, die Bilder, die in unterschiedlichen Gesellschaftsgruppen eine Rolle spielen, sind sowohl historisch, generationsbedingt und ethnisch beeinflusst als auch abhängig von Erziehungsprozessen und politischen Ereignissen in Israel, in Europa und im internationalen Beziehungsgeflecht. Das zeigte sich nicht zuletzt bei den öffentlichen Reaktionen auf den Golfkrieg 1991 oder beim peinlichen Auftreten eines Musikers der Berliner Philharmonie in Israel, der im Suff seine Unterschrift unter eine Quittung mit der Adolf Hitlers verwechselte. Der individuell motivierte Zwischenfall hatte sofort eine öffentliche Dimension, die sich nur aus einem geschichtlichen Kontext erklären ließ.

Die *künstlerisch-kulturelle* Perspektive kann für die Dreißiger- und Vierzigerjahre an der großen Zahl von Übersetzungen deutschsprachiger Schriftsteller ins Hebräische abgelesen werden und nach einer durch die deutsche Vernichtungspolitik bedingten Periode der Ablehnung an der wachsenden Intensität, mit der die Kultur des deutschen Sprachraumes im kulturellen Leben Israels Aufgaben wahrnimmt, die heute so nur noch auf die russische Kultur zutreffen. Doch hat letzteres mit der starken Einwanderungswelle seit den Achtzigerjahren zu tun und bezieht sich weniger auf die gesamte israelische Gesellschaft als vielmehr auf die Russisch sprechenden Einwanderer und ihre Kinder. Die deutsche Kultur im Sinne deutsch-österreichischer Kulturtraditionen steht hingegen im kulturellen Leben Israels zunehmend für Europa. Gerade im künstlerisch-kulturellen Bereich sind die Wahrnehmungen deutscher Themen oft nicht von einer Perspektive zu trennen, in der *Deutschland für Europa* steht.

I. Innenaspekte einer Außenbeziehung

Die deutsch-jüdischen Beziehungen, wie sie sich insbesondere seit der Aufklärung entwickelt haben, sind in der Bundesrepublik seit den Fünfzigerjahren in öffentlichen Diskursen durch die deutsch-israelischen Beziehungen überlagert, wenn nicht gar ersetzt worden. Dies war mehr oder weniger eine Flucht aus der *innenpolitischen* Komplexität von Schuld, Scham und Verantwortung in eine *außenpolitische* Dimension, die leichter zu handhaben schien (vgl. Stern 1997). Allerdings führte dies dazu, dass sich die Wirkungen der *deutsch-jüdischen Moderne* durch ihren verheerenden Übergang von Weimar nach Bonn und Berlin auf einen deutsch-israelischen Pragmatismus reduzieren ließen, dessen Mängel bei jeder neuen vergangenheitsorientierten Debatte in Deutschland oder Israel spürbar sind. Ein Beispiel dafür sind die sozialen, wirtschaftlichen, kulturellen und politischen Leerstellen im Zentrum Berlins. Es gibt hier eine Repräsentanz von Abwesenheiten, die durch das weitgehend fehlende Bewusstsein jüdischer Abwesenheit charakterisiert ist. Das kann auch durch die vor allem in der Oranienburger Straße festzustellende Nostalgie nach dem einstigen jüdischen Leben im Scheunenviertel nicht ersetzt werden. Die Entwicklung einer öffentlichen deutsch-jüdischen Sphäre ist noch ein Problem der Zukunft und kann keinesfalls auf städtebauliche Erinnerungsmodule an Nazi-Deutschland reduziert werden. Die städteplanerischen Erwägungen können hier sicherlich nicht einfach zu einem status quo ante zurückkehren, doch erschlägt die neue Gründerjahrarchitektur selbst baulich die urbane und soziale Erinnerung durch ihre Zuweisung an Erinnerungsorte außerhalb der Geschäfts-, Vergnügungs- und Wohnorte.

Zwar entwickelt sich in den späten Achtzigerjahren und seitdem zunehmend innerhalb Deutschlands allmählich ein kulturell-jüdisches Potenzial, das helfen kann, die israelische Perspektive auf Deutschland verstärkt zu einer Außenperspektive zu machen. Die Rekonstruktion jüdischer Institutionen und Übergangsformen in der unmittelbaren Nachkriegszeit wird demnach erst Jahrzehnte später von der Rekonstruktion eines umfassenderen deutsch-jüdischen gesellschaftlichen und kulturellen Potenzials abgelöst. Wie „normal" eine derartige Entwicklung ist, wird sich in den kommenden 20 Jahren zeigen. Es gibt bisher keine Konzentration jüdischer Bürger in bestimmten Wohnbezirken, wie es teilweise vor 1933 der Fall war, was auch damit zusammenhängt, dass die Zahl der jüdischen Berliner noch relativ klein ist gemessen an der Präsenz in den Zwanzigerjahren, und wohl auch mit der unübersehbaren Heterogenität deutsch-jüdischen Lebens zu tun hat.

Der israelische Blick auf Deutschland kann auf Grund der Geschichte dennoch bislang nicht auf die Außenperspektive reduziert werden. Mit dem Wachstum einer jüdischen Gemeinschaft in Deutschland, die sich gemäß der Traditionen vor 1933 nicht allein als Körperschaft öffentlichen Rechts konstituiert, sondern sich als integrierter Bestandteil der politischen Kultur, von Literatur, Kunst, Film und

Medien, von öffentlicher Sphäre und Diskursen entwickelt, kann eine Normalität in den deutsch-israelischen Beziehungen eintreten, die von denen, die stets von einer Normalität reden, so wohl nicht gemeint war. Die gegenwärtigen Auseinandersetzungen um Gedenkstätten, Museen etc. illustrieren diese Veränderungen. Im selben Maße, wie sich eine innerdeutsche jüdische Perspektive im vereinigten Deutschland etabliert, wird sich die jüdisch-israelische Perspektive zu einer israelischen und eventuell sogar zu einer israelisch-arabischen oder israelisch-palästinensischen fortentwickeln. Dies ist insofern wichtig, weil die Generationen auf deutscher, deutsch-jüdischer und israelischer Seite, die künftig den deutsch-jüdischen und den deutsch-israelischen Kontext gestalten, in der Ambivalenz von Erinnerung und Gestaltung wirken werden, die diesen neuen Generationen eigen ist. Weder die deutsch-israelischen Freundschaftsgesellschaften, christlich-jüdische Vereine noch die nostalgischen Fernsehmagazine über „ehemalige" jüdische Bürger oder über die „Jekkes", die deutschen und österreichischen Juden in Israel, werden dem kommenden Bild der Beziehung entsprechen. Genauso wenig wird dem in Israel ein Deutschlandbild standhalten können, wonach das vereinigte Deutschland gerade mit sich selbst erst darüber zu hadern beginnt, ob es nun aus dem Schatten Hitlers treten sollte oder nicht. Die Realität generationsspezifischer Veränderungen und die wechselseitigen Bilder, partiell durch die Medien virtuell produziert und als Ikonen nationaler Wahrnehmung etabliert, haben gerade in den israelisch-deutschen Beziehungen ein Art Eigenleben, das den traditionellen Mustern von Stereotypen und Vorurteilen folgt.

Wie dies in der Zukunft aufzulösen ist, stellt sich als Aufgabe, die wiederum notwendig eine differenzierte Sicht der vergangenen 50 Jahre in diesen Beziehungen erforderlich macht. Es ist daher dieser den sozialen Tod der jüdischen Bürger (und nicht Mit-Bürger) bewirkende Antisemitismus und die durch die Vernichtungspolitik während des Zweiten Weltkrieges erfolgte Verdrängung des Jüdischen aus deutscher Politik, Kultur und Gesellschaft durch Nazi-Deutschland, die eine deutsch-jüdische zu einer israelischen Perspektive macht. Doch die Berliner Republik bietet zum ersten Mal seit 1945 die Möglichkeit einer Rekonstituierung des deutsch-jüdischen Kontexts als gesamtgesellschaftlich relevante Perspektive.

Zweifellos ist dies in Deutschland auch verbunden mit der Wahrnehmung israelischer Reaktionen auf die Politik der zwei deutschen Staaten bis 1990, auf die mit der Vereinigung zusammenhängenden Prozesse und auf die *europäisch-deutsche Symbiose* beim Übergang ins kommende Jahrhundert. Die israelische Sicht Deutschlands wird bei deutschen Politikern und in den Medien vor allem als vergangenheits- und erinnerungsmotiviert gewertet. Im Zentrum steht dabei ein Konglomerat von Verantwortungsbewusstsein, Imagepflege und Statuszuweisung an Israel, die den jüdischen Staat zu einem Folgestaat des Dritten Reiches zu verklären scheint, in dem die vertriebenen und exilierten europäischen Juden nun ihre Heimstatt im Nahen Osten gefunden haben. Dieses Konglomerat schlägt sich in zahllosen Elementen der zwischenstaatlichen Beziehungen und einem politisch als besondere Beziehungen definierten Raum nieder, dessen Normalität vor allem dann beschworen wird, wenn es in den deutsch-jüdisch-israelischen Verhältnissen kriselt. Das war so im beginnenden Vereinigungsprozess nach 1989, und das war so während des Golf-Krieges von 1991.

Zur merkwürdigen Normalität dieser Beziehungen lassen sich viele Beispiele anführen. Etwa die zahllosen Bundesverdienstkreuze für Israelis deutscher Herkunft, die kollektiven Einladungen von Städten und Gemeinden an ehemalige jüdische Bürger, um deren soziale Situation sich diese Gemeinden zwar Jahrzehnte nicht gekümmert haben und deren Besuche in hohem Alter relativ konsequenzlos sind, doch die ebenfalls imagebildend wirken und den alten Herrschaften noch einmal Einsichten in ihre frühere Heimat ermöglichen. Beispiele dafür sind auch die seit dem Luxemburg Abkommen zwischen der Bundesrepublik Deutschland, dem Staat Israel und der Claims Conference 1952 etablierten materiellen Leistungen, die Milliardenhöhen erreicht haben und dennoch nur Annäherungswerte darstellen, die mit jeder neuen Vermögensfrage, etwa im Bereich des Bank- und Versicherungswesens, des Museen- und Galerienbesitzes oder der Besitz- und Entschädigungsproblematik in den neuen Bundesländern, definitiv in Frage gestellt werden. Der Händedruck von David Ben-Gurion und Konrad Adenauer war wegweisend, doch dieser Weg wird weit ins kommende Jahrtausend hineinführen. Kurz, rückblickend kann all das, was mit dem fragwürdigen Begriff „Vergangenheitsbewältigung" materiell angegangen wurde, als nichtbewältigte Altlast sowohl Nazi-Deutschlands als auch der zwei deutschen Staaten betrachtet werden.

Dennoch wäre es vereinfachend, gerade im Sinne einer auf historische Schuld abzielenden außenpolitischen Wahrnehmung hierauf die israelisch-deutschen Beziehungen reduzieren zu wollen. Ohne die engen wirtschaftlichen Kontakte zwischen der jungen Bundesrepublik und dem gerade erst entstehenden Staat Israel, dessen wirtschaftliche Gründungskrise in der Tat nur mit Hilfe der deutsch-israelischen Abkommen überwunden werden konnte, hätte es sicherlich auf beiden Seiten auch keine stillschweigende Übereinkunft gegeben, die Frage diplomatischer Beziehungen nicht zur tagespolitischen Auseinandersetzung zu machen. Weder in Israel noch in der Bundesrepublik gab es in den Fünfzigerjahren Mehrheiten für eine öffentliche Annäherung beider Staaten. Hinzu kam, dass die Hallstein Doktrin erst in der Ära Ehrhard brüchig wurde und vor dem Hintergrund intensiver militärischer und geheimdienstlicher Zusammenarbeit beider Staaten in der Hochphase des Kalten Krieges schließlich 1965 die diplomatischen Beziehungen unumgehbar waren. Die aus Schuld, Scham, Trauer, Verantwortung einerseits und aus politischer, militärischer und wirtschaftlicher Not geborenen besonderen Beziehungen waren auf zahlreichen Gebieten einer intensiven Zusammenarbeit zum gegenseitigen Nutzen gewichen, die in der Regel das Licht der Öffentlichkeit mieden.

Dadurch entstand jedoch auch eine Art politisch-pragmatischer Dualismus. Öffentlich wurde auf Abstand gehalten, nicht-öffentlich entwickelten sich intensive

Kontakte auf allen Gebieten der Wirtschaft, des Handels, des Militärs, der Geheimdienste, die langsam auf der gesellschaftlichen und kulturellen Ebene durch vielfältige Begegnungen, wie z.B. Tourismus, gewerkschaftliche, parteipolitische und kirchliche Aktivitäten, ergänzt wurden. Hinzu kam in begrenztem Umfang die Rückwanderung deutscher Juden und die Entwicklung der jüdischen Gemeinden in Deutschland, die unmissverständlich auch ihre Loyalität dem jüdischen Staat gegenüber betonten.

Das Spannungsverhältnis, in dem sich die deutsch-israelischen Beziehungen seit 1945 entwickelten, lässt sich am besten mit dem Begriff „Zwischen Moral und Realpolitik"[2] definieren. Damit soll zugleich betont werden, dass jegliche Sicht und jeder politische Diskurs über israelisch-deutsche Beziehungen oder israelische Reaktionen, Sichtweisen deutscher Politik, Gesellschaft und Befindlichkeiten, die sich ausschließlich auf das Vermächtnis des Dritten Reiches, auf Schuld und Verantwortung beziehen, einseitig sind und dem spannungsreichen Geflecht, das zwischen beiden Staaten und ihren Gesellschaften seit 50 Jahren besteht, nicht gerecht werden. Das Gewicht der jüngsten deutschen Geschichte kann und darf natürlich nicht ignoriert werden, doch wohnt diesen 50 Jahren eine Dynamik inne, die sich nicht auf eine Außensicht zwischenstaatlicher Beziehungen einzig im Hinblick auf ihre Gründungsphase reduzieren lässt.

Die geschichtliche Dimension wird sozusagen von der realpolitischen überlagert, und diese ist wiederum durch die spezifisch engen kulturellen, personellen, wirtschaftlichen, europa- und orientpolitischen Interessen und Bindungen bestimmt. Gerade in diesen Bereichen lassen sich am stärksten Ausprägungen einer gemeinsamen westlichen politischen Kultur ausmachen. Auf die eine oder andere Weise wird dies denn auch in den meisten Begegnungen auf politischer zwischenstaatlicher Ebene betont, sei es während des Besuchs von Bundespräsident Roman Herzog im November 1998, beim Besuch von Außenminister Joschka Fischer im Februar 1999 oder beim Besuch von Michael Naumann im Juni 1999. Kurz, es handelt sich um ein realpolitisches Primat, das von einem historischen Leitmotiv geprägt ist.

II. Umgründungen an der Jahrhundertwende

Zwei Aspekte sollen hier hervorgehoben werden, die das so gezeichnete Bild zu einem Tryptichon werden lassen.

Erstens sind das vorherrschende israelische historische Bewusstsein sowie die die israelische politische Kultur bestimmende kollektive Erinnerung auch in den nachwachsenden Generationen hochgradig traumatisiert, was man unter anderem daran ablesen kann, dass die deutsche Vernichtungspolitik und Nazi-Deutschland

---

2 So lautet der 1996 erschienene Titel der hervorragenden Dokumentensammlung von Yeshajahu Jelinek, die den Zeitraum 1945 bis 1965 umfasst.

nach wie vor emotionale Bezugspunkte und zentrale Motive in tagespolitischen Auseinandersetzungen und auch in aktuellen Assoziationsketten selbst jüngerer Israelis darstellen. Wenn solche Negativerwartungen im Hinblick auf alles, was irgendwie deutsch ist oder an die Vergangenheit gemahnt, dann noch durch Medienbilder von Skinheads, Neonazis oder antisemitischen Schmierereien abgerufen oder gar von bierseligen deutschen Touristen aktualisiert werden, scheint eine realpolitische Sichtweise oftmals nur noch fragmentiert durch. Zweifellos handelt es sich im Bereich der gesellschaftspolitischen Berührungen und der kulturellen Kontakte um Felder, die gerade deswegen zu Brüchen führen können, weil hier die Ebene direkter Kontakte gegeben ist und nicht die abgewogene Distanz diplomatischer Annäherungen. So war es nach dem Golfkrieg offensichtlich, dass die Reisen israelischer Schülergruppen nach Deutschland zahlenmäßig zurückgingen, da die Reaktionen von Teilen der deutschen Öffentlichkeit und der deutschen Regierung in Israel auf Unverständnis und Ablehnung stießen. Dabei ging es nicht um differenzierte Sichtweisen des deutschen Pazifismus oder um Fragen nach den Organisatoren der Demonstrationen, die als anti-israelisch wahrgenommen wurden, sondern ganz einfach um die mit dem Schlagwort vom „deutschen Gas" verbundenen Assoziationen.

Zweitens kann weder die israelische Bevölkerung als vornehmlich europäischer Herkunft charakterisiert noch die israelische Gesellschaft und Kultur als vornehmlich *von* Europa her definiert werden. Eurozentristische Annäherungen an die israelische Wirklichkeit müssen zunehmend in Frage gestellt werden, und zwar im selben Ausmaß wie der Zweite Weltkrieg und die deutsche Vernichtungspolitik nicht mehr zum alleinigen Maßstab außenpolitischer deutscher Politikversuche gemacht werden können. Die Ideen und Ideologien der Gründerväter des jüdischen Staates, die aus Europa importierten politischen Parteien, ein Werte- und Staatssystem, wie es Ende der Vierzigerjahre konsensual mehrheitsfähig war, entsprechen wiederum auch keinesfalls der israelischen Realität Ende der Neunzigerjahre. Rein generationsmäßig ist das Jahr 2000 die Kulturschwelle, auf der das beginnt, was auch das vereinigte Deutschland des Übergangs kennzeichnet: eine *Umgründungsphase*.

In pragmatisch betrachteter gesellschaftlicher Wirklichkeit, dem Alltag, kann das bedeuten, dass ein Jugendlicher europäischer Herkunft bei der Erwähnung Deutschlands die NS-Vernichtungspolitik assoziiert und ein Jugendlicher orientalischer Herkunft BMW oder Mercedes. Moralische Last, Gleichgültigkeit paaren sich mit Allgemeininteresse und Konsumdenken. Made in Germany ist erneut in Israel zum Markenzeichen geworden. Allerdings, um auch hierbei auf vergangenheitsbezogene Probleme aufmerksam zu machen, musste die Reklame für Bahlsen-Kekse nach einigen Wochen mit Hilfe der hebräischen Umschrift korrigiert werden, da zu viele die hebräischen Buchstaben des Namens als Belsen (Bergen-Belsen) statt Bahlsen lasen. Gleichzeitig weist dies daraufhin, dass es kaum noch irgendein relevantes deutsches Produkt gibt, von Gummibärchen bis Baukränen, das nicht in Israel absatzorientiert vermarktet werden kann. Wim Wenders Filme sind genauso bekannt wie Claudia Schiffer, und Hertha BSC hat im Rahmen der Spiele der Bundesliga, durch das Fernsehen bedingt, nicht weniger Fans hier als andere europäische Fußballvereine. Die Regale in Videotheken und Sexläden sind mit deutschen Pornos gefüllt, inwieweit dies allerdings der Völkerfreundschaft dient, lässt sich statistisch nicht erfassen. Andererseits haben Umfragen unter Jugendlichen im vergangenen Jahr über den Beliebtheitsgrad von Staaten Deutschland auf einen der letzten Plätze verbannt. Gleichzeitig wächst unter Studenten das Interesse an Deutschland, deutscher Kultur und Sprache. Dies bedeutet, dass es absolut kein statisches Deutschlandbild in Israel gibt, wohl aber einen vergangenheitsorientierten Filter.

Dies bedeutet nun aber auch, dass man die These von der Gründung Israels als einer direkten Folge von Auschwitz in den Raum politischer Mythen verweisen muss und zwar unabhängig davon, ob israelische Politiker von diesem Mythos Gebrauch machen oder nicht.[3] Die Gründung Israels hat vor allem mit der Geschichte des Zionismus zu tun, der Zeitpunkt der Gründung zwar mit den Folgen der deutschen Vernichtungspolitik, aber ebenso mit den politischen Konstellationen in den späten Vierzigerjahren. In den Raum politischer Mythen gehört in diesem Zusammenhang allerdings auch die in Deutschland so beliebte Sichtweise, nach der das Problem der Palästinenser eine Drittfolge des Nationalsozialismus sei, nach der die aus Deutschland Vertriebenen Juden nach ihrer Transformation in Israelis nun ihrerseits das Elend anderer hervorgerufen hätten. Damit wird dann eine besondere Verantwortung gegenüber den Palästinensern konstruiert, ein neuer deutsch-arabischer Mythos geschaffen. Die vermeintliche Rationalität der wechselseitigen Bilder leidet nicht selten unter Geschichts- und Realitätsverlust. Doch liegt gerade hier künftiger Konfliktstoff, falls die deutsch-jüdisch-israelischen Beziehungen durch Mutmaßungen über deutsch-israelisch-palästinensische Beziehungen ersetzt werden sollten. Die Tatsache, dass es heute wieder eine starke, sichtbare und vernehmbare jüdische Gemeinschaft in Deutschland gibt und die Probleme der Palästinenser in einer zu schaffenden nahöstlichen Friedensordnung zu lösen sind, wird dem wahrscheinlich widerstehen. Mit der allmählichen Veränderung der Rolle Deutschlands in Europa wird auch im Gewicht Deutschlands im Nahen Osten eine Dynamik eintreten, die seit langem von Teilen der israelischen Öffentlichkeit erwartet wird. Das Primat der Wirtschaft wird hier dem Primat der Politik weichen müssen. Die nach der Enttäuschung über die Halbheiten der Hallstein-Doktrin geübte Zurückhaltung wird wohl einer ausgewogeneren Politik weichen. Dass dies weder in Israel noch in arabischen Staaten unumstritten bleibt, versteht sich von selbst.

Weniger noch als in den Fünfziger- und Sechzigerjahren können heute deutsch-jüdische durch deutsch-israelische oder gar deutsch-palästinensische Beziehungen

---

3 Zur Diskussion sich wechselseitig bedingender Mythen, die mit der deutschen Vernichtungspolitik zusammenhängen, vgl. Zuckermann (1998).

ersetzt werden. Die Außenansichten sind auch immer Innenansichten. Doch unterscheiden sich diese Bindestrichbeziehungen trotz identischer Worte von den deutsch-jüdisch-israelischen Beziehungen der Fünfzigerjahre vor allem dadurch, dass auf beiden Seiten Vertreter von jenen Generationen meinungsbildend und politikformend werden, die weder den Zweiten Weltkrieg, das NS-Regime noch die Vernichtungslager oder ihre Herkunftsländer in Europa sowie im arabischen oder afrikanischen Raum zur Grundlage ihrer Einstellungen machen. Wenngleich hierin für zwischenstaatliche Beziehungen und Fremdbilder durchaus positive Elemente liegen, so wächst damit die Bedeutung der medialen Bilder; denn Geschichtsbilder und Fremdbilder sind zunächst vor allem Bilder, *images*.

Für ein ent-mythologisiertes Deutschland- und Israelbild ist es bedeutsam, von folgenden Tatsachen auszugehen. Der Staat Israel ist zwar mehrheitlich ein jüdischer Staat, doch ist seine Bevölkerung nicht ausschließlich jüdisch. Es gibt etwa 15 Prozent Nichtjuden in Israel: Mohammedanische und christliche Araber, Beduinen, Drusen, Tscherkessen und nichtjüdische Angehörige anderer Minoritäten. Dies ist zu betonen, da das in Deutschland vorherrschende Israelbild meist vom multi-kulturellen Charakter Israels absieht und eine europazentrierte Homogenität suggeriert, vor deren Hintergrund dann weder die israelisch-palästinensischen Probleme noch die Spannung von religiöser Fundamentalisierung und jüdischer Säkularisation eingeordnet werden können. Ein weiterer Aspekt betrifft die historisch gewachsenen Wechselbeziehungen und Spannungen zwischen den zwei großen jüdischen Bevölkerungsgruppen orientalischer und europäischer Herkunft. Schließlich kommt in Israel wie in den meisten modernen Gesellschaften, doch hier auf besonders tagespolitisch zugespitzte Weise, das Verhältnis von Staat und Religion zum Tragen. Der Staat Israel hat bisher keine Trennung von Staat und Synagoge vorgenommen, wodurch gesellschaftliche und kulturelle Probleme entstanden sind, die das Verhältnis von religiöser und säkulärer Kultur extrem belasten. Diese innenpolitischen Konstellationen wirken auf Fremdwahrnehmungen, z.T. auf höchst bizarre Weise. Für säkulär orientierte Juden europäischer Herkunft kann die westeuropäische Kultur und die amerikanisch bestimmte Medienwelt wertbildend näher sein als religiöser jüdischer Fundamentalismus oder die kulturelle Welt orientalischer Juden, vom in Israel ebenfalls existierenden islamischen Fundamentalismus ganz zu schweigen. Die zweite Generation jüdischer Einwanderer aus Marokko wird oftmals kulturelle Bezugspunkte in ethnischen Elementen ihrer Herkunft in Verbindung mit amerikanischen und französischen Elementen der Popularkultur finden. Die sich fast der Millionengrenze nähernde Einwanderung aus der Sowjetunion und ihren Nachfolgestaaten wiederum hat andere Elemente von Fremdbildern mit sich gebracht. Deutschland war für viele Einwanderer eigentlich bevorzugtes Auswanderungsland. Das Deutschlandbild dieser Migrationsgruppen war vor allem von zweierlei bestimmt. Zum einen von der wirtschaftlichen und demokratischen Anziehungskraft der Bundesrepublik und zum anderen von der immensen Abwehr des manifesten und latenten Antisemitismus, vor dessen Hintergrund die antisemitische Politik Nazi-Deutschlands verblasste. Im Bewusstsein zahlloser russischer Migranten ist die antijüdische und Vernichtungspolitik des Dritten Reiches weitestgehend historisiert und hat mit ihrer individuellen Sozialisation und der Bestimmung ihrer Identität nur wenig zu tun. Noch extremer ist das Beispiel der Einwanderer aus Äthiopien, die nicht nur viele Generationen von der jüdischen Welt abgeschnitten waren, sondern auch mit der europäisch- oder nordafrikanisch-jüdischen Erfahrung nichts zu tun hatten. Die Frage nach ihrem Deutschlandbild lässt sich nur mit dem Wort Nichtexistenz beantworten. Das wird sich mit der Sozialisation und partiellen Integration dieser ethnischen Gruppe verändern, betrifft aber nicht das heutige Meinungsbild in Israel. Das sind nur Beispiele, die verdeutlichen mögen, dass die Wahrnehmung von israelischen Deutschlandbildern allzu sehr von einem kulturellen Filter getrübt wird, der ein homogenes Israelbild vorgaukelt und der in kritischer Absicht zu klären wäre.

III. Das Bild der Jugend

In der dynamischen Phase, in der sich sowohl Deutschland als auch Israel gegenwärtig befinden, wird es von den Protagonisten – und damit sind nicht allein Politiker und Diplomaten gemeint – der israelisch-deutschen Beziehungen abhängen, welche Intensität, Richtung und generationsspezifische Orientierung diese Bilder in der Wechselwirkung mit den konkreten Beziehungen nehmen. Bei aller Vorsicht, mit der Meinungsumfragen zu betrachten sind und zwar nicht allein im Hinblick auf die Methoden und das Sample, sondern auch im Hinblick auf die mentalitätsgeschichtlichen Voraussetzungen der Befrager und Wissenschaftler, die die Daten auswerten, möchte ich folgende Ergebnisse einer Umfrage skizzieren, in der es um Einstellungen israelischer Jugendlicher ging.[4]

Die Umfrage wurde im März/April 1998 unter 1.213 jüdischen Jugendlichen und 405 nicht-jüdischen Jugendlichen per Telefon durchgeführt und durch 28 repräsentative Tiefeninterviews ergänzt. Die Umfrage konzentrierte sich auf die Altersgruppen 15-18 und 21-24. Die Kategorien, nach denen die zwei Untersuchungsgruppen unterteilt wurden, sind jüdisch/nicht-jüdisch, orientalisch/aschkenasisch, religiös/nicht-religiös. Wie oben bereits dargestellt, können europäische Muster gesellschaftlicher oder kultureller Strukturen nicht einfach nach Israel übertragen werden.

Fünf Fragen wurden gestellt. Erstens, ob Deutschland heute zu den Staaten gehört, die mit Israel freundschaftlich verbunden sind. Nur 7,6% der Juden, doch

---

4 Alle folgenden Daten und Zitate finden sich in der auf Hebräisch veröffentlichten Studie: Individual, Social and National Attitudes of Israeli Youth in the 50th Anniversary (Israeli Institute for Economic and Social Research, Juni 1998). Die Umfrage wurde von der Friedrich-Ebert-Stiftung gefördert.

23,2% der Nichtjuden antworteten, dass dies so sei. 52,5% der Juden und 33,8% der Nichtjuden antworteten, dass dies überhaupt nicht oder nur in geringem Maße zutreffe. Das entspricht nicht der vorherrschenden Einstellung der politischen Eliten des Landes, nach der Israel mit Deutschland freundschaftlich verbunden ist. Ein durchgehender Zug der Umfrageergebnisse wird in der ersten Frage bereits deutlich. Die öffentlich erklärte Einstellung zu Deutschland und die nicht-öffentlichen oder privaten Einstellungen klaffen auseinander. Allerdings muss hier angemerkt werden, dass die Umfrage weder Vergleiche mit anderen früheren Umfragen enthält noch die Einstellungen gegenüber anderen Staaten thematisiert. Die Analyse der Daten kommt denn auch zu dem Ergebnis, dass möglicherweise jene überkommene These, dass die ganze Welt gegen Israel sei, hier durchschimmere. Ein anderes Problem wird ebenfalls nicht thematisiert, nämlich die Tatsache, dass es sich bei der Gruppe der 15-18-jährigen um Schüler und bei der Gruppe der 21-24-jährigen um Jugendliche unmittelbar nach dem Militärdienst handelt. Erfahrungen im Berufsleben und zum Teil auch Einstellungsveränderungen durch Aufenthalte außerhalb Israels können somit nicht berücksichtigt werden.

Zweitens wurde gefragt, ob der Fremdenhass in Deutschland dem Fremdenhass in allen anderen Staaten ähnele. 49,8% der Juden und 44,9% der Nichtjuden stimmten dem nicht zu, womit deutlich ist, dass die Skepsis gegenüber der deutschen Demokratie unter den befragten jüdischen Jugendlichen sehr stark ausgeprägt ist.

Drittens wurde gefragt, ob das heutige Deutschland sich von dem Deutschland der Vergangenheit unterscheide und ob dort erneut ein Nazi-Regime errichtet werden könnte. 53% der Juden und 41,7 der Nichtjuden hielten dies für unwahrscheinlich, doch 40,5% der jüdischen Jugendlichen waren der entschiedenen Meinung, dass dies geschehen könne. Das spiegelt die politischen Veränderungen wider, in denen diese Generation aufgewachsen ist, deutet aber auch auf Probleme der medialen und erziehungsmäßigen Vermittlung aktueller und historischer Deutschlandbilder hin.

Viertens wurde gefragt, ob Deutschland heute eine aufgeklärte Demokratie wie andere westeuropäische Länder sei. Wie bei der vorhergehenden Frage antworteten 53% der Juden und 66% der Nichtjuden positiv.

Fünftens wurde gefragt, ob die Vernichtung der Juden in der Shoah von der Mehrheit des deutschen Volkes und nicht nur von der Nazi-Führung unterstützt wurde. 44,4% der Juden fanden dies sehr zutreffend und 29,4% stimmten zu, d.h. dass 75,8% der jüdischen Jugendlichen, so die Schlussfolgerung der Analytiker des Instituts, den Thesen von Goldhagen zustimmen. Selbst unter den Nichtjuden bejahten dies knapp 50%. Lediglich 7,9% der Juden und 9,6% der Nichtjuden verneinten die Frage.

Die Umfrage kommt zu dem Ergebnis, dass unter israelischen Jugendlichen Skepsis gegenüber den Beziehungen zu Deutschland besteht. Das Argument der Skepsis mag zutreffen, doch ob mit einer solchen Umfrage, die weder Vergleiche zulässt, noch Kontrollfragen enthält, die die hochgradig vergangenheitsorientierten Fragen relativieren könnten, die Einstellungen der jungen israelischen Generation annähernd realistisch erfasst werden, ist mit einem kräftigen Fragezeichen zu versehen. Telefonumfragen werden ja in der Regel kaum mit Menschen durchgeführt, die der Landessprache nur ungenügend mächtig sind, was sowohl auf Gruppen der Neueinwanderer als auch der nicht-jüdischen Minoritäten zutrifft. Mehr noch, Telefonumfragen werden wohl auch kaum mit Jugendlichen durchgeführt, die kein Telefon haben, wie etwa die Masse der israelischen Studenten, die in Wohnheimen leben. Die Art der Fragestellung suggeriert ein konsensuales Geschichtsbild, das den israelischen Jugendlichen in der Regel über das Erziehungssystem und einen Teil der Medien vermittelt wird. Das muss aber nicht bedeuten, dass andere Fragen, die etwa von der Beliebtheit eines Boris Becker, der Filme Verhoevens, der Wertschätzung deutscher Autos und dergleichen ausgehen, zu identischen Ergebnissen geführt hätten. Die Studie mag eine Tendenz angeben, doch muss eine Tendenz nicht identisch sein mit den außerordentlich komplexen Wahrnehmungen Deutschlands in der israelischen Bevölkerung. Unstrittig gibt es einen vergangenheitsbezogenen Filter, doch die bilateralen, wirtschaftlichen, kulturellen und sozialen Beziehungen lassen auch andere Tendenzen zum Tragen kommen, die umfragemäßig bisher nicht erfasst worden sind. Nicht zufällig gibt es in diesen Fragen keinen Bezug auf die ehemalige DDR, alles bezieht sich letztlich auf die ehemalige BRD. Das DDR-Bild war in Israel Jahrzehnte durch die westlichen antikommunistischen Grundmuster des Kalten Krieges geprägt, die durch pro-sowjetische arabische Regierungen, die aus ihrer Israel-feindlichen Einstellung keinen Hehl machten, gestärkt wurden. Es war auffällig, in welchem Ausmaß nach der Vereinigung Fragen nach der Judenfeindschaft und dem Anti-Zionismus von Ulbricht bis Honecker gestellt wurden. Die seit den späten Achtzigerjahren eintretenden Veränderungen in der Führung der DDR, deren Versuche, in den Wirtschaftbeziehungen mit den USA eine Art israelische Karte auszuspielen, blieben in Israel weitgehend unberücksichtigt. Die DDR war in der israelischen Öffentlichkeit eine Art Niemandsland, Deutschland mit der Bundesrepublik identisch. Deutschlandbilder und Erwartungshaltungen konzentrierten sich auf den westlichen Nachfolgestaat des Dritten Reiches.

Nach der Vereinigung Deutschlands gab es unzählige kritische Stimmen, die neues deutsches Großmachtdenken, ein Vergessen der Vergangenheit und durch die Zunahme der Fremdenfeindlichkeit und antisemitischer Vorkommnisse eine Rückkehr der Vergangenheit oder zumindest rechtsextreme Entwicklungen befürchteten. Solche Diskurse ähnelten sehr den Stimmen, die auch in Frankreich, Italien, England oder den USA zu vernehmen waren. Bei den Begegnungen von David-Ben Gurion und Konrad Adenauer war von israelischer Seite erstmals vom anderen Deutschland die Rede. Diese Formulierung war Jahrzehnte umstritten, doch ist sie gegen Ende der Neunzigerjahre eine gängige Redeform geworden. Natürlich nicht ein Ideologem, aber eine diskursive Form, auf die man im Bereich der höheren Bildung und in den Medien immer wieder stößt. Bis etwa 1989 war es eine der Standardfragen von israelischen Studenten, im Hinblick auf die deutsche Vergangenheit zu diskutieren, wie es denn eigentlich „dazu" kommen konnte. Seit der Vereinigung ist diese vergangenheitsorientierte Fragestellung von einer neuen Frage abgelöst worden: Was ist daraus geworden?

Die Antworten können die historische Dimension nicht ignorieren, und das wird auch noch lange so bleiben. Daneben ist mit Blick auf das Deutschland der ausgehenden Neunzigerjahre ganz ohne Zweifel die wirtschaftliche Dimension bestimmend. Das ökonomische Potenzial Deutschlands, das in israelischen Wirtschafts- und Handelskreisen von Gewicht ist, wird im Konsumbereich von großen Teilen der Bevölkerung tagtäglich wahrgenommen. Das heißt nicht, dass alle Waren als Made in Germany erkannt und geschätzt werden, sondern oft als ausländische oder europäische Produkte. Die deutsche Wirtschaft prägt heute wesentlich das konsumorientierte Bild Europas in Israel. Damit hängt eine Vision zusammen, die – trotz aller tages- und wahlpolitischen Turbulenzen in Israel – im Einigungsprozess Europas, der nicht unwesentlich durch die Vereinigung Deutschlands beschleunigt wurde, ein Modell für den künftigen Nahen Osten sieht. Die wirtschaftliche Dimension auf der Grundlage einer stabilen Friedensregelung ist dabei bestimmend. Israel kann für Deutschland das Tor in einen neuen Nahen Osten werden.

Die damit verbundene politische Dimension ist komplizierter, da einerseits von Deutschland und der Europäischen Union ein größeres Engagement im nahöstlichen Friedensprozess erwartet wird, andererseits zumindest von den europäisch orientierten Teilen der israelischen Bevölkerung von einer besonderen Verpflichtung Deutschlands gegenüber Israel ausgegangen wird. Die deutsche Außenpolitik wird hier wohl erst eine kluge Balance zwischen ihren den Staat Israel und die arabischen Staaten betreffenden Interessen und Verpflichtungen finden müssen. Auf jeden Fall werden israelische Einstellungen in diesem Kontext auch davon abhängen, inwieweit eine jüngere deutsche Politikergeneration zu unterscheiden weiß, dass der Staat Israel und die jeweiligen Regierungen nicht identisch sind. Die traditionellen Beziehungen zwischen Parteien, Gewerkschaften, Handelskammern, Freundschaftsgesellschaften sind weitestgehend überholt. Die Europa- oder USA-orientierten Eliten in Israel sind stärker in der zivilen Gesellschaft zu suchen, in der Wirtschaft, in der Wissenschaft und in der Kultur. Statt die auswärtige deutsche Kultur- und Wissenschaftspolitik einzuschränken, ist es unbedingt erforderlich, diese im Sinne partnerschaftlicher Beziehungen auszubauen.

Die immense Bedeutung der Wechselbeziehungen zwischen der israelischen und der deutschen politischen Kultur ist bislang stärker gewesen als die politische Ebene. Die Ablösung der Generation, die auf Grund ihrer Herkunft außerisraelische Wurzeln hatte, durch eine in Israel geborene Generation entspricht dem Generationswechsel in Deutschland. Insofern muss das, was einmal zusammengehörte, nicht unbedingt wieder zusammenwachsen. Auch das Gegenteil kann eintreten, wenn in den israelisch-deutschen Beziehungen und in der kulturpolitischen und erziehungspolitischen Arbeit nicht politikformend gewirkt wird. Mit israelischer Folklore und Scheckbuchdiplomatie allein lässt sich dies allerdings nicht erreichen.

Es lassen sich abschließend eine Reihe von Spannungspunkten benennen. Erstens ist Deutschland nach der Vereinigung aus israelischer Perspektive nähergerückt, weil eine aktivere Rolle der EU im Friedensprozess und im israelisch-palästinensischen Rahmen definitiv absehbar ist. Inwieweit europäische Großmachtpolitik und außenpolitische Sensibilität hier zusammengehen werden, stellt einen der Spannungspunkte dar. Ein zweiter betrifft das durch die deutsche Staatsangehörigkeits- und Einwanderungspolitik bestimmte Bild der deutschen Einstellungen gegenüber dem kulturell Anderen. Die Gesetzesänderungen des Bundestages weisen hier auf jeden Fall in eine positive Richtung und machen deutlich, dass es langfristig nicht allein um eine Frage der Migration geht. Der dritte und letztlich die *longue durée* der israelisch-deutschen Beziehungen nach wie vor bestimmende Spannungspunkt betrifft die an- und abschwellenden deutschen Debatten über ein Verfallsdatum der jüngsten deutschen Geschichte (vgl. den Beitrag von Helmut König zur Vergangenheitspolitik der Neunzigerjahre in diesem Band). Es ist außerordentlich wegweisend, dass der Bundestag hierzu vor seinem definitivem Umzug nach Berlin eine ausführliche Debatte geführt und hinsichtlich einer zentralen Gedenkstätte in Berlin positiv entschieden hat.

Die heranwachsenden israelischen Generationen haben hier eine eher abwartende und beobachtende Haltung, als es in den ersten Jahrzehnten der israelisch-deutschen Beziehungen der Fall war. Insofern sind die Einstellungen der Generationen, die künftig das israelisch-deutsche Beziehungsgeflecht bestimmen werden, nicht unwesentlich von den Einstellungen gegenüber Israel abhängig, die das vereinigte Deutschland heute und in der nahen Zukunft prägen. Die Fernsehkommissarin in der beliebten Fernsehserie Rosa Roth, dargestellt von Iris Berben, die Anfang 1999 zur Auflösung eines Todesfalles nach Jerusalem reisen muss, ist hierbei auf jeden Fall wichtiger als die überkommene Beschwörung christlich-jüdischer Formeln. Vielleicht kommen wir in einigen Jahren zu der Erkenntnis, dass Scheidemann 1918 zwar die Berliner Republik ausrief, doch dass erst heute deren auf das kommende Jahrhundert orientierende Realisierung beginnt.

Literatur

Israeli Institute for Economic and Social Research (Hrsg.), 1998: Individual, Social and National Attitudes of Israeli Youth in the 50th Anniversary, Tel-Aviv, Juni 1998.
Jelinek, Yeshajahu, 1996: Zwischen Moral und Realpolitik, Gerlingen: Bleicher Verlag.

Stern, Frank, 1997: „Jüdische 'Volkstrümmer' im Nachkriegsdeutschland. Ein ungeschriebenes Kapitel der deutsch-jüdisch-israelischen Beziehungen", in: Herbert Obenaus (Hrsg.), Im Schatten des Holocaust. Jüdisches Leben in Niedersachsen nach 1945, Hannover: Hahnsche Buchhandlung, S. 235-254.

Timm, Angelika, 1997: Israel. Die Geschichte des Staates seit seiner Gründung, Bonn/Berlin: Bouvier Verlag.

Zuckermann, Moshe: 1998: Zweierlei Holocaust. Der Holocaust in den politischen Kulturen Israels und Deutschlands, Göttingen: Wallstein Verlag.

Vladimir Handl

Ungleiche Partner

Deutschland – aus tschechischer Sicht gesehen

I. Dynamik der nachbarschaftlichen Beziehungen

1. Faktoren, die das Verhältnis zum deutschen Nachbarn beeinflussen

Die geographische Nachbarschaft und historisch-kulturelle Nähe sowie das hohe Niveau gegenseitiger technologischer Kompatibilität bilden neben vielen weiteren langfristig wirkenden Faktoren eine dauerhafte Basis für die Beziehungen zwischen Gesellschaften und Staaten. Die Beziehungen zwischen Tschechen und Deutschen werden darüber hinaus auf eine besondere Weise durch drei Faktoren bestimmt. Während der Nachkriegsjahre waren das vor allem:

1. die historische Belastung,
2. die überwältigende geopolitische Asymmetrie beider Länder,
3. die politische, höchst ideologisierte Konfrontation, die erst spät weniger scharfen Auseinandersetzungen Platz machte.

Der Zusammenbruch der sozialistischen Staatenwelt beendete die politische, ideologisierte und insbesondere sicherheitspolitisch gespannte Auseinandersetzung. Gute Nachbarschaftsbeziehungen wurden zum politischen Programm auf beiden Seiten. Vor allem im Grenzgebiet wuchs auf natürlichem Weg, von der Basis nach oben, ein Geflecht von Beziehungen auf regionaler, lokaler und individueller Ebene. Dies verleitet viele Beobachter zu der Annahme, dass das Ende der konfliktreichen, zu gewissen Zeitpunkten sogar höchst gefährlichen politischen und ideologischen Konfrontationsstruktur gekommen sei und die deutsch-tschechischen Beziehungen von ihrer historischen Last befreit würden. Zur Überraschung vieler Deutscher und Tschechen ist dies jedoch nur zum Teil geschehen.

1.1 Die Last der Geschichte

Die historische Belastung wurde nach 1989 wieder sehr rasch spürbar. Für die Rückkehr der Geschichte, die einige Politiker und Teile der Bevölkerung unvorbereitet traf, gibt es viele Gründe.

Die alten Stereotypen, durch die Traumata des zweiten Weltkrieges und der Zwangsaussiedlung/Vertreibung der Sudetendeutschen auf beiden Seiten in unterschiedlicher Weise verstärkt, bildeten einen fruchtbaren Boden für die ideologische Auseinandersetzung des Kalten Krieges (Rataj 1998, S. 207). Dabei konnten sich die Stereotypen auf das Bild von den Deutschen als eines Erbfeindes stützen, das sich in der tschechischen Historiographie mit der Erstarkung des Nationalismus schon im 19. Jahrhundert durchsetzte und dabei viel weiter als die praktische tschechische Politik griff (Rak 1998, S. 73). Systematisch während des Kalten Krieges gepflegt, sind die feindbildähnlichen Assoziationen und Symbole für viele Leute fast zu einem bedingten Reflex geworden (Jirousek 1991, S. 5). In Abwesenheit eines Korrektivs der (teilweise künstlich hervorgerufenen) Animositäten – also ohne „normale" nachbarschaftliche Beziehungen im wirtschaftlichen Bereich, wie z.B. Vernetzung der Infrastruktur, kontinuierliche Entwicklung ethnisch gemischter Regionen, usw. – entwickelte sich, wie M. Kunstat urteilt, auf beiden Seiten ein relativ homogenes Feindbild, dass durch die verschiedenen Teile bzw. Generationen der beiden Gesellschaften in unterschiedlichem Maße getragen wurde. Noch jetzt sind also Tschechen wie Deutsche mit relativ komplexen, schwer korrigierbaren Heterostereotypen konfrontiert (Kunstat 1998a).[1] Außerdem betrachtet man Deutschland oft nicht so, wie es sich heute darstellt, sondern als Deutschland der Vorkriegsepoche. Man nimmt auch Europa und die neue Qualität der internationalen Beziehungen nur teilweise wahr (Musil/Skuda 1998, S. 139).

Über ein Jahrhundert hinweg entwickelten sich Vorstellungen über die Deutschen von einer aus Zeiten der Bismarck'schen Reichsgründung herrührenden „misstrauischen Ambivalenz" bis zum ausgeprägten anti-deutschen Radikalismus während und unmittelbar nach dem Zweiten Weltkrieg. Erst neuerdings wird dieses Deutschlandbild von der Vorstellung eines „starken, untückischen, jedoch nicht allzu rücksichtsvollen Partners" abgelöst (Kren 1993, S. 224, 227, 230). Generell sind aber diese historisch gewachsenen Einstellungen vor allem auf Grund eines traditionell begrenzten Interesses an der jeweils anderen Seite, wegen fehlender Kenntnisse und Verständigungsbereitschaft schwer zu verändern (Lemberg 1993, S. 207 ff.). In einigen Zeitperioden grenzte dieses Verhalten an Absenz im politischen und intellektuellen Leben der anderen Seite und führte zur Ignoranz der jeweiligen Leistungen und Probleme. Der ehemalige Botschafter Jiri Grusa

---

[1] Für einen ausführlichen Bericht über die Konferenz siehe: 'Coming to Terms With the Past, Opening up to the Future', Conference Report (Hrsg. V. Handl), IGS, Discussion Paper 98/12, Birmingham.

urteil: „Der Tscheche sieht den Deutschen als Denker des Absoluten, der am Relativen scheitert, indes bei dem Deutschen der Tscheche als Relativist abschneidet, dem zum Schluß die Sache selbst zwischen den Fingern zerrinnt" (Grusa 1998, S. 52).

Es zeigt sich ein bemerkenswerter Unterschied zwischen der eher kritischen Betrachtung der Deutschen und dem differenzierten Bild Deutschlands einerseits und der überwiegend positiven Einschätzung der tschechisch-deutschen Beziehungen andererseits. Die Sympathien der tschechischen Bevölkerung blieben im Durchschnitt mittelmäßig – im Jahre 1991 äußerten 49 Prozent der Befragten Sympathien gegenüber Deutschland, 1997 waren es 41 Prozent, im April 1999 waren es 45 Prozent.[2] Deutschland gehört nach den USA und zusammen mit Polen zum „Mittelfeld" der Popularität bei der tschechischen Bevölkerung.

Die Wahrnehmung der Beziehungen ist indessen überaus stark von aktuellen Ereignissen abhängig. So hielten Mitte der 90er Jahre während einer kritischen Phase der tschechisch-deutschen Verhandlungen über die gemeinsame Erklärung 46 Prozent der Tschechen die Beziehung für verschlechtert.[3] Im Mai 1999 schätzen 74 Prozent der Befragten die Beziehungen wieder als gut ein (Sofres-Factum 1999). Die Einstellung der Tschechen gegenüber Deutschland und den Deutschen bleibt also positiv und zugleich ambivalent. V. Houzvicka charakterisiert sie als eine komplizierte Mischung aus Angst, Bewunderung und pragmatischer Toleranz (Houzvicka 1998, S. 236). F. Zich zeigt, dass es wenig oder keine Beweise einer nationalistischen Einstellung gegenüber Deutschland gibt. Es ist auffallend, dass die Bevölkerung, die in den Grenzregionen zu Deutschland lebt, bessere Beziehung zu Deutschen hat als die inländische Bevölkerung. Das betrifft auch die Beziehung zu den Sudetendeutschen, solange keine Restitutionsforderungen erhoben werden (Zich 1998, S. 256-158).

Auf der Suche nach der eigenen neu orientierten *Identität* wandte sich ein Teil der tschechischen Gesellschaft ihren eigenen historischen Wurzeln zu, die allerdings (wie das für nationale Gesellschaften üblich ist) teilweise durch vereinfachte nationale Bilder und Mythen beeinflusst sind. Das am meisten verbreitete Selbstverständnis der tschechischen Geschichte als eines kontinuierlichen Kampfes mit dem deutschen Element wurde am besten von dem tschechischen Historiker Frantisek Palacky formuliert. Palacky betonte aber auch das konstruktive Element der tschechisch-deutschen Polarität, das in der öffentlichen Wahrnehmung in den Hintergrund geriet. Diese Einseitigkeit kann dazu führen, dass die ursprünglich negative Definition des Tschechentums (also: nicht-deutsch zu sein) aus dem 19. Jahrhundert wieder zum Hauptmerkmal der Identität wird. Einige Experten glauben, der Versuch Tomas Masaryks, die tschechische Identität mit der politischen Nation

---

2 Sympatie k cizim zemim (Sympathien gegenüber Ausland). Institut pro vyzkum verejneho mineni (weiter nur IVVM – Institut für Öffentliche Meinung), Praha 1999, 12.5.
3 Vztahy s Nemci jsou horsi, mini lide (Die Beziehungen mit den Deutschen sind schlechter geworden). Mlada Fronta Dnes, 23.2.1996, S. 2.

zu vereinen, sei nur teilweise gelungen (Musil/Skuda 1998, S. 141). Andere finden, die Bevölkerung sei zu Beginn des Jahrhunderts für das ursprünglich überwiegend multi-ethnische Konzept der politischen Nation offen gewesen (Koralka 1996, S. 66). Die Tschechen bildeten langfristig eigentlich eine „Diaspora" in dem Vielvölkerstaat (Stehlikova 1998, S. 255 f.). Aber selbst für den Fall, dies hätte geeignete Voraussetzungen für ein „amerikanisches Modell" der „Phänomenologie des Ausländertums" geschaffen, haben die beiden Weltkriege und die darauf folgende Vertreibung/Zwangsaussiedlungen dies zunichte gemacht. Die Abschottung durch den Kalten Krieg entwickelte sich zu einer klaustrophobischen Haltung. Eine Analyse der tschechischen Haltung gegenüber Deutschland von 1992 bestätigt, dass das tschechische „WIR" immer noch an das nahe liegende und langfristig statisch und ideologisch definierte „SIE" bezüglich der Deutschen gebunden ist (Stehlikova 1998, S. 266). Die Spaltung der Tschechoslowakischen Föderation war das Ende des Weges zu einem eigentlichen Gegenpol der ursprünglich tschechischen Vorstellung ihrer Staatlichkeit, des Weges vom Bemühen um eine föderative Ordnung der multinationalen Habsburger Monarchie bis zu einem fast rein tschechischen Nationalstaat. Die daraus folgende xenophobische Haltung lässt nur schrittweise nach und braucht den breiteren Rahmen der Europäischen Einigung. So verbesserte sich seit 1992 kontinuierlich die Betrachtung der in der CR lebenden Minderheiten, inklusive der Beziehungen gegenüber der Roma-Bevölkerung.[4]

Die historische Dimension der tschechisch-deutschen Beziehungen war von Anfang an ein Teil der politischen Entwicklung: Es meldeten sich Betroffene mit *handfesten Interessen*. In der Anfangsphase waren es vor allem die Politiker der CDU und CSU, die innenpolitische Kalküle in die Beziehungen zwischen den beiden Ländern einbezogen. Die tschechische Seite genoss eine kurze Phase der Euphorie und hatte somit einen breiteren innenpolitischen Spielraum. Sie sollte allerdings schnell die realpolitischen Zusammenhänge zu spüren bekommen. Auf der deutschen Seite war es die Sudetendeutsche Landsmannschaft, die gleich mit dem Ende des kalten Krieges ihre Interessen in einer höchst unglücklichen Form anmeldete. Gemäß ihrer Satzung (Sudetendeutsche Landsmannschaft 1997)[5] stellten ihre Vertreter im April 1990 in Prag ihre diffusen Forderungen, statt die ausgestreckte Hand der Entschuldigung des tschechischen Präsidenten anzunehmen. Der Schaden war groß. Auf der tschechischen Seite sahen viele die tradi-

---

4 Jaky mame vztah k u nas zijicim narodnostem (Beziehungen gegenüber Nationalitäten in der Tschechischen Republik), IVVM, Praha 1.12.1998. So verschlechterten sich die Beziehungen der CR zur deutschen Bevölkerung von 46/13 (positive Haltung/negative Haltung in Prozent) auf 33/16 in 1991-1992. Im November 1998 waren die Werte wieder auf der Ebene von 45/13.
5 Paragraph 3 der Satzung der Sudetendeutschen Landsmannschaft bestätigt, dass die Landsmannschaft „ausschließlich und unmittelbar" gemeinnützige Zwecke verfolgt, und zwar (Absatz c) „den Anspruch der Volksgruppen und der einzelnen Landsleute auf Rückkehr, Erstattung des geraubten Vermögens und die sich daraus ergebenden Entschädigungsansprüchen (...)".

tionelle Angst vor dem deutschen Revanchismus bestätigt. Andere versuchten diese Angst politisch zu instrumentalisieren (Seibt 1995, S. 404). Aus der Sudetendeutschen Landsmannschaft wurden einige Forderungen gestellt, von denen man wusste, dass sie nicht realistisch und für die tschechische Seite völlig inakzeptabel sind, so z.B. das Recht auf Rückkehr der gesamten sudetendeutschen Volksgruppe, die in der Tat nur sehr wenige unter den Sudetendeutschen wollten. Selbst in München mahnte man die Sudetendeutsche Landsmannschaft, dass es kontraproduktiv sei, eine harte „bargaining"-Taktik zu verfolgen, wenn man eigentlich einen freundschaftlichen, offenen Dialog zu führen gewillt ist, langfristige Aufenthaltsgenehmigungen und eine Reintegration der Sudetendeutschen in die böhmische Geschichte anstrebt.[6] Die Forderungen der tschechischen Naziopfer wurden nur schrittweise zu einem Gegenstand der politischen Verhandlungen und besaßen nie eine vergleichbare Brisanz.

1.2 Vielschichtige Asymmetrie

Allmählich trat auch die objektive, durch die Vereinigung Deutschlands und die Spaltung der Tschechoslowakei (Dezember 1992) noch verstärkte vielschichtige *Asymmetrie* zwischen beiden Seiten hervor. Der Charakter einer asymmetrischen Beziehung ist nicht zwingend negativ. Asymmetrie stellt jedenfalls eine zusätzliche Herausforderung für die Politik beider Seiten dar. Das Geflecht gegenseitiger Interessen und Beziehungen besteht aber eher aus einer asymmetrischen Interdependenz als aus einer einseitigen Abhängigkeit. Vielmehr noch als die Asymmetrie der jeweiligen Gesamtpotenziale können sich die Asymmetrien der jeweiligen politischen Strukturen auf das Verhältnis der zwei Nachbarstaaten auswirken.

Seit der Wende der CSFR fehlt auf der tschechischen Seite der Politik eine entsprechende Verwaltung auf Länderebene. Die langjährige Weigerung der tschechischen Regierung, die in der Verfassung vorgesehenen höheren Gebietskörperschaften zu bilden, hat die Asymmetrie noch verstärkt. Bis zum Jahr 2000 gibt es in der Tschechischen Republik Selbstverwaltungsorgane nur auf der Gemeindeebene. Die Tendenz zu einem übertriebenen Zentralismus verrät eine abwehrende Haltung, die sich beim Aufbau partnerschaftlicher Beziehungen allgemein und in den grenznahen Regionen besonders negativ auswirkt.

Es ist nicht zu unterschätzen, dass es vor allem bis 1996 auch eine parteipolitische Asymmetrie in der gegenseitigen Beziehung gab. In der Tschechischen Republik waren es vor allem die Anhänger der politischen Mitte und Konservative, die eine nicht-nationale Haltung auch gegenüber den Deutschen vertraten (Stehlikova 1998, S. 266). Der überwiegende Teil der Sudetendeutschen in der Bundesrepublik fühlte sich ebenfalls den konservativen Kreisen zugehörig und befasste

---

6 Nach einem Interview, das der Verfasser in der Bayerischen Staatskanzlei am 29.5.1995 in München durchgeführt hat.

sich mehr oder weniger mit den Fragen einer „Normalisierung" der deutschen Geschichte. Es waren also eher die konservative Kreise, die den tschechisch-deutschen Dissens mittrugen.

1.3 Politische Ideologien und Kräfte

Besonders überraschend mag es für Beobachter sein, dass *ideologische Aspekte* aus dem bilateralen Verhältnis nicht verschwunden sind. Selbstverständlich spielen sie keine Rolle bei der ideellen Untermauerung einer konfrontativen Politik, wie z.B. in den 50er Jahren, oder bei der allerletzten Begründung der Auseinandersetzung mit dem westlichen Nachbarn, wie z.B. in der Periode der „normalisierten" Tschechoslowakei. Ideologische und, obwohl weniger ausgeprägt, parteipolitische Präferenzen spielten allerdings eine gewisse Rolle in der Gestaltung der Beziehungen nach 1989. Sie spiegelten die Evolution der politischen Konstellation in der CSFR/ Tschechischen Republik wie auch in der Bundesrepublik wider.

a) In der ersten Phase der Entwicklung der politischen Strukturen von 1990-1992 waren ideologische Präferenzen nicht ausgeprägt. Die Politik war sehr heterogen und meistens offen gegenüber den *Import* von gesellschaftspolitischem „Know-how". Gleichzeitig exportierte auch die CSFR eigene politische Konzepte, vor allem im Bereich der Außenpolitik, wo die CSFR eine aktive Position vertrat und sich für die Weiterentwicklung der KSZE einsetzte. Zwischen Bonn und Prag entstand eine historisch beispiellose Kompatibilität der Interessen, und beide erarbeiteten sogar eine gemeinsame Initiative zur Weiterentwicklung der OSZE.

b) In der zweiten Phase, 1992-1997, unter der Mitte-Rechts-Regierung von Vaclav Klaus, wurden ideologische Präferenzen zu einem realen Faktor des politischen Lebens, vor allem in den Jahren des augenscheinlichen Erfolges des liberalen (in der Realität aber populistisch liberalen) Konzeptes der Politik (Social Report on the Czech Republic in 1989-1998, S. 13).[7] Die ehrgeizige, in Wirklichkeit auf „schnelle" und „einfache" Lösungen begrenzte Politik fand keine Antwort auf den populistischen Nationalismus in der Slowakei, war viel weniger offen für einen „policy transfer" aus dem Ausland und konnte selbst nur wenige Impulse anbieten. Nicht nur das Potenzial und das internationale Gewicht der beiden Nachfolgestaaten sind mit der Spaltung der Tschechoslowakei beträchtlich gesunken. Diese degradierte den tschechischen Partner auch in der Hierarchie der Interessen der deutschen Politik. Nicht zuletzt, weil auch die Modellrolle einer friedlichen Transformation eines Vielvölkerstaates verloren gegangen war. Das positive Beispiel der friedlichen Spaltung ist nicht zu unterschätzen, sondern in die Kategorie eines erfolgreichen kurzfristigen Krisenmanagements einzustufen.

Die negative Haltung der tschechischen Regierung, vor allem aber der ODS (der Bürgerlichen Demokratischen Partei von Vaclav Klaus), gegen den Aufbau

---

7 Siehe die Einführung von Jacques Rupnik für Zprava o vyvoji ceske spolecnosti 1989-1998.

einer regionalen Selbstverwaltung in der Tschechischen Republik spiegelte das grundsätzliche Misstrauen gegen die Dezentralisierung wider. Dies ist „auf die Angst vor Kontrollverlust und Misstrauen gegenüber demokratischen Subsidiaritätsprinzipien zurückzuführen (...)" wie auch auf die „Begriffswahrnehmung der Bürgergesellschaft" (Hrich/Larischova 1999, S. 43). Zusammen mit der Auflösung des föderalen Staates stand diese Politik in klarem Gegensatz zur Weiterentwicklung der föderalistischen Elemente (u.a. mit dem neuen Artikel 23 des Grundgesetzes) und zum wachsenden Einfluss der Selbstverwaltung in der Bundesrepublik.

Auf der internationalen Ebene war die tschechische Regierung in mancherlei Hinsicht mit dieser *defensiven* Haltung der bayerischen CSU näher als der Politik von Helmut Kohl und dem „exaggerated multilateralism" (Anderson 1997, S. 85) der Nachkriegsregierungen Deutschlands. Wie Anneke Hudalla urteilt, kam die Europapolitik von Vaclav Klaus eigentlich „nicht über eine Neuauflage der Freihandelstheorie nach Ricardo hinaus" (Hudalla 1997, S. 128). Er und einige andere tschechische Politiker unterstrichen sogar die Distanz zu Bonn in grundsätzlichen Fragen der Innen- und EU-Politik. So wandte sich Klaus öffentlich gegen das Projekt der Europäischen Währungsunion (Vesely 1996, S. 37). Er brach eine Lanze für die Beibehaltung der vollen nationalen Souveränität und gegen die „unionistischen Pläne", die „eben von deutscher Seite oft kommen" und wandte sich gegen die mehr euro-optimistischen Sozialdemokraten (CSSD) (Klaus 1996).

c) Die sozialdemokratische Minderheitsregierung, seit Sommer 1998 an der Macht, unterstrich von Anfang an ihre eindeutige ideelle Nähe mit den Grundthesen der deutschen sozialen Marktwirtschaft und der EU-Politik (Policy Statement 1998). Diese Aspekte treten umso mehr in den Vordergrund, als in der Bundesrepublik die rot-grüne Regierung an der Macht ist. Die auffällige Dichotomie der tschechischen Europapolitik wurde durch die pro-europäische Haltung der Tosovsky-Übergangs- und Zemans CSSD-Minderheitsregierung überwunden (Handl, im Erscheinen). Das bekräftigte die Annahme, dass die tschechische politische Kultur und geistesgeschichtliche Tradition sich von der liberal-konservativen Ausrichtung durch Vaclav Klaus unterscheidet (Hudalla 1997, S. 141).[8] Die euro-optimistische Position lieferte einen wichtigen Impuls zur weiteren Normalisierung der Beziehungen zu Deutschland; einer Entwicklung, die man gar nicht hoch genug einschätzen kann.

2. Von Euphorie über Ernüchterung zur Normalisierung

Die Erwartungen der tschechischen Öffentlichkeit und der Politiker Deutschland gegenüber waren im Jahr 1989/1990 überwiegend positiv.

Bei der *Bevölkerung* konnte diese Haltung interessanterweise auch an die vorigen zwei Jahrzehnte im positiven Sinne anknüpfen:

8 bezieht sich auf Pauer (1995, S. 11-68).

Zum einen eröffnete die Wende 1989 die Chance, den Einfluss der „antiimperialistischen" und „antirevanchistischen" Propaganda abzulösen. Die Eintönigkeit der Propaganda hatte unter der breiten Bevölkerung eine gewisse Immunität aufgebaut, die die Feindbilder etwas relativierte. Eine Untersuchung der öffentlichen Meinung unter der städtischen und gebildeten Bevölkerung zeigte, dass 66 Prozent der Befragten nicht mehr an die Regimepropaganda glaubten, die über aggressive Pläne der Bundesrepublik gegenüber der Tschechoslowakei berichtete (Hauner 1993, S. 255). Die Tschechoslowakei war Ende der 80er Jahre nicht mehr die deprimierte, „normalisierte" Gesellschaft wie zu Beginn der 70er Jahre.

Des Weiteren hatte man in den 70er/80er Jahren, im Unterschied zu den besonders „kontaktarmen" 50er Jahren die Erfahrung gemacht, dass die meisten Emigranten aus der Tschechoslowakei in Deutschland Zuflucht fanden oder über Deutschland ins weitere Ausland gingen. Deutschland wurde in vielerlei Hinsicht ein attraktiver Staat, Ziel vieler touristischer und kommerziell-kultureller Aktivitäten. Die deutsche Wohlstandsgesellschaft, der Sozialstaat, hohe Technologie- und Umweltstandards, deutsche Kultur – nicht zuletzt wegen ihrer teilweisen Amerikanisierung –, waren attraktive Elemente des deutschen Modells, insbesondere für breite Schichten der mittleren und jüngeren Generation sowie der städtischen Bevölkerung.

Bei der *Elite* wurde die Betrachtung Deutschlands durch zwei Aspekte beeinflusst:

Erstens, durch die schnelle und umfangreiche Ablösung der ehemaligen politischen und, noch deutlicher, kulturellen Elite nach 1989. Unter den führenden wirtschaftlichen Kräften war allerdings die personelle Kontinuität auffallend (Srubar 1998, S. 21-33). Für das Verhältnis zu Deutschland bedeutete das allerdings nur wenig. Die wirtschaftlichen Eliten waren schon vor 1989 überwiegend pragmatisch orientiert. Spätestens seit 1989 gab es für sie nur eine Ideologie – die der Profitmaximierung. In einigen Fällen führten aber interessanterweise die Konflikte privatwirtschaftlicher Interessen zu einem sekundären Nationalismus und dessen Instrumentalisierung, dem dann oft eine anti-deutsche Färbung beigegeben wurde. Beispiele sind der deutsche Einfluss in Automobilindustrie (VW/Skoda Mlada Boleslav) oder Auseinandersetzungen um die Stahlwerke Kladno.

Zweitens war die politische und akademische Elite ziemlich uneinheitlich, was ihr ideologisches Profil betraf. Eine positive Einstellung gegenüber dem demokratischen Deutschland überwog eindeutig. Die konservative Opposition stand vor allem der deutschen Ostpolitik kritisch gegenüber und bevorzugte seit Ende der 70er Jahre angelsächsische Bindungen. Die amerikanische Politik der Stärke und des Drucks wurde in diesen Kreisen als am erfolgversprechendsten betrachtet. Befürchtungen anlässlich einer eventuellen revisionistischen Haltung der Regierung der Bundesrepublik waren äußerst selten.

Die Schicht der ehemaligen kommunistischen „68er", einschließlich des größeren Teils der ehemaligen Historiker, zeigte sich vorsichtiger, wenn Fragen der Vergangenheit angesprochen wurden. Diese Gruppe reflektierte die Diskussion über Zwangsaussiedlung/Vertreibung der Sudetendeutschen, die in den 70er Jahren in Dissidentenkreisen geführt wurde. Obwohl sich die damalige Debatte vor allem mit der Frage der tschechischen Schuld befasste, enthüllte sie auch die realpolitische Ebene des Problems – eben die Forderungen der sudetendeutschen Dachorganisation, der Landsmannschaft und ihre politische Verankerung in der Politik der CSU.

Im Jahre 1989 befand sich die Mehrheit der Gesellschaft in einer Atmosphäre der Euphorie. Das Suchen nach mutigen, unkonventionellen Lösungen, gepaart mit optimistischen Vorstellungen über die Möglichkeiten einer mehr oder weniger raschen Reform, und das Anknüpfen an die westlichen Länder waren bestimmend. Österreich und Deutschland galten in vieler Hinsicht als Vorbild für die Reformbestrebungen. Sehr schnell sollte sich zeigen, dass die politischen Kräfte der Wende äußerst heterogen waren und dass sie ihre Vorstellungen erst allmählich und in einem konfliktreichen Prozess der inneren Differenzierung formulieren konnten.

So war die frühe politische Stellungnahme von Präsident Havel zur sudetendeutschen Frage eines der umstrittenen Themen. Präsident Havels Geste gegenüber den Sudetendeutschen Anfang Januar 1990 war nicht das Ergebnis einer staatlichen außenpolitischen Strategie, sondern eher ein „blank check" (Kunstat 1998b, S. 153). Die erste Reise von Havel führte bekanntlich nicht nach Polen, was viele Deutschlandexperten erwarteten und vorschlugen, sondern nach Berlin und München. Befürchtungen wurden hervorgerufen, dass die neue Führung die Komplexität und das Konfliktpotenzial der Vergangenheit unterschätzten könnte. Auch Havel wurde auf realpolitische Zusammenhänge durch Lavieren von Helmut Kohl aufmerksam gemacht. Er erachtete es als notwendig, im polnischen Sejm die polnische Position in der Frage der Oder-Neiße-Grenze ausdrücklich zu unterstützen.

Die tschechische Öffentlichkeit war auf eine Auseinandersetzung mit der persönlichen moralischen Geste des eigenen Präsidenten nicht vorbereitet. Im Gegenteil, die Haltung der Sudetendeutschen Landsmannschaft und ihre diffusen Forderungen halfen mit, die Heterostereotypen wiederzubeleben, deren Einfluss während der letzten zwei Jahrzehnte des kommunistischen Regimes spürbar nachgelassen hatte. Die Opfer des Naziregimes, inklusive ehemaliger Zwangsarbeiter, forderten eine gerechte Behandlung.

Allmählich erwies sich die sudetendeutsche Frage als ein echtes Problem, als eine multidimensionale moralische, innen- und außenpolitische Herausforderung. Mehr noch, die tschechische Öffentlichkeit, die Medien und letztlich auch die Politik waren übermäßig auf diese Frage fixiert. Die Beziehungen zu Deutschland schienen unter der sudetendeutschen Frage subsumiert zu sein. Die Historisierung dieser Beziehungen und die Betrachtung Deutschlands spiegelte diese Tatsache wider. Der Grund ist unschwer zu erkennen. Das Gefühl war übermächtig, dass die eigentliche Substanz der tschechischen politischen Existenz wieder berührt wurde und den „genetischen Kode" wieder aktivierte. Es schien, als ob mit dem

Ende der Bipolarität die Logik der Palacky'schen tschechischen Geschichtskonzeption wieder aktuell werden würde – die ewige Auseinandersetzung mit Deutschland.

Die Haltung der tschechischen Führung war allerdings widersprüchlich. Einerseits war sie von einer unproblematischen Beziehungen zu Deutschland tief überzeugt. Die deutschen Partner waren doch eine der wichtigsten Stützen der Charta 77, die selbst die deutsche Politik mit ihrer spektakulären Deklaration für die Vereinigung Deutschlands als einer Vorbedingung für die Einigung Europas überraschte (Dokument Charty 77 v. 11.3.1985). Die Prager Regierung unternahm keinen Versuch, die Regelung der offenen Fragen im tschechisch-deutschen Verhältnis noch vor der deutschen Vereinigung zu klären, also den 2+4-Verhandlungsrahmen zu nutzen. Sie betrachtete das Münchener Abkommen, das Statut der Grenze oder die Frage des ehemaligen sudetendeutschen Eigentums als geregelt in politischem wie auch völkerrechtlichem Sinne (Dienstbier 1999, S. 122 f.). Wie R. Brach urteilt, ging es im Grunde „um die Frage des Vertrauens in den Partner" (Brach 1992, S. 71).

Andererseits stellte die Prager Regierung extensive (und sogar illusorische) Verhandlungsziele für den bilateralen Vertrag mit Deutschland im Jahr 1991: Nichtigkeit des Münchener Abkommens *ab initio,* eine Nulllösung bei der Frage der gegenseitigen finanziellen und Vermögensansprüche, Bestätigung der ununterbrochenen Beibehaltung der Staatsgrenze der Tschechoslowakei (Kunstat 1998b, S. 154-158). Es bieten sich zwei Erklärungen für ihre Position: Einerseits wollte die neue Führung zeigen, dass sie nach Beseitigung der künstlichen Ost-West-Trennlinie in der Mitte Europas und auch auf Grund guter Beziehungen zum deutschen Nachbarn einen „besseren" Vertrag auszuhandeln in der Lage sei, um damit die nationalen Interessen besser bedienen zu können, als das die kommunistische Regierung, gestützt auf Moskau, im Jahr 1973 tat. Paradoxerweise verrät andererseits aber diese Position eine gewisse Unsicherheit hinsichtlich der Zukunft der deutschen Politik. Vor allem die Frage der bestehenden Staatsgrenze wurde als problematisch angesehen. Erwartete die tschechische Führung etwa territoriale Ansprüche, die seit Ende des Zweiten Weltkrieges nie auf der Tagesordnung gestanden hatten?[9]

Der tschechisch-deutsche Vertrag vom 27.2.1992 entpuppte sich letztlich als „ein zukunftsweisendes Dokument" (Genscher 1995, S. 994). Die Behandlung der Vergangenheit war längst nicht von der Bedeutung, die Prag erwartet hatte. Hinsichtlich des Münchener Abkommens bestätigte dieser Vertrag nur den Vertrag vom 12.12.1973; die Vermögensfragen wurden nicht behandelt (trotz Vorschläge der tschechischen Seite). Die Präambel führte den Begriff „Vertreibung" zum ersten Mal in einen deutsch-tschechischen Vertragstext ein. Die positiven Punkte des

---

9 Die Sudetendeutsche Landsmannschaft erklärte erst im Jahre 1994, dass sich die Realisierung des so genannten Heimatrechts auf das Territorium des tschechischen Staates beschränkt.

Vertrages – Bestätigung der ununterbrochenen staatlichen Kontinuität der Tschechoslowakei und Schaffung einer breiten Grundlage für gegenseitige Beziehungen, Verankerung der Rechte der deutschen Minderheit – konnten das problematische Image des Vertrages in der tschechischen Presse, verstärkt noch von der einseitigen Resolution des Bundestages im Rahmen des Ratifikationsverfahrens, nicht beseitigen. Der wichtigste tschechische Protagonist des Vertrages – Außenminister Dienstbier – „bezahlte" den Vertrag mit innenpolitischen Verlusten.

Nochmals hatte die tschechische Regierung die Wahl zwischen Aktionismus und pragmatischer Konfliktvermeidung bzw. -vertuschung: Nach dem Superwahljahr 1994 in Deutschland erwog man in Prag, die Fragen der Vergangenheit nicht mehr zu berühren. Andere Bereiche der Beziehungen entwickelten sich nämlich überwiegend erfolgreich. So hatte man im November 1994 ein Bündel von Abkommen über Staatsgrenze, Rückführung der illegalen Immigranten, über kleinen Grenzverkehr usw. geschlossen. Die Atmosphäre der Beziehungen wurde jedoch durch mehr oder weniger klar ausgedrückte Forderungen auf der deutschen Seite sowie durch widersprüchliche, unkoordinierte Schritte der tschechischen Politik immer wieder belastet. Die Fragen des historischen Ausgleichs wurden innenpolitisch und außenpolitisch brisant. Außerordentliche Leistungen der bilateralen Historikerkommission (gegründet 1990) konnte die öffentliche Debatte wie auch die Politik selbst nur wenig beeinflussen (Gemeinsame deutsch-tschechische Historikerkommission [Hrsg.] 1996). Die Öffentlichkeit in der Tschechischen Republik war stark an einer Verständigung mit Deutschland über die Frage der tschechischen Mitgliedschaft in der EU interessiert. Es war notwendig, mit dem deutschen Partner zu einer prinzipiellen Klärung zu gelangen, wie man mit den Fragen der Vergangenheit politisch und rechtlich umgehen sollte (Friedrich Naumann Stiftung Prag [Hrsg.] 1995, S. 5). Es war auch mehr oder weniger klar, dass ohne die Beseitigung der politischen und rechtlichen Unsicherheit um die sudetendeutsche Frage eine moralische Auseinandersetzung mit der eigenen Geschichte nicht sehr weit vorankommen würde. In einer für die tschechischen Verhältnisse ungewöhnlich koordinierten Aktion entschied man sich deshalb für einen weiteren aktiven Vorstoß. Dieser begann mit Havels Rede im Karolinum am 17.2.1995 (Havel 1995) und wurde durch die Initiative von Minister Zieleniec, eine bilaterale Erklärung zu erarbeiten, weitergeführt.[10] Die Reaktion in Deutschland wurde mit Zurückhaltung, aber letzten Endes positiv in den Regierungskreisen aufgenommen und fand Unterstützung in der linken Opposition. Die tschechische Seite hob erneut die traditionellen Verhandlungsziele hervor, während die deutsche Seite allem Anschein nach zum ersten Mal wirklich die wichtigsten Forderungen des Heimatrechts auf den Verhandlungstisch brachte. Der Inhalt der Verhandlungen wurde bis zum letzten Moment geheim gehalten – eine einmalige Leistung in der tschechischen politischen Entwicklung seit 1989. Die Erklärung stellt einen Kom-

---

10 Für eine Analyse der Erklärungsverhandlungen siehe: Handl (1998, S. 9 ff.); für eine Gesamtbewertung siehe Vodicka (1997, S. 975 ff.).

promiss dar, der eine gegenseitige moralische Geste sowie die Institutionalisierung der weiteren Beziehungen beinhaltet und (im Artikel IV) die politische Absicht verkündet, die Beziehungen „nicht mit aus der Vergangenheit herrührenden politischen und rechtlichen Fragen (zu) belasten (...)".[11] Die „Ursache-Wirkung-Beziehung" (Pauer 1998, S. 37) wurde von der deutschen Seite akzeptiert. In der Weltöffentlichkeit wurde die Bedeutung dieses IV. Artikels gewürdigt, und die tschechische Seite betrachtete ihn nicht nur als den Kern der Erklärung, sondern auch als eine Art Schlussstrich.

Auch die der Erklärung folgende Phase der politischen Umsetzung verlief nicht ohne Schwierigkeiten. Auf der tschechischen Seite war es äußerst kompliziert, die oppositionelle CSSD für die Erklärung zu gewinnen. Als Regierungspartei seit Sommer 1998, hatte sie erhebliche Einwände und bestand auf (möglichst multilateraler) „Nachbesserung". Der Versuch der CSSD-Regierung im Dezember 1998, zusammen mit den deutschen Partnern auf Grund einer Initiative von Michael Steiner, außenpolitischer Berater des Bundeskanzlers und ehemaliger Botschafter in Prag, die polnische Seite für eine gemeinsame Erklärung zur Vergangenheit zu gewinnen, scheiterte letztlich.

Die wahlpolitische Unabhängigkeit und ideelle Entfernung der rot-grünen Regierung der Bundesrepublik von den Vertriebenenorganisationen und die Kontinuität des Prozesses, der mit der Schaffung bilateraler Institutionen (Gesprächsforum und Zukunftsfond) allmählich eine Eigendynamik entwickelte, führte am Ende zu einem weiteren Schritt. Gestützt war dies auf freundschaftliche und vertrauensvolle Beziehungen zwischen den beiden Regierungen – erstmalig seit 1992 – vor allem zwischen Premier Zeman und Bundeskanzler Schröder sowie zwischen den Außenministern Kavan und Fischer.[12] Am 8.3.1999 erklärte Premier Zeman in Bonn die Dekrete des Präsidenten Benes für „erloschen", und Bundeskanzler Schröder versicherte, dass die Bundesregierung keine Vermögensforderungen gegenüber der Tschechischen Republik unterstützen werde.[13] Diese politische Zeichen sollten die Beziehungen vom schweren Erbe der Vergangenheit befreien. Mehr denn je wird heute deutlich, dass es keine politisch-rechtlichen Gründe dafür gibt, den moralischen Diskurs mit einem „emphatischen Moralansatz" (Jan Pauer) nicht weiterzuführen.

---

11 Hier und weiter zitiert nach: Deutsch-tschechische Erklärung über die gegenseitigen Beziehungen und deren künftige Entwicklung – einschließlich des dazu ergangenen Briefwechsels. Deutscher Bundestag – 13. Wahlperiode, Drucksache 13/6787.
12 Die gespannten Beziehungen zwischen Vaclav Klaus und Helmut Kohl waren allgemein bekannt. Die missinterpretierte und missverstandene Stellungnahme von Premier Zeman bezüglich der Zusammensetzung des Deutsch-tschechischen Gesprächsforums war der Grund für ein gespanntes Verhältnis zwischen ihm und Helmut Kohl. Offensichtlich missbrauchte der Bundeskanzler (zum ersten Mal) den „Schlagabtausch" in Medien für Wahlkampfzwecke.
13 Vgl. „Bonn und Prag legen den Streit über Vertreibung und Entschädigungsforderungen bei", in: FAZ, 9.3.1999.

II. Die Gegenwart: Zusammenarbeit ungleicher Partner?

Im weiteren Sinne können wir von einer doppelten Normalisierung sprechen: Die eine betrifft den Umgang mit der historischen Last, die andere beinhaltet die Entwicklung der Beziehungen auf jener Ebene, die dem Potenzial und der vielseitigen Nähe entspricht.

Die rot-grüne Regierung in Bonn wurde in Prag positiv aufgenommen. Zum einen erwartete die Minderheitsregierung der CSSD eine ideelle und politische Nähe, die zu einem neuen Verhältnis mit Deutschland führen könne. Teilweise hat sich diese optimistische Haltung bewahrheitet. Nicht nur die SPD, sondern auch das politische Profil der Grünen ist in mancher Hinsicht dem der CSSD-Regierung sehr ähnlich. Auf der Länderebene sind vor allem die Kontakte mit der Sächsischen Regierung und mit Ministerpräsident Stolpe vom Land Brandenburg, der regelmäßig Prag besucht, sehr intensiv. Bayern ist einer der wichtigsten Partner der tschechischen Republik. Kontakte auf höherer politischer Ebene erweisen sich jedoch durch das sudetendeutsche Problem bzw. seiner innenpolitischen Dimension als kompliziert.

Die Prager Regierung ist Partner für die Bundesregierung wie auch für die Landesregierungen. Städte und Gemeinden knüpften ebenso eigene Beziehungen, und PHARE-CBC- und Interreg-Programme schufen eine finanzielle Basis für die Zusammenarbeit bis hin zur Ebene der Euroregionen. Die Realität der 860 km langen gemeinsamen Grenze und damit das volle Spektrum der beiderseitigen Kontakte entwickelten sich weitgehend unabhängig von den politischen und gar historischen Themen.

Dennoch beeinflusste die Politik zum Teil auch die praktischen Beziehungen oder eher ihre Interpretation. Vor dem Hintergrund der gespannten Beziehungen und des fehlenden Vertrauens betrachtete ein Teil der Medien vor allem in der ersten Hälfte der 90er Jahre auch „normalproblematische" Aspekte der deutsch-tschechischen Beziehungen mit Skepsis. Sie passten in das Schema eines Feindbildes, wurden oft als Teil eines groß angelegten strategischen Plans Deutschlands zur (Wieder-)Eroberung Mitteleuropas verstanden.

So wirkte sich die Tatsache, dass die regionale und lokale Presse in der tschechischen Republik zum größten Teil in deutscher Hand lag bzw. der Großteil der Auslandsinvestitionen aus Deutschland stammt, nicht gerade positiv aus. Obwohl sich das Bild gerade bei den Direktinvestitionen etwas ausglich,[14] bleibt die Frage der Dominanz der Presse durch ausländisches – deutsches – Kapital ein heikles Thema (Jerabek/Zich 1997, S. 169 ff.).

---

14 Deutschland behielt die führende Position bei den Direktinvestitionen in der CR. Sein Anteil sank auf „normale" 30 Prozent im Jahre 1995 (vgl. Zeman/Grexa 1998, S. 134).

1. Wirtschaftliche Beziehungen

Deutschland ist bei weitem der wichtigste wirtschaftliche Partner der Tschechischen Republik. Demgegenüber ist das Gewicht der Tschechischen Republik für die deutsche Wirtschaft offensichtlich bescheiden. Die Asymmetrie ist das auffallendste Merkmal der wirtschaftlichen Beziehungen. Der Anteil der Bundesrepublik an den tschechischen Exporten betrug im Jahre 1995 37,5 Prozent, während der Anteil der Tschechischen Republik an deutschen Exporte 1,67 Prozent erreichte (Hrich 1997, S. 7 f.). 1998 entfielen auf Deutschland 38,5 Prozent der tschechischen Exporte und 34,4 Prozent der Importe. Der tschechische Handel mit Deutschland endete mit einer positiven Bilanz (Foreign Trade of the Czech Republic, Monthly Review 12/98). Auf Grund dieser Asymmetrie hängt die wirtschaftliche Entwicklung der Tschechischen Republik in hohem Maße von der konjunkturellen Entwicklung in Deutschland ab.

Die Bedeutung der Länder Mittel-Osteuropas im deutschen Außenhandel wächst: Mitte der 90 Jahre dominierte die Warengruppe SITC 7 (Maschinen und Ausrüstungen) den Handel mit allen Visegrad-Staaten. Der Verband des Deutschen Maschinen- und Anlagenbaus zeigte, dass die Kooperation mit diesen Staaten zur Konkurrenzfähigkeit des deutschen Maschinenbaus auf dem Weltmarkt beitrug. Diese Länder waren attraktiv vor allem dank der billigen Produktion von relativ einfachen Teilen der höher entwickelten Produkte deutscher Firmen: Die Bundesrepublik Deutschland importierte rund 48 Prozent der einfachen Maschinenteile aus der Tschechischen Republik (Zeman/Grexa 1998, S. 116).

Deutschland ist für die meisten tschechischen Warenexporte entweder Ziel- oder Transitland. Die geographische Nähe, aber auch qualitative Unterschiede beider Volkswirtschaften, machen den deutschen Partner besonders attraktiv. Der deutsche Export ist komplementär in Bezug auf die aktuellen Bedürfnisse der tschechischen Wirtschaft. Der deutsche Markt erweist sich als stabil und zuverlässig (Hrich 1997, S. 6). Weniger eindeutig ist jedoch, welches Interesse die Deutschen in erster Linie leitet: Ein Zutritt zu den neuen Märkten oder eher das Bedürfnis, die eigene Konkurrenzfähigkeit zu erhöhen. Einige Experten halten beides für gleich wichtig (Zeman/Grexa 1998, S. 118), andere sehen die Marktsicherung als die vorwiegende Motivation (Pellegrin).[15] Viel wird davon abhängen, welche Strategie die deutschen Firmen mit ihren Direktinvestitionen in der CR verfolgen werden.

Obwohl im Allgemeinen offen und liberal, verhielt sich die deutsche Wirtschaft in einigen sensitiven Bereichen bei Entscheidungen über die EU-Handelspolitik, z.B. bei Verhandlungen über das Europaabkommen zwischen der CSFR und der EU und bei dessen Implementation, protektionistisch. Die sensitiven Bereiche

---

15 Der Autor bedankt sich bei der Autorin für die Erlaubnis, sich auf das Manuskript zu beziehen.

umfassen vor allem einige Stahl- und Agrarprodukte (Torreblanca Payá 1997, Kapitel II-IV).

Die Bedeutung der ausländischen Direktinvestitionen für die tschechische Wirtschaftsentwicklung ist unübersichtlich, auch wenn die Sättigung der Wirtschaft mit ausländischem Kapital weiterhin sehr niedrig ist. Die tschechische Wirtschaftskrise Ende der 90er Jahre zeigte, dass ausländische Firmen (wie z.B. Volkswagen/ Skoda, die mit ihrem Kapital die Produktionsgrundlage des Unternehmens Mlada Boleslav modernisierten) die Arbeitsproduktivität steigerten, einen immer größer werdenden Anteil am tschechischen Export hatten und letzten Endes die rechtlichen, sozialen und ökologischen Rahmenbedingung respektierten. Andererseits bleibt ein „spill over"-Modernisierungseffekt auf die heimische Wirtschaft begrenzt. Allerdings entwickeln die deutschen Firmen breite Bindungen zu heimischen subcontracting Firmen. Damit wächst auch ihre Bedeutung für die tschechische Wirtschaft.

Die natürlich wachsende Präsenz der deutschen Wirtschaft in der Tschechischen Republik wirft oft die Frage auf, ob die Tschechische Republik – wie Österreich in den 60er Jahren – einen „kalten Anschluss" an Deutschland befürchten muss. Die Antwort hängt vor allem von der tschechischen Fähigkeit ab, auch kooperative Beziehungen zu anderen Staaten zu entwickeln und vor allem den EU-Rahmen effektiv auszuschöpfen (Jerabek/Zich 1997, S. 190 f.).

2. Politische Normalität

Zum heutigen nachbarschaftlichen Alltag gehören rund hundert Verträge und Abkommen; die Vertragsbasis wächst weiter und deckt mehr und mehr spezifische Bereiche unter beiderseitiger Anerkennung der bestehenden (Staats-)Grenze, Verbesserung der Lage der deutschen Minderheit in der Tschechischen Republik bis hin zu einem neuen Kulturabkommen. Gute Beispiele für die Zusammenarbeit bieten einige Euroregionen und die umfassende Hilfe der Bundesrepublik und der deutschen Bevölkerung für die Opfer der Flutkatastrophe in der Tschechischen Republik im Jahre 1997. Zur Normalität gehören aber auch reale oder vermeintliche Unterschiede der Interessen und politischen Konzepte, die Seltenheit persönlicher Kontakte auf höchster Ebene, vor allem in den Jahren 1992-1996 – die vertrauensvollen Beziehungen zwischen den Präsidenten ausgenommen.

Inwieweit das Modell Deutschland das Transformationskonzept der Tschechischen Republik beeinflusst hat, wird nicht leicht festzustellen sein. Es gibt eine Reihe von Bereichen, wo das Beispiel des institutionellen „Know-how" zu spüren ist – vor allem im Aufbau des Rechtsstaates im Hinblick auf das System der legislativen Normen, jedoch weniger bei der Struktur der Gerichte. So war der Deutsche Bundestag beispielgebend für den Aufbau des tschechischen Abgeordnetenhauses.

Die ausländischen Einflüsse aber variieren. Galt das deutsche Modell der Sozialversicherung zu Beginn der 90er Jahre noch als nachahmenswert, so wird Ende der 90 damit gerechnet, dass Deutschland mit der Osterweiterung der EU Partnerländer an seine Seite bekommt, die vergleichbare Strukturen und damit auch vergleichbare Probleme aufweisen, was eine „gemeinsame sozialpolitische Interessenvertretung zur Folge haben wird" (IWD 1999).

Die Art der Zusammenarbeit nimmt in unterschiedlichen Bereichen unterschiedliche Formen an. So entsprechen die parteipolitischen Kontakte keinem klaren Modell. In den Jahren 1992-1997 entwickelten sich keine intensiven Beziehungen zwischen den führenden Regierungsparteien der beiden Länder. Die ODS (die Bürgerliche Demokratische Partei von Vaclav Klaus) und ihr nahe stehender deutsche Partner, die CDU/CSU, fanden wenig gemeinsame Grundlagen für langfristige Bindungen. Die populistisch-liberale und vor allem die Euro-skeptische Haltung der ODS verhinderte die Entwicklung einer engeren Beziehung. Die CDU/CSU entwickelten allmählich mehr Kontakte mit den kleineren Parteien der Mitte in Prag. Symmetrischer verliefen die Kontakte zwischen den sozialdemokratischen Parteien – jedoch erst, nachdem die CSSD in der Mitte der 90er Jahre einen Aufschwung erlebt hatte.

Konfrontiert mit fehlenden föderalen und auch mittleren Selbstverwaltungs- und administrativen Ebenen, entwickelte sich zunächst eine Zusammenarbeit im Rahmen der Euroregionen.[16] Die unterschiedlichen Perzeptionen der grenzüberschreitenden Zusammenarbeit wurden allmählich abgebaut. Die tschechische Regierung – ebenso wie die polnische Regierung – betrachtete diese dezentrale Zusammenarbeit als eine potenzielle Herausforderung für den Staat. Auch das Modell des bilateralen Abkommens über die grenzüberschreitende Zusammenarbeit spiegelte die Haltung wider. Auf Druck der tschechischen Seite basierte das Abkommen auf direkter Teilnahme der Repräsentanten der Regierungsorgane. Nach Abschluss der langjährigen Verhandlungen trat das Abkommen jedoch nicht in Kraft; die deutsche Seite deutete an, sie würde es doch vorziehen, die Zusammenarbeit an einem dezentralen Modell zu orientieren. Mit wachsender Zuversicht der tschechischen Politik setzte sich diese Sichtweise auch in Prag durch.

Die beiden Seiten entwickelten ein Netzwerk der bilateralen Zusammenarbeit, das vor allem auf zwei Gründe zurückzuführen ist: Zum einen sind es die umfangreichen nachbarschaftlichen Beziehungen entlang der langen Grenze, die beide Partner geradezu zu einer Zusammenarbeit zwingen, und zum anderen wirkt auch das Interesse an der Vorbereitung der Integration der Tschechischen Republik in die EU als Motivation für eine bessere Koordinierung der nationalen Politiken beider Länder. Deutschland wurde daraufhin äußerst aktiv und gewann 1998 sieben

---

16 Die Analyse der regionalen und institutionellen Fragen der Zusammenarbeit basiert auf Gesprächen, die der Verfasser in Prag im Dezember 1998 und Frühling 1999 im Rahmen des RSS-Projektes 113/1998 der Open Society Foundation führte.

von zehn EU-*Twinnings*-Programmen in Prag, was einige der anderen EU-Länder mit Argwohn betrachteten.

Folgende allgemeine Merkmale charakterisieren die Zusammenarbeit der zentralen Regierungsorgane:

1. Außenpolitische oder ideologische Präferenzen spielen nur ausnahmsweise eine Rolle wie zum Beispiel im militärischen Bereich. Hier konzentrierte sich das tschechische Ministerium für Verteidigung anscheinend hauptsächlich auf die Zusammenarbeit mit den USA, Großbritannien und Frankreich. Zugleich aber war und ist die Bundeswehr auf rein militärischer Ebene natürlich der nahe stehende NATO-Partner.
2. Die entscheidende Rolle von Nützlichkeitserwägungen: Die Sachzwänge im Sinne aktueller und zukünftiger Probleme und Herausforderungen der Nachbarschaft veranlassten die Ministerien für Transportwesen und Kommunikation, das Ministerium des Inneren und das Ministerium für Umweltschutz und viele andere, enge Bindungen mit den deutschen Partnern zu entwickeln. Das Ministerium für Auswärtige Angelegenheiten, zuständig für allgemeine Koordination der auswärtigen Beziehungen, unterhält extensive wie intensive Kontakte zum deutschen Partner. Dabei bildet die für Deutschland zuständige territoriale Abteilung die stärkste Unterabteilung für die bilateralen Beziehungen des Ministeriums. Die EU-Abteilung entwickelte eigene Konsultationsmechanismen mit Bonn. Darin wird u.a. der Tatsache Rechnung getragen, dass Deutschland weiterhin die Rolle des Befürworters der EU-Erweiterung spielt.
3. Über die 'Nachbarschaftstagesordnung' hinaus, entscheidet man über Formen und Umfang bilateraler Zusammenarbeit auf Grund der kulturellen und historischen Nähe, der Kompatibilität von Interessen und des Entwicklungsniveaus der Partner. Dabei muss der deutsche Partner nicht unbedingt der engste sein. So war bis jetzt Frankreich der aktivste Kooperationspartner des Ministeriums für Landwirtschaft. Erst mit dem *Twinnings*-Programm im Bereich der Landwirtschaft betreten die deutschen Partner die Szene. Das Ministerium für Arbeit und Soziales entwickelt kooperative Beziehungen zu vielen EU-Ländern (einschließlich Deutschlands) sowie auch zu Norwegen und Kanada. Das Ministerium für Regionale Entwicklung beschäftigt sich mit mannigfachen Erfahrungen der EU Länder und Regionen, was die Strukturpolitik der EU angeht. Das Beispiel des Saarlandes ist nur eines von vielen, auf die dabei zurückgegriffen werden kann. Im Bereich der grenzüberschreitenden Zusammenarbeit sind das natürlich die Nachbarbundesländer Sachsen und Bayern wie auch entsprechende Regionen in Österreich und Polen, mit denen das Ministerium eng verflochten ist.
4. Nicht nur die objektiven Interessen und ihre subjektive Wahrnehmung, sondern auch das kooperative Verhalten des Partners spielen eine wichtige Rolle. So gehen die Beziehungen zwischen den Ministerien für Umweltschutz weit über

das normale Verhältnis hinaus. Das Ministerium für Auswärtige Angelegenheiten schätzt den deutschen Partner als offen und kooperativ in allen relevanten Fragen der EU-Erweiterung ein. Deutsch-tschechische formelle wie auch informelle Kontakte und Konsultationen sind für die tschechische Seite von großer Bedeutung im Prozess der Vorbereitung auf den EU-Beitritt.
5. Es gibt allerdings keine Ausschließlichkeit der tschechisch-deutschen Zusammenarbeit. Offenheit wird zum Prinzip beider Seiten gegenüber dritten und multilateralen Partnern und Institutionen. So erweiterte der deutsche Partner die Konsultation über die EU-Angelegenheiten, indem er französische Partner einbezog. Die stellvertretenden Minister wie auch die Direktoren der EU-Abteilungen der drei Länder treffen sich seit 1998 regelmäßig zur Erörterung konkreter Fragen der EU-Reform und -erweiterung.
6. Der Grad der Institutionalisierung ist in individuellen Bereichen und Institutionen recht unterschiedlich und hängt von deren Arbeitsweise ab. Obwohl z.B. das Ministerium für Umweltschutz, für Agrarwirtschaft und das Ministerium des Inneren spezialisierte bilaterale Arbeitsorgane schufen, verläuft die intensive Zusammenarbeit der Ministerien für Auswärtige Angelegenheiten ohne spezielle zusätzliche Institutionalisierung. Eine Ausnahme bilden die bilateralen Arbeitsgruppen, die die regionale Zusammenarbeit mit Sachsen, Bayern und Baden-Württemberg koordinieren. Sie sind allerdings keine Organe des Ministeriums, sondern werden von ihm nur betreut.
7. Die Zusammenarbeit wird auch konzeptionell eingebettet. So scheint sich ein besonders enges Verhältnis in Fragen der Europa- und Sicherheitspolitik zu entwickeln. Die tschechische Sozialdemokratie unterstützt das Konzept der EU-Politik, das die rot-grüne Regierung der Bundesrepublik formulierte und weiter verfolgt. Im Bereich der Sicherheitspolitik unterstützte Minister Kavan die anderweitig kritisierte Anregung von Minister Fischer, über „non-first use" der Nuklearwaffen in der strategischen Doktrin der NATO nachzudenken. Bei der zukünftigen Gestaltung der europäischen Sicherheitsarchitektur befürworten und unterstützen die CSSD wie die rot-grüne Koalition eine Weiterentwicklung des europäischen Elementes.

III. Deutschland als Nachbar – Partnerschaft oder eine asymmetrische Abhängigkeit?

Die tschechischen Medien, die Öffentlichkeit und die gesellschaftliche Elite vermitteln kein eindeutiges und einheitliches Deutschlandbild. Dabei werden Elemente der *„institutional power"* (Bulmer 1997, S. 65-69) und der *„soft power"* (Anderson 1997, S. 80 ff.), über die Deutschland verfügt, nur teilweise wahrgenommen. In der Öffentlichkeit und politischen Elite überwiegen eher Vorstellungen eines direkten Machteinflusses Deutschlands in Europa und der EU. Das ist einer der Gründe, warum vor allem die NATO, eine Verteidigungsallianz der Nationalstaaten mit der unangefochtenen Führungsrolle der USA, von vielen akzeptiert wird.

Nach einer euphorischen Phase 1990/1991 konzentrierte sich die tschechoslowakische und später tschechische Politik allmählich auf eine „Sicherung des Bestandes" einschließlich des territorialen *status quo* (Grenzfrage), der eigentlich von der deutschen Seite (abgesehen von radikalen Kräften innerhalb der Landsmannschaft, wie dem Wittikobund) nie in Frage gestellt worden war. Die territoriale Frage ist eindeutig und überwiegend sozial konstruiert. Sie spiegelte insofern eine spezifische Mischung von realen und angenommenen Problemen der Beziehungen zu Deutschland wider, wie sie in der tschechischen Gesellschaft wahrgenommen wurde.

Die zum Teil scharfe Auseinandersetzung, die während der Verhandlungen zur bilateralen Erklärung (1995-1997) über eine abschließende Lösung der offenen Fragen der tragischen Geschichte entbrannte, bestätigte vor allem:

a) *history is central* (Lily Gardner Feldman), die Geschichte zählt beim Aufbau eines soliden Fundamentes gegenseitiger Beziehungen. Dank der erfolgreichen Regelung der politischen Aspekte der Vergangenheit kann und muss der „moralische Diskurs" in den tschechisch-deutschen Beziehungen fortgesetzt werden (Pauer 1998, S. 16 f.);

b) jede zukunftsorientierte Regelung kommt ohne eine Institutionalisierung des Verhältnisses nicht aus, wobei die Strukturen auf beiden Seiten gesellschaftlich fest verankert werden müssen;

c) man braucht – entgegen der ursprünglichen tschechischen Überzeugung – auch für die abschließende Nachkriegsregelung einen internationalen, multilateralen Ansatz. Die beiden Seiten verhandelten über die bilaterale Erklärung unter dem Druck der bevorstehenden NATO-Erweiterung. Die US-Politik machte klar, dass sie von beiden Seiten eine Vereinbarung noch vor der Entscheidungsphase über die Erweiterung der Allianz erwartete. Außerdem fühlten sich die Siegermächte des 2. Weltkrieges aufgefordert, eine Stellungnahme zu einem der Kernaspekte der tschechisch-deutschen Auseinandersetzung (Potsdamer Abkommen 1945) abzugeben. Damit wurde der Rahmen der bilateralen Regelung klar definiert. Seit ihrer Unterzeichnung (Januar 1997) erweist sie sich als ein äußerst nützliches Instrument, um die weiterhin strittigen Fragen im Rahmen der institutionalisierten Regelung und Diskussion zu steuern.

Mangelnde Kenntnisse über das Nachbarland sind der Grund für eine gewisse Ignoranz in der tschechischen Öffentlichkeit bezüglich Deutschlands. Dies hat gewichtige Konsequenzen, da diese Haltung die Vielfältigkeit der politischen Struktur (Föderalismus und *multilevel governance*) in Deutschland verschleiert und somit ein wichtiges Potenzial für die Diversifizierung der Beziehungen unterhalb der nationalstaatlichen Ebene mindert. Nur allmählich entwickelten sich die Beziehungen zu einzelnen Bundesländern und ebenso die grenzüberschreitende Zusammenarbeit.

Die tschechische Diskussion befasst sich gegenwärtig vor allem mit zwei Fragen: Erstens, wie wird die Berliner Republik mittelfristig aussehen? Dabei beunruhigt heute die tschechischen Experten nicht so sehr die Frage einer deutschen Dominanz, sondern die Möglichkeit, dass deutsche Außenpolitik vom Primat der Innenpolitik dominiert werden könnte. Nicht so sehr die außenpolitischen Zielsetzungen, sondern vor allem die innenpolitischen Zusammenhänge machten die tschechisch-deutsche Verständigung in der Vergangenheit so langwierig und konfliktreich.

Zweitens, was versteht man unter „Normalität" in den Beziehungen zwischen Deutschland und seinen Nachbarn? Was die östlichen Nachbarn anbelangt, so gibt es keine erfreulichen historischen Parallelen in dieser Hinsicht: Es war ganz normal, dass Polen nicht als historische Nation betrachtet wurde und die Tschechen (noch bis zum Ersten Weltkrieg) als überhaupt keine Nation. Das neue Europa und das neue Deutschland bieten einen Ausweg. Die Tschechen schauen heute mehr als Mitte der 90er Jahre auf positive Beispiele der Nachkriegsbeziehungen Deutschlands zu den Benelux-Staaten, Dänemark und Frankreich. Diese Beziehungen schließen Interessenkonflikte nicht aus. Innerhalb der EU und NATO wurde allerdings ein zuverlässiger Rahmen für ein Zusammenwirken sowie für friedliche Lösungen von Interessenkonflikten geschaffen. Gute Beziehungen ermöglichen selbsttragende Netzwerke der Zusammenarbeit unterhalb der staatlichen Ebene. Das ist eben die 'Normalität', auf die sich die heutigen Beziehungen zwischen den Tschechen und den Deutschen zubewegen. Ihre Zusammenarbeit hat sich seit 1990 von einseitiger Hilfeleistung und *„policy transfer"* schrittweise in Richtung einer *asymmetrischen Partnerschaft* entwickelt, die beide Elemente in einer geänderten Form und in neuem Umfang beinhaltet.

Ausgang und Konsequenzen der gleichzeitig stattfindenden hochkomplexen Transformationsprozesse in Deutschland, der Tschechischen Republik, in ihren Nachbarstaaten sowie in den multilateralen Institutionen sind weiterhin ungewiss. Die Tschechische Republik muss einerseits der Tatsache ins Auge sehen, dass sie – anders als Polen – nie eine Vorrangstellung in der deutschen Politik haben wird. Andererseits sind die Interessen Deutschlands und der Tschechischen Republik zum ersten Mal in der Geschichte überwiegend kompatibel und ergänzen sich gegenseitig. Zum ersten Mal passen sich die bilateralen Beziehungen in einen übergeordneten multilateralen Rahmen ein und entwickeln sich vor dem Hintergrund einer wachsenden regionalen Zusammenarbeit (anstatt eines üblichen Konkurrenzkampfes und ethno-nationaler Konfrontation) in Mittel-Osteuropa. Der „kleine" Nachbar bedarf keiner Sonderstellung innerhalb der deutschen Politik; wichtig ist, dass die traditionelle Tendenz zu beidseitiger Ignoranz weiter abgebaut und stattdessen gegenseitiges Interesse gefördert wird.

Die Frage bleibt, inwieweit oder eher in welcher Form das Palacky'sche Konzept der tschechischen Geschichte als einer konstruktiven Auseinandersetzung mit dem deutschen Element auch für die Gegenwart gilt. Eins ist sicher: die EU ändert die Rahmenbedingungen des tschechisch-deutschen Nebeneinanders grundsätzlich. Sie stellt sie auf eine viel breitere Basis. Es geht heute weniger um den Einfluss Deutschlands und seiner Kultur. Es geht vielmehr um eine vielseitige Interaktion: um Übernahme von EU-Normen, um politische und ökonomische Kontakte und Bindungen innerhalb eines viel breiteren, multilateralen Rahmens, um kulturellen Einfluss mit starken angelsächsischen und multikulturellen Elementen, um eine parallele Einbindung der Tschechen und Deutschen durch moderne Verbindungskanäle in transnationale und zunehmend interaktive Kommunikationsbeziehungen in englischer Sprache.

Inwieweit der EU-Rahmen die Asymmetrie z.B. der wirtschaftlichen Beziehungen relativieren wird, ist noch nicht abzusehen und hängt nicht allein von der Tschechischen Republik ab. Einer der engagiertesten Akteure der deutschtschechischen, „böhmischen" Verständigung, Professor Ferdinand Seibt, urteilt zutreffend, indem er sagt: „Wir haben alle keine rechte Vorstellung, wie neu eine neue Nachbarschaft sein muß, um als eine solche gelten zu dürfen. Nicht der Weg 'Zurück nach Europa', sondern ein 'Umweg über Europa' ist dazu vielleicht notwendig" (Seibt 1998, S. 60).

Literatur

Anderson, J., 1997: Hard Interests, Soft Power, in: Peter J. Katzenstein (Hrsg.), Tamed Power. Germany in Europe, Ithaca/London: Cornell Univ. Press, S. 80-109.
Brach, R., 1992: Die Außenpolitik der Tschechoslowakei zur Zeit der „Regierung der nationalen Verständigung", Baden-Baden: Nomos.
Bulmer, S., 1997: Shaping the Rules?, in: Peter J. Katzenstein (Hrsg.), Tamed Power. Germany in Europe, Ithaca/London: Cornell Univ. Press, S. 49-79.
Dienstbier, J., 1999: Od sneni k realite. Vzpominky z let 1989-1999, in: Lidove noviny, Praha.
Dokument Charty 77 vom 11.3.1985, in: Cesko-nemecke vztahy po padu zelezne opony, Dokumentace k cesko-nemeckym vztahum 1989-1997. Sesity rady pro mezinarodni vztahy, 1/1997, Rada pro meninarodni vztahy, Praha 1997, S. 53-55.
Friedrich Naumann Stiftung (Hrsg.), 1995: Vztahy ceske spolecnosti k Nemecku, Gabal, Prag: Analysis & Consulting.
Gemeinsame deutsch-tschechische Historikerkommission (Hrsg.), 1996: Konfliktgemeinschaft, Katastrophe, Entspannung, München: Oldenbourg.
Genscher, Hans-Dietrich, 1995: Erinnerungen, 2. Aufl., Berlin: Siedler.
Grusa, J., 1998: Deutschlandbild in Tschechien – Tschechien-Bild in Deutschland, in: Eichholz Brief, Zeitschrift zur Politischen Bildung 4, S. 51-57.
Handl, V., 1998: Die tschechisch-deutsche Erklärung von 1997: Politisches Ende eines schwierigen historischen Kapitels?, in: WeltTrends 19, S. 9-26.
Handl, V., (im Erscheinen): Czech integration Policy: End of Dichotomy?, Text in Vorbereitung für Publ., Florenz: European University Institute.
Havel, V., 1995: Czechs and Germans on the Way to a Good Neighbourship, Prague: Charles University.

Hauner, M., 1993: The Czechs and the Germans: A One-Thousand-Year Relationship, in: D. Verheyen (Hrsg.), The Germans and their Neighbours, Boulder: Westview Press, S. 251-278.
Houzvicka, V., 1998: Germany as a Factor of Differentiation in Czech Society, Czech Sociological Review 2, S. 219-240.
Hrich, J., 1997: Postaveni Ceske Republiky na nemeckem trhu. Ceska agentura na podporu obchodu/Czech Trade, Praha.
Hrich, J. und K. Larischova, 1999: Reform der öffentlichen Verwaltung und Bildung der regionalen Selbstverwaltung in der Tschechischen Republik im Kontext des EU-Beitritts, in: E. von Breska und M. Brusis (Hrsg.), Central and Eastern Europe on the Way into the European Union: Reforms of Regional Administration in Bulgaria, the Czech Republic, Estonia, Hungary, Poland and Slovakia. CAP, Working-Paper, München, Mai 1999, S. 41-58.
Hudalla, Anneke, 1997: Der Beitritt der Tschechischen Republik zur Europäischen Union: eine Fallstudie zu den Auswirkungen der EU-Osterweiterung auf die fianlité politique des europäischen Integrationsprozesses, Hamburg: Lit-Vrlg.
IWD, 1999: EU-Osterweiterung: Deutsches Sozialsystem bekommt Nachwuchs, Info-Dienst IWD, Nr. 18, 6. Mai, Köln.
Jerabek, H. und F. Zich, 1997: The Czech Republic. Internationalization and Dependency, in: P. Katzenstein (Hrsg.), Mitteleuropa: between Europe and Germany, Oxford: Berghan, S. 169-175.
Jirousek, J., 1991: Thema: Feindbilder, in: Prager Zeitung, Oktober.
Klaus, Vaclav, 1996: Podivná demagogická aktivita CSSD, in: Lidové noviny v. 17.2.
Koralka, F., 1996: Cesi v habsburske risi v Evrope 1815-1915, Praha: ARGO.
Kren, J., 1993: Deutschlandbilder bei den Tschechen, in: Hans Süssmuth (Hrsg.), Deutschlandbilder in Polen und Russland, in der Tschechoslowakei und in Ungarn, Baden-Baden: Nomos, S. 222-233.
Kunstat, M., 1998a: Zur Wahrnehmung der deutsch-tschechischen Beziehungen nach dem Zweiten Weltkrieg, Vortrag an der Konferenz: „Coming to Terms with Past, Opening up to the Future", Institute for German Studies, University of Birmingham, 11.-12.9.1998.
Kunstat, M., 1998b: Czech-German Relations after the Fall of the Iron Curtain, in: Czech Sociological Review 2, S. 149-172.
Lemberg, H., 1993: Deutsche und Tschechen in der gegenseitigen Wahrnehmung, in: Hans Süssmuth (Hrsg.), Deutschlandbilder in Polen und Russland, in der Tschechoslowakei und in Ungarn, Baden-Baden: Nomos, S. 207-221.
Musil, J. und Z. Skuda, 1998: Czech-German Relations: A Sociological View, in: Czech Sociological Review 2, S. 135-148.
Pauer, J., 1995: Der tschechische Liberalkonservatismus, in: W. Eichwede und P. Hiller (Hrsg.), Tschechische Republik zwischen Traditionsbruch und Kontinuität, Bd. 4, Bremen: Edition Temmen, S. 11-68.
Pauer, J., 1998: Moralischer Diskurs und die deutsch-tschechischen Beziehungen, Forschungsstelle Osteuropa, Bremen, Arbeitspapiere und Materialien, Nr. 17, Juni.
Pellegrin, J., 1999: German and Central/Eastern Europe: Views from Economics and Political Economy, (Manuskript).
Policy Statement of the Government of the Czech Republic, Prague, August 1998 (http://www.vlada.cz/vlada/dokumenty/prohlas.eng.htm).
Rak, J., 1998: Obraz Nemce v ceske historiografii 19. stoleti, in: J. Kren und E. Broklova (Hrsg.), Obraz Nemcu, Rakouska a Nemecka v ceske spolecnosti 19. a 20. stoleti, Praha: Karolinum, S. 49-75.

Rataj, J., 1998: Obraz Nemce a Nemecka v Protektoratni spolecnosti a v Ceskoslovenskem odboji, in: J. Kren und E. Broklova (Hrsg.), Obraz Nemcu, Rakouska a Nemecka v ceske spolecnosti 19. a 20, Praha: Karolinum, S. 207-235.

Seibt, F., 1995: Deutschland und die Tschechen. Geschichte einer Nachbarschaft in der Mitte Europas, 2. Aufl., München: Piper.

Seibt, F., 1998: Neue Nachbarschaft im Miteinander: Tschechen, Deutsche, Juden, in: D. Albrecht und M. Thoemmes (Hrsg.), „die Riser, die wir pflanzen den Kindern, würden ein Garten. Im Licht". Zehn Jahre Ostsee-Akademie. Travemünder Protokolle, Lübeck, S. 51-60.

Sofres-Factum, 1999: Vztahy Cechu a Nemcu se po listopadu 1989 zlepsily. CUK, Praha v. 23.5.

Srubar, I., 1998: Elitenwandel in der Tschechischen Republik, in: Aus Politik und Zeitgeschichte, B 8, S. 21-23.

Stehlikova, E., 1998: Aktualni kontexty obrazu Nemce a Nemecka v ceske spolecnosti, in: J. Kren und E. Broklova (Hrsg.), Obraz Nemcu, Rakouska a Nemecka v ceske spolecnosti 19. a 20. stoleti, Praha: Karolinum, S. 253-267.

Sudetendeutsche Landsmannschaft, 1997: Handbuch für die Amtsträger der Sudetendeutschen Landsmannschaft. Stand: Februar 1997, München.

Torreblanca Payá, J.I., 1997: The European Community and Central Eastern Europe (1989-1993), Foreign Policy and Decission-making, Madrid: Centro de Estudios Avanzados en Ciencias Sociales.

Vecernik, Jiri und Petr Mateju (Hrsg.), 1998: Zprava o vyvoji ceske spolecnosti. 1989-1998, Praha: Academia.

Vesley, Josef, 1996: The Fifteen EU Member States and the Associated Countries Have the Most Difficult of the Marathon Run Ahead, in: Czech Panorama, Prague, S. 35-38.

Vodicka, K., 1997: Tschechisch-deutsche Beziehungen und die Versöhnungserklärung, in: Osteuropa 10-11, S. 975-986.

Zeman, K. und B. Grexa, 1998: Ekonomicke vztahy SRN ke Statum Stredni a Vychodni Evropy, in: V. Handl, J. Hon und O. Pick (Hrsg.), Vztahy SRN ke statum Stredni Evropy, Praha: UMV, S. 113-142.

Zich, F., 1998: Germany and the Germans in the Attitude of People Living on the Czech-German Border, in: Czech Sociological Review 2, S. 241-260.

Klaus Armingeon

Deutschland und die mittelwesteuropäischen Kleinstaaten

I. Einleitung

In welcher Beziehung steht Deutschland zu seinen kleinen westmitteleuropäischen Nachbarstaaten, also den Niederlanden, Belgien, Luxemburg, der Schweiz und Österreich? Es gibt kaum eine wissenschaftliche Debatte zu diesem Thema, wohl jedoch eine Reihe von populären Annahmen. Eine erste Vermutung bezieht sich auf die historische Hypothek des Naziregimes, die nach wie vor Ängste und Misstrauen an den Landesgrenzen hervorrufen könnte. Der Beitritt der DDR zur Bundesrepublik war geeignet, diese unterschwelligen Befürchtungen wach zu halten oder neu zu wecken. Der deutsche Außenminister, Joschka Fischer, hat in einer Rede an der Universität Bern im Januar 1999 einfühlsam versucht, dies in einem Bild zu fassen: Für die Kleinstaaten müsse Deutschland nach der Vereinigung so wirken, als ob ein biederer Mieter einen voluminösen, muskelbepackten Gorilla mit schlechter Familiengeschichte zum Nachbarn bekomme. Auch wenn er alle Haus- und Benimmregeln beachte, so könnte man dem Bild hinzufügen, müsse es einem doch wohl kalt den Rücken hinunterrieseln, wenn man dem Ungetüm im Treppenhaus begegne oder seine schwer-tapsigen Schritten in der darüberliegenden Wohnung höre. Diese Vermutung eines durch Geschichte und schiere Größe bedingten Vertrauensdefizits, wie es vor allem in Frankreich derzeit öffentlich thematisiert wird (Spiegel Nr. 11 vom 15.3.1999, S. 224-227), wird von anderer Seite vehement bestritten: „Nicht mehr Misstrauen und Feindseligkeit, sondern diffuses Vertrauen kennzeichnen weitgehend die Verhältnisse zwischen den Ländern der EU. Alte Feindbilder sind nicht mehr politisch instrumentalisierbar. Hier fühlt sich schon lange keiner mehr durch den anderen Staat existenziell bedroht." (Korte 1998, S. 75)

Eine zweite Vermutung lautet, diese Kleinstaaten seien sehr eigentümlich und kaum etwas verbinde sie mit Deutschland. Sie werden als putzige und komische Zwerge wahrgenommen. Sie erscheinen, obwohl an den Grenzen Deutschlands gelegen, als fremde Länder, über die man nur wenig weiß, wie dies bezüglich der Schweizer Eidgenossenschaft im Editorial einer informationsreichen Aufsatzsammlung festgehalten wurde (Wehling 1988). Würde man einmal in einer deutschen Schulklasse oder in einem Seminar fragen, was über die gesellschaftlichen und politischen Systeme dieser kleinen Länder bekannt ist, würde man wahrscheinlich vor allem Stereotype hören. In einer Umfrage wurde herausgefunden, dass die Europäer vor allem an Berge, Schokolade und Uhren denken, wenn sie nach der Schweiz gefragt werden. Auffällig ist die Meinungslosigkeit und die Ignoranz, wenn jenseits von Schweizer Schokolade, holländischen Tulpen und belgischen Pommes frites nach politisch-sozialen Besonderheiten gefragt wird (Stamm/Arend et al. 1997). Damit stehen die Deutschen keineswegs alleine da. Im Regelfall erklären sich Spanier, Franzosen, Briten und Italiener noch weniger über die kleinen Länder informiert. Aber dennoch ist nicht eindrucksvoll, wenn – mit Ausnahme der Kenntnisse über Österreich – zwischen 75 Prozent und 94 Prozent der Deutschen erklären, sie seien mit den Verhältnissen in den Kleinstaaten der EU nicht gut vertraut (Eurobarometer 46, 1996, Frage 73).

Mit beiden Vermutungen möchte ich mich im Folgenden auseinander setzen. Zunächst soll gezeigt werden, dass die Deutschen eher ein Sympathie-, aber kein Vertrauensdefizit haben: Man vertraut ihnen; ob man sie mag, ist jedoch eine andere Frage.

Zum Zweiten soll belegt werden, dass die Kleinstaaten (insbesondere politisch-institutionell) Deutschland ähneln, während sie sich von den vier anderen westeuropäischen Großstaaten (Vereinigtes Königreich, Italien, Frankreich, Spanien) eher abheben. In Bezug auf die institutionell bezeichneten innenpolitischen Handlungsspielräume bilden Deutschland und seine kleinen Nachbarstaaten einen Raum von Ländern, die viele Gemeinsamkeiten haben.

II. Vertrauen und Sympathie

Fragt man die EU-Europäer, in welchem Ausmaß sie anderen Völkern vertrauen, so ergibt sich eine, auch über die Zeit hinweg, recht stabile Rangordnung. Ganz oben stehen die kleinen nord- und westmitteleuropäischen Demokratien, es folgen Deutschland und sodann die restlichen Nationen (Tabelle 1). Weitere Datenauswertungen sowie Analysen anderer Autoren zeigen, dass das Vertrauensrating nicht nur von der beurteilten, sondern auch von der beurteilenden Nation abhängig ist. So neigen die Griechen, Portugiesen und Spanier insgesamt zu einer skeptischen Haltung allen Nationen gegenüber, während die Dänen, Schweden und Holländer im Durchschnitt wesentlich weniger Misstrauen gegenüber anderen Völkern hegen (Eurobarometer 47, 1997). Außerdem wissen wir, dass Bildungsstand, Werthaltungen und politische Überzeugungen einen – wenn auch sehr moderaten – Einfluss auf das Vertrauen gegenüber anderen Nationen haben. Trotz dieser Differenzierungen kann festgehalten werden, dass Deutschland regelmäßig unter den Vertrauenswerten der nord- und mittelwesteuropäischen Länder und über den Werten anderer großer Nationalstaaten liegt. Dies gilt nicht erst Mitte der 90er Jahre, sondern auch schon in den 20 Jahren zuvor, für die wir über vergleichbare Daten verfügen (Niedermayer 1995; Inglehart 1990, S. 393-402).

Tabelle 1: Vertrauen in Angehörige verschiedener Nationen

Rang	Vertrauen in	Vertrauensindikator
1	Schweizer	.68
2	Schweden	.68
3	Norweger	.67
4	Dänen	.67
5	Luxemburger	.66
6	Finnen	.66
7	Österreicher	.65
8	Niederländer	.65
9	Belgier	.61
10	Deutsche	.60
11	Iren	.57
12	Franzosen	.57
13	Briten	.57
14	Spanier	.56
15	Portugiesen	.56
16	US-Amerikaner	.56
17	Japaner	.54
18	Griechen	.52
19	Italiener	.51
20	Ungarn	.47
21	Tschechen	.45
22	Polen	.45
23	Slowaken	.42
24	Russen	.33
25	Türken	.30

Quelle: Frage 14, Eurobarometer 46.0, 1996, ungewichteter Datensatz.
Frage 14: *Ich möchte Sie gerne fragen, wie viel Vertrauen Sie in Völker verschiedener Länder haben. Sagen Sie mir bitte für jedes Volk, ob Sie viel Vertrauen, etwas Vertrauen, nicht sehr viel Vertrauen oder überhaupt kein Vertrauen haben.*
Bemerkung: Der Vertrauensindikator basiert auf dem arithmetischen Mittelwert der Angaben aller Befragten in den EU-Ländern (vgl. Inglehart 1990, S. 399). Der Wert wurde auf Grund folgender Kodierung berechnet: 0 = „überhaupt kein Vertrauen", .33 = „nicht sehr viel Vertrauen", .67 = etwas Vertrauen und 1 = viel Vertrauen. Ein Durchschnittswert von .50 ist der neutrale Punkt, an welchem die positiven Wertungen gleich den negativen sind.

Es wäre nahe liegend, dass in den Kleinstaaten den Deutschen weniger vertraut wird als in Großbritannien, Frankreich, Spanien und Italien. Die kleinen Länder hatten viel weniger eine Chance, sich gegen das NS-Regime erfolgreich zu wehren und wurden schneller – direkt oder indirekt – das Opfer der Nationalsozialisten. Auch heute hätten beispielsweise die Luxemburger auf Grund der Größe ihres Landes mehr Anlass, das vereinigte Deutschland zu fürchten als die Franzosen oder die Briten. Ferner wäre anzunehmen, dass in den jüngeren Generationen den Deutschen mehr vertraut wird als in jenen Altersgruppen, die selbst oder deren Eltern Zeitzeugen der Naziherrschaft waren. Die Daten der Tabelle 2 stützen keine dieser Vermutungen. Die Deutschen genießen, auch unter den älteren Ge-

Tabelle 2: Vertrauen in Deutsche in den einzelnen Ländern

Beurteilende Nation	Vertrauensindikator aller Befragten	Vertrauensindikator Befragter über 40 Jahre
Deutschland (West)	.84	.86
Deutschland (Ost)	.84	.84
Schweden	.71	.73
Österreich	.70	.71
Dänemark	.65	.63
Finnland	.63	.60
Niederlande	.63	.62
Luxemburg	.61	.62
Frankreich	.61	.59
Italien	.60	.58
Irland	.57	.55
Spanien	.55	.55
Belgien	.55	.53
Großbritannien	.42	.39
Portugal	.40	.39
Griechenland	.34	.34

Quelle: Frage 14, Eurobarometer 46.0, 1996, ungewichteter Datensatz, zur Kodierung vgl. Tabelle 1.

nerationen, ein hohes Vertrauen in Europa und dies auch und gerade in kleinen Ländern. Dieses Vertrauen stützt sich nicht nur auf die wirtschaftliche Leistungskraft. Eine differenziertere Befragung in einem kleineren Kreis von Ländern (Deutschland, Spanien, Frankreich, Italien, Vereinigtes Königreich) erbrachte, dass Deutschland gegenüber den anderen europäischen Großnationen nicht nur die positivsten Bewertungen in Bezug auf die politische Vertrauenswürdigkeit, sondern auch hinsichtlich der ökonomischen Effizienz, Bindung an die europäische Integration sowie hinsichtlich der geschäftlichen Verlässlichkeit erzielt (Eurobarometer 46, Fragen 76-79). In dieses Bild passt auch die positive Bewertung von Helmut Kohl als geeigneten Politiker, der die Einigung Europas voranbringen könne. Mit Ausnahme von Großbritannien und Griechenland überwogen in allen EU-Ländern die positiven Bewertungen dieser Aussagen (Eurobarometer 47, Januar-Februar 1997, Frage 15, zur Kodierung vgl. Tabelle 1, Fußnote).

Das Vertrauen in die Deutschen und ihre Demokratie bedeutet freilich noch nicht, dass Angstgefühle und Antipathien fehlen. Die deutsche Einigung wurde nicht nur in Frankreich, sondern beispielsweise auch in der Schweiz mit Skepsis verfolgt. Jeder fünfte Schweizer fühlte sich vom vereinigten Deutschland bedroht, 54 Prozent werteten den Beitritt der DDR zur BRD negativ (Sellenet 1996, S. 61; Widmer 1996, S. 25). Zu diesen Beunruhigungen durch die schiere Größe kommt noch eine verbreitete Abneigung gegenüber den Deutschen hinzu. Hierzu gibt es weniger harte Daten und Befunde. Holländische Schullehrbücher zeigen einer Analyse zufolge den typischen Deutschen als dick, oft betrunken und aggressiv

(Die Welt vom 1.10.1997) und methodologisch fragwürdige Umfragen ergeben, dass auch bei jungen Niederländern die Deutschen als grundlegend arrogant gelten (Meyenberg 1998). Ähnliches gibt es auch aus der Schweiz zu berichten. Hierzu stehen mir aus biografischen Gründen mehr Daten, Quellen und Erfahrungen zur Verfügung und deshalb versuche ich die These der wenig sympathischen Deutschen am Schweizer Fall zu illustrieren. Dabei ist für mich unklar, ob sich diese Befunde auf die anderen westmitteleuropäischen Kleinstaaten generalisieren lassen.

Aus Umfragen über Sympathien gegenüber Ausländern wissen wir, dass Fremde aus dem westeuropäischen Kulturkreis generell mehr Sympathien genießen als jene aus fremden Kulturen (Fuchs/Gerhards et al. 1993; Nef/Rosenmund 1994; Nef 1997; Armingeon 1999a). Innerhalb des ähnlichen Kulturkreises rangieren in der Schweiz die Deutschen an letzter Stelle hinter den Franzosen, Österreichern und – in etwa den letzten zwei Dekaden – hinter den Italienern (vgl. auch Nachbefragung zu den Nationalratswahlen 1971, Frage 44; Michal 1996). Antipathien gegenüber den Deutschen sind dabei nicht bei der Kriegs- und der unmittelbaren Nachkriegsgeneration konzentriert; sie sind ähnlich stark auch bei den jüngeren Schweizerinnen und Schweizern zu finden. Und zudem finden die meisten Umfragen, dass die Abneigungen bei den Deutschschweizern viel ausgeprägter sind als bei den Bürgern in der lateinischen Schweiz. Im Alltag wird dies an den Kommentaren zu internationalen Fußballwettkämpfen deutlich. Nichts ist eingestandenermaßen für den 'BLICK', das helvetische Gegenstück zur BILD-Zeitung, so schön wie eine deftige Niederlage der deutschen Nationalelf, während die Mannschaften Frankreichs oder Italiens in gleicher Lage noch verständnisvolle und mitfühlende Kommentare erhalten. In eine verallgemeinernde Kurzformel gebracht, gelten die Deutschen in der Schweiz (aber wahrscheinlich auch in den anderen Kleinstaaten) als seriös, aber eher unsympathisch.

Wie kommt diese Beurteilung zu Stande? Einige vermutliche Erklärungsgrößen passen für alle Kleinstaaten, einige sind spezifisch für die Schweiz (vgl. auch: Widmer 1996, S. 29-32).

1. Die Tatsache, dass den Deutschen in Europa im Allgemeinen vertraut wird, bedeutet noch nicht, dass die Bedrohungen und die Gräuel der nationalsozialistischen Herrschaft vergessen wurden. Sie werden den Deutschen nicht mehr vorgehalten, bilden dennoch einen, häufig nicht einmal bewussten Hintergrund, auf dem Informationen über Deutschland individuell verarbeitet werden. „Bien que cette sombre période de l'histoire allemande et européenne appartienne désormais au passé, il n'en reste pas moins vrai qu'elle fait craindre, de nos jours encore, une possible dérive anti-démocratique de notre grand voisin. [Die deutsche Westbindung und EU-Integration] a certes apaisé les doutes, mais ceux-ci, atténués, n'en demeurent pas moins présents." (Sellenet 1996, S. 61)

2. Große Länder gelten von vornherein als weniger sympathisch und Vertrauen erweckend als kleine Länder. Dies trifft nicht nur in Bezug auf Deutschland zu, sondern auch auf andere Großstaaten (vgl. Tabelle 1). Deutschland ist in der Schweiz der 'große Kanton'. In dieser Wahrnehmung mischen sich Ängste und Bewunderung.
3. Neben der flächenmäßigen Größe und der Zahl der Einwohner wird noch die wirtschaftliche Leistungsfähigkeit gleichzeitig bewundert und gefürchtet. Es ist in der Tat nicht gerade angenehm, wenn das Bruttosozialprodukt des Nachbarlands, das gleichzeitig den wichtigsten Handelspartner darstellt, bald acht Mal so hoch ist wie das eigene. Die Abhängigkeiten der Handelspartner sind asymmetrisch.
4. Es gibt, neben diesen nicht unbedingt Schweiz-spezifischen Gründen für eine geringe Sympathie für die Deutschen, noch mindestens drei weitere Ursachen für Abneigungen gegen den großen Nachbarn, die vor allem bei den Deutschschweizern festzustellen sind. Die erste stellt das Gefühl der sprachlichen Unterlegenheit dar. Deutschschweizer Kinder wachsen im alemannischen Dialekt auf, der in fast allen gesellschaftlichen Situationen gesprochen wird und der – noch ausgeprägter als beispielsweise das Schwäbische oder das Bayrische – eine eigenständige Grammatik und eigene Begriffe hat. Erst beim TV-Konsum deutscher Sender und in der Schule kommen die Kinder mit dem Hochdeutschen verstärkt in Kontakt. Daraus ergibt sich eine Unsicherheit in allen Kommunikationssituationen, in denen Hochdeutsch benutzt wird. Dagegen werden die Deutschen als sprachlich sicher, eloquent und grammatikalisch versiert wahrgenommen und man fühlt sich häufig grundsätzlich unterlegen, wenn man mit Deutschen kommuniziert.
5. Die Deutschen werden überwiegend als korrekt, tüchtig, fleißig, regelbewusst und damit als eher langweilig wahrgenommen. Freilich ist dies eine Bewertung, die gleichermaßen auf die Deutschschweizer zutrifft. Insofern ist das Diktum von Carlo Schmid sicher zutreffend, es sei das Schweizerische, was die Schweizer an den Deutschen störe. In der schweizerischen Sympathieskala rangieren auch – nach anfänglicher Abneigung in den 60er Jahren – die Italiener weit oben. Es ist nicht verwegen anzunehmen, hierin drücke sich der Wunsch vieler Schweizer aus, so lebensfroh und fern von Zwängen zu leben, wie man dies den Italienern zuschreibt.
6. Ferner stören die Schweizer an den Deutschen deren rüde Umgangsformen und Arroganz. In der Tat empfindet man die Deutschschweizer als bescheidener, höflicher und freundlicher als die Deutschen. Ohne Zweifel sind die Umgangsformen in nahezu allen Lebenslagen gepflegter. Dies bedeutet noch nicht, dass die Schweizer solidarischer, menschlicher oder nachsichtiger miteinander umgehen oder auf die Durchsetzung ihrer Interessen verzichten. Der Schweizer Kabarettist Franz Hohler hat dies einmal treffend im Lied 'Es sind alle so nett'– beschrieben (in: Linsmayer 1994, S. 371-375).

Letschtin traum i tatsächlech
I hoffen es wird nie wohr
Me heig mi zum Tod verurteilt
I sigi e z grossi Gfohr
Aber s schlimmschte, churz vor em Chöpfe
Si all die fründliche Grind
Vo Schtaatsaawalt, Richter und Hänker
S isch wyt und breit kei Find
  Es si alli so nätt
    Dörfe mir Ihne die Binde um d Auge legge?
  Es si alli so nätt
    Hei Si no ne letschte Wunsch?
  Es si alli so nätt
    Ah, Si sind Nichtraucher
  Es si alli so nätt
    Denn legge Si jetz bitte Ihre Chopf uf dä Pflock do
  Es si alli so nätt. So nätt, so unheimlich, so grauehaft NÄÄÄÄÄÄTTT[1]

III. Die Ähnlichkeit Deutschlands mit seinen kleinen Nachbarstaaten

In Deutschland und in den hier untersuchten kleinen westmitteleuropäischen Nachbarstaaten werden häufig zahlreiche strukturelle Ähnlichkeiten übersehen, die diese Ländergruppe von den großen westeuropäischen Staaten – Italien, Spanien, Großbritannien und Frankreich – abheben. Der Großstaat Deutschland ist den kleinen Ländern nicht nur räumlich sehr viel näher als den anderen großen Nationen. Diese Nähe ist nicht nur geographisch zu erklären und lässt sich nicht auf die gemeinsame Sprache zurückführen. Denn geographisch ist die Schweiz Italien ebenso nahe wie Belgien Frankreich. Und die Behauptung der gemeinsamen Sprache gilt nur für den Fall Österreichs. Sie trifft nicht oder nur teilweise in Bezug auf die Niederlande, Belgien, Luxemburg und die Schweiz zu. Eine alternative Erklärung für Ähnlichkeiten der Techniken der Konfliktregulierung hat Gerhard Lehmbruch (1996) entwickelt. Er argumentiert mit langen gemeinsamen historischen Wurzeln, die bis zum Zerfall des Heiligen Römischen Reiches Deutscher Nation und dem Westfälischen Frieden zurück reichen. Im vorliegenden Beitrag soll diese Debatte nicht fortgeführt werden. Es geht vielmehr darum zu

---

1 Letzthin träum ich tatsächlich/ich hoffe, es wird nie wahr/man hat mich zum Tod verurteilt/als eine zu große Gefahr./Doch das schlimmste, kurz vor dem Köpfen/ist die Runde, die freundlich nickt/von Staatsanwalt, Richter und Henker -/kein Feind, ich werd verrückt/es sind alle so nett/dürfen wir Ihnen diese Binde um die Augen legen?/es sind alle so nett/haben Sie noch einen letzten Wunsch?/es sind alle so nett/ah, Sie sind Nichtraucher/es sind alle so nett/dann legen Sie jetzt bitte Ihren Kopf auf diesen Pflock da/es sind alle so nett, so nett, so unheimlich, so grauehaft NEEEETTTT!

Tabelle 3: Deutschlands Ähnlichkeit mit Kleinstaaten

Variable	eta/phi	Wert Deutschlands	Zugehörigkeit eher zur Gruppe der
Wirtschaftliche Kennziffern und Einbindung in den Weltmarkt			
Import/Export (% GDP) 1994	0.72	44.80%	Großstaaten
Arbeitslosenquote (Deutschland: nur 'alte' BRD)	0.69	6.00%	Kleinstaaten
GDP p.c. 1994 USD	0.69	25134	Kleinstaaten
Direktinvestitionen im Ausland p.c. USD (Bestand) 1992	0.63	2221	Großstaaten
Direktinvestitionen im Ausland p.c. USD (Strom) 1992	0.62	196	Großstaaten
Inflation (Durchschnitt 1990-93)	0.58	3.6	Kleinstaaten
Restriktionen bzgl. Internationalem Kapital- und Zahlungsverkehr 1980	0.31	13.5	Kleinstaaten
Arbeitsbeziehungen			
Rechtl. Verpflichtungshilfe für Tarifvertragsparteien 1970-90 (Traxler-Index)	0.78	12	Kleinstaaten
Nicht-korporatistische Arbeitsbeziehungen 1990-94 (Armingeon-Index)	0.60	Nein	Kleinstaaten
Streikvolumen 1990-93 (ausgefallene Arbeitstage pro 1.000 ziv. Erwerbspersonen)	0.59	25	Kleinstaaten
Korporatismus 1990-92/93 (Compston-Index)	0.58	5	Großstaaten
Gewerkschaftlicher Organisationsgrad 1994 (% abhängig Beschäftigte)	0.46	29	Großstaaten
Teilzeitarbeit 1994 (% aller Beschäftigten)	0.32	15.8	Großstaaten
Umfang Öffentl. Dienst 1995 (% aller Beschäftigten)	0.21	16	Kleinstaaten
Erwerbsbeteiligung der Frauen 1995 (% der weibl. Bevölkerung 15-64 J.)	0.20	61	Kleinstaaten
Politisches System			
Reine Wettbewerbsdemokratie (Schmidt-Klassifikation)	0.79	Nein	Kleinstaaten
Unabhängigkeit der Zentralbank (Freitag-Index)	0.76	1	Kleinstaaten
Stärke Zentrumsparteien 1980-94 (Anteil Kabinettsposten in %)	0.49	64	Kleinstaaten
Institutionelle Hindernisse zentraler Regierungsmacht (Schmidt-Index)	0.34	5	Kleinstaaten
Konsensus-Demokratie (Lijphart-Index)	0.33	0.11	Großstaaten
Föderalismusindikator (Lijphart-Index)	0.33	-1.79	Kleinstaaten
Schwierigkeitsgrad der zentralen Konjunktursteuerung (Scharpf-Indikator)	0.32	7	Kleinstaaten

(Institutionen-Index von Huber und Colomer sowie Stärke der Linksparteien korrelierten nur sehr schwach (Betrag der Koeffizienten < .20) mit Kleinstaat/Großstaaten)

Fortsetzung *Tabelle 3*

Variable	eta/phi	Wert Deutschlands	Zugehörigkeit eher zur Gruppe der
Wohlfahrtsstaatliche Intervention			
Sozialausgaben OECD-Konzept (Transferzahlungen) (% GDP 1994)	0.48	16.1	Großstaaten
Generosität d. Arbeitslosenversicherung (Lohnersatzraten i. 2. u. 3. Jahr d. Arbeitsl.)	0.46	34	Kleinstaaten
Steueraufkommen in % GDP 1994	0.40	39.3	Großstaaten
Sozialausgaben ILO-Konzept (% GDP 1989)	0.22	22.7	Kleinstaaten
(Grenzsteuersätze 1993 und Staatsausgaben 1995 korrelierten nur sehr schwach (Betrag der Koeffizienten < .20) mit Kleinstaat/Großstaat)			

Quellen: Ökonomische Indikatoren, Sozialausgaben: div. Reihen der OECD, der ILO und UN. Restriktionen des Zahlungs-/Kapitalverkehrs: Unterlagen zu Quinn und Inclan 1997, die Quinn freundlicherweise zur Verfügung stellte. Arbeitsbeziehungen: Traxler (1998, S. 255); Armingeon (1998); ILO verschiedene Jahre; Compston (1994, 1995); OECD (1997). Politisches System: Schmidt (1992, 1996, 1997); Freitag (1999); Armingeon (1999b). Wohlfahrtsstaatliche Intervention: Div. Reihen der ILO und der OECD sowie OECD (1994).

zeigen, dass es große Ähnlichkeiten zwischen den politischen Systemen der kleinen westmitteleuropäischen Ländern und Deutschlands gibt.

Kleinstaaten werden eine Reihe von gemeinsamen Eigenschaften zugeschrieben (vgl. Cameron 1978; Katzenstein 1985; Czada 1988; Armingeon 1994). Sie betreffen die sozio-ökonomischen Voraussetzungen des staatlichen Handelns, die politischen Institutionen und die staatliche Politik. Kleinstaaten seien stark außenhandelsabhängig und deshalb wirtschaftlich leicht verwundbar. Binnengesellschaftlich ließen sich die Probleme des internationalen Ausgesetztseins am besten durch kooperative Konfliktregulierungstechniken und durch die (politisch vermittelte) materielle Absicherung der Bevölkerung bearbeiten. Häufig ginge deshalb Kleinstaatlichkeit mit einer starken Einbindung in internationale Güter- und Kapitalmärkte, mit Sozialpartnerschaft oder Korporatismus, mit der Konkordanzdemokratie und einem generösen Wohlfahrtsstaat (oder seiner funktionalen Entsprechungen) einher. In einem ersten Schritt wird im Folgenden gezeigt, dass sich in diesen Dimensionen die fünf untersuchten kleinen Länder von Spanien, Italien, Großbritannien und Frankreich unterscheiden. Als Ähnlichkeitsmaß wurde der Korrelationskoeffizient (eta bzw. phi) zwischen der nominalen Variable 'Landesgröße' (groß/klein) und den Variablen zur Wirtschaftsstruktur, zu den Arbeitsbeziehungen, den Konfliktregelungsmustern und dem wohlfahrtsstaatlichen Profil gewählt. Wenn der Koeffizient nahe dem Wert '1' liegt, unterscheidet sich die Gruppe der kleinen von jener der großen Länder sehr deutlich. Im Anschluss wird geprüft, ob der Wert der entsprechenden Variable Deutschlands näher an jenem der kleinen oder der großen Staaten liegt. Dies geschieht anhand des Mittelwertes (arithmetisches Mittel bzw. Modus) der Ländergruppe. Die Vermutung der Ähnlichkeit wäre bestätigt, wenn der Korrelationskoeffizient stark ist (d.h. sich große von kleinen Ländern unterscheiden) und wenn der Wert Deutschlands näher am Mittelwert der Kleinstaaten als an jenem der Großstaaten liegen würde. Die Ergebnisse der statistischen Analyse finden sich in Tabelle 3.

Deutschland und seine kleinen westmitteleuropäischen Nachbarstaaten bilden in der Tat eine Gruppe, die sich von den anderen großen westeuropäischen Nationen abhebt. Dies gilt besonders stark für den Bereich der Konfliktregulierungstechniken im Rahmen der Arbeitsbeziehungen und des politischen Systems. Eine ausgeprägte Institutionalisierung der Kollektivverhandlungen, der soziale Frieden, kräftige konkordanzdemokratische Elemente, starke Zentrumsparteien und zahlreiche institutionelle Hindernisse einer Ausübung zentraler Regierungsmacht sind die Signatur dieser Ländergruppe. Weniger eindeutig sind die Befunde hinsichtlich der sozio-ökonomischen Voraussetzungen des politischen Handelns. Schließlich ist in Bezug auf die wohlfahrtsstaatliche Politik Deutschland nicht den kleinen Nachbarstaaten zuzuordnen; soweit in diesem Politikfeld ein Unterschied zwischen kleinen und großen Staaten besteht, verhält sich Deutschland eher wie die anderen großen Länder.

Diese Befunde sprechen gegen eine funktionalistische These, die erwarten lässt, ein sozio-ökonomischer Problemdruck schlage sich in eindeutiger Weise in entsprechenden Institutionen und Politiken nieder. Eher ist im Anschluss an die These Lehmbruchs davon auszugehen, gemeinsame historische Entwicklungspfade und nicht materielle Notwendigkeiten bestimmten den Stil der Politik. Dies könnte auch erklären, weshalb die deutschen Konfliktregulierungsmuster mehr jenen in den kleinen Staaten entsprechen, während die Muster der wohlfahrtsstaatlichen Politiken eher jenen in den großen Staaten ähneln.

IV. Schluss

In diesem kurzen Beitrag versuchte ich zweierlei zu zeigen: Deutschland genießt ein großes Vertrauen in den kleinen Nachbarstaaten ebenso wie in den restlichen Ländern Westeuropas. Die Vermutung eines lebhaften und aus der deutschen Geschichte oder aus der Größe Deutschlands genährten Misstrauens deckt sich nicht mit den Daten. Andererseits verweist anekdotische Evidenz darauf, dass dieses Vertrauen in den kleinen Ländern nicht unbedingt mit Sympathie einhergeht. Wahrscheinlich ist die Vermutung zutreffender, dort würden die Deutschen häufig als seriös, aber nicht sympathisch wahrgenommen. Oder um dies im Bild des Außenministers Fischer auszudrücken: Man kann nichts Schlechtes über den Gorilla sagen, aber besonders mögen tut man ihn deshalb noch lange nicht.

Zum Zweiten gibt es zahlreiche Ähnlichkeiten zwischen Deutschland und seinen kleinen westmitteleuropäischen Nachbarstaaten. Dies gilt besonders für die politischen Institutionen. Da diese den Handlungskorridor bestimmen, in dem politische Eliten auf externe Herausforderungen und Chancen reagieren, befindet sich Deutschland mit den kleinen Ländern wenn nicht im selben Boot, so doch im selben Geleitzug. Dies könnte im Zusammenhang der europäischen Integration von Bedeutung werden: Innenpolitisch wird das Tun und Lassen der deutschen Politiker von ähnlichen institutionellen Größen wie in den westmitteleuropäischen Kleinstaaten bestimmt.

Literatur

Armingeon, Klaus, 1994: Staat und Arbeitsbeziehungen. Ein internationaler Vergleich, Opladen.
Armingeon, Klaus, 1998: Political responses to rising unemployment. The role of globalisation, in: ECPR Joint Sessions, March, Warwick.
Armingeon, Klaus, 1999a: Fremdenfeindlichkeit in der Schweiz in international vergleichender Perspektive, in: Rupert Moser (Hrsg.), Die Bedeutung des Ethnischen im Zeitalter der Globalisierung, Bern/Stuttgart/Wien.
Armingeon, Klaus, 1999b: Wirtschafts- und Finanzpolitik, in: Ulrich Klöti, Peter Knöpfel, Hanspeter Kriesi, Wolf Linder und Yannis Papadopoulos (Hrsg.), Handbuch der Schweizer Politik, Bern.

Cameron, David R., 1978: The Expansion of the Public Economy. A Comparative Analysis, in: American Political Science Review 72, S. 1243-1261.
Compston, Hugh, 1994: Union Participation in Economic Policy-Making in Austria, Switzerland, The Netherlands, Belgium and Ireland, 1970-1992, in: West European Politics 17/1, S. 123-145.
Compston, Hugh, 1995: Union Participation in Economic Policy Making in France, Italy, Germany and Britain, 1970-1993, in: West European Politics 18/2, S. 314-339.
Czada, Roland, 1988: Bestimmungsfaktoren und Genese politischer Gewerkschaftseinbindung, in: Manfred G. Schmidt (Hrsg.), Staatstätigkeit. International und historisch vergleichende Analysen, Opladen, S. 178-195.
Freitag, Markus, 1999: Politik und Währung. Ein internationaler Vergleich, Bern.
Fuchs, Dieter und Jürgen Gerhards et al., 1993: Wir und die Anderen. Ethnozentrismus in den zwölf Ländern der europäischen Gemeinschaft, in: Kölner Zeitschrift für Soziologie und Sozialpsychologie 45, S. 238-253.
ILO, International Labour Office (Hrsg.) verschiedene Jahre: Year Book of Labour Statistics, Geneva.
Inglehart, Ronald, 1990: Culture Shift in Advanced Industrial Society, Princeton.
Katzenstein, Peter J., 1985: Small States in World Markets. Industrial Policy in Europe, Ithaca/London.
Korte, Karl-Rudolf, 1998: Europa im Vergleich, in: Internationale Politik 11, S. 74-75.
Lehmbruch, Gerhard, 1996: Die korporative Verhandlungsdemokratie in Westmitteleuropa, in: Klaus Armingeon und Pascal Sciarini (Hrsg.), Deutschland, Österreich und die Schweiz im Vergleich (Sonderheft der Revue Suisse de Science Politique), Zürich, S. 19-41.
Linsmayer, Charles, 1994: Schweizer Lesebuch, München.
Meyenberg, Rüdiger, 1998: Die Vorurteile gegenüber Deutschen sind eine Aufgabe der Niederländer selbst, in: Einblicke. Forschungsmagazin der Carl von Ossietzky-Universität Oldenburg, S. 27.
Michal, Wolfgang, 1996: Repräsentativ-Umfrage: Wie weltoffen sind die Schweizer?, in: GEO Special, Schweiz, S. 11-12.
Nef, Rolf, 1997: 'Die Ausländer' im Bild der schweizerischen Bevölkerung (UNIVOX Teil I E Kultur 1997), Zürich/Bern.
Nef, Rolf und Moritz Rosenmund, 1994: 'Die Ausländer' im Bild der schweizerischen Bevölkerung (UNIVOX I E 94), Zürich/Bern.
Niedermayer, Oskar, 1995: Trust and Sense of Community, in: Oskar Niedermayer und Richard Sinnott (Hrsg.), Public Opinion and Internationalized Governance. Beliefs in Government. Volume Two, New York, S. 227-245.
OECD, Organisation for Economic Co-Operation and Development, 1994: The OECD Jobs Study. Evidence and Explanations. Part II, Paris.
OECD, Organisation for Economic Co-Operation and Development, 1997: Employment Outlook, July, Paris.
Quinn, Dennis P. und Carla Inclan, 1997: The Origins of Financial Openness: A Study of Current and Capital Account Liberalization, in: American Journal of Political Science 41/3, S. 771-813.
Schmidt, Manfred G., 1992: Regierungen: Parteipolitische Zusammensetzung, in: Manfred G. Schmidt (Hrsg.), Lexikon der Politik. Band 3. Die westlichen Länder, München, S. 393-400.
Schmidt, Manfred G., 1996: When Parties Matter: A Review of the Possibilities and Limits of Partisan Influence on Public Policy, in: European Journal of Political Research 30/2, S. 155-183.
Schmidt, Manfred G., 1997: Demokratietheorien, 2. Aufl., Opladen.

Sellenet, Nelly, 1996: La perception de l'Allemagne par les Suisses romands, in: Roberto Bernhard (Hrsg.), Unsere Nachbarn am Weg der Schweiz. Einfluss-Austausch-Wandel, Aarau, S. 55-65.

Stamm, Hanspeter und Michael Arend et al., 1997: Postkartenimage oder hässliche Schweizer? Eine Umfrage in Europa, in: Neue Zürcher Zeitung vom 18.10., S. 17.

Traxler, Franz, 1998: Der Staat in den Arbeitsbeziehungen. Entwicklungstendenzen und ökonomische Effekte im internationalen Vergleich, in: Politische Vierteljahresschrift 39/2, S. 235-260.

Wehling, Hans-Georg (Hrsg.), 1988: Die Schweiz, Stuttgart: Landeszentrale für politische Bildung (Der Bürger im Staat. Vol. 38, Heft 2, März 1988).

Widmer, Paul, 1996: Ähnliche Eigenschaften, anderes Verständnis. Zur Wahrnehmung Deutschlands durch die Deutschschweizer, in: Roberto Bernhard (Hrsg.), Unsere Nachbarn am Weg der Schweiz. Einfluss-Austausch-Wandel, Aarau, S. 23-26.

Arnold J. Heidenheimer

Nationalsymbolik und Mitbürgerinklusion

Ein Vergleichsraster für die Berliner Republik

Wenn der amerikanische Süden den Bürgerkrieg der Jahre 1861-1865 gewonnen hätte, wären die Vereinigten Staaten wahrscheinlich Teil der „Confederate States of America" geworden. Dann hätten wir die besiegten Nordstaaten als die ehemalige USA bezeichnet, genauso wie man heute von der ehemaligen DDR spricht. Im alltäglichen Sprachgebrauch nennen wir das amerikanische Nationalgebilde seit jeher und am häufigsten einfach die Vereinigten Staaten, wobei das „von Amerika" entweder fallen gelassen oder heruntergespielt wird. Dieses führte zu dem merkwürdigen Umstand, dass man die mächtigste Nation der Welt in etwas paradoxem Sinn als „ein Land ohne Namen" (De Grazia 1997) betiteln konnte.

Verschiedene Faktoren veranlassten auch die Westdeutschen, die deutsche Komponente des Namens, den sich die Bundesrepublik Deutschland 1949 selbst gegeben hatte, herunterzuspielen. Viele gingen dazu über, das Land einfach als Bundesrepublik und seine Bürger als Bundesrepublikaner zu bezeichnen. Außerdem kam schon früh der Begriff der „Bonner Republik" auf und ist immer wieder zur Kennzeichnung des westdeutschen Nachkriegsstaates verwendet worden. Das macht nun nach der Hauptstadtentscheidung für Berlin keinen Sinn mehr, und es stellt sich die Frage, ob es das wiedervereinigte Deutschland begrüßen würde, nach seiner neuen Hauptstadt „Berliner Republik" benannt zu werden.

Die Schweiz ist ein weiteres Land, dessen Namensgebung – und Hauptstadtbestimmung – einst ähnliche Probleme bereiteten. Vor dem kurzen Konfessionsbürgerkrieg von 1847-1848 wechselte die Hauptstadt regelmäßig zwischen den Zentren der drei wichtigsten Kantone Bern, Luzern und Zürich. Erst mit der Annahme der Bundesverfassung von 1848 wurde das protestantische Bern als die ständige Hauptstadt der Eidgenossen fixiert. Aber weder damals noch zu einem späteren Zeitpunkt haben Bürger oder Journalisten den Bundesstaat als „Berner Republik" bezeichnet. Das zu tun, hätte Widerstand sowohl in den Französisch als auch in den Deutsch sprechenden Teilen des Landes hervorgerufen, wo schon deshalb interkantonale Neidgefühle gehegt wurden, weil Bern auch die Hauptstadt des einst mächtigen Kantons Bern war.

Weder die neu gegründete amerikanische Hauptstadt Washington noch die wiederkehrende deutsche Hauptstadt Berlin hatten ein Hinterland mit demselben

Namen. Im Gegenteil: Der Grund, weshalb die Amerikaner niemals dazu übergingen, den Begriff „Washingtoner Republik" zu gebrauchen, lag zum Teil darin, dass der Name des ersten Präsidenten auch von einem Bundesstaat am anderen, westlichen Ende des Kontinents angenommen wurde (von anderen Institutionen mit derselben Namensprägung gar nicht zu sprechen).

I. Umzug und Umbruch

Die Wiedereinrichtung der deutschen Hauptstadt in Berlin war wesentlich stärker umstritten als die amerikanischen und schweizer Hauptstadtentscheidungen. Die Hauptstadtansprüche, die rivalisierende Städte in diesen Ländern anmelden konnten, waren nur beschränkt mit vitalen Interessen, insbesondere Bestandsinteressen und Verlustängsten verknüpft. Mit der einstigen Bundeshauptstadt Bonn verhält es sich anders: Sie konnte auf eine 40-jährige Tradition zurückblicken, eine Zeit, in der die politischen Institutionen an den Ufern des Rheins längst Wurzeln geschlagen hatten.

Die gemischten Hauptstadtgefühle spiegelten sich offenbar in der kuriosen „Verhüllung" des Reichstagsgebäudes in Berlin 1995 und der ihr vorgelagerten heftigen Debatte wider. Das vom amerikanischen Künstlerehepaar Christo organisierte Ereignis war vom Bundestag mit einer denkbar knappen Mehrheit gut geheißen und genehmigt worden, wobei Kanzler Kohl und der CDU-Fraktionsvorsitzende Schäuble die mehr als 200 Abgeordneten anführten, die gegen das Projekt waren. Diese symbolisch heikle Entscheidung stellte eine fantasievoll verstiegene Weiterprojektion der noch engeren Abstimmung von 337 zu 320 Stimmen dar, in der der Bundestag 1991 die Rückkehr nach Berlin beschloss.

Als dann 1996 eine Fusion zwischen Berlin und dem Bundesland Brandenburg zur Abstimmung kam, haben viele der Brandenburger, die den Hauptstadttransfer nach Berlin unterstützten, die vorgeschlagene Verschmelzung mit Berlin abgelehnt, obwohl die Ministerpräsidenten der beiden Bundesländer im Vorfeld reichlich Reklame dafür gemacht hatten. Drei Jahre später mit dem Einzug des Bundestags in das Reichstagsgebäude im April 1999 gab es wiederum gemischte Reaktionen auf die Wortwahl des Bundeskanzlers. „Bei jeder sich ihm bietenden Gelegenheit spricht Bundeskanzler Gerhard Schröder bedenkenlos von der 'Berliner Republik' und vom 'Reichstag', was ihm Beifall aus den Reihen der CDU/CSU und der FDP einbringt, aber überwiegend verständnisloses Schweigen in der SPD-Fraktion auslöst" (Frankfurter Rundschau, 20. April 1999).

Für noch unbestimmte Zeit wird Berlin weit vom geographischen EU-Zentrum entfernt liegen. Jedoch erkennen alle betroffenen Akteure, sowohl die in der Europäischen Union als auch darüber hinaus, dass Deutschland seit der Wiedervereinigung noch klarer zur dominierenden Wirtschaftsmacht in der europäischen Union geworden ist. Diese Anerkennung fand ihren Ausdruck in der Ansiedlung der zentralen EU-Finanzinstitution – der Europäischen Zentralbank – in Deutschland, allerdings ist die ausgewählte Stadt Frankfurt und nicht Berlin.

Ebenfalls bemerkenswert ist, dass der Umzug anderer wichtiger Regierungsinstitutionen nach Berlin fast genau mit dem Wegfall der D-Mark, einem Symbol der nationalen Sicherheit und Identität, zusammenfällt. Die D-Mark wird als Währung, wie Bonn als Bundeshauptstadt, verschwinden. An ihre Stelle tritt die neue europäische Währungseinheit Euro. Aus all diesen Perspektiven betrachtet, wird Berlin als die einstige und zukünftige politische Ikone, als eine Ex-Hauptstadt für mehr als vier Jahrzehnte und als künftige europäische Metropole mit einer Anzahl von sehr unterschiedlichen Problemen und Chancen konfrontiert werden (vgl. den Beitrag von Gorning/Häußermann in diesem Band).

Als die Europäische Zentralbank im September 1998 beschloss, keine nationalen Symbole auf die Eurogeldscheine zu setzen, die im Jahre 2002 in Umlauf gebracht werden, legte sie damit zugleich fest, dass das Brandenburger Tor höchstens einige lokal geprägte Münzen geringen Wertes schmücken wird. Die Verantwortung für Wechselkurspolitik wird die euroföderal geleitete EZB übernehmen. Weite Teile der Wirtschaftspolitik und vor allem die Sozialpolitik bleiben in nationalstaatlicher Kompetenz. Für Deutschland heißt dies, dass auch die Bundesländer mit der Bundesregierung oder sogar in alleiniger Verantwortung entscheiden können, letzteres vor allem auf dem Feld der Wirtschaftsstrukturpolitik.

Eine Schlüsselbedeutung für das föderale Systeme hatte die Gestaltung und Entwicklung essenzieller Infrastrukturbereiche speziell im Steuer- und Bildungswesen. Deutschland wäre höchstwahrscheinlich nicht in der Lage gewesen, die immensen Investitionsanforderungen der Wiedervereinigung zu bewältigen, wenn es dem weltweit vorherrschenden Trend zur Steuersenkung in den 70er Jahren gefolgt wäre. In der Zeit von 1975-1990 haben sowohl die Vereinigten Staaten als auch Großbritannien ihren höchsten Einkommenssteuersatz um die Hälfte und mehr gesenkt, wohingegen Deutschland diesen nur um 3 Prozent auf 53 Prozent reduzierte, auf ein Niveau also fast doppelt so hoch wie der höchste US-Steuersatz. Auch wenn abzuwarten bleibt, wie viel Konvergenz zwischen den Besteuerungssystemen in den Euroländern stattfinden wird, so ist doch anzunehmen, dass es keine Floridas oder Arizonas geben wird, d.h. Bundesstaaten, in denen es gar keine Einkommensteuer gibt.

Die wirtschaftlichen Probleme der Vereinigung bestanden in den 90er Jahren vor allem auch in einem großen Gefälle in der Einkommensverteilung. Ohne föderalen Finanzausgleich, dem institutionalisierten deutschen Muster des Umverteilens von Einnahmen aus mehreren Schlüsselsteuern zwischen einzelnen Bundesländern, hätten diese Probleme kaum gelöst werden können. Als günstig für die Entwicklung der Staatsfinanzen hat sich auch die Steuerprogression herausgestellt. Vielleicht werden sich andere EU-Länder im Zuge der europäischen Integration dem deutschen Muster stabiler Steuerprogressionsstufen annähern. In Deutschland blieben diese Progressionsstufen von den 70er bis in die 90er Jahre konstant, auch dann, als sie in Großbritannien, den USA und in anderen Ländern stark verringert wurden.

Im Zuge der Deckung des eigenen Finanzbedarfs und dem der Länder wurde auch die Rolle des Bundes in der Steuerverteilung weiter gestärkt. In der Schweiz ging der Trend in die entgegengesetzte Richtung, und ab den 70ern überstieg der Kantonsanteil an den Gesamtsteuern den Anteil, den der Bund erzielte. Deutschland hat auch niemals etwas der „Proposition 13" Vergleichbares erfahren, die in Kalifornien 1978 zur Niederhaltung öffentlicher Ausgaben angenommen wurde. Seitdem führte der Steuersenkungswettbewerb zwischen den amerikanischen Bundesstaaten auch zu einem Senkungsdruck auf die Staatsausgaben, gerade in den Bereichen der Sozialfürsorge und der „public education".

II. Diskurse zur Staatsbürgerschaft

Nicht nur der Name, den sich die vereinigte Republik gibt, erscheint prekär und umstritten. Bemerkenswert erscheint auch, welchen Begriff die deutsche Sprache für Staatsbürger anderer Länder bereithält, zumal für solche, die sich seit langem in Deutschland aufhalten. In den englischen und französischen Begriffen für „Nichteinheimische" schwingt nicht diese massive Insider/Outsider-Unterscheidung mit, wie sie die üblichen deutschen Termini „*In*länder" und „*Aus*länder" beinhalten. Daher sehen sich die Deutschen mit Diskursproblemen konfrontiert, wie man zukünftig zwischen EU-Ausländern und anderen Ausländern und zwischen den verschiedensten Aufenthaltsgenehmigungen und Ausbildungsansprüchen unterscheidet.

Dass die weit reichenden Schritte zur europäischen Integration mit der Vereinigung Deutschlands zusammenfielen, hatte Auswirkungen auf den politischen und kulturellen Diskurs in Deutschland und Europa. Nach Ansicht eines dänischen Forschers hat dies nicht zur „Streichung der europäischen Dimension" des Diskurses geführt, sondern zu „einer relativen Verschiebung vom europäischen Diskurs zum Diskurs nationaler Symbole, was in der Verpflanzung der Hauptstadt ostwärts manifest wird" (Hedetoft 1995).

Bald „wird Bonn durch Berlin überholt und ersetzt, so wie die deutsche Identität nicht mehr länger von ihrer europäischen Ausrichtung abhängig sein wird. Wenn überhaupt, wird sich das Verhältnis in Zukunft umkehren. Europäische Identität wird undenkbar werden ohne Deutschlands zentrale Identität und Einheit. Dies verweist nicht auf ein weniger europäisches Deutschland, nur auf ein mächtigeres und selbstbewussteres" (Hedetoft 1995, S. 253). Andererseits schreitet die soziale Integration zwischen Ost und West selbst in Berlin nur sehr langsam voran (vgl. den Beitrag von Detlev Pollack in diesem Band). So bleibt das Zusammenleben oder Heiraten zwischen jungen Leuten aus Ost und West nach einem Jahrzehnt der politischen Vereinigung weiterhin ungewöhnlicher als ähnliche

Paarungen zwischen jungen „Wessis" und gewissen „ausländischen" Vergleichsgruppen.

Von größter unmittelbarer Relevanz für die sich verändernden deutschen Identitäten werden die mit dem Umzug nach Berlin einhergehenden substanziellen Veränderungen im Charakter des Staatsbürgerschaftsrechts und der Bürgeridentität sein, sowohl auf nationaler als auch auf supranationaler Ebene. Die Änderungen im Staatsbürgerschaftsrecht, die von der im Spätjahr 1998 ins Amt gekommenen Schröder-Regierung als eine ihrer ersten wichtigen Vorhaben umgesetzt wurden, tendieren dazu, eine fast ein Jahrhundert zurückreichende Periode des *jus sangiuinis* zu beenden. Da der Staatsbürgerstatus hauptsächlich mit der Abstammung verknüpft war, fiel es Deutschland schwer, trotz massiver Zuwanderung von Gastarbeitern und anderen ein „Einwanderungsland" zu werden. Auch als die Einbürgerungsgesetze liberalisiert wurden, „überstieg die Zahl der in Deutschland als Ausländer geborenen Kinder bei weitem die Zahl derer, denen Einbürgerung nach Ermessen gewährt wurde" (Neuman 1998, S. 274), ein Zeichen für ein hohes Exklusions-/Inklusions-Verhältnis (vgl. den Beitrag von Volker Ronge in diesem Band).

Wir können erwarten, dass die neu(e) umgezogene Bundesregierung vielen Ausländern die Staatsbürgerschaft gewährt, die aus Gründen der Ost-West-Teilung in Berlin doppelt so zahlreich sind wie in den anderen Ländern. Dies könnte Hand in Hand gehen mit der graduellen Entwicklung einer Staatsbürgerschaft der Europäischen Union und würde beiden, den „alten" und „neuen" Deutschen, die Gelegenheit geben, ihre jeweiligen nationalen und europäischen Bürgerschaftsidentitäten und -loyalitäten zu bewerten und zu gewichten.

1. Staatsbürgerschaft und Einbürgerung

Die Anwendung des deutschen Staatsbürgerschaftsrechts war besonders stark mit Exklusionsprozessen verbunden, die dazu führten, dass 1997 in Westdeutschland 1,3 Millionen Kinder als Ausländer lebten, obwohl sie hier geboren wurden. In entscheidenden Perioden, wie der Wilhelminischen Ära, war das „Deutschtum" verstärkt worden durch die Verbindung mit der Vorstellung eines Bürgerbegriffs, der auf dem *ius sanguinis,* der Staatsbürgerschaft durch Abstammung, basiert. Die Neuziehungen der deutschen Grenzen 1945 und 1990 haben die ethnokulturellen Fundamente der deutschen Staatsbürgerschaft in der Praxis befestigt und bestätigt (Lemke 1998, S. 214).

Für eine vergleichende Analyse im europäischen Kontext ist es nötig, den Begriff der Staatsbürgerschaft mit den Konzeptionen von Nationalität auf vielfache Art zu verknüpfen. Die deutsche Betonung der *Abstammung* erzeugt eine größere Kluft zwischen Untertanentum und Bürgertum als in dem auf *ius soli* basierenden französischen Modell. Die konkurrierenden Prinzipien der Territorialität und physischen Zugehörigkeit haben Situationen geschaffen, in denen die symbolischen Grenzen des Nationalstaates enger ausgefallen sind als die physischen Grenzen des Territoriums (Preuss 1996, S. 546).

Die rechtlichen Grundlagen der Staatsbürgerschaft und der Einbürgerung haben zu großen Unterschieden in den westeuropäischen Ländern geführt, was den Anteil der ausländischen Mitbürger angeht, die wirklich und ohne größere Umstände die Möglichkeit besitzen und nutzen, die Staatsbürgerschaft ihres Gastlandes erlangen zu können. So bekamen 1987 nur 14.000 Ausländer die westdeutsche Staatsbürgerschaft, wohingegen im gleichen Jahr Frankreich 125.000 mal seine Staatsbürgerschaft verliehen hat, und das bei einem insgesamt kleineren Anteil an Ausländern als in Deutschland. Daher überstieg die französische Einbürgerungsrate von 3,3 Prozent in diesem Jahr die deutsche Rate von 0,3 Prozent um mehr als das Zehnfache. Die amerikanische Quote betrug 3,0 Prozent, wobei Schweden die höchste Rate mit 5 Prozent aufwies (Hammar 1990, S. 77).

Deutschland und die Schweiz waren unter den europäischen Ländern diejenigen mit den größten Ausländeranteilen in ihrer Bevölkerung. Doch während in der Schweiz das Verhältnis von 9 Prozent auf 16 Prozent zwischen 1960 und 1990 anstieg, erhöhte es sich in Deutschland im selben Zeitraum von 1,2 Prozent auf 8,2 Prozent, wobei fast 90 Prozent des deutschen Bevölkerungswachstums auf Einwanderung zurückzuführen ist. Während der Dekade von 1975-1984 lag der prozentuale Anteil der eingebürgerten Ausländer bei 6 Prozent in Deutschland, verglichen mit 10 Prozent in der Schweiz, 13 Prozent in Frankreich und 19 Prozent in den Niederlanden (Soysal 1994, S. 22-25).

2. Politische Integrationsmuster und Bildungsansprüche

In Deutschland, der Schweiz sowie auch in den USA werden die Hochschulen in erster Linie von den Einzelstaaten (bzw. Ländern, Kantonen) verwaltet und finanziert, aber ihre Interaktion mit den nationalen Mustern und Strukturen hat sich in der Vergangenheit und Gegenwart stark unterschieden. Die Fähigkeit und Möglichkeit eines Spitzenbürokraten wie Althoff, die deutsche Forschungspolitik um 1900 zu bestimmen, ist der hegemonialen Rolle Preußens zuzuschreiben, zu der in den beiden anderen föderalen Ländern USA und Schweiz das Gegenstück fehlte. New York, der lange Zeit bevölkerungsreichste Bundesstaat, hatte bis in die 50er Jahre nur eine fragmentierte Hochschulstruktur. In der Schweiz blieben die meisten deutsch-Schweizer Kantone so genannte „Nichthochschulkantone". Den Absolventen ihrer Gymnasien war es lange Zeit erlaubt, umsonst an den Universitäten zu studieren, die von den reichen Kantonen Zürich, Basel und Bern unterhalten wurden.

Deutsche Schüler aus ärmeren Regionen oder ärmeren Familien hatten und haben deshalb im Vergleich gewisse Vorteile, wenn sie fähig genug sind. Eine

Grundgesetzbestimmung stellt sicher, dass ihre Lehrer genauso gut bezahlt werden wie die in reicheren Gegenden, und wenn sie ihr Abitur bestehen, haben sie das Recht, jede Universität zu besuchen. Auch die staatlichen amerikanischen Universitäten mussten und müssen die Absolventen der Highschools ihres Bundesstaates annehmen, aber eben nur gewisse Absolventen. Auch haben Studenten, die aus einem anderen Bundesstaat kommen, kein Recht darauf, dort zu studieren, und wenn sie angenommen werden, müssen sie eine höhere Studiengebühr entrichten als ihre einheimischen Kommilitonen. Die kantonalen Universitäten der Schweiz machten solche Unterscheidungen lange Zeit nicht und nahmen Studenten anderer Kantone ohne Gebühren auf. Doch als die Bildungsausgaben anstiegen, wurden in den 90er Jahren Transferzahlungen zwischen den Kantonen eingeführt.

Zugang zur und Anspruch auf Hochschulbildung stellen unterschiedliche öffentliche Güter in ungleichen und verschiedenen öffentlichen Systemen dar. Im Deutschland der 90er Jahre blieb der Hochschulzugang weniger an finanzielle Hürden gebunden und deshalb egalitärer. Versuche, dem amerikanischen Modell der graduellen Gebührenerhöhung für staatliche Universitäten zu folgen, wurden in den Auseinandersetzungen innerhalb der SPD abgeschmettert. In den neuen Bundesländern wurden Universitäten gegründet, und in Brandenburg, das während DDR-Zeiten als Hinterland Berlins behandelt wurde, hat ihre Zahl von Null auf Vier zugenommen (Heidenheimer 1997). Heute stehen sie im Wettbewerb um Studenten mit den Berliner Universitäten, deren Mittel stark gekürzt wurden, und das gerade zu einem Zeitpunkt, als die Schar der an Hochschulbildung für ihre Kinder interessierten Bundesbeamten umgesiedelt wurden.

Im Gegensatz zu den angrenzenden kleinen Ländern entwickelte sich der Identitätsbezug Nachkriegsdeutschlands auch jenseits des nationalen Raums, sodass nationale Interessen mit supranationalen Symbolen verschmolzen. Daher wurde Supra-Nationalität in seiner europäischen Form für den westdeutschen Nationalstaat konstitutiv, und „das Europäisch-Sein" bildete einen ständigen Bezugsrahmen. Im Unterschied zu den Dänen wurde eine internationale Perspektive, die auf der Sicht „des Auslands" beruhte, zum integralen Bestandteil des deutschen Selbstbildnisses. Die Allgegenwart von „dem Ausland" ist ein Umstand, der „sowohl bewertend und beeinflussend zwischen Negativität und Positivität schwankt, zwischen dem Verlust der Unschuld und des Erlangens einer reiferen und selbstsicheren nationalen Identität" (Hedetoft 1995, S. 397).

Viele der Deutschen, die in den 90er Jahren befragt wurden, neigten dazu, ihre europäischen Mitbürger sowohl mit Inklusion als auch mit Exklusion zu verbinden. Sie tendierten dazu, Westeuropäer als Ausländer anzusehen, aber diese stellen ein „Anderssein" dar, das wesentlich besser ist und näher liegt als z.B. einige Kulturen Osteuropas, obwohl diese auch zum nächsten Kreis Deutschlands gehören. Für viele Deutsche gehören auch die USA zum „besseren" Ausland, mit dem man sich viel leichter identifizieren kann als mit Ländern und Kulturen der Dritten Welt, Asiens und des Islams, welche im äußeren Kreis angesiedelt werden und die einen Restbestand an feindlichen Vorstellungen erwecken, vor dessen Hintergrund sich Europa wie eine „Heimat" ausnimmt (Hedetoft 1995, S. 558).

Es wird behauptet, die deutsche Wiedervereinigung habe gezeigt, dass die Verbundenheit der Westdeutschen mit dem BRD-Nationalstaat größer geworden wäre als es ihnen selber bewusst war. Ob die Vereinigung sich wirklich so negativ auf das Gefühl der Westdeutschen auswirkte, die glaubten, dass sie ein außenorientiertes, post-nationales Bewusstsein besäßen (Hedetoft 1995, S. 422-423), sollte weiter untersucht werden.

3. Bildungswege der Ausländerkinder

Während mehrerer Jahrzehnte haben Deutschland, Österreich und die Schweiz beständig darauf beharrt, dass sie keine Länder dauerhafter Immigration seien, ganz im Gegensatz zu Großbritannien, den skandinavischen Ländern und den Niederlanden. Das heißt, dass Migranten dieser Länder bei ihrer Ankunft nicht als ständige Einwohner und zukünftige Staatsbürger betrachtet wurden. Folglich wurde versäumt, viele notwendige Integrationsmaßnahmen zu ergreifen. So veröffentlichte der deutsche Bildungsrat sein Gutachten 1970 zu einer Zeit, in der bereits mehr als drei Millionen Gastarbeiter in der Bundesrepublik lebten. Doch weder damals noch in anderen entscheidenden Planungsentwürfen der 70er Jahre wurde den Bildungsproblemen ausländischer Kinder besondere Aufmerksamkeit zuteil. „Dies ist um so erstaunlicher, als es sich um ein nicht einmal für die deutsche Schulgeschichte neues Problem handelte, hat es doch beispielsweise im Bereich des heutigen Bundeslandes Nordrhein-Westfalen bereits 1910 ca. eine Viertelmillion Ausländer, zumeist Polen, gegeben. Deshalb kann man die zögernde Bearbeitung der gegenwärtigen Ausländerproblematik vielleicht in der Tat als Veränderung der Thematik insgesamt deuten, die vor dem Hintergrund der starren Traditionslinien deutscher Politik zu verstehen ist" (Max Planck Institut für Bildungsforschung 1990, S. 197). Dabei ist nicht offensichtlich, wie viel die „Ausländer" von 1910 mit denjenigen von 1990 gemeinsam hatten, abgesehen von der Exklusionsstellung.

Als die Bildungsforschung anfing, den Kindern ausländischer Eltern, von denen fast die Hälfte Türken waren, mehr Aufmerksamkeit zu schenken, zeigte sich, dass die überwältigende Mehrheit eine nicht-selektive Sekundarschule besuchte. So waren sie in den Haupt- und Realschulen stark überrepräsentiert. 1987 war der Anteil der ausländischen Schüler in den Hauptschulen (17,8 Prozent) viermal so hoch wie in den Gymnasien (4 Prozent). In Süddeutschland war die Übergangsquote ins Gymnasium teilweise deshalb niedriger, weil dort spezielle Nationalklassen eingeführt worden waren, in denen in der Heimatsprache unterrichtet wurde und es vermutlich dadurch schwerer war, dort die Qualifikation für das Gymnasium zu erreichen (Thränhardt 1991, S. 416).

Dieses Auswahl- und Exklusionsmuster für Einwandererkinder innerhalb des dreigliedrigen Schulsystems scheint sich von Strukturen in Frankreich dort zu unterscheiden, wo „der scheinbare Nachteil der Einwandererkinder in französischen Schulen größtenteils verschwand, sobald der sozio-ökonomische Hintergrund berücksichtigt wurde" (Alba/Handl/Müller 1998, S. 140). Der Bildungsrückstand war durch die Zugehörigkeit zur sozialen Unterschicht durch Einwanderung bedingt. Das duale System der Berufsausbildung – die Kombination von praktischer Lehre im Betrieb und theoretischer Ausbildung in der Berufsschule – macht es für die meisten Schüler in Deutschland erstrebenswert, einen Lehrvertrag abzuschließen. 1984 gelang dies 96 Prozent der deutschen und 73 Prozent der ausländischen Schüler. 27 Prozent der ausländischen, in Deutschland aufgewachsenen Schüler blieben also ohne Lehrvertrag, und dies betraf fast die Hälfte der türkischen Schüler (Max Planck Institut für Bildungsforschung 1990, S. 207). Die Verteilung zeigt allerdings eine gewisse Annäherung im beruflichen Ausbildungswesen, die dann deutlich wird, wenn das Schichtungsprofil des Lehrstellenmarktes mit dem gesamten Arbeitsmarkt verglichen wird: Während 27 Prozent der ausländischen Schüler im Jahr 1984 keine Lehrstelle bekamen, waren zur gleichen Zeit 70 Prozent aller ausländischen Arbeitskräfte ungelernte oder angelernte Arbeiter, während nur 16 Prozent der deutschen Arbeiter so eingestuft wurden (Seifert 1998, S. 91). Zehn Jahre später, 1994, war auf Grund der zunehmenden Berufsbildung ausländischer Jugendlicher der Anteil der ungelernten ausländischen Arbeitnehmer auf unter 60 Prozent aller ausländischen Arbeitnehmer zurückgegangen.

Im Gegensatz zu den stark dezentralisierten Schweizer Assimilierungsstrukturen beziehen deutsche Maßnahmen bezüglich der Migranten einige zentralisierte, halböffentliche Institutionen, wie z.B. die Kirchen, Handwerks- und Handelskammern, mit ein. Der deutsche Bundeshaushalt enthält finanzielle Zuweisungen für Sozialleistungen sowie für sprach- und berufsbildende Programme für in Deutschland lebende Ausländer. Partizipation in der Berufsausbildung wurde in der Tat offiziell als das Haupteingangstor und „wichtigstes Instrument der deutschen Integrationspolitik" gepriesen, vor allem für die zweite Generation (Soysal 1994, S. 63).

4. Die türkischen „Deutschen"

Im Gegensatz zu den Mitbürgern aus EU-Staaten fallen Türken in Deutschland besonders auf, da sie Kriterien für „eine stark sichtbare, sozial stigmatisierte und gesetzlich benachteiligte Gruppe" erfüllen (Alba et al. 1990, S. 147). Gute drei Generationen nach dem gescheiterten Berlin-Bagdad-Eisenbahnprojekt wurde Berlin in den 60er Jahren Heimat einer großen türkischen Gemeinde, die inzwischen die größte türkische Ansiedlung außerhalb der Türkei darstellt. In seinem Loblied auf die Hohenzollern sah Otto Hintze damals in der Eisenbahn und den damit verbundenen Projekten eine Säule für die Erkämpfung deutscher Märkte im Nahen

Osten. Diese wiederum ermöglichten die Schaffung deutscher Arbeitsplätze, die um diese Zeit durch Umkehrung der negativen Auswanderungsbilanz die Bevölkerung des wilhelminischen Staates anwachsen ließ (Hintze 1915, S. 679-680).

Also von „Bagdad on the Hudson" zu „Istanbul an der Spree" über einige Systemwechsel hinweg. In Berlin und anderswo wurden die Türken Gegenstand einer intensiven offiziellen Eingliederung, und eine Palette von Organisationen, die die Interessen türkischer Eltern, Geschäftsleute und Ärzte vertraten, wurden anerkannt und finanziell vom Berliner Senat unterstützt. Wettbewerb unter den türkischen Organisationen führte zu heftigen ideologischen Rivalitäten und zum Aufstieg und Fall rivalisierender Dachorganisationen (Soysal 1994, S. 108-109). Im Gegensatz zur deutschen Unterstützung solcher Vereinigungen wird in der Schweizer Hauptstadt Bern nur eine von 19 Organisationen, die Migranteninteressen dienten, von der städtischen und der Kantonalsregierung mitfinanziert.

Für Tomas Hammar ist Deutschland ein Land, das geholfen hat, den Status seiner „Denizen" zu formen. Dies ist sein Terminus für dort lebende Ausländer, die sich Sozialansprüche und andere Unterstützungen wie Arbeitslosenversicherung und Rentenansprüche erworben haben. Die Rechte auf diese exklusiven Sozialleistungen sind de facto viel mehr mit der Art des Aufenthaltsrechts als mit der Staatsbürgerschaft verbunden. So besaßen in den 80er Jahren nur knapp 25-30 Prozent der Türken die so wichtige Aufenthaltsgenehmigung, die ein Arbeitsverhältnis, einen festen Wohnsitz sowie Sprachkenntnisse erforderte (Brubaker 1989, S. 150). Aber während der Phasen, in denen die Asylpolitik neu formuliert wurde, hat Deutschland häufig nicht nur das permanente Aufenthaltsrecht von unerwünschten ethnischen Gruppen eingeschränkt, sondern auch die Staatsbürgerschaft. 1992 beschloss die Regierung, eine große Zahl von Sinti und Roma nach Rumänien zurückzuschicken, die nicht als Asylanten anerkannt wurden. Aber um möglichen Menschenrechtsproblemen vorzubeugen, haben sich die Deutschen verpflichtet, Finanzhilfe für die „Wiedereingliederung" beider Gruppen in die rumänische Gesellschaft zu gewähren (Soysal 1994, S. 158).

Die selektiv abgestufte Diskriminierung zwischen den unterschiedlichen Nicht-Staatsbürgern, wie sie in Deutschland vollzogen wurde, stand weniger im Gegensatz zur Schweizer Diskriminierung, aber umso mehr zu amerikanischen Erfahrungen in Friedenszeiten. Für Amerikaner war es schwierig zu verstehen, warum den meisten Kindern von italienischen oder türkischen Gastarbeitern der Bildungsweg zur Eingliederung verwehrt blieb. So erscheint es als eine weitere Exklusionsmaßnahme, dass zumindest in der Wirkung die zweite Generation darauf beschränkt wird, Lehrling zu werden und somit weiter Gastarbeiter zu bleiben. Im besten Fall könnte es dann deren Kindern ermöglicht werden, die akademischere Sekundarschulung zu absolvieren und dann vielleicht an einer deutschen Hochschule als so genannte „Bildungsinländer" zu studieren.

Die Veränderungsinitiativen, die von der Schröder-Regierung ergriffen wurden, waren anfänglich in 24 Zeilen der Rot-Grünen Koalitionsvereinbarung vom Oktober 1998 umrissen worden. Neben anderen wichtigen Punkten sah sie vor, dass viele in Deutschland geborene Kinder von Ausländern automatisch die Staatsbürgerschaft erlangen und dass andere Ausländer mit Aufenthaltserlaubnis das Recht auf Einbürgerung nach 8 bis 15 Jahren erhalten sollten. Doch sollte es auch negative Beziehungen zwischen dem Anspruch auf Einbürgerung und dem Wahrnehmen von Sozialleistungen geben, indem jene, die Arbeitslosenunterstützung oder Sozialhilfe beziehen, ihren Anspruch auf Einbürgerung verlieren. Auch die doppelte Staatsangehörigkeit sollte möglich werden und somit die zweifelhafte „Übel-Doktrin" des BVG ablösen (Neuman 1998, S. 277).

Nachdem dies aber ein Landeswahlkampfthema wurde, kam es im Mai 1999 zu einem Kompromiss, demzufolge sich die diesbezüglichen Kinder im Alter von etwa 23 Jahren zwischen der deutschen Staatsbürgerschaft und derjenigen ihrer Eltern zu entscheiden hätten. Immerhin steht in Aussicht, dass viele von den 7,3 Millionen Ausländern, von denen 51 Prozent zehn Jahre oder länger in Deutschland leben, von dieser Möglichkeit Gebrauch machen werden.

III. Europäische Union und Europabürgerschaft

Die Art und Weise, wie die Deutschen eine Dichotomie zwischen Ausländern und Inländern konstruierten, hat graduell an Kohärenz eingebüßt als Städtenamen wie Schengen und Maastricht Teil einer größeren europäischen Ikonographie wurden. Die Möglichkeit für Deutsche, zwischen EU-Ausländern und anderen Ausländern zu unterscheiden, wurde durch die Verankerung eines rechtlichen Fundaments für eine Europabürgerschaft im Artikel 8b des Maastricht-Vertrages von 1992 weiter verkompliziert. Die gemeinsamen Bürgerrechte, die für Bürger der EU-Mitgliedstaaten eingeführt wurden, gewähren ihnen das Recht, an einigen Wahlen in ihrem jeweiligen Gastland teilzunehmen, nämlich an den Kommunal- und Europawahlen. Aber das Recht, die nationalen und regionalen Parlamente mitzuwählen, wurde ihnen vorenthalten. Sind das dann Wahlverwandte, oder wie bezeichnet man diese Teil- und Gelegenheitsbürger?

Die Europäer blieben erstaunlich einfallslos, wenn es darum ging, Schlagwörter für ihre wechselnden Muster der Inklusion und Exklusion zu schaffen. Neu geprägte Begriffe wie „Denizen" oder, „sojourner" blieben ohne viele terminologische Begleiter, die sich um sie hätten kristallisieren können. Vorstöße in Richtung einer Begriffsinnovation kamen eher von der EU-Peripherie, z.B. als die spanische Regierung das Konzept der „privilegierten Ausländer" als einen Schritt vorschlug, der die negativen Auswirkungen beseitigen soll, die momentan mit dem Umstand zusammenhängen, dass Bürger eines Mitgliedstaates Ausländer in einem anderen Mitgliedstaat der EU sind. Dieses Unterfangen soll dem amerikanischen Bestreben ähneln, mit dem der oberste Gerichtshof nach dem Bürgerkrieg in der Entscheidung *Paul v. Virginia* (1869) versuchte, „die Behinderungen der Bürger eines

Bundesstaates als Fremde in allen anderen Bundesstaaten aufzuheben" (Preuss 1996, S. 549).

Sozialwissenschaftler haben weit reichende Debatten darüber geführt, ob es wünschenswert oder möglich ist, dass umfangreiche EU-Bürgerrechte große Teile der nationalen Staatsbürgerrechte mittelfristig ablösen. Eine Möglichkeit wäre, das europäische Bürgerrecht auf der Grundlage des Aufenthaltsrechts überall in der EU zu gewähren, sodass es nicht mehr erforderlich wäre, die Staatsbürgerschaft in einem Mitgliedsland als eine Art Zwischenstatus zu haben. Eine andere Variante wäre, die Zahl der Rechte, die in die Kategorie der „supranationalen" Bürgerrechte fallen, graduell auszuweiten, um so langsam die Bande der gegenseitigen Loyalität zwischen den einzelnen Menschen mit gleichen Rechten wachsen zu lassen und so also den Status des Europabürgers zu erlangen (Preuss 1996, S. 549).

David Miller hat vehement in Frage gestellt, ob solch eine Entwicklung wünschenswert ist. Zum Teil deshalb, weil „je größer die Reichweite einer Staatsbürgerschaft ist, um so schwächer wird ihre demokratische Glaubwürdigkeit" (Miller 1998). Er argumentiert, dass die Ziele der Linken nicht befördert würden, wenn die Entscheidungskompetenzen weg von den existierenden Nationalstaaten übertragen werden, da kein europaweites soziales Bürgerrecht in „irgendeiner konkreten Form" existiere. Er empfiehlt, dass die Linke „nicht zu voreilig den Nationalstaat demontieren oder marginalisieren soll" (ebd., S. 50-51).

Darauf könnte erwidert werden, man möge sich doch die Länder anschauen, die in Referenden die Option einer EU-Mitgliedschaft abgelehnt haben. Linke wie bürgerliche Politiker sehen mit Sorge, wie stark die rechten Exklusionstendenzen zum Beispiel in einem Land wie Norwegen zugenommen haben und besonders in der Schweiz Teile des politischen Gleichgewichts bedrohen. Als Gegensatz dazu könnte es durchaus passieren, dass Deutschland innerhalb der nächsten Jahrzehnte zu einer stärkeren Inklusionspolitik veranlasst wird, und zwar infolge der ständig in Balance zu haltenden simultanen Forderungen, die aus den Landeshauptstädten der Republik, den EU-Hauptstädten und den außereuropäischen Weltwirtschaftszentren sowie nicht zuletzt von den Pendlern aus Brandenburg an eine Bundesregierung herangetragen werden.

IV. Abschließende These

In diesem Beitrag haben wir erkundet, wie eine Anzahl deutscher und europäischer Bestreben in den üblicherweise von einander getrennten identitätsprägenden Bereichen wie der Hauptstadtbestimmung, des Staatsbürgerschaftserwerbs und der Bildungsselektion mittels eines analytischen Inklusion/Exklusion-Schemas miteinander verbunden werden können. Wie ist es möglich, die teilweise kontrastierenden, teilweise sich ergänzenden Tendenzen miteinander weiter zu verbinden? Das heißt, wie können Wahlmöglichkeiten in Bezug auf Staatsbürgerschaften mit Arten der Bildungsselektion und weiterhin mit den institutionellen Anpassungs- und Veränderungstendenzen auf nationaler und supra-nationaler Ebene theoretisch verflochten werden?

Das übergeordnete theoretische Konstrukt, das sich am besten für die Analyse der Entwicklungen der letzten Dekade des Jahrtausends eignet, könnte vielleicht als Frage so formuliert werden: Ist das zu erkennende dominante Muster ein trade-off-Effekt zwischen Politiken und Verhaltensweisen inklusive einer bestimmten Stoßrichtung und solchen mit exklusiven Wirkungen? Oder ist das vorherrschende Muster eines der Komplementarität, wo Inklusionstendenzen oder auch Exklusionstendenzen weitere Umorientierungen der Maßnahmen auf verschiedenen Ebenen und an unterschiedlichen Orten befördern und verstärken?

Als Beispiel für ein trade-off-Muster könnte man das Schengen-Abkommen anführen, das auf Kontrollen an den inneren Mitgliedsländergrenzen verzichtet, was dazu führt, dass nun umso rigoroser die Papiere von Nicht-EU-Bürgern bei ihrer Ankunft auf EU-Gebiet geprüft werden. Stärker deutschlandspezifisch wäre das Beispiel, das den EU-Bürgern mit Wohnsitz in Deutschland Wahlrechte nach Maastricht-Bestimmungen gewähren würde – und das just zu jener Zeit, in der die deutsche Verfassungsänderung von 1992 die Grundlage einschränkte, nach der die in ihren Heimatländern Verfolgten (hauptsächlich aus außereuropäischen Staaten) Asyl in Deutschland erhalten.

Auf einem anderen Musterpfad könnte man aufzeigen, wo sich Inklusionstendenzen ergänzt und gegenseitig verstärkt haben oder gar dazu beitrugen, einen Politikwechsel hin zu mehr Inklusion zu bewirken:

So könnte man überlegen, wie die deutsche Wiedervereinigung indirekt mit den späteren Schritten zur teilweisen Ablösung des *ius sanguinis* durch Elemente des *ius soli* im Staatsangehörigkeitsrecht in Verbindung stehen. Der Hauptstadtwechsel nach Berlin und, damit verbunden, die größere Sichtbarkeit der „Denizen" und anderer Nicht-EU-Ausländer geben einen Anstoß, weitere Schritte zur sozialen Inklusion und der Integration ethnischer Gruppen aus Europa und Übersee zu unternehmen.

Literatur

Alba, Richard D., 1998: Johann Handl, Walter Mueller. Ethnic Inequalities in the German School System, in: Walter Schuck und Rainer Münz (Hrsg.), Paths to Inclusion: The integration of Migrants in the United States and Germany, Providence/New York [u.a.]: Berghahn Books, S. 1-33.

Bauböck, Rainer, 1994: From Aliens to Citizens: Redefining the Status of Immigrants in Europe, Aldershot: Avebury.

Brubaker, Rogers (Hrsg.), 1989: Immigration and the Politics of Citizenship in Europe and North America, New York: University Press.

Bundesministerium für Bildung und Wissenschaft, 1993: Berufsbildungsbericht 1993, Bonn.

De Grazia, Alfred, 1997: A Country with No Name: Tales from the Constitution, New York: Pantheon.
Hammar, Tomas, 1990: Democracy and the Nation State; Aliens, Denizens and Citizens in a World of International Migration, Aldershot, U.K.: Avebury.
Hedetoft, Ulf, 1995: Signs of Nations, Studies in the Political Semiotics of Self and Other in Contemporary European Nationalism, Aldershot: Dartmouth.
Heidenheimer, Arnold J., 1997: Disparate Ladders: Why School and University Policies Differ in Germany, Japan and Switzerland, New Brunswick: Transaction.
Hintze, Otto, 1915: Die Hohenzollern und ihr Werk: Fünf hundert Jahre vaterländischer Geschichte, Berlin: Paul Parry.
Jäger, Siegfried, 1995: Political Discourse: The Language of the Right and Left in Germany, in: Patrick Stevenson (Hrsg.), The German Language and the Real World, Oxford: Clarendon, S. 231-256.
Preuss, Ulrich K., 1996: Two Challenges to European Citizenship, in: Political Studies 44, S. 534-552.
Lemke, Christiane, 1998: Citizenship and European Integration, in: World Affairs 160(4), S. 212-217.
Max Planck Institut für Bildungsforschung, 1990: Das Bildungswesen in der Bundesrepublik Deutschland, Reinbek bei Hamburg: Rowohlt.
Mushaben, Joyce Marie, 1998: From Post-War to Post-Wall Generations, Boulder: Westview.
Miller, David, 1998: The Left, the Nation-State, and European Citizenship, in: Dissent, Summer, S. 47-51.
Neuman, Gerald L., 1998: Nationality Law in the United States and Germany: Structure and Current Problems, in: Walter Schuck und Rainer Münz (Hrsg.), Paths to Inclusion: The integration of Migrants in the United States and Germany, Providence: Berghahn, S. 247-299.
Schuck, Walter und Rainer Münz (Hrsg.), 1998: Paths to Inclusion: The Integration of Migrants in the United States and Germany, Providence: Berghahn.
Seifert, Wolfgang, 1998: Social and Economic Integration of Foreigners in Germany, in: Walter Schuck und Rainer Münz (Hrsg.), Paths to Inclusion: The integration of Migrants in the United States and Germany, Providence: Berghahn, S. 83-115.
Soysal, Yasemin Nuhoglu, 1994: Limits of Citizenship, Migrants and Postnational Membership in Europe, Chicago: University of Chicago Press.
Thränhardt, Dietrich, 1995: Keine Unterschichtung aber politische Herausforderungen, in: Wolfgang Seifert (Hrsg.), Wie Migranten leben, Berlin: Wissenschaftszentrum Berlin, S. 95 ff.
Thränhardt, Dietrich, 1991: Länderdifferenzen in der Bildungspolitik, in: Bernhard Blanke und Hellmut Wollmann (Hrsg.), Die Alte Bundesrepublik, Leviathan Sonderheft 12, Opladen: Westdeutscher Verlag, S. 409-419.
Tilly, Charles, 1998: Durable Inequality, Berkley: University of California Press.

III. Gesellschaft der Wendezeit

Detlef Pollack

Das geteilte Bewusstsein

Einstellungen zur sozialen Ungleichheit und zur Demokratie in Ost- und Westdeutschland 1990-1998

I. Verständnisprobleme zwischen Ost und West

Noch immer erscheinen Haltungen und Verhaltensweisen der Ostdeutschen vielen Westdeutschen rätselhaft. Obwohl mit der Einführung von Marktwirtschaft, Rechtsstaatlichkeit und Demokratie erstmals seit Jahrzehnten in Ostdeutschland politische Grundrechte garantiert sind und der Wohlstand auf ein bislang unbekanntes Niveau angestiegen ist, herrscht noch reichlich Unzufriedenheit mit dem wirtschaftlichen, politischen und rechtlichen System der Bundesrepublik. Obwohl die DDR eine totalitäre Diktatur mit einer ineffizienten Mangelwirtschaft und einem unbarmherzigen Repressionsapparat war, halten sie viele der Ostdeutschen für das menschlichere System. Trotz der Milliardentransfers von West nach Ost und der Aufbauhilfe vieler Westdeutscher sind die meisten Ostdeutschen nach wie vor fest davon überzeugt, dass die Bundesrepublik eine Ellenbogengesellschaft sei und es sich bei den Westdeutschen in der Regel um arrogante Besserwisser handele, die in all ihrem Tun nur ihren eigenen Vorteil im Auge haben.

Auch wenn die Ostdeutschen die Segnungen des Kapitalismus bedenkenlos in Anspruch nehmen, hält sie das doch nicht davon ab, sich über die Rücksichtslosigkeit, die Inhumanität und Ungerechtigkeit des Kapitalismus immer wieder zu beklagen. Dabei haben die Ostdeutschen mehrheitlich das Gefühl, von den Westdeutschen missverstanden und unterschätzt zu sein.

In einer 1995 durchgeführten Befragung meinten 97 Prozent der Ostdeutschen, dass das Leben in der DDR nur verstehen könne, wer selbst dort gelebt habe (Der Spiegel 1995, S. 49). Die Westdeutschen können sich anstrengen, wie sie wollen – das ist die Botschaft –, es wird ihnen nicht gelingen, dem Geheimnis des Ostdeutschen auf die Spur zu kommen. Der Ostdeutsche – das ist das verkannte, unterprivilegierte, unbekannte Wesen.

Angesichts dieser Selbststilisierung der Ostdeutschen beginnt die Bereitschaft der Westdeutschen, Rücksicht auf die Sondermentalität der Ostdeutschen zu nehmen, zu schwinden. Volker Zastrow (1998) forderte die Ostdeutschen jüngst auf, ihren „Arme-Schweine-Kult" aufzugeben und anzuerkennen, dass es ihnen heute im Großen und Ganzen weitaus besser geht als vor 10 Jahren. Matthias Mattussek (1999) wirft den Ostdeutschen vor, dass sie mit ihrer mal traurig, mal wütend vorgetragenen Verteidigung der untergegangenen DDR nichts anderes als einen Verbrecherstaat legitimierten, und erkennt in dem Schwärmen von der DDR eine tief eingewurzelte Sehnsucht nach dem Totalitären. Und Christian Pfeiffer (1999a, 1999b) führt die im Vergleich zu Westdeutschland höhere Ausländerfeindlichkeit im Osten Deutschlands auf die autoritäre Erziehung in den Kindergärten und Kinderkrippen der DDR zurück und ruft die Ostdeutschen dazu auf, sich ihrer eigenen durch Anpassungszwang und Individualitätsunterdrückung gekennzeichneten Sozialisationsgeschichte zu stellen. Der erfahrene Drill wirke offenbar noch immer. Wo für alle Missstände im eigenen Lande das Wirken des Klassenfeindes verantwortlich gemacht wurde, bestehe eine starke Neigung, anerzogene Feindbilder auf alles Fremde zu übertragen.

Derartige Vorwürfe bessern die Lage im Verhältnis zwischen den Ost- und Westdeutschen natürlich nicht. Nun haben die Ostdeutschen tatsächlich allen Grund, sich missverstanden zu fühlen. Die hier gegebenen Erklärungen für die Vorbehalte der Ostdeutschen gegenüber dem westlichen System sind viel zu einfach und befördern eher die Missverständnisse, als dass sie sie verringern. Die meisten der westlichen Beobachter gehen davon aus, dass die Probleme der Ostdeutschen mit dem westlichen System darauf zurückzuführen sind, dass sie noch immer der DDR und ihren Strukturen verhaftet seien und es noch nicht gelernt hätten, sich auf die neuen sozialen, politischen und rechtlichen Verhältnisse einzustellen. Dies ist falsch, denn der Westen wurde von den Ostdeutschen 1989/90 euphorisch begrüßt. Nichts war ihnen damals wichtiger, als die DDR so schnell wie möglich hinter sich zu lassen und westliche Verhältnisse auch im Osten eingeführt zu sehen. Auch wenn die Ostdeutschen gewaltige Umstellungsprobleme zu bewältigen hatten, sind sie inzwischen längst in der bundesrepublikanischen Wirklichkeit angekommen. Diese ist zur selbstverständlichen Alltagsnormalität geworden, mit der man fertigwerden muss und fertigwerden will. Kaum einer will zurück zur alten DDR (Der Spiegel 1995, S. 42). Die Kritik, die die Ostdeutschen am Westen üben, hat wenig mit einer Anhänglichkeit an der DDR zu tun, sondern beruht vor allem auf Erfahrungen, die man im wieder vereinigten Deutschland gemacht hat.

Das Problem in der Kommunikation zwischen Ost- und Westdeutschen besteht zu einem großen Teil darin, dass die Ostdeutschen nicht als rational handelnde und denkende Bürger ernst genommen, sondern als ethnische Gruppe kulturalisiert werden. Dass sie mit dem westlichen System unzufriedener sind als die Westdeutschen, mehr Gleichheit und Gerechtigkeit fordern als die Westdeutschen oder sich von den Westdeutschen abgrenzen, wird als ein Erbteil ihrer in der DDR erfahrenen Sozialisation interpretiert, aber nicht als ein Ausdruck von Erfahrungen, die sie mit dem westlichen System, mit sozialer Ungleichheit oder mit den Menschen aus dem westlichen Deutschland gemacht haben. Kultur fungiert in diesem Interpretationsschema als Residualkategorie, die eingeführt wird, weil man mit rationalen Erklärungen nicht mehr weiterkommt. Sie ist gewissermaßen das Auffangbecken des Unerklärbaren. Es heißt dann, Ostdeutsche sind halt politikverdrossener, egalitätsorientierter, gemeinschaftsbezogener als Westdeutsche. Damit aber begibt man sich der Möglichkeit, das Handeln und die Einstellungen der Ostdeutschen noch als sinnhaft, als situationsbezogen und rational zu begreifen. Man kann es nur noch als ein Überbleibsel aus der DDR und damit als eine unangepasste Abweichung von der Norm wahrnehmen. Die Norm sind die Verhaltensweisen und Einstellungen der Westdeutschen. Worin der Sinn der ostdeutschen Einstellungs- und Verhaltensmuster liegt, bleibt damit unerkannt. Verstehen wird man die Ostdeutschen aber erst, wenn man aufhört, sich über sie zu empören, und sie frei von den eigenen normativen Erwartungen beobachtet. Davon ist die öffentliche Diskussion in Deutschland noch weit entfernt.

In diesem Beitrag soll es darum gehen, die Werthaltungen und Einstellungen, die die sozialwissenschaftliche Forschung als charakteristisch für die Ostdeutschen behandelt, zu rekonstruieren (2.) und das so entwickelte Bild von der politischen Kultur in Ostdeutschland anhand einiger ausgewählter Einstellungsvariablen auf seine Stichhaltigkeit zu überprüfen (3.). Als solche Einstellungsvariablen werden hier zum einen die Akzeptanz sozialer Ungleichheit (3.1) und zum andern die Akzeptanz der Demokratie (3.2) herangezogen. Bei beiden Vorstellungen handelt es sich um Prinzipien, die in der westlichen Institutionenordnung fest verankert und daher besonders gut geeignet sind, um herauszufinden, inwieweit sich die Ostdeutschen auf das westliche System eingelassen haben. Schließlich sollen der Versuch einer Erklärung der Veränderungsprozesse in der politischen Kultur Ostdeutschlands gewagt (4.) sowie einige Schlussfolgerungen für die Theorie der politischen Kultur gezogen werden (5.).

II. Positionen der Forschung

Werden in der sozialwissenschaftlichen Forschung typische Einstellungen und Verhaltensweisen der Ostdeutschen analysiert, so wird meist mit der Unterscheidung zwischen Struktur und Kultur gearbeitet. Unter Struktur versteht man das System der Institutionen, Organisationen, Vereinigungen und Vereine einer Gesellschaft, unter Kultur den Bestand an Werten und Normen, die in einer Gesellschaft akzeptiert sind. Die zentrale These der sozialwissenschaftlichen Transformationsanalysen zu Ostdeutschland lautet nun, dass das westliche Institutionensystem relativ schnell und komplikationslos auf Ostdeutschland übertragen werden konnte, dass aber die ihm entsprechenden Einstellungen, Gesinnungen, Gewohnheiten und

Mentalitäten sich nicht so rasch herauszubilden vermochten.[1] Diese seien noch immer durch das untergegangene DDR-System geprägt, denn einmal erworbene Einstellungen und Werthaltungen könnten sich nicht so schnell wandeln. Wenn die Ostdeutschen das westdeutsche System der parlamentarischen Demokratie, der Marktwirtschaft oder des Rechtsstaates nicht in gleichem Maße annehmen wie die Westdeutschen, dann habe das seine Ursache in dem Fortwirken von in der DDR erfahrenen Prägungen. Die Ostdeutschen müssten sich erst langsam an die neue Institutionenordnung gewöhnen.

Gern wird in diesem Zusammenhang auf die politische und wirtschaftliche Entwicklung Westdeutschlands nach 1945 hingewiesen (Schluchter 1996, S. 21). Auch damals sei die neue demokratische Ordnung zunächst ohne breitere aktive Unterstützung in der Mehrheit der Bevölkerung geblieben. Erst in dem Maße, wie der wirtschaftliche Aufschwung vorankam, habe sich die passive Hinnahme der Demokratie in ihre aktive Befürwortung verwandelt. So auch in Ostdeutschland heute. Auch in den neuen Bundesländern werde sich eine breite und aktive Unterstützung des neuen politischen und ökonomischen Systems erst nach einer längeren Phase der Gewöhnung durchsetzen (Lepsius 1995). Die DDR sei ein autoritäres Regime gewesen, das eine politische Opposition nicht zugelassen, die Bevölkerung mit einem flächendeckenden Polizei- und Sicherheitsapparat zur Anpassung gezwungen und Voraussetzungen zur Entstehung zivilgesellschaftlicher Elemente bereits im Keim erstickt habe. Demokratische Einstellungen hätten sich unter diesen Bedingungen nicht herausbilden können. Vielmehr habe die Partei- und Staatsdiktatur die Verinnerlichung obrigkeitsstaatlicher Orientierungen befördert sowie zur Vernichtung zivilgesellschaftlichen Engagements beigetragen.

Die DDR sei aber nicht nur ein repressives System, sondern auch ein paternalistischer Sozialstaat gewesen, der die gleichmäßige Versorgung der Bevölkerung mit Sozialleistungen sichergestellt, leistungsunabhängige Einkommen garantiert und nahezu unbegrenzten Kündigungsschutz gewährt habe. Marktorientiertes Arbeitsverhalten, Eigeninitiative und Leistungsdenken habe unter diesen Bedingungen nicht gelernt werden können. Stattdessen sei eine Versorgungsmentalität entstanden, die alles vom Staat erwarte und sich weigere, selbst Verantwortung für das eigene Leben zu übernehmen (Wiesenthal 1996). Schließlich habe es in der DDR auch keine Öffentlichkeit und keine politische Streitkultur gegeben. Die ehemaligen DDR-Bürger seien daher konsensorientiert, harmoniesüchtig und gemeinschaftsbezogen. Was ihnen fehle, sei der Sinn für Konfliktbearbeitungsmechanismen und formale Verfahren des Interessenausgleichs. An die Stelle eines Verständnisses der formalen Verfahrensrationalität in der Politik sei bei ihnen ein an materialen Entscheidungsfolgen orientiertes Politikverständnis getreten (Neckel 1995). Die Westdeutschen seien mehr ich-, die Ostdeutschen mehr kollektivorientiert (Schluchter 1996, S. 35). Die Westdeutschen bevorzugten eher eine

---

1 Diese Prämisse wurde von dem Ansatz der politischen Kulturforschung (Almond/Verba 1963; Almond/Powell 1978) übernommen.

leistungsbezogene Verteilungsgerechtigkeit – „jeder nach seinen Fähigkeiten" –, die Ostdeutschen neigten eher zu einer versorgungsbezogenen Gerechtigkeitsvorstellung – „jedem nach seinen Bedürfnissen" (Schluchter 1996, S. 48). Die Westdeutschen seien obrigkeitskritisch, die Ostdeutschen staatsfixiert. Mit einem Wort, was den Ostdeutschen fehle, seien all jene Tugenden, die die moderne Marktwirtschaft und Demokratie von den Menschen verlange: Leistungsbereitschaft, Innovativität, Konfliktfähigkeit, Individualität, Verantwortungsbereitschaft und Engagement. Sie seien auf Grund der Prägungen durch ein autoritäres und paternalistisches System, die sie nicht abzustreifen vermögen, den Herausforderungen der neuen Zeit nicht gewachsen. Einmal ein Ossi – immer ein Ossi – das scheint das Leitmotiv dieses weit verbreiteten Ansatzes in der sozialwissenschaftlichen Forschung zu sein, dem Autoren wie Helmut Wiesenthal (1996), M. Rainer Lepsius (1995), Claus Offe (1994), Wolfgang Schluchter (1996) oder Dieter Fuchs (1997) folgen.

Demgegenüber soll hier die These vertreten werden, dass die Wertdifferenzen zwischen Ost- und Westdeutschen weniger gravierend sind als allgemein angenommen und dass dort, wo es Ost/West-Differenzen in den Einstellungen und Werthaltungen gibt, diese weniger auf sozialisatorische Einflüsse in der DDR als auf bestehende Unterschiede in der gegenwärtigen sozialen Lage und auf gegenwärtig gemachte Erfahrungen im Zuge des Wiedervereinigungsprozesses zurückzuführen sind. Diese Position wird auch von Sozialwissenschaftlern wie Michael Braun (1993), Hans-Joachim Veen (1996), Claudia Ritter (1996) oder Dieter Walz und Wolfram Brunner (1997) bereits vertreten.

So stellt Hans-Joachim Veen die Behauptung auf, dass die innere Einheit Deutschlands schon weitgehend erreicht sei. Wo es Einstellungsdifferenzen zwischen Ost- und Westdeutschen gebe, so etwa wenn die Ostdeutschen mehr Staat und mehr Gleichheit forderten als die Westdeutschen, sei dies nur ein Ausdruck unterschiedlicher akuter Problemlagen, nicht aber ein Indiz für prinzipielle sozialisatorisch bedingte Differenzen (Veen 1996, S. 23). Ebenso geht Claudia Ritter davon aus, dass die kognitiven und mentalen Unterschiede zwischen den Ost- und Westdeutschen nicht so groß seien wie oft behauptet. Die Herausbildung einer ostdeutschen Identität, die Claudia Ritter nicht bestreitet, beruhe nicht auf grundlegenden Wertdifferenzen zu den Westdeutschen oder auf den Folgewirkungen des staatssozialistischen politisch-kulturellen Erbes (Ritter 1996, S. 143). Vielmehr handele es sich um eine Abgrenzungsidentität gegenüber den Westdeutschen (Ritter 1996, S. 175 ff.), die aus den Bedingungen der deutsch-deutschen Vereinigung hervorgegangen sei. Dieter Walz und Wolfram Brunner (1997) wiederum stellen ebenso wie Veen heraus, dass es keine innere Mauer zwischen Ost- und Westdeutschen gebe, bestreiten jedoch, dass intellektuell-mentale Aspekte bei der Herstellung der inneren Einheit überhaupt eine größere Rolle spielten. Die Herstellung der inneren Einheit sei in erster Linie eine Frage der Angleichung der materiellen Lebensverhältnisse.

Neben die Sozialisationshypothese ist damit die Situationshypothese getreten. Während die Sozialisationshypothese die Einstellungs- und Wertorientierungsunterschiede zwischen Ost- und Westdeutschen vor allem auf die unterschiedlichen Sozialisationseinflüsse, denen die Menschen in den vergangenen Jahrzehnten ausgesetzt waren, zurückführt, macht die Situationshypothese für diese Unterschiede stärker soziale Differenzen zwischen Ost- und Westdeutschland in der Gegenwart verantwortlich: Einkommens- und Lohndifferenzen, unterschiedliche soziale Lagen, unterschiedliche Betroffenheit durch Arbeitslosigkeit, aber auch Unterschiede im öffentlichen Meinungsbild von Ost- und Westdeutschen, in der Darstellung ihrer Vergangenheit, in der jeweiligen Fremdbeurteilung usw. Dabei schließt kaum ein Vertreter der Sozialisationshypothese situative Einflüsse vollkommen aus, wie auch kaum ein Vertreter der Situationshypothese sozialisatorische Effekte grundsätzlich negiert. Der Streit geht um das unterschiedliche Gewicht der jeweiligen Einflussfaktoren, nicht um ein Entweder – Oder.

Ob man eher der Sozialisation oder der Situation mehr Bedeutung zumisst, ist freilich durchaus von Gewicht, denn wenn man die mentalen Besonderheiten der Ost- und Westdeutschen auf sozialisatorische Einflüsse zurückführt, geht man davon aus, dass sie tief verinnerlicht sind und sich in nächster Zukunft nicht wandeln werden. Erklärt man sie dagegen aus den gegenwärtigen gesellschaftlichen Bedingungen, dann impliziert dies, dass sie sich mit dem Wandel dieser Bedingungen relativ rasch ebenfalls verändern können.

Die Fragen, mit denen wir uns beschäftigen müssen, lauten also: ob es mentale Unterschiede zwischen den Ost- und Westdeutschen gibt, worin sie bestehen und wodurch sie, wenn sie denn existieren, bedingt sind. Um uns mit diesen Fragen auseinander zu setzen, wollen wir uns im Folgenden – wie bereits angedeutet – auf zwei Vorstellungen konzentrieren, die für die westliche Institutionenordnung grundlegend sind: zum einen auf die Akzeptanz sozialer Ungleichheit und zum anderen auf die Akzeptanz der Demokratie. Bei ihnen handelt es sich um zwei wesentliche Bestandteile der politischen Kultur.

III. Sozialisation und Situation als Bestimmungsgrößen politisch-sozialer Einstellungen

1. Die Akzeptanz sozialer Ungleichheit

Bei der Beschäftigung mit Vorstellungen von sozialer Ungleichheit müssen zwei Ebenen unterschieden werden. Die eine bezieht sich auf die Frage der Legitimation sozialer Ungleichheit, die andere auf die Wahrnehmung realer Formen sozialer Ungleichheit in der Gesellschaft. Spricht die erste mehr die Idee, die man von sozialer Ungleichheit hat, an, so die zweite mehr die Einschätzung der sozialen

Wirklichkeit, wobei man auch seine eigene Stellung in dieser sozialen Wirklichkeit verortet, was ebenfalls einen Einfluss auf deren Einschätzung hat.

1.1 Normative Bewertungsmaßstäbe von Ungleichheit

Die Legitimation sozialer Ungleichheit kann durch unterschiedliche Kriterien erfolgen. Sie kann auf Leistungsunterschiede oder auf Bedürfnisdifferenzen abstellen. Während das erste Legitimationskriterium als typisch für die Marktwirtschaft angesehen wird, gilt das zweite als typisch für das sozialistische Verteilungsmodell. Den Ostdeutschen werden im Allgemeinen egalitärere Grundüberzeugungen als den Westdeutschen unterstellt (Wiesenthal 1996, S. 24 ff.; Fritze 1995, S. 10). Eine Akzeptanz von Ungleichheit als Folge von Leistungsdifferenzen hätte sich bei ihnen nicht ausbilden können. Bedingt durch die Gewöhnung an die Leistungen des sozialistischen Versorgungsstaates würden sie mehr eine Gleichheit der Resultate befürworten.

Wie sehen nun die Ungleichheitsvorstellungen der Ostdeutschen im Vergleich zu denen der Westdeutschen tatsächlich aus? Wie Tabelle 1 zeigt, liegt die Akzeptanz von sozialer Ungleichheit als Ergebnis von Leistungsdifferenzen im Osten Deutschlands 1995 nur knapp unter den Werten in Westdeutschland. In den Jahren zwischen 1991 und 1993 entsprachen sich die Werte in den beiden Landesteilen in etwa. 1990 dagegen war die Akzeptanz leistungsabhängiger Ungleichheit im Osten Deutschlands sogar deutlich höher als im Westen. Wenn die Sozialisationshypothese im Recht wäre, müsste die Entwicklung von 1990 bis 1995 genau umgekehrt verlaufen sein: von einer niedrigen Akzeptanz sozialer Ungleichheit zu einer hohen. Die hohe Akzeptanz leistungsabhängiger Ungleichheit im Jahr 1990, also unmittelbar nach dem Zusammenbruch des sozialistischen Regimes, spricht gegen die Gültigkeit der Sozialisationshypothese.

Tabelle 1: Entwicklung der Akzeptanz von leistungsabhängiger Ungleichheit in West- und Ostdeutschland (Mittelwerte)

		1990	1991	1992	1993	1995
Lebensstandard leistungsabhängig (1)	West	3,0	3,1	3,1	3,2	3,3
versus Mindestlebensstandard sichern (7)	Ost	2,4	3,0	3,2	3,3	3,5
Leistung belohnen (1) versus egalitäre	West	2,8	2,8	2,9	3,0	3,0
Einkommensverteilung (7)	Ost	2,4	2,8	3,0	2,9	3,1

Vor die Alternative gestellt, ob z.B. der Lebensstandard leistungsabhängig sein soll oder ein Mindestlebensstandard gesichert werden soll, konnten die Befragten auf einer Skala von 1-7 angeben, ob sie mehr dem ersten Wert (1-3) oder mehr dem zweiten Wert (5-7) zustimmen.
Quelle: Studie „Einstellungen zu aktuellen Fragen der Innenpolitik", durchgeführt im Auftrag des Bundesministeriums vom IPOS-Institut in Mannheim.

Betrachten wir umgekehrt die Zustimmung zu den sozialistischen Verteilungsnormen, so sehen wir, dass die Unterschiede zwischen Ost und West sowohl 1991 als auch 1994 minimal sind (vgl. Abbildung 1). Als Vertreter eines liberalen Wirtschaftsmodells wird man daran Kritik üben wollen, dass so viele einer Gleichheitsnorm zustimmen, die die Bedürfnisse zum Kriterium einer gerechten Verteilung macht. Diese Norm trifft man freilich in Ost- und Westdeutschland gleichermaßen an, und die Westdeutschen hatten immerhin über vier Jahrzehnte Zeit zu begreifen, dass es einer marktwirtschaftlichen Ordnung nicht entspricht, so zu denken. Wiederum steht die Sozialisationshypothese auf schwachen Füßen, und nun nicht nur in Bezug auf die Bürger aus der ehemaligen DDR, sondern auch in Bezug auf die Bürger aus dem andern Teil Deutschlands.

Abbildung 1: Sozialistische Verteilungsnormen

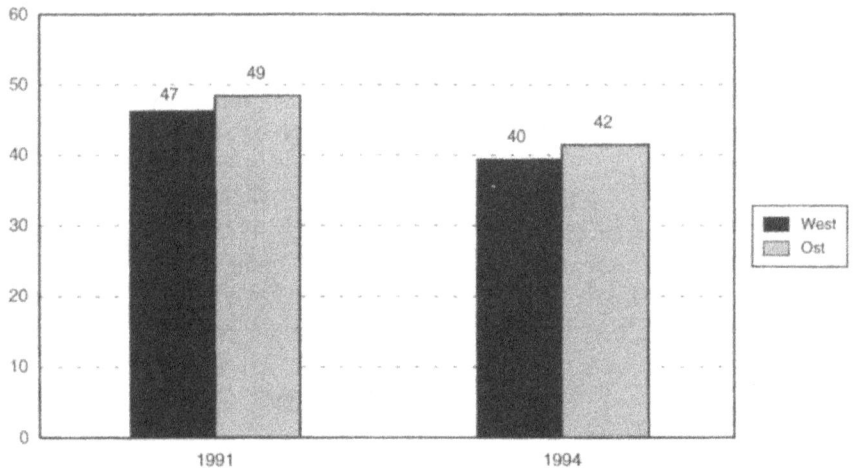

Quelle: Allbus (1991, 1994).

Gehen wir im Rahmen unserer Betrachtungen über die Bejahung der Normen sozialer Ungleichheit nunmehr noch auf die Einstellung der Ostdeutschen zu Gleichheit und Freiheit ein. Diese Gegenüberstellung wird von vielen Forschern mit Vorliebe benutzt, um die egalitären Grundüberzeugungen der Ostdeutschen nachzuweisen (Fuchs 1997, S. 102). Aber auch hier sehen wir (vgl. Tabelle 2), dass Freiheit bei den Ostdeutschen 1990 noch vor Gleichheit rangierte und sich das Verhältnis der beiden Werte erst in der Zeit danach umkehrte. Immerhin fiel die Vorordnung der Freiheit vor dem Wert Gleichheit bei den Ostdeutschen auch 1990 nicht so deutlich aus wie bei den Westdeutschen. Dies stellt eine gewisse Bestätigung der Sozialisationshypothese dar. Aber dass die Ostdeutschen 1990

Tabelle 2: Freiheit und Gleichheit 1989/90 und 1992 in Deutschland

	West		Ost	
	1989	1992	1990	1992
Was ist letzten Endes wohl wichtiger, Freiheit oder möglichst große Gleichheit? (Angaben in %)				
Beides ist wichtig, aber die persönliche Freiheit ist wichtiger	63	55	46	33
Beides ist wichtig, aber eine möglichst große Gleichheit ist wichtiger	22	27	43	53
Unentschieden	15	18	11	14

Quelle: Noelle-Neumann/Köcher (1993, S. 573).

noch Freiheit über Gleichheit stellten, spricht eher für die Situations- als für die Sozialisationshypothese.

Auch der Wandel der Einstellungen von der Freiheits- zur Gleichheitspräferenz ist besser mit der Situationshypothese vereinbar, denn der Sozialisationshypothese zufolge hätte sich das Gewicht von den sozialistischen Gleichheitsnormen immer mehr zu den bürgerlichen Freiheitsnormen hin verschieben müssen. Wenn sich aber der Einstellungswandel in umgekehrter Richtung vollzieht, dann ist dies am leichtesten dadurch zu erklären, dass der Wert Gleichheit in dem Maße, wie die Erfahrung von sozialer Ungleichheit gemacht wird, an Bedeutung gewinnt, während der Wert Freiheit in dem Maße, wie er als selbstverständlich gesichert gelten kann, an Bedeutung verliert.[2] Die Bevorzugung des Wertes Freiheit gegenüber dem Wert Gleichheit durch die Westdeutschen müsste dieser Interpretation zufolge dann vor allem damit zusammenhängen, dass die Erfahrung von sozialer Ungleichheit im Westen Deutschlands nicht jene alltagspraktische Relevanz besitzt wie im Osten.

---

2 Dieser Argumentation liegt die Vorstellung einer Bedürfnishierarchie zu Grunde, wie sie Maslow entwickelt hat. Nur die Bedürfnisse, die nicht ohne weiteres erfüllt werden können, nehmen in der Bedürfnishierarchie des Menschen einen oberen Rang ein, die anderen werden als nicht so wichtig eingestuft. Das heißt, dass die Menschen oft gerade solchen Werten folgen, die in einer bestimmten gesellschaftlichen Ordnung nicht selbstverständlich garantiert sind. So sind die DDR-Bürger 1989 nicht um des vom System propagierten Gleichheitswertes willen auf die Straße gegangen und auch nicht, weil dieser Wert verletzt worden wäre (so McFalls 1995), sondern weil sie mehr Freiheit verlangten (Opp/Voss 1993). Maslow geht davon aus, dass erst, wenn Grundbedürfnisse befriedigt sind, höhere Bedürfnisse entstehen können.

1.2 Wahrnehmung von sozialer Ungleichheit in der gesellschaftlichen Realität

Damit sind wir bereits bei unserem nächsten Punkt angelangt: bei der Beschäftigung mit der Wahrnehmung der Verteilung des gesellschaftlichen Reichtums in der sozialen Realität. Stellt man zunächst die Frage, wie das Ausmaß der Ungleichheit in der Bevölkerung beurteilt wird, so stoßen wir bei 98 Prozent der Ostdeutschen und immerhin auch bei 84 Prozent der Westdeutschen auf die Meinung, die Einkommensunterschiede in Deutschland seien zu groß (Noll 1998, S. 68). Diese Frage wurde im Rahmen des International Social Survey Programme (ISSP) auch in 16 weiteren Ländern gestellt. In keinem anderen der in die Befragung einbezogenen Länder, ausgenommen in Bulgarien, war diese Überzeugung so verbreitet wie in Ostdeutschland. Bedenkt man darüber hinaus, dass nur 46 Prozent der Westdeutschen, aber fast 90 Prozent der Ostdeutschen annehmen, dass sie sich bei einer Nivellierung der Einkommensunterschiede persönlich verbessern würden, so wird deutlich, dass die ostdeutschen Befragten dabei in erster Linie an die Einkommensdifferenzen zwischen Ost und West denken (Noll 1998, S. 69). Anscheinend fühlen sich die Ostdeutschen mehrheitlich gegenüber den Westdeutschen unterprivilegiert.

Diese Vermutung bestätigt sich, wenn man ganz direkt danach fragt, ob man glaubt, dass man im Vergleich dazu, wie andere in Deutschland leben, seinen gerechten Anteil erhält. Bei der Beantwortung dieser Frage vertreten fast zwei Drittel der Ostdeutschen die Auffassung, dass sie weniger als den gerechten Anteil erhalten (vgl. Abbildung 2). In Westdeutschland ist es nur ein Drittel, das so

Abbildung 2: Gerechter Anteil am Lebensstandard

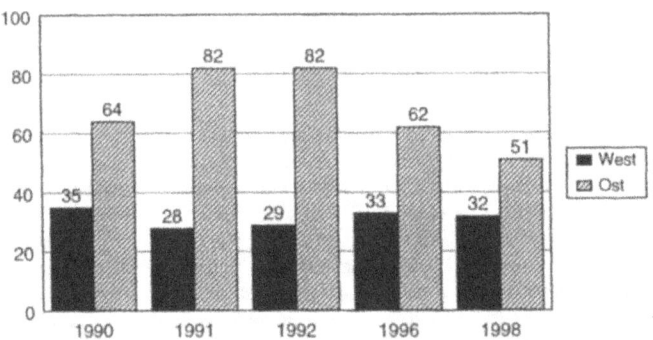

Datenbasis: Allbus (1991, 1992, 1996); Wildenmann-Studie für Daten (1990); SoKuWa (1998).

denkt. 1992 und 1991 waren es sogar über vier Fünftel der Ostdeutschen, die meinten, dass sie nicht den Anteil erhielten, der ihnen gerechterweise zustehen würde, während es 1990 noch 64 Prozent waren, die dies von sich behaupteten.

Man wird wohl nicht fehlgehen in der Annahme, dass es vor allem diese Erfahrung zunehmender Ungleichheit war, die die 1990 noch erstaunlich hohe Bereitschaft der Ostdeutschen, soziale Ungleichheit zu akzeptieren, untergraben hat. Natürlich kann man das subjektive Gefühl der Ostdeutschen, ungerecht behandelt zu werden, auch auf ihre hohe Gleichheitsorientierung zurückführen. Da diese 1990 jedoch nur schwach war, ist es plausibler, den umgekehrten Kausalzusammenhang anzunehmen. Wenn das richtig sein sollte, dann wäre die nach 1990 einsetzende stärkere Präferenz für Gleichheitswerte nicht ein Relikt sozialisatorischer Prägungen aus der DDR-Zeit, sondern eine Form, Ansprüche auf Gleichberechtigung einzuklagen. Die Ostdeutschen nehmen sich offenbar als kollektiv Benachteiligte wahr. Und offenbar ist der Maßstab für die Beurteilung der eigenen Lage nicht mehr die frühere DDR, sondern das Lebensniveau in den alten Bundesländern.

Wenn der Anteil derer, die meinen, nicht den ihnen zustehenden Anteil zu erhalten, in Ostdeutschland zwischen 1992 und 1996 um 20 Prozentpunkte zurückgegangen ist, dann heißt das freilich auch, dass es in den letzten Jahren zu einer bemerkenswerten Annäherung in der subjektiven Beurteilung der Verteilungsgerechtigkeit zwischen Ost- und Westdeutschen gekommen ist. Diese Annäherung entspricht der Tatsache, dass immer mehr der Ostdeutschen meinen, es gehe ihnen heute besser als früher (Statistisches Bundesamt 1997, S. 436). Mit der zunehmenden Angleichung der Lebensverhältnisse an das westdeutsche Niveau dürfte auch das Gefühl der Verteilungsungerechtigkeit zurückgehen. Das zeigt noch einmal, in welch starkem Maße die Entwicklung des Sonderbewusstseins der Ostdeutschen situativ bedingt ist.

2. Die Akzeptanz der Demokratie

Bei einer Betrachtung des Verhältnisses der Ostdeutschen zur Demokratie muss wiederum die normative von der performativen Ebene unterschieden werden. Was man von der Idee der Demokratie hält, ist etwas anderes als das, wie man eine bestimmte demokratische Gesellschaft, etwa die Demokratie der Bundesrepublik, einschätzt, und die Wertschätzung der Idee der Demokratie ist noch einmal zu unterscheiden davon, wie man den aktuellen Politikprozess beurteilt: das Funktionieren der politischen Institutionen, das Agieren der politischen Eliten, die Besetzung der führenden politischen Ämter usw. Wenden wir uns zunächst wieder der normativen Ebene zu.

2.1 Prinzipien der Demokratie

Als minimale Bestandteile der Demokratie gelten im Allgemeinen die Garantie von zwei Institutionen: die verfassungsmäßige Gewährleistung der liberalen Grundrechte und die konstitutionelle Garantie des pluralistischen Parteienwettbewerbs. Was man von der Idee der Demokratie hält, kann folglich anhand der Einstellungen zu diesen beiden Institutionen erfasst werden. Die Einstellung zu den liberalen Grundrechten lässt sich anhand der Zustimmung zur Meinungsfreiheit und zum Demonstrationsrecht erfragen, die Einstellung zum pluralistischen Parteienwettbewerb anhand der Zustimmung zur Notwendigkeit einer politischen Opposition und zur grundsätzlichen Chance jeder demokratischen Partei, an die Macht zu kommen.

Wie Tabelle 3 ausweist, war die Akzeptanz dieser vier demokratischen Prinzipien sowohl 1991 als auch 1995 in den neuen Bundesländern genauso hoch wie in den alten.

Tabelle 3: Übereinstimmung mit demokratischen Prinzipien (in %)

	West		Ost	
	1991	1995	1991	1995
Liberale Grundrechte				
Jeder sollte das Recht haben, für seine Meinung einzutreten, auch wenn die Mehrheit anderer Meinung ist.	97	90	97	96
Jeder Bürger hat das Recht, notfalls für seine Überzeugung auf die Straße zu gehen.	94	90	96	94
Pluralistischer Parteienwettbewerb				
Eine lebensfähige Demokratie ist ohne politische Opposition nicht denkbar.	95	91	96	96
Jede demokratische Partei sollte grundsätzlich die Chance haben, an die Regierung zu kommen.	92	84	94	90

Datenbasis: Noelle-Neumann/Köcher (1993); KSPW-Bus (1995).

Stellen wir die Frage nach der Wertschätzung der Demokratie als Idee direkt, dann zeigen sich zwischen Ost- und Westdeutschland zwar einige Differenzen (vgl. Tabelle 4). Im Großen und Ganzen muss man aber auch hier sagen, dass die Demokratie als Staatsform von einer deutlichen Mehrheit in Ost und West bejaht wird. Allerdings lässt sich an den Zahlen in Tabelle 4 beobachten, dass der Anteil derer, die die Demokratie bejahen, im Osten Deutschlands im Laufe der letzten Jahre etwas gestiegen ist. Dies dürfen wir als eine gewisse Bestätigung der Sozialisationshypothese auffassen. Aber auch 1991 lag der Anteil der Demokratiebefürworter bereits bei 70 Prozent. Nur 7 Prozent sprachen sich damals für eine andere Staatsform aus, die besser sei als die Demokratie, 23 Prozent konnten

Tabelle 4: Zustimmung zur Idee der Demokratie *("Die Demokratie ist besser als jede andere Regierungsform" bzw. „ist die beste Staatsform")* (in %)

	1991		1997	
	West	Ost	West	Ost
dafür	86	70	88	81
dagegen	3	7	9	16
unentschieden	11	23	3	3

Quelle: Institut für Demoskopie Allensbach; Forsa (zitiert nach Fuchs, Dieter: The Political Culture of Unified Germany, in: Pippa Norris [Hrsg.], Critical Citizens, Global Support for Democratic Government, Oxford [i.E.]).

sich in dieser Frage nicht entscheiden. Betrachtet man die hohe Akzeptanz der vier angeführten demokratischen Prinzipien und die mehrheitliche Bejahung der Demokratie als Idee im Jahre 1991, so müsste dies eigentlich eine starke Infragestellung der Sozialisationsthese bedeuten, hatten die Ostdeutschen vor 1990 doch keine Gelegenheit, die demokratischen Prinzipien kennen zu lernen und zu verinnerlichen. Allerdings könnte man den in Tabelle 4 ausgewiesenen, wenn auch geringen Abstand in der Demokratiebejahung zwischen Ost- und Westdeutschland im Jahre 1991 auch als gewisse, wenn auch schwache Bestätigung der Sozialisationshypothese lesen.

2.2 Zufriedenheit mit der Wirklichkeit der Demokratie im vereinigten Deutschland

Von der normativen Ebene gehen wir nunmehr wieder über zur performativen Ebene. Wie beurteilen die Ostdeutschen im Vergleich zu den Westdeutschen die Leistungsfähigkeit der Demokratie in der Bundesrepublik Deutschland? Mit dieser Frage wird nicht mehr die Einstellung zur Demokratie als Regierungsform schlechthin erfasst, sondern die Haltung zu den erfahrbaren Leistungen des demokratischen Systems in Deutschland.

Bei der Beurteilung der real erfahrbaren Funktionsweise der Demokratie zeigen sich seit 1990 ohne Ausnahme deutliche Diskrepanzen zwischen Ost- und Westdeutschland (vgl. Abbildung 3). Die Bürger in den neuen Bundesländern bewerten die Funktionsweise der Demokratie in der Bundesrepublik Deutschland durchgängig um etwa 20 Prozentpunkte schlechter als ihre westdeutschen Mitbürger. Dies wird im Allgemeinen als ein starkes Argument für die Sozialisationshypothese genommen, denn die Unterschiede zwischen Ost und West waren auch schon 1990 bedeutend und blieben seitdem konstant. Es liegt nahe, diese unmittelbar nach der Wiedervereinigung sichtbaren und bis heute anhaltenden Unterschiede auf die Ergebnisse einer früheren und dauerhaft wirksamen Prägung zurückzuführen.

Abbildung 3: Zufriedenheit mit der Wirklichkeit der Demokratie im vereinigten Deutschland, 1990-1998*

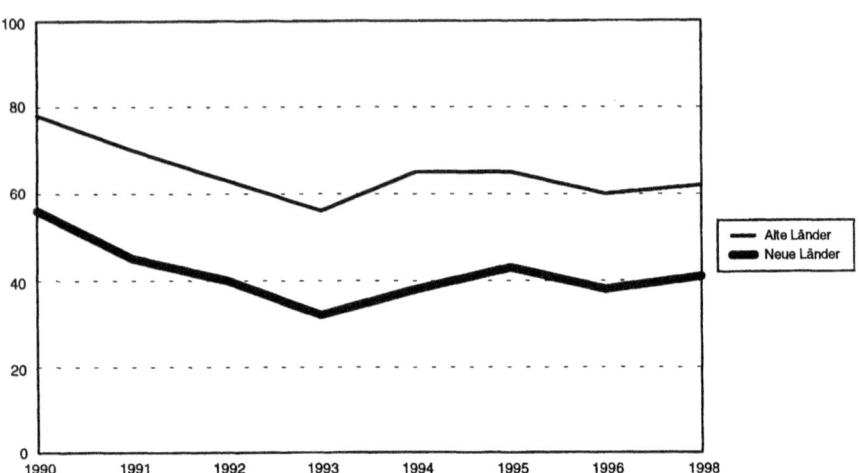

* *Frage:* „Was würden Sie allgemein zur Demokratie in Deutschland sagen? Sind Sie damit eher zufrieden oder eher unzufrieden?" Hier: „eher zufrieden".
Datenbasis: Politbarometer (1990-1996); SoKuWa (1998).

Kann diese Argumentation einer genaueren Prüfung standhalten? Stimmt es, dass tatsächlich die DDR-Sozialisation ausschlaggebend für die im Vergleich zu ihren westdeutschen Landsleuten skeptischere Haltung der Ostdeutschen gegenüber der bundesdeutschen Demokratie ist? Von welchen Determinanten wird die Einstellung der Ostdeutschen zur Performanz der Demokratie beeinflusst?

In einem ersten Schritt wollen wir den Einfluss einiger sozialstruktureller Merkmale wie Bildung, soziale Lage, Schichtzugehörigkeit, Ortsgröße und anderes auf den Unterschied in der Demokratiezufriedenheit zwischen Ost- und Westdeutschen untersuchen. Beziehen wir die Determinanten Bildung, Ortsgröße, subjektive Schichteinstufung, persönliche Wirtschaftslage, Arbeitslosigkeitserfahrung und Kirchgang in unsere Betrachtung der Einstellungsunterschiede mit ein, dann verringern sich die Differenzen in der Einschätzung der Funktionsweise des politischen bzw. demokratischen Systems der Bundesrepublik zwischen Ost- und Westdeutschland für 1991 von 20 auf 10 Prozentpunkte und für 1996 von 20 auf 15 Prozentpunkte. Mit anderen Worten, wenn es die gegenwärtig realen sozialstrukturellen Unterschiede zwischen Ost- und Westdeutschland nicht geben würde, dann wäre auch die Diskrepanz in der Beurteilung der Demokratieperformanz zwischen Ost- und Westdeutschen fast um die Hälfte geringer. Bleibt immerhin noch eine Differenz von 10 bis 15 Prozentpunkten. Wie lässt sich diese erklären?

Natürlich kann diese Differenz mit einer Fülle von Einstellungs- und Erfahrungsunterschieden zwischen den Landsleuten diesseits und jenseits der Elbe zusammenhängen. In Tabelle 5 sind – dies sei unser zweiter Schritt – einige Einstellungsindizes zusammengetragen, die sich alle mehr oder weniger deutlich auf das Verhältnis der Befragten zum jeweils anderen Teil Deutschlands bzw. auf Gerechtigkeitsprobleme beziehen. So sind in die Betrachtung die Fragen aufgenommen worden, inwieweit man sich gerecht behandelt fühlt, ob man der Meinung ist, dass eher der Westen aus der Vereinigung Vorteile gezogen hat oder eher der Osten, und wie fremd einem die Landsleute im andern Teil Deutschlands sind. Diese Fragen wurden in Beziehung gesetzt zur Beurteilung der Performanz des politischen Systems und mit Hilfe einer Korrelationsanalyse auf ihre statistischen Zusammenhänge mit dieser Beurteilung geprüft.

Tabelle 5: Zusammenhänge zwischen der Beurteilung der Funktionsweise des politischen Systems und der subjektiv empfundenen Verteilungsgerechtigkeit sowie der Distanz zum anderen Teil Deutschlands

	West			Ost		
	1991	1994	1996	1991	1994	1996
Empfinden, gerecht behandelt zu werden		.14	.17		.24	.26
„soziale Unterschiede sind gerecht"	.22	.26		.26	.27	
Vorteile aus Wiedervereinigung für den Osten	.08	.10		.32	.33	
Vorteile aus Wiedervereinigung für den Westen	.10	.09		-.09	-.12	
Bürger im anderen Teil Deutschlands sind einem fremd	-.07	n.s.		-.21	-.19	

Quelle: Berechnungen nach Allbus (1991, 1992, 1994, 1996); alle ausgewiesenen Werte Pearsons Korrelationen signifikant bei p < .05; leere Zellen resultieren aus nicht erhobenen Indikatoren zu diesen Zeitpunkten; n.s. bedeutet nicht signifikant; Fallzahlen durchschnittlich 1.000 Befragte.[3]

Dass die Beurteilung der Verteilungsgerechtigkeit mit der Einschätzung des politischen Systems korreliert, verwundert nicht. Es leuchtet unmittelbar ein, dass man ein System positiver beurteilt, in welchem man das Empfinden hat, den einem zustehenden Anteil zu erhalten, als ein solches, in dem man dieses Gefühl nicht hat. Die Akzeptanz sozialer Ungleichheit befördert also die Zufriedenheit mit dem politischen System, in dem man lebt (Pickel 1998). Umgekehrt heißt das, dass man, je ungerechter man sich behandelt fühlt, umso mehr dazu tendiert, das System kritisch zu beurteilen. Bedenkt man, dass in Ostdeutschland der Zusammenhang zwischen dem Empfinden, gerecht behandelt zu werden und der Systemakzeptanz deutlicher höher ist als im Westen (.24 bzw. .26 versus .14 bzw. .17) und dass darüber hinaus der Anteil derer, die sich ungerecht behandelt fühlen, ebenfalls weitaus größer ist als im Westen (vgl. Abbildung 2), dann kann man ermessen, wie stark das Gefühl der Unterprivilegierung in Ostdeutschland auf die Bejahung der bundesdeutschen Demokratie durchschlägt.

3 Ich danke Gert Pickel, Frankfurt (Oder), für die Übernahme der statistischen Berechnungen.

Einen Einfluss auf die Systembeurteilung hat auch die Entscheidung der Frage, ob man Vorteile aus der Wiedervereinigung vor allem für den Westen oder für den Osten sieht. In Westdeutschland ist der Zusammenhang zwischen der Akzeptanz der Funktionsweise des politischen Systems und der Beantwortung der Frage, ob die Wiedervereinigung mehr dem Westen oder mehr dem Osten zugute gekommen ist, gleichermaßen positiv (vgl. Tabelle 5). In Ostdeutschland dagegen fällt der Zusammenhang zwischen der Systemakzeptanz und der Wahrnehmung von Vorteilen für den Osten zwar positiv, der zwischen der Systemakzeptanz und der Wahrnehmung von Vorteilen für den Westen aber negativ aus (vgl. Tabelle 5). Offenbar haben die Westdeutschen zu den Folgen der Wiedervereinigung ein entspannteres Verhältnis als die Ostdeutschen. Selbst wenn man im Westen mehr Vorteile für den Osten wahrnimmt, schwächt das die Zufriedenheit mit dem eigenen politischen System nicht. Im Osten hingegen wirkt sich die Wahrnehmung von Vorteilen für den Westen negativ auf die Systembeurteilung aus, und die Bedeutung wahrgenommener Vorteile für den eigenen Landesteil ist hinsichtlich der positiven Bewertung des demokratischen Systems ungleich höher als im Westen. Wie es scheint, hat die Beurteilung des Abschneidens der Ostdeutschen im deutschdeutschen Verteilungsprozess unmittelbare Auswirkungen auf die Evaluation der Demokratie in Deutschland. Das Gefühl der Benachteiligung schlägt sich in einer systemkritischen Haltung nieder, das Gefühl der Bevorzugung in einer systemaffirmativen.

Dabei unterscheiden sich Ost- und Westdeutschland durchaus nicht im Ausmaß des Gefühls der Übervorteilung. Beide Seiten sehen gleichermaßen den jeweils anderen Landesteil bevorzugt an. Etwa 75 Prozent der Westdeutschen nehmen mehr Vorteile für den Osten wahr, und fast ebenso hoch ist der Anteil der Ostdeutschen, der die Auffassung vertritt, dass die Wiedervereinigung vor allem dem Westen zugute gekommen ist (Allbus 1994, Variable 154, 155). Im Westen mag diese Einschätzung eher das Resultat eines abwägenden Evaluationsprozesses sein, im Osten dagegen scheinen sich hier hohe Erwartungen an die Wiedervereinigung und Enttäuschungen durch das neue System zu vermischen. Es ist kaum verwunderlich, dass sich solche enttäuschten Hoffnungen dann auch auf die Systemzufriedenheit auswirken.

Auch hinsichtlich der Verbreitung des Gefühls, dass die Bürger im anderen Teil Deutschlands einem fremd sind, unterscheiden sich die Ostdeutschen und die Westdeutschen nicht. Jeweils etwa 25 Prozent stimmen dieser Aussage zu (Allbus 1994, Variable 157). Unterschiedlich sind aber wiederum die Auswirkungen dieser Einschätzung auf die Beurteilung der Performanz der Demokratie. Im Westen Deutschlands hat das Distanzgefühl gegenüber den Ostdeutschen nur eine schwache oder gar keine Auswirkungen auf die Demokratiezufriedenheit (vgl. Tabelle 5). Im Osten hingegen sind die Effekte von 1991 bis 1994 nahezu gleich bleibend deutlich negativ. Dort führt das Empfinden der Fremdheit gegenüber den Westdeutschen und der eigenen Andersartigkeit, also eines gesteigerten Identitätsbewusstseins zu einer tendenziellen Abwertung des von den Westdeutschen repräsentierten demokratischen Systems. Ist dies ein Hinweis auf versteckt wirksame unkontrollierte Ressentiments? Wird hier die erfahrene Abwertung der eigenen Biografie kompensiert durch eine Geringschätzung des westlichen Systems?[4]

Zusammenfassend lässt sich sagen: Zwischen der Einschätzung der Verteilungsgerechtigkeit, der Wahrnehmung der Vorteile der Wiedervereinigung für Ost oder West, der Distanz gegenüber der Fremdgruppe und der Zufriedenheit mit der Demokratie in Deutschland zeigen sich unübersehbare Zusammenhänge. Die Beurteilung der Systemperformanz ist in starkem Maße von situativen Faktoren abhängig.

In einem dritten Schritt wollen wir nun Sozialisationseinflüsse und Situationsbedingungen in ihrem Effekt auf die Demokratiebeurteilung gegeneinander abwägen. Wir bedienen uns dazu eines strengeren statistischen Verfahrens, der multiplen Regressionsanalyse, die in der Lage ist, den Einfluss einzelner Determinanten auf eine abhängige Variable zu prüfen. Einbezogen in die Untersuchung sind einmal die uns schon bekannten Determinanten „Akzeptanz sozialer Ungleichheit" und „Fremdheit der Bürger im anderen Teil Deutschlands". Darüber hinaus werden als Indikatoren für Sozialisationseinflüsse die Befürwortung der Idee des Sozialismus und die Einordnung auf einer Skala von politisch links bis politisch rechts herangezogen. Schließlich dient als weiterer Indikator für situative Einflüsse die Einschätzung der eigenen Wirtschaftslage. Die Idee des Sozialismus kann zwar im strengen Sinne nicht ausschließlich für Sozialisationseinflüsse stehen, da sich in der Befürwortung dieser Idee inzwischen auch eine Reaktion auf das negative Image des Sozialismus und der DDR, wie es sich im öffentlichen Meinungsbild herausgebildet hat, ausdrückt. Dennoch wollen wir hier in Ermangelung eines besseren Indikators diesen Wert benutzen, auch wenn sich in seine Akzeptanz situative Faktoren schon immer einmischen. Die Zustimmung zur Idee des Sozialismus ist im Osten Deutschlands seit 1991 mit leichten Schwankungen ungebrochen hoch. Sie liegt zwischen 58 und 72 Prozent (Allbus 1994, Variable 160). Im Westen macht der Anteil derer, die der Idee des Sozialismus ihre Zustimmung geben, nur zwischen 30 und 35 Prozent aus. Ebenso verorten sich die Ostdeutschen mehr als die Westdeutschen auf der politischen Kontinuitätsskala eher links (Allbus 1994, Variable 123). Was die persönliche wirtschaftliche Lage angeht, so fielen die Einschätzungen in Ost- und Westdeutschland 1991 eklatant auseinander. Trotz Annäherung haben sie sich bis heute noch nicht angeglichen (Statistisches Bundesamt 1997, S. 428).

Betrachten wir die unterschiedlichen Einflüsse auf die Beurteilung der Funktionsweise des bundesdeutschen politischen Systems in Ostdeutschland (vgl. Tabelle 6), so sehen wir, dass zwar die Idee des Sozialismus als Indikator für Sozialisationseinflüsse einen eigenständigen Erklärungswert für die Beurteilung der Per-

---

[4] Diese These wird ausführlicher diskutiert in Pollack (1997, bes. S. 9 ff.).

Tabelle 6: Einflüsse auf die Beurteilung der Funktionsweise des politischen Systems in der Bundesrepublik Deutschland

	Westdeutschland		Ostdeutschland	
	1991	*1994*	*1991*	*1994*
Links-Rechts Kontinuum	-.10	n.s.	-.09	n.s.
Befürwortung der Idee des Sozialismus	n.s.	n.s.	-.11	-.07
Persönliche Wirtschaftslage	.15	.13	.20	.18
Bürger im anderen Teil Deutschlands sind fremd	n.s.	n.s.	-.15	-.15
Akzeptanz sozialer Ungleichheit	.15	.23	.18	.19
R Quadrat	.09	.10	.15	.11

Quelle: Multiple lineare Regressionsanalyse, Basis Allbus (1991, 1994); alle ausgewiesenen Werte signifikant bei p < .05, außer n.s. = nicht signifikant; Fallzahlen durchschnittlich 1.000 Befragte.

formanz des politischen Systems hat. Dieser ist aber unter allen angeführten Effekten außer der Links-Rechts-Einstufung, die ebenfalls Sozialisationseinflüsse anzeigen soll, der geringste (-.11 bzw. -.7). Sowohl die persönliche Wirtschaftslage als auch die Distanz zu den Bürgern in Westdeutschland als auch die Akzeptanz der sozialen Ungleichheit tragen mehr zur Erklärung der Demokratiezufriedenheit bei. Das heißt, die wirtschaftliche Lage (.20 bzw. .18) wirkt – und dies übrigens mit gewissen Abstrichen auch in Westdeutschland (.15 bzw. .13) – nicht unmaßgeblich auf die Akzeptanz des bundesdeutschen politischen Systems ein. Auch das Gefühl von Identität und Fremdheit besitzt Relevanz für die Beurteilung der Demokratie, dies aber nur in Ostdeutschland – ein Hinweis darauf, wie stark das ostdeutsche Sonderbewusstsein die Systemakzeptanz mit beeinflusst. Ein besonderer Stellenwert kommt der Anerkennung sozialer Ungleichheit zu. In dem Maße, wie der Einzelne meint, dass er in der Gesellschaft der Bundesrepublik nicht den ihm zustehenden Anteil erhält, wird er auch dem politischen System dieser Gesellschaft seine Zustimmung verweigern. Der Bedeutung der subjektiv empfundenen Verteilungsgerechtigkeit wurde bislang in der Forschung zu wenig Aufmerksamkeit geschenkt. Demgegenüber sind die bislang stark beachteten Sozialisationseinflüsse, wie sie sich in der Zustimmung zur Idee des Sozialismus und in der Linkseinordnung ausdrücken, zwar nicht zu vernachlässigen, aber vergleichsweise gering.

In einem vierten Schritt soll schließlich darauf aufmerksam gemacht werden, dass die positive Beurteilung der Systemperformanz unmittelbar nach dem Zusammenbruch des Sozialismus in Ostdeutschland am höchsten war. Damals lag sie bei über 50 Prozent (vgl. Abbildung 3). Das heißt, dass zu einem Zeitpunkt, als die Nachwirkung des sozialistischen Systems am stärksten gewesen sein müsste, die Bejahung der westdeutschen Demokratie in Ostdeutschland am höchsten war. Bedenkt man darüber hinaus, dass die Ostdeutschen den Prinzipien der Demokratie ebenfalls unmittelbar nach dem Untergang des Staatssozialismus genauso stark zustimmten wie die Westdeutschen (vgl. Tabelle 3) und dass ihre Befürwortung der Demokratie als Staatsform damals nur geringfügig unter der der Westdeutschen lag (vgl. Tabelle 4), dann fällt es schwer, die Sozialisationshypothese noch ungebrochen aufrechtzuerhalten.

IV. Versuch einer Erklärung

Der 'Ostdeutsche', der unzufrieden ist mit der Demokratie, der den Wert Gleichheit dem Wert Freiheit überordnet, der leistungsbedingte Unterschiede nicht akzeptiert und nach einer egalitären Verteilungsgerechtigkeit Ausschau hält, scheint sich erst nach und nach herausgebildet zu haben, und zwar in dem Maße, wie er Erfahrungen mit dem westlichen System machte. Unmittelbar nach dem Untergang der DDR war die Mehrheit der Ostdeutschen offen für die Werte des westlichen Systems.

Dies trifft nicht nur auf die hier behandelten Wertorientierungen zu, sondern auch auf andere, etwa auf die Erwartungen gegenüber dem Sozialstaat, die Stellung zur Obrigkeit, die Konfliktbereitschaft oder die Ausbildung fremdenfeindlicher und rechtsextremistischer Einstellungen. Betrachtet man etwa die Einstellungen der Ostdeutschen zum Wohlfahrtsstaat, so muss man sagen, dass 1990, also unmittelbar nach Untergang der DDR, die Erwartungen an die Versorgungsleistungen des Staates im Osten Deutschlands geringer und die Forderungen an die individuelle Leistungsbereitschaft höher waren als im Westen (Höllinger 1996, S. 298). Erst in den Jahren danach, vor allem unmittelbar nach 1990, stiegen die Ansprüche an den Umfang des sozialstaatlichen Handelns über das westliche Niveau (Fuchs/Roller/Weßels 1997, S. 6 f.). Auch die Konfliktbereitschaft lag 1990 in Ostdeutschland noch über der in Westdeutschland. So beantworteten im Frühjahr 1990 noch 74 Prozent der Ostdeutschen die Frage, ob Auseinandersetzungen zwischen verschiedenen Interessengruppen und ihre Forderungen an die Regierung dem Allgemeinwohl schaden, mit Nein. Im Westen waren es 1990 nur 47 Prozent, die diese Frage verneinten (Bauer 1991, S. 443). Bereits wenige Monate später hatten sich freilich die ostdeutschen Werte denen Westdeutschlands angeglichen. Ebenso waren Autoritarismus und Staatsfixierung unmittelbar nach der Wende im Osten nicht stärker ausgeprägt als im Westen, eher sogar geringer (Österreich 1993; Höllinger 1996, S. 295). Fragt man schließlich nach der Verbreitung fremdenfeindlicher Einstellungen, so muss man auch in diesem Falle sagen, dass ein Merkmal, das man inzwischen als charakteristisch für den Osten Deutschlands ansieht, erst nach und nach an Bedeutung gewann. 1990 gab es in der Einstellung zu Ausländern noch keine wesentlichen Unterschiede zwischen den alten und den neuen Bundesländern (Schubarth 1991, S. 47). Heute ist allen verfügbaren Umfragen zufolge Fremdenfeindlichkeit und Rechtsradikalismus im Osten deutlich weiter verbreitet als im Westen.

Wie lässt sich die starke Aufgeschlossenheit gegenüber westlichen Werten unmittelbar nach dem Untergang der DDR und der rapide Verfall dieser Wertorientierung in den folgenden Jahren erklären?

Bezüglich des ersten Teils dieser Frage ist zunächst zu bemerken, dass die Vertreter der Sozialisationshypothese eine hohe Übereinstimmung zwischen Sozialstruktur und Kultur in der DDR voraussetzen. Sie gehen davon aus, dass die DDR ein repressives System war und *deshalb* obrigkeitsstaatliche Haltungen produzierte, dass die DDR soziale Versorgungsleistungen, Wohlfahrt und Arbeitsplatzsicherheit garantierte und sich *deshalb* überzogene Ansprüche an den Sozialstaat herausbildeten oder dass die SED Gleichheit propagierte und *deshalb* egalitäre Überzeugungen entstanden. Die unterstellte Übereinstimmung von Struktur und Kultur trifft jedoch die Situation in der DDR gerade nicht. Vielmehr klafften die offiziellen Strukturen mit ihren Werten und Erwartungen und die in der Bevölkerung akzeptierten Normen und Werte weit auseinander. In der Zeit bis zum Bau der Berliner Mauer, in der Millionen von Flüchtlingen das Land verließen, war dies unübersehbar. Aber auch in der Zeit danach blieb diese Kluft erhalten. Die Unzufriedenheit der DDR-Bürger mit den wirtschaftlichen, politischen und rechtlichen Verhältnissen in ihrem Land war, abgesehen von einigen Schwankungen in den Sechziger- und Siebzigerjahren, kontinuierlich hoch. Die Diskrepanz zwischen den dominanten Strukturen und den akzeptierten Überzeugungen nahm im Laufe der Geschichte der DDR sogar zu und erreichte Ende der Achtzigerjahre eine solche Zuspitzung, dass sie schließlich unüberbrückbar wurde und in den Zusammenbruch des Systems einmündete. Deshalb ist es unsinnig, von der autoritären Herrschaftsform, wie sie sich in der DDR durchgesetzt hatte, auf den angeblich autoritären Charakter der Ostdeutschen zu schließen, vom staatlichen Paternalismus auf die Leistungsschwäche der Individuen oder von den propagierten Werten der Politik der SED auf die Einstellungen in der Bevölkerung.[5]

Die Sozialisation in der DDR war gebrochen, nicht nur auf Grund der Ineffizienz und Repressivität des DDR-Systems selbst, sondern auch auf Grund des beachtlichen Einflusses aus dem Westen. Über die Massenmedien, über Verwandt-

---

5 Falsch ist es daher auch anzunehmen, die egalitäre Verteilungsnorm – „jedem nach seinen Bedürfnissen" – müsste im Osten Deutschlands besonders stark akzeptiert sein. Struktur und Kultur standen in der DDR in einer grundsätzlichen Spannung zueinander. Die offiziellen Sozialisationsinstanzen werden daher oft genau das Gegenteil des Intendierten bewirkt haben: statt kollektiver Verantwortung privatistisches Interessenkalkül, statt Gleichheit das Bedürfnis nach leistungsabhängigen Unterschieden, statt Schönfärberei den Wunsch nach Wahrhaftigkeit und Wahrheit. Die dominanten sozialstrukturellen Verhältnisse müssen den akzeptierten Werten nicht entsprechen (McFalls 1994, S. 152). Im Gegenteil: Gerade die Erfahrung von Homogenisierung, Repression und Bevormundung wird das Bedürfnis nach Differenz, Emanzipation und Selbstständigkeit befördert haben. Die Diktatur war insofern auch eine Schule der Demokratie.

schaftsbesuche von Westdeutschen im Osten und zunehmend auch umgekehrt von Ostdeutschen im Westen konnten sich die DDR-Bürger schon vor Einführung von Marktwirtschaft und Demokratie mit dem westlichen System vertraut machen (Bluck/Kreikenbom 1991; Roller 1994). Der Westen übte auf Grund seiner wirtschaftlichen und kulturellen Überlegenheit auf die meisten Ostdeutschen stets eine ungebrochene Faszination aus (Weil 1993; Dalton 1994).

Als die Möglichkeit der Wiedervereinigung bestand, zögerten die DDR-Bürger nicht lange, sondern wünschten den sofortigen Anschluss an das überlegene System. Sie wählten die Partei, die ihnen ohne Vorbehalte die Wiedervereinigung zum baldmöglichsten Zeitpunkt versprach und zum Sozialismus am weitesten auf Distanz ging. Sie verabschiedeten sich von der DDR im Freudentaumel und mit dem festen Willen, nie mehr zu solch bedrückenden Zuständen zurückzukehren, wie sie sie jahrelang erlebt hatten. Dieser gründliche Abschied von der DDR ist durchaus ernst zu nehmen, und er wird im Grunde bis heute von der Mehrheit der Ostdeutschen auch nicht in Frage gestellt (Der Spiegel 1995, S. 42).

Mit dem euphorisch gefeierten Anschluss an die Bundesrepublik hängt freilich zusammen, dass die Aufgeschlossenheit gegenüber dem westlichen System schon nach kurzer Zeit wieder nachließ, denn die hohen politischen und ökonomischen Erwartungen an die Wiedervereinigung bargen den Keim der Enttäuschung schon in sich. Nach der kollektiven Begeisterung musste es zu einem Wechsel der Interessen kommen, die sich nach der unausweichlichen Ernüchterung wieder stärker auf private Belange konzentrierten:[6] auf Fragen der Sicherung der Existenz, der Ausbildung, der Weiterbildung sowie auf die Probleme der Umstellung auf die neuen Lebensverhältnisse. In der skeptischen Beurteilung der westlichen Demokratie und des westlichen Institutionensystems sind die hohen Erwartungen freilich immer noch enthalten, denn wie die Diskrepanz zwischen der hohen Wertschätzung der Idee der Demokratie und der Unzufriedenheit mit ihrem Funktionieren zeigt, ist die vergleichsweise negative Einschätzung der vorfindbaren politischen Verhältnisse auch ein Ausdruck hoher politischer Ideale.

Wenn es heute so etwas gibt wie eine ostdeutsche Sondermentalität, dann ist dies in erster Linie nicht auf sozialisatorische Prägungen in der DDR, sondern vor allem auf die Enttäuschung von übergroßen Erwartungen an das westliche System zurückzuführen. Persönlich hatten die meisten gehofft, innerhalb eines kurzen Zeitraumes den Lebensstandard der alten Bundesländer zu erreichen. Tatsächlich aber blieb der Osten hinter dem Westen hinsichtlich der Löhne und Gehälter, der Vermögenslage, der Infrastruktur, des Wohnungskomforts sowie der Reduktion der Arbeitszeiten zurück. Viele hatten erwartet, dass im Osten Deutschlands ein ähnlicher Wirtschaftsaufschwung zu Stande käme wie in den Fünfziger- und Sechzigerjahren in der Bundesrepublik. Tatsächlich setzte nach 1989 eine

---

6 Ich danke Roland Czada für den Hinweis auf Hirschmann, der die Mechanismen solcher Ernüchterungsprozesse in seinem Buch „Shifting Involvements" („Engagement und Enttäuschung", 1984) treffend beschrieben hat.

umfassende Deindustrialisierung ein, stieg die Arbeitslosenquote auf das Doppelte des westlichen Niveaus an und blieb ein selbsttragender, wirtschaftlicher Aufschwung weitgehend aus. Einen Grund, stolz zu sein auf die eigene Leistung, gab es kaum. Vielmehr machte der Zusammenbruch der Industrie den Osten ökonomisch und finanziell abhängig von der Unterstützung durch den Westen und verwandelte den Osten in eine der rückständigsten Regionen Europas. Und auch kommunikative Probleme spielten in die Enttäuschung der Ostdeutschen mit hinein, denn nach 1989 kam es zu einer umfassenden Entwertung der ostdeutschen Biografien, zu einer Abwertung der Ostdeutschen als soziale Gruppe und zu ihrer öffentlichen Stigmatisierung.

Die Ausbildung einer ostdeutschen Sondermentalität ist also vor allem eine Folge der wirtschaftlichen und kulturellen Unterprivilegierung der Ostdeutschen. Sie beruht vorrangig nicht auf Wertdifferenzen – dazu sind die durchaus auffindbaren Wertdifferenzen viel zu gering –, sondern auf einem Bedürfnis nach Abgrenzung von den Westdeutschen, nach Besonderung. Beim Aufbau dieser Abgrenzungsidentität geht es den Ostdeutschen darum, die erfahrene Missachtung zu kompensieren und sich gegenüber den Westdeutschen zu behaupten (vgl. Pollack 1997). Sie übernehmen gewissermaßen den abwertenden Blick der Westdeutschen auf sich selbst und stilisieren sich als benachteiligt, gedemütigt und unbeachtet. Die so Unterlegenen schreiben sich freilich Qualitäten zu, die sie den arroganten Besserwissern aus dem Westen absprechen und sie ihnen wieder überlegen machen: Qualitäten der Menschlichkeit, der Wärme und der Solidarität. Damit verschaffen sie sich selbst jene soziale Anerkennung, die ihnen in der westdeutschen Öffentlichkeit versagt wird.

Eine solche in Szene gesetzte Identität lässt sich komplikationslos in den Auseinandersetzungen zwischen Ost- und Westdeutschen einsetzen. Man kann sie benutzen, um sich als benachteiligt auszuweisen und Ansprüche anzumelden. Man kann sie verwenden, um handfeste politische oder ökonomische Interessen durchzusetzen. Die ostdeutsche Identität ist vielfach instrumentalisierbar. Sie ist durchaus nicht nur und vielleicht nicht einmal vorrangig ein Erbe von in der DDR erworbenen Einstellungen, von denen man sich nun nicht mehr lösen kann. Vielmehr stellt sie eine Art inneren Selbstschutz gegenüber erfahrener ökonomischer Ungleichbehandlung und kommunikativer Abwertung dar, mit dessen Hilfe die Aufwertung der eigenen Gruppe erfolgt. Darüber hinaus ist sie ein probates Mittel zur Durchsetzung eigener Interessen.

Damit soll nicht gesagt sein, dass die DDR in den Köpfen der Menschen nicht auch Prägungen hinterließ. Es wird jedoch sehr genau zu prüfen sein, welche Folgen die 40-jährige DDR-Diktatur in den Einstellungen, Werthaltungen und Mentalitäten der Menschen hinterließ, die dieses System durchliefen, und welche nicht. Bedingt durch die sozialisatorischen Erfahrungen in der DDR scheint eine Vielzahl von Einstellungen und Verhaltensweisen der Ostdeutschen entstanden zu sein. Auf drei ostdeutsche Spezifika sei hier hingewiesen:

1. Auf Grund der Überpolitisierung der gesellschaftlichen Verhältnisse ist bei vielen Bürgern der DDR eine tief verinnerlichte Institutionenskepsis entstanden (Engler 1996, S. 326). Diese internalisierte Institutionenskepsis mag in die heutige Distanz gegenüber dem westlichen System mit hineinspielen, auch wenn diese allein aus jener nicht zu erklären ist, da unmittelbar nach dem Zusammenbruch der DDR das westliche Institutionensystem breit akzeptiert und ausdrücklich gewollt war. Es mag aber sein, dass die alte Institutionenskepsis heute wiederkehrt, da mancher das Gefühl hat, nicht gleichberechtigt am westlichen Wohlstand teilhaben zu können.
2. Eine weitere Folge der DDR-Sozialisation könnte darin gesehen werden, dass es vielen Ostdeutschen noch immer schwer fällt, öffentlich aufzutreten. Eine unabhängige Öffentlichkeit hat es in der DDR nicht gegeben. Wo man auftreten musste, hatte man entweder bestimmten politischen Erwartungen zu entsprechen oder aber man konnte sich – etwa im privaten Freundeskreis – von diesen Erwartungen relativ folgenlos radikal distanzieren. Hervorzutreten und dabei ein ausgewogenes Maß von Selbstständigkeit und Konsensfähigkeit zu erzielen, konnte in der DDR nicht eingeübt werden. Selbst in den informellen Freundschafts- und Bekanntschaftsnetzwerken bestand ein hohes Maß an interner sozialer Kontrolle, denn all diesen Netzwerken fehlte die Korrektur und die Bewährung durch die breite soziale Öffentlichkeit. Wenn in diesen Netzwerken Druck ausgeübt wurde, dann handelte es sich dabei freilich nicht um eine politische Repression, sondern um eine durch die Abschottung der fragmentierten Netzwerke bedingte sozialmoralische Enge. Vielen Ostdeutschen fällt es infolgedessen nach wie vor schwer, sich aus den Bindungen in den isolierten sozialen und privaten Netzwerken zu lösen und gesellschaftlich ebenso eigenständig wie sozialverträglich hervorzutreten (Woderich 1992).
3. Schließlich dürften die Ostdeutschen auch durch die kontinuierliche Erfahrung der Vergeblichkeit individuellen Tuns geprägt sein. Das Gefühl, sein Leben selbst gestalten zu können, vermochte sich bei ihnen weder in der DDR noch in der Umbruchszeit nach dem Untergang der DDR zu entwickeln. Das externe Kontrollbewusstsein ist daher bei den Ostdeutschen wohl nur schwach ausgeprägt. Während viele Westdeutsche dazu neigen, ihre persönlichen Erfolge, ja sogar den Aufschwung des Gemeinwesens auf ihre eigenen Leistungen zurückzuführen, tendieren die Ostdeutschen stärker zur Fremdzurechnung individueller Erfolge und Misserfolge.

V. Theoretische Schlussfolgerungen

Betrachtet man die Entwicklung ostdeutscher Wertorientierungen und Einstellungen in den Jahren nach 1989, so ergeben sich einige Konsequenzen für den Ansatz der politischen Kulturforschung, die in der weiteren Arbeit mit diesem Konzept Beachtung verdienen.

Zum Ersten bedarf die von der politischen Kulturforschung gemachte Unterstellung, dass sich Wertorientierungen in der performativen Phase herausbilden (Inglehart 1989), der Differenzierung. Solche Werthaltungen bilden sich nämlich nur dann heraus, wenn sich die Struktur und Kultur einer Gesellschaft in Übereinstimmung befinden. Besteht zwischen Struktur und Kultur eine Diskrepanz, wie dies in der DDR der Fall war, dann ist die Sozialisation gebrochen und die entstehenden Werthaltungen und Einstellungen sind durch Ambivalenz und Doppeldeutigkeit charakterisiert. Aber selbst dann, wenn die Diskrepanz zwischen Struktur und Kultur nicht so stark ausfällt wie in der DDR, wird man damit rechnen müssen, dass sie einander nicht völlig entsprechen. In jedem Fall sind deshalb die verinnerlichten Werte und Normen nicht einfach ein Spiegelbild der gesellschaftlichen Struktur. Vielmehr kommt der Selbstständigkeit und Unabhängigkeit der Menschen stets ein eigenes Gewicht zu, das von älteren Sozialisationstheorien systematisch unterschätzt wurde (Veen 1998, S. 24). Der Mensch ist in der Lage, gesellschaftliche Erfahrungen rational zu verarbeiten und flexibel mit ihnen umzugehen. Mit der zunehmenden Komplexität des Verhältnisses von Individuum und Gesellschaft erfolgt Sozialisation immer weniger als einfache Strukturübertragung aus der Gesellschaft in die psychischen Systeme, sodass die Möglichkeit steigt, dass das Individuum nicht tut, was ihm die Gesellschaft vorschreibt (Luhmann 1989, S. 163).

Zum Zweiten ist es erforderlich, darüber nachzudenken, inwieweit einmal erworbene Einstellungen und Verhaltensweisen dauerhaft erhalten bleiben. Die Akzeptanz der Demokratie und ihres Funktionierens sowie der sozialen Ungleichheit war 1990 vergleichsweise hoch. Innerhalb kürzester Zeit ging sie jedoch rapide zurück. Auch die Annahme der politischen Kulturforschung, dass es sich bei kulturellen Werten und Normen um langfristig stabile Einstellungen handele (Inglehart 1988), bedarf noch einmal der Reflexion. Wahrscheinlicher als ihre Dauerhaftigkeit ist ihre Diskontinuität (Rohe 1996, S. 8). Die Wahrung der Kontinuität erfordert besondere Anstrengungen. Sie ist nicht selbstverständlich; vielmehr sind, um die Langlebigkeit kultureller Muster sicherzustellen, Übertragungsmechanismen erforderlich, mit Hilfe derer sich Werte, Normen, Vorstellungen, Legenden aus der Vergangenheit in die Gegenwart transportieren lassen. Gesellschaftlich zugänglich sind ja nur die Kommunikationen in der Gegenwart. Das heißt, dass die Vergangenheit, wenn sie bewahrt werden soll, reaktualisiert werden muss. Eine solche Reaktualisierung erfolgt aber stets nach den Maßstäben, Interessen und Bedürfnissen der Gegenwart. Die Vergangenheit kann nicht als solche verlängert werden. Vielmehr ist das, was heute als Vergangenheit gilt, stets eine Selektion aus dem Vergangenen, vorgenommen nach Gesichtspunkten und Wünschen von heute. Nur diejenigen Werte, die gegenwärtig von Nutzen sind, haben eine Chance zu überleben. Sie existieren nicht einfach unbefragt und ausweichlich, sondern werden dem Bewährungstest ausgesetzt und daher partiell auch ausgesondert (Lane 1992, S. 377). Notwendig ist es daher, strenger zwischen vorbewussten Werteinstellungen, Verhaltensweisen, Routinen und Mentalitäten und bewussten Einstellungen und Meinungen zu unterscheiden (Rohe 1996, S. 1 f.). Langlebig ist nur die Gruppe der ersten Orientierungen, nicht die der zweiten. Inwieweit der Bereich der politischen Kultur aber zur ersten Gruppe gehört, bedarf weiterer Klärung.

Schließlich sollte man auch die Vorstellung einer Werteordnung oder gar Wertehierarchie überdenken. Die Analyse der Werteinstellungen der Ostdeutschen nach 1990 hat gezeigt, dass die Werthaltungen durchaus nicht logisch konsistent, homogen und widerspruchsfrei sind. Hohe Erwartungen an den Staat gehen mit Staatsverdrossenheit einher. Hohe Bejahung der Demokratieidee und negative Beurteilung der Demokratieperformanz schließen einander nicht aus. Obwohl man das westliche Institutionensystem hoch schätzt, ist man doch unzufrieden mit ihm. Die Werthaltungen der Ostdeutschen scheinen sich durch Ambivalenz und Mehrdeutigkeit auszuzeichnen. Sie auf eine klare Logik zu bringen, hieße, ihre Komplexität unangemessen zu reduzieren. Wahrscheinlich stellen die Wertorientierungen kein geordnetes Gebilde dar, sondern eine zum Chaos und zur Überfülle neigende Ressource, die nicht etwa ein für alle Mal gegeben ist, aus der vielmehr je nach Situation und Bedarf ausgewählt und die je nach Situation und Bedarf überhaupt erst reaktualisiert wird. Kultur in diesem Sinne wäre dann also nicht eine Art Museum, in welchem die Werte und Normen archiviert bereit liegen, sondern ein disponibles Potenzial, mit dem einmal so, ein anderes Mal anders umgegangen werden kann (Luhmann 1995, S. 45).

Literatur

Allbus, 1994: Allgemeine Bevölkerungsumfrage der Sozialwissenschaften, Köln: Zentralarchiv für empirische Sozialforschung an der Universität zu Köln.
Almond, Gabriel A. und Sidney Verba, 1963: The Civic Culture. Political Attitudes and Democracy in Five Nations, Princeton.
Almond, Gabriel A. und G. Bingham Powell Jr., 1978: Comparative Politics. System, Process, and Policy, Boston/Toronto.
Bauer, Petra, 1991: Politische Orientierungen im Übergang. Eine Analyse politischer Einstellungen der Bürger in West- und Ostdeutschland 1990/91, in: KZfSS, 43. Jg., S. 433-453.
Bluck, Carsten C. und Henry Kreikenbom, 1991: Die Wähler in der DDR. Nur issue-orientiert oder auch parteigebunden?, in: Zeitschrift für Parlamentsfragen, 22. Jg., S. 495-502.
Brunner, Wolfram und Dieter Walz, 1998: Selbstidentifikation der Ostdeutschen 1990-1997. Warum sich die Ostdeutschen zwar als Bürger 2. Klasse fühlen, wir aber nicht auf die 'innere Mauer' treffen, in: Heiner Meulemann (Hrsg.), Werte und nationale Identität in Deutschland, Opladen, S. 229-250.
Dalton, Russel J., 1994: Communists and Democrats. Democratic Attitudes in the Two Germanies, in: British Journal of Political Science, 24. Jg., S. 469-493.
Der Spiegel, 1995: Stolz aufs eigene Leben, in: Der Spiegel, Nr. 27, S. 40-52.
Engler, Wolfgang, 1996: Institution und Reflexion – ein unversöhnlicher Widerspruch? Betrachtungen eines Außenseiters, in: Andreas Eisen und Hellmut Wollmann (Hrsg.), Institutionenbildung in Ostdeutschland. Zwischen externer Steuerung und Eigendynamik, Opladen.

Fritze, Lothar, 1995: Sehnsucht nach der DDR in den neuen Bundesländern, in: Frankfurter Allgemeine Zeitung vom 9. März, S. 10.
Fuchs, Dieter, 1997: Welche Demokratie wollen die Deutschen? Einstellungen zur Demokratie im vereinigten Deutschland, in: Oscar W. Gabriel (Hrsg.), Politische Orientierungen und Verhaltensweisen im vereinigten Deutschland, Opladen, S. 81-113.
Fuchs, Dieter, 1998: Die politische Kultur des vereinigten Deutschland, Berlin, masch.
Fuchs, Dieter, Edeltraud Roller und Bernhard Weßels, 1997: Die Akzeptanz der Demokratie des vereinigten Deutschland. Oder: Wann ist ein Unterschied ein Unterschied?, in: Aus Politik und Zeitgeschichte, B 51, S. 3-12.
Hirschmann, Albert O., 1984: Engagement und Enttäuschung. Über das Schwanken der Bürger zwischen Privatwohl und Gemeinwohl, Frankfurt a.M.
Höllinger, Franz, 1996: Volksreligion und Herrschaftskirche. Die Wurzeln religiösen Verhaltens in westlichen Gesellschaften, Opladen.
Inglehart, Ronald, 1988: Politische Kultur und stabile Demokratie, in: Politische Vierteljahresschrift, 29. Jg., S. 369-387.
Inglehart, Ronald, 1989: Kultureller Umbruch, Wertwandel in der westlichen Welt, Frankfurt a.M./New York.
Lane, Ruth, 1992: Political Culture. Residual Category or General Theory?, in: Comparative Political Studies 25, S. 362-387.
Lepsius, M. Rainer, 1995: Das Legat zweier Diktaturen für die demokratische Kultur im vereinigten Deutschland, in: Everhard Holtmann und Heinz Sahner (Hrsg.), Aufhebung der Bipolarität. Veränderungen im Osten, Rückwirkungen im Westen, Opladen, S. 25-39.
Luhmann, Niklas, 1989: Gesellschaftsstruktur und Semantik, Studien zur Wissenssoziologie der modernen Gesellschaft, Bd. 3, Frankfurt a.M.
Luhmann, Niklas, 1995: Gesellschaftsstruktur und Semantik, Studien zur Wissenssoziologie der modernen Gesellschaft, Bd. 4, Frankfurt a.M.
Matussek, Matthias, 1999: Sehnsucht nach dem Totalitären, in: Der Spiegel, Nr. 11, S. 46-60.
McFalls, Laurence, 1994: Alltag und Revolution. Vom Wertewandel zum Systemwandel, in: Bernd Lindner (Hrsg.), Zum Herbst '89. Demokratische Bewegung in der DDR, Leipzig, S. 149-155.
McFalls, Laurence, 1995: Communism's Collapse, Democracy's Demise? The Cultural Context and Consequences of the East German Revolution, New York.
Meulemann, Heiner, 1996: Werte und Wertewandel. Zur Identität einer geteilten und wieder vereinten Nation, Weinheim/München.
Neckel, Sighard, 1995: Die ostdeutsche Doxa der Demokratie. Eine lokale Fallstudie, in: KZfSS, 43. Jg., S. 658-680.
Noelle-Neumann, Elisabeth und Renate Köcher (Hrsg.), 1993: Allensbacher Jahrbuch der Demoskopie 1984-1992, München.
Noll, Heinz-Herbert, 1998: Wahrnehmung und Rechtfertigung sozialer Ungleichheit 1991-1996, in: Heiner Meulemann (Hrsg.), Werte und nationale Identität in Deutschland, Opladen, S. 61-84.
Österreich, Detlef, 1993: Autoritäre Persönlichkeit und Gesellschaftsordnung. Der Stellenwert psychischer Faktoren für politische Einstellungen; eine empirische Untersuchung von Jugendlichen in Ost und West, Weinheim/München.
Offe, Claus, 1994: Der Tunnel am Ende des Lichts. Erkundungen der politischen Transformation im Neuen Osten, Frankfurt a.M./New York.
Opp, Karl-Dieter und Peter Voß, 1993: Die volkseigene Revolution, Stuttgart.
Pfeiffer, Christian, 1999a: Anleitung zum Hass, in: Der Spiegel, Nr. 12, S. 60-66.
Pfeiffer, Christian, 1999b: „Der Drill wirkt noch immer", in: Sächsische Zeitung vom 4. März, S. 3.

Pickel, Gert, 1998: Eine ostdeutsche „Sonder"-mentalität acht Jahre nach der Vereinigung? Fazit einer Diskussion um Sozialisation und Situation, in: Susanne Pickel, Gert Pickel und Dieter Walz (Hrsg.), Politische Einheit – kultureller Zwiespalt? Die Erklärung politischer und demokratischer Einstellungen in Ostdeutschland vor der Bundestagswahl 1998, Frankfurt a.M., S. 157-177.

Pollack, Detlef, 1997: Das Bedürfnis nach Anerkennung. Der Wandel der Akzeptanz von Demokratie und Marktwirtschaft in Ostdeutschland, in: Aus Politik und Zeitgeschichte, B 13, S. 3-14.

Ritter, Claudia, 1996: Politische Identitäten in den neuen Bundesländern. Distinktionsbedarfe und kulturelle Differenzen nach der Vereinigung, in: Helmut Wiesenthal (Hrsg.), Einheit als Privileg. Vergleichende Perspektiven auf die Transformation Ostdeutschlands, Frankfurt a.M./New York, S. 141-187.

Rohe, Karl, 1996: Politische Kultur, Zum Verständnis eines theoretischen Konzepts, in: Oskar Niedermeyer und Klaus von Beyme (Hrsg.), Politische Kultur in Ost- und Westdeutschland, Opladen, S. 1-21.

Roller, Edeltraut, 1994: Ideological Basis of the Market Economy. Attitudes Toward Distributional Principles and the Role of Government in Western and Eastern Germany, in: European Sociological Review, Nr. 10, S. 105-117.

Schluchter, Wolfgang, 1996: Neubeginn durch Anpassung? Studien zum ostdeutschen Übergang, Frankfurt a.M.

Schubarth, Wilfried, 1991: Fremde als Sündenböcke, in: Spiegel spezial, S. 47-49.

Statistisches Bundesamt (Hrsg.), 1997: Datenreport 1997. Zahlen und Fakten über die Bundesrepublik Deutschland, Bonn.

Veen, Hans-Joachim, 1997: Innere Einheit – aber wo liegt sie? Eine Bestandsaufnahme im siebten Jahr nach der Wiedervereinigung Deutschlands, in: Aus Politik und Zeitgeschichte, B 40, S. 19-28.

Walz, Dieter und Wolfram Brunner, 1997: Das Sein bestimmt das Bewußtsein. Oder: Warum sich die Ostdeutschen als Bürger 2. Klasse fühlen, in: Aus Politik und Zeitgeschichte, B 51, S. 13-19.

Weil, Frederick D., 1993: The Development of Democratic Attitudes in Eastern and Western Germany in a Comparative Perspective, in: ders. (Hrsg.), Research on Democracy and Society. Band I, Greenwich/Conn., S. 195-225.

Wiesenthal, Helmut, 1996: Die Transition Ostdeutschlands, Dimensionen und Paradoxien eines Sonderfalls, in: ders. (Hrsg.), Einheit als Privileg. Vergleichende Perspektiven auf die Transformation Ostdeutschlands, Frankfurt a.M./New York, S. 10-38.

Woderich, Rudolf, 1992: Mentalitäten zwischen Anpassung und Eigensinn, in: Deutschland Archiv 25, S. 21-31.

Zastrow, Volker, 1998: Faule Bilanzen, in: Frankfurter Allgemeine Zeitung vom 2. Mai, S. 1.

Richard Stöss

Mehr Kontinuität als Wandel[1]

Das Parteiensystem vor und nach der deutschen Vereinigung

I. Die Kontinuitätsthese

Vergegenwärtigt man sich einige grobe Strukturmerkmale des bundesdeutschen Parteiensystems (Tabelle 1), dann wird man mit Blick auf das Jahr 1989/90 nicht gerade von einer Zeitenwende oder von einem revolutionären Umbruch sprechen wollen. Gravierende Veränderungen in den relativen Größenordnungen der Parteien zueinander bei Bundestagswahlen haben sich dadurch nicht ergeben. Die Befunde signalisieren eher Kontinuität. In beiden Entwicklungsabschnitten, 1949 bis 1989 und 1990 bis 1998, erzielten die von Anfang an im Deutschen Bundestag vertretenen Parteien ähnliche Durchschnittsergebnisse[2]: CDU/CSU 45,1 bzw. 40,1 Prozent; SPD 37,7 bzw. 36,9 Prozent; FDP 9,1 bzw. 8,0 Prozent. Für die in der Tabelle nicht gesondert ausgewiesenen Bündnisgrünen betragen die entsprechenden Werte 5,1 bzw. 6,3 Prozent.[3] Der vergleichsweise niedrige Mittelwert der Unionsparteien für die Wahlen 1990 bis 1998 ist weithin ihrem dramatischen Einbruch bei der letzten Bundestagswahl geschuldet und stellt insofern einen „Ausreißer" dar, der angesichts der wenigen Messpunkte nach 1989 nicht überbewertet werden sollte. An der Rangfolge der Bundestagsparteien hat sich dadurch nämlich nichts geändert. Für die nationalen Wahlen vor und nach der deutschen Einheit gilt übereinstimmend, dass die CDU/CSU stärkste Partei ist, gefolgt von der SPD, der FDP und den Bündnisgrünen, die im Mittelwertvergleich jeweils deutlich hinter den Liberalen rangieren (bis 1987: 5,1 zu 9,1; seit 1990: 6,3 zu 8,0). Die Grundstruktur des deutschen Parteiensystems (Stöss 1983a, S. 163 ff.) hat sich folglich als außerordentlich persistent erwiesen.

Auf Kontinuität verweist auch die Tatsache, dass die Machtchancen der beiden dominierenden Volksparteien nach wie vor – und unbeschadet der deutschen

---

1 Bei der Formulierung des Titels ließ ich mich von Schwarz (1999), inspirieren.
2 Alle Angaben beziehen sich auf Zweitstimmen. Bei der Bundestagswahl 1949 hatten die Wähler allerdings nur eine Stimme.
3 Die (Bündnis-)Grünen beteiligen sich seit 1980 an Bundestagswahlen, 1983 überwanden sie erstmalig die Sperrklausel. Seither sind sie im Deutschen Bundestag vertreten. 1990 bis 1994 allerdings nur durch die Bündnisgrünen in Ostdeutschland.

Tabelle 1: (Zweit-)Stimmenanteile bei Bundestagswahlen und Asymmetrien[a)] 1949-1998 sowie Mittelwerte[b)] für die Wahlen vor und nach der deutschen Einigung und für alle Bundestagswahlen

	CDU/CSU	SPD	Asymmetrie	FDP	Sonstige
		Stimmenanteile			
1949	31,0	29,2	1,8	11,9	27,9
1953	45,2	28,8	16,4	9,5	16,5
1957	50,2	31,8	18,4	7,7	10,3
1961	45,3	36,2	9,1	12,8	5,7
1965	47,6	39,3	8,3	9,5	3,6
1969	46,1	42,7	3,4	5,8	5,4
1972	44,9	45,8	-0,9	8,4	0,9
1976	48,6	42,6	6,0	7,9	0,9
1980	44,5	42,9	1,6	10,6	2,0
1983	48,8	38,2	10,6	7,0	6,0
1987	44,3	37,0	7,3	9,1	9,6
1990	43,8	33,5	10,3	11,0	11,7
1994	41,5	36,4	5,1	6,9	15,2
1998	35,1	40,9	-5,8	6,2	17,8
		Mittelwerte der Stimmenanteile			
1949-87	45,1	37,7	7,4	9,1	8,1
1990-98	40,1	36,9	3,2	8,0	14,9
1949-98	44,1	37,5	6,6	8,9	9,5

Nur Parteien, die seit 1949 im Bundestag vertreten sind, sowie sonstige Parteien.
a) Differenz zwischen dem jeweiligen Stimmenanteil (Zeile) von CDU/CSU und SPD (ausgewiesen sind mithin Prozentpunkte).
b) Summe der Stimmenanteile geteilt durch die Anzahl der Wahlen in der angegebenen Zeit.

Einigung – ungleich verteilt sind. Dass die SPD bei der Bundestagswahl 1998 stärkste Partei geworden ist und nun die Regierungskoalition führt, widerlegt die These von der prinzipiellen *Asymmetrie*[4] *des Parteiensystems* keineswegs. Denn bei den bislang insgesamt 14 Bundestagswahlen vermochte es die SPD nur zweimal (1972 und 1998), die Union zu überflügeln, bei den übrigen 12 Wahlen hatte die CDU/CSU die Nase vorn. Im Durchschnitt aller Bundestagswahlen seit 1949 lagen die Christlich-Konservativen knapp sieben Prozentpunkte vor den Sozialdemokraten, die im Mittel 37,5 Prozent der Stimmen erzielten (CDU/CSU: 44,1 Prozent). Zwar hat sich das Ausmaß der Asymmetrie (also der Abstand der CDU/CSU gegenüber der SPD) verringert; er betrug zwischen 1949 und 1987 durchschnittlich 7,4 Prozentpunkte, von 1990 bis 1998 aber nur noch 3,2 Prozentpunkte. Ob es sich dabei um einen längerfristigen Trend zur Angleichung der Machtchancen oder um politisch induzierte Schwankungen im Rahmen der asym-

---

4 Die Asymmetrie eines Parteiensystems wird zumeist durch die Prozentpunktdifferenz der Wahlergebnisse der beiden größten Parteien bestimmt. Vgl. Niedermayer (1996a).

metrischen Wettbewerbsbedingungen handelt, lässt sich gegenwärtig nicht beurteilen. Allerdings resultiert der hohe Durchschnittswert für die ersten elf Bundestagswahlen vor allem aus dem exorbitanten Vorsprung der CDU/CSU bei den Bundestagswahlen 1953 und 1957 (16,4 bzw. 18,4 Prozentpunkte; s. Tabelle 1). Tabelle 2 zeigt, dass sich die durchschnittliche Asymmetrie in den späteren Entwicklungsperioden auf rund fünf Prozentpunkte einpendelte. Fakt ist jedenfalls, dass die Union bei allen bisherigen Bundestagswahlen durch die gesellschaftlich-politischen Chancenstrukturen begünstigt wurde.

Die früher häufig geäußerte Vermutung, dass sich die Machtverhältnisse in der Bundesrepublik durch den Beitritt des „roten" Ostens, der einst als Hochburg der deutschen Arbeiterbewegung galt, massiv zu Gunsten der Sozialdemokratie verschieben würden, ist von der Realität nicht bestätigt worden (Schmitt 1994). Daher lässt sich der Wahlsieg der SPD im Jahr 1998 durchaus als „historisch" charakterisieren. Er birgt freilich erhebliche Risiken, weil es der Partei unter den gegebenen strukturellen Bedingungen nicht leicht fallen dürfte, die im Vergleich zu ihrem Ergebnis von 1994 hinzu gewonnenen drei Millionen Wähler dauerhaft an sich zu binden (Stöss/Neugebauer 1999).[5]

Die hier mit Blick auf grobe Strukturmerkmale des bundesdeutschen Parteiensystems vertretene Kontinuitätsthese scheint auf die Entwicklung der *sonstigen Parteien* nicht zuzutreffen. Sie erzielten zwischen 1949 und 1987 ein durchschnittliches Ergebnis von 8,1 Prozent, bei den Wahlen seit 1990 verdoppelte sich ihr mittlerer Stimmenanteil dann nahezu auf 14,9 Prozent (Tabelle 1). Die *Fragmentierung* des Parteiensystems, seine Zersplitterung (dazu Niedermayer 1996a), hat nach der deutschen Einigung also stark zugenommen. Die Zeitreihen in den Tabellen 1 und 2 dokumentieren, dass sich die Wahlergebnisse der sonstigen Parteien in Gestalt einer U-Kurve vollzogen (ähnlich Niedermayer 1999). Ihren tiefsten Punkt erreichte sie 1972/76, dann ging es wieder bergauf. 1983 erzielten kleine Parteien sechs Prozent, 1987 bereits 9,6 Prozent, bei der ersten gesamtdeutschen Wahl 1990 waren es 11,7 Prozent, 1994 15,2 und 1998 17,8 Prozent. Die Ausdifferenzierung des Parteiensystems begann also bereits vor 1989/90 (vor allem durch grün-alternative und extrem rechte Parteien), und setzte sich im vereinten Deutschland (insbesondere mit dem Hinzutreten der PDS) fort. Entscheidend scheint mir weniger die Anzahl bzw. die Stärke der sonstigen Parteien zu sein, sondern in erster Linie der „gemäßigte Pluralismus", der das Parteienspektrum durchgängig kennzeichnet. Anti-Systemparteien blieben „trotz temporärer spektakulärer Signal-Erfolge letztendlich Marginalien des Parteiensystems" (Mintzel 1996, S. 197).

5 Während der Fertigstellung des Manuskripts fanden Europawahlen statt, bei denen die CDU/CSU – bei allerdings sehr niedriger Wahlbeteiligung – knapp 50 Prozent der Stimmen erzielte, während die SPD wenig mehr als 30 Prozent erreichte. Bereits hier war – weniger als ein Jahr nach Bildung einer rot-grünen Bundesregierung – eine Trendumkehr zu Gunsten der CDU/CSU erkennbar, der bei allen weiteren Landtagswahlen bis hin zu Kommunalwahlen des Jahres 1999 nicht nur anhielt, sondern sich sogar verstärkte.

Tabelle 2: Mittelwerte[a] der (Zweit-)Stimmenanteile und der Asymmetrien[b] für die Bundestagswahlen in vier Zeitabschnitten und für alle Bundestagswahlen

Wahlen	CDU/CSU	SPD	Asymmetrie	FDP	Sonstige
1949-61	42,9	31,5	11,4	10,5	15,1
1965-76	46,8	42,6	4,2	7,9	2,7
1980-87	45,9	39,4	6,5	8,9	5,9
1990-98	40,1	36,9	3,2	8,0	14,9
1949-98	44,1	37,5	6,6	8,9	9,5

Nur Parteien, die seit 1949 im Bundestag vertreten sind, sowie sonstige Parteien.
a) Summe der Stimmenanteile geteilt durch die Anzahl der Wahlen in der angegebenen Zeit.
b) Differenz zwischen dem jeweiligen Stimmenanteil von CDU/CSU und SPD (Zeile).

II. Die asymmetrische Stabilität der alten Bundesrepublik

Das Parteiensystem der alten Bundesrepublik hat sich über die Jahre als besonders stabil und leistungsfähig erwiesen. Die starke Fragmentierung in der unmittelbaren Nachkriegszeit wurde durch einen *Konzentrationsprozess* überwunden, der zunächst auf nationaler, dann auf Länderebene in ein Dreiparteiensystem mündete. Dieser Konzentrationsprozess vollzog sich primär als Herausbildung einer hegemonialen Stellung der CDU/CSU innerhalb des anfangs besonders zersplitterten bürgerlichen Lagers. Die sich von einer Partei des politischen Katholizismus zu einer interkonfessionellen konservativen Sammlungsbewegung wandelnde Union absorbierte die Anhängerschaften und teilweise auch die Führungsgruppen kleinerer bürgerlicher Parteien (vor allem des Zentrums, der Bayernpartei, der Deutschen Partei, des Blocks der Heimatvertriebenen und Entrechteten und anderer Vertriebenenparteien sowie der rechtsextremen Parteien), während die Klassen- und Weltanschauungspartei SPD zunächst in ihrem „Dreißig-Prozent-Turm" gefangen blieb und gegen die politischen Koordinaten des „CDU-Staats" teils heftig, teils auch nur halbherzig opponierte. Aber selbst die großen politischen Konflikte wurden auf dem Boden eines *Verfassungskonsenses* ausgetragen, der niemals ernsthaft durch extreme Randgruppen und schon gar nicht durch die herrschenden Parteien bedroht war. Darin vor allem unterschied sich die Bonner von der Weimarer Republik. Auf dem Boden dieses Verfassungskonsenses und einer antitotalitären, eher antikommunistischen als antifaschistischen Grundhaltung der Bevölkerung gelangen den Unionsparteien sozio-ökonomische und politisch-kulturelle Integrationsleistungen (NS-Eliten, Vertriebene, Flüchtlinge, Berufssoldaten, Kriegshinterbliebene, Schwerversehrte, Spätheimkehrer, Bombengeschädigte, „alter" Mittelstand etc.), die durch eine prosperierende Wirtschaft ermöglicht und beschleunigt wurden. Das „Wirtschaftswunder" und der Ausbau des Sozialstaats trugen auch zur Integration der Arbeiterschaft und ihrer Organisationen bei, entzogen dem westdeutschen Kommunismus endgültig die Existenzgrundlage und zwangen die SPD zur Modernisierung ihrer gesellschaftsgestaltenden Konzepte. Der Godesberger Parteitag der SPD (1959) symbolisiert aber nicht nur die Anpassung der SPD an die innen- und außenpolitischen Grundlagen des „CDU-Staats" (vor allem Westintegration, Wiederbewaffnung und soziale Marktwirtschaft), sondern auch die Vollendung eines über den Verfassungskonsens hinausreichenden politischen Konsenses zwischen allen relevanten gesellschaftlichen Kräften *(„Basiskonsens";* ausführlich: Stöss 1983a). Die Stabilität des Parteiensystems und darüber hinaus des politischen Systems insgesamt verdankt sich diesem Basiskonsens, der die Verteilungskämpfe in der ökonomischen Sphäre und die Austragung der Konflikte in der politischen Sphäre moderierte und verhinderte, dass sich die durchaus vorhandenen Krisensymptome und Protestformen zu politischer Instabilität auswuchsen. Der Basiskonsens limitierte allerdings auch den Handlungskorridor für politische Innovationen und erlaubte (mit einigen Ausnahmen in der Außenpolitik) nur eine „Politik des mittleren Weges" (vgl. den Beitrag von M.G. Schmidt in diesem Band; Wollmann 1991).

Mit der Bundestagswahl 1961 kündigte sich das Ende der Ära Adenauer, das Ende der Nachkriegszeit an. Die bundesdeutsche Demokratie hatte sich konsolidiert. Mit der Vollendung des Basiskonsenses löste sich der die Fünfzigerjahre prägende Blockgegensatz zwischen den bürgerlichen Parteien und der SPD auf („Entideologisierung"). Bundestagsmandate erzielten nur noch drei Parteien, die nun prinzipiell miteinander koalitionsfähig waren. Der SPD gelang es infolge ihrer programmatischen Wende, aus dem „Dreißig-Prozent-Turm" auszubrechen und sich neue Wähler im Bereich der Mittelschichten zu erschließen. Die CDU/CSU, 1957 mit 50,2 Prozent auf dem Zenit ihrer Macht angelangt, verlor 1961 zwar fünf Prozentpunkte, blieb aber mit einem Vorsprung von knapp zehn Prozentpunkten vor der SPD weitaus stärkste Partei. SPD (36,2 Prozent) und FDP (12,8 Prozent) hätten zwar rechnerisch eine Koalition bilden können, aber die Liberalen waren noch überwiegend dem Bürgerblock-Denken verhaftet. Die Struktur der Allianzen von Parteien und gesellschaftlichen Gruppen bei der Bundestagswahl 1961 verdeutlichte, dass die soziale Basis der Unionsparteien größer war als die der SPD, die sich zudem weithin auf eine abschmelzende Klasse stützte. Selbst wenn es der SPD gelingen sollte, noch stärker als bisher in die neuen Mittelschichten, konkret: in die gewerkschaftsnahe Angestellten- und Beamtenschaft einzudringen, wäre sie doch stets auf einen Koalitionspartner angewiesen, um an die Macht zu gelangen. Und da sie durch die Sozialstruktur der bundesdeutschen Gesellschaft gegenüber der CDU/CSU benachteiligt war, würde sie den Bundeskanzler nur im Bündnis mit der FDP stellen können. Ein Machtwechsel, also der Übergang des Amts des Regierungschefs von einer Partei zu einer anderen (in diesem Fall von der CDU zur SPD), hing mithin allein davon ab, ob sich die Liberalen mit der Union überwerfen und/oder aus machttaktischen Erwägungen die Koalition wechseln. Die Asymmetrie des westdeutschen Parteiensystems war also nicht nur sozialstrukturell, sondern auch durch die Parteienkonstellation bedingt. Daher ging beiden Machtwechseln (1969 und 1982) eine Kurskorrektur der FDP voraus. Und da diese stärkere Affinitäten zur CDU als zur SPD entwickelte, stellte die SPD in der einundvierzigjährigen Geschichte der alten Bundesrepublik ganze 13 Jahre den Bundeskanzler.

Die asymmetrische Stabilität des Parteiensystems bedeutete vielfach auch Immobilität. Im Grunde genommen war die Mehrheit der Bundesbürger gar nicht auf drastische Machtwechsel erpicht, allenfalls auf moderate Veränderungen (Schmidt 1991, S. 181 f.). Der Machtwechsel von 1969 stellte keineswegs das Ergebnis eines eindeutigen Wählervotums[6] dar, und der von 1982 kam nicht nach Wahlen, sondern durch ein konstruktives Misstrauensvotum zu Stande. Erstmalig 1998 wurde eine Bundesregierung definitiv abgewählt. Insgesamt fanden in der Bundesrepublik zwischen 1949 und 1998 neun Regierungswechsel[7] statt, drei mit und sechs ohne Machtwechsel. Von den neun Regierungswechseln erfolgten nur fünf (davon zwei Machtwechsel) nach Wahlen und vier (davon ein Machtwechsel) während einer Legislaturperiode, also ohne vorausgegangene Wählerentscheidung. Und nur ein Machtwechsel, nämlich der von 1969, verdient – jedenfalls nach dem gegenwärtigen Stand der Dinge – die Bezeichnung Politikwechsel. Zwar folgten auch dem Regierungswechsel von 1966, der Bildung der Großen Koalition, merkliche Veränderungen in mehreren Politikfeldern (Wirtschafts- und Finanzpolitik, Bildungspolitik, Außenpolitik). Aber sie vollzogen sich unter den Bedingungen einer gewissen institutionellen Kontinuität. Schließlich blieb die Union Kanzlerpartei und musste die zumeist von sozialdemokratischen Ministern implementierten Reformen mitverantworten. Diese waren notwendig geworden, weil der „CDU-Staat" mit seinen auf die Probleme der Nachkriegszeit zugeschnittenen, durchaus erfolgreichen Rezepten keine Antworten auf die Herausforderungen der Sechzigerjahre (weltpolitischen Entspannungstendenzen zwischen USA und UdSSR; konjunkturelle und strukturelle Krisenerscheinungen im Inneren) hatte. Erst der Machtwechsel von 1969 konfrontierte die Bundesrepublik mit Diskontinuität, weil die sozialliberale Koalition den Basiskonsens in außenpolitischen Angelegenheiten revidierte. Diese Revision stieß zwar bei der Mehrheit der Bevölkerung auf Zustimmung, war gleichwohl politisch heftig umstritten und stürzte das Parteiensystem vorübergehend in arge Turbulenzen (Stöss 1983b). Als die CDU/CSU-Opposition, die die Ostverträge in den Siebzigerjahren hart bekämpft hatte, 1982 wieder an die Macht gelangte, respektierte sie allerdings die von der

---

6 Es ermöglichte eine große, eine Mitte-Links- und eine Mitte-Rechts-Koalition. Wegen der erheblichen Verluste der FDP bedeutete es nicht notwendigerweise eine Entscheidung zu Gunsten einer sozialliberalen Koalition. Daher wurde die Große Koalition auch nicht gezielt abgewählt.
7 Unter Regierungswechsel werden hier Veränderungen in der Zusammensetzung von Regierungskoalitionen nach Wahlen oder während der Legislaturperiode verstanden. Ein Machtwechsel liegt dann vor, wenn dabei das Amt des Regierungschefs auf eine andere Partei übergeht.

Vorgängerregierung geschaffenen Tatsachen („pacta sunt servanda") und sorgte so für Kontinuität.

III. Repräsentationsdefizite der Volksparteien vor 1989

Sigmund Neumann (1932) und Otto Kirchheimer (1965) verdanken wir die Einsicht, dass sich die Aufgabe der modernen Massenparteien nicht darin erschöpft, aktiv für die Belange ihrer sozialen Basis im politisch-administrativen System einzutreten und nach Teilhabe an staatlicher Macht zu streben. Als Repräsentanten eines Segments der Gesellschaft obliege ihnen zugleich die Verpflichtung, ihre Anhänger in die bestehende Ordnung zu integrieren. Denn jede Partei sei ihrem Wesen nach zugleich „Absonderung und Teil der Gesamtheit" (Neumann 1932, S. 15). Die beiden Hauptfunktionen der Parteien bestehen folglich darin, die konkurrierenden gesellschaftlichen Interessen bzw. politischen Ziele durch geeignetes Personal auf der politisch-administrativen Ebene zu repräsentieren (zu aggregieren, in Programme zu fassen und in politisches Handeln umzusetzen) und ihre Anhängerschaften in das Gesamtsystem zu integrieren (und dadurch einen gesellschaftlichen Grundkonsens herzustellen und zu bewahren). Die *Repräsentations-* und die *Integrationsfunktion* schließen mithin Elitenrekrutierung, Zielfindung, Innovation und Legitimation ein (vgl. auch Steffani 1988; Helms 1995).

Bildet auch ein ausgewogenes Verhältnis von Repräsentation und Integration einen kaum erreichbaren Idealzustand, so muss doch vermutet werden, dass ein scheinbar „hyperstabiles", von zwei Großparteien dominiertes Parteiensystem (wie das der alten Bundesrepublik), das primär durch Kontinuität, Asymmetrie, Basiskonsens, gemäßigten Pluralismus etc. gekennzeichnet ist, nur begrenzte Repräsentationsleistungen erbringen kann. Es dürfte permanent Bestrebungen provozieren, Interessen und politische Ziele, die von den etablierten Parteien nicht (hinreichend) berücksichtigt werden, neben ihnen – oder gar gegen sie – im politischen System zur Geltung zu bringen. Tatsächlich ist die Entwicklung der alten Bundesrepublik von teilweise massiver, systemimmanenter wie systemfeindlicher, Opposition begleitet, die sich in rechts- und linksextremen Parteien, in Interessen- oder teiloppositionellen Parteien organisierte oder die politische Arena in Gestalt von sozialen Bewegungen betrat, wobei das Spektrum von interessenorientierten Bürgerinitiativen über gewaltbereiten Protest bis hin zu militanten Terrorgruppen reichte.

Kritik am bundesdeutschen Parteienstaat wurde auch von Publizisten und Sozialwissenschaftlern artikuliert (Stöss 1990). Gerade die Parteienforschung verstand sich immer auch ein Stück weit als gesellschaftliche Krisendiagnose (Ebbighausen 1969). Nach 1945 konzentrierte sich diese Kritik auf den die westlichen Demokratien zunehmend prägenden Typ der Volkspartei (Mintzel 1984). In den Augen systemkritischer Betrachter handelt es sich dabei vor allem um Herrschaftsinstrumente der bürgerlich-kapitalistischen Gesellschaft, die identitären Demokratieansprüchen nicht gerecht werden, eben um „Ordnungsfaktoren bestehender gesellschaftlicher Verhältnisse" (Greven 1977, S. 305). So sah Flechtheim in den Parteien eine „quasi-öffentlich-rechtliche, d.h. staatsverbundene, hierarchisch geführte Anstalt", die „in die Nähe der mit besonderen Staatsprivilegien ausgestatteten Großkirchen" rückt (Flechtheim 1961, S. 19). Abendroth bezeichnete die Parteien als „eine Art von Verkaufskonzern von Führer-Images zwecks Erwerbs von Wählerstimmen", als „vom Management gesteuerte Maschinen, in denen die Mitgliedschaft und ihre aktiven Kader, die Vertrauensleute, zu passivem Gehorsam statt zur Selbstbestimmung über Kurs und Führung aufgerufen sind" (Abendroth 1964, S. 335, 338). Die mit dem Godesberger Programm von 1959 vollzogene Wende der Sozialdemokratie signalisierte nach Krippendorff (1962) das „Ende des Parteienstaates". Agnoli (1968, S. 40) charakterisierte die Volksparteien des modernen Verfassungsstaates als „plurale Fassung einer Einheitspartei – plural in der Methode des Herrschens, einheitlich als Träger der staatlichen Herrschaft gegenüber der Bevölkerung". „Auf dem Weg zum Einparteienstaat" wähnte auch Narr (1977) die Bundesrepublik, die er als „Stabilitäts- und Ordnungszelle Europas", allerdings auf tönerner Grundlage, wertete. Raschke (1982, S. 10 ff.) nennt vier Tendenzen, die für die „Entfremdung zwischen Bürgern und Parteien" verantwortlich seien: Überanpassung, Übergeneralisierung, Überinstitutionalisierung und Überforderung. Wilhelm Hennis überschrieb seine Kritik am Parteiwesen mit „überdehnt und abgekoppelt". Die Vitalität des Parteiwesens als des wichtigsten Transmissionsriemens zwischen Staat und Gesellschaft beginne allenthalben nachzulassen. Denn: „Das parteienstaatliche Element innerhalb der politischen Ordnung der Bundesrepublik ist gefährlich überdehnt." Und: „Die Parteien haben sich von der autonomen Willensbildung des Volkes in einer Weise abgekoppelt, daß ihre demokratische Funktion, wenn nicht gefährdet, so in der verschiedensten Weise problematisiert erscheint" (Hennis 1983, S. 32). Besonders kritisch seziert Wiesendahl (1989, 1990, 1992) die Volksparteien. 1989 (S. 87 ff.) legte er eine ausführliche Liste von „Mängelerscheinungen des Volksparteiensystems" vor. Genannt wurden: Integrationsschwäche, Perspektivlosigkeit, Innovationsschwäche, Alternativlosigkeit, Verstaatlichung, Abkoppelung, Überforderung, Kompetenzverlust, innerparteiliches Demokratieversagen und Repräsentationsdefizit.

Unbestreitbar ist, dass der Konzentrationsgrad des Parteiensystems (Summe der Stimmenanteile von CDU/CSU und SPD) schon seit Mitte der Siebzigerjahre sinkt und sich (logischerweise) gleichzeitig die Ergebnisse der sonstigen Parteien verbessern (Tabelle 1). Auch die „Partei der Nichtwähler" verzeichnet seit den Achtzigerjahren einen gewissen Zulauf,[8] allerdings nahm die Wahlbeteiligung bei den gesamtdeutschen Bundestagswahlen wieder zu: von 77,8 Prozent (1990) auf 82,2 Prozent (1998). Der Organisationsgrad der Parteien (der Anteil der Parteimitglieder an den Wahlberechtigten) schrumpft seit den Achtzigerjahren, gleichfalls

---

8 Als Motive für Wahlabstinenz gelten nicht nur politisches Desinteresse, Unzufriedenheit oder Protest, sondern auch Systemakzeptanz. Vgl. Hoffmann-Jaberg/Roth (1994).

das sowieso geringe Vertrauen in politische Parteien (vgl. Rieger 1994). Strittig ist das Ausmaß der Mobilität der deutschen Wählerschaft. Einerseits wird die These vertreten, dass infolge des sozialen Wandels (Zunahme der neuen Mittelschichten, Abnahme der Industriearbeiterschaft und des Besitzmittelstands, Bildungsexpansion, Individualisierung, Entideologisierung etc.) die Flexibilität im Wahlverhalten gewachsen sei und noch weiter zunehmen werde (Klingemann 1985; Jung 1991). Andererseits wird die Existenz eines derartigen, durch sozialstrukturelle Faktoren bedingten Trends zur Wählerfluktuation bestritten und die Stabilität des Elektorats betont. Wechselndes Wahlverhalten habe zwar etwas zugenommen, sei aber die Folge von politischen Gegebenheiten und signalisiere eher Anpassungsfähigkeit als Instabilität (Zelle 1995; Stöss 1997).

Dies alles ist Gegenstand der periodisch aufblühenden Krisen- und Verdrossenheitsdebatte, deren Stationen mittlerweile sogar ironisch aufgelistet werden (Mintzel 1996, S. 191 f.). Dabei wurde immer wieder angemahnt, bei der Beurteilung von Parteiensystemen vermeintliche oder tatsächliche Repräsentations- oder Integrationsdefizite nicht nur auf einzelne Parteien (Volksparteien, Großparteien), sondern auf das System insgesamt zu beziehen. Und zunehmend wuchsen Zweifel, ob das Bild von den Volksparteien als monolithische, zentralistische und womöglich sogar omnipotente Organisationen die Realität hinreichend widerspiegelt. Tatsächlich reagierte der intermediäre Bereich der alten Bundesrepublik auf die Repräsentationsdefizite der etablierten Parteien durch die Ausprägung zusätzlicher Institutionen und durch die Entwicklung alternativer Formen von Politik und kompensierte damit bestehende Funktionsschwächen. So erklärte sich auch die vermeintliche Diskrepanz zwischen hoher Systemunterstützung und Parteiverdrossenheit. Die Zufriedenheit der Bevölkerung galt der Flexibilität und Anpassungsfähigkeit des Systems insgesamt, einschließlich der neuen Parteien, Bewegungen und Partizipationsformen (Stöss 1990, S. 23 f.). Auch die grobschlächtige Charakterisierung der Volksparteien als omnipotente Ordnungsfaktoren oder defizitäre und kontextlose Gebilde wurde seit Mitte der Siebzigerjahre durch empirische Analysen über die lokale Präsenz der Parteien (z.B. Gabriel u.a. 1975) und ihre regionale Verwurzelung (z.B. Kühr 1979) in Frage gestellt. Organisationsanalysen gelangten zu entsprechenden Befunden. Anfang der Achtzigerjahre bezeichnete Wiesendahl politische Parteien als „fragmentierte, lose verkoppelte Anarchien", die „extrem umweltabhängig" seien: „Sie korrespondieren mit einer Vielzahl von unterschiedlichen Personen, Gruppen, Einrichtungen des privaten und öffentlichen Lebens, die widersprechende Wünsche und Erwartungen an sie richten, ihre Entscheidungen und Handlungen zu beeinflussen suchen und nicht zuletzt andere beeinflussen oder Bedingungen schaffen, die bei der Gestaltung organisatorischer Aktivitäten zu beachten sind." (Wiesendahl 1984, S. 83 f.; vgl. auch 1980, 1998a) Und Mintzel ergänzte: „Die innere typologische Vielfältigkeit, die strukturelle Fragmentierung und Parzellierung der Großparteien wird durch die föderative Struktur der parteienstaatlich-demokratischen Herrschaftsorganisation und durch unterschiedliche sozio-ökonomische, politisch-kulturelle Kontexte in den Bundesländern zumindest abgestützt." Seine These vom „realen Mischtypus-Charakter der westdeutschen Großparteien" habe weit reichende Konsequenzen für die Erforschung der Politikfähigkeit, Integrations- und Problemlösungskapazität der Parteien: „Möglicherweise resultiert ein Gutteil der (bisherigen) großen Integrationskapazität der Volksparteien gerade daraus, daß sie hochkomplexe Mischtypen darstellen und deshalb als Vehikel für sehr verschiedene Umweltbedingungen und Anforderungen fungieren können. An der Basis sind sie hier und dort möglicherweise spezifische Milieuparteien, in Teilgebieten möglicherweise populistische Regionalparteien, auf höherer Ebene der demokratischen Herrschaftsorganisation möglicherweise hoch technisierte Apparatparteien." (Mintzel 1989, S. 11) Die Autonomie der Landesverbände und die Bedeutung des innerparteilichen Föderalismus wurden von Schmid (1990) am Beispiel der CDU überzeugend herausgearbeitet. Und Lösche/Walter (1992) hoben für die SPD Vielfalt, Widersprüchlichkeit und Unübersichtlichkeit auf allen Parteiebenen hervor.

Die „strukturelle Komplexität" (Schmid 1990, S. 287) der Parteiorganisationen korrespondiert offenbar mit der Heterogenität der postindustriellen Gesellschaft. Eine Rückkehr zur hierarchisch gegliederten, zentralistischen und disziplinierten Parteiorganisation würde den Integrationsanforderungen moderner Massenparteien daher kaum gerecht. Dass die Volksparteien nur einen begrenzten Beitrag zur politischen Steuerung leisten, dass ihre Zielfindungs- und Innovationsfunktion unterentwickelt ist, hatte schon Kirchheimer (1965) erkannt. Er identifizierte die Schwäche der Klassenparteien der Weimarer Republik als Integrationsdefizit und die der Nachkriegs-Allerweltsparteien als Repräsentationsdefizit, befürchtete allerdings, dass sich die Repräsentationsdefizite der heutigen Volksparteien zu Integrationsdefiziten verdichten und damit zu Legitimationskrisen führen könnten (Stöss 1989, S. 195 f.). Gewiss waren die Parteien der alten Bundesrepublik vor allem darauf gerichtet, bei Wahlen ein Maximum an Anhängern zu mobilisieren, wobei sie potenziellen Wechselwählern oft mehr Aufmerksamkeit schenkten als ihrer Kernwählerschaft. Unstrittig ist auch, dass sie aus diesem Grund der Darlegung ihrer Handlungspräferenzen größere Bedeutung beimaßen als der Fixierung grundsätzlicher gesellschaftlicher Ziele. Trotz der durchaus berechtigten Kritik an bzw. Unzufriedenheit mit der Repräsentationsleistung vor allem der Volksparteien wäre die Unterstellung abwegig, von den Parteien seien keine programmatischen Innovationen ausgegangen, sie hätten hinsichtlich ihrer Regierungsfunktion versagt und seien infolge der Vernachlässigung ihrer Stammklientele kontextlos geworden. Die einundvierzigjährige Geschichte des Parteiwesens der alten Bundesrepublik ist vielmehr alles in allem durch Stabilität, Kontinuität und Anpassungsfähigkeit gekennzeichnet (Mintzel 1996; vgl. Luthardt 1991). Eingedenk der tief greifenden innen- und außenpolitischen Veränderungen in diesen Jahren hat sich das System insgesamt als durchaus belastungsfähig erwiesen.

IV. Ein Staat – zwei Parteiensysteme?

Um die Jahreswende 1989/90 entwickelte sich in der DDR aus den Blockparteien und den Oppositionsgruppen ein kompetitives, zunächst stark ausdifferenziertes Parteiensystem. Schon im Frühjahr 1990, im Vorfeld der Volkskammerwahlen (März 1990) also, setzten Konzentrationsbestrebungen ein, die bis zur ersten gesamtdeutschen Bundestagswahl im Dezember 1990 im Wahlgebiet Ost in ein Fünfparteiensystem mündeten (CDU, Bündnis 90/Grüne, FDP, PDS, SPD). Soweit noch Kleinparteien aus der Gründungsphase existierten, scheiterten sie an der für das Wahlgebiet gültigen Sperrklausel. Bis auf die Bündnisgrünen, die erst im März 1993 mit den West-Grünen fusionierten, waren alle Parteien, auch die PDS (Neugebauer/Stöss 1996, S. 176 ff.), bundesweit organisiert. Ursächlich für diesen Konzentrations- und Angleichungsprozess (Niedermayer/Stöss 1994, S. 21 ff.) waren keineswegs allein Interventionen aus der Bundesrepublik. Zwar kamen die „Allianz für Deutschland" (CDU, DSU, Demokratischer Aufbruch) und der „Bund Freier Demokraten" (LDP, FDP, Deutsche Forumpartei) auf Druck der CDU bzw. der FDP im Westen zu Stande, aber die Ost-Parteien suchten auch die materielle, organisatorische, programmatische und personelle Unterstützung ihrer Schwesterparteien in der Bundesrepublik. Überdies wollte man hüben wie drüben die Zersplitterung des bürgerlichen Lagers in der DDR überwinden, um mit vereinten Kräften gegen den vermeintlichen Gewinner der Volkskammerwahl, die Sozialdemokratie, anzutreten. Auch die Bildung des „Bündnis 90" (Demokratie Jetzt, Initiative Frieden und Menschenrechte, Neues Forum), des „Aktionsbündnisses Vereinigte Linke" (Vereinigte Linke, Die Nelken) und der Listenverbindung von Grüner Partei und Unabhängigem Frauenverband stellte einen Klärungsprozess dar, der auf eine politische Bündelung der stark fraktionierten oppositionellen Bürgerbewegungen hinauslief. Die Allianz erreichte überraschend 48 Prozent und bildete gemeinsam mit den Liberalen (5,3 Prozent) und der SPD (21,9 Prozent) eine große Koalition, die sich bereits in ihrer Koalitionsvereinbarung auf einen Beitritt zur Bundesrepublik nach Art. 23 des Grundgesetzes einigte. Und auf diese Weise vollzog sich auch – nach weiteren Verdichtungsprozessen – der Anschluss der meisten DDR-Parteien an die der alten Bundesrepublik. Zwischen August und Oktober 1990 fanden die Vereinigungsparteitage von FDP, CDU und SPD statt, und die PDS startete ihre „Westausdehnung". Allein die Grünen traten zur ersten gesamtdeutschen Bundestagswahl in Ost und West separat an und vollzogen auch später ihre Vereinigung nicht in Form eines Anschlusses.

Insgesamt erscheint es durchaus realitätsgerecht, die Vereinigung der Parteien in West und Ost „als Übernahme bzw. Übertragung des Grundmuster des westdeutschen Systems zu deuten" (Staritz/Suckut 1993, S. 211). „Nach einer kurzen Phase der eigenständigen Entwicklung erfolgte in der ehemaligen DDR eine Angleichung an die organisatorische Grundstruktur des westdeutschen Parteiensystems, so daß das gesamtdeutsche Parteiensystem sich in seiner organisationsstrukturellen Dimension nicht wesentlich von seinem bundesrepublikanischen Vorläufer unterscheidet" (Niedermayer/Stöss 1994, S. 11; vgl. Niedermayer 1997, S. 129).[9] Mit Blick auf das nationale Parteiensystem fand 1990 keine Zeitenwende, kein Bruch[10] statt. Warum auch? Als die DDR 1990 den Geltungsbereich des Grundgesetzes betrat („Wir sind ein Volk"), fand sie ein bewährtes Institutionensystem vor, das in seiner einundvierzigjährigen Existenz (die Weimarer Demokratie scheiterte nach 14 Jahren!) erhebliche Krisen gemeistert und dabei seine Integrationskraft, Flexibilität und Lernfähigkeit[11] unter Beweis gestellt hatte. Es war gut gerüstet für die Aufnahme der neuen Länder und einen erfolgreichen Institutionentransfer. „Am Tage der Vereinigung (...) gab es keinen Zweifel mehr: Die Bundesrepublik würde bleiben wie sie gewesen war, nur größer werden" (Staritz 1996, S. 407).

Zu Beginn der Neunzigerjahre flammten die Unzufriedenheit mit den Parteien und die Verdrossenheitsdebatte in der Parteienforschung wieder auf (Stöss/Niedermayer 1993, S. 7 ff.), wobei die Organisations- und Repräsentationsschwächen der Parteien in den neuen Bundesländern besondere Beachtung fanden (zusammenfassend Niedermayer 1996b). Im „Superwahljahr" 1994 flaute die Erregung wieder ab, ohne dass das Thema völlig von der wissenschaftlichen Agenda verschwunden wäre (Immerfall 1998; Alemann u.a. 1998). Anfang 1998 erinnerte Wiesendahl (1998b, S. 23, 27 f.) daran, dass seit 15 Jahren eine „anhaltende Niveauabsenkung" der „Wähler-, Mitglieder- und nicht zuletzt Vertrauensbasis der Volksparteien" stattfindet und sich offensichtlich auch weiterhin fortsetzt. Die „nachhaltige Beziehungsstörung der Volksparteien zu ihrer gesellschaftlichen Umwelt" würde sich noch verschärfen, weil die staatstragenden Parteien die drängenden wirtschafts-, finanz- und sozialpolitischen Probleme nicht in den Griff bekämen. Angesichts des Primats der Ökonomie sei die Politik kaum noch in der Lage, die wirtschaftliche Entwicklung zu kontrollieren. Infolge der „krassen Ungleichverteilung des wirtschaftlichen Wohlstands" ergäben sich überdies neue so-

---

9 Das gilt übrigens auch für die drei rechtsextremen Parteien DVU, NPD und Republikaner (Stöss 1999, S. 66 ff.).
10 Nur am Rande sei erwähnt, dass – wie Hermann Schmitt (1992, S. 231) m.E. mit Recht formuliert – „die Mauer so dicht ja gar nicht war": „Nahezu alle ostdeutschen Wähler – auch als sie noch Bürger der DDR waren – waren dank ARD und ZDF bestens im Bilde über die Tagespolitik im Westen; das ideologische Profil der westdeutschen Parteien war ihnen wohl so vertraut oder so fremd wie ihren Brüdern und Schwestern im Westen auch; und wir dürfen auch annehmen, dass sie sich ihr Urteil über westdeutsche Spitzenpolitiker durchaus gebildet haben." – In diesem Zusammenhang sei auch die These von Kreikenbom/Bluck (1994, S. 305 f.) über „Quasiparteibindungen" von DDR-Bürgern mit den Westparteien erwähnt.
11 Dass Parteien „essentiell konservative Organisationen" sind, die sich Wandel widersetzen (Immerfall 1998, S. 12) und zumeist nur nach zeitlicher Verzögerung und auf nachhaltigen äußeren Druck zu Innovationen bereit sind, wird nicht bestritten. Vermutlich beruht gerade darauf das Stabilität verbürgende Gleichgewicht zwischen Kontinuität und Veränderungen.

ziale Ungleichheiten. „Mit den Umverteilungskonflikten", so vermutet Wiesendahl, „kehrt in Deutschland die überwunden geglaubte alte soziale Frage zurück."

In der Parteienforschung besteht allerdings weithin Einigkeit darüber, dass all diese Probleme keine Folge der deutschen Einheit, sondern eine Begleiterscheinung des globalen Wandels postindustrieller Gesellschaften darstellen. Der Einigungsprozess habe zwar zusätzliche Belastungen mit sich gebracht, 1989/90 sei aber „kein Schlüsseljahr, kein Epochedatum, keine Wende und Wechselzeit für das deutsche Parteiensystem" (Alemann 1996, S. 5). Und Niedermayer (1999, S. 29) sekundiert: Die Vereinigung beider deutscher Parteiensysteme sei „in einer Phase zunehmender Fragmentierung, Polarisierung und Segmentierung des westdeutschen Parteiensystems" erfolgt. Dieser Prozess habe sich nach 1990 fortgesetzt. „Die Bundestagswahl 1998 passt sich somit nahtlos in längerfristige Entwicklungen der zunehmenden Fragmentierung und Polarisierung des deutschen Parteiensystems ein." Unbeschadet davon bestehen erhebliche Unterschiede zwischen den Parteien(systemen) in beiden Teilen Deutschlands. Hervorgehoben werden vor allem die abweichenden Konstellationen in den Parlamenten (West: B90/G, CDU/CSU, FDP, SPD; Ost: CDU, PDS, SPD) und die sich daraus ergebenden verschiedenartigen Koalitionsmöglichkeiten, weiterhin die besondere Organisationsschwäche im Osten und die differierenden Motive der Wahlentscheidung, wobei allerdings vielfach auch gleichlaufende Entwicklungen in Ost und West erkennbar werden (Birsl/Lösche 1998). Während sich Birsl und Lösche scheuen, die auch von ihnen aufgeworfene Frage zu beantworten, ob in der Bundesrepublik zwei unterschiedliche Parteiensysteme bestehen, bejaht Glaeßner (1999, S. 595 ff.) diese Frage im Großen und Ganzen. Die Existenz zweier Parteiensysteme gilt ihm sogar als „deutlichstes Indiz für die andauernden politischen Unterschiede zwischen West und Ost".

Ob wir es mit zwei Systemen oder mit einem System und zwei (oder gar mehreren) Subsystemen zu tun haben, sei dahingestellt, zumal sich die Frage auf der Grundlage der in diesem Zusammenhang genannten, weithin graduellen Unterschiede kaum beantworten lässt. Auch die Ergebnisse der Transformationsforschung sind in diesem Punkt nicht eindeutig. So bilanziert Reißig (1998, S. 312) beispielsweise, dass Ostdeutschland „einerseits fest in die Bundesrepublik integriert, andererseits aber auch (...) noch ein besonderer Sozial-, Kommunikations- und Handlungsraum, eine Gesellschaft eigener Prägung geblieben" sei. In diesem Beitrag geht es um das nationale Parteiensystem, um das Problem von Kontinuität und Bruch seit 1945: Ist die Bundesrepublik wirklich nur größer geworden, oder ist mit der Vereinigung ein grundlegender Wandel des Parteiensystems verbunden? Verbergen sich hinter den auf Kontinuität verweisenden groben Strukturmerkmalen des deutschen Parteiensystems substanzielle Veränderungen, die auf einen Systemwandel hindeuten? Diese Frage lässt sich gegenwärtig nicht abschließend beantworten, weil die Tragweite der im Folgenden genannten Veränderungen noch nicht erkennbar ist.

1. Eine neue Konfliktlinie prägt das Parteiensystem

Parteiensysteme spiegeln die Konfliktstruktur einer Gesellschaft wider. Die der bundesdeutschen Gesellschaft ist mit der Vereinigung um eine wesentliche Dimension erweitert worden: durch den Ost-West-Konflikt. Da ich mich zu der Bedeutung dieses Konflikts an anderer Stelle ausführlich geäußert habe (Neugebauer/Stöss 1996, S. 263 ff.; Stöss 1997, S. 171 ff.), beschränke ich mich hier auf wenige Anmerkungen: Dieser Konflikt liegt quer zur Hauptachse des Parteienwettbewerbs, die zwischen einer sozialen und libertären und einer neoliberalen und autoritären Politikkonzeption verläuft. Der Ost-West-Gegensatz konfrontiert dagegen soziale und autoritäre mit libertären und neoliberalen politischen Zielen. Er schlägt sich im Parteiensystem keineswegs nur in Gestalt der PDS nieder, er prägt vielmehr die Wähler und Mitglieder aller Parteien, auch die der PDS, und zwar in erheblichem Umfang. Die Binnenkonflikte fallen teilweise sogar stärker aus als die Konflikte zwischen den Parteien. Beim Ost-West-Gegensatz handelt es sich also um ein höchst wirkungsmächtiges Cleavage, dessen Zukunft allerdings schwer kalkulierbar ist. Früher habe ich die Auffassung vertreten, dass es sich um einen, sich tendenziell abschwächenden, zeitlich begrenzten Konflikt, um einen „Nebenkonflikt" (Stöss 1997, S. 188), handelt. Mittlerweile bin ich mir dieses Urteils nicht mehr so sicher. Denn der Konflikt verschärft sich offenbar.

2. Der Basiskonsens ist brüchig geworden

Als wesentliche Ursachen für die Stabilität des Parteiensystems der alten Bundesrepublik wurde oben die Erweiterung des Verfassungskonsenses zu einem Basiskonsens genannt. Schon auf die Frage, ob in der Bundesrepublik weiterhin ein Verfassungskonsens besteht, lässt die Datenlage keine eindeutige Antwort zu. Die Demokratie als Staatsform stößt zwar nach wie vor auf breiteste Zustimmung, wenn sie zu autoritären oder totalitären Regimen in Beziehung gesetzt wird. Auch in den neuen Ländern „wird das westliche System nicht in Frage gestellt" (Gensicke 1998, S. 180; vgl. auch Fuchs 1997, S. 111). Hinsichtlich der Bewertung und Unterstützung der bundesdeutschen Demokratie fallen die Befragungsergebnisse allerdings deutlich zurückhaltender aus. Vor allem in den neuen Ländern werden erhebliche Vorbehalte erkennbar, ohne dass allerdings von „Unterstützungsentzug" (Fuchs 1997, S. 112) die Rede sein kann. Die Umfragen zu Akzeptanz und Performanz der Demokratie in der Bundesrepublik signalisieren jedoch im Zeitverlauf wachsende Kritik. 1998 konnten wir bei etwa 30 Prozent der Befragten in West und Ost Zufriedenheit mit den verfassungsmäßigen Grundlagen der Demokratie, aber Unzufriedenheit mit ihrem Funktionieren („Politikverdrossene") feststellen. Weitere 30 Prozent waren sowohl mit den verfassungsmäßigen Grundlagen der

Demokratie als auch mit ihrem Funktionieren unzufrieden („Systemverdrossene"). Ein so großer Anteil an Systemverdrossenen ist meines Wissens zuvor noch niemals gemessen worden. Er betrug im Westen „nur" 27 Prozent, im Osten dagegen 43 Prozent (Stöss 1999, S. 32). Da Demokratiezufriedenheit auch von der Beurteilung des Policy-Outputs abhängt (Rosar 1998), muss vor einer Dramatisierung derartiger Survey-Resultate gewarnt werden. Freilich künden sie auch nicht gerade von überschwänglicher Zustimmung zur Demokratie in Deutschland. Von einem über einen Verfassungskonsens hinausreichenden politischen Konsens aller relevanter gesellschaftlicher Kräfte bezüglich der innen- und außenpolitischen Koordinaten der „Berliner Republik" kann allerdings kaum die Rede sein. Strittig sind – das folgt aus dem Ost-West-Gegensatz – vor allem die ökonomisch-sozialen Grundlagen der Republik. Und dies hauptsächlich, aber keineswegs ausschließlich, in den neuen Bundesländern, wo sozialstaatliche Versorgungsmentalitäten wesentlich stärker verbreitet sind als libertär-marktwirtschaftliches Denken. Wenn die Prognose von Wiesendahl zutrifft (woran ich nicht zweifele), dass angesichts der wachsenden sozialen Ungleichheit und der Entsolidarisierungstendenzen die klassische soziale Frage eine Renaissance erfährt, dann dürfte sich die politische Polarisierung entlang des Ost-West-Konflikts, und darüber hinaus des Konflikts zwischen sozialer Gerechtigkeit einerseits und Marktfreiheit, Deregulierung etc. anderseits, weiter verschärfen.

3. Die Asymmetrie der Machtverhältnisse ist nur noch politisch bedingt

Trotz des Eintritts der PDS in den Klub der Bundestagsparteien haben sich die faktischen Machtverhältnisse in Deutschland zunächst nicht grundlegend verändert. Das „linke Lager" ist nun zwar theoretisch mehrheitsfähig geworden, in der politischen Realität gelten die Postkommunisten bei SPD und Bündnisgrünen jedoch nicht als koalitionsfähig, und daher sind die Machtchancen nach wie vor asymmetrisch zu Gunsten der Unionsparteien ausgerichtet. Die Ablehnung der PDS seitens der Sozialdemokraten zeigt aber bereits deutliche Erosionserscheinungen, die sich weiter fortsetzen dürften. Hinsichtlich ihrer Wertorientierungen stehen sich die Wähler der drei „linken" Parteien sowieso näher als ihre Mitglieder (und Führungsgruppen) (Stöss 1997, S. 194). In dem Maß, wie die politische Integration der PDS als politische Kraft voranschreitet und sich herausstellen sollte, dass die SPD die bei der Bundestagswahl 1998 hinzu gewonnenen Wähler nicht in vollem Umfang dauerhaft an sich binden kann und infolge der Strategie der „neuen Mitte" mehr Traditionswähler abwandern als neue aus dem „bürgerlichen Lager" hinzukommen, wird sich dereinst auch die Frage der Koalitionsfähigkeit der PDS neu stellen. Ob sich die SPD dann für eine große Koalition oder für eine „linke Lösung" entscheidet, ist gegenwärtig nicht absehbar. Denn beide Bündnisstrategien bergen erhebliche Risiken im Hinblick auf die Reaktion der Wählerschaft. Jedenfalls ist Asymmetrie seit der Vereinigung kein prinzipielles Strukturmerkmal des deutschen Parteiensystems mehr, sondern nur noch das Ergebnis von politischen Kalkülen.

V. Fazit

Seit seinem Bestehen befindet sich das Parteiensystem der Bundesrepublik in ständiger Veränderung. Ende der Siebzigerjahre gerät es verstärkt unter den Druck globaler Entwicklungen, die allerdings gleichartige Wirkungen auf alle postindustriellen Demokratien ausüben. Der rasche soziale und technologische Wandel mit seinen Tendenzen zur Individualisierung und Flexibilisierung, die zunehmende Abhängigkeit der Politik von der Dynamik der Weltmärkte und die fortschreitende Delegation nationaler Souveränität an internationale Organisationen befördern die Differenzierung und Entstrukturierung nationalstaatlicher Ordnungen und gesellschaftlicher Verhältnisse. Die Infragestellung bzw. Auflösung althergebrachter Sicherheiten und Orientierungsmuster und die Unfähigkeit staatlicher Institutionen, sozioökonomische Entwicklungen auf der Grundlage von programmatischen Richtungsentscheidungen langfristig zu steuern, erschweren die Bildung dauerhafter Allianzen zwischen Bevölkerungssegmenten und politischen Führungsgruppen in Gestalt von politischen Parteien. Die neue Bundesrepublik muss überdies die enormen psychologischen, politisch-kulturellen und finanziellen Belastungen durch den Beitritt der DDR verkraften und damit insgesamt einen Problemhaushalt bewältigen, der durchaus mit der industriellen Revolution des vergangenen Jahrhunderts oder mit der Umbruchsituation nach dem Ersten Weltkrieg verglichen werden kann. So gesehen hat sich das Parteiensystem trotz aller Dekonzentrationserscheinungen, Mobilisierungsdefizite, Innovationsschwächen und trotz der teilweise erheblichen Parteiverdrossenheit als außerordentlich leistungsstark erwiesen. Bei begrenzter Repräsentationskapazität und zögerlicher Modernisierungsbereitschaft ist es ihm auf längere Sicht immer wieder gelungen, zentrifugale Kräfte zu minorisieren bzw. zu integrieren. Die Ausdifferenzierung der Parteienlandschaft ist Ausdruck dieser Lern- bzw. Anpassungsfähigkeit. Dies gilt auch für Parteien am rechten oder linken Rand, weil sie den Großparteien Integrationsmängel signalisieren und sie gegebenenfalls zu politischen Reaktionen zwingen. Auch die PDS stellt unter funktionalen Gesichtspunkten einen Beitrag zur Stabilität und Leistungsfähigkeit des deutschen Parteiwesens dar, weil sie die wirtschaftlichen, politischen und kulturellen Eliten der DDR – wenn nicht mentalitätsmäßig, so doch institutionell – in die Ordnung der Bundesrepublik einbindet.

Für die Entwicklung des Parteiensystems stellt die deutsche Einigung 1989/90 also – jedenfalls aus heutiger Sicht – keinen Bruch dar, denn seine wesentlichen Eigenschaften bestehen trotz der tief greifenden Veränderung der Umweltbedingungen unverändert fort. Seine Integrations- und Repräsentationskraft, seine Lern-

und Anpassungsfähigkeit werden allerdings durch die Folgen der Einigung auf eine harte Belastungsprobe gestellt. Wenn sich der Ost-West-Konflikt weiter verschärft und der Basiskonsens tatsächlich erodiert, könnten sich die Zeiten des „gemäßigten Pluralismus" und der „Politik des mittleren Wegs" (vgl. den Beitrag von M.G. Schmidt in diesem Band) dem Ende zuneigen. Und wenn dann noch die politischen Barrieren für die Effektuierung des theoretisch bestehenden Machtgleichgewichts zwischen dem „linken" und dem „bürgerlichen" Lager entfallen, ist eine Neuauflage des Blockgegensatzes der Fünfzigerjahre – nun aber unter chancengleichen Wettbewerbsbedingungen – nicht ausgeschlossen. Dann hätten wir es tatsächlich mit einem gravierenden Umbruch in der Geschichte des bundesdeutschen Parteiensystems zu tun (der sich übrigens nicht nachteilig auf die politische Kultur auswirken muss).

Literatur

Abendroth, Wolfgang, 1964: Innerparteiliche und innerverbandliche Demokratie als Voraussetzung der politischen Demokratie, in: Politische Vierteljahresschrift, 5. Jg., Heft 3, S. 307-338.
Agnoli, Johannes, 1968: Die Transformation der Demokratie, in: ders., Peter Brückner, Die Transformation der Demokratie, Frankfurt a.M., S. 5-87.
Alemann, Ulrich von, 1996: Parteien in den Wechseljahren? Zum Wandel des deutschen Parteiensystems, in: Aus Politik und Zeitgeschichte, B 6, S. 3-8.
Alemann, Ulrich von et al., 1998: Parteien im Modernisierungsprozess. Zur politischen Logik der Unbeweglichkeit, in: Aus Politik und Zeitgeschichte, B 1-2, S. 29-36.
Birsl, Ursula und Peter Lösche, 1998: Parteien in West- und Ostdeutschland: Der gar nicht so feine Unterschied, in: Zeitschrift für Parlamentsfragen, 29. Jg., Heft 1, S. 7-24.
Ebbighausen, Rolf, 1969: Die Krise der Parteiendemokratie und die Parteiensoziologie. Eine Studie über Moisei Ostrogorski, Robert Michels und die neuere Entwicklung der Parteienforschung, Berlin.
Flechtheim, Ossip K., 1961: Zur Frage der innerparteilichen Demokratie, in: Neue Kritik, 2. Jg., Heft 8, S. 19-22.
Fuchs, Dieter, 1997: Welche Demokratie wollen die Deutschen? Einstellungen zur Demokratie im vereinigten Deutschland, in: Oscar W. Gabriel (Hrsg.), Politische Orientierungen und Verhaltensweisen im vereinigten Deutschland, Opladen, S. 81-113.
Gabriel, Oscar W. et al., 1975: Strukturprobleme des lokalen Parteiensystems, Bonn.
Gensicke, Thomas, 1998: Die neuen Bundesbürger. Eine Transformation ohne Integration, Opladen.
Glaeßner, Gert-Joachim, 1999: Demokratie und Politik in Deutschland, Opladen.
Greven, Michael Th., 1977: Parteien und politische Herrschaft. Zur Interdependenz von innerparteilicher Ordnung und Demokratie in der BRD, Meisenheim am Glan.
Helms, Ludger, 1995: Parteiensysteme als Systemstruktur. Zur methodisch-analytischen Konzeption der funktional vergleichenden Parteiensystemanalyse, in: Zeitschrift für Parlamentsfragen, 26. Jg., Heft 4, S. 642-657.
Hennis, Wilhelm, 1983: Überdehnt und abgekoppelt. An den Grenzen des Parteienstaates, in: Christian Graf v. Krockow (Hrsg.), Brauchen wir ein neues Parteiensystem?, Frankfurt a.M., S. 28-46.

Hoffmann-Jaberg, Birgit und Dieter Roth, 1994: Die Nichtwähler. Politische Normalität oder wachsende Distanz zu den Parteien?, in: Wilhelm Bürklin und Roth Dieter (Hrsg.), Das Superwahljahr. Deutschland vor unkalkulierbaren Regierungsmehrheiten?, Köln.
Immerfall, Stefan, 1998: Strukturwandel und Strukturschwächen der deutschen Mitgliederparteien, in: Aus Politik und Zeitgeschichte, B 1-2, S. 3-12.
Jung, Matthias, 1991: Der Wechselwähler – das unbekannte Wesen, in: Hans-Georg Wehling (Red.), Wahlverhalten, Stuttgart, S. 208-223.
Kirchheimer, Otto, 1965: Der Wandel des westeuropäischen Parteiensystems, in: Politische Vierteljahresschrift, 6. Jg., Heft 1, S. 20-41.
Klingemann, Hans-Dieter, 1985: The Fragile Stability. Electoral Volatility in West-Germany 1949-1983, in: Ivor Crewe und David Denver (Hrsg.), Electoral Change in Western Democracies. Patterns and Sources of Electoral Volatility, London, S. 230-263.
Kreikenbom, Henry und Carsten Bluck, 1994: Das Wahlverhalten von ostdeutschen Bürgern am Beispiel der Jenaer Wahlbefragungen 1990, in: Oskar Niedermayer und Richard Stöss (Hrsg.), Parteien und Wähler im Umbruch. Parteiensystem und Wählerverhalten in der ehemaligen DDR und den neuen Bundesländern, Opladen, S. 298-312.
Krippendorff, Ekkehart, 1962: Das Ende des Parteienstaates, in: Der Monat 160, 14. Jg., S. 64-70.
Kühr, Herbert (Hrsg.), 1979: Vom Milieu zur Volkspartei. Funktionen und Wandlungen der Parteien im kommunalen und regionalen Bereich, Königstein/Ts.
Lösche, Peter und Franz Walter, 1992: Die SPD. Klassenpartei – Volkspartei – Quotenpartei, Darmstadt.
Luthardt, Wolfgang, 1991: 'Krise' der Volksparteien – oder 'Differenzierung' und 'Verfestigung' im bundesdeutschen Parteiensystem?, in: Journal für Sozialforschung, 31. Jg., Heft 2, S. 127-145.
Mintzel, Alf, 1984: Die Volkspartei. Typus und Wirklichkeit. Ein Lehrbuch, Opladen.
Mintzel, Alf, 1989: Großparteien im Parteienstaat der Bundesrepublik, in: Aus Politik und Zeitgeschichte, B 11, S. 3-14.
Mintzel, Alf, 1996: Deutschland: Die Zukunft der Parteien nach der Krise, in: Dietrich Thränhardt (Hrsg.), Japan und Deutschland in der Welt nach dem Kalten Krieg, Münster, S. 187-226.
Narr, Wolf-Dieter (Hrsg.), 1977: Auf dem Weg zum Einparteienstaat, Opladen.
Neugebauer, Gero und Richard Stöss, 1996: Die PDS. Geschichte – Organisation – Mitglieder – Konkurrenten, Opladen.
Neumann, Sigmund, 1932: Die deutschen Parteien. Wesen und Wandel nach dem Kriege, Berlin.
Niedermayer, Oskar, 1996a: Zur systematischen Analyse der Entwicklung von Parteiensystemen, in: Oscar W. Gabriel und Jürgen W. Falter (Hrsg.), Wahlen und politische Einstellungen in westlichen Demokratien, Frankfurt a.M., S. 19-49.
Niedermayer, Oskar, 1996b: Das intermediäre System, in: Max Kaase et al., Politisches System, KSPW-Berichte 3, Opladen, S. 155-230.
Niedermayer Oskar, 1997: Das gesamtdeutsche Parteiensystem, in: Oscar W. Gabriel et al. (Hrsg.), Parteiendemokratie in Deutschland, Bonn bzw. Opladen, S. 106-130.
Niedermayer Oskar, 1999: Die Bundestagswahl 1998: Ausnahmewahl oder Ausdruck langfristiger Entwicklungen der Parteien und des Parteiensystems?, in: ders. (Hrsg.), Die Parteien nach der Bundestagswahl 1998, Opladen, S. 9-35.
Niedermayer, Oskar und Richard Stöss, 1994: DDR-Regimewandel, Bürgerorientierungen und die Entwicklung des gesamtdeutschen Parteiensystems, in: dies. (Hrsg.), Parteien und Wähler im Umbruch. Parteiensystem und Wählerverhalten in der ehemaligen DDR und den neuen Bundesländern, Opladen, S. 11-33.

Raschke, Joachim, 1982: Einleitung zu: ders. (Hrsg.), Bürger und Parteien. Ansichten und Analysen einer schwierigen Beziehung, Bonn, S. 9-31.
Reißig, Rolf, 1998: Transformationsforschung: Gewinne, Desiderate und Perspektiven, in: Politische Vierteljahresschrift, 39. Jg., Heft 2, S. 301-328.
Rieger, Günter, 1994: 'Parteiverdrossenheit' und 'Parteikritik' in der Bundesrepublik Deutschland, in: Zeitschrift für Parlamentsfragen, 25. Jg., Heft 3, S. 459-471.
Rosar, Ulrich, 1998: Policy-Orientierung und Systemunterstützung 1991-1995. Die Bedeutung der politischen Agenda für das Vertrauen in rechtsstaatliche und demokratische Institutionen, in: Heiner Meulemann (Hrsg.), Werte und nationale Identität im vereinten Deutschland. Erklärungsansätze der Umfrageforschung, Opladen, S. 129-154.
Schmid, Josef, 1990: Die CDU. Organisationsstrukturen, Politiken und Funktionsweisen einer Partei im Föderalismus, Opladen.
Schmidt, Manfred G., 1991: Machtwechsel in der Bundesrepublik (1949-1990). Ein Kommentar aus der Perspektive der vergleichenden Politikforschung, in: Bernhard Blanke und Hellmut Wollmann (Hrsg.), Die alte Bundesrepublik. Kontinuität und Wandel (= Leviathan Sonderheft 12), Opladen, S. 179-203.
Schmitt, Hermann, 1992: So dicht war die Mauer nicht! Über Parteibindungen und Cleavages im Osten Deutschlands, in: Peter Eisenmann und Gerhard Hirscher (Hrsg.), Die Entwicklung der Volksparteien im vereinten Deutschland, München, S. 229-252.
Schmitt, Karl, 1994: Im Osten nichts Neues? Das Kernland der deutschen Arbeiterbewegung und die Zukunft der politischen Linken, in: Wilhelm Bürklin und Dieter Roth (Hrsg.), Das Superwahljahr. Deutschland vor unkalkulierbaren Regierungsmehrheiten?, Köln, S. 185-218.
Schwarz, Siegfried, 1999: Die Berliner Republik: mehr Wandel als Kontinuität?, in: Deutschland-Archiv, 32. Jg., Heft 3, S. 451-456.
Staritz, Dietrich, 1996: Geschichte der DDR. Erweiterte Neuausgabe, Frankfurt a.M.
Staritz, Dietrich und Siegfried Suckut, 1993: Strukturwandel des DDR-Parteiensystems, in: Oskar Niedermayer und Richard Stöss (Hrsg.), Stand und Perspektiven der Parteienforschung in Deutschland, Opladen, S. 211-229.
Steffani, Winfried, 1988: Parteien als soziale Organisationen. Zur politologischen Parteienanalyse, in: Zeitschrift für Parlamentsfragen, 19. Jg., Heft 4, S. 549-560.
Stöss, Richard, 1983a: Einleitung: Struktur und Entwicklung des Parteiensystems der Bundesrepublik – Eine Theorie, in: ders. (Hrsg.), Parteien-Handbuch. Die Parteien der Bundesrepublik Deutschland 1945-1980, Bd. 1, Opladen, S. 17-309.
Stöss, Richard, 1983b: Die Aktionsgemeinschaft Vierte Partei, in: ders. (Hrsg.), Parteien-Handbuch. Die Parteien der Bundesrepublik Deutschland 1945-1980, Bd. 1, Opladen, S. 336-366.
Stöss, Richard, 1989: Otto Kirchheimer als Parteientheoretiker, in: Wolfgang Luthardt und Alfons Söllner (Hrsg.), Verfassungsstaat, Souveränität, Pluralismus. Otto Kirchheimer zum Gedächtnis, Opladen, S. 189-197.
Stöss, Richard, 1990: Parteikritik und Parteiverdrossenheit, in: Aus Politik und Zeitgeschichte, B 21, S. 15-24.
Stöss, Richard, 1997: Stabilität im Umbruch. Wahlbeständigkeit und Parteiwettbewerb im „Superwahljahr" 1994, Opladen.
Stöss, Richard, 1999: Rechtsextremismus im vereinten Deutschland, Bonn.
Stöss, Richard und Gero Neugebauer, 1999: Die SPD und die Bundestagswahl 1998. Ursachen und Risiken eines historischen Wahlsiegs unter besonderer Berücksichtigung der Verhältnisse in Ostdeutschland, in: Arbeitshefte aus dem Otto-Stammer-Zentrum, Nr. 2, Freie Universität Berlin, FB Politik- und Sozialwissenschaften, Berlin.

Stöss, Richard und Oskar Niedermayer, 1993: Einleitung, in: Oskar Niedermayer und Richard Stöss (Hrsg.), Stand und Perspektiven der Parteienforschung in Deutschland, Opladen, S. 7-34.
Wiesendahl, Elmar, 1980: Parteien und Demokratie. Eine soziologische Analyse paradigmatischer Ansätze der Parteienforschung, Opladen.
Wiesendahl, Elmar, 1984: Wie politisch sind politische Parteien?, in: Jürgen W. Falter, Christian Fenner und Michael Th. Greven (Hrsg.), Politische Willensbildung und Interessenvermittlung, Opladen, S. 78-88.
Wiesendahl, Elmar, 1989: Etablierte Parteien im Abseits? Das Volksparteiensystem der Bundesrepublik vor den Herausforderungen der neuen sozialen Bewegungen, in: Ulrike C. Wasmuth (Hrsg.), Alternativen zur alten Politik? Neue soziale Bewegungen in der Diskussion, Darmstadt, S. 82-108.
Wiesendahl, Elmar, 1990: Der Marsch aus den Institutionen. Zur Organisationsschwäche politischer Parteien in den achtziger Jahren, in: Aus Politik und Zeitgeschichte, B 21, S. 3-14.
Wiesendahl, Elmar, 1992: Volksparteien im Abstieg. Nachruf auf eine zwiespältige Erfolgsgeschichte, in: Aus Politik und Zeitgeschichte, B 34-35, S. 3-14.
Wiesendahl, Elmar, 1998a: Parteien in Perspektive. Theoretische Ansichten der Organisationswirklichkeit politischer Parteien, Opladen.
Wiesendahl, Elmar, 1998b: Wie geht es weiter mit den Großparteien in Deutschland?, in: Aus Politik und Zeitgeschichte, B 1-2, S. 13-28.
Wollmann, Hellmut, 1991: Vierzig Jahre alte Bundesrepublik zwischen gesellschaftlich-politischem Status quo und Veränderung, in: Bernhard Blanke und Hellmut Wollmann (Hrsg.), Die alte Bundesrepublik. Kontinuität und Wandel (= Leviathan Sonderheft 12), Opladen, S. 547-576.
Zelle, Carsten, 1995: Der Wechselwähler. Politische und soziale Erklärungsansätze des Wählerwandels in Deutschland und den USA, Opladen.

Kai-Uwe Schnapp / Christian Welzel

Wohin steuert das politische System?

Institutionelle Machtverschiebungen im vereinten Deutschland

I. Einleitung

Haben sich die Machtgewichte zwischen den Institutionen des bundesdeutschen politischen Systems über die Zeit verschoben, und wenn ja, in welche Richtung? Lassen sich klare Gewinner und Verlierer der Machtverschiebung ausmachen? Welchen Anteil haben die deutsche Einheit, die europäische Integration und die ökonomische Globalisierung an diesen Machtverschiebungen? Und schließlich und vor allem: Wie sind diese Verschiebungen unter den Kriterien politischer Effektivität und demokratischer Legitimität zu bewerten? Zu diesen Fragen bieten wir mit dem vorliegenden Beitrag einige Antworten an.

Wir untersuchen Machtverschiebungen zwischen den Institutionen des politischen Systems auf der Grundlage zweier als Vollerhebungen angesetzter Elitenbefragungen – der „Mannheimer Elitestudie" von 1972 und der „Potsdamer Elitenstudie" von 1995. In beiden Umfragen haben die Eliten den Einfluss einer Reihe von Institutionen und Akteuren des politischen Systems eingeschätzt. Wir benutzen diese Informationen zur Abbildung der institutionellen Machtverschiebungen zwischen 1972 und 1995. Eliten sind die individuellen Träger der institutionellen Machtstruktur. Ihre Einflusseinschätzungen sind deshalb Expertenurteile, die valides *Insider*-Wissen darstellen. Als Inhaber von Entscheidungspositionen haben Eliten erfahrungserprobte Kenntnisse über die Akteure und Institutionen, die berücksichtigt werden müssen, um Interessen durchsetzen zu können (Pappi 1995, S. 107). Aus diesen Gründen gehen wir davon aus, dass die Einflusseinschätzung der Eliten die reale Machtstruktur valide widerspiegelt.

Unsere Analysen zeigen, dass sich die Machtgewichte im politischen System zum Teil dramatisch verschoben haben. Diese Verschiebungen haben insgesamt zu einer breiteren Verteilung der Macht auf die Institutionen und Akteure geführt. Dieser Trend kommt der Funktionsweise eines Verhandlungssystems entgegen, das eine polyzentrische Machtverteilung voraussetzt. Unter Effektivitätserwägungen sind die erfolgten Machtverschiebungen daher unproblematisch. Unter Legitimitätserwägungen kommen wir jedoch zu einem anderen Urteil. Das heißt nicht, dass der Trend zu breiterer Machtverteilung *an sich* schon problematisch wäre. Problematisch ist vielmehr die dabei zu Tage getretene *Richtung* der Verschiebungen, nämlich weg von den Trägerinstitutionen des Repräsentativsystems und hin zu Institutionen, die am Rande oder gar ganz außerhalb des demokratischen Legitimationszusammenhangs stehen. Nach unserem Urteil *ent*sprechen die erfolgten Machtverschiebungen den Effektivitätserfordernissen des Verhandlungssystems, aber sie *wider*sprechen den Legitimitätserfordernissen des Repräsentativsystems. Letzteres gilt nicht nur aus einer *normativen,* sondern auch aus einer *empirischen* Legitimationsperspektive, die sich auf die von der Bevölkerung gewollte Machtstruktur bezieht. Dies zeigen wir anhand einer repräsentativen Bevölkerungsumfrage, die parallel zur Potsdamer Elitenstudie 1995 durchgeführt wurde. Die Daten belegen, dass die institutionellen Machtverschiebungen im Widerspruch zu der von der Bevölkerung gewollten Machtstruktur stehen. Insgesamt deuten unsere Befunde auf eine gewachsene Diskrepanz zwischen politischer Struktur und politischer Kultur hin, die einen gesteigerten institutionellen Reformbedarf anzeigt.

II. Zur Effektivität und Legitimität institutioneller Machtstrukturen

Anknüpfend an Lipset (1959) gehen wir davon aus, dass politische Effektivität und demokratische Legitimität die beiden Hauptkriterien sind, denen die Machtstruktur eines demokratischen politischen Systems genügen muss. Die Machtstruktur ist dann effektiv, wenn sie problemlösende Entscheidungen zulässt. Kommt es dagegen zu Entscheidungsblockaden und Problemstaus, so ist das ein Hinweis auf die Ineffektivität der Machtstruktur. Dem Effektivitätskriterium steht das Kriterium demokratischer Legitimität gegenüber, welches eine normative und eine empirische Komponente hat. Eine Machtstruktur entspricht dem normativen Legitimitätskriterium, wenn das Hauptgewicht der Macht bei den demokratisch gewählten Institutionen oder direkt beim Volk liegt. Und sie genügt dem empirischen Legitimitätskriterium, wenn sie von einer überwiegenden Mehrheit der Bürger als legitim anerkannt wird.

Unter Maßgabe dieser Kriterien spezifizieren wir die Bedingungen, die eine Machtstruktur erfüllen muss, um effektive Entscheidungsprozesse zu ermöglichen. Hierzu knüpfen wir an die Diskussion um Verhandlungssysteme an. Danach spezifizieren wir die Legitimitätsanforderungen, die sich aus bestimmten Tendenzen des politisch-kulturellen Wandels in westlichen Gesellschaften ergeben. Die auf diese Weise gewonnenen Bedingungen politischer Effektivität und demokratischer Legitimität dienen uns als Bewertungsmaßstab für die empirisch vorgefundenen Machtverschiebungen.

1. Die Effektivität der Machtstruktur und ihre Voraussetzungen

Die Anforderungen, die erfüllt sein müssen, damit eine Machtstruktur effektive Entscheidungen erzeugen kann, lassen sich insbesondere aus der steuerungstheoretischen Diskussion im Bereich der Institutionen- und Staatstätigkeitsanalyse gewinnen (vgl. für viele andere Braun 1993; Kleger 1995; Scharpf 1991b). Ein wesentlicher Ansatzpunkt der Diskussion ist die von der Systemtheorie konstatierte funktionale Differenzierung von Gesellschaften (vgl. Willke 1993). Funktionale Differenzierung heißt, dass Gesellschaften sich im Zuge des allgemeinen Modernisierungsprozesses arbeitsteilig in eine Vielzahl von Teilsystemen aufgliedern, die einerseits spezifische, nur von ihnen zu bewerkstelligende Leistungen für die Gesellschaft erbringen, dabei aber gleichzeitig von den Leistungen der anderen Teilsysteme abhängen. Funktionale Differenzierung bedeutet also Zunahme von struktureller Vielgliedrigkeit, Spezialisierung und Interdependenz der Teile.

Diese Entwicklung, bei der die Teilsysteme selbstbezogene Rationalitätskriterien entwickeln und professionalisierte Rollen ausdifferenzieren (vgl. Herzog 1991), kennzeichnet auch das politische System. Seine Funktion besteht in der Koordination und Integration der Teilbereiche auf gesellschaftsumfassendem Niveau. Willke spricht deshalb von einer Supervisionsfunktion oder auch Schiedsrichterrolle des politischen Systems (Willke 1992). Kleger betont den Aspekt des verhandelnden Staates, bei dem Entscheidungsfindung durch umfassenden Interessenausgleich die Integration der vielen Teilinteressen sichert (Kleger 1995, S. 100). Wie kaum ein anderer Bereich hängt damit die Politik von der Kooperationsbereitschaft der anderen Teilsysteme ab.

Wie Scharpf (1993) dargestellt hat, sind es die Informations- und Motivationsprobleme in komplexen Entscheidungsmaterien, die zu einer Abkehr von hierarchischer Reglementierung und einer Hinwendung zu Verhandlungsnetzwerken geführt haben. Politische Akteure leiten als Moderatoren die Verhandlungen zwischen Vertretern der Wirtschaft, der Verwaltung, der Wissenschaft und der Kultur und dienen als Garanten für die Umsetzung der Verhandlungsergebnisse. Die zunehmende Bedeutung des Entscheidungsmodus der Verhandlung findet ihren Ausdruck in einer netzwerkartigen Machtstruktur (vgl. Herzog 1991; Mayntz 1993), in der Macht als „die Fähigkeit, die eigenen Interessen in kollektiven Entscheidungsprozessen durchsetzen zu können" (Pappi 1995, S. 106) auf eine Mehrzahl von Akteuren verteilt ist. Eine solche Machtstruktur kann auch als polyzentrisch bezeichnet werden. Sie ist die strukturelle Reaktion des gesellschaftlichen Entscheidungssystems auf eine immer komplexere Umwelt, deren Anforderungen es nur verarbeiten kann, wenn seine inneren Strukturen der Komplexität der Umwelt entsprechen. Hierarchisch zentralisierte Steuerungsmodi werden bei komplexen Entscheidungsmaterien auf Netzwerke umgestellt, in die eine Vielzahl von Akteuren involviert sind (Herzog 1991).

Bilden die Politikvorstellungen der beteiligten Akteure Schnittmengen, die politische Tauschgeschäfte ermöglichen, und verfügen diese Akteure grundsätzlich über eine kooperative Handlungsorientierung, dann können die Informations- und Motivationsvorteile solcher Verhandlungssysteme voll zur Geltung kommen (vgl. Scharpf 1993; König 1998). Entscheidungen berücksichtigen dann in hohem Maße das Wissen und die Interessen eines großen Teils der beteiligten Akteure. Deshalb kann auf die Eigenmotivation der gesellschaftlichen Akteure bei der Implementation von Entscheidungen gesetzt werden. In diesem Falle erweisen sich polyzentrische Machtstrukturen als effektive Reaktion auf Umweltkomplexität.

Aus diesen Überlegungen zur Effektivität von Verhandlungssystemen schließen wir, dass eine Veränderung institutioneller Machtgewichte, bei der die Macht breiter verteilt wird, mit den *Effektivitäts*erfordernissen einer „Verhandlungsdemokratie" im Einklang stünde. Dies hieße aber noch nicht, dass damit auch die Erfordernisse demokratischer *Legitimität* erfüllt wären, wie sie aus dem politisch-kulturellen Wandel der Gesellschaft erwachsen. Diese Anforderungen wollen wir im Folgenden spezifizieren.

2. Die Legitimität der Machtstruktur und ihre Voraussetzungen

Ähnlich wie die *policy*-Forschung zunehmend auf veränderte Voraussetzungen effektiver Steuerung aufmerksam gemacht hat, so hat die Partizipationsforschung veränderte Voraussetzungen demokratischer Legitimität konstatiert. Viele Autoren, allen voran Inglehart (1990), berichten von einem generationalen Wertewandel, in dessen Verlauf die Ziele individueller Selbstentfaltung und unmittelbarer Mitbestimmung von öffentlichen Angelegenheiten ein immer größeres Gewicht erhalten. Beispielsweise ist unter den europäischen Unionsbürgern der Anteil der Menschen, die eine starke Präferenz für „mehr Mitsprache der Bürger an wichtigen Regierungsentscheidungen" haben, kontinuierlich von 28 Prozent im Jahr 1973 auf 60 Prozent im Jahr 1994 gestiegen (Auswertung der Eurobarometer 1973 bis 1994).

Die steigende Präferenz der Bürger für Selbst- und Mitbestimmung resultiert aus bestimmten Aspekten der gesellschaftlichen Modernisierung. Die nach dem Ende des Zweiten Weltkriegs gestiegene physische und ökonomische Sicherheit befriedigte wichtige materielle Bedürfnisse. Auf dieser Grundlage konnten sich neue, so genannte post-materielle Bedürfnisse, nach mehr Selbst- und Mitbestimmung entfalten. Im Zuge der Beschäftigungsdiversifikation und der horizontalen und vertikalen sozialen Mobilisierung sind zugleich die Wahlmöglichkeiten der Menschen gestiegen. Diese Entwicklungen befördern einen gestaltungswilligen und -fähigen Persönlichkeitstypus. Bildungsexpansion und Informationsverdichtung bewirkten zudem eine „kognitive Mobilisierung", die den Bürgern höhere Partizipationskompetenzen verlieh. Es wuchsen also zugleich die Bedürfnisse nach und die Fähigkeiten zu selbstbestimmter Partizipation am gesellschaftlichen Leben. Im politischen Bereich schlagen sich diese Entwicklungen in einem „plebiszitären Wandel" des Demokratieverständnisses nieder (Fuchs 1996; Bürklin 1997): Die Menschen fordern stärker als früher die unmittelbare Mitsprache in öffentlichen Angelegenheiten durch Bürgerentscheide. Und sie versuchen häufiger als früher, die Eliten mit direkter Aktion in spezifischen Fragen unter Druck zu setzen und neue „eliten-lenkende" Politikformen zu etablieren (Barnes/Kaase et al. 1979; Inglehart 1990; Fuchs/Klingemann 1995a, 1995b; Dalton 1996).

Hiermit korrespondiert, dass die Bürger sich von „eliten-gelenkter" Politik zunehmend lösen. Das macht sich etwa an den schwächer gewordenen affektiven Parteibindungen (Hoffmann-Jaberg/Roth 1994), einer deutlichen Abnahme des *class voting* und dramatisch abnehmendem Vertrauen in politische Institutionen bemerkbar (Walz 1996). Die Bürger scheinen von der Politik in zunehmendem Maße Responsivität gegenüber ihren Präferenzen zu erwarten (Klingemann 1997). Sie scheinen immer weniger bereit zu sein, zentralisierten Vertretungsinstanzen politische Loyalität in generalisierter Form entgegenzubringen (Fuchs/Klingemann 1995b).

Wenn diese Trendaussagen zutreffen, woran angesichts der in der zitierten Literatur veröffentlichten Umfrageergebnisse wenig Zweifel bestehen, dann resultieren hieraus manifeste Forderungen an die Richtung institutioneller Machtverschiebungen im politischen System der Bundesrepublik. Die Machtgewichte sollten sich hin zu demokratisch gewählten Akteuren und zum Souverän selbst verschoben haben. Träfe dies zu, dann stünde der Trend der institutionellen Entwicklung im Einklang mit dem Erfordernis einer demokratisch legitimierten Machtstruktur. In dem Maße aber, wie sich die Gewichte in eine andere Richtung verschoben haben, stünde der Trend im Widerspruch zu diesem Erfordernis.

3. Bisherige Befunde zur institutionellen Machtstruktur in Deutschland

Bis zu diesem Punkt haben wir zwei Kriterien entwickelt, an denen wir die Veränderung der Machtverteilung von 1972 zu 1995 beurteilen können. Das Kriterium der Effektivität in Verhandlungssystemen begründet die Forderung nach einer breiteren Machtverteilung unter den Akteuren und Institutionen des politischen Systems. Das Legitimitätskriterium begründet die Forderung nach Machtverschiebung zu Gunsten der demokratisch gewählten Akteure und des Souveräns.

Bevor wir uns jedoch der eigenen empirischen Analyse zuwenden, soll ein Blick in die Literatur darüber Aufschluss geben, welche Machtverteilungen und -verschiebungen dort als empirisches Faktum postuliert werden. An Arbeiten zu diesem Bereich hat es in den vergangenen Jahren nicht gemangelt. Ihren gemeinsamen Bezugsrahmen bieten die Topoi vom „halbsouveränen Staat" (Katzenstein 1987) und von der „Politik des mittleren Weges" (Schmidt 1991). Als halbsouverän wird das deutsche politische System bezeichnet, weil politische Grundentscheidungen in der Regel nur im Konsens einer Vielzahl gesellschaftlicher Kräfte getroffen werden. Berücksichtigungszwänge bestehen gegenüber Koalitionsparteien, den Regierungsfraktionen, gegenüber der Länderkammer, der Bundesbank (jetzt auch Europäische Zentralbank), der Europäischen Kommission, den Tarifpartnern, den Ministerialverwaltungen sowie gegenüber dem Bundesverfassungsgericht. Die Rolle einer deutschen Regierung in diesem Geflecht ist eher die einer Initiatorin und Moderatorin in der Kompromissfindung als die einer hierarchisch herausgehobenen Entscheidungszentrale, die autoritativ Beschlüsse setzt. Der Entscheidungsmodus entspricht dem Modell einer „Verhandlungsdemokratie" (Kleger 1995). Die Machtstruktur sei also polyzentrisch und weise, um mit Tsebelis (1995) zu sprechen, eine Vielzahl von Vetopunkten auf. Aus dieser Machtstruktur erwachse eine „Politik des mittleren Weges", auf dem die Interessen aller relevanten Gruppen unter Vermeidung abrupter Richtungswechsel berücksichtigt würden.

Neben der polyzentrischen Machtstruktur als einer Grundkonstante des politischen Systems zeichnen sich zwei große außenpolitische Trends ab, von denen man annehmen kann, dass sie die Machtverteilung im Inneren verändern. Einer dieser Trends ist die Globalisierung der Ökonomien, die die Politik in die Logik ökonomischen Handelns zu zwingen scheint. Politik könnte auf diese Weise auf einen Steuersenkungs- und Deregulierungswettbewerb um die Ansiedlung zukunftsträchtiger Wirtschaftszweige reduziert werden. Die Aufnahme neoliberaler Elemente in die Programmatik sozialdemokratischer Parteien bei gleichzeitiger Entthematisierung sozialer Gerechtigkeitsfragen deutet in diese Richtung. Die Globalisierungsdynamik gibt also zu der Vermutung Anlass, dass sich die Machtgewichte bereits von der Politik zur Wirtschaft verschoben haben und dass dabei vor allem die global agierenden Konzerne an Macht gewonnen haben. Die Großkonzerne sind zum Beispiel, so eine Beobachtung aus der Potsdamer Elitenstudie (Sauer/Schnapp 1997), in der Lage, sich direkten Zugang zu den Regierungsapparaten zu verschaffen, ohne auf die Wirtschaftsverbände als Interessenvermittler angewiesen zu sein. Aus der Globalisierungsperspektive erscheinen Parlamente, aber auch zentrale Interessenverbände und Gewerkschaften als Verlierer der Entwicklung. Dies würde eine Schwächung der parlamentarischen und korporatistischen Komponente im politischen Prozess bedeuten.

Der zweite außenpolitische Trend, der die innere Machtstruktur der Bundesrepublik verändert haben könnte, ist der europäische Integrationsprozess. Rückwirkungen resultieren für viele Autoren aus der Verflechtungslogik des europäischen Mehrebenensystems. Diese Verflechtungslogik gleicht der Logik der Bund-Länder-Beziehungen: Der kooperative Föderalismus bundesdeutscher Prägung sei eine Kooperative der Exekutiven, die die Regelungsautonomie der Länderparlamente beschnitten hat (vgl. Scharpf et al. 1976). Die Länder*exekutiven* aber hätten ihren Autonomieverlust gegen mehr Mitsprache an der Bundesgesetzgebung eingetauscht. Die Einflusserweiterung der Länderexekutiven durch Ausweitung der zustimmungspflichtigen Gesetzgebung im Bundesrat erfolgte zwangsläufig auf Kosten des Bundestages. Demnach waren es die Volksvertretungen auf Landes- *und* Bundesebene, mithin also die zentralen Legitimationsträger des Repräsentativsystems, die durch die Verflechtung der politischen Ebenen an Macht verloren haben. Diese Verflechtungslogik habe sich durch den europäischen Integrationsprozess auf die supranationale Ebene fortgepflanzt (Scharpf 1991a). Auch hier seien es die Regierungen und Ministerialbürokratien, die an der Ebenenverflechtung aktiv teilhaben, während die nationalen Parlamente an Kompetenzen verlieren – ohne dass dies bislang durch einen entsprechenden Machtzuwachs des Europaparlaments oder direkte Beteiligungsrechte der Bürger auf EU-Ebene kompensiert würde.

Die in der einschlägigen Literatur konstatierten Befunde zu institutionellen Machtverschiebungen lassen sich zu folgender Schlussfolgerung verdichten: Das deutsche politische System zeichnet sich durch eine zunehmend polyzentrische und in wachsendem Maße auf Verhandlungsmechanismen ausgerichtete Machtstruktur aus, innerhalb derer jedoch das Prinzip der Volkssouveränität zunehmend an Gewicht verliert, weil die Politik Macht an die Wirtschaft verloren hat und weil innerhalb der Politik die Repräsentationsorgane an Macht verloren haben. Kontrastiert man diese institutionelle Entwicklung mit dem in der Forschung festgestellten „plebiszitären Wandel" des Demokratieverständnisses in der Bevölkerung, so ist daraus auf eine gewachsene Diskrepanz zwischen politischer Struktur und politischer Kultur zu schließen. Eine solche Diskrepanz würde Bedarf für institutionelle Reformen indizieren.

Wir gehen nun zu unserer empirischen Analyse über. Wir prüfen zunächst, inwieweit die in der Literatur konstatierten Befunde zur Machtstruktur mit den Einflusseinschätzungen der Eliten übereinstimmen. Diese Untersuchungsperspektive baut auf das Expertenwissen der Eliten und bietet insofern eine wichtige Grundlage zur Validierung der von der Institutionenforschung bislang postulierten Befunde. In einem weiteren Schritt untersuchen wir, ob und inwieweit die von der Bevölkerung gewollte Machtstruktur mit der von ihr und den Eliten perzipierten Machtstruktur übereinstimmt. Dieser Schritt ist notwendig, um Aussagen über die empirische Legitimität der Machtstruktur treffen zu können.

III. Die institutionelle Machtstruktur in der Einschätzung von Eliten und Bevölkerung

Wir messen die Macht von Institutionen und kollektiven Akteuren darüber, wie Angehörige der Führungsschicht deren Einfluss einschätzen. Da Machtpotenziale vor allem dadurch Wirksamkeit erlangen, dass sie auch als solche perzipiert werden, kann dieses Messinstrument als adäquat angesehen werden. Die von uns gefundene hohe Übereinstimmung der Einflusseinschätzungen zwischen den sektoralen Teileliten[1] spricht im Zusammenhang mit ihrem qua Position gegebenen Expertenstatus (Pappi 1995) ebenfalls für die Validität des Messinstrumentes. Als Datengrundlage verwenden wir die Potsdamer Elitestudie von 1995 und die Mannheimer Elitestudie von 1972.[2] Beide Studien enthalten Fragen nach dem Einfluss unterschiedlicher Institutionen und Akteure auf politische Entscheidungsprozesse sowie Fragen zur Bewertung des Einflusses nach den Kategorien „zu viel Einfluss" und „zu wenig Einfluss".[3] Die Befragungsliste umfasste 1972 vierundzwanzig und 1995 fünfundzwanzig Akteure. Der Einfluss von neunzehn dieser Akteure wurde zu beiden Zeitpunkten erhoben. Die zeitvergleichenden Analysen beziehen sich auf diese Auswahl. Bei der Analyse der Einflusseinschätzungen der Bevölkerung stützen wir uns auf die Bevölkerungsumfrage, die parallel zur Potsdamer Elitestudie mit identischen Fragen durchgeführt wurde.[4] Leider steht für den Zeitpunkt 1972 keine entsprechende Bevölkerungsumfrage zur Verfügung.

1. Die Einflusseinschätzungen der Eliten 1972

Der erste Zeitpunkt, an dem die Einflusseinschätzung der deutschen Führungsgruppen erhoben wurde, liegt mehr als 25 Jahre zurück. Es war die Anfangszeit der sozial-liberalen Koalition. Tabelle 1 zeigt, wie die damaligen Eliten den Einfluss der relevanten Institutionen und Akteure eingeschätzt haben. Bundesregierung (durchschnittliche Einschätzung 5,6 auf einer Skala von 1-6), Bundestag (5,3) und Parteien (5,2) sind zu diesem Zeitpunkt die Machtzentren. Damit waren die klassischen Trägerorgane der parlamentarischen Repräsentation die mächtigsten Einflussträger. Auch die Landesregierungen (4,2) und der Bundesrat (4,2) hatten

---

1 Zur Überprüfung der Ähnlichkeit der Einflusseinschätzungen zwischen den Sektoren wurde eine Faktoranalyse über die aggregierten Einschätzungen der Sektoreliten durchgeführt, also im Gegensatz zum üblichen variablenzentrierten Verfahren hier befragtenzentriert. Sie ergab für 1972 eine einfaktorielle Lösung mit 93% erklärter Varianz, für 1995 eine zweifaktorielle Lösung mit 87% erklärter Varianz auf dem ersten Faktor. Der zweite Faktor wurde ausschließlich von der PDS gebildet.
2 Die Befragten wurden für beide Studien nach der Positionsmethode ausgewählt. Zu Datengrundlage, Erhebungsmethode und Auswahlschlüssel der Elitestudie von 1972 siehe Hoffmann-Lange/Neumann/Steinkemper (1980) sowie ZA 0796 Westdeutsche Führungsschicht. Für die Potsdamer Elitestudie siehe Machatzke (1997).
3 Frage 80a der Potsdamer Elitestudie (F88a in der Bevölkerungsumfrage): „Ich lese Ihnen eine Reihe von Akteuren unseres politischen Systems vor. Wir möchten gerne wissen, wie hoch Sie deren aktuellen Einfluß auf die Politik in der Bundesrepublik einschätzen." (siehe Bürklin et al. 1997, S. 476). Die Frage 21a in der Elitestudie von 1972 war weitgehend identisch formuliert.
   Frage 80b/c der Potsdamer Elitestudie (Frage 88b/c in der Bevölkerungsumfrage): „Gibt es unter diesen Akteuren einen oder mehrere, die Ihrer Meinung nach zu viel/zu wenig Einfluß haben?" (Bürklin et al. 1997, S. 476). Die Frage 21b in der Elitestudie von 1972 war weitgehend identisch formuliert.
4 Zur Datengrundlage siehe Infratest Burke (1995).

Tabelle 1: Einflusswahrnehmung und gewünschte Einflussgröße der deutschen Führungsschicht 1972 (N = 1.825)

Akteure	Durchschnitt	Rang	Soll (in %)		
			weniger	richtig	mehr
Bundesregierung	5,6	1	6	84	10
Bundestag	5,3	2	1	76	23
Parteien	5,2	3	14	77	10
Gewerkschaften	4,6	4	47	45	8
Verwaltung	4,5	5	49	48	3
Medien	4,4	6	38	55	6
Landesregierungen	4,2	7	26	59	15
Bundesrat	4,2	8	19	63	17
Wirtschaftsverbände	4,0	9	36	53	11
Bundesbank	3,9	10	8	63	28
Bundesverfassungsgericht	3,9	11	6	81	12
Großunternehmen	3,8	12	53	44	3
Landwirtschaftsverbände	3,8	13	48	45	7
Banken	3,8	14	47	51	2
Wähler	3,7	15	3	40	57
Kirchen	3,4	16	34	58	8
Wissenschaft	2,9	17	8	40	52
Bundespräsident	2,7	18	5	78	17
Bundeswehr	2,4	19	10	77	13
Mittelwert	4,01				
SD	0,82				
Solleinschätzung gesamt			27	57	16

eine überdurchschnittliche Machtreputation. Die moderate Einflussdifferenz zwischen Bundes- und Landesorganen verdeutlicht, dass bereits 1972 ein hoher Verflechtungsgrad zwischen den Ebenen des föderalen Systems bestand.

Die weiteren, überdurchschnittlich einflussreich eingeschätzten Akteure stehen außerhalb des parlamentarischen Repräsentationszusammenhangs. Das betrifft zunächst die Gewerkschaften (4,6), deren traditionelle Nähe zur seinerzeit regierenden SPD sie als einflussreich erscheinen ließ, sodann aber auch die öffentliche Verwaltung (4,5) und die Massenmedien (4,4).

Unter den Verfassungsorganen wurden die beiden demokratisch nicht direkt legitimierten Institutionen der Bundesbank und des Bundesverfassungsgerichts als weniger einflussreich eingeschätzt (beide 3,9). Das Gleiche gilt auch für alle Einflussträger aus dem Bereich der Wirtschaft.

Auffallend ist, dass der Einfluss der Wähler als sehr schwach angesehen wurde. Der Souverän erhielt im Vergleich zu allen politischen und wirtschaftlichen Einflussträgern, mit Ausnahme des Bundespräsidenten, die geringste Einflusseinschätzung. In einer repräsentativ orientierten, demokratischen Kultur kann das als anspruchskonform bezeichnet werden. Kommt es allerdings zu einer Verstärkung partizipativer Orientierungen in der Bevölkerung, wie es unter 1.2 dargestellt wurde, können hieraus Legitimationsprobleme für die politische Ordnung erwachsen.

Kontrastiert man mit den Ist-Einschätzungen politischen Einflusses die Soll-Einschätzungen, so erhält man ein Bild über die von den Eliten gewollte Einflussstruktur. Daraus ergeben sich Hinweise auf mögliche Reformstoßrichtungen. Bundesregierung und Bundestag, die beiden zentralen Organe parlamentarischer Repräsentation, wurden 1972 nicht nur als sehr einflussreich wahrgenommen. Tabelle 1 macht deutlich, dass der Großteil der Eliten den eingeschätzten Einfluss auch als angemessen akzeptierte. Knapp ein Viertel der Befragten hielt sogar einen stärkeren Einfluss des Bundestages und ein Zehntel einen stärkeren Einfluss der Bundesregierung für wünschenswert.

Der Einfluss der Parteien wurde nicht so einmütig beurteilt. Insgesamt fanden zwar 77 Prozent der Befragten die Macht der Parteien akzeptabel, entsprechend waren aber immerhin 23 Prozent mit der Einflussstärke nicht einverstanden. In diesem Punkt differieren die Einschätzungen der sektoralen Teileliten deutlich. Während 15-25 Prozent der Führungsgruppen aus Wissenschaft, Gewerkschaften und Parteien den Einfluss der Parteien für nicht ausreichend hielten (keine großen Differenzen zwischen den Parteien), wurden diese von 15-20 Prozent der Verwaltungs-, Wirtschafts-, Wirtschaftsverbände- und Medieneliten für zu einflussreich gehalten.

Differenziert fällt der Ist-Soll-Vergleich auch in Bezug auf den Einfluss von Bundesrat und Länderregierungen aus. Insgesamt akzeptierten 63 Prozent bzw. 59 Prozent der befragten Eliten den Einfluss dieser Organe in der von ihnen jeweils eingeschätzten Stärke. Ein Fünftel der Befragten empfand die Position des Bundesrates und ein Viertel die Position der Länderregierungen als zu stark. Besonders zwischen den Führungsgruppen der Parteien wurden starke Unterschiede der Sollvorstellungen deutlich. Eine große Gruppe der Führungskräfte der Regierungsparteien halten den zum Zeitpunkt der Befragung unionsgeführten Bundesrat für zu einflussreich (SPD 33 Prozent, FDP 40 Prozent, zu wenig einflussreich 14 Prozent und 8 Prozent), während die Führungskräfte der Unionsparteien ihn für zu wenig einflussreich (32 Prozent, zu einflussreich 3 Prozent) halten. Wir interpretieren diese Differenzen als ein Indiz für die Parteipolitisierung des Föderalismus und dafür, dass sowohl bei Regierung als auch Opposition ein Verständnis dafür vorhanden war, wie mit Hilfe des Bundesrates die Handlungsautonomie der Bundestagsmehrheit eingeschränkt werden konnte. Zahlreiche Vertreter der Mehrheit (CDU/CSU) in der Vetoinstitution Bundesrat sind mit der Stärke der Position nicht zufrieden, während viele Vertreter der gegenüberstehenden Bundestagsmehrheit die Position für zu stark halten.

Die Bundesbank wurde von mehr als einem Viertel, das Bundesverfassungsgericht von 12 Prozent der Befragten für zu wenig einflussreich gehalten. Beide

Institutionen waren zum Befragungszeitpunkt noch nicht ernsthaft als Vetoakteure gefordert: Die Bundesbank hatte ihr Einschwenken auf den mit der keynesianischen Politik der SPD konfligierenden monetaristischen Kurs noch nicht abgeschlossen, und das Instrument der Verfassungsklage wurde von der Opposition noch nicht so extensiv genutzt. Der Einfluss beider Institutionen wurde deshalb leicht unterdurchschnittlich eingestuft.

Eine nach Sektoren differenzierte Betrachtung der Solleinschätzungen für die Bundesbank verdeutlicht, dass unterschiedliche Spieler im politischen Prozess die Einflussmöglichkeiten von Vetoinstitutionen aus ihrer eigenen Interessenperspektive bewerten. Wir hatten das bereits am Beispiel des Bundesrates verdeutlicht. Im Falle der Bundesbank trat fast die Hälfte der Unternehmens- und Wirtschaftsverbandseliten sowie mehr als ein Drittel der Führungskräfte der Unionsparteien für eine Ausweitung des Einflusses ein, während Gewerkschafts- und SPD-Spitzen eher für eine Eindämmung der Macht der Bundesbank plädierten.

Den Einfluss von Verwaltung, Gewerkschaften und Medien, die nicht im parlamentarischen Repräsentationszusammenhang stehen, aber als überdurchschnittlich einflussreich eingeschätzt wurden, hielt ein großer Teil der Eliten für zu stark (Verwaltung: 49 Prozent, Gewerkschaften: 47 Prozent, Medien: 38 Prozent). Selbst von den als weniger einflussreich eingestuften Akteuren werden einige – namentlich die Banken (47 Prozent), die Landwirtschaftsverbände (48 Prozent) und die Großunternehmen (53 Prozent) – als zu stark eingeschätzt. Diese Daten zeigen, dass der politische Einfluss von demokratisch nicht legitimierten Einflussträgern auch von den Akteuren, die innerhalb dieser Träger agieren, eher kritisch betrachtet und häufig für zu stark gehalten wurde. Korrespondierend mit dieser Einschätzung sahen 57 Prozent aller befragten Führungskräfte die Wähler als zu wenig einflussreich an.

Fassen wir die bisherigen Ergebnisse zusammen, so zeichnet sich in den Einflusswahrnehmungen die „halbsouveräne" Stellung der Regierungsakteure auf der Bundesebene ab. Insbesondere die Beschränkung der Handlungsfreiheit durch den Föderalismus, aber auch durch organisierte Interessen (1972 führend genannt die Gewerkschaften) werden in dem gezeichneten Einflussprofil deutlich. Man kann die perzipierte Einflussstruktur als polyzentrisch beschreiben, weil neben einem starken politischen Machtzentrum weitere starke Einflussträger zu erkennen sind. Andererseits erscheinen formal starke Vetoakteure wie die Bundesbank und das Bundesverfassungsgericht in ihrem Einfluss auf politische Entscheidungen vergleichsweise beschränkt. Hier zeigen sektorale Differenzen in den Solleinschätzungen beispielhaft, wie gut die Führungskräfte in der Lage sind, die Möglichkeiten der Beeinflussung politischer Entscheidungen zu erkennen. Dies ist nicht weiter verwunderlich, denn sie sind die Spieler in diesem System und sollten daher dessen Regeln und Möglichkeiten kennen.

Mit Blick auf den Legitimitätsaspekt können wir zwei Punkte festhalten, die 1972 für eine zukünftige Stärkung der demokratischen Legitimität gesprochen haben: Erstens wurden die Wähler von einer deutlichen Mehrheit der Führungskräfte als nicht ausreichend einflussreich eingeschätzt, und zweitens haben viele Eliten – trotz der Führungsposition von Bundesregierung und Parlament – eine Verschiebung der Machtgewichte zu diesen Trägern der parlamentarischen Repräsentation gewünscht.

2. Die Einflusseinschätzungen der Eliten 1995

Der Vergleich der nach Rängen geordneten Einflusseinschätzungen zwischen 1995 und 1972 macht deutlich, dass die institutionelle Machtstruktur zum Teil sehr weit reichende Veränderungen erfahren hat.[5] Welche Akteure sind die Gewinner und Verlierer der Machtverschiebungen?

Bundesregierung und Bundestag haben ihre führenden Rangpositionen zwar behauptet, aber unter *Verringerung des Abstandes* zu den in der Rangordnung folgenden Akteuren. Auf dem dritten Rang steht 1995 das Bundesverfassungsgericht (1972 Rang 11), dessen Einfluss als *fast gleichwertig mit dem des Bundestages* eingeschätzt wird. Neben dem Bundesverfassungsgericht sind die Bundesbank und der Bankensektor die klaren Gewinner der Machtverschiebungen. Damit haben geschlossene Expertenorgane, die außerhalb des parlamentarischen Repräsentationszusammenhangs stehen (Verfassungsgericht, Bundesbank), und Akteure außerhalb des politischen Systems (Banken) an Einfluss gewonnen. Länderparlamente und Parteien als Akteure im parlamentarischen Repräsentationszusammenhang haben dagegen deutlich an Einfluss verloren. Die Parteien sind von Rang 3 auf Rang 6, die Länderparlamente von Rang 7 auf Rang 14 der Einflussstärke von 1972 zurückgefallen. Das sind spürbare Veränderungen.

Dem Einflussverlust der Länderparlamente steht ein beachtlicher Einflussgewinn des Bundesrates gegenüber. Hierin wird die Entwicklung des kooperativen Föderalismus in der Bundesrepublik deutlich: Die einzelnen Länder haben an Regelungsautonomie verloren, dafür aber mehr Mitsprache an Bundesregelungen gewonnen (vgl. auch Wachendorfer-Schmidt in diesem Band).

Die Wähler haben in der Wahrnehmung der Führungskräfte leicht an Einfluss gewonnen. Sie befinden sich 1995 auf dem zehnten Rangplatz (1972 Platz 15). Bürgerinitiativen und soziale Bewegungen als direkte Organisationsform der Bürger belegen den zwanzigsten Platz in der Einflusshierarchie (1972 nicht abgefragt), liegen also im untersten Fünftel.

Die Veränderungen lassen sich wie folgt zusammenfassen: Die Einflussunterschiede sind, vor allem zwischen den Akteuren auf den oberen Rangplätzen, geringer geworden. Deutlich an Einfluss verloren haben politische Akteure und Institutionen (Parteien, Länderparlamente). Dafür haben Akteure aus dem *ökono-*

---

5 Der Rangkorrelationskoeffizient (Spearman's Rho) zwischen beiden Reihen beträgt 0,73 (R^2 = 0,53).

Tabelle 2: Vergleich von Einflusswahrnehmung und gewünschter Einflussgröße zwischen Elite und Bevölkerung 1995. Absteigend nach Ist-Einschätzung durch die Eliten

	Elite 1995 (N = 2.341)				Bevölkerung 1995 (N = 2.960)[6]			
	Ist	weniger	richtig	mehr	Ist	weniger	richtig	mehr
Bundesreg.	6,2	5	91	4	6,0	16	78	6
Bundestag	5,7	1	83	16	5,5	9	82	9
Verfassungsgericht	5,6	24	75	1	5,4	13	78	9
Bundesrat	5,5	10	86	4	5,5	9	82	9
Medien	5,4	44	55	1	4,9	37	59	4
Parteien	5,3	18	81	1	5,0	22	72	6
Bundesbank	5,1	11	88	2	5,2	23	74	3
Verwaltung	4,9	30	69	1	4,2	22	74	4
Banken	4,8	39	61	0	5,4	49	50	1
Int.-gruppen	4,7	32	64	4	3,7	13	64	23
Wähler	4,7	1	64	36	3,8	1	39	60
Arbeitgeberverb.	4,6	22	74	5	4,9	31	65	4
Großuntern.	4,5	31	68	1	5,3	48	50	1
Gewerkschaften	4,4	18	73	10	4,3	15	64	21
Länderparl.	4,2	2	82	16	4,5	4	79	17
Bundespräs.	4,1	1	91	8	4,1	4	71	25
Justiz	3,9	5	92	3	4,4	7	80	13
EU-Institutionen	3,9	8	81	11	3,5	12	78	10
Landwirtschaftsv.	3,9	13	84	2	3,7	8	81	11
Meinungsforschg.	3,7	16	83	1	3,2	3	82	15
Bürgerinitiativen	3,5	7	68	25	3,3	2	55	42
Kirchen	3,2	7	83	10	3,5	21	69	10
Wissenschaftler	3,1	0	66	33	3,6	2	72	26
Polizei	2,8	1	93	6	3,8	4	71	25
Bundeswehr	2,7	3	93	4	3,6	9	84	8
Mittelwert	4,4				4,41			
Standardabweich.	0,9				0,84			
Gesamtsoll		14	78	8		15	69	15

mischen und *juristischen* Bereich (Banken, Bundesbank, Bundesverfassungsgericht) stark an Einfluss gewonnen. Die Zentralität des politischen Systems hat damit ab-, die Machtdispersion in andere Teilsysteme hinein zugenommen.

Die beschriebenen Veränderungen entsprechen den Effektivitätserfordernissen an komplexe Verhandlungssysteme. Das gilt insbesondere für die weiter fortgeschrittene Machtdispersion. Die Machtdispersion ist unter der Maßgabe normativer, demokratischer Legitimität aber als problematisch zu beurteilen – nicht weil Machtdispersion unter dieser Maßgabe generell problematisch ist, sondern weil

---

6 Die Bevölkerungsstichprobe umfasste 1.907 Einwohner der alten und 1.053 Einwohner der neuen Bundesländer. Die Auswertung erfolgte gewichtet nach den realen Anteilen an der Bevölkerung der Bundesrepublik.

sie in die falsche Richtung ging: Sie führte weg von zentralen Trägern parlamentarischer Repräsentation; und anstatt direkt zum Souverän, führte sie hin zu geschlossenen Gremien außerhalb des parlamentarischen Repräsentationszusammenhangs.

Die Soll-Einschätzungen der Eliten 1995 dokumentieren eine gegenüber 1972 gewachsene Akzeptanz der institutionellen Machtstruktur. Während 1972 56 Prozent der Eliten keine Präferenz für zunehmenden oder abnehmenden Einfluss der abgefragten Institutionen äußerten, waren es 1995 78 Prozent.[7] Die gestiegene Akzeptanz deutet auf eine in den Köpfen der Eliten erfolgte Konsolidierung der Institutionenordnung hin, die auch von der deutschen Vereinigung nicht unterbrochen wurde.

Die größte Akzeptanz weisen die Führungskräfte des Militärs (85 Prozent) und der CSU (82 Prozent) auf, während die Eliten von Bündnis 90/Die Grünen und der PDS mit 73 bzw. 63 Prozent am häufigsten Reformen der Einflussstruktur wollen. Eine Differenz in der Akzeptanz der Einflussstruktur ist auch zwischen ost- und westdeutschen Eliten zu finden. Während 71 Prozent der ostdeutschen Eliten die Einflussverteilung für angemessen hielten, waren es bei den westdeutschen Eliten 79 Prozent.

Die Spitzenposition bei den Nennungen für zu wenig Einfluss weisen, wie schon 1972, die Wähler (36 Prozent der Befragten) und die Wissenschaft (33 Prozent) auf. Es ist jedoch ein starker Rückgang des Anteils der Führungskräfte zu verzeichnen, die Defizite empfinden, denn 1972 waren noch mehr als die Hälfte der Führungskräfte der Meinung, dass Wähler und Wissenschaft mehr Einfluss haben sollten. In der Befragung von 1995 sind auch Bürgerinitiativen und soziale Bewegungen als Einflussgruppe erfragt worden. Sie wurden von einem Viertel der Führungskräfte als nicht ausreichend einflussreich eingeschätzt. Neben „unabhängiger wissenschaftlicher Expertise" sind es also wiederum die Bürger, deren Einfluss von vielen als zu schwach empfunden wird. Diese Einschätzung schwankt aber stark nach der Parteizugehörigkeit der politischen Eliten. Nur 13 Prozent der Unionsführungskräfte, aber rund 66 Prozent der SPD- und FDP-Führungskräfte sowie 61 Prozent und 75 Prozent der Führungskräfte der Grünen bzw. der PDS sind der Meinung, dass der Wählereinfluss zu schwach wäre. Unter den Verbandseliten wünschen die Gewerkschaftseliten am stärksten einen Einflusszuwachs der Wähler (45 Prozent der Befragten), die Eliten der Landwirtschaftsverbände am wenigsten (26 Prozent).

Bezüglich der Wähler und der Bürgerinitiativen/sozialen Bewegungen sind außerdem starke Ost-West-Differenzen zu verzeichnen. Während 52 Prozent der ostdeutschen Führungskräfte mehr Einfluss für die Wähler wünschen, sind es nur 34 Prozent der westdeutschen Eliten. Für die Bürgerinitiativen und soziale Be-

---

[7] Wir prozentuieren hier auf die Zahl der Antworten. Eine Prozentuierung auf die Zahl der Befragten ergäbe ein unrichtig negatives Akzeptanzbild, weil es fast keinen Befragten gab, der nicht mindestens einen Akteur für zu viel oder zu wenig einflussreich hielt.

wegungen sind es 56 Prozent bzw. 21 Prozent. Hier wird deutlich, dass die ostdeutschen Führungskräfte eine starke Präferenz für einen einflussreichen Souverän haben (vgl. dazu Welzel 1997, 1998).

Die Parteien haben von 1972 auf 1995 deutlich an Einfluss verloren, werden aber immer noch von 18 Prozent aller befragten Eliten als zu stark wahrgenommen. Besonders weit verbreitet ist eine kritische Haltung gegenüber dem Einfluss der Parteien bei den Führungskräften von PDS, Medien, Kultur, Verwaltungen und Wirtschaft (28-20 Prozent). Ost-West-Differenzen bestehen bei der Bewertung des Parteieneinflusses kaum.

Der Einfluss des Bundesrates ist 1995 stärker akzeptiert als 1972: 86 Prozent gegenüber 63 Prozent der Befragten halten den Einfluss für angemessen. Das ist bemerkenswert, weil der Bundesrat 1972 auf niedrigerem Einflussniveau (Rangplatz 8) von 19 Prozent der Befragten für zu einflussreich gehalten wurde, während es 1995 nur 10 Prozent der Befragten waren, die ihn trotz des gestiegenen Einflusses für zu stark hielten. Allerdings sprachen sich 1972 auch 17 Prozent der Befragten für eine Stärkung der Position des Bundesrates aus, während das 1995 nur noch 4 Prozent waren.

Bezeichnend ist die Umkehrung der Weniger-Mehr-Relationen zwischen den Bonner Regierungsparteien von 1972 und 1995. Das Gros der Kritiker am Einfluss des Bundesrates stammt 1995 aus den Unionsparteien, während es 1972 aus den Reihen der SPD und der FDP kam. Dies bestätigt erneut die inzwischen mehrfach gezeigte Tatsache (u.a. König 1998), dass der Bundesrat von der Bundestagsopposition als Instrument des Mitregierens genutzt und von den Regierungsparteien als störend oder hemmend empfunden wird.

Von einem großen Teil der Befragten werden auch 1995 die Verwaltungen (30 Prozent der Befragten), die Medien (44 Prozent) sowie die Banken und Großunternehmen (39 Prozent und 31 Prozent) für zu einflussreich gehalten. In allen Fällen ist jedoch der Anteil der „Zu viel-Einschätzungen" gegenüber 1972 zurückgegangen. Die ostdeutschen Führungskräfte halten Verwaltungen (48 Prozent zu 28 Prozent), Banken (61 Prozent zu 36 Prozent) und Großunternehmen (51 Prozent zu 28 Prozent) zu einem wesentlich höheren Prozentsatz für zu einflussreich als ihre westlichen Kollegen.

Die Einschätzung des Bundesverfassungsgerichts, für das 1972 noch häufiger Einflusszuwachs als Einflussminderung gefordert wurde, hat sich nachhaltig verändert: 1995 hielten 24 Prozent der befragten Eliten das Gericht für zu einflussreich. Offenkundig wird der oben beschriebene Einflusszuwachs als zu weit reichend angesehen. Dem Einstellungswandel gegenüber dem Verfassungsgericht entspricht die veränderte Soll-Einschätzung gegenüber der Bundesbank (siehe Tabelle 2).

Der Einfluss der Europäischen Union auf politische Entscheidungsprozesse (nur 1995 erhoben) wird für relativ gering gehalten und von 81 Prozent der Eliten in seinem Ausmaß akzeptiert. Lediglich 8 Prozent der Führungskräfte halten die EU-Institutionen für zu einflussreich.

Als Zwischenfazit halten wir fest, dass sich die institutionellen Machtgewichte vom politischen in andere Teilsysteme verschoben haben. Gleichzeitig hat sich die Machtstruktur in der Wahrnehmung der Eliten konsolidiert. Es werden weitaus seltener Änderungspräferenzen geäußert als 1972. Daran ändert auch das Hinzukommen der ostdeutschen Führungskräfte nichts. Sie äußerten zwar öfter Änderungspräferenzen als die Eliten westdeutscher Herkunft; sind aber immerhin „zufriedener" mit der wahrgenommenen Einflussstruktur, als es die westdeutsche Führungsschicht 1972 war. Das ist ein wichtiger Befund für die Systemintegration auf der Ebene der Eliten.

Gemäß der Einflusseinschätzungen der Eliten ist die institutionelle Machtstruktur als dezentral und polyzentrisch zu beschreiben. Dieser Charakterzug hat sich gegenüber 1972 noch weiter verstärkt. Eine solche Machtstruktur reflektiert die Effektivitätserfordernisse eines komplexen Verhandlungssystems. Den normativen Erfordernissen an die Legitimität von Verhandlungsdemokratien entspricht der beschriebene Trend jedoch nicht. Denn er verlief nicht zu Gunsten der Wähler und dazu auch noch auf Kosten der Repräsentationsorgane. *Das Prinzip der Volkssouveränität, ob nun vermittelt über Vertretungsorgane oder in Gestalt direkten Wählereinflusses, hat in der institutionellen Machtstruktur an Gewicht verloren.* Die sich damit stellenden Legitimitätsprobleme werden von den Eliten durchaus gesehen: Bei ihnen stechen die Wähler, Bürgerinitiativen und sozialen Bewegungen sowie der Bundestag klar als die Akteure heraus, die im Mehr-Weniger Saldo mehr Einfluss haben sollen. Im letzten Analyseschritt prüfen wir, wie legitim die Machtstruktur in den Augen der Bevölkerung ist.

3. Die Einflusseinschätzungen der Bevölkerung 1995

Tabelle 2 verdeutlicht, dass die Ist-Einschätzung der institutionellen Machtgewichte nur wenig zwischen Elite und Bevölkerung variiert. Das ist ein wichtiger Befund, der markant mit Patzelts (1998) Stigma vom „unwissenden Bürger" kontrastiert. Nach unseren Daten haben die Bürger eine zutreffende Einschätzung der institutionellen Machtstruktur, wenn man die Eliteneinschätzungen als Validitätsmaßstab akzeptiert. Die Tatsache, dass die Ist-Einschätzungen von Bevölkerung und Eliten weitgehend übereinstimmen, verleiht möglichen Divergenzen in den Soll-Einschätzungen ein schweres Gewicht.

In der Soll-Einschätzung der Einflussstruktur zeigen sich nun in der Tat gravierende Differenzen zwischen Eliten und Bevölkerung. Die größte Differenz zwischen Eliten- und Bevölkerungseinschätzungen besteht in Bezug auf den gewünschten Einfluss der Wähler[8]: 60 Prozent der Bevölkerung, aber nur 36 Prozent der

8 Der Kontrast beim Einfluss der Interessengruppen ist zwar größer, diese Kategorie kann

Eliten halten die Wähler für nicht genügend einflussreich. Die zweitgrößte Differenz in den Solleinschätzungen finden wir in Bezug auf Bürgerinitiativen und soziale Bewegungen: Hier sind es 42 Prozent der Bevölkerung im Unterschied zu 25 Prozent der Eliten, die meinen, Bürgerinitiativen und soziale Bewegungen hätten zu wenig Einfluss. Darüber hinaus ist bei den Bürgern, wie bei den Eliten, eine Ost-West-Differenz festzustellen. Die Bevölkerung im Westen ist zu 57 Prozent, die im Osten zu 67 Prozent der Meinung, dass die Wähler nicht ausreichend einflussreich sind. Bei den Bürgerinitiativen und sozialen Bewegungen ist das Verhältnis 39 Prozent West zu 50 Prozent Ost.

Einen starken Kontrast gibt es auch beim gewünschten Einfluss der Meinungsforschung: 16 Prozent der Führungsschicht sind der Ansicht, dass die Meinungsforschung zu einflussreich wäre – im Unterschied zu nur 3 Prozent der Bevölkerung. Dem stehen 15 Prozent der Befragten aus der Bevölkerung gegenüber, die die Meinungsforschung für nicht ausreichend einflussreich halten – im Unterschied zu nur 1 Prozent in der Elite. Diese Einschätzung interpretieren wir als weiteren Hinweis darauf, dass die Bürger ihren Meinungen mehr Gewicht in politischen Entscheidungsprozessen geben möchten.

Immer dann also, wenn die Bürger in einer Rolle angesprochen werden, in der sie potenziell politischen Einfluss haben – sei es als Wähler, als Aktivisten einer Initiative oder als Befragte in einer demoskopischen Erhebung – weichen ihre Sollvorstellungen gravierend von denen der Eliten ab. Die Bürger möchten sich in ihren möglichen politischen Rollen generell gestärkt sehen. Die Eliten, die hierin potenzielle Einschränkungen ihrer eigenen Handlungsrolle sehen, äußern sich entsprechend zurückhaltend, wenn es um die Stärkung der Bürgerrolle geht.

Gravierende Unterschiede im gewünschten Einfluss gibt es zwischen Führungskräften und Bevölkerung auch bezüglich der Banken, der Großunternehmen und der Arbeitgeberverbände. Die Bürger sehen deren Einfluss wesentlich kritischer als die Eliten. Der Anteil der Bevölkerung, der Großunternehmen und Banken für zu einflussreich hält, liegt um immerhin 17 beziehungsweise 10 Prozentpunkte über dem entsprechenden Anteil in der Elite. In Bezug auf die Arbeitgeberverbände beträgt die Differenz immer noch 9 Prozentpunkte. Bei allen drei Akteursgruppen handelt es sich um Einflussträger, die einer Einflussnahme durch die Mehrheit der Bürger entzogen sind, aber dennoch starken Einfluss auf politische Entscheidungen haben. Es ist Ausdruck der rollenspezifischen Rationalität der Bürger, wenn sie den Einfluss dieser Akteure reduziert sehen wollen.

Eine besondere Stellung innerhalb der Interessenverbände haben die Gewerkschaften. Als Massenorganisationen repräsentieren sie die ökonomischen Interessen

---

jedoch nicht sinnvoll ausgewertet werden, weil in der Bevölkerungsumfrage ein uneinheitliches Begriffsverständnis deutlich wurde. Eine Clusteranalyse ergab, dass der Begriff der Interessengruppe von einem Teil der Befragten als Äquivalent zu Gewerkschaften und Interessenverbänden verstanden wurde, während ein anderer Teil sie in die Nähe von Wählern und Bürgerinitiativen rückte.

sehr großer Bevölkerungsgruppen. Es überrascht von daher nicht, dass der Anteil, der sich mehr Einfluss für die Gewerkschaften wünscht, in der Bevölkerung um 11 Prozentpunkte über dem entsprechenden Anteil der Eliten liegt.[9]

Von den zentralen Trägerorganen parlamentarischer Repräsentation sieht sich ein Teil der Bürger offenkundig nicht sehr gut repräsentiert. Denn den Einfluss der Parteien sehen 22 Prozent, den Einfluss der Bundesregierung 16 Prozent und den Einfluss des Bundestages immerhin 9 Prozent der Bevölkerung als zu stark an. Auch wenn hier insgesamt ein hohes Akzeptanzniveau deutlich wird, deutet der Kontrast dieser Einschätzungen zu denen der Eliten auf eine gewisse Unzufriedenheit mit der parlamentarischen Repräsentation hin.

Unterstrichen wird die Problematik der Repräsentation durch die Tatsache, dass die Bürger denjenigen Akteuren hohen Respekt zollen, die vermeintlich außerhalb des parteipolitischen Streits stehen. Allen voran ist hier der Bundespräsident zu nennen: 25 Prozent der Befragten in der Bevölkerung im Unterschied zu 8 Prozent der Eliten sind der Meinung, dass der Bundespräsident mehr Einfluss auf politische Entscheidungen haben sollte. Ein ähnliches Muster wurde in abgeschwächter Form für das Bundesverfassungsgericht deutlich, dessen starke Rolle von der Bevölkerung weniger kritisch gesehen wird als von den Eliten. Während 24 Prozent der befragten Führungskräfte das Gericht für zu einflussreich halten, sind es in der Bevölkerung nur 13 Prozent. Dagegen empfinden 9 Prozent der befragten Bürger das Gericht als nicht ausreichend einflussreich (nur 1 Prozent in der Elite). Die positive Einschätzung auf Seiten der Bevölkerung mag auf die Wahrnehmung des Bundesverfassungsgerichts als Hüter der Bürgerfreiheiten vor staatlichen Zugriffen zurückzuführen sein. Eine noch höhere Akzeptanz dieser „außerpolitischen" Akteure weisen die Ostdeutschen auf. Hier sind es 39 Prozent im Vergleich zu 19 Prozent bei den Westdeutschen, die einen stärkeren Bundespräsidenten und 13 Prozent im Vergleich zu 7 Prozent, die ein stärkeres Bundesverfassungsgericht für wünschenswert halten.

Die Einflussstruktur der Bundesrepublik wird, so können wir zusammenfassen, von Eliten wie von den Bürgern gleichermaßen als polyzentrisch wahrgenommen. Unterschiede in der Wahrnehmung finden sich vor allem bei Akteuren, auf die die Bürger keinen Einfluss ausüben können (Banken, Unternehmen). Sie werden von den Bürgern in der Regel als stärker eingeschätzt als von den Eliten. Bei den Solleinschätzungen tendieren Bürger und Eliten zwar in die gleiche Richtung, weichen in der Stärke der Veränderungswünsche teilweise jedoch stark voneinander ab. Es ist offensichtlich, dass die Bürger ihre politische Rolle und damit das Prinzip der Volkssouveränität gestärkt sehen wollen. Schlaglichtartig zeigt sich das darin, dass 82 Prozent aller und über 90 Prozent der ostdeutschen Bürger die „Einführung von Volksbegehren und Volksentscheiden" auf Bundesebene stark oder sehr stark

---

9 Wegen des Fehlens einer Frage zur Gewerkschaftsmitgliedschaft in der Bevölkerungsstudie konnten wir das Antwortverhalten nicht auf Gewerkschaftsmitgliedschaft kontrollieren.

befürworten.[10] Gemessen an den Präferenzen der Bevölkerungsmehrheit ist die Legitimität der institutionellen Machtstruktur in zentralen Aspekten nicht gewährleistet.

IV. Schlussfolgerungen

Die Entwicklung des bundesdeutschen politischen Systems war in den vergangenen Jahrzehnten von zum Teil deutlichen Machtverschiebungen gekennzeichnet, deren Effekte von Eliten und Bevölkerung auch übereinstimmend wahrgenommen werden. Insgesamt zeigt sich dabei eine stärkere Dispersion von Machtgewichten. Sie geht einher mit einem Prozess der Ausdifferenzierung des politischen Systems, der unter Effektivitätsgesichtspunkten als angemessene Reaktion auf zunehmende Problemkomplexität gesehen werden kann. Auch unter legitimatorischen Aspekten ist zunehmende Machtdispersion nicht generell problematisch. Problematisch erscheint vielmehr die Richtung der Verschiebung, nämlich weg vom Souverän und seinen Vertretungsorganen. Vermutlich liegt hier eine der Ursachen, weshalb diese Institutionen als zum Teil nicht mehr effektiv eingeschätzt werden. Die Machtgewichte haben sich insgesamt so verschoben, dass damit eine Schwächung des Prinzips der Volkssouveränität verbunden ist. Dies ist vor allem vor dem Hintergrund gewachsener Responsivitäts- und Mitentscheidungsansprüche in der Bevölkerung ein Problem.

Die Frage lautet also, wie man dem Prinzip der Volkssouveränität wieder stärker zur Geltung verhelfen kann, *ohne* dabei mit der Funktionslogik von Verhandlungssystemen zu brechen. Wir glauben, dass die Verankerung von Sachstimmrechten auf Bundesebene, bei richtiger institutioneller Ausgestaltung, einen Beitrag in dieser Richtung leisten kann. Wie das Beispiel der Schweiz zeigt, hebeln Sachstimmrechte nicht etwa die Logik von Verhandlungssystemen aus, sondern betten sie in einen veränderten Kontext ein, der nicht nur ihre Legitimität, sondern auch ihre Effektivität steigern kann. Um effektiv zu bleiben, müssen Verhandlungssysteme lernfähig sein. Die Lernfähigkeit von Verhandlungssystemen erhöht sich, wenn sie in stärkerem Maße den Reizen ihres gesellschaftlichen Bezugssystems ausgesetzt werden. Solche „Reize" kann man institutionalisieren, indem man Sachstimmrechte einrichtet. Wenn Verhandlungsteilnehmer wissen, dass ihnen – bei ungenügender Responsivität – Entscheidungen vom Souverän aufgezwungen oder abgenommen werden können, dann lernen sie stärker responsiv zu handeln. Erzeugen Verhandlungssysteme Entscheidungen, die sich an den Präferenzen der Bürger orientieren, dann beugen sie damit dem Gebrauch des plebiszitären Stimmrechts vor. Aber nur wenn dieses Stimmrecht existiert, handeln Verhandlungsteilnehmer auch entsprechend responsiv. Das plebiszitäre Stimmrecht kann darüber

---

10 Frage 85f des Bevölkerungsfragebogens: „Die Einführung von Volksbegehren und Volksentscheiden ist eine notwendige Ergänzung der repräsentativen Demokratie."

hinaus bestimmte Effizienznachteile von Verhandlungssystemen möglicherweise sogar vermindern. Kommt es nämlich zu Entscheidungsblockaden in den Verhandlungssystemen, so können diese auf dem Wege des Bürgerentscheids aufgebrochen werden. Die Einrichtung von Sachstimmrechten auf Bundesebene ist in unseren Augen eine Reform, die die Legitimität *und* Effektivität der bundesdeutschen „Verhandlungsdemokratie" steigern kann. Unsere Analysen belegen, dass wir mit der Einrichtung von Sachstimmrechten der von der Bevölkerung gewollten Machtstruktur näher kämen, und unsere Überlegungen legen nahe, dass damit die Effektivität des Verhandlungssystems nicht gestört werden muss.

Literatur

Barnes, Samuel H. und Max Kaase et al. (Hrsg.), 1979: Political Action: Mass Participation in Five Western Democracies, Beverly Hills, CA: Sage.
Braun, Dietmar, 1993: Zur Steuerbarkeit funktionaler Systeme: Akteurtheoretische Sichtweisen funktionaler Differenzierung moderner Gesellschaften, in: Adrienne Héritier (Hrsg.), Policy-Analyse, Opladen: Westdeutscher Verlag, S. 199-222.
Bürklin, Wilhelm, 1997: Demokratische Einstellungen im Wandel: Von der repräsentativen zur plebiszitären Demokratie?, in: ders. et al., Eliten in Deutschland, Opladen: Leske & Budrich, S. 391-420.
Bürklin, Wilhelm, Hilke Rebenstorf u.a., 1997: Eliten in Deutschland, Opladen: Leske & Budrich.
Dalton, Russel J., 1996: Citizen Politics in Western Democracies. Public Opinion and Political Parties in the United States, Great Britain, West Germany and France, Chatham, NJ: Chatham House.
Fuchs, Dieter, 1996: Wohin geht der Wandel der demokratischen Institutionen in Deutschland? Die Entwicklung der Demokratievorstellungen der Deutschen seit ihrer Vereinigung, in: Gerhard Göhler (Hrsg.), Institutionenwandel (= Leviathan Sonderheft 16), Opladen: Westdeutscher Verlag, S. 253-284.
Fuchs, Dieter und Hans-Dieter Klingemann, 1995a: Citizens and the State: A Changing Relationship?, in: dies. (Hrsg.), Citizens and the State, Oxford: Oxford University Press, S. 1-23.
Fuchs, Dieter und Hans-Dieter Klingemann, 1995b: Citizens and the State: A Relationship Transformed?, in: dies. (Hrsg.), Citizens and the State, Oxford: Oxford University Press, S. 419-443.
Herzog, Dietrich, 1991: Brauchen wir eine politische Klasse?, in: Aus Politik und Zeitgeschichte, 50. Jg., Bonn: Bundeszentrale für Politische Bildung, S. 3-13.
Hoffmann-Jaberg, Birgit und Dieter Roth, 1994: Die Nichtwähler: Politische Normalität oder wachsende Distanz zu den Parteien?, in: Wilhelm Bürklin und Dieter Roth (Hrsg.), Das Superwahljahr, Köln: Bund-Verlag, S. 132-159.
Hoffmann-Lange, Ursula, Helga Neumann und Bärbel Steinkemper, 1980: Konsens und Konflikt zwischen Führungsgruppen in der Bundesrepublik Deutschland, Frankfurt a.M.: Peter Lang Verlag.
Hoffmann-Lange, Ursula, 1992: Eliten, Macht und Konflikt in der Bundesrepublik, Opladen: Leske & Budrich.
Infratest Burke, 1995: Bevölkerungsumfrage zur Elitenstudie 1995. Tabellen und Methodenbeschreibung, München: Infratest.
Inglehart, Ronald, 1990: Culture Shift in Advanced Industrial Societies, Princeton, NJ: Princeton University Press.

Katzenstein, Peter J., 1987: Policy and Politics in West Germany. The Growth of a Semisovereign State, Philadelphia: Temple University Press.
Kleger, Heinz, 1995: Verhandlungsdemokratie, in: Rüdiger Voigt, Der kooperative Staat. Krisenbewältigung durch Verhandlung?, Baden-Baden: Nomos Verlagsgesellschaft, S. 93-117.
Klingemann, Hans-Dieter, 1997: Politische Orientierungen: Das Urteil der Bürger über das Funktionieren der Demokratie (Expertise für die Enquetekommission des Deutschen Bundestages zur Bewältigung der Vergangenheit des SED-Regimes).
König, Thomas, 1998: From Federal Cooperation to Party Gridlock? Paper presented at the panel 'Empirical Social Choice' of the Joint Session of the ECPR, March 1998.
Lipset, Seymour M., 1959: Political man. The social bases of politics, Baltimore: Johns Hopkins University Press.
Machatzke, Jörg, 1997: Die Potsdamer Elitestudie – Positionsauswahl und Ausschöpfung, in: Wilhelm Bürklin et al., Eliten in Deutschland, Opladen: Leske & Budrich, S. 35-68.
Mayntz, Renate, 1993: Policy-Netzwerke und die Logik von Verhandlungssystemen, in: Adrienne Héritier (Hrsg.), Policy-Analyse, Opladen: Westdeutscher Verlag.
Pappi, Franz Urban, 1995: Macht in Politikfeld-Netzen: Die Beziehungen zwischen arbeits- und sozialpolitischen Akteuren der Bundesrepublik im internationalen Vergleich, in: Karl-Heinz Reuband, Franz Urban Pappi und Heinrich Best (Hrsg.), Die deutsche Gesellschaft in vergleichender Perspektive, Opladen: Westdeutscher Verlag, S. 101-136.
Patzelt, Werner, 1998: Ein latenter Verfassungskonflikt? Die Deutschen und ihr parlamentarisches Regierungssystem, in: Politische Vierteljahresschrift, 39. Jg., S. 725-757.
Sauer, Martina und Kai-Uwe Schnapp, 1997: Eliteintegration durch Kommunikation? Eine Analyse der Kontaktmuster der Positionseliten, in: Wilhelm Bürklin und Hilke Rebenstorf et al., Eliten in Deutschland, Opladen: Leske & Budrich, S. 239-283.
Scharpf, Fritz W., 1991a: Entwicklungslinien des bundesdeutschen Föderalismus, in: Bernhard Blanke und Hellmut Wollmann (Hrsg.), Die alte Bundesrepublik. Kontinuität und Wandel, Opladen: Westdeutscher Verlag, S. 146-159.
Scharpf, Fritz W., 1991b: Die Handlungsfähigkeit des Staates am Ende des zwanzigsten Jahrhunderts, in: Politische Vierteljahresschrift, 32. Jg., S. 621-634.
Scharpf, Fritz W., 1993: Positive und negative Koordination in Verhandlungssystemen, in: Adrienne Héritier (Hrsg.), Policy-Analyse, Opladen: Westdeutscher Verlag.
Scharpf, Fritz W., Bernd Reissert und Fritz Schnabel, 1976: Politikverflechtung. Theorie und Empirie des kooperativen Föderalismus in der BRD, Königstein/Ts.: Scriptor.
Schmidt, Manfred G., 1991: Machtwechsel in der Bundesrepublik (1949-1990), in: Bernhard Blanke und Hellmut Wollmann (Hrsg.), Die alte Bundesrepublik. Kontinuität und Wandel, Opladen: Westdeutscher Verlag, S. 179-203.
Tsebelis, George, 1995: Decision Making in Political Systems: Veto Players in Presidentialism, Parliamentarism, Multicameralism and Mulitpartyism, in: British Journal of Political Science, 25. Jg., S. 289-325.
Walz, Dieter, 1996: Demokratievertrauen im vereinigten Deutschland zwischen 1991-1995, in: Zeitschrift für Parlamentsfragen, 27. Jg., S. 61-74.
Welzel, Christian, 1997: Demokratischer Elitenwandel: Die Erneuerung der ostdeutschen Elite aus demokratie-soziologischer Sicht, Opladen: Leske & Budrich.
Welzel, Christian, 1998: Vom Konsens zum Dissens? Politische Ordnungspräferenzen von Eliten und Bürgern im ost-westdeutschen Vergleich, in: Kölner Zeitschrift für Soziologie und Sozialpsychologie, 50. Jg., S. 238-262.
Willke, Helmut, 1992: Prinzipien politischer Supervision, in: Heinrich Bußhoff (Hrsg.), Politische Steuerung, Baden-Baden: Nomos, S. 51-79.
Willke, Helmut, 1993: Systemtheorie. Eine Einführung in die Grundprobleme der Theorie sozialer Systeme, Stuttgart/Jena: Gustav Fischer.
ZA 0796, Werner Kaltefleiter und Rudolf Wildenmann, 1973: Westdeutsche Führungsschicht 1972 – Codebuch, Köln: Zentralarchiv für Empirische Sozialforschung an der Universität Köln.

Claus Leggewie

Generation Berlin?

Oder: Zeitgenossen von 1989

I. Roman ohne Fortsetzung?

Als am Abend des 9. November 1989 der ZK-Sekretär für Information, Günter Schabowski, der internationalen Presse den noch gar nicht formell gefassten Beschluss der SED-Führung über neue Reisebestimmungen bekannt gab, war kein Halten mehr. Der weitere Verlauf ist bekannt und wäre, zehn Jahre später, Anlass genug für eine Gedenkfeier. Doch fiel die Maueröffnung auf ein vertracktes deutsches Datum: Am 9. November 1923 putschte Adolf Hitler in München gegen die so genannten „Novemberverbrecher", die fünf Jahre zuvor am selben Tag die Republik ausgerufen hatten, und genau fünfzehn weitere Jahre später kam die „Reichskristallnacht". So wurde der 3. Oktober, der Tag der staatsrechtlichen Vereinigung von 1990, zum Nationalfeiertag erklärt. Auch informelle Veteranentreffen der Akteure des 9. November 1989 werden kaum stattfinden. Egon Krenz, der seinem ZK-Sekretär damals den folgenschweren Zettel in die Hand gedrückt hat, referierte auf Einladung der DKP in deutschen Hinterzimmern unverdrossen über „50 Jahre DDR", Helmut Kohl ließ sich als „Kanzler der Einheit" feiern. Doch was ist mit den „friedlichen Revolutionären"? Die Montagsdemonstranten von Leipzig, die einige Tage vor dem Mauerfall in den Ruf „Deutschland, einig Vaterland" eingestimmt hatten, sind ebenso in alle Winde zerstreut wie die Mitglieder des *Neuen Forums* und anderer Zweige der Bürgerbewegung. Die meisten dieser „89er" sind ins Privatleben zurückgekehrt, viele davon in Resignation verfallen und einige gar als Mitarbeiter der MfS enttarnt; andere haben sonst wo politisches Quartier bezogen und agieren in Neben- und Alibirollen. Schon am 9. November 1989 wirkten sie konsterniert und von dem überrollt, was die meisten Deutschen im Fernsehen verfolgten und nur mit „Wahnsinn" kommentierten. Die Begeisterung hielt sich in Grenzen, von „Einheitstaumel" oder gar „Nationalrausch" konnte keine Rede sein. Alle Hoffnungen auf eine neue Verfassung, die Institutionalisierung von Runden Tischen und ähnlichem, gar auf einen „Dritten Weg" zwischen BRD-Kapitalismus und DDR-Sozialismus, zerschlugen sich. Am 9. November ist die „Berliner Republik" jedenfalls nicht gegründet worden.

Kein Veteranentreffen also, und auch keine 89er. Der Gedanke erscheint weniger abstrus, wenn man in Betracht zieht, dass die „68er" (sich) schon zehn Jahre nach ihrem Erscheinen als solche deklarierten und zu feiern begannen. 1978 herrschte noch Katerstimmung über das Scheitern der sozialistischen Revolution. Doch zwanzig Jahre später wurde der gelungene Marsch in die Institutionen begangen, und nach weiteren zehn Jahren kann man die Heimkehr der verlorenen Söhne in die westliche Demokratie konstatieren und sie ohne großen Widerspruch als „Adenauer-Linke" ironisieren. Mittlerweile ist diese politische Generation, die sich lange auf das Privat-Politische, den Kulturbetrieb und das Rechthaben beschränkt hatte, ins Zentrum der politischen Macht vorgedrungen. Dorthin waren ihre Vorläufer sozusagen *diretissima* gestrebt: Im Windschatten des Patriarchen Adenauer rückte die „Flakhelfer"-Generation, der Jahrgang (plus/minus) 1928, erstaunlich konsistent in Partei- und Regierungsämter, auf Vorstandsetagen und Lehrstühle, in Verbandsspitzen und Handelskammern ein. Die Heldentaten des letzten Aufgebots der Hitler-Jugend an den Flugabwehrgeschützen wollte keiner feiern – man traf sich ja ohnehin zu runden Geburtstagen, Cocktailpartys und Staatsempfängen. Keine politische Generation hat in Deutschland jemals so effizient Posten bezogen – und so nachhaltig. Da das Gros der 68er mit der deutschen Vereinigung Schwierigkeiten hatte, blieb ihr auch deren Abwicklung noch überlassen; jetzt gehen rüstige Herren widerwillig in Pension.

So ungefähr geht der deutsche Familienroman. Auf seine Fortsetzung, den „großen Roman" der deutschen Einheit, wartete das Feuilleton lange vergeblich. Obwohl Regierungs- und Regimewechsel in der Geschichte häufig Ausdruck oder Anlass von Generationswechseln waren und dies erst recht für Kriege und Bürgerkriege, Revolutionen und ähnlich bewegende Ereignisse zutrifft, obwohl eine solche Zäsur nach allgemeiner Auffassung im Jahr 1989 in Deutschland und ganz Osteuropa auch eingetreten ist, brach keine Gründerzeit an, setzten sich keine „homines novi" und neuen kollektiven Akteure in Szene. Sie hätten leichtes Spiel gehabt, denn der politische Bruch war von einem starken wirtschaftlichen und technologischen Wandel begleitet, der Globalisierung der Finanz-, Waren und Informationsmärkte. Obwohl nicht zuletzt dank dieser Kumulation die Revolution von 1989 das Potenzial eines Epochenwechsels und einer echten „Zeitenwende" besitzt, wirken die Ereignisse dieser Jahre in Deutschland heute bereits den handelnden Akteuren seltsam entrückt – das Etikett „Revolution" will ihnen kaum noch jemand anheften. Im Gebrauch ist der *terminus technicus* „Transformation", der hörbar ohne handelnde Akteure auskommt. Anders als 1918, 1933, 1945 oder 1968, als die Revolution virtuell blieb, anders auch als in Ostmitteleuropa und der ehemaligen Sowjetunion, wo ein umfassender Elitenaustausch in Gang gekommen ist, sprang in Deutschland auch auf den zweiten Blick keine Alterskohorte ins Auge, die sich als neue politische oder kulturelle Elite behauptete und selbstbewusst als neue Generation auftrat. Zwei Generationskandidaten der politischen Publizistik und Zeitdiagnose – zuerst die „89er", jüngst die „Generation

Berlin" – fanden wenig Resonanz, bei den damit bezeichneten Gruppen ebenso wenig wie beim allgemeinen Publikum. Eine ähnliche Abwehr ruft die „Berliner Republik" hervor, eine Formel, die sich nur *contre coeur* einbürgern wird. Obwohl so gut wie niemand eine wirklich „andere" Republik postuliert, wird sie von Sprechern der politischen Eliten und Meinungsführern unermüdlich zurückgewiesen – ein verdächtiger Exorzismus, der auf eine große Angst vor anstehenden Änderungen hinweist. Rhetorisch stehen die Zeichen auch nach der Ära Kohl ganz auf Kontinuität, nicht auf generationsträchtiger Gründerzeit. Warum ist das so?

II. Generation lost?

Antworten auf diese Frage müssen vorläufig bleiben. Während Policy- und Institutionen-Forscher zum „Experiment Vereinigung", zu Modalitäten und Resultaten der Transformation ostmitteleuropäischer Gesellschaften und der ehemaligen DDR handfeste Bilanzen vorlegen können, lassen sich über die „Zeitgenossen von 1989" nur Vermutungen anstellen, bestenfalls Forschungsprogramme skizzieren. Dass man derzeit über eine eventuelle Generationsbildung wenig sagen kann, liegt in der Sache selbst: Institutioneller Wandel und Entwicklung von Mentalitäten verlaufen nicht im Gleichschritt, und Generationen sind keine *ad hoc*-Gruppen, sondern auf allmähliche Entfaltung angelegte Gebilde, deren empirische Existenz erst in dreißig, vierzig Jahren nachweisbar sein wird. Schon deswegen beteiligen sich Sozialwissenschaftler ungern am vermeintlichen „Generationsgerede" – ob und wie sich ein spezifisches Zeitbewusstsein ausbildet, überlassen sie späteren Historikern. Diese Zurückhaltung ist weder sachlich noch methodisch angebracht. Denn die betreffenden Hypothesen und Fragen, die etwa einschlägigen Panel-Untersuchungen zugrundeliegen, muss man *heute* entwickeln; außerdem müssen Soziologie und Politikwissenschaft das Geschäft der Zeitdiagnose nicht Althistorikern, Frühneuzeitlern und Holocaust-Forschern abtreten. Trotz des viel versprechenden Impulses durch Karl Mannheim wird das „Problem der Generation" in der sozialwissenschaftlichen Literatur vernachlässigt; einige Autoren wollen das Konzept ganz zu den Akten legen. Aus der Familien- und Jugendforschung kommen die stärksten Einwände: die fortschreitende Individualisierung und Pluralisierung der Lebensstile, die Auflösung der überkommenen Normalbiografie und die „Konstruktion von Alter" unabhängig vom biologischen Substrat (wonach jeder so alt ist, wie er sich fühlt) machen die Herausbildung von Generationsbewusstsein angeblich unmöglich. Auch die pädagogische Forschung konzentriert sich auf Momentaufnahmen von Altersgruppen in punktuellen Kohortenanalysen, d.h. auf Generations*beziehungen* in der innerfamilialen Alterskonstellation zwischen (Groß-)Eltern, Kindern und Enkeln, nicht auf die von Mannheim anvisierten Generationen*verhältnisse*. Er war der Auffassung, dass sich junge Menschen im Alter von 16 bis 25 Jahren an einem historischen Zentralereignis formieren und von da aus eine persistente kollektive Identität ausprägen. Dieser am Modell der Jugendbewegung gewonnene Bezug auf jugendliche Peer-Gruppen hat wiederum Bedenken hervorgerufen: In dem Maße, wie Schule und Universitäten, Sport- und Jugendvereine, religiöse und weltanschauliche Gemeinschaften als Kristallisationspunkte jugendlicher Gesellung und Selbstorganisation zerfallen, verlagern sie sich auf die sekundäre Ebene des Medienkonsums. Medien stellten aber immer schon ein wesentliches Vermittlungsglied der Jugendkultur dar; damit wird kollektive Identität nicht bedeutungslos, und Altersgrenzen könnten angesichts des Individualisierungstrends und der als „Jugendlichkeitswahn" beschriebenen Tendenzen sogar wieder deutlicher akzentuiert werden.

Die „Generation von 1914", die politische Jugendbewegung der Weimarer Republik, die Flakhelfer und die 68er haben sich selbstbewusst, bisweilen präpotent als „junge Generation" deklariert und in ein kritisch-distanziertes Verhältnis zu den Älteren gesetzt. Mit dieser Behauptung einer intersubjektiven Übereinstimmung haben sie andere Identitätskonfigurationen wie Geschlecht, Schicht und Konfession transzendiert, d.h. Männer und Frauen unterschiedlicher sozialer oder regionaler Herkunft oder Glaubensüberzeugung gehörten dessen ungeachtet ein und derselben Generation an. Generationszugehörigkeit ist ein „weicher", in doppelter Hinsicht fakultativer Gemeinsamkeitsglaube, wobei kein Vorrang anderer kollektiver Identitätsfaktoren, etwa Klasse und Geschlecht, gegeben ist; letztere sind nicht „wirklicher" (oder weniger „konstruiert") als Generationszusammenhänge. Ein häufiges Missverständnis ist, dass mit gleichgerichteten Erfahrungen gemeint sei, alle Angehörigen einer Alterskohorte müssten eine identische politische Sozialisation durchlaufen; vielmehr kann auch und gerade eine konflikthafte, antagonistische Verarbeitung historischer Schlüsselerfahrungen einen Generationszusammenhang herbeiführen. Dabei muss man die Generationseliten von den „Trittbrettfahrern" unterscheiden. Allerdings liegt die Wirkungsmacht von Generationen genau darin, dass zu ihrer Zeit minoritäre, womöglich völlig marginale Topoi der „Avantgarde" im Lauf der Zeit das Gros der Altersgenossen beeinflusst und weiter ins kulturelle Gedächtnis der Gesellschaft wandert.

Ob dies im Fall der „Jugend der Wendezeit" einmal der Fall sein wird, kann – wie gesagt – erst in dreißig, vierzig Jahren beantwortet werden. Allerdings fällt die explizite Abwehr jeder generativen Bündelung im Bezug auf das Jahr 1989 auf, sowohl bei den damals meist schon älteren Akteuren als auch bei den Jüngeren, die Mannheim als besonders „anfällig" eingestuft hatte. Am ehesten akzeptiert wird noch der Begriff „Generation X", eine Generation ohne Eigenschaften gewissermaßen, die das, was die gemein hat, eher verhüllt als preisgibt. Die Kategorie Generation gehört zur Großfamilie der „Wir-Gefühle", in der sie nun einen ganz speziellen Modus der Vergemeinschaftung zur Geltung bringt: Generationen sind, wie eine Relektüre Mannheims zeigt (Matthes 1985), eine besondere Form von *Zeitgenossenschaft*, durch die Gesellschaften nicht räumlich oder im üblichen Sinne sozialstrukturell, sondern *zeitlich* strukturiert werden. Aus den gegenwärtig lebenden Personen einer Weltgesellschaft, die nach den Merkmalen von Geschlecht, räumlicher Lage und sozialem Status differenziert ist, bilden sie symbolisch vermittelte Kommunikationsgemeinschaften, die sich auf eine jeweils nur ihnen eigene und verfügbare Form von Kon-Temporalität bezieht: „Und wir können behaupten, dabei gewesen zu sein (...)".

III. Zwischen Weltzeit und Lebenszeit

Der Begriff der Zeitgenossenschaft entstammt literatur- und kunsthistorischen Studien (Goethes Zeitgenossen, zeitgenössische Kunst, etc.), bezeichnet aber, über einen diffusen „Geist der Zeit" hinaus, auch Gesellungs- und Interaktionsformen. Altersgenossen kommunizieren auf eine bestimmte Weise miteinander und sind unter Umständen zu Solidaritätsleistungen bereit, es bilden sich Vereinigungen wie die „Fünfziger", in die man erst in einem bestimmten Lebensalter eintreten kann, ein historisches Ereignis führt zu locker formalisierten Klubs und Vereinen – so die spanische Intellektuellengruppe der 98er, welche in Reaktion auf die Niederlage Spaniens gegen die Vereinigten Staaten ihr Land von Grund auf renovieren wollten. Obwohl Zeit also Vergemeinschaftungsqualität besitzt, hat der Begriff der Zeitgenossenschaft bisher kaum Eingang in die Sozialwissenschaft gefunden. Diese denkt vorzugsweise in räumlichen oder raumanalogen Containermetaphern; Zeit gilt ihr vor allem als eine Technik, mit welcher sachliche Differenzen zwischen den Eigenzeiten der Systeme (Wirtschaft, Politik usw.) synchronisiert werden. In der Weltgesellschaft ersetzt die Uhrzeit so gewissermaßen die Zehn Gebote. Aus dieser makro-soziologischen Theorie sind, allen Vorkehrungen zum Trotz, sowohl die handelnde Person als auch die Geschichte verbannt. Beidem hat sich die Zeitgeschichtsforschung zugewandt, die ihren Gegenstand ausdrücklich als „Epoche der Mitlebenden" ausweist und somit auf Miterlebnisse in der Gegenwart eingestellt ist. Auch in der Geschichtswissenschaft haben sich allerdings (aus guten Gründen!) Fragestellungen und methodische Ansätze der Sozialgeschichte durchgesetzt, für die lange Wellen und strukturelle Trends interessanter sind als solche Momente dramatischen Geschehens und ihre akute und nachhaltige Resonanz unter den Augenzeugen und Zeitgenossen. Was der Strukturgeschichte suspekt war, hat die Alltagsgeschichte wieder hoch geschätzt: die „authentische" Erfahrung des Zeitzeugen, sodass eine gewisse Renaissance des biografische Genres zu verzeichnen ist. In der Periodisierung müssen anonym wirkende Zyklen und Zäsuren mit der subjektiven Wahrnehmung und Gedächtniszeit verbunden werden.

Solche Konjunkturen reflektieren den Versuch, eine Balance zu finden zwischen der Weltzeit und der Lebenszeit, auch zwischen Lebensverlauf und Biografie. Zeitgenossenschaft ist ereignisbezogen und jetzt-zeitig und damit quer zu den Prozessstrukturen situativ und okkasionell angelegt; ihr liegt nicht der Zwang zur Synchronisation der Funktionsebenen, sondern die kollektiv-biografische Vergegenwärtigung geschichtlicher Zeit zu Grunde. Die Erforschung von Zeitgenossenschaft kapriziert sich damit auf „nachhaltige Ereignisse", die sich in individuelle Erinnerungen und kollektive Gedächtnisse eingeschrieben und rituelle Kommemoration und periodisches Gedenken („Erinnerungskulturen") nach sich gezogen haben.

In bestimmter Hinsicht rekurriert die Analyse von Zeitgenossenschaft auf einen „veralteten", nämlich *kairologisch* bestimmten Zeitbegriff – auf den „rechten Augenblick" *(kairós),* der nicht verweilen kann, fixiert oder auf die Speiche eines Rades, das sich in rascher Bewegung dreht. Galt Zukunft in traditionalen Gesellschaften als *(grosso modo)* Fortsetzung der Vergangenheit und diese somit als bloß verlängerte Gegenwart, so schrumpft die Jetzt-Zeit in der Moderne auf Grund der Ungewissheit jeder weiteren Entwicklung auf Null. Sie ist kaum mehr als das Umkippen von Vergangenheit in Zukunft, die im selben Augenblick schon wieder vergangen ist. Wie eruptive Phänomene von „Plötzlichkeit" (Bohrer 1981) als Ausdruck und Zeichen von Diskontinuität und Nichtidentischem in die System- und Weltzeiten einfallen, wäre eine genauere Betrachtung wert, die an dieser Stelle unterbleiben muss. Hier soll nur rekapituliert werden, dass wir Zeitgenossen sein können in dreierlei Gestalt und Hinsicht: a) als Gesamtheit der Mitlebenden in der Gegenwart (Kohabitation), b) als Augen- und Ohrenzeugen markanter Ereignisse (Zeitzeugnis) und c) als Angehörige einer Alterskohorte, die sich durch den gemeinsamen Rekurs auf spezielle Ereignisse als Erinnerungsgemeinschaft konstituiert (Generation).

Weltgemeinschaft: Die Zahl der Mitlebenden ist unermesslich. Längst ist der Zeitpunkt eingetreten, zu dem mehr Menschen auf dem Erdball leben als zu allen Zeiten der Menschheitsgeschichte bisher. Fortschritte im Transport- und Kommunikationswesen haben einerseits bewirkt, dass Weltgemeinschaft keine rhetorische Fiktion und Weltgeschichte keine Abstraktion mehr ist. Die Anteilnahme an Sport- und Unterhaltungs„events", auch an Umweltkatastrophen, Kriegszügen und politischen Dramen in Echtzeit versammelt bisweilen mehr als eine Milliarde von Menschen um ein und denselben Anlass. Andererseits bleibt trotz dieser vorgestellten Kleinräumigkeit und wirklichen Gleichzeitigkeit die *Deutung* dieser „Mega-Ereignisse" uneinheitlich – und somit Zeitgenossenschaft abstrakt. Die Komplexität steigt noch, wenn Tote und Nachgeborene virtuell in den Kreis der Mitlebenden einbezogen werden. Das geschieht, indem sich Gesellschaften anhaltend mit schuldhaften Verfehlungen und Verbrechen ihrer Vorfahren befassen und dafür symbolisch geradestehen – übrigens ohne Aussicht auf Erlösung von dieser Schuld, da Vergangenheit explizit nicht vergehen und ein Vergessen verhindert werden soll. Zum anderen dehnt der Umgang mit bestimmten Technologien das Zukunftsrisiko in kaum noch fassliche Zeiträume („Halbwertzeiten") aus. Wenn längst Verstorbene und noch gar nicht Geborene im Kreis der Zeitgenossen „vergegenwärtigt" sind, fällt dieser aus dem Rahmen und verlangt nach Begrenzung.

Hic et nunc: Eine mögliche Konkretion ist eine stärker in wirklicher Erfahrung verankerte Augen- und Ohrenzeugenschaft, die den seriellen Charakter von Sensationen und „Events" durchbricht und dem Bewusstsein Platz macht, bei einem unwiederholbaren und einzigartigen Ereignis dabei gewesen zu sein. In diesem *hic et nunc*, das Abwesende und Nachlebende fasziniert, ist wieder die kairologische Dimension angesprochen, über die man sich autobiografisch und intersubjektiv verständigen kann. Solche Bezüge haben nun exklusive Absichten und Wirkungen: Zeitgenossen sind jene, die „betroffen" sind und darauf eine „authentische" Beziehung zur geschichtlichen Zeit begründen – was geradezu provoziert, dass sie medial tradiert wird und in den Status einer mythischen Erzählung übergeht. Wichtig ist allein, dass eine zeitliche Struktur (vorher/nachher) mit einer (tatsächlichen oder imaginierten) Nähe zum betreffenden Ereignis (dabei/abwesend sein) konvergiert, womit – im Sinne von Genossenschaft – kollektive Identität gestiftet und eine „Schicksalsgemeinschaft" begründet werden kann.

Generationseinheit: Zusätzlich eingeschränkt wird das Feld der Zeitgenossen mit der Kombination von Ereignis und Lebensalter, also durch Zuspitzung auf Peer-Erlebnisse Gleichaltriger. Gerade die gemeinsame Wahrnehmung eines „historischen Zentralereignisses", so war Mannheims wissenssoziologische Grundhypothese, macht, ungeachtet ihrer fortbestehenden Differenzen und Antagonismen, aus Gleichaltrigen auf Dauer Gleich*artige*. Was zunächst anmutet wie höhere Astrologie („unter einem Stern geboren sein"), lässt sich durch simple Alltagsbefunde bestätigen: Ereignisse werden altersspezifisch wahrgenommen, denn unterschiedliche Altersgruppen legen an identische Vorgänge eigenartige Selektionsfilter und Relevanzkriterien an. Die „spontane" Neigung, lieber mit Gleichaltrigen zu verkehren, erlaubt eine gesonderte Peergruppen-Kommunikation, die Missverständnisse und Fehlschlüsse verringert und Informations- und Kommunikationskosten senkt. Das Ergebnis sind altersspezifische Wissensbestände, deren Beziehungen jeweils intergenerationell ausgehandelt und in einer Wissensordnung hierarchisiert werden.

IV. Zeitgenossen von 1989: Resonanzen einer „unerhörten Begebenheit"

Was so genannte *Computer-Kids* diesbezüglich den meisten Älteren voraus haben, ist mittlerweile Gemeingut, auch wie Know-how als „alte(s) Denke(n)" entwertet wird und verschwindet. Hat die Zäsur von 1989 eine analoge altersspezifische „Wissensordnung" hinterlassen oder hergestellt? Noch einmal: die Öffnung des Eisernen Vorhangs besaß das Zeug zum veritablen „Zentralereignis": Sie kam plötzlich und überraschend genug, wurde von so gut wie niemandem für möglich gehalten (oder gar prognostiziert), bewegte buchstäblich Zigtausende von Menschen und weitere Millionen Zuschauer der elektronischen Medien. Willy Brandts Formel „Nichts bleibt, wie es war" brachte die seinerzeit erahnten Folgen der tiefen Zäsur auf den Begriff, selbst die von Egon Krenz & Genossen erfundene

„Wende" gab eine Andeutung davon. Die Jungen zwischen 16 und 25 Jahren waren vor allem auf der östlichen Seite weit mehr als passive TV-Konsumenten, stürzten doch so gut wie alle Sozialisationsagenturen und Lebensverlaufsmuster ein, die Routine und Identität verbürgten. Spuren dieses Auseinanderklaffens von Weltzeit und Lebenszeit sind noch präsent. Die einschlägige Eröffnungsfrage „Wie haben Sie den Fall der Mauer am 9. November 1989 erlebt?" löst vor allem bei ostdeutschen und osteuropäischen Gesprächspartnern meist eine Erzählung aus, die Anpassungserfordernisse der „neuen Zeit" autobiografisch ausdeutet. Wir-Gefühle knüpfen sich allerdings selten daran, und gerade jüngere Leute verneinen auch die subjektive Wichtigkeit der Zäsur von 1989 selbst, sodass eine prononcierte Generationsgestalt damit nicht verbunden ist bzw. als Projektion und Zumutung zurückgewiesen wird.

Woran liegt das? Fürs Erste fallen drei miteinander zusammenwirkende Faktoren auf: a) die Fortdauer einer mentalen Differenz zwischen Ost- und Westdeutschen (bzw. -europäern), b) die diskursive Übermacht eines historischen Mega-Ereignisses, des Nationalsozialismus, c) die Unterordnung des politischen Zyklus unter mittel- und langfristige sozial-ökonomische Trends.

1. Mauer in den Köpfen?

Seit 1990 ist eine große Zahl empirischer Studien veranlasst worden, die dem vermuteten Fortbestand der Bifurkation deutscher Erfahrungen und Biografien nach dem Ende der über vier Jahrzehnte bestehenden, in ihrem Verlauf vertieften politisch-gesellschaftlichen Teilung eines Landes auf die Spur kommen sollten. Eine Reihe jugendsoziologischer Studien ging der Frage nach, ob sich unterdessen gegen die geteilten Erfahrungsgrundlagen und Perzeptionsmuster der Älteren bereits „*Eine* Jugend in Deutschland" (Veen u.a. 1994), also ein gemeinsames Zeit- und Geschichtsbewusstsein entwickelt habe. Immerhin ein Viertel der Deutschen ist nach 1975 geboren, lange nach dem Bau der Mauer; die „deutsche Frage" war für sie nur noch rhetorisch akut bzw. im Augenblick der politischen Bewusstwerdung bereits gelöst. Schon daraus ließe sich erklären, warum für diese Alterskohorte die deutsche Vereinigung selbst nicht *das* historische Schlüsselereignis darstellt. Vornehmlich Ältere hatten den Bau der Mauer als Skandal empfunden und die „deutsche Frage" mit Herzblut und politischer Leidenschaft diskutiert. Hingegen waren Jugendliche in Ost und West eher Zaungäste der Wende, die von älteren Akteuren eingeleitet, abgewickelt und gemanagt wurde, selbst wenn ostdeutsche Jugendliche die Ereignisse mit verstärktem politischen Interesse und hohem emotionalen Engagement verfolgten.

Hier liegt ein markanter Unterschied vor zu den Einschnitten von 1945/49, als die Jüngeren rascher in Juniorpositionen eintraten, und 1967/68, als sie selbst Motor einer sozialen und politischen Bewegung wurden. Die „Wende" 1989 hingegen erlebten Jugendliche in beiden Teilen des Landes als „vollendete Tatsache"; ein großer Teil von ihnen war weder mit der Geschwindigkeit einverstanden, in der sich die Vereinigung vollzog, noch vor allem mit dem Ergebnis. Bis heute herrschen in der Gesamtbilanz gemischte Gefühle und eine gewisse Resignation vor. Diesem Befund widerspricht nicht die rasche sozialstrukturelle Angleichung, die Formulierung ähnlicher Lebensziele und die unterm Strich gelungene individuelle Anpassung, die, trotz der verhältnismäßig geringeren Ressourcen, auch von einem erstaunlichen Optimismus begleitet ist. Diese Angleichung ist darauf zurückzuführen, dass in der Organisationsgesellschaft DDR trotz ihrer diktatorialen Züge keine *fundamental* andere politische Sozialisation vorlag und es darüber hinaus in Ost und West ein weitgehend übereinstimmendes Geschichtsbild gab. Das prognostizierte Orientierungsvakuum traf nicht ein; die Mehrheit der ostdeutschen Jugend war auf die westliche Leistungsgesellschaft vorbereitet, und es bereitet ihr zunehmend weniger Schwierigkeiten, sich in ihren Wettbewerbsregeln und Optionsmöglichkeiten zurechtzufinden. Dass, wie erwähnt, Sozialisationsagenturen und Institutionengefüge, allen voran die Schulen und Staatsbetriebe, wegbrachen, nehmen sie gelassener als die früher dort beschäftigten und mit ihnen höher identifizierten Älteren. DDR-Nostalgie existiert auch bei jüngeren PDS-Wählern nicht.

Aber das Zeitgefühl unterscheidet sich und die kognitive Dissonanz bleibt: Ostdeutsche Jugendliche empfinden die Ereignisse von 1989/90 signifikant länger her als westdeutsche, die wiederum eine raschere Angleichung der ökonomischen Verhältnisse in Ost und West erwarten. Jüngere Ostdeutsche haben die Vereinigungskrise aufregender und anstrengender, also zentraler für ihre eigene Biografie erlebt als ihre westlichen Altersgenossen, die den Vorgang eher mit freundlichblasierter Distanz im Fernsehen betrachtet haben; auch heute wollen sie sich nur selten mit eigenen Augen ein Bild von Ostdeutschland machen, klagen aber zunehmend über die finanziellen Belastungen der Einheit. Die Hälfte von ihnen gibt (wohl zutreffend) an, seit 1990 keine einschneidende Veränderung der eigenen Lebenssituation erfahren zu haben, was so gut wie kein ostdeutscher Jugendlicher von sich behaupten möchte. Bei ihnen herrscht auch stärker das Gefühl vor, es sei bei der Vereinigung nicht gerecht zugegangen. Damit spielen sie auf die Manöver der Treuhand und westdeutsche Manager an, die ostdeutsche Firmen „plattgemacht" hätten oder allgemein auf „Leute, die nur mit Geld angeben", aber auch auf in ihren Augen zu Unrecht verurteilte Mauerschützen oder wieder fest im Sattel (nunmehr einem anderen) sitzende SED-Bonzen. Dazu gehört der fehlende Lastenausgleich zwischen den beiden deutschen Staaten, der die DDR-Bevölkerung auf der Schattenseite der Geschichte belassen habe. Stellt man dieser Wertung das exorbitante Ausmaß der Transferleistungen entgegen, zeigt sich rasch, dass es sich bei Spannungen zwischen „Ossis" und „Wessis" in der Wahrnehmung ostdeutscher Jugendlicher weniger um einen Verteilungs- als um einen Anerkennungskonflikt handelt – ihnen und auch den älteren Leuten aus der ehemaligen DDR werde zu wenig Respekt entgegengebracht.

Auf dieser Grundlage sind unter den (vor allem männlichen) Jugendlichen im Osten auch nationalistische Gefühle und ethnozentrische Einstellungen stärker verbreitet als unter ihren westdeutschen Altersgenossen. Da ihre Bilanzierung von Freuden und Sorgen ambivalenter ausfällt als im Westen und die berufliche Zukunft weniger klar scheint, machen sich auch stärker Gefühle von Dauerfrustration, Ärger, Zorn und Nervosität breit. In sozialer Isolation wachsen Neigungen zu Risikoverhalten, zur Selbstschädigung und zum Vandalismus und höhere Gewaltbereitschaft – Meldungen, die in übertriebener Aufmachung das Gesamtbild der Ost-Jugend bestimmen. Zutreffend ist wohl, dass diese weniger organisiert und in Vereinen aktiv ist und weniger Peer-Kontakte in Gleichaltrigen-Cliquen pflegt. Auch die kirchliche oder religiöse Bindung ist weit schwächer. Zugleich sind Kritikfähigkeit und Widerstandsbereitschaft ostdeutscher Jugendlicher und auch das politische Interesse anhaltend höher. Das hat aber die seit 1990 kontinuierlich wachsende Distanz zu den politischen Institutionen nicht verhindern können, die nur noch als kapitale Entfremdung zu den etablierten Parteien zu qualifizieren ist. Auch westdeutsche Erst- und Jungwähler sind nicht gerade enthusiastische Parteianhänger; aber während ihre Zustimmung vor allem zu den beiden großen Volksparteien seit den Achtzigerjahren wieder gestiegen ist, verlief die Entwicklung in Ostdeutschland umgekehrt. Auch die Akteure der Bürgerbewegung hatten nach 1990 unter den Jungen kaum eine Chance. Sie bilden die Vorhut einer „flatterhaften" Wählerschaft, das den Parteien der Berliner Republik zunehmend Kopfschmerzen bereitet. Es verwundert nicht, dass Enttäuschung über die Demokratie wächst, aber weniger, weil ihre Normen aus einer ideologischen Gegenposition heraus abgelehnt werden, als weil eine als zynisch empfundene politische Klasse selbst sie nicht einhält.

Im Generationenvergleich haben unterm Strich die Organisations- und Mobilisierungsformen der Flakhelfer und 68er unter den Jungen auch in Westdeutschland rasch an Ansehen und Attraktion verloren. Der Regierungswechsel 1998 und der Umzug von Bundesregierung und Bundestag nach Berlin, der dem Osten eine höhere symbolische Repräsentanz verleihen soll, stoßen nicht sonderlich auf Begeisterung, eine dritte „Jugendbewegung" ist nicht in Sicht. Obwohl man bei solchen Prognosen vorsichtig sein sollte: Denn als apolitische Haltung oder generelle Politikverdrossenheit kann man sicher nicht deuten, dass ostdeutsche Jugendliche und junge Erwachsene eine höhere Neigung zur unkonventionellen politischen Partizipation entwickeln, die von der Unterschriftenaktion über genehmigte Demonstrationen, Verkehrsblockaden und Mietstreiks bis hin zu Gewaltaktionen reicht. Eigenständige oder neue politische Ausdrucksformen haben die jungen Ostdeutschen dabei ebenso wenig ausgebildet wie ihre westdeutschen Altersgenossen; es handelt sich eher um eine politische Generation im Wartestand, die eine hohe Kritik-, Aktivitäts- und Veränderungsbereitschaft auszeichnet, die sich (noch) nicht als eigenständiger Akteur zu artikulieren versteht. Die hohe politisch-psychologische Latenz eines beachtlichen Teils der ostdeutschen Jugend ist gepaart mit aus der DDR übernommenen Tugenden (Rationalität, intellektuelle Nüchternheit, organisatorische Disziplin und relative Bescheidenheit). Diese Kombination erinnert mehr an die „skeptische Generation" als an andere Generationsgestalten. Es ist nicht auszuschließen, dass die politische Dynamik künftig weit stärker aus dieser Gemengelage erwächst als aus dem „alten Westen". Weder bei älteren noch bei jüngeren Deutschen kann man von einer durchgängigen „Mauer in den Köpfen" sprechen, aber mentale Vorbehalte und Distanzen bleiben groß; obwohl also die Jüngeren eine erste „gesamtdeutsche" Generation darstellen könnten, besteht die Ost-West-Differenz fort und überlagert die gemeinsame Generationslagerung. Ein Gefühl von Zeitgenossenschaft kann sich so nur schwer einstellen, solange das Zeitbewusstsein divergiert und zum Teil konträre Zukunftserwartungen vorherrschen.

2. Zwischen Vergangenheitspolitik und millenarischen Problemen

Obwohl mehr als zwei Drittel der Deutschen nach 1945 geboren sind und weniger als 15 Prozent Jahrgängen angehören, die noch als verantwortliche Täter und Mitläufer (oder auch Opfer) des NS-Regimes in Betracht kommen, bleibt die historische Wahrnehmung in Deutschland generationsübergreifend vom „Mega"- oder „Meta-Ereignis" der NS-Verbrechen bestimmt. Die „Aufarbeitung" dieser Vergangenheit besitzt absolute Priorität, sodass sich auch lange nach 1945 geborene Jahrgänge auf das „Dritte Reich" als vermitteltes Schlüsselereignis beziehen (Heinrich 1996). Spätere, selbsterlebte Vergangenheiten werden durch diese Zentralperspektive betrachtet und bewertet, wozu die Rhythmen und Zyklen etablierter wie alternativer „Erinnerungskulturen" und die Präsentationsformate elektronischer Medien beitragen. Für die politischen Eliten beider deutscher Staaten nach 1945 war die NS-Vergangenheit ebenso dominant; der jeweiligen Deutschland- und Europapolitik lagen entsprechende geschichtspolitische Letztbegründungen zu Grunde. Auf vermittelte Weise gilt dies noch für die folgende Generation, deren Politisierung nicht zuletzt mit der „unbewältigten Vergangenheit" von Eltern und Großeltern einsetzte und deren Repräsentanten nun an der Spitze der 1998 gewählten Bundesregierung stehen. Wo immer sie den Bezug auf die NS-Vergangenheit explizit oder implizit relativieren, werden Vorwürfe laut, sie wollten einen Schlussstrich ziehen, eine „Normalisierung" der Vergangenheit herbeiführen oder gar „neowilhelminische" Politik treiben; Verlauf und Ausgang der geschichtspolitischen Debatten der Neunziger Jahre (Wehrmachts-Ausstellung, Holocaust-Memorial und „Walser-Bubis-Kontroverse") belegen aber, dass der Nationalsozialismus eine Vergangenheit bleibt, die nicht vergeht, denn je stärker seine Historisierung oder Relativierung versucht wird, desto gegenwärtiger bleibt das historische Schlüsseldatum der NS-Verbrechen.

Dieser Fokussierung widerspricht nicht, dass die Forderung nach einem Schlussstrich lauter wird und das Informationsniveau und -bedürfnis Jüngerer über „die" Vergangenheit nachlässt. Sie haben nämlich, wie die Älteren auch, „andere Sorgen". Was sie trennt und womöglich gegeneinander aufbringt, ist nicht mehr das „Risiko" einer irreparabel fehlgeschlagenen Vergangenheit, sondern die offensichtlich gewordene Brüchigkeit des „Generationenvertrags", d.h. die gegenwärtige und künftige Lastenverteilung zwischen (künftig) Alten und Jungen. Auch hinter dieser „millenarischen" Perspektive verblasst die Zäsur von 1989/90; langfristige Entwicklungen wie der demografische Wandel, technische Innovationen und Veränderungen der Weltwirtschaft stehen im Vordergrund. Auch der Jahrtausendwechsel wird nicht als kolossaler Bruch, sondern ganz nüchtern als das empfunden, was er ist: eine Sekunde, nach deren Ablauf „die Verhältnisse" nicht anders sind als zuvor (minimale Y2K-Probleme mal ausgenommen).

Der Regimewechsel von 1989 hat sich in der privaten und öffentlichen Wahrnehmung mit Verunsicherungen vermengt, die der säkularen Herausforderung des „Standortes Deutschland" in der globalen Ökonomie und Kultur entspringen. Was zunächst lediglich als Anpassungsdruck auf die von Deindustrialisierung und Weltmarktkonkurrenz betroffenen „neuen Länder" wirkte, als ostdeutsches Sonderproblem also, affiziert nunmehr das „Modell Deutschland" generell. Der dramatische Einschnitt der politischen Wende wurde so zu einem Ereignis unter anderen in einer langen Welle mittel- und langfristiger „Mega-Trends". Daraus erwuchs im Übrigen das von Jüngeren oft artikulierte Gefühl, man könne politisch weder im Kollektiv noch gar als Einzelner etwas ausrichten, also ein Gefühl der Ohnmacht, das auf die vermeintliche Entmachtung des Politischen schlechthin verweist und ideologische Gegensätze von Rechts und Links aufweicht.

Mit diesem Perspektivenwechsel ist die Generationenperspektive allerdings erst recht in den Vordergrund gerückt. Wo Haltbarkeit und Revisionsbedürftigkeit des „Generationenvertrages" thematisiert werden, stellt sich – jenseits zwangsläufig strittiger finanzarithmetischer Prognosen und versicherungstechnischer Vorkehrungen – eine Kernfrage von Zeitgenossenschaft, nämlich die nach der sozialen und politischen Gerechtigkeit zwischen Menschen verschiedenen Alters. Das meint nicht allein die Verpflichtung aller Gegenwärtigen gegenüber den Abgeschiedenen, also eine Bewertung von Taten und Unterlassungen der Toten, wozu die bleibende Zuwendung zu den Opfern ihrer Verbrechen zählt; es meint auch eine Verpflichtung gegenüber den Jüngeren, denen die Leitgenerationen der Bonner Republik einen Berg Schulden und Umweltschäden überlassen. Die Fiktion des alten Generationenvertrages, materialisiert in der „dynamischen Rente", dem politischen Meisterwerk der Weimarer und Flakhelfer-Generation, ist zerbrochen, nämlich die Vorstellung, dass die derzeit Erwerbstätigen jeweils die aus dem Erwerbsleben ausgeschiedenen Rentner und Pensionäre alimentieren und sich damit für Sozialisation und Ausbildung erkenntlich zeigen. Dieser ungeschriebene Vertrag war an der klassischen Arbeitsbiografie orientiert und galt noch nie für einen großen Teil der Frauen und von ihnen geleisteten Hausarbeit – wer Kinder erzogen hatte, bezog in der Regel die geringste (eigene) Altersrente. Die „Solidargemeinschaft" zerbricht nun an „unsteten Erwerbsverläufen" und „Scheinselbstständigkeiten", die schon auf dem Arbeitsmarkt von heute keine vorübergehende Ausnahme mehr darstellen, sondern fast zum Regelfall jüngerer Beschäftigter werden. Angesichts schrumpfender öffentlicher Haushalts- und Verteilungsmittel und wachsenden Reichtums privater Einkommen und Vermögen stellt sich die Gerechtigkeitsfrage deshalb nicht allein im Hinblick auf die (unverkennbar wachsenden) Unterschiede zwischen Arm und Reich bzw. Nord und Süd, sondern auch zwischen Jung und Alt. Für eine Überdramatisierung dieses Verhältnisses zu einem „Krieg" besteht kein Anlass, allerdings soll man das Problem auch nicht schönreden.

Direkter spürbar wurden die Auswirkungen der politischen Revolution von 1989 dann an der Wiederkehr des Krieges nach Europa. Seit die nukleare Ordnung des *Cold War* ihren Schrecken verlor, fielen „aufgetaute", durch das Ende des Ost-West-Konflikts entstandene oder verstärkte Probleme auf die „Generation der Wendezeit" zurück: neben dem Umbau des Wohlfahrtsstaates die Neuordnung der europäischen Sicherheit. Dass diese Entwicklung nicht ewig hingenommen, sondern einen Generationswechsel einleiten würde, war vorhersehbar; er ging von Randbereichen der Kunstszene (junge Theatermacher, DJ-Kultur, Pop-Artisten) und Zentraldomänen der Wissensgesellschaft (Hacker, digitale Kommunikation, elektronischer Handel) aus, erreichte Unternehmen, Medienbranche, freie Berufe und Verbände und hat natürlich vor der politischen Klasse nicht Halt gemacht. In allen Parteien, die CDU/CSU eingeschlossen, sind vermeintlich „junge Wilde", zwischen 30 und 40 Jahre alt, angetreten, nicht allein die Flakhelfer-Generation, sondern auch die so genannten Alt-68er zu beerben. Der semantische Streit um die „Berliner Republik" wird vor diesem Hintergrund bald schon kleinlich und als rückwärts gewandte Episode erscheinen; der Generationswechsel wird politische Eliten und Bewegungen verändern. Dann wird es wohl nicht mehr damit getan sein, dass man nicht alles anders, aber einiges besser machen will.

Literatur

Bohrer, Karl Heinz, 1998: Plötzlichkeit. Zum Augenblick des ästhetischen Scheins, Frankfurt a.M.
Borries, Bodo von, 1995: Das Geschichtsbewusstsein Jugendlicher. Vergangenheitsdeutungen, Gegenwartswahrnehmungen und Zukunftserwartungen von Schülerinnen und Schülern in Ost- und Westdeutschland, München.
Brumlik, Micha, 1998: Zeitgenossenschaft: Eine Ethik für die Generationen, in: Jutta Ecarius (Hrsg.), Was will die jüngere mit der älteren Generation? Generationsbeziehungen und Generationenverhältnisse in der Erziehungswissenschaft, Opladen, S. 139-157.

Bude, Heinz, 1987: Deutsche Karrieren. Lebenskonstruktionen sozialer Aufsteiger aus der Flakhelfer-Generation, Frankfurt a.M.
Bude, Heinz, 1995: Das Altern einer Generation. Die Jahrgänge 1938-1948, Frankfurt a.M.
Bude, Heinz, 1998: Generation Berlin. In Vorbereitung auf die neue Republik, in: Frankfurter Allgemeine vom 18. Juni.
Ecarius, Jutta (Hrsg.), 1998: Was will die jüngere mit der älteren Generation? Generationsbeziehungen und Generationenverhältnisse in der Erziehungswissenschaft, Opladen.
Elias, Norbert, 1982: Über die Zeit, Frankfurt a.M.
Heinrich, Horst-Alfred, 1997: Die Flakhelfer-Generation. Versuch einer empirischen Bestimmung, in: Psychosozial, 20.Jg., H. 68, S. 23-33.
Hondrich, Karl Otto, 1999: Die Verteilung zwischen Jung und Alt, in: Frankfurter Allgemeine vom 13. Februar.
Kohlstruck, Michael, 1997: Zwischen Erinnerung und Geschichte. Der Nationalsozialismus und die jungen Deutschen, Berlin.
Koselleck, Reinhart, 1979: Vergangene Zukunft. Zur Semantik geschichtlicher Zeiten, Frankfurt a.M.
Leggewie, Claus, 1995: Die 89er. Porträt einer Generation, Hamburg.
Leggewie, Claus, 1996: Der Mythos des Neuanfangs. Gründungsetappen der Bundesrepublik Deutschland: 1949-1968-1989, in: Helmut Berding (Hrsg.), Mythos und Nation. Studien zur Entwicklung des kollektiven Bewusstseins in der Neuzeit, Bd. 3, Frankfurt a.M., S. 275-302.
Leggewie, Claus, 1998: Hoffnungsträger. Die Generation der Wendezeit, in: DIFF (Hrsg.), Deutschland im Umbruch, Studieneinheit 20, Tübingen.
Leggewie, Claus, 1999: Generations- und Erinnerungskulturen – Zur Historisierung der 'alten' Bundesrepublik, in: Tel Aviver Jahrbuch für deutsche Geschichte 28, S. 211-235.
Luhmann, Niklas, 1980: Temporalisierung von Komplexität. Zur Semantik neuzeitlicher Zeitbegriffe, in: ders., Gesellschaftsstruktur und Semantik. Studien zur Wissenssoziologie der modernen Gesellschaft, Bd. 1, Frankfurt a.M., S. 235-313.
Mannheim, Karl, 1970: Das Problem der Generationen, in: Kurt H. Wolff (Hsrg.), Karl Mannheim. Wissenssoziologie, Neuwied, S. 509-565.
Matthes, Joachim, 1985: Karl Mannheims 'Das Problem der Generationen', neu gelesen. Generationen – 'Gruppen' oder 'gesellschaftliche Regelung von Zeitlichkeit'?, in: Zeitschrift für Soziologie 14, H. 4, S. 363-372.
Platt, Kristin und Mihran Dabag (Hrsg.), 1995: Generation und Gedächtnis. Erinnerungen und kollektive Identitäten, Opladen.
Sackmann, Reinhold, 1998: Konkurrierende Generationen auf dem Arbeitsmarkt, Wiesbaden.
Schmidtchen, Gerhard, 1997: Wie weit ist der Weg nach Deutschland? Sozialpsychologie der Jugend in der postsozialistischen Welt, Opladen.
Silbereisen, Rainer K. u.a. (Hrsg.), 1996: Jungsein in Deutschland. Jugendliche und junge Erwachsene 1991 und 1996, Opladen.
Veen, Hans-Joachim u.a., 1994: Eine Jugend in Deutschland? Orientierungen und Verhaltensweisen der Jugend in Ost und West, Opladen.
Völter, Bettina, 1994: 'Ich bin diesen Feind noch nicht losgeworden'. Verschärfter Identitätsdruck für ostdeutsche junge Erwachsene, in: Österreichische Zeitschrift für Geschichtswissenschaft 5, H. 4, S. 547-566.
Werding, Martin, 1998: Zur Rekonstruktion des Generationenvertrags. Ökonomische Zusammenhänge zwischen Kindererziehung, sozialer Alterssicherung und Familienleistungsausgleich, Tübingen.
WSI-Mitteilungen 1/1999: Schwerpunktheft Generationenvertrag und Generationengerechtigkeit.

Otfried Jarren / Patrick Donges

Die Mediengesellschaft als Herausforderung für die „Berliner Republik"

I. Einleitung

Die Entwicklung zu einer „Mediengesellschaft" erweist sich in mehrfacher Hinsicht als eine zentrale politische Herausforderung. Autonomisierung, Ökonomisierung und Internationalisierung des Mediensystems, Individualisierung der Mediennutzung sowie eine mögliche Konvergenz von Individual- und Massenkommunikation sind die Stichwörter, mit denen sich diese Entwicklung beschreiben lässt (vgl. Jarren/Donges 1997). Auch im Zuge der Europäisierung entsteht ein offenkundiger medienpolitischer Veränderungsbedarf sowohl in normativer als auch in institutioneller Hinsicht: Für eine demokratische Entwicklung der Mediengesellschaft müssen bestehende Regulierungsziele, -formen und -instrumente modifiziert werden, und dies nicht nur auf nationaler, sondern auch auf europäischer und zum Teil globaler Ebene (vgl. Jarren 1999). Dem steht ein deutsches Medien- und Regulierungsverständnis entgegen, dass teilweise immer noch von Vorstellungen aus der „Weimarer Republik" geprägt ist, wenngleich heute „Partei-" über „Staats-" interessen dominieren und sich ein vornehmlich ökonomisches Verständnis von Medien durchzusetzen beginnt. Das etatistische Regulierungskonzept aus den frühen Zeiten der „Bonner Republik", verbunden mit einer traditionellen Vorstellung von Rundfunk, ist für die Steuerung des künftigen Mediensystems nicht mehr adäquat.

Vor allem die sich abzeichnenden Überlagerungen mit dem Sektor der Telekommunikation machen deutlich, dass das Politikfeld im Wandel begriffen ist. Zugleich müssen die politischen Organisationen lernen, unter den neuen mediengesellschaftlichen Bedingungen zu agieren (vgl. Sarcinelli 1998; vgl. Beiträge in Jarren/Sarcinelli/Saxer 1998): Politische Akteure verfügen heute und in Zukunft über weniger privilegierte Zugriffe auf die Medien und ihre Vermittlungsdienstleistungen. Der Strukturwandel des Mediensystems betrifft insofern die politischen Institutionen und ihre Funktionsweise, insbesondere auf ihre Sichtbarkeit in der Gesellschaft. Die Handlungsmöglichkeiten politischer Akteure und den Verlauf politischer Prozesse tangiert dies folgenreich, doch ist der Veränderungsprozess nicht hinreichend erkannt und bislang weder regulierungstheoretisch noch in der Regulierungspraxis verarbeitet worden.

Der Beitrag beschreibt zunächst die Veränderungen im Mediensystem, die es aus unserer Sicht rechtfertigen, von einer Mediengesellschaft zu sprechen (Abschnitt II). Dabei wird die These vertreten, dass die konstitutive Bedeutung der Medien als Bestandteil des intermediären Systems und für politische Prozesse bislang von den politischen Akteuren der „Bonner Republik" nicht hinreichend erkannt worden ist. Zur Stützung dieser These wird in Abschnitt III die Entwicklung des Mediensystems und der Medienpolitik der „Bonner Republik" skizziert. Im Bereich der Pressepolitik ist hierbei ein weit gehender Politikverzicht zu verzeichnen, während die Politik bezogen auf den öffentlich-rechtlichen Rundfunk bislang von machtpolitischen Auseinandersetzungen der Parteien geprägt war. Mit der Einführung privat-kommerziellen Rundfunks verliert die Politik dann strukturell an Einfluss. Der letzte Abschnitt fasst die Etappen der Veränderungen zusammen.

II. Die Mediengesellschaft als Herausforderung für die „Berliner Republik"

Medien stellen für moderne Gesellschaften nicht nur die zentrale Infrastruktur dar, wie es mit dem Begriff Informationsgesellschaft vielfach insinuiert wird, sondern sie entwickeln sich im Zuge ihrer Ausdifferenzierung immer mehr zu einem eigenen Institutionentypus. Dies lässt es gerechtfertigt erscheinen, von einer Medien- statt einer Informationsgesellschaft zu sprechen (vgl. Jarren 1998a).

Die Entwicklung im Bereich der Medien ist in Deutschland vor allem in den letzten beiden Jahrzehnten, beginnend mit der Etablierung des privat-kommerziellen Rundfunks, durch eine anhaltende und beschleunigende Differenzierungs-, Verselbstständigungs- und Ökonomisierungstendenz gekennzeichnet. Diese Prozesse setzen sich nun, auch auf Grund neuer technologischer Möglichkeiten (Digitalisierung, Netzkommunikation), dem Hinzutreten stärker global agierender Akteure (bspw. innerhalb der Telekommunikationsindustrie) und veränderten Regulierungszielen auf europäischer (EU) wie globaler Ebene (WTO), rasch fort. Medien, lange Zeit aus nationalstaatlicher Sicht in Deutschland als eine Art gesellschaftlicher Hilfswerkzeuge betrachtet und in der strukturfunktionalen Perspektive deshalb als teilautonomes System angesehen, theoretisch wie normativ auch so definiert und damit dem politischen System gleichsam zu- bzw. untergeordnet („dienende Aufgabe"), entwickeln sich zu einem eigenen Institutionentypus. Sie entwickeln sich zu Institutionen, weil sie sich quantitativ und qualitativ ausbreiten, weil sie ein hohes Maß an Eigenkomplexität erlangen, weil sie die gesamte Gesellschaft immer engmaschiger durchdringen, weil sie zur Voraussetzung für Kommunikationsaktivitäten kollektiver Akteure werden, weil sie den gesellschaftlichen Kommunikationsmodus bestimmen und weil sie mehr und mehr eine gesamtgesellschaftliche Anerkennung erfahren. Sie werden zu Institutionen, indem sie sich von den traditionellen (politischen) Organisationen, mit denen sie entwicklungsgeschichtlich sozial verbunden oder auf die sie normativ verpflichtet wurden, mehr und mehr entkoppeln.

Die ökonomische Orientierung des Mediensystems insgesamt nimmt zu, die Orientierung auf Gruppen oder (politische) Werte hingegen ab. Medien stehen damit dem politischen System und den Akteuren des intermediären Bereichs nicht mehr untergeordnet und dienend zur Verfügung, wie es beispielsweise in den einschlägigen Urteilen des Bundesverfassungsgerichts heißt. Das deutsche Mediensystem hat sich in den letzten 30 Jahren sehr expansiv entwickelt, ökonomisiert und die „politischen Fesseln" abgestreift. So hat sich die Presse von Parteien, Gewerkschaften und Kirchen gelöst und auch beim öffentlich-rechtlichen Rundfunk verlieren, einhergehend mit dem relativen Bedeutungsverlust dieses Organisationstyps, gesellschaftliche Gruppen an Bedeutung. Diese Entwicklung können wir aber nicht nur in Deutschland, sondern auch in allen anderen europäischen Ländern schon seit geraumer Zeit beobachten. Und dieser Prozess vollzieht sich, obwohl die gesellschaftsweit agierenden politische Akteure – zumal jene des intermediären Bereichs – unter den Bedingungen differenzierter Gesellschaften sogar verstärkt auf Medienleistungen angewiesen sind. Die starke Orientierung politischer Akteure auf Medien zeigte sich nicht allein bei den letzten Bundestagswahlen, sondern generell im zunehmenden kommunikativen Regierungshandeln auf Bundes- und Länderebene (politische PR) (vgl. Bentele 1998), aber bspw. auch im gewerkschaftlichen Sektor (vgl. Arlt/Jarren 1997). Alle intermediären Organisationen müssen sich auf Medienbedingungen einstellen – und kampagnenfähig sein (vgl. Beiträge in Röttger 1997).

Die Ablösung der Medien vor allem von politischen Organisationen ist nun nicht allein Ergebnis des Expansions- und Differenzierungsprozesses, sondern dieser Wandel wird zugleich durch eine nationale und europäische Politik der Entstaatlichung und Deregulierung, die vor allem den elektronischen Mediensektor betrifft, ermöglicht und forciert. Mit den Veränderungen im audiovisuellen Bereich wird jedoch das gesamte Mediensystem verändert, weil Veränderungen in diesem Teilsektor auf andere Elemente zurückwirken (bspw. Kosten für Rechte, Produktionskosten). Ökonomisierung ist dafür das Stichwort. Medien werden zugleich verstärkt als Bestandteil der Infrastruktur moderner Volkswirtschaften, als Wirtschafts- und weniger als Kulturgut, betrachtet und folglich zunehmend auch entsprechend reguliert. Dieser Paradigmenwechsel vollzieht sich auf nationaler Ebene seit Beginn der 80er Jahre unter den Bedingungen des starken Einflusses rundfunkrechtlicher Entscheidungen des Bundesverfassungsgerichts eher schleichend, wird aber durch Akteure auf europäischer Ebene mit beeinflusst. In Deutschland zeigt sich die Veränderung seit zehn Jahren an einem massiven Standortwettbewerb zwischen den deutschen Bundesländern um die Ansiedlung von Medienunternehmen. Traditionelle rundfunkrechtliche Regelungen verlieren an Gestaltungskraft, herkömmliche Anforderungen an Programme sinken, Kontrollaufgaben werden seitens der Aufsichtsbehörden vernachlässigt – es werden Lizenzen gegen Arbeitsplätze getauscht (vgl. dazu in komparativer Perspektive Hoffmann-Riem 1996).

Von Ökonomisierung kann auch gesprochen werden, weil ökonomische Ziele innerhalb der Medienteilsysteme (wie dem öffentlich-rechtlichen Rundfunk) und innerhalb einzelner Medienorganisationen (vor allem: Wandel der Kapital- und Eignerstrukturen) an Bedeutung gewinnen. Vor allem: Medien rücken gleichsam näher an das zahlende Publikum heran und konstituieren damit Öffentlichkeiten, die vorrangig nach ökonomischen Notwendigkeiten (Publikums- und Werbemärkte) und weniger nach den Vermittlungsinteressen politischer Akteure ausgerichtet sind. Sie organisieren weniger die Bürger für die gesellschaftlichen Gruppen und damit zugleich für das politische System, sondern sie organisieren Kaufkraftgruppen für die Wirtschaft. Nicht jedes einzelne Medium oder jeder Teilbereich, wohl aber das Mediensystem insgesamt gewinnt damit an relativer Autonomie gegenüber dem politischen System und agiert zunehmend in politisch-inhaltlicher Hinsicht gleichsam „neutral".

Zugleich nimmt die Modulation der Medien durch das Wirtschaftssystem zu, denn es steigt die Konkurrenz zwischen Anbietern und Angeboten auf dem sich herausbildenden Medienmarkt um öffentliche Aufmerksamkeit, Publikumsbindung und Werbeeinnahmen. Es bildet sich letztlich ein hochgradig kompetitives Mediensystem heraus, in dem die Selektivität der Informationsauswahl und -darstellung „zunehmend weniger durch medienexterne Kriterien bestimmt" ist (Gerhards 1994, S. 87). Medieninterne Faktoren (wie die Informationsselektion) gewinnen für die Entwicklung der Medien an Bedeutung, die Medien werden zur Voraussetzung für die Handlungsfähigkeit gesellschaftlicher Organisationen und innerhalb der Gesellschaft vollzieht sich eine Bewusstseinsveränderung zu Gunsten der Medien als soziale Institutionen – weshalb eben von einer Entwicklung hin zur „Mediengesellschaft" gesprochen werden kann.

Durch die ausgeprägtere ökonomische Orientierung von Medien und die Neupositionierung im intermediären System der Gesellschaft verändert sich die Architektur im Institutionengefüge insgesamt – gleichsam als unintendiertes Ergebnis politischen Handelns im Kontext der Deregulierung. Vor allem die Entkopplung der Medien von den sie vormals tragenden Organisationen und ihre stärkere Ausrichtung auf ökonomische Ziele („audience" statt „public") bedingt eine Art Positionsveränderung innerhalb des intermediären Systems der Gesellschaft insgesamt: Medien sind weniger ein Bestandteil oder „verlängerter Arm" der anderen intermediären Organisationen, sondern sie agieren zunehmend auch in der Politikvermittlung eigenständig. Auf Grund der Ökonomisierung schwinden die politisch-rechtlichen Gestaltungs- und Einflussmöglichkeiten politischer Akteure auf der Struktur- und Organisationsebene des Mediensystems. Und auch auf der Programm- bzw. Inhaltsebene büßen politische Akteure ihre bislang privilegierten Vermittlungsmöglichkeiten ein. Der strukturelle Verlust der Politik an Einflussmöglichkeiten bezüglich der Medien wird, wie Erfahrungen in zahlreichen westeuropäischen Ländern derzeit zeigen, durch die Herstellung von Kooperationsbeziehungen zwischen Medienakteuren und einzelnen politischen Akteuren wiederherzustellen versucht (vgl. kritisch dazu: Kaase 1998). Zugleich nimmt die politische PR, die Produktion symbolischer Politik, zu (vgl. dazu Sarcinelli 1998).

Dieser Entwicklungsprozess wird von den maßgeblichen politischen Akteuren im Hinblick auf Steuerungs- und Regulierungsnotwendigkeiten in Deutschland nur teilweise nachvollzogen: Die strukturelle Bedeutung des Mediensystems und die Verfasstheit von Medien bezogen auf politische Kommunikationsbedürfnisse wird gleichsam nicht gesehen. Seit der Politik des Kabinetts Schmidt, in der zwischen Medien als Kulturträgern und den aufkommenden Informations- und Kommunikationstechnologien als Basis industriepolitischer Entwicklung (Innovationspolitik) unterschieden wurde, hat sich diese gespaltene Sichtweise gleichsam verfestigt. Zugleich wurde damit eine Art Infrastrukturperspektive eingeführt, die zu einer veränderten Sichtweise auf Medien und das Mediensystem führte: von der Vorstellung einer konstitutiven Bedeutung von Medien für das intermediäre System der Gesellschaft zu einer eher technisch-ökonomische Sichtweise („Netze" und „Kanäle"). Deutliche Spuren davon finden sich in den Programmen aus der Schlussphase der Regierung Kohl („Info 2000"), und auch im 1998 vorgelegten Bericht „Deutschlands Weg in die Informationsgesellschaft" der Enquete-Kommission des Deutschen Bundestages: Die Notwendigkeit zum wirtschaftlichen Wandel wird betont, Medien werden als wesentliches Element der Dienstleistungs- oder Wissensgesellschaft begriffen, doch ihre konstitutive Bedeutung für politische Prozesse wird nicht erkannt (vgl. Enquete-Kommission 1998). So werden auch im Bericht die massiven Konzentrationsprozesse und deren mögliche Folgen für Politik und Bürger gleichsam ausgespart bzw. zum Randthema, während andererseits naive politische Innovationskonzepte oder „Partizipationsvorstellungen", so im Kontext mit der Netzkommunikation, entfaltet werden (vgl. Donges/Jarren 1999).

Die Politik der „Berliner Republik", wie aber auch in anderen westlichen Ländern, steht somit vor dem Problem, wie der Veränderungsprozess des Mediensystems so gestaltet werden kann, dass dem Ziel der Sicherung von andauernden und offenen politischen Meinungs- und Willensbildungsprozessen in demokratischen politischen Systemen auch unter mediengesellschaftlichen Bedingungen Rechnung getragen werden kann. Aus der bisherigen Sichtweise, die die Veränderungen innerhalb des Mediensystems weitgehend ignorierte und dieses als „verlängerten Arm" der Politik begriff, und in der weiterhin vom Primat der Politik ausgegangen wird, lässt sich kein Konzept entwickeln. Der Strukturwandel im Medienbereich wirkt auf das intermediäre System, auf die Handlungs- und Kommunikationsmöglichkeiten der Akteure des intermediären Bereichs und auf die Akteure des politisch-administrativen Systems zurück. Aufgabe von Regulierung muss es sein, den Möglichkeitsraum für politische Kommunikation unter multimedialen Bedingungen zu erhalten bzw. zu sichern. Allein die Ökonomisierung im Medienbereich hat erhebliche Folgen hinsichtlich der Chancengleichheit selbst für etablierte politische Akteure, an bestimmten politischen Prozessen (wie Wahlen) mitzuwirken. Als Stichworte seien hier nur genannt die Wahrung der Chancengleichheit der parlamentarischen Opposition (Problem des Medienbonus für Regierung und Kanzler) oder Fragen der Parteienfinanzierung, die sich im Kontext mit „paid media"-Effekten sogar verschärft stellen (vgl. Schulz 1997; vgl. Schönbach 1993).

III. Medienentwicklung und Medienpolitik in der „Bonner Republik": Politikverzicht, Parteienrundfunk und struktureller Einflussverlust der Politik

Die aktuelle Entwicklung hin zur Mediengesellschaft vollzieht sich ebenso wenig gleichförmig und gleichzeitig wie der Prozess hin zu einem allgemeinen Massenkommunikationssystem: Historisch gesehen traten neben die herkömmlichen Medientypen jeweils „neue" Medien, die zur Weiterentwicklung wie zum Funktionswandel traditioneller Medien direkt oder indirekt beitrugen. So entwickelte sich aus den Medien des räsonnierenden Bürgertums eine von Honoratioren und später vom Bürgertum und von der Arbeiterschaft getragene Gesinnungspresse. Erst in der zweiten Hälfte des 19. Jahrhunderts war die Vollinklusion aller sozialen Klassen und Schichten in das Printmediensystem erreicht. Damit war die Basis für die Entwicklung einer sich an ökonomischen Prinzipien – und weniger an ideologischen Gruppeninteressen – orientierenden Geschäftspresse gegeben. Die Gesinnungspresse mit einer mehr oder minder klar definierbaren Klientel wurde zu Beginn dieses Jahrhunderts zunächst durch die politische und konfessionelle Richtungspresse und diese dann durch die Geschäfts- und Generalanzeigerpresse abgelöst. Seitdem hat sich der Wandel im Medienbereich erheblich beschleunigt: In den 20er Jahren kommt der (zunächst staatliche) Hörfunk hinzu, in den 50er Jahren das (zunächst nur öffentliche) Fernsehen, zu Beginn der 80er Jahre der privat-kommerzielle Rundfunk und in den 90er Jahren die (von Beginn an privatwirtschaftliche) Netzkommunikation. Die Institutionalisierungsformen wandelten sich von staatlichen über öffentlichen hin zu privatwirtschaftlichen. Zugleich ging damit eine Expansion an Medienangeboten und ein sozio-kultureller Wandel einher: Allein das Fernsehen hat innerhalb weniger Jahrzehnte eine überragende sozio-kulturelle Position in unserer Gesellschaft erreicht. Jetzt stehen, allein technisch gesehen, unbegrenzt viele Kanäle zur Verbreitung von Daten, Hörfunk- und Fernsehprogrammen etc. zur Verfügung. Durch die Digitalisierung wird sich das Angebot in Zukunft nochmals erheblich ausweiten, werden neue Medien- und Angebotsformen entstehen und neue Nutzungsweisen ermöglicht (Individualisierung). Aus wenigen „Publikationsstraßen" hat sich – übrigens schon längst vor „Multimedia" und den so genannten „Daten-Autobahnen" – ein verästeltes Netz für die Verbreitung von Information, Unterhaltung und Werbung entwickelt, das sowohl die gesamte Bevölkerung als auch immer kleiner werdende Teilgruppen einschließt. Der Wandel war und ist von politischen Vorgaben beeinflusst, wenngleich auch festzustellen ist, dass sich sukzessive die direkten und unmittelbaren politischen und rechtlichen Ausgestaltungsmöglichkeiten verringert haben.

1. Presse und Pressepolitik in der „Bonner Republik": Politikverzicht

Nach 1945 wurden durch Lizenzen der Alliierten Partei- und Forumszeitungskonzepte realisiert, die sich zumindest im Bereich der Qualitätszeitungen – man denke an die „Frankfurter Rundschau" oder die „Süddeutsche Zeitung" – erfolgreich etablieren konnten. Insgesamt wirkten die Vorgaben der Alliierten im Pressebereich strukturbildend, denn zumindest die bis für die Vorkriegszeit typische kleinauflagige „Heimatpresse" wurde durch die Lizenzpolitik verhindert. Es entstanden mehrheitlich größere (Regional-)Zeitungen, die bis zur Phase der beginnenden Pressekonzentration in den 60er Jahren eine hinreichende ökonomische Größenstruktur hatten. Durch den Einfluss der alliierten Westmächte hat sich vor allem in der Bundesrepublik Deutschland ein eher angelsächsisch geprägtes Journalismusverständnis etablieren können. Das dies möglich war, ist sicher wesentlich darauf zurückzuführen, dass sich der Journalismus während der NS-Zeit diskreditiert hatte und in der Bundesrepublik an keine „Tradition" anknüpfen konnte. In der jungen Bundesrepublik wurde dann, nach der Lizenzphase, durch die deutsche Politik die Rückkehr der „Altverleger" möglich, und damit entstanden vor allem im Lokalmarkt durchgängig eher konservativ geprägte Zeitungen. Diese Zeitungen, heute zum Teil noch als „unpolitische" Generalanzeiger existent, haben sich im lokalen Markt behaupten können. Die Partei- und Gesinnungspresse hingegen, noch bis in die 60er Jahre der „Bonner Republik" hinein prägend und einflussreich, ist heute faktisch nicht mehr vorhanden. Die meinungsbildende Wochenpresse großer gesellschaftlicher Organisationen ist vom Markt nahezu verschwunden (vgl. zusammenfassend Frei 1983).

Im Bereich der Tagespresse finden wir heute, nach zwei großen Konzentrationswellen in den 50er sowie in den 60er/70er Jahren, eine Presse vor, in der vorrangig nach ökonomischen Kalkülen gehandelt wird. Zugleich hat sich die Verlags-, Titel- und Auflagenkonzentration deutlich verschärft: Wenige Verlagsgruppen sind in den wichtigen Wirtschaftsräumen der Republik dominant, verfügen über eine Vielzahl formal unabhängiger Publizistischer Einheiten und beeinflussen sowohl ökonomisch als auch publizistisch andere Regionen (vgl. zur Entwicklung: Schütz 1997). Gleiches gilt für den Zeitschriftenmarkt, der von wenigen Verlagshäusern bestimmt wird (vgl. zur Entwicklung: Röper 1998). Seit der Studentenbewegung in den ausgehenden 60er Jahren, in der die Pressekonzentration kritisiert wurde, hat sich dieser Prozess noch deutlich beschleunigt, ohne dass es zu nennenswerten gesellschaftspolitischen Debatten oder gar politischen Gegenmaßnahmen kam. Die damaligen sozial-liberalen Mehrheiten im Deutschen Bundestag, die zunächst noch Reformmaßnahmen im Zuge der Pressekonzentration vorsahen (u.a. Regelungen zur Inneren Pressefreiheit), setzen – mit Ausnahme pressespezifischer Regelungen im Kartellrecht – keine Akzente. Der Pressemarkt entwickelte sich weitgehend unabhängig von politischen Strukturvorgaben, und die Konzentration schritt weiter voran. Die wenigen im Tageszeitungs- wie auch im Illustriertenmarkt tätigen Verlagsgruppen beherrschen heute auch – zum Teil sogar dominant – den Privatrundfunkmarkt. Die vielfältigen Formen der horizontalen und vertikalen Konzentration haben ebenso zugenommen wie Formen von „cross-over"-Beteiligungen (vgl. Röper 1997).

Vor diesem Hintergrund verwundert es nicht, dass der Verkauf der ostdeutschen Tageszeitungen durch die Treuhand nach der Vereinigung denn auch als reines Business vollzogen werden konnte: Presse- oder kulturpolitische Fragen waren ohne Belang. Damit wurde eine für die bisherige Bundesrepublik einmalige Monopolstruktur im Tageszeitungsbereich durch das Handeln staatlicher Einrichtungen begründet. Diese Entscheidung, die kaum öffentliche Diskussionen auslöste, war möglich, weil seit den 70er Jahren faktisch keine Pressestrukturpolitik mehr betrieben wurde (vgl. Jarren 1994). So beherrschen heute in den ostdeutschen Bundesländern wenige große westdeutsche Verlagshäuser das Geschäft und können überwiegend unter Monopolbedingungen agieren. Und mehr als nur das: Mit erheblichen öffentlichen Mitteln wurden große westdeutsche Unternehmen in Ostdeutschland zudem subventioniert. Durch die Treuhandpolitik kam es zu einem Vermögenstransfer zu Gunsten von westdeutschen Verlagen und es wurde eine Konzentrationspolitik eingeleitet. Und trotz dieser Marktstrukturen in West- und Ostdeutschland wurde und wird die Presse vielfältig subventioniert (Postzeitungsdienst, Mehrwertsteuersatz u.a.m.) (vgl. zusammenfassend Schneider 1994).

Mit der Zulassung privat-kommerzieller Rundfunkunternehmen unter Verlagsbeteiligung 1984 wird das Modell einer „publizistischen Gewaltenteilung" zwischen öffentlich-rechtlich verfasstem Rundfunk einerseits und privatwirtschaftlich verfasster Presse andererseits, wie sie zu Beginn der „Bonner Republik" postuliert wurde, aufgegeben. Die dadurch entstandenen neuen Konzentrationsprobleme werden von den politischen Akteuren kaum als Problem thematisiert, geschweige denn durch politische Programme bekämpft. Und mit der Ermöglichung des Verkaufs ehemaliger SED-Bezirkszeitungen an große westdeutsche Verlage und die Ermöglichung von Monopolen und Oligopolen wird durch staatliches Handeln aktiv eine Konzentrationspolitik eingeleitet. Diese Politik wird seitdem parteiübergreifend verfolgt, wie die Unterstützung der deutschen Politik für die Kooperation zwischen Bertelsmann und dem Kirch-Konzern im Zusammenhang mit dem digitalen Rundfunk zeigt. Nur die EU-Kommission kann den Zusammenschluss verhindern.

2. Öffentlich-rechtlicher Rundfunk in der „Bonner Republik": Parteienrundfunk

Mit dem öffentlich-rechtlichen Rundfunk, in Deutschland von den Alliierten auf Grund der Erfahrungen mit dem NS-Staatsrundfunk etabliert, sollte sich ein allgemeines, auf die Gesamtgesellschaft orientiertes Rundfunksystem entwickeln. Zugleich sollte es nicht, wie in der Weimarer Republik, staatsnah und zentralistisch organisiert werden. Normativ wurde der öffentliche Rundfunk auf die Gesamtgesellschaft und die Berücksichtigung aller gesellschaftlichen Strömungen verpflichtet. In seinen Gremien sitzen deshalb die Vertreter der gesellschaftlich relevanten Gruppen und üben auf Personal- und Programmentscheidungen einen wesentlichen Einfluss aus. Beim öffentlich-rechtlichen Organisationsmodell (Binnenpluralismus) wurde damit die Rückbindung an gesellschaftliche Gruppen durch gesetzliche Bestimmungen wie auch vielfältige (binnen-)organisatorische Maßnahmen zum konstitutiven Prinzip.

Die Rundfunkgeschichte der „Bonner Republik" ist gekennzeichnet von anhaltenden machtpolitischen Auseinandersetzungen der beiden großen politischen Parteien um ihren Einfluss auf den Rundfunk. Faktisch haben CDU/CSU und SPD ihren Einflussbereich auf den öffentlichen Rundfunk ständig vergrößern und vielfach monopolisieren können. Die Zusammensetzung von Gremien – der ZDF-Fernsehrat ist hierfür ein prägnantes Beispiel – führt sogar dazu, dass hochrangige Staatsvertreter Einfluss auf Haushalts-, Programm- und Personalentscheidungen nehmen. Zudem obliegen die öffentlichen Anstalten der in den jeweiligen Staatskanzleien angesiedelten Rechtsaufsicht. Damit hat sich im öffentlichen Rundfunk ein Stück weit jene Verstaatlichung vollzogen, den das Bundesverfassungsgericht mit seiner Entscheidung gegen das so genannte „Adenauer-Fernsehen" 1961 verhindern wollte. Zwar ist ein Regierungsrundfunk, wie von Adenauer angestrebt, nicht möglich, doch ist der Einfluss von hohen Parteifunktionären und Mitgliedern der Exekutive heute systemwidrig hoch. Kritik an diesen Zuständen gab und gibt es nur partiell, denn zu den „Anstalten" haben nur wenige Akteursgruppen Zutritt und für öffentliche Transparenz ist kaum gesorgt. Die großen Parteien der „Bonner Republik" verfolgen in ihrer Politik auf den öffentlichen Rundfunk, einmal abgesehen von Phasen mit öffentlichen (Schau-)Kämpfen, eher Kooperationsstrategien, um den eigenen Einfluss abzusichern. Proporz heißt das im Jargon (vgl. Jarren 1994). Und mit der Vereinigung wurde das Modell in den neuen ostdeutschen Bundesländern sofort strukturgleich etabliert: Von Beginn an wurden die Gremien mit politischen Akteuren aus den aus Westdeutschland bekannten Organisationen und ebenso nach dem traditionellen Proporzschema fast durchgängig die Führungspositionen mit bekannten Parteimitgliedern aus westdeutschen Anstalten besetzt.

Für die Rundfunkpolitik der „Bonner Republik" konstitutiv war seit seiner Entscheidung von 1961 das Bundesverfassungsgericht: Es hat durch zahlreiche

Entscheidungen weiter gehende Staats- und Parteieneinflüsse zumindest zurückdrängen können. Zugleich hat das Gericht durch seine hohen Anforderungen eine frühe Entstehung privat-kommerziellen Rundfunks letztlich verhindern können. Seit Beginn der Privatfunkära hat das Gericht zahlreiche Urteile sprechen müssen, doch hat die Bedeutung der Entscheidungen abgenommen. Es zeigt sich, dass der private Rundfunksektor sich weniger durch politisch-rechtliche Maßnahmen ausgestalten lässt, und dies zumal dann, wenn auf politischer Seite das Interesse an einer entsprechenden Ordnungspolitik nicht mehr nennenswert vorhanden ist. Im Zuge der Europäisierung stellt sich nun allerdings generell die Frage nach dem Einfluss nationaler Verfassungsgerichtshöfe. Politisch ist auf europäischer Ebene die Frage nach der Berechtigung öffentlich-rechtlich verfasster Rundfunkveranstalter letztlich noch nicht beantwortet, und die Konflikte einzelner Nationalstaaten mit der EU-Kommission über die Konformität von Gebühren mit dem Gemeinschaftsrecht sind derzeitiger Ausdruck für das ungelöste Problem.

3. Privat-kommerzieller Rundfunk in der „Bonner Republik":
Struktureller Einflussverlust der Politik

Auch die zu Beginn der 80er Jahre in der Bundesrepublik Deutschland neu etablierten privat-kommerziellen Hörfunk- und Fernsehsender sind zwar rechtlich auf eine dienende Aufgabe gegenüber der Gesamtgesellschaft verpflichtet worden, dennoch gelten hier für Organisation und Programm geringere Anforderungen als beim öffentlichen Rundfunk. Mit der Aufrechterhaltung gesellschaftlich-politischer Anforderungen konnte sich das Bundesverfassungsgericht nur am Anfang durchsetzen: Es gestaltete durch zahlreiche Urteile seit 1981 die wesentlichen Strukturvorgaben für die Begründung der „dualen Rundfunkordnung" und beeinflusste damit den Aufbau des dualen Rundfunksystems in Deutschland. Am Ende der „Bonner Republik" nehmen die Gestaltungsmöglichkeiten des Verfassungsgerichts ab, und dies nicht allein auf Grund des zunehmenden Einflusses von Akteuren auf der EU-Ebene, sondern weil sich ein evolvierendes, privat-kommerziell verfasstes Mediensystem rechtlichen Steuerungsbemühungen weitgehend entzieht. Und die relevanten rundfunkpolitischen Akteure auf Länderebene verfolgen Partialinteressen. Die Konsequenz ist, dass sich seitdem „der Ort der rundfunkpolitischen Entscheidung (...) von der parlamentarisch-öffentlichen Debatte zur informell, geheimen Verhandlung" (Wiek 1996, S. 190) verschoben hat.

Mit der Etablierung privater Rundfunkveranstalter vollzieht sich innerhalb des Mediensystems eine gewichtige Veränderung, weil – jenseits der ökonomischen Ausrichtung der Anbieter und der sich daraus ergebenden Dynamiken sowie der damit verbundenen Regulierungs- und Steuerungsprobleme – die enge Anbindung des Rundfunks an gesellschaftliche Gruppen faktisch aufgegeben wird: Außenpluralität soll durch eine Vielzahl von Anbietern und Angeboten erreicht werden, ohne dass es allerdings für dieses Ziel operationalisierbare Vorgaben und für die Zielkontrolle gesellschaftliche Gremien mit entsprechenden Kompetenzen gibt. Damit wird erstmals in Deutschland auf eine Rückbindung von Medien an gesellschaftliche Gruppen, die bei der Presse gleichsam auf Grund der Entwicklung zumindest normativ noch einprogrammiert ist und Bestandteil des öffentlich Rundfunks wurde, verzichtet. Die neu gebildeten Landesmedienanstalten als Lizenzbehörden haben zwar Vertreter gesellschaftlicher Gruppen in ihren Gremien, doch haben sie in wirtschaftsrelevanten Entscheidungen – und um die geht es hier im Wesentlichen – keinen Einfluss. Zudem können sie Programmentscheidungen nur nachvollziehen, aber nicht wirksam beeinflussen (vgl. bilanzierend Jarren/Schulz 1999). Vom einzelnen Marktakteur kann überdies unter dynamischen Wettbewerbsverhältnissen eine derartige Zielverfolgung auch gar nicht erwartet werden.

Die Steuerungs- und Vollzugsdefizite der Landesmedienanstalten der Bundesländer sind erheblich. Zum Teil ist dies auf politische Entscheidungen durch Vorgaben in Staatsverträgen (wie bspw. in der Konzentrationskontrolle) und zum Teil auf die direkte politische Abhängigkeit dieser Behörden von der Landespolitik und auf Willfährigkeit zurückzuführen. Die Mehrzahl der Direktoren dieser Behörden stammen aus den Staatskanzleien. Und trotz der offenkundigen Struktur- und Organisationsmängel dieser Behörden wurden auch in den ostdeutschen Bundesländern die gleichen Einrichtungen begründet – und überwiegend mit Westdeutschen besetzt (vgl. Jarren/Schulz 1999). Nunmehr findet, teilweise bedingt durch ökonomische Vorgaben, ein Zusammenschluss von Anstalten statt. Die Bildung zentraler Organisationen – jenseits der Gründung von Gemeinschaftseinrichtungen – ist auf Grund des Föderalismus und der partei- und machtpolitischen Sonderinteressen auf Länderebene aber nicht zu erwarten (vgl. Jarren 1998b).

Im Zusammenhang mit der Etablierung des privat-kommerziellen Rundfunks hat sich der gesamte Sektor kommerzialisiert. Es entstanden zahlreiche Unternehmen, an denen sich Akteure aus Wirtschaftsbranchen beteiligten, die vormals nicht im publizistischen Bereich tätig waren. Neue Unternehmen traten neben die öffentlichen Rundfunkanstalten und neue Unternehmungen wie Unternehmer prägen zunehmend das Mediengeschäft. Das traditionelle Verlegerkapital, für die frühe Bundesrepublik und auch beim Beginn der Privatrundfunkära kulturell wie politisch noch bedeutsam, verliert erkennbar an Bedeutung – bei den elektronischen Medien, im Multimedia-Bereich und vor allem im sich neu etablierenden Telekommunikationssektor. Banken, Versicherungen, Telekommunikationsunternehmen, Energiekonzerne oder Abschreibungsgesellschaften investieren in Medien und die Beteiligungen und Verflechtungen sind zudem international. Die Verlage, die seit den 50er Jahren in Deutschland die Einführung des privat-kommerziellen Rundfunks gefordert hatten, aber erst zu Beginn der 80er Jahre ihr Ziel erreichten, sind in diesem Geschäft nicht mehr führend – und zunehmend werden sie auch nicht mehr privilegiert (bspw. Presseprivileg in Privatrundfunkgesetzen).

Die privat-kommerziellen Medien werden als attraktiver Anlagebereich bewertet, der Kapitalbedarf und die Risiken sind groß und entsprechende Investitionen müssen sich rechnen. Mit den neuen Unternehmen und Eigentümern ändern sich langsam, aber merklich die Handlungsnormen im gesamten Mediensystem bis hin zu einzelnen Medienunternehmen sowie Veranstaltern: von kulturell und politisch sowie publizistisch geprägten Vorstellungen hin zu ökonomischen Leitbildern. Die neuen Akteure verfolgen vorrangig ökonomische Ziele und sind nicht den herkömmlichen publizistischen Traditionen verpflichtet. Zum Teil bereits als Aktiengesellschaften verfasst, befinden sie sich, wenn es denn erst „Volksaktien" gibt, bereits im Besitz der Rezipienten – wer soll das noch regulieren? Und mittels neu begründeter Verbände und Lobbyeinrichtungen wirken sie anhaltend auf die vorhandenen staatlichen Regulierungsinstanzen und den bestehenden rechtlichen Ordnungsrahmen ein – indem sie für ein Marktmodell auch im elektronischen Medienbereich eintreten (vgl. Theis-Berglmair 1994).

Die Erfahrungen allein aus den letzten zehn Jahren zeigen, dass es im Rundfunkbereich vor allem ökonomisch ausgelöste Probleme sind, die politisch und mittels Recht zu bearbeiten wären (Konzentration, Rechteerwerb und -handel, Internationalisierung durch Unternehmensverbünde, Zugangsfragen zu Märkten und technischen Systemen u.a.m.). Doch es fehlt an politischen Zielvorstellungen, am politischen Willen und folglich an Organisationen mit Instrumenten. So fehlen den für die Rundfunkregulierung zuständigen Bundesländern und ihren Landesmedienanstalten wirtschaftsrechtliche Kompetenzen, um mit dem Rundfunk als ökonomischem Gut angemessen umgehen und eine entsprechende Rundfunkordnung entwickeln zu können. Die föderale Struktur erweist sich bei der Problembearbeitung überdies als schwerfällig, zumal die Länder in Konkurrenz um die Ansiedlung von Medienunternehmen treten (Standortwettbewerb). Zugleich haben die Konflikte zwischen Ländern und Bund um Regelungskompetenzen zugenommen und zu wenig überzeugenden Regulierungsansätzen geführt: so trat im Februar 1997 der „Staatsvertrag über Mediendienste" (Mediendienste-Staatsvertrag) in Kraft und im Juli des gleichen Jahres wurde vom Bund das „Gesetz zur Regelung der Rahmenbedingungen für Informations- und Kommunikationsdienste" (IuKDG-Gesetz) in Kraft gesetzt. In beiden Gesetzen werden letztlich ähnliche Gegenstände reguliert. Die „Doppelspurigkeit" ergibt sich aus den formalen Zuständigkeiten der Länder für Mediendienste, die durch den Rundfunk verbreitet werden. Und der Bund ist für jene Mediendienste zuständig, die nicht per Rundfunk verbreitet werden und der Individualkommunikation zugeordnet werden können. Es kam also zu keinem gemeinsamen Gesetz, obwohl im Kern gleiche Akteure und gleiche Inhalte betroffen sind. Der Mangel an Konsens markiert eben nicht allein durch technische Innovationen ausgelöste Veränderungen im Regelungsfeld und in der Beziehung zwischen den für Regelungsfragen zuständigen politischen Ebenen. Die Veränderungen wirken auf die Politik insoweit zurück, als es politischen Akteuren vor allem mit dem herkömmlichen politisch-rechtlichen Instrumentarium schwer fällt, Regulierungsziele durchzusetzen.

Aber mehr als nur das: Zum Ende der „Bonner Republik", in der ein stark nach ökonomischen Bedingungen und Regeln sich entwickelnder Medienmarkt zugelassen wurde, fehlt es zugleich an einer – neuen – Regulierungsphilosophie. Es sei denn, der Markt soll fortan gelten. Unter den Bedingungen des Marktes werden aber die Möglichkeiten zur politischen Gestaltung weiter schwinden. Zu erwarten ist dann ein struktureller Einflussverlust der Politik auf die Ordnung der Medien und ihre Vermittlungsleistung.

IV. Etappen der Veränderungen – Bilanz

Die deutsche Medienpolitik während der „Bonner Republik" ist weniger durch geschichtliche Etappen und Zäsuren geprägt als vielmehr durch innenpolitische Ereignisse wie Regierungshandeln und -wechsel und parteipolitisch motivierte (Einzel-)Entscheidungen und – seit einigen Jahren auch – durch zunehmende Einflüsse aus dem europäischen Bereich.

Zunächst zum letztgenannten Aspekt: Zu den europäischen Einflüssen gehört der Versuch der EU-Kommission, den Werbemarkt einheitlich zu gestalten und zu regulieren. Die Versuche sind bislang allerdings am heftigen Widerstand vor allem der Verlage und ihrer Lobbyorganisationen gescheitert. Daneben ist die EU-Kommission bestrebt, den öffentlich-rechtlichen Rundfunk in Frage zu stellen, so indem die Gebührenfinanzierung als ein nicht marktwirtschaftliches Element bezeichnet wird (unzulässige Subventionen). Immerhin ist die Möglichkeit öffentlich-rechtlicher und mit Gebührenmitteln finanzierter Rundfunkveranstalter von den europäischen Staats- und Regierungschefs in Amsterdam 1997 als politisch gewollt angesehen worden (vgl. Dörr 1998, S. 79). Die anhaltenden Auseinandersetzungen sowie die „Grünbücher" zeigen allerdings, dass die EU-Kommission ihre Ziele weiterverfolgt und damit ökonomischen und zentralistischen Vorstellungen Vorrang vor kulturalistischen einräumt. Dem Subsidiaritätsprinzip wird damit nicht entsprochen. Mit den Vorstellungen greift die Kommission in die politische Gestaltungshoheit der Nationalstaaten in unzulässiger Weise ein, denn damit wird die kulturelle Identität der Staaten und ihrer Regionen berührt. Vor allem die von der EU-Kommission offen und verdeckt betriebenen Zerstörungsversuche öffentlich-rechtlicher Rundfunkorganisationen sind letztlich unter integrations- und europapolitischen Aspekten wenig überzeugend, zumal eben nicht davon ausgegangen werden kann, dass sich ein von kommerziellen Unternehmen getragenes (gesamt-)europäisches Mediensystem herausbilden wird. So verbreiten kommerzielle Unternehmen eben vorrangig Sport- oder Unterhaltungsangebote, aber weniger Kultur-, Wissenschafts- oder Politikinformationen (vgl. Hasebrink u.a. 1997). Einem öffentlich-rechtlich verfassten Rundfunk kann hingegen die Aufgabe normativ zugewiesen werden, integrationspolitisch zu agieren.

Zurück zur innenpolitischen Perspektive: Medienpolitik wurde in der Bonner

Republik zumeist durch Regierungshandlungen oder durch Entscheidungen des Bundesverfassungsgerichts (beim Rundfunk) sichtbar. Im Rundfunkbereich führte die Vereinigung bislang nicht zu Veränderungen: Die politischen Parteien stülpten gleichsam ihr Modell über die neu gebildeten öffentlich-rechtlichen Organisationen und verteilten in bekannter Manier Einflusssphären und Positionen. Allenfalls können die pressepolitischen Entscheidungen im Kontext der Vereinigung als Veränderung gedeutet werden: Statt der herkömmlichen politischen Akteure traf die Treuhandanstalt strukturpolitische Entscheidungen „von Rang", indem sie durch den Verkauf der Zeitungen in Ostdeutschland an große Westverlage der publizistischen und ökonomischen Konzentration (Verlagskonzentration) zunächst in den ostdeutschen Bundesländern einen Schub gab. Welche Rückwirkungen sich daraus für den Markt in den westdeutschen Ländern und für den Gesamtmarkt ergeben, bleibt abzuwarten.

Eine medienpolitische „Stunde Null" gab es allerdings schon in der jungen Bundesrepublik nicht, denn im Pressebereich wurden die vormaligen Strukturen wieder etabliert und beim öffentlichen Rundfunk gewannen Partei- und Staatsvertreter, ähnlich wie zu Zeiten der frühen Weimarer Republik, stückweise an Einfluss. Auch die Vereinigung stellt keine „Stunde Null" für eine neue Bundesrepublik dar, denn den ostdeutschen Ländern wurden westdeutsche Einrichtungen übergestülpt und vormalige DDR-Unternehmen an Westdeutsche verkauft. Medienpolitik wurde in den Phasen von den großen Parteien zugleich als Arkanpolitik betrieben, und der Einfluss von Regierungsvertretern war und ist hoch.

Nur zu Beginn der 70er Jahre positionierten sich die Parteien auf Grund der verschärften innenpolitischen Konflikte programmatisch durch medienpolitische Papiere. Damit wurde gleichsam das aufgenommen, was sich – ausgehend von der Studentenbewegung der späten 60er Jahre – an Kritik und Unmut an Medien und am Mediensystem aufgestaut hatte. Ein Politikwechsel wurde jedoch nicht eingeleitet, wesentliche Fragen (wie Erhaltung publizistischer Vielfalt, Sicherung der redaktionellen Autonomie durch Gewährung der „inneren Pressefreiheit" und „Redaktionsstatute" u.a.m.) wurden nicht gelöst. Zwar wurde die Pressefusionskontrolle verschärft, doch erwiesen sich die Maßnahmen als untauglich zur Verhinderung weiterer Konzentrationsprozesse. Auch „weiche" Maßnahmen, wie das Pressestatistikgesetz oder die Vorlage von „Medienberichten", wurden nach wenigen Jahren wieder abgeschafft oder sinnentleert weiter verfolgt.

1984, mit dem Beginn der „dualen Rundfunkordnung", wurde – nach anhaltenden innenpolitischen Konflikten, der Durchführung von „Pilotprojekten" und zahlreichen höchstrichterlichen Urteilen – der Ordnungsrahmen für den Rundfunk in Deutschland geändert. Damit wurde auf nationalstaatlicher Ebene ein Politikwechsel eingeleitet, der seinen unmittelbaren Ausgangspunkt mit der „Wende" 1981 hatte. Die Koalition von CDU/CSU und FDP auf Bundesebene leitete, obwohl verfassungsrechtlich nicht für Rundfunk zuständig, durch diverse Infrastruktur-, Subventions- und Förderungsmaßnahmen diesen Politikwechsel ein. Sie konnte dabei auf die Umsetzung durch CDU- bzw. CSU-regierte Bundesländer setzen. Im Zuge dieses Prozesses, dessen Beginn stark von partei- und machtpolitischen Kalkülen im Zusammenhang mit dem öffentlichen Rundfunk („Rotfunk"-Debatte seit den 70er Jahren; Vorwurf der einseitigen Wahlberichterstattung) verbunden ist, verschieben sich dann unter dem Einfluss der Europäisierung die Gewichte zwischen Bund und Ländern in Deutschland.

V. „Berliner Republik" – Veränderungen?

Zu den möglichen Veränderungen der „Berliner Republik" im Politikfeld Medienpolitik könnte der weitere Einflussgewinn des Bundes zählen. Aber das bedeutet weniger eine Zäsur, als vielmehr die Beschleunigung einer Tendenz, die bereits in der Ära Schmidt deutlich wurde. Seinerzeit wurde durch post- und technologiepolitische Entscheidungen die Einführung privater Rundfunkprogramme zunächst verzögert, dann aber relativ rasch durch das erste Kabinett Kohl durchgesetzt. Der Einflussgewinn des Bundes im Politikfeld Medienpolitik zeigte sich dann insbesondere im Vereinigungsprozess in Person und Wirken eines speziellen Medienbeauftragten der Bundesregierung und wurde schließlich durch die Bildung einer für Medienpolitik zuständigen Arbeitsgruppe im Bundeskanzleramt in der letzten Phase der Regierung Kohl auch organisatorisch sichtbar. Nach 1989 konnte das westdeutsche medienbezogene Institutionensystem vollständig in den ostdeutschen Länder etabliert werden (vgl. Hoffmann-Riem 1991).

Die Kompetenzverschiebungen zum und beim Bund sind seitdem offenkundig: Mit Beginn der 90er Jahre gingen wesentliche Impulse zur Medienregulierung vom sog. „Zukunftsministerium" und nicht vom formal zuständigen Innenministerium aus. Der Zuständigkeitswechsel macht auf Veränderungen im Politikfeld aufmerksam: Neben der Medienpolitik bildet sich ein Politikfeld Multimedia und Telekommunikation heraus. Es ist zu erwarten, dass die traditionelle Medienpolitik mit ihren Regelungsgegenständen, im Kern immer der Rundfunk, und ihren Akteuren an Bedeutung verliert. Der Bereich Multimedia ist im großen Maße mit Entwicklungen im Bereich der Telekommunikation verknüpft, und es ist noch nicht erkennbar, ob sich ein neues und geschlossenes Politikfeld zu etablieren vermag (vgl. Werle 1996). Damit dürften die deutschen Länder, die sich ohnehin durch ihre ökonomische Konkurrenz im traditionellen Rundfunksektor um politische Gestaltungsmöglichkeiten gebracht haben, abermals an Einfluss verlieren. Es kommt hinzu, dass es den Ländern immer weniger gelingt, elementare Probleme wie das der Konzentrationskontrolle im Rundfunk, Probleme der Landesmedienanstalten sowie Probleme bei der neu gegründeten „Kommission für die Ermittlung der Konzentration im Medienbereich" (KEK) erfolgreich zu bearbeiten (vgl. zusammenfassend Jarren/Schulz 1999). Seit einiger Zeit wird deshalb von neuen medienpolitischen Organisationsformen gesprochen, so bspw. von der Notwendigkeit eines von Ländern und Bund gemeinsam getragenen „Kommunikationsrates". Mit der Etablierung eines Staatsministers für Kultur im Bundeskanzleramt hat sich in der rot-grünen Regierungskoalition, zunächst einmal bezogen auf die traditionelle Medienpolitik, nun zum Ausgang der „Bonner Republik" eine klare Veränderung ergeben: Zukünftig wird die Medienpolitik des Bundes vom Bundeskanzleramt aus betrieben. Zugleich wird die nationale Medienpolitik, sollte sie gleichsam „zentralistischer" betrieben werden (können), durch europäische und supranationale Akteure gebrochen bzw. relativiert.

Der anhaltend hohe Grad an Juridifizierung in der deutschen Rundfunkpolitik, durch den zentralen Akteur Bundesverfassungsgericht bedingt, dürfte in Zukunft im sich kommerzialisierenden und internationalisierenden Mediensektor an Bedeutung verlieren. Dies zumal dann, wenn Medienpolitik auf zentralstaatlicher und europäischer Ebene als „Modernisierungspolitik" betrachtet und betrieben wird und wenn sich das Politikfeld insgesamt verändert (vgl. Kleinsteuber 1993). Der Einflussverlust der Karlsruher Richter in der Rundfunkpolitik, die sich in ihren Entscheidungen durchgängig für die Interessen der Länder ausgesprochen haben, dürfte den Trend zum Einflussgewinn des Bundes im Politikfeld stärken.

Die möglichen politischen Kompetenzverschiebungen, die sich in den 90er Jahren deutlich abzeichnen, müssen nun aber keineswegs zur Folge haben, dass die politische Hauptstadt Berlin auch zur „Medienhauptstadt" wird und dass von Berlin maßgebliche publizistische Impulse ausgehen. Zum einen war Berlin in historischer Sicht niemals die deutsche Presse- oder gar Medienmetropole, die „Zeitungsstadt Berlin gehört ins Reich der Fabel" (Böning 1999, S. 88). Zum anderen hat sich im Printsektor, wie auch im Bereich der elektronischen Medien, in Deutschland eine differenzierte, regional geprägte Struktur entwickelt, die viele Zentren kennt: neben Berlin eben Hamburg, München oder Köln. Die Ökonomisierung des Mediensektors und die gestiegene Relevanz der Unterhaltung produzierenden Film- und Videoindustrie oder der Multimediaunternehmen, die auf das Vorhandensein leistungsstarker Informatik- und Telekommunikationsunternehmen angewiesen sind, bestimmen heute stärker Standortentscheidungen und die Medienzentrenbildung als jene traditionelle Publizistik, die auf politische Zentren und die Reflexion von Politik ausgerichtet ist. Eine „Machtballung" von Politik und politischer Publizistik in Berlin, wenn es sie dort je gegeben hat, ist somit kaum zu erwarten, auch dann nicht, wenn der Bund an Relevanz in diesem Politikfeld gewönne. Europäisierung und Regionenbildung prägen bereits heute die politischen Verhältnisse. Es kommt hinzu, dass mit Hamburg eine die publizistische und politische Kultur der „Bonner Republik" prägende Medienmetropole in unmittelbarer Nähe zu Berlin liegt. Ob nun mit oder ohne Magnetschwebebahn: Die Pendelnähe wird dafür sorgen, dass gewichtige Hamburger Unternehmen eben dort verbleiben.

Eines aber wird zur zentralen Herausforderung für die Medienpolitik der „Berliner Republik": Kann und wie soll der Weg zur „Mediengesellschaft" gestaltet werden? Offen ist derzeit die Frage, ob das Mediensystem überhaupt noch nach kulturellen oder politischen Zielen reguliert werden kann oder soll. Dabei ist zu bedenken, das Politik auf die Vermittlung politischer Inhalte und auf die Organisation politischer Prozesse durch Medien angewiesen ist – zumal unter mediengesellschaftlichen Bedingungen (vgl. Pfetsch 1998). Die „Berliner Republik" steht vor dem Problem, dem Primat der Politik in der Mediengesellschaft Geltung zu verschaffen, denn auch zukünftig kommt dem Staat ein Ausgestaltungsauftrag bezüglich des Mediensystems zu. Dies kann jedoch immer weniger allein vorrangig durch rechtlich agierende Regulierungsinstanzen und immer weniger nur im nationalstaatlichen Rahmen gelöst werden. Die bisherigen staatlichen Steuerungs- und Regulierungskonzepte müssen durch neue Konzepte ergänzt werden, die auch die beschriebenen Wandlungstendenzen im Mediensystem hin zu einer Mediengesellschaft berücksichtigen. Es bedarf für die zukünftige Regulierung neuer Leitbilder und neuer Akteure, da die Ausgestaltung der Mediengesellschaft nicht mehr vom Staat und politischen Akteuren allein bewältigt werden kann. Ferner bedarf es neuer Regulierungsinstrumente, die sich flexibel den zum Teil rasanten Veränderungen anpassen. Ob dieser Politikwechsel mit dem Wechsel von der „Bonner" zur „Berliner Republik" eingeleitet wird, das erscheint jedoch mehr als fraglich.

Literatur

Arlt, Hans-Jürgen und Otfried Jarren, 1997: Abwehrkünstler am Werk. Über die Kampagnefähigkeit des Deutschen Gewerkschaftsbundes, in: Ulrike Röttger (Hrsg.), PR-Kampagnen. Über die Inszenierung von Öffentlichkeit, Opladen, S. 173-194.

Bentele, Günter, 1989: Politische Öffentlichkeitsarbeit, in: Ulrich Sarcinelli (Hrsg.), Politikvermittlung und Demokratie in der Mediengesellschaft, Opladen/Wiesbaden, S. 124-145.

Böning, Holger, 1999: Eine kapitale Ente. Die Zeitungsstadt Berlin gehört ins Reich der Fabel: Deutschlands Pressemetropole ist die Hauptstadt nie gewesen, in: Die Zeit vom 11.3., S. 88.

Donges, Patrick und Otfried Jarren, 1999: Politische Öffentlichkeit durch Netzkommunikation?, in: Klaus Kamps (Hrsg.), Elektronische Demokratie? Perspektiven politischer Partizipation, Opladen/Wiesbaden, S. 85-108.

Dörr, Dieter, 1998: Europäische Medienordnung und -politik, in: Hans-Bredow-Institut (Hrsg.), Internationales Handbuch für Hörfunk und Fernsehen 98/99, Baden-Baden/Hamburg, S. 71-93.

Enquete-Kommission, 1998: Schlussbericht der Enquete-Kommission „Zukunft der Medien in Wirtschaft und Gesellschaft – Deutschlands Weg in die Informationsgesellschaft". Deutscher Bundestag. 13. Wahlperiode. Drucksache 13/11004, Bonn.

Frei, Norbert, 1983: Presse, Hörfunk und Fernsehen, in: Wolfgang Benz (Hrsg.), Die Bundesrepublik Deutschland. Geschichte in drei Bänden. Bd. 3: Kultur, Frankfurt a.M., S. 275-318 und S. 319-357.

Gerhards, Jürgen, 1994: Politische Öffentlichkeit. Ein system- und akteurstheoretischer Bestimmungsversuch, in: Friedhelm Neidhardt (Hrsg.), Öffentlichkeit, öffentliche Meinung, soziale Bewegungen, in: Kölner Zeitschrift für Soziologie und Sozialpsychologie (= Sonderheft 34), Opladen, S. 77-105.

Hasebrink, Uwe et al., 1997: Existenz eines europäischen Marktes für Medien und grenzüberschreitende Wirkung nationaler Medien, Hamburg (Manuskript).
Hoffmann-Riem, Wolfgang, 1991: Rundfunkneuordnung in Ostdeutschland. Stellungnahme zu Vorstellungen über den Aufbau des öffentlich-rechtlichen Rundfunks in den neuen Bundesländern, in: Forschungsberichte des Hans-Bredow-Instituts. Bd. 13, Hamburg.
Hoffmann-Riem, Wolfgang, 1996: Regulating Media. The licensing and supervision of broadcasting in six countries, New York/London.
Jarren, Otfried, 1994: Medien- und Kommunikationspolitik in Deutschland, in: ders. (Hrsg.), Medien und Journalismus. Bd. 1, Opladen, S. 108-143.
Jarren, Otfried, 1998a: Medien, Mediensystem und politische Öffentlichkeit im Wandel, in: Ulrich Sarcinelli (Hrsg.), Politikvermittlung und Demokratie in der Mediengesellschaft, Opladen/Wiesbaden, S. 74-96.
Jarren, Otfried, 1998b: Medienpolitische Kommunikation, in: Otfried Jarren, Ulrich Sarcinelli und Ulrich Saxer (Hrsg), Politische Kommunikation in der demokratischen Gesellschaft. Ein Handbuch mit Lexikon, Opladen/Wiesbaden, S. 616-629.
Jarren, Otfried, 1999: Medienregulierung in der Informationsgesellschaft?, in: Publizistik, 44. Jg., Heft 2, S. 149-164.
Jarren, Otfried und Patrick Donges, 1997: Ende der Massenkommunikation – Ende der Medienpolitik?, in: Hermann Fünfgeld und Claudia Mast (Hrsg.), Massenkommunikation. Ergebnisse und Perspektiven, Opladen, S. 231-252.
Jarren, Otfried, Ulrich Sarcinelli und Ulrich Saxer (Hrsg.), 1998: Politische Kommunikation in der demokratischen Gesellschaft. Ein Handbuch mit Lexikon, Opladen/Wiesbaden.
Jarren, Otfried und Wolfgang Schulz, 1999: Rundfunkaufsicht zwischen Gemeinwohlsicherung und Wirtschaftsförderung, in: Dietrich Schwarzkopf (Hrsg.), Rundfunkpolitik in Deutschland, Frankfurt a.M., S. 117-148.
Kaase, Max, 1998: Demokratisches System und die Mediatisierung von Politik, in: Ulrich Sarcinelli (Hrsg.), Politikvermittlung und Demokratie in der Mediengesellschaft, Opladen/Wiesbaden, S. 24-51.
Kleinsteuber, Hans J., 1993: Rundfunksteuerung durch Rundfunkrecht, in: Otfried Jarren, Frank Marcinkowski und Heribert Schatz (Hrsg.), Landesmedienanstalten – Steuerung der Medienentwicklung?, Münster/Hamburg, S. 23-48.
Pfetsch, Barbara, 1998: Regieren unter den Bedingungen medialer Allgegenwart, in: Ulrich Sarcinelli (Hrsg.), Politikvermittlung und Demokratie in der Mediengesellschaft, Opladen/Wiesbaden, S. 233-252.
Röper, Horst, 1997: Formationen deutscher Medienmultis 1996. Unternehmensentwicklungen und Strategien der größten deutschen Medienkonzerne, in: Media Perspektiven, Heft 5, S. 226-255.
Röper, Horst, 1998: Konzentration im Zeitschriftenmarkt leicht rückläufig, in: Media Perspektiven, Heft 7, S. 337-351.
Röttger, Ulrike, (Hrsg.) 1997: PR-Kampagnen. Über die Inszenierung von Öffentlichkeit, Opladen.
Sarcinelli, Ulrich, 1998: Politikvermittlung und Demokratie: Zum Wandel der politischen Kommunikationskultur, in: ders. (Hrsg.), Politikvermittlung und Demokratie in der Mediengesellschaft, Opladen/Wiesbaden, S. 11-23.
Schneider, Beate, 1994: Verpaßte Chance. Pressekonzentration statt neuer Vielfalt in Ostdeutschland, in: Medium, Heft 2, S. 38-39.
Schönbach, Klaus, 1993: Images der Kanzlerkandidaten im Wahlkampf 1990: Einflüsse von politischer Werbung und PR im Vergleich, in: Wolfgang Armbrecht, Horst Avenarius und Ulf Zabel (Hrsg.), Image und PR, Opladen, S. 215-226.
Schulz, Winfried, 1997: Politische Kommunikation, Opladen/Wiesbaden.

Schütz, Walter J., 1997: Redaktionelle und verlegerische Struktur der deutschen Tagespresse, in: Media Perspektiven, Heft 12, S. 685-694.
Theis-Berglmair, Anna Maria, 1994: Medienwandel – Modellwandel? Reflexionen über die gesellschaftliche Komponente der Massenkommunikation, in: Otfried Jarren (Hrsg.), Medienwandel – Gesellschaftswandel? 10 Jahre dualer Rundfunk in Deutschland, Berlin, S. 35-50.
Vesting, Thomas, 1997: Prozedurales Rundfunkrecht. Grundlagen – Elemente – Perspektiven, Baden-Baden/Hamburg.
Werle, Raymund, 1996: Verbände im Politikfeld Multimedia – Akteure, Rollen, Aufgaben, in: Herbert Kubicek et al. (Hrsg.), Jahrbuch Telekommunikation und Gesellschaft. Bd. 4: Öffnung der Telekommunikation: Neue Spieler – neu Regeln, Heidelberg, S. 201-216.
Wiek, Ulrich, 1996: Politische Kommunikation und Public Relations in der Rundfunkpolitik. Eine politikfeldbezogene Analyse, Berlin.

Volker Ronge

Auf dem Weg zum „Einwanderungsland"?

I. Die Tradition der Auswanderung

Beginnen wir die Behandlung des Themas mit einer gezielten Verfremdung und fragen „gegen den Titel", ob Deutschland nicht vielleicht eher als *„Auswanderungs*land" zu charakterisieren sei – in historischer Perspektive oder etwa in Ansehung der aktuellen Auswanderungszahlen. Die Frage ist alles andere als abwegig, sobald man den Blick in die Geschichte lenkt. Über Jahrhunderte hinweg, schon seit dem 18. Jahrhundert, wurde „Deutschland" (ebenso wie Europa insgesamt) vorwiegend durch Aus- und nicht etwa durch Einwanderung bestimmt: insbesondere nach Russland und nach Amerika, um nur die wichtigsten Zielländer deutscher Auswanderung hervorzuheben (vgl. Marschalck 1984; Dietz/Hilkes 1993). Soll man die im Vergleich kurze Periode der Nachkriegsgeschichte mit ihrer Umkehrung der Wanderungsströme zum Anlass nehmen, Deutschland jetzt mit einem ganz anderen „label", dem eines Einwanderungslandes, zu charakterisieren? Wie sehen überhaupt die aktuellen Fakten aus?

Betrachtet man die Wanderungsstatistik für die hier interessierenden 1990er Jahre hinsichtlich des Auswanderungsgeschehens, so zeigt sich grob skizziert die folgende Konstellation und Entwicklung:

1. Die Auswanderung – von Deutschen (nicht von Ausländern!) aus Deutschland – ist, losgelöst vom Wanderungssaldo betrachtet, quantitativ alles andere als belanglos: 1995 z.B. handelte es sich um 131.000 Personen, 1996 waren es 118.000 und im Jahr darauf 110.000 Fortzüge ins Ausland, d.h. es handelt sich immerhin um eine Großstadt-Bevölkerung pro Jahr.
2. Diese Auswanderung erfolgte seit Beginn der Dekade mit steigender Tendenz: Von ca. 1 pro Tausend Einwohner in den 80er Jahren stieg die Zahl der Auswanderer, unter Überspringung einer ausnahmsweise besonders hohen Quote in den Jahren 1989 und 1990 im Gefolge der deutschen Wiedervereinigung, auf ca. 1,5 pro Tausend in der Mitte der 90er Dekade an (1994: 1,46; 1995: 1,60). Dies muss man wohl als bemerkenswerte Tendenz ansehen.
3. Etwa 30 Prozent (1995: 29, 1996: 31 Prozent) der deutschen Auswanderer migrierten nicht weit weg (und in klassische Einwanderungsländer in Übersee), sondern in die umliegenden EU-Länder. Man kann annehmen, dass es sich

dabei oft um einen nur zeitweiligen, z.B. beruflich bedingten oder nachberuflichen Wohnortwechsel handelt, für den der Auswanderungsbegriff vielleicht unangebracht ist. Diese EU-Umland-Auswanderung liegt fast dreimal so hoch wie z.B. diejenige ins „klassische Auswanderungsland" USA. Selbst dann, wenn man die drei „Klassiker" der deutschen Auswanderung – USA, Kanada und Australien (einschließlich Neuseeland) – zusammennimmt, wird diese von derjenigen in EU-Länder weit übertroffen.

4. Mehr Deutsche als in die USA wanderten in den letzten Jahren in den Osten, vor allem in die Länder Russland, Kasachstan und Polen aus. Dieser Punkt ist, einschließlich der Länderauswahl, natürlich erklärungsbedürftig: Es handelt sich bei diesen Auswanderern um so genannte Aussiedler (oder ethnische Deutsche), die zuvor – aus den drei in dieser Dekade wichtigsten Herkunftsländern – nach Deutschland eingewandert waren, hier auf Grund entsprechenden Rechtsanspruchs die deutsche Staatsbürgerschaft erhielten und anschließend in ihre Herkunftsländer rückwanderten, dabei den deutschen Pass wie eine Art Versicherung (Rückfahrticket) für schlechte Zeiten mitnehmend.

Selbstverständlich geht es mir bei der Sicht auf Deutschland als „Auswanderungsland" auch ein bisschen um rhetorische Provokation. Was lässt sich jenseits des bekannten Umstands, dass die Wende vom Auswanderungs- zum Einwanderungsland für Deutschland (wie für Europa) erst jüngeren Datums ist (vgl. Münz 1997, S. 224), aus dieser Auswanderungsstatistik – für unseren Zusammenhang – lernen? Insbesondere die Punkte 3 und 4 sind hier von Belang: die dominante Wanderung ins europäische Umland sowie Hin- und Herwanderungen. Beides signalisiert, dass Auswanderung unter heutigen Bedingungen nicht mehr unbedingt dasselbe bedeutet, wie mit dem Begriff ursprünglich gemeint und bezeichnet; und das Gleiche gilt dann auch für Einwanderung. Eigentlich hat sich die Terminologie der Aus-/Einwanderung durch veränderte Umstände des Verkehrs, der Kommunikation und Information im Weltmaßstab überlebt. Migration ist heute, im Zuge der alle möglichen Dimensionen ergreifenden Globalisierung, ein massenhaftes Trivialphänomen geworden, sie hat sich – definitorisch staatsgrenzen-überschreitend – dem Umzug (im eigenen Land) angenähert. Sie hat zudem heute nichts biografisch Endgültiges und Unwiderrufliches mehr an sich, kann ohne Probleme „auf Zeit" erfolgen. Sogar die Rückwanderung vom gerade erst erreichten Deutschland nach Russland oder Kasachstan bildet keinen Ausnahmefall an Migration; um wie viel mehr muss das für Hin- und Herwanderungen im EU-Zusammenhang gelten! Die Aufrechterhaltung von Beziehungen und Bindungen zur Heimat, zum Herkunftsland, ist heutzutage problemlos möglich und tatsächlich die Regel. Man ist nicht einmal gezwungen, im Zuwanderungsland die dortige Sprache zu lernen und zu sprechen. All dies verändert die Sache der, und das Reden über die, (Aus- wie Ein-)Wanderung – und das betrifft dann natürlich auch unsere Titel-Fragestellung.

II. Die thematische Einschlägigkeit der 90er Jahre

Die Dekade der 90er Jahre, derjenige historische Ausschnitt, der hier in den Blick genommen wird, bildet für die gestellte Frage nach Deutschland als „Einwanderungsland" einen ausgesprochen gut passenden Gegenstand, mit markantem Anfang und ebensolchem Ende: Am Anfang der 90er Jahre erlebte – vor allem das westliche – Deutschland eine starke, aus mehreren unterschiedlichen Teilströmen zusammengesetzte Zuwanderungswelle (neben den Übersiedlern aus der zusammengebrochenen DDR: Aussiedler aus Osteuropa und, jetzt dominant werdend, der sich auflösenden UdSSR, Asylbewerber aus aller Welt, Bürgerkriegsflüchtlinge aus dem sich auflösenden Jugoslawien), die die schon seit langem bestehende regelmäßige Zuwanderung auf hohem Niveau noch einmal weit übertraf. Den wichtigsten Faktor dafür bildete die Auflösung des Ostblocks, in deren Kontext eine weit gehende Liberalisierung des bis dato stark restringierten Aus- und Durchreisens und -wanderns erwuchs. In Reaktion darauf wurden von der deutschen Regierung, ebenfalls noch in der ersten Hälfte der Dekade, politische Maßnahmen getroffen, durch die eine Begrenzung der Zuwanderung bewirkt werden sollte; sie betrafen das Asyl- und Asylverfahrensrecht, das Ausländerrecht und das Recht der sog. Aussiedler (unter der Formel der Beendigung der „Nachkriegszeit" und der „Kriegsfolgenbereinigung"). Diese Maßnahmen erzeugten tatsächlich, egal, ob allein oder im Zusammenwirken mit anderen Faktoren, eine gewisse Reduktion der Zuwanderungszahlen in Deutschland.

Parallel dazu erfolgte in vielen Einzelschritten eine Europäisierung des Migrationstopos dergestalt, dass der Aufhebung von Personengrenzkontrollen im Innern der EU, organisiert durch intergouvernementale Verträge (Schengen), und der neuen EU-Kompetenz in der Asyl- und der Einwanderungspolitik (Maastricht-Vertrag, Art. K.1) eine verstärkte physische und diplomatische Befestigung der Außengrenzen der EU beigefügt wurde (vgl. dazu Gimbal 1994). Für die dadurch (in kritischer Formulierung) bewirkte „Festung Europa" wurde von deutscher Seite aus insbesondere eine Asylpolitik mobilisiert, die sich auf die Deklaration verfolgungsfreier Drittstaaten und auf bilaterale Abkommen zur Rücknahme von aussichtslosen Asylbewerbern stützte (vgl. Glatzel 1997). Als Mitgliedsland der EU profitierte Deutschland – als östliches Grenzland sogar ganz besonders – von dieser Politik in Gestalt einer Reduktion seiner Zuwanderung, nachdem es zuvor entsprechend gelitten hatte bzw. betroffen war.

Das Ende der 90er Jahre wurde, ausgelöst durch eine parteipolitisch veränderte – „rot-grüne" – Bundesregierung seit 1998, von Reformmaßnahmen geprägt, die sich insbesondere auf das Staatsangehörigkeits- und das Ausländerrecht richteten. In diesem Zusammenhang stehen verbreitete Wünsche nach einem expliziten Einwanderungsgesetz und -regime, die sich bis dato jedoch nicht erfüllt haben. Solche politisch-rechtlichen Reformbemühungen wurden u.a. durch den „Fall Öcalan" (die Ergreifung des Kurden-Führers durch die türkischen Behörden) Anfang 1999 nachhaltig beeinflusst, in dessen Zusammenhang (nicht zum ersten Mal) größere, kontradiktorische Kurden- sowie Türken-Demonstrationen in Deutschland stattfanden, die die deutsche Öffentlichkeit auf politische und soziale Folgeprobleme von Einwanderung aufmerksam machten: die Ethnisierung von Interessen und Konflikten (cleavages) unter den Zugewanderten und die Beeinflussung der innenpolitischen Verhältnisse in Deutschland von den Herkunftsländern der Zuwanderer her (vgl. Brieden 1996).

Es gibt in Deutschland, nicht zuletzt in der Wissenschaft, die politische Haltung, „ein gewisses Maß an Zuwanderung als neue Normalität zu akzeptieren" und diese dann umfassend zu regulieren (Münz 1997, S. 236; Schulte 1998, S. 53). Welches aber ist das „gewisse" Maß? Und wer entscheidet darüber: die aufnehmende Gesellschaft (durch volkswirtschaftlichen Bedarf, durch Politik, Recht und Verwaltungsakte) oder die zuwanderungswilligen, nicht selten „irregulär" eintreffenden Ausländer? Ganz offensichtlich kann die aufnehmende Gesellschaft unter heutigen Umständen darüber gar nicht autonom entscheiden, weil es zu viele Möglichkeiten der Zuwanderung außerhalb jeglichen Einwanderungsregimes gibt.

Die Frage, ob Deutschland ein „Einwanderungsland" – gedacht nach dem Muster sog. „klassischer" Einwanderungsländer (USA, Kanada, Australien) – sei, werde oder werden solle (s.u.), spielte im einschlägigen politischen Diskurs in den 90er Jahren eine wichtige Rolle. Am Ende der Dekade lässt sich das politische Resultat dahingehend „lesen", dass Deutschland vielleicht als ein „neoklassisches" Einwanderungsland bezeichnet werden könnte: verstanden (oder zu verstehen) im Kontext der Entwicklung zu einer „postnationalen" (oder auch „postmodernen") gesellschaftlichen Identität(skonzeption), die ihrerseits – politisch ungewollte – Folge von radikalen Veränderungen im Bereich der Migration ist.

In diesem thematischen Zusammenhang ist allerdings auch die Europäische Integration mitzuberücksichtigen, durch die sich die Bedeutung der Staatlichkeit ihrer Mitgliedsländer, (auch) Deutschlands, laufend erheblich verändert, sodass es immer weniger zum alleinigen Bezugspunkt der Fragestellung („Einwanderungsland") genommen werden kann: Das „(Einwanderungs-)Land", um das es heute geht, heißt immer weniger „Deutschland", sondern tendenziell EU-Europa.

III. Zur „Anerkennung" Deutschlands als „Einwanderungsland"

Die Auseinandersetzung darüber, ob Deutschland ein Einwanderungsland sei oder nicht; und ob dieser Charakter Deutschlands (endlich) „anzuerkennen" sei, „anerkannt" werde oder nicht, ist wohl eine der abwegigsten, nichtsdestotrotz politisch ausgesprochen erregt geführten Diskussionen in den 90er Jahren gewesen. Am Verhältnis zu dieser Frage schieden sich – und scheiden sich zum Teil immer noch – die politischen Geister (siehe u.a. Rudolph 1994; Radtke 1997). Dabei lässt sich die Sache mit einem Minimum an intellektuellem Aufwand problemlos auflösen – freilich durch Differenzierung, woran, wenn's um Politik geht, nicht unbedingt breites Interesse besteht.

In diesem Anerkennungs-Diskurs wurden auch sehr einfache, eindeutige Antworten gegeben – beispielsweise unter dem Broschüren-Titel „Einwanderungsland Deutschland" (IDEEN-Redaktion 1993), wo in der Einleitung markant statuiert wird: „Deutschland ist ein Einwanderungsland (...)" (ebd., S. 7). Etwas differenzierter immerhin klingt es z.B. so: „Die Bundesrepublik hat zwar nicht rechtlich, aber doch gesellschaftlich und kulturell längst die Schwelle zum Einwanderungsland überschritten." (Ceyhun 1993, S. 31)

Vom „Einwanderungsland Deutschland" kann man sinnvoll eigentlich nur im Hinblick auf die Faktizität sprechen; der von R. Münz benutzte, auf Deutschland bezogene Terminus des *„de facto*-Einwanderungslandes" trifft die Sache (Münz 1997, S. 235; ebenso Schulte 1998, S. 11, Fn. 1, der vom *„Tatbestand* der Einwanderung" spricht): Es gibt tatsächlich seit Jahren eine – gerade auch im Vergleich zu anderen, vergleichbaren Ländern – hohe Zahl an Zuwanderern nach Deutschland (s.u.). Aus dieser zunächst faktischen Behauptung, über die man sich, weil es sich um eine *empirische* Frage handelt, kaum streiten kann, die sich vielmehr durch statistische Quantifizierung eindeutig klären lässt, kann man freilich, wie sich gezeigt hat, im politischen Kontext auch eine – dann verständlicherweise umstrittene – *normativ-programmatische* Extrapolation machen – die dann weiterhin mit dem Begriff „Einwanderungsland" abgedeckt und mit entsprechendem „Erklären" oder „Eingestehen" verknüpft wird –, und die heißt: a) Deutschland solle/wolle auch in Zukunft, und in einem der Vergangenheit vergleichbaren Ausmaß, Zuwanderung akzeptieren oder sogar provozieren (und diese gleichzeitig z.B. mit Hilfe eines Einwanderungsgesetzes politisch zu steuern versuchen); oder b) sozial- und politikkritisch: Deutschland – sowohl die deutsche Politik wie die deutsche Bevölkerung – habe die faktische Einwanderung „verdrängt", um sich mit ihr und ihren Folgen nicht befassen zu müssen.

Die Forderung nach „Erklärung" und „Anerkennung" Deutschlands als Einwanderungsland dient also zur Kritik an fehlender oder defizienter Politik gegenüber der faktischen Einwanderung und/oder als Mittel zu weiterer Einwanderungsöffnung und -politik. Dem Politprogramm „Einwanderungsland" wird in Deutschland oft das demografische Argument unterlegt, wonach sich aus der Geburten- und der Alterungsentwicklung der deutschen Bevölkerung – mit all ihren Folgen, insbesondere dem Problem der Rentenfinanzierung – in den kommenden Jahrzehnten ein Bedarf und somit ein nationales Eigeninteresse an Zuwanderung ergebe (vgl. Enquete-Kommission Demografischer Wandel 1994, S. 32; Schmid 1994; Birg 1999). Es gibt sogar, was angesichts des Ausmaßes der Erwerbslosigkeit etwas überrascht, Thesen von Zuwanderungsbedarf aus volkswirtschaftlichen, speziell arbeitsmarktpolitischen Gründen (so z.B. der designierte Präsident des DIW

Berlin, Klaus F. Zimmermann, in einem Interview mit der FAZ v. 30.04.1999, S. 13).

Die „andere Seite", die Opposition derartiger „Anerkennung" Deutschlands als Einwanderungsland, weiß selbstverständlich um, und „anerkennt" insoweit, die Faktizität, nur argumentiert sie normativ-programmatisch gegen einen weiteren, erst recht gegen einen in Zukunft noch durch Politik provozierten und verstärkten Zustrom von Zuwanderern; sie will, aus welchen guten oder schlechten Gründen auch immer, Deutschland nicht auf Dauer zum – sozusagen klassischen, die Bevölkerung vermehrenden, das Territorium besiedelnden – Einwanderungsland (à la USA, Kanada, Australien) machen oder werden lassen. Ein explizites Einwanderungsgesetz und -regime würde aus dieser Sicht eben dieses Image Deutschlands in der Welt – folgenreich – erzeugen und wird deshalb abgelehnt. Dass gleichwohl mit der faktischen Zuwanderung sozial und politisch „umgegangen" werden muss, ist eine ganz andere, für die meisten allerdings auch ganz selbstverständliche Sache. Diese Position versteht (richtig), dass mit der Anerkennungsforderung oder -zumutung eben nicht primär die *Anerkennung der Faktizität* gemeint ist, sondern die *Akzeptanz einer bestimmten politischen Programmatik*, die auf ein Mehr an Zuwanderung abzielt oder hinausläuft.

Die Redeweise von der „Anerkennung" des Einwanderungslandes Deutschland spielt also mit der Doppeldeutigkeit zwischen Sein und Sollen. Anerkennen lassen sich nur Fakten; über die gibt es aber eigentlich gar keinen Streit. Ob, wie Berlit in seinem Kommentar zum Ausländergesetz meint (Gemeinschaftskommentar 1996, Vorb. zu §§ 85-91, Rdnr. 5), „die Doktrin, dass die Bundesrepublik Deutschland kein Einwanderungsland sei", „den Blick für die mit den Migrationsbewegungen tatsächlich bewirkte Einwanderung versperrt" oder versperrt hat, möchte ich eher bezweifeln. So viel an Blindheit sollte man der Politik und auch der Bevölkerung nicht unterstellen. Die hier benutzte psychologistische Verdrängungs-Redeweise lässt sich nicht umstandslos auf die Gesellschaft bzw. Bevölkerung übertragen. Die im „Einwanderungsland-Diskurs" erhobene Forderung nach Anerkennung – besser: Akzeptanz – einer bestimmten politischen Programmatik stellt für Gegner derselben eine Zumutung dar, gegen die diese sich selbstverständlich verwahren und wehren (dürfen).

Vor diesem Hintergrund stellt sich das Problem, worauf man sich eigentlich stützen soll, um die (Titel-)Frage zu beantworten, ob Deutschland sich auf dem Weg zum Einwanderungsland befinde (oder nicht): Geht es um die faktische, insbesondere die Quantität der, Zuwanderung? Oder ist/wäre Deutschland erst dann ein „Einwanderungsland", wenn es sich – die Faktizität somit „anerkennend" – auch als Einwanderungsland erklärte und ein Einwanderungsgesetz und -regime gäbe, in welchem weitere Einwanderung zwar auch reguliert, aber doch vor allem eröffnet und provoziert wird?

Man darf unter analytischer Zielsetzung auf jeden Fall die faktisch-deskriptive Behauptung nicht – und insbesondere nicht politik- oder argumentationsstrategisch – mit der normativ-programmatischen Forderung verwechseln. Brubaker (1992, S. 174) hat in nicht zu überbietender Klarheit treffend formuliert, dass die Formel „kein Einwanderungsland" „articulates not a social or demografic fact but a political-cultural norm, an element of self–understanding".

IV. Die tatsächliche Zuwanderung nach Deutschland in den 90er Jahren

Die folgende Skizzierung der Faktizität verwendet ganz bewusst nicht den Begriff der *Ein-*, sondern den der *Zu*wanderung. (In der offiziellen Statistik spricht man übrigens, sozusagen „umzugs"soziologisch, von – grenzüberschreitendem – „Zuzug" und „Fortzug".) Damit wird erstens darauf Rücksicht genommen, dass die noch immer – insbesondere auch rechtlich – herrschende (wie auch immer politisch umstrittene) Doktrin Deutschland nicht als „Einwanderungsland" sieht; außerdem reflektiert sich in diesem Sprachgebrauch der oben bereits angesprochene (und unten noch einmal aufzunehmende) Umstand historischer Obsoleszenz der Ein-/Auswanderungsterminologie überhaupt auf Grund veränderter Migrationsumstände.

Eine Zuwanderungsanalyse richtet sich, wenn sie auf die Eruierung von so etwas wie dem „Charakter" eines Landes – als Einwanderungsland oder etwas Gegenteiligem – aus ist, auf Strömungsprozesse und -größen, nicht dagegen auf Bestandsgrößen. M.a.W. geht es in diesem Zusammenhang nicht um den über die Jahrzehnte – nicht nur, aber doch in der Hauptsache durch Zuwanderung – entwickelten, aufgelaufenen Bestand an *Ausländern* in Deutschland, sondern um die laufenden Zuwanderungen (die statistisch in der Regel auf Jahreszeiträume bezogen werden). Ein „Einwanderungsland" wäre nach diesem Verständnis (u.a.) dadurch charakterisiert, dass *laufend* Zuwanderung in beträchtlichem Umfang – und per Saldo mehr Zu- als Abwanderung – erfolgt.

Der bloße Umstand, dass Deutschland (zurzeit) einen hohen *Ausländer*anteil aufweist, qualifiziert es m.a.W. nicht zum „Einwanderungsland", sondern indiziert eher eine bestimmte Politik und Rechtslage der Naturalisation sowie entsprechende Nachfrage. Ausländer, die in diesem „Status" bereits jahrzehntelang in Deutschland leben, sind nicht mehr sinnvoll unter die Rubrik „Einwanderung" zu bringen, nur weil sie *irgendwann* einmal zugewandert sind. Die in Deutschland vorhandenen Ausländer, insbesondere die sog. Gastarbeiter der 60er und 70er Jahre und deren Nachkommen, bilden schon deshalb eine fragwürdige Kategorie in unserem Einwanderungs-Zusammenhang, weil ein nicht unerheblicher Teil von ihnen hätte zwischenzeitlich Inländer werden können, d.h. die deutsche Staatsangehörigkeit hätte erwerben können. Diejenigen, die diese Möglichkeit wahrgenommen haben, sind als nunmehrige Inländer/Deutsche ohnehin gar nicht mehr als ehemals Zugewanderte statistisch zu erkennen und zu identifizieren.

1. Zuwanderung und Wanderungssaldo

Der einfachste, aber auch der am wenigsten aussagekräftige bzw. am ehesten missverständliche Umgang mit dem Einwanderungsthema rekurriert auf die pauschale Statistik der grenzüberschreitenden Wanderungen – *nach* Deutschland (und dann zur Interpretation – z.B. zur Saldierung – zusätzlich auch *aus* Deutschland heraus).

Im Folgenden wird das Sonderproblem der Wanderung zwischen den beiden deutschen Staaten, und dabei insbesondere von Ost- nach Westdeutschland (DDR-BRD), das sich im Zuge der Wiedervereinigung am Beginn der hier thematisierten Dekade noch einmal in einer großen Welle von Übersiedlungen materialisierte, aber ansonsten historisch obsolet geworden ist, ausgeklammert (vgl. dazu Ronge 1993); allerdings drückt sich der Übersiedlerzugang in älteren Statistiken (BRD-alt) implizit mit aus.

Tabelle 1: Zuwanderung nach Deutschland (bis 1990: BRD-alt)

Jahr	Zuzüge insgesamt in 1.000	daraus aus europäischen Ländern	daraus aus außereurop. Ländern	Zuzüge insges. je 1.000 Einw.	Wanderungssaldo in 1.000
1980	753,4	593,5	142,8	12,2	+ 312
1990	1651,6	1437,6	206,9	26,1	+1041
1991	1199,0	985,9	197,1	14,9	+ 601
1992	1502,2	1163,5	325,9	18,6	+ 788
1993	1277,4	942,5	325,5	15,7	+ 471
1994	1082,6	755,9	314,1	13,3	+ 330
1995	1096,0	762,8	319,4	13,4	+ 398
1996	959,7	644,4	304,0	11,7	+ 282

Quelle: Statistisches Jahrbuch.

Die Daten sprechen eine eindeutige Sprache: Deutschland hat im hier betrachteten Zeitraum (1990 ff.) einen deutlich positiven Wanderungssaldo, d.h. mehr Zu- als Abwanderung. (Der „Ausreißer" 1990 hängt mit der Wiedervereinigung zusammen und resultiert aus Übersiedlern.) Allerdings ist die Tendenz dieses Saldos in den 90er Jahren eher sinkend. Gleichzeitig sinkt die Zuwanderung seit 1992 auch absolut erheblich.

Das Bild ändert sich nicht grundsätzlich, wenn wir nur die Zuwanderung (sowie, zwecks Saldierung, die Abwanderung) von Nicht-Deutschen betrachten. Diese Selektivität gibt Sinn insofern, als damit die Rückwanderung von Deutschen – die zumeist nach temporärem Fortzug ins Ausland erfolgt und die sinnvoll nicht als „Einwanderung" zu qualifizieren ist – aus der Betrachtung ausgeschlossen wird.

Tabelle 2: Zuwanderung von Ausländern nach Deutschland (bis 1990: BRD-alt)

Jahr	Zuzüge insgesamt in 1.000	daraus aus europ. Ländern	daraus aus außereurop. Ländern	Wanderungssaldo in 1.000
1990	842,4	663,1	175,9	+376,3
1991	920,5	755,1	162,3	+423,0
1992	1207,6	1008,2	195,9	+592,9
1993	986,9	788,7	194,6	+276,6
1994	773,9	607,9	162,9	+152,5
1995	792,7	610,0	174,4	+225,3
1996	708,0	518,0	181,7	+148,9
1997				- 21,8

Quelle: Statistisches Jahrbuch; SZ v. 24.11.1998, S. 2.

Auch die Zuwanderung von Ausländern nach Deutschland weist, wie die Daten zeigen, seit 1992 eine sinkende Tendenz auf. Am Ende des Jahrzehnts hat sich in dieser Kategorie sogar ein negativer Wanderungssaldo ergeben. Lässt sich unter solcher Faktizität eigentlich von einem „Einwanderungsland" sprechen?

Was sich aus der Wanderungsstatistik auf jeden Fall nicht ablesen lässt, ist die Dauer der jeweiligen Zu- (ebenso wie der Ab-)Wanderung, die sich natürlich vollkommen unterschiedlich darstellen kann. Zu- und Fortzüge (unter An- und Abmeldung der Wohnung) können ja ebenso temporär (mit ganz unterschiedlichem Zeithorizont) wie dauerhaft motiviert sein und, davon wiederum prinzipiell unabhängig, tatsächlich erfolgen.

Was heißt das für unsere Fragestellung? Man kann hier nur mit bestimmten Annahmen arbeiten. Ich nehme an,[1] dass es beim Einwanderungs(land)thema a) nicht um intentional (und erst recht tatsächlich) bloß temporäre Zuwanderung und auch b) nicht um diejenige Zuwanderung geht, die primär aus beruflichen Gründen im Rahmen normaler Auslandstätigkeit mit von vornherein bestehender Rückkehrabsicht erfolgt (und die immer temporär angelegt ist). Nicht einmal um eine Zuwanderung im Rentenalter, nach Berufsbiografie, geht es – wobei diese ohnehin empirisch eher aus Deutschland weg, nämlich in südliche Länder, führt als nach Deutschland. Das Einwanderungs(land)thema richtet sich vielmehr auf ganz bestimmte, auf Permanenz angelegte ausländische Zuwanderungen bzw. Zuwandererkategorien: nämlich solche, bei denen die Zuwanderung von der Zuwan-

---

1 Begriffsbestimmung „Auswanderung" (und damit implizit auch „Einwanderung") aus einer Epoche, in der man noch präzis und differenziert bestimmte: „Die Auswanderung im weiteren Sinne sieht von dem Willen der Person ab, auf welche Zeit sich die Niederlassung erstrecken soll. Sie schließt also die Menschen ein, die für Monate oder wenige Jahre des Erwerbs wegen das fremde Land aufsuchen ebenso wie diejenigen, welche nicht zurückzukehren gedenken. Die letzteren sind die Auswanderer im engeren Sinne, die ehemals, bis in die Neunzigerjahre des vorigen Jahrhunderts fast allein in Betracht kamen. Sie beanspruchen auch heute noch das erste Interesse, obgleich die Zeitwanderer mit der Entwicklung der Weltwirtschaft immer wichtiger werden." (Waltershausen 1924, S. 60)

derungsgesellschaft nicht unbedingt bzw. allgemein als unproblematisch, positiv, erwünscht angesehen wird; oder es geht um Zuwanderung unter der umstrittenen Behauptung von demografie-kompensierendem Jungen- und/oder Arbeitskräftebedarf.

Unter dem Blickwinkel des Einwanderungs(land)themas lässt sich auch über die – inzwischen quantitativ erhebliche und mit zunehmender „Vergemeinschaftung" immer stärkere – Zuwanderung im EU-Rahmen, aus EU-Ländern, heute nicht mehr, zumindest immer weniger, streiten. Sie ist politisch wie rechtlich abgehandelt und abgesegnet, nachdem Freizügigkeit herrscht. Und sie verliert mit zunehmender Aufhebung der Nationalstaatlichkeit („Supranationalisierung") auch ihren Charakter als grenzüberschreitende Zuwanderung, wird zum bloßen „Umzug" im eigenen Land. Parallel dazu sind die Zuwanderer aus der EU zunehmend weniger „Ausländer"; seit dem Maastricht-Vertrag – 1999 in Kraft getreten – gibt es ja sogar eine die nationalen Staatsangehörigkeiten überwölbende Unionsbürgerschaft.

Vor diesem, die Sache eingrenzenden Hintergrund gehe ich jetzt auf die einschlägige Empirie der Zuwanderung ein. Die wichtigsten Kategorien, um die es im heutigen deutschen Einwanderungsdiskurs geht und die nachfolgend kurz betrachtet werden, sind

- Asylbewerber/politische Flüchtlinge,
- Kriegs- und Bürgerkriegsflüchtlinge,
- deutschstämmige Aussiedler,
- der Familienmit- und -nachzug durch daueraufenthaltsberechtigte (oder auch eingebürgerte) Ausländer, d.h. insbesondere durch ehemalige „Gastarbeiter", aber auch durch Aussiedler und anerkannte Asylbewerber.

Mit diesen Teilmengen der Zuwanderung ist jedoch noch längst nicht alles Einschlägige erschöpft; nur sind alle anderen einschlägigen Phänomene bzw. Teilmengen aus unterschiedlichen Gründen relativ schwer festzustellen, abzugrenzen oder zu interpretieren. Nur einige wenige Hinweise darauf bezogen: Als Zuwanderung gilt statistisch jede auf gewisse Dauer angelegte (Haupt-)Wohnsitzverlagerung nach Deutschland, wobei in der Statistik, wie gesagt, nach Staatsangehörigkeit (deutsch/ausländisch) sowie nach Herkunftsland differenziert wird. Dieser Fall liegt natürlich auch z.B. für Personen vor, die aus dem Ausland (nur) zum Studium nach Deutschland kommen, d.h. normalerweise ohne die Absicht dauerhafter Zuwanderung, oder für Berufstätige, die, z.B. für ihre im Ausland ansässige Firma, auf eine begrenzte Zeit in Deutschland tätig sind. Mit verstärkter internationaler Verflechtung von Wirtschaft und Ausbildungswesen werden diese Vorgänge natürlich immer häufiger und normaler; aber haben sie irgendetwas mit „Einwanderung" zu tun?

Ein Zurechnungsproblem ganz anderer Art bietet diejenige – illegale – Zuwanderung, bei der ein zunächst legaler – z.B. auf vorhandenen Visa oder auf

Visafreiheit beruhender – Aufenthalt in Deutschland illegal zum dauerhaften Aufenthalt oder zur Arbeitstätigkeit ausgenutzt wird. Aus wirtschaftlicher Sicht kann dies ein Einwanderungsphänomen bilden, insbesondere dann, wenn es über längere Zeit und regelmäßig geschieht; in politisch-rechtlicher Hinsicht ist das Phänomen freilich ganz anders zu qualifizieren, übrigens unabhängig von seiner Dauer: nämlich eben als illegaler Zugang. Weiterhin lassen sich bestimmte Zuwanderungen, die durchaus langfristig und dauerhaft angelegt sein mögen und insofern prinzipiell der „Einwanderung" subsumierbar sind, gar nicht statistisch feststellen oder quantifizieren. So bildet z.B. illegaler, wenn (auch anschließend) nicht erfasster, Grenzübertritt nur ein Thema für grobe Schätzungen.

Nachfolgend werden einige quantitative Informationen über die oben genannten wichtigsten Zuwanderungskategorien gegeben. Dabei geht es wegen der Themenstellung insbesondere um die Dekade der 90er Jahre. Ich ergänze die für diese Periode vorhandenen Daten allerdings z.T. durch ausgewählte weitere aus vorheriger Zeit, um dadurch auch eine Entwicklungsinterpretation zu ermöglichen.

2. Asylbewerber

Asylbewerber reklamieren, nachdem sie – wie auch immer – eingereist sind, im Zuzugsland einen politischen Fluchtgrund für ihre Zuwanderung. Dieser wird von Behörden und Gerichten geprüft und gegebenenfalls anerkannt. In letzterem Fall folgt dann eine Aufenthaltsgenehmigung. Die einschlägige Flüchtlingskonvention der Vereinten Nationen, der Deutschland beigetreten ist, wird als Bezugsnorm in Deutschland durch das Asyl(grund)recht (Art. 16; 1993 ergänzt um Art. 16a) überlagert.

Die Anerkennungsquote von Asylbewerbern liegt weit unterhalb des Zugangs: in den 90er Jahren, u.a. nach Wegfall von „Systemflüchtlingen" aus dem aufgelösten sozialistischen „Ostblock", durchgängig unterhalb von 10 Prozent. Gleichwohl sind unter dem Aspekt der Zuwanderung schlussendlich nicht die anerkannten wenigen Asylanten von Belang, sondern die vielen, die Asyl begehren. Dies liegt daran, dass Abschiebungen und Rückwanderungen der abgelehnten Asylbewerber – aus den verschiedensten, hier nicht rekonstruierten Gründen – nur in relativ geringem Maße vorkommen.

Die Statistik zeigt, dass der Asylbewerberzugang zu Beginn der hier betrachteten Dekade der 90er Jahre zunächst enorm angestiegen war. Das Asyl wurde in dieser Phase in starkem Maße zu Zuwanderungen ge- oder missbraucht, deren Motiv und Grund nicht in politischer Verfolgung oder Repression lag („Wirtschaftsflüchtlinge"). Nach Reaktion von Politik und Recht darauf (Asylverfahren und Asylrecht) sind die jährlichen Zugangszahlen kontinuierlich zurückgegangen, inzwischen bis in die Größenordnung der vorherigen Dekade.

Auf dem Weg zum „Einwanderungsland"?

Tabelle 3: Asylbewerberzugang (bis 1990: Alt-BRD; ab 1991: vereinigtes Deutschland)

Jahr	Asylbewerber	Anerkennungsquote in Prozent*
1980	107.818	14,9
1985	73.832	29,2
1989	121.318	5,0
1990	193.063	4,4
1991	256.112	6,9
1992	438.191	4,3
1993	322.599	3,2
1994	127.210	7,3
1995	127.937	9,0
1996	116.367	7,4
1997	104.353	6,0
1998	98.644	

* Anerkennungen bezogen auf die behördlichen Entscheidungen im jeweiligen Jahr. Es besteht dabei kein Personen-Zusammenhang mit den Zugängen des jeweiligen Jahres.
Quelle: Statistisches Jahrbuch; Beger (1998, S. 65); Frankf. Rundschau v. 15./16.5.1996, S. 4; FAZ. v. 13.3.1999, S. 42.

3. Kriegs- und Bürgerkriegsflüchtlinge

Mit dem 1991 in Kraft getretenen neuen Ausländergesetz wurden Kriegs- und Bürgerkriegsflüchtlinge als eigenständige Kategorie der – temporären – Zuwanderung eingeführt (§ 32a). Diese Kategorie von Zuwanderung steht jetzt explizit neben dem Asylbewerberzugang, vermengt sich nicht mehr damit. Für Zuwanderer dieser Kategorie ist allerdings nur eine „vorübergehende Aufnahme" vorgesehen; eine Verfestigung des Aufenthalts auf Dauer ist aus humanitären Gründen jedoch möglich. Unter dem Aspekt der Einwanderung stellt sich bei dieser Zuwanderungskategorie die Frage, wie gut die vorgesehene Befristung des Aufenthalts in der Praxis funktioniert. Je weniger dies der Fall ist, umso stärker wird der Bezug zur (dauerhaften) Einwanderung.

Quantitativ größere Bedeutung hatte in diesem Zusammenhang in den 90er Jahren die Flüchtlingswelle aus dem ehemaligen Jugoslawien, insbesondere aus dem umkämpften Bosnien-Herzegowina. Etwa 350 Tsd. Flüchtlinge aus dieser Region befanden sich auf dem Höhepunkt der Entwicklung mit dem Status einer Aufenthaltsgenehmigung (in der Regel einer befristeten, allerdings immer wieder verlängerten, sog. Duldung) in Deutschland. Nachdem in dieser Zuwanderungskategorie von Rechts wegen eine weit reichende politisch-administrative Steuerung erfolgt und außerdem materielle Anreize zur Rückkehr der Flüchtlinge in ihre

Heimat gegeben wurden, konnte gegen Ende der Dekade ein deutlicher Abbau dieser Zuwanderung durch mehr oder weniger freiwillige Rückwanderung erreicht werden. Ende 1998 sollen sich noch etwa 80 Tsd. Zuwanderer dieser Kategorie in Deutschland befunden haben (FAZ v. 25.11.1998, S. 5).

Der Kosovo-Konflikt erzeugte am Ende der Dekade, 1999, erneut eine – intentional wiederum temporäre – Zuwanderung von Kriegsflüchtlingen größeren Umfangs nach Deutschland. Früher und wesentlich großzügiger als die anderen europäischen Staaten gewährte Deutschland den aus dem Kosovo Vertriebenen in größeren Kontingenten – zunächst 10 Tsd., dann schnell erhöht um weitere 10 Tsd. (vgl. SZ v. 8./9.5.1999, S. 7) – (hinsichtlich der letztlichen Dauer völlig offene) vorübergehende Aufnahme. Die längerfristigen Entwicklungen und Auswirkungen dieses Zugangs in unserem Themenzusammenhang sind allerdings noch nicht absehbar.

4. Aussiedler

Als Aussiedler werden Personen deutscher Abstammung („Volkszugehörigkeit"), d.h. Nachkommen von Auswanderern aus früheren Zeiten, in Osteuropa und der ehemaligen Sowjetunion bezeichnet, die, insbesondere im Zusammenhang und in Folge des 2. Weltkriegs, wegen dieses ethnischen Merkmals verfolgt oder umgesiedelt wurden oder andere Repressalien erlitten haben und denen durch das Grundgesetz (Art. 116) ein Recht auf Zuwanderung nach Deutschland und auf die deutsche Staatsangehörigkeit zugesprochen worden ist (vgl. Gassner 1997).

In der hier betrachteten Dekade kamen hauptsächlich noch Aussiedler aus der ehemaligen Sowjetunion nach Deutschland, nachdem im Zuge der dortigen Wende Ende der 80er Jahre erstmalig Ausreisemöglichkeit in großem Stil eingetreten war.

Tabelle 4: In Deutschland eingetroffene Aussiedler

Jahr	Personen
1986	42.788
1987	78.523
1988	202.673
1989	377.055
1990	397.073
1991	221.995
1992	230.565
1993	218.688
1994	222.591
1995	217.898
1996	177.751
1997	134.419
1998	103.080

Quelle: Info-Dienst Deutsche Aussiedler Nr. 99/Sept. 1998; SZ v. 2./3.1.1999, S. 9.

Hinter dem sprunghaften Abfall der Zugänge ab 1991 verbergen sich eine – in diesem Bereich erstmalige – Politik der Kontingentierung des Aussiedlerzugangs und verschärfte Prüfungen der Aussiedlereigenschaft (durch Sprachprüfung) noch im Herkunftsland. Der rapide Rückgang des Aussiedlerzugangs gegen Ende der Dekade ist im Übrigen ein Anzeichen für das allmähliche historische „Aussterben" dieser Kategorie überhaupt (vgl. Ronge 1997).

5. Familienmit- und -nachzug

Der grundrechtliche Schutz von Ehe und Familie (Art. 6 GG) führt dazu, dass aus dem Ausland erlaubtermaßen, d.h. mit anschließender Aufenthaltsgenehmigung zuwandernde Ausländer – erst recht nach ihrer Einbürgerung – ein (Grund-) Recht auf Familienmit- bzw. -nachzug haben. Die Einzelheiten sind, differenziert nach dem Typ der Aufenthaltsgenehmigung sowie nach Ehegatten, Kindern und sonstigen Familienangehörigen, im Ausländergesetz geregelt (§§ 17 ff.).

Spezielle Statistiken zu diesem Bereich gibt es m.W. nicht. In den Statistiken der Gesamtzuwanderung, die an der Wohnungsmeldung anknüpfen, ist diese Kategorie von Zuwanderern natürlich eingeschlossen, nicht dagegen immer in der Asylbewerber- und der Aussiedlerstatistik.

Es ist in diesem Zusammenhang der Hinweis wichtig, dass der *Nachzug* von Familienangehörigen zeitlich vollkommen entkoppelt von der „Einwanderung" der Bezugs- oder Hauptperson erfolgen kann und tatsächlich auch meistens erfolgt. Mit dieser Technik sorgen insbesondere viele türkische Zuwanderer dafür, dass ihre Kinder eine primäre Sozialisation in der Türkei, ihrem Heimatland, erfahren, was sie von allzu tiefer Integration in die deutsche Kultur und Gesellschaft abhalten soll.

6. Illegale Zuwanderung

„Illegale" oder „irreguläre" Zuwanderung ist eine komplexe und schwierige Angelegenheit. Denn im konkreten Fall verschränken sich nicht selten legales und illegales Verhalten miteinander. Zum Beispiel ist ein Einreisen mit gültigen Visa oder qua Visafreiheit zunächst bzw. als solches legal; illegal wird es erst bei zeitlicher Überschreitung der mit dem Visum verbundenen Aufenthaltsgestattung und/oder bei Arbeitsaufnahme, die durch Reise-Visa nicht gedeckt wird. Oder: Im Asylbereich kann die eventuelle anfängliche Illegalität der Einreise (z.B. unter vorheriger Vernichtung der Identitätspapiere) anschließend durch Stellung eines Asylantrags – und jedenfalls bei dessen positiver Bescheidung – legalisiert werden. Umgekehrt ist der Aufenthalt während des Asylverfahrens immer legal; er wird nicht durch spätere Ablehnung nachträglich illegalisiert. Nach negativem Ausgang des Verfahrens kann der weitere Aufenthalt zum illegalen werden, wenn nicht gleichwohl eine Aufenthaltsgenehmigung in irgendeiner Form (z.b. Duldung) gewährt wird (was z.b. für sog. de-facto-Flüchtlinge der Fall sein kann, bei denen völkerrechtliche Rückschubhindernisse vorliegen).

Eine Statistik illegaler Zuwanderung kann es vor diesem schwierigen Hintergrund in der Sache natürlich nicht geben. Was es bestenfalls an Daten gibt, ermöglicht Hinweise auf das Phänomen und seine Größenordnung, mehr nicht. Aus BKA-Berichten lässt sich z.B. erschließen, dass 1997 rd. 35 Tsd. und 1998 rd. 40 Tsd. illegale Zuwanderer an den deutschen Staatsgrenzen aufgegriffen wurden (Westd. Zeitung v. 12.3.1999), wobei es an den deutschen Ostgrenzen ein wohlorganisiertes Schlepperwesen gibt. Damit ist über die nicht-erfasste illegale Zuwanderung, die „Dunkelziffer", natürlich überhaupt noch nichts gesagt. Sie dürfte deutlich höher sein.

7. Einbürgerung

Wie oben bereits ausgeführt, ist nach meiner Auffassung das Thema der Einwanderung abgelöst von der Frage des Status der Zuwanderer – also ihrer Staatsangehörigkeit – zu behandeln. Es geht, wenn die Frage nach dem „Einwanderungsland-Charakter" Deutschlands gestellt wird, nicht um Ausländerquoten in der Bevölkerung. Gleichwohl ist in unserem Themenzusammenhang eine Bemerkung zur Einbürgerung angebracht: Mit der Einbürgerung werden zunächst nicht-deutsche Zuwanderer, zeitlich entkoppelt vom Zuwanderungsakt, hinsichtlich ihrer Migrationsbiografie amtlich unsichtbar gemacht. Man kann zumeist von Ausländern auf deren ehemalige Zuwanderung rückschließen, wenngleich dies dann hinsichtlich der zweiten und xten Generation, sofern in Deutschland geboren, unrichtig ist (siehe etwa die Kategorie der ausländischen „Bildungsinländer", die inzwischen auch in die deutschen Universitäten eingerückt ist). Dem einmal eingebürgerten Zuwanderer aber sieht man den Umstand, dass er einmal zugewandert war, amtlich und statistisch nicht mehr an. Insofern wird in diesen Biografien der Zuwanderungsaspekt endgültig gelöscht, und mit diesem Blickwinkel lässt sich die Einbürgerung im vorliegenden Zusammenhang auch thematisieren: Einbürgerungen bedeuten sozusagen die Tilgung des Umstands der Einwanderung an der Person.

Sicher ist, dass die rechtliche Erleichterung der Einbürgerung, die mit der Novellierung des Ausländergesetzes zu Beginn der Dekade der 90er Jahre vorgenommen wurde, die Einbürgerungszahlen deutlich erhöht hat (siehe Tabelle 5; vgl. Berlit 1996, Vorb. zu §§ 85-91, Rdnr. 82). Dass die Zahl der Ausländer in Deutschland damit nur geringfügig vermindert wurde (ebd., Rdnr. 86), ist eine andere Sache.

Tabelle 5: Einbürgerungen

Jahr	insgesamt	ohne Anspruchs-einbürgerungen*
1982	39.280	k.A.
1990	101.377	20.237
1991	141.630	k.A.
1992	179.904	k.A.
1993	199.443	46.800
1994	259.170	61.700
1995	313.606	k.A.
1996	302.830	k.A.
1997	271.800	82.913

* von Aussiedlern (nur verfügbare Daten)
Quelle: Statistisches Jahrbuch; Statistisches Bundesamt/Internet; WZ v. 16.10.1999, S. 4; Berlit (1996, Vorb. zu §§ 85-91, Rdnr. 82).

8. Zusammenfassung

Nimmt man die verschiedenen Zuwanderungskategorien zusammen, so zeigt sich in quantitativer und in qualitativer Hinsicht für die Dekade der 90er Jahre insgesamt Folgendes:

- Zu Beginn der Dekade wurde – in breiter historischer Perspektive – ein Gipfelpunkt an jährlicher Zuwanderung aus dem Ausland nach Deutschland erreicht. Die höchste Aussiedler-Zugangsziffer ergab sich 1990 mit knapp 400 Tsd., nach schon fast ebenso hohem Zugang im Jahr zuvor. Bei den Asylbewerbern wurde die Höchstzugangsziffer – mit knapp 440 Tsd. – im Jahr 1992 erreicht.
- Asylbewerber und deutsch-stämmige Aussiedler aus Osteuropa und – in den 90er Jahren insbesondere – der ehemaligen Sowjetunion machen die Hauptkategorien der Zuwanderung nach Deutschland aus. Die weiteren Zugangskategorien – illegaler Zugang (auf Dauer) und Familiennachzug – dürften, obwohl sie im statistischen Dunkel liegen, zahlenmäßig erheblich darunter liegen, ohne deshalb bedeutungslos zu sein.

Die Daten der beiden quantitativ wichtigsten Zuwanderungskategorien zusammengenommen zeigen in der hier betrachteten Dekade nach einem Höhepunkt (und statistischen „Ausreißer") im Jahr 1992 eine deutlich sinkende Tendenz. Folgt man meiner oben eingeführten Interpretation, dass es sich beim Thema „Einwanderung(sland)" nicht um den aufgelaufenen Bestand an Ausländern dreht, sondern um den laufenden, regelmäßigen Zugang, so belegen die obigen Daten am Ende der Dekade zwar immer noch eine quantitativ durchaus er-

Tabelle 6: Zuwanderung von Asylbewerbern und Aussiedlern zusammengenommen (in Tausend)

Jahr	Asylbewerber	Aussiedler	zusammen
1989	121	377	498
1990	193	397	590
1991	256	222	478
1992	438	231	669
1993	323	219	542
1994	127	223	350
1995	128	218	346
1996	116	178	294
1997	104	134	238
1998	99	103	202

hebliche Zuwanderung, aber doch auch eine in den letzten Jahren sinkende Tendenz: Deutschlands (von vielen behaupteter) Charakter als Einwanderungsland würde demnach, d.h. faktisch-empirisch betrachtet, zurückgehen, nicht etwa sich verstärken.

- Die Migrationszugänge am Ende der Dekade lagen in beiden herausgestellten Kategorien ganz erheblich unterhalb der zuvor erreichten Höchstziffern. Der Rückgang ist nicht „von selbst" erfolgt, sondern vor allem auf politische und rechtliche Maßnahmen zurückzuführen, in denen sich auch das Selbstverständnis Deutschlands, kein Einwanderungsland sein – und werden – zu wollen, politisch Ausdruck verlieh: ein eingeschränktes Asylrecht; eine Begrenzung des Aussiedlerzugangs durch Sprachkenntnisprüfung und Kontingentierung; eine verschärfte, in europäischem Kontext erfolgende Grenzsicherung in Verbindung mit asylbezogenen Vertragsbeziehungen insbesondere zu den östlichen Anrainerstaaten.
- Mit Blick auf den über die Jahre aufgelaufenen Ausländerbestand in Deutschland ist ergänzend auf die Zunahme der Einbürgerungen auf Grund entsprechender Rechtsänderungen hinzuweisen; ob diese mit doppelter Staatsbürgerschaft erfolgt oder nicht, ist an dieser Stelle ohne Belang. Die steigende Einbürgerungstendenz gilt übrigens schon für die Dekade der 90er Jahre von Anfang an – und nicht etwa erst nach dem Regierungswechsel 1998 bzw. der Reform des Staatsangehörigkeitsrechts 1999; die rechtliche Erleichterung durch die Reform des Ausländergesetzes spielte dabei eine wichtige Rolle.

V. Das deutsche „Einwanderungsregime"

Zu einem „richtigen Einwanderungsland" gehört ein explizites Einwanderungs„regime", d.h. ein Set von rechtlichen Regelungen und Politiken, die den Topos von

– gewollter und dann natürlich zu regulierender (bzw. zu regulieren versuchter) – Einwanderung sozusagen umrahmen und strukturieren. Insofern und solange es sich selbst als *Nicht*-Einwanderungsland deklariert, geht es in Deutschland hinsichtlich des politisch-administrativen bzw. rechtlichen Umgangs mit Zuwanderung natürlich von vornherein nur um funktionale Äquivalente „unterhalb" von „richtiger Einwanderungspolitik". Die, wie gezeigt, faktische Zuwanderung erheblichen Umfangs ist natürlich ebenso regelungsbedürftig, wie es eine offizielle, auf gesetzlicher Grundlage erfolgende Einwanderung wäre.

Deutschland hat in Konsequenz des bislang aufrechterhaltenen offiziellen Selbstverständnisses, kein – klassisches, typisches – Einwanderungsland sein zu wollen, keine explizite und kohärente Einwanderungs*politik* (i.S.v. „policy") etabliert und insbesondere kein Einwanderungs*gesetz* erlassen. Die faktisch erfolgende Zuwanderung wird stattdessen, obwohl quantitativ erheblich, – am Anfang wie auf Dauer – in entsprechenden Gesetzen „ausländerrechtlich", asylrechtlich und aussiedlerrechtlich geregelt. Die Zuwanderer bleiben, vom Spezialfall der deutschstämmigen Aussiedler abgesehen, längere Zeit, zu großen Teilen, vielleicht sogar „normalerweise", staatsangehörigkeitsrechtlich Ausländer. Gleiches gilt (bzw. galt bis zur Rechtsreform 1999) wegen des im deutschen Staatsangehörigkeitsrecht geltenden *ius sanguinis* für Ausländer-Nachkommen, auch wenn sie in Deutschland geboren sind. Der Erwerb der deutschen Staatsbürgerschaft ist zwar inzwischen in vielen Fällen möglich, auch wegen erheblicher rechtlicher Erleichterung in den letzten Jahren, und die Nachfrage danach ist in den letzten Jahren auch erheblich angestiegen, sie hält sich aber ausweislich der Einbürgerungsquoten doch immer noch in engen Grenzen.

Beides zusammengenommen, die faktische Zuwanderung und das Fehlen eines Einwanderungsprogramms und formellen Einwanderungsregimes, musste zu einem sehr inkohärenten Einwanderungs„*system*" führen, d.h. einem unübersichtlichen Geflecht von Verhaltensweisen und Regulierungen (vor allem des Staates, aber auch von internationalem Konventionsrecht) und zur fragwürdigen kategorialen Vermischung von – erst kürzlich ins Land gekommenen – Zuwanderern mit – schon seit langem ansässigen – Ausländern.

Im Migrationsbericht der sog. Trilateralen Kommission (Meissner et al. 1993) wurde zwischen expliziter Einwanderungspolitik und einem faktischen Einwanderungssystem unterschieden und ist mit dem Systembegriff auch die staatlich-politische Regelung von Zuwanderung „wider Willen" einbegriffen worden. Bezogen auf die EU hieß es dort: „Während die politischen Führer bekräftigen, Europa sei keine Einwanderungsregion, haben regionale Organisationen ein komplettes Einwanderungssystem errichtet. (...) Europäische Beamte und Organe haben anscheinend die Vorstellung von Europa als einer Einwanderungsregion angenommen und sich entschieden daran gemacht, funktionsfähige Einwanderungssysteme zu entwerfen." (ebd., S. 84, 92)

Was hier für EU-Europa – im Weltvergleich mit insbesondere den USA, Kanada und Japan – gesagt ist, gilt gleichermaßen für Deutschland: Die faktische Zuwanderung wird natürlich politisch und rechtlich geregelt, so weit dies bei Migration eben möglich ist; diese soziale Notwendigkeit kann, wie in Deutschland der Fall, durchaus mit dem Selbstverständnis einhergehen, kein „Einwanderungsland" zu sein und werden zu wollen.

1. Einwanderung und Staatsbürgerschaft

Aus der Sicht des Themas „Einwanderung" müssen in Deutschland Staatsangehörigkeits-, Ausländer- sowie Asylrecht und -politik zusammen gesehen werden. Die Frage ist, wie mit Hilfe dieses Politik- und Rechtskomplexes mit faktischer Einwanderung umgegangen wird. Sachlich ist dabei zu differenzieren zwischen der – normalerweise – durch Geburt erworbenen Staatsangehörigkeit oder -bürgerschaft, die sich unterschiedlich regeln lässt (prinzipiell *ius sanguinis* vs. *ius soli* und Mixturen davon), und der Einbürgerung („Naturalisierung") von Ausländern. Nur letztere steht im unmittelbaren Zusammenhang mit Migration.

Der häufige kritische Verweis darauf, dass das deutsche Staatsangehörigkeitsrecht aus dem Jahr 1913 stamme und schon deshalb irgendwie historisch „outdated" sei, ist schlichter Unsinn, weil man es im *Kontext* – des Ausländerrechts und insbesondere des zwischenzeitlich erheblich modifizierten Einbürgerungsrechts – sehen, interpretieren und bewerten muss. Nicht nur, aber auch für Deutschland lässt sich, wie in den anderen von Einwanderung betroffenen westlichen Gesellschaften, eine Liberalisierung des Staatsbürgerschaftsregimes im Allgemeinen und der Einbürgerung im Besonderen feststellen (Joppke 1999, S. 50). Dies gilt übrigens auch schon für die Zeit vor dem Regierungswechsel in Bonn 1998 (ebd., S. 46).

Während das *Einbürgerungsthema* – im Zusammenhang des Ausländerrechts – bereits von der früheren Bundesregierung angefasst worden war und zu erheblichen Änderungen geführt hatte, ist das Thema des *Staatsangehörigkeitsrechts* erst nach dem Regierungswechsel – dann aber gleich mit hoher Temperatur – auf die Politikreformagenda gekommen.

2. Die Reform von 1999

Die 1999 nach langer, heftiger Debatte schließlich in Gestalt eines Kompromisses erreichte Reform (vgl. FAZ v. 8.5.1999, S. 1/2; SZ v. 8./9.5.1999, S. 1) enthält eine gewisse Aufweichung des *ius sanguinis*-Prinzips durch das *ius soli*-Prinzip: Die in Deutschland geborenen Kinder von seit längerem in Deutschland lebenden Ausländern (d.h. mindestens ein Elternteil) erhalten mit der Geburt – zusätzlich – die deutsche Staatsbürgerschaft. Im Alter von 23 Jahren sollen sie sich für eine ihrer beiden Staatsangehörigkeiten entscheiden. Die Reform zielte insbesondere auf die ehemaligen „Gastarbeiter" und deren zweite, dritte, xte „Generation". Der zentrale politische Streitpunkt in diesem Zusammenhang war die Frage der auf diese Weise in diesem Bereich praktisch zur Regel gemachten doppelten Staatsangehörigkeit.

Man kann die Frage, wie sich das (nur) *de-facto*-Einwanderungsland Deutschland im Hinblick auf die Vergabe von Staats„bürgerschaft" an seine Einwanderer verhält, dahingehend verallgemeinern und abstrahieren, dass man die Staatsbürgerschaft (sowie die „bürgerliche Identität" in der Gesellschaft) zur abhängigen Variablen von – massenhafter, zunehmender – Immigration werden lässt und die „Korrelation" beobachtet und typisiert. Diese Argumentation der normativen Kraft der Fakten findet sich bei Joppke (1999), der (anhand von diesbezüglich argumentierenden Autoren) drei Typen von Staatsbürgerschaft unterscheidet: eine konventionelle (nationale), eine postnationale und eine multikulturelle. Auf Deutschland – und vor allem seine „Gastarbeiter"-Zuwanderung – bezogen, ergäbe sich dann zunächst der Zustand einer „Koexistenz von postnationaler Mitgliedschaft, die im universellen Menschenrechtskatalog des Grundgesetzes begründet war und lang ansässige Ausländer in wesentlichen Hinsichten den Deutschen gleichstellte, und traditioneller ethnischer Staatsbürgerschaft, die für Ausländer nur sehr schwer zu erlangen war" (ebd., S. 45). Allerdings habe sich diese Konstellation in jüngster Zeit verändert, und die neue Bundesregierung habe diesen Trend verstärkt: Insbesondere unter dem Druck der zweiten Ausländergeneration, so Joppke, „löst sich das deutsche Staatsbürgerschaftsregime langsam aber stetig von seinen ausschließlich ethnischen Grundlagen und inkorporiert zunehmend politisch-territoriale Elemente, die der deutschen Tradition eigentlich fremd sind" (ebd., S. 46).

So gesehen sind in der Dekade der 90er Jahre in Deutschland das politische Selbstverständnis bezüglich Einwanderung(sland) und das Recht der Einwanderung konvergiert.

VI. Zuwanderung und soziale Integration

Der Akt der Zuwanderung, so viel sich auch über ihn sagen lässt, bildet doch immer nur den Ausgangspunkt für Prozesse – und analytisch: Fragen – der anschließenden, mehr oder weniger weit reichenden und gelingenden sozialen Integration in die Zuwanderungsgesellschaft. Dies gilt auch noch, wenngleich möglicherweise vermindert, für den modernen Immigrationsfall, der nicht zwingend biografisch endgültig (ohne jegliche Wiederkehr in die Heimat) ist, aber doch allemal, sonst würde man gar nicht von „Einwanderung" sprechen, für längere (Lebens-)Zeit erfolgt. Allerdings ermöglichen es die modernen Umstände den Immigranten, sich hinsichtlich der Integration in die Zuwanderungsgesellschaft reduziert zu verhalten: einerseits durch „Eintauchen" in die eigene ethnische community im Zuwanderungsland; andererseits durch Aufrechterhaltung der Beziehung zur, und Bindung an die, Herkunftsgesellschaft, wobei insbesondere die Medien aus dem Heimatland (Fernsehen, Hörfunk, Printmedien), oft aber auch eine sozialpädagogische Multikulturalitätsbetreuung (vgl. Radtke 1997) unterstützend wirken.

In Deutschland konzentrieren sich der Integrationsdiskurs und die Integrationspolitiken in starkem Maße auf die schon vor langer Zeit zugewanderten sog. Gastarbeiter und deren Abkömmlinge. Hier wird sozusagen ein lange aufgelaufenes und mehr oder weniger ungelöst gebliebenes Einwanderungsproblem jetzt integrationspolitisch angegangen. Mit der laufenden Zuwanderung verbinden sich dagegen weit weniger integrationsbezogene Diskurse.

Die Frage des Zusammenhangs von Staatsangehörigkeit (oder -bürgerschaft) und sozialer Integration wurde in diesem Zusammenhang immer wieder angesprochen und – kontrovers – diskutiert; mit der Reform des Staatsangehörigkeitsrechts (s.o.) hat sich diese Diskussion aber zunächst einmal erledigt. Die konkurrierenden Thesen lauten in Kürze: Integration durch – und sei es doppelte – Staatsbürgerschaft (so etwa Schulte 1998, S. 21 ff.) vs. Integration unabhängig von, vielleicht sogar statt – jedenfalls doppelter – Staatsbürgerschaft (so etwa der Schriftsteller Namo Aziz in einem Artikel für die FAZ v. 24.11.1998, S. 16). Daniel Bell hat einmal – vielleicht spezifisch amerikanisch und auf Europa nicht problemlos übertragbar – gesagt: „Staatsangehörigkeit ist eine Frage des legalen Status, ein Gesetz zur Protektion, aber Staatsangehörigkeit hat nichts mit Menschsein zu tun. (...) Die meisten Menschen leben auf der Grundlage ihrer nationalen Identität." (Interview in Pongs 1998, S. 86) Das würde bedeuten, dass Staatsangehörigkeit und soziale Integration, wenn überhaupt, nur sehr locker miteinander verknüpft sind. Oder anders gesagt: das Additum der Staatsbürgerschaft bildet höchstens eine Marginalie im sozialen Integrationsprozess von Zugewanderten.

Im öffentlichen Diskurs spielte das Argument einer limitierenden Beziehung zwischen Integration und Zuwanderung eine wichtige Rolle. Der Innenminister der neuen Bundesregierung, Otto Schily, hatte es – unter zum Teil wütenden Reaktionen – zur Begründung dafür benutzt, das Staatsangehörigkeitsrecht zu reformieren, ohne gleichzeitig ein Einwanderungsgesetz anzustreben: Angesichts der Vielzahl an Integranden in Deutschland seien Integrationsaufgaben gegenüber weiterer Einwanderung und einem Einwanderungsgesetz prioritär.

In dem zitierten Interview sagt Daniel Bell außerdem, dass sich die Form der Identifizierung – und d.h. auch: die Identität selbst – heute verändert habe: „Früher hätte der Mensch nach der Frage, wer er sei, geantwortet: 'Der Sohn meines Vaters.' In einer modernen Gesellschaft würde er sagen: 'Ich bin ich und verdanke alles mir selbst.'" (ebd.) Ob dieses ein sozusagen globaler Entwicklungsschub ist, muss bezweifelt werden. Die wesentliche Problematik entsteht dann, wenn Menschen aus traditionalen Gesellschaften in solche auf modernem Entwicklungsstand immigrieren. Dann stoßen Identitäts- und Identifikationsmuster auf- und gegeneinander; und meine These wäre, dass dabei oft genug das traditionale Muster obsiegt. Denn so einleuchtend und attraktiv ist die Moderne – auch in dieser Hinsicht – keineswegs, als dass sie von jedermann dankbar aufgenommen würde!

Eine wichtige Frage im Kontext der sozialen Integration von Immigranten ins Zuwanderungsland betrifft den Grad beibehaltener Identifikation mit dem, und der Loyalität zum, Herkunftsland. Beides ist unter heutigen Bedingungen in viel höherem Maße möglich und auch wahrscheinlich als früher. Dass die Verursachungskonstellation hinsichtlich dieser Variable sehr komplex ist, lässt sich denken; auch die „Politik" des Zuwanderungslandes kann dabei einen Faktor darstellen. Ein besonders eindringliches, weil generations-transzendierendes Beispiel liegt darin, dass/wenn z.B. türkische Gastarbeiter/Zuwanderer ihre Kinder, die möglicherweise schon in Deutschland geboren wurden, zwecks „richtiger" Sozialisation für Jahre zum Schulbesuch zu Verwandten in die Türkei zurückschicken (und sie unter Nutzung des Familienzuzugsrechts jederzeit wieder nach Deutschland zurückholen können).

Es gibt tatsächlich eine starke Identifikation insbesondere der türkischen Zuwanderer mit ihrer Heimat und eine Einflussnahme seitens der Türkei auf ihre „Landsleute" in Deutschland (vgl. SZ v. 9./10.1.1999, S. 10). Dazu gehört auch, dass die Türkei inzwischen denjenigen Türken, die sich unter Verlust ihrer türkischen Staatsangehörigkeit in Deutschland einbürgern lassen, sofort wieder einen türkischen Pass anbietet – was offenbar auch häufig angenommen wird. (Insofern läuft die heiße Diskussion um die doppelte Staatsangehörigkeit in Deutschland angesichts der Fakten ins Leere.)

Die Effekte „reduzierter" Integration(sbereitschaft) sind alles andere als unwichtig. In einer im WZB unternommenen Untersuchung von in Zeitungsartikeln gespiegelten „claims" ethnischer Minderheiten ausländischer Herkunft (Koopmans/ Statham 1998) hat sich gezeigt, dass die Zuwanderer sich in Deutschland in – im Vergleich zu Großbritannien – hohem Maße als nationale oder ethnische Gruppen selbst-deklarieren und dass es bei ihren Verlautbarungen (Forderungen, Demonstrationen usw.) zu beträchtlichem Anteil um Fragen der Politik ihrer Herkunftsländer geht. Die Autoren resümieren, dass „die in Deutschland lebenden Einwanderer durch ihre *anhaltende Identifikation mit den Herkunftsländern* (...) kein großes Interesse für die Themen haben, die ihre Integration in der deutschen Gesellschaft betreffen" (zit. nach WZB-Mitteilungen 83, März 1999, S. 12; Hervorhebung V.R.).

Zu einem Einwanderungsland gehört auch die Akzeptanz von Zuwanderung seitens der einheimischen Bevölkerung, welche sich auch in deren Beitrag zur Integration von Zugewanderten äußert. Daran fehlt es in Deutschland zum Teil, worin sich die politische Programmatik, eben kein Einwanderungsland sein zu wollen, widerspiegelt, aber auch die sozusagen hilflose Erfahrung mit ungewollter und politisch ungesteuerter Zuwanderung erheblichen Ausmaßes ausdrückt.

VII. „Ein-/Auswanderung" – eine überholte Begrifflichkeit

Was ist – heutzutage – ein „Einwanderungsland"? Was ist oder bedeutet heutzutage „Ein- und Auswanderung"? Diese generelle, kategoriale Frage ist derjenigen konkreten Frage unseres Titels, ob Deutschland ein Einwanderungsland sei oder werde (oder nicht), logisch vorgeschaltet bzw. übergeordnet. Sie soll zum Schluss zumindest andiskutiert werden. Meine These lautet, dass die ganze Ein-/Auswanderungs(land)terminologie durch radikal veränderte Migrationsumstände und -prozesse historisch überholt ist. In der soziologischen Migrationstheorie ist in diesem Zusammenhang der Begriff der „*Trans*migration" entwickelt worden.

Als „Einwanderungsländer", manchmal noch mit dem Attribut „klassisch" versehen und verstärkt, werden/wurden üblicherweise nur die USA, Kanada und Australien angesehen.[2] Was macht(e) ein Land zum „klassischen Einwanderungsland"? Entscheidend dafür ist/war ein territorial-demografisch (Bevölkerungsdichte, Besiedelung) oder wirtschaftlich (insbesondere Arbeitsmarkt) begründetes eigenes, politisch verfolgtes Interesse des Landes an Zuwanderung. Dieses richtet(e) sich, wenngleich es in dieser Hinsicht bestimmte Wünsche oder Prioritäten geben mag, üblicherweise nicht auf eine bestimmte Ethnizität der Zuwanderer. Und die Einwanderung in Länder dieses Typs und Selbstverständnisses wird durch ein Einwanderungs„regime" (politisch-rechtliche Steuerung, Quoten, Bedingungen) reguliert. Dieser Zustand wird über lange Zeit aufrechterhalten, sodass er sich im Bewusstsein der Menschen, innergesellschaftlich ebenso wie weltweit, festsetzt.

Der Begriff des Einwanderungslandes unterstellt – zumindest auch – eine *„pull policy"*, d.h. eine explizite Politik der Attrahierung von Zuwanderung. Die moderne Migrationsfaktizität sieht demgegenüber freilich so aus, dass *push*-Prozesse aus allen möglichen Ländern der Erde in immer stärkerem Ausmaß erfolgen, also zunächst Abwanderung in großem Stil erfolgt, die sich dann in Richtung von Ländern „bewegt", welche den Wanderern als attraktiv erscheinen. Auf diesen *push* reagieren „Nichteinwanderungsländer", ja sogar auch „Einwanderungsländer", mit so viel Abschottung – oder zumindest strenger Selektivität –, wie ihnen unter jeweils gegebenen innergesellschaftlichen bzw. innenpolitischen Bedingungen sowie völkerrechtlich-humanitären Bindungen möglich ist (vgl. Salt/Singleton/Hogarth 1994, S. 219).

Moderne Migration unterscheidet sich strukturell von „klassischer" Aus-/Einwanderung, aus deren Zusammenhang der Terminus („klassisches") „Einwanderungsland" entstammt. Weil sich die Migration in ihrem Charakter seitdem grund-

---

2 Spezielle Konstellationen liegen oder lagen z.B. für Südafrika, Israel, Singapur, Hongkong oder einige süd- und mittelamerikanische Staaten, ferner für ehemalige Kolonialmächte vor. Darauf gehe ich hier nicht ein. In all diesen Fällen findet jedenfalls der Terminus „klassisch" keine Anwendung. Erst recht gehe ich nicht auf historische Einwanderungen – unter feudalen Strukturen – nach Russland, Preußen oder Polen ein.

legend verändert hat, ist der Terminus auf die heutige Konstellation eigentlich nicht anwendbar, vielmehr historisch obsolet geworden. Die klassischen Einwanderungsländer wollten solche auch sein; heute dagegen kann ein Land zum Einwanderungsland werden, ohne dies zu wollen. Dies ist auch der deutsche Fall. Den wesentlichen Einwanderungsschub erzeugte hier die später sich verfestigende Gastarbeiter-Zuwanderung der 60er und 70er Jahre, die eigentlich als temporäre, rotierende gewollt und betrieben, aber dann durch Verbleiben der „Gäste" zur strukturellen Zuwanderung geworden ist.

Was ist so anders in der modernen Migration? Typisch für die Gegenwart sind gegenüber früher stark veränderte Migrationsumstände: Migration ist heute, im Verhältnis zur „klassischen" E- bzw. Immigration, viel leichter zu bewerkstelligen; sie ist nicht unbedingt endgültig, kann relativ leicht – durch Rück- oder Weiterwanderung – revidiert werden; sie erfolgt nur partiell insofern, als das Pendeln zwischen Heimat- und Zuwanderungsland, ganz unabhängig von der Entfernung zwischen beiden, keine großen Probleme aufwirft und tatsächlich bei den meisten Migranten intensiv erfolgt.

Noch immer vollzieht sich, wenngleich sich die Verhältnisse im Zuge der Globalisierung angenähert haben, Zuwanderung nach Deutschland deutlich anders als in die klassischen Einwanderungsländer. Die Immigration in letztere geschieht – von illegaler Einwanderung, an der man sich ja nicht gerade positiv orientieren kann und will, abgesehen – unter einem Einwanderungsregime und sozusagen zur Gänze und auf Dauer und mit der klaren Erwartung wie Absicht von sozialer Integration (unter Loyalitätswechsel) in die Zuzugsgesellschaft, die dort allerdings auch in ethnische communities führen kann. Die – angeblich „anzuerkennende" – Einwanderung nach Deutschland erfolgt dagegen ohne Einwanderungs„regime", sprich: -gesetz; sie erfolgt unter ganz anderen, mehr oder weniger legalen Umständen: als – meistens im entsprechenden Prüfungsverfahren nicht anerkannter – Asylzugang, im Familiennachzug, illegal oder geduldet. Hinzukommt, dass an die Stelle der Naturalisierung in Deutschland ein komplexes Ausländerrecht gesetzt wurde – auch dies deutliches Indiz dafür, kein „Einwanderungsland" zu sein oder sein zu wollen. Zugewanderte bleiben danach, von Ausnahmen abgesehen, Ausländer, unabhängig von der zeitlichen Dauer ihres Aufenthalts in Deutschland. Und sogar hier von Ausländern geborene Kinder behalten den Status als Ausländer (auch in der x-ten Generation). Erst die allerjüngsten Rechtsreformen weichen von dieser Tradition des *ius sanguinis* ab, zielen ein Stück in Richtung des *ius soli*.

Seitens der Immigranten erfolgt die Zuwanderung nach Deutschland oft genug ohne Absicht einer bis zum Loyalitätswechsel getriebenen sozialen Integration. Die Nachfrage nach dem Erwerb der deutschen Staatsbürgerschaft hat sich, obwohl prinzipiell möglich, auch bei denen, die die Voraussetzungen längst erfüllt hätten, in relativ engen Grenzen gehalten. Die Implikation, in diesem Fall die frühere

Staatsbürgerschaft aufzugeben, spielt in diesem Zusammenhang eine hinderliche Rolle.

Es ist charakteristisch für diejenige Immigration und Integration, die in Deutschland vornehmlich umstritten ist (nämlich diejenige aus der Türkei), dass

- die Immigranten häufig zwischen Herkunfts- und Zuzugsland hin- und herpendeln, was ihnen kaum Probleme und Kosten verursacht;
- sie ihre Herkunftsloyalität nicht aufgeben, sondern bestenfalls in zwei Loyalitäten zugleich leben, und dies in 2. und 3. Generation eher noch verstärkt (vgl. Brieden 1996);
- letzteres oft nicht zuletzt dadurch geradezu strategisch betrieben wird, dass Kinder im Herkunftsland sozialisiert werden: entweder erst in höherem Alter – mittels Familiennachzug – nachgeholt werden, oder nach Geburt in Deutschland zur Sozialisation ins Herkunftsland zurückgeschickt (und anschließend mittels Familiennachzug wieder nach Deutschland geholt) werden.

Nur in einer Hinsicht lässt sich allerdings eine gewisse Parallele zwischen der heutigen Einwanderungssituation Deutschlands und derjenigen „klassischer" Einwanderungsländer konstruieren: beim Besiedelungsargument, über das aber gerade kein gesellschaftlicher Konsens besteht. In der Diskussion um die „Anerkennung" als Einwanderungsland spielt das Argument eine große Rolle, Deutschland benötige jetzt und in den kommenden Jahrzehnten wegen seiner alternden Bevölkerung einer Auffrischung durch – in der Regel jüngere – Zuwanderer. Das Argument kleidet sich zumeist nicht unmittelbar, sondern eher indirekt volkswirtschaftlich: im Vordergrund steht nicht der Arbeitsmarkt, sondern die soziale Absicherung, insbesondere der Rentenversicherung.

Insgesamt gesehen gibt es – u.a. aus der deutschen Situation heraus – vielleicht Gründe zur Erfindung des auf Differenzierung abstellenden Terminus „neoklassischer" Einwanderungsländer. Warum, inwiefern? In der heutigen Zeit entsprechen schon wenige Jahrzehnte (an ständiger Zuwanderung) den Jahrhunderten früherer Zeit. Auch die bislang wenigen Jahrzehnte an positivem Wanderungssaldo könnten in solcher Sicht Deutschland in die Nähe der klassischen Einwanderungsländer gerückt haben. Mit dem Präfix „neo" könnte sich aber auch sachlich die Berücksichtigung anderer als vom Zuwanderungsland offiziell gewollter und regulierter Einwanderung verbinden.

Einen radikaleren Umgang mit dem kategorialen Problem bietet allerdings die Migrationssoziologie an. In der soziologischen Konzeptualisierung von Migration spielt die Kategorie des „Ein- bzw. Auswanderungs*landes*" überhaupt keine Rolle (mehr). Sie kommt, auf Grund der Faktizität gezwungenermaßen, ohne solches *labeling* aus, unterscheidet schlicht zwischen *countries of origin* und *countries of destination*. Alle Länder können dazu werden; oft genug sind einzelne Länder beides zugleich (sowie darüber hinaus auch noch *transit countries*). Die aktuelle Migrationslage wird aus diesem disziplinären Kontext heraus auch als „*Transmi-*

gration" bezeichnet (Pries 1997; Schiller/Basch/Blanc 1997). Mit diesem Begriff wird die Sphäre des Raumes, der Territorialität, sozusagen aus der Betrachtung ausgeklammert, für irrelevant erklärt. Außerdem, und damit zusammenhängend, wird, aufs Individuum bezogen, die Idee der Migration als eines biografisch einmaligen, endgültigen, radikalen Vorgangs des Wechsels von einem Land in ein anderes aufgegeben zu Gunsten eines „*transnational life*" (Smith 1997).

Die Antwort auf die Titelfrage besteht folglich nicht in einem „ja" oder „nein", sondern im theoretisch begründeten Unterlaufen der Kategorie des „Einwanderungslandes". Und die Frage der „Anerkennung" Deutschlands als Einwanderungsland erledigt sich gleich mit.

Literatur

Beger, K.-U., 1998: Asylsuchende und Flüchtlinge in Deutschland – Fakten und Trends, in: Gegenwartskunde, S. 61 ff.
Berlit, U., 1996: Kommentierung zu §§ 85-91, in: Gemeinschaftskommentar zum Ausländerrecht, 42. Ergänzungslieferung, Neuwied/Berlin.
Brieden, Th., 1996: Konfliktimport durch Immigration, Hamburg.
Brubaker, R., 1992: Citizenship and Nationhood in France and Germany, Cambridge, Mass.: Harvard University Press.
Ceyhun, O., 1993: Die neue Einwanderungs-, Flüchtlings- und Integrationspolitik, in: IDEEN-Redaktion (Hrsg.), Einwanderungsland Deutschland, Göttingen, S. 30 ff.
Dietz, B. und P. Hilkes, 1993: Russlanddeutsche: Unbekannte im Osten, 2. Aufl., München.
Enquete-Kommission Demographischer Wandel, 1994: Zwischenbericht. BT-Drucks. 12/7876, Bonn.
Gassner, H., 1997: Aussiedlerpolitik, in: S. Angenendt (Hrsg.), Migration und Flucht. Schriftenreihe der Bundeszentrale für politische Bildung der Bd. 342, Bonn: Bundeszentrale für politische Bildung, S. 125 ff.
Gimbal, A.I., 1994: Die Zuwanderungspolitik der Europäischen Union: Interessen – Hintergründe – Perspektiven, in: W. Weidenfeld (Hrsg.), Das europäische Einwanderungskonzept, Gütersloh, S. 49 ff.
Glatzel, H., 1997: Bilaterale Rückübernahmeübereinkommen und multilaterale Harmonisierungspolitik, in: S. Angenendt (Hrsg.), Migration und Flucht. Schriftenreihe der Bundeszentrale für politische Bildung der Bd. 342, Bonn: Bundeszentrale für politische Bildung, S. 107 ff.
IDEEN-Redaktion (Hrsg.), 1993: Einwanderungsland Deutschland, Göttingen.
Joppke, C., 1999: Einwanderung und Staatsbürgerschaft in den USA und Deutschland, in: KZfSS, S. 34 ff.
Koopmans, R. und P. Statham, 1998: Challenging the Liberal Nation-State? Postnationalism, Multiculturalism, and the Collective Claims-Making of Migrants and Ethnic Minorities in Britain and Germany. Veröffentlichungen des Wissenschaftszentrums Berlin, WZB: FS III 98-105, Berlin.
Marschalck, P., 1984: Bevölkerungsgeschichte Deutschlands im 19. und 20. Jahrhundert, Frankfurt a.M.
Meissner, D.M. et al., 1993: Internationale Migration: Herausforderungen einer neuen Ära, in: Arbeitspapiere zur Internationalen Politik, Nr. 80, Bonn: Forschungsinstituts der DGAP.

Münz, R., 1997: Woher – wohin? Massenmigration im Europa des 20. Jahrhunderts, in: L. Pries (Hrsg.), Transnationale Migration (= Soziale Welt, Sonderband 12), Baden-Baden, S. 221 ff.
Pries, L. (Hrsg.), 1997: Transnationale Migration (= Soziale Welt, Sonderband 12), Baden-Baden.
Radtke, F.-O., 1997: Multikulturelle Gesellschaft, in: G. Kneer, A. Nassehi und M. Schroer (Hrsg.), Soziologische Gesellschaftsbegriffe, München, S. 32 ff.
Ronge, V., 1993: Art. Übersiedler, in: W. Weidenfeld und K.-R. Korte (Hrsg.), Handbuch zur deutschen Einheit, Frankfurt a.M./New York (sowie Bonn: Bundeszentrale für politische Bildung), S. 643 ff.
Ronge, V., 1997: German Policies Toward Ethnic German Minorities, in: R. Münz und M. Wiener (Hrsg.), Migrants, Refugees, and Foreign Policy, Providence/Oxford, S. 117 ff.
Rudolph, H., 1994: Dynamics of Immigration in a Nonimmigrant Country: Germany, in: H. Fassmann und R. Münz (Hrsg.), European Migration in the Late Twentieth Century, Aldershot-Hants, S. 113 ff.
Salt, J., A. Singleton und J. Hogarth, 1994: Europe's International Migrants, London: HMSO.
Schiller, N.G., L. Basch und C.S. Blanc, 1997: From Immigrant to Transmigrant: Theorizing Transnational Migration, in: L. Pries (Hrsg.), Transnationale Migration (= Soziale Welt, Sonderband 12), Baden-Baden, S. 121 ff.
Schmid, J., 1994: Zuwanderung aus Eigennutz? Der demographische Aspekt des Einwanderungsbedarfes in den EU-Mitgliedstaaten, in: W. Weidenfeld (Hrsg.), Das europäische Einwanderungskonzept, Gütersloh, S. 89 ff.
Schulte, A., 1998: Multikulturelle Einwanderungsgesellschaften in Westeuropa: Soziale Konflikte und Integrationspolitiken, Bonn: Friedrich-Ebert-Stiftung.
Smith, R., 1997: Reflections on Migration, the State and the Construction, Durability and Newness of Transnational Life, in: L. Pries (Hrsg.), Transnationale Migration (= Soziale Welt, Sonderband 12), Baden-Baden, S. 197 ff.
Waltershausen, A.S. von, 1924: Art. Auswanderung, in: L. Elster, A. Weber und F. Wieser (Hrsg.), Handwörterbuch der Staatswissenschaften. Bd II, 4. Aufl., Jena, S. 60 ff.

IV. Demokratie und Rechtsstaat

Jürgen Seifert

Der fragile Rechtsstaat

Zum Bedeutungswandel von Rechtsstaatlichkeit in veränderten innergesellschaftlichen und zwischenstaatlichen Strukturen

I. Rechtsstaatlichkeit in der Bundesrepublik: Verfassungsgrundsätze für die Rechtspflege

„Wir haben Gerechtigkeit gewollt, aber den Rechtsstaat bekommen." Dieser fatale Satz der Bürgerrechtlerin Bärbel Bohley steht in der Tradition deutscher Staatsmetaphysik: Gläubig wird dem „Staat" das Vermögen zugetraut, Gerechtigkeit verwirklichen zu können. Bärbel Bohley steht damit nicht allein. Bis 1980 konnte man noch in einem angesehenen Grundgesetzkommentar von Theodor Maunz und Günter Dürig den Satz lesen, dass die Definition des materiellen Rechtsstaats „gleichsam als Gerechtigkeitsstaat" den „Vorzug" verdiene (Maunz/Düring 1971, Art. 20, Rdn. 59). Das Gegenbild dazu ist der Rechtsstaat „im formellen Sinn". Ein solcher Rechtsstaat wird – mehr oder weniger – auf Verfahrensfragen reduziert; er wird bestimmt durch die subjektiven Rechte, die der Einzelne gegen den Staat hat und durch die Bindung von Richterschaft und Verwaltung an die Einhaltung von Gesetz und Recht.

Bei dieser Unterscheidung zwischen materiell und formell wird der Staat als vorgegebenes Allgemeines vorausgesetzt. Das führt dazu, dass Begriffsbestimmungen oder Zeitphilosophien entscheidend werden: Immer dann, wenn es darauf ankommt, steht das „Materielle" über dem „bloß" Formellen, der Staat (mit welcher Bindestrich-Philosophie gerade versehen) über der Verfassung. Heute redet man vom Präventionsstaat und vom Regulationsstaat; gestern stand der Bürgerstaat gegen den Atomstaat oder den Sicherheitsstaat. In den Fünfzigerjahren ging es um den Sozialstaat gegen den Arbeiter- und Bauernstaat oder gegen den Staat des Kapitals. Die Nähe der meisten dieser Bindestrichkonstruktionen zu Kampfbegriffen zeigen die Worte: Nachtwächterstaat, Militärstaat oder Adenauerstaat.

Welche spezifische Funktion der Begriff „Rechtsstaat" im deutschen Vormärz (und danach) erfüllte und in welcher Weise das nachgewirkt hat, ist bekannt. In der Nachkriegszeit gewann der Rechtsstaat (als Abgrenzung gegenüber dem Unrechtsstaat des NS-Systems) neue Bedeutung. Ich erinnere daran, dass damals Urteile nicht im Namen des Volkes, sondern „des Rechts" ausgesprochen wurden. Doch häufig wird übersehen: Im Grundgesetz steht der Begriff „Rechtsstaat" nicht in dem für unabänderlich erklärten Artikel 20 (obwohl er in dieser Verfassungsnorm inhaltlich aufgenommen wurde), sondern in Artikel 28. Das Grundgesetz verselbstständigt gerade nicht den Rechtsstaat, sondern geht von der Würde des Menschen aus. „Sie zu achten und zu schützen ist Verpflichtung aller staatlichen Gewalt" (Art. 1 Abs. 1 Satz 2 Grundgesetz).[1] Staatliche Gewalt wird in Art. 20 GG begrenzt und bestimmt durch den Grundrechtskatalog, durch das Demokratieprinzip und die Gewaltentrennung. Formaler Rechtsstaat umfasst zugleich: Den Vorrang des Gesetzes, die Gesetzmäßigkeit der Verwaltung und die Unabhängigkeit der rechtsprechenden Gewalt. Dabei wurde in Art. 19 Abs. 4 GG ausdrücklich festgelegt: „Wird jemand durch die öffentliche Gewalt in seinen Rechten verletzt, so steht ihm der Rechtsweg offen." Auf Grund der Lehren aus dem Nationalsozialismus und dem Stalinismus, orientiert an der Lehre von Rechtsstaat und am Modell der „westlichen Demokratie", wurde durch Grundrechte der Vorrang des Bürgers gegenüber der Exekutive betont und die Begrenzung staatlicher Macht durch die Garantie der Rechtsstaatlichkeit des Verfahrens.

Die Rechtsprechung in der Bundesrepublik erfolgt durch Gerichte der Länder und des Bundes. Unterschieden wird zwischen den ordentlichen Gerichten (d.h. Zivil- und Strafgerichten) und der Finanz-, Arbeits- und Sozialgerichtsbarkeit. In allen diesen Gerichtszweigen sind die Länder zuständig für die Untergerichte. Bei den ordentlichen Gerichten wurden die herkömmlichen Bezeichnungen Amtsgericht, Landgericht und Oberlandesgericht beibehalten. Der Bund ist zuständig für die Bundesgerichte. Er hat für besondere Sachgebiete weitere Gerichte errichtet: das Bundespatentgericht und Disziplinargerichte für Bundesrichter, Bundesbeamte und Soldaten (Wehrdienstsenate).

Das ursprünglich „zur Wahrung der Einheit des Bundesrechts" im Grundgesetz vorgesehene Oberste Bundesgericht (Art. 95) wurde nicht errichtet (die Verfassungsbestimmung wurde 1968 gestrichen). An seine Stelle ist das Bundesverfassungsgericht[2] getreten, dem im Grundgesetz von Anfang an in Art. 93 eine besondere Funktion zugemessen worden ist. Dazu hat zum einen die Verfassungsbeschwerde beigetragen (die zunächst im Bundesverfassungsgerichtsgesetz enthalten war und 1969 in Art. 93 GG aufgenommen wurde); zum anderen wurde deutlich, dass die dem BVerfG übertragenen Aufgaben, insbesondere die Auslegung der Grundrechte, für ein oberstes Bundesgericht kaum Raum ließ.

Im Grundgesetz ist die Rechtsstaatlichkeit des Verfahrens in besonderer Weise garantiert (Heyde 1983, S. 1232 ff.). Dazu gehört als Voraussetzung einerseits die richterliche Unabhängigkeit (Art. 97 GG) und das Verbot von Ausnahmegerichten (Art. 101 Abs. 1 GG), andererseits das Recht auf den „gesetzlichen" Richter (ebd.). Das Grundgesetz gewährleistet sodann das Recht auf ein faires Verfahren.

1 Im Folgenden bei Nennung des Artikels: GG.
2 Im Folgenden abgekürzt: BVerfG.

Dazu gehört insbesondere der Anspruch auf rechtliches Gehör (Art. 103 Abs. 1) und Chancengleichheit beim Zugang zum Gericht. Besondere Grundrechte (Art. 103) stehen dem Beschuldigten in einem Strafverfahren zu: Die Strafbarkeit muss gesetzlich bestimmt sein, bevor die Tat begangen wurde (nulla poena sine lege); es darf niemand wegen derselben Tat mehrmals bestraft werden (ne bis in idem). Als Maxime des Prozessrechts gilt schließlich die Öffentlichkeit des Verfahrens. Zu erwähnen ist in diesem Zusammenhang ferner die Unschuldsvermutung (Art. 6 Abs. 2 Europ. Menschenrechtskonvention, 1950), das Verbot der Todesstrafe (Art. 102 GG) und das Prinzip der richterlichen Entscheidung bei Freiheitsentziehungen, habeas corpus (Art. 104 GG).

Diese Verfassungssicherungen markieren eine Abgrenzung gegenüber der Vergangenheit. Doch diese Grenzziehung wurde in Westdeutschland nach 1945 bei denjenigen, die diese rechtsprechende Gewalt ausübten, nicht immer als solche befolgt. Viele Richter (wie die Beamten), die dem NS-System gedient hatten und vom neuen Gemeinwesen übernommen worden waren (Art. 131 GG hat dazu beigetragen), betrachteten den qualitativen Bruch des Grundgesetzes nur als eine formelle Veränderung. Nicht nur viele Richter am Reichsgericht wurden später am Bundesgerichtshof in Karlsruhe tätig. Selbst für Richter, die unter dem Präsidenten Roland Freisler am Volksgerichtshof amtiert hatten, war ihre Zukunft in der Rechtspflege der Bundesrepublik nicht versperrt. Keiner von ihnen wurde strafrechtlich verurteilt.

Dennoch haben die verfassungsrechtlichen Garantien der Rechtsstaatlichkeit des Verfahrens – von Ausnahmesituationen abgesehen – gehalten. Die Institution der Verfassungsbeschwerde und öffentliche Kritik haben immer wieder dazu beigetragen, Grenzüberschreitungen einzudämmen. Zwar werden nur etwa 3 Prozent der gegenwärtig jährlichen 5.000 bis 6.000 Verfassungsbeschwerden angenommen; aber im Rückblick kann festgestellt werden: Das BVerfG (das anders als andere Gerichte auf Grund der Wahl durch ein parlamentarisches Gremium besonders zusammengesetzt ist) hat in vielen Fällen korrigierend eingreifen können. Dabei war nicht unwichtig, dass durch die Verfassungsbeschwerde immer wieder die konkreten Rechtsfragen an das Gericht heran getragen wurden.

Dennoch war in spezifischen Auseinandersetzungen „der Rechtsstaat" in der Bundesrepublik nicht immer dagegen gefeit, dass verfassungsrechtliche Verfahrenssicherungen zeitweise geschleift wurden, als es darauf ankam. Ich erinnere lediglich an vier besonders markante Beispiele.

a) Nach § 90a Abs. 3 StGB in der Fassung vom 30.8.1951 waren Mitglieder der KPD nach dem Verbot dieser Partei 1956 strafrechtlich verfolgt worden, weil sie eine verfassungsverräterische Partei gegründet oder gefördert hatten. Das BVerfG hat – allerdings erst am 21.3.1961 – festgestellt, dass das Parteienprivileg diese Mitglieder „auch dann schützt", wenn die Partei später für verfassungswidrig erklärt wird: „Die Rechtsordnung kann nicht ohne Verstoß gegen den Grundsatz der

Rechtsstaatlichkeit, die zunächst eingeräumte Freiheit, eine Partei zu gründen und für sie im Verfassungsleben zu wirken, nachträglich als rechtswidrig behandeln" (BVerfGE Bd. 12, S. 307). Angesichts des Verstoßes gegen das Parteienprivileg erübrige sich die Prüfung, „ob auch das Rückwirkungsverbot des Art. 103 Abs. 2 GG verletzt ist" (ebd.). Viele hatten nach dem Verbot der KPD durch das BVerfG 1956 eine Strafe nach § 90a StGB bereits abgesessen, als das Gericht § 90a Abs. 3 StGB für nichtig erklärte.

b) Doch trotz dieser Entscheidung und obwohl die Schöpfer des Grundgesetzes Art. 103 Abs. 2 GG so formuliert hatten, dass das Rückwirkungsverbot ohne Ausnahme fest geschrieben wurde, hat das BVerfG am 24.10.1996 entschieden, dass das Rückwirkungsverbot für die Aburteilung von Handlungen, die in der DDR begangen wurden, nicht uneingeschränkt gelte. Art. 103 Abs. 2 GG müsse dann zurücktreten, wenn „die in der Völkerrechtsgemeinschaft allgemein anerkannten Menschenrechte in schwerwiegender Weise mißachtet werden" (BVerfGE Bd. 95, S. 133). Angesichts des öffentlichen Drucks hat das Gericht die durch das Grenzschutzgesetz der DDR gedeckten Schüsse als solche Verletzungen der allgemein anerkannten Menschenrechte bezeichnet.[3]

c) Auch in den Stammheimer Prozessen 1975 bis 1977 gegen die Hauptangeklagten aus der „Roten Armee Fraktion" (RAF) Andreas Baader, Ulrike Meinhof u.a. wurden die verfassungsrechtlichen Garantien eines fairen Prozesses nicht eingehalten (Holtfort 1977). So wird mit guten Gründen bezweifelt, ob der amtierende Vorsitzende Richter Theodor Prinzing der „gesetzliche Richter" war und ob nicht mehrere Versetzungen ihn erst dazu machten. Es wurde der Vorwurf der Befangenheit erhoben, Zweifel an der Verhandlungsfähigkeit einzelner Angeklagter (anders als bei den NS-Prozessen) schlicht ignoriert. Unzweifelhaft ist, dass es nie in der Geschichte der Bundesrepublik eine derartige Behinderung der Verteidigung gegeben hat, die dazu geführt hat, dass in mindestens zwei Fällen Gespräche der Angeklagten mit ihren Verteidigern durch „Wanzen" abgehört wurden. Gestützt wurde dieser Verfassungsverstoß auf die zweifelhafte Konstruktion eines „übergesetzlichen Notstandes".

d) Durch die Verfassungsänderung von 1993 wurde festgelegt, dass gegen bestimmte politisch Verfolgte, die in der Bundesrepublik Asyl suchen, „aufenthaltsbeendende Maßnahmen" vollzogen werden können, „unabhängig von einem hiergegen eingelegten Rechtsbehelf" (Art. 16a Abs. 2 GG).[4] Zugleich wurde der Rechtsweg eingeschränkt. Die Einreise und die Form der Abfertigung von Asylbewerbern hat dazu geführt, dass für diese eine spezifische neue Form von Haft eingeführt wurde: die „Abschiebehaft" als Haft ohne Straftat.

---

3 Zu den vielen Äußerungen zu dieser Entscheidung sei hier besonders auf Gerald Grünwald, Das Rückwirkungsverbot (Art. 103.2) hingewiesen.
4 Zu den Veränderungen des Grundgesetzes im Verlauf der Geschichte vgl. Bauer/Jestaedt (1997); zu den Veränderungen bis 1983 s. Seifert (1983).

Es ist wichtig, bei Einschätzung der dargelegten Fälle zu berücksichtigen, dass es sich um Sondersituationen handelt, nicht um den Normalfall des Rechtsstaates in der Bundesrepublik. Doch wenn einmal die Grundrechtssicherung durchbrochen wurde, dann war damit eine Voraussetzung geschaffen, diese zu institutionalisieren. So haben die Wanzen des Jahres 1977 dazu beigetragen, dass 1998 nach Art. 13 Abs. 3 u. 4 GG „technische Mittel zur akustischen Überwachung" eingesetzt werden können. Neben die Haft ohne Strafe bei Abschiebung ist der polizeiliche Unterbringungsgewahrsam für den Fall getreten, dass „Tatsachen die Annahme rechtfertigen", dass eine Person in einem bestimmten örtlichen Bereich eine Straftat „begehen wird".

II. Die Einschränkung von Rechtsstaatlichkeit durch „objektive" Wertordnung

Unabhängig von dieser spezifischen Entwicklung der rechtsprechenden Gewalt fand in der Bundesrepublik etwas statt, was in der Rechtsprechung des BVerfG Orientierung an einer objektiven Wertordnung des Grundgesetzes genannt wurde. Diese Orientierung bedeutet faktisch, dass weniger von den im Grundgesetz verankerten Grundrechten und dadurch garantierten Rechten und Interessen von Bürgerinnen und Bürgern ausgegangen wurde, sondern durch die Konstruktion einer objektiven Wertordnung ein Instrument geschaffen wurde, um mittels einer Wertordnung die Interessen des „Staates" über die im Grundgesetz garantierten Freiheitsrechte der Bürgerinnen und Bürger zu stellen.

Ein Instrument dazu war die im „Kalten Krieg" durchgesetzte Formel von einer „wehrhaften Demokratie", die nicht im Rahmen des Grundgesetzes gelten sollte, sondern dazu diente, sich von Verfassungsfesseln zu lösen. Staatsrechtler und auch das BVerfG haben in diesem Kontext immer mehr die Begriffe „wertgebundene Ordnung", „objektive Wertordnung" oder „Wertsystem" verwandt. Das BVerfG hat 1952 in der Entscheidung über das Verbot der rechtsextremen „Sozialistischen Reichspartei" zum ersten Mal von „obersten Grundwerten" und einer „wertgebundenen Ordnung" gesprochen (BVerfGE Bd. 2, S. 12). „Wertgebundenheit" wurde Mitte der 50er Jahre noch beschränkt auf die „elementaren Verfassungsgrundsätze, die die Verfassungsordnung zu einer freiheitlichen demokratischen Grundordnung machen" (BVerfGE Bd. 5, S. 141). Doch 1959 trat dann neben die Vorstellung von der freiheitlichen Grundordnung als einer „wertgebundenen Ordnung" die Formulierung von einer „allgemeinen Wertordnung der Verfassung" (BVerfGE Bd. 10, S. 81). Die „grundgesetzliche Wertordnung" führt dann zu der Konstruktion einer „Einheit dieses grundlegenden Wertsystems" (BVerfGE Bd. 30, S. 193; Bd. 32, S. 108; Bd. 33, S. 29).

In der Folgezeit wurde daraus ein „Kontext der Verfassung", aus dem (in der *ersten Abhör-Entscheidung*) gefolgert wurde, es sei „schlechterdings ausgeschlossen, dass dieselbe Verfassung, die die Bundesrepublik aus den bitteren Erfahrungen mit dem Schicksal der Weimarer Republik als eine streitbare Demokratie konstituiert hat, diesen Staat mit Hilfe des Art. 3 Abs. 3 GG seinen Feinden auszuliefern geboten hat" (BVerfGE Bd. 39, S. 368). Dieser Satz (der zur Begründung der Grundgesetzänderung durch Art. 10 Abs. 2 Satz 2 GG hinnehmbar war) diente in der Folgezeit dem Verfassungsschutz und anderen Sicherheitsapparaten dazu, ihr Handeln außerhalb der ihnen durch Gesetze gesetzten Grenzen zu legitimieren.

Die Entwicklung zu einer durch Substanzbegriffe überladenen „freiheitlich demokratischen Grundordnung" als FdGO gipfelt dann in der *„Radikalenentscheidung"* von 1975 in dem Satz, „der Staat" müsse sich darauf verlassen können, dass ein Beamter sich „in diesem Staat [...] zu Hause fühlt" (BVerfGE Bd. 39, S. 36). Nicht das konkrete Verhalten wurde damals als entscheidend für die Tätigkeit im öffentlichen Dienst angesehen, sondern politische Gesinnungsloyalität. Solche Entscheidungen haben dazu beigetragen, dass in der Öffentlichkeit das BVerfG daran erinnert wurde, die „Mindestanforderungen methodischer Redlichkeit" (Josef Esser) einzuhalten.

Interessant ist auch der Konfliktfall, in dem zwei „Verfassungswerte" gegeneinander stehen. Es ging zum einen um die Persönlichkeitsrechte nach Art. 2 Abs. 1, zum anderen um die Rundfunkfreiheit. Das BVerfG (1973) sagte, dass beide Grundrechte „essentielle Bestandteile" der Ordnung des Grundgesetzes seien, dass diese „nach Möglichkeit zum Ausgleich gebracht werden" müssten und dass „unter Berücksichtigung der falltypischen Gestaltung und der besonderen Umstände des Einzelfalls zu entscheiden" sei. Doch selbst in diesem Fall meinte das Gericht nicht auf die Feststellung verzichten zu können: „Hierbei sind beide Verfassungswerte in ihrer Beziehung zur Menschenwürde als dem Mittelpunkt des Wertsystems der Verfassung zu sehen" (BVerfGE Bd. 35, S. 225).

Die Folge war, dass stellenweise nicht mehr der Wortlaut der Verfassungsbestimmungen den Ausschlag gaben, sondern gleichsam eine Wertekirche kreiert wurde, in der Exekutive und Richter des Bundesverfassungsgerichts darüber entschieden, welcher Wert als höherrangig zu gelten hat und welcher nicht. Das Grundgesetz galt formal weiter, aber nur im Rahmen einer Wertordnung, die durch Verfassungsrichter und Staatsrechtslehrer definiert wurde.

Das führte dazu, den Vorrang des Staates in der Form des Rechtsstaats als Wertsystem wieder herzustellen. Das wird deutlich durch den bestimmten Artikel (ein Merkmal der Heiligung): „Der" Rechtsstaat darf nicht wehrlos werden! „Der" Rechtsstaat muss gegenüber der Bedrohung stark gemacht werden! Oder 1977: „Wir mußten bei der Verteidigung *des* Rechtsstaates bis an seine Grenzen gehen." Der Inhalt der Bedrohung ist austauschbar. Zunächst hieß es: gegenüber der Bedrohung durch den Kommunismus; dann: gegenüber dem Terrorismus; heute geht es um die „Bekämpfung" der „organisierten Kriminalität". Gleichsam unter der Hand verschwinden bei dieser Hypostasierung des Rechtsstaates die anderen

Ecksteine des Grundgesetzes: Menschenwürde, Grundrechte, Volkssouveränität (in der Form der repräsentativen Demokratie) und Gewaltentrennung.

III. Offene Verfassung und ein neuer Stellenwert verfassungsrechtlicher Freiheitsrechte

Eine Gegenposition gegen diese Interpretation des Grundgesetzes als einer Wertordnung haben vor allem die Staatsrechtslehrer Konrad Hesse und Friedrich Müller entwickelt (Hesse 1978; Müller 1979). Beide forderten eine „Offenheit der Verfassung", die „einen freien politischen Lebensprozeß" ermöglichen soll. In Anlehnung an Richard Bäumlin (Bäumlin 1961) sprach Hesse davon, dass eine Verfassung „notwendig in die Zeit hinein offen" bleiben müsse, wenn eine „Verfassung die Bewältigung der Vielfalt geschichtlich sich wandelnder Prozesse ermöglichen" solle. Hesse bezog sich auf die Verfassung; aber er meinte in seiner Kritik an der „Geschlossenheit" auch das vom BVerfG entwickelte „Wertsystem" (Hesse 1999; Seifert 1979).

Als Berichterstatter des BVerfG hat Konrad Hesse 1979 im *Mitbestimmungsurteil* des BVerfG diese Auffassung von der „relativen Offenheit der Verfassungsordnung" (BVerfGE Bd. 50, S. 338) durchsetzen können. Die Entscheidung sagt deutlich, dass die Grundrechte sich „nicht vom eigentlichen Kern" des Schutzes menschlicher Freiheit „lösen und zu einem Gefüge objektiver Normen verselbständigen" lassen, „in dem der ursprüngliche und bleibende Sinn der Grundrechte [die Freiheitsverbürgung für den Bürger] zurücktritt" (ebd., S. 337).

Insbesondere der Erste Senat des Bundesverfassungsgerichts, der für Grundrechte zuständig ist, hat in der Folgezeit in den Bereichen Persönlichkeitsrechte, Religions- und Meinungsfreiheit sowie beim Demonstrationsrecht eine Rechtsprechung entwickelt, in der nicht mehr von einer objektiven Wertordnung des Grundgesetzes ausgegangen wird, sondern von den einzelnen Grundrechten als „speziellen Freiheitsverbürgungen" (BVerfGE Bd. 65, S. 41).

Besondere Bedeutung kommt der Entscheidung über die *Volkszählung* von 1983 zu. Die Begründung beginnt mit dem zentralen Satz: „Im Mittelpunkt der grundgesetzlichen Ordnung stehen Wert und Würde der Person, die in freier Selbstbestimmung als Glied einer freien Gesellschaft wirkt" (ebd.). Hieraus folgert das Gericht: „Freie Entfaltung der Persönlichkeit setzt unter den modernen Bedingungen der Datenverarbeitung den Schutz des Einzelnen gegen unbegrenzte Erhebung, Speicherung, Verwendung und Weitergabe seiner persönlichen Daten voraus"; der Einzelne muss Einschränkungen „im überwiegenden Allgemeininteresse hinnehmen", allerdings nur dann, wenn diese in der Form des Gesetzes erfolgen (ebd., S. 43 f.).

Das *Brokdorf-Urteil* von 1985 ist deshalb wichtig, weil in dieser Entscheidung der Zusammenhang von Freiheitsverbürgung (wie Meinungs- und Versammlungsfreiheit) als „*Funktionselement* eines demokratischen Gemeinwesens" markiert und zugleich „als unmittelbarer Ausdruck der menschlichen Persönlichkeit als eines der vornehmsten Menschenrechte überhaupt" herausgearbeitet wurde, „welches für eine freiheitliche demokratische Staatsordnung konstituierend ist" (BVerfGE Bd. 69, S. 344). Zustimmend wird Konrad Hesse in dieser Entscheidung zitiert, der in seinem Lehrbuch geschrieben hat: Versammlungen „enthalten ein Stück ursprünglich-ungebändigter unmittelbarer Demokratie, das geeignet ist, den politischen Betrieb vor Erstarrung in geschäftiger Routine zu bewahren". Zugleich betonte das Gericht: „Demonstrativer Protest kann insbesondere notwendig werden, wenn Repräsentativorgane mögliche Mißstände und Fehlentwicklungen nicht oder nicht rechtzeitig erkennen" (ebd., S. 346 f.).

Der in den beiden zuletzt zitierten Entscheidungen noch enthaltene Bezug zu einer „freien Gesellschaft" und den „Funktionselementen eines demokratischen Gemeinwesens" entfällt in den Entscheidungen zur Freiheit der Kunst und der Meinungen. Das Gericht ging 1984 in einer wichtigen Entscheidung davon aus, dass es unmöglich ist, „Kunst generell zu definieren", spricht aber zugleich von der „verfassungsrechtlichen Pflicht, die Freiheit des Lebensbereichs Kunst zu schützen" (BVerfGE Bd. 67, S. 225) und nimmt von dieser Freiheitsverbürgung Künstler nicht aus, die sich „mit aktuellen Geschehnissen auseinandersetzen" und „engagierte Kunst", die „interpretationsfähig und interpretationsbedürftig" sei (ebd., S. 227 f.).

Während diese Entscheidung (durch die ein Strafurteil eines Amtsrichters aufgehoben wurde) noch halbwegs hingenommen wurde, stießen die Entscheidungen des Gerichts von 1994 und 1995 zur Verwendung des *Tucholsky-Zitats* „*Soldaten sind Mörder*" (bzw: „[...] potentielle Mörder") auf den massiven Protest aller derjenigen, die in ihrem Denken nach wie vor von einem Staatsbegriff im materiellen Sinn bestimmt werden und nicht zur Kenntnis nehmen wollten, dass das Gericht nicht eine Aussage gebilligt hatte, sondern Werturteile im Rahmen der Meinungsfreiheit. Der zentrale Satz dieser Entscheidung lautet: „Werturteile sind [...] von Artikel 5 geschützt, ohne daß es darauf ankommt, ob diese Äußerung 'wertvoll' oder 'wertlos', 'richtig' oder 'falsch', 'emotional' oder 'rational' ist" (BVerfGE Bd. 93, S. 28). Diese Entscheidung ist im Zusammenhang meiner Überlegungen deshalb von besonderer Bedeutung, weil das Gericht die individuelle Freiheitsverbürgung (wie in den Vereinigten Staaten) ernst nahm und diese nicht mehr (wie Jahre oder Jahrzehnte zuvor) einer objektiven Wertordnung und damit einem „Staatszweck" unterordnete.

Die *Kruzifix-Entscheidung* von 1995 (BVerfGE Bd. 93, S. 1 ff.) ist im Zusammenhang meiner Analyse deshalb interessant, weil das Gericht (genauer der Erste Senat) eine Entscheidung getroffen hat, die in der Konsequenz einer seit langem praktizierten Rechtsprechung stand. Große Teile der Öffentlichkeit haben nicht registriert, dass in diesem Fall das Gericht exemplarisch deutlich zu machen versuchte, dass für das Gericht Verfassungsbestimmungen den Ausschlag geben und nicht eine Wertordnung, deren Inhalt durch ein vorkonstitutionelles Staatsverständnis weitgehend bestimmt wird. Auf der einen Seite steht der Staat, d.h. christlich (im Sinne der Auslegung als Wertordnung), auf der anderen Seite ein Verständnis der Grundrechte und der Verfassung, das von den Grundrechten und den im Grundgesetz festgeschriebenen Freiheitsverbürgungen ausgeht.

Das Gericht hat sich durch die massiven Angriffe konservativer Parteien, Politiker und Rechtswissenschaftler nicht von seiner Position und seiner Aufgabe abbringen lassen, das Grundgesetz im Sinne der Freiheitsverbürgung zu interpretieren. Das zeigt die Entscheidung von 1997 zur Frage der *gerichtlichen Nachprüfung von Hausdurchsuchungen*. Das Gericht hat etwas gesagt, was seit langer Zeit geboten war: Der Verfassungssatz (Art. 19 Abs. 4 GG), dass jedem, der „durch die öffentliche Gewalt in seinen Rechten verletzt wird", der Rechtsweg offen steht, sei auch auf die nachträgliche Überprüfung einer Hausdurchsuchung anzuwenden. Dies Grundrecht – so heißt es in einer Entscheidung von 1997 – „enthält ein Grundrecht auf effektiven und möglichst lückenlosen Rechtsschutz gegen die Akte der öffentlichen Gewalt" (BVerfGE Bd. 96, S. 27).

Ich habe versucht, anhand einiger Entscheidungen des Bundesverfassungsgerichtes herauszuarbeiten, dass es nicht das gibt, was manchmal als kontinuierlicher Abbau der Grundrechtssicherungen des Grundgesetzes bezeichnet wird. Ich habe allerdings auch Zweifel, ob die Hoffnung berechtigt ist, die „Berliner Republik" sei in der Lage auf einer bereits existierenden Zivilgesellschaft aufzubauen.

Methodisch sind die erwähnten Entscheidungen deshalb interessant, weil in allen Fällen nicht nur die Unterordnung unter ein System objektiver Werte der Verfassungsordnung fehlt, sondern auch die Subsumtion des Einzelfalles unter das Allgemeine als eine feststehende Norm. Fast wie im *Case Law* wird auf der Grundlage vorangegangener Entscheidungen für einen Einzelfall eine exemplarische Entscheidung entwickelt, die versucht, das nicht exakt greifbare Grundrecht im Einzelfall zu konkretisieren.

Der Sache nach bedeutet diese Entwicklung, dass die Verfassungsordnung nicht vom Rechtsstaat als einem Wertesystem zentral bestimmt wird, sondern durch einzelne Grundrechte, die weitgehend den Rahmen fixieren, in dem sich einerseits das Leben der Menschen in den verschiedenen Bereichen und andererseits Institutionen weiter entwickeln können.

IV. Gegentendenzen gegen Rechtsstaatlichkeit und Freiheitssicherungen

Eine Verfassungsordnung wie die des Grundgesetzes, die bewusst zur Weiterentwicklung hin offen gehalten bleibt, sichert zum einen die Anpassung an gesellschaftlichen Wandel. Sie ist freilich andererseits auch heute noch dadurch bedroht, dass Freiheitsverbürgungen der Verfassung durch neue materielle „Verfassungsprinzipien" ausgehöhlt werden. Um Ausländerfeindlichkeit und rassische oder kulturelle Diskriminierung zu bewältigen, bedarf es keiner neuen Verfassungsbestimmungen (es genügen das Diskriminierungsverbot nach Art. 3 Abs. 3 GG, die Möglichkeit des Vereinigungs- und Parteienverbot nach Art. 9 Abs. 2, Art. 21 Abs. 2 GG und die allgemeinen Gesetze). Es bedarf keiner Neuauflage der „wehrhaften Demokratie" (die es nach dem Grundgesetz nur im Rahmen ausdrücklicher Kompetenzen geben darf).

Ein halbes Jahrhundert nach der Verabschiedung des Grundgesetzes besteht die Gefahr, dass innergesellschaftliche Entwicklungen und die Einbeziehung der Bundesrepublik in die Europäische Union die in der „Bonner Republik" entwickelten Vorstellungen zu Demokratie, Rechtsstaat und verfassungsrechtlichen Freiheitsverbürgungen antasten oder verändern. Die „Berliner Republik" steht in dieser Hinsicht vor neuen Herausforderungen. Ich beschränke mich auf zwei Beispiele der gegenwärtigen Gefährdung von Rechtsstaatlichkeit und Freiheitsverbürgung: auf das *Präventionskonzept* der Polizei und auf die *Kommerzialisierung* öffentlicher Bereiche.[5]

1. Prävention

„Prävention" gibt es innerhalb der polizeilichen Gefahrenabwehr seit Jahren. Im Laufe der Zeit wurde der polizeiliche Zugriff immer mehr „vorverlagert". Konkret heißt das, polizeiliche Maßnahmen werden mehr und mehr von „konkreten Anhaltspunkten für eine Straftat" abgelöst. Das wird allgemein akzeptiert, wenn die Polizei Sicherungsmaßnahmen dafür trifft, dass ein hoher ausländischer Staatsmann oder ausländische Institutionen gegen Attentate so weit wie möglich geschützt werden. Doch darum geht es heute nicht mehr. Prävention heißt jetzt generell, nicht erst im Nachhinein einzugreifen, wenn eine Straftat eingetreten ist, sondern „vorbeugend" aktiv zu werden, um Straftaten zu „verhüten" oder um „Gefahrenherde" im Voraus zu ersticken. Doch was so einfach klingt, ist nicht nur in der Praxis äußerst schwierig, sondern verändert auch die Aufteilung der polizeilichen Tätigkeit in Gefahrenabwehr einerseits und Strafverfolgung andererseits – und die Bindung des individuellen Einschreitens der Polizei gegenüber einer Person an das Vorliegen hinreichender Anhaltspunkte für eine Straftat. Bei der Prävention gibt es weder eine konkrete Gefahr noch Anhaltspunkte für eine begangene Straftat. Es geht für die Polizei darum, Sicherheit herzustellen. Der Bürger ist nicht mehr Träger eines durch Grundrechte geschützten Freiheitsbereichs, sondern „Störer" oder ein potenzielles Sicherheitsrisiko.

Wenn sich das Präventionskonzept durchsetzt, verliert notwendig der durch Grundrechte geschützte Freiheitsraum des einzelnen Bürgers seine ihm im Grundgesetz eingeräumte Bedeutung. An die Stelle tritt ein allgemeines, aber im Einzelfall immer vages Konstrukt: „die" Sicherheit. Wann Maßnahmen zum Herstellen von Sicherheit getroffen werden und welche, ergibt sich nicht aus Rechtsnormen. Auch die Feststellung dessen, was als Gefahr gilt (oder als Gefahr dargestellt wird), liegt

---

5 Siehe dazu Seifert (1999). Die Grundgedanken zu den folgenden beiden Aspekten wurden dort entwickelt.

allein in der Kompetenz der Polizei. Allein in ihrer Hand liegt die Analyse der Situation und die Entscheidung über den staatlichen Eingriff und seinen Umfang.

Je mehr Prävention polizeiliches Handeln bestimmt, umso mehr löst sich die Polizei aus ihren rechtsstaatlichen Bindungen. Der Vorrang der Grundrechte gegenüber der Staatsgewalt wird erneut umgekehrt zu Gunsten der Priorität des „Sicherungseingriffs" der polizeilichen Gewalt. Häufig wird argumentiert: Es werde ja versucht solche „Vorverlagerung" durch zusätzliche und spezifische Kontrollen aufzuwiegen. Die Praxis zeigt, dass dies bisher misslungen ist. In der Logik des Präventionskonzepts liegt es, dass einem allgemeinen Prinzip „Sicherheit" die konkreten verfassungsrechtlichen Freiheitsverbürgungen untergeordnet werden.

Sicherheit gehört seit der Virgina Bill von 1776 zu den Aufgaben, an denen staatliche Gewalt gemessen wird. Doch ein „Grundrecht auf Sicherheit", wie es von Rupert Scholz „erfunden" wurde (Scholz 1984), würde zur Grundnorm staatlicher Gewalt gegenüber den konkreten Freiheitsverbürgungen der Verfassung.

Polizeiliches Handeln war in den letzten Jahrzehnten – das wird häufig übersehen – weitgehend vom Verfassungsgrundsatz der Verhältnismäßigkeit bestimmt. Diesem Prinzip kam bisher eine wichtige Funktion zu gegenüber der Ausuferung polizeilichen Handelns. Es setzt Grenzen, die jeder Polizeibeamte verstehen konnte. Gegenüber der „großen Gefahr" (insbesondere dann, wenn sie in den Medien als solche dargestellt wird) und der Aufgabe, Sicherheitserwartungen zu genügen, versagt dieses Prinzip. Auch für die gerichtliche Kontrolle gibt es keine Kriterien.

Die Vorverlagerung des polizeilichen Eingriffs ist in Einzelfällen nicht zu vermeiden. Doch diese Fälle müssen auf das unabweisbar Notwendige beschränkt bleiben. Die Präventionsformel (oder der *Präventionsstaat*) darf nicht zur Legitimationsformel werden. Es kommt darauf an, dass jeweils der konkrete Eingriff in Freiheitsverbürgungen der Verfassung angegeben und dass versucht wird, die Verletzung einer persönlichen oder politischen Freiheitssphäre durch zusätzliche, spezifische Sicherungen auszugleichen. Ob die Änderung von Art. 13 GG (Großer Lauschangriff) im Jahre 1998 solchen Anforderungen entspricht, ist in meinen Augen zweifelhaft.

Die seit Jahrzehnten von Konservativen unterschiedlicher Schattierungen inszenierten Sicherheitskampagnen waren nur selten von solcher verfassungsrechtlicher Abwägung bestimmt. Um ein bestimmtes Ziel durchzusetzen, wurden häufig populistisch Ängste mobilisiert, Feindbilder (wie „organisierte Kriminalität") inszeniert und zugleich mit den Hoffnungen der Menschen auf größere Sicherheit verknüpft, um neue Befugnisse durchzusetzen und erneut den Vorrang des Staates gegen Wertentscheidungen in den Grundrechten zu manifestieren.

2. Kommerzialisierung

Die Grundrechte entstanden als Abwehrrechte gegenüber staatlicher Gewalt. Nach der heutigen Auffassung strukturieren diese Rechte auch die freiheitliche Ausgestaltung von gesellschaftlichen Funktionsbereichen wie der Medien, Presse, Rundfunk und Fernsehen, von Institutionen der Erziehung, der Kunst sowie des Gesundheitswesens und der sozialen Sicherungssysteme.

Kommerzialisierung kann zunächst eine Effektivierung gegenüber den bürokratisierten und durch Gesetze und Verordnungen häufig blockierten öffentlichen Institutionen bedeuten. Doch solche Vorschriften sind meist nicht zufällig entstanden. Sie waren zumindest zunächst ein Instrument, individuelle oder institutionelle Willkür abzubauen und durch gerichtliche Kontrollen, freiheitliche Sicherungen für den Bürger zu ersetzen. In der öffentlichen Diskussion wird völlig das Problem verdrängt, dass „Privatisierung" nicht automatisch größere Kooperation und gemeinsames effektives Handeln bedeutet, sondern auch dazu führen kann, dass die in sozialen Kämpfen und langen Auseinandersetzungen durchgesetzten Freiheitssicherungen für spezifische Kapitalinteressen geopfert werden. Die wichtigen Rundfunk-Entscheidungen des BVerfG könnten dadurch weitgehend ausgehöhlt werden.

Ein weiteres Beispiel: Polizei und Verfassungsschutz haben auf Grund der Entscheidung des BVerfG von 1983 über das informationelle Selbstbestimmungsrecht gelernt, dass sie im Bereich der Prävention nur auf der Grundlage eines Gesetzes tätig werden dürfen. Heute halten sich so genannte Sicherheitsfirmen für berechtigt, über diese Grenze hinaus zu operieren und durch das Ausnutzen einer „Grauzone" Observierungen durch Bild und Ton vorzunehmen. So stützte sich der Untersuchungsausschuss des Niedersächsischen Landtages 1998 über eine Hausbesetzung im Umkreis von Gorleben weitgehend auf solches „privates" Observationsmaterial.

V. Rechtsstaatlichkeit und der Souveränitätsverlust des Nationalstaates

Die genannten Beispiele markieren vorerst nur Tendenzen. Doch diese bergen in sich Gefahren. So bleibt die alte Erkenntnis, dass Demokratie, Rechtsstaatlichkeit, verfassungsrechtliche Freiheitsverbürgungen und die Einhaltung der Menschenwürde zerbrechliche Gebilde sind. Wenn die Bereitschaft fehlt, diese wichtigen Errungenschaften auch unter veränderten Bedingungen zu sichern und gegenüber neuen Herausforderungen weiter zu entwickeln, fällt die Grundlage weg, welche die Überlegenheit der demokratischen, auf Menschenrechten und Gewaltenteilung beruhenden Verfassungsordnung ausmacht. Diese Ordnung garantiert (zumindest in der Idee) die Fähigkeit des Menschen, Institutionen zu erneuern und unter veränderten Bedingungen, das Politische, also die Gestaltung des eigenen Lebensraumes selbst (oder durch Repräsentanten) in die Hand zu nehmen.

Nicht das Verlegen des Regierungssitzes nach Berlin, sondern die zunehmende Bedeutung von Brüssel, zusammen mit dem fortschreitenden Abbau der Souveränität der Nationalstaaten in der Europäischen Union wird von einigen Beobachtern als die wirkliche Bedrohung dessen angesehen, was vom Rechtsstaat für die Sicherung von Freiheitsrechten erwartet wird. So heißt es: „Der alte Staat, der die Bürgerrechte garantieren wie das Freiheitsverlangen zügeln konnte, ist nicht wiederherzustellen" (Koch 1999, S. 158). Auch die so genannte Bürgergesellschaft könne das nicht verändern, weil sie auf den nationalen Staat ausgerichtet sei. Es wird bezweifelt, ob der „alte Kampf um Bürgerrechte" (Koch 1999, S. 162) noch etwas erreichen könne angesichts der nur noch bürokratisch durchsetzbaren „Sicherheitserfordernisse" gegenüber „Risiko-Produktionen" und neuen Großtechnologien (ebd.).

Dieser Ansatz verkennt zunächst die Tatsache, dass gerade Großtechnologien zu bürgerrechtlichen Protestbewegungen geführt haben. Sodann unterlässt Claus Koch es zu prüfen, ob nicht auch auf europäischer Ebene – wie in den ersten Jahrzehnten der Bundesrepublik – der Gerichtshof der Europäischen Gemeinschaft (EuGH) in der Lage ist, die Funktion zu übernehmen, die auf nationaler Ebene das Bundesverfassungsgericht für die Bundesrepublik in einer Phase erfüllt hat, als soziale Bewegungen noch nicht darauf drängten, Bürgerrechte zu realisieren. Der Standard, den Verfassungsrichter in den Staaten der Europäischen Gemeinschaft in den letzten Jahrzehnten in der Garantie von Rechtsstaatlichkeit und der Rechte der Europäischen Menschenrechtskonvention entwickelt haben, lässt die Chance zu, dass durch gerichtliche Entscheidungen einer Entwicklung Grenzen gesetzt werden, in der primär ökonomische Interessen Rechtsstaatlichkeit und Freiheitsverbürgungen zurückdrängen.

Wer meint, allein soziale Bewegungen seien in der Lage, unabhängige Garantien von Rechtsstaatlichkeit zu garantieren, der verkennt, dass Demokratie, Grundrechte und Rechtsstaatlichkeit auch in einer mehr von der Ökonomie bestimmten Gesellschaft die einzigen Garanten sind, um Verfestigungen und Fehlentwicklungen zu vermeiden. Je mehr die Gefahren von Risiko-Produktionen und Großprojekten zunehmen, je mehr „Sicherheitsapparate" zu einem Risiko und Gesundheitsinstitutionen sowie Altersversorgung zu einem Problem des sozialen Friedens werden können, desto unentbehrlicher werden Transparenz und unabhängige Öffentlichkeit, Opposition und eine „Dritte Gewalt", die in der Lage ist, auch auf der Ebene der Europäischen Union Rechtsstaatlichkeit in einem Gebilde durchzusetzen, das über Staatlichkeit verfügt, aber [noch] kein Staat ist.

Literatur

Bauer, Angelika und Martin Jestaedt, 1997: Das Grundgesetz im Wortlaut. Änderungsgesetze, Synopse, Textstufen und Vokabular zum Grundgesetz, Heidelberg.
Bäumlin, Richard, 1961: Recht, Staat und Geschichte, Zürich.
BVerfGE (Hrsg.), 1962: Entscheidungen des Bundesverfassungsgerichts, Bd. 12, Tübingen.
Grünwald, Gerald, 1998: Das Rückwirkungsverbot (Art. 103.2), in: Till Müller-Heidelberg u.a., Grundrechte-Report 1998. Zulage der Bürger und Menschenrechte in Deutschland, Reinbek bei Hamburg, S. 267-272.

Hesse, Konrad: 1978: Grundzüge des Verfassungsrechts der Bundesrepublik Deutschland, 11. Aufl., Karlsruhe, S. 11 f.
Hesse, Konrad: 1999: Grundzüge des Verfassungsrechts der Bundesrepublik Deutschland, 20. Aufl., Karlsruhe, S. 11 f.
Heyde, Wolfgang, 1983: Handbuch des Verfassungsrechts der Bundesrepublik Deutschland, in: Ernst Benda, Werner Maihofer und Hans-Jochen Vogel (Hrsg.), Handbuch des Verfassungsrechts der Bundesrepublik Deutschland, Berlin/New York, S. 1232 ff.
Holfort, Werner, 1977: Bilanz des Stammheimer Prozesses, in: Vorgänge, Zeitschrift für Gesellschaftspolitik, 16. Jg., H. 4, Nr. 28, S. 4-14.
Koch, Claus, 1999: Bürokratie und Panik. Vom Veralten der Bürgerrechte, in: Hans Eichel und Hilmar Hoffmann (Hrsg.), Ende des Staates – Anfang der Bürgergesellschaft. Über die Zukunft der sozialen Demokratie in Zeiten der Globalisierung, Reinbek bei Hamburg, S. 158, 162.
Maunz, Theodor und Günter Dürig, 1971: Art. 20, Rdn. 59, in: Theodor Maunz, Günter Dürig und Roman Herzog [später auch: Rupert Scholz], Grundgesetz. Kommentar, München.
Müller, Friedrich, 1979: Die Einheit der Verfassung. Elemente einer Verfassungstheorie, Bd. III, Berlin, S. 47, 227 u. 236.
Scholz, Rupert und Rainer Pitschas, 1984: Informationelle Selbstbestimmung und staatliche Informationsverantwortung, Berlin, S. 116.
Seifert, Jürgen, 1979: Haus oder Forum. Wertsystem oder offene Verfassung, in: Jürgen Habermas (Hrsg.), Stichworte zur 'Geistigen Situation der Zeit', Bd. 1, Frankfurt a.M., S. 321-339.
Seifert, Jürgen, 1983: Das Grundgesetz und seine Veränderungen, Neuwied.
Seifert, Jürgen, 1999: Wir sind Hüter eines zerbrechlichen Guts! Grundrechte zwischen Anerkennung und Gefährdung, in: Till Müller-Heidelberg u.a. (Hrsg.), Grundrechte-Report 1999, Reinbek bei Hamburg, S. 15-21.

Uwe Berlit

Wie weit trägt das Bonner Grundgesetz?

Verfassungsentwicklung nach der deutschen Vereinigung

I. Nationale Verfassungsentwicklung

1. Einleitung

Die „Berliner Republik" geht mit dem „Bonner Grundgesetz" an den Start: Das geltende Grundgesetz ist eine territorial erweiterte Fassung der Verfassungsrechtslage von 1989. Sie überstand den Wandel der Rahmenbedingungen, der sich vor allem durch die staatliche Einheit Deutschlands ergeben hat, mit nur inkrementalen Änderungen. Der Versuch, verfassungspolitisch aktiv und richtungsweisend auf die Probleme der staatlichen Einigung, der Europäisierung und der Globalisierung zu reagieren, ist in den Verfassungsreformdebatten der Jahre 1990 bis 1994 gescheitert (Kloeper/Lang 1995; Berlit 1994, 1996). Die politischen Umbrüche des letzten Jahrzehnts haben zu intensiven Diskussionen um die Funktionen der Verfassung geführt und durchaus ihre Spuren im Grundgesetz hinterlassen. Sie beschränken sich nicht auf die Bewältigung der Folgen der deutschen Einheit und den fortschreitenden Prozess der europäischen Integration; sie zeigen sich auch in weiteren Verfassungsänderungen unterhalb der Ebene der demokratischen Neugründung des Gemeinwesens durch Verfassunggebung.

Die Entwicklung ist nicht abgeschlossen. Die in den verfassungsrechtlichen Bestandsaufnahmen zum 50-jährigen Jubiläum des Grundgesetzes aufgenommenen Vorschläge zur Fortentwicklung der Verfassung (Schneider 1999; Hoffmann-Riem 1999; Starck 1999) betreffen aber weniger grundlegende Richtungsentscheidungen denn pfadabhängige Fortentwicklungen, die Funktionsschwächen vor allem im institutionellen Gefüge, in den Entscheidungsprozessen und Politikgestaltungsmustern betreffen und darauf zielen (sollen), das Grundgesetz auch künftig „zukunftsfähig" zu halten. Um die Verfassungspolitik ist es ruhig geworden.

2. Funktion von Verfassung

Als Rahmenordnungen für die Gestaltung von Politik müssen Verfassungen die rechte Balance zwischen Statik und Dynamik, zwischen der Dokumentation des sich selbst verfassenden Volkes über die als solche erfahrenen fundamentalen Bedingungen der kollektiven Existenz[1] und einem Zukunftsentwurf wahren (Schuppert 1995, S. 75 ff.). Die mit dem Zusammenbruch der sozialistischen Staatenwelt verbundenen Transformationsprobleme konnte das Grundgesetz nicht lösen; es konnte lediglich die Voraussetzungen und Bedingungen der Möglichkeit ihrer Lösung durch den politischen Prozess gestalten. Politische Umbrüche können Verfassungsänderungsbedarf auslösen. Es ist aber eine genuin verfassungspolitische Entscheidung, ob und in welchen Bereichen ein Verfassungsänderungsbedarf anerkannt wird.

Die staatliche Einigung hat unabhängig von verfassungspolitischen Leit- und Gestaltungsentscheidungen allerdings ein Mindestmaß von Verfassungsänderungen allein schon durch den Einbau der ostdeutschen Länder in die bundesstaatliche Ordnung und das institutionelle Entscheidungsgefüge erforderlich gemacht. Notwendige Übergangsregelungen für die Rechtsangleichung im nun einheitlichen Verfassungsgebiet und die verfassungsgesetzliche Absicherung der völkervertragsrechtlichen Voraussetzungen der Einigung schufen weitere Anpassungszwänge. Dieser unmittelbar einigungsinduzierte Verfassungsbedarf musste – wie auch immer – im Einigungsvertrag befriedigt werden. Insoweit „lösten" die vorgenommenen Verfassungsanpassungen die entstehenden Probleme rechtstechnisch auch selbst.

Die hier getroffenen Gestaltungsentscheidungen hatten allerdings Rückwirkungen auf Strukturen und Prozesse künftiger Politikgestaltung. Die Einpassung der DDR in die bundesstaatliche Ordnung nicht als einheitliches Territorium, sondern aufgespalten in fünf, auf unabsehbare Zeit ohne massive Finanztransfers nicht lebensfähige Flächenstaaten mit der entsprechenden Mindeststimmenzahl im Bundesrat, hat nicht nur die ohnehin komplexen Politikkoordinierungsprozesse im kooperativen Bundesstaat weiter erschwert, sondern auch die möglichen „Koalitionsbildungen" jenseits parteipolitischer Frontlinien im Bundesrat verschoben (Klatt 1991, S. 436 ff.) – und zugleich die kurzfristig aufflackernde Diskussion um die Neugliederung auch der westdeutschen Länder (Greulich 1995, S. 137 ff.) beendet. In ihrer eher rechtstechnischen Natur haben diese Änderungen die Grundentscheidung über den rechten verfassungspolitischen Umgang mit der staatlichen Einigung nicht vorweggenommen, sondern formal offen gelassen; ihre Einbettung in einen Vollzug des Beitritts nach Artikel 23 GG alter Fassung war Folge, nicht Grund oder Inhalt der Entscheidung gegen eine Umgründungsentscheidung.

Eine zentrale, politisch aber kaum umstrittene Festlegung war mit den unmittelbar beitrittsbedingten Grundgesetzänderungen allerdings verbunden: Die in der

---

1 Zu dieser Verfassungsfunktion Denninger (1994, S. 98 ff.); Vorländer (1981).

geänderten Präambel gewählte und in Artikel 146 GG aufgegriffene Formulierung, dass das Grundgesetz nunmehr „für das gesamte Deutsche Volk" gilt, bezeichnet abschließend den räumlichen Geltungsbereich des Grundgesetzes und setzte in Verbindung mit der Streichung des Beitrittsartikels verfassungsrechtlich eine zentrale Verpflichtung aus dem Zwei-plus-Vier-Vertrag um: Das vereinte Deutschland ist territorial saturiert, hat keinerlei Gebietsansprüche gegen andere Staaten und wird solche auch nicht in Zukunft erheben.

3. Verfassungsentwicklung in den Ländern

Verfassungsreform hat sich nach der staatlichen Einigung Deutschlands nicht auf die Ebene des Bundes beschränkt: In einer föderal verfassten Ordnung wie der Bundesrepublik wird das institutionelle Gefüge auch durch die Landesverfassungen geprägt.

In den Ländern war die Verfassungsentwicklung gespalten: Die Veränderungs- und Anpassungsbereitschaft in den westdeutschen Ländern blieb mit Ausnahme der in anderen Anstößen gründenden Verfassungsreform in Schleswig-Holstein (Schleswig-Holsteinischer Landtag 1989) mit ihren Ansätzen für eine Modernisierung vor allem des Parlamentsrechts ähnlich gering wie im Bund (Braunschweig 1993). In den ostdeutschen Ländern waren Innovationsbereitschaft und Konsensdruck höher. Hier war nicht Bestehendes zu ändern; es waren in Ausübung der den Ländern zustehenden Verfassungsautonomie die verfassungsrechtlichen Grundlagen für die Rechtfertigung, Organisation, Direktion und Limitierung gliedstaatlicher Staatsgewalt ebenso originär auszuformen wie es galt, die Möglichkeiten zur demokratischen, bürgerschaftlichen Teilhabe zu gestalten und auf der Grundlage der besonderen Erfahrungen mit 40 Jahren DDR spezifische Sicherungen bürgerlicher Freiheit zu schaffen.

Auch hier überwogen aber die Bestrebungen, die Abweichungen von den bundesstaatlichen Vorgaben in engen Grenzen zu halten und – scheinbar – Bewährtes weitgehend zu übernehmen. Hoffnung und Erwartung bzw. Furcht, Grundgesetz und Landesverfassungen könnten einander „befruchten", sich wie kommunizierende Röhren verhalten, haben sich nicht bestätigt: Die Innovationsanstöße der ostdeutschen Landesverfassungen sind insgesamt gering und haben – vor allem – im Ergebnis Anstoßfunktion für die nationalstaatliche Verfassung nicht gehabt. Gleichwohl enthalten – bei allen Unterschieden im Einzelnen – die ostdeutschen Landesverfassungen für ihren begrenzten Wirkbereich Elemente eines moderneren Verfassungsverständnisses, etwa indem sie die sozialen Staatsziele und Sicherungen stärker akzentuieren, neuere Grundrechtsgefährdungen, etwa durch die Informationstechnologien aufgreifen, den kulturstaatlichen Dimensionen breiteren Raum geben und die direktdemokratische Teilhabe des Volkes insgesamt sachgerechter ausgestalten als die westdeutschen Landesverfassungen.

4. Grundgesetz und Herstellung staatlicher Einheit

Das Grundgesetz war auf die Umbrüche, die sich 1989 mit dem Fall der Mauer ergeben haben, institutionell nur unzureichend vorbereitet (Lehmbruch 1990). Das Wiedervereinigungsgebot in der alten Präambel und die Beitrittsklausel des Artikel 23 GG a.F. setzten die Herstellung der staatlichen Einheit – als Fernziel – als möglich voraus, trafen aber keine konkreten Vorkehrungen für die Gestaltung dieses Prozesses und die Verarbeitung der damit verbundenen Umbrüche. Der Implosion der DDR und der in der Dynamik der Entwicklung zerplatzten Illusion, ein zeitlich gestrecktes „Zusammenwachsen" könne über Konföderationsmodelle erfolgen, folgte eine kurze Phase, in der heftig über zwei Grundpositionen zu Verfahren und Form des „richtigen Weges" zur staatlichen Einigung diskutiert wurde: Sie unterschieden sich in der Wahrnehmung der mit der staatlichen Einigung verbundenen Brüche und Transformationsprobleme, der Reichweite als notwendig erachteter Veränderungen und der Funktion, welche der Verfassung bei der Gestaltung dieser Prozesse zukommen könne. Bei breitem Konsens in Ost und West über die Bewährung des Grundgesetzes und seiner Grundprinzipien in der Sache lassen sie sich auf der Skala bruchloser Kontinuität und bürgerschaftlicher Neugründung, zwischen Beharren und Innovation, zwischen Staats- und Bürgerverfassung verorten (Berlit 1996; Bremers 1997; Evers 1998). Zwischen der klaren politischen Alternative einer Anerkennung des grundlegenden Umbruchs durch „Neugründung" nach Artikel 146 GG oder einem kontinuitätsbetonenden „Beitritt" nach Artikel 23 GG a.F. zu einem im Kern unveränderten Grundgesetz kein Gehör gefunden haben vermittelnde Vorstöße für einen „dritten Weg": Durch einen Beitritt nach Artikel 23 GG a.F. sollte der auf eine schnelle Vereinigung drängenden politischen Dynamik in der DDR nachgegeben und damit auch die nicht auf Dauer gesicherten günstigen außenpolitischen Bedingungen ausgenutzt, dies aber mit der verbindlichen Entscheidung für einen nachfolgenden Prozess der Verfassunggebung, zumindest aber einer Volksabstimmung für das nun gesamtdeutsche Grundgesetz verknüpft werden.[2]

Die Debatte über den verfassungsrechtlich „richtigen Weg" zur allseits gewollten staatlichen Einigung reichte über eine verfassungsjuristische Debatte[3] weit hinaus. Sie bedeutete die Entscheidung zwischen Kontinuität nach westdeutschen Vorgaben und Anpassungsoffenheit für die Umbrüche, die mit der Implosion der DDR und der fortschreitenden europäischen Integration verbunden waren. Diese grundlegende Weichenstellung ist in den Diskussionen um die staatsrechtliche Gestalt des geeinten Deutschland in der Dynamik der Ereignisse zwar immer

---

2 Siehe etwa Häberle (1990a); zur Kontroverse auch Guggenberger/Stein (1991).
3 Ihren Höhepunkt in der staatsrechtlichen Zunft erreichte sie auf der Sondertagung der Vereinigung der Deutschen Staatsrechtslehrer „Deutschlands aktuelle Verfassungslage" 1990 in Berlin; s. VVDStRL 49 (1990).

wieder benannt worden, in ihrer verfassungspolitischen Dimension gegenüber „rechtstechnisch" scheinenden Fragen der Organisation der Einheit aber zurückgetreten.

Das Ergebnis ist bekannt: Durchgesetzt hat sich die Position der damaligen Bundesregierung und der sie tragenden Parteien. Sie sahen die Beitrittsentscheidung als Sachentscheidung für ein in Grundstrukturen, Regelungstypus, Verfassungsstil und politikleitender Funktion im Kern unverändertes, durch seinen „Erfolg" legitimiertes Grundgesetz, als bloße Erweiterung seines territorialen Anwendungsbereiches, betonten Kontinuität und Verfassungsstabilität als Voraussetzung der Bewältigung der Transformationsprobleme und wollten statt Verfassunggebung oder -revision allenfalls auf die unerlässlichen Anpassungsreaktionen beschränkte Verfassungsänderungen; die Vermutung sprach für Beibehaltung des Bestehenden und Kontinuität.

Die Gegenposition sah in der staatlichen Einigung Anlass und Grund für eine prinzipiell offene Verfassungsdiskussion als Verfassunggebung; sie wurde begriffen als Chance zur kollektiven Selbstverständigung aller Menschen im geeinten Deutschland über die gemeinsamen verfassungsrechtlichen Grundlagen, einer Stärkung der Integrationskraft der Verfassung, einer gleichmäßigen Verteilung der Anpassungs- und Veränderungslasten auf Ost und West, einer grundlegenden Überprüfung des institutionellen Gefüges ebenso wie ihrer Funktion als „Gesellschaftsverfassung" und sollte zur Stärkung des demokratischen Fundaments in einer Volksabstimmung über das geänderte Grundgesetz münden. Die verfassungsrechtliche Neugründung sollte in Form und Verfahren das Verfassungsgefüge insgesamt zur Disposition stellen und setzte auf Verfassungskontinuität nur insoweit, als sachlich die Grundprinzipien des Grundgesetzes nicht im Streit standen und sich nach neuerlicher Prüfung ihrer Übernahmewürdigkeit politisch durchsetzen würden.

Der Verzicht auf eine ergebnisoffene Verfassungsdiskussion und eine verfassungsrechtliche Neugründung ist nicht das Ergebnis politischer Entscheidungsblockaden oder Ausdruck dafür, dass tragfähige, kurzfristig realisierbare Alternativen gefehlt hätten. Die politische Mehrheit hat eine bewusste Entscheidung für Kontinuität und Nichtveränderung getroffen – und angesichts der damaligen Mehrheitsverhältnisse auch durchsetzen können. Die Veränderungsdynamik, die sich in der „friedlichen Revolution" in der DDR entfaltet und in dem Vorschlag einer Neukonstituierung einer auf den Zusammenschluss zweier gleichberechtigter Einheiten angelegten DDR durch den Verfassungsentwurf einer Arbeitsgruppe des Runden Tisches[4] nur einen Ausdruck gefunden hatte, sollte kanalisiert, ein Übergreifen auch auf die „alte" Bundesrepublik verhindert und die möglichst bruchlose Einordnung in die westdeutsche Staatlichkeit sowie – vor allem – in das westdeutsch geprägte Gesellschaftssystem organisiert werden: Es galt, den „Aufbruch in eine andere Republik" abzuwehren. Es handelte sich – im Bild der Ökonomie –

---

4 Abgedruckt u.a. in KJ (1990, S. 226 ff.); s.a. Häberle (1990b); Rogner (1993); zum „Runden Tisch" insgesamt Thayssen (1990).

um eine „freundliche Übernahme" durch Selbsteinordnung, die mit der Währungs-, Wirtschafts- und Sozialunion zum 1. Juli 1990 schon vor der Verfassungsentscheidung vollzogen war, und nicht um die Fusion gleichberechtigter Einheiten. Die positive, strategische Entscheidung für Nichtveränderung zeigt sich vor allem in der Ablehnung auch des „dritten Weges", den Beitritt nach Artikel 23 GG mit der verbindlichen Entscheidung für eine Totalrevision des Grundgesetzes nach Artikel 146 GG zu verbinden: Während der Organisation der Einheit allein nach Artikel 146 GG die Dynamik der Ereignisse und der auch außenpolitische Zeitdruck entgegengehalten werden konnte, griff dieses Argument gegenüber dem „dritten Weg" nicht durch.

5. Die Verfassungsdiskussion nach der staatlichen Einheit

Die Herstellung staatlicher Einheit über den Beitritt nach Artikel 23 GG a.F. zu einem abgesehen von beitrittsbedingten Übergangsregelungen unveränderten Grundgesetz beendete die Verfassungsdebatte so, bevor sie eigentlich begonnen hatte. Die in Artikel 5 des Einigungsvertrages als Formelkompromiss enthaltene „Empfehlung" an die gesetzgebenden Körperschaften, richtungsoffen die Notwendigkeit von Grundgesetzänderungen in im Einzelnen bezeichneten Bereichen zu prüfen, bedeutete gerade nicht die Anerkennung des „dritten Weges" einer dem Beitritt nachfolgenden, grundlegenden Verfassungsdebatte: Die Empfehlung war rechtlich unverbindlich, von vornherein auf Grundgesetzänderungen fokussiert und an die bestehenden „gesetzgebenden Körperschaften" gerichtet. Als „Nachhutgefecht" folgte der mit dem Beitritt vollzogenen Weichenstellung zwar noch eine mehrmonatige Kontroverse um das Verfahren und die Institution, durch welche der „Verheißung" des Artikel 5 im Einigungsvertrag Rechnung zu tragen sei. Dem Vorschlag eines von der Bundesversammlung zu wählenden Verfassungsrates (SPD) bzw. einer verfassunggebenden Versammlung, deren Mitglieder überwiegend von den Landesparlamenten zu wählen und teils vom Bundespräsidenten zu ernennen waren (Bündnis 90/Die Grünen), beide mit dem Auftrag einer umfassenden Verfassungsrevision mit abschließendem Verfassungsreferendum, stand die Position der in den Wahlen vom Dezember 1990 gestärkten Regierungskoalition gegenüber, es bei einem vorbereitenden innerparlamentarischen Ausschuss zu belassen. Die Einsetzung einer bloß vorberatenden Gemeinsamen Verfassungskommission von Bundestag und Bundesrat (GVK), paritätisch besetzt mit – fast ausschließlich westdeutschen (Bremers 1996) – Berufspolitikerinnen und -politikern aus Bund und Ländern, setzte die kontinuitätsbetonte Linie der Regierungskoalition fort und verschob die Erörterungen endgültig in das parlamentarisch-repräsentativ vermittelte Regelverfahren der Verfassungsänderung.

Diese institutionelle Engführung der Verfassungsdiskussion führte zwar nicht zu einer Debatte unter Ausschluss der Öffentlichkeit, war aber ein wesentlicher

Faktor, der die Entstehung einer breiten Verfassungsbewegung hinderte.[5] Das gewählte Verfahren wurde weiter dadurch entwertet, dass die im Rahmen der GVK zwischen Bund und Ländern ausgehandelten notwendigen Verfassungsänderungen zur Ratifikation des Maastricht-Vertrages vorgezogen werden mussten. Damit sanken in der GVK drastisch Konsensbereitschaft und -druck für die nicht vom Bund-Länder-Verhältnis, sondern von (partei)politisch geprägten Gegensätzen beherrschten Themen (z.B. Änderungen im Grundrechtsteil, Einführung von (sozialen) Staatszielen und Stärkung direktdemokratischer Elemente). Mit den Verfassungsänderungen zur deutlichen Beschränkung des Asylrechts und zur Umsetzung der Organisationsprivatisierung der Luftverkehrsverwaltung sowie zur Umsetzung der Post- und Bahnreform wurden wichtige Themen letztlich außerhalb der GVK verhandelt und beschlossen. Der Verfassungswandel hin zu Auslandseinsätzen der Bundeswehr schließlich wurde mit verfassungsgerichtlichem Segen ohne Verfassungstextänderung vollzogen. Von vornherein ausgeblendet waren auch die bundesstaatlichen Finanzbeziehungen.

Das im November 1994 in Kraft getretene Ergebnis dieses Teiles der Verfassungsdebatte enthält daher ein Sammelsurium von Verfassungsänderungen unterschiedlicher Reichweite mit einem deutlichen Schwerpunkt im Staatsorganisationsrecht.[6] Bei den Bürgerinnen und Bürgern mehr Beachtung haben die Einfügung eines Benachteiligungsverbotes für Behinderte (Artikel 3 Abs. 3 Satz 2 GG) sowie die Aufnahme von Staatszielen zum „Schutz der natürlichen Lebensgrundlagen" (Artikel 20a GG) und zur Gleichstellung der Geschlechter (Artikel 3 Abs. 2 Satz 2 GG) gefunden.

6. Die Ergebnisse der Verfassungsdiskussion auf Bundesebene

Eine Bilanz der Ergebnisse der Verfassungsentwicklungen ergibt: Im Verfassungstext selbst spiegeln sich ungeachtet einer relativ hohen Zahl von Verfassungsänderungen die Umbruch/Transformationsprozesse kaum wider; zum Teil wird auf die Transformationsprozesse durch einen „schleichenden" Verfassungswandel durch Reinterpretation geltenden Verfassungsrechts[7] reagiert. Wichtigstes Beispiel ist hier der Verfassungswandel durch die Rechtsprechung des Bundesverfassungsgerichts[8] zu Auslandseinsätzen der Bundeswehr (s.u. II.3).

Dieser Befund kann entweder – positiv – als Beleg für die auch künftige Tragfähigkeit des Grundgesetzes als offener, flexibler Rahmenordnung für den po-

---

5 Ein Gegengewicht suchte das „Kuratorium für einen demokratisch verfassten Bund deutscher Länder" zu setzen; siehe Kuratorium (1991).
6 Zu den Ergebnissen der GVK und der nachfolgenden „parlamentarischen Phase" s. etwa Batt (1996); Kloepfer/Lang (1995); Berlit (1996).
7 Allgemein zum Verfassungswandel durch Verfassungsinterpretation Schuppert (1995, S. 68).
8 BVerfG NJW 1993, S. 2038 [Somalia]; 1994, S. 2207 [AWACS].

litischen Prozess oder – negativ – als Versagen des politischen Systems gesehen werden, auch auf Verfassungsebene gestaltend und richtungsweisend auf die Transformationsprobleme zu reagieren. Die Bewertung selbst hängt davon ab, ob der Verfassung primär die Funktion zugeschrieben wird, Politik unter weitgehendem Verzicht auf inhaltliche Festlegungen künftiger Politikgestaltung namentlich für den gesellschaftlichen Bereich zu ermöglichen und sich in den durch die Abwehrfunktion der Grundrechte gezogenen Grenzen auf eine Organisation staatlicher Machtausübung zu beschränken, oder ob der Verfassung auch Anstoß- und Weisungsfunktion für den politischen Prozess zugewiesen und sie statt als reine Staats- auch als Gesellschaftsverfassung verstanden wird.[9] Mangels Konsens über die nicht offen ausgetragenen, divergierenden Verfassungsverständnisse überrascht angesichts der institutionellen Voraussetzungen für Verfassungsänderungen das Ergebnis bloß inkrementaler Verfassungsänderungen jedenfalls nicht: Es spiegelt lediglich den politischen Dissens über Inhalt und Intensität der Änderungsimpulse wider und ist Ausdruck der 1990 von der politischen Mehrheit bewusst getroffenen Weichenentscheidung, die mit der staatlichen Einigung Deutschlands verbundenen Veränderungen unterhalb der Verfassungsebene „abzuwickeln".

6.1 Menschenrechte und bürgerliche Freiheit

Bei den Grund- und Menschenrechten ist die Verfassungsbilanz auf Bundesebene negativ. Die 1993 nach heftigen politischen Kontroversen (Blanke 1993) in Kraft getretenen und vom Bundesverfassungsgericht „abgesegneten" Änderungen des Asylrechts (BVerfGE 94, 49 ff.; 166 ff.) höhlen dessen Gewährleistungsgehalt weitgehend aus und erhöhen nationalstaatlich die Möglichkeiten zu einer Abwehrreaktion auf weltweite Wanderungsbewegungen. Ergänzt werden diese Regelungen durch die Öffnungsklausel des Artikel 16a Abs. 5 GG, die völkerrechtliche Verträge von Mitgliedstaaten der Europäischen Gemeinschaft untereinander und mit dritten Staaten über „Zuständigkeitsregelungen für die Prüfung von Asylbegehren einschließlich der gegenseitigen Anerkennung von Asylentscheidungen" bei Beachtung gewisser Mindestgarantien ausdrücklich zulässt und so die u.a. mit den Abkommen von Schengen und Dublin getroffenen Regelungen verfassungsrechtlich absichert.[10] Der verfassungsgesetzlich eingeleitete Weg einer Europäisierung des Flüchtlings- und Migrationsrechts wird durch Titel IV (Artikel 61 ff.) des Amsterdamer Vertrages fortgesetzt, der wesentliche Teile der Ausländer- und Asylpolitik in die Regelungszuständigkeit der EU überführt und auf lange Sicht eine „Harmonisierung" auf niedrigstem Niveau besorgen lässt (Marschang 1998). Erweiterte EU-Zuständigkeiten auf dem Gebiet des Ausländer- und Migrationsrechts, die sich wegen der über die nationale Staatsangehörigkeit vermittelten EU-Bür-

---

9 Zu den divergierenden Verfassungsverständnissen s. Berlit (1996); Evers (1998).
10 Zur Entwicklung der Zusammenarbeit bis zum Amsterdamer Vertrag s. Schieffer (1998).

gerschaft auf lange Sicht auch auf das Staatsangehörigkeitsrechts werden erstrecken müssen, sind Folge des einheitlichen europäischen Binnenmarkts; sie werden auf mittlere Sicht den Druck erhöhen, verfassungsunmittelbare subjektiv-öffentlichrechtliche Zutrittsrechte zum Bundesgebiet (Artikel 16a, 116 GG) aufzuheben, um nationale Schranken europäischer „Harmonisierungsbemühungen" zu beseitigen.[11]

Die Einführung des „Großen Lauschangriffs" schränkt bürgerliche Freiheit in einem zentralen Bereich weitreichend ein und verkehrt die nach der staatlichen Einheit erfolglos erhobene Forderung in ihr Gegenteil, in Reaktion auf die Missachtung der persönlichen Freiheit in der DDR ein Grundrecht auf Datenschutz auch auf Bundesebene einzuführen. Die Aufnahme besonderer Datenschutzgrundrechte in die ostdeutschen Länderverfassungen, aber auch in die Verfassungen einiger westdeutscher Länder, setzt hier zwar ein Gegengewicht, dessen Tragweite juristisch aber umstritten ist (Tiedemann 1998). Auch hier bildet die Europäisierung ein weiteres Einfallstor für Grundrechtsbeschränkungen; die auch innerstaatliche Immunität für Beamte von EUROPOL (Nachbaur 1998) ist hierfür nur ein markantes Beispiel.

Hinter diesen Beschränkungen treten die Freiheitserweiterungen durch ein ausdrückliches Benachteiligungsverbot für Behinderte und die neuen Staatsziele „Frauenförderung" und „Schutz der natürlichen Lebensgrundlagen" deutlich zurück. In ihrer juristischen Bedeutung in den Einzelheiten umstritten, bewirken sie – ohne ihre mögliche Bedeutung für die Rechtspraxis und ihr langfristiges Entwicklungspotenzial abwerten zu wollen – zusätzliche Politikbindungen der Staatsgewalten nur in Randbereichen und ratifizieren ohne beachtliche Anstoß- und Innovationsfunktion bereits vollzogenen gesellschaftlichen Wandel. Dagegen steht auf der langen Liste der gescheiterten Verfassungsreformvorstöße u.a. der Vorstoß, durch einen gestuften, gruppenbezogenen Minderheitenschutz als Staatsziel auf verfassungsgesetzlicher Ebene – wegen der nur begrenzten dogmatischen Reichweite eines Minderheitenartikels zumindest symbolisch – auf ein Verfassungsmodell der toleranten, pluralen Koexistenz in ethnischer und kultureller Vielfalt hinzuwirken und damit den durch faktische Einwanderung gewandelten Voraussetzungen gesellschaftlicher Integration Rechnung zu tragen (Franke/Hofmann 1992; Stopp 1994a, 1994b).

Kein Gegengewicht bildet die im neuen Europaartikel als Staatsziel enthaltene Verpflichtung der Bundesrepublik, zur Verwirklichung eines vereinten Europas an der Entwicklung einer Europäischen Union mitzuwirken, die u.a. einen dem Grundgesetz vergleichbaren Grundrechtsschutz gewährleistet. Dies wird nicht als Auftrag an die nationale Politik gedeutet, aktiv auf eine Europäische Verfassung

---

11 Zur „Europäisierung" des Migrationsproblems siehe den Beitrag von Volker Ronge in diesem Band; zu konkreten Umsetzungsschritten s. Abschnitt A. „Eine gemeinsame Asyl- und Migrationspolitik der EU" der Schlussfolgerungen des Vorsitzes des Europäischen Rates (Sondersitzung in Tampere, 15./16.10.1999).

mit Grundrechtskatalog oder doch wenigstens eine ausdrückliche Erklärung der Grundrechte in der Europäischen Union hinzuwirken (Preuß 1998).

Diese Bilanz weist aber nicht auf einen flächendeckenden, substanziellen Verlust an Rechtsstaatlichkeit. Der materielle Grundrechtsschutz und die institutionellen Absicherungen durch Verfahren, insbesondere durch eine unabhängige Justiz, sind im Kern unverändert und werden durch die institutionellen Reformen des EuGH und die wachsende Bedeutung des EGMR auch auf europäischer Ebene flankiert. Hier zeigen sich Veränderungen nicht auf der Ebene des Verfassungstextes, sondern der Verfassungswirklichkeit und des einfachen Rechts. Dies zeigen etwa die Auseinandersetzungen um die Rolle des Bundesverfassungsgerichts im Bereich des Grundrechtsschutzes (Lamprecht 1996; Guggenberger/Württenberger 1998) und die schleichende – innere und äußere – Ökonomisierung insbesondere der öffentlich-rechtlichen Fachgerichtsbarkeiten[12] durch eine – in vielen Bereichen auch notwendige – effizienzsteigernde „umfassende Modernisierung" der Justiz.[13]

6.2 Demokratie

Das Grundgesetz geht von einem repräsentativ vermittelten, out-put-orientierten Politikverständnis aus, lässt die Betätigung von „Volkssouveränität" auf Bundesebene überwiegend nur im Rahmen periodischer Wahlen zu und ist in der Lesart des Bundesverfassungsgerichts „volksdemokratisch" (Bryde 1994) insofern, als es den Souverän auf das durch Staatsangehörigkeit definierte Staatsvolk beschränkt und so das Problem der Inkongruenz von Wohnbevölkerung und Wahlvolk, Demos und Ethnos an das Staatsangehörigkeitsrecht verweist. Die Radikalisierung des hierarchisch-linearen Demokratieverständnisses in der Rechtsprechung des Bundesverfassungsgerichts (Rinken 1996) verschärft dieses Problem weiter, wenn es an diesem Modell auch Ansätze einer „Binnendemokratisierung" bzw. partizipativer Mitwirkung im Personalvertretungsrecht oder in ausgegliederten Verwaltungseinheiten misst (Blanke 1998).

Hatte bereits das Verfahren der Herstellung staatlicher Einheit den verfassunggebenden Souverän im Regelverfahren einer repräsentativ vermittelten Verfassungsänderung und durch den Verzicht auf ein – nach den Ergebnissen der „ausgehandelten" Verfassungsänderungen nicht sinnvolles – Verfassungsreferendum verschwinden lassen, taucht er auf Bundesebene auch sonst nicht auf. Vorstöße, das Regelsystem repräsentativ vermittelter Politikgestaltung durch direktdemokratische Beteiligungsmöglichkeiten (Volksinitiative, Volksbegehren, Volksentscheid) zu ergänzen, sind auf Bundesebene ebenso wenig aufgegriffen worden[14] wie der Ansatz,

12 Dazu Pitschas (1998); Replik durch Geiger (1998, S. 252-254).
13 Als positiver Beitrag zu einem modernen Rechtsstaat gewendet durch Hoffmann-Riem (1998).
14 Zur Diskussion siehe Paterna (1995); Hufschlag (1999).

die gemeinschaftsrechtlich erzwungene Öffnung des Kommunalwahlrechts für EU-Bürger auf alle, längere Zeit im Lande lebenden Ausländerinnen und Ausländer zu erweitern; dies hätte zumindest auf der untersten Ebene verantwortliche politische Beteiligung ohne Staatsangehörigkeitserwerb ermöglicht. Zu den vielen Elementen, die die Unterschriftenaktion der Unionsparteien im Frühjahr 1999 gegen Änderungen des Staatsangehörigkeitsrechts zum Skandal machen, gehört die Doppelmoral, mit der dieser Zusammenhang zwischen staats(volk)orientiertem Demokratieverständnis und Problemverschiebung in das Staatsangehörigkeitsrecht systematisch ausgeblendet und der antidemagogische, versachlichende Effekt in Verfahren und Zeitstruktur sorgsam ausgestalteter direktdemokratischer Beteiligungsformen bei fortbestehender Ablehnung bewusst unterlaufen wurde.

Demokratiedefizite sind auf Bundesebene auch für das repräsentativ vermittelte Entscheidungssystem nicht angegangen worden. Die Probleme der „inneren Demokratisierung" von Parteien und Verbänden und die Hegung ihrer unkontrollierten politischen Macht (Grimm 1990, S. 24 ff., 1992, S. 1063 ff.) waren systematisch nicht einmal Gegenstand der Verfassungsänderungsüberlegungen. Das nationalstaatliche Staatsziel des Artikel 23 Abs. 1 GG n.F., an einer u.a. demokratischen Grundsätzen verpflichteten Europäischen Union mitzuwirken, wird übereinstimmend nicht als bindender Verfassungsauftrag gesehen, auf europäischer Ebene auf institutionelle Änderungen zur Beseitigung des dort bestehenden Demokratiedefizits zu dringen. Eine direkte Beteiligung des Souveräns an den qualitativen Fortschritten im europäischen Integrationsprozess durch die Verträge von Maastricht und Amsterdam ist – anders als in zahlreichen anderen Mitgliedstaaten – nicht erfolgt.

Für die Ausblendung des Souveräns auf nationaler Ebene ist auch bezeichnend, dass im Zusammenhang mit der europäischen Ebene Demokratieprobleme vor allem in den komplexen Regelungen des Zusammenwirkens von Bund und Ländern bei der Mitwirkung an Beteiligungsakten auf europäischer Ebene gesehen werden, die trotz des neu geschaffenen Europaausschusses (Artikel 45 GG) strukturell die Durchsetzungsmacht der Exekutiven begünstigen, und auch auf Bundesebene Forderungen auf die in einigen Ländern bereits realisierte Verlängerung der Legislaturperiode auf fünf Jahre – mit der Folge, dass der Souverän nach der Stimmabgabe für längere Zeit sprachlos bleiben muss.

Die politische Entscheidung gegen eine Stärkung des repräsentativen Systems durch Einbau direktdemokratischer Elemente auf Bundesebene steht in Kontrast zu einer gegenläufigen Entwicklung in den Kommunen und den Ländern. Hier ist es in den 90er Jahren zu einem „direktdemokratischen Regelungsschub" (Wollmann 1999a, S. 16 ff.) gekommen. Auf der Landesebene hatten im Wesentlichen nur die vorgrundgesetzlichen Verfassungen direktdemokratische Beteiligungsformen vorgesehen, die außer in Bayern teils wegen der verfahrensrechtlichen Ausgestaltung, teils mangels politikkultureller Voraussetzungen für ihre Inanspruchnahme wenig Wirksamkeit entfaltet haben. Inzwischen sehen alle Landesverfassungen – unterschiedlich weit reichende und ausgestaltete – direktdemokratische Beteiligungsformen vor, durchweg eine unmittelbare Volksgesetzgebung durch Volksbegehren und Volksentscheid.[15]

Überschwang ist hier nicht angezeigt. Die Wirksamkeit direktdemokratischer Beteiligungsrechte hängt entscheidend von ihrer – im Ländervergleich – recht unterschiedlichen Ausgestaltung ab (Berlit 1993). Die in einigen Ländern vorgesehenen Verfahren und – vor allem – Quoren entfalten faktisch prohibitive Wirkung und garantieren, dass die verfassungsgesetzlichen Anknüpfungspunkte für die bürgerschaftliche Ergänzung des parlamentsvermittelten Entscheidungsprozesses auf Dauer ungenutzt bleiben oder allenfalls bei starker Unterstützung von Parteien und auch sonst durchsetzungskräftigeren Organisationen eine Chance haben. Die Reaktionen auf den erfolgreichen Volksentscheid zur Rechtschreibreform in Schleswig-Holstein sprechen gegen die Erwartung, dass in anderen Ländern sich eine Absenkung der Quoren auf das schleswig-holsteinische Niveau wird durchsetzen können. Andererseits sprechen die bisherigen Erfahrungen mit der Nutzung dieses noch jungen Instrumentariums dort, wo die Verfahrensregelungen beteiligungsoffen oder -fördernd sind, dafür, dass die Möglichkeiten direkter Sachentscheidungsteilhabe auch dann die Responsivität der repräsentativdemokratischen Institutionen erhöhen, wenn sie im Ergebnis „scheitern" (Jung 1998).

Die stärkste Dynamik zeigt sich aber auf kommunaler Ebene.[16] Im Kommunalverfassungsrecht der Flächenländer finden sich nach einer Serie von Rechtsänderungen in den Neunzigerjahren neben Sachentscheidungsrechten (Bürgerbegehren und Bürgerentscheid, teils auch Ratsbegehren) in weitem Umfange auch Personalentscheidungsrechte (Direktwahl der Hauptverwaltungsperson; Abwahlmöglichkeiten); diese direktdemokratischen Beteiligungsrechte ergänzen die überwiegend bereits in den 70er und 80er Jahren geschaffenen nondirektiven Partizipationsmöglichkeiten Betroffener oder der Öffentlichkeit an einzelnen Verwaltungsentscheidungen, vor allem im Planungsbereich, und die zunehmend im Kommunalwahlrecht geschaffenen Möglichkeiten, durch Kumulieren und Panaschieren gezielt Einfluss auf die personelle Zusammensetzung des repräsentativ-demokratischen Kommunalorgans zu nehmen. In ihrem Zusammenwirken haben sie zu einem „direktdemokratischen 'Ruck' in der kommunalen Verfassungs- und Politikwelt" geführt (Wollmann 1999b, S. 39); die inhaltlichen Auswirkungen dieser vielfältigen Anschlussmöglichkeiten der Bürgerinnen und Bürger vorbei am „etablierten" Politikbetrieb lassen sich indes noch nicht abschließend bilanzieren.

---

15 Dazu Jürgens (1993); Hufschlag (1999, S. 203 ff. [Verfassungslage], S. 210 ff. [Abstimmungspraxis]).

16 Einen Überblick über die in den letzten Jahren erweiterten direktdemokratischen Mitwirkungsmöglichkeiten auf kommunaler Ebene geben Knemeyer (1995); Erbguth (1995); Danwitz (1996 [zur Einführung von Bürgerentscheiden und Bürgerbegehren in NRW]); zur Erweiterung der Bürgerbeteiligung auf kommunaler Ebene in Bayern siehe Jung (1997a); Wollmann (1999a); von Arnim (1990).

6.3 Bundesstaatliche Ordnung

Auf der bundesstaatlichen Ordnung lastet – objektiv[17] – besonderer Veränderungsdruck.[18] Durch die fortschreitende Europäisierung stellt sich das Problem, die intern differenzierten Zuständigkeiten in die im Außenverhältnis zur EU einheitlichen Politikbildungsprozesse einzupassen. Bei der in Einzelheiten unklaren Vorstellung eines „Europa der Regionen" ergibt sich zunehmend die Frage, ob in der Bundesrepublik die Länder die „geborenen" Regionen sind oder ob sich die „Regionenbildung" an anderen Kriterien als den teils von historischen Zufällen abhängigen politischen Grenzziehungen zu orientieren haben wird, namentlich wirtschaftsstrukturellen. Intern sind durch die staatliche Einigung fünf Länder hinzugetreten, auf denen im Verwaltungsföderalismus des Grundgesetzes die Hauptlast der Bewältigung der Folgeprobleme staatlicher Einigung liegt, die aber nach Größe und Wirtschaftskraft zur Bewältigung ihrer Aufgaben ohne massive Finanztransfers auch auf mittlere Sicht aus eigener Kraft nicht in der Lage sein werden und die die ohnehin bestehenden Diskrepanzen zwischen den westdeutschen Ländern nachhaltig verschärfen.

6.3.1 Bundesstaatsbezogene Grundgesetzänderungen

Auch aus diesen Gründen lag bei den Verfassungsänderungen 1994 ein Schwerpunkt auf Änderungen zur bundesstaatlichen Ordnung. Mit dem neuen Artikel 23 GG erhielten die Länder zum Ausgleich des Verlustes an Eigenentscheidungs- und innerstaatlichen Mitwirkungsrechten infolge der Unionszuständigkeiten auch im Bereich der Länderzuständigkeiten erweiterte Beteiligungs- und Mitwirkungsrechte – von einigen bereits als Gefährdung der Integrationsgewalt des Bundes und seiner europapolitischen Handlungsfähigkeit gebrandmarkt; bei den Gesetzgebungsbefugnissen ist mit der Neufassung der Bedürfnisklausel des Artikel 72 GG, der geringeren Reichweite der Rahmengesetzgebungskompetenz des Bundes und einigen Veränderungen bei den Gesetzgebungszuständigkeiten eine vorsichtige Rejustierung der bundesstaatlichen Kompetenzbalance vorgenommen worden, bei der mit guten Gründen bestritten werden kann, ob sie eine „Stärkung des föderalen Fundaments der Bundesrepublik" bewirken können.[19] Das zentrale Problem der bundesstaatlichen Finanzbeziehungen dagegen blieb aus den Verfassungsberatungen ausgeklammert,[20] die damit eng verbundene Frage einer Neuglie-

---

17 Zu den Gründen, die einer Umsetzung mehr als marginaler Veränderungen entgegenstehen (können/werden), siehe den Beitrag von Färber/Sauckel in diesem Band.
18 Siehe etwa Leonardy (1999); Braun (1996); siehe auch Wachendorfer-Schmidt (in diesem Band).
19 Siehe – bejahend – Batt (1996) einerseits –, verneinend – Lhotta (1998, S. 177) andererseits.
20 Die Einbeziehung der ostdeutschen Länder in den bundesstaatlichen Finanzausgleich

derung des Bundesgebietes wurde – von randständigen Korrekturen des faktisch eine umfassende Neugliederung verhindernden Artikel 29 GG abgesehen – in Artikel 118 GG für den Raum Berlin/Brandenburg angesprochen, wo trotz der erheblichen Erleichterungen im Verfahren und flankierenden Begünstigungen die Länderfusion in der Volksabstimmung am 5. Mai 1996 am Abstimmungsverhalten der Bevölkerung Brandenburgs gescheitert ist (Jung 1997b; Lutz 1996).

6.3.2 Künftige Entwicklung

Als Folge des kontinuitätsbetonten Verzichts auf eine grundlegende Verfassungsreform im Zusammenhang mit der staatlichen Einigung und der fortschreitenden europäischen Integration sind die Probleme der bundesstaatlichen Ordnung nicht gelöst, sondern nur aufgeschoben worden. Hier steht die Verfassungsordnung vor grundlegenden Entscheidungen und Veränderungen, die sich unter den Bedingungen einer strukturellen Unterfinanzierung der öffentlichen Haushalte vor allem an den Regelungen der Finanzbeziehungen festmachen, sich hierauf aber nicht beschränken (zu Einzelheiten siehe den Beitrag von Färber/Sauckel in diesem Band). Die Konferenz der Ministerpräsidenten hat im Dezember 1998 beschlossen, Vorarbeiten für eine grundlegende „Modernisierung der bundesstaatlichen Ordnung" zu beginnen, die sich nicht allein auf die Neuordnung der Finanzverfassung erstrecken sollen, sondern umfassend die Aufgaben-, Ausgaben- und Einnahmenverteilung in den Blick nehmen soll.

Ziel ist eine „Reföderalisierung" der bundesstaatlichen Ordnung, verfassungspolitischer Hintergrund die Ersetzung der bundesstaatlichen Leitvorstellung des „kooperativen Föderalismus" durch ein Modell des „Wettbewerbsföderalismus" bzw. des „kompetitiven Föderalismus".[21] Der relativ hohe Grad gesellschaftlicher Homogenität als Funktionsvoraussetzung des kooperativen Föderalismus ist mit dem Hinzutreten der ostdeutschen Länder entfallen, die fortschreitende europäische Integration (ver)führt dazu, dass als Bezugsgröße für Länderpolitiken nicht mehr die Positionierung im nationalen Länderbereich und -vergleich, sondern der europäische oder „globale" Wettbewerb gesehen wird und daher härtere Positionen bei innerstaatlichen Verteilungskonflikten bezogen werden (Benz 1991). Das dynamische, aber insgesamt relativ stabile föderale Gleichgewicht ist aus den Fugen geraten.

Bei den anstehenden Auseinandersetzungen wird es im Kern um die Frage gehen, ob die unterschiedliche wirtschaftliche und soziale Entwicklung, die sich im Ländervergleich vor allem im Ost-West-Verhältnis, aber auch innerhalb der

---

erfolgte 1995 ohne grundlegende Reform; eingehend Renzsch (1994); s.a. Färber/Sauckel in diesem Band.

21 Dazu etwa Ottnad/Linnartz (1997); Stamm/Merkl (1998); Schmidt-Jortzig (1998); dagegen mit Recht Bull (1999).

westdeutschen Länder zeigt, weiterhin als zentrales Problem der bundesstaatlichen Ordnung begriffen wird und an dem Ziel der „Einheitlichkeit" bzw. „Gleichwertigkeit" der Lebensverhältnisse festzuhalten ist oder ob – innerhalb gewisser, jedenfalls deutlich weiter als bisher zu ziehender Grenzen – dauerhafte Unterschiede in der Versorgung mit öffentlichen Gütern und Dienstleistungen und der wirtschaftlichen Entwicklung als positiver Ausdruck föderaler Vielfalt und Folge autonom gestalteter und demokratisch verantworteter Wirtschafts-, Standort- und Beschäftigungspolitik gesehen wird. Ansatzpunkt für die von den finanzstarken Ländern im Anschluss an Theoreme des „fiskalischen Föderalismus" geforderte Umorientierung sind die Ausgestaltung und Umverteilungswirkungen des vertikalen und horizontalen Finanzausgleiches, aber auch in sonstigen „Ausgleichssystemen",[22] wobei den ostdeutschen Ländern wegen der einigungsbedingten Sondersituation noch eine gewisse Übergangsfrist eingeräumt wird; der Sache nach werden aber auch die Aufgabenverteilung zwischen Bund und Ländern, die Verteilung politischer Gestaltungsmacht auf die Ebenen und – teils offen, teils implizit als notwendige Voraussetzung oder Folge – eine wettbewerbsorientierte Umgestaltung der föderalen Ordnung durch Neugliederung des Bundesgebietes in den Blick genommen.

6.4 Sozialstaat

Das Sozialstaatsprinzip gehört zu den tragenden Verfassungsprinzipien des Grundgesetzes. Strukturen und Leistungsniveau sozialstaatlicher Sicherung werden als ein wesentlicher Faktor der Stabilität des politischen Systems der Bundesrepublik – jedenfalls bis zur staatlichen Einheit – bewertet. Der Sozialstaat des Grundgesetzes ist zugleich durch Europäisierung und Globalisierung, aber auch durch die staatliche Einheit besonderem Veränderungsdruck ausgesetzt: Die Sozialversicherungen stehen wegen der hohen Kosten der Arbeitslosigkeit und der veränderten demographischen Bedingungen, aber auch wegen der Verschiebung der sozialen Folgeprobleme der deutschen Einheit in die beitragsfinanzierten Sicherungssysteme vor massiven Finanzierungsproblemen. Rückwirkungen der Europäisierung und Globalisierung des Wettbewerbs auf das nationale Sozialstaatsniveau und die Möglichkeiten eines nationalstaatlich definierten Sozialstaatsprofils treten hinzu.

Die verfassungsgesetzliche Reaktion auf diese Problemlage war gespalten. Auf Bundesebene konnte sich der Vorstoß nicht durchsetzen, das allgemeine Sozialstaatsgebot durch soziale Staatsziele in den für die sozio-ökonomische Existenz zentralen Bereichen (Arbeiten, Wohnen und soziale Sicherung) auszuformen, damit zwar keine „Umbau"-, wohl aber eine relative Abbausperre einzubauen und so das politische System von der Verfassung her an einer radikalen Umkehr in der Sozialpolitik zu hindern (Berlit 1995). In den Verfassungen der ostdeutschen Län-

---

22 Zur Sozialversicherung etwa Stamm/Merkl (1998); Gaßmann/Dürschke/Zorzi (1998).

der finden sich dagegen – bei allen Unterschieden in Regelungssystematik, -umfang und Formulierung im Einzelnen – mehr oder minder weitreichende Staatszielkataloge, die vor allem an das Sozialstaatsgebot anknüpfen (Fischer 1994; Starck 1994, S. 39 ff.; Kutscha 1993). Die landesverfassungsrechtlichen Verheißungen und Selbstverpflichtungen haben für die Realpolitik aber deswegen nur geringes Gewicht, weil die Gestaltung des Sozialstaates fast ausschließlich in der Bundeszuständigkeit liegt und den Ländern für eine eigenständige Sozialpolitik weitgehend der finanzpolitische Spielraum fehlt.

Entwicklung und künftige Gestalt des bundesrepublikanischen Wohlfahrtsstaates bleiben so allein dem politischen Prozess überantwortet, dem das allgemeine Sozialstaatsprinzip wegen seiner normativen Unbestimmtheit und Offenheit nur äußerste Grenzen zieht. Eine „List der Geschichte" kann hierin dann liegen, wenn der Verzicht auf verfassungsgesetzliche Festlegungen als Verzicht auch auf die Festlegung auf ein bestimmtes, durch die strukturkonservative Tendenz der nationalen Akteure der Sozialpolitik geprägtes Modell und damit die Chance bewertet wird, bei der Gestaltung des „Sozialstaates der Zukunft" stärker auf eine europäische Beschäftigungs- und Sozialpolitik (Bercusson et al. 1996; Pierson/Leibfried 1998)[23] und die in anderen (europäischen) Ländern gefundenen Lösungen zu setzen (Schmid 1996, S. 269 ff., 286 ff.).

II. Grundgesetz und Europäisierung/Internationalisierung

Die Einordnung der Bundesrepublik Deutschland und ihrer Verfassung in supra- und internationale Zusammenhänge bezeichnet eine weitere Ebene der Verfassungsentwicklung. Herausgegriffen werden hier nur drei Dimensionen: die fortschreitende europäische Integration, die Erosion der Wirkkraft nationaler Verfassungen und die geänderte militärische Rolle Deutschlands in der Welt.

1. Europäische Einigung

Zu den 1949 getroffenen Grundentscheidungen des Grundgesetzes gehört die Entscheidung für ein Souveränitätsverständnis des seinerzeit nicht souveränen westdeutschen Teilstaates, das vom Mythos nationalstaatlicher Geschlossenheit Abstand nahm und sich bewusst für Offenheit zur Eingliederung in supra- und internationale Zusammenhänge entschieden hat. Das Grundgesetz selbst nimmt mit Artikel 23 GG n.F./Artikel 24 Abs. 1 GG a.F. seinen normativen Geltungsanspruch zurück, das Bundesverfassungsgericht hat seine Prüfungskompetenz gegenüber Rechtsakten der europäischen Einrichtungen und Organe deutlich zurückgenom-

---

23 Zur Europäisierung der Beschäftigungspolitik auch Titel VIa (Art. 109 n ff.) Amsterdamer Vertrag.

men und seine Rolle auf ein gemeinschaftsrechtlich umstrittenes und in seiner Reichweite unklares „Kooperationsverhältnis" (Selmayer/Prowald 1999; Tomuschat 1993) zum EuGH beschränkt (BVerfGE 89, 155 ff.). Es anerkennt in Artikel 24 GG die Möglichkeit der weiteren Einordnung in inter- und supranationale Organisationszusammenhänge und schafft mit Artikel 59 GG, soweit die Außenvertretung nicht ohnehin auf die EG übergegangen ist, die Voraussetzungen für bi- oder multilaterale internationale Übereinkommen mit weit reichenden Auswirkungen auf die nationale Politikgestaltung.

Die dynamische Entwicklung der Europäischen Gemeinschaften hielt sich lange Zeit unstreitig in dem 1949 durch die Verfassung gezogenen Rahmen und gründete innerstaatlich auf breitem Konsens. Mit dem Vertrag von Maastricht erreichte der Europäische Integrationsprozess eine neue Dimension, bei der es auch um die zu hegende Einbindung des durch die staatliche Einigung erweiterten Deutschland in supranationale Zusammenhänge (Katzenstein 1991; Kohler-Koch 1991) ging: Durch die Fortentwicklung der Gemeinschaften hin zur Europäischen Union und – vor allem – durch die Errichtung einer Wirtschafts- und Währungsunion, mit der jenseits der noch zurückhaltenden Kompetenzverlagerungen in den Bereichen Außen-, Sicherheits-, Innen- und Justizpolitik in mehreren Stufen die Währungspolitik in eine europäische Zuständigkeit überführt wurde. Verfassungsrechtlich, jedenfalls verfassungspolitisch, stellte der Vertrag von Maastricht die Frage nach der Grenze der nationalstaatlichen Integrationsbefugnis, letztlich der Staatlichkeit selbst, der Gestalt einer „zwischenstaatlichen Einrichtung", an die Hoheitsrechte übertragen werden können, insbesondere ihrer demokratischen Binnenstruktur und der Bindung an Grundprinzipien rechtsstaatlicher Freiheitsgewährung und damit letztlich der Bewahrung der demokratischen und föderativen Struktur der Bundesrepublik Deutschland im Integrationsprozess. Politisch wurde vor allem um die Befugnis des Nationalstaates zur partiellen Selbstaufgabe gestritten, der faktischen Reichweite nationalstaatlicher Demokratie, der Effektivität des grundgesetzlichen Grundrechtsschutzes und der innerstaatlichen Kontrollierbarkeit von Geschwindigkeit und Richtung des gemeinschaftsrechtlich gestützten Integrationsprozesses.

Bei der Bewältigung dieser (auch) verfassungsrechtlichen Richtungsentscheidung standen Kontinuitätserwägungen im Vordergrund. Der Eintritt in die durch den Maastrichter Vertrag geschaffene neue Stufe des Prozesses der Europäischen Integration wurde mehrheitlich nicht als grundlegende Umgestaltung der Staatlichkeit und damit als ein Anwendungsfall des Artikel 146 GG ausgegeben (vgl. Wolf 1993), sondern als Fortentwicklung im Rahmen der durch die Ewigkeitsgarantie des Artikel 79 Abs. 3 GG gezogenen Grenzen. Der durch den Maastrichter Vertrag ohnehin ausgelöste Verfassungsänderungsbedarf hinsichtlich des Kommunalwahlrechts für EU-Bürger und der Stellung der Europäischen Zentralbank wurde zum Anlass genommen, die politische Entscheidung für den Vertrag verfassungsrechtlich durch einen besonderen Europaartikel (Artikel 23 GG n.F.) abzusichern, der mit dem Staatsziel „Europäische Integration" und der Struktursicherungsklausel für diesen zwischenstaatlichen Zusammenschluss inhaltliche Vorgaben macht, dessen wesentlicher Regelungsgehalt aber in der Bewältigung der Auswirkungen der erweiterten Regelungsbefugnisse auf die nationalstaatliche föderale Ordnung liegt. Anders als etwa in Dänemark, Frankreich und Irland (Luthardt 1995) blieb auch in dieser Frage der Souverän außen vor: Die Möglichkeit eines Referendums über den Maastricht-Vertrag wurde nicht eröffnet, dessen politische Notwendigkeit nicht anerkannt; trotz breiter Skepsis in der Bevölkerung wurde der Vertrag in den gesetzgebenden Körperschaften fast einstimmig ratifiziert. Das Maastricht-Urteil des Bundesverfassungsgerichts (BVerfGE 89, 144 ff.) schließlich öffnete den Weg zur Ratifizierung des Vertrages und trug mit Vorbehalten umstrittener Reichweite und Wirkkraft u.a. zum Verhältnis von Gemeinschaftsrecht und nationalem Verfassungsrecht, zur Überprüfbarkeit der Beachtung gemeinschaftsrechtlicher Zuständigkeitsgrenzen durch die Gemeinschaftsorgane und – vor allem – zur Parallelität des Integrationsprozesses mit dem Ausbau der demokratischen Grundlagen der Union im Ergebnis erfolgreich zur innerstaatlichen Befriedung der Auseinandersetzungen bei. Die Fortentwicklung der EU durch den Vertrag von Amsterdam hat denn auch, trotz deutlicher Kompetenzerweiterungen, eine vergleichbar intensive Debatte in Deutschland nicht ausgelöst. Auch das Bundesverfassungsgericht hat bislang die im Maastricht-Urteil offen gehaltene nationalstaatliche „Notbremse" gegenüber einer fortschreitenden Integration nicht gezogen – und das, obwohl die Zweifel am verfassungsrechtlichen und demokratischen Verlauf des Integrationsprozesses in der Sache fortbestehen, vor allem die Probleme einer schleichenden Aushöhlung des Föderalismus in Deutschland und der demokratischen Legitimation der Europäischen Union weiterhin nicht befriedigend gelöst sind (Grande 1996; Classen 1994).

2. Aushöhlung der Geltungskraft des Grundgesetzes

Tragweite und Wirkkraft des Grundgesetzes werden nachhaltig durch die Europäisierung und Internationalisierung von Politik und die Globalisierung in Wirtschaft und Technologie berührt. Als nationalstaatliche Verfassung ist das Grundgesetz rechtlich Grundlage des nationalen politisch-institutionellen Systems, ist aber auf dieses und die ihm zugänglichen Bereiche beschränkt. Europäisierung und Internationalisierung treffen das Grundgesetz bereits in seiner normativen Reichweite insofern, als es in eine inter- und supranationale Rechtsordnung, in ein zunehmend enger werdendes Geflecht völkervertragsrechtlicher Übereinkommen eingebunden ist, das auch die nationalstaatlichen Politikakteure in eine international institutionalisierte Kooperation einbindet und teils Entscheidungsbefugnisse insgesamt auf diese überträgt. Für zentrale Probleme (Wirtschaft; Umwelt; Kommunikation; Migration) sind in Zeiten grenzüberschreitender Mobilität von

Menschen und Kapital und der wachsenden internationalen Verflechtung Lösungen im nationalen Alleingang kaum noch denkbar und dem Grundgesetz nicht abzuverlangen. Normativ trifft des Grundgesetz Vorsorge für den „kooperationsoffenen Verfassungsstaat" (Hobe 1998; Di Fabio 1998). Internationalisierung und Globalisierung der Waren-, Arbeits- und Kapitalmärkte, die Konzentrationsprozesse durch Schaffung internationaler Konzerne und die modernen Kommunikationsmöglichkeiten reduzieren den Wirkungsanspruch des Grundgesetzes aber auch faktisch. Sie führen zu rechtlich kaum, jedenfalls nicht mehr durch nationales (Verfassungs)Recht beeinflussbaren Erscheinungen mit der Folge, dass bei fortbestehendem normativen Geltungsanspruch dem Grundgesetz der sachliche Regelungsbereich wegbricht, es faktisch ins Leere läuft. Gegen eine „Internationalisierung" auch von Grundrechts(regelungs)problemen, die sich etwa durch moderne Informations- und Kommunikationstechnologien und eine globalisierte Ökonomie ergeben, kann eine nationalstaatliche Verfassungsordnung kaum Schutz bieten. Die nationalen Verfassungsordnungen werden in den hiervon betroffenen Gesellschaftsbereichen zunehmend vor die Alternative gestellt werden, entweder einen hohen Sozialstaats- oder Grundrechtsstandard um den Preis eines geringeren oder gar ausgehöhlten Anwendungsbereiches vorzusehen oder im Interesse des Erhaltes von Anwendungsfällen die Standards zu senken. Für dieses Dilemma nur prototypisch ist der verminderte Grundrechtsschutz bei internationalen Arbeitssachverhalten, den das Bundesverfassungsgericht in seiner Entscheidung zum Internationalen Seeschifffahrtsregister[24] anerkannt, wenn auch mit der Mahnung an den Gesetzgeber verbunden hat, den Grundrechten die unter den „obwaltenden und von ihm nicht beeinflussbaren Bedingungen größtmögliche Anwendung zu sichern". Die Internationalisierung der Rechtsordnung, bei der Kompromisse in Schutzstandards und -mechanismen unausweichlich sein werden, unter Schaffung großräumig zuständiger Organisationen ist hierauf die unausweichliche Reaktion.

Die Entwicklung supranationaler Regelwerke muss künftig parallel zur nationalstaatlichen Verfassungsentwicklung gesehen werden. Der Beschluss des Europäischen Rates Anfang Juni 1999 in Köln, eine „Charta der Grundrechte der Europäischen Union" zu erarbeiten, eröffnet insoweit nur eine neue Phase der supranationalen Verfassungsentwicklung, bei der es – wie schon bei Maastricht – zentral um die Verfasstheit der Europäischen Union (Wildenmann 1991a, 1991b) und ihren schleichenden Übergang zum – politisch als Nahziel nicht gewollten – verfassten Europäischen Bundesstaat gehen wird.[25]

Die weitgehend noch ungelösten Fragen einer postnationalen Ordnung machen nationales Verfassungsrecht nicht bedeutungslos. Die internationale Rechtsordnung setzt immer noch politisch verfasste Nationalstaaten als Handlungseinheiten (Akteure nach außen und Transformationsverantwortliche nach innen) voraus. Selbst

---

24 BVerfG, Urt. v. 10.1.1995 – 1 BvF 1/90 u.a. –, BVerfGE 92, 26 = NJW 1995, 2239.
25 Zu Voraussetzungen und Grenzen einer „Europäischen Verfassung" siehe Grimm (1995).

in der EU sind nach dem derzeitigen Stand der Integration die Mitgliedstaaten weiterhin Voraussetzung für die Integration und als tragende Akteure institutionell in den Entscheidungsprozess eingebunden.[26] Nationales Verfassungsrecht formt auch die Art und Weise aus, in der sich der jeweilige Nationalstaat in den Internationalisierungsprozess einbringt wie umgekehrt das nationale Verfassungsrecht der EU-Staaten sinnvoll nicht mehr ohne Bezug auf den europäischen Integrationsprozess verstanden werden kann (Tsatsos 1997). Die Struktursicherungsklausel des Artikel 23 Abs. 1 S. 1 GG verpflichtet deutsche Staatsgewalt auf die Wahrung bestimmter Verfassungsessenzialia auch bei der Mitwirkung an der europäischen Integration (Schmalenbach 1996). Eine offene Frage ist, ob sie durch den Verweis auf Artikel 79 Abs. 2, 3 GG auch der Sicherung der Staatlichkeit der Bundesrepublik selbst dient (Fink 1998) oder das Hineinwachsen der EU vom Staatenverbund sui generis in eine eigene Staatlichkeit – gegebenenfalls nach Maßgabe eines inhaltlich neu zu bestimmenden Staatsbegriffs (Hobe 1998, S. 542 ff.) bzw. eines postnationalen Staats- und Demokratieverständnisses (Albrow 1998; Habermas 1998; Goodmann 1998) –, für die sich u.a. die Unionsbürgerschaft als Grundlage europäischer Demokratie erweisen könnte (Lemke 1999), wirksam hindert.

Inter- und supranationale Organisationen und Regelwerke entstehen überdies nicht losgelöst von den nationalen Rechtsordnungen und sind auch nicht einseitig auf eine – wie auch immer definierte – „Standardsenkung" angelegt. Namentlich bei den Grund- und Menschenrechten ist ein gewisser Konvergenzprozess zu beobachten, bei dem sich die inter- und supranationalen Rechtsordnungen und die nationalen Verfassungsordnungen einander angleichen und wechselseitig befruchten können. Für den europäischen Rechtsraum ist die Rede von einem „gemeineuropäischen Verfassungsrecht".[27] Die Festlegung bestimmter Mindeststandards an Grundrechtsschutz und demokratischen Kernstrukturen als Aufnahmevoraussetzung in inter- oder supranationale Organisationen kann in aufnahmewilligen Ländern Entwicklungs- und Transformationsprozesse hin zu mehr Demokratie und Grundrechtsschutz befördern.

3. Auslandseinsätze der Bundeswehr

Die staatliche Einheit Deutschlands bedeutete völkerrechtlich das Ende der begrenzten Souveränität Deutschlands – und damit seiner Sonderstellung in der

---

26 Siehe auch Art 6 Abs. 3 EU-Vertrag [neu]: „Die Union achtet die nationale Identität ihrer Mitgliedstaaten".
27 Dazu nur Häberle (1991, 1995). S.a. Art. 6 Abs. 2 EU-Vertrag [neu]: „Die Union achtet die Grundrechte, wie sie in der (...) Europäischen Konvention zum Schutze der Menschenrechte und Grundfreiheiten gewährleistet sind und wie sie sich aus den gemeinsamen Verfassungsüberlieferungen der Mitgliedstaaten als allgemeine Grundsätze des Gemeinschaftsrechts ergeben."

Welt. Der Zwei-plus-Vier-Vertrag[28] beendete alle Rechte und Verantwortlichkeiten der Siegermächte in Bezug auf Berlin und Deutschland als Ganzes, stellte klar, dass das vereinte Deutschland volle Souveränität über seine inneren und äußeren Angelegenheiten hat, und betonte dessen Recht, Bündnissen mit allen sich daraus ergebenden Rechten und Pflichten anzugehören. Zu diesen Bündnissen gehört neben der UN insbesondere die NATO.

In der Außen- und Sicherheitspolitik (vgl. den Beitrag von Staack in diesem Band) ist die Anpassung an die gewandelte Rolle und Bedeutung der Bundesrepublik in der Welt durch schleichenden Verfassungswandel vollzogen worden. Die politisch umstrittene Entscheidung, die Abkehr von der nutzenstiftenden Selbstbeschränkung auf einen Handelsstaat durch einen Einsatz der Bundeswehr jenseits des Verteidigungsfalles und außerhalb des NATO-Gebietes – zunächst im Rahmen von UN-Einsätzen (AWACS, Somalia) – zum Ausdruck zu bringen, bedeutete in der Sache eine Abkehr von der dezidiert friedensstaatlichen Ausrichtung des Grundgesetzes. Sie wurde auf verfassungsrechtlich umstrittener Grundlage exekutiert. Der politische Konflikt um Notwendigkeit und Inhalt einer hierfür erforderlichen Verfassungsänderung wurde vom Bundesverfassungsgericht mit einer realpolitisch nachvollziehbaren, aber gewagten Auslegung des Begriffs kollektiver Sicherheitssysteme beendet, die auch regionale Verteidigungsbündnisse wie die NATO und die WEU umschließt. In der Sache wurde die Wehrverfassung des Grundgesetzes uminterpretiert in eine verfassungsgesetzlich kaum noch gehegte, durch schlichten, wenn auch konstitutiven Parlamentsbeschluss auszuformende außenpolitische Generalermächtigung zur Teilnahme an einem völkerrechtlich statthaften Militäreinsatz im Rahmen eines auf Friedenswahrung angelegten Systems gegenseitiger kollektiver Sicherheit nach Maßgabe des Bündnisvertrages einschließlich der „dynamischen Anpassung" des Bündniszweckes, der Bündnisstrategien und der Aufgaben und Handlungsinstrumente an ein verändertes strategisches Umfeld und neue „sicherheitspolitische Herausforderungen".

Die Reichweite dieses Verfassungswandels zeigt der – hinsichtlich seiner Vereinbarkeit mit geltendem Völker- und Verfassungsrecht umstrittene[29] – Kampfeinsatz der Bundeswehr im Kosovo allzumal dann, wenn man sich rückbesinnt auf die Intensität und Ernsthaftigkeit, mit der in den 50er Jahren die Wiederbewaffnung als staatspolitische – und verfassungsrechtliche – Leitentscheidung diskutiert worden ist, die Vehemenz, mit der in den 80er Jahren die Nachrüstungsdebatte – auch als verfassungsrechtlicher Streit (Heyde/Schreiber/Wöhrmann 1986) – geführt worden ist, und selbst dann, wenn der Blick auf die „Blauhelm"-Diskussion (Guggenberger 1994) Anfang der 90er Jahre gerichtet wird.

---

28 Vertrag über die abschließende Regelung in Bezug auf Deutschland v. 12.9.1990, BGBl. II S. 1318.
29 Zur beginnenden fachjuristischen Kontroverse Deiseroth (1999); Busse (1999); Laubach (1999); Wilms (1999); Zuck (1999).

III. Schlussbemerkung

Die Verfassungsentwicklung nach der staatlichen Einigung Deutschlands ist – trotz zahlreicher Verfassungsänderungen – von einem hohen Maß sachlicher Kontinuität geprägt. Der Preis für dieses – aus konservativer Sicht bewusste – Festhalten an der „bewährten Struktur des Grundgesetzes" unter Verzicht auf „Verfassungsschwärmerei"[30] liegt in der Problemvertagung. Die Tragfähigkeit des Grundgesetzes als Rahmenordnung für den politischen Prozess sowie seine Akzeptanz und Integrationskraft muss dies nicht berühren, wenn es den Akteuren des politischen Systems gelingt, in dem offen gehaltenen Rahmen unter institutionell unveränderten Rahmenbedingungen tragfähige Antworten auf die veränderten Probleme zu finden. Zweifel erscheinen hier angebracht.

30 Statt vieler: Klein (1995, Rn. 77).

Literatur

Albrow, Martin, 1998: Abschied vom Nationalstaat, Frankfurt a.M.
Arnim, Hans-Herbert von, 1990: Möglichkeiten direkter Demokratie auf Gemeindeebene, in: Die Öffentliche Verwaltung, S. 85-97.
Batt, Helge-Lothar, 1996: Die Grundgesetzreform nach der deutschen Einheit. Akteure, politischer Prozeß und Ergebnisse, Opladen.
Benz, Arthur, 1991: Perspektiven des Föderalismus in Deutschland, in: Die Öffentliche Verwaltung, S. 586-598.
Bercusson, Brian et al., 1996: Soziales Europa – ein Manifest, Reinbek.
Berlit, Uwe, 1993: Soll das Volk abstimmen? Zur Debatte über direktdemokratische Elemente im Grundgesetz, in: Kritische Vierteljahresschrift für Gesetzgebung und Rechtswissenschaft 76, S. 318-359.
Berlit, Uwe, 1994: Das Ende der Verfassungsreform. Zum Abschluß der Debatte über Änderungen des Grundgesetzes, in: Recht und Politik, S. 194-207.
Berlit, Uwe, 1995: Keine Verfassungsreform für Arbeitnehmer. Das Grundgesetz ist nicht sozialer geworden, in: Arbeit und Recht, S. 19-23.
Berlit, Uwe, 1996: Die Reform des Grundgesetzes nach der staatlichen Einigung Deutschlands, in: Jahrbuch des öffentlichen Rechts N.F. 44, S. 17-91.
Blanke, Bernhard, 1993: Zuwanderung und Asyl. Zur Kommunikationsstruktur der Asyldebatte, in: Leviathan, S. 13-23.
Blanke, Thomas, 1998: Antidemokratische Effekte der verfassungsgerichtlichen Demokratietheorie, in: Kritische Justiz, S. 452-471.
Braun, Dietmar, 1996: Der bundesdeutsche Föderalismus an der Wegscheide. Interessenkonstellationen, Akteurskonflikte und institutionelle Lösungen, in: Staatswissenschaften und Staatspraxis, S. 101-135.
Braunschweig, Stefan von, 1993: Verfassungsentwicklung in den westlichen Bundesländern, Pfaffenweiler.
Bremers, Markus, 1996: „Ostdeutsche Interessen in der Gemeinsamen Verfassungskommission". Ergebnisse und Schlußfolgerungen einer Befragung unter ostdeutschen Kommissionsmitgliedern, in: Kritische Justiz, S. 421 ff.

Bremers, Markus, 1997: Soziale Staatsziele und Verfassungsverständnis, in: Aus Politik und Zeitgeschichte, B 15-16, S. 21-32.

Bryde, Brun-Otto, 1994: Die bundesrepublikanische Volksdemokratie als Irrweg der Demokratietheorie, in: Staatswissenschaft und Staatspraxis, S. 305-330.

Bull, Hans-Peter, 1999: Finanzausgleich im „Wettbewerbsstaat". Bemerkungen zur neuen Föderalismustheorie und zu ihrer Bedeutung für den Länderfinanzausgleich, in: Die Öffentliche Verwaltung, S. 269-281.

Busse, Christian, 1999: Völkerrechtliche Fragen zur Rechtmäßigkeit des Kosovo-Krieges, in: ZRP, S. 416-420.

Classen, Claus Dieter, 1994: Europäische Integration und demokratische Legitimation, in: Archiv des öffentlichen Rechts 119, S. 238-260.

Danwitz, Thomas von, 1996: Bürgerbegehren in der kommunalen Willensbildung, in: DVBl., S. 134-142.

Deiseroth, Dieter, 1999: „Humanitäre Intervention" und Völkerrecht, in: NJW, S. 3084-3088.

Denninger, Erhard, 1994: Sicherheit/Vielfalt/Solidarität: Ethisierung der Verfassung, in: Ulrich K. Preuß (Hrsg.), Zum Begriff der Verfassung. Die Ordnung des Politischen, Frankfurt a.M., S. 95-129.

Di Fabio, Udo, 1998: Das Recht offener Staaten. Grundlinien einer Staats- und Rechtstheorie, Tübingen.

Erbguth, Wilfried, 1995: Verstärkung der Elemente unmittelbarer Bürgerbeteiligung auf kommunaler Ebene, in: Die Öffentliche Verwaltung, S. 792-802.

Evers, Tilman, 1998: Über die verfassunggebende Gewalt in Deutschland. Rückblick auf die Verfassungsdebatte, in: Leviathan, S. 430-457.

Fink, Udo, 1998: Garantiert das Grundgesetz die Staatlichkeit der Bundesrepublik Deutschland?, in: Die Öffentliche Verwaltung, S. 133.

Fischer, Peter Christian, 1994: Staatszielbestimmungen in den Verfassungen und Verfassungsentwürfen der neuen Bundesländer, München.

Franke, Dietrich und Rainer Hofmann, 1992: Nationale Minderheiten – Ein Thema für das Grundgesetz?, in: EuGRZ, S. 401-409.

Gaßmann, Maximilian, Joachim Dürschke und Markus Zorzi, 1998: Wettbewerbsföderalismus und Überforderungsschutz in der Sozialversicherung, in: ZfSH/SGB, S. 259-267.

Geiger, Harald, 1998: Nochmals: der Kampf um Art. 19 IV GG, in: ZRP, S. 252-254.

Goodman, James, 1998: Die Europäische Union: Neue Demokratieformen jenseits des Nationalstaats, in: Ulrich Beck (Hrsg.), Politik der Globalisierung, Frankfurt a.M., S. 331-373.

Grande, Edgar, 1996: Demokratische Legitimation und europäische Integration, in: Leviathan, S. 339-360.

Greulich, Susanne, 1995: Länderneugliederung und Grundgesetz, Baden-Baden.

Grimm, Dieter, 1990: Die Zukunft der Verfassung, in: Staatswissenschaft und Staatspraxis, S. 5-33.

Grimm, Dieter, 1992: Verfassungsreform in falscher Hand?, in: Merkur, Heft Nr. 525, S. 1059-1072.

Grimm, Dieter, 1995: Braucht Europa eine Verfassung?, in: JZ, S. 581-591.

Guggenberger, Bernd, 1994: Die Blauhelm-Diskussion und die politische Struktur der Welt von morgen, in: ders. und Andreas Meier (Hrsg.), Der Souverän auf der Nebenbühne, Opladen, S. 291-303.

Guggenberger, Bernd und Tine Stein (Hrsg.), 1991: Die Verfassungsdiskussion im Jahr der deutschen Einheit, München.

Guggenberger, Bernd und Thomas Würtenberger (Hrsg.), 1998: Hüter der Verfassung oder Lenker der Politik, Baden-Baden.

Häberle, Peter, 1990a: Verfassungspolitik für die Freiheit und Einheit Deutschlands, in: JZ, S. 358 ff.

Häberle, Peter, 1990b: Der Entwurf der Arbeitsgruppe „Neue Verfassung der DDR" des Rundes Tisches (1990), in: JöR N.F. 39, S. 319-349.
Häberle, Peter, 1991: Gemeineuropäisches Verfassungsrecht, in: EuGRZ, S. 261-274.
Häberle, Peter, 1995: Die europäische Verfassungsstaatlichkeit, in: Kritische Vierteljahresschrift für Gesetzgebung und Rechtswissenschaft 78, S. 298-312.
Habermas, Jürgen, 1998: Die postnationale Konstellation und die Zukunft der Demokratie, in: ders., Die postnationale Konstellation, Frankfurt a.M., S. 91-169.
Heyde, Wolfgang, Wolfgang Schreiber und Gotthard Wöhrmann (Hrsg.), 1986: Die Nachrüstung vor dem Bundesverfassungsgericht. Dokumentation des Verfahrens, Heidelberg.
Hobe, Stephan, 1998: Der kooperationsoffene Verfassungsstaat, in: Der Staat, S. 521-546.
Hoffmann-Riem, Wolfgang (Hrsg.), 1998: Reform der Justizverwaltung, Baden-Baden.
Hoffmann-Riem, Wolfgang, 1999: Das Grundgesetz – zukunftsfähig?, in: DVBl., S. 657-667.
Hufschlag, Hans-Peter, 1999: Einfügung plebiszitärer Komponenten in das Grundgesetz?, Baden-Baden.
Jung, Otmar, 1997a: Der Volksentscheid über die Einführung des kommunalen Bürgerentscheids in Bayern am 1. Oktober 1995, in: Jahrbuch zur Staats- und Verwaltungswissenschaft. Bd. 9, Baden-Baden, S. 191-272.
Jung, Otmar, 1997b: Die Volksabstimmung über die Länderfusion Berlin – Brandenburg: Was hat sich bewährt – wer ist gescheitert?, in: Zeitschrift für Parlamentsfragen, S. 13-20.
Jung, Ottmar, 1998: Die Praxis direkter Demokratie unter den neuen Landesverfassungen, in: ZG, S. 295-328.
Jürgens, Gunther, 1993: Direkte Demokratie in den Bundesländern, Stuttgart et al.
Katzenstein, P.J., 1991: Die Fesselung der deutschen Macht im internationalen System: der Einigungsprozeß 1989-1990, in: Bernhard Blanke und Hellmut Wollmann (Hrsg.), Die Alte Bundesrepublik, Opladen, S. 68-80.
Klatt, Hartmut, 1991: Deutsche Einheit und bundesstaatliche Ordnung, in: Verwaltungs-Archiv, Bd. 82, S. 430-458.
Klein, Hans-Hugo, 1995: Kontinuität des Grundgesetzes und seine Änderung im Zuge der Wiedervereinigung, in: Josef Isensee und Paul Kirchhof (Hrsg.), Handbuch des Staatsrechts. Bd. VIII, Heidelberg, § 198, S. 557-602.
Kloepfer, Michael und Matthias Lang, 1995: Verfassungsänderung statt Verfassungsreform, Berlin.
Knemeyer, Franz-Ludwig, 1995: Bürgerbeteiligung und Kommunalpolitik. Eine Einführung in die Mitwirkungsrechte von Bürgern auf kommunaler Ebene, München/Landsberg (Lech).
Kohler-Koch, B., 1991: Deutsche Einigung im Spannungsfeld internationaler Umbrüche, in: Politische Vierteljahresschrift, S. 605-620.
Kutscha, Martin, 1993: Soziale Grundrechte und Staatszielbestimmungen in den neuen Landesverfassungen, in: ZRP, S. 339-344.
Lamprecht, Rolf, 1996: Zur Demontage des Bundesverfassungsgerichts – Beweissicherung und Bestandsaufnahme, Baden-Baden.
Laubach, Birgit, 1999: Angriffskrieg oder Humanitäre Intervention?, in: ZRP, S. 276-279.
Lehmbruch, Gerhard, 1990: Die improvisierte Vereinigung: Die Dritte Deutsche Republik, in: Leviathan, S. 462-486.
Lemke, Christian, 1999: Europa als politischer Raum: Konzeptionelle Überlegungen zur aktiven Bürgerschaft und zur Demokratie in der Europäischen Union, in: Kritische Justiz, S. 1-14.
Leonardy, Uwe, 1999: Deutscher Föderalismus jenseits 2000: Reformiert oder deformiert?, in: Zeitschrift für Parlamentsfragen, S. 135-162.
Lhotta, Roland, 1998: Verfassungsreform und Verfassungstheorie: Ein Diskurs unter Abwesenden?, in: Zeitschrift für Parlamentsfragen, Heft 1, S. 159-179.

Luthardt, Wolfgang, 1995: Die Referenda zum Vertrag von Maastricht. Politikmanagement und Legitimation im Europäischen Integrationsprozeß, in: Winfried Steffani und Uwe Thaysen (Hrsg.), Demokratie in Europa: Zur Rolle der Parlamente, Opladen, S. 65-84.

Lutz, Peter F., 1996: Wege zur Neugliederung des Bundesgebietes nach dem Scheitern der Länderfusion Berlin-Brandenburg, in: Staatswissenschaft und Staatspraxis, S. 137-161.

Marschang, Bernd, 1998: Mißtrauen, Abschottung, Eigensinn. Entwicklungslinien der europäischen Asylrechts„harmonisierung" bis zum Amsterdamer Vertrag, in: Kritische Justiz, S. 69-83.

Nachbaur, Andreas, 1998: Europol-Beamte und Immunität, in: Kritische Justiz, S. 231-238.

Ottnad, Adrian und Edith Linnartz, 1997: Föderaler Wettbewerb statt Verteilungsstreit. Vorschläge zur Neugliederung der Bundesländer und zur Reform des Finanzausgleichs, Frankfurt a.M. et al.

Paterna, Tatiana, 1995: Volksgesetzgebung. Analyse der Verfassungsdebatte nach der Vereinigung Deutschlands, Frankfurt a.M. et al.

Pierson, Paul und Stephan Leibfried, 1998: Mehrebenen-Politik und die Entwicklung des „Sozialen Europa", in: Stephan Leibfried und Paul Pierson (Hrsg.), Europäische Sozialpolitik, Frankfurt a.M., S. 11-57.

Pitschas, Rainer, 1998: Der Kampf um Art. 19 IV GG, in: ZRP, S. 96-103.

Preuß, Ulrich K., 1998: Grundrechte in der europäischen Union, in: Kritische Justiz, S. 1-29.

Renzsch, Wolfgang, 1994: Föderative Problembewältigung: Zur Einbeziehung der neuen Länder in einen gesamtdeutschen Finanzausgleich ab 1995, in: Zeitschrift für Parlamentsfragen, S. 116-138.

Rinken, Alfred, 1996: Demokratie und Hierarchie: Zum Demokratieverständnis des Zweiten Senats des Bundesverfassungsgerichts, in: Kritische Vierteljahresschrift für Gesetzgebung und Rechtswissenschaft, S. 282-309.

Rogner, Klaus Michael, 1993: Der Verfassungsentwurf des Zentralen Runden Tisches der DDR, Berlin.

Sachverständigenrat „Schlanker Staat", 1998: Abschlussbericht. Bd. 1, 2. Aufl., Bonn (Bd. 2: Materialienband, 2. Aufl., Bonn).

Schieffer, Martin, 1998: Die Zusammenarbeit der EU-Mitgliedstaaten in den Bereichen Asyl und Einwanderung, Baden-Baden.

Schleswig-Holsteinischer Landtag, 1989: Schlußbericht der Enquete-Kommission Verfassungs- und Parlamentsreform, Baden-Baden.

Schmalenbach, Kirsten, 1996: Der neue Europaartikel 23 des Grundgesetzes im Lichte der Arbeit der Gemeinsamen Verfassungskommission, Berlin.

Schmid, Josef, 1996: Wohlfahrtsstaaten im Vergleich. Soziale Sicherungssysteme in Europa: Organisation, Finanzierung, Leistungen und Probleme, Opladen.

Schmidt-Jortzig, Edzard, 1998: Herausforderungen für den Föderalismus in Deutschland. Plädoyer für einen neuen Wettbewerbsföderalismus, in: Die Öffentliche Verwaltung, S. 746-751.

Schneider, Hans-Peter, 1999: 50 Jahre Grundgesetz. Vom westdeutschen Provisorium zur gesamtdeutschen Verfassung, in: Neue Juristische Wochenschrift, S. 1497-1504.

Schuppert, Gunnar Folke, 1995: Rigidität und Flexibilität von Verfassungsrecht. Überlegungen zur Steuerungsfunktion von Verfassungsrecht in normalen wie in „schwierigen" Zeiten, in: Archiv des öffentlichen Rechts 120, S. 32-99.

Selmayer, Martin und Nicola Prowald, 1999: Abschied von den „Solange"-Vorbehalten. Die wahre Bedeutung des „Kooperationsverhältnisses" des BVerfG zum EuGH, in: DVBl., S. 269-277.

Stamm, Barbara und Gerhard Merkl, 1998: Kompetitiver Föderalismus. Ordnungsprinzipien – historische und verfassungspolitische Grundlagen – politische Konsequenzen, in: ZRP, S. 467-475.

Starck, Christian, 1994: Die Verfassungen der neuen deutschen Länder, Heidelberg.
Starck, Christian, 1999: Das Grundgesetz nach fünfzig Jahren: bewährt und herausgefordert, in: JZ, S. 473-485.
Stopp, Alexander H., 1994a: Minderheitenschutz im reformierten Grundgesetz, in: Staatswissenschaft und Staatspraxis, S. 3-33.
Stopp, Alexander, 1994b: Die Behandlung ethnischer Minderheiten als Gleichheitsproblem, Baden-Baden.
Thayssen, Uwe, 1990: Der Runde Tisch. Oder: Wo blieb das Volk? Der Weg der DDR in die Demokratie. Opladen.
Tiedemann, Paul, 1998: Lauschangriff und Bundesverfassung, in: Kritische Justiz, S. 529-539.
Tomuschat, Christian, 1993: Die Europäische Verfassung unter der Aufsicht des Bundesverfassungsgerichts, in: EuGRZ, S. 489-496.
Tsatsos, Dimitrios, 1997: Integrationsförderung und Identitätswahrung. Zur europäischen Dimension der Verfassungsfunktion, in: Burkhardt Ziemske (Hrsg.), Staatsphilosophie und Rechtspolitik. Festschrift für Martin Kriele zum 65. Geburtstag, München, S. 1265 ff.
Vorländer, Hans, 1981: Verfassung und Konsens, Berlin.
Wildenmann, Rudolf (Hrsg.), 1991a: Staatswerdung Europas? Optionen für eine Europäische Union, Baden-Baden.
Wildenmann, Rudolf (Hrsg.), 1991b: Wie Europa verfaßt sein soll. Materialien zur Politischen Union, Gütersloh.
Wilms, Heinrich, 1999: Der Kosovo-Einsatz und das Völkerrecht, in: ZRP, S. 227-230.
Wolf, Joachim, 1993: Die Revision des Grundgesetzes durch Maastricht. Ein Anwendungsfall des Art. 146 GG, in: JZ, S. 594-601.
Wollmann, Hellmut, 1999a: Kommunalpolitik: Mehr (direkte) Demokratie wagen, in: Aus Politik und Zeitgeschichte, B 24-25, S. 13-22.
Wollmann, Hellmut, 1999b: Kommunalpolitik – zu neuen (direkt-)demokratischen Ufern?, in: ders. und Roland Roth (Hrsg.), Kommunalpolitik, Opladen, S. 37-49.
Zuck, Rüdiger, 1999: Der Krieg gegen Jugoslawien, in: ZRP, S. 225-227.

Helmut König

Von der Entscheidung zur Kommunikation

Vergangenheitsbewältigung als Demokratieproblem

I. Verdoppelte Vergangenheit

Mit dem Untergang der DDR, so schien es Anfang der 90er Jahre, wurde zugleich unter die NS-Vergangenheit in Deutschland ein dicker Schlussstrich gesetzt. Allgemein herrschte die Erwartung, dass die Auseinandersetzung mit der DDR und ihrer Hinterlassenschaft die Bedeutung annehmen werde, die die NS-Vergangenheit in der alten Bundesrepublik gehabt hatte. Mindestens werde die NS-Vergangenheit und ihre Rolle für das Selbstverständnis der Bundesrepublik in der DDR-Vergangenheit Konkurrenz bekommen. Die alte Bundesrepublik hatte nur *eine* Vergangenheit: die NS-Vergangenheit. Die neue Bundesrepublik dagegen werde sich mit *zwei* Vergangenheiten auseinander zu setzen haben: mit der Zeit des Nationalsozialismus *und* mit der DDR-Vergangenheit.

Je nach politischer Überzeugung wurde diese Aussicht begrüßt oder bedauert. Wem die ganze Prozedur der Bewältigung der NS-Vergangenheit immer schon zu weit gegangen war, freute sich über deren bevorstehendes Ende. Wer dagegen die Auseinandersetzung mit der NS-Vergangenheit für eine Kette von Peinlichkeiten, Halbheiten und faulen Kompromissen gehalten hatte, betrachtete mit Entsetzen, dass die neue Bundesrepublik sich anzuschicken schien, aus dem Schatten der NS-Vergangenheit herauszutreten und ihren Platz in der Sonne der Weltpolitik zu suchen.

Die Befürchtungen und Hoffnungen waren nicht aus der Luft gegriffen. Dass die neue Bundesrepublik ein neues Verhältnis zur Vergangenheit entwickeln würde und entwickeln musste, lag auf der Hand. Schließlich hatte im Selbstbild der beiden deutschen Teilstaaten der Bezug auf die NS-Vergangenheit über 45 Jahre hinweg eine herausragende Bedeutung gespielt. Jede Seite hatte für sich in Anspruch genommen, die richtigen Lehren aus der Vergangenheit gezogen zu haben –, freilich auf jeweils ganz unterschiedliche Weise. In der DDR war der Nationalsozialismus zu einem Geschöpf und zur Wahrheit des Kapitalismus erklärt worden. Da man diesen durch die Einführung des Sozialismus mit Stumpf und Stiel ausgerottet hatte, galt nach eigener Einschätzung die Gefahr des Fortwirkens oder gar der Wiederkehr der NS-Vergangenheit ein für alle Mal als beseitigt. In der Bundesrepublik dagegen war nach vielen Konflikten und Widerständen die Auseinandersetzung mit der NS-Vergangenheit als normaler Bestandteil der demokratischen politischen Kultur akzeptiert und damit gleichsam internalisiert worden (vgl. Lepsius 1989).

Der Bezug auf die NS-Vergangenheit in den beiden deutschen Staaten kreuzte sich mit dem Bezug auf die Gegenwart des jeweils anderen Teilstaats. Die Frage der Vergangenheitsbewältigung avancierte schon bald nach der doppelten Staatsgründung zur zentralen Propaganda-Munition im Kalten Krieg zwischen der Bundesrepublik und der DDR. Die DDR behauptete, dass in der Bundesrepublik die Eliten aus der Zeit des NS-Regimes unverändert in Amt und Ehren standen, während man sich selber von ihnen radikal befreit hatte. In ihren Augen war die Bundesrepublik ein Hort für Reaktionäre und alte Nazis. Aus der Perspektive der Bundesrepublik dagegen erschien die DDR als die rote Ausgabe eines totalitären Staates, dem man im Westen Deutschlands erfolgreich abgeschworen hatte. So wurde die strikte Frontstellung gegen den jeweils anderen Teilstaat zum besten Ausweis dafür, dass man selber aus der NS-Vergangenheit die richtigen Lehren gezogen hatte. Gekoppelt an dieses Verhältnis zum anderen Teilstaat war der Umgang mit der eigenen inneren Opposition. Sie wurde als Parteinahme für die andere Seite des Kalten Krieges, d.h. als Verrat abgewehrt und delegitimiert.

In diesen starren Verlauf der Fronten kam seit Anfang der 60er Jahre Bewegung. Die entstehende Außerparlamentarische Opposition (APO) ließ sich den kritischen Blick auf die NS-Vergangenheit und ihre Nachwirkungen in der Bundesrepublik nicht durch den Hinweis auf die roten Diktatoren in Ost-Berlin neutralisieren. Sie drehte den Spieß um. Für sie war der westdeutsche Antikommunismus nicht der Beleg einer gelungenen Distanzierung von der NS-Vergangenheit, sondern der Versuch der Bundesrepublik, über den fundamentalen Mangel an demokratischer Substanz hinwegzutäuschen und vergessen zu machen, dass sie sich nur unzulänglich mit ihrer NS-Vergangenheit auseinander gesetzt hatte und in ihrem Personal, in den funktionalen und politischen Eliten, in der Wissenschaft und in der Justiz erschreckende personelle Kontinuitäten mit dem NS-Regime aufwies.

Die APO wurde bei ihrem Versuch, die Bundesrepublik wegen ihrer unzulänglichen Bewältigung der NS-Vergangenheit an den Pranger zu stellen, handfest durch die DDR unterstützt. Es versteht sich, dass die DDR dabei ihre eigenen Interessen, die nicht unbedingt auf die Demokratisierung der Bundesrepublik zielten, im Auge hatte. Aber zugleich gilt, dass kein einziges Dokument, das die Tätigkeiten hochrangiger Vertreter der Bundesrepublik im Herrschaftsapparat des NS-Regimes belegte, dadurch falsch wurde, dass es aus der DDR stammte. Umgekehrt wirft es ein grelles Licht auf die politische Konstellation der Bundesrepublik in dieser Zeit, dass sie sich weigerte, Angebote der östlichen Länder zur Zusammenarbeit bei der Verfolgung von NS-Verbrechern aufzugreifen.

Die DDR ihrerseits machte es sich ziemlich einfach: Indem sie den Faschismus zu einer Systemangelegenheit des Kapitalismus universalisierte, erklärte sie jede weitere Beschäftigung mit möglichen Nachwirkungen im politischen Leben des eigenen Systems per definitionem für überflüssig. Diese Art des Antifaschismus, so simpel sie gestrickt war, hatte in der DDR eine enorme integrative Wirkung. Sie brachte fast alle Intellektuellen dazu, sich auf die Seite der SED zu schlagen und nahm der Kritik an Führungspersonal und politischem Kurs der Partei bis zum Schluss immer wieder erfolgreich den Wind aus den Segeln. Dass es noch 1989 in der intellektuellen Elite der DDR keine nennenswerte Opposition gab, dürfte u.a. hierin seinen Grund gehabt haben.

Wie auch immer die Einzelheiten zu gewichten sind: Angesichts dieser Vorgeschichte war es ganz unvermeidlich, dass mit der Vereinigung von Bundesrepublik und DDR das Verhältnis zur NS-Vergangenheit in Bewegung geriet. Zur Überraschung der Beobachter entwickelte sich die Diskussion dann aber ganz anders als erwartet. Zwar schien Anfang der 90er Jahre die Beschäftigung mit der DDR-Vergangenheit tatsächlich alles andere in den Schatten zu stellen –, insbesondere die Tätigkeit der Stasi geriet für geraume Zeit ins Zentrum der öffentlichen und politischen Aufmerksamkeit. Aber wenn man die 90er Jahre insgesamt in den Blick nimmt, dann steht unzweifelhaft fest, dass die DDR-Vergangenheit der NS-Vergangenheit im Grad der öffentlichen Aufmerksamkeit nie den Rang ablaufen konnte. Im Gegenteil. So viel NS-Vergangenheit wie in den 90er Jahren war nie zuvor. Schon die Aufzählung der Ereignisse belegt das: Die Debatten über das Mahnmal in Berlin, die Woge der Gedenkveranstaltungen fünfzig Jahre nach dem Ende des Krieges im Jahre 1995, die Goldhagen-Debatte, die Auseinandersetzungen um die Wehrmachts-Ausstellung, die Resonanz auf die Klemperer-Tagebücher, die Walser-Bubis-Debatte. So geht das Jahrhundert mit ungeahnt intensiven Diskussionen über die Gegenwartsbedeutung der NS-Vergangenheit zu Ende.

Diese Tatsache hängt nicht mit dem Ende des Sozialismus und der damit einhergehenden Öffnung der östlichen Archive zusammen. Zwar konnten eine Reihe von Vorgängen auf Grund neuer Quellen seit Anfang der 90er Jahre präzise und detailliert erforscht werden, vor allem die Vernichtung der Juden im Osten, etwa in Galizien (vgl. etwa Pohl 1996). Aber sowohl das Buch von Goldhagen wie zum Beispiel auch die Wehrmachtsausstellung stützen sich auf Quellen und Materialien der Zentralen Stelle der Landesjustizverwaltungen in Ludwigsburg, die seit langem zugänglich waren. Wichtiger als der Zugang zu bisher verschlossenen Archiven war, dass neue Frage gestellt wurden und die Perspektiven der Historiker und des interessierten Publikums sich änderten. In den Vordergrund rückte das Interesse für die Täter, für die Details der Planung und Durchführung des Holocaust. Das setzte noch einmal ein gehöriges Maß an Emotionen in den Diskussionen frei. Aber die ungewöhnliche Intensität der Debatten über die NS-Vergangenheit in den 90er Jahren kann man mit dem Hinweis auf die neuen Fragestellungen dennoch nicht zureichend erklären.

II. Kategorien der Bewältigung

Wodurch unterscheidet sich die Vergangenheitsbewältigung der 90er Jahre von den entsprechenden Bemühungen früherer Jahrzehnte? Zur Beantwortung dieser Frage unternehme ich keinen chronologischen Durchgang durch die Geschichte der Vergangenheitsbewältigung der Bundesrepublik, sondern rufe unter systematischen Gesichtspunkten einige Aspekte in Erinnerung.

Was ist Vergangenheitsbewältigung? Ich habe dazu an anderer Stelle (vgl. König 1998, S. 378 ff.) einen konzeptionellen Vorschlag unterbreitet und unter anderem zwischen folgenden fünf Aufgaben unterschieden: 1. Verbot der belasteten Organisationen; 2. Bestrafung der Täter; 3. Disqualifizierung belasteter Personen; 4. Rehabilitierung und Entschädigung der Opfer; 5. Öffentliche 'Aufarbeitung' der Vergangenheit. Versucht man, mit Hilfe dieser Unterscheidungen zusammenzufassen, was in der Bundesrepublik 50 Jahre lang unter dem Stichwort Vergangenheitsbewältigung geschehen ist, dann ergibt sich folgendes Bild.

Das *Verbot der belasteten Organisationen* des NS-Regimes war selbstverständlich eine der ersten Maßnahmen, zu denen die Alliierten nach dem Ende des Krieges griffen. In das politische Instrumentarium der Bundesrepublik fand dann die Möglichkeit Eingang, Organisationen in der Nachfolge der NSDAP zu verbieten. Der spektakulärste Fall, in dem sie davon Gebrauch machte, war das Verbot des Sozialistischen Reichspartei Ende 1952 durch das Bundesverfassungsgericht.

Was die *Bestrafung der Täter* angeht, so wurde der Löwenanteil von den Alliierten in den Nürnberger Prozessen übernommen. Als die Kompetenz zur strafrechtlichen Ahndung der NS-Verbrechen an die deutsche Justiz überging, kamen die Prozesse zunächst so gut wie völlig zum Erliegen. In den 60er Jahren dagegen gab es eine Reihe von spektakulären Strafverfahren gegen NS-Verbrecher. Heute spielen sie keine Rolle mehr: Die meisten Täter sind tot, wenn sie noch leben, sind sie meist nicht mehr verhandlungsfähig.

Die strafrechtliche Ahndung der NS-Verbrechen wirft eine Fülle juristischer Probleme auf, und die Prozesse, die – spät genug – dann doch noch stattfanden, waren durch viele Peinlichkeiten und beschämende Ergebnisse gekennzeichnet. Das kann hier nicht ausgeführt werden. Erinnert sei jedoch daran, dass sich der Bundestag zwischen 1965 und 1979 dreimal mit der Frage der Verjährung von Mord und Völkermord beschäftigte und durch die Verlängerung und schließliche Aufhebung der Verjährungsfristen jeweils soz. noch im letzten Augenblick die Voraussetzungen dafür herstellte, dass die strafrechtliche Ahndung der nationalsozialistischen Mordtaten weitergehen konnte. 1960 dagegen hatte das Parlament es noch nicht für nötig befunden, die damals endende Verjährungsfrist für Totschlag zu verlängern. Die Bundestagsdebatte dazu fand einen Tag nach der Bekanntgabe der Ergreifung Eichmanns statt, und die SPD-Opposition führte dieses Ereignis gegen das Auslaufen der Bewährungsfrist an. Aber sie hatte damit keinen Erfolg.

Bei der *Disqualifizierung belasteter Personen* geht es darum, auf politischem Wege das öffentliche Leben postdiktatorischer Gesellschaften von den Anhängern und Trägern des alten Regimes zu säubern. Die Mittel dazu sind Entlassungen, Suspendierungen, Entzug bürgerlicher Rechte. Die Alliierten haben davon nach 1945 im Rahmen der Entnazifizierung reichlich Gebrauch gemacht. In der Bundesrepublik wurde das jedoch nicht fortgesetzt, sondern im Gegenteil wieder rückgängig gemacht. Eine der ersten Gesetzgebungsinitiativen der Regierung Adenauer im September 1949 war eine Amnestie. Zur Begründung seines Vorhabens erklärte der Kanzler im Kabinett: „Wir haben so verwirrte Zeitverhältnisse hinter uns, daß es sich empfiehlt, generell Tabula rasa zu machen." Nur in Ausnahmefällen wurden belastete Personen auf Dauer von ihren Positionen fern gehalten. In der akademischen Welt war das z.B. bei Carl Schmitt der Fall, der nach dem Krieg nicht mehr in sein professorales Amt wieder eingesetzt wurde. Die meisten Beamten aber kehrten im Rahmen der sog. 131er Regelungen in ihre Positionen zurück. Dieser bewusste Verzicht auf das Instrument der Disqualifizierungen und die dadurch bewirkte personelle Kontinuität der funktionalen Eliten wurden in der Geschichte der Bundesrepublik zu einer fortdauernden Quelle von Konflikten und Skandalen. Ob die Wiedereinsetzung ganzer Berufsgruppen in ihre alten Positionen, z.B. im Auswärtigen Amt, zum „Fall", zum Skandal wurde, hing freilich von der Sensibilität des deutschen Publikums ab, die zu den verschiedenen Zeitpunkten in der Geschichte der Bundesrepublik ganz unterschiedlich ausgeprägt war (vgl. Kohlstruck 1998).

Bei der *Rehabilitierung und Entschädigung der Opfer* geht es im Wesentlichen um materielle Leistungen, aber auch um den symbolischen Weg der öffentlichen Anerkennung und Wertschätzung z.B. durch die Aufhebung von Unrechts-Urteilen. Die Frage der materiellen Leistungen war Gegenstand des Bundesentschädigungsgesetzes, das in erster Fassung 1953 verabschiedet wurde und die „Wiedergutmachung" der rassisch, religiös und politisch Verfolgten für ihre Schäden an Leben, Körper und Gesundheit, Freiheit und beruflichem Fortkommen regelte. In jüngster Zeit ist die Entschädigung für die Millionen von Zwangsarbeitern, die während des Krieges in Deutschland in Industrie, Landwirtschaft und bei staatlichen Stellen eingesetzt worden waren, auf die politische Tagesordnung gekommen.

Die bislang hier erwähnten vier Wege der Vergangenheitsbewältigung sind durch zwei Bedingungen charakterisiert: Zum einen sind sie an die zeitliche Nähe zum untergegangenen Regime gebunden, d.h. sie machen im Wesentlichen nur Sinn, wenn sie zu Lebzeiten der Opfer und Täter stattfinden. Zum Zweiten handelt es sich jeweils um Maßnahmen, die auf Handlungen des politischen Systems zurückgehen. Sie beruhen auf kollektiv verbindlichen Entscheidungen, die direkt in die Lebensgeschichte der Täter und Opfer eingreifen. In diesem Sinne sind sie zurecht unter dem Stichwort Vergangenheitspolitik zu rubrizieren.

Für die fünfte Aufgabe der Vergangenheitsbewältigung, die 'Aufarbeitung' der

Vergangenheit, treffen diese Bedingungen dagegen nicht zu. Weder ist die Aufarbeitung daran gebunden, dass sie zu Lebzeiten von Opfern und Tätern stattfindet, noch ist sie auf politischem oder gesetzlichem Weg direkt steuerbar. Generell können Prozesse der Aufklärung und der Selbstreflexion nicht per Dekret verordnet oder gefordert werden. Freilich lassen sich indirekt auf politischem und administrativen Weg Bedingungen schaffen, die der Aufarbeitung der Vergangenheit und der Etablierung einer Erinnerungskultur förderlich sind. Aber im Kern beruht die Aufarbeitung der Vergangenheit nicht auf kollektiv verbindlichen Entscheidungen, sondern ist gebunden an eine öffentliche Diskussionskultur. In ihr werden die Erforschung der NS-Vergangenheit und die Aufklärung über ihre Praktiken, Mechanismen und Funktionsweisen zu Elementen eines Diskurses, in dem sich die Bundesrepublik über ihr Bild der Geschichte und damit über ihre Absichten für Gegenwart und Zukunft verständigt. Die Aufarbeitung kann in einer breit entfalteten Erinnerungs- und Gedenkkultur mit Mahnmalen, Gedenktagen, Erinnerungsorten, Museen, Ausstellungen ihren Ausdruck finden. Mit einem Wort und zugespitzt: In diesem Bereich geht es nicht um die Herstellung und Durchsetzung kollektiv verbindlicher Entscheidungen, sondern um die Prozesse freier öffentlicher Kommunikation.

Es ist in der Geschichte der Vergangenheitsbewältigung nun keineswegs so, dass sich politische Entscheidungen und politische Kommunikation synchron entwickeln. In den 50er Jahren war die NS-Vergangenheit in der öffentlichen Kommunikation kein Thema, die Disqualifizierungen belasteter Personen wurden zurückgenommen, die NS-Prozesse kamen zum Erliegen. Zugleich wurden aber – gegen viele Widerstände – die Entschädigungsgesetze verabschiedet. Und es spricht einiges dafür, dass diesem eigentümlichen policy-mix in Sachen Vergangenheitsbewältigung in der Anfangsphase der Bundesrepublik eine bewusste Strategie Adenauers zugrundelag, der von der Unvereinbarkeit von Demokratiebegründung und gleichzeitiger Erinnerung an die NS-Vergangenheit überzeugt war.

In den 60er und 70er Jahren wurde die Auseinandersetzung mit der NS-Vergangenheit zu einem hoch umstrittenen, umkämpften und konflikthaften Gegenstand der politischen Kommunikation. Keineswegs kann aber für diese Zeit bereits von einer durchgesetzten Erinnerungskultur die Rede sein. Die Thematisierung der NS-Vergangenheit wirkte als Provokation, sie war die Sache von Einzelnen, von Außenseitern und Intellektuellen. Nirgendwo wurden die Anstöße von den Institutionen, Organisationen oder Standesvereinigungen aufgegriffen und in Form einer selbstkritischen Analyse der eigenen Geschichte und des eigenen Verhaltens unter dem Nationalsozialismus weitergeführt. Im politischen System und in den dominanten Strömungen der politischen Öffentlichkeit traf die Auseinandersetzung mit der NS-Vergangenheit immer noch auf taube Ohren. Zur gleichen Zeit begannen aber immerhin die Prozesse gegen NS-Verbrecher, und der Bundestag ebnete dafür mit seinen Gesetzen gegen die Verjährung den Weg. Wie in der öffentlichen Kommunikation gingen auch die Aktivitäten im politischen System und in der Justiz von einzelnen Personen aus und nicht von den Institutionen. Es war die Zeit der 'engagierten Demokraten' (vgl. Fröhlich/Kohlstruck 1999).

Erst seit Ende der 70er Jahre und vor allem dann in den 90er Jahren wird die NS-Vergangenheit zum beherrschenden und weithin akzeptierten Zentralthema der politischen Kommunikation. Die großen Debatten entzünden sich nun an der Frage, wie man über die NS-Vergangenheit reden soll, welche Formen der Kommunikation diesem Ereignis angemessen sind und wie man einen akzeptablen öffentlichen Umgang mit dem Holocaust finden kann. Es geht um Erinnerung und Erinnerungspolitik, um die Darstellung eines eigentlich undarstellbaren Grauens, um die Suche nach sinnvollen Formen des Ausdrucks und des Gedenkens. Den Beginn dieser Entwicklung kann man auf den Januar 1979 datieren, als die Ausstrahlung des Holocaust-Films im deutschen Fernsehen aus der Judenvernichtung ein Medienereignis ersten Ranges machte. Alle großen Konflikte um die NS-Vergangenheit sind seitdem Konflikte um Fragen des Stils, der Glaubwürdigkeit und der richtigen Interpretation. Das gilt für die Bitburg- und die Fassbinder-Affäre (1985), für den Historikerstreit (1986) und für den Sturz des Bundestagspräsidenten Jenninger (1988) wegen seiner Rede zum 50. Jahrestag der „Reichskristallnacht". Auch in anderen Teilsystemen der Gesellschaft, in Erziehung, Kunst, Film, Wissenschaft, ja selbst im Bereich der Ökonomie nimmt seit Beginn der Achtzigerjahre die Beschäftigung mit der NS-Vergangenheit kontinuierlich zu. Auch hier geht es um Fragen von Erinnerung und Gedächtnis, um die richtigen Formen der Thematisierung, des Sprechens, des Gedenkens, Trauerns, Bedauerns, Ausdrückens und um die jeweils zugehörigen Affekte.

III. Der neue Anlauf und seine Gründe

Die Hochkonjunktur der NS-Vergangenheit in der öffentlichen Kommunikation der 80er und 90er wird ganz unterschiedlich bewertet, und die wissenschaftliche und publizistische Diskussion darüber ist in vollem Gange. Vier Positionen kann man unterscheiden.

Erstens wird der Aufstieg der NS-Vergangenheit zum allgegenwärtigen Thema der politischen Kommunikation als eine Geschichte fortschreitender Annäherung an die einzig angemessene Umgangsweise mit der NS-Vergangenheit verstanden. Die Geschichte der Vergangenheitsbewältigung erscheint hier als ein Lernprozess mit glücklichem Ausgang. Nach langen Um- und Irrwegen hat sich danach in den 90er Jahren endlich doch noch der richtige Umgang mit der NS-Vergangenheit durchgesetzt. Jetzt kommt alles darauf an, diese Errungenschaften gegen Kritiker und Revisionisten zu verteidigen. Die weitere Entwicklung in der Auseinandersetzung mit der NS-Vergangenheit kann in dieser Perspektive nur darin bestehen, „more of the same" zu praktizieren.

Dieser Blick auf die Geschichte der Vergangenheitsbewältigung als fortschreitendem Lernprozess dominiert zum Beispiel bei Wöll (1997) und Dubiel (1999).

Für Raulff (1999) hat die Vergangenheitsbewältigung ihren Schrecken verloren, seit sie in den 90er Jahren die „Züge einer verfeinerten 'Geschichtskultur'" angenommen hat.

Zweitens und im Kontrast dazu trifft die Allgegenwärtigkeit des Holocaust in der politischen Kultur auf ein gehöriges Maß von Skepsis und Unbehagen. Die kritischen Nachfragen werden unterschiedlich begründet. Ein Motiv hat Martin Walser in seiner Rede vom Herbst 1998 angesprochen. Walser erhebt Einspruch gegen die zunehmende Banalisierung und Instrumentalisierung der grausamen Verbrechen durch die Inflation des Redens über sie. Der Gedanke ist nicht neu, sondern vor Walser schon von vielen anderen formuliert worden. Hinter ihm steckt das ungläubige Erstaunen darüber, dass das, was früher als unsäglich begriffen und als undarstellbar verstanden wurde, heute überall munter im Munde geführt wird. Angesichts des Sachverhalts ist ja in der Tat der Verdacht nicht von der Hand zu weisen, dass die Leichtigkeit, mit der seit 20 Jahren aus dem Holocaust ein Medienereignis gemacht wird, doch nur das Pendant zu jener „gewissen Stille" (Lübbe) ist, die für die ersten 20 Jahre nach dem Ende des Holocaust typisch war.

Eine anders akzentuierte Skepsis basiert auf der Beobachtung, dass die Bedeutung der NS-Vergangenheit in der öffentlichen Kommunikation der Bundesrepublik umso größer wurde, je stärker die Notwendigkeit politischer Entscheidungen über den Umgang mit der Hinterlassenschaft des NS-Regimes abnahm. Die einzige Ausnahme davon ist gegenwärtig die Frage der Entschädigung der Zwangsarbeiter. Es ist aber bezeichnend und passt in das Bild der Skeptiker, dass die Verhandlungen über diese Frage im Vergleich zum öffentlichen jahrelangen Streit über die Errichtung eines zentralen Mahnmals für die Ermordung der europäischen Juden kaum jemanden interessieren. Wenn heute kollektiv verbindliche vergangenheitspolitische Entscheidungen getroffen werden und öffentliches Interesse erzeugen, handelt es sich in den meisten Fällen um Entscheidungen, die ihrerseits die politische Kommunikation über die Vergangenheit zu regulieren versuchen. Auf gesetzlichem Wege werden dann Sprachregelungen und Formen der Erinnerung und des Gedenkens festgelegt. So z.B. im Gesetz über die Auschwitz-Lüge, das der Bundestag im April 1985 nach heftigem Parteienstreit mit einer Änderung des § 195 StGB beschloss und auf diesem Weg die Leugnung des Völkermords zu einem Offizialdelikt machte. So aber auch in der Entscheidung des Bundestages im Sommer 1999 über die Errichtung eines zentralen Mahnmals zur Erinnerung an die Ermordung der europäischen Juden. Unter demokratietheoretischen und rechtsstaatlichen Gesichtspunkten sind das im Übrigen durchaus fragwürdige Entscheidungen. Denn man kann mit vielen guten Gründen geltend machen, dass politische Kommunikation eine Angelegenheit der (Zivil-)Gesellschaft ist, und der Gesetzgeber seine Kompetenzen überschreitet, wenn er mit den Mitteln von Gebot und Verbot in die Formen der Kommunikation und des Redens eingreift.

Man kann diese Beobachtung der Asymmetrie zwischen Kommunikation und

Entscheidung verallgemeinern: Freie öffentliche Kommunikation über belastende Vergangenheiten ist daran gebunden, dass keine vergangenheitspolitischen Entscheidungen mehr anstehen. Das ist unter zwei Bedingungen der Fall: Entweder ist der nötige zeitliche Abstand zu der belasteten Vergangenheit eingetreten und damit jede materiale Entscheidung, die unmittelbar in das Leben von Tätern und Opfern eingreift, unmöglich bzw. unnötig geworden –, wie im Großen und Ganzen in der Bundesrepublik seit Beginn der 80er Jahre. Oder der Gesetzgeber erklärt, dass er von vornherein auf strafrechtliche Ahndung und Dequalifizierung verzichtet.

Die Einsicht, dass öffentliche Kommunikation und Entscheidung einander ausschließen, steckt hinter den Strategien der Vergangenheitsbewältigung, wie sie mit der Einrichtung von Wahrheitskommissionen in einigen Ländern Südamerikas und in Südafrika eingeschlagen wurden. Weil man Kommunikation und strafrechtliche Ahndung nicht zugleich haben kann, wurde hier das eigentümliche Junktim hergestellt, nach dem der Verzicht auf Strafverfolgung an die Bedingung der förmlichen öffentlichen Kommunikation über die Taten geknüpft ist. Ob das ein sinnvoller Weg ist und wie z.B. die Tätigkeit der südafrikanischen Wahrheits- und Versöhnungskommission bewertet werden kann, steht auf einem anderen Blatt und kann hier nicht behandelt werden.

Der Gegensatz zwischen Vergangenheitspolitik und Kommunikation dürfte auch der Grund dafür sein, dass die DDR-Vergangenheit in der Bundesrepublik nicht zum Gegenstand einer wirklichen öffentlichen Debatte geworden ist. Dadurch dass der Einigungsvertrag vom Instrument der Dequalifizierungen intensiv Gebrauch machte und die strafrechtliche Ahndung der sog. Staatskriminalität vorschrieb, war im Grunde bereits entschieden, dass es vorerst zu einer breiten gesellschaftlichen Diskussion über die DDR nicht kommen würde. Wo strafrechtliche Konsequenzen oder berufliche Dequalifizierungen drohen, wird der öffentliche Diskurs verständlicherweise von den strategischen Gesichtspunkten des Selbstschutzes und der Anklage dominiert und nicht von der Orientierung an Wahrheit, Aufklärung und Verständigung.

Drittens wird die herausragende Bedeutung, die die öffentliche Diskussion über die leidvolle Vergangenheit angenommen hat, in den Kontext der Globalisierung gestellt. Die Auseinandersetzung mit der NS-Vergangenheit erscheint in dieser Sicht als Vorreiter eines Trends, der in Gestalt der „Memo-History" heute eine weltweite Verbreitung gefunden hat. Gedenken und Erinnern seien nicht nur in der Bundesrepublik, sondern auch in Staaten wie Südafrika, Russland, Chile, Argentinien und den USA zu einer zentralen Obsession der Gegenwart geworden. Andreas Huyssen vermutet, dass das inflationäre Reden über das richtige Gedenken an Leid und Unrecht vor allem die Funktion hat, einen Kontrapunkt gegen den ökonomischen und gesellschaftlichen Beschleunigungsschub zu setzen.[1]

1 Vgl. den Bericht über eine Tagung an der Universität Princeton im „Tagesspiegel" vom 20.4.1999.

Ian Buruma deutet den allgegenwärtigen Rückbezug auf die leidvolle Vergangenheit in ähnlicher Weise als Versuch der Wieder-Verwurzelung in einer Welt, der alle einheits- und gemeinschaftsstiftenden Bezüge verloren gegangen sind. Er sieht darin einen Indikator für „ein neues romantisches Zeitalter, das antirational, sentimental und kommunitaristisch sein wird" (Buruma 1999). Cora Stephan schließlich beurteilt den Sachverhalt ganz ähnlich. Nach dem Ende des religiösen Universalismus der Kirchen, nach dem Ende der modernen Religionen des Sozialismus und Kommunismus, dem Ende des Nationalstaats und seiner Identifikationsangebote, dem Ende der privaten Sicherheiten des Berufs und der lebenslangen Einehe blieben heute nur noch die jeweiligen Herkunftsbeziehungen als ganz und gar unbezweifelbare Gewissheiten, auf die sich die Menschen in einer beschleunigten Welt beziehen können, übrig. Nur vor dem Hintergrund bloßer Familiengeschichten seien die Nachfahren der Opfer und Täter identisch mit diesen. „Die modernen Identitätserzählungen konterkarieren die Globalisierung: Sie nehmen das, worauf sich Menschen noch beziehen können, immer weiter zurück. Bis die Urhorde übrig bleibt. Nur ein beschädigtes historisches Gedächtnis kann darin Trost finden, dass damit auch die Deutschen wieder auf einem Niveau weit vor Bismarck angelangt wären – auf der Ebene der Blutsbande." (Stephan 1999, S. 466)

Zweifellos findet in diesen Überlegungen die Tatsache gebührende Beachtung, dass Fragen des Gedächtnisses und die öffentliche Kommunikation über belastende Vergangenheiten seit etwa zehn Jahren in vielen Ländern zu einem zentralen Thema geworden sind. Aber es wird übersehen, dass es bei den Auseinandersetzungen mit den belastenden Vergangenheiten keineswegs um positive Geschichtsbildpflege geht, sondern um die Markierung von Brüchen, um kritische Reflexion und Distanz zu einer Geschichte, die von Verbrechen, Unrecht und Leid geprägt ist. Was sich in der Bundesrepublik durchgesetzt hat, ist ja gerade die Denationalisierung des Gedächtnisses. Die Erinnerung gilt nicht den eigenen Toten, sondern den Toten der anderen Seite, ja sogar den Toten, für die die Nation, der man angehört, selber verantwortlich ist.

In der *vierten* Position wird eben dieser Aspekt ins Zentrum gerückt. Hier gilt die öffentliche Auseinandersetzung mit der NS-Vergangenheit und insbesondere mit dem Holocaust als der Gründungsprozess, aus dem die Demokratie der Bundesrepublik ihre Legitimität und Identität schöpft.

Außenminister Fischer hat dieses Verständnis präzise formuliert. Er wird von Bernard-Henri Lévy (1999) mit folgenden Sätzen zitiert: „Alle Demokratien haben eine Basis, einen Boden. Für Frankreich ist das 1789. Für die USA die Unabhängigkeitserklärung. Für Spanien der Spanische Bürgerkrieg. Nun, für Deutschland ist das Auschwitz. Das kann nur Auschwitz sein. Die Erinnerung an Auschwitz, das 'Nie-mehr-Auschwitz', kann in meinen Augen das einzige Fundament der neuen Berliner Republik sein."

Ähnlich argumentiert Helmut Dubiel (1999, S. 180), wenn er die Verbrechen des NS-Regimes als „Gründungsverbrechen" der Bundesrepublik charakterisiert.

Bernhard Giesen (1999, S. 67 f.) sieht in der Absetzung der Bundesrepublik von der NS-Vergangenheit den prägnantesten Fall kollektiver Identitätsstiftung durch ein postnationales Gedächtnis. Jürgen Habermas (1999) hat diese Bestimmungen aufgegriffen und in der öffentlichen Beschäftigung mit Auschwitz das Modell eines allgemeinen Trends gesehen, der sich überall dort zeigt, wo die negativen Kehrseiten der eigenen Geschichte in das jeweilige Selbstbild aufgenommen werden, z.B. in Spanien, Südafrika und den USA, auch in Frankreich, Italien und Holland und sogar in der Schweiz und Schweden. Rüdiger Bubner (1999, S. 40) schließlich bezeichnet die NS-Verbrechen als den „negativen Mythos", durch den der Rechtsstaat der Bundesrepublik seine Stabilität und Kraft erhalten hat.

IV. Prüfstein der Demokratie

Unter den vier hier unterschiedenen Bewertungen ist die letzte Position zweifellos die ambitionierteste. Wie tragbar und plausibel ist sie?

Häufig wird das große Defizit der Demokratie in Deutschland darin gesehen, dass es ihr an einheitsstiftenden und tragenden Legenden fehlt. In der Tat konnten die Demokraten in der deutschen Geschichte nicht auf heroische Gründungs-Ereignisse zur Legitimation ihrer politischen Vorstellungen zurückgreifen. Das gilt sowohl für die Weimarer Zeit wie für die Bundesrepublik. In beiden Fällen war die Demokratie zunächst lediglich die Quittung der Sieger für militärische Niederlagen. Generell gilt, dass in Deutschland seit dem ausgehenden 18. Jahrhundert die Einheit der Gesellschaft nicht durch das demokratische, sondern durch das nationale Gedächtnis hergestellt wurde. Nationale Gedächtnisformen zeichnen sich dadurch aus, dass sie idealisierte Sichtweisen und Geschichtsbilder kanonisieren und jeglicher Auseinandersetzung entziehen. Diejenigen, die Fragen stellen, werden zu Außenseitern gestempelt. Stets geht mit nationaler Einheitsstiftung die Ausgrenzung und Unterdrückung von Minderheiten einher. Und auch diejenigen, die zur nationalen Gemeinschaft dazugehören, werden mit vielfältigen symbolischen und realen Opferforderungen konfrontiert.

In diesem Kontext gesehen, bedeutet der Aufstieg der NS-Vergangenheit zum Zentralthema der politischen Kommunikation in den letzten 20 Jahren, dass sich in der Bundesrepublik genuin demokratische und postnationale Einheitsstiftungen durchgesetzt haben. Die Geschichte der Vergangenheitsbewältigung in der Bundesrepublik ist aus dieser Perspektive die Geschichte der Überwindung der Vorherrschaft des nationalen Gedächtnisses. Damit ist die Einsicht verbunden, dass Schuldübernahme die Fähigkeit zur Politik nicht lähmt, sondern auf neue Weise möglich macht. Diese Abwendung vom nationalen Triumphalismus und die öffentliche Kommunikation und Reflexion der eigenen Schuld und des eigenen Unrechts sind für das nationale Gedächtnis eine unvorstellbare Zumutung.

Kein Zweifel, dass die offene Auseinandersetzung mit der NS-Vergangenheit ein guter Indikator für den Zustand des demokratischen Bewusstseins in der Bundesrepublik ist und umgekehrt die Tabus über der NS-Vergangenheit, wie sie die 50er Jahre charakterisieren, auf vordemokratische Formen der politischen Mentalität schließen lassen. Dieser Gedanke ist theoretisch plausibel und auch empirisch für die Geschichte der Bundesrepublik gut belegbar. Aber die Idee, die Untaten des NS-Regimes in den Rang von 'Gründungsverbrechen' zu erheben und sie zum 'negativen Mythos' der Bundesrepublik zu machen, stellt demgegenüber ja noch einmal eine gehörige Steigerung dar. In dieser gesteigerten Form jedoch ist die Idee einer Reihe von triftigen Einwänden und Bedenken ausgesetzt. Zwei davon sollen hier kurz skizziert werden.

Erstens wird auf diese Weise ziemlich schnell das Grauen von Auschwitz für die Legitimität der Bundesrepublik in Anspruch genommen, um nicht zu sagen funktionalisiert. Das ist ein Akt der Vereinnahmung und der nachträglichen Sinngebung des Sinnlosen.

Der Einwand lässt sich erläutern, indem man zwischen zwei unterschiedlichen Arten des Gedächtnisses unterscheidet. Einmal hat das Gedächtnis den Zweck, die Wiederholung, die Neuauflage der furchtbaren Vergangenheit unmöglich zu machen. Zu einem Zeitpunkt, an dem der Nationalsozialismus wegen der zunehmenden zeitlichen Distanz aus einem Stück Zeitgeschichte in ein Thema der Geschichte verwandelt wird, erhält dieser Aspekt besondere Bedeutung. Die Tradierung des Wissens und die Weitergabe der Erfahrung an die folgende Generation rücken in den Vordergrund und damit zugleich die didaktisch-pädagogische Frage nach den Techniken der Vermittlung. Hier steht das Gedächtnis im Dienste der Lebenden, und es kann sich dann nicht der Notwendigkeit entziehen, die Tradierung seiner Inhalte mit den Techniken der modernen Vermittlungskunst zu pädagogisieren und zu inszenieren.

Davon zu unterscheiden ist das Gedächtnis als Gedenken, das nicht im Dienste der Lebenden steht, sondern der Toten. Das Gedächtnis ist das einzige, heißt es bei Adorno, was wir den Gemordeten schenken können. Und im gleichen Sinn hat Walter Benjamin die Verpflichtung zur Erinnerung in seinen Thesen über den Begriff der Geschichte formuliert: Die Toten haben Anspruch auf die messianische Kraft der lebenden Generation, wie schwach auch immer diese Kraft sein mag. Die Hintergründe des Motivs sind religiöser Natur. In Dantes Göttlicher Komödie haben diejenigen, die im Fegefeuer sind, nur dann noch Aussicht auf Erlösung, wenn sie von den Lebenden nicht vergessen werden.

Wenn man in diesem Sinn Gedächtnis als Eingedenken versteht, kann man den Versuch, aus der Erinnerung an Auschwitz den Gründungsakt der Demokratie in der Bundesrepublik zu machen, nur als Sakrileg und Betrug an den Gemordeten bezeichnen. Dieses Urteil gilt dann für den zu pädagogischen Zwecken in Gang gesetzten Erinnerungsbetrieb insgesamt. Die Toten, um die es geht, werden mit der Frage, ob alles für die Konsumenten der modernen Medienwelt auch richtig rüberkommt, noch einmal zum Verschwinden gebracht.

Der zweite Einwand zielt auf etwas ganz anderes. Er fragt nach dem politischen Gebrauchswert und bezweifelt, dass durch die Erhebung der NS-Vergangenheit in den Rang eines negativen Mythos für die Politik der Bundesrepublik eine klare Orientierung gewonnen werden kann. Der Einwand kann durch viele Beispiele belegt werden. So lässt sich der Krieg der Nato gegen das Serbien von Milosevic mit dem Bezug auf die Barbarei des Nationalsozialismus ebenso rechtfertigen wie verurteilen. Unter Berufung auf Auschwitz kann man zum Pazifisten so gut werden wie zum Bellizisten. Die gleiche Uneindeutigkeit bei der Antwort auf die Frage, welche konkrete Lehre die NS-Zeit der Gegenwart erteilen kann, sieht man auch bei weniger spektakulären Ereignissen. Bei der Abtreibungsentscheidung des Bundesverfassungsgerichts von 1975 beispielsweise nahm sowohl die Senatsmehrheit wie die davon abweichende Meinung für ihre jeweilige Position in Anspruch, die richtigen Lehren aus der NS-Vergangenheit gezogen zu haben. Auch hier also wurden mit dem Hinweis auf die NS-Vergangenheit ganz unterschiedliche, ja geradezu gegensätzliche Folgerungen verbunden.

Die Diskussion über die Gegenwartsbedeutung der NS-Vergangenheit teilt das Schicksal vieler anderer öffentlicher Debatten: Ihre Beziehung zu den Institutionen des politischen Systems, die für die kollektiv verbindliche Entscheidungsfindung zuständig sind, und zu den Prozessen der Meinungs- und Willensbildung der jeweiligen Amtsinhaber ist nicht eindeutig festgelegt. So wäre es zweifellos eine Überforderung und Überdehnung, wenn man aus dem negativen Bezug auf die NS-Vergangenheit konkrete Imperative für die Organisation der Ökonomie oder die Struktur des Steuersystems herleiten wollte. Die gesellschaftlichen Teilsysteme gehorchen ihrer eigenen Logik und haben ihre eigenen Prozeduren. Die von der NS-Vergangenheit dominierte politische Kommunikation findet in einer davon mehr oder weniger abgetrennten Sphäre statt. Selbst Habermas beschreibt diese Sphäre der politischen Öffentlichkeit mittlerweile so, dass ihre Selbstbezüglichkeit kaum noch hinter den anderen gesellschaftlichen Teilsystemen zurücksteht. Er spricht von der „merkwürdigen Selbstbezüglichkeit der zivilgesellschaftlichen Kommunikationspraxis" (1992, S. 447) und von ihrem performativen Sinn. Das soll heißen, dass die öffentlichen Debatten nicht auf Handlungen verweisen, nicht Handlungen und Entscheidungen ankündigen, sondern bereits selber Handlungen sind. So beschrieben, geht es in der öffentlichen Kommunikation nicht um Einflussnahmen auf den Kernbereich des politischen Systems, sondern um die selbstbezügliche Stabilisierung und Erweiterung der öffentlichen Kommunikation und um die Vergewisserung der eigenen Reflexivität und Identität.

Nun sind die Prozesse kollektiver Selbstverständigung in der Sphäre der politischen Öffentlichkeit, selbst wenn aus ihr keine eindeutigen politischen Folgerungen abzuleiten sind, nicht gering zu schätzen –, erst recht nicht, wenn es um Fragen der Vergangenheitsbewältigung geht. Schließlich ist die öffentliche Anerkennung des Unrechts, das den Verfolgten und Opfern angetan wurde, eine der Voraussetzungen dafür, dass diese vielleicht ein Stück jenes Weltvertrauens zurückgewinnen können, das ihnen die Täter mit ihren Verbrechen geraubt haben. Und auch für die Ausbildung und Wiedergewinnung moralischer Standards auf Seiten der Täter und ihrer Nachfahren ist die ethisch-politische Selbstverständigung über die Vergangenheit unverzichtbar. Sie markiert den Raum, in dem sich die Gesellschaft darüber verständigt, was in einer demokratischen Zivilisation erlaubt ist und was nicht.

Aber diesseits des damit festgelegten zivilisatorischen Minimums bleiben, was die Suche nach Antworten auf konkrete politische Konflikte angeht, alle Fragen offen. Das gilt umso mehr, je größer der zeitliche Abstand zur NS-Vergangenheit wird. Der Kernbereich des politischen Systems mit seinen formalisierten Prozessen der Findung und Durchsetzung von Entscheidungen lässt sich heute durch die externen Gesichtspunkte des negativen Bezugs auf die NS-Vergangenheit weniger denn je beeindrucken. Eben das könnte die Signatur sein, durch die sich die „Berliner Republik" unter ihrem ersten Bundeskanzler Schröder auszeichnet: Es wird weiterhin lebhafte Debatten über die Gegenwartsbedeutung der NS-Vergangenheit und über die Frage geben, wie man sie im Gedächtnis bewahren soll. Aber das wird politisch immer weniger bedeuten.

Welche Züge unter den Vorzeichen ihrer politischen Folgenlosigkeit öffentliche Debatten annehmen können, hat der lange Streit über das Mahnmal gezeigt. Die Fülle von gegenseitigen Unterstellungen, Missverständnissen und erbitterten Vorwürfen, die die Diskussionsbeiträge charakterisiert, dürfte ihre Ursache nicht zuletzt darin haben, dass die Beteiligten insgeheim von der vollendeten Selbstbezüglichkeit ihrer Debatte wussten und sie durch gesteigerte Erbitterung vergessen machen wollten. Der Mechanismus ist bekannt: Je mehr sich Diskussionen um sich selber drehen, je selbstbezüglicher Debatten werden, umso mehr laufen sie heiß.

In der „Berliner Republik" wird sich an der politischen Folgenlosigkeit der Auseinandersetzungen über die NS-Vergangenheit nichts ändern. Im Gegenteil. Schröder hat im ersten Jahr seiner Amtszeit bereits deutlich genug gemacht, wie er sich den Umgang mit dem historischen Erbe der Bundesrepublik vorstellt. Mit dem Versuch, zu einer angemessenen Rede über den Nationalsozialismus zu kommen, die Worte und Wendungen korrekt zu benutzen, hält er sich nicht lange auf. Auch in Zukunft wird er diese Mühe gerne anderen überlassen, z.B. dem Bundespräsidenten Rau. Schröders Äußerungen zeigen, dass er von den aufgeregten Debatten der 90er Jahre über die NS-Vergangenheit nicht viel hält. Das Berliner Mahnmal erscheint ihm eigentlich als überflüssig. Die Sache interessiert ihn im Grunde nicht und langweilt ihn. Aber er hütet sich auch, das allzu laut zu sagen. Aus Rücksicht auf das Ausland und auf die empfindliche Öffentlichkeit der Bundesrepublik müsse man sich den Mahnmalsbefürwortern fügen und in das offensichtlich Unvermeidliche einwilligen.[2] Aber Schröder lässt keinen Zweifel, dass er

---

2 Vgl. das Gespräch mit Gerhard Schröder in der „Zeit" vom 4.2.1999.

sich dort, wo es ernst wird, z.B. im Bereich der Außen- und Europapolitik, von der Last der Vergangenheit nicht irritieren lassen will. Schon in seiner Rede auf dem Wahlparteitag der SPD in Leipzig im April 1998 sprach Schröder davon, dass Deutschland „stark" und „selbstbewusst" werden muss, dass es nicht „der Zahlmeister Europas ist", dass die „europäische Währung nicht der Preis für unsere Geschichte" sein und der Euro nicht zur „Bewältigung unserer Vergangenheit" dienen kann (vgl. Hartung 1999, S. 622).

Mit dieser Doppelstrategie aus resignativer Fügsamkeit gegenüber dem hoch sensiblen Thema der NS-Vergangenheit und davon reichlich unbeeindruckter Verfolgung politischer Ziele und Interessen sucht Schröder den Weg ins 21. Jahrhundert. Die Doppelstrategie ist seine Antwort auf das „deutsche Dilemma", also darauf, dass die Bundesrepublik durch ihre Vergangenheit an einem unbelasteten Auftritt auf der Bühne der Weltpolitik gehindert wird und durch ihre strukturelle Machtfülle gleichzeitig eben dazu genötigt ist (Markovits/Reich 1997).

Es wäre sehr kurzsichtig, diese Strategie auf das Unvermögen, die mangelnde historische Sensibilität und die besonderen Animositäten des ersten Bundeskanzlers der „Berliner Republik" zurückzuführen. Dahinter steckt mehr. Es steckt dahinter die Erschöpfung der politischen Antriebs- und Orientierungskraft, die die Bundesrepublik über 50 Jahre hinweg aus dem Willen zur Überwindung der NS-Vergangenheit bezogen hat. Die Abgrenzung gegenüber äußeren Feinden und gegenüber einem verbrecherischen Regime der Vergangenheit trägt die Bundesrepublik in Zukunft nicht mehr. Die „Berliner Republik" wird sich auf die Suche nach anderen Begründungen begeben müssen.

Literatur

Bubner, Rüdiger, 1999: Drei Studien zur politischen Philosophie, Heidelberg.
Buruma, Ian, 1999: Olympiade des Leidens. Globalisierung der Vergangenheitspolitik: Die Minderheiten der Welt fordern die Anerkennung ihrer historischen Unterdrückung, in: FAZ vom 6.1.
Dubiel, Helmut, 1999: Niemand ist frei von der Geschichte, München/Wien.
Fröhlich, Claudia und Michael Kohlstruck (Hrsg.), 1999: Engagierte Demokraten. Vergangenheitspolitik in kritischer Absicht, Münster.
Giesen, Bernhard, 1999: Kollektive Identität, Frankfurt a.M.
Habermas, Jürgen, 1992: Faktizität und Geltung, Frankfurt a.M. 1998.
Habermas, Jürgen, 1999: Der Zeigefinger. Die Deutschen und ihr Denkmal, in: Die Zeit vom 31.3.
Hartung, Klaus, 1999: Übergangsregierung oder Regierung des Übergangs, in: Merkur, Heft 7.
König, Helmut, 1998: Von der Diktatur zur Demokratie oder Was ist Vergangenheitsbewältigung, in: Helmut König, Michael Kohlstruck und Andreas Wöll (Hrsg.), Vergangenheitsbewältigung am Ende des 20. Jahrhunderts, Opladen.
Kohlstruck, Michael, 1998: Der Fall Mehnert, in: Helmut König (Hrsg.), Der Fall Schwerte im Kontext, Opladen/Wiesbaden.

Lepsius, Rainer M., 1989: Das Erbe des Nationalsozialismus und die politische Kultur der Nachfolgestaaten des 'Großdeutschen Reiches', in: Michael Haller, Hans Joachim Hoffmann-Nowottny und Wolfgang Zapf (Hrsg.), Kultur und Gesellschaft. Verhandlungen des 24. Deutschen Soziologentages, Frankfurt a.M./New York.

Lévy, Bernard-Henri, 1999: Ein paar Versuche, in Deutschland spazierenzugehen, in: FAZ vom 17. und 18.2.

Markovits, Andrei S. und Simon Reich, 1997: Das deutsche Dilemma. Die Berliner Republik zwischen Macht und Machtverzicht, Berlin 1998.

Pohl, Dieter, 1996: Nationalsozialistische Judenverfolgung in Ostgalizien 1941-1944. Organisation und Durchführung eines staatlichen Massenverbrechens, München.

Raulff, Ulrich, 1999: Bigband Zeitgeschichte. Die Republik der Historiker: Fünfzig Jahre im alten Sound, in: FAZ vom 21.5.

Stephan, Cora, 1999: Schuldstolz, in: Merkur, 53. Jg., Heft 5.

Wöll, Andreas, 1997: Vergangenheitsbewältigung in der Gesellschaftsgeschichte der Bundesrepublik, in: Gary S. Schaal und Andreas Wöll (Hrsg.), Vergangenheitsbewältigung, Baden-Baden.

Roland Czada

Die Tragweite des Eigentums

Vereinigungspolitik, marktwirtschaftliche Transformation und offene Vermögensfragen

Zu den am Ende des kalten Krieges entstandenen neuen Problemen und Konflikten gehören die so genannten „offenen Vermögensfragen". Mit ihnen waren alle postsozialistischen Transformationsprozesse mehr oder weniger belastet. In Deutschland bekam der Streit um das „Alteigentum" eine besondere Note, weil hier Vermögensverluste jeglicher Art unter mehreren politischen Regimen in Frage standen und fast drei Millionen Anträge auf Rückgabe zu bearbeiten waren.[1] Eigentumsrechtliche Folgen des NS-Terrors, Enteignungen der Besatzungszeit und mehrere Sozialisierungswellen in der DDR waren von einem eigens eingerichteten Verwaltungsapparat aufzuarbeiten. Der Kreis der Betroffenen umfasste rassistisch und politisch Verfolgte, Kriegsverbrecher und Großgrundbesitzer, aber auch Republikflüchtlinge, Aktionäre, Unternehmer, Kunstsammler. Die Spanne der umstrittenen Werte reichte von Schmuck, Büchern und Kunstwerken bis zu ausgedehnten Ländereien und Industrieunternehmen. Die breiteste und anhaltendste Aufmerksamkeit fand aber der „Kampf um Häuser und Wohnungen in den neuen Bundesländern". Dieser Untertitel eines in mehrfacher Auflage erschienenen Buches von Daniela Dahn (1994) lässt ahnen, welche Emotionen und Konfliktpotenziale mit dem Prinzip „Rückgabe" geweckt wurden. Hier lag das politische Problem darin, dass den auf Rückgabe pochenden „Alteigentümern" aus Westdeutschland oder anderen westlichen Ländern Ostdeutsche als Mieter, Arbeitnehmer und Neueigentümer gegenüberstanden. Es entstand eine Konfliktlinie Ost-West, von der die Legitimationsgrundlagen der Vereinigungspolitik insgesamt berührt waren.

Die Gestaltungsspielräume der neuen Eigentumsordnung in Ostdeutschland erschienen durch die Übertragung der westdeutschen Institutionen zunächst we-

---

1 Gut zwei Millionen Anträge (Zahl der beanspruchten Vermögenswerte) entfielen auf Immobilien und Grundstücke, 100.000 auf sonstige bewegliche Sachen, Schutzrechte etc., 203.000 auf Unternehmen, 250.000 auf Geldforderungen, 100.000 auf Ausgleichsleistungsansprüche im Falle eines gesetzlichen Restitutionsausschlusses. Darüber hinaus wurden auf acht Millionen Anfragen hin Negativtestate ausgestellt (Bundesamt zur Regelung offener Vermögensfragen: Statistische Übersichten zum 30.9.1999).

niger flexibel als in anderen postsozialistischen Reformstaaten. Der juristische Aspekt des Problems stand zudem im scharfen Gegensatz zu den ökonomischen Erfordernissen des „Aufbaues-Ost". Die Einführung der Marktwirtschaft verlangte nach investitionswilligen Unternehmern. Alteigentümer, die zwar ihr Vermögen zurückerhielten, aber zu Investitionen nicht fähig oder bereit waren oder vor der Weiterveräußerung den Erfolg des „Aufbaues-Ost" abwarten wollten, galten in der mit der marktwirtschaftlichen Transformation beauftragten Treuhandanstalt als Investitionshemmnis.

Ungeklärte Vermögensfragen erwiesen sich in der Rückschau als die kompliziertesten Hürden der Vereinigungspolitik. Dabei zählten die Privatisierung des Industrievermögens und die Zuordnung von Verwaltungsvermögen zu den wichtigsten, zukunftsentscheidenden Maßnahmen der Vereinigungspolitik. Der wirtschaftliche Wohlstand nicht nur der neuen Bundesländer, sondern des ganzen Landes hing davon ab, wie rasch diese Fragen gelöst werden konnten. Neben der oft als Fehlkonstruktion gescholtenen deutsch-deutschen Währungsunion (Seibel 1998) ist das in der Vermögenszuordnung vorgegebene Prinzip „Rückgabe vor Entschädigung" als ein Geburtsfehler der Vereinigungspolitik bezeichnet worden.

Die offenen Vermögensfragen gehen auf „Sünden" der Vergangenheit zurück. Der Umgang mit ihnen zählt insofern auch zur „Vergangenheitspolitik" und ihrer Renaissance im vereinten Deutschland (Helmut König in diesem Band).

I. Substanz und Verwertung der DDR-Wirtschaft

Es gehört zu den Merkwürdigkeiten des Vereinigungsdiskurses, dass viel über Grund- und Gebäudeeigentum, kaum aber über die eigentumsrechtliche Herkunft der großen Industriekombinate gesprochen wurde. Als sie durch Ministerratsbeschluss der letzten sozialistischen DDR-Regierung unter Hans Modrow im März 1990 an die Treuhandanstalt (THA) übergingen, galten sie in Ost und West wie selbstverständlich als Volkseigentum. Nur wenige Monate später war ebenso unumstritten, dass die Industrie möglichst rasch in private Hand gelangen sollte, und zwar nicht durch Rückgabe, sondern durch Verkauf der Treuhandunternehmen an westliche Investoren. Dabei waren auch die großen Traditionsunternehmen einst privates Eigentum. Ein ansehnlicher Teil der Großkombinate bestand freilich auch aus Neugründungen der DDR. Dazu gehörte fast die gesamte Stahlindustrie, die es im Mitteldeutschland der Vorkriegszeit noch nicht gegeben hat.

Vier Monate nach dem Fall der Berliner Mauer übernahm die Treuhandanstalt nahezu die gesamte Wirtschaft des damals noch sozialistischen ostdeutschen Staates: 45.000 Betriebsstätten in 8.000 eigenständigen Unternehmen mit zusammen vier Millionen Beschäftigten. Hinzu kamen 20.000 Gaststätten und Ladengeschäfte, 1.839 Apotheken, 390 Hotels, zahlreiche Kinos, Sportplätze, Brücken und Landungsstege, die gesamte Energie- und Wasserversorgung sowie die Betriebe des öffentlichen Nahverkehrs, sogar ein Gefängnis, das einem Rostocker Werftenkombinat angegliedert war (vgl. Kemmler 1994, S. 175).

Wem gehörte dieses Volkseigentum ursprünglich? Die Großunternehmen waren, sofern sie nicht Ausländern gehörten, bereits 1945 von der sowjetischen Militärregierung auf besatzungsrechtlicher Grundlage enteignet worden. Gegen Ende des Besatzungsregimes, im Jahr 1948, stammten bereits 40 Prozent der Industrieproduktion Mitteldeutschlands aus volkseigenen Betrieben, 1952 waren es schon 50 Prozent. Durch die besondere planwirtschaftliche Bevorzugung und aufgrund groß angelegter Neugründungen, etwa des Eisenhüttenkombinates-Ost (EKO) in Stalinstadt, später Eisenhüttenstadt, konnte der Anteil der Staatsbetriebe an der Industrieproduktion ständig gesteigert werden. Für die Treuhandanstalt war daher die Reprivatisierungsaufgabe von nachrangiger Bedeutung. Sie hat sich zunächst ganz auf Neuprivatisierungen konzentriert und sich erst später, als vermehrt Rückgabebescheide der neu errichteten „Ämter zur Regelung offener Vermögensfragen" eingingen, der Reprivatisierung zugewandt (Willgerodt 1993, S. 243).

Ein Rückgabeanspruch bestand auf Vermögen, dass nach 1949 von DDR-Behörden enteignet wurde. Dazu gehörten auch die im Zuge der so genannten Aktion '72 verstaatlichten Betriebe vornehmlich kleineren und mittleren Zuschnitts. Ein Großteil dieser nach 1972 zu „bezirksgeleiteten Kombinaten" zusammengeschlossenen Unternehmen wurde bereits vor der staatsrechtlichen Vereinigung von den Bezirksverwaltungen der DDR an frühere Eigentümer zurückgegeben, die oft noch in ihren früheren Betrieben als Direktoren oder Abteilungsleiter tätig waren. Die Bezirksleitungen in den 14 Bezirkshauptstädten der DDR bildeten im Übrigen das Grundgerüst der späteren Niederlassungsstruktur der Treuhandanstalt. Diese Niederlassungen waren für die Privatisierung aller Unternehmen mit weniger als 1.500 Beschäftigten zuständig.

Der Gesamtwert der Treuhand-Unternehmen wurde im Herbst 1990 vom damaligen Präsidenten der THA, Detlef Karsten Rohwedder, auf 600 Milliarden DM geschätzt. Deren Produktivitätsrückstände gegenüber Westbetrieben waren durchaus bekannt. Sie reichten von nicht einmal zehn Prozent Weltniveau in der Mineralölindustrie bis zu etwa 80 Prozent in der Feinmechanik und optischen Industrie, der Bauindustrie und der Nahrungs- und Genussmittelindustrie (Görzig 1992, S. 128 f.). Zugleich hatten aber viele Industriebetriebe gute Exportbeziehungen in die Staaten des einstigen sozialistischen Blocks, die man auch in Zukunft nutzen wollte (Czada/Lehmbruch 1998).

Im Maschinenbau war – anders als im Stahlsektor – ein drastischer und dauerhafter Rückgang der Zahl der Unternehmen und des Produktionsvolumens festzustellen. Dabei war hier der Produktivitätsrückstand der DDR zur Bundesrepublik erheblich geringer als im Stahlsektor. 1989 betrug die Produktivität im Maschinenbau-Ost 52 Prozent des Westniveaus (dies ist beachtlich, besonders wenn man berücksichtigt, dass zum Beispiel der Mineralölsektor bei nur 9 Prozent gelegen hat). In der Stahlproduktion waren es 30 Prozent (Görzig 1992).

Die in Produktivitätskennziffern ausgedrückte Leistungsfähigkeit der DDR-Wirtschaft des Jahres 1989 wird auf ein Viertel bis ein Drittel des westdeutschen Niveaus geschätzt. Die amtliche Statistik der DDR war noch von 80 Prozent der westdeutschen Arbeitsproduktivität ausgegangen. Ähnlich leistungsfähig wurde die DDR-Wirtschaft übrigens auch im „World Fact Book" des amerikanischen Geheimdienstes CIA eingestuft. Der Grund lag in einer besonderen Erhebungsmethode: Die DDR errechnete ihr Nationaleinkommen wie alle RGW Staaten nach dem so genannten *„Material Product System"* der UNO, während die Bundesrepublik das UNO-*System of National Accounts* zugrundelegte. Bei dieser volkswirtschaftlichen Gesamtrechnung wird jede in Geld ausdrückbare Leistung zum Bruttosozialprodukt aufaddiert. Das DDR-System maß dagegen Gebrauchswerte, die, im Planungsprozess definiert und bewertet, von den Unternehmen hergestellt und nach politischen Kriterien verteilt wurden.

1. Struktur und Tätigkeit der Treuhandanstalt

Die Tätigkeit der Treuhandanstalt war von fortgesetzter Desillusionierung begleitet. Sie blieb nicht auf die betriebswirtschaftliche Bilanzierung, juristische Begründung und Übertragung von Eigentumsrechten begrenzt. Die THA hatte sich rasch zu einer Zentralinstitution für den marktwirtschaftlichen Umbau der sozialistischen Planökonomie und zu einer „für alle sechs ostdeutschen Landesregierungen sehr mächtigen Nebenregierung" (Schmidt 1993, S. 110, 32) entwickelt. Bei ihr handelte es sich um eine eigenständige Institution industrieller Steuerung, deren Handlungsregeln und Entscheidungspraxis hauptsächlich von Gepflogenheiten westdeutscher Branchen und von einem einzigartigen Gemisch aus Handlungsautonomie im Einzelfall, einer „weichen" Budgetgrenze und vielfältigen politischen Vernetzungen bestimmt war.

Die Treuhandanstalt war rechtlich kein Unternehmen, obwohl sie unternehmerisch tätig wurde, und faktisch keine Behörde, obwohl sie als Anstalt des öffentlichen Rechts verfasst war, am wenigsten aber eine sozialistische Planbürokratie, obwohl sie an deren Strukturen in mancher Hinsicht anknüpfen musste. Man hat einzelne ihrer Entscheidungen als Rückschritt in zentralistische Lenkungsstrukturen interpretiert, insbesondere den Verzicht auf die Bildung der im Treuhandgesetz vorgesehenen Treuhand-Aktiengesellschaften. In diesen Holdinggesellschaften sollten jeweils bis zu 2.000 Unternehmen zusammengefasst werden (Kemmler 1994, S. 218-222).

Die Privatisierungstätigkeit glich einem Balanceakt: Sie musste gesetzliche Vorgaben, Restitutionsansprüche, Investitions- und Beschäftigungsziele, Altschuldenübernahmen, die Beteiligung an der ökologischen Altlastensanierung, Infrastrukturaufgaben und Erfordernisse der Daseinsvorsorge so in Relation bringen, dass die Interessen jeweiliger Bundes- und Länderressorts, der Kommunen, Kommunalverbände, Kammern, Unternehmen, Wirtschaftsverbände, Gewerkschaften und Belegschaften möglichst berücksichtigt wurden. Entscheidungen über die Zuordnung öffentlichen Vermögens waren dabei von drei Problemaspekten besonders belastet: Die Rückgabe von „Alteigentum" musste dort auf Widerspruch stoßen, wo die Eigentumsverwendung als Kriterium für den ökonomischen Transformationserfolg in den Vordergrund gerückt war, also in Fällen, in denen Investoren bessere Unternehmenskonzepte als Alteigentümer vorlegen konnten. Wo Alteigentümer nicht in der Lage waren, einen Betrieb fortzuführen oder lediglich Sachwerte beanspruchten ohne sich durch Investitionen am Aufbau Ost beteiligen zu wollen, war die Treuhandanstalt bestrebt, den besseren Unternehmenskonzepten Vorrang einzuräumen. Bereits der Einigungsvertrag enthielt eine entsprechende „Vorfahrtsregelung" für Investitionen. Das „Hemmnisbeseitigungsgesetz" vom März 1991 fügte dann einen § 3a in das Vermögensgesetz ein, der die Treuhandanstalt zur Feststellung des Investitionsvorranges ermächtigte. Das Investitionsvorrangverfahren zielte auf die Aussetzung von Verfügungsbeschränkungen der Treuhandanstalt über Liegenschaften und Unternehmen, die von Alteigentümern beansprucht wurden. Im Erfolgsfall (über 90 Prozent der Verfahren) wurde der Anspruch auf Vermögensrückgabe in einen Entschädigungsanspruch umgewandelt.

Im Widerstreit zwischen den Investitions-, Arbeitsplatz- und Aufbauinteressen der Treuhandanstalt und der Feststellung von Rückübertragungsansprüchen durch die Vermögensämter entstand ein administrativer Wettbewerb, eine „Form von Windhundrennen" (Interview Martin Keil, THA, am 23.2.1993). Der Beginn eines Investitionsvorrangverfahrens der Treuhandanstalt unterbrach nämlich das Rückübertragungsverfahren eines zuständigen Landesamtes zur Regelung offener Vermögensfragen. Die hieraus erwachsenden Konflikte sind oft durch gemeinsame Arbeitssitzungen von Treuhandanstalt und Vermögensämtern entschärft worden. Gleichwohl gab es Vermögensämter, welche die „Treuhandanstalt als ihren größten Feind betrachten" (Interview mit Martin Keil, THA, am 23.2.1993). Andere, die sich zum Teil mit Treuhandniederlassungen im selben Haus befanden, begegneten dem Investitionsvorrang eher aufgeschlossen, zumal sie bei der Vermögenszuordnung an Alteigentümer auf die Zuarbeit von Treuhandabteilungen, meist des dortigen Direktorates „Reprivatisierung", angewiesen waren. Trotz rechtlicher und informeller Vorkehrungen konterkarierten Rückübertragungsbescheide nicht selten die Tätigkeit der Treuhandanstalt. Sie klagte meist gegen den Bescheid eines Vermögensamtes, wenn dadurch ein vorhandenes Privatisierungskonzept gestört wurde, besonders wenn Alteigentümer versuchten, wichtige Großprojekte zu stoppen, um einen gegenüber der Entschädigung höheren zivilrechtlichen Ausgleich zu erlangen.

Der Gegensatz zwischen Funktionalität und Üblichkeit der Eigentumszuordnung erzeugte einen politischen Konflikt zwischen der Treuhandanstalt und Alteigentümern, der sich rechtlich kaum zufriedenstellend lösen ließ. Auch die situative Anpassung und zunehmende Zweckmäßigkeit des mehrfach novellierten

Vermögenszuordnungsgesetzes konnte allfällige Interessengegensätze nicht beseitigen. Im Gegenteil: Die angesichts der ökonomischen Vereinigungskrise erfolgte Abkehr von dem anfänglich strikten Restitutionsgebot hat die Instanzen der Vermögenszuordnung und der Investitionsvorrangentscheidungen erheblicher Kritik ausgesetzt und die Rechtsprechung zusätzlich belastet. Der Rechtsfrieden konnte sich vor allem deshalb nicht in dem erwünschten Maße einstellen, weil in der ersten Vereinigungsphase Restitutionsansprüche geweckt worden waren, die später nicht zu halten waren und daher „nur" entschädigt werden sollten – wobei der Wertansatz für die Entschädigung heftig umstritten blieb. Hinzu kamen Zweifel an der Gleichbehandlung aller Antragsteller in Verfahren der Vermögenszuordnung und bei der Feststellung des Investitionsvorranges.

2. Zuordnung des Finanz- und Verwaltungsvermögens

Die DDR war ein Einheitsstaat, in dem es weder autonome Gemeinden noch Länder gab. Diese Gebietskörperschaften sind erst durch das Kommunalverfassungsgesetz und das Ländereinführungsgesetz von der DDR-Volkskammer in Vorbereitung der deutschen Vereinigung geschaffen worden. Zugleich erhielten sie eine Vermögensausstattung. Dies geschah auf dem Wege der Zuordnung oder Restitution von Verwaltungsvermögen. Die Rechtsgrundlagen waren das 1990 noch von der Volkskammer verabschiedete Kommunalvermögensgesetz, der Einigungsvertrag, das Hemmnisbeseitigungsgesetz und schließlich das Vermögenszuordnungsgesetz vom 3. August 1992, das vorangegangene Einzelvorschriften zusammenfasste.

Neben dem unmittelbar öffentlichen Zwecken dienenden *Verwaltungsvermögen* – Straßen, Kanalisationen, Schulen, Brücken, Rathäuser etc. – waren eine Reihe weiterer Einrichtungen betroffen, bei denen man darüber streiten konnte, ob sie der Erfüllung von Verwaltungsaufgaben dienten. Während die Oberfinanzdirektionen das Verwaltungsvermögen den jeweils zuständigen Aufgabenträgern auf Antrag zuordneten, wurde das nicht unmittelbaren Verwaltungszwecken dienende *öffentliche Finanzvermögen* nach Maßgabe verschiedener Gesetze verteilt. Hierzu gehören zum Beispiel Grundstücke, Güter und Forsten, Betriebe des öffentlichen Nahverkehrs, der Energie- und Wasserversorgung, Flughäfen, Seehäfen und ähnliche Einrichtungen. Sie standen unter Treuhandverwaltung. Soweit keine Rückübertragungsansprüche privater oder öffentlicher Alteigentümer darauf lasteten, hätten diese Einrichtungen mit guten Gründen sowohl kommunalisiert als auch privatisiert werden können. Damit war die Frage des Aufgabenzuschnitts des öffentlichen Sektors aufgeworfen. Obwohl also die Gelegenheit zu einer neuen Definition öffentlicher Aufgaben und einer grundsätzlichen Verwaltungsreform in den neuen Bundesländern geboten war, folgte die Vermögensübertragung der in Westdeutschland üblichen Praxis (König/Heimann 1994, S. 92 f.).

Die Zuordnung und Restitution von Vermögen an öffentliche Gebietskörperschaften enthielt nicht weniger Konfliktstoff als die Frage des privaten „Alteigentums". Wem sollte zum Beispiel ein Krankenhaus gehören, das in der DDR auf dem früheren Grundstück einer Gemeinde erbaut wurde? Hier ging man zunächst davon aus, dass der Rückgabeanspruch der Gemeinde Vorrang habe. Erst in der zweiten Hälfte des Jahres 1992 regelte das Vermögenszuordnungsgesetz, dass die Rückgabe ausgeschlossen sein soll, wenn Vermögensgegenstände für eine öffentliche Aufgabe entsprechend den Regelungen des am westdeutschen Vorbild orientierten Einigungsvertrages genutzt werden. Also bekam das fragliche Grundstück der Landkreis, weil er üblicherweise für das Krankenhauswesen zuständig ist.

Die härtesten Auseinandersetzungen verursachte der so genannte „Stromstreit". Die ostdeutschen Kommunen sollten aufgrund des Kommunalvermögensgesetzes mit Stadtwerken ausgestattet werden und dabei auch kommunale Kraftwerke und Verteilnetze, die sie vor 1945 besessen hatten, zurückerhalten. Diese Anlagen der Elektrizitätsversorgung lagen in der DDR zumeist in der Hand von bezirksgeleiteten Kombinaten. Die zwischen Treuhandanstalt, DDR-Ministerrat, Bundeswirtschaftsministerium und der westdeutschen Elektrizitätswirtschaft ausgehandelten Stromverträge widersprachen allerdings dem Kommunalvermögensgesetz der DDR-Volkskammer. Sie sahen vor, dass die westdeutschen Marktführer die gesamte Elektrizitätswirtschaft der DDR „von der Turbine bis zur Steckdose" untereinander aufteilen. Dieses Organisationsmodell der privaten Großenergiewirtschaft kollidierte nun mit dem Leitbild einer Energieversorgung als kommunale öffentliche Dienstleistung. Der Konflikt rührte nicht allein aus dem Gegensatz zwischen privater und öffentlicher Aufgabenerfüllung. Er gewann zusätzliche Brisanz, weil die Stromverträge eine Organisationsform anstreben, die mit der großräumigen Zusammenfassung von Elektrizitätsproduktion und -verteilung den Zentralismus der DDR-Stromwirtschaft zum Teil noch übertrafen – denn in der DDR waren die Produktion und Verteilung von Strom organisatorisch getrennt, letztere zudem auf Bezirksebene angesiedelt (vgl. Richter 1998).

Der „Stromstreit" endete mit einer Verfassungsbeschwerde, der sich 164 ostdeutsche Kommunen anschlossen. Das Bundesverfassungsgericht konnte ihn aufgrund der widersprüchlichen Gesetzeslage nur kompromissförmig beilegen. Letztlich durften die Kommunen einen Teil der Energie selbst in eigenen Anlagen herstellen und verloren dafür Kapitalanteile, die ihnen der Einigungsvertrag an regionalen Energieversorgungsunternehmen zugesprochen hatte. Die Begrenzung der kommunalen Energieproduktion verfolgte letztlich das politisch gesetzte Ziel, die ostdeutsche Braunkohlenverstromung aufrechtzuerhalten. Die Existenz des Braunkohleabbaues erschien durch die Absicht vieler Kommunen, dezentrale Gaskraftwerke zu betreiben, gefährdet. Ohne den Stromkompromiss hätte die Treuhandanstalt den Braunkohlenbergbau nicht privatisieren können.

Wie die politische Orientierung an der im Westen üblichen Praxis den Aufbau-Ost beeinflusste, wird an der Neuordnung der DDR-Wasserversorgung besonders deutlich. Wie bei der Elektrizitätsversorgung herrschte hier eine großflächige Bezirksorganisation, die Fachleute aus dem Treuhandumfeld gegenüber der kleinräumigen westdeutschen Wasserversorgung als überlegen einschätzten. Zunächst sah es auch so aus, als könnte das DDR-System zu einem Vorbild für ganz Deutschland werden. Je mehr aber die Gemeinden in ihre neue Rolle als autonome politische Gebilde hineinwuchsen, um so stärker forderten sie von der Treuhandanstalt die Zuordnung von Einrichtungen der Wasserversorgung zu ihrem Verwaltungsvermögen. Einige beanspruchten sogar zentral bedeutsame Wasserfassungen und Aufbereitungsanlagen, die auf ihrem Gemeindegebiet lagen und die sie als Einnahmequellen nutzen wollten. Letztlich erhielten sie aus dem von der Treuhandanstalt verwalteten Kombinatsvermögen die Leitungsnetze als alleiniges Vermögen sowie den Großteil der überörtlichen Anlagen als gemeinsames Vermögen überörtlicher kommunaler Zweckverbände (König/Heimann 1998).

II. Politisches System und administrative Problembewältigung

Warum sind die offenen Vermögensfragen nach der Vereinigung in der geschilderten Form und nicht anders angegangen worden? Einerseits haben frühe Weichenstellungen im Umfeld der ersten Vertragsverhandlungen zur deutschen Vereinigung alternative Möglichkeiten der Problemlösung eingeschränkt. Dazu gehören die bereits im Einigungsvertrag getroffene Festlegung auf das Prinzip Rückgabe und der Restitutionsausschluss für die in der Sowjetischen Besatzungszone zwischen 1945 und 1949 erfolgten Enteignungen. Die weitere politische Behandlung dieser Fragen war stark von juristischen und administrativen Faktoren beeinflusst. Die Lösung offener Vermögensfragen hing naturgemäß davon ab, wie schnell die neu geschaffenen Vermögensämter, die Treuhandanstalt und die Oberfinanzdirektionen der neuen Länder in der Lage waren, die Aufgabe anzugehen und routiniert abzuarbeiten. Mehrere Millionen Rückgabeansprüche zu bearbeiten und eine ganze Volkswirtschaft zu privatisieren, war eine gigantische, beispiellose Aufgabe, deren Erledigung nicht nur den entsprechenden politischen Willen und geeignete Regelwerke, sondern vor allem auch einen leistungsfähigen administrativen Apparat voraussetzte.

Es gibt prinzipiell nur wenige Möglichkeiten des Umgangs mit Alteigentum: Rückgabe, Entschädigung, Zuordnung, Privatisierung. Für *Rückgabe und Entschädigung* waren und sind die Ämter zur Regelung offener Vermögensfragen (ÄRoV) zuständig, für *Privatisierungen* die Treuhandanstalt, für *Vermögenszuordnungen* an öffentliche Aufgabenträger die Oberfinanzdirektionen in Zusammenarbeit mit der Treuhandanstalt. Aufgaben der Treuhandanstalt gingen nach dem 31. Dezember 1995 auf die Bundesanstalt für vereinigungsbedingte Sonderaufgaben (BvS) über. Die Treuhandanstalt beschäftigte 1994 in ihrer Berliner Zentrale und 15 Niederlassungen rund 4.000 fest angestellte Mitarbeiter und hatte während ihrer gesamten

Existenz fast ebenso viele freiberuflich Tätige – Berater, Betriebsprüfer etc. – unter Vertrag. In den 115 neu aufgebauten ÄRoV waren 1996 knapp 3.500 Mitarbeiter tätig. Rechnet man die Gerichte und Anwaltskanzleien in etwa gleicher Personalausstattung hinzu, so leben von der Bewältigung offener Vermögensfragen deutlich mehr als 15.000 fest angestellte und freiberuflich Beschäftigte.

Für die genannten Aufgaben ist im politischen System grundsätzlich die Bundesebene zuständig. Allerdings liegt die Organisationshoheit über die Ämter zur Regelung offener Vermögensfragen, mit Ausnahme des Bundesamtes, bei den jeweiligen Bundesländern. An der Spitze steht dort jeweils ein „Landesamt zur Regelung offener Vermögensfragen" (LARoV), nachgeordnet die ÄRoV. Diese Dreistufigkeit entspricht dem grundsätzlichen Verwaltungsaufbau der Bundesrepublik. Auch dort, wo der Bund die Regelungskompetenz hat, liegt die Verwaltungszuständigkeit bei den Ländern. Eine Ausnahme bildete die Treuhandanstalt. Obwohl sie in vieler Hinsicht in die verfassungsmäßige Zuständigkeit der Länder eingriff, war sie, wie ihre Nachfolgerin BvS, eine unmittelbar der Bundesregierung unterstellte Anstalt des öffentlichen Rechts. Die in Zusammenhang mit offenen Vermögensfragen stehenden Regelungen wurden größtenteils im Justizministerium in Zusammenarbeit mit dem Bundesamt zur Regelung offener Vermögensfragen (BARoV) beziehungsweise der Treuhandanstalt erarbeitet.

Gesetzliche und untergesetzliche Regelwerke (Verordnungen, Richtlinien etc.) entstanden meist in enger Kooperation zwischen den zuständigen Verwaltungsbehörden und entsprechenden Bundesressorts. Nur so konnte der Regelungsbedarf überhaupt bewältigt werden. Die meisten Gesetze zur Transformation Ostdeutschlands waren wie das Vermögensgesetz „lückenhafte, die Realitäten der ehemaligen DDR teilweise praxisfern beurteilende, *nachbesserungsbedürftige* Regelungen" (Köhler-Apel/Bodenstab 1995, S. 311). Allein das Vermögensgesetz erfuhr in den ersten fünf Jahren acht Änderungen. Mit 1,6 Novellierungen pro Jahr liegt es an der Spitze der Transformationsgesetze. Die Arbeit der mit seinem Vollzug beauftragten Behörden wurde dadurch sowohl erleichtert als auch erschwert. Zum einen wurden die Regelungen wirklichkeitsnäher – Lerneffekte im Gesetzesvollzug konnten in die Gesetzgebung einfließen. Das BARoV hatte die explizite Aufgabe solche Erfahrungen zu sammeln und in den Gesetzgebungs- und Verordnungsprozess einzuspeisen (Interview Hansjürgen Schäfer, BARoV, am 19. März 1997). Ähnliche Einflüsse auf den Bundesgesetzgeber gab es seitens der Treuhandanstalt (Interview Martin Keil, THA, am 23.2.1993).

Wie das Prinzip Rückgabe mit seinen zahlreichen, bereits in der Urfassung des Vermögensgesetzes festgehaltenen Ausnahmen in der Praxis anzuwenden sei, ist also von der Bundesregierung in Zusammenarbeit mit den Fachbehörden ständig erörtert und gegebenenfalls konkretisiert worden (eine Übersicht bieten: Schöneberg 1993; Köhler-Apel/Bodenstab 1995, S. 311). Die Arbeit der ÄRoV und der THA wurde einerseits durch rasch aufeinander folgende „Reparaturgesetze" erleichtert, weil auf diese Weise Rechtsklarheit und -anwendbarkeit geschaffen wurde.

Andererseits waren ständige Wachheit und Anpassungsbereitschaft gefordert, die den Klienten der genannten Behörden leicht als Aufgeregtheit und Unberechenbarkeit erscheinen konnten. Ein Problem lag darin, dass manche Rückgabeansprüche eine langwierige Bearbeitung erforderten, z.b. wenn es sich um zahlreiche oder konkurrierende Ansprüche handelte – im Fall der Sabersky-Erben, den Nachfahren einer jüdischen Familie, die im Süden Berlins Baugrundstücke entwickelt hatte, waren es etwa 1.000 Grundstücke. Die Ämter mussten in solchen Fällen oft wie historische Forschungsstellen arbeiten.

Die Privatisierung der land- und forstwirtschaftlich genutzten, nicht genossenschaftlichen, sondern ehemals volkseigenen Flächen obliegt der Bodenverwertungs- und -verwaltungs GmbH (BVVG), einer von der Treuhandanstalt und ihrer Nachfolgerin beauftragten privatrechtlichen Gesellschaft. Sie verfügte über mehr als 1,3 Millionen ha Landwirtschaftsfläche und rund 700.000 ha Wald. Die Flächen sind gegenwärtig noch zumeist an landwirtschaftliche Produktionsgenossenschaften verpachtet. Sie sollen verkauft werden, darunter auch an Alteigentümer zu vergünstigten Konditionen. Nur ein Teil, etwa Auslandsvermögen, ist an frühere Eigentümer zu restituieren.

Die Rechtsprechung der neuen Bundesländer war durch Vermögensstreitigkeiten stark belastet. Das Bundesamt für offene Vermögensfragen zählte mehr als 25.000 Klagen, die abgewiesene Antragsteller bis zum Februar 1997 gegen seine Entscheidungen bei den Verwaltungsgerichten eingereicht hatten. Davon waren nur sieben Prozent erfolgreich. Insgesamt hatten die Vermögensämter bis dahin etwa 1,7 Millionen Bescheide erteilt, denen in 100.000 Fällen widersprochen wurde. Etwa 8.000 Widersprüchen wurde stattgegeben (alle Zahlenangaben aus BARoV 1997, S. 1-2). Der administrativen und gerichtlichen Bearbeitung vermögensrechtlicher Ansprüche kann insofern eine bemerkenswerte Effizienz bescheinigt werden; zumal die zuständigen Stellen nach der Vereinigung eingerichtet und arbeitsfähig gemacht werden mussten.

Wie nicht anders zu erwarten, finden sich in Vermögensfragen erhebliche Rechtslücken, die der Gesetzgeber bei aller Umsicht und Schnelligkeit nicht beseitigen konnte. Damit erhielt die richterliche Rechtsinterpretation und -fortbildung einen gewissen Stellenwert (Schäfer 1996). Am deutlichsten kommt dies in höchstinstanzlichen Urteilen des Bundesverfassungsgerichtes, des Bundesverwaltungsgerichtes und des Bundesgerichtshofes zum Ausdruck, die über Jahre hinweg maßgeblich mit Restitutions- und Vermögensfragen befasst waren. Dabei bestand die Möglichkeit, dass Richter „auf kaltem Wege rechtspolitische Entscheidungen des Gesetzgebers – etwa zur Abgrenzung der Rückgabe und zur Sozialverträglichkeit im Vermögensgesetz – korrigieren" (Schäfer 1996, S. 206); zumal das Vermögensrecht durchaus auf Abwägung angelegt war, die auch im Einzelfall zu leisten war.

Die Gerichte, namentlich das Bundesverfassungsgericht, sind für etliche ihrer Entscheidungen auch von Rechtswissenschaftlern gescholten worden. Meist handelte es sich um Juristen, die, anstatt Sinn und Folgen einer Regelung, nur das

Die Tragweite des Eigentums 477

positive Recht als solches beachteten. Ihnen erschien es ideal, Recht aus Recht herzuleiten, womit die Politik erübrigt würde. Tatsächlich war aber der politische Gesetzgeber die letzte Entscheidungsinstanz, wo nötig dergestalt, dass er die richterliche Rechtsanwendung, auch wenn sie seinen ursprünglichen Vorstellungen widersprach, kurzerhand zum Gesetz erhob. Der Gesetzgeber konnte also aus der Gesetzesanwendung lernen, wie gerade die Vereinigungspolitik häufig gezeigt hat. Die Novellierung bestehender Gesetze erschien oft sogar als der eleganteste Ausweg, wenn die Frage, was dem Geist des Gesetzes entspricht, vom Bundesverwaltungsgericht und in der Exekutive unterschiedlich beantwortet wurde (Schäfer 1996, S. 209).

III. Rückgabe als Ausnahme

Die größten rechtspolitischen Konflikte verursachte der bereits im Einigungsvertrag festgehaltene Restitutionsausschluss für Enteignungen der Besatzungszeit. Die sowjetische Besatzungsmacht enteignete zwischen 1945 und 1949 den Grundbesitz

„(...) der Kriegsverbrecher und führenden und aktiven Nationalsozialisten, darüber hinaus auch den gesamten privaten Großgrundbesitz von mehr als 100 ha Größe nebst allem darauf befindlichen landwirtschaftlichen Vermögen entschädigungslos (...) (Art II Nr. 2 und 3 BRVO). Aus dem enteigneten Grundbesitz wurde ein Bodenfonds gebildet, in den auch der staatliche Grundbesitz einbezogen wurde (Art II Nr. 1 und 4 BRVO). Aus dem Bodenfonds wurden Grundstücke an landlose oder landarme Bauern, Landarbeiter, Flüchtlinge und Umsiedler verteilt, wobei der zugeteilte Boden 5 ha, bei schlechter Bodenqualität bis zu 10 ha nicht überschreiten sollte" (Art. IV, Nr. 6, 8 und 9 BRVO; zit. nach BVerfGE 84, 90 (97)).

Der weit überwiegende Teil des Bodenreformlandes entstammte aus Großgrundbesitz von 100 ha bis zu 1000 ha (Tabelle 1). Neben Grundeigentum wurden Wirtschaftsunternehmen nach besonderen, mit Verzeichnislisten versehenen Vorschriften der Militäradministration enteignet. Allein die mit Hilfe einer deutschen Wirtschaftskommission zusammengestellte, durch den Befehl Nr. 64 der Sowjetischen Militäradministration bestätigte, so genannte Liste A enthielt 9.870 Industrie- und Gewerbebetriebe, Handwerksbetriebe und Ladengeschäfte, deren Inventar großteils demontiert und in die Sowjetunion verfrachtet wurde.

Die Enteignungen der ersten Nachkriegsjahre unterscheiden sich von späteren Maßnahmen der DDR-Regierung in vielerlei Hinsicht. Sofort nach Kriegsende, noch im Jahr 1945 verfügte Beschlagnahmen, Sicherstellungen und Einziehungen von Vermögen geschahen in Übereinstimmung mit Beschlüssen des Alliierten Kontrollrats, den die Siegermächte des Zweiten Weltkriegs gemeinsam über Deutschland als Ganzes errichtet hatten. Besatzungsrechtliche Eingriffe in die Wirtschaft und ihre Eigentumsstrukturen gab es damals nicht nur in der sowjetischen Besatzungszone. Auch in den Westzonen wurden Konzerne, die das nationalsozialistische Regime gestützt hatten, umgebaut und entflochten sowie durch Repara-

Tabelle 1: Herkunft der Betriebe und Flächen des staatlichen Bodenfonds

Art des Betriebes	Anzahl der Betriebe	Fläche in ha
Private Güter über 100 ha	7.112	2.504.732
Private Güter unter 100 ha	4.278	123.868
Objekte aus Staatsbesitz	1.203	329.123
Staatl. Siedlungsges. und Institute	129	18.321
Staatswälder und Forsten	373	161.269
Sonstiger Grundbesitz	604	88.051
Insgesamt	13.699	3.225.364

Quelle: Bundesministerium der Justiz; BVerfGE 84, 90 (98); Dölling, Hermann W., 1950: Wende der deutschen Agrarpolitik. Ein Beitrag zum Strukturwandel der Landwirtschaft von der Marktgenossenschaft bis zur Bodenreform. Berlin: Deutscher Bauernverlag.

tionslasten und Auflagen in ihrem eigentumsrechtlichen Status beeinträchtigt. Dies ist zum Verständnis der damaligen Maßnahmen wichtig, die in Ostdeutschland nicht zuletzt wegen der ostelbischen Agrarstruktur weiter reichten und nicht, wie im Westen, unter dem Eindruck des kalten Krieges rasch korrigiert wurden. Auch im Ausland wurden nach dem Zweiten Weltkrieg deutsches Industrievermögen und einheimisches Kollaborationsvermögen enteignet.[2]

Prominente Wirtschaftsführer der NS-Zeit büßten ihre Mittäterschaft durch Entlassung, Enteignung oder durch Gefängnisstrafen, ehe man sie im Westen sehr bald amnestierte und zum größten Teil wieder in ihre alten Rechte einsetzte. Industriedynastien wie Krupp und Flick waren betroffen, aber auch viele mittelständische Unternehmer, etwa Eigentümer von Presseverlagen, die nach dem Krieg keine Zeitungslizenzen erhalten hatten und sich später als sogenannte „Altverleger" nur schwer gegen die politisch unbelasteten und wirtschaftlich erfolgreichen Lizenzträger durchsetzen konnten. Fast jedes deutsche Presseerzeugnis von Rang, sei es die „Süddeutsche Zeitung", die „Frankfurter Allgemeine", „Die Zeit", „Der Spiegel", „Die Welt", der „Industriekurier", aus dem das „Handelsblatt" hervorging, ist das Produkt einer eigentumsrechtlichen Neuordnung der Siegermächte. Namen wie Springer, Augstein, Bucerius, Holtzbrinck repräsentieren eine, von den damaligen Altverlegern verächtlich „Lizenzpresse" genannte, heute milliardenschwere Medienindustrie. Die in den Nationalsozialismus besonders tief verstrickten „Altverleger" blieben indessen enteignet.

Ein Beschluss des Alliierten Kontrollrates verpflichtete die Siegermächte, Eigentumsrechte von Ausländern in Deutschland zu respektieren. Daran hielt sich auch die Sowjetunion mit dem Ergebnis, dass der Restitutionsausschluss von besatzungsrechtlichen und besatzungshoheitlichen Enteignungen nur für Deutsche,

---

2 Im besiegten Japan hat die amerikanische Besatzungsmacht 1956/47 eine sehr weitgehende Bodenreform erzwungen, welche die japanische Nachkriegsentwicklung tief greifend beeinflusste. Dort musste aller Grundbesitz über einem Hektar an den Staat verkauft werden, der ihn an ehemalige Pächter neu verteilte (Dore 1966).

nicht aber für Ausländer gilt. Folglich bekam zum Beispiel der belgische Solvay-Konzern seine mitteldeutschen Sodafabriken von der Treuhand ebenso zurück, wie ein südafrikanischer Eigentümer seine Erbgüter in Mecklenburg.

Die Bundesregierung hat den Restitutionsausschluss der unter Besatzungsregime enteigneten deutschen Vermögen nie sachlich gerechtfertigt, sondern mit außenpolitischem Zwang begründet. Das in den Bodenreformfonds der DDR eingebrachte Grundvermögen wurde nach ihren Erklärungen von der Restitution ausgeschlossen, weil andernfalls die Sowjetunion und die DDR-Regierung der Wiedervereinigung nicht zugestimmt hätten. Obwohl Alteigentümer den außenpolitischen Zwang wiederholt anzweifelten, hat das *Bundesverfassungsgericht* den Restitutionsausschluss mehrfach bestätigt; allerdings mit der Auflage, aus Gründen der Gleichbehandlung mit später erfolgten Enteignungen die Bodenreformopfer angemessen zu entschädigen (BVerfGE 84, 90). Das am 1. Dezember 1994 in Kraft getretene *Entschädigungs- und Ausgleichsleistungsgesetz* (EALG) enthält daher auch Regelungen zum vergünstigten Erwerb von Treuhandflächen durch Alteigentümer. Dies kann allerdings zu Lasten von Landwirtschaftlichen Produktionsgenossenschaften gehen, die das fragliche, von der Treuhandanstalt gepachtete Land bewirtschaften. Der im Deutschen Bauernverband organisierte *genossenschaftliche Agrarsektor* ist gegen diese Art der Entschädigung. Die Konfliktfront verläuft hier zwischen Landwirtschaftsinteressen, namentlich der auf die Bodenreform zurückgehenden Landwirtschaftlichen Produktionsgenossenschaften, und Alteigentümern (Lehmbruch/Mayer 1998).

Mit den Vorgaben des Einigungsvertrages, des Vermögensgesetzes und der Urteile des Bundesverfassungsgerichtes ist ein Wiederaufleben der ostelbischen Sonderentwicklung in der Agrarverfassung, die einst zur Vorherrschaft von Großgrundbesitz geführt hat, verhindert worden. Stattdessen hat sich eine neue Variante der Agrarverfassung in Deutschland herausgebildet. Während die Bundesrepublik traditionell vom Leitbild des bäuerlichen Familienbetriebes geprägt war, dominiert heute in Ostdeutschland die Rechtsform der Landwirtschaftlichen Produktionsgenossenschaft. Die LPGs verfügen über weit größere durchschnittliche Betriebsflächen und Effizienzvorteile gegenüber der westdeutschen Agrarstruktur. Diese Entwicklung hat die Landwirtschaftspolitik in ganz Deutschland nachhaltig verändert (vgl. Lehmbruch/Mayer 1998).

Selbst dort, wo die vollständige Rückgabe zunächst als Regel gelten sollte, blieb sie im Ergebnis die Ausnahme. Auch im Falle von Enteignungen nach 1949 haben die Landesämtern zur Regelung offener Vermögensfragen fast die Hälfte der Rückgabeansprüche abgelehnt. Nur 25 Prozent der Antragsteller erwirkten eine vollständige Rückübertragung (Abbildung 1). „Alteigentümer gehen meist leer aus", schrieb deshalb die Berliner Zeitung vom 10. April 1995. Flächen, auf denen zu DDR-Zeiten Wohnsiedlungen gebaut worden waren oder an denen ein „öffentliches Interesse" bestand, wurden prinzipiell nicht zurückgegeben. Ein öffentliches Interesse wurde gemäß dem Vermögensgesetz auch dann geltend ge-

Abbildung 1: Bearbeitungsstand, Immobilien, Grundstücke, Grundstücksanteile

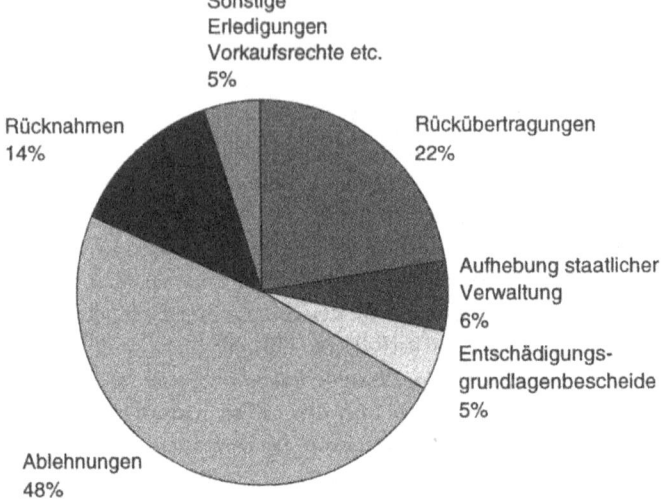

Quelle: Bundesamt zur Regelung offener Vermögensfragen: Stand der Bearbeitung vermögensrechtlicher Ansprüche per 30. September 1999 (fünf neue Bundesländer ohne Berlin).

macht, wenn eine Rückgabe private oder öffentliche Investitionen verhindert und damit den „Aufbau-Ost" verzögert hätte.

Am geringsten war die Quote der vollständigen Rückgaben von Immobilien und Grundbesitz im Land Berlin. Sie betrug hier bis Mitte 1995 nur elf Prozent. Dies ist nicht verwunderlich, da gerade in Berlin mit seiner regen Bautätigkeit über eine Zeit von bis zu 60 Jahren nur noch wenige Grundstücke und Immobilien auch nur annähernd ihren ursprünglichen Zustand behalten hatten. Neuere Daten (Herbst 1999) zeigen folgende Rückgabequoten in den neuen Bundesländern: Brandenburg (20 Prozent), Thüringen (17 Prozent), Sachsen (22 Prozent) und Mecklenburg-Vorpommern (23 Prozent). Nahezu komplett abgelehnt wurden Rückgabe-Ansprüche auf Eigenheim-Grundstücke, die unter staatliche Verwaltung kamen nachdem ihre früheren Eigentümern die DDR verlassen hatten. Ein Großteil dieser Immobilien war noch vor 1989 von DDR-Bürgern nach Maßgabe des Vermögensgesetzes redlich erworben worden. Wo die staatliche Verwaltung fortbestand, bekamen die Besitzer oder Nutzer in der Regel einen Vorkaufsanspruch zum halben Preis oder zum halbierten Erbpachtzins, aus denen die Alteigentümer im Fall der Anerkennung ihrer Ansprüche entschädigt werden. Der Bearbeitungsstand von insgesamt 1.972.517 Anträgen auf Rückgabe von Vermögenswerten im Bereich Immobilien und Grundstücke lag im September 1999 bei 92,22 Prozent.

Nachdem bereits Mitte der 90er Jahre klar wurde, dass aufgrund der jeweiligen Sachlage etwa ein Viertel der Rückgabeansprüche nach dem Vermögensgesetz positiv entschieden werden würden (Czada 1998, S. 26), und nachdem aus Gründen der Gleichbehandlung auch die 1945 bis 1949 Enteigneten Ausgleichsansprüche geltend machen konnten, verschob sich die Problematik auf Entschädigungsleistungen und ihre Höhe. Nach Verabschiedung des „Entschädigungs und Ausgleichsleistungsgesetzes" im Spätherbst 1994 traten Entschädigungsfragen in den Vordergrund. Bis September 1999 registrierten die Ämter für Offene Vermögensfragen insgesamt 108.000 Ausgleichsleistungsansprüche mit noch steigender Tendenz, von denen zum gleichen Zeitpunkt 47.000 verwaltungsseitig erledigt waren.

IV. Politik und Recht der offenen Vermögensfragen

Vermögen ist das ökonomische Pendant zum juristischen Eigentum. Spricht man von offenen Vermögensfragen, wie im Fall des „Alteigentums" in den neuen Bundesländern, so wird schon in der Sprache deutlich, dass es nicht um eine ausschließlich juristische Begründung oder Wiederherstellung von Eigentumsrechten geht, sondern um Fragen der Vermögensverteilung und des Lastenausgleichs, in die neben juristischen Aspekten politische, soziale und wirtschaftliche Erwägungen einfließen. Auch stand bei den Verhandlungen des Bundesverfassungsgerichtes zu Fragen von „Restitution oder Entschädigung" keineswegs die Eigentumsgarantie des Grundgesetzes im Vordergrund, sondern der Gleichheitsgrundsatz, das Rechtsstaatsprinzip und das Sozialstaatsgebot (Ossenbühl 1995; BVerfGE 84, 90; Schäfer 1996, S. 206).

Gleichwohl gilt auch: Ein Großteil der Einigungspolitik und der Regelwerke zur deutschen Vereinigung kreist um juristische Eigentumsfragen oder in einem weiteren Sinne um Verfügungsrechte über Sachen. Soweit Einzelvorschriften auf die Eigentumsgarantie des Grundgesetzes – Art 19 II GG – zurückführbar waren, konnte sie auch der Gesetzgeber nicht beliebig ändern. Die Eigentumsgarantie zählt zum Wesensgehalt des Grundgesetzes. Letztlich lag es am Bundesverfassungsgericht zu prüfen, ob die Substanz des Grundrechtes durch Gesetze, Maßnahmen der Verwaltung oder Entscheidungen von Gerichten verletzt wurde (vgl. BVerfGE 42, 264, 293; BVerfGE 24, 402). Hinter dieser Konstruktion steht die 'Wertentscheidung' der Verfassungsgeber, dem Schutz des Eigentums Vorrang vor den Handlungsmöglichkeiten von Staat und Verwaltung einzuräumen und es als staatlich nicht antastbares *Naturrecht* anerkennen zu wollen. Letztlich wird also das Recht auf Eigentum und der politische Umgang mit diesem Recht durch Theorien des Eigentums begründet. Deutschland steht hier wie die Vereinigten Staaten und andere westliche Industrieländer in der von Lock begründeten Naturrechtstradition (vgl. Brocker 1992, S. 292-388).

Im Zuge der Eigentumsregelungen in den neuen Bundesländern wurde freilich offenkundig, dass viele Politiker und selbst Experten des Justizministeriums eigentumstheoretisch nicht auf dem neuesten Stand waren. Die juristische Eigentumslehre, wie sie in Deutschland gepflegt wird, scheint die neuere, in der institutionellen Wirtschaftstheorie verankerte Theorie der Eigentumsrechte noch kaum rezipiert zu haben. Demnach ist Eigentum ein regelgebundenes Produkt sozialer und politischer Übereinkunft. Diese Auffassung der aktuellen institutionalistischen Theorie der Eigentumsrechte (Whelan 1980, S. 102) bricht mit älteren Vorstellungen von Eigentum als naturgegebenes Recht, Ergebnis von Arbeit oder jeder erfolgreich behaupteten Aneignung von Sachwerten:

„Heute ist allgemein anerkannt, daß Eigentum (...) oder Besitz als komplexes Bündel einer Vielfalt möglicher und spezifisch ausgeprägter Rechte analysiert werden muß, daß solche Rechte durch Regeln und eine gelebte soziale Praxis bestimmt sind, und daß die Art der 'Dinge', die zu Eigentum werden können, ebenso wie die Bedingungen unter denen sie gebraucht werden dürfen, notwendigerweise Gegenstand gesetzlicher Bestimmungen sind."

Aus den Prinzipien einer Theorie der Eigentumsrechte sind nun eine Reihe von Folgerungen abzuleiten, die für eine Beurteilung der Vermögenszuordnung im Verlauf der deutschen Einigung von Bedeutung sind. In erster Linie gehört dazu die Anerkennung des *Primates demokratischer politischer Entscheidungen* gegenüber rechtsdogmatischen oder naturrechtlichen Konstruktionen. Zum Zweiten folgt daraus, dass *Gebrauch und Nutzen des Eigentums Gegenstand regulativer beziehungsweise ordnungspolitischer Eingriffe* sind, die einen wesentlichen Aspekt staatlicher Wirtschaftspolitik im Rahmen einer gegebenen Wirtschaftsordnung darstellen. So ist zum Beispiel das Forsteigentum seit alters durch staatliche Regulierung ebenso beschränkt wie das heutige Industrieeigentum durch das Wettbewerbsrecht oder Mitbestimmungsvorschriften.

Eine weitere Folgerung betrifft die *wohlfahrtsökonomische Effizienz von Verfügungsrechten*. Die wissenschaftliche Property-Rights-Literatur besagt, dass klar definierte Eigentumsrechte eine Voraussetzung ökonomischer Prosperität sind. Die sozialistische Eigentumsordnung der DDR war in der Hinsicht ineffizient, weil sie die Verfügungsrechte zentralisierte und zugleich von der Folgenverantwortung abtrennte: „Die Partei traf die Entscheidung; das Risiko hatten die Ausführenden zu tragen. (...) So entstand ein System der kollektiven Verantwortungslosigkeit" (BT 1993, S. 25 f.).

Es ist bemerkenswert mit welch sensiblem Gespür und Gerechtigkeitssinn einige Juristen in Alteigentumsfragen argumentierten, während andere mit historischer und eigentumstheoretischer Ignoranz vorgingen. Der Verweis, den manche auf das gute alte Recht vorbrachten, die Berufung auf eine gottgegebene Ordnung oder die Suche nach einem allgemeinen Menschenrechtsgrundsatz (so Schmidt-Jorzig 1995, S. 210) konnte die offenen Vermögensfragen nicht lösen oder gar die Wunden heilen, welche die Geschichte zufügte. Weder lassen sich die Eigentumsverhältnisse zur Zeit des Sachsenspiegels im 13. Jahrhundert wieder herstellen, noch kann ein göttlicher Wille zur Erneuerung preußischer Grundeigentumsstrukturen vernünftigerweise behauptet werden. Die Eigentumsgarantie ist wohl bedacht auch nicht als ein allgemeiner Menschenrechtsgrundsatz anerkannt. Das Bundesverfassungsgericht betont ausdrücklich, dass der einer entschädigungslosen Enteignungen durch eine fremde Macht nach inländischer Gerechtigkeitsvorstellung „anhaftende Makel" nicht ausreicht, „um ihr die Wirksamkeit abzusprechen" (BVerfGE 84, 90 (123)). Ohne die territoriale Begrenzung der über elementare Menschenrechte hinausgehenden staatlichen Rechtsordnungen wäre nämlich souveräne Staatlichkeit ebenso wie die Existenz einer friedlichen Staatengemeinschaft gar nicht möglich (vgl. Seidl-Hohenveldern 1952, S. 9 f.). Eingriffe in das Eigentum sind, anders als Menschenrechtsverletzungen, stets innere Angelegenheiten eines jeden Staates:

„Das Territorialprinzip, das die Wirkung von Enteignungen einschließlich der entschädigungslosen Konfiskationen (...) bestimmt, ist international anerkannt. Auch wenn, wie die Beschwerdeführer geltend machen, die in Frage stehenden Enteignungsmaßnahmen von Anfang an auf die Umgestaltung der gesellschaftlichen Verhältnisse im Sinne einer sozialistischen Ordnung gerichtet waren, gilt nichts anderes. Es wird gerade zum Wesen einer solchen Veränderung gerechnet, daß dabei keine oder nur eine geringe Entschädigung geleistet wird, weil sonst die beabsichtigte soziale Umschichtung vereitelt würde. Für die Hinnahme einer solchen Umgestaltung in einem anderen Staat wird es, soweit deren Auswirkungen im Gebiet des anderen Staates in Frage stehen, nicht nur nach deutschem internationalem Enteignungsrecht, sondern – jedenfalls überwiegend – auch sonst im internationalen Rechtsverkehr nicht als entscheidend angesehen, ob sie mit der eigenen innerstaatlichen Verfassungsordnung vereinbar ist" (BVerfGE 84, 90 (124).

Die staatstheoretisch begründete Argumentation kann natürlich das mit Eigentumsverlust und Vertreibung persönlich erfahrene Unrecht nicht vergessen machen. Leib und Leben, die zugleich gefährdet waren oder verloren gingen, sind freilich weit höherrangige Rechtsgüter, die allein übergesetzlichen und übernationalen Schutz genießen. Zu den Wunden der Geschichte und namentlich der deutschen Teilung gehört das Systemunrecht in seiner ganzen historischen Tiefe. „Die an Gesundheit, Freiheit und am beruflichen Fortkommen Geschädigten verdienen zumindest dieselbe Aufmerksamkeit wie die durch eine Lobby gut repräsentierten Betroffenen von Enteignungen" (Ossenbühl 1995, S. 144).

V. Kampf der Erbeserben und das Problem der Gerechtigkeit

Wir hatten einen bemerkenswerten Unterschied zwischen den Konfliktverläufen um das Land- und Industrievermögen festgestellt. Die besatzungsrechtliche Enteignung der *Großindustrie* ist mit wenigen Ausnahmen (z.B. die Restitutionsansprüche der IG Farben-Rechtsnachfolger) akzeptiert worden. Es gab keine Industriellen oder Manager, die das rechtmäßige Eigentum der Treuhandanstalt an den zwischen 1945 und 1949 enteigneten Unternehmen anzweifelten. *Großgrundbesitzer*, ihre Erben und Erbeserben kämpften dagegen einen oft verzweifelten Kampf um ihre angestammten Güter. Der Unterschied ist nicht allein mit materiellen Werten erklärbar. Meist sind sogar abseits gelegene Ländereien auf dem flachen Land mit denkmalgeschützten Gebäudebeständen weniger wert als städtische Industriegrundstücke. Wenn trotzdem intensiver um sie gekämpft wurde, lag es meist am immateriellen Traditionswert eines jahrhundertealten Familienerbes – so lautet zumindest das Argument der Nachkommen.

Rückgabeforderungen und offene Vermögensfragen sind heikle politische Themen. Sie führten zu erbitterten Interessenkonflikten, die oft mit juristischen Mitteln ausgetragen wurden. Das dem Vermögensgesetz zugrundeliegende Prinzip Rückgabe lag am wenigsten im Interesse der Bewohner der neuen Bundesländer; es „war nicht einmal auf westdeutscher Seite auf eine breite Mehrheit gestützt, sondern die energisch verfochtene Position der FDP unter Federführung des damaligen Justizministers Kinkel und des Vorsitzenden der FDP-Fraktion Graf Lambsdorff" (Ossenbühl 1995, S. 140).

Regierungen und Parteien wussten indes um die besondere Bedeutung der Vermögensverteilung für die Stabilität des demokratischen Gemeinwesens. Je mehr der Grundbesitz eines Landes auf wenige Familien konzentriert ist, umso unwahrscheinlicher und gefährdeter wird die demokratische Staatsform (vgl. Rueschemeyer/Huber/Stephens 1992). Aber auch bei ausgeglichener Vermögensverteilung stellt sich die Frage der Verquickung von politischer Macht und ökonomischem Vermögen. Sie durch regulative Politik, gesetzliche Regeln, Maßnahmen der Überwachung und Missbrauchsaufsicht einzugrenzen, gehört zu den Aufgaben jedes demokratischen Staates. Wettbewerbspolitik, Medien- und Telekommunikationsregulierung, Mitbestimmung, Sicherheitsvorschriften, wie die technische Kfz-Prüfung, enthalten auch eine eigentumsrechtliche Problematik, weil sie in die Verfügungsrechte Privater eingreifen. Neuere Eigentumsrechtstheorien sind in dieser Hinsicht auf das Verhältnis von Staat und Markt, auf die Balance von öffentlichem und privatem Interesse sowie auf die spezifischen Wohlstandsfolgen von Eigentumsstrukturen abgestellt (vgl. Lerch 1996; North 1990; Schüller 1983).

Die naturrechtliche Begründung des Eigentums findet sich zwar ausdrücklich in einigen deutschen Länderverfassungen. Sie ist freilich in der Wissenschaft schon lange durch die ökonomische Property-Rights-Theorie modifiziert und verdrängt worden. Eigentum ist ein durch politische Übereinkunft geschaffenes Rechtsverhältnis zwischen Personen. Es rechtfertigt sich in einer demokratischen Marktgesellschaft durch seine wohlfahrtsökonomischen Folgen. Eine solche *konsequenzialistische* Begründung des Privateigentums ist bereits bei *Locke* angelegt, wenn er im „Second Treatise" schreibt, das Privateigentum sei ein Geschenk für die Menschheit, weil es mehr Früchte trägt als das Gemeineigentum.

Die zeitgenössische, konsequenzialistische Eigentumsrechtstheorie führt im Falle offener Vermögensfragen im deutschen Vereinigungsprozess zur Einsicht, dass das zugrundeliegende Gerechtigkeitsproblem eigentumsrechtlich nicht zu lösen ist. Dieses Problem hat damit zu tun, dass der frühere Zustand nicht wiederhergestellt werden kann und daher eine alle zufrieden stellende Gleichbehandlung unmöglich ist. Selbst wenn sich der Sachvermögenszustand in Ostdeutschland wiederherstellen ließe und es nicht seit den Dreißigerjahren zu aufeinander folgenden, politisch beeinflussten und erzwungenen Vermögensübertragungen gekommen wäre, bliebe die Frage der Gleichbehandlung aller Deutschen, also auch der Ostvertriebenen, die unwiderruflich ihren ganzen Besitz verloren haben, offen. Vor diesem historischen Hintergrund darf, wie Ossenbühl (1995, S. 137) bemerkt, die „Wiedergutmachung von Unrecht nicht mit der generellen Herstellung von Zuständen, die fast ein halbes Jahrhundert zurückliegen, verwechselt werden".

VI. Das Prinzip Rückgabe: Geburtsfehler der Vereinigung?

Das Prinzip Rückgabe weckte die falsche Hoffnung, damit könne erlittenes Unrecht am besten geheilt werden. Tatsächlich hat dieses Prinzip den ökonomischen Aufbau-Ost belastet und neues Unrecht verursacht. Wenn zum Beispiel aus Gründen der Gleichbehandlung die Erben und Erbeserben von Bodenreformopfern ihren alten Besitz verbilligt zurückkaufen können, warum sollten an diesem Programm nicht auch die Ostvertriebenen beteiligt werden? Unter dem Gesichtspunkt der Wiedergutmachung von Unrecht besteht kein Unterschied zwischen jenen Deutschen, die ihren Besitz durch Vertreibung aus der Heimat etwa in Ostpreußen verloren haben und denen, die zur gleichen Zeit in Mitteldeutschland auf dem Territorium der DDR enteignet wurden. Noch weniger kann das Schicksal der Erben und Erbeserben dieser Opfer unterschieden werden, die diese Vorgänge ohnehin nur aus Erzählungen kennen.

„Haben diese Erbeserben überhaupt ein Unrecht erlitten, das ausgleichsbedürftig ist? Hier ergeben sich Erwägungen für weitere sachgerechte Differenzierungen, die allerdings sowohl in der Politik wie in der wissenschaftlichen Diskussion bislang offenbar tabuisiert worden sind, weil das Erbrecht undiskutiert als essentielle Verlängerung des Privateigentums verstanden wird, ohne zu sehen, daß diese Sichtweise bei der Wiedergutmachung von Unrecht nicht trägt. Denn die Zufügung von Unrecht ist ein persönliches Schicksal und als personengebundenes Ereignis auch prinzipiell nicht vererbbar" (Ossenbühl 1995, S. 136 f.).

Die Bundesregierung hat, indem sie im „Entschädigungs- und Ausgleichsleistungsgesetz" (EALG) auch die Vertriebenen mit pauschal 4.000 DM bedachte, den gesamthistorischen Zusammenhang durchaus gesehen, allerdings diesen Anspruch im Gegensatz zu anderen als nicht vererbbar gestaltet.

Das „Prinzip Rückgabe" erwies sich in der politischen Praxis vor allem deshalb als konfliktträchtig, weil dadurch die Ungleichbehandlung der besatzungsrechtlich und besatzungshoheitlich enteigneten Vermögen und der Vertriebenen gegenüber allen übrigen Eigentumsverlusten krass hervortrat und juristische Korrekturen geradezu herausforderte. Das „Prinzip Rückgabe" hat das Dilemma der Gleichheit verschärft, weil diejenigen, die ihren früheren Besitz zurückerhalten, in jedem Fall besser gestellt sind als die mit Entschädigung abgefundenen Alteigentümer. Das „Prinzip Rückgabe" verursachte so ein praktisches Problem, mit dem die Politik ursprünglich nicht gerechnet hatte.

Lässt man die hier entwickelten Prämissen und historischen Überlegungen gelten, muss das Fazit lauten: Hätten die Unterhändler des Staatsvertrages an Stelle des „Prinzips Rückgabe" ein sozialstaatliches Prinzip des *fairen Lastenausgleichs* unter allen Opfern der deutschen Diktaturen gesetzt, so wären dem vereinigten Deutschland nicht nur viele Konflikte erspart geblieben; daraus hätte auch eine insgesamt gerechtere, dem politischen Souverän anheim gestellte parlamentarische Lösung erwachsen können. So aber entstand eine politische Schlitterpartie, in der zum Versuch der juristischen Vergangenheitsbewältigung zunehmend aktuelle parteipolitische und ökonomische Erwägungen hinzutraten.

Bei der Regelung offener Vermögensfragen ging es – dies wird von den Betroffenen oft übersehen – nicht nur um Einzelschicksale. Dahinter lag eine gesellschaftliche Konfliktlinie, die nicht zuletzt auch parteipolitische Folgen hatte. Die PDS hatte sich von Anfang an für die Interessen der DDR-Bevölkerung stark gemacht. Die ostdeutschen Abgeordneten der CDU und der SPD haben beständig auf Gefahren hingewiesen, die von dem Prinzip „Rückgabe vor Entschädigung" ausgingen. Nicht nur dass die etablierten Parteien, voran die CDU, ihre Wähler im Osten verlieren konnten. Schon bald nach der Vereinigung hatte sich im Osten ein „Komitee für Gerechtigkeit" gegründet und es schien, als ob die Leipziger Montagsdemonstrationen der Vorwendezeit wieder aufgenommen werden könnten – diesmal nicht gegen Honecker, sondern gegen Kohl gerichtet. Die im Osten gerade erst installierte Logik des demokratischen Parteienwettbewerbs hat eine – sachlich gebotene – Aufweichung des Prinzips Rückgabe begünstigt, wenn nicht sogar maßgeblich mitverursacht. Die in diesem Zusammenhang als Nebeneffekt entstandenen Kosten und Komplikationen des Entschädigungsrechts konnte der Parteienwettbewerb allerdings nicht verhindern. Ein vielfach unbeachteter Aspekt der Thematik liegt im Aufbau und Betrieb der vermögensrechtlichen Vollzugsverwaltungen. Sie zeigten, dass die heutzutage oft gescholtene klassische, regelgesteuerte Verwaltung und das Recht als politisches Steuerungsinstrument durchaus nicht überflüssig geworden sind. Die Zahl von 150.000 Widerspruchsverfahren, von denen 45.000 Fällen vor einem Verwaltungsgericht mündeten ändern nichts an dieser Feststellung. Im Gegenteil: Sie unterstreicht die Bedeutung, die der Rechtsstaatlichkeit in dieser heiklen Frage zukommt.

Literatur

Bönker, Frank und Claus Offe, 1994: Die moralische Rechtfertigung der Restitution des Eigentums, in: Leviathan, 22. Jg., S. 318-352.
Brocker, Manfred, 1992: Arbeit und Eigentum. Der Paradigmenwechsel in der neuzeitlichen Eigentumstheorie, Darmstadt: Wissenschaftliche Buchgesellschaft.

BT, 1993: Die DDR-Volkswirtschaft als Instrument der SED-Diktatur. 27. Sitzung der Enquete-Kommission „Ausarbeitung von Geschichte und Folgen der SED-Diktatur in Deutschland" am 5. Februar 1993, Bonn: Deutscher Bundestag.

Claussen, Lorenz, 1992: Der Grundsatz „Rückgabe vor Entschädigung". Eine bewertete Rückschau, in: Neue Justiz, S. 297-299.

Czada, Roland, 1998: Das Prinzip Rückgabe, in: Deutsches Institut für Fernstudien (Hrsg.), Funkkolleg Deutschland im Umbruch, Studieneinheit 11, Tübingen: DIFF.

Czada, Roland und Gerhard Lehmbruch (Hrsg.), 1998: Transformationspfade in Ostdeutschland. Beiträge zur sektoralen Vereinigungspolitik (Schriften des Max-Planck-Instituts für Gesellschaftsforschung; Bd. 32), Frankfurt a.M.

Dahn, Daniela, 1994: Wir bleiben hier oder Wem gehört der Osten. Vom Kampf um Häuser und Wohnungen in den neuen Bundesländern, Reinbek: Rowohlt.

Dore, Ronald P., 1966: Land Reform in Japan, London: Oxford University Press.

Görzig, Bernd, 1992: Produktion und Produktionsfaktoren für Ostdeutschland. Kennziffern 1980-1991, in: DIW, Beiträge zur Strukturforschung, Heft 135, Berlin.

Kemmler, Marc, 1994: Die Entstehung der Treuhandanstalt. Von der Wahrung zur Privatisierung des DDR-Volkseigentums, Frankfurt a.M./New York.

Kimminich, Otto, 1995: Auswirkungen des Einigungsvertrages auf die Eigentumsgarantie des Grundgesetzes, in: Jörn Ipsen u.a. (Hrsg.), Verfassungsrecht im Wandel. Wiedervereinigung Deutschlands, Deutschland und Europäische Union, Verfassungsstaat und Föderalismus, Köln: Heymanns, S. 75-90.

König, Klaus und Jan Heimann, 1994: Vermögenszuordnung im Aufgabenzuschnitt des öffentlichen Sektors der neuen Bundesländer. Ein Zwischenbericht (Speyerer Forschungsberichte Nr. 133), Speyer (Forschungsinstitut für öffentliche Verwaltung, Hochschule für Verwaltungswissenschaften).

König, Klaus und Jan Heimann, 1998: Sieg des Üblichkeitsprinzips, in: Roland Czada und Gerhard Lehmbruch (Hrsg.), Transformationspfade in Ostdeutschland. Beiträge zur sektoralen Vereinigungspolitik (Schriften des Max-Planck-Instituts für Gesellschaftsforschung; Bd. 32), Frankfurt a.M., S. 87-112.

Köhler-Apel, Stefan und Reinard Bodenstab, 1995: Fünf Jahre Vermögensgesetz: Überblick über die Gesetzes- und Rechtsprechungsentwicklung, in: OV-spezial – Informationsdienst zum Vermögens- und Entschädigungsrecht in den neuen Bundesländern 19, S. 310-319.

Lehmbruch, Gerhard und Thomas Mayer, 1998: Kollektivwirtschaften im Anpassungsprozeß: der Agrarsektor, in: Roland Czada und Gerhard Lehmbruch (Hrsg.), Transformationspfade in Ostdeutschland. Beiträge zur sektoralen Vereinigungspolitik (Schriften des Max-Planck-Instituts für Gesellschaftsforschung; Bd. 32), Frankfurt a.M., S. 331-366.

Leisner, Walter, 1995: Das Entschädigungs- und Ausgleichsleistungsgesetz – ein Gleichheitsvorstoß, in: Neue Juristische Wochenschrift, S. 1513-1519.

Lerch, Achim, 1996: Verfügungsrechte und biologische Vielfalt. Eine Anwendung der ökonomischen Analyse der Eigentumsrechte auf die spezifischen Probleme genetischer Ressourcen (Hochschulschriften; Bd. 21), Marburg: Metropolis.

Motsch, Richard, 1994: Sachgründe für den Restitutionsausschuß bei besatzungsrechtlichen Enteignungen (1994-1949), in: Deutsch-Deutsche Rechtszeitschrift, S. 19-20.

North, Douglass, C., 1990: Institutions, Institutional Change and Economic Performance, Cambridge/New York: Cambridge Univ. Press.

Ossenbühl, Fritz, 1995: Verfassungsrechtliche Vorgaben für Entschädigungs- und Ausgleichsleistungen für Enteignungen in der früheren SBZ/DDR, in: Jörn Ipsen u.a. (Hrsg.), Verfassungsrecht im Wandel. Wiedervereinigung Deutschlands, Deutschland und Europäische Union, Verfassungsstaat und Föderalismus, Köln: Carl Heymanns, S. 129-145.

Papier, Hans-Jürgen, 1995: Eigentumsrechtliche Probleme in den neuen Bundesländern, in: Jörn Ipsen u.a. (Hrsg.), Verfassungsrecht im Wandel. Wiedervereinigung Deutschlands, Deutschland und Europäische Union, Verfassungsstaat und Föderalismus, Köln: Carl Heymanns, S. 147-166.

Richter, Martin, 1998: Zwischen Konzernen und Kommunen: Die Strom- und Gaswirtschaft, in: Roland Czada und Gerhard Lehmbruch (Hrsg.), Transformationspfade in Ostdeutschland. Beiträge zur sektoralen Vereinigungspolitik (Schriften des Max-Planck-Instituts für Gesellschaftsforschung; Bd. 32), Frankfurt a.M., S. 113-144.

Saage, Richard, 1972: Eigentum, Staat und Gesellschaft bei Immanuel Kant, Stuttgart: Kohlhammer.

Schäfer, Hans-Jürgen, 1996: Richterrecht und offene Vermögensfragen, in: OV spezial. Informationsdienst zum Vermögens- und Entschädigungsrecht in den neuen Bundesländern, Herne/Berlin, S. 206-210.

Schild, Bernd, 1992: Bodenreform und deutsche Einheit, in: Deutsch-Deutsche Rechtszeitschrift, S. 97-102.

Schmidt, Helmut, 1993: Handeln für Deutschland. Wege aus der Krise, Berlin: rororo.

Schmidt-Jortzig, Edzard, 1995: Rechtsstaatlich angemessener Ausgleich für die sog. „Alteigentümer 1945-1949", in: Jörn Ipsen u.a. (Hrsg.), Verfassungsrecht im Wandel. Wiedervereinigung Deutschlands, Deutschland und Europäische Union, Verfassungsstaat und Föderalismus, Köln: Carl Heymanns, S. 207-230.

Schöneberg, Birgit, 1993: Die Rechtsentwicklung im Bereich der Regelung offener Vermögensfragen, in: Neue Justiz 47, S. 253-257.

Schüller, Alfred (Hrsg.), 1983: Property rights und ökonomische Theorie, München: Vahlen.

Seibel, Wolfgang, 1998: An unavoidable disaster? The German currency union of 1990, in: Pat Gray und Paul t'Hart, Public Policy Disasters in Western Europe, London/New York: Routledge, S. 96-112.

Seidl-Hohenveldern, Ignatz, 1952: Internationales Konfiskations- und Enteignungsrecht, Berlin: DeGruyter.

Vitzthum, Wolfgang Graf und Wolfgang März, 1995: Restitutionsausschuß. Berliner Liste 3, Verfahrensbeteiligungen, Entschädigungs- und Ausgleichsleistungsgesetz, Berlin: Duncker und Humblot.

Wasmuth, Johannes, 1993: Restitutionsausschluß und Willkürverbot, in: Deutsch-Deutsche Rechtszeitschrift, S. 334-336.

Whelan, Frederick, G., 1980: Property as Artifice: Hume and Blackstone, in: James R. Pennock und John W. Chapman (Hrsg.), Property, New York: New York University Press, S. 101-129.

Willgerodt, Hans, 1993: Wiedereinsetzung der Alteigentümer (Reprivatisierung), in: Wolfram Fischer, Herbert Hax und Hans-Karl Schneider (Hrsg.), Treuhandanstalt. Das Unmögliche wagen, Berlin: Akademie Verlag, S. 241-261.

V. Herausforderungen an den Sozialstaat

Manfred G. Schmidt

Immer noch auf dem „mittleren Weg"?

Deutschlands Politische Ökonomie am Ende des 20. Jahrhunderts

I. Die alte Bundesrepublik

1. Die Politik des mittleren Weges bis 1989/90

Wodurch unterscheiden sich die Staatstätigkeit der Bundesrepublik Deutschland und ihre Politikresultate insbesondere in der Wirtschafts- und Sozialpolitik von der anderer demokratischer Verfassungsstaaten? Für die „alte Bundesrepublik" (Blanke/Wollmann 1991) der Jahre von 1949 bis 1989 lautet die Antwort: durch die „Politik des mittleren Weges".[1] Diese bestand aus einem Mittelweg zwischen dem nordeuropäischen „Wohlfahrtskapitalismus",[2] der wesentlich von einer politisch dominanten Sozialdemokratie geprägt wird, und dem nordamerikanischen marktorientierten Kapitalismus, der politisch auf der Vorherrschaft der demokratischen marktorientierten Rechten und der Mitte ruht. Der politisch-ökonomische Pfad der alten Bundesrepublik hingegen war in einer Machtverteilung verankert, deren Schwerpunkt in der Mitte lag. Dies ergab sich aus dreierlei: 1. den sozialpartnerschaftlichen Arbeitsbeziehungen zwischen den insgesamt hochorganisierten Verbänden der Arbeitgeber und Arbeitnehmer; 2. der – im langfristigen Durchschnitt – zentristischen parteipolitischen Färbung der Regierungen in Bund und Ländern; sowie 3. der politischen Institutionenordnung, die Bundestag und Bun-

---

1 Entwickelt wurde die These des „mittleren Weges" erstmals in Schmidt (1987) und weitergeführt wurde sie in Schmidt (1989). Die deutschsprachige Fassung (Schmidt 1990) ist eine stark gekürzte Version der englischsprachigen Erstveröffentlichung. Die hier vorgelegte Präsentation und Überprüfung der Politik des mittleren Weges erweitert, schärft und aktualisiert die These vor allem durch genauere Analyse der Besonderheiten des deutschen Sozialstaates in der Regulierung der Arbeitsbeziehungen und in der Politik der sozialen Sicherung im engeren Sinn. Grundlegend für diese Erweiterung sind – nach Erscheinungsjahr geordnet – vor allem die Schriften von Esping-Andersen (1990), Alber/Bernardi-Schenkluhn (1992), Nullmeier/Rüb (1993), Armingeon (1994), Rosenow/Naschold (1994), Busch (1995), von Rhein-Kress (1995), Wehler (1995), Schmidt (1996), BMA (1998, Kapitel 23), Schmidt (1998a und 1998b).
2 Im Sinne des sozialdemokratischen Typs des „welfare capitalism" nach Esping-Andersen (1990).

desrat und bei wichtigen Gesetzesvorhaben oft auch Regierung und Opposition zur Kooperation zwang – bei Strafe der Blockierung des Entscheidungsprozesses.[3]

Eine eigentümliche Kombination von Reaktionen auf grundlegende Zielkonflikte, Spannungen und Wahlmöglichkeiten hob die alte Bundesrepublik Deutschland aus dem Kreis der anderen Industriestaaten hervor und charakterisierte ihren Mittelweg. Die Stichworte lauten: erstens Vorrang für Preisstabilität, aber auch – zweitens – Streben nach wirtschaftlicher Effizienz und starkem Sozialstaat, drittens Delegation vieler gemeinschaftlicher Aufgaben an die Assoziationen der Gesellschaft, sowie – viertens – eine überdurchschnittlich hohe Staatsquote, die überwiegend zur Finanzierung eines transferintensiven Interventionsstaates verwendet wurde.

1.1 Preisstabilitätspolitik

Der Vorrang für Geldwertstabilität, für „Preisstabilitätspolitik" (Busch 1995) als zentrale Marschroute, markiert den ersten Hauptpfeiler des mittleren Weges. Dieser Politik war bis 1989 ein spektakulärer Erfolg beschieden: dem Jahresdurchschnitt von 1960 bis 1989 nach zu urteilen, wurde die Inflation in der Bundesrepublik Deutschland erfolgreicher als anderswo bekämpft.[4] Das stabilisierte die Wirtschaft, die Gesellschaft und die Politik in einem Lande, in dem die Traumata der Hyperinflation von 1923 und der Währungsreform von 1948 nachwirkten, in einem überaus beträchtlichen Ausmaß.

Allerdings war für die erfolgreiche Stabilisierung des Geldwertes ein Preis zu entrichten. Vorrang behielt die Inflationsbekämpfung grundsätzlich selbst dann, wenn sie in schweren Konflikt mit beschäftigungspolitischen Zielen geriet, so namentlich in Perioden betont restriktiver Geldpolitik, wie Mitte der 60er Jahre, 1973/74 und von 1980 bis 1982, um nur die Daten für die Bundesrepublik vor 1990 in Erinnerung zu rufen.

Die strikte preisstabilitätsorientierte Wirtschaftspolitik unterschied die alte Bundesrepublik markant von Stagflationsländern, in denen zwei Übel – Inflation und Arbeitslosigkeit – zugleich zu Stande kamen. Die betonte Preisstabilitätspolitik unterschied die alte Bundesrepublik aber auch von Staaten, deren Regierungen vor allem nach Vollbeschäftigung strebten. Schweden war ein Beispiel für andere. Dort hielt die Regierung mit buchstäblich allen Mitteln die Arbeitslosenquote bis Ende der 80er Jahre auf niedrigem Stand, wenngleich um den Preis einer drastischen Vergrößerung der Staatsdienerquote, höherer Abgaben und höherer Inflationsraten (vgl. Schaubild 1 und 4 im Anhang).

---

3 Für die international vergleichende Einordnung der Bundesrepublik Deutschland Schmidt (1996); zur exakten Erfassung der parteipolitischen Zusammensetzung in den Bundesländern Bauer (1998, insbes. S. 79-86).
4 Vgl. Schaubild 1 im Anhang.

1.2 Wirtschaftliche Effizienz und starker Sozialstaat

Allerdings wurde die Wahl der Preisstabilitätspolitik in der Bundesrepublik Deutschland von etwas flankiert, was untypisch für viele Regierungen mit Präferenz für Geldwertstabilität war: von einer betont sozialstaatlichen Regierungsphilosophie und Regierungspraxis. Von dieser zeugt der Auf- und Ausbau eines mächtigen, leistungsfähigen Sozialstaates. Mit ihm gerät der zweite Pfeiler der „Politik des mittleren Weges" in Sichtweite. Dass die Politik hier zu Lande nach Preisstabilität und nach starkem Sozialstaat strebte, verweist auf einen eigentümlichen Umgang mit dem Gleichheit-Effizienz-Zielkonflikt (Okun 1975): Effizienz und Fragen sozialer Gerechtigkeit und Gleichheit werden gleichermaßen berücksichtigt. Das gilt für die Programmatik, so beispielsweise für die Lehre der Sozialen Marktwirtschaft, (Eucken 1975; Müller-Armack 1966) und mehr noch für die Praxis der Regierungen und deren Ergebnisse. Ablesen kann man letzteres an der Koexistenz einer überdurchschnittlich hohen Sozialleistungsquote einerseits und eines hohen wirtschaftlichen Entwicklungsstandes mit langfristig durchschnittlicher Wirtschaftswachstumsrate andererseits (vgl. Schaubild 2 im Anhang).

Nicht zu Lasten der Effizienz wurde folglich der Zielkonflikt zwischen Effizienz und Gleichheit in der alten Bundesrepublik gelöst, nicht durch übermäßige Umverteilung wie in der DDR und in Kuba nach der Revolution von 1960 oder wie in den Niederlanden bis Anfang der 80er und in Schweden bis Ende der 80er Jahre, sondern durch Austarieren von Effizienz und Sozialpolitik. Und damit hatte die Politik hier zu Lande darauf verzichtet, einem anderen Pfad zu folgen: dem des Vorrangs der Wachstumsförderung unter Hintanstellung sozialpolitischer Belange, so wie das lange in Japan und noch stärker in den ostasiatischen neuen Industriestaaten wie Südkorea, Taiwan und Singapur gang und gäbe war (Rieger/ Leibfried 1999).

1.3 Der delegierende Staat

Die Politik des mittleren Weges der alten Bundesrepublik umfasste ferner die Delegation von gemeinschaftlich zu regelnden Aufgaben an Assoziationen der Gesellschaft, und zwar Delegation auf großer Stufenleiter. Zu den Adressaten der Delegation zählten die Verbände von Arbeit und Kapital, die Sozialpartner, vor allem bei der Regelung von Entlohnung, Arbeitszeit, innerbetrieblicher Organisation und innerbetrieblichen Abläufen sowie im Fall der betrieblichen und überbetrieblichen Mitbestimmung. Noch älter ist der Brauch, einen erheblichen Teil der gemeinschaftlichen sozialpolitischen Aufgaben an Institutionen der mittelbaren Staatsverwaltung zu delegieren, die in Selbstverwaltung tätig werden, allerdings unter Rechtsaufsicht durch den Staat. Zu den Institutionen der mittelbaren Staatsverwaltung gehören bis heute vor allem die Träger der Sozialversicherungen, insbesondere die Rentenversicherungsträger (wie beispielsweise die Bundesversicherungsanstalt für Angestellte und die 23 Landesversicherungsanstalten), die Gesetzlichen Krankenversicherungen, die Träger der Unfallversicherung, unter ihnen die 34 gewerblichen Berufsgenossenschaften, sowie die Selbstverwaltungseinrichtungen der Arbeitsmarktpolitik, insbesondere die Bundesanstalt für Arbeit, die Landesarbeitsämter und die Arbeitsämter.[5] Nicht zu vergessen sind die sozialpolitischen Dienstleistungen der Wohlfahrtsverbände, die in erheblichem Umfang die öffentliche Sozialpolitik bis auf den heutigen Tag ergänzen, und für die der Staat eine Förderverpflichtung hat. Und zur Delegation an expertokratische Einrichtungen gehört nicht zuletzt die Delegierung der Geldpolitik an eine autonome Zentralbank sowie die Wettbewerbskontrolle an das Bundeskartellamt und an die Europäische Gemeinschaft.

1.4 Der transferintensive Interventionsstaat

Zur Politik des mittleren Weges der alten Bundesrepublik zählte ferner ein besonderes Muster der Arbeitsteilung von Staat und Gesellschaft. Ihm lag eine Staatsquote zu Grunde, die mit Werten bis zu knapp 50 Prozent des Sozialproduktes eine beträchtliche – wenngleich im westeuropäischen Vergleich nicht exzessive – Höhe erreichte. Vergleichsweise niedrig war demgegenüber die Staatsdienerquote, d.h. der Anteil der Beschäftigten im öffentlichen Dienst an der Gesamtzahl aller Beschäftigten (vgl. Schaubild 4 im Anhang). Die Kombination von hoher Staatsquote und unterdurchschnittlicher Staatsdienerquote war verschiedenen Gründen geschuldet. Vor allem der die Bundesrepublik kennzeichnende transferintensive Interventionsstaat zählte dazu, also der Staat, der seine Leistungen vor allem mit Geldzahlungen tätigt, mit Renten oder Subventionen beispielsweise, aber nicht vorrangig mit etatistischen Dienstleistungen wie im Fall des britischen National Health Service. Auch die zuvor schon erwähnte Delegation von Staatsaufgaben an die Verbände der Gesellschaft ist eine der Ursachen der relativ niedrigen Staatsdienerquote. Die in den Verbänden und der mittelbaren Staatsverwaltung geleistete Arbeit zählt nur zum Teil zum öffentlichen Sektor. So gehören beispielsweise das Hunderttausende umfassende Heer der ehrenamtlichen Mitarbeiter der Wohlfahrtsverbände sowie die regulär Beschäftigten der Wohlfahrtsverbände – allein 751.000 Beschäftigte wurden 1990 in der freien Wohlfahrtspflege gezählt (Schmid 1996, S. 154) – nicht zum öffentlichen Bereich, sondern zum privaten oder halböffentlichen Sektor.[6]

---

5 Für Details BMA (1998, S. 46 f.).
6 Als Personal im mittelbaren öffentlichen Dienst zählen allerdings die Beschäftigten der Bundesanstalt für Arbeit, der Träger der Zusatzversorgung von Bund und Ländern, der Gesetzlichen Krankenversicherung, der Gesetzlichen Unfallversicherung, der Rentenversi-

1.5 Zwischenbilanz

Bis Ende der 80er Jahre unterschied die Politik des mittleren Weges die Bundesrepublik Deutschland von anderen Ländern besonders markant. Von 1960 bis zur Zeitenwende von 1990 hatte kein anderes Land der Welt neben ihr eine so ausgeprägte Kombination von relativer Preisstabilität, Balance von Effizienz und Sozialschutz, weit ausgebauter Delegation sozialpolitischer Aufgaben an die gesellschaftlichen Assoziationen und transferintensivem Interventionsstaat vorzuweisen.[7] Das wirft weitere Fragen auf: Wie ist die Politik des mittleren Weges entstanden und welche Faktoren trugen zu ihrer Aufrechterhaltung bei?

2. Historische Determinanten der Politik des mittleren Weges

Die Politik des mittleren Weges hat viele Wurzeln. Dass in ihr der Staat eine wichtige Rolle spielt, ist für westeuropäische Verhältnisse normal. Dies reflektiert den erstmals im Wagnerschen Gesetz genauer benannten Zusammenhang zwischen wirtschaftlicher Modernisierung und insgesamt zunehmender Daseinsvorsorge. Nicht selbstverständlich sind allerdings die Koexistenz von ausgebauter Staatlichkeit und relativ geringer Staatsdienerquote sowie die auf großer Stufenleiter erfolgende Delegation gemeinschaftlicher Aufgaben an gesellschaftliche Interessenorganisationen. Ebenso wenig selbstverständlich ist die Kombination all dessen mit strikter Preisstabilitätspolitik, die lange – vor allem in der englischsprachigen Länderfamilie – eher als Ausweis einer Politik zu Gunsten vermögender Schichten galt.

Ein Schlüssel zum Verständnis der Politik des mittleren Weges liegt in historischen Weichenstellungen zur Sozialpolitik in Deutschland. Zu ihrer Vorgeschichte zählen die konservativ-fürsorgliche Wohlfahrtspolitik des Absolutismus und der christliche Erziehungs- und Wohlfahrtsgedanke des lutherischen Protestantismus. Beide haben zusammen mit dem Problemdruck, den Urbanisierung, Industrialisierung und politische Mobilisierung der Arbeiterschaft verursachten, den Staat in Deutschland früher als in anderen Industrieländern zur Einführung von Sozialgesetzen veranlasst. Gewiss, es war noch mehr mit im Spiel. Die staatliche Sozialpolitik sollte auch die Arbeiterschaft an den monarchischen Staat binden, ihr Scherflein zur Unterwerfung der Sozialdemokratie beisteuern und die innere

---

cherung der Arbeiter und Angestellten und der Bundesknappschaft. 1997 handelte es sich um 450.700 Beschäftigte oder 8,7% des gesamten Personals im unmittelbaren und mittelbaren öffentlichen Dienst (Quelle: Bundesarbeitsblatt Nr. 1/1999, S. 84 f.)

7 Im Profil am nächsten kamen der Bundesrepublik Deutschland einige westeuropäische Kleinstaaten, vor allem Österreich, die Niederlande, Belgien und – wenngleich mit deutlicherem Abstand – die Schweiz.

Reichseinheit fördern. Nicht zuletzt sollte sie mithelfen, das Parlament durch ständische Politik und Korporatisierung der gesellschaftlichen Interessen in Schach zu halten. Der Grund für all dies wurde in den 80er Jahren des 19. Jahrhunderts im Deutschen Reich von 1871 gelegt. Dort entstand auch die Staat-Gesellschaft-Beziehung, die später eine Stütze des „mittleren Weges" wurde. Der Urheber war die Sozialgesetzgebung der 1880er Jahre. Sie schuf nämlich die Grundlagen einer Sozialpolitik, die sich vor allem auszeichnete durch 1. Arbeiterversicherung, nicht Volksversicherung, 2. Pflichtversicherung im Rahmen eines „korporatistischen Interventionsstaates", (Wehler 1995, S. 662), also nicht etatistische Intervention ohne Verbände oder an den Verbänden vorbei wie in Frankreich, 3. nachträglichen Sozialschutz an Stelle von präventivem Arbeitsschutz, 4. Rechtsanspruch auf Sozialleistungen, nicht etwa Almosengewährung, 5. Beitragsfinanzierung an Stelle der zunächst vorgesehenen Steuerfinanzierung, die das Reich als bonapartistischen Wohltäter hätte erscheinen lassen, 6. Selbstverwaltung unter Staatsaufsicht, demnach keine etatistische Staatsverwaltung, und 7. durch organisatorische Vielfalt der Versicherungsträger, im Gegensatz zu Uniformität und hochgradiger Zentralisierung wie später in der DDR-Sozialpolitik.

Mehr noch: Mit der Sozialgesetzgebung im letzten Viertel des 19. Jahrhunderts verfasste die Politik überhaupt erst jene gesellschaftlichen Interessen, die nun für einen beträchtlichen Teil der sozialpolitischen Aufgabenbewältigung zuständig wurden. Der Staat des Deutschen Reichs von 1871 inkorporierte in seiner Sozialpolitik zunächst die Interessen der gewerblichen Arbeiterschaft und ihrer Arbeitgeber, 1911 auch die der Angestellten, und zwar zu komfortableren Konditionen. Er inkorporierte die Arbeiter, die Angestellten und die Arbeitgeber – wie oben schon angedeutet – in Körperschaften des öffentlichen Rechts mit Selbstverwaltungsbefugnis, denen gemeinschaftlich zu regelnde Aufgaben übertragen wurden, wenngleich im Rahmen gesetzlicher Vorgaben und unter staatlicher Aufsicht. Der Staat wirkte mit der Sozialpolitik weit in die Gesellschaft und Wirtschaft hinein und formte sowohl deren Selbstorganisation wie auch deren Kooperation. Und so schuf in diesem Fall nicht die „Basis" den „Überbau", so die am englischen Fall geschulte Marxsche Lehre; vielmehr verfasste der politische „Überbau", der Staat, die gesellschaftlichen Interessen, formte sie und gab ihnen organisatorisch und verfahrensmäßig Halt.

Zur Politik des mittleren Weges und seiner Delegation von Staatsaufgaben an die Assoziationen der Gesellschaft gehört heutzutage die kooperative Steuerung der Arbeitsbeziehungen durch weitgehend autonome Sozialpartner einerseits und die Regelung der Arbeitsverfassung durch den Gesetzgeber andererseits. Beide sind jüngere Produkte des Staatsinterventionismus in Deutschland. Doch entstanden sie noch im Übergang vom Wilhelminischen Kaiserreich zur Weimarer Republik, nämlich in den Jahren von 1916 bis 1918. „Nahezu alles, was zu den typischen sozialen Errungenschaften der Weimarer Republik zu zählen ist und in den Jahren von 1918 bis 1920 Gesetzeskraft erlangte," so schrieb Werner Abelshauser, „läßt sich in den Grundlagen auf die Praxis der Kriegszeit zurückführen. Die Anerkennung der Gewerkschaften als berufene Vertreter der Arbeitnehmer, ihre völlige Koalitionsfreiheit, die Einführung von Mitbestimmungsrechten im Rahmen von Arbeiterausschüssen und Schlichtungseinrichtungen, die Anerkennung des Tarifvertrages als zentrales Institut der Lohnpolitik, die Regulierung des Arbeitsmarktes, der Ausbau neuer Formen der Erwerbslosenunterstützung und des Arbeitsschutzes, die Ausdehnung des Mutterschutzes, Verbesserungen im Mietrecht, die Bewirtschaftung des Wohnraums – alles alte Forderungen der Arbeiterbewegung, die nun mit kräftiger Förderung durch das Militär verwirklicht oder wenigstens im Ansatz aufgegriffen werden." (Abelshauser 1987, S. 15 f.) Im Nationalsozialismus freilich wurden diese „Errungenschaften" weitgehend beseitigt, in der zweiten deutschen Republik allerdings wieder zu ihrem Recht gebracht.

Woher rührt die Preisstabilität, die dritte herausragende Komponente der „Politik des mittleren Weges"? Sie war wesentlich ein Lernprodukt, ein Ergebnis des Lernens aus Katastrophen politischer und wirtschaftlicher Art. Zu ihnen gehörten die Traumata der Hyperinflation von 1923 und der Währungsreform von 1948, mit welcher der Preis für die vom NS-Staat hinterlassene zurückgestaute Inflation zu entrichten war. Beide Inflationen wirkten für viele wie Naturkatastrophen. Beide verteilten Vermögen auf größter Stufenleiter um, vernichteten das Geldvermögen vor allem von Kleinsparern und Gläubigern, zerrütteten die Existenz vieler, machten aber auch manchen zum Inflationsgewinner. Vor diesem Erfahrungshintergrund galt Hyperinflation – und überhaupt Preisinstabilität – bei den meisten Bürgern der alten Bundesrepublik als sozialökonomische Katastrophe, deren Wiederholung unbedingt zu verhindern sei. Ein zentrales Mittel hierzu war eine Geldpolitik, welche die Inflation wirksam zu bekämpfen oder im Vorfeld schon einzudämmen vermochte, beispielsweise durch die Errichtung einer autonomen, vorrangig auf Preisstabilität verpflichteten Zentralbank, so wie das im Fall des Aufbaus der Bank der deutschen Länder und später der Deutschen Bundesbank geschah.

Zum Lernen aus Katastrophen, das die Politik des mittleren Weges untermauert, gehörten auch die Lehren, die von deutschen Politikern und den westlichen Besatzungsmächten Deutschlands nach 1945 aus dem Zusammenbruch der Weimarer Republik und der Praxis des Nationalsozialismus gezogen worden waren. Wirksame Demokratiestabilisierung und nicht minder wirksame Zügelung der Staatsgewalten schrieben beide groß. Beides prägte die Baupläne für die politischen Institutionen, die im Westen Deutschlands errichtet werden sollten. Diese Baupläne und die anhand von ihnen errichteten Gebäude sollten die Politik des mittleren Weges formen und nachhaltig prägen. Die wichtigsten Weichenstellungen sahen die Fesselung des Zentralstaates durch den Föderalismus vor. Ferner wurden die Legislative und die Exekutive im Bund und in den Ländern in verfassungspolitischer Hinsicht kaum minder streng gezügelt. Dies geschah durch die Errichtung des Bundesverfassungsgerichtes, das als Hüter der Verfassung wirken sollte sowie in wirtschafts- und geldpolitischer Hinsicht durch die Errichtung der Deutschen Bundesbank, der die Rolle des Hüters der Währung zugedacht wurde. Weitere wichtige Weichenstellungen betrafen das Parteiensystem. Es erhielt eine besondere – insgesamt zentristisch wirkende – Prägung durch die Lizenzierungspolitik der Besatzungsmächte. Diese ließen die christdemokratischen Parteien, die Liberalen, die Sozialdemokraten und auch die Kommunisten zu, verwehrten aber allen Nachfolgeorganisationen der NSDAP und zunächst auch den politischen Organisationen der Flüchtlinge und Vertriebenen den Zutritt zum Parteiensystem. Kaum weniger ins Gewicht fiel der Umbau der Arbeitsbeziehungen. Sie wurden von Richtungsgewerkschaften auf Einheitsgewerkschaften und auf das Industrieverbandsprinzip umgestellt, beides Vorgaben, die den späteren sozialpartnerschaftlichen Kurs von Gewerkschaften und Arbeitgeberverbänden förderten.

Unter den historischen Determinanten des mittleren Weges ist schlussendlich ein politisch-kultureller Faktor zu erwähnen. Die dominante Regierungsphilosophie in Deutschland ist von alters her staatsnah. Dem klassischen Wirtschaftsliberalismus gab sie wenig Raum, bis dieser durch die Neuordnung nach 1945 und durch die wettbewerbsrechtliche Ausrichtung der Wirtschafts- und der Europapolitik neuen Aufschwung erfuhr. Fürsorge, Hilfe zur Selbsthilfe und Sozialschutz vor allem durch Sozialversicherung zählten jedoch viel. Ausgebaut wurde diese in der Weimarer Republik und vor allem in der Bundesrepublik Deutschland. Der Beifall des Großteils der Wähler begleitete den Vormarsch des Sozialstaates, entsprach dieser doch der regen Nachfrage der Stimmberechtigten nach Sicherheit und nach Teilhabe am neu entstehenden Wohlstand. Diese Nachfrage speiste sich aber aus den schockartigen Nachwirkungen der Hyperinflation von 1923, aus den millionenfachen Schicksalsschlägen während und nach dem Zweiten Weltkrieg, aus der allgegenwärtigen Not nach 1945 und den Erschütterungen durch die Währungsreform. Und auch in den frühen 50er Jahren war die Existenzunsicherheit noch weit verbreitet: Anfang der 50er Jahre war immerhin mehr als ein Drittel der Bevölkerung der Bundesrepublik von mindestens einem der großen Schicksalsschläge unmittelbar betroffen: von Flucht oder Vertreibung, Verlust der Wohnung, Ausbombung, Kriegsgefangenschaft, Tod oder Schwerversehrtheit des Familienvorstandes. Auch diese Erfahrung existenzieller Schicksalsschläge und tief greifender Unsicherheit muss im Blick haben, wer die Politik des mittleren Weges und ihre eigentümliche Betonung von Sicherheit, Stabilität, Staatsmacht und Zügelung derselben verstehen will.

3. Wovon die Politik des mittleren Weges aufrechterhalten und weiter angetrieben wurde

Wie schon angedeutet, war die Geldpolitik der Deutschen Bundesbank eine der zentralen Stützen der Politik des mittleren Weges in der alten Bundesrepublik. Die Philosophie und Praxis der Zentralbank war auf Sicherung der Währung zugeschnitten, und zwar im Sinne von Preisstabilität, notfalls unter stillschweigender Inkaufnahme von Wachstumsverlangsamung und hierdurch zunehmender Arbeitslosigkeit, nicht im Sinne von Wechselkursstabilität. Institutionell unterstützt wurde der Preisstabilitätskurs der Deutschen Bundesbank durch deren weit gehende Autonomie gegenüber Parlament und Regierung. Gewiss, die Bundesbank war zur Unterstützung der Wirtschaftspolitik der Bundesregierung verpflichtet, doch nur in dem Maße, in dem dies nicht ihrem ureigenen Ziel zuwiderlief. Politisch wurde der Preisstabilitätskurs, den die Deutsche Bundesbank einschlug und entschlossen beibehielt, soweit sie ihn beherrschte, dadurch erleichtert, dass sie hierbei in der Regel auf die Zustimmung der großen Wählermehrheit zählen konnte.

Allerdings kann man den Erfolg der Preisstabilitätspolitik der autonomen Zentralbank, gleichviel ob in Gestalt der Deutschen Bundesbank oder der Europäischen Zentralbank, die mit der Einführung des Euro an deren Stelle trat, nicht ohne ihre begünstigenden institutionellen Rahmenbedingungen verstehen. Unter den günstigen Bedingungen ragten in der alten Bundesrepublik die sozialpartnerschaftlichen Arbeitsbeziehungen zwischen Kapital und Arbeit hervor. Viel bedeutete auch der indirekte Beitrag des Föderalismus für die Politik des mittleren Weges. Ihm kommt am besten auf die Spur, wer im Anschluss an die Arbeiten von Fritz Scharpf und Gerhard Lehmbruch die eigentümliche Selektivität des deutschen Föderalismus berücksichtigt (Scharpf/Reissert/Schnabel 1976; Lehmbruch 1998). Mit Umverteilungspolitik tut sich dieser Föderalismus meist schwer, ebenso mit der Lösung besonders komplexer Probleme. Durchlässiger sind die bundesstaatlichen Institutionen jedoch für Maßnahmen, die ein Mehr oder Weniger einer gegebenen Größe für eine bestimmte Aufgabe umfassen, so etwa Geld für die Sozialpolitik. Seltener wird der Föderalismus dort zur Barriere, wo weder finanzielle Interessen noch die Autonomie der Länder betroffen sind. Somit hat der Föderalismus in der Bundesrepublik eine spezielle Steuerungsleistung für die Politik des mittleren Weges: Solange die erforderlichen Mehrheiten vorhanden sind und die Finanzen der Länder nicht tangiert werden, steht der Föderalismus in der Bundesrepublik Deutschland der Finanzierung ehrgeiziger Sozialpolitik nicht im Wege, was ihn von anderen föderalistischen Staaten unterscheidet, in denen die bundesstaatliche Gliederung meist die Staats- und Sozialfinanzen bremst. In Deutschland hingegen stützt der Föderalismus den sozialstaatlichen Pfeiler des mittleren Weges.

Hinzu kommt ein Zweites: Der Föderalismus stützt indirekt auch den Preisstabilitätspfeiler des mittleren Wegs. Dies geschieht dadurch, dass der Bundesstaat eine beschäftigungsorientierte Finanz- und Arbeitsmarktpolitik erschwert und somit der Stabilisierungspolitik keinen ebenbürtigen finanz- und beschäftigungspolitischen Gegenspieler entgegenstellt. Der Föderalismus begünstigt mithin – im Falle einer Spannung zwischen Vollbeschäftigung und Inflation – die Inflationsbekämpfung. Warum ist das so? Erschwert wird eine beschäftigungsorientierte Finanzpolitik aus einem Guss durch die Fragmentierung der Haushalte des Bundes, der Länder, der Kommunen und der Sozialversicherungen. Jeder dieser Haushalte hat unterschiedliche Interessen und unterschiedliche Kosten-Nutzen-Bilanzen. Manche Haushalte würden von vollbeschäftigungsorientierter Politik überdurchschnittlich profitieren ohne hierfür nennenswert zahlen zu müssen – die Sozialversicherungen und die ärmeren Bundesländer beispielsweise; andere würden ebenfalls profitieren, aber besonders viel zahlen – so der Bund und die reicheren Länder (Bruche/Reissert 1985; Schmid/Reissert/Bruche 1987). Solche Interessendivergenzen erschweren eine Beschäftigungspolitik aus einem Guss nachhaltig. Hinzu kommen die hohen Konsensbildungskosten, die im Falle einer ehrgeizigen Beschäftigungspolitik entstünden: Man müsste in Zeit raubenden Verhandlungen und mit Hilfe von aufwändigen Ausgleichszahlungen die Interessenunterschiede überbrücken, sofern überhaupt Bereitschaft dazu bestünde. Und selbst im Alleingang könnte der Bund nicht Entscheidendes bewirken, weil sein Haushalt nur knapp ein Drittel aller staatlichen Haushalte umfasst. Wie Studien zu den Schwierigkeiten finanzpolitischer Steuerung in der Bundesrepublik zeigen (Scharpf 1987; Busch 1995), war beispielsweise der Prozentsatz, den das Defizit im Haushalt des Zentralstaates ausmachen müsste, um die gesamtwirtschaftliche Nachfrage um einen Prozentpunkt zu erhöhen, mit rund 7 Prozent im Jahr 1983 sehr hoch und hätte folglich weit höhere Anstrengungen zur Konsensbildung erfordert, als in Ländern mit stärker zentralisierter Finanzpolitik.

Das Fehlen eines gesamtstaatlich integrierten Arbeitsmarktbudgets, mit dem man die einzelnen und die gesamten haushaltspolitischen Kosten und Nutzen alternativer Beschäftigungs- und Arbeitsmarktpolitiken berechnen könnte, wirkte somit als Sperre gegen eine wirksame Beschäftigungspolitik. Die damit gegebene Sperre gegen eine wirksame Beschäftigungspolitik allerdings stützt mittelbar wiederum die auf Preisstabilität ausgerichtete Politik des mittleren Weges.

Das ist Teil eines allgemeineren Befundes: Die politischen Institutionen und der politische Prozess in der alten Bundesrepublik Deutschland begünstigten einerseits eine preisstabilitätsorientierte Politik und standen andererseits der Sozialstaatspolitik nicht im Wege. Zugleich enthielten sie wenig, was der Vollbeschäftigungspolitik zu Gute kommen könnte. Die Preisstabilitätspolitik der Zentralbank hatte folglich in der Finanz- und der Beschäftigungspolitik des Staates keinen ebenbürtigen Gegenspieler. Das gilt auch für das vereinte Deutschland. Und somit besaß und besitzt die Lohnpolitik der Gewerkschaften keinen verlässlichen Partner für eine beschäftigungsorientierte konzertierte Einkommens-, Geld- und Finanzpolitik. Insoweit erstaunt es nicht, wenn die Gewerkschaften mit ihrer Lohnpolitik hin- und herirren und am Ende doch in dem für sie sichersten Hafen landen: bei der Lohnpolitik für Job-Besitzer – was in der Regel zu Lasten von Arbeitslosen geht. Pikanterweise gibt dieser Kurs der Lohnpolitik der betonten Preisstabilitätspolitik der Zentralbank weitere Nahrung und bekräftigt somit die Weichenstellungen zu Gunsten des mittleren Weges.

Die Institutionenordnung der alten Bundesrepublik Deutschland (sowie die des vereinten Deutschlands) präjudiziert demnach den Preisstabilitätspfeiler der

Politik des mittleren Weges und begünstigt des Weiteren den sozialstaatlichen Pfeiler dieses Weges. Doch Präjudizierung ist nicht zu verwechseln mit Determination. Deshalb ist zu fragen, ob das Tun und Lassen wichtiger politischer Handelnder, vor allem von Regierung und Opposition, an dem bisher erörterten Zusammenhang Grundlegendes verändert.

4. Die parteipolitische Zusammensetzung der Regierungen, die Machtverteilung zwischen den Parteien und die Politik des mittleren Weges

Doch auch die Berücksichtigung der politischen Zusammensetzung der Bundesregierung und das Tun und Lassen der sie tragenden Bundestagsfraktionen ändert nichts Entscheidendes an den bisher vorgestellten Befunden. In der Bundesrepublik Deutschland hat noch keine der großen Regierungsparteien ernsthaft die Preisstabilitätspolitik in Frage gestellt. Das wäre angesichts der Stabilitätspräferenzen der Wähler politisch selbstmörderisch gewesen, wenngleich die SPD-geführten Regierungen im Grundsatz eine stärkere Beschäftigungspolitik vorziehen als die CDU-geführten Regierungen. Alle Regierungen der Bundesrepublik, gleichviel ob unionsgeführt oder SPD-geführt, haben ferner im Grundsatz eine pro-sozialstaatliche Linie eingehalten und insoweit den zweiten großen Pfeiler der Politik des mittleren Weges gewahrt. Daran änderten die Koalitionen von CDU/CSU oder SPD mit der FDP wenig, selbst wenn die Liberalen in sozialpolitischen Fragen außerhalb des Gesundheitswesens, wo sie als Interessenvertreter der freiberuflichen Leistungsanbieter eine besonders ambivalente Rolle spielen, für eine unternehmerfreundliche, zurückhaltende Sozialpolitik eintreten.

Auch die eigentümliche Mischung von Effizienz und Sozialorientierung in der Politik des mittleren Weges lässt sich mit der parteipolitischen Zusammensetzung der Bundesregierung gut erklären. Die Bundesregierungen der alten Bundesrepublik bestanden im Wesentlichen aus Koalitionen zwischen CDU, CSU und FDP, oder zwischen SPD und FDP und, so 1966-69, einer Großen Koalition von Unionsparteien und SPD. Diese Koalitionen kommen dem Typus der „Allerweltsorganisation" im Sinne von Otto Kirchheimer nahe.[8] Mehr noch: Sie ähneln den „umfassenden Organisationen" im Sinne von Mancur Olson (1982), also jenen Interessenorganisationen, die bei rationaler Wahlhandlung im ureigenen Interesse darauf achten, ihre Politik nicht zu Lasten, sondern zur Mehrung der Wohlfahrtserzeugung zu führen, um hierdurch einen möglichst optimalen Anteil an der Verteilung des Reichtums zu erlangen. Deshalb neigen solche Koalitionen bei näherungsweise rationaler Wahlhandlung zu einer nicht-parochialen Politik

---

8 Kirchheimer (1965) hatte bei seiner „catch-all"-These nur größere Parteien in einigen der westlichen Länder im Sinne. Der echte „catch-all"-Fall ist allerdings erst eine Koalition unter Beteiligung einer der großen Volksparteien und seine höchste Stufe erreicht er im Fall der Allparteienregierung oder in einer Großen Koalition.

der Wohlstandssicherung und Wachstumsvorsorge, die mittels wirtschaftsfreundlicher Politik nach ausreichender Effizienz und mit Hilfe sozialpolitischer Maßnahmen nach Schutz, Stabilisierung und Befriedung strebt. Die Geschäftsgrundlage dafür ist ein Sozialstaat, der nicht vorrangig durch staatliche Dienstleistungen wirkt wie beispielsweise Großbritanniens staatlicher Gesundheitsdienst, sondern hauptsächlich indirekt über Sozialtransfers und mittelbar durch die zuvor schon geschilderte Delegation gemeinschaftlicher Aufgaben auf die Interessenverbände. Die Geschäftsgrundlage ist somit – neben dem delegierenden Sozialstaat – der transferintensive Interventions- und Sozialstaat, der aus einer beachtlich hohen Staatsquote mit unterdurchschnittlicher Staatsdienerquote besteht.

Somit können alle Pfeiler der Politik des mittleren Weges in der alten Bundesrepublik sowohl in ihrer Genese wie auch in ihren Funktionsbedingungen mit politischen Schlüsselgrößen erklärt werden. Die Politik des mittleren Weges, so kann man zusammenfassen, basierte bis 1989 vorrangig auf politischen Vorgängen und politischen Institutionen mit ausgeprägter Neigung zu zentristischen, kooperativen und delegierenden Lösungen, und zugleich reproduzierte und befestigte sie diese Vorgänge und Institutionen.

II. Immer noch auf dem mittleren Weg? Deutschland seit 1990

Bis 1990 kam die Bundesrepublik Deutschland auf dem mittleren Weg zwischen marktgesteuertem Kapitalismus und sozialdemokratischem Wohlfahrtsstaat voran. Doch wohin wurde sie nach 1990 geführt? Hat die Zeitenwende von 1990, vor allem die deutsche Einheit und der Fall des Eisernen Vorhangs, vom mittleren Weg weggeführt? Und wie wirkte die vertiefte Europäische Integration, insbesondere die Schritte zur gemeinsamen europäischen Währung und deren Inkraftsetzung ab 1. Januar 1999, auf den mittleren Weg? Die bislang vorliegenden Befunde zeigen sowohl Kontinuität als auch Diskontinuität an. Vier dieser Befunde sind besonders berichtenswert:

1. Auch nach 1990 bleibt die Kombination von *hoher Staatsquote und unterdurchschnittlicher Staatsdienerquote* mitsamt dem zugrundeliegenden transferintensiven Interventionsstaat intakt. Die genauere Analyse zeigt sogar, dass die Staatsquote – vor allem infolge der Finanzierung der deutschen Einheit – bis Mitte der 90er Jahre wieder anstieg, während die Staatsdienerquote mittelfristig sogar abnahm, vor allem wegen der Privatisierung von Bahn und Post.[9] Der transferintensive Interventionsstaat wurde damit nach 1990 sogar stärker als zuvor betont.[10]

---

9 Vgl. Bundesarbeitsblatt (Nr. 1/1999, S. 84 f.), siehe auch das Schaubild 5.
10 Die Sozialtransferquote („social security transfer" in % des BIP) der Bundesrepublik hat in den Jahren von 1990-95 mit 17,7% einen neuen Höchststand erreicht (OECD 1960-1995, S. 71).

Immer noch auf dem „mittleren Weg"? 503

2. Ein weiterer Pfeiler des mittleren Weges – die *Delegation gemeinschaftlicher Aufgaben an Verbände* – zeugt allerdings von einem beträchtlichen Wandel seit 1990. Das gilt weniger für den staatlichen Anteil an diesem Arrangement. Der Staat hat die alte Arbeitsteilung nach 1990 beibehalten und im Grundsatz die Politik der Delegation weitergeführt. Gewiss, an der einen oder anderen Stelle wurde in die Arbeitsbeziehungen durch Deregulierungsgesetzgebung eingegriffen. Insbesondere am Beschäftigungsförderungsgesetz von 1985 und den Folgegesetzen sowie an der Politik der Arbeitszeitflexibilisierung ist dies abzulesen. Doch im Kern angetastet wurde die Tarifhoheit der Sozialpartner dadurch nicht. Auch das Prinzip der Delegation öffentlicher Aufgaben an die mittelbare Staatsverwaltung in der sozialen Sicherung ist im Grundsatz beibehalten worden, selbst wenn im Gesundheitswesen der Staat mehr als zuvor Distanz zu Interessengruppen hielt und diese mit härterer Hand einzubinden versuchte, so beispielsweise im Fall des Gesundheitsstrukturgesetzes 1992[11].

Der entscheidende Wandel ist woanders zu suchen, nämlich in der schrumpfenden Regelungskapazität der Sozialpartner im Rahmen der Tarifhoheit. Ihre Steuerungskapazität ist nach 1990 spürbar niedriger als zuvor. Davon zeugen Studien zu den Arbeitsbeziehungen im vereinten Deutschland im Vergleich zur alten Bundesrepublik,[12] der abnehmende Organisationsgrad im Gewerkschafts- und im Arbeitgeberlager und die rückläufige Tarifbindung an Branchentarife. Die Branchentarifbindung der westdeutschen Unternehmen ist beträchtlich geschrumpft, und die der ostdeutschen Unternehmen beträgt gar nur die Hälfte der Werte im Westen Deutschlands.[13] Hiermit ist die Selbststeuerungskapazität der gesellschaftlichen Assoziationen in den Arbeitsbeziehungen der Bundesrepublik Deutschland nach 1990 spürbar geringer als zuvor geworden. Die Gründe liegen vor allem in der Abwanderung von Unternehmen

---

11 Perschke-Hermann (1994, Kapitel VI und VII).
12 Vgl. z.B. Bericht der Mitbestimmungskommission (1998, insbes. Kapitel 3 und 4); Koch (1998); Streeck (1981 und 1998).
13 Vgl. z.B. Streeck (1981), Koch (1998, insbes. S. 59, 62 f.). Misst man die Tarifbindung am Anteil der Betriebe, die einem Branchentarifvertrag unterliegen, und klammert man dabei die Organisationen ohne Erwerbszwecke, die privaten Haushalte und den öffentlichen Dienst aus, so unterlagen 1997 in Westdeutschland nur noch 49% der Betriebe der Tarifbindung (1995 waren es 51,8% und vor 1990 wurden beträchtlich höhere Anteile verzeichnet). An Branchentarife gebunden waren im Osten Deutschlands sogar nur 25,7% aller Betriebe (1997). Differenziert man nach Branchen, treten große Unterschiede zu Tage: Die höchste Tarifbindung wurde im Westen wie im Osten im Sektor Bergbau und Energie erreicht. Doch auch dort schrumpfte der Anteil der tarifgebundenen Betriebe dramatisch: von 78,2 auf 52,4% in Westdeutschland allein in den Jahren von 1995 bis 1997. Überdurchschnittliche Tarifbindung melden auch die Branchen Grundstoffverarbeitung (über 60% im Westen und über 30% im Osten), Investitionsgüter (58% versus knapp 35%), Verbrauchsgüter, das Baugewerbe und der Wirtschaftsbereich Kredit und Versicherungen. Unterdurchschnittliche Werte werden aus dem Bereich Sonstige Dienste und Landwirtschaft gemeldet und gerade durchschnittliche aus den Gewerbezweigen Handel sowie Verkehr und Nachrichten (FAZ, Nr. 6 vom 8.1.1999).

aus einem kostspieligen Regelungsnetzwerk und in der komplementären Abwanderung von Arbeitskräften in die Schattenwirtschaft.[14] Insoweit ist einer der Pfeiler, auf denen der „mittlere Weg" errichtet wurde, nach 1990 brüchiger geworden.

3. Wie steht es um den dritten Pfeiler der Politik des mittleren Weges, dem Streben nach einer Vereinbarung von *Effizienz und Sozialstaat?* Bei ihm zeichnen sich in den 90er Jahren verschiedenartige Tendenzen ab. Die gesamtwirtschaftliche Leistungskraft blieb vor und nach 1990 ein Hauptziel der Wirtschaftspolitik, wenngleich dem Streben mitunter kein Erfolg beschieden war, wie die schwere Rezession von 1992/93 verdeutlichte. Intakt blieb im Grundsatz auch das Streben nach einem hohen Sozialschutzniveau. Allerdings sind dabei im Beobachtungszeitraum *drei Phasen* zu unterscheiden. Die Jahre von 1990 bis 1994 standen im Zeichen des Ausbaus des Sozialstaates, hauptsächlich infolge der Übertragung des westdeutschen Sozialrechts auf die neuen Bundesländer und auf Grund des Auf- und Ausbaus der Pflegeversicherung mit Wirkung ab 1.1.1995. Hierauf folgte eine Periode restriktiverer Sozialpolitik. Sie währte von 1995 bis zum Ende der 13. Legislaturperiode 1998 und war vom Bestreben der CDU/CSU/FDP-Koalition geprägt, die Sozialpolitik auf einen möglichst wirtschaftsstandortverträglichen Kurs zu bringen. Hierzu sollte mehrerlei dienen, unter anderem kontroverse Vorhaben wie die Absenkung der gesetzlichen Entgeltfortzahlung im Krankheitsfall, der Ausbau der Selbstbeteiligung der Patienten im Gesundheitswesen und die Korrektur der Formel zur Anpassung der Altersrenten, durch die der demografische Faktor stärker berücksichtigt und zum langfristigen Absenken des Eckrentenniveaus von 70 auf 64 Prozent[15] verwendet werden sollte. Die dritte Phase setzte mit dem Regierungswechsel von 1998 zur Koalition aus SPD und Bündnis 90/Die Grünen ein. Wie im Wahlkampf angekündigt, nahm die rot-grüne Koalition die oben erwähnten Kürzungen der Sozialpolitik unter der CDU/CSU- und FDP-Regierung zurück und ging überdies zur Absenkung der Rentenversicherungsbeiträge über, allerdings um den Preis höherer Steuerfinanzierung der Sozialpolitik und abnehmender Beweglichkeit bei zukünftigen Sozialreformen. Der Sozialstaat wurde somit weiter befestigt und ausgebaut. Flankierend kamen Neuregelungen der geringfügigen Beschäftigung und der Scheinselbstständigkeit hinzu – wobei allerdings in beiden Fällen andere Ziele, wie Beschäftigung, Förderung der

---

14 Dass dieses Regelwerk kostspieliger geworden ist, hat viele Ursachen. Zu den wichtigsten gehören die hohen und in den 90er Jahren weiter angestiegenen Lohn- und Lohnnebenkosten. Für den Anstieg der Lohnnebenkosten war – neben den freiwilligen Leistungen der Arbeitgeber – vor allem der Anstieg der Sozialabgaben verantwortlich, der insbesondere auf Grund von einheitsbedingten Folgekosten, der Finanzierung der Pflegeversicherung sowie den einnahmeschmälernden und ausgabensteigernden Effekten der Alterung der Gesellschaft und der Arbeitslosigkeit resultierte.

15 Das Eckrentenniveau ist das Zahlenverhältnis einer auf 45 Versicherungsjahren mit durchschnittlichem Verdienst beruhenden Nettorente zum aktuellen Nettodurchschnittsverdienst.

Selbstständigkeit und Zusatzeinkommen von Geringerverdienenden, in einem ungewöhnlich starkem Maß der Absicht geopfert wurden, den Sozialversicherungsstaat zu stabilisieren und die Abwanderung in nichtsozialversicherungspflichtige Erwerbstätigkeit zu bekämpfen. All diese Weichenstellungen umschlossen das Risiko, die ohnehin schon große Spannung zwischen Sozialstaat einerseits und wirtschaftlicher Effizienz sowie beschäftigungspolitischen Zielen andererseits zu vergrößern.

Schon vor dem Regierungswechsel von 1998 war der Zielkonflikt zwischen hohem Sozialschutz und ehrgeizigen wirtschafts- und beschäftigungspolitischen Zielen härter als zuvor geworden – zu Lasten der Beschäftigungsdynamik (vgl. Schaubild 6 im Anhang) und insbesondere auch zu Ungunsten der Niedriglohnbeschäftigung (Scharpf 1999). Die beträchtliche Erhöhung der Sozialabgaben infolge der deutschen Einheit, des Aufbaus der Pflegeversicherung, der Alterung der Gesellschaft und der Arbeitslosigkeit haben die Arbeitskosten weiter erhöht und damit – unter sonst gleichen Bedingungen – überwiegend als Beschäftigungsbremse funktioniert. Somit ist die Sozialpolitik in der Bundesrepublik Deutschland beschäftigungspolitisch ambivalenter als je zuvor geworden. Gewiss: in ihrem ureigenen Bereich schafft die Sozialpolitik Arbeitsplätze in der Verwaltung, bei den sozialstaatlichen Dienstleistungen und bei den privatwirtschaftlichen Zulieferanten des Sozialstaates, so auf großer Stufenleiter im Gesundheitswesen.[16] Außerhalb der Zulieferer des Sozialstaates hemmen jedoch die Finanzierungshöhe und die Finanzierungsweise der Sozialpolitik mittlerweile die Beschäftigung erheblich. Die Kontinuität des Strebens nach starkem Sozialschutz und effizienter Wirtschaft geht nunmehr mit einem härteren Zielkonflikt zwischen Sozialpolitik und Beschäftigungsentwicklung einher. Der Preis, der für die Politik des mittleren Weges zu entrichten ist, erweist sich auch an dieser Stelle als höher als zuvor.

4. Kontinuität und härtere Zielkonflikte kennzeichnen im Großen und Ganzen auch die Vorfahrt für *Preisstabilitätspolitik*, den vierten Pfeiler der Politik des mittleren Weges. Dass die Geldpolitik auch in den 90er Jahren durchweg auf Preisstabilität zielte, ist kaum strittig. Allerdings war ihr dabei nicht immer Erfolg beschieden. In den ersten Jahren nach der deutschen Einheit ließ der einheitsbedingte unfreiwillige Keynesianismus die Preise stärker als gewohnt steigen. Anschließend allerdings trug die harte Stabilisierungspolitik der Deutschen Bundesbank entscheidend dazu bei, die Inflationsrate auf das gewohnt niedrige Niveau zurückzuführen. Dort blieb sie – bestärkt von Bestrebungen der Geld- und der Finanzpolitik, die im Maastrichter Vertrag festgelegten Konvergenzkriterien als Eintrittsbedingung zum Euro zu erfüllen.

Wie der internationale Vergleich zeigt, ist für die Preisstabilitätspolitik der Bundesrepublik Deutschland mittlerweile jedoch mehr aufzuwenden als zuvor. Bis Ende der 80er Jahre stiegen die Preise in Deutschland meist langsamer als

---

16 Sachverständigenrat für die Konzertierte Aktion im Gesundheitswesen, 1996 und 1997.

in allen anderen OECD-Ländern, und im langfristigen Durchschnitt wurde hier zu Lande mehr Preisstabilität als anderswo erreicht. Mittlerweile haben die meisten Staaten, insbesondere die EU-Mitgliedstaaten, Deutschland bei der Inflationsbekämpfung eingeholt und überholt. Dementsprechend ist Deutschlands einzigartige Kombination von niedrigster Inflationsrate und ausgebauter Sozialstaatlichkeit dahin; Deutschland liegt bei der Inflationsbekämpfung nicht mehr an der Spitze, sondern im Mittelfeld (vgl. Schaubild 7 und 8 im Anhang).

III. Schlussfolgerung

Der Vergleich der 90er Jahre mit der Periode von 1960 bis 1989 zeigt, dass die Politik des mittleren Weges im vereinten Deutschland nicht ans Ende geraten ist. Doch vier größere Änderungen sind zu berichten. Ein Pfeiler des Mittelweges ist brüchiger geworden. Der Grund liegt in der abnehmenden Steuerungskapazität der Sozialpartner. Für die Politik des mittleren Weges ist zudem mittlerweile ein höherer Preis als zuvor zu entrichten. Das zeigt vor allem der härtere Zielkonflikt zwischen ausgebauter Sozialpolitik und expansiver Beschäftigung an, wenngleich dieser durch das Beschäftigungswachstumspotenzial im sozialstaatsfinanzierten Gesundheitswesen gemildert werden kann. Überdies ist die Spannung zwischen niedriger Inflation und Arbeitslosigkeit offenbar stärker als zuvor geworden. Hinzu kam der Verlust eines speziellen Konkurrenzvorteils: Deutschlands vormals führende Position bei der Inflationsbekämpfung ist dahin.

Wie kam es zur Verhärtung der Zielkonflikte? Hauptverantwortlich für den Sozialschutz-Beschäftigungs-Zielkonflikt sind viele Faktoren – weltwirtschaftliche und binnenwirtschaftliche sowie innenpolitische. Zu ihnen gehören die auch international hohen Lohn- und Lohnnebenkosten, unter ihnen die freiwillig erbrachten wie die gesetzlichen Lohnnebenkosten, allen voran die Sozialbeiträge, sowie die durch Sozialpolitik und Arbeitsrecht weit ausgebauten Arbeitnehmerschutzrechte einschließlich rigiden Kündigungsschutzes. Und warum ging der Wettbewerbsvorteil der Preisstabilitätspolitik verloren? Teilweise auf Grund der Nachahmung der deutschen Preisstabilitätspolitik in anderen Ländern. Und mitverantwortlich war die Politik der Bundesregierung in den Verhandlungen über die Konvergenzkriterien des Maastrichter Vertrages und über die Europäische Wirtschafts- und Währungsunion. Die Autonomie der Deutschen Bundesbank, der Vorrang der Preisstabilität und die stabilitätsorientierte Fesselung der Finanzpolitik sollten der Geldpolitik der Europäischen Zentralbanken Maß geben, so lautete die Leitlinie. Sie fand viel Anklang. Doch damit hat die Außenpolitik der Bundesrepublik Deutschland den Konkurrenzvorteil, den ihre Wirtschaft und Politik aus dem Preisstabilitätsvorsprung vor allem gegenüber Ländern mit höherer Inflation ziehen konnten, dem als höher eingestuften Gut der einheitlichen europäischen Währung geopfert.

Anhang

Schaubild 1: Arbeitslosenquote und Inflationsrate 1960-89

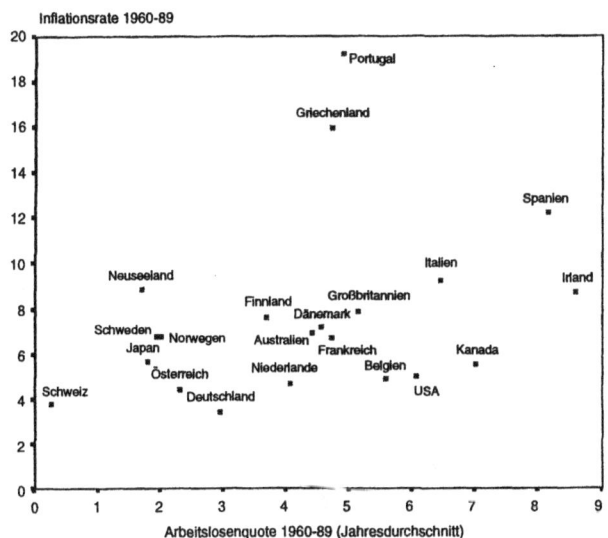

Quelle: OECD Economic Outlook, OECD Labour Force Statistics, verschiedene Ausgaben.

Schaubild 2: Wirtschaftswachstum und Sozialstaatsentwicklung 1890 bis 1989

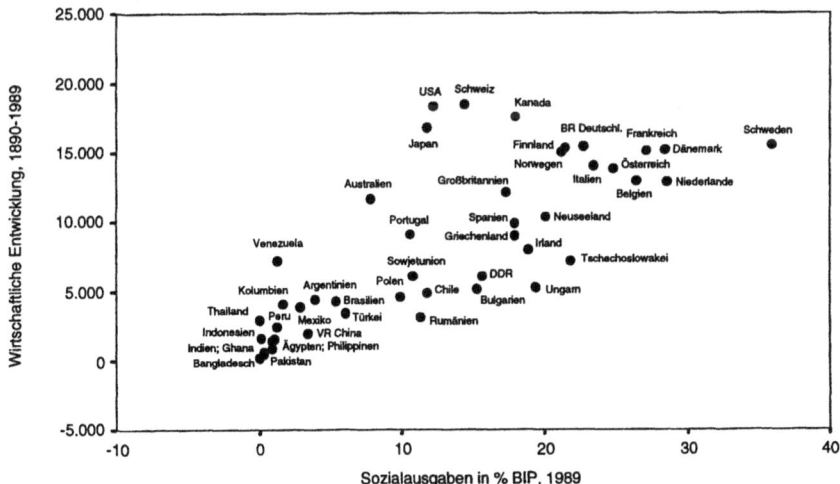

Anm.: Waagerechte: Entwicklung des (in international und historisch vergleichbaren Daten erfassten) preisbereinigten Sozialproduktes pro Kopf der Bevölkerung zwischen 1890 und 1989 (Maddison 1995, S. 193-206). Senkrechte: Wachstum der Sozialleistungsquote (nach ILO-Daten) von 1890 bis 1989 (geschätzt durch die Sozialleistungsquote von 1989). R^2 (bereinigt) = 0,51.
Quelle: Schmidt (1998a, S. 269).

Schaubild 3: Sozialleistungsquote und Inflationsrate 1960-89 (Durchschnitt)

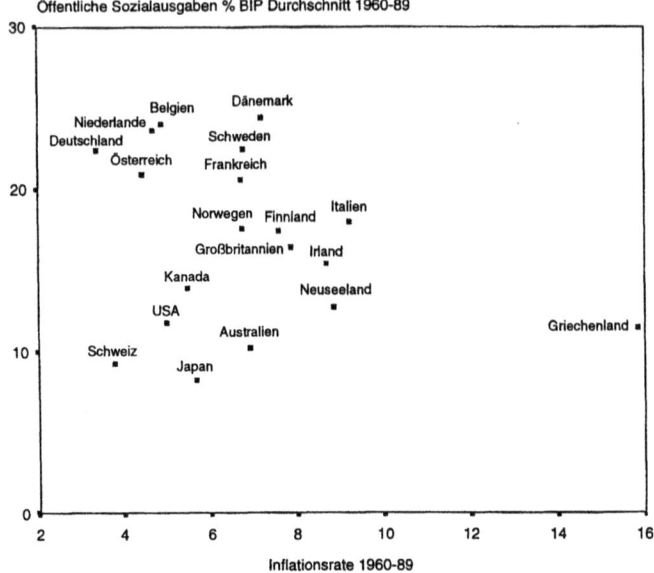

Quelle: OECD Economic Outlook, verschiedene Ausgaben.

Schaubild 4: Staatsquote und Staatsdienerquote Mitte der 80er Jahre

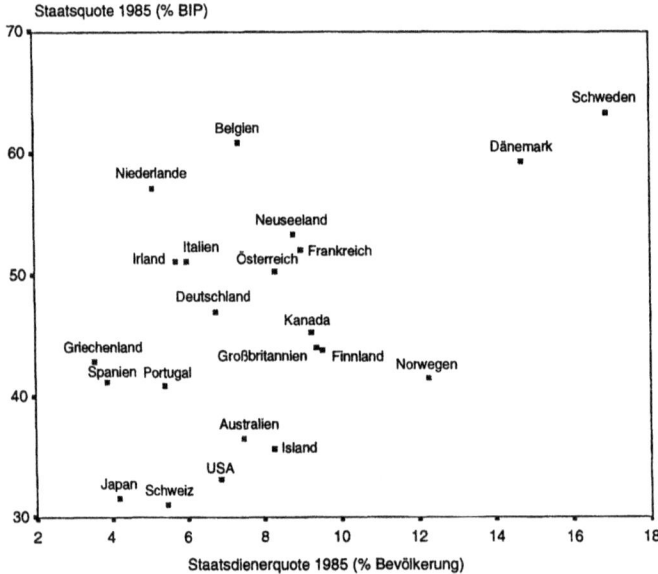

Quelle: OECD Economic Outlook, OECD Labour Force Statistics, verschiedene Ausgaben.

Schaubild 5: Staatsquote und Staatsdienerquote Mitte der 90er Jahre

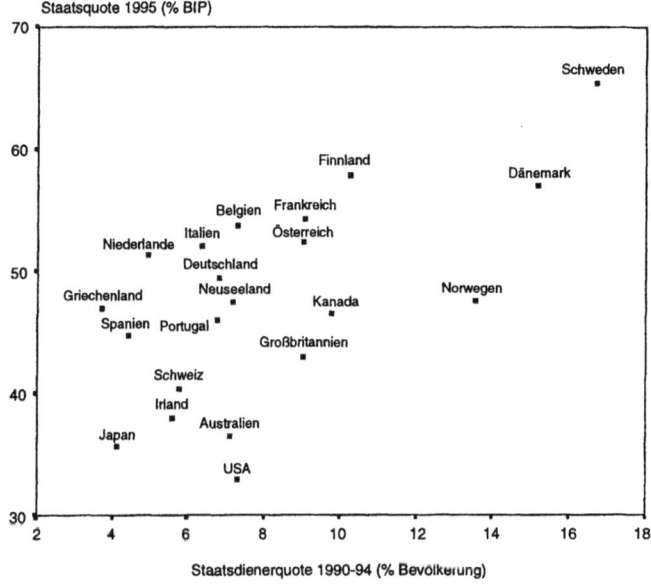

Quelle: OECD Economic Outlook, OECD Labour Force Statistics, verschiedene Ausgaben.

Schaubild 6: Sozialstaat und Beschäftigungsentwicklung in der Bundesrepublik Deutschland 1982-1994

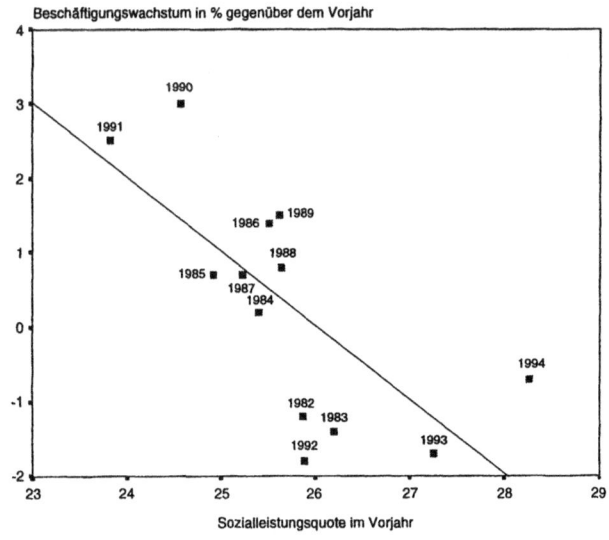

Quelle: OECD Economic Outlook, OECD Labour Force Statistics, OECD 1996.
Bereinigter Determinationskoeffizient R^2 = 0.464; Regressionskoeffizient: b = -1.005 (t = -3.37).

Schaubild 7: Arbeitslosenquote und Inflationsrate 1990-97

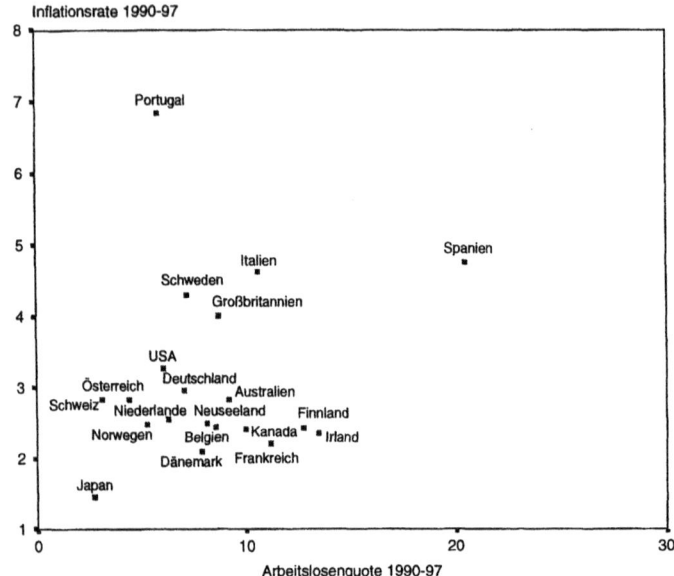

Quelle: OECD Economic Outlook, OECD Labour Force Statistics, verschiedene Ausgaben.

Schaubild 8: Sozialleistungsquote und Inflationsrate 1990-97 (Durchschnitt)

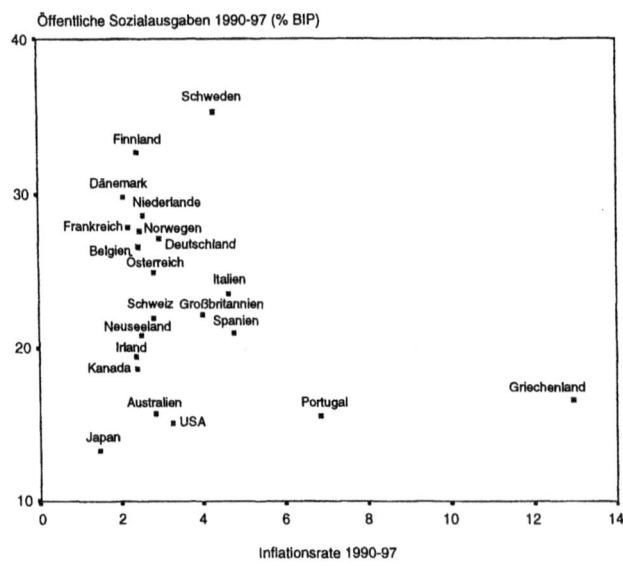

Quelle: OECD Economic Outlook, verschiedene Ausgaben. Für das „Euroblock"-Gebiet ergeben sich folgende Werte: Die EU-weite (nach Bevölkerungsgröße gewichtet) Inflationsrate 1990-97 beträgt 3,81% und die EU-weite Sozialleistungsquote (1992, OECD 1996) 25,3%.

Literatur

Abelshauser, Werner, 1987: „Ist die Weimarer Republik ein Wohlfahrtsstaat?", in: ders. (Hrsg.), Die Weimarer Republik als Wohlfahrtsstaat, Wiesbaden: Steiner, S. 9-32.
Alber, Jens und Brigitte Bernardi-Schenkluhn, 1992: Westeuropäische Gesundheitssysteme im Vergleich, Frankfurt a.M./New York: Campus.
Armingeon, Klaus Werner, 1994: Staat und Arbeitsbeziehungen, Opladen: Westdeutscher Verlag.
Bauer, Thomas, 1999: Der Vermittlungsausschuss. Politik zwischen Konkurrenz und Konsens. Inauguraldissertation, Universität Bremen.
Bericht der Kommission Mitbestimmung, 1998: Mitbestimmung und neue Unternehmenskulturen. Bilanz und Perspektive, Gütersloh/Düsseldorf: Bertelsmann Stiftung und Hans-Böckler Stiftung.
Blanke, Bernhard und Hellmut Wollmann (Hrsg.), 1991: Die alte Bundesrepublik (= Leviathan Sonderheft 12), Opladen: Westdeutscher Verlag.
BMA (Bundesministerium für Arbeit und Sozialordnung), 1997: Übersicht über das Arbeitsrecht, Bonn: BMA.
BMA (Bundesministerium für Arbeit und Sozialordnung), 1998: Übersicht über das Sozialrecht, Bonn: BMA.
Bruche, Gerd und Bernd Reissert, 1985: Die Finanzierung der Arbeitsmarktpolitik, Frankfurt a.M./New York: Campus.
Bundesarbeitsblatt Nr. 1, 1999.
Busch, Andreas, 1995: Preisstabilitätspolitik, Opladen: Leske + Budrich.
Esping-Andersen, Gösta, 1990: The Three Worlds of Welfare Capitalism, Cambridge: Polity Press.
Eucken, Walter, 1975: Grundsätze der Wirtschaftspolitik, 5. Aufl., Tübingen: Mohr, Siebeck.
Katzenstein, Peter, 1987: Policy and Politics in West Germany: the Growth of a Semisovereign State, Philadelphia: Philadelphia University Press.
Kirchheimer, Otto, 1965: „Der Wandel des westeuropäischen Parteiensystems", in: Politische Vierteljahresschrift, 6. Jg., Nr. 1, S. 20-41.
Koch, Klaus, 1998: „The Impact of German Unification on the German Industrial Relations System", in: German Politics, 7. Jg., Nr. 3, S. 52-68.
Lehmbruch, Gerhard, 1998: Parteienwettbewerb im Bundesstaat, Opladen: Westdeutscher Verlag.
Merkel, Wolfgang, 1993: Ende der Sozialdemokratie?, Frankfurt a.M./New York: Campus.
Müller-Armack, 1966: Wirtschaftsordnung und Wirtschaftspolitik, Freiburg i.Br.: Rombach.
Nullmeier, Frank und Friedbert W. Rüb, 1993: Die Transformation der Sozialpolitik. Vom Sozialstaat zum Sicherungsstaat, Frankfurt a.M./New York: Campus.
Okun, Arthur C., 1975: Equality and Efficiency. The Big Tradeoff, Washington, D.C.
Olson, Mancur, 1982: The Rise and Decline of Nations. Economic Growth, Stagflation, and Social Rigidities, New Haven/London: Yale University Press.
Organization for Economic Co-Operation and Development, 1996: Social Expenditure Statistics of OECD Member Countries, Paris: OECD.
Organization for Economic Co-Operation and Development, 1997: Economic Outlook, Historical Statistics 19960-1995, Paris: OECD.
Organization for Economic Co-Operation and Development (div. Jahre): Labour Force Statistics, Paris: OECD.
Organization for Economic Co-Operation and Development, 1998: Economic Outlook 64, Dezember 1998, Paris: OECD.

Organization for Economic Co-operation and Development, 1998: Economic Survey 1998: Germany, Paris: OECD.
Perschke-Hartmann, Christiane, 1994: Die doppelte Reform. Gesundheitspolitik von Blüm zu Seehofer, Opladen: Leske + Budrich.
Rieger, Elmar und Stephan Leibfried, 1999: Wohlfahrtsstaat und Sozialpolitik in Ostasien. Der Einfluss von Religion im Kulturvergleich, in: Gert Schmidt und Rainer Trinczek (Hrsg.), Globalisierung (Soziale Welt Sonderband 13), Baden-Baden: Nomos, S. 413-499.
Rhein-Kress, Gaby von, 1996: Die politische Steuerung des Arbeitsangebots. Die Bundesrepublik Deutschland, Österreich und die Schweiz im internationalen Vergleich, Wiesbaden: Westdeutscher Verlag.
Rosenow, Joachim und Frieder Naschold, 1994: Die Regulierung von Altersgrenzen: Strategien von Unternehmen und die Politik des Staates, Berlin: edition sigma.
Sachverständigenrat zur Begutachtung der gesamtwirtschaftlichen Entwicklung, 1998: Vor weitreichenden Entscheidungen. Jahresgutachten 1998/1999, Stuttgart: Metzler-Poeschel.
Sachverständigenrat für die Konzertierte Aktion im Gesundheitswesen, 1996: Sondergutachten 1996: Gesundheitswesen in Deutschland. Kostenfaktor und Zukunftsbranche. Bd. I: Demographie, Morbidität, Wirtschaftlichkeitsreserven und Beschäftigung, Baden-Baden.
Sachverständigenrat für die Konzertierte Aktion im Gesundheitswesen, 1997: Sondergutachten 1997: Gesundheitswesen in Deutschland. Kostenfaktor und Zukunftsbranche. Bd. II: Fortschritt und Wachstumsmärkte, Finanzierung und Vergütung, Baden-Baden.
Scharpf, Fritz W., 1987: Sozialdemokratische Krisenpolitik in Europa, Frankfurt a.M.: Campus.
Scharpf, Fritz W., 1994: Optionen des Föderalismus, Frankfurt a.M./New York: Campus.
Scharpf, Fritz W., 1999: Regieren in Europa, Frankfurt a.M./New York: Campus.
Scharpf, Fritz W., Bernd Reissert und Fritz Schnabel, 1976: Politikverflechtung. Theorie und Praxis des kooperativen Föderalismus, Kronberg/Ts.: Athenäum.
Schmid, Josef, 1996: Wohlfahrtsverbände in modernen Wohlfahrtsstaaten. Soziale Dienste in historisch-vergleichender Perspektive, Opladen: Leske + Budrich.
Schmid, Günther, Bernd Reissert und Gerd Bruche, 1992: Unemployment Insurance and Active Labour Market Policy, Detroit: Wayne State University Press.
Schmidt, Manfred G., 1987: „West Germany: The Policy of the Middle Way", in: Journal of Public Policy, 7. Jg., Nr. 2, S. 139-177.
Schmidt, Manfred G., 1989: „Learning From Catastrophies – West Germany's Public Policy", in: Francis G. Castles (Hrsg.), A Comparative History of Public Policy, Cambridge: Polity Press, S. 56-99.
Schmidt, Manfred G., 1990: „Die Politik des mittleren Weges. Besonderheiten der Staatstätigkeit in der Bundesrepublik Deutschland", in: Aus Politik und Zeitgeschichte, Nr. B 9/10, Beilage zur Wochenzeitung Das Parlament vom 23. Februar, S. 23-31.
Schmidt, Manfred G., 1996a: „When Parties Matter: A Review of the Possibilities and Limits of Partisan Influence on Public Policy", in: European Journal of Political Science, 30. Jg., Nr. 2, 155-183.
Schmidt, Manfred G., 1996b: „Germany: The Grand Coalition State", in: Josep M. Colomer (Hrsg.), Political Institutions in Europe, London: Routledge, S. 62-98.
Schmidt, Manfred G., 1998a: Sozialpolitik in Deutschland. Historische Entwicklung und internationaler Vergleich, Opladen: Leske + Budrich.
Schmidt, Manfred G., 1998b: „Sozialstaatliche Politik in der Ära Kohl", in: Göttrik Wewer (Hrsg.), Bilanz der Ära Kohl, Opladen: Leske + Budrich, S. 59-88.
Streeck, Wolfgang, 1981: Gewerkschaftliche Organisationsprobleme in der sozialstaatlichen Demokratie, Kronberg/Ts.: Athenäum.

Streeck, Wolfgang, 1998: „The Internationalization of Industrial Relations in Europe: Prospects and Problems", in: Politics & Society, 26. Jg., Nr. 4, S. 429-459.
Wachendorfer-Schmidt, Ute, 1999: „Der Preis des Föderalismus in Deutschland", in: Politische Vierteljahresschrift, 40. Jg., Nr. 1, S. 3-38.
Wehler, Hans-Ulrich, 1995: Deutsche Gesellschaftsgeschichte. Dritter Band: Von der „Deutschen Doppelrevolution" bis zum Beginn des Ersten Weltkrieges: 1849-1914, München: C.H. Beck.
Wewer, Göttrik (Hrsg.), 1998: Bilanz der Ära Kohl, Opladen: Leske + Budrich.

Frank Bönker / Hellmut Wollmann

Sozialstaatlichkeit im Übergang: Entwicklungslinien der bundesdeutschen Sozialpolitik in den Neunzigerjahren

I. Einleitung[1]

Die Sozialstaatlichkeit war ein wesentlicher Teil des Inventars der Bonner Republik. Nicht nur, dass sie heute, anders als in den 50er Jahren (vgl. die berühmte Rechts- vs. Sozialstaatsdebatte), unangefochten zu den konstitutiven Verfassungsgrundsätzen zählt. Man kann wohl auch sagen, dass die alte Bundesrepublik einen gewichtigen Teil ihrer Akzeptanz und Legitimität im Innern wie ihrer Attraktivität nach außen jener Kombination aus 'Wirtschaftswunder' und Sozialstaat verdankt, die gemeinhin unter dem Schlagwort 'Soziale Marktwirtschaft' firmiert (Roller 1992; Blüm/Zacher 1989). In den Augen von breiten Teilen der Bevölkerung, gerade auch der ostdeutschen, ist die Bundesrepublik ganz wesentlich Sozialstaat. Oftmals verbindet sich mit dieser Wahrnehmung die gern gepflegte, historisch-empirisch allerdings nur teilweise akkurate Vorstellung, der Sozialstaat sei eine heimische Erfindung und der deutsche Sozialstaat bis heute 'der beste der Welt' (Norbert Blüm, zit. nach Alber 1998a, S. 214, Fn. 30).[2] Als jüngster Beleg für diese tiefe Verankerung des Sozialstaates im gesellschaftlichen Bewusstsein mögen die Ergebnisse der Bundestagswahlen 1998 dienen: Gemäß einer in Regierung und Opposition gleichermaßen einflussreichen Interpretation kam es wesentlich dadurch zum Regierungswechsel (und damit zur in der Geschichte der Bundesrepublik erstmaligen Abwahl einer amtierenden Bundesregierung durch das unmittelbare Votum der Wähler), dass sich eine breite Mehrheit der Wähler von dem Vorwurf der sozialdemokratischen Opposition überzeugen ließ, die christlich-liberale Bundesregierung habe 'den Boden der Sozialstaatlichkeit' verlassen.

Der vorliegende Beitrag untersucht die Entwicklung des bundesdeutschen Sozialstaates in den 90er Jahren. In Einklang mit der Leitfrage des Bandes geht es uns dabei insbesondere um das Verhältnis von Kontinuität und Diskontinuität im Übergang von der Bonner zur Berliner Republik. Anders formuliert interessiert

---

1 Für hilfreiche Kommentare zu früheren Fassungen danken wir Klaus Deutsch, Ulrike Götting und Katharina Müller sowie den Teilnehmern der Autorenkonferenz im Februar 1999.
2 Eine liebevolle Konfrontation der sozialpolitischen Selbstbilder in der Bundesrepublik mit der harten komparativen Realität findet sich bei Alber (1998a).

uns die Frage, ob sich auch im Bereich der Sozialpolitik und des sozialstaatlichen Institutionengefüges jene Erosion des überkommenen 'Modells Deutschland' ausmachen lässt, die für andere Bereiche als Folge der Wucht der Trias von Globalisierung, europäischer Integration und/oder deutscher Einigung von vielen Beobachtern diagnostiziert wird (Carlin/Soskice 1997; Czada 1998). Was diese Frage so brisant macht, ist neben der wichtigen Rolle der Sozialstaatlichkeit im Selbstverständnis der Bundesrepublik vor allem die notorische institutionelle 'Robustheit' des bundesdeutschen Sozialstaates. In der sozialwissenschaftlichen Literatur gilt dieser traditionell als Inbegriff der Pfadabhängigkeit und Inkarnation eines 'eingefrorenen' Wohlfahrtsstaates, dessen Kerninstitutionen historisch weit zurück reichen und sich bei allen Veränderungen als bemerkenswert 'unempfindlich' gegenüber den politischen Zäsuren vor und nach Gründung der Bundesrepublik erwiesen haben.

Im Folgenden werden wir argumentieren, dass sich die 90er Jahre in sozialpolitischer Hinsicht tatsächlich als eine Phase des Übergangs begreifen lassen, in der das 'alte' wohlfahrtsstaatliche Arrangement, das durch die Verabschiedung groß angelegter Reformwerke in den späten 80er und frühen 90er Jahren konsolidiert und durch die Einführung der Pflegeversicherung und die weit gehende Replikation seines Institutionengefüges in Ostdeutschland noch einmal bestätigt schien, unter großen, allseits spürbaren Veränderungsdruck geraten ist und – bei allen 'Reformblockaden' (Heinze 1998) und wie zögerlich und stückwerkhaft ('piecemeal') auch immer – eine nachhaltige, die überkommenen Grundstrukturen und -prämissen ergreifende Metamorphose des bundesdeutschen Sozialstaats in Gang gekommen ist. Das schlussendliche Resultat dieses 'Umbaus' ist dabei durchaus noch offen. Schon bedingt durch den Regierungswechsel im Herbst 1998 stellen die 90er Jahre eher eine Phase tastender, teilweise abgebrochener oder rückgängig gemachter Reformversuche und institutioneller Volatilität als eine Periode der institutionellen Konsolidierung dar. Am Ausgang der Dekade zeichnen sich deshalb zwar die groben Konturen eines 'neuen' sozialstaatlichen Arrangements ab, seine konkrete institutionelle Ausgestaltung ist jedoch ungewiss.

Der Beitrag gliedert sich in vier Teile. Der erste ruft – kaum mehr als stichworthaft – die Herausforderungen in Erinnerung, mit denen der bundesdeutsche Sozialstaat in den 90er Jahren konfrontiert gewesen ist, und trägt dann einige damit verbundene Krisen- und Stresssymptome zusammen. Der zweite Teil zeichnet anhand einer Unterscheidung verschiedener Phasen der Sozialpolitik die Anpassungsreaktionen der Politik nach und zeigt, dass es in der zweiten Hälfte der 90er Jahre zwar zu allerlei Reformen, nicht zuletzt infolge des Regierungswechsels bislang jedoch nicht zu deren Konsolidierung kam. Im dritten, wieder stärker systematisch angelegten Teil geht es dann darum, inwieweit in den 90er Jahren trotz der Kontinuität in den 'großen' institutionellen Strukturen und der wiederholten Kurswechsel in der Sozialpolitik untergründige Strukturwandlungen des bundesdeutschen Sozialstaates ausgemacht werden können, die zumindest einige charakteristische Züge des 'neuen' sozialstaatlichen Arrangements erkennen lassen. Der abschließende vierte Teil zieht ein kurzes Fazit.

II. Der bundesdeutsche Sozialstaat unter Stress

Krisenszenarien begleiten den Sozialstaat seit seiner Entstehung und sind seit Mitte der 70er Jahre nicht mehr verstummt. Schon deshalb sind sie nur mit großer Vorsicht zu genießen. Wenig kontrovers dürfte jedoch die Einschätzung sein, dass der bundesdeutsche Sozialstaat im Laufe der 90er Jahre im Zuge einer Kumulierung von Stress- und Krisenfaktoren tatsächlich unter massiven Veränderungsdruck geraten ist (Kaufmann 1997a; Offe 1995, 1998; Pierson 1998; Schmähl 1998, S. 713 f.). Die Liste der 'üblichen Verdächtigen' ist lang. Sie umfasst kurz-, mittel- und langfristige Herausforderungen, exogene wie endogene, sozialstaatsinduzierte Entwicklungen, spezifisch deutsche wie alle OECD-Länder gemeinsam betreffende Probleme, sozialpolitikspezifische wie politikfeldübergreifende Faktoren. Was die bundesdeutsche Situation so dramatisch (und die Probleme gleichsam 'überdeterminiert') macht, ist die Überlagerung und wechselseitige Verstärkung der verschiedenen Stressfaktoren.

1. *Soziodemographische Entwicklungen:* Wie die meisten OECD-Länder ist auch die Bundesrepublik mit einer alternden Bevölkerung, veränderten Haushalts- und Familienstrukturen und den daraus resultierenden Versorgungs- und Finanzierungsproblemen konfrontiert (Deutscher Bundestag 1998). Die Anteile der Älteren an der Bevölkerung und an den Erwerbsfähigen, in den 80ern noch jeweils leicht gefallen, nahmen in den 90er Jahren zu und werden nach dem Jahr 2015, wenn die geburtenstarken Jahrgänge allmählich aus dem Erwerbsleben scheiden, drastisch (und im OECD-Vergleich überdurchschnittlich stark) ansteigen. Diese Entwicklung ist im Prinzip schon seit längerem bekannt, und es sind auch bereits erste Anpassungsmaßnahmen erfolgt.[3] Die größere zeitliche Nähe hat die anstehenden Probleme jedoch 'politisch präsenter' gemacht.

2. *Veränderte Arbeitsmarktbedingungen:* Herausforderungen haben sich auch durch Veränderungen auf dem Arbeitsmarkt ergeben. In den alten Bundesländern hat die Arbeitslosigkeit seit Anfang der 90er Jahre deutlich zugenommen.[4] Lag sie 1991 noch bei etwa 6%, kletterte sie bis 1997 auf knapp 10%. Im Gefolge der anhaltenden Beschäftigungskrise hat sich die bekannte Schere ge-

---

3 OECD-Vergleiche legen nahe, dass die Bundesrepublik zwar mit einer überdurchschnittlich starken Alterung der Bevölkerung konfrontiert ist, der aggregierte 'fiskalische' Anpassungsbedarf in Renten- und Krankenversicherung aber – auch dank der 1989 beschlossenen 'Rentenreform 1992' – eher unterdurchschnittlich ist (OECD 1996).
4 Für Analysen der bundesdeutschen Beschäftigungskrise siehe Carlin/Soskice (1997); Lindlar/Scheremet (1998).

öffnet: auf der Einnahmenseite hat die hohe Arbeitslosigkeit die Zahl der Beitrags- und Steuerzahler reduziert, auf der Ausgabenseite die der Sozialleistungsempfänger erhöht. Parallel zum Anstieg der Arbeitslosigkeit beschleunigten sich schon länger beobachtbaren Veränderungen in der Struktur der Beschäftigung. Der Anteil der Teilzeitarbeit an der Gesamtbeschäftigung nahm ebenso deutlich zu wie die Zahl der tatsächlich oder scheinbar Selbstständigen und der Umfang 'geringfügiger', nicht sozialversicherungspflichtiger Beschäftigung. Damit ist eine weitere Erosion jenes Normalarbeitsverhältnisses einhergegangen, das dem bundesdeutschen Sozialstaat seit alters als Prämisse auf der Finanzierungs- wie auf der Versorgungsseite zugrundeliegt (Geissler 1998; Hinrichs 1996).

3. *Deutsche Einigung:* Ein wichtiger spezifisch deutscher Stressfaktor ist die deutsche Einigung (Ganßmann 1997; Czada 1998). Diese brachte nicht nur sozialpolitische Probleme in Ostdeutschland mit sich, sie hatte auch massive Rückwirkungen auf den westdeutschen Sozialstaat. Knapp 40 Prozent der Bruttotransfers von West- nach Ostdeutschland entfielen auf Sozialleistungen, im Zuge der Übertragung des westdeutschen Regelwerks erfolgte ein Großteil davon über die Sozialversicherungsträger. Nur ein Teil dieser Transfers wurde über Staatszuschüsse abgegolten; gut die Hälfte musste aus Sozialversicherungsbeiträgen finanziert werden. Nach Schätzungen beliefen sich die entsprechenden Belastungen Mitte der 90er Jahre auf ein Volumen von 3 Beitragspunkten.

4. *Globalisierung und Standortdebatte:* Unter dem Eindruck der Beschäftigungskrise intensivierte sich Mitte der 90 Jahre die bundesdeutsche Standortdebatte. Im Windschatten des allgemeinen Globalisierungsdiskurses sind – empirisch durchaus umstrittene – Klagen über die mangelnde Wettbewerbsfähigkeit des Standorts Deutschland und die ökonomischen Kosten der Sozialpolitik lauter geworden (Berthold 1998). Das suggestive – von einer bunten Koalition aus Sozialstaatskritikern einerseits, Globalisierungsgegnern andererseits propagierte – Argument, die gestiegene Mobilität des Kapitals verlange eine Rücknahme sozialer Leistungen, hat auch über Unternehmerverbände und Wirtschaftspresse hinaus öffentliche Resonanz gefunden und so die 'Ökonomisierung' des Sozialpolitikdiskurses verstärkt.

5. *Europäische Integration:* Im Falle der Sozialpolitik waren die Auswirkungen der europäischen Integration im Wesentlichen in Gestalt der Konsolidierungszwänge des Maastricht-Vertrages zu verspüren (Kaufmann 1997a, S. 131-136; Leibfried 1997). Harmonisierungsbemühungen haben dagegen hier weiterhin eine eher untergeordnete Rolle gespielt. Ein Thema, das in den 90er Jahren an Bedeutung gewann, ist die Frage der 'Portabilität' von Sozialleistungen. Außerdem ist im Zeichen der Dienstleistungsfreiheit die traditionell privilegierte Position der deutschen Wohlfahrtsverbände in Frage gestellt worden.

6. *Ideologische Shifts:* Schließlich hat sich auch das intellektuell-ideologische Klima in den 90er Jahren spürbar verändert. Auf der Bevölkerungs- wie, wohl stärker

noch, auf der Elitenebene hat der neoliberale Sozialstaatsdiskurs weitere Resonanz gefunden. Im Bereich der Rentenpolitik sind die Anhänger des traditionellen Umlageverfahrens stark in die Defensive geraten, jedenfalls innerhalb der ökonomischen Zunft. Im Bereich der sozialen Dienste haben an angelsächsischen Reformen orientierte Vorstellungen eines New Public Management deutlich an Boden gewonnen. Die ideologischen Verschiebungen sind am deutlichsten bei FDP und Arbeitgeberverbänden bemerkbar, die sich im Laufe der 90er Jahre deutlich 'radikalisierten', traten aber auch in anderen Parteien und Verbänden zu Tage.

Das Zusammenspiel dieser Faktoren äußerte sich in den 90er Jahren in einer Reihe von Stress- und Krisensymptomen, die hier gleichfalls nur kursorisch aufgeführt werden können:

1. *Wiederanstieg der Sozialausgabenquote:* Die Sozialausgabenquote, der Anteil der Sozialausgaben am Bruttoinlandsprodukt (BIP), stieg nach 1990 deutlich an (Tabelle 1). Zwischen 1982 und 1989 um etwa drei Prozentpunkte gefallen, erreichte sie 1993 den bisherigen Höchstwert des Jahres 1975 und nahm bis 1996 weiter zu. Wie Tabelle 1 zeigt, kann dieser Anstieg nur zum Teil auf die deutsche Einigung zurückgeführt werden. Vielmehr wuchsen die Sozialausgaben in West- wie in Ostdeutschland. Zwar war der Anstieg der Sozialausgabenquote bei Berücksichtigung der deutschen Einigung im OECD-Vergleich keineswegs besonders excessiv, er kontrastierte jedoch auffällig mit den Konsolidierungserfolgen der 80er Jahre und den proklamierten Zielen der Regierung Kohl.

Tabelle 1: Entwicklung der Sozialleistungsquote (in Abgrenzung des Sozialbudgets, in % des Bruttoinlandsproduktes), 1960-1997

Jahr	Früheres Bundesgebiet	Ostdeutschland	Insgesamt
1960	21.7		
1970	26.0		
1980	32.2		
1985	31.4		
1990	29.1		
1991	28.7	60.2	30.9
1992	29.2	66.8	32.4
1993	30.4	60.6	33.5
1994	30.5	55.8	33.3
1995	31.3	55.1	34.0
1996	32.1	56.0	34.9
1997[e]	31.7	54.5	34.4

[e] Schätzungen.
Quelle: BMA (1998, S. 278 f., Tabs. I-1., I-1a, I-1b).

2. *Beitragserhöhungen:* Mit den Sozialausgaben stiegen auch die Sozialversicherungsbeiträge (Tabelle 2). Von 1985 bis 1990 mehr oder minder konstant, nahmen sie nach 1990 deutlich zu. Lagen sie in der zweiten Hälfte der 80er Jahre noch bei etwa 35 Prozent, so wurde 1996 erstmals die 40 Prozent-Schwelle überschritten. Am stärksten stiegen die Beiträge zur Arbeitslosenversicherung, die 1991 von 4.3 auf 6.8 Prozent erhöht und seither nur unwesentlich reduziert wurden. Der Rentenversicherungsbeitrag wurde zum teilweisen Ausgleich zunächst gesenkt, stieg dann aber von 1993 bis 1997 um mehr als 2 Prozentpunkte. Hinzu kamen ein leichter Anstieg des durchschnittlichen Krankenversicherungsbeitrages und die Einführung des Beitrags zur Pflegeversicherung. Parallel zur Erhöhung der Beiträge nahm die Sozialabgabenquote, der Anteil der Sozialversicherungsbeiträge am BIP in den 90er Jahren deutlich (und stärker als im OECD-Durchschnitt) zu (Wille 1999). Was diese Entwicklung sozialpolitisch so brisant macht, ist die Tatsache, dass gemäß einer inzwischen weit geteilten Situationsdeutung die hohen 'Lohnnebenkosten' als eine wichtige Ursache der bundesdeutschen Beschäftigungsprobleme gelten.

Tabelle 2: Entwicklung der Sozialversicherungsbeiträge (Arbeitnehmer- und Arbeitgeberanteile, in % des Bruttoarbeitsentgelts unterhalb der Bemessungsgrenze), 1950-1998

Jahr	Insgesamt	Gesetzliche Rentenversicherung	Gesetzliche Krankenversicherung	Arbeitslosenversicherung	Pflegeversicherung
1950	20.0	10.0	6.0	4.0	
1960	24.4	14.0	8.4	2.0	
1970	26.5	17.0	8.2	1.3	
1980	32.4	18.0	11.4	3.0	
1985	35.1	19.2	11.8	4.1	
1990	35.6	18.7	12.6	4.3	
1991	36.7	17.7	12.2	6.8	
1992	36.8	17.7	12.8	6.3	
1993	37.4	17.5	13.4	6.5	
1994	38.9	19.2	13.2	6.5	
1995	39.3	18.6	13.2	6.5	1.0
1996	41.0	19.2	13.6	6.5	1.7
1997	41.7	20.3	13.2	6.5	1.7
1998	42.1	20.3	13.6	6.5	1.7

Quellen: Manow (1997, S. 40, Tab. 6); BMA (1999, Tab. 7.7).

3. *Finanzielle Lage der Sozialversicherungen:* Trotz der Beitragserhöhungen und gestiegener Staatszuschüsse gerieten die Sozialversicherungsträger im Laufe der 90er Jahre in finanzielle Bedrängnis (Meinhardt 1997). Die Bundesanstalt für Arbeit verzeichnete über die gesamte Dekade hohe Defizite; die finanzielle Lage von Gesetzlicher Renten- und Krankenversicherung verschlechterte sich

gegen Mitte der 90er Jahre deutlich. 1995 und 1996 befanden sich beide Sozialversicherungszweige in den roten Zahlen. Ließen sich diese Defizite im Falle der Rentenversicherung eindeutig in Ostdeutschland 'lokalisieren'; so traten sie im Falle der Krankenversicherung in beiden Landesteilen auf. Teils als Folge der 1996 ergriffenen Maßnahmen verbesserte sich die finanzielle Lage der Sozialversicherungen in den Jahren 1997 und 1998 wieder. Auch 1998 blieb die Schwankungsreserve der Gesetzlichen Rentenversicherung jedoch weiterhin unter dem an sich gesetzlich vorgeschriebenen Niveau von einer Monatsausgabe.

4. *Erosion des sozialpolitischen Konsenses:* Schließlich gibt es Anzeichen dafür, dass mit der 'utopischen Energie' (Habermas) des Sozialstaates auch dessen sozialintegrative Kraft nachgelassen hat (Kaufmann 1997b). Das Vertrauen in die Sicherheit der sozialen Sicherheit scheint in den 90er Jahren ebenso abgenommen zu haben wie die Akzeptanz des traditionellen 'Sozialvertrages' und der darin eingebauten Solidaritätszumutungen. Dies betrifft vor allem die Rentenversicherung, jenes 'legitimatorische (...) Zentrum des deutschen Sozialstaates' (Nullmeier/Rüb 1993, S. 16). Die in allen Parteien aufgebrochenen Konflikte zwischen Jung und Alt über die Reform der Altersvorsorge zeugen ebenso davon wie die Zunahme der privaten Altersvorsorge und der Rückgang der 'freiwilligen' Partizipation in der gesetzlichen Rentenversicherung (Schnabel 1998). Auch die Bestrebungen, die Sozialversicherungen zu regionalisieren und den interregionalen Finanzausgleich zu reduzieren, passen in dieses Panorama der Entsolidarisierung. All diese Erosionserscheinungen manifestieren sich nicht zuletzt in einem Abbröckeln jenes sozialpolitischen 'Konsenses' zwischen den Parteien, namentlich CDU/CSU und SPD, wie zwischen den Sozialpartnern, der die alte Bundesrepublik, speziell im Bereich der Rentenpolitik, traditionell gekennzeichnet hat (Jochem 1999, S. 29-36; Nullmeier 1996; Hinrichs 1998, S. 27-30). Anders als etwa in Dänemark oder den Niederlanden ist es in der Bundesrepublik in den 90er Jahren nicht gelungen, einen breiten Konsens über Notwendigkeit und Richtung arbeitsmarkt- und sozialpolitischer Reformen zu schaffen (Cox 1999).

5. *Abnehmende Reformhalbwertzeiten:* Das sozialpolitische Institutionengefüge ist in den 90er Jahren häufigen Änderungen unterworfen gewesen. Die Regierung Kohl entfaltete ab 1993 eine hektische Novellierungstätigkeit; nach dem Antritt der rot-grünen Regierung kam es zur Reform der Reform. Diese institutionelle Instabilität ist nicht nur ein weiterer Stressindikator, sie hat ihrerseits krisenverschärfend gewirkt, da die ständigen Korrekturen den unerwünschten Nebeneffekt gehabt haben, die Orientierungsfunktion des Status quo und das ohnehin prekärer werdende Vertrauen in die Sicherheit der sozialen Sicherung weiter zu unterminieren.

III. Reform ohne Konsolidierung: Sozialpolitik von der deutschen Einheit bis zum Eichel-Programm

Ein näherer Blick auf die Entwicklung der bundesdeutschen Sozialpolitik in den 90er Jahren macht diese Veränderungen der sozialpolitischen Großwetterlage wie den Übergangscharakter der 90er Jahre deutlich. Grob lassen sich dabei drei Phasen unterscheiden: Nach der Haushaltskonsolidierung und sozialpolitischen 'Atempause' (Blüm) in der ersten Dekade der Ära Kohl setzte Anfang der 90er Jahre zunächst eine expansive, im Zeichen des 'Aufbaus Ost' stehende Phase ein. Eine zweite, durch hektische Reform- und Konsolidierungsbemühungen und ein Zerbröckeln des sozialpolitischen Konsenses charakterisierte Phase begann 1993 und währte bis zum Ende der Regierung Kohl. Der Regierungswechsel im Oktober 1998 leitete eine dritte, noch nicht abgeschlossene Phase ein. Die neue rot-grüne Regierung 'kassierte' zunächst zentrale Reformen ihrer Vorgängerin, schwenkte dann aber nach dem Rücktritt von Finanzminister Lafontaine auf einen Konsolidierungskurs ein, dessen Aussichten und Implikationen zum jetzigen Zeitpunkt noch unklar sind. Am Ausgang der 90er Jahre befindet sich deshalb das institutionelle Gefüge des bundesdeutschen Sozialstaates in flux und ist weit von jeder Konsolidierung entfernt.

Die 'Ausbau'-Phase in den frühen 90er Jahren war eng mit der deutschen Einigung verknüpft. Im Zuge der 'Währungs-, Wirtschafts- und Sozialunion' kam es auch zu einem Transfer des institutionellen Gefüges des westdeutschen Sozialstaates. Massive arbeitsmarktpolitische Interventionen und die wahlpolitisch attraktive Rentenüberleitung trieben die Sozialausgaben in Ostdeutschland in die Höhe. Die Sozialausgabenquote in Ostdeutschland lag 1992 bei fast 67 und 1996 bei immer noch 56 Prozent (Tabelle 1). Trotz der finanziellen Belastungen durch die hohen Transferleistungen wurde der Sozialstaat in Westdeutschland zunächst weiter ausgebaut. 1992 wurde nach jahrelangen Diskussionen die Einführung der Pflegeversicherung beschlossen (Götting et al. 1994). Das im selben Jahr verabschiedete Gesundheitsstrukturgesetz verzichtete anders als seine Vorgänger weit gehend auf unmittelbare Belastungen der Patienten und konzentrierte sich auf weit reichende organisatorische Reformen.

Dass die Regierung Kohl auf Einschnitte in die sozialen Leistungen zunächst verzichtete, hatte unterschiedliche Gründe. Die wachsende Sensibilität für die 'Kosten der Vereinigung' im Westen machte Kürzungsmanöver politisch riskant. Dies galt umso mehr, als sich die öffentlichen Finanzen, inklusive der Finanzen der Sozialversicherung, 1989 in einem ausgesprochen günstigen Zustand befanden und gerade erst am Tage des Mauerfalls die als Jahrhundertreform apostrophierte Rentenreform 1992 verabschiedet worden war. Vor allem aber spielte der anfangs dominierende Anpassungs- und Finanzierungsoptimismus eine Rolle. Die Einschätzung, die deutsche Einigung lasse sich ohne größere Steuererhöhungen und

Ausgabenkürzungen finanzieren, wurde durch die 1990/91 im Zuge des Einigungsbooms sprudelnden Steuer- und Beitragseinnahmen genährt. Speziell die finanzielle Situation der Gesetzlichen Rentenversicherung blieb bis Mitte der 90er Jahre ausgesprochen komfortabel. Mehreinnahmen infolge des Einigungsbooms sowie nach und nach in Kraft tretende Entlastungen durch die 'Rentenreform 1992' erlaubten bis 1993 die Finanzierung von hohen Transfers nach Ostdeutschlands bei gleichzeitiger Senkung der Rentenversicherungsbeiträge (Deutsche Bundesbank 1995).

Ab etwa 1993 vollzog sich dann ein erneuter Kurswechsel in der Sozialpolitik (Jochem 1999, S. 29-36; Schmidt 1998a; Schmid 1998). Noch 1993 brachten das 'Föderale Konsolidierungsprogramm' und das 'Spar-, Konsolidierungs- und Wachstumsprogramm' der Bundesregierung erste Einschnitte in die Leistungen der Arbeitslosenversicherung. Ab Mitte der 90er Jahre kam es dann in praktisch allen Bereichen der sozialen Sicherung zu hektischen Kürzungs- und Reformaktivitäten. Im Falle der Gesetzlichen Rentenversicherung wurden 1996 und 1997 'außerplanmäßige', zu Beginn der Legislaturperiode nicht vorgesehene Änderungen vorgenommen. Im Februar 1996 wurde die 1989 beschlossene Anhebung der Altersgrenzen um 4 Jahre vorgezogen; 1997 im Zuge der 'Rentenreform 1999' ein demographischer Faktor in die Rentenformel eingeführt und eine graduelle Absenkung des Standardrentenniveaus von bis dato 70 auf 64 Prozent im Jahre 2030 beschlossen (Schmähl 1999, S. 107-114). In der Gesetzlichen Krankenversicherung kam es ebenfalls 1996/97 zu Einschränkungen bei der Lohnfortzahlung, Leistungskürzungen und einer deutlichen Erhöhung der Eigenbeteiligung. Die gerade erst 1994 beschlossene und 1996 in Kraft getretene Novellierung des Bundessozialhilfegesetzes wurde 1997 noch einmal mit dem Ziel weiterer Einsparungen 'nachgebessert'.[5]

Dieser Kurswechsel hatte unterschiedliche Ursachen. Zu nennen sind hier zunächst die sich nach dem Ende des Einigungsbooms deutlich verschlechternde gesamtwirtschaftliche Lage, eine realistischere Einschätzung der Einigungsprobleme sowie die Konsolidierungsimperative des Maastricht-Vertrages. Eine wichtige Rolle spielten aber auch Verschiebungen innerhalb der Regierungskoalition (Jochem 1999, S. 34-36). Im Laufe der 90er Jahre bemühte sich die FDP, ihr wirtschaftsliberales Profil zu schärfen, und bezog innerhalb der Regierung eine zunehmend intransingente Position. Damit waren bestimmte wirtschafts- und sozialpolitische Optionen, die innerhalb der CDU/CSU möglicherweise durchaus mehrheitsfähig gewesen wären, etwa Steuererhöhungen oder eine Ausdehnung der Sozialversicherungspflicht, verbaut und die Regierung gezwungen, zur Haushaltskonsolidierung auf Leistungskürzungen zurückzugreifen.

In partieller Abkehr von der traditionellen bundesdeutschen Praxis wurden die

---

5 Angesichts all dieser Maßnahmen kann mit Blick auf die Sozialpolitik wohl nur begrenzt und qualifizierend von einem 'Reformstau' gesprochen werden, wie dies für die letzten Jahre der Regierung Kohl ansonsten gerne getan wird (Heinze 1998).

Reform- und Konsolidierungsmaßnahmen der letzten Kohl-Jahre konfrontativ durchgesetzt (Schmidt 1998a, S. 71 f., 1998b, S. 145 f.; Jochem 1999, S. 29-36). 1996 ließ die Regierung das von den Gewerkschaften angebotene 'Bündnis für Arbeit' scheitern. Anders als die 'Rentenreform 1992', das Gesundheitsstrukturgesetz von 1992 oder auch das Pflegeversicherungsgesetz wurden die 'Rentenreform 1999' und die Krankenversicherungsreformen 1996/97 gegen die Stimmen der SPD beschlossen. Ursächlich dafür waren zum Teil der mangelnde Konsens über Reformbedarf und -richtung sowie die Versuche der SPD, sich im Vorfeld der näherrückenden Bundestagswahlen als Verteidigerin des Sozialstaates zu profilieren und die eingeschränkte Handlungsfähigkeit der Regierung vorzuführen. Gleichzeitig versuchte die Regierung jedoch auch ihrerseits nicht ernsthaft, mit der Opposition ins Gespräch zu kommen und diese mit in die Gestaltung der Reformen einzubeziehen.

In anderer Hinsicht ähnelten die Konsolidierungsanstrengungen ab Mitte der 90er Jahre denen der 80er (vgl. Alber 1998b). Wie damals erstreckten sie sich auf alle Bereiche der sozialen Sicherung und ließen die großen, universalen Programme der Renten- und Krankenversicherung keineswegs ungeschoren. Und auch diesmal standen den diversen Leistungskürzungen einzelne Leistungsverbesserungen gegenüber. So sah etwa die 'Rentenreform 1999' neben all den Kürzungen auch eine weitere Verbesserung der Anrechnung von Kindererziehungszeiten vor. Mit dem Jahressteuergesetz 1996 wurde der Familienlastenausgleich ausgebaut. Allerdings fanden die Konsolidierungsmaßnahmen in den 90er Jahren unter deutlich ungünstigeren gesamtwirtschaftlichen Bedingungen statt als 10 Jahre zuvor. Aus diesem Grunde gelang es zwar, mit Hilfe der vorgenommenen Kürzungen das magische 3 Prozent-Kriterium des Maastricht-Vertrages zu erfüllen und einen weiteren Anstieg der Sozialausgabenquote zu verhindern, eine substanzielle Reduktion konnte jedoch bis zum Ende der Regierung Kohl nicht erreicht werden.

Die neue rot-grüne Regierung, die im Oktober 1998 an die Regierung kam, verdankte ihren Wahlsieg nicht zuletzt den unpopulären renten- und gesundheitspolitischen Maßnahmen der alten Regierung. Bei Regierungsantritt waren die Notwendigkeit wie die Richtung sozialpolitischer Reformen innerhalb der rot-grünen Koalition, vor allem der SPD, umstritten. Die ersten sozialpolitischen Maßnahmen der neuen Regierung waren überwiegend 'restaurativer' Art. In Übereinstimmung mit im Wahlkampf gemachten Versprechungen wurden unmittelbar nach Regierungsantritt zunächst eine Reihe von Leistungseinschränkungen seitens der alten Regierung rückgängig gemacht. Parallel dazu kam es gleich zu Beginn der Legislaturperiode zu einer Reihe von Leistungsverbesserungen, etwa beim Kindergeld und in der Pflegeversicherung. Ein weiterer Schwerpunkt der neuen Regierung bestand in dem Versuch, durch die Neuregelung der geringfügigen Beschäftigung und der Scheinselbstständigkeit die Erosion der sozialversicherungspflichtigen Beschäftigung zu stoppen und so die Finanzlage der Sozialversicherungen zu verbessern.

Die Konturen der angekündigten Strukturreformen zeichneten sich dagegen erst langsam ab. In der Gesundheitspolitik einigte sich die Koalition im Februar 1999 auf die Grundlinien einer Reform. In der Rentenpolitik konkretisierte Arbeitsminister Riester erstmals im Juni 1999 seine Pläne für die für 2001 angekündigte Reform. Hinsichtlich der anderen Zweige der sozialen Sicherung ist das Bild bislang eher diffus. Der Vorschlag von Finanzminister Lafontaine, die Pflegeversicherung auf ein steuerfinanziertes System mit Bedürftigkeitsprüfung umzustellen, blieb ebenso folgenlos wie die Idee von Wirtschaftsminister Müller, den Arbeitgeberbeitrag zur Arbeitslosenversicherung durch eine Lohnfortzahlungsregelung zu ersetzen. Mehr Aussichten auf Verwirklichung könnte die verschiedentlich von Arbeitsminister Riester ins Spiel gebrachte Zusammenlegung von Arbeitslosen- und Sozialhilfe haben.

Die Ankündigung der Riesterschen Rentenreformpläne im Juni 1999 wurde überschattet durch den finanzpolitischen Kurswechsel, den die rot-grüne Koalition nach dem Rücktritt von Finanzminister Lafontaine einleitete. Mit dem Konsolidierungsprogramm seines Nachfolgers änderten sich auch die Geschäftsgrundlagen für die Sozialpolitik. Der verteilungspolitisch legitimierten und makroökonomisch gesalbten Rücknahme von Sparmaßnahmen folgten mit Verweis auf ökonomische Notwendigkeiten begründete Leistungseinschnitte, die in vielerlei Hinsicht an die Konsolidierungsanstrengungen der Regierung Kohl anknüpften, wenn nicht sogar darüber hinausgingen. Zum Symbol für den neuen Kurs wurde die angekündigte temporäre Aussetzung der Nettoanpassung der Renten, die in deutlichem Gegensatz zu allen vorherigen Verlautbarungen und den ersten rentenpolitischen Maßnahmen der neuen Regierung stand und im Vergleich zu den Plänen der früheren Regierung eine stärkere Belastung der aktuellen Rentnergeneration bedeutet.

Der konsolidierungspolitische Schwenk der Regierung führte zu heftigen Auseinandersetzungen – innerhalb der Koalition, speziell der SPD, wie zwischen Regierung und Opposition. In der SPD lebte der – durch das Schröder-Blair-Papier ohnehin belebte – Streit zwischen den verschiedenen Parteiflügeln wieder auf. Zugleich präsentierte sich die CDU in einer wahlkampftaktisch nahe liegenden Rochade als Verteidigerin des sozialstaatlichen Status quo. In der Folge hatte die Regierung eine Reihe von empfindlichen Wahlniederlagen zu verkraften, auf Grund derer sie unter anderem ihre Bundesratsmehrheit verlor. Angesichts dieser unübersichtlichen Konfliktlage sind die sozialpolitischen Aussichten (im Spätsommer 1999) mehr als ungewiss. Dies gilt für die Pläne der rot-grünen Regierung, die Erfolgsaussichten dieser Vorhaben wie für die Perspektiven nach der nächsten Bundestagswahl.

Unklar ist in diesem Zusammenhang insbesondere auch, ob sich, wenn der Pulverdampf der gegenwärtigen Rentendiskussion verzogen ist, ein 'neuer' sozialpolitischer Konsens herausbilden wird, der an die Stelle des wohl unwiderruflich zerbrochenen 'alten' treten könnte. Der finanzpolitische Schwenk der rot-grünen Regierung und das damit verbundene Eingestehen der Notwendigkeit von Reform-

und Konsolidierungsmaßnahmen könnten, wenn man sie als posthume Bestätigung der von der SPD ursprünglich als 'Sozialabbau' gegeißelten Maßnahmen der späten Kohl-Ära interpretiert, ein Schritt in diese Richtung und das jüngste Beispiel für einen 'moving consensus' (Rose) sein. Zugleich erscheinen jedoch einige Fragezeichen angebracht: der Generationswechsel innerhalb von Parteien und Verbänden, die Radikalisierung von FDP und Arbeitgeberverbänden sowie der Charakter der anstehenden Verteilungskonflikte stimmen eher skeptisch. Auch fehlt es bislang an klaren, ökonomisch wie politisch überzeugenden 'Lösungen', die als focal points bei der Formierung einer neuen Sozialstaatskoalition fungieren könnten. Von daher erscheinen die Aussichten für einen 'neuen' Sozialstaatskonsens eher fraglich.

IV. Strukturwandlungen des bundesdeutschen Sozialstaates in den 90er Jahren

Ist insofern die Zukunft des bundesdeutschen Sozialstaates ungewiss, so zeichnen sich doch die groben Konturen eines 'neuen' sozialstaatlichen Arrangements ab. Zwar blieben in den 90er Jahren die 'großen' Konstruktionselemente der sozialen Sicherung – die Trennung von Sozialversicherung und Sozialhilfe etwa oder die Umlagefinanzierung der Gesetzlichen Rentenversicherung – unverändert, 'unterhalb' dieser Ebene kamen jedoch, teils in Verlängerung von Entwicklungen der 80er, einige durchaus relevante Strukturveränderungen in Gang. Sie betreffen das Verhältnis von öffentlichen und privaten Leistungen, die 'Lohnarbeitszentrierung' des bundesdeutschen Sozialstaates, seine Finanzierung, das in den 70er Jahren entstandene Frühverrentungsregime an der Grenze von Sozialstaat und Arbeitsmarkt sowie die sozialen Dienste. Bei gewissen, zum Teil auch deutlichen Modifikationen scheinen diese Entwicklungen den Regierungswechsel zu überdauern.

1. Ein neuer Public-Private Mix

In der Nachkriegszeit entwickelten sich die Sozialversicherungen zunehmend zu die sozialen Standardrisiken mehr oder minder komplett absichernden Vollversicherungen. Für die Gesetzliche Krankenversicherung galt dies von Anfang an. Die Leistungen der Rentenversicherung waren dagegen ursprünglich als 'Zubrot' gedacht. Im Zuge der Inklusion neuer Bevölkerungsgruppen und der Ausweitung der Leistungen verloren die betriebliche wie die private Altersvorsorge allen Beschwörungen der 'drei Säulen' der Altersvorsorge zum Trotz jedoch zunehmend an Bedeutung. Teils als in Kauf genommenen Nebenfolge von Leistungseinschränkungen, teils als ordnungspolitisch begründete Neutarierung, lässt sich in den 90er Jahren die Herausbildung eines neuen Public-Private Mixes beobachten. Diese Entwicklung scheint sich unter der neuen Regierung grundsätzlich fortzusetzen.

Am explizitesten steht die Pflegeversicherung für einen neuen Public-Private Mix. Mit dem Pflegeversicherungsgesetz fand eine Abkehr vom traditionellen Bedarfsprinzip der Krankenversicherung statt (Landenberger 1994; Hinrichs 1995, S. 253 f.; Rothgang 1994, S. 177-183). Die Leistungen der Pflegeversicherung sollten von vornherein keine Vollversorgung sein, sondern nur unterstützende Beiträge zur Pflege leisten. Es war diese Ausgestaltung der Pflegeversicherungsleistungen als plafondierte, bedarfsunabhängige (Teil-)Leistungen, die in den Augen mancher Beobachter die Pflegeversicherung zum 'Vorbote(n) eines anderen Sozialstaates' (Landenberger 1994) machte. Tatsächlich sind für Renten- wie Krankenversicherung Modelle, die eine Kombination universaler staatliche Grund- mit privat zu finanzierenden Zusatzleistungen vorsehen, seit langem in der Diskussion.

Im Falle der Rentenversicherung kann bislang allerdings nur von einer 'schleichenden' Privatisierung gesprochen werden. Die freiwillige Beteiligung von Selbstständigen in der Gesetzlichen Rentenversicherung hat seit 1984 unter dem Eindruck sich verschlechternder 'Renditen' stark abgenommen, und auch die Zunahme der geringfügigen Beschäftigung und der Selbstständigkeit lässt sich zumindest teilweise als eine Substitution staatlicher durch private Altersvorsorge deuten (Schnabel 1998). Parallel dazu ist es, wie etwa an der gestiegenen Nachfrage nach Lebensversicherungen ablesbar, zu einer Ausweitung der privaten Altersvorsorge gekommen (Bulmahn 1998, S. 11-13). Diese Entwicklung enthielt durch die Mitte der 90er Jahre auflebende Rentenreformdiskussion und die 1996/97 ergriffenen Reformmaßnahmen deutlichen Auftrieb, da das Vertrauen in die Sicherheit der Renten einen spürbaren Dämpfer erlitt. Zugleich sah die 'Rentenreform 1999' eine deutliche Absenkung des zukünftigen Rentenniveaus vor, die dieses für viele Rentnerinnen und Rentner in die Nähe des Sozialhilfeniveaus gebracht hätte. Unter Eindruck dieser Entwicklung forderte bereits die Regierung Kohl eine Ausweitung der privaten Altersvorsorge, ohne jedoch begleitenden Maßnahmen zu treffen. Im Vergleich zu ihrer Vorgängerin scheint die neue Regierung eher stärker auf einen Ausbau der betrieblichen und private Säule der Altersvorsorge zu setzen. Zwar wird weiterhin an einer Beitragsfinanzierung der staatlichen Rente festgehalten und einer steuerfinanzierten Grundrente eine Absage erteilt. Gleichzeitig wird aber betont, dass die erste Säule zukünftig nur noch eine Grundversorgung gewährleisten wird, und über eine gesetzliche und steuerliche Förderung der betrieblichen und privaten Altersvorsorge nachgedacht.

Auch im Falle der Gesetzlichen Krankenversicherung hat sich in den 90er Jahren der Public-Private Mix verändert. Der Anteil voll oder teilweise privat versicherter Patienten hat zugenommen. Gleichzeitig hat sich seit Beginn der Kostendämpfungsbestrebungen ab Mitte der 70er Jahre das Ausmaß der Selbstbeteiligung deutlich erhöht. Diese Entwicklung beschleunigte sich in den 90er Jahren weiter, da die Regierung Kohl die Selbstbeteiligung als ein wichtiges Steuerungsinstrument im Gesundheitswesen betrachtete. Infolgedessen stiegen die Zuzahlungen der Kassenpatienten für Arzneimittel zwischen 1993 und 1997 um mehr als das Doppelte auf etwa 5.5 Mrd. DM (Bandelow/Schubert 1998, S. 123). Über eine stärkere Selbstbeteiligung hinaus zog Gesundheitsminister Seehofer auch die Aufsplittung der Krankenversicherungsleistungen in Pflicht- und Wahlleistungen in Erwägung. Mit dem Regierungswechsel vollzog sich eine deutliche Kursänderung in der Gesundheitspolitik. Die rot-grüne Regierung hat die privaten Patientenzuzahlungen reduziert und setzt schwerpunktmäßig auf eine interne, an den Angebotsstrukturen ansetzende Rationalisierung des Gesundheitssystems. Ob die beschlossenen Maßnahmen ausreichen werden, um eine 'Privatisierung' des Gesundheitsrisikos zu verhindern, ist allerdings fraglich: Mittelfristig könnte es in Folge einer nötig werdenden Rationierung durch die Hintertür zu einem 'dualen' System mit einer beschränkten öffentlicher Grundversorgung und privat zu finanzierenden Zusatzleistungen kommen.

2. Abschwächung der Lohnarbeitszentrierung

Als ein zentrales Charakteristikum des bundesdeutschen Sozialstaates gilt seine starke Lohnarbeitszentrierung, wie sie in der für Renten- und Arbeitslosenversicherung typischen Kombination von lohnbezogenen Sozialversicherungsbeiträgen und beitragsbezogenen Sozialversicherungsleistungen zum Ausdruck kommt (Vobruba 1990). Lediglich die Gesetzliche Krankenversicherung mit ihren am Bedarfsprinzip orientierten Leistungen macht hier seit jeher eine Ausnahme. Eng mit dieser Lohnarbeitszentrierung verbunden ist jene 'herrschende Fiktion' (Mückenberger) eines durch stabile, lebenslange Vollzeitbeschäftigung gekennzeichneten Normalarbeitsverhältnisses samt der damit einhergehenden Vorstellung vom männlichen Familienernährer (Geissler 1998; Hinrichs 1996). Die charakteristische Lohnarbeitszentrierung des bundesdeutschen Sozialstaates wird seit Jahren kritisiert. Betonen die einen seine Unterminierung durch die beobachtbare Erosion des Normalarbeitsverhältnisses, so stoßen sich die anderen an der eingeschriebenen Diskriminierung von Erziehungsleistungen und Nicht-Erwerbstätigkeit. Entsprechend wird gefordert, soziale Leistungen außerhalb der Sozialversicherung auszuweiten oder – im Rahmen der Sozialversicherung – die Bindung von Sozialversicherungspflichten und -leistungen an die Erwerbstätigkeit durch die Einführung einer Grundsicherung, einer allgemeinen, erwerbsstatusunabhängigen Sozialversicherungspflicht oder eine die Nichterwerbstätigkeit stärker berücksichtigende Neudefinition des Beitragsbegriffes zu lockern.

In den 90er Jahren lässt sich eine gewisse Auflockerung der traditionellen Lohnarbeitszentrierung beobachten. Diese begann unter der alten Regierung und scheint sich – bei bestimmten Modifikationen – unter ihrer Nachfolgerin fortzusetzen. Die Entwicklung unter der Regierung Kohl, die im Wesentlichen durch eine stärkere Anerkennung von Erziehungs- und Pflegetätigkeit im Rahmen der Sozialversicherung sowie einen Ausbau der Familienpolitik gekennzeichnet war, ist treffend als 'Familialisierung' beschrieben worden (Bleses/Seeleib-Kaiser 1999). Einen entscheidenen Einschnitt markierte hier die 'Rentenreform 1992', mit der die erstmals 1985 vorgenommene Anerkennung von Erziehungszeiten als Beitragszeiten deutlich ausgeweitet wurde (Nullmeier/Rüb 1993, S. 282-292). Diese Politik wurde mit der 'Rentenreform 1999' fortgeführt und blieb auch keineswegs auf die Rentenversicherung beschränkt. Auch im Falle der Pflegeversicherung kam es zu einer Anerkennung von nicht-professionellen häuslichen Pflegeleistungen (Behning 1997). Nicht nur, dass diese mit dem eingeführten Pflegegeld nunmehr materiell honoriert werden, die Einrichtung der Pflegeversicherung brachte auch eine zumindest rudimentäre renten- und unfallversicherungsrechtliche Absicherung nicht-professioneller Pflegepersonen mit sich. In der Arbeitslosenversicherung wurde bei der Bemessung der Lohnersatzleistungen 1994 erstmals eine Differenzierung in Abhängigkeit von der Kinderzahl vorgenommen. Diese Veränderungen in der Sozialversicherung wurden flankiert von einer Ausweitung anderer familienpolitischer Leistungen. Aus einer vergleichenden Perspektive waren Kindergeld und -freibeträge die Sozialleistungen, die in den 90er Jahren am stärksten wuchsen (Schmid 1998, S. 99, Abb. 1).[6] Alles in allem kann man deshalb mit Blick auf die 90er Jahre von einer die traditionelle Lohnarbeitszentrierung der bundesdeutschen Sozialpolitik zumindest partiell modifizierenden 'Familialisierung' sprechen.

Unter der neuen Regierung setzt sich diese Entwicklung fort. Eine der ersten Maßnahmen der neuen Regierung war die Anfang November 1998 beschlossene Erhöhung des Kindergeldes, und eine weitere Ausweitung der Leistungen ist schon durch die Rechtsprechung des Bundesverfassungsgerichts auf die Tagesordnung gesetzt. In anderer Hinsicht zeichnet dagegen nach dem Regierungswechsel eine Umakzentuierung ab. Statt auf die Anerkennung von 'Familienarbeit' in der Sozialversicherung scheint die Regierung stärker auf den Ausbau von Grundsicherungselementen zu setzen. Ein zentraler Bestandteil der Reformpläne von Arbeitsminister Riester ist die Einführung einer beitragsunabhängigen Mindestsicherung auf Sozialhilfeniveau im Rahmen der Gesetzlichen Rentenversicherung.

3. Finanzierung der Sozialpolitik

Auf der Finanzierungsseite hat sich der 'alte' bundesdeutsche Wohlfahrtsstaat im Wesentlichen durch drei Charakteristika ausgezeichnet. Die Sozialversicherungen finanzieren sich traditionell durch zweckgebundene, einkommensproportionale Sozialversicherungsbeiträge. In der Gesetzlichen Renten- und seit 1950 auch in der Krankenversicherung gilt zudem der 'sozialpartnerschaftliche' Grundsatz der hälftigen Beitragsteilung zwischen Arbeitnehmer und Arbeitgeber. Das Finanzierungsverfahren der Rentenversicherung ist historisch starken Veränderungen unterworfen gewesen; seit 1969 wird jedoch ein reines Umlageverfahren praktiziert (Mörschel 1990). Die Einführung der Pflegeversicherung hat diese Strukturen noch einmal bestätigt, indem ein Sozialversicherungsdesign gewählt und steuerfinanzierte oder privat-kapitalgedeckte Alternativen verworfen wurden.

Diese traditionellen Strukturen der Finanzierung der sozialen Sicherung sind in den 90er Jahren zunehmend in die Kritik geraten. Die Forderungen nach einer Ersetzung oder Ergänzung der Umlagefinanzierung durch Kapitaldeckung sind deutlich lauter geworden. Zugleich hat mit den steigenden Sozialversicherungsbeiträgen der Ruf nach Beitragsentlastungen, speziell für die Unternehmen, und nach einer stärkeren Finanzierung 'versicherungsfremder Leistungen' über den Bundeshaushalt zugenommen (Lamping 1997). Die Befürworter einer solchen Lösung erhoffen sich davon nicht nur eine Verbesserung der Finanzsituation der Sozialversicherungen und eine Stärkung des Beitrags-Leistungs-Nexus; sie versprechen sich von der mit dieser 'Umfinanzierung' einhergehenden Senkung der Lohnnebenkosten auch positive Beschäftigungsimpulse (vgl. Steiner 1996).

Tatsächlich haben sich in den 90er Jahren gewisse Änderungen auf der Finanzierungsseite ergeben. Die Staatszuschüsse zur Arbeitslosen- und Rentenversicherung wie der Anteil der allgemeinen Haushaltsmittel an der Finanzierung des Sozialbudgets allgemein nahmen zu. Der Grundsatz der Beitragsparität wurde unterminiert. Unverändert blieb dagegen bislang die prinzipielle Umlagefinanzierung der sozialen Sicherung. Bis Ende 1998 beschränkten sich die Veränderungen auf die Einführung von ergänzenden kapitalgedeckten Vorsorgesystemen für den öffentlichen Dienst in einzelnen Bundesländern. Seit dem Regierungswechsel haben sich die Veränderungen auf der Finanzierungsseite eher beschleunigt.

Die Staatszuschüsse zur Renten- und Arbeitslosenversicherung wurden in den 90er Jahren beide deutlich ausgeweitet. Besonders drastisch war diese Zunahme im Falle der mit der Finanzierung der Arbeitsmarktpolitik in Ostdeutschland belasteten Arbeitslosenversicherung. 1993 etwa machte der Bundeszuschuss hier gut ein Viertel des Haushaltes aus. Im Falle der Rentenversicherung verlief die Zunahme des Staatszuschusses gradueller. Lag er Ende der 80er Jahre noch bei etwa 17 Prozent der gesamten Ausgaben, so stieg er infolge der 'Rentenreform 1992' und außerplanmäßiger Aufstockungen in Zusammenhang mit der deutschen Einigung im Laufe der 90er Jahre auf über 20 Prozent an. Die 'Rentenreform 1999' sah dann als einen der wenigen einvernehmlich beschlossenen Bestandteile eine kurzfristige Umfinanzierung von Beiträgen zu Steuern vor. Die neue Regierung hat diese Entwicklung weiter vorangetrieben und zur Senkung der Rentenversicherungsbeiträge weitere 'versicherungsfremde Leistungen' aus dem Aufkommen der neuen Ökosteuer abgegolten.

Änderungen haben sich auch bei der Beitragsparität ergeben. Die Pflegeversicherung behielt diese zwar formal bei; mit der kompensierenden Streichung eines Feiertages gab die Regierung Kohl den Grundsatz der hälftigen Beitragsteilung jedoch de facto auf. Dass damit ein Präzedenzfall geschaffen war, zeigte sich am Beispiel der Krankenversicherung. 1996 brachte Gesundheitsminister Seehofer ein Einfrieren der Arbeitgeberbeiträge zur Krankenversicherung ins Gespräch – ein

Vorschlag, der zwar letztlich nicht verwirklicht wurde, aber doch das veränderte Klima dokumentiert. Auch unter der neuen Regierung zeichnen sich weitere Einschränkungen der Beitragsparität ab: Ein kontroverser Punkt der Riesterschen Pläne zur Förderung der privaten Altersvorsorge und zur Einrichtung von Tariffonds ist gerade der vorgesehene Verzicht auf Arbeitgeberbeiträge.

Beibehalten wurde unter der alten Regierung die prinzipielle Umlagefinanzierung der Rentenversicherung. Nicht nur, dass es zu keinem 'Systemwechsel' kam, die Regierung Kohl unternahm auch keine Anstrengungen, eine komplementäre Teilkapitaldeckung, wie etwa vom Wissenschaftlichen Beirat beim Bundeswirtschaftsministerium vorgeschlagen, einzuführen. Die neue Regierung ist in dieser Hinsicht offener. Die Vorschläge von Arbeitsminister Riester zur Förderung der betrieblichen und privaten Altersvorsorge laufen auf einen gezielten Ausbau der Kapitaldeckung hinaus. Bei der Verwirklichung der entsprechenden Vorschläge würden sich auch in diesem Punkte deutliche Veränderungen in der Finanzierung des bundesdeutschen Sozialstaates ergeben.

4. Die Erosion des Frühverrentungsregimes

Wie in den meisten kontinentaleuropäischen Ländern ist auch in der Bundesrepublik der wirtschaftliche Strukturwandel seit Mitte der 70er Jahre maßgeblich durch eine Reduktion des Arbeitsangebots 'bewältigt' worden (Esping-Andersen 1996). Im Zusammenspiel von Unternehmen und Staat bildete sich ein komplexes Frühverrentungsregime heraus, das aus Unternehmersicht zur Erhöhung der Beschäftigungsflexibilität und aus staatlicher Sicht zur Verringerung der Arbeitslosigkeit beitrug (Rosenow/Naschold 1994; Oppen 1997; Manow 1997, S. 28-31). Durch eine Ausdifferenzierung der Rentenzugangswege bei gleichzeitiger Absenkung der Altersgrenzen für den Rentenzugang gelang es, die Frühverrentung zu forcieren und so den Arbeitsmarkt zu entlasten. Als Konsequenz fiel das durchschnittliche Rentenzugangsalter bei Männern zwischen 1972 und 1993 von 61,5 auf 59,5 Jahre; die Erwerbsquote bei 60-64-jährigen Männern verringerte sich in diesem Zeitraum von 72 auf 34,5 Prozent und erreichte damit ein im internationalen Vergleich ausgesprochen niedriges Niveau (Deutsche Bundesbank 1995, S. 21; Oppen 1997, S. 255 f.; Streeck/Heinze 1999).

Eine Reihe von 'Wahlverwandtschaften' verband dieses Frühverrentungsregime mit anderen Charakteristika des bundesdeutschen Sozialstaates. Das vorherrschende 'Äquivalenzprinzip' beförderte die Interpretation der Frühverrentung als 'erarbeitete' Gratifikation. Erst die Kombination aus Normalarbeitsverhältnis und hohen Lohnersatzquoten machte die Frühverrentung für ältere Arbeitnehmer finanziell attraktiv. Zugleich übte die vorherrschende Frühverrentungspraxis einen stabilisierenden Effekt auf das Normalarbeitsverhältnis aus, indem es jeden erwerbsbiografischen Bruch zu einer riskanten Operation macht und so nicht zuletzt den

Widerstand der Arbeitsplatzinhaber gegen eine Flexibilisierung des Arbeitsmarktes verstärkt.

Angesichts des Stellenwertes der 'Stilllegung' von Arbeitskräften bei der Bewältigung von Arbeitsmarktproblemen in der alten Bundesrepublik kann es kaum überraschen, dass die bewährten Instrumente der Frühverrentungspolitik auch in Ostdeutschland in großem Stil eingesetzt wurden. Die nach der Einigung aufgelegten Programme, speziell das 1990 eingeführte Altersübergangsgeld, gingen noch über die westdeutschen Regelungen hinaus (Heinelt/Weck 1998). Die Arbeitsmarktprobleme in Ostdeutschland wie das nach dem Auslaufen des Einigungsbooms einsetzende 'downsizing' in Westdeutschland führten ab 1993 zu einem starken Anstieg von Frühverrentungsfällen. Die Zahl der Altersrenten auf Grund von Arbeitslosigkeit wuchs zwischen 1993 und 1994 um fast 100 Prozent und im kommenden Jahr um weitere 50 Prozent. Ihr Anteil an den gesamten neuen Renten stieg 1994 auf etwa 20 Prozent im Westen und über 40 Prozent im Osten. Unter Eindruck der damit verbundenen Kostenbelastungen zerbrach der bisherige Konsens über die Förderung der Frühverrentung. Beginnend mit dem Altersteilzeitgesetz von Februar 1996 wurden bis 1998 eine Reihe von Maßnahmen getroffen, die der bisherigen Frühverrentungspraxis ein Ende machen sollten. Dazu zählten das deutliche Vorziehen der bereits 1989 grundsätzlich beschlossenen Erhöhung der Altersgrenzen, die Förderung von Altersteilzeitbeschäftigung, die Neuregelung der Erwerbsunfähigkeit, schließlich die stärkere Besteuerung von Abfindungen, die in der Vergangenheit gezielt zur Aufstockung von staatlichen Transferleistungen eingesetzt worden waren.

Die Einschränkungen der Frühverrentung gehörten mit zu den umstrittensten Konsolidierungsmaßnahmen der alten Regierung und wurden insbesondere von den Gewerkschaften unter Verweis auf die Arbeitsmarktsituation scharf kritisiert. Die Position der rot-grünen Regierung ist in diesem Punkte bis heute nicht eindeutig. Teil der ursprünglichen Programmatik der neuen Regierung war die 'Rente mit 60' zur Schaffung einer 'Beschäftigungsbrücke' zwischen Jung und Alt. Bis auf einige Regelungen zur Besteuerung von Abfindungen blieben die von der Regierung Kohl beschlossenen Einschränkungen der Frühverrentung bislang allerdings in Kraft. Stattdessen propagierte die rot-grüne Regierung zunächst die Einrichtung tariflich vereinbarter Fonds außerhalb der Rentenversicherung, die Finanzierung von abschlagsfreien Renten ab 60 Jahren möglich machen und ursprünglich zugleich als Nukleus für den Ausbau der betrieblichen Altersvorsorge dienen sollten (Bäcker/Klammer 1999). Zumindest in der ursprünglichen Form sind diese Tariffonds allerdings weder bei Gewerkschaften noch bei Arbeitgebern auf große Gegenliebe gestoßen.

V. Soziale Dienste zwischen Expansion, Pluralisierung und Vermarktlichung

Ein weiteres traditionelles Strukturmerkmal des bundesdeutschen Sozialstaates, eng mit der zentralen Rolle der Sozialversicherung verbunden, sind seine Betonung von Einkommensersatz- und anderen Geldleistungen und die eher unterentwickelte Infrastruktur an sozialen Dienstleistungen (Alber 1995; Bönker/Wollmann 2000; Häußermann/Siebel 1995). Entsprechend ist der bundesdeutsche Sozialstaat im internationalen Vergleich allgemein als 'service lean and transfer heavy' (Esping-Andersen 1996, S. 67) verrufen. Besonderheiten existieren auch mit Blick auf die Strukturen der Erbringung sozialer Dienstleistungen. Hier hebt sich die Bundesrepublik durch die starke Stellung der Wohlfahrtsverbände von praktisch allen anderen OECD-Ländern ab (Schmid 1996). Der 'Marktanteil' der bundesdeutschen Wohlfahrtsverbände wird in keinem anderen OECD-Land erreicht, und auch das seit Anfang der 60er Jahre gesetzlich verankerte Subsidiaritätsprinzip sowie die offizielle Inkorporierung der Wohlfahrtsverbände in die lokalen Entscheidungsprozesse sind innerhalb der OECD präzedenzlos.

Gerade im Bereich der sozialen Dienste lassen sich nun seit Anfang der 90er Jahre in der Bundesrepublik massive Veränderungen beobachten (Bönker/Wollmann 1996, 1998). Diese betreffen gleichermaßen den Umfang des Dienstleistungsangebotes wie die Strukturen seiner Erbringung. Was ersteren betrifft, so ist es in den 90er Jahren zu einem klaren Ausbau der Dienstleistungsinfrastruktur gekommen. Eine entscheidende Rolle haben dabei zwei gesetzliche Maßnahmen gespielt, der 1992 im Vorfeld des Abtreibungsurteils des Bundesverfassungsgerichts geschaffene Rechtsanspruch auf einen Kindergartenplatz für alle Kinder zwischen 3 und 6 Jahren sowie die Einführung der Pflegeversicherung. Unter Eindruck des seit Anfang 1996 geltenden Rechtsanspruches auf einen Kindergartenplatz sind allein zwischen 1992 und 1996 gut 300.000 neue Kindergartenplätze entstanden. Noch wichtiger war die Einführung der Pflegeversicherung, deren Leistungen dem boomenden 'Pflegemarkt' einen weiteren Impuls gegeben haben (Gerste/Rehbein 1998). Dies gilt, wenngleich die große, wenn auch im Abnehmen begriffene, Mehrheit der Anspruchsberechtigten sich bislang für das Pflegegeld und damit für die nicht-professionelle Pflege entschieden hat (Evers 1997; Pabst 1999) und die allgemeinen Barrieren, die in der Bundesrepublik eine Ausweitung von Dienstleistungen behindern (Scharpf 1999; Streeck/Heinze 1999), fortbestehen.

Dieser Ausbau der Dienstleistungsinfrastruktur ging Hand in Hand mit einer Veränderung der Strukturen der Dienstleistungserbringung. Was begonnen hat, ist eine graduelle Ersetzung der traditionellen korporatistischen Verflechtungen im Sozialbereich durch ein pluralistischeres Modell, das stärker der marktorientierten Logik des 'contracting out' verpflichtet ist und auf Kosteneinsparungen und Leistungsverbesserungen durch die Einführung von mehr Wettbewerb setzt

(Backhaus-Maul/Olk 1994, S. 111-130; skeptischer: Heinze/Strünck 1998). Diese Entwicklung ist durch die in den 90er Jahren um sich greifende Rezeption der Ideen eines New Public Management und der Umsetzung 'neuer Steuerungsmodelle' in der Kommunalverwaltung befördert worden, speist sich aber auch aus anderen Quellen.

Eine war die 'spontane' Ausbreitung neuer Dienstleistungsanbieter. Seit Mitte der Achtzigerjahre haben die Wohlfahrtsverbände Marktanteile verloren. Zum einen hat die Zahl der Selbsthilfegruppen und der Umfang der staatlichen Selbsthilfeförderung deutlich zugenommen. Insbesondere aber haben kommerzielle Anbieter trotz der fortbestehenden Diskriminierungen Marktanteile gewonnen. Dies gilt besonders für den wachsenden Markt für ambulante Pflegeleistungen, wo die Markteintrittsbarrieren relativ gering sind.

Herausforderungen für die Wohlfahrtsverbände haben sich aber auch aus zwei anderen Entwicklungen ergeben. Innerhalb der EU ist die in Europa präzedenzlose privilegierte Position der Wohlfahrtsverbände zunehmend als Verstoß gegen die Grundsätzen des freien Wettbewerbs und des Diskriminierungsverbots ins Schubfeuer der Kritik geraten. Parallel dazu hat die Entwicklung der Wohlfahrtsverbände in Ostdeutschland Veränderungsdruck mit sich gebracht (Angerhausen et al. 1998). Infolge der anderen sozialen und kulturellen Ausgangsbedingungen hat sich in Ostdeutschland ein spezifischer Typus von Wohlfahrtsverband herausgebildet. Die schwächere Position der Kirchen, die Abwesenheit eines unterstützenden 'sozialmoralischen Milieus' und das Fehlen eingespielter Kontakte zwischen Kommunalpolitikern, lokaler Verwaltung und Wohlfahrtsverbänden hat hier zur Entstehung 'schlanker' Varianten der Wohlfahrtsverbände geführt, die kommerziellen Anbietern sehr ähnlich sehen. Innerhalb wie außerhalb der Wohlfahrtsverbände hat dies die Frage provoziert, ob die im Westen bestehenden Wohlfahrtsverbände so noch zeitgemäß sind.

Mit einiger Verzögerung haben diese Entwicklungen ihren Niederschlag in rechtlichen Änderungen gefunden, die zum allmählichen Abbau der Privilegien der Wohlfahrtsverbände beigetragen haben. Ein erster Schritt in diese Richtung war die offizielle Anerkennung von Selbsthilfegruppen als Träger im Kinder- und Jugendhilfegesetz von 1990. Dies hat die Unterstützung von Selbsthilfegruppen erleichtert und die Rolle der Wohlfahrtsverbände als gate-keeper reduziert. Indem es die Vertretung von Selbsthilfegruppen im einflußreichen Jugendwohlfahrtsausschuss erlaubt, hat das Gesetz zudem eine Stärkung der Position der Selbsthilfegruppen im lokalen sozialpolitischen Entscheidungssystem bewirkt. Einen weiteren Schritt auf dem Wege zu einer pluralistischeren und stärker wettbewerblichen Trägerstruktur stellen die Änderungen des BSHG dar, die 1993 im Rahmen des Konsolidierungsprogramms der Bundesregierung vorgenommen wurden und zu einer substanziellen Reform der Modalitäten der Pflegesatzvereinbarung führten. Den entscheidenden Durchbruch markiert jedoch das Pflegeversicherungsgesetz. Während noch immer umstritten ist, inwieweit die Konstruktion der Pflegeversicherung von den traditionellen Prinzipien der deutschen Sozialversicherung abweicht (Landenberger 1994; Hinrichs 1995; Rothgang 1994), so ist unübersehbar, dass das Pflegeversicherungsgesetz eine klare Abkehr von den traditionellen Prinzipien der Erbringung sozialer Dienste bedeutet, indem es erstmals explizit die Gleichbehandlung von kommerziellen und gemeinnützigen Leistungsanbietern vorsieht, auf die traditionelle Einbindung der Wohlfahrtsverbände in die Politikformulierung verzichtet und die Wohlfahrtsverbände zu massiven organisatorischen Reformen zwingt.

VI. Auf dem Weg zum Sozialstaat der Berliner Republik

Im Übergang von der Bonner zur Berliner Republik befindet sich auch der bundesdeutsche Sozialstaat im Übergang. Das überkommene sozialstaatliche Arrangement ist in den 90er Jahren unter starken – und nach dem finanzpolitischen Kurswechsel der rot-grünen Regierung inzwischen endgültig allseits konzedierten – Anpassungsdruck geraten. Ähnlich wie in anderen Feldern hat sich dabei die deutsche Einigung als ein zentraler Stressfaktor erwiesen. Dagegen scheinen im Falle der Sozialpolitik die anderen 'üblichen Verdächtigen', namentlich Globalisierung und europäische Integration, als 'Treibsätze' eher eine untergeordnete Rolle zu spielen – zumindest, wenn man ihre Bedeutung mit der der soziodemographischen Herausforderungen vergleicht (Pierson 1998).

Unter diesem geballten Druck ist in den 90er Jahren, wie 'schleichend' und stückwerkhaft auch immer, eine nachhaltige, das traditionelle sozialstaatliche Repertoire ergreifende Metamorphose des bundesdeutschen Sozialstaates in Gang gekommen. Noch ist die institutionelle Gestalt des 'neuen' wohlfahrtsstaatlichen Arrangements allerdings nur umrisshaft erkennbar, kann nicht von konsolidierten Strukturen gesprochen werden. Zu vorsichtig waren die Reformmaßnahmen unter der alten, zu groß sind die verbleibenden Unsicherheiten über den Kurs und die Überlebenswahrscheinlichkeit der neuen Regierung sowie die Aussichten eines neuen sozialstaatlichen Konsensus. So oder so wird sich der Sozialstaat der Berliner Republik jedoch deutlich von dem der Bonner Republik unterscheiden.

Literatur

Alber, Jens, 1995: Soziale Dienstleistungen. Die vernachlässigte Dimension vergleichender Wohlfahrtsstaat-Forschung, in: Karlheinz Bentele, Bernd Reissert und Ronald Schettkat (Hrsg.), Die Reformfähigkeit von Industriegesellschaften, Frankfurt a.M./New York: Campus, S. 277-293.

Alber, Jens, 1998a: Der deutsche Sozialstaat im Licht international vergleichender Daten, in: Leviathan, 26. Jg., H. 3, S. 199-227.

Alber, Jens, 1998b: Recent Developments in Continental European Welfare States: Do Austria, Germany, and the Netherlands Prove To Be Birds of a Feather?, University of Konstanz, Mimeo.
Angerhausen, Susanne, Holger Backhaus-Maul, Claus Offe, Thomas Olk und Martina Schiebel, 1998: Überholen ohne einzuholen. Freie Wohlfahrtspflege in Ostdeutschland, Opladen: Westdeutscher Verlag.
Backhaus-Maul, Holger und Thomas Olk, 1994: Von Subsidiarität zu 'outcontracting': Zum Wandel der Beziehungen von Staat und Wohlfahrtsverbänden in der Sozialpolitik, in: Wolfgang Streeck (Hrsg.), Staat und Verbände, Opladen: Westdeutscher Verlag, S. 100-135.
Bäcker, Gerhard und Ute Klammer, 1999: Tariffonds – ein neuer Generationenvertrag?, in: WSI-Mitteilungen, 52. Jg., H. 1, S. 8-20.
Bandelow, Nils C. und Klaus Schubert, 1998: Wechselnde Strategien und kontinuierlicher Abbau solidarischen Ausgleichs. Eine gesundheitspolitische Bilanz der Ära Kohl, in: Göttrik Wewer (Hrsg.), Bilanz der Ära Kohl, Opladen: Leske + Budrich, S. 113-127.
Behning, Ute, 1997: Richtungswechsel in der Sozialversicherungspolitik? Zur Anerkennung von nicht-professionellen häuslichen Pflegeleistungen durch das Pflege-Versicherungsgesetz, in: Ute Behning (Hrsg.), Das Private ist ökonomisch. Widersprüche der Ökonomisierung privater Familien- und Haushaltsdienstleistungen, Berlin: Sigma, S. 103-117.
Berthold, Norbert, 1998: Der Sozialstaat im Zeitalter der Globalisierung, Tübingen: Mohr.
Bleses, Peter und Martin Seeleib-Kaiser, 1999: Zum Wandel wohlfahrtsstaatlicher Sicherung in der Bundesrepublik Deutschland: Zwischen Lohnarbeit und Familie, in: Zeitschrift für Soziologie, 28. Jg., H. 2, S. 114-135.
Blüm, Norbert und Hans F. Zacher (Hrsg.), 1989: 40 Jahre Sozialstaat Bundesrepublik Deutschland, Baden-Baden: Nomos.
BMA (= Bundesministerium für Arbeit und Sozialordnung), 1998: Sozialbericht 1997, Bonn.
BMA, 1999: Statistisches Taschenbuch 1998: Arbeits- und Sozialstatistik, Bonn.
Bönker, Frank und Hellmut Wollmann, 1996: Incrementalism and Reform Waves: The Case of Social Service Reform in the Federal Republic of Germany, in: Journal of European Public Policy, 3. Jg., H. 3, S. 441-460.
Bönker, Frank und Hellmut Wollmann, 1998: Reform der sozialen Dienste zwischen 'kommunaler Sozialstaatlichkeit' und Verwaltungsmodernisierung, in: Claus Reis und Matthias Schulze-Böing (Hrsg.), Planung und Produktion sozialer Dienstleistungen. Die Herausforderung 'neuer Steuerungsmodelle', Berlin: Sigma, S. 35-54.
Bönker, Frank und Hellmut Wollmann, 2000: Von konservativen Wohlfahrtsstaaten, institutionellen Restriktionen und Reformwellen: Einige politikwissenschaftliche Überlegungen zu den gegenwärtigen Veränderungen im Bereich der sozialen Dienste, in: Thomas Olk und Hans-Uwe Otto (Hrsg.), Soziale Arbeit als Dienstleistung, Neuwied/Darmstadt: Luchterhand (i.E.).
Bulmahn, Thomas, 1998: Rette sich, wer kann? Die Krise der gesetzlichen Rentenversicherung und die Privatisierung der Altersvorsorge, WZB, Discussion Paper FS III 98-406, Berlin.
Carlin, Wendy und David Soskice, 1997: Shocks to the System: The German Political Economy Under Stress, in: National Institute Economic Review 159, S. 57-76.
Cox, Robert H., 1999: The Social Construction of an Imperative: Why Welfare Reform Happened in Denmark and the Netherlands, but not in Germany, University of Oklahoma, Department of Political Science, Mimeo.
Czada, Roland, 1998: Vereinigungskrise und Standortdebatte. Der Beitrag der Wiedervereinigung zur Krise des westdeutschen Modells, in: Leviathan, 26. Jg., H. 1, S. 24-59.
Deutsche Bundesbank, 1995: Die Finanzentwicklung der gesetzlichen Rentenversicherung seit Beginn der neunziger Jahre, in: Monatsberichte der Deutschen Bundesbank, 47. Jg., H. 3, S. 17-32.

Deutscher Bundestag, 1998: Zweiter Zwischenbericht der Enquete-Kommission 'Demographischer Wandel – Herausforderungen unserer älter werdenden Gesellschaft an den einzelnen und die Politik, BT-Drucksache 13/11460.
Esping-Andersen, Gosta, 1996: Welfare States without Work: The Impasse of Labour Shedding and Familialism in Continental European Social Policy, in: Gosta Esping-Andersen (Hrsg.), Welfare States in Transition. National Adaptations in Global Economies, London/Thousand Oaks/New Delhi: Sage, S. 66-87.
Evers, Adalbert, 1997: Geld oder Dienste? Zur Wahl und Verwendung von Geldleistungen im Rahmen der Pflegeversicherung, in: WSI-Mitteilungen, 50. Jg., H. 7, S. 510-515.
Ganßmann, Heiner, 1997: Soziale Sicherheit als Standortproblem, in: Prokla 106, S. 5-28.
Geissler, Birgit, 1998: Normalarbeitsverhältnis und Sozialversicherungen – eine überholte Verbindung?, in: Mitteilungen aus der Arbeitsmarkt- und Berufsforschung, 31. Jg., H. 3. S. 550-557.
Gerste, Bettina und Isabel Rehbein, 1998: Der Pflegemarkt in Deutschland. Ein statistischer Überblick, Bonn: WIdO.
Götting, Ulrike, Karin Haug und Karl Hinrichs, 1994: The Long Road to Long-Term Care Insurance in Germany, in: Journal of Public Policy, 14. Jg., H. 3, S. 285-309.
Häußermann, Hartmut und Walter Siebel, 1995: Dienstleistungsgesellschaften, Frankfurt a.M.: Suhrkamp.
Heinelt, Hubert und Michael Weck, 1998: Arbeitsmarktpolitik: Vom Vereinigungskonsens zur Standortdebatte, Opladen: Leske + Budrich.
Heinze, Rolf G., 1998: Die blockierte Gesellschaft. Sozioökonomischer Wandel und die Krise des 'Modell Deutschland', Opladen: Westdeutscher Verlag.
Heinze, Rolf G. und Christoph Strünck, 1998: Wohlfahrtsverbände, Selbsthilfe und private Anbieter – neue Rollenverteilung auf lokaler Ebene?, in: Dieter Grunow und Hellmut Wollmann (Hrsg.), Lokale Verwaltungsreform in Aktion: Fortschritte und Fallstricke, Basel/Boston/Stuttgart: Birkhäuser, S. 103-119.
Hinrichs, Karl, 1995: Die Soziale Pflegeversicherung – eine institutionelle Innovation in der deutschen Sozialpolitik, in: Staatswissenschaften und Staatspraxis, 6. Jg., H. 2, S. 227-259.
Hinrichs, Karl, 1996: Das Normalarbeitsverhältnis und der männliche Familienernährer als Leitbilder der Sozialpolitik. Sicherungsprobleme im sozialen Wandel, in: Sozialer Fortschritt, 45. Jg., H. 4, S. 102-107.
Hinrichs, Karl, 1998: Reforming the Public Pension Scheme in Germany: The End of the Traditional Consensus?, Zentrum für Sozialpolitik, ZeS-Arbeitspapier Nr. 11/98, Bremen.
Jochem, Sven, 1999: Sozialpolitik in der Ära Kohl: Die Politik des Sozialversicherungsstaates, Zentrum für Sozialpolitik, ZeS-Arbeitspapier Nr. 12/99, Bremen.
Kaufmann, Franz-Xaver, 1997a: Herausforderungen des Sozialstaates, Frankfurt a.M.: Suhrkamp.
Kaufmann, Franz-Xaver, 1997b: Schwindet die integrative Funktion des Sozialstaates?, in: Berliner Journal für Soziologie, 7. Jg., H. 1, S. 5-19.
Lamping, Wolfram, 1997: Versicherungsfremde Leistungen': Historisch-systematisierende Anmerkungen zu einem sozialpolitischen Schlüsselbegriff, in: Zeitschrift für Sozialreform, 43. Jg., H. 1, S. 52-70.
Landenberger, Margarete, 1994: Pflegeversicherung als Vorbote eines anderen Sozialstaates, in: Zeitschrift für Sozialreform, 40. Jg., H. 5, S. 314-342.
Leibfried, Stephan, 1997: Der Wohlfahrtsstaat zwischen 'Integration' und 'Desintegration': Europäische Union, nationale Sozialpolitiken und 'Globalisierung', Zentrum für Sozialpolitik, ZeS-Arbeitspapier Nr. 15/1997, Bremen.
Lindlar, Ludger und Wolfgang Scheremet, 1998: Germany's Slump: Explaining the Unemployment Crisis of the 1990s, DIW, Discussion Paper No. 169, Berlin.

Meinhardt, Volker, 1997: Vereinigungsfolgen belasten Sozialversicherung, in: DIW-Wochenbericht, 64. Jg., H. 40, S. 725-729.

Mörschel, Richard, 1990: Die Finanzierungsverfahren in der Geschichte der gesetzlichen Rentenversicherung, in: Deutsche Rentenversicherung, H. 9/10, S. 619-661.

Nullmeier, Frank, 1996: Der Rentenkonsens – Eine Stütze des Sozialstaates in Gefahr?, in: Gegenwartskunde, 45. Jg., H. 3, S. 337-350.

Nullmeier, Frank und Friedbert W. Rüb, 1993: Die Transformation der Sozialpolitik. Vom Sozialstaat zum Sicherungsstaat, Frankfurt a.M./New York: Campus.

OECD, 1996: Ageing Populations, Pension Systems and Government Budgets, OECD Working Paper No. 168, Paris.

Offe, Claus, 1995: Schock, Fehlkonstrukt oder Droge? Über drei Lesarten der Sozialstaatskrise, in: Werner Fricke (Hrsg.), Jahrbuch Arbeit und Technik 1995, Bonn: Dietz, S. 31-41.

Offe, Claus, 1998: Der deutsche Wohlfahrtsstaat: Prinzipien, Leistungen, Zukunftsaussichten, in: Berliner Journal für Soziologie, 8. Jg., H. 3, S. 359-380.

Oppen, Maria, 1997: Concerted Cooperation and Immobilism: Labour Policy in Germany and the Regulation of Early Exit, in: Michio Muramatsu und Frieder Naschold (Hrsg.), State and Administration in Japan and Germany. A Comparative Perspective on Continuity and Change, Berlin: de Gruyter, S. 247-280.

Pabst, Stefan, 1999: Mehr Arbeitsplätze für Geringqualifizierte nach Einführung der Pflegeversicherung? Beschäftigungswirkungen des SGB XI im ambulanten Bereich, in: WSI-Mitteilungen, 52. Jg., H. 4, S. 234-240.

Pierson, Paul, 1998: Irresistible Forces, Immovable Objects: Post-industrial Welfare States Confront Permant Austerity, in: Journal of European Public Policy, 5. Jg., H. 4, S. 539-560.

Roller, Edeltraud, 1992: Einstellungen der Bürger zum Wohlfahrtsstaat der Bundesrepublik Deutschland, Opladen: Westdeutscher Verlag.

Rosenow, Joachim und Frieder Naschold, 1994: Die Regulierung von Altersgrenzen. Strategien von Unternehmen und die Politik des Staates, Berlin: Sigma.

Rothgang, Heinz, 1994: Die Einführung der Pflegeversicherung – Ist das Sozialversicherungsprinzip am Ende?, in: Barbara Riedmüller und Thomas Olk (Hrsg.), Grenzen des Sozialversicherungsstaates, Opladen: Westdeutscher Verlag, S. 164-187.

Scharpf, Fritz W., 1999: Gegen die Diskriminierung einfacher Arbeitsplätze, in: Wirtschaftsdienst, 79. Jg., H. 8, S. 455-462.

Schmähl, Winfried, 1998: Perspektiven der Sozialpolitik nach dem Regierungswechsel, in: Wirtschaftsdienst, 78. Jg., H. 12, S. 713-722.

Schmähl, Winfried, 1999: Pension Reforms in Germany: Major Topics, Decisions and Developments, in: Katharina Müller, Andreas Ryll und Hans-Jürgen Wagener (Hrsg.), Transformation of Social Security: Pensions in Central-Eastern Europe, Heidelberg/New York: Physica, S. 91-120.

Schmid, Josef, 1996: Wohlfahrtsverbände in modernen Wohlfahrtsstaaten. Soziale Dienste in historisch-vergleichender Perspektive, Opladen: Leske + Budrich.

Schmid, Josef, 1998: Mehrfache Desillusionierung und Ambivalenz. Eine sozialpolitische Bilanz, in: Göttrik Wewer (Hrsg.), Bilanz der Ära Kohl, Opladen: Leske + Budrich, S. 89-111.

Schmidt, Manfred G., 1998a: Sozialstaatliche Politik in der Ära Kohl, in: Göttrik Wewer (Hrsg.), Bilanz der Ära Kohl, Opladen: Leske + Budrich, S. 59-87.

Schmidt, Manfred G., 1998b: Sozialpolitik in Deutschland. Historische Entwicklung und internationaler Vergleich, 2. Aufl., Opladen: Leske + Budrich.

Schnabel, Reinhold, 1998: The Declining Participation in the German Pay-As-You-Go Pension System, University of Mannheim, Department of Economics, Mimeo.

Steiner, Viktor, 1996: Finanzierungsalternativen der Sozialen Sicherung und ihre Beschäftigungswirkungen, in: Viktor Steiner und Klaus F. Zimmermann (Hrsg.), Soziale Sicherung und Arbeitsmarkt: Empirische Analyse und Reformansätze, Baden-Baden: Nomos, S. 35-55.

Streeck, Wolfgang und Rolf G. Heinze, 1999: An Arbeitsplätzen fehlt es nicht, in: Der Spiegel, 51. Jg., H. 19, S. 38-45.

Vobruba, Georg, 1990: Lohnarbeitszentrierte Sozialpolitik in der Krise der Lohnarbeit, in: Georg Vobruba (Hrsg.), Strukturwandel der Sozialpolitik, Frankfurt a.M.: Suhrkamp, S. 11-80.

Wille, Eberhard, 1999: Einführung: Die Sozialabgaben als wirtschaftspolitisches Problem, in: Eberhard Wille (Hrsg.), Entwicklung und Perspektiven der Sozialversicherung, Baden-Baden: Nomos, S. 7-21.

Nico A. Siegel / Sven Jochem

Der Sozialstaat als Beschäftigungsbremse?

Deutschlands steiniger Weg in die Dienstleistungsgesellschaft

I. Einleitung

Ausgerechnet zum 50-jährigen Bestehen der Bundesrepublik Deutschland mehren sich die Krankheitsbefunde inländischer und ausländischer Beobachter zum „Modell Deutschland".[1] „The sick man of the euro", titelte etwa der Economist in seiner Ausgabe vom 5. Juni 1999 (S. 19-23) und verwies auf Stagnationstendenzen in der deutschen Wirtschaft sowie deren negative Auswirkungen auf die Mitgliedsländer der Europäischen Union. Zunehmend dominieren seit mehreren Jahren Krisenmetaphern den politischen Diskurs. Insbesondere die staatliche Sozialpolitik „ist mittlerweile Gegenstand eines heftigen Streits in Politik und Wissenschaft" (ZeS 1998, S. 5), vor allem weil sie als ein Politikfeld dargestellt wird, in dem hoher Reformbedarf mit immenser Reformresistenz einhergehe.

Die bundesdeutsche Wirtschaft leidet insbesondere seit der Rezession des Jahres 1993 an einer Wachstums- und Innovationsschwäche, die sich am deutlichsten in einer international unterdurchschnittlichen Beschäftigungsperformanz abzeichnet und von vielen Beobachtern auf politische Steuerungsdefizite, sprich Politikversagen, zurückgeführt wird. Politisch gebremste Anpassung an einen sich rasant ändernden Weltmarkt, so lautet nicht selten der Kernbefund mit Blick auf das „Gegenmodell" USA mit ihrem schlanken Sozialstaat und schwach regulierten Arbeitsmärkten. Als reformpolitisches Rezept wird immer öfter eine weit gehende Institutionenreform und ein radikaler Wechsel in Richtung auf mehr Wettbewerb in Staat und Wirtschaft verschrieben. Fundamentalkritik an der Verwischung von Verantwortlichkeiten üben beispielsweise Norbert Berthold und Rainer Hank (1999) und kritisieren harsch das *Bündnis für Arbeit*,[2] in dem sie „Korporatismus

---

1 Es kann an dieser Stelle die nunmehr zwei Jahrzehnte andauernde Forschung zum Modell Deutschland nicht nachgezeichnet werden. Grundlegend siehe Newsweek (1976); Markovits (1982); Streeck (1997); Czada (1998); Immerfall/Franz (1998).
2 Im Folgenden referieren wir generell mit dem Begriff *Bündnis für Arbeit* auf das von der rot-grünen Koalitionsregierung initiierte *Bündnis für Arbeit, Ausbildung und Wettbewerbsfähigkeit* und das 1996 gescheiterte, erste *Bündnis für Arbeit und Standortsicherung*.

statt Wettbewerb" und damit einen dysfunktionalen politischen Steuerungsmodus angelegt sehen.

Ein weit reichendes „Re-engineering" (Henkel 1998) des politischen Institutionensystems, ob wünschenswert oder nicht, wäre in der Regel nur unter großzügig gesteckten Zeithorizonten realisierbar, weil es den Konsens der Schlüsselakteure in Regierungsverantwortung und Opposition auf Bundes- und auf Länderebene sowie die Unterstützung durch eine breite Bevölkerungsmehrheit voraussetzte. Wenn aber in einer als dramatisch zu bezeichnenden Beschäftigungssituation der kurzfristige Einstieg in den „Modus des Problemlösens" (Scharpf 1985) auf der Tagesordnung ganz oben stehen sollte, dann kommt nur eine politische Strategie in Frage, die im Rahmen der vorhandenen Institutionen Problemlösungsreserven freilegen und „Entscheidungsblockaden" vermeiden könnte.[3] Im Staat der „Großen Koalitionen" (Schmidt 1996; Hinrichs 1998) gelingt dies vornehmlich dann, wenn kooperativen Problemlösungsmechanismen Vorrang vor konfliktiven eingeräumt wird.

Unsere zentrale Ausgangsthese ist, dass ein Abschied vom konsensualen Konfliktlösungsmodus und der direkte Übergang zum Modus des reinen Mehrheitsentscheides gerade dann *kurzfristig* kontraproduktive Effekte zur Folge haben kann, wenn *langfristig* mehr Wettbewerb in Politik und Wirtschaft erreicht werden soll. Wer das politische Institutionensystem entflechten und die Rolle des Staates neu und womöglich schlanker definieren möchte, müsste demnach den scheinbar entgegengesetzten Weg einschlagen und auf Kooperation und Abstimmung setzen. Ansonsten droht der Erhalt des Status quo als wahrscheinlichstes Politikergebnis einer Entscheidungssituation, die durch viele, stark abweichende Positionen einnehmende individuelle sowie kohärente kollektive Akteure gekennzeichnet ist (Tsebelis 1995).

Aber nicht nur im Hinblick auf das politische Institutionensystem im engeren Sinne gilt es, die „Kooperationsimperative" für wohlfahrtsstaatliche Reformen zu berücksichtigen. Wer beispielsweise in Deutschland eine grundlegende Reform des bestehenden sozialen Sicherungssystems politisch durchsetzen möchte, der müsste nicht nur zwei Große Koalitionen, nämlich diejenigen zwischen den Volksparteien einerseits und den Arbeitsmarktparteien andererseits, schnüren, sondern ferner noch die in der Bundesrepublik stark ausgeprägte, ressortspezifisch-segmentiert agierende Sozialversicherungsexpertokratie für sein Vorhaben gewinnen und ebenso die mit institutionellen Eigeninteressen behafteten korporatistischen Selbstverwaltungsinstitutionen im Bismarckschen Sozialversicherungsstaat. Kurzum: wer im sozialen und föderalen Rechtsstaat einen radikalen Reformkurs à la Thatcher einschlagen

---

3 So kritisiert Fritz W. Scharpf die vielfältigen Verflechtungen im bundesdeutschen Föderalismus, gelangt aber aus einer Perspektive, die das politisch Machbare betont, zu dem Fazit, dass Reformvorschläge „im Prinzip innerhalb der gegebenen institutionellen Struktur und mit den darin handelnden Akteuren realisierbar sein [müssen]. Alles andere wäre eine Vergeudung knapper politischer Energie" (Scharpf 1999a, S. 6).

wollte, der müsste den legalen und legitimen Verweigerungswillen mächtiger, dem politischen Prozess zum Teil nachgeschalteter Vetospieler in seine Kosten-Nutzen-Bilanz einrechnen – und diese womöglich einer Neukalkulation unterziehen, die nicht nur die Entscheidungs-, sondern auch die Implementationskosten enthält.

Eine zentrale Schlussfolgerung aus den institutionellen und prozeduralen Merkmalen einer politischen Ökonomie der Reformpolitik im deutschen Wohlfahrtsstaat ist folglich, dass das von der neuen Bundesregierung initiierte *Bündnis für Arbeit, Ausbildung und Wettbewerbsfähigkeit* zumindest *eine mögliche* adäquate, weil grundsätzlich auf Koordination und Konzertierung ausgerichtete institutionelle Hülle für die Einleitung reformpolitischer Vorhaben an den Schnittstellen von Arbeitsmarkt und Sozialpolitik darstellt.

Verwickelter verhält es sich mit der Frage, unter welchen Umständen die institutionelle Verpackung in Form von Bündnisgesprächen problemadäquate Lösungen zeitigen kann. Bislang überwiegen eher skeptische Einschätzungen der Reformpotenziale, die ein deutscher Beschäftigungspakt im Rahmen der tripartistischen Konzertierung auf der Makroebene erzielen könnte. Maßgeblich hierfür sind die Rückschlüsse, die aus den bisherigen Bündnisgesprächen gezogen werden. Der erste Anlauf zum *Bündnis für Arbeit und Standortsicherung* 1996 (Bispinck 1997) ist gescheitert und die Bilanz der zweiten Bündnisrunde im Jahr 1999 muss als eher enttäuschend bezeichnet werden (vgl. den Beitrag von Gerhard Lehmbruch in diesem Band). Der sehr allgemein gehaltene und bisweilen widersprüchliche Zielkatalog der gemeinsamen Erklärungen[4] trug hierzu ebenso bei wie der Widerstand von Gewerkschaftsrepräsentanten, die Lohnpolitik zu einem zentralen Gegenstand der Bündnisgespräche zu machen sowie die mangelnde Konsistenz des Regierungskurses in den Bereichen Sozial- und Haushaltspolitik. Konkrete Lösungen wurden bislang vor allem dann erreicht, wenn es den Tarifpartnern gelang, Reformkosten auf Dritte, vornehmlich den Staat, abzuwälzen. Diese Tendenz kennzeichnete ja bereits die Frühverrentungspolitik der Achtzigerjahre (Rosenow/Naschold 1996; Manow/Seils 1998), ist also kein Spezifikum der tripartistischen Konzertierungsaktion, wurde durch diese aber (bislang) auch nicht überwunden.

Ist also das Bündnis lediglich eine formal adäquate Hülle, die aber kaum in der Lage sein wird, einen fruchtbaren Kern in Form von nachhaltigen Reformen hervorzubringen? Die Beantwortung dieser Frage hängt unter anderem davon ab, wo an den Schnittstellen zwischen staatlicher Politik und Märkten (Güter- und Arbeitsmärkte) letztlich der notwendige und auch politisch machbare Problemlösungsbedarf lokalisiert wird. Es ist insbesondere die Kombination aus hoher Staats- und Sozialleistungsquote, hoher Steuer- und Abgabenbelastung des Faktors Arbeit und mangelnder Beschäftigungsdynamik, die gegenwärtig die wirtschafts- und sozialpolitische Reformdebatte dominiert. Deshalb geht es uns im folgenden Abschnitt darum, ein besonders wichtiges Spannungsverhältnis näher zu beleuchten,

---

4 Vgl. Presse und Informationsamt der Bundesregierung (1998, 1999a,b).

nämlich zwischen ausgebautem Sozialstaat einerseits und Beschäftigungsdynamik andererseits. In Kapitel zwei wird zu diesem Zweck die bundesdeutsche Beschäftigungsbilanz in eine internationale Perspektive gerückt. Der deskriptiven Bestandsaufnahme der allgemeinen wie der sektoralen Beschäftigungsperformanz folgt ein analytischer Teil über den Zusammenhang zwischen Sozialstaat und Beschäftigung. Insbesondere im Niedriglohnsegment, so der Hauptbefund, geht seit den Achtzigerjahren ein ausgebauter Sozialstaat in zunehmendem Maße mit einer vergleichsweise schwachen Beschäftigungsdynamik einher. Für die Bundesrepublik bleibt als vorläufige Bestandsaufnahme eine allgemeine, vor allem im niedrigproduktiven Dienstleistungssektor schwache Beschäftigungsperformanz festzuhalten. Dies erscheint anlässlich der aus der Benchmarking AG im Bündnis für Arbeit hervorgegangenen Vorschläge zur staatlichen Subventionierung von Beschäftigung im Niedriglohnbereich[5] als ein wichtiger, wenn auch nicht allein entscheidender Ausgangspunkt für die allgemeinen Ausführungen über die Erfolgsbedingungen eines deutschen Beschäftigungspaktes in Kapitel drei.

II. Sozialstaat und Beschäftigung

Die gegenwärtige Debatte über die sozialpolitischen und arbeitsmarktpolitischen Grundpfeiler des „Modells Deutschland" ist vor allem das Produkt einer seit der Rezession von 1993 verstärkt beobachtbaren Wachstums- und Beschäftigungsflaute. Sowohl in Bezug auf die wirtschaftlichen Wachstumsraten als auch die Beschäftigungsentwicklung gehörte die Bundesrepublik in der letzten Halbdekade zu den Schlusslichtern im Demokratieländervergleich. Charakteristisch für die politische Diskussion in den Neunzigerjahren ist, dass die Ursachen für nicht voll ausgeschöpfte Wachstums- und Beschäftigungspotenziale zunehmend an einer sozialstaatsinduzierten Inflexibilität der Arbeitsmärkte festgemacht und überwiegend angebotsseitige Faktoren in den Mittelpunkt gerückt werden.

Es geht an dieser Stelle nicht vorrangig um grundlegend neue Einsichten in das komplexe Wechselverhältnis zwischen sozialpolitischen und beschäftigungspolitischen Institutionen. Vielmehr möchten wir darlegen, dass drei Befunde über das Verhältnis zwischen Sozial(versicherungs-)staat und Beschäftigungsperformanz hervorstechen. *Erstens:* Das Beschäftigungsniveau in der Bundesrepublik ist im internationalen Vergleich unterdurchschnittlich. Dieser simple Befund legt den ebenso einfachen Schluss nahe, dass Spielraum für eine „upward-flexibility" am deutschen Arbeitsmarkt gegeben sein müsste und dass in der Bundesrepublik ein unterdurchschnittlich großer Bevölkerungsanteil einen überdurchschnittlich *transferintensiven* Sozialstaat finanzieren muss, überwiegend aus Sozialversicherungsbeiträgen, die den Faktor Arbeit absolut und relativ (zum Faktor Kapital) verteuern.

---

5 Vgl. zu den Vorschlägen der Benchmarking AG Streeck/Heinze (1999).

Zweitens: Die mangelnde Beschäftigungsperformanz kann genau verortet werden, nämlich im Dienstleistungssektor. Während die Bundesrepublik nach wie vor „Weltmeister" in der kapitalintensiven Industrieproduktion ist, rangiert sie bei einem OECD-Ländervergleich der Beschäftigungsanteile im Dienstleistungsbereich auf einem der letzten Plätze. Gerade im Industriesektor, der in den letzten zwei Dekaden in sämtlichen OECD-Ländern einer rückläufigen Zahl an Erwerbstätigen Arbeitsplätze bietet, weist die Bundesrepublik also einen weit überdurchschnittlichen Beschäftigtenstand auf, während sie in der Hauptwachstumsbranche für Arbeitsplätze hinterher hinkt.

Drittens: Wir möchten zeigen, dass von einem ausgebauten Sozialstaat mit hoher Sozialleistungsquote, überwiegender Beitragsfinanzierung und daher hohen Sozialversicherungsbeiträgen negative Impulse auf die Beschäftigung im niedrigproduktiven Dienstleistungsbereich ausgehen. Wenn also sozialstaatsinduzierte Effekte auf die Beschäftigung im Niedriglohnbereich ausgehen, hohe Arbeitslosigkeit aber gleichzeitig den Finanzierungsbedarf in den sozialen Sicherungssystemen erhöht, könnten, *ceteris paribus*, mit einer politisch zielgerichteten Integrationsstrategie in den Niedriglohnsegmenten womöglich strukturbedingte Insider-Outsider-Konflikte am deutschen Arbeitsmarkt gemildert werden.

1. Die bundesdeutsche Beschäftigungsperformanz im internationalen Vergleich

In der öffentlichen Debatte wird vorwiegend die Arbeitslosenquote als Messlatte für die allgemeine Arbeitsmarktperformanz herangezogen. Jedoch bestehen aus methodischen und inhaltlichen Gründen erhebliche Probleme, wenn die Arbeitsmarktperformanz an der Arbeitslosenquote festgemacht wird. Methodisch ist der alleinige Rekurs auf die Arbeitslosenquote problematisch, weil sie als Verhältniszahl sowohl vom Arbeitskräfte*angebot* als auch von der *-nachfrage* determiniert wird. Was jedoch häufig ausgeblendet bleibt, ist das nicht nur für die Sozialstaatsfinanzierung maßgebliche Verhältnis zwischen aktiver und nicht am Erwerbsleben teilnehmender Bevölkerung. Im Folgenden konzentrieren wir uns demzufolge auf Beschäftigungsquoten[6] im volkswirtschaftlichen Aggregat sowie in einzelnen Sektoren der Ökonomie.[7]

---

6 Die Beschäftigungsquote ist die mit 100 multiplizierte Verhältniszahl der Erwerbstätigen an der Bevölkerung im erwerbsfähigen Alter (15-64 Jahre). Sie ist also zu unterscheiden von der so genannten Erwerbsquote, die das Verhältnis von Erwerbstätigen und Arbeitslosen zur Bevölkerung im erwerbsfähigen Alter ausdrückt. Vgl. zur Dekomposition der Beschäftigungsdynamik Schmid (1998, S. 167-169).

7 Die Nachfrage nach dem Faktor Arbeit ist zu unterscheiden von der Nachfrage nach Arbeitskräften. Während die erste Größe anhand der gesamtwirtschaftlich geleisteten Arbeitsstunden – bereinigt um das Bevölkerungswachstum – erhoben werden sollte, zielt die Beschäftigungsquote auf die *Arbeitskräfte*nachfrage.

Tabelle 1: Beschäftigungsperformanz im internationalen Vergleich

	Beschäftigungsquote			
	1960[a]	1980	1989	1998
Deutschland	70,1	65,9	64,2	63,9
Dänemark	70,0	74,0	77,4	74,9
Niederlande	61,1	54,1	60,3	68,0
Norwegen	63,6	74,2	75,5	76,9
USA	62,2	67,2	72,3	73,4
OECD	66,1	65,4	67,0	66,0

Anmerkung: [a] Es handelt sich bei sämtlichen Werten um Drei-Jahresdurchschnittswerte.
Quelle: OECD Labour Force Statistics (verschiedene Jahrgänge), OECD (1999a).

Tabelle 1 zeigt, dass die deutsche Beschäftigungsquote im Jahr 1998 unter dem Durchschnittswert von 22 wirtschaftlich entwickelten OECD-Demokratien und deutlich unter der niederländischen, dänischen, norwegischen und U.S.-amerikanischen lag.[8]

Aus einer Längsschnittperspektive tritt zudem eine bemerkenswerte negative Tendenz der bundesdeutschen Entwicklung hervor. Lag die Bundesrepublik im Jahr 1960 sowohl über dem OECD-Referenzwert als auch über den Beschäftigungsniveaus der in Tabelle 1 gesondert ausgewiesenen Länder, näherte sie sich in den beiden folgenden Dekaden dem OECD-Durchschnitt und hat in den Achtziger- und Neunzigerjahren weiter an Boden eingebüßt. Dies gilt es deshalb hervorzuheben, weil sich die gegenwärtige Krisendebatte überwiegend aus der wenig erfolgreichen Arbeitsmarktperformanz seit der Herstellung der deutschen Einheit speist, längerfristige Entwicklungstrends auf Basis des Ländervergleichs aber häufig ausgeblendet bleiben (vgl. aber Schmid/Wiebe 1999). Es geht folglich nicht nur darum, die komparativ unterdurchschnittliche Dynamik auf dem deutschen Arbeitsmarkt während der zweiten Hälfte der Neunzigerjahre zu erklären, sondern einen *längerfristigen* Negativtrend. Die Folgen der deutschen Einheit – vor allem die Politik des Institutionentransfers (Lehmbruch 1991) in eine nicht wettbewerbsfähige Transitionsökonomie – haben zwar die Lage am deutschen Arbeitsmarkt dramatisch verschlechtert (Czada 1998). Als Ursache für die schon zuvor vergleichsweise gedämpfte Beschäftigungsdynamik kommt das epochale Ereignis aber nicht in Frage.[9]

8 Die Werte für diese vier Länder werden in der Tabelle separat ausgewiesen, weil sie in der gegenwärtigen Diskussion häufig als so genannte „Beschäftigungswunder" (Jochem 1999; Werner 1998) gehandelt werden.
9 Zwischen 1984 und 1989 verzeichnete die Bundesrepublik zwar einen Zuwachs bei der Beschäftigungsquote von 2,3 Prozentpunkten, dieser Zuwachs lag aber unter dem OECD Durchschnittswert (3,1). Die unterdurchschnittliche Beschäftigungsperformanz kann im Übrigen nicht mit bevölkerungsstrukturellen Faktoren, die einen überdurchschnittlichen Problemdruck auf der Arbeitsangebotsseite erzeugt hätten, begründet werden. Vgl. hierzu die Dekompositionsanalyse bei Schmid/Wiebe (1999, S. 390, Tab. 3).

Über einen beträchtlichen Zeitraum konnte die Bundesrepublik die vergleichsweise gebremste Beschäftigungsdynamik durch das politisch steuerbare Verhältnis zwischen Arbeitskräfteangebot und -nachfrage kaschieren. Eine international unterdurchschnittliche Arbeitslosenquote spiegelte deshalb eine vorzeigenswerte arbeitsmarktpolitische Performanz wider. Allein, dieser „Erfolgsweg" beruhte nicht auf einer entsprechenden Steigerung der Arbeitskräftenachfrage, sondern in erster Linie auf dem politisch bequemeren Weg der Reduzierung des Arbeitskräfteangebots. Der überwiegend beitragsfinanzierte Wohlfahrtsstaat spielte hierbei nicht selten die Rolle des Problemabsorbers, besonders prominent im Rahmen einer durch die Tarifparteien unterstützten Frühverrentungspolitik.

Die Negativbilanz der Bundesrepublik hält auch dann Bestand, wird die Längsschnittperspektive auf die Entwicklung von 1960 bis Ende der Achtzigerjahre verengt. Und der Vergleich der Dreijahresdurchschnitte Ende der Achtziger- mit jenen Ende der Neunzigerjahre macht zudem deutlich, dass sich die Beschäftigungsquote der neuen Bundesrepublik acht Jahre nach der deutschen Einheit auf dem Niveau von 1989 eingependelt hatte! Der kurzfristig durch die Einheit bedingte Hebeeffekt – insbesondere auf die hohen Erwerbsquoten von Frauen in der ehemaligen DDR zurückzuführen – wurde in den Folgejahren durch den Beschäftigungsabbau, insbesondere in den Neuen Ländern, zunichte gemacht.

2. Industrieweltmeister und Dienstleistungsnachzügler

Bei einer Fokussierung auf die gesamtwirtschaftliche Beschäftigungsperformanz bleiben mögliche variable Beschäftigungsentwicklungen in einzelnen Wirtschaftssektoren ausgeblendet. So können mögliche Beschäftigungsreserven nur dann genau verortet werden, wenn die Analyse einzelne Sektoren in den Vordergrund rückt. Im Jahr 1997 arbeiteten in Deutschland 36,5 Prozent der Zivilbeschäftigten im Industriesektor (vgl. Tabelle 2). Das waren zehn Prozentpunkte mehr als im OECD-Durchschnitt. In der überwiegenden Mehrzahl der OECD-Länder lag der Vergleichswert dagegen deutlich unter der 30%-Marke. Zwar ist die Bundesrepublik nicht das einzige Land, dessen Beschäftigungsstruktur sich durch eine stark ausgeprägte Asymmetrie auszeichnet, jedoch ist die „Industrielastigkeit", die „Strukturlücke" besonders stark ausgeprägt.

Ein Blick auf die Entwicklung einzelner Wirtschaftssektoren im Längsschnitt zeigt, dass in sämtlichen Ländern der Anteil des Industriesektors an der Gesamtbeschäftigung zwischen 1960 und 1997 rückläufig war – mit Ausnahme weniger, sich im Aufholprozess („catch-up") befindlicher Volkswirtschaften. Auch die Bundesrepublik wurde vom allgemeinen Trend des Strukturwandels erfasst, der sich auch durch andere Indikatoren wie beispielsweise die Anteile einzelner Wirtschaftssektoren am Bruttoinlandsprodukt belegen ließe. Einerseits signalisiert die vergleichsweise gebremste De-Industrialisierung den Erfolg des „Modell Deutschland"

Tabelle 2: Entwicklung der Beschäftigungsstruktur, 1960-1997

	Industrie			Dienstleistungen		
	1960	1997	1997-1960	1960	1997	1997-1960
Deutschland	47,0	36,5	-10,5	39,1	60,2	21,1
OECD	36,1	26,5	-9,6	41,2	67,2	26,0

Quelle: OECD (1997, 1999c).

auf internationalen Märkten für Industrieprodukte, andererseits aber mag gerade dieser Erfolg durch eine Art nicht intendierten Bumerangeffekt die hohen Anpassungskosten beim Übergang in die Dienstleistungsgesellschaft mit verursacht haben.

Das in den Achtzigerjahren noch als Erfolgsmodell gehandelte Produktionsregime der Bundesrepublik wurde schließlich im Zuge der deutschen Vereinigung nicht nur aufgrund des Zeitdrucks auf das Gebiet der ehemaligen DDR übertragen. Vielmehr verstärkte die mit einigen Kratzern in der Beschäftigungsperformanz verunzierte, ansonsten aber vorzeigenswerte Bilanz der alten Bundesrepublik unter den verantwortlichen Akteuren in Politik und Wirtschaft offensichtlich die Tendenz, das westdeutsche Modell als Blaupause für die Neuen Länder zu verwenden. Infolge eines bemerkenswerten Primats der Politik während des Vereinigungsprozesses wurde dabei jedoch vernachlässigt, die anspruchsvollen Funktionsvoraussetzungen eines auf hohen Löhnen, hoher Produktivität und stabilen betrieblichen und überbetrieblichen Arbeitsbeziehungen beruhenden „sozialen Kapitalismus" auf ihre Übertragbarkeit in eine realsozialistisch abgewirtschaftete Transitionsökonomie hin zu bedenken (Czada 1998).

Zudem hat der international vergleichsweise sanft verlaufende Deindustrialisierungsprozess die Bundesrepublik keineswegs vor absoluten Arbeitsplatzverlusten bewahrt. So waren 1997 im vereinigten Deutschland 11,5 Millionen Personen im produzierenden Gewerbe erwerbstätig, 1965 waren es allein in der alten Bundesrepublik noch 13,2 Millionen. Auch eine kurzfristigere Perspektive zeigt den im Längsschnitt massiven Beschäftigungsabbau in diesem Sektor an. Innerhalb von nur sieben Jahren (1991-1997) wurden im früheren Bundesgebiet zwei Millionen Arbeitsplätze im produzierenden Gewerbe abgebaut (von 11,5 auf 9,5 Mio.). In den Neuen Ländern waren es im gleichen Zeitraum mehr als 900.000. Im gesamten Bundesgebiet arbeiteten folglich 1997 ebenso viele Personen im produzierenden Gewerbe wie in den alten Ländern im Jahre 1991 (BMAS 1999, S.110, Tab. 80).

Wenn also Deutschland, *erstens,* einen vergleichsweise mageren Dienstleistungssektor aufweist und, *zweitens,* der Strukturwandel bereits seit Jahrzehnten eine nachhaltige Verschiebung weg vom Industrie- und hin zum Dienstleistungssektor nach sich zieht, dann waren und sind nicht ausgeschöpfte Beschäftigungspotenziale vor allem im Dienstleistungssektor zu verorten (vgl. auch Iversen/Wren 1998;

Schettkat 1996). Darüber, dass die Beschäftigungspotenziale einseitig im Dienstleistungssektor zu lokalisieren sind, besteht aber weder im akademischen noch im politischen Diskurs gegenwärtig großer Dissens. Mangelnder Konsens besteht demgegenüber bei der Beantwortung der folgenden Fragen: *erstens,* wo genau im Dienstleistungssektor die Wachstumspotenziale zu verorten sind; *zweitens,* inwieweit die mangelnde Beschäftigungsdynamik in diesen Bereichen durch den Umfang und die Finanzierungsstruktur des Sozialstaates verursacht wird; und schließlich *drittens,* wie groß die Dienstleistungslücke in der Bundesrepublik dann ausfällt, wenn man die Beschäftigtenanteile nicht nach Sektoren, sondern nach berufsspezifischen „Funktionsgruppen" bemisst.

Bezüglich des letzten Punktes verweist etwa das Deutsche Institut für Wirtschaftsforschung (DIW) darauf, dass aufgrund der Besonderheiten der deutschen Unternehmensstruktur Dienstleistungsberufe wesentlich häufiger im Industriesektor ausgewiesen werden als in anderen Ländern. Bei einer entsprechenden „Funktionsanalyse" falle, so das DIW (1998), die Dienstleistungslücke in der Bundesrepublik geringer aus, als dies weithin behauptet werde. So hätten in Deutschland in der Vergangenheit die nicht gezählten so genannten 630 Mark-Jobs berücksichtigt werden müssen. Das DIW verweist diesbezüglich sicherlich auf einen sensiblen Punkt von sektoral angelegten Beschäftigungsstatistiken. Jedoch bleibt die Frage offen, was mit den so genannten sekundären Dienstleistungen bei Industrieunternehmen dann geschieht, wenn erstens der Industriesektor generell schrumpft und zweitens auch deutsche Unternehmen sich einem allgemeineren Trend zur Auslagerung von Dienstleistungen nicht verschließen. Und in Bezug auf die 630-Mark Jobs stellt sich die Frage nach deren genauen zahlenmäßigen Erfassung (IAB 1998) sowie auf vergleichbare Regelungen in anderen Ländern. Ferner stellten die 630-Mark Jobs eine sozialversicherungstechnisch bedingte Schallmauer dar, die einen konstruierten massiven Sprung bei den Gesamtlohnkosten im Niedriglohnbereich verursachten. Gerade die völlige Ausklammerung von Beschäftigungsverhältnissen von der Sozialversicherungspflicht unter einer politisch rigide definierten Einkommensgrenze und die vollständige Einbeziehung von Einkommen in die Sozialversicherungspflicht, die diese Marke auch nur geringfügig überschreiten, trägt zur Quasi-Nichtbesetzung von Lohnsegmenten aufgrund fehlender Anreizstrukturen für Arbeitnehmer und exponentiell wachsender Gesamtlohnkosten für Arbeitgeber bei.

3. Der disaggregierte Dienstleistungssektor

Verortet man mögliche Beschäftigungspotenziale in Deutschland im Dienstleistungssektor, sagt dies noch wenig darüber aus, in welchen Sektoren des Dienstleistungsbereichs Arbeitsplätze entstehen können. Zu unterscheiden ist zunächst zwischen den im privaten Sektor erbrachten Dienstleistungen und den öffentlichen.

Zwar ist die Grenze nicht immer eindeutig zu markieren, so etwa im Gesundheitssektor, wo eine große Zahl privater Anbieter Dienstleistungen erbringt, die überwiegend aus Steuereinnahmen und Sozialbeiträgen finanziert werden und nur in begrenztem Ausmaß durch Zuzahlungen der Patienten. Trotzdem aber ist die Unterscheidung wesentlich, weil sie sensibel macht für die im Ländervergleich zu beobachtenden unterschiedlichen Wege in die Dienstleistungsgesellschaft. Während etwa in Skandinavien die langjährige sozialdemokratische Hegemonie in einen „Wohlfahrtskapitalismus" mit dichtem Netzwerk an öffentlichen sozialen Dienstleistungen und egalitärer Lohn- und Einkommensstruktur mündete (Esping-Andersen 1990; Iversen/Wren 1998), stellte der liberale Weg, den etwa die Vereinigten Staaten kontinuierlich begingen, die Weichen auf hohes Beschäftigungswachstum im privaten Dienstleistungssektor. Der liberale Weg basierte dabei unter anderem auf erheblichen Lohndifferenzen zwischen Regionen, Sektoren, den Geschlechtern, Berufen und unterschiedlichen Betriebsgrößen. Die zweite Differenzierung, die für eine genauere Lokalisierung von Beschäftigungspotenzialen notwendig erscheint, verläuft teilweise quer zur ersten (privat-öffentlich) und unterscheidet zwischen verschiedenen Beschäftigungs- und Dienstleistungssektoren. Auf Basis von standardisierten OECD-Statistiken über die Verteilung der Beschäftigung in einzelnen wirtschaftlichen Tätigkeitsbereichen lassen sich potenzielle Hoch- und Niedriglohnsektoren vereinfachend unterscheiden.

Ein Vergleich der Beschäftigtenquoten von einzelnen „ISIC"-Kategorien *(International Standard Industrial Classification of all Economic Activities)* zeigt, dass die Bundesrepublik einen besonders hohen Beschäftigungsstand in den potenziellen Hochlohnbereichen aufweist, während der Niedriglohnbereich sozusagen unterausgestattet ist – die Folge einer unter anderem durch tarifpolitische Vereinbarungen und sozialversicherungstechnische Regelungen nach unten zumindest offiziell weitgehend undurchlässigen Lohnstruktur. Ohne an dieser Stelle ausführlicher auf den komplexen Zusammenhang zwischen einer Hochlohnwirtschaft und einem auf starkem Produktivitätswachstum beruhenden „Diversified Quality Production Regime" eingehen zu können, sei vermerkt, dass die Verdrängung (offiziell bestehender) niedrig entlohnter Beschäftigungsverhältnisse einerseits eine Kernkomponente des „German Capitalism" ist (Streeck 1997), andererseits aber auch zunehmend im Zusammenhang mit dem sozialstaatlichen Finanzierungsmodus (überwiegend Sozialversicherungsbeiträge) gesehen wird (Scharpf 1997a).

Die in Tabelle 3 enthaltenen Beschäftigungsquoten zeigen die hohen Anteile des produzierenden Gewerbes in Deutschland: Die Beschäftigungsquote in der Kategorie *ISIC 3* lag mit 5,1 Prozentpunkten 1996 deutlich über dem OECD-Durchschnitt. Allerdings entkam die Bundesrepublik dem generellen Beschäftigungsabbau im produzierenden Gewerbe nicht. Sie war aufgrund der vergleichsweise besonders großen beschäftigungspolitischen Bedeutung des *ISIC 3*-Sektors (hohes Ausgangsniveau) von diesem Trend stärker betroffen als andere Länder. So

Tabelle 3: Beschäftigung nach wirtschaftlichen Aktivitäten

	Beschäftigungsquote							
	ISIC 3		ISIC 6		ISIC 8		ISIC 9	
	1980	1996	1980	1996	1980	1996	1980	1996
Deutschland	22,0	17,3	10,0	9,7	3,8	5,7	15,5	18,4
Dänemark	16,0	14,4	10,5	12,1	4,5	7,7	24,0	25,4
Niederlande	11,4	10,2	9,2	13,4	4,9	9,1	16,4	20,5
Norwegen	14,9	11,0	12,4	12,7	3,9	5,7	21,9	27,4
USA	14,6	11,8	14,2	16,1	5,5	8,1	20,0	25,2
OECD	15,9	12,2	11,3	12,9	4,0	6,7	16,0	19,3

ISIC 3 = Verarbeitendes Gewerbe; *ISIC 6* = Verkauf, Einzelhandel und Gastronomie; *ISIC 8* = Finanz-, Versicherungs- und Unternehmensdienstleistungen; *ISIC 9* = öffentliche und private „personenbezogene" Dienstleistungen im Bereich Gesellschaft und Haushalt.
Quelle: MPI Adjustment Data Base (1998) und eigene Berechnungen.

sank alleine zwischen 1980 und 1996 die Beschäftigungsquote in diesem Tätigkeitsbereich um 4,7 Punkte.

Nicht nur im Vergleich zu den USA zeigt die Bundesrepublik in den Bereichen Handel und Gastronomie *(ISIC 6)*, Finanz-, Versicherungs- und Unternehmensdienstleistungen *(ISIC 8)* und öffentliche und private „personenbezogene" Dienstleistungen *(ISIC 9)* eine schwache Performanz. Wobei insbesondere bei einem Vergleich mit der niederländischen Entwicklung zu bedenken ist, dass Beschäftigungsquoten die Nachfrage nach Arbeitskräften annähernd abbilden, nicht aber die Nachfrage nach dem Faktor Arbeit in der volkswirtschaftlichen Gesamtrechnung per se. Der niederländische Weg zu höheren Beschäftigungsquoten beruhte, ausgehend von einer weit unterdurchschnittlichen Erwerbsquote, überwiegend auf einer Umverteilung von Arbeit, nicht auf einem massiven Anstieg des geleisteten Arbeitsvolumens im Aggregat (Visser/Hemerijck 1997; Iversen/Wren 1998). So weisen die Niederlande die mit Abstand geringsten geleisteten Arbeitsstunden pro Beschäftigten auf (OECD 1998, S. 241). Insofern „verteilt" sich in den Niederlanden das gesamtwirtschaftliche Arbeitsvolumen auf mehr „Köpfe" als in anderen Ländern. Als Gegenbeispiel kann in diesem Fall die USA dienen, weil hier der Zuwachs bei den Beschäftigungsquoten mit einem Anstieg der durchschnittlichen Arbeitszeit einherging und damit auf einem wachsenden gesamtwirtschaftlich geleisteten Arbeitsvolumen basiert.

Genauere Untersuchungen der US-Arbeitsmarktdynamik belegen, dass sowohl in den niedrigproduktiven als auch in der Informations- und Technologiebranche („IT") die Wachstumsraten beträchtlich und wesentlich stärker ausgeprägt waren als in der Bundesrepublik. Das Beschäftigungswachstum in Finanzdienstleistungs- und IT-Unternehmen wog, so das DIW, bei weitem schwerer als die Potenziale, die von den arbeitsintensiven und vergleichsweise niedrig entlohnten einfachen

Dienstleistungen ausgingen (DIW 1998). Für die politische Reformdebatte, insbesondere das Konzept eines staatlich subventionierten Niedriglohnbereichs, erscheint dies wichtig. Im Bündnis für Arbeit erscheint es weniger konfliktträchtig, auf bestehende Beschäftigungsreserven im IT-Bereich aufmerksam zu machen und entsprechende bildungspolitische und ordnungspolitische *regulative* Reformen einzuleiten, als Vorhaben anzugehen, welche die Lohnstruktur und den Sozialstaat und damit *redistributive* Fragen tangieren. Eine Debatte, die sich aufgrund der besseren „Anschlussfähigkeit" der IT-These an die Grundlagen des Modells Deutschland deshalb lediglich auf brach liegende Reserven in den modernen Kommunikations- und Finanzdienstleistungsberufen beschränken und die Diskussion um den Niedriglohnsektor tabuisieren würde, erscheint indessen angesichts der deutschen Beschäftigungsstruktur als nicht förderlich für die Lösung der zu bewältigenden Probleme auf dem deutschen Arbeitsmarkt.

4. Sozialstaatsfinanzierung und Beschäftigungsdynamik

Die Forderung nach einem staatlich subventionierten Niedriglohnbereich ist nicht zuletzt deshalb höchst umstritten, weil eine Ausdifferenzierung der Lohnstruktur nach unten gewerkschaftliche Zielsetzungen nach einer möglichst egalisierenden Lohnpolitik ebenso konterkariert, wie die Umsetzung des Konzepts sozialversicherungstechnischen Neujustierungsbedarf erfordern würde. Entsprechende Reformvorschläge zur (Sozial-)Abgabenentlastung im Niedriglohnsektor basieren auf der Annahme, dass insbesondere im Niedriglohnsegment von sozialstaatsinduzierten Lohnzusatzkosten beschäftigungsabträgliche Wirkungen ausgehen. Im Folgenden geht es uns darum, die Zusammenhänge zwischen verschiedenen Sozialstaatsindikatoren und der allgemeinen wie segmentspezifischen Beschäftigungsentwicklung empirisch zu überprüfen.

Korrelationsanalysen ergaben einen überragenden Zusammenhang von $r = 0{,}91$ ($N = 21$; Stand 1996) zwischen dem Stand der Sozialleistungsquote und der Gesamtabgabenbelastung von Arbeitgebern und Arbeitnehmern. Das heißt, rund 83 Prozent der Variation der Gesamtabgabenlast können durch die Sozialausgaben erklärt werden. In Schaubild 1 ist auf der Waagerechten die Sozialleistungsquote für Mitte der Neunzigerjahre (1995/96) und auf der Senkrechten die Beschäftigungsquote (Dreijahresdurchschnitt 1996-1998) abgebildet. Blickt man lediglich auf das Niveau der Sozialleistungen und auf jenes der Beschäftigungsquoten, so bleibt zunächst festzuhalten, dass ein sichtbarer und auch ein statistisch signifikanter Zusammenhang zwischen sozialpolitischen Anstrengungen und der Beschäftigungsperformanz *nicht* gegeben ist. Vergleichsweise niedrige Sozialausgabenniveaus und hoher Beschäftigungsstand kennzeichnet etwa das Sozialstaat-Beschäftigungs-Profil Japans, Australiens und der USA. Dagegen vereinen Dänemark, Schweden und Norwegen hohe Sozialausgaben mit einem hohen Beschäftigungs-

Schaubild 1: Sozialleistungs- und Beschäftigungsquote

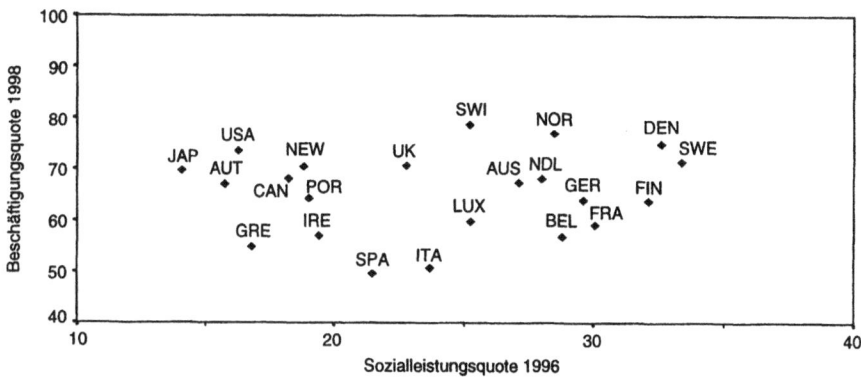

Quelle: OECD (1999a,b).

stand. Dies verweist auf die im vorhergehenden Abschnitt angesprochenen, unterschiedlichen beschäftigungspolitischen Pfade, die zu einem hohen Beschäftigungsstand führen können.

Ein relativ schwacher Zusammenhang ergibt sich auch für das Gesamtvolumen der Sozialversicherungsbeiträge (in Prozent des Bruttoinlandsprodukts) und das Beschäftigungsniveau. Allerdings verweist eine entsprechende negative Korrelation auf einen mäßig starken inversen Zusammenhang zwischen Sozialversicherungsabgaben und Beschäftigungsquoten (r = -0,41; N = 21). Ähnliches lässt sich für den inversen Zusammenhang zwischen Sozialversicherungsbeiträgen der Arbeitgeber und dem Niveau der Beschäftigungsquote feststellen (r = -0,42). Insofern sprechen, auf Basis einfacher Querschnittskorrelationen, wenn überhaupt, mehr Indizien für einen Zielkonflikt zwischen einer (überwiegend) beitragsfinanzierten Sozialstaatskonzeption und einem hohen Beschäftigungsniveau als zwischen einem ausgebauten Sozialstaat und hohen Beschäftigungsquoten.

Verlässt man die reine Querschnittsanalyse zu Gunsten einer komparativ-statischen Analyse, so lässt sich auch die Beschäftigungsentwicklung über die Zeit hinweg erfassen. Berechnet man zu diesem Zweck die jeweiligen Prozentpunktdifferenzen für die Jahre 1980 bis 1996, so ergeben sich abweichende Ergebnisse von einer reinen Querschnittsanalyse: Sowohl die negativen Korrelationskoeffizienten zwischen dem Anstieg der Sozialleistungsquote und der Veränderung der Beschäftigungsquote als auch zwischen Veränderung der Beschäftigungsquote und Sozialversicherungsbeiträgen sind beachtlich. Genauere statistische Analysen auf Robustheit des Zusammenhanges in Bezug auf mögliche Ausreißer und eine graphische Inspektion ergaben allerdings, dass der Zusammenhang beinahe vollständig durch die Niederlande (rückläufige Sozialaufwendungen, hoher Beschäftigungszuwachs) und Finnland (sehr hoher Sozialausgabenanstieg und Beschäftigungseinbruch) determiniert wird. Ebenso zeigten weitere Analysen, dass der Zusammen-

Tabelle 4: OLS-Ergebnisse: Entwicklung der Beschäftigtenquote und Sozialstaatsfinanzierung

Y = Veränderung der Beschäftigungsquote 1980-1996			
Modell 1		**Modell 2**	
Konstante	+12,47[a] (1,63)[b]	Konstante	+8,56 (1,31)
Stand Beschäftigung (1980)	-0,12 (-1,10)	Stand Beschäftigung (1980)	-0,05 (-0,55)
Stand Sozialversicherungsabgaben (1980)	-0,29 (-1,76)*	Stand Arbeitgeberbeiträge (1980)	-0,74 (-3,81)***
Veränderung Sozialversicherungsabgaben (1980-1996)	-2,13 (-4,33)***	Veränderung Arbeitgeberbeiträge (1980-1996)	-2,14 (-4,43)***
R^2	0,56	R^2	0,66
Bereinigtes R^2	0,48	Bereinigtes R^2	0,60
F (N = 21)	7,23	F (N = 21)	11,01

[a] Unstandardisierter Regressionskoeffizient; [b] t-Statistik in Klammern.
* ($p < 0,1$); ** ($p < 0,05$); *** ($p < 0,01$), (2-seitiges-Konfidenzintervall).

hang von der Inklusion der rudimentären Wohlfahrtsstaaten Südeuropas (Griechenland, Portugal, Spanien) abhängig ist. Insofern sollten also die Ergebnisse mit Vorsicht interpretiert werden. Bei Inklusion aller, auch der besonders *sensitive cases* ergeben sich jeweils starke negative Zusammenhänge zwischen dem Anstieg der Sozialversicherungsbeiträge und der Beschäftigungsquote (r = -0,68), zwischen Arbeitgeberbeiträgen und Beschäftigtenentwicklung (r = -0,61) und schwächer zwischen der Veränderung der Sozialleistungsquote und der Beschäftigungsperformanz (r = -0,50). Dies kann als ein erstes Indiz dafür gesehen werden, dass die Expansion des Sozialstaates, insbesondere dann, wenn diese überwiegend über Sozialversicherungsbeiträge finanziert wurde, seit den Achtzigerjahren mit einem gebremsten Anstieg der Gesamtbeschäftigung einherging. Bestätigt wurden diese Resultate auch durch eine multivariate Regressionsanalyse, die zusätzlich das jeweilige Ausgangsniveau kontrollierte (vgl. Tabelle 4). Hierbei erwiesen sich der Anstieg der Sozialversicherungsbeiträge, insbesondere jener für Arbeitgeber, als die mit Abstand erklärungskräftigste Variable.

Wechselt man von der allgemeinen auf eine Sektorperspektive, ergeben bivariate Analysen noch robustere und stärkere Zusammenhänge zwischen Sozialstaat und Beschäftigungstrends. Zuvörderst zu erwähnen ist, dass zum Stand Mitte der Neunzigerjahre sowohl die Sozialleistungsquoten (r = -0,67; N = 21) als auch die gesamten Sozialversicherungsbeiträge (r = -0,63) und die Arbeitgeberbeiträge (r = -0,69) stark negativ mit dem Beschäftigungsniveau im potenziellen Niedriglohnsegment *ISIC 6* korrelieren (vgl. Schaubilder 2 bis 4).

Schaubild 2: Sozialleistungsquote und Beschäftigungsquote in ISIC 6

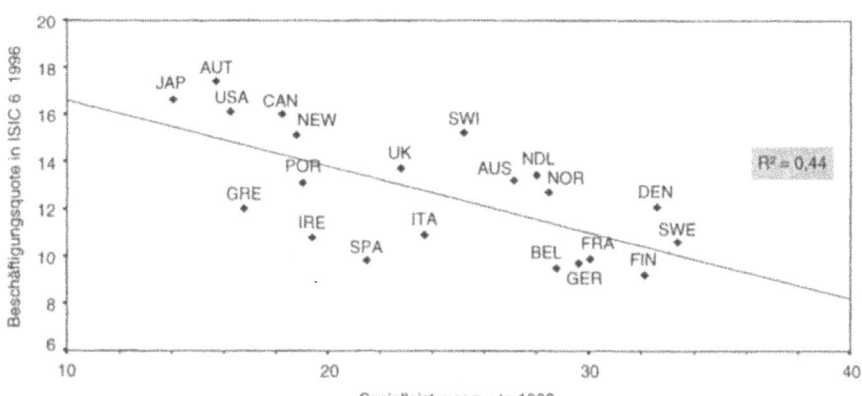

Schaubild 3: Sozialversicherungsbeiträge und Beschäftigungsquote in ISIC 6

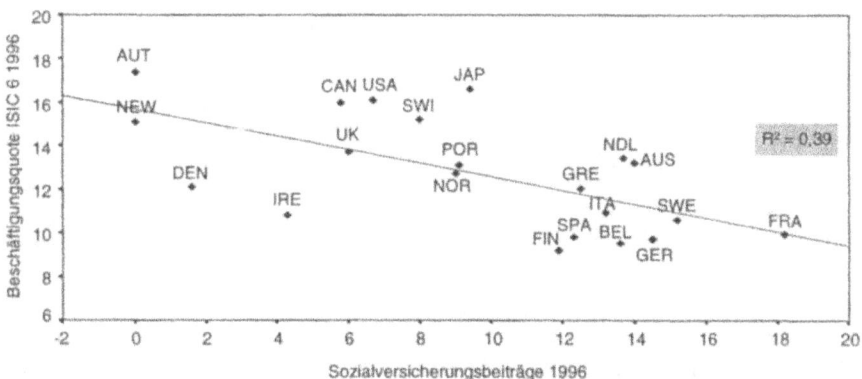

Die Positionierung der Bundesrepublik – vergleichsweise überdurchschnittliche Sozialausgaben und unterdurchschnittlich ausgeprägter, niedrigproduktiver Dienstleistungssektor – fügt sich also gut in den international beobachtbaren Trend. Inwieweit nun das sozialstaatliche Ausgabenniveau, die Kompression der Löhne oder die Rigidität des Arbeitsrechts entscheidend sind, lässt sich auch anhand multivariater Regressionsrechnungen nicht verlässlich entscheiden, weil – von wenigen Ausnahmen abgesehen – diese drei Komponenten regulierter Arbeitsmärkte sehr stark korreliert sind. Die meisten Länder, die zu den „koordinierten Ökonomien" gezählt werden (Soskice 1999), weisen zugleich relativ hohen sozialstaatlichen Finanzierungsbedarf, ein stark reglementiertes Arbeitsrecht und eine ver-

Schaubild 4: Arbeitgeberbeiträge und Beschäftigungsquote in ISIC 6

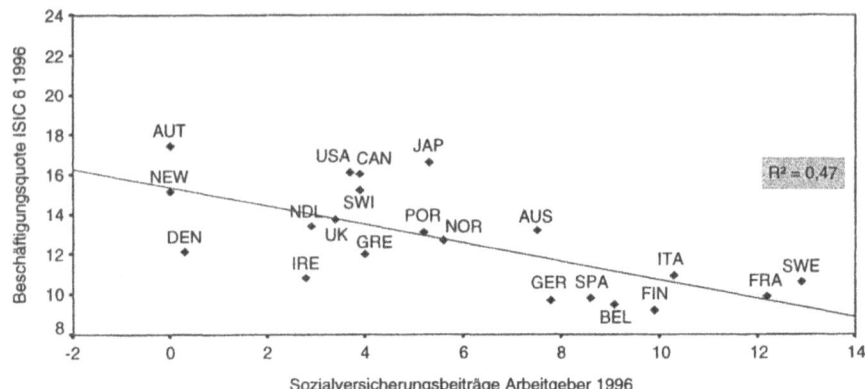

gleichsweise hohe Kompression der Löhne von Vollbeschäftigten gleichen Geschlechts auf.[10]

Auch eine erneute Überprüfung im Rahmen eines multivariaten Designs (vgl. Tabelle 5) stützt die These, dass ein erheblicher sozialstaatsinduzierter Effekt auf die Beschäftigungsentwicklung im potenziellen Niedriglohnsektor ausgeht. Im Unterschied zur allgemeinen Beschäftigungsdynamik erweisen sich in diesem Fall vor allem zwei Sozialstaatsindikatoren als statistisch signifikante Einflussgrößen: nämlich die Veränderung der Arbeitgeberbeiträge zu den sozialen Sicherungssystemen und der Anstieg der Sozialleistungsquote. Dies kann unter anderem dahingehend interpretiert werden, dass im Niedriglohnbereich die Steuer- und Sozialabgabenbelastung elastischer auf die Beschäftigungsnachfrage wirkt als in Hochlohnsektoren (vgl. auch OECD 1994).

Zusammenfassend können wir also festhalten: Zwar fallen die Analysen zum Spannungsverhältnis zwischen Sozialstaatsfinanzierung und Beschäftigungsdynamik in den von uns untersuchten Bereichen nicht in allen Einzelheiten eindeutig aus. Wie unsere Ergebnisse aber in der Tendenz nahe legen, ist ein Zielkonflikt zwischen ausgebauter, vor allem über (Arbeitgeber-)Sozialversicherungsbeiträge finanzierter Sozialstaatlichkeit und Beschäftigungsentwicklung in den potenziellen Niedriglohnsegmenten nachweisbar. Zudem scheint dieser Zielkonflikt seit den Achtzigerjahren an Intensität zugenommen zu haben. Insbesondere die Gruppe der stark dekommodifizierenden skandinavischen Länderfamilie, die zwischen 1960 und 1989 noch mit dem stärksten Beschäftigungswachstum aufwarten konnte,

---

10 Hierbei handelt es sich freilich um einen Trend, nicht um einen deterministischen Zusammenhang. Eine Ausnahme ist beispielsweise Dänemark mit einem liberalen Arbeitsrecht (v.a. Kündigungsrecht) und hohen sozialstaatlichen Finanzierungsbedarf generierenden Lohnersatzquoten in den sozialen Sicherungssystemen. Und in Österreich geht relativ stark ausgeprägte Lohndifferenzierung mit einem ausgebauten Sozialstaat einher.

Tabelle 5: OLS-Ergebnisse: Beschäftigung im Niedriglohnsegment und Sozialstaatsfinanzierung

Veränderung der Beschäftigungsquote in ISIC 6 1980-1996					
Modell 1		*Modell 2*		*Modell 3*	
Konstante	+9,88 (4,37)***	Konstante	+7,09[a] (3,35)***[b]	Konstante	+7,06 (4,26)***
Stand Beschäftigung ISIC 6 (1980)	-0,35 (-2,70)**	Stand Beschäftigung ISIC 6 (1980)	-0,35 (-2,32)**	Stand Beschäftigung ISIC 6 (1980)	-0,39 (-2,71)**
Stand Sozialleistungsquote (1980)	-0,17 (-3,06)***	Stand Sozialversicherungsbeiträge (1980)	-0,16 (-2,21)**	Stand Arbeitgeberbeiträge (1980)	-0,31 (-3,75)***
Ver. Sozialleistungsquote (1980-96)	-0,26 (-2,61)**	Veränderung Sozialversicherungsbeiträge (1980-96)	-0,36 (-1,79)*	Veränderung Arbeitgeberbeiträge (1980-96)	-0,40 (-2,20)**
R^2 Bereinigtes R^2 F (N = 21)	0,48 0,38 5,15	R^2 Bereinigtes R^2 F (N = 21)	0,34 0,22 2,89	R^2 Bereinigtes R^2 F (N = 21)	0,56 0,48 7,07

[a] Unstandardisierter Regressionskoeffizient; [b] t-Statistik in Klammern.
* $p < 0,1$; ** $p < 0,05$; *** $p < 0,01$, (2-seitige-Konfidenzintervalle).

erlitt in den Neunzigerjahren – mit Ausnahme Norwegens – starke Beschäftigungsverluste im privaten Sektor. In der Bundesrepublik ist insbesondere das Verhältnis zwischen einem überwiegend beitragsfinanzierten Sozialstaat und einer gebremsten Dynamik im Dienstleistungssektor ausgeprägt. Politisch ergeben sich, vereinfachend gesprochen, also Problemlösungsbedarf an den Schnittstellen zwischen Beschäftigungs- und Sozialpolitik und konkreter Handlungsbedarf vor allem im Hinblick auf eine Schwächung der Negativeffekte der deutschen Sozialversicherungskonzeption auf Beschäftigungsverhältnisse im Dienstleistungsbereich.

5. Die Bundesrepublik im Trilemma der Dienstleistungsgesellschaft

Torben Iversen und Anne Wren (1998) haben in einem instruktiven Beitrag die verschiedenen Wege in die Dienstleistungsgesellschaft dargelegt. Grundsätzlich gehen die Autoren von einem „Trilemma" in der Dienstleistungsökonomie nach dem goldenen Zeitalter der florierenden Industriebeschäftigung aus (vgl. Schaubild 5). Dieses Trilemma besteht den beiden Autoren zufolge im Zielkonflikt zwischen allgemeiner Haushaltsdisziplin, Beschäftigungswachstum und allgemeiner Lohngleichheit. Nur zwei der drei Ziele können Iversens und Wrens empirischen Analysen zufolge jeweils zugleich und unter Inkaufnahme der Verletzung des dritten

Schaubild 5: Das Trilemma des Dienstleistungszeitalters

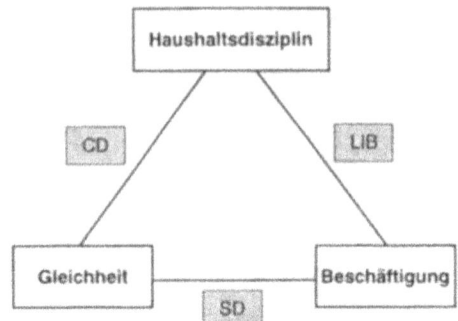

CD: Christdemokratisch; SD: Sozialdemokratisch; LIB: Liberal

Zieles erreicht werden. So setzten *sozialdemokratische Regierungen* vorzugsweise auf *Beschäftigungswachstum* – das weitgehend *im öffentlichen Sektor* stattfand – und auf allgemeine *Lohngleichheit*. Dagegen neigte sich die *liberale Präferenz* zu *Haushaltsdisziplin und Beschäftigungswachstum* – auf Kosten der Einkommensgleichheit.

Die Bundesrepublik Deutschland lässt sich im Beschäftigung-Haushaltsdisziplin-Lohngleichheits-Trilemma der *christdemokratischen Welt Kontinentaleuropas* zuordnen. In dieser genießen *Einkommensgleichheit und Haushaltsdisziplin* in der Regel einen hohen Stellenwert, und zwar auf Kosten einer marginalen Beschäftigungsdynamik im Dienstleistungssektor. Der Ausweg aus der suboptimalen Beschäftigungsdynamik würde gemäß des skizzierten Trilemmas im deutschen Fall nur dann gelingen, wenn *entweder* das Ziel der Haushaltsdisziplin *oder* aber jenes der Einkommensgleichheit zurückgestellt würde. Da eine auf massive Steuererhöhungen oder beträchtliche Negativsaldi hinauslaufende expansive Fiskalpolitik im Zeitalter deregulierter Finanzmärkte de facto und unter dem EU-Stabilitäts- und Wachstumspakt für Deutschland auch de jure als politische Option wegfällt, bleibt gemäß der Darstellung von Iversen und Wren als gangbare Alternative nur eine aufgefächerte Lohnstruktur, ist man an der Überwindung der strukturell suboptimalen Beschäftigungsperformanz in Deutschland interessiert.

Allerdings gilt es an dieser Stelle zwischen einer nachhaltigen Auffächerung der *Gesamtlohnkosten* für Arbeitgeber und den *verfügbaren Nettoeinkommen* der Arbeitnehmer zu differenzieren. Aus Arbeitgeberperspektive besteht vitales Interesse insbesondere daran, die Gesamtlohnkosten – Lohn- plus Lohnnebenkosten und unter Einbeziehung der Produktivität, Lohnstückkosten – möglichst niedrig zu gestalten, um die absolute und die relative Rentabilität des Faktors Arbeit möglichst günstig zu gestalten. Für die Arbeitnehmer stellen hingegen die verfügbaren Nettoeinkommen die maßgebliche Referenzgröße dar. Insofern erscheint der allgemein gehaltene Rekurs auf Lohn- oder Einkommensdifferenziale als zu grobmaschig, zumindest vernachlässigt er eine nicht zu vernachlässigende, intervenierende institutionelle Variable, nämlich die sozialstaatsinduzierte Differenz zwischen Gesamtlohnkosten und verfügbaren Nettoeinkommen. Problematisch in den durch überwiegende Beitragsfinanzierung charakterisierten Sozialversicherungssystemen ist der beitragsbedingte Steuerkeil zwischen den beiden genannten Referenzgrößen. In den arbeitsintensiven, niedrigproduktiven und personenbezogenen Dienstleistungsberufen wiegen die sozialstaatsbedingten Steuerkeile bei Rentabilitätskalkulationen besonders schwer: Einerseits ergeben sich für Arbeitgeber bei entsprechenden Sozialabgabenniveaus Rentabilitätsprobleme, andererseits reduzieren sich für Arbeitnehmer die Anreize, einer sozialversicherungs- und steuerpflichtigen Beschäftigung nachzugehen. Insofern könnten beide Arbeitsmarktparteien von einer Reduzierung des Steuerkeils im niedrigproduktiven Dienstleistungssektor profitieren.

Streecks und Heinzes (1999) Vorschlag für eine staatlich geförderte Niedriglohnbeschäftigung setzt in dieser Hinsicht an einem entscheidenden Problem und mit einer *zutreffenden Diagnose* an (Bender et al. 1999). Er zielt darauf ab, *gleichzeitig* die Lohnkosten der Arbeitgeber zu senken *und* die verfügbaren Nettoeinkommen von Arbeitnehmern zu erhöhen. Dadurch würden sich für beide Parteien die Anreize für die Beschäftigung im Niedriglohnsegment erhöhen.[11] Dieses *bilaterale Positivsummenspiel* zwischen Arbeitgebern und Arbeitnehmern könnte auf erhebliche (Netto-)Kosten von Dritten, nämlich der öffentlichen Hand, hinauslaufen, also in einem *trilateralen Nullsummenspiel* enden. Genauere Untersuchungen zu den möglichen fiskalischen Auswirkungen des ursprünglich von der Zukunftskommission der Friedrich Ebert-Stiftung (1998) lancierten Reformmodells haben die degressiv gestaffelte Subventionierung von Niedriglohnbeschäftigung als wenig tauglich, da nur begrenzt beschäftigungsförderlich und fiskalisch teure Lösung kritisiert (Bender et al. 1999; Bender/Rudolph 1999; DIW 1999).

Bei aller berechtigten Kritik an dem Vorschlag von Streeck und Heinze bleibt unsicher, wie groß der Netto-Finanzierungsbedarf aus öffentlichen Mitteln letztlich tatsächlich ausfallen würde. Hier gibt es unterschiedliche Szenarien und abweichende Berechnungen über die nötigen Finanzvolumina, die der Staat als Subventionierer von Sozialversicherungsbeiträgen zu übernehmen hätte. Zudem sind Prognosen über den Entlastungseffekt auf dem Arbeitsmarkt mit einer hohen Irrtumswahrscheinlichkeit behaftet, weil die Anreize zur Beschäftigung im Niedriglohnsektor sich vermutlich nicht nur auf arbeitslos gemeldete Erwerbssuchende beschränken würden, sondern womöglich auch den politisch nicht intendierten Nebeneffekt hätten, die *Stille Reserve* zu aktivieren. Es besteht also noch Bedarf an Feinjustierung, soll die staatlich geförderte Beschäftigung im Niedriglohnbereich

---

11 Ein Zurückwälzen der Sozialversicherungsbeiträge auf die Löhne erscheint bei einer nach unten starren, arbeitsrechtlich untermauerten und durch die Sozialhilfe „unterdeckten" Lohnstruktur nur in sehr begrenztem Ausmaß möglich. Nach Analysen der OECD (1994, S. 246) ist die Lohnelastizität bezüglich steigender Arbeitgeberbeiträge zur Sozialversicherung in Deutschland am niedrigsten ausgeprägt.

die gewünschten arbeitsmarktpolitischen Effekte zeitigen. Die bisher in Deutschland praktizierten Instrumente der aktiven Arbeitsmarktpolitik und diverse Kombi-Lohnlösungen haben sich indessen als nur begrenzt effektive politische Maßnahmen zur Arbeitsmarktintegration erwiesen. Insofern also relativiert sich die bisweilen scharfe Kritik an Alternativmodellen und muss sich unter Umständen die Gegenkritik gefallen lassen, die Debatte reformpolitisch kurzzuschließen.[12]

III. Implikationen für den deutschen Beschäftigungspakt

Die in Kapitel zwei dargelegten Ausführungen haben auf ein spezifisches, wenngleich politikfeldübergreifendes Problem des bundesdeutschen Wohlfahrtskapitalismus hingewiesen, nämlich das Spannungsverhältnis zwischen einem ausgebauten Sozial(versicherungs)staat und einer suboptimalen Beschäftigungsperformanz im Dienstleistungsbereich. Für einen Ruck auf dem bundesdeutschen Arbeitsmarkt in Richtung Stärkung des niedrigproduktiven Dienstleistungssektors erscheinen reformpolitische Initiativen an den Schnittstellen von Beschäftigungs- und Sozialpolitik vonnöten, vor allem die Reduzierung des sozialstaatsinduzierten „Steuerkeils". Weit reichende reformpolitische Ambitionen können in diesem von vielen Vetospielern penetrierten Politikbereich voraussichtlich nur dann in Politikinhalte umgesetzt werden, wenn die beteiligten Schlüsselakteure eine solche Diagnose über eine wichtige Facette des deutschen Beschäftigungsproblems teilen. Womit wir bei den eingangs ausführlicher diskutierten Kooperationsimperativen des politischen Systems und der Sozialstaatsarchitektur in Deutschland angelangt wären.

Allgemein kann man in der Bundesrepublik trotz vielfach vorhandenen Krisen*bewusstseins* bislang ein Fehlen gemeinsamer Krisen*diagnosen* feststellen. Dies zeigt sich nicht nur an den überwiegend *separaten* Problemdefinitionen der Arbeitsmarktparteien, sondern auch anhand der beträchtlichen Positionsdifferenzen zwischen den Volksparteien und bisweilen sogar innerhalb der Regierungsparteien. Während die eine Seite die „Verteilungsfrage" wieder stärker in das Zentrum des Diskurses über soziale Gerechtigkeit rücken möchte, fordert die andere eine umfassende Deregulierung und Flexibilisierung des Arbeits- und Sozialrechts sowie eine nachhaltige Auffächerung der Lohnstrukturen nach unten.

Aufgrund dieser grundsätzlich differierenden Problemsichten fehlte in der Bundesrepublik bislang eine zentrale Voraussetzung für die Herstellung gemeinsamer Gewinnzonen in einer auf Konzertierung angelegten Entscheidungsarena. Wie international vergleichend angelegte Studien gezeigt haben, bildeten wirtschaftliche Krisenphänomene und die prekäre Lage der öffentlichen Finanzen in der Regel

---

12 Zumal auch kritische Arbeitsmarktexperten des Instituts für Arbeitsmarkt- und Berufsforschung (IAB) bezüglich der „Erschließung des niedrigproduktiven Beschäftigungsbereichs" einräumen: „Ganz ohne unerwünschte Nebenwirkungen wird es allerdings – auch wegen der Komplexität des Steuer- und Transfersystems – nicht gehen" (Bender et al. 1999, S. 1).

den Ausgangspunkt für erfolgreiche „Beschäftigungspakte". Die Niederlande zu Beginn der Achtzigerjahre sind hierfür das inzwischen wohl prominenteste Beispiel (Visser 1998). Insofern wäre aus einer *rein funktionalistischen* Sichtweise mit der nachlassenden wirtschaftlichen Performanz der Bundesrepublik eine notwendige Bedingung für eine kooperationsgeneigte Konzertierung gegeben. Allerdings wäre eine zweite Bedingung zu erfüllen. Die sozioökonomischen Krisenphänomene müssten von den Schlüsselakteuren als solche auch perzipiert werden. Und es müssten zumindest bereichsspezifische Schnittmengen bezüglich der diagnostizierten Krisenursachen bestehen. Fällt die Problemdiagnose dagegen *separat* aus, droht bei krisenhaften wirtschaftlichen Bedingungen eine Verschärfung der Positionsdifferenzen, abnehmende Kooperationsbereitschaft und dadurch der Zuschnappeffekt der „Vetospieler-Falle" im Staat der vielen potenziellen Verhinderungsakteure.

Die unter Desorganisationstendenzen und Mitgliederschwund leidenden Sozialpartner neigen in Deutschland bislang eher zur separaten Problemdefinition und bevorzugen mitunter eine vermeintliche Politik der Stärke. Arbeitgeber drohen mit Verbandsaustritten, während ein Teil der DGB-Gewerkschaften – unter Applaus des „traditionalistischen" Flügels in der SPD – die Verteilungsfrage wieder stärker in den Mittelpunkt rücken möchte.[13] Zwar lässt sich der Trend zu kooperationsabträglichen Positionierungen sowohl bei Teilen der Gewerkschaften als auch unter den Arbeitgebern feststellen. Allerdings gilt es unseres Erachtens in zweierlei Hinsicht genauer zu differenzieren, um die Möglichkeiten und Grenzen einer kooperativen Problemdefinition im Rahmen einer konzertierten Aktion genauer zu erfassen.

Erstens: Der Hang zur Kooperation abträglichen Positionierung ist innerhalb des Gewerkschafts- und Arbeitgeberlagers nicht konstant, sondern variabel ausgeprägt. An den Extrempolen lassen sich bislang vor allem die IG Metall, aber auch die ÖTV auf der einen Seite, und insbesondere der BDI auf der anderen lokalisieren. Sowohl die „Ende der Lohnzurückhaltungs"-Rufe seitens der IG Metall als auch die bisweilen explizite Begrüßung von Erosionserscheinungen im eigenen Lager seitens des BDI-Vorsitzenden (vgl. FAZ, 10.2.1999, S. 17) legen Zeugnis hierfür ab. Allerdings kann man sowohl unter den Gewerkschaften wie Arbeitgeberrepräsentanten auch moderate Töne vernehmen. So etwa seitens der IG Bergbau, Chemie, Energie oder in gemeinsamen Erklärungen von DGB und BDA nach den Bündnisgesprächen vom Juli 1999 (BDA/DGB 1999). In beiden Lagern lassen sich also Akteure ausmachen, die einer Kooperation mehr oder weniger stark zugeneigt sind. Das grundsätzliche Problem für eine konzertierte Aktion bestand bislang unter anderem darin, dass die stärker kooperationsgeneigten Akteure nicht die Meinungsführerschaft für sich beanspruchen konnten. Jedenfalls ergeben sich Koordinationsprobleme nicht nur zwischen, sondern vor allem auch *innerhalb* der jeweiligen Lager.

---

13 „Die Schultes streiten sich um die Schnitzelgröße im Speisesaal, während das Schiff untergeht", so Hagelükens (1999) Kommentar in der Süddeutschen Zeitung.

Zweitens: Die beiderseitig bestehenden Tendenzen zu kooperationsabträglichen Positionierungen sind unterschiedlich zu bewerten, ist man an den Ermöglichungsfaktoren einer erfolgreichen nationalen Konzertierung auf der Makro-Ebene interessiert. Ein Blick über die Ländergrenzen zeigt, dass Beschäftigungspakte zuvörderst von Verhandlungskorridoren erweiternden Vorleistungen seitens der Gewerkschaften stabilisiert wurden (Hassel 1998, S. 634; Visser 1998, S. 289). Dies gilt vor allem für einseitige Verpflichtungen der Gewerkschaften zur Lohnzurückhaltung ohne *gleichzeitige und verbindliche* Investitions- oder Beschäftigungszusagen seitens der Arbeitgeber. Die Integration der Lohnpolitik in die Konzertierungsgespräche war in anderen Ländern jeweils zentraler Bestandteil des Auftakts zu erfolgreichen Folgeverhandlungen.

Mit den angesprochenen Differenzierungen und Funktionsvoraussetzungen für eine konzertierte Aktion in Deutschland ist das breite Spektrum an Faktoren, das die Rolle der Verbände betrifft, aber nicht annäherungsweise erschöpfend behandelt worden. Es geht uns an dieser Stelle freilich nur um die wichtigsten Kernfaktoren, weshalb beispielsweise auf die schwierige Frage nach den verbandsinternen Schub- und Bremsfaktoren einer konzertierten Aktion nicht weiter eingegangen werden kann. So wäre unter anderem zu fragen, ob mächtige und verpflichtungsfähige Verbände eher förderliche Faktoren für eine Stabilisierung von Kooperationsneigungen sind, oder ob nicht gerade zunehmende interne Organisationsprobleme Kooperationsanreize im Rahmen von Standortbündnissen setzen.[14] Zweitens bedürfte es bezüglich dieser Frage womöglich noch einer genaueren Unterscheidung zwischen Kooperationsanreizen von Gewerkschaften und Arbeitgeberverbänden. Und schließlich wäre zu fragen, inwieweit die korporatistischen Strukturen im deutschen Sozialversicherungsstaat konzertierungsförderliche Einrichtungen darstellen, oder ob mit der etablierten paritätischen Selbstverwaltungstradition vielmehr schwer umgehbare Vetopunkte institutionalisiert wurden. Diese Fragen machen zumindest dafür sensibel, dass der alleinige Verweis auf die Konsenstradition im Modell Deutschland zu kurz greift.

Jenseits der Probleme und Strategien der jeweiligen Verbände sind wir damit an einem Punkt angelangt, der auf weitere Erfolgsvoraussetzungen für eine tripartistische Konzertierung im Rahmen eines Bündnisses für Arbeit hinweist und den Handlungswillen und das Steuerungsvermögen der Regierung betrifft. Der staatlichen Politik kommt auch am Ende des 20. Jahrhunderts noch eine besondere Aufgabe zur verpflichtenden Entscheidungssetzung zu. Eine tripartistische Zusammenarbeit mündet keineswegs in einen nicht-hierarchischen Konsultationsprozess.

14 Für die Gewerkschaftsverbände gelangen Hassel und Ebbinghaus (1999, S. 23) etwa zu der von der klassischen Neokorporatismusforschung abweichenden Einschätzung „Der deutsche Fall mag sogar die (...) Hypothese belegen: Starke, zentralisierte Gewerkschaften, die eine stabile Machtbasis haben, scheinen weniger geneigt zu sein, in Reformverhandlungen einzutreten, da sie sich hiervon wenig versprechen. Gut organisierte Interessenverbände mögen ein geringeres Interesse an einem Sozialpakt haben, als solche mit fragmentierten Strukturen" (Hassel/Ebbinghaus 1999, S. 23).

So ist in einigen Ländern beispielsweise die Bereitschaft zur moderaten Lohnpolitik „nicht nur mit der eindeutigen Position der Regierung zur Lohnzurückhaltung zu erklären, sondern auch mit ihrer Entschlossenheit zur Intervention" (Hassel 1998, S. 633). Solche Interventionsdrohungen sind – trotz aller reflexartigen Verweise auf die verfassungsrechtliche Unantastbarkeit der Tarifautonomie in Deutschland – auch in der Bundesrepublik denkbar und keineswegs auf die Lohnpolitik beschränkt. Allerdings ist die Bereitschaft zur gezielten hierarchischen Akzentsetzung seitens der Regierung nur dann glaubwürdig und wirksam, wenn ihr eine eindeutige und explizite Kurssetzung vorausgeht. Insbesondere die regierungs-, und daher partei- und koalitionsinterne Kohäsion erscheint hierfür eine wichtige Funktionsvoraussetzung darzustellen.

Da die Beschäftigungs- und Sozialpakte der Achtziger- und Neunzigerjahre jeweils auf einen zumindest mittleren Zeithorizont angelegt sind, bedarf es unter anderem eines von wahlpolitischen Zyklen weitestgehend unabhängigen Regierungskurses. Eine grundsätzliche, Prioritäten verdeutlichende Ausrichtung in Grundsatzfragen der Wirtschafts- und Sozialpolitik seitens der Regierung erscheint für eine an einem nachhaltigen Politikstil orientierte Konzertierung unverzichtbar. Zielkontinuität und die Verpflichtung, nicht in den Modus bilateraler Tauschgeschäfte zurückzufallen, erscheinen somit als gewichtige Vorleistungen seitens der Bundesregierung.

Nach dem Regierungswechsel vom Herbst 1998 mangelte es zunächst an einer konzertierungsförderlichen Kurssetzung seitens der Bundesregierung. Zuvörderst ist hier die mit dem Rücktritt des Bundesfinanzministers gleichzusetzende Zäsur in der Fiskalpolitik zu nennen, deren Auswirkungen sich nicht auf die zentralstaatlichen Budgets beschränken, sondern auf benachbarte Politikfelder wie die Sozial- und Arbeitsmarktpolitik ebenso ausstrahlen wie auf die Haushalte von Ländern und Kommunen. So angemessen der Konsolidierungskurs angesichts der hohen Zinsbelastungen der öffentlichen Haushalte und der politisch vielfältig geforderten Abgabensenkungen erscheint, so kam er doch einige Monate *zu spät*, um als Initialzündung insbesondere im Arbeitgeberlager die Kooperationsanreize im Rahmen eines deutschen Standortbündnisses zu erhöhen.

Auch die in der Zwischenzeit selbst korrekturbedürftigen Korrekturgesetze in der Sozialversicherung demonstrieren, dass in der wichtigen Auftaktphase des Bündnisses eine klare und kooperationsgeneigte Kurssetzung seitens der Bundesregierung fehlte, weil versucht wurde, wahlpolitischen Versprechen möglichst schnell Gesetzesreformen folgen zu lassen. Erschwerend hinzu kommen Regierungsparteien, die sich im programmatischen Grundsatzkonflikt befinden. Dies gilt in erster Linie für den Bereich der Wirtschafts- und Sozialpolitik, den entscheidenden innenpolitischen Themenbereichen der Bündnisgespräche.

Damit sind wir bei einem entscheidenden Punkt angelangt, der die Schwierigkeiten einer Konzertierungsaktion auf nationaler Ebene in der Vergangenheit, der Gegenwart und vermutlich auch der Zukunft betrifft. Bei einer auf Abstimmung, Verlässlichkeit und Vernetzung von administrativ segmentierten, aber interdependenten Politikfeldern abzielenden Konzertierungsstrategie kommt in der Bundesrepublik eine genuin politische Institutionenvariable erschwerend hinzu, nämlich die horizontale und vertikale Trennung und Verflechtung von Politikfeldern und -entscheidungsarenen im Bundesstaat. Aufgrund fragmentierter fiskalischer Zuständigkeitsverteilung zwischen Bundesanstalt für Arbeit sowie Bund-, Länder- und Gemeindehaushalten für Arbeitslosengeld, -hilfe und Sozialhilfe, verfolgen die staatlichen Akteure hier zu Lande abweichende und teils gegenläufige Interessen im Fall von Sparambitionen, die einer Arbeitsmarktpolitik aus einem Guss sowie einer effektiveren Kopplung von sozialstaatlicher Transfer- und Beschäftigungspolitik zuwiderlaufen können. Die durch den Föderalismus und die Sozialversicherungsarchitektur bedingten institutionellen Verwerfungen an den Schnittstellen von Beschäftigungs- und Sozialpolitik erschweren also eine stärker integrierende wohlfahrtsstaatliche Reformpolitik (vgl. den Beitrag von G. Lehmbruch in diesem Band). Dies mag ein Grund dafür sein, warum in der Geschichte der Bundesrepublik nationale Konzertierungsarenen auf der Makroebene die Ausnahme und nicht die Regel darstellten. Stattdessen dominierte die Tendenz zu einem Korporatismus auf regionaler bzw. der Meso-Ebene (Immerfall/Franz 1998, S. 16 f.).

Der föderalistische Staatsaufbau ist aber nicht nur eine Bremse für eine Vernetzung von Politikarenen. Er erweist sich ferner als nicht zu vernachlässigender Einflussfaktor für die programmatische Grundsatzdebatte, die vor allem innerhalb der deutschen Sozialdemokratie hohe Wellen schlägt. Erstens werden die parteiinternen Einigungskosten allein schon durch die Existenz starker Landesverbände erschwert, wenn zwischen diesen abweichende programmatische Gravitationszentren bestehen. Schwerer aber wiegen noch die durch den föderalistischen Staatsaufbau bewirkten abweichenden Strategien zwischen Bundes- und Landespolitik, wenn sich eine Partei auf Bundesebene in der Opposition, in einigen Ländern dagegen in der Regierungsverantwortung befindet. Einerseits kann der Machtverlust auf zentralstaatlicher Ebene durch Erfolge auf Länderebene zwar teilweise kompensiert werden. Andererseits aber entstehen dadurch wahlzyklisch verschärfte Imperative, von der Öffentlichkeit nicht mehrheitlich goutierte Programmdebatten zurückzustellen. Während zum Beispiel der britischen Labour Partei im zentralisierten Westminster-Modell Großbritanniens fast auf den Tag genau 18 Jahre in der Opposition verblieben, sich einer programmatischen Runderneuerung zu unterziehen, war die SPD zwischen 1982 und dem Wiedererlangen der Regierungsmacht in Bonn über die gesamte Zeit hinweg in verschiedensten Koalitionsmustern auf Landesebene beteiligt (Busch/Manow 1999). Insgesamt erschwert also die Vielzahl der mit bundespolitischen Themen und Implikationen überlagerten Landtagswahlen sowohl parteiinterne programmatische Neuorientierungen als auch die Bereitschaft seitens der Bundesregierungen, unpopuläre Reformmaßnahmen wahlzyklusresistent durchzusetzen.

Es ist also ein Bündel von Faktoren, die in Eigenheiten des politischen Prozesses und des politischen Institutionengefüges begründet sind und den Erfolg politikfeldübergreifender Konzertierungsstrategien in der Bundesrepublik fraglich erscheinen lassen. Aus politikwissenschaftlicher Perspektive fehlte bislang vor allem eine Zutat zu einer erfolgreichen Bündnisrezeptur, die auch die Chancen für eine Schnittstellenverknüpfung zwischen Sozial- und Beschäftigungspolitik erhöht hätte, nämlich eine klare Kurssetzung seitens der Bundesregierung, die mehr Schatten der Hierarchie spenden sollte und damit eine *hierarchisch gesteuerte Koordination* anstoßen könnte. Dieses Manko kann nicht auf Personenfragen reduziert werden, sondern ist sowohl institutionell angelegt, und zwar im politischen System der Bundesrepublik im engeren und der politischen Ökonomie wohlfahrtsstaatlicher Politik im weiteren Sinne, als auch einer nachholenden wirtschafts- und sozialpolitischen Modernisierungsdebatte des Seniorpartners in der rot-grünen Koalition. Die Koinzidenz institutioneller und prozeduraler Erschwerungsfaktoren rückte Deutschland aus internationaler Perspektive bislang also in eine besonders ungünstige Position für eine erfolgreiche nationale Konzertierung. Insofern erschien das zweite Bündnis für Arbeit im Herbst 1999 bereits im Ansatz als eine aus reformpolitischer Perspektive wenig Erfolg versprechende nationale Konzertierungsaktion, um das Dilemma zwischen Sozialstaats-Status quo und Beschäftigungswachstum im Zeitalter des Trilemmas der Dienstleistungsgesellschaft abzuschwächen.

Literatur

Alber, Jens, 1998: Der deutsche Sozialstaat im Licht international vergleichender Daten, in: Leviathan, 26. Jg., H. 2, S. 199-227.

Atkinson, Anthony B., 1994: The Welfare State and Economic Performance, in: National Tax Journal XLVIII, S. 171-198.

BDA (Bundesvereinigung deutscher Arbeitgeberverbände und DGB (Deutscher Gewerkschaftsbund), 1999: Gemeinsame Erklärung von BDA und DGB zum Bündnis für Arbeit, Ausbildung und Wettbewerbsfähigkeit. »http://www.dgb.de/schwerpunkte/buen_06-07-99.htm«.

Bender, Stefan und Helmut Rudolph, 1999: Kosten eines gestaffelten Zuschusses zu den Sozialversicherungsbeiträgen. Simulation des Zuschußbedarfs auf der Basis des Jahreszeitraummaterials der Beschäftigtenstatistik von 1997. IAB Werkstattbericht 8/1999, Nürnberg.

Bender, Stefan, Bruno Kaltenborn, Helmut Rudolph und Ulrich Walwei, 1999: Förderung eines Niedriglohnsektors. Die Diagnose stimmt, die Therapie noch nicht. IAB Kurzbericht 6/1999, Nürnberg.

Berthold, Norbert und Rainer Hank, 1999: Bündnis für Arbeit: Korporatismus statt Wettbewerb, Tübingen.

Bispinck, Reinhard, 1997: „The Chequered History of the Alliance for Jobs", in: Giuseppe Fajertag und Philippe Pochet (Hrsg.), Social Pacts in Europe, Brussels, S. 63-78.

BMAS (Bundesministerium für Arbeit und Sozialordnung), 1999: Statistische Übersichten zur Sozialpolitik in Deutschland seit 1945 Band West. Verfasser Hermann Berié, Bonn.

Busch, Andreas und Philip Manow, 1999: The SPD and the 'Neue Mitte' in Germany, erscheint in: Stuart White (Hrsg.), New Labour and the Future of Progressive Politics, London.
Czada, Roland, 1998: Der Vereinigungsprozeß – Wandel der externen und internen Konstitutionsbedingungen, in: Georg Simonis (Hrsg.), Deutschland nach der Wende. Neue Politikstrukturen, Opladen, S. 55-86.
DIW (Deutsches Institut für Wirtschaft), 1998: Das Dienstleistungs-Puzzle: Ein aktualisierter deutsch-amerikanischer Vergleich, in: DIW Wochenbericht 35.
DIW (Deutsches Institut für Wirtschaft), 1999: Zuschüsse zu den Sozialversicherungsbeiträgen im Niedriglohnbereich: Wenig zielgerichtet und teuer, in: DIW Wochenbericht 27.
Esping-Andersen, Gøsta, 1990: The Three Worlds of Welfare Capitalism, Cambridge.
Esping-Andersen, Gøsta, 1999: Social Foundations of Postindustrial Economies, Oxford.
Fajertag, Giuseppe und Philippe Pochet (Hrsg.), 1997: Social Pacts in Europe, Brussels.
Hagelüken, Alexander, 1999: Der Kanzler und seine Nebenregierung, in: Süddeutsche Zeitung, Nr. 181, S. 4.
Hassel, Anke, 1998: Soziale Pakte in Europa, in: Gewerkschaftliche Monatshefte 10, S. 626-638.
Hassel, Anke und Bernhard Ebbinghaus, 1999: Die Rolle der Konzertierung in der Reform der kontinental-europäischen Wohlfahrtsstaaten, Köln: unveröffentlichtes Manuskript.
Henkel, Hans-Olaf, 1998: Wege aus der Blockade. Beitrag für die Frankfurter Allgemeine Zeitung. »http://www.bdi-online.de«.
Hinrichs, Karl, 1998: Reforming the Public Pension Scheme in Germany: The End of Traditional Consensus?, ZeS-Arbeitspapier Nr. 11, Bremen: Zentrum für Sozialpolitik.
IAB (Institut für Arbeitsmarkt- und Berufsforschung), 1998: Geringfügige Beschäftigung mit steigender Tendenz. Erhebungskonzepte, Ergebnisse und Interpretationsprobleme der verfügbaren Datenquellen, IAB Werkstattbericht Nr. 9, Nürnberg.
Immerfall, Stefan und Peter Franz, 1998: Standort Deutschland. Stärken und Schwächen im weltweiten Strukturwandel, Opladen.
Iversen, Torben und Anne Wren, 1998: Equality, Employment, and Budgetary Restraint. The Trilemma of the Service Economy, in: World Politics 50, S. 507-546.
Jochem, Sven, 1999: 'Vollbeschäftigungswunder' im Vergleich, in: Klaus Günther Schmidt (Hrsg.), Europa ohne Arbeit?: Arbeitslosigkeit, Beschäftigungspolitik, Integrationsprojekte, Opladen, S. 83-108.
Kersbergen, Kees van, 1995: Social Capitalism. A Study of Christian Democracy and the Welfare State, London/New York.
Lehmbruch, Gerhard, 1991: Die deutsche Vereinigung: Strukturen und Strategien, in: Politische Vierteljahresschrift 32, S. 585-604.
Lehmbruch, Gerhard, 1998: Parteienwettbewerb im Bundesstaat. Regelsysteme und Spannungslagen im Institutionengefüge der Bundesrepublik Deutschland, 2., erw. Aufl., Opladen.
Manow, Philip und Eric Seils, 1998: Adjusting Badly: The German Welfare State, Structural Change and the Open Economy, Köln: Max-Planck Institut für Gesellschaftsforschung (mimeo).
Markovits, Andrei S., 1982: The Political Economy of West Germany. Modell Deutschland, New York.
MPI-Adjustment Data Base, 1998. Köln: Max-Planck-Institut für Gesellschaftsforschung.
Newsweek, 1976: Germany: The Model Nation? European edition, September 27th.
OECD verschiedene Jahrgänge: Labour Force Statistics, Paris.
OECD 1994: The OECD Jobs Study, Paris
OECD, 1997: Historical Statistics, 1960-1995, Paris.
OECD 1999a: Employment Outlook, Paris.
OECD 1999b: Social Expenditure of OECD Member Countries, Paris.

OECD 1999c: OECD In Figures 1999, Paris.
Presse- und Informationsamt der Bundesregierung, 1998: Gemeinsame Erklärung des Bündnisses für Arbeit, Ausbildung und Wettbewerbsfähigkeit vom 7. Dezember 1998. »http://www.buendnis.de«.
Presse- und Informationsamt der Bundesregierung, 1999a: Gemeinsame Erklärung von BDA und DGB anläßlich des 3. Gesprächs zum Bündnis am 06. Juli 1999. »http://www.buendnis.de«.
Presse- und Informationsamt der Bundesregierung, 1999b: Gemeinsame Erklärung des Bündnisses zu den Ergebnissen des 3. Spitzengesprächs am 06. Juli 1999. »http://www.buendnis.de«.
Presse- und Informationsamt der Bundesregierung, 1999c: Bündnis für Arbeit, Ausbildung und Wettbewerbsfähigkeit. Ziele, Organisation, Arbeitsweise. Bonn: Presse- und Informationsamt der Bundesregierung.
Rhein-Kress, Gaby von, 1996: Die politische Steuerung des Arbeitsangebots. Die Bundesrepublik Deutschland, Österreich und die Schweiz im internationalen Vergleich, Opladen.
Rosenow, Joachim und Frieder Naschold, 1994: Die Regulierung von Altersgrenzen: Strategien von Unternehmen und die Politik des Staates, Berlin.
Scharpf, Fritz W., 1985: Die Politikverflechtungs-Falle: Europäische Integration und deutscher Föderalismus im Vergleich, in: Politische Vierteljahresschrift 26, S. 323-356.
Scharpf, Fritz W., 1997a: Employment and the Welfare State: A Continental Dilemma. MPIfG Working Paper 97/7, Köln: Max-Planck-Institut für Gesellschaftsforschung.
Scharpf, Fritz W., 1997b: Nötig, aber ausgeschlossen. Die Malaise der deutschen Politik, in: Frankfurter Allgemeine Zeitung vom 5. Juni, S. 35.
Scharpf, Fritz W., 1999a: Föderale Politikverflechtung: Was muß man ertragen – was kann man ändern?. MPIfG Working Paper 99/3, Köln: Max-Planck-Institut für Gesellschaftsforschung.
Scharpf, Fritz W., 1999b: The Viability of Advanced Welfare States in the International Economy. Vulnerabilities and Options. MPIfG Working Paper 99/9, Köln: Max-Planck-Institut für Gesellschaftsforschung.
Schettkat, Ronald, 1996: Das Beschäftigungsproblem der Industriegesellschaften, in: Aus Politik und Zeitgeschichte B26/96, S. 25-35.
Schmid, Günther, 1998: Das Nadelöhr der Wirklichkeit verfehlt: Eine beschäftigungspolitische Bilanz der Ära Kohl, in: Göttrik Wewer (Hrsg.), Bilanz der Ära Kohl, Opladen, S. 145-182.
Schmid, Günther und Nicola Wiebe, 1999: Die Politik der Vollbeschäftigung im Wandel. Von der passiven zur interaktiven Arbeitsmarktpolitik, in: Max Kaase und Günther Schmid (Hrsg.), Eine lernende Demokratie. 50 Jahre Bundesrepublik Deutschland, Berlin, S. 357-396.
Schmidt, Manfred G., 1990: Die Politik des mittleren Weges. Besonderheiten der Staatstätigkeit in der Bundesrepublik Deutschland, in: Aus Politik und Zeitgeschichte B 9-10/90, S. 23-31.
Schmidt, Manfred G., 1996: Germany. The Grand Coalition State, in: Josep M. Colomer (Hrsg.), Political Institutions in Europe, London, S. 62-98.
Schmidt, Manfred G., 1998: Sozialpolitik in Deutschland. Historische Entwicklung und internationaler Vergleich, 2. vollständig überarb. und erw. Aufl., Opladen.
Siegel, Nico A., 1999: Zwischen Konsolidierung und Umbau: Staatliche Sozialpolitik (1975-1995) – ein Vergleich, Bremen: Zentrum für Sozialpolitik (mimeo).
Soskice, David, 1999: Divergent Production Regimes: Coordinated and Uncoordinated Market Economies in the 1980s and 1990s, in: Herbert Kitschelt, Peter Lange, Gary Marks und John D. Stephens (Hrsg.), Continuity and Change in Contemporary Capitalism, Cambridge, S. 101-134.

Streeck, Wolfgang, 1997: German Capitalism: Does it Exist? Can it Survive?, in: Colin Crouch und Wolfgang Streeck (Hrsg.), Political Economy of Modern Capitalism: Mapping Convergence and Diversity, London, S. 33-54.

Streeck, Wolfgang und Rolf Heinze, 1999: Unausgeschöpfte Potentiale. Strategiepapier der Arbeitsgruppe Benchmarking des Bündnisses für Arbeit, in: Der Spiegel, Nr. 19, vom 10.5., S. 32.

Tsebelis, George, 1995: Decision Making in Political Systems: Veto Players in Presidentialism, Mulitcameralism and Multipartyism, in: British Journal of Political Science 25, S. 289-325.

Visser, Jelle, 1998: Two Cheers for Corporatism, One for the Market: Industrial Relations, Wage Moderation and Job Growth in the Netherlands, in: British Journal of Industrial Relations 36/2, S. 269-292.

Visser, Jelle und Anton Hemerijck, 1997: 'A Dutch Miracle'. Job Growth, Welfare Reform and Corporatism in the Netherlands, Amsterdam.

Werner, Heinz, 1998: Beschäftigungspolitisch erfolgreiche Länder. Lehren für die Bundesrepublik Deutschland?, in: Aus Politik und Zeitgeschichte B34-35/98, S. 3-14.

Zentrum für Sozialpolitik, 1998: Thesen zur Sozialpolitik in Deutschland. ZeS-Arbeitspapier Nr. 5, Bremen: Zentrum für Sozialpolitik.

Zohlnhöfer, Reimut, 1999: Der lange Schatten der schönen Illusion: Finanzpolitik nach der Deutschen Einheit, 1990-1998. ZeS-Arbeitspapier Nr. 9/99, Bremen: Zentrum für Sozialpolitik.

Zukunftskommission der Friedrich-Ebert-Stiftung, 1998: Wirtschaftliche Leistungsfähigkeit, sozialer Zusammenhalt, ökologische Nachhaltigkeit. Drei Ziele – ein Weg, Bonn.

Helga Kania / Bernhard Blanke

Von der „Korporatisierung" zum „Wettbewerb"

Gesundheitspolitische Kurswechsel in den Neunzigerjahren

I. Einleitung

Die Neunzigerjahre waren die gesundheitspolitisch ereignisreichste Periode der deutschen Nachkriegsgeschichte. Mit dem „erfolgreichen Scheitern" des Gesundheitsreformgesetzes (GRG) von 1988 (Perschke-Hartmann 1994) endete ein Jahrzehnt korporatistischer, auf den Verbändekonsens im Gesundheitssektor setzender Kostendämpfungspolitik. Die in dieser Zeit gesetzlich geforderten Spar- und Umstrukturierungsmaßnahmen hatten Krankenkassen und Kassenärztliche Vereinigungen unter erheblichen Anpassungsdruck gesetzt. Während die gesetzlich institutionalisierten Verbandsakteure der damals propagierten einnahmenorientierten Ausgabenpolitik noch weitgehend gefolgt waren, beließen es die ebenfalls in den Policyprozess eingebundenen privaten Verbände und Unternehmen bei hinhaltendem Widerstand. Das Resultat war „die Beendigung des Selbstverwaltungskonsenses" (Lauer-Kirschbaum 1994) und der Beginn einer gesundheitspolitischen Wende in den Neunzigerjahren, die weit gehende und nachhaltige Umstrukturierungsmaßnahmen durch den Gesetzgeber zur Folge hatte.

Wie in anderen europäischen Staaten sollten auch im deutschen Gesundheitswesen durch die Einführung von marktähnlichen Elementen auf der Makroebene die Ausgaben stabil gehalten und auf der Mikroebene die Effektivität von Gesundheitsdienstleistungen gesteigert werden. Die Institutionalisierung von Wettbewerb, eine verstärkte Konsumentensouveränität und neue Finanzierungsformen waren Mittel des konservativ-liberalen Gesetzgebers, um die gewünschten Wirkungen zu erzielen. Das Gesundheitswesen wurde freilich nicht ausschließlich als Kostenfaktor, sondern immer stärker auch als beschäftigungsintensive Wachstumsbranche gesehen, die nicht „kaputt gespart" werden durfte. Die gesetzliche Festlegung von Obergrenzen („Budgets") wurde als Übergangslösung für die Zeit der Implementation der neuen, mehr wettbewerblichen Maßnahmen propagiert.

Der Regierungswechsel im Oktober 1998 verhinderte, dass die Effekte dieses „marktwirtschaftlichen" Ansatzes im Gesundheitswesen über Zwischenergebnisse hinaus deutlich geworden wären. Planungen und erste Maßnahmen der neuen rot-grünen Regierungsmehrheit sahen nun vor, dass die Steuerung des Systems zukünftig nicht mehr über den Patienten als „Kunden", sondern verstärkt über mehr Systemverantwortung und Steuerungsfreiräume der Krankenkassen erfolgen sollte. Die neue Bundesregierung betrachtet das Gesundheitswesen weniger als ökonomischen Dienstleistungssektor, sondern wieder stärker unter Versorgungs- und Solidaraspekten. Regulative Maßnahmen zur Verbesserung von Qualität und Effektivität sowie die Betonung des Solidargedankens stehen nun bei der Reform der Finanzierungs- und Leistungsstrukturen im Vordergrund.

II. Die Ära der „neokorporatistischen Steuerung"

Das deutsche Gesundheitswesen unterscheidet sich von anderen Politikfeldern nicht nur durch seinen spezifischen Inhalt „Förderung und Wiederherstellung von Gesundheit und Pflege, falls die gesundheitliche Wiederherstellung nicht möglich ist", sondern durch das Zusammenwirken staatlicher, parastaatlicher und privater Akteure sowie das Ineinandergreifen öffentlich-rechtlicher und marktwirtschaftlicher Steuerungsmechanismen. Auf der staatlichen Ebene gibt es eine Konkurrenz zwischen Bundes- und Landeszuständigkeiten, da die Verantwortung für die Sozialversicherungen in den Aufgabenbereich des Bundes und die stationäre Versorgung in die Verantwortung der Länder fällt. Im Zentrum des Systems stehen die Krankenkassen und ihre Verbände und als Organ der niedergelassenen Ärzte die Kassenärztlichen Vereinigungen. Als halbstaatliche Einrichtungen haben sie den öffentlichen Auftrag, die gesundheitliche Versorgung der Bevölkerung sicher zu stellen. Sie sind sowohl in den Policyprozess involviert als auch mit der Implementation der gesetzlicher Vorgaben betraut. Die im System aktiven privaten Akteure betätigen sich einerseits als Lobbyisten, sind aber andererseits auch über enge Verflechtungen zu den öffentlich-rechtlichen Akteuren in den Policyprozess integriert. Entsprechend des Status der Akteure erfolgt auch die Leistungserbringung im System als „public-private-mix". Kernbereiche, wie die Finanzierung der gesetzlichen Krankenkassen und Bereitstellung und Durchführung medizinischer Leistungen sind im Sozialgesetzbuch geregelt. Dagegen gelten im Arznei-, Heil- und Hilfsmittelmarkt überwiegend marktwirtschaftliche Regeln.

1. Der „Selbstverwaltungskonsens"

Die komplexen Strukturen des deutschen Gesundheitswesens wurden bereits mit der Institutionalisierung der gesetzlichen Krankenkassen als Körperschaften des öffentlichen Rechts angelegt. Die Entscheidung für ein eigenverantwortliches System unter staatlicher Aufsicht, die Integration bestehender Absicherungsformen (Knappschaft, Hilfskassen) in das neue System der gesetzlichen Krankenversiche-

Abbildung 1

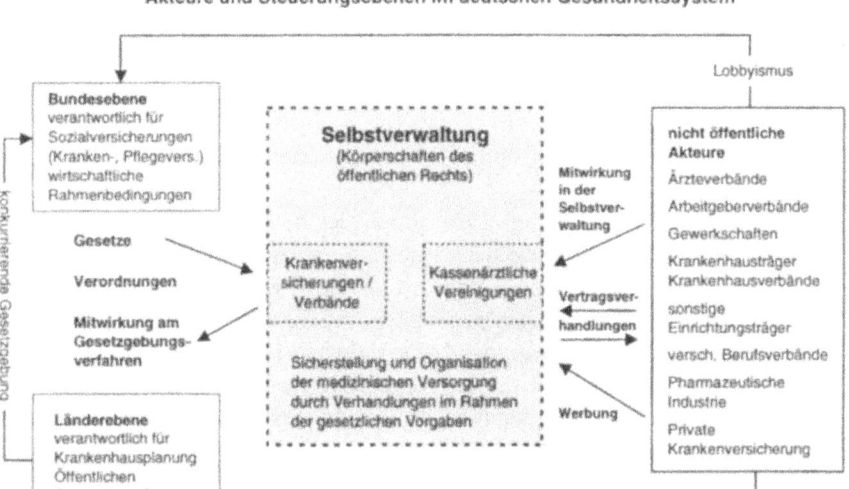

rung und die Übernahme der Selbstverwaltung als bewährter Organisationsform der Hilfskassen entsprachen dem Willen des „Vaters der GKV" Theodor Lohmann und machte die Einführung dieses Systems im Reichstag konsensfähig (Lamping 1994).

Der Gesetzgeber entschied sich 1883 für ein kassenzentriertes System. Die Krankenkassen erhielten den Auftrag, die gesundheitliche Versorgung ihrer Versicherten zu sichern. Sie konnten zu diesem Zweck Ärzte anstellen oder auf vertraglich ausgehandelter Basis mit der medizinischen Versorgung ihrer Versicherten beauftragen.

Die Gründung der GKV beendete einen Zustand, in dem die finanzielle Lage der Bürger über die Inanspruchnahme von ärztlichen Leistungen entschied, soweit sie nicht das Glück hatten, über eine der überwiegend sehr kleinen Hilfskassen teilweise abgesichert zu sein. Die GKV und ihr schnell anwachsender Versichertenkreis entwickelten ein Nachfragemonopol, von dem die anfangs nur in geringem Umfang organisierten Leistungserbringer vollständig abhängig wurden. Trotz der Komplexität der Kassenlandschaft gab es Wettbewerb zwischen den einzelnen Kassen nur insoweit, als ausgesuchte, in der Regel besser situierte Arbeitnehmer, die Möglichkeit der Kassenwahl besaßen.

Der gesetzliche Auftrag, die Rechtsprechung (Blanke/Kania 1996) und die wachsende Inanspruchnahme von ärztlichen Leistungen durch die Versicherten, nun unabhängig von der eigenen finanziellen Situation, ließ aber auch eine Abhängigkeit der Kassen von den Ärzten entstehen, sodass die niedergelassenen Ärzte sich durch eine kampfbetonte Verbandspolitik einen wachsenden Einfluss im System sichern konnten. Zur Aufrechterhaltung der medizinischen Versorgung übernahmen staatliche Organe immer wieder die Schlichterrolle. Es entwickelte sich ein kompliziertes Verhandlungs- und Schlichtungssystem, welches vom Gesetzgeber festgeschrieben wurde.

Mit der Notverordnung von 1931 wurde der Auftrag zur Sicherstellung der medizinischen Versorgung zwischen den für diese Aufgabe institutionalisierten „Kassenärztlichen Vereinigungen" und den Krankenkassen geteilt. Verhandlungen fanden jetzt nicht mehr zwischen den Kassen und einzelnen Ärzten statt, sondern nur noch über die Selbstverwaltungsorgane zwischen Kassen und Ärzteverbänden. Diese Steuerung des Gesundheitswesens durch Selbstverwaltungsorgane von Kassen *und* Ärzten wurde nach Kriegsende in der Bundesrepublik Deutschland rekonstituiert[1] und wird erst heute in Frage gestellt.

Die Verteilung von Zuständigkeiten und damit Macht innerhalb der Selbstverwaltungsorgane blieb allerdings ein ständiger Streitpunkt sowohl zwischen Kassen und Ärzten als auch zwischen den politischen Parteien, die abhängig von ihrer politischen Zielsetzung ein mehr reguliertes oder mehr anbieter- und patientenorientiertes, also marktnäheres System favorisierten. Alle gesundheitspolitischen Reformvorhaben bis in die 90er Jahre hatten daher auch das Ziel, die Selbstverwaltung tendenziell umzustrukturieren, um die Steuerung des Systems effektiver zu gestalten. Auf Grund der geteilten Verantwortlichkeiten für das System und der Vielzahl mächtiger privater Akteure war die Durchführung von Reformvorhaben so schwierig, dass in der Literatur vielfach von einer Steuerungsunfähigkeit des Systems gesprochen wurde (Rosewitz/Webber 1990; Lehmbruch 1988). Eine genauere Betrachtung zeigt allerdings, dass die Akteure bei hohem Problemdruck in unterschiedlichen Zusammensetzungen Koalitionen eingingen (Perschke-Hartmann 1994), über die – teilweise stufenweise – Reformmaßnahmen durchgesetzt wurden.

2. Die „korporatistische Globalsteuerung"

In der Zeit der sozial-liberalen Koalition von 1969-1981 kam es Anfang der 70er Jahre durch Ausweitung der Versicherungspflicht und der Einführung neuer Leistungen[2] der Krankenkassen zu einer Ausweitung des Krankenversicherungssystems

---

1 Gesetz über das Kassenarztrecht (GKAR) von 1955.
2 Aufnahme von regelmäßigen Früherkennungsmaßnahmen in das Leistungsspektrum der Kassen, Verbesserung der Leistungen bei Zahnersatz, Einführung der dualen Krankenhaus-

Tabelle 1: Ausgaben für Gesundheit in den Jahren 1960-1996
(in Milliarden DM und in Prozent des Bruttosozialproduktes)

	1960	1970	1980	1990	1992*	1994*	1996*
BSP	303,0	675,7	1477,4	2448,6	3094,5	3320,2	3513,5
Gesundheitsausgaben nach StBa (einschließlich finanzielle Transferleistungen)							
in Mrd. DM	25,5	69,7	192,8	303,7	426,9	469,9	525,6
in % des BSP	8,4	10,3	13,1	12,4	13,8	14,1	15,0
Gesundheitsausgaben nach OECD (ohne finanzielle Transferleistungen)							
in Mrd. DM	14,5	43,2	133,0	217,1	312,6	340,4	373,1
in % des BSP	4,8	6,4	9,0	8,9	10,1	10,3	10,6
Ausgaben GKV							
in Mrd. DM	9,8	24,7	88,4	139,8	210,5	234,3	269,9
in % des BSP	3,2	3,7	6,0	5,7	6,8	7,1	7,7

* ab 1992 betreffen die Zahlen Gesamtdeutschland
Quelle: eigene Zusammenstellung und Berechnung nach Daten des StBA, des Gesundheitsministeriums und der OECD.

und damit auch der Verantwortung der Selbstverwaltungsorgane. Im Rahmen der 1976 beginnenden Kostendämpfungsmaßnahmen versuchte die sozial-liberale Regierungskoalition die als kostentreibend identifizierte Konkurrenz zwischen den gesetzlichen Krankenkassen und Ersatzkassen und damit die Stellung der Krankenkassen gegenüber den KVen zu stärken und die Effektivität der Arbeit der Selbstverwaltungsorgane zu erhöhen. Gleichzeitig sollten mit der Institutionalisierung der Konzertierten Aktion im Gesundheitswesen (KAiG) sowohl die privaten als auch die staatlichen Akteure in die Strukturen der korporatistischen Steuerung eingebunden werden, um das Konzept der *„einnahmeorientierten Ausgabenpolitik"* in die Realität umzusetzen. Volkswirtschaftlich betrachtet war die Kostendämpfungspolitik in den 80er Jahren durchaus erfolgreich (s. Tabelle 1); gestiegen sind allerdings trotzdem die Beitragssätze der GKV.

Dies hängt eng zusammen mit der Berechnung der Beiträge anhand des Entgeltes aus abhängiger Erwerbsarbeit, das nicht im gleichen Umfang wie das BSP gestiegen ist, und verschiedenen Gesetzesänderungen, mit denen zu Gunsten der Renten- und der Arbeitslosenversicherung die GKV durch Einnahmeverluste bei den Transferzahlungen zusätzlich belastet wurde. Die Stabilität der Beitragssätze hätte unter diesen Bedingungen eine Verringerung des Systemanteils am BSP erfordert, was mit den eingesetzten Instrumenten nicht möglich war (näheres Blanke/ Kania 1996).

finanzierung und damit Verpflichtung der Kassen zur Übernahme der laufenden Kosten der Kliniken über die Pflegekosten.

3. „Vorrang für die Selbstverwaltung" – Das Gesundheitsreformgesetz (GRG)

Ende der 80er Jahre war der Kostendruck der GKV, die Beitragssatzhöhe und auch die Diskussion um die Lohnnebenkosten in einem Ausmaß gewachsen, dass der Gesetzgeber mit einem größeren Reformvorhaben die Probleme zu lösen versuchte. Mit dem GRG von 1988, das noch unter Arbeits- und Sozialminister Walter Blüm erarbeitet wurde, wurde vom Gesetzgeber ein letztes Mal versucht, über die Selbstverwaltungsorgane Einnahmen und Ausgaben der GKV in Einklang zu bringen. Es galt der Slogan „Vorrang für die Selbstverwaltung".

Durch die Festschreibung des Gebotes der *Beitragssatzstabilität* im Gesetz, die Einführung von Festbeträgen für Arzneimittel und die gesetzliche Festlegung von Prüfungsintervallen für die Wirtschaftlichkeit ärztlicher Behandlungen versuchte der Gesetzgeber vor allem den Kassen striktere Rahmenbedingungen und neue Instrumente für mehr Ausgabenstabilität an die Hand zu geben. Über teilweise immense Erhöhungen der Zuzahlungen und die Streichung des Sterbegeldes wurden auch die Versicherten, bzw. die Patienten, an diesem Wirtschaftlichkeitskurs beteiligt.

Gleichzeitig enthielt dieses Gesetz Strukturanpassungen: Arbeits- und Sozialminister Norbert Blüm setzte den Einstieg in die Pflegeabsicherung auf Sozialversicherungsbasis gegen den Willen des Koalitionspartners FDP durch. Mit Einfügung des § 20 in das SGB V wurde den Kassen die Möglichkeit geboten, gesundheitsfördernde Leistungen für ihre Versicherten anzubieten und sich vom Image der „Krankheitskassen" zu befreien. § 20 SGB V gab den Kassen Freiräume, nicht nur als Finanzier, sondern auch gestalterisch im Gesundheitswesen tätig zu sein und sich für die Versicherten in Abgrenzung zu anderen Kassen zu profilieren.

Diese Umstrukturierung des Aufgabenspektrums bedeutet im Zusammenhang mit der Streichung des Sterbegeldes und der deutlichen Anhebung der Zuzahlungen eine Verschiebung von Kosten und Verantwortung vom Staat auf die GKV und von den Kassen in den privaten Bereich; eine Entwicklung, die sich durch alle Gesetzesvorhaben der konservativ-liberalen Regierungskoalition zieht.

4. Die deutsche Wiedervereinigung im Oktober 1990

Die Implementation der Instrumente des GRG stand unter dem Einfluss der Probleme der deutschen Wiedervereinigung. Die uneingeschränkte Übertragung des westdeutschen Systems in die neuen Länder war Konsens zwischen den politischen Parteien und den Akteuren des Gesundheitswesens. Die in der DDR bestehenden Versorgungsstrukturen wurden zum überwiegenden Teil aufgelöst. Die in den neu gegründeten Krankenkassen bestehenden Finanzierungslücken wurden vorübergehend vom Staat getragen. Obwohl anfangs kein direkter Kostendruck auf die GKV ausgeübt wurde, kam es – durch die zusätzlichen Belastungen der gesetzlichen Rentenversicherung und Arbeitslosenversicherung und nicht zuletzt der öffentlichen Haushalte – zu Erhöhungen der allgemeinen Abgabenquote. Die Diskussion um eine Verringerung der Lohnnebenkosten wurde schärfer und damit auch der Druck auf die GKV. Alber (1997) geht davon aus, dass die Probleme des deutschen Sozialstaates in den 90er Jahren überwiegend auf die deutsche Wiedervereinigung zurückzuführen sind. Im Gesundheitssystem haben sich durch den Finanzbedarf der neuen Länder die Probleme nicht geändert, sondern verschärft. Die mit den nächsten Gesetzen durchgeführten Strukturänderungen waren aber bereits in der Diskussion und stellen keinen Bruch in der zu beobachtenden Handlungskette dar. Die Finanzierungslücken scheinen eher die Chance zu einer übergreifenden Sachkoalition geboten zu haben mit der Möglichkeit, systemverändernde Maßnahmen durchzusetzen.[3]

III. Vom Korporatismus zum Wettbewerb: Gesundheitspolitik der 90er Jahre

1. Steuerung durch Wettbewerb: Das Gesundheitsstrukturgesetz (GSG)

Die Einführung marktähnlicher Steuerungsinstrumente in das Gesundheitssystem gehen in Deutschland auf das „Abkommen von Lahnstein" zurück. Nachdem für das Jahr 1992 bereits wieder mit Beitragssatzerhöhungen gerechnet wurde, galt das GRG als gescheitert. Zwischen den Vertretern der großen Parteien bestand Einigkeit, dass die Selbstverwaltungsorgane allein nicht in der Lage seien, die Probleme des Systems zu bewältigen. Es kam zu einer „Aufkündigung des Selbstverwaltungskonsenses" (Lauer-Kirschbaum 1994) und die Einführung marktähnlicher Mechanismen. In einer parteiübergreifenden „großen Sachkoalition" zwischen den Regierungsparteien und der SPD wurden die Grundlagen des „Gesundheitsstrukturgesetzes (GSG)" ausgehandelt, dass am 18.12.1992 vom Bundestag verabschiedet wurde und am 1. Januar 1993 in Kraft trat.

Das Abkommen von Lahnstein war möglich, weil zwischen den beiden großen Volksparteien zu diesem Zeitpunkt ein breiter Konsens über Umstrukturierungen im Gesundheitswesen bestand. Bereits im Vorfeld der Verhandlungen zum GSG war von den Sozial- und Gesundheitsministern der Länder die Forderung nach einem kassenartübergreifenden bundesweiten Risikostrukturausgleich (RSA) aufgestellt worden, um die großen Unterschiede in den Beitragssätzen der regionalen Kassen (bei den AOKen) auszugleichen (Beschluss der Sozial- und Gesundheits-

---

3 Auch heute noch leiden die „Ostkassen" unter extremer Geldnot; die Ausweitung des Risikostrukturausgleichs (s. Abschnitt 3.1. Steuerung durch Wettbewerb) auch auf die neuen Kassen steht ständig zur Diskussion, scheint aber ohne Beitragssatzanhebungen der Westkassen zurzeit nicht möglich zu sein.

minister der Länder vom Herbst 1991 (Bt-Drs. 12/3209). Auch die SPD-Bundestagsfraktion forderte auf der Grundlage ihrer „Münsteraner Beschlüsse" von 1988 eine Organisationsreform der Krankenkassen mit Wahlfreiheit für Arbeiter und einen bundesweiten RSA und wurde in diesen Forderungen von den Sozialexperten der CDU/CSU Bundestagsfraktion unterstützt. Darüber hinaus forderte die SPD über den Bundesrat, die Organisationsstruktur an die gestiegenen Anforderungen in Bezug auf Entscheidungsfähigkeit und Flexibilität anzupassen (Bt-Drs. 12/3608). Die Einführung des RSA und die Modernisierung der Selbstverwaltungsstrukturen der Krankenkassen waren die Grundlage für die Einführung von Wettbewerb zwischen den gesetzlichen Krankenkassen.[4]

Auf der Leistungsanbieterseite wurde durch das GSG das Finanzierungssystem der Krankenhäuser grundlegend umstrukturiert. Das Selbstkostendeckungsprinzip wurde durch ein komplexes System von Abteilungspflegesätzen, Fallpauschalen und Sonderentgelten abgelöst, durch das effizientere Leistungserbringung für die Krankenhäuser auch betriebswirtschaftlich lohnend werden sollte. Außerdem wurde den Krankenhäusern eingeräumt, prä- und poststationäre Leistungen zur Verringerung der Zeit der stationären Aufenthalte erbringen zu können. Der Gesetzgeber erhoffte sich eine Verkürzung der Liegezeiten und eine Senkung der Kosten im stationären Bereich. Diese seit Jahren auch von der SPD und den Krankenkassen geforderte Neufinanzierung der Krankenhäuser konnte nur im Konsens der großen Parteien erfolgen, da nur so mit einer Zustimmung der Länder zu rechnen war.

Im ambulanten Versorgungsbereich wurde auf die Kompetenz der Selbstverwaltung zurückgegriffen. In Modellversuchen sollten neue Versorgungsformen erprobt werden, um die Qualität der Versorgung zu verbessern und Kosten zu senken. Änderungen gab es auch bei den Formen kassenärztlicher Honorierung. Durch eine besondere Berücksichtigung der Hausärzte in der Honorierung sollte deren Einkommen und ihre Position in der Versorgung verbessert werden um die „sprechende Medizin" zu stärken.

Die für das Versorgungswesen einschneidenste Regelung des GSG bestand allerdings in der Festsetzung von Budgets für die wichtigsten Versorgungsbereiche, um die Umsetzung des Grundsatzes der Beitragssatzstabilität unabhängig von der Umsetzung durch die Selbstverwaltungsorgane zu machen. Diese Budgets, die im ersten Schritt zum Teil erstaunliche Ausgabenreduzierungen der Krankenkassen bewirkten (Arzneimittel 20 Prozent), hatten allerdings in Verbindung mit den neuen Honorierungs- und Behandlungsnormen im stationären Bereich und mit der Einzelleistungsvergütung im ambulanten Bereich kontraproduktive Auswirkungen. Während in den Krankenhäusern die Budgetierung verhinderte, dass geringer vergütete ambulante Leistungen verstärkt eingeführt wurden (Simon 1997) führte die Budgetierung in der ambulanten Versorgung zu dem oft beschriebenen

---

4 Ausnahmen von dieser Regel sind die Seekrankenkasse, die Landwirtschaftliche Krankenkasse und die Bundesknappschaft. Die Betriebskrankenkassen konnten sich per Satzung entscheiden, ob sie für alle Versicherten offen stehen wollten oder nicht.

Punktwertverfall in den ambulanten Praxen. Der Wettbewerb der niedergelassenen Ärzte um einen für die eigene Praxis ausreichenden Honoraranteil wurde über Leistungsausweitungen ausgetragen. Dieser „Hamsterradeffekt" verursachte nicht nur steigende Verordnungskosten für die Krankenkassen sondern eine stark ansteigende Unzufriedenheit im ambulanten Versorgungssystem. Die im Gesetz beschlossene Zulassungserschwernis für das Jahr 1999 bewirkte bereits im Vorfeld einen schnellen Anstieg der Zahl der niedergelassenen Ärzte (Anstieg von 1992 auf 9,5 Prozent 1993 gegenüber einem Zuwachs an Ärzten gesamt von 3,5 Prozent) und verschärfte die Situation noch einmal.

2. Die gesetzliche Pflegeversicherung – ein Vorbild für die Strukturen des künftigen Gesundheitswesens?

In Wissenschaft und Öffentlichkeit nahezu unbemerkt wurden im Rahmen der Einführung der gesetzlichen Pflegeversicherung (Pflege VG)[5] am 1. Januar 1995 neue Steuerungsinstrumente nicht nur in das Gesundheitswesen, sondern in das System der sozialen Sicherung in Deutschland implementiert, die das Ausmaß der mit dem GSG eingeführten marktwirtschaftlichen Elemente bei weitem überstiegen.

Nach einer zwanzig Jahre währenden Entstehungsgeschichte (Klie 1995; Igel/ Stadelmann 1998) wurde das Pflege VG in einer Zeit umgesetzt, als das Vertrauen in die Steuerungsfähigkeit der Selbstverwaltungskörperschaften im Gesundheitswesen politisch verloren gegangen war und die Einführung marktwirtschaftlicher Instrumente diskutiert wurde. Die Idee des „aktivierenden Staates" und der Förderung der Eigenverantwortung des Bürgers passte nicht mehr zu einer gesetzlichen Regelung, die etwa 70 Prozent aller stationär und etwa 25 Prozent aller ambulant gepflegten Personen zu Empfängern von Sozialhilfe machte (Klie 1995). Unter den Gesamtaufwendungen der Sozialhilfe machten die Aufwendungen für Pflegeleistungen ca. 30 Prozent aus. In Verbindung mit den steigenden Leistungen der Kommunen für Arbeitslosigkeit übte auch die Krise der Kommunalfinanzen einen beträchtlichen Druck auf die Bundesgesetzgebung aus.

Nachdem mit dem GRG bereits ein erster Einstieg in die sozialversicherungsrechtliche Absicherung bei Schwerstpflegebedürftigkeit gemacht worden war, kam es vergleichbar der Entstehung des GSG zu einer Sachkoalition der großen Volksparteien. Gegen den Widerstand der FDP (private Pflegeversicherung) und der Grünen (Absicherung über Steuern) einigten sich CDU und SPD auf eine Sozialversicherungslösung mit Beitragsfinanzierung und Umlageprinzip,[6] die zur Ver-

---

5 Gesetz zur sozialen Absicherung des Risikos der Pflegebedürftigkeit (Pflegeversicherungsgesetz – Pflege VG) vom 26. Mai 1994.
6 Obwohl die Pflegeversicherung per Gesetz eine eigenständige Körperschaft des öffentlichen Rechts ist, wurde sie der gesetzlichen Krankenversicherung angegliedert, deren Verbände

meidung neuer Verwaltungsstrukturen unter dem Dach der gesetzlichen Krankenkassen organisatorisch eingeordnet wurde.

Die Pflegeversicherung wurde vom Gesetzgeber, in Abgrenzung zu der „Vollkasko-Versicherung in der GKV" nicht als Vollversicherung konzipiert (Evers 1999). Klie (1995) bezeichnet die Pflegeversicherung als Grundsicherungs- bzw. Zuschussmodell. Sie lässt Raum sowohl für private Absicherung als auch für Leistungen der Sozialhilfe und setzt die finanzielle oder praktische Mithilfe der Familie voraus. Im Unterschied zu den bestehenden Sozialversicherungen wurde in der Pflegeversicherung das Konzept der „quasi markets" (Le Grand 1993) konsequent eingeführt. Grundlegende Gestaltungsprinzipien sind:

- die Abwendung von einer Bedarfsorientierung zu einem an die Einnahmen gekoppelten Budget (gesetzlich festgelegter Beitragssatz),
- Finanzierung allein durch die Versicherten und Abwendung vom System der paritätischen Finanzierung durch die Streichung eines bis dahin gesetzlich festgelegten arbeitsfreien Feiertages (Buß- und Bettag),
- die freie Wahl der Pflegebedürftigen zwischen Geld- und Sachleistungen, wobei der Gesetzgeber durch die unterschiedliche finanzielle Ausgestaltung die Entstehung eines professionellen Pflegemarktes und neuen Dienstleistungsbereichs zu unterstützen scheint,
- eine strikte Trennung von Kostenträgern und Leistungsanbietern (purchaser-provider-split) und der Verzicht auf jegliche Art bedarfssteuernder Elemente. Jeder Träger, der qualitätsgesicherte Leistungen erbringen kann, ist zur Versorgung zuzulassen. Das Gesetz fordert die öffentlich-rechtlichen Kostenträger ausdrücklich auf, den Wettbewerb zu fördern um hierdurch Wirtschaftlichkeit und Effektivität der Leistungserbringung zu verbessern und Kosten zu sparen.[7]

Die Ungewissheit über die Menge und Art der Inanspruchnahme und der gesetzliche festgelegte Finanzierungsrahmen, dessen Ausweitung durch die anhaltende Diskussion über die Höhe der Lohnnebenkosten nicht möglich gewesen wäre, zwang zu einer restriktiven Festlegung der drei möglichen Leistungsstufen und den dazu gehörigen Einstufungsverfahren. Das gesetzlich festgelegte Gebot, die „Vielfalt der Leistungsanbieter" zu fördern, zwang die Kostenträger mit jedem Pflegedienst, der die Qualifikationsansprüche erfüllte, Verträge abzuschließen. Dies führte trotz allgemeiner Klagen über die Preispolitik der Kostenträger zu einem

---

auch die Rechte der Pflegeversicherung wahrzunehmen haben. Die Pflegeversicherung hat damit keine eigenständige Selbstverwaltung; die zur Reduzierung des Verwaltungsaufwandes und zur Verbesserung der Kooperation zwischen Krankenkassen und Pflegeversicherung eingeführte Verwaltungsform erwies sich in der Praxis bisher als wenig hilfreich bei Problemlösungen, wie beispielsweise der Abgrenzung von Pflege und medizinische Leistungen.

7 Private Einrichtungen dürfen bei dem Abschluss von Versorgungsverträgen gegenüber freigemeinnützigen Trägern nicht benachteiligt werden; beiden wird ein Vorrang vor öffentlich-rechtlichen Leistungsanbietern eingeräumt (Gesundheitsbericht 1998, S. 317).

"explosionsartigen Anstieg" der privaten Pflegeanbieter, die in Konkurrenz zu den etablierten Diensten der Wohlfahrtsverbände und der Kommune stehen. Die kommunalen Sozialstationen wurden im „Windschatten" dieses Gesetzes überwiegend privatisiert.

Während die Liquidität der sozialen Pflegeversicherung in den vier Jahren ihres Bestehens – auch auf Grund der restriktiven Pflegeeinstufungen – bisher nie gefährdet war, hat trotz der gesetzlich festgelegten Verpflichtung der Leistungsanbieter auf Teilnahme bzw. Durchführung „qualitätssichernder Maßnahmen" die Diskussion über schlechte Ausführung der Pflegeleistungen nicht aufgehört. Das Problem fehlender Pflegestandards, einer erst seit wenigen Jahren etablierten Pflegewissenschaft, und wie es scheint, mangelnder Kontrolle durch den medizinischen Dienst der Krankenkassen (MDK), gerät dabei aus dem Blickpunkt. Obwohl der Preis von Einrichtungen nicht mit der Qualität korreliert, stellt sich doch die Frage, ob starker Preisdruck von Seiten der Nachfrager unter Wettbewerbsbedingungen zu schlechter Leistungsqualität führt, vor allem, bei mangelnder Prüfungskompetenz der Kunden.

3. „Wachstumsmarkt Gesundheitswesen" – „Die dritte Stufe der Gesundheitsreform"

Auch durch das GSG wurde der Anstieg der Beitragssätze zur GKV nur kurzfristig abgesenkt. Bereits 1996, drei Jahre nach dem Inkrafttreten des GSG, kletterte der durchschnittliche Beitragssatz auf eine „Rekordmarke" von 13,48 Prozent. Vor allem der als kostentreibend angesehene Anstieg der stationären Versorgungskosten war allerdings auch eine Folge von Übergangslösungen in der Krankenhausfinanzierung (Simon 1997). Trotzdem schien es dem Gesetzgeber unter dem Druck der „Lohnnebenkostendebatte" nicht möglich, die vollständige Implementation der Instrumente des GSG abzuwarten. Minister Horst Seehofer sah sofortigen Handlungsbedarf.

Ende Oktober 1995 erteilte der Bundesminister für Gesundheit dem im Jahre 1986 in Ergänzung zu der KAiG gegründeten Sachverständigenrat den Auftrag, über die Auswirkungen von Ausgaben- und Beitragssatzveränderungen der GKV auf Beschäftigung und Wirtschaftswachstum ein Sondergutachten zu erstellen. Dieses im Herbst 1996 veröffentliche Gutachten bewirkte den zweiten Paradigmenwechsel im Gesundheitssystem in den 90er Jahren. Das Gesundheitswesen wurde vom Kostenfaktor zu einer Wachstumsbranche, und weitere Kostendämpfungsmaßnahmen schienen wegen der Auswirkungen auf den Wirtschaftsstandort Deutschland und den Arbeitsmarkt nicht ratsam.

In Folge dieses Gutachtens kam es im Gesundheitsministerium zu einer neuen Gesundheitspolitik. Ziel der Gesetzgebung war nun nicht mehr allein „Sparen", sondern Senkung bzw. Stabilisierung der Lohnnebenkosten, bei gleichzeitigem

Wachstum des Systems. Zur Erreichung dieses Ziels standen letztlich folgende Möglichkeiten zur Verfügung:

- Beendigung der paritätischen Finanzierung durch Festlegung des Arbeitgeberanteils des Beitrages zur GKV,
- Beibehaltung der paritätischen Finanzierung bei strikter Begrenzung der Ausgaben durch die Einführung von Grund- und Zusatzleistungen oder
- die anteilige Beteiligung der Patienten an den Therapiekosten.

4. Das Programm für mehr Wachstum und Beschäftigung

Die beabsichtigte Beendigung der paritätischen Finanzierung der GKV durch eine Festschreibung der Arbeitgeberbeiträge konnte vom Gesetzgeber nach starkem öffentlichen Protest nicht durchgesetzt werden. Ein Versuch des Ministeriums, Leistungen der Kassen zu Gestaltungsleistungen allein auf Kosten der Versicherten zu erklären, wurde für den Kernleistungsbereich verworfen.[8] Stattdessen wurden im 2. Halbjahr 1996 im Rahmen des im April 1996 beschlossenen Programms für mehr „Wachstum und Beschäftigung" Sparmaßnahmen für die Krankenkassen und andere Träger von Gesundheitsleistungen und drastische Erhöhungen der Zuzahlungen der Patienten verabschiedet.

Mit dem „*Wachstums- und Beschäftigungsgesetz*"[9] nahm der Gesetzgeber gravierende Einschnitte in das Rehabilitationsrecht der gesetzlichen Rentenversicherung vor. Für das Gesundheitswesen waren diese Einschnitte von großer Bedeutung. Die Gesamtausgaben für Rehabilitationsmaßnahmen wurden plafondiert, die Maßnahmen durch Vergrößerung der Wiederholungsintervalle (von drei auf vier Jahre) und Verkürzung der einzelnen Maßnahme (von vier auf drei Wochen) stark gekürzt und die Inanspruchnahme durch neue Selbstbeteiligungsregelungen für die Patienten (Zuzahlungen und Urlaubsanrechnung) erheblich erschwert. Das Resultat war eine Krise des deutschen Kurwesens, die durch ihre negativen Auswirkungen auf den Arbeitsmarkt in den strukturell unterentwickelten Kurregionen für erhebliches Aufsehen sorgte.

8 Zu diesen Leistungen gehörte u.a. häusliche Krankenpflege, um Krankenhauspflege zu vermeiden oder abzukürzen und einige Heil- und Hilfsmittel wie z.B. Massage und Schuheinlagen. Stattdessen wurden für die medizinische Versorgung als nicht notwendig betrachtete Leistungen zur Gesundheitsförderung aus der paritätischen Beitragsfinanzierung zum überwiegenden Teil herausgenommen und konnten von den Krankenkassen seitdem allein auf Kosten der Versicherten weiterhin angeboten werden. Medizinische und zahnmedizinische Präventionsleistungen blieben dagegen Teil des Leistungskatalogs, obwohl der gesundheitliche Nutzen vieler Maßnahmen (z.B. Herz-Kreislauf-Untersuchung) medizinisch stark angezweifelt wurde, sodass der Leistungs- und Einkommensbereich der Ärzte nicht weiter berührt wurden.

9 Gesetz für mehr Wachstum und Beschäftigung vom 25.09.1996, in Kraft getreten am 1.1.1997.

Das „Beitragsentlastungsgesetz"[10] enthielt den Eingriffen in die Rentenversicherung vergleichbare Maßnahmen zur Einschränkungen der Kosten für Rehabilitation für die gesetzlichen Krankenkassen. Die Patienten wurden darüber hinaus durch Anhebungen der Zuzahlungen für Arznei-, Heil- und Hilfsmittel, Wegfall des Kassenanteils für Brillengestelle und vor allem die rechtlich bedenkliche Streichung des Zahnersatzes für zu diesem Zeitpunkt noch nicht 18-jährige hoch belastet. Als ein bis dahin nie da gewesener Eingriff in das Recht der Selbstverwaltungsorgane galt aber die gesetzlich verfügte Beitragssatzsenkung um 0,4 Prozentpunkte. Diese „Kriegserklärung" an die Selbstverwaltungsorgane der Krankenkassen führte allerdings zu vorgezogenen Beitragserhöhungen der Krankenkassen und damit nahezu zu einem „Nullsummenspiel". Nachträgliche Beitragssatzerhöhungen der Kassen versuchte Horst Seehofer durch eine Kopplung an die Höhe der Zuzahlungen der Patienten zu verhindern; diese mit den Neuordnungsgesetzen im Juli 1997 in Kraft getretene Regelung wurde nie umgesetzt. Belastungen der Kassen durch den RSA konnten erst Jahre später überblickt werden und die anstehende Bundestagswahl ließ die Patienten zusätzlich belastende Maßnahmen als kontraproduktiv erscheinen.

Eine Absenkung des Krankengeldes um 10 Prozent (von 80 Prozent auf 70 Prozent des Bruttoarbeitsentgeltes) und der Lohnfortzahlung im Krankheitsfall von 100 Prozent auf 80 Prozent vervollständigte dieses die Arbeitskosten entlastende Gesetzeswerk.[11]

5. Die Neuordnungsgesetze[12]

Mit der Verabschiedung der Neuordnungsgesetze im Sommer 1997 wurde die marktwirtschaftliche Ausrichtung des Gesundheitswesens fortgesetzt. Während das Beitragsentlastungsgesetz als Notmaßnahme anzusehen ist, sollte mit den Neuordnungsgesetzen eine dauerhafte Umstrukturierung des Gesundheitswesens erreicht werden. Dies zeigt sich auch daran, dass als ein Ziel der Neuordnungsgesetze den Akteuren die Beendigung der Budgetierungen nach Umsetzung der gesetzlichen Maßnahmen versprochen wurde. In der ambulanten Versorgung sollte die Budgetierung der Verordnungskosten durch Richtlinienvereinbarungen zwischen Ärzten und Kassen und die „floatenden" Punktwerte durch die Einführung von Regelleistungsvolumina für ärztliche Leistungen beseitigt werden. Neue Versorgungs- und Vergütungsformen sollten modellhaft erprobt werden. In der statio-

---

10 Beitragsentlastungsgesetz vom 13. 09.1996, in Kraft getreten am 01.01.1997.
11 Die Senkung der Lohnfortzahlung war in dem Beschäftigungsförderungsgesetz vom 25.09.1996 enthalten.
12 Erstes und Zweites Gesetz zur Neuordnung von Selbstverwaltung und Eigenverantwortung in der gesetzlichen Krankenversicherung (1. GKV-NOG, 2. GKV-NOG), verabschiedet am 23.06.1997, in Kraft getreten am 01.07.1997.

nären Versorgung wurde das Prinzip der „monistischen Finanzierung der Krankenhäuser" über eine „leistungsgerechte Bezahlung" der Krankenkassen andiskutiert. Für eine Übergangszeit sollte mit einem Sonderbeitrag von 20 DM pro Versicherten und Jahr Instandhaltungsmaßnahmen finanziert werden. Diese Diskussion führte dazu, dass die Länder sich in unterschiedlichem Ausmaß aus der Finanzierung der Krankenhausinvestitionen zurückzogen, sodass bis heute ein beträchtlicher Investitionsstau entstanden ist.

Ein für 1996 erwarteter Anstieg der Grundlohnsumme um weniger als 1 Prozent bei einem Defizit der Krankenkassen von ca. 6,3 Mrd. DM machte weiter gehende Eingriffe des Gesetzgebers in die Finanzierung und Beitragsgestaltung der GKV notwendig. Die Option, Beitragssatzanhebungen über einen „floatenden" Arbeitnehmeranteil zu finanzieren, war in der Koalition durch den Widerstand der Gewerkschaften und die Nähe der nächsten Bundestagswahl nicht mehrheitsfähig. Stattdessen sah das Gesetz drastische Erhöhungen der Zuzahlungen (in der Regel 5,- DM bzw. 5 Prozentpunkte pro Zuzahlung) der Patienten vor, mit einer besonderen Härtefallregelung für chronisch Kranke.[13] Gleichzeitig verknüpfte der Gesundheitsminister Beitragssatzerhöhungen der Kassen mit Erhöhungen der Zuzahlungen der Versicherten und räumte ihnen für diesen Fall ein außergewöhnliches Kündigungsrecht ein.[14] Wie bereits beschrieben, wurde diese Sanktionsandrohung nie Realität, da sich die Umsetzungsprobleme als zu groß erwiesen.

Ohne direkte Aufgabe der paritätischen Finanzierung war mit diesen Maßnahmen der Weg zu einem Modell der Drei-Säulen-Finanzierung (Zipperer 1996) geebnet. Der Widerstand von Gewerkschaften, Opposition und Öffentlichkeit gegen eine Beendigung der paritätischen Beitragsfinanzierung führte dazu, dass die Patienten über Zuzahlungsmodelle an den Versorgungskosten beteiligt wurden. Auch dieses Modell wurde öffentlich gebrandmarkt, stand aber keineswegs so stark im Mittelpunkt des Interesses, vor allem der Gewerkschaften, wie die Preisgabe der paritätischen Beitragsaufbringung.

Die generelle Möglichkeit der Wahl von Kostenerstattung für alle Versicherten, die Einführung von Kostenerstattung bei Zahnersatz als Regelleistung und Möglichkeiten der Krankenkassen durch Selbstbeteiligungen, Zuzahlungen und/oder Beitragsrückerstattungen den Versicherten Sparanreize zu geben, waren weitere Schritte auf dem Weg zu einer „Kundenorientierung" des Systems, d.h. eine bessere Kostentransparenz herzustellen und dem Patienten mehr Verantwortung für den Kauf von Gesundheitsleistungen zu geben.

---

13 Oberstes Limit für Zuzahlungen waren nach dem Gesetz 2 Prozent des Bruttoverdienstes; für chronisch Kranke, die in einem Jahr diese Regelung überschritten, galt für die folgenden Jahr ein maximales Zuzahlungslimit von 1 Prozent.
14 Als schärfstes Druckmittel gegenüber den Kassen wurde im Gesetz festgehalten, dass jeder Beitragssatzanstieg um 0,1 Prozentpunkte die Zuzahlungen der Versicherten um 1,- DM erhöhen würde und den Versicherten sofortiger Kassenwechsel in diesem Falle möglich wäre.

IV. Die Umsetzung der wettbewerblichen Ausrichtung im Gesundheitswesen

1. Der Wettbewerb zwischen den gesetzlichen Krankenkassen

Die finanzielle Grundlage für einen Wettbewerb zwischen den gesetzlichen Krankenkassen wurde mit der Einführung des Risikostrukturausgleiches (RSA) im Jahr 1994 gelegt. Bis zu diesem Zeitpunkt musste jede Krankenkasse im Wesentlichen die Leistungsausgaben aus den eigenen Beitragseinnahmen decken mit Ausnahme des bestehenden kassenartenübergreifenden Ausgleichs bei der Krankenversicherung der Rentner (KVdR). Da die verschiedenen Krankenversicherungsträger auf Grund ihres gesetzlichen Auftrages bzw. ihrer Satzung unterschiedliche Versichertengruppe aufnehmen konnten bzw. mussten, waren die den Beitragszahlungen zu Grunde liegenden jeweiligen „Grundlohnsummen"[15] sehr unterschiedlich, was zu hohen Beitragssatzunterschieden führte.[16] Ohne kassenartübergreifenden RSA wurde mit einer Versichertenflucht aus den Kassen mit den höchsten Beitragssätzen gerechnet, was ein Ende der Allgemeinen Ortskrankenkassen in den durch hohe Arbeitslosigkeit gezeichneten strukturschwachen Regionen bedeutet hätte.

Im Unterschied zu den Vorgaben des GSG begann der Wettbewerb der Kassen um Versicherte sofort, ohne dass auf die Wirkungen des erst 1994 beginnenden und mit immensen Rechenleistungen und damit Verzögerungen durchzuführenden RSA gewartet wurde. Vor allem die AOKen versuchten ihr Image zu verbessern und begannen einen Werbefeldzug um den Versicherten. Sie nutzten hierzu die mit dem GSG erweiterten, als Gestaltungsleistungen durch die Satzung beeinflussbaren Leistungen zur Gesundheitsförderung. Obwohl die Ausgaben aller Kassen für Leistungen zur Gesundheitsförderung nie die 1 Prozent Marke übersprangen, wurden die für Wettbewerbszwecke eingesetzten Leistungen (Werbeaktionen, Bauchtanzkurse, Fitnesskurse, etc.) zum öffentlichen Ärgernis und Ursache für den Gesetzgeber, diese Leistungen wieder zu untersagen, bzw. ihre Gewährung aus der paritätischen Finanzierung herauszunehmen. Die politische Diskussion, bisherige Pflichtleistungen zu „kann"-Leistungen zu erklären (häusliche Krankenpflege, Heilgymnastik), um den Kassen Möglichkeiten zur Gestaltung eines eigenen Leistungsspektrums zu geben, führte zu Erklärungen der Kassenverbände, dass sie

---

15 „Grundlohnsumme" bedeutet die Summe der Einkünfte der Versicherten einer gesetzlichen Krankenkasse bis zur Beitragsbemessungsgrenze, also die für die Beitragszahlungen berechneten Einkünfte. Die beitragspflichtigen Einkünfte stiegen von 1980-1989 bei den Ortskrankenkassen um 36,5 Prozent, bei den Ersatzkassen 37,6 Prozent und bei den Betriebskrankenkassen 44 Prozent. Die Leistungsausgaben pro Mitglied stiegen im umgekehrten Verhältnis: 29,1 Prozent bei den AOKen, 23,8 Prozent bei den BKKen und 18,8 Prozent bei den Ersatzkassen.
16 Nach Wasem (1991, S. 54) lag am 1.1.1990 der niedrigste Beitragssatz in der GKV bei 8,0 Prozent; der höchste Beitragssatz bei 15,5 Prozent.

diese Leistungen unter Wettbewerbsbedingungen nicht gewähren würden, um wettbewerbsschädliche Beitragssatzerhöhungen zu vermeiden.

Als hinderlich für die Entfaltung von Wettbewerb in der „Kassenlandschaft" zeigt sich die mit dem GRG für viele Problembereiche eingeführte Verpflichtung zu „gemeinsamen und einheitlichem Handeln" der Krankenkassen; dies verhindert das Wiederaufleben der vor 1977 bestehenden kostensteigernden Konkurrenzsituation, stärkt die Macht der Kassen gegenüber den organisierten Leistungserbringern und schützt die Versicherten vor zu ausgeprägten Risikoselektionsmechanismen. Besonders die Ersatzkassen wünschen sich mehr Freiräume, um sich für Versicherte stärker zu profilieren. Der Wettbewerb zwischen den Krankenkassen hat bisher vor allem zu Konzentrationsprozessen in der Kassenlandschaft geführt.[17] Aber nicht nur Kassen mit zu hohen Beitragssätzen und daraus resultierendem Mitgliederverlust mussten sich mit anderen Kassen zusammenschließen, auch Kassen mit zu günstigen Beiträgen sehen sich gezwungen zu fusionieren, um den Mitgliederzuwachs verwaltungsmäßig bewältigen zu können.[18]

Für die Versicherten brachte der Wettbewerb die Wahlfreiheit und sich annähernde Beitragssätze. Zu beobachten ist, dass der Versicherte zum „Kunden" wurde. Umworben werden aber vor allem junge, gesunde Versicherte; ältere und behinderte Menschen werden teilweise durch die Wahl und Gestaltung der Geschäftsräume ausgegrenzt. Die Entstehung von „virtuellen Krankenkassen", ohne örtliche Kundenbetreuung, ist ein Indiz für diese Ausrichtung auf ein spezielles Versichertenklientel.

Ein Kassenwettbewerb bei gleichem Leistungsvolumen, Kontrahierungszwang und RSA führt vor allem zu einer Annäherung des durchschnittlichen Beitragssatzes, sodass sich ein Kassenwechsel aus diesem Grunde demnächst kaum mehr lohnt. Es ist damit zu rechnen, dass – wie in anderen Wirtschaftsbereichen auch – die Konzentrationsprozesse weiter fortschreiten und in wenigen Jahren nur noch wenige bundesweit aktive Krankenkassen zur Verfügung stehen werden. Ein Projekt an der Universität Bremen (Niedermeier, Schulz, Marstedt u.a.) zeigt, dass guter Service von den Versicherten erwartet wird und gerade jüngere Versicherte Vertreter eines uneingeschränkten Solidaritätsprinzips sind. Ob Versicherte ihre Kasse wegen der Höhe der Beitragssätze, räumlicher Nähe, ihrer Leistungen (wenn Differenzierungen möglich werden sollten) oder ihres Service auswählen, muss letztlich aber offen bleiben. Die bisherigen Erfahrungen mit Versichertenbewegungen in Deutschland zeigen, dass, wenn Wechsel stattfindet, dieser zu Kassen mit den niedrigsten Beitragssätzen erfolgt.

Letztlich könnte der Wettbewerb sich weniger zwischen den gesetzlichen Krankenkassen als zwischen GKV und privaten Krankenversicherern (PKV) austragen. Im ersten Halbjahr 1997 sind 54.100 freiwillig und damit gut verdienende und

17 Die Zahl der Krankenkassen im früheren Bundesgebiet ist von 1815 im Jahr 1970 auf 498 im Jahr 1997 gefallen (Daten des Gesundheitswesens 1997).
18 Presseschau des AOK Bundesverbandes vom 03.12.1998.

gesunde Versicherte von der GKV zur PKV gewechselt (gegenüber 600 im gesamten Jahr 1996) (FAZ vom 31.10.1997). Ein Trend, der sich durchaus fortsetzen könnte, denn jeder Verlust von „guten Risiken" ist eine zusätzliche Belastung für die GKV und damit ein weiterer Grund sie zu verlassen.

2. Wettbewerb zwischen den Leistungserbringern

Wettbewerb zwischen den Leistungserbringern findet bisher vor allem über Leistungsausweitungen oder die Verschiebung „teurer" Patienten in andere Einrichtungen statt. Sowohl die institutionalisierten Strukturen als auch das Fehlen von festgelegten Qualitätsmerkmalen für „medicin-outputs" verhindern einen effektiven Wettbewerb. Den einzelnen Arztpraxen ist es per Standesrecht verboten, mit besonderer Ausbildung oder Zusatzqualifikationen um Patienten zu werben. Stattdessen zeichnet sich ein Wettbewerb um den Patienten über maximale Versorgung ab mit dem Ziel der Punktezahlmaximierung. Wettbewerbsparameter ist nicht eine möglichst effektive Versorgung, sondern die Erbringung von möglichst vielen Einzelleistungen, um in der Konkurrenz mit anderen Ärzten bei der Honorarverteilung keine den Praxisbetrieb gefährdenden Nachteile zu erleiden. Diese Praxis hat sich seit der Einführung der Praxisbudgets als Honorarverteilungsmaßstab im Sommer 1997 reduziert. Während das unbegrenzte Mengenwachstum damit eingedämmt scheint, fehlt es weiterhin an Anreizen zur Erbringung der effektivsten Behandlung und an geeigneten Qualitätsparametern zur Bewertung der Behandlungsqualität.

Im Bereich der Zahnversorgung besteht durch die seit Jahren bestehende Konfliktlage zwischen Kassenzahnärztlichen Vereinigungen und Krankenkassen eine Sondersituation, die zu Sonderregelungen des Bundesministeriums und in Niedersachsen zur befristeten Übernahme des Sicherstellungsauftrags durch das niedersächsische Landesministeriums (Einsetzung eines kommissarischen Geschäftsführers) führte. Die Einführung von Kostenerstattungsregelungen, und damit die Herstellung direkter Verkäufer-Käufer-Situationen in der Zahnarztpraxis, konnte diesen Konflikt nicht entschärfen, sondern führte zu weiteren Konfrontationen. Der Markt für Zahnprothetik hat sich durch die Kostenerstattungsregelung teilweise ins Ausland verlagert, ist aber bereits innerhalb Deutschlands für den Kunden nicht überschaubar (http:/www.wido.de/aktuell/zahnpres.htm).

Im Kur- und Rehabilitationswesen, wo durch gesetzliche Leistungseinschränkungen und hohe zusätzliche Belastungen der Patienten ein Ausgabenrückgang von etwa 20 Prozent bei der gesetzlichen Rentenversicherung und ca. 10 Prozent bei der GKV zu beobachten war, wäre ein Qualitätsgewinn durch mehr Wettbewerb möglich. Stattdessen zeichnet sich durch die GRV eine Belegung eigener Einrichtungen und Verzicht auf Vertragsabschlüsse mit privaten Trägern ab. Mangelnde Auslastung führt zu Einrichtungs-, insbesondere Klinikschließungen. Marktverhalten, d.h. Qualitätsverbesserung und gezielte Werbung ist noch im Anfangsstadium. Der Erfolg ist auf Grund des Nachfrageverhaltens der Kostenträger auch zweifelhaft und der Markt für private Gesundheitsleistungen sehr begrenzt.

In der stationären Akutversorgung ist die Entstehung privater Klinikketten zu beobachten, die in Konkurrenz zu den gemeinnützigen oder kommunalen bzw. staatlichen Krankenhäusern treten (Krankenhausreport 1998). Die öffentlichen Kliniken haben es schwer, sich gegen diese Konkurrenz zu wehren und versuchen dies u.a. durch neue Organisationsformen, z.b. durch die Umwidmung in Kapitalgesellschaften mit beschränkter Haftpflicht (GmbH), was sie zu einem anderen Kostenmanagement und betriebswirtschaftlichem Denken zwingt. Gleichzeitig kommt es zu einer Verschiebung multimorbider Patienten von privaten Trägern zu gemeinnützigen und kommunalen bzw. in Krankenhäuser der Spitzenversorgung, was letztlich die Versorgung verteuert (Simon 1997). Strukturänderungen, wie eine vermehrte Einführung von prä- und poststationärer ambulanter Versorgung scheiterten bisher an der Vergütung unter dem Dach des Budgets. Gleichzeitig setzte sich der Trend der Verkürzung der Verweildauer und des Anstiegs der Patientenzahlen fort.

Auf dem „Pflegemarkt" stieg durch das Pflege-VG die Zahl der anbietenden Dienste rapide an. Anfang 1998 gab es nach einer Dokumentation des Verbandes der Angestelltenkrankenkassen (VdAK) in Deutschland etwa 11700 nach SGB XI zugelassene ambulante Pflegeeinrichtungen. Der Pflegemarkt zeichnet sich zurzeit aus durch eine große Unübersichtlichkeit (Gerster/Rehbein 1998), die – wie es scheint – Pflegebedürftige und Angehörige überfordert. Es gibt erhebliche Unterschiede in der regionalen Versorgungsdichte, bei der Versorgungsqualität und bei den Preisen (z.B. die Varianz von Bruttopflegesätzen in der Pflegestufe II erstreckt sich von 91,92 DM bis 234,53 DM. Die Qualität der Versorgung gemessen an der Beschäftigtenstruktur variiert zwischen 22 Prozent ausgebildeten Pflegekräften in Einrichtungen des Saarlands und 42 Prozent in Bremen. Darüber hinaus gibt es zurzeit keine qualitativen Standards, die bei der Suche nach einem geeigneten Platz oder Dienst Hilfestellung geben könnten.

V. „Alternative" Steuerungsformen der rot-grünen Bundesregierung

Im Zentrum der Gesundheitspolitik der neuen rot-grünen Gesundheitspolitik sollte der Patient stehen. „Kernpunkt einer Reform des Gesundheitswesens muß das Bemühen sein, die Interessen der Menschen in den Mittelpunkt zu stellen, ihnen, und nicht den Verbänden, zukünftig den Schlüssel für die Gestaltung des Gesundheitswesens in die Hand zu geben" (Vogel u.a. 1991, S. 96 f.). Der SPD-Gesundheitsexperte schränkt diese Aussage allerdings dahingehend ein, dass dieser Mensch für ihn nicht der Patient ist, sondern der Versicherte: „Den Versicherten den Schlüssel zur Umgestaltung unseres Krankenversicherungssystems in die Hand zu geben heißt, sie selbst entscheiden lassen, wo sie krankenversichert sein wollen.

Dies ist jener entscheidende Reformschritt von strategischer Bedeutung, der die anderen bewirkt".

Im Unterschied zu der SPD möchte Bündnis 90/Die Grünen die Krankenkassen demokratischer gestalten, Patienten und Versicherte stärker in die Gestaltung des Systems einbeziehen. Dieser Unterschied zeigt sich auch bei den angestrebten Steuerungsmechanismen. Während die SPD den Weg von Lahnstein fortsetzen möchte und durch mehr Wettbewerb die Effektivität des Systems zu steigern versucht, ist dies für „Bündnis 90/Die Grünen" der falsche Weg. Sie gehen davon aus, dass seit dem Beitragsentlastungsgesetz von 1996 „Kranke belastet, das Solidar- und Sachleistungsprinzip ausgehöhlt und die Arbeitgeber Schritt für Schritt aus ihrer Verantwortung für den Fortbestand der Sozialen Marktwirtschaft entlassen" werden. Für Knoche (1998) darf die Politik ihre Verantwortung für die Gestaltung des Gesundheitswesens nicht an die Selbstregulierungsmechanismen des Marktes übereignen, und auch nicht an eine öffentlich-demokratisch nicht hinreichend legitimierte Selbstverwaltung abgeben.

Diese prinzipiellen Unterschiede berücksichtigend, zeigt sich bei der konkreten Planung der Gesundheitspolitik (Koalitionsvereinbarung zwischen der SPD und Bündnis 90/Die Grünen), dass

- eine Entlastung der Patienten und
- die Aktivierung der im System vermuteten Wirtschaftlichkeitsreserven

politischer Konsens ist. Während eine Entlastung der Patienten, die Rücknahme der Kostenerstattungsregelungen und anderer aus der privaten Versicherungswirtschaft entnommenen Instrumente und die Streichung der nie Realität gewordenen Verknüpfung von Beitragssatz- und Zuzahlungserhöhungen als Wahlversprechen bereits in die Realität umgesetzt wurde,[19] zeigt es sich, dass eine Aktivierung der vermuteten Wirtschaftlichkeitsreserven schwieriger umzusetzen ist. Die Verknüpfung von „mehr Wettbewerb" auf Seiten der SPD und mehr „Staat", weil demokratisch kontrolliert, auf Seiten der „Grünen" führt zu einem wenig zielgerichteten Politikprozess, der allerdings auch in früheren Koalitionsregierungen in der Gesundheitspolitik zu beobachten war.

Als zentrale Elemente für die geplante Strukturreform und die Umformung des Gesundheitswesen kristallisieren sich vor allem zwei heraus:

- Zur Verbesserung von Effizienz und Effektivität sollen die Krankenkassen ein Globalbudget erhalten und die Möglichkeit, über den Einkauf von therapeutischen Kapazitäten die Versorgung im stärkeren Umfang zu kontrollieren.
- Durch die wahlweise Einführung des Primärarztprinzips und von Praxisnetzwerken soll die Effektivität des Systems erhöht und die Stellung des Patienten im System gestärkt werden.

---

19 Gesetz zur Stärkung der Solidarität in der gesetzlichen Krankenversicherung (GKV-Solidaritätsstärkungsgesetz – GKV-SolG) vom 19.12.1998, in Kraft getreten am 1. Januar 1999.

Beide Parteien sind sich einig, dass die Versorgung effektiver gestaltet werden kann, dass es „Wirtschaftlichkeitsreserven" gibt.[20] Das „Hausarztprinzip", „Praxisnetze", und monistische Krankenhausfinanzierung sind die Zauberformeln, durch die die Patienten im System geführt werden sollen, die Kommunikation zwischen Ärzten verbessert, teure Doppeluntersuchungen vermieden, der vermutete kostentreibende Missbrauch der Versichertenkarte[21] unterbunden und Überkapazitäten im Krankenhaus abgebaut werden sollen. Die Einführung des in vielen europäischen Ländern verbreiteten Hausarzt- bzw. Primärarztmodells gestaltet sich unter rechtlichen Gesichtspunkten jedoch schwierig, da in Deutschland das System der „freien Arztwahl" gesetzlich festgelegt ist (SGB V § 76 Abs. 1). Gesundheitsministerin Andrea Fischer plant daher, über von den einzelnen Kassen selbst festzulegende Bonusregelungen die Einführung dieses Systems zu fördern.

Nach neuesten Presseinformationen (Handelsblatt vom 21.05.1999; Süddeutsche Zeitung vom 26.05.1999) plant die Gesundheitsministerin die Verantwortung für ein gesetzlich festgelegtes Globalbudget den einzelnen Krankenkassen zu übertragen mit Aufsicht durch die Landesverbände. Die Erhöhung des Budgets wird an die Erhöhung der Grundlohnsumme gebunden sein. Die Verteilung des Gesamtbudgets auf die einzelnen Kassen soll gemeinsam und einheitlich durch die Kassenverbände erfolgen, die Verteilung des Einzelbudgets auf die Versorgungsbereiche Aufgabe der „gemeinsamen Selbstverwaltung" sein (Referat von Ministerin Fischer auf dem Deutschen Ärztetag 1999 in Cottbus).

Die stufenweise Einführung der Krankenhausfinanzierung allein über die Pflegesätze bis zum Jahr 2008 ist verbunden mit einem teilweisen Verzicht auf die Bedarfsplanung durch die Länder und damit demokratisch gewählter Instanzen. Der „Kontrahierungszwang" der Krankenkassen soll entfallen, sie müssen nicht mehr mit jeder im Bedarfsplan aufgenommenen Klinik zum Vertragsabschluss kommen. Als Ausgleich für die bisherige Investitionsförderung der Länder in Höhe von 7,5 Mrd. DM (FAZ vom 18.05.1999) sollen diese Ausgaben der Kassen für Mutterschafts- und Sterbegeld in Höhe von 2,76 Mrd. DM übernehmen. „Wo" die zusätzliche Belastung der Kassen eingespart werden soll ist nicht klar; nachgewiesen ist, dass Bettenabbau und Verkürzung der Verweildauer nicht kostengünstiger sein muss. Die Krankenhäuser und auch die Gewerkschaft ÖTV befürchten durch diese Maßnahmen eine massive Vernichtung von Arbeitsplätzen

---

20 Referentenentwurf eines Gesetzes zur Reform der gesetzlichen Krankenversicherung ab dem Jahr 2000 und Begründung zum Referentenentwurf.
21 Das Ausmaß dieses „Missbrauchs" der Karte wird unterschiedlich gesehen; während die Kassenärztliche Bundesvereinigung (KBV) einen „Missbrauch" durch die Patienten anprangert und die Versicherten für den Anstieg der Punktzahlen bei den Fachärzten verantwortlich macht, zeigte ein die Einführung der Versichertenkarte begleitendes Modellprojekt des Wido, dass der Anstieg der Fallzahlen im Jahr 1995 nicht auf die Einführung der Krankenversichertenkarte zurückgeführt werden kann (http://www.wido.de/projekte/arzt/kv.htm). Als Ursachen für den Fallzahlanstieg benannte das Wido die Auswirkungen der kassenärztlichen Niederlassungswelle auf Grund der Zulassungsänderungen und der Bedarfsplanung.

im stationären Bereich, obwohl eine stärkere Verzahnung ambulanter und stationärer Versorgung den Kliniken mehr Einnahmemöglichkeiten bringen soll.

Für den Arzneimittelbereich ist die Einführung einer „Positivliste" fest geplant, obwohl viele Kritiker warnen, dass sie zu einer Verteuerung der Behandlung führen kann. Wie sich bereits bei der Einführung der Negativliste gezeigt hat, kommt es zu Änderungen des Verordnungsverhaltens zu wirksameren und teureren Arzneimitteln.

Gesundheitsförderung, Rehabilitation und Selbsthilfegruppen sollen (wieder) stärker in das Zentrum der Kassenleistungen gestellt und die Zuzahlungen hierzu gesenkt werden. Der rheinland-westfälische Sozialminister Florian Gerster (SPD) warnt vor hieraus resultierenden zusätzlichen Mehrkosten von 2,5 Mrd. DM und schließt, neben anderen SPD-Politikern, Erhöhungen der Zuzahlungen nicht aus.

VI. Diskussion

Einen spezifischen, über die Verknappung der finanzpolitischen Handlungsspielräume hinausgehenden Einfluss der deutschen Wiedervereinigung auf die Gesundheitspolitik können wir nicht erkennen. Vergleichbare Tendenzen zur Umgestaltung der Gesundheitssysteme sind in allen westlichen Industriestaaten zu beobachten. Dabei steht sowohl die Eindämmung der Kosten als auch eine Liberalisierung der Systeme im Vordergrund. Ein Vergleich der Kostenentwicklungen in europäischen Staaten zeigt, dass in den letzten zehn Jahren eine Angleichung der Ausgaben für Gesundheit stattgefunden hat. Teure Länder wie Schweden haben ihre Ausgaben vergleichsweise gesenkt und eher arme Länder ihre Ausgaben angehoben (Culyer/Wagstaff 1994). Diese Entwicklung hat völlig unabhängig von der Art der Steuerung der Gesundheitssysteme stattgefunden.

Die Umgestaltung des deutschen Gesundheitswesens von einem Verhandlungs- zu einem Wettbewerbssystem unterliegt einigen Randbedingungen: Stabilität der Beitragssätze der Sozialversicherungen und damit der Lohnnebenkosten, keine zusätzlicher Druck auf den Arbeitsmarkt durch Ausgabenreduzierungen (keine weiteren Arbeitslosen) und Sicherung der Behandlungsqualität. Der Versuch, die Kosten des Systems von den Lohnkosten zu trennen, erschien unter diesen Bedingungen unausweichlich. Nachdem die (im Pflegebereich erfolgreiche) Verlagerung des Arbeitgeberanteils der Krankenkassenbeiträge auf die Arbeitnehmer auf Druck von Gewerkschaften, SPD und öffentlicher Meinung politisch nicht durchsetzbar war, konnte Minister Horst Seehofer nur noch die Patienten direkt an den Kosten beteiligen: Der Wachstumspfad des Gesundheitswesens war insofern auch ein „Privatisierungspfad".

Die Einführung von Wettbewerb unter den Bedingungen der Budgetierung der Gesundheitsausgaben zeigte sich an vielen Stellen als kontraproduktiv. Die Sicherung des notwendigen Budgetanteils durch Leistungsausweitung (ambulante

Praxis) oder Erbringung eher teurerer Leistungen (stationär statt ambulant) war für die Leistungsanbieter existenziell oder betriebswirtschaftlich effizienter, als eine am gesundheitlichen „out-come" gemessene Versorgung.

Im Gesundheitswesen fehlen frei zugängliche und objektive Informationen und Qualitätsleitlinien, um Leistungen gezielt einkaufen zu können. Unter diesen Voraussetzungen ist eine Erhöhung der Effektivität auch durch mehr Markt und Wettbewerb nicht automatisch gegeben, weil die Voraussetzung gleicher Information bei den Marktteilnehmern fehlt. Le Grand (1993) weist für Großbritannien nach, dass den Nutzen von „mehr Markt" im Gesundheitswesen Mittelschichtsbürger haben, die es gewohnt sind, ihre Güter eigenverantwortlich einzukaufen. Kostensenkungen sind durch Marktmechanismen nicht automatisch zu erwarten (Nullmeier 1998), wie am Volumen des Gesundheitswesens der USA, aber auch im Bereich der Privaten Krankenversicherung in Deutschland sehr gut zu beobachten ist.

Die rot-grüne Bundesregierung steht vor einem verschärften Problem. Auf Grund ihrer Wahlversprechen „darf" sie keine neue Arbeitslosigkeit durch Sparmaßnahmen im Gesundheitswesen produzieren, sie darf aber auch durch Erhöhung der Beitragssätze den Faktor „Arbeit" nicht verteuern und damit neuen Druck auf den Arbeitsmarkt ausüben. Gleichzeitig will sie die Patienten von Zuzahlungen entlasten und entzieht dem System damit Geld. Die „Rückwende" zu mehr Solidarität durch Gesetzesvorhaben, welche die Ausbreitung von „Scheinselbstständigkeit" und „630 DM-Jobs" zu bekämpfen, um damit den Ausstieg aus den sozialversicherungspflichtigen Arbeitsverhältnissen zu beenden, wird von Seiten der Wirtschaft aber auch der Beschäftigten vehement als beschäftigungsfeindlich bekämpft. „Wettbewerb" wird, ins System zurückgelagert, zum Konkurrenzkampf zwischen den Kassen und Ärzten um die Definitionsmacht über Gesundheitsleistungen.

Die Gesundheitspolitik der 90er Jahre zeichnet sich vor allem dadurch aus, dass sich viele „Selbstverständlichkeiten", die mit der Prosperität bis in die 80er Jahre hinein verbunden waren und die noch den Grundkonsens aller Akteure bei der deutschen Einigung und der umstandslosen Übertragung des bewährten Systems auf das „Beitrittsgebiet" stützen, allmählich auflösen. Parteipolitische Auseinandersetzungen nehmen angesichts der Krise öffentlicher Haushalte wieder zu. Eine gemeinsame Problemdefinition, die sich in der großen Sachkoalition im „Lahnstein-Kompromiss" zentral um die Kostenproblematik darstellen konnte, ist (noch) nicht in Sicht. Ein neues „Design" zur Gesundheitspolitik könnte wohl nur entlang eines Konzeptes der „kooperativen Leistungsaktivierung" (Blanke/von Bandemer 1999) entworfen werden. Derzeit gewinnt jedoch die Eigendynamik von Systemelementen an Gewicht, was besonders durch die rasant abnehmende Akzeptanz der rot-grünen Bundesregierung – auch im eigenen Lager – gefördert wird. Der Beobachter kann fast zu dem Schluss kommen, die Ende der 80er Jahre konstantierten Reformblockaden feierten ihre Wiederauferstehung.

Dabei bleibt allerdings die Entwicklung des europäischen Marktes völlig unbeachtet. Der Einfluss der Europäischen Union auf die Gesundheitswesen der Mitgliedstaaten ist bis heute erst im Anfangsstadium wahrnehmbar, aber in seinen Ausmaßen erahnbar. Die im Amsterdamer Vertrag beschlossene Bewahrung der nationalen Sozialsysteme wird sich vor allem in dem so wirtschaftsnahen Gesundheitswesen nicht durchhalten lassen, wie Urteile des Europäischen Gerichtshofes schon heute zeigen. Die gegenwärtigen Umgestaltungen im Gesundheitswesen werden sich auch daran messen lassen müssen, inwieweit sie „europatauglich" sind. Der Weg von der Bonner zur Berliner Republik ist im Gesundheitswesen der Anfang des Weges von einem deutschen zu einem europäischen Gesundheitsmarkt, der, wenn nicht politisch gesteuert, sich selbst seinen Weg im überregionalen Wettbewerb der „Systeme" suchen wird.

(abgeschlossen Juli 1999)

Literatur

Alber, Jens, 1998: Der deutsche Sozialstaat im Licht international vergleichender Daten, in: Leviathan, 26. Jg., Nr. 2, S. 199-227.
Arnold, Michael und Dieter Paffrath (Hrsg.), 1999: Krankenhaus-Report '98. Schwerpunktthema: Überkapazitäten im Krankenhaus, in: WIdO-Materialien, Bd. 38, Bonn.
Bandemer, Stephan von, 1998: Vom expandierenden zum aktivierenden Staat, in: Stephan von Bandemer, Bernhard Blanke, Frank Nullmeier und Göttrik Wewer (Hrsg.), Handbuch zur Verwaltungs-Reform, Opladen, S. 25-32.
Blanke, Bernhard und Stephan von Bandemer, 1999: Der „aktivierende Staat", in: Gewerkschaftliche Monatshefte, Nr. 6, S. 321-330.
Blanke, Bernhard und Helga Kania, 1996: Die Ökonomisierung der Gesundheitspolitik. Von der Globalsteuerung zum Wettbewerbskonzept im Gesundheitswesen, in: Leviathan, 24. Jg., Nr. 4, S. 512-538.
Culyer, A.J, 1994: The NHS reforms – a challenge or a threat to NHS values?, in: A.J. Culyer (Hrsg.), Reforming Health Care Systems, Loughbourough.
Döhler, Marian, 1990: Gesundheitspolitik nach der „Wende". Policy – Netzwerke und ordnungspolitischer Strategiewechsel in Großbritannien, den USA und der Bundesrepublik Deutschland, Berlin.
Döhler, Marian, 1991: Strukturpolitik versus Ordnungspolitik. Ein Vergleich sozial-liberaler und christlich-liberaler Reformen im Gesundheitswesen, in: Bernhard Blanke und Hellmut Wollmann (Hrsg.), Die alte Bundesrepublik. Kontinuität und Wandel (= Leviathan Sonderheft 12), Opladen, S. 463-481.
Döhler, Marian und Philipp Manow, 1997: Strukturbildung von Politikfeldern, Opladen.
Evers, Adalbert, 1998: Schutz und Aktivierung. Das Beispiel häuslicher Hilfe und Pflegedienste im Rahmen der Pflegeversicherung, in: Erika Mezger und Klaus W. West (Hrsg.), Neue Chancen für den Sozialstaat. Soziale Gerechtigkeit, Sozialstaat und Aktivierung, Marburg.
Gerste, Bettina und Isabel Rehbein, 1998: Der Pflegemarkt in Deutschland. Ein statistischer Überblick, in: WIdO-Materialien, Bd. 38, Bonn.
Henke, Klaus-Dirk, 1999: The Allocation of National Resources in Health Care in Germany between Competition and Solidarity. Vortrag gehalten auf dem XII. Malenter Symposium in Lübeck.

Henkel, Hans-Bernhard, 1998: Der Konsens ist zerbrochen. Dreßler-Interview, in: Zeitschrift für Gesundheit und Gesellschaft. Das AOK-Forum für Politik, Praxis und Wissenschaft, Nr. 7, S. 42-45.

Igl, Gerhard und Falk Stadelmann, 1998: Die Pflegeversicherung in Deutschland, in: Klaus Sievekind (Hrsg.), Soziale Sicherung bei Pflegebedürftigkeit in der Europäischen Union. Studien aus dem Max-Planck Institut für ausländisches und internationales Sozialrecht, Bd. 20, Baden-Baden, S. 37-49.

Kania, Helga, 1998: Konsensorientierte Politik im Gesundheitssystem Deutschlands: German Health Policy System – Major Actors and their Relationships. Vortrag gehalten auf der Conference: Public Sector Reforms in Germany and the Netherlands', Amsterdam, 15.05.1998.

Klie, Thomas (Hrsg.), 1995: Pflegeversicherung: Einführung, Lexikon, Gesetzestext, SGB XI mit Begründung und Rundschreiben der Pflegekassen, Nebengesetze, Materialien, 2. neu bearb. und erw. Aufl., Hannover.

Klie, Thomas und Utz Krahmer, 1998: Soziale Pflegeversicherung: Lehr- und Praxiskommentar (LPK-SGB XI); mit Kommentierung der wichtigsten BSHG-Regelungen, 1. Aufl. (Gesetzesstand: Juni 1998), Baden-Baden.

Knoche, Monika, 1998: Bündnisgrüne Gesundheitspolitik – Eine Einschätzung und Bilanz nach drei Jahren im Bundestag, in: Monika Knoche und Germanus Hungeling (Hrsg.), Soziale und ökologische Gesundheitspolitik, Frankfurt a.M., S. 13-38.

Kühn, Hagen, 1998: Ergebnisorientierung versus Wettbewerb in der medizinischen Versorgung, in: Monika Knoche und Germanus Hungeling (Hrsg.), Soziale und ökologische Gesundheitspolitik, Frankfurt a.M., S. 208-220.

Lamping, Wolfram, 1994: Selbstverwaltung und Parafiskalität: Die Gesetzliche Krankenversicherung im politischen Ausgleich sozialer Risiken, in: Bernhard Blanke (Hrsg.), Krankheit und Gemeinwohl. Gesundheitspolitik zwischen Staat, Sozialversicherung und Medizin, Opladen.

Lauer-Kirschbaum, Thomas, 1994: Kollektivverhandlungen und Selbstverwaltungskonsens: Interessenegoismus und Gemeinwohlorientierung in der Entwicklung und Reform der Gesetzlichen Krankenversicherung, in: Bernhard Blanke (Hrsg.), Krankheit und Gemeinwohl. Gesundheitspolitik zwischen Staat, Sozialversicherung und Medizin, Opladen.

Le Grand, Julian, 1993: Ein Wandel in der Verwendung von Policy-Instrumenten: Quasi-Märkte und Gesundheitspolitik, in: Adrienne Héritier (Hrsg.), Policy-Analyse (= PVS Sonderheft 24), Opladen, S. 225-244.

Lehmbruch, Gerhard, 1988: Der Neokorporatismus der Bundesrepublik im internationalen Vergleich und die „Konzertierte Aktion im Gesundheitswesen", in: Gérard Gräfgen (Hrsg.), Neokorporatismus und Gesundheitswesen, Baden-Baden.

Marstedt, Gerd, 1998: Krankenkassen – Die neuen Gesundheitsberater der Risikogesellschaft?, in: Gerd Marstedt und Rainer Müller (Hrsg.), Gesellschaftlicher Strukturwandel als Herausforderung der Gesundheitswissenschaften, Bremerhaven.

Mayntz, Renate, 1991: Politische Steuerbarkeit und Reformblockaden: Überlegungen am Beispiel des Gesundheitswesens, in: Klaus-Dirk Henke, Joachim Jens Hesse und Gunnar Folke Schuppert (Hrsg.), Die Zukunft der sozialen Sicherung in Deutschland (= Reihe Staatswissenschaften und Staatspraxis, Sonderheft 1), Baden-Baden: Nomos Verlag, S. 21-45.

Niedermeier, Renate und Thomas Schulz, et al., 1998: Verwalter oder Gestalter des Gesundheitswesens? Anzeichen für veränderte Handlungsstrategien von deutschen Krankenkassen. Konferenz: Netherlands and German Public Sector Reforms, Amsterdam (unveröffentlichter Buchbeitrag).

Nullmeier, Frank, 1998: Input, Output, Outcome, Effektivität und Effizienz, in: Stephan von Bandemer, Bernhard Blanke, Frank Nullmeier und Göttrik Wewer (Hrsg.), Handbuch zur Verwaltungs-Reform, Opladen, S. 314-322.

Nullmeier, Frank, 1998: Wettbewerb und Konkurrenz, in: Stephan von Bandemer, Bernhard Blanke, Frank Nullmeier und Göttrik Wewer (Hrsg.), Handbuch zur Verwaltungs-Reform, Opladen, S. 80-93.

Perschke-Hartmann, Christiane, 1994: Die doppelte Reform. Gesundheitspolitik von Blüm zu Seehofer, Opladen.

Pfaff, Martin und Dietmar Wassener, 1990: Der Risikostrukturausgleich als Element der GKV-Organisationsreform. Konzepte und finanzielle Auswirkungen für die Krankenkassen, in: Sozialer Fortschritt, 39. Jg., Nr. 3/4.

Reinhardt, Uwe E., 1997: Accountable Health Care: Is it comptible with social solidarity? Annual Lecture at the University of Princeton. Vortrag gehalten auf dem XII. Malenter Symposium in Lübeck.

Rosenbrock, Rolf, 1998: Die Gesetzliche Krankenversicherung – ein Steuerungsmodell am Scheideweg, in: Monika Knoche und Germanus Hungeling (Hrsg.), Soziale und ökologische Gesundheitspolitik, Frankfurt a.M., S. 196-207.

Rosewitz, Bernd und Douglas Webber, 1990: Reformversuche und Reformblockaden im deutschen Gesundheitswesen, Frankfurt a.M./New York.

Sachverständigenrat für die Konzertierte Aktion im Gesundheitswesen, 1996: Gesundheitswesen in Deutschland. Kostenfaktor und Zukunftsbranche. Bd. I: Demographie, Morbidität, Wirtschaftlichkeitsreserven und Beschäftigung, Sondergutachten, Baden-Baden.

Sachverständigenrat für die Konzertierte Aktion im Gesundheitswesen, 1997: Gesundheitswesen in Deutschland. Kostenfaktor und Zukunftsbranche. Bd. II: Sondergutachten, Baden-Baden.

Simon, Michael, 1997: Das Krankenhaus im Umbruch. Neuere Entwicklungen in der stationären Krankenversorgung im Gefolge von sektoraler Budgetierung und neuem Entgeltsystem. Veröffentlichungsreihe der Arbeitsgruppe Public Health, Wissenschaftszentrum Berlin für Sozialforschung, Berlin.

Statistisches Bundesamt, 1998: Gesundheitsbericht für Deutschland. Gesundheitsberichterstattung des Bundes, Wiesbaden.

Vogel, Hans-Joachim, Oskar Lafontaine und Anke Fuchs et al., 1991: Fortschritt 90. Fortschritt für Deutschland, München.

Wasem, Jürgen, 1991: – Nach der „Gesundheitsreform": Weiterentwicklung der gesetzlichen Krankenversicherung, in: Klaus-Dirk Henke, Joachim Jens Hesse und Gunnar Folke Schuppert (Hrsg.), Die Zukunft der sozialen Sicherung in Deutschland (= Reihe: Staatswissenschaften und Staatspraxis, Sonderheft 1), Baden-Baden, S. 46-72.

Webber, Douglas, 1988: Krankheit, Geld und Politik zur Geschichte der Gesundheitsreformen in Deutschland, in: Leviathan, 16. Jg., Nr. 2, S. 156-203.

Webster, Charles, 1998: Fifty Years of the National Health Service, in: NHS Handbook 1998/99, 13. Aufl., JMH Tunbridge Wells, S. 1-6.

Wewer, Göttrik, 1998: Globalisierung, Flexibilisierung, Budgetierung, in: Stephan von Bandemer, Bernhard Blanke, Frank Nullmeier und Göttrik Wewer (Hrsg.), Handbuch zur Verwaltungs-Reform, Opladen, S. 289-295.

Wismar, M., R. Busse und F.W. Schwartz, 1998: Gesundheitsziele: Konzeptionelle, methodische und politische Überlegungen zu ergebnisorientierten Gesundheitszielen, in: Sozialer Fortschritt, 47. Jg., Nr. 11, S. 272-279.

Zipperer, Manfred, 1997: Entwicklungslinien der künftigen Gesundheitspolitik – Die Zukunft der sozialen Krankenversicherung, in: Die Betriebskrankenkasse, Heft 11, S. 457-461.

Claus Schäfer

Jahrzehnt der Vermögenden

Vermögensverteilung und Vermögenspolitik als Schlüssel für alte und neue „Systemfragen"

I. Von der „Skandalisierung" zur „Funktionalisierung" – eine „merkwürdige" Entwicklungsgeschichte

Vermögensverteilung und Vermögenspolitik erscheinen als ein begriffliches Zwillingspaar. Sie gelten auch als aufeinander bezogene Kategorien eines politischen Handlungsfeldes. Demnach soll Vermögenspolitik zur Korrektur der Vermögensverteilung beitragen. Bei näherer Betrachtung wird indes deutlich, wie weit sich in der Geschichte der Bundesrepublik das eine vom anderen entfernt hat. Das Ziel einer gleichmäßigeren Vermögensverteilung wurde von der Vermögenspolitik mehr und mehr vernachlässigt, um nicht zu sagen vereitelt. Deshalb ist daraus ein „unmögliches", vielfach mit falschen Vorstellungen befrachtetes Begriffspaar geworden; ein Vorgang, der sich – wie zu zeigen sein wird – in den 90er Jahren infolge ökonomischer Entgrenzungsprozesse und der deutschen Wiedervereinigung verschärft darstellt.

Dem Instrument *Vermögenspolitik* wird seit Jahrzehnten in der öffentlichen Debatte ein vielseitiger und hoher Stellenwert bei die Bewältigung anstehender gesellschaftlicher Probleme zugeschrieben. Dabei geht es nicht nur um die „Verbesserung" der Vermögenssituation breiter Schichten, sondern gleichzeitig auch um viele andere, teils „hehre" Zielgrößen der Politik. So ist von Vermögenspolitik als ein Beitrag zur „Versöhnung der Menschen mit dem herrschenden nationalen Wirtschaftssystem" (Willgerodt/Bartel/Schillert 1971, S. 9 f., 13 ff., 26) gesprochen worden. In jüngerer Zeit gilt sie als „Bewältigung der Herausforderungen einer globalen Wirtschaftsordnung" (Bericht der Kommission für Zukunftsfragen der Freistaaten Bayern und Sachsen 1997, S. 6). Die mit Vermögenspolitik in ihrer Entwicklungsgeschichte verknüpften Vorstellungen lassen sich mehr oder weniger auf solche fundamentalen Ansprüche zurückführen:

Zu Erhards und Adenauers Zeiten diente Vermögenspolitik der Verwirklichung der sozialen Marktwirtschaft, dem Abschluss des Nachkriegs-Wiederaufbaus, der Beseitigung der Wohnungsnot u.a.m. (Willgeroth/Bartel/Schillert 1971). In der

Ära Brandt sollte gerade auch mit Vermögensbildung in Arbeitnehmerhand mehr Demokratie gewagt und gewonnen werden. Während der Regierungszeit Kohl hat Norbert Blüm – damaliger Arbeitsminister wie Vorsitzender der Arbeitsgemeinschaft für Arbeitnehmerfragen innerhalb der CDU/CSU – noch vor der Auflösung des Ostblocks und der deutschen Vereinigung die Vermögenspolitik als den „dritten Weg" zwischen Kapitalismus und Sozialismus bezeichnet. Nach der deutschen Vereinigung galt die Vermögenspolitik als ein Beitrag zur Lösung der fundamentalen ökonomischen Probleme in Ostdeutschland (Sinn/Sinn 1991). In den letzten Jahren schließlich erhofft man von bestimmten Formen der Vermögenspolitik eine allgemeine Stärkung der Wachstums- und Wettbewerbskräfte: Kapitalanlage- statt Umlageverfahren bei der gesetzlichen Rentenversicherung, betriebliche Beteiligung der Arbeitnehmer am Produktivvermögen statt überbetriebliche, Heranführung möglichst vieler privater Ersparnisse an den Kapitalmarkt u.a.m.

Die empirische *Vermögensverteilung* dagegen, die als entsprechende Bestandsaufnahme der gesellschaftlichen Wirklichkeit die entscheidende Basis für die Ausgestaltung einer Vermögenspolitik sein sollte, durchlief eine ganz andere Bedeutungsgeschichte. Ursprünglich war die vorfindbare, insbesondere von Krelle u.a. (1968) analysierte Vermögensverteilung wegen ihrer „Ungleichheit" – d.h. wegen der relativen Vermögenslosigkeit breiter Bevölkerungsschichten und der hohen Vermögenskonzentration bei wenigen reichen Privathaushalten – ein „gesellschaftspolitischer Skandal", der fast alle politischen Gruppierungen zur Forderung nach einer einschneidenden Korrektur veranlasste. Mit dieser Empfindung skandalöser Zustände nahm der vermögenspolitische Diskurs der Bundesrepublik seinen Anfang. Und es war lange der Ehrgeiz dieser Gruppierungen, durch mehr oder weniger detaillierte „Vermögensbildungspläne" der Öffentlichkeit Wege zu einer solchen Korrektur vorzuschlagen. Die Pläne waren im „golden age" der vermögenspolitischen Debatte so zahlreich und häufig, dass sie von 1949 bis 1985 sogar in einer spezifischen Schriftenreihe erfasst und der Öffentlichkeit präsentiert wurden (Institut für Städtebau 1985). Aber schon in den 70er Jahren wurden solche Pläne immer seltener – und die erwähnte Schriftenreihe wurde Mitte der 80er Jahre eingestellt. Dabei hatte sich die nachweisbare Vermögensverteilung offenbar nicht wesentlich geändert, wenn man den wenigen Analysen nach 1980 folgen wollte. Ja, für die 90er Jahre stellt die Verteilungsforschung, die nicht zuletzt wegen der stark zugenommenen Langzeitarbeitslosigkeit und infolge der deutscher Vereinigung wieder auflebte, sogar eine spürbare Verschärfung der Vermögensungleichheit fest.

Aber statt einer erneuten „Skandalisierung" gewachsener Ungleichheit erleben wir seit den 80er Jahren eine öffentliche „Banalisierung" und zuletzt sogar eine „Funktionalisierung", die die Wertigkeit einer ungleichen Vermögensverteilung umdreht: diese ist nicht mehr nur „sozial problematisch", sie wird jetzt andererseits als „ökonomisch notwendig" (so z.B. die Zukunftskommission Bayern/Sachsen 1997) empfunden. Vor dem Hintergrund eines schon lange schleichenden Paradigmenwechsels bei der Bewertung der Vermögensverteilung wird die kontinuierlich hohe Bewertung des Instruments Vermögenspolitik dubios und der Begriff Vermögenspolitik schillernd; ein Fall für Ideologiekritik. Könnte es sein, dass vieles, was unter dem Stichwort Vermögensbildung diskutiert wurde, in Wirklichkeit eine Vermögenseinbildung gewesen ist?

Dieser Beitrag will der Entwicklung der Vermögensverteilung und ihrem Bewertungswandel sowie dem „unmöglichen" Verhältnis von Empirie und Therapie aus heutiger Sicht nachgehen.

Am Anfang steht der Verweis auf den empirischen Befund für die 90er Jahre: eine Vermögensverteilung innerhalb der deutschen Gesellschaft, die nach allen Anzeichen noch ungleicher und sozial ungerechter geworden ist. Dieser Befund gilt im Vergleich zur Vergangenheit vor 1990 für die westdeutschen Regionen und die dort lebenden Haushalte; er gilt aber auch für eine neue Verteilungsdimension: die Unterschiede zwischen den alten und den neu hinzugekommenen Bundesländern (vgl. Czada 1997).

Es folgt der Versuch, die wichtigsten Ursachen für diese Ungleichheits-Entwicklung zu benennen, die im Widerspruch steht zu einer auch offiziell von vielen Bundesregierungen deklamierten und betriebenen Vermögenspolitik, welche immer auch als „Korrektur-Politik" von Ungleichheit ausgegeben war. Aber offenbar hat diese Politik nicht nur versagt; es gibt andere Politikebenen wie insbesondere die Steuerpolitik, die die Vermögenskonzentration sogar gefördert haben und deshalb als „heimliche", aber auf jeden Fall auch als die eigentlich wirksame Vermögenspolitik gelten müssen; eine Vermögenspolitik freilich, die das ursprüngliche Ziel einer breiten Vermögensbildung nicht nur aus den Augen verloren, sondern regelrecht konterkariert hat.

Doch es besteht nicht nur immer schon der Widerspruch zwischen dem offiziellen Anspruch und der faktischen Wirksamkeit von Vermögenspolitik. Es gibt auch den bereits erwähnten Paradigmenwechsel bezüglich der Bewertung von Vermögensungleichheit und Verteilungsungleichheit generell. In diesem Paradigmenwechsel macht sich eine Zeitgeist-Veränderung bemerkbar, die über die Vermögens- und Verteilungssphäre hinausreicht. Sie wird von der Vorstellung getragen, dass es einen unaufhebbaren Konflikt gebe zwischen Verteilungsgerechtigkeit bis hin zur sozialen Gerechtigkeit in einem allgemeinen Sinne einerseits sowie ökonomischer Effizienz andererseits: Diese Dilemmasituation müsse zu Gunsten der letzteren und zu Lasten der ersteren entschieden werden, weil mehr Arbeit – und auch mehr Wachstum und Wettbewerbsfähigkeit – allemal schwerer wiegen würden als Ziele der Vermögens- und Einkommensverteilung. Deshalb setzen sich die letzten beiden Abschnitte hier mit diesem Zeitgeist auseinander und fragen letztlich, ob die These vom eben genannten Konflikt stimmt beziehungsweise, ob nicht eher eine komplementäre Beziehung zwischen Verteilungsgerechtigkeit und Effizienz vorliegt. Von der Antwort hängt auch die Zukunft der Vermögenspolitik ab, oder besser: von politischen Instrumenten, die unabhängig von ihren Etiketten die Verteilung wirklich ändern können.

II. Der empirische Befund für die 90er Jahre: Die Vermögensverteilung ist ungleicher denn je

Die empirischen Informationen zur Vermögensverteilung sind zwar nach wie vor nicht befriedigend. Sie liefern zu wenig Details, sie sind nur mit relativ großer zeitlicher Verzögerung verfügbar – und sie erfassen in der Regel gerade nicht die Privatpersonen und -haushalte mit den höchsten Vermögen. Auch deshalb soll die amtierende Bundesregierung nach dem kürzlich geäußerten Willen ihrer beiden Fraktionen einen nationalen regelmäßigen „Armuts- und Reichtumsbericht" vorlegen, der die Versäumnisse früherer Bundesregierungen ausgleichen soll. Diese haben zwar auch viel von Vermögenspolitik geredet, aber wenig zur empirischen Erhellung der Vermögensverteilung getan. Einen Teil dieser Versäumnisse hat allerdings die in den 90er Jahren wiederbelebte wissenschaftliche Verteilungsforschung schon aus eigener Initiative wettgemacht.[1] Auf der Grundlage ihrer Ergebnisse können die vorfindbare Vermögensverteilung und ihre Entwicklung in den 90er Jahren viel eindeutiger beurteilt werden als früher. Und dieses Urteil lautet: sie ist noch ungleicher geworden – auch wenn aus methodischen Gründen lange empirische Reihen für Westdeutschland nur selten möglich sind und für Ostdeutschland in vielen Fällen erst eine Zeitpunktbetrachtung gegeben ist.

Basis für diese zwei Aussagen sind neben primären vermögensstatistischen Informationen auch solche für die personelle Einkommensverteilung, weil sich aus der Ersparnisfähigkeit der Einkommen über die Zeit das angesammelte Vermögen weitgehend erklären lässt. Für beide Bereiche werden hier einige ausgewählte Indikatoren vorgestellt.

Zunächst die generelle Aussage: Die deutsche Gesellschaft kann man insgesamt reich nennen; und ihr privater Reichtum ist auch nach der deutschen Vereinigung kräftig gewachsen – selbst in den neuen Bundesländern (s. Tabelle A1 im Anhang). Aber dieser Reichtum ist weder regional noch sozial einigermaßen breit gestreut. Die von der Deutschen Bundesbank und anderen Stellen gelegentlich publizierten *durchschnittlichen* Vermögensbeträge pro Einwohner oder pro Privathaushalt können daher nur als irreführend und beschönigend bezeichnet werden. Denn das private Vermögen (und seine drei wichtigsten Bestandteile Geld-, Grund- und Produktivvermögen) ist höchst konzentriert, und zwar zu Lasten Ostdeutschlands und vieler relativ „vermögensarmer" Bevölkerungsteile in ganz Deutschland (s.a. hier Tabelle 1 sowie im Anhang Tabelle A1). Dieser Befund ist eindeutig, wobei

---

[1] Insbesondere die Forschungsgruppe um Richard Hauser, Irene Becker u.a. an der Universität Frankfurt a.M. im Rahmen des auch von der Hans-Böckler-Stiftung geförderten Projekts „Personelle Verteilung" wie auch z.B. Bach/Bartholmai (1998).

Tabelle 1: Das private Brutto-Vermögen[1] in Deutschland und seine Verteilung[1] 1998

Die Vermögensart ...	in Höhe von Mrd. DM			liegt bei ... vH aller Haushalte	
	in Deutschl.	in Westd.	in Ostd.	in Westd.	in Ostd.
Geldvermögen	5.500	5.100	400	96	97
davon 50 vH	(2.750)	(2.550)	(200)	(10)	(20)
Grundvermögen	7.200	6.700	500	48	33
davon 50 vH	(3.600)	(3.350)	(250)	(10)	(7)
Produktivvermögen	4.400	4.200	200	6	> 0
davon 50 vH	(2.200)	(2.200)	(100)	(1)	(0)

1 Teilweise hochgerechnet oder geschätzt.
Quellen: Statistisches Bundesamt, EVS; Hauser u.a. (1997); Grimm (1998); Bach/Bartholmai (1998); Becker (1999); Deutsche Bundesbank (1999); Schätzung des WSI.

betont werden muss, dass in den Verteilungsstatistiken, die differenzierende Aussagen treffen – darunter am besten die alle fünf Jahre vom Statistischen Bundesamt als Haushaltsbefragung durchgeführte *Einkommens- und Verbrauchsstichprobe* (EVS) –, die besonders Reichen gar nicht erfasst sind, also die messbare Konzentration allenfalls die Untergrenze des tatsächlichen Konzentrationsausmaßes darstellt (Becker 1999a,b; Hauser/Stein 1999).

Die Konzentration findet sich auf mehreren Ebenen, insbesondere regionalen wie sozialen: Der Anteil ostdeutscher Privathaushalte am Gesamtvermögen ist deutlich niedriger als es ihrem Anteil an der Gesamtbevölkerung in Deutschland entspricht, zum Beispiel beim Grundvermögen nach Verkehrswerten nur rund sieben Prozent des gesamten privaten Grundvermögens in Deutschland. Dagegen ist der Konzentrationsgrad innerhalb Ostdeutschlands teilweise, nämlich beim Grundvermögen der ostdeutschen Haushalte, größer als in Westdeutschland. Beides spiegelt im Osten die juristischen Eigentumsverhältnisse der DDR-Vergangenheit ebenso wie den generellen Einkommens- und Akkumulationsrückstand gegenüber westdeutschen Verhältnissen seit der Vereinigung bis heute (vgl. Czada 1998).

Ansonsten aber sind für ganz Deutschland auch soziale Disparitäten bedeutend: So sind zunächst einmal relativ viele Haushalte besitzlos; vier beziehungsweise drei Prozent aller Haushalte in West und Ost verfügen über keinerlei Geldvermögen, 50 Prozent bzw. 66 Prozent über keinerlei Immobilienvermögen und 94 bzw. 99 Prozent aller Haushalte über keinerlei Produktivvermögen (von Aktien abgesehen, die zu den Wertpapieren bzw. zum Geldvermögen gerechnet werden). Innerhalb der Gruppe der Besitzenden herrschen auch große Unterschiede: So weisen „unten" fast 20 Prozent der Privathaushalte ein negatives Vermögen auf, weil sie per Saldo verschuldet oder sogar „überschuldet" sind. Dagegen besitzen die „oberen" 10 Prozent der Haushalte mindestens die Hälfte allen privaten Geld-

Jahrzehnt der Vermögenden 597

und Grundvermögens sowie das gesamte Produktivvermögen. Der Aufstieg von „unten" nach „oben" bzw. ein wachsendes Vermögen ist stark korreliert mit dem sozialen Status (Selbstständigen-Haushalte weisen die beste Vermögensposition aus) und einem steigenden Einkommen sowie zunehmendem Alter – wobei das Alter zumeist nur ein anderer Ausdruck für das dahinter stehende Lebenseinkommen und dessen Vermögensbildungsfähigkeit ist.

Die mit diesen Angaben und anderen Indikatoren messbare Vermögenskonzentration ist im Allgemeinen höher als in der Vergangenheit vor der deutschen Vereinigung (was vor allem Becker 1999a,b auf Basis der *Einkommens- und Verbrauchsstichprobe* des Statistischen Bundesamtes als bester verfügbarer empirischer Quelle im langjährigen Vergleich herausgearbeitet hat). Selbst der langjährige Anstieg der Eigentümerquote beim Immobilienvermögen – also derjenigen Haushalte mit eigenem Immobilienbesitz –, den man lange als Dekonzentration interpretierte, muss nach neuesten Erkenntnissen weitgehend auf die rein demographisch bedingte Zunahme von älteren Eigentümer-Haushalten zurückgeführt werden (Empirica 1999); mit anderen Worten: 1993 bilden junge Familien weder häufiger noch früher Wohneigentum als die entsprechende Altersgruppe Ende der 70er Jahre. Oder es wird der leichte Rückgang des Immobilienbesitzes in Westdeutschland zwischen 1993 und 1998 nicht nur auf einen – bescheidenen – Aufholprozess der ostdeutschen Privathaushalte zurückgeführt, sondern auf 1993 noch von Westdeutschen in der EVS-Befragung angegebene Restitutionsansprüche auf ostdeutsche Immobilien, die sich nicht durchsetzen ließen (Münnich 1999). Und für die Zukunft wird eine weiter fortschreitende Vermögenskonzentration vorausgesagt, insbesondere weil bei vermögenden Haushalten die aus dem Vermögen anfallenden mehr oder weniger regelmäßigen Erträge (Vermögenseinkommen) die Akkumulation erheblich erleichtern und verstärken (Becker 1999b) sowie wegen der beobachtbaren Vererbungs- und Verschenkungsprozesse (Szydlik 1999).

Vor dem Hintergrund der faktischen Vermögensdimensionen bekommen solche problematischen allgemeinen Entwicklungen ein zusätzliches Gewicht. Diese Dimensionen sollen hier kurz anhand einiger Indikatoren benannt werden (siehe auch Tabellen A2 und A3 im Anhang).

In Tabelle A2 sind für die zwei aus Gründen der methodischen Vergleichbarkeit ausgewiesenen Jahre 1983 und 1993 die durchschnittlichen Nettogeldvermögen von privaten Haushalten in Westdeutschland nach ihrer sozialen Stellung als Ergebnisse der EVS aufgeführt (neuere EVS-Daten für 1998 sind für das Geldvermögen noch nicht ausgewertet). Die Niveauunterschiede zwischen den verschiedenen Haushaltsgruppen sind beachtlich; ein Selbstständigen-Haushalt im Westen z.B. weist 1993 im Durchschnitt einen mehr als dreimal so hohen Geldvermögensbetrag wie ein Arbeiter-Haushalt in Westdeutschland auf. Allerdings scheinen sich die relativen Vermögensdifferenzen zwischen den Haushaltsgruppen im betrachteten Zeitraum nicht vergrößert zu haben – wenn man die Guthaben bei Lebensversicherungen aus dem Vergleich ausnimmt. Rechnet man letztere jedoch

Tabelle 2: Die Relationen des Nettogeldvermögens zwischen sozialen Haushaltsgruppen in Deutschland 1993

Soziale Stellung des Haushalts[1]	Relativer Geldvermögensstatus[2] in vH		
	Westdeutschland[3]	Ostdeutschland[4]	Ostd.[3] / Westd.
Selbstständige	254,6	196,5	68,3
Landwirte	175,5	207,4	72,1
Beamte	122,0	92,9	32,3
Angestellte	109,2	135,7	47,2
Arbeiter	73,9	79,8	27,8
Arbeitslose	80,9	66,9	23,3
sonstige Nichterwerbstätige		90,0	31,3
alle Haushalte	100,0	100,0	34,8

1 Definiert nach der sozialen Stellung des Haushaltsvorstands.
2 Anteil des jeweiligen Nettogeldvermögens (inklusive Versicherungsguthaben) am durchschnittlichen Nettogeldvermögen aller Haushalte in West- bzw. Ostdeutschland.
3 Bezugswert: durchschnittliches Nettogeldvermögen in Westdeutschland.
4 Bezugswert: durchschnittliches Nettogeldvermögen in Ostdeutschland.
Quellen: Statistisches Bundesamt, EVS (1983-1993), Hauser u.a. (1997), Grimm (1998).

hinein, wie das in der EVS – leider nur – für 1993 möglich ist, dann wachsen die Differenzen zwischen den Geldvermögen der einzelnen Gruppen in 1993 teilweise erheblich. Tabelle 2, die aus Tabelle A2 abgeleitet ist, stellt diese Differenzen für 1993 sowohl zwischen den sozialen Gruppen in West- und Ostdeutschland dar wie im Vergleich zwischen dem Osten und dem Westen.

Es kann auch auf Grund der unterschiedlichen Entwicklung von Sparfähigkeit vermutet werden, dass diese Differenzen im Zeitverlauf seit 1993 noch weiter gewachsen sind. Im Übrigen verbergen sich hinter den jeweiligen Durchschnitten unterschiedliche Streuungen der Vermögensverhältnisse im Einzelnen, die z.B. bei Arbeitnehmerhaushalten relativ groß sind und somit deren Durchschnittswerte am Geldvermögen wenig repräsentativ machen. In diesem Zusammenhang ist daran zu erinnern (s. Tabelle 1), dass ein Anteil von 4 Prozent an allen Haushalten überhaupt kein Geldvermögen (einschließlich entsprechender Schulden) besitzt und diese „vermögenslosen" Haushalte auch ungleich auf die verschiedenen sozialen Haushaltsgruppen verteilt sind. Außerdem ist das durchschnittliche Geldvermögen in Ostdeutschland deutlich niedriger als im Westen; es macht im Allgemeinen rund ein Drittel der westdeutschen Geldvermögensbestände aus. Tatsächlich aber sind die Unterschiede zwischen Ost und West – und sehr wahrscheinlich auch die Ungleichheiten innerhalb jeder Region – noch viel größer, wenn man die von der EVS nicht erfassten Geldvermögen mit einbezieht. Hinweise auf das Ausmaß dieses nicht erfassten Teils liefert eine Statistik der Deutschen Bundesbank. Danach ist das private Geldvermögen in Deutschland 1993 insgesamt rund zweimal so groß wie das in der EVS ausgewiesene; und im Durchschnitt entfallen 1993 laut Bundesbank auf jeden westdeutschen Haushalt 114.046 DM (EVS: 61.119 DM), auf jeden ostdeutschen dagegen nur 30.769 DM (EVS: 21.256 DM; Grimm 1998). Diese Bundesbankstatistik erlaubt aber keine Differenzierung der Vermögensangaben, etwa nach sozialen Kriterien oder nach der Einkommenshöhe.

In Tabelle A3 (im Anhang) werden – ähnlich aufgebaut wie beim Geldvermögen – ausgewählte Informationen zu Höhe und Verteilung des Grund- oder Immobilienvermögens präsentiert. Hierzu liegen seit kurzem sogar schon erste Auswertungen der 1998 durchgeführten EVS vor (s. Münnich 1999), sodass mit dem Zeitraum 1993 bis 1998 ein längerer Entwicklungsabschnitt des vereinten Deutschland betrachtet werden kann (aus diesem Grund ist Tabelle A3 für West- und Ostdeutschland geteilt). Wichtig ist beim Grundvermögen vorab der Hinweis, dass auch heute nur jeder zweite Privathaushalt in Westdeutschland und sogar nur jeder dritte in Ostdeutschland diese Vermögensart besitzt; deshalb sind in Tabelle A3 auch die Anteile der Grundvermögensbesitzer innerhalb jeder sozialen Haushaltsgruppe angegeben (beim Geldvermögen konnte darauf wegen der viel weiteren Verbreitung dieser Vermögensart verzichtet werden). Erwartungsgemäß ist Grundvermögen in Westdeutschland bei den Haushalten von Selbstständigen und Landwirten am meisten verbreitet. In Ostdeutschland gilt das selbst für Landwirte nur bedingt; und bei Selbstständigen liegt die Eigentümerquote viel näher an denen der anderen Haushaltsgruppen als im Westen. Der leichte Rückgang der westlichen Eigentümerquoten im Zeitverlauf bei Selbstständigen und Landwirten dürfte auf die 1993 erfolgte Heraufsetzung der monatlichen Einkommensgrenze (35.000 DM) zurückzuführen sein, ab der auf die Befragung entsprechend solventer Haushalte in Erwartung restriktiven Antwortverhaltens verzichtet wurde. Der entsprechende Rückgang in Ostdeutschland dürfte dagegen z.T. auch ökonomische Probleme dieser Haushaltsgruppen spiegeln. Der deutliche Anstieg der Eigentümerquoten bei fast allen anderen Haushaltsgruppen in Ostdeutschland ist jedoch auch Ausdruck veränderten Eigentumsrechts wie verbesserter Einkommens- und Finanzierungsmöglichkeiten. Allerdings ist der Abstand zu den Eigentümerquoten im Westen in allen Haushaltsgruppen immer noch groß, obwohl der gleichzeitige Anstieg im Westen moderater war. Der Abstand signalisiert, dass der Aufholprozess im Osten sich nach wie vor auf eine relativ kleine Bevölkerungsschicht beschränkt, während die Mehrheit von den allgemeinen Arbeitsmarkt- und Einkommensproblemen Ostdeutschlands betroffen ist.

Diese Aussage für die Eigentümerquoten im Ost-West-Vergleich gilt noch mehr beim entsprechenden Vergleich der Grundvermögenswerte in Tabelle 3, die aus Tabelle A3 abgeleitet ist. Hier ist der Abstand des Ostens zum Westen in allen Haushaltsgruppen noch größer – und der Ost-West-Abstand ist zwischen 1993 und 1998 sogar gewachsen, weil im Westen die Verkehrswerte des Grundvermögens in diesem Zeitraum durchweg zugenommen, im Osten aber abgenommen haben.

Tabelle 3: Die Relationen des Nettogrundvermögens zwischen sozialen Haushaltsgruppen in Deutschland 1998

Soziale Stellung des Haushalts[1]	Grundeigentumsquote in vH[2]			Relativer Grundvermögensstatus in vH[4]		
	West	Ost	Ost / West[3]	West[5]	Ost[6]	Ost / West[5]
Selbstständige	64,6	52,9	81,9	162,9	146,9	67,1
Landwirte	90,8	[76,5]	84,3	170,5	216,6	99,0
Beamte	65,1	41,1	63,1	100,5	106,3	48,6
Angestellte	49,1	40,2	81,9	87,7	100,6	46,0
Arbeiter	45,8	39,8	86,9	79,1	96,6	44,1
Arbeitslose	28,2	24,8	87,9	89,6	105,7	48,3
sonstige Nichterwerbstätige	44,1	23,4	53,1	102,3	85,7	39,2
alle Haushalte	47,8	33,3	69,7	100,0	100,0	45,7

1 Definiert nach der sozialen Stellung des Haushaltsvorstands.
2 Anteil der privaten Haushalte mit Grundvermögen im Vergleich zu allen Haushalten einschließlich solcher ohne Grundvermögen.
3 Relation der Häufigkeit von privatem Grundvermögen in Ostdeutschland im Vergleich zur entsprechenden Häufigkeit in Westdeutschland.
4 Anteil des jeweiligen Netto-Grundvermögenswertes in Relation zum durchschnittlichen Netto-Grundvermögenswert in Westdeutschland bzw. in Ostdeutschland.
5 Bezugswert: durchschnittliches Grundvermögen in Westdeutschland.
6 Bezugswert: durchschnittliches Grundvermögen in Ostdeutschland.
Quellen: Statistisches Bundesamt, EVS (1988-1993); Grimm (1998); Hauser/Stein (1999); Münnich (1999); Berechnungen des WSI.

Letzteres deutet darauf hin, dass die Ost-Eigentümer den Verkehrswert, den sie in der EVS-Befragung selbst angeben, nach einigen Jahren vor dem Hintergrund ihres persönlichen und regionalen Umfelds eher vorsichtiger einschätzen und vielleicht in diesem Zusammenhang auch relativ weniger verschuldungsbereit sind. Krisenbedingte Veränderungen der Eigentumsquote gibt es aber auch im Westen: So ist der dort zu verzeichnende Anstieg in den zehn Beobachtungsjahren bei den Arbeitslosen-Haushalten nicht etwa auf eine besondere Immobilienförderung dieser Haushalte zurückzuführen. Hier spiegelt sich zum Teil die Arbeitsmarktentwicklung, die auch immer mehr Angestellte mit ihren relativ hohen Immobilienwerten in die Arbeitslosigkeit treibt und damit auch den relativen Vermögensstatus der Arbeitslosenhaushalte erhöht.

Tatsächlich stellt sich beim Grundvermögen die Frage, ob der hier in den Tabellen 3 bzw. A3 vorgenommene Ausweis des Nettovermögens, d.h. des Bruttovermögens nach Abzug von entsprechenden restlichen Vermögensschulden in Form von noch ausstehenden Hypothekentilgungen u.ä., die optimale Darstellungsweise ist. Zwar verdeutlicht das Nettovermögen den zeitpunktbezogenen Vermögensstatuts, der bei einer möglichen Liquidisierung viel über den erwartbaren Erlös aussagt. Aber das Bruttovermögen ist irgendwann in der Zukunft entschuldet; und auch die Verschuldungs- und Tilgungsfähigkeit bis zum Entschuldungszeitpunkt sind nicht zu unterschätzende Faktoren des zeitpunktbezogenen wie zeitraumgebundenen Vermögensstatus. Würde man beim Ost-West-Vergleich wie beim Vergleich sozialer Gruppen das Bruttovermögen zu Grunde legen, fallen die Vermögensunterschiede aber meist noch größer aus (das gilt im Prinzip auch für das Geldvermögen und in seinem Zusammenhang aufgenommene Kredite). Schließlich ist zum Grundvermögen – übrigens ähnlich wie beim Geldvermögen – ebenfalls auf die in der EVS nicht erfassten Vermögenswerte hinzuweisen, die auch beträchtlich und vermutlich gleichzeitig hoch konzentriert sind, sodass die faktische Verteilung beim Grundvermögen noch ungleicher ausfällt als hier dargestellt. Auf entsprechende Erfassungsmöglichkeiten und ihre konzentrationsverschärfende Wirkung, insbesondere beim Besitz von Mehrfamilienhäusern, haben z.B. Bach/Bartholmai (1997) hingewiesen. Und zuletzt ist ebenfalls wie beim Geldvermögen daran zu erinnern, dass sich hinter den hier vorgestellten durchschnittlichen Grundvermögen, die sich ohnehin nur auf die grundbesitzenden Haushalte beziehen, eine starke Streuung der Vermögenswerte im Einzelnen verbirgt.

Eine auch nur vergleichbar informative Tabelle zum Produktivvermögen und seinen Besitzverhältnissen kann hier nicht präsentiert werden, weil sich dafür die Verteilungsforschung – auch mangels geeigneter amtlicher Erhebungen – in den letzten Jahren nicht engagiert hat. Wie problematisch diese Informationslücke ist, wird jedoch gerade im Zusammenhang mit der deutschen Vereinigung und dem bis heute bestehenden Ost-West-Gefälle bei der regionalen Ausstattung mit Produktivkapital deutlich, das sich aus den verfügbaren gesamtwirtschaftlichen Daten ergibt – und selbst die müssen teilweise geschätzt werden. Laut Tabelle 1 ist der Rückstand Ostdeutschlands bei der Höhe wie bei den Besitzanteilen des dort befindlichen Produktivvermögens besonders krass. Die geringe Höhe ist vor allem auf die Entwertung des DDR-Produktionsapparats bei der deutschen Vereinigung zurückzuführen, die lange nachwirkte und bis vor einiger Zeit noch die Abschreibungen auf die ostdeutschen Industrieanlagen größer ausfallen ließ als die durchaus beachtlichen Neuinvestitionen bei Maschinen und Anlagen im Osten. Aber diese Neuinvestitionen erreichen bis heute nicht die Kapitalintensität nach westlichem Muster, weil die allermeisten ostdeutschen Produktionsbetriebe „verlängerte Werkbänke" westlicher Unternehmen geworden und geblieben sind. Und schließlich sind die Neuinvestitionen weit überwiegend von westdeutschen oder ausländischen Firmen getätigt worden bzw. von Anfang an oder inzwischen, soweit Privatbesitz, meist in den Händen von westdeutschen Familien.

Dieses fast erdrückende Übergewicht des Westens beim Produktivvermögen hat nicht zuletzt – neben der Privatisierungspolitik der Treuhand und anderen politischen Entscheidungen – viel mit der hohen Produktivität und noch mehr mit der schon vor der deutschen Vereinigung erheblich gesteigerten Finanzkraft der westdeutschen Unternehmen zu tun, die wiederum vor dem Hintergrund einer geradezu dramatisch veränderten Einkommensverteilung in Westdeutschland als vorentscheidender Ebene der Vermögensverteilung zu sehen ist. Deshalb gehört die Darstellung der Einkommensverhältnisse zum Verständnis der Vermögensverteilung dazu.

Die Einkommensverteilung ist empirisch wesentlich transparenter als die Vermögensverteilung; umso problematischer ist die von ihr offenbarte, seit Jahren zunehmende Schere auf der funktionalen Ebene zwischen Gewinn- und Arbeitseinkommen wie auf der personellen Ebene zwischen den Haushalten von Selbstständigen einerseits und den Haushalten von Arbeitnehmern und weiteren Gruppen andererseits (siehe im Anhang Tabelle A4). Dieser Befund gilt für die Ebene der verfügbaren Einkommen nach der staatlichen Umverteilung – also nach Abzug von Steuern und ähnlichem, zuzüglich öffentlicher Geldtransfers – noch mehr als für die Bruttoebene (Schäfer 1998). Wer viel verdient, kann auch viel sparen und darüber jährlich neues Vermögen zum schon bestehenden bilden. Teilweise nährt sich wie oben schon gesagt der jährliche Vermögensaufbau bereits wesentlich aus der Wiederanlage der Vermögenserträge selbst, was insbesondere für Selbstständigenhaushalte gilt (so Bedau 1998 und Becker 1999b).

Es gibt keine Hinweise darauf, dass dieser Befund durch eine „Querverteilung" kompensiert wird, nach der Haushalte von Arbeitnehmern durch eigene Vermögenserträge ihre relativ geringen Arbeitseinkommen inzwischen deutlich aufbessern. Eindeutig dagegen ist der in jedem Fall gegenläufig wirkende Effekt, dass viele Arbeitnehmerhaushalte und erst recht die Haushalte von Arbeitslosen und Sozialhilfeempfängern nach langen Jahren lohnpolitisch nicht ausgeschöpfter Verteilungsspielräume bzw. geringer Reallohnzuwächse, wachsendem Ausmaß „prekärer" Arbeits- und Einkommensverhältnisse u.a.m. verschuldet und überschuldet sind (Arbeitsgemeinschaft der Verbraucherverbände 1998), also lediglich ein negatives Vermögenskonto und ein kaum noch tragfähiges Einkommenskonto besitzen. Auch noch von erheblich konzentrationsförderndem Einfluss ist eine neue, aber empirisch noch nicht genau fassbare „Längsverteilung", die mit der zunehmenden Heterogenität innerhalb verschiedener Haushaltsgruppen zu tun hat und die den statistischen Ausweis von Einkommens- und Vermögensunterschieden zwischen Haushaltsgruppen „künstlich" drückt: In den Reihen von Selbstständigenhaushalten finden sich z.B. zunehmend Scheinselbstständige bzw. Personen mit faktisch arbeitnehmerähnlichem Status und eher niedrigem Einkommen, die den Einkommensdurchschnitt der Selbstständigenhaushalte nach unten ziehen. Unter den Angestelltenhaushalten dagegen finden sich (immer schon, aber in den letzten Jahren in steigendem Maß) formal abhängige, aber faktisch selbstständig handelnde Manager mit weit überdurchschnittlich hohem Einkommen und Vermögen, die den Durchschnitt des materiellen Status in der Haushaltsgruppe der Angestellten nach oben ziehen. Und schließlich ist neben der Einkommensentstehung auch der unterschiedliche Verwendungsdruck einzubeziehen, der selbst mittlere Einkommensniveaus in Ballungsgebieten durch überdurchschnittlich hohe Mieten oder Ausgaben für Kinder aushöhlen kann (Kirner/Schwarze 1996; Frick/Lahmann 1995).

Die Entwicklung von „vorangehender" Einkommensverteilung und „resultierender" Vermögensverteilung wird inzwischen als so ungleich empfunden, dass man sie als „soziale Polarisierung" kennzeichnet (Schäfer 1995; Becker 1999a,b). Auch deshalb ist seit Beginn der 90er Jahre die öffentliche Debatte über die Einkommensverteilung und auch gelegentlich die Vermögensverteilung wieder einigermaßen lebhaft. Sie ist zwar immer noch eher mit dem unteren Rand der Einkommens- und Vermögenspyramide beschäftigt, der die Armutsforschung und auch die Armutsberichterstattung auf kommunaler wie auf Bundesländer-Ebene beflügelt hat. Dagegen wird der obere Rand unter dem Stichwort „Reichtum" relativ langsam erst als empirisch und auch politisch untrennbares Pendant zur Armut (wieder) entdeckt.[2] Noch weniger Aufmerksamkeit als den sozialen Problemen dieser Polarisierung bei den Einkommen – und Vermögen – wird bisher ihren mindestens gleichwertigen negativen ökonomischen Folgen gewidmet: Die Struktur des privat verfügbaren Volkseinkommens und der davon abhängigen privaten Kaufkraft hat sich erheblich zum Nachteil der Binnennachfrage geändert. Während seit 1980 der Anteil der privaten Gewinn- und Vermögenseinkommen, verbunden mit relativ geringer Konsumneigung ihrer Empfänger, von 23 auf 33 Prozent des privaten Volkseinkommens gewachsen ist, hat sich der Anteil der Nettolohn- und -gehaltssumme daran im selben Ausmaß gesenkt. Dieser „Strukturswing" von 10 Prozentpunkten aber bedeutet im Jahr 200 Mrd. DM, die nicht mehr im selben Ausmaß wie früher der Binnennachfrage zur Verfügung stehen. Die ungleiche Einkommensverteilung belastet also unmittelbar den Arbeitsmarkt und erklärt die herrschende Arbeitslosigkeit weitgehend zu einem hausgemachten Binnenmarkt-Problem und nicht etwa einem geringer internationaler Wettbewerbsfähigkeit geschuldeten „Standort-Problem" (Schäfer 1995, 1999).

Ein ganz wichtiger Aspekt aus den Anfängen der vermögenspolitischen Debatte ist heute sogar weitgehend verloren gegangen, obwohl er eine Zweiteilung des Vermögensbegriffs und der Vermögensempirie zwingend nahe legt: in einen materiellen und einen immateriellen Teil. Gemeint ist mit letzterem die aus Vermögen ableitbare Verfügungsgewalt insbesondere beim Produktivvermögen. Sie wird nicht nur unmittelbar über Besitz und Eigentum bzw. Vermögenstitel verliehen, sondern entsteht auch sehr mittelbar, aber dennoch äußerst wirksam vor allem in den Unternehmensvorständen von Kapitalgesellschaften, deren Eigentümer als Anteilsbesitzer „außen" stehen. Die Verfügungsgewalt über Produktivvermögen, also über Anlagen, Maschinen, Gebäude und Arbeitsplätze für die Erstellung von Waren und Dienstleistungen, tangiert neben den eigentlichen Vermögensbesitzern auch unmittelbar Arbeitnehmer, Umwelt, Standort-Kommunen sowie die Gesellschaft allgemein – sie ist deshalb ein Politikum für sich. Und in der speziellen, wenn

---

2 Vgl. dazu die zahlreichen Veröffentlichungen von Ernst-Ulrich Huster (z.B. 1993) oder die kürzlich von der Hans-Böckler-Stiftung, der Heinrich-Böll-Stiftung und dem Bund Demokratischer Wissenschaftler (BdWi) durchgeführte „Reichtumskonferenz" in Bochum (1998); siehe auch früher schon: Schäfer (1993).

auch nicht unbedingt deckungsgleichen Überschneidung zwischen Konzentration von materiellem Vermögen und konzentrierter immaterieller Verfügungsgewalt sah die ursprüngliche vermögenspolitische Debatte in Deutschland auch eine besondere politische Herausforderung. Kaum ein wissenschaftliches Analyseergebnis hatte z.B. in den 60er und 70er Jahren eine so öffentlich-politische Bedeutung wie das von Krelle u.a. (1968): 1,4 Prozent der deutschen Haushalte besitzen bzw. kontrollieren 74 Prozent des deutschen Produktivvermögens.

Diese Besonderheit der Verfügungsgewalt ließ und lässt sich vor allem an großen Aktiengesellschaften demonstrieren, deren Anteile zwar häufig auf relativ viele Aktionäre verteilt sind, deren Steuerung aber trotzdem meist nur von wenigen Großaktionären wahrgenommen wird. Besonders „schöne" Fälle von Verfügungsmacht sind z.B. die drei Großbanken in Deutschland, deren Aktien sehr weit gestreut sind und die deshalb euphemistisch „Publikumsgesellschaften" genannt werden. In Verbindung mit dem deutschen Depotstimmrecht vertreten die jeweiligen Bankvorstände in der Regel auf ihren Hauptversammlungen mehr als die Hälfte des Grundkapitals, schlagen sich selbst zu Entlastung und Wiederwahl vor, entlasten sich selbst und wählen sich selbst wieder. Hier fallen Eigentum und Verfügungsgewalt sehr weit auseinander; ersteres ist fast „neutralisiert", letztere ist quasi autonom. Die Banken bzw. ihre Vorstände sind aber wiederum an anderen Unternehmen beteiligt, geben an diese wie weitere Unternehmen Kredite und machen auch sonst ihre Einflüsse in vielfältiger Weise über von ihnen geschaffene Gremien oder personelle Berufungen in Gremien anderer geltend.

In den letzten Jahren nun sind auf dieser immateriellen Ebene Konzentrationsentwicklungen durch offene Firmenaufkäufe und Fusionen wie durch verdeckt-konzentrationsfördernde Verträge aller Art (einschließlich von Verträgen zwischen Lieferant und Großabnehmer à la Lopez bei VW) in einem solchen Ausmaß an der Tagesordnung, dass von zunehmender Kartellierung und Monopolisierung auf den Gütermärkten gesprochen werden kann. Das gilt zwar für einzelne Branchen besonders (Lebensmittel-Weiterverarbeitung und Lebensmittelhandel, Automobile, Stahlerzeugung und auch Medien), aber kaum eine Branche ist ausgenommen; und schon lange geht die Entwicklung über die nationalen Grenzen hinaus. Im Jahr 1998 hat in Deutschland die Zahl der Unternehmenszusammenschlüsse einen neuen Rekord erreicht. Natürlich ändert dieser Konzentrationsprozess auch innerhalb der Verfügungsgewalt die Machtverhältnisse, selbst in ihrer konzentrierten Spitze; und es tauchen auch durchaus neue Macht-Intermediäre auf wie Investmentfonds und vielleicht bald auch in Deutschland Pensionsfonds nach angelsächsischem Muster. Aber die Strukturen, die früher im Zentrum der öffentlichen Debatte standen, sind im Prinzip dieselben bzw. bleiben erhalten: große Konzerne aus Industrie, Banken und Versicherungen, die nicht nur über unternehmensrechtliche Beteiligungen, sondern auch personell über Aufsichtsräte,

Beiräte und andere Gremien erheblichen Einfluss ausüben, der sich für die Öffentlichkeit meist unter der Oberfläche entfaltet.³

Der aktuelle empirische Befund über die Vermögensverteilung muss also im Vergleich zur Vergangenheit der 60er und 70er Jahre noch schärfer ausfallen: Sie ist sehr ungleich; und insbesondere die Verfügungsgewalt über Produktivvermögen ist in relativ wenigen Händen konzentriert. Dieser Tatbestand, diese Entwicklung und deren öffentliche Aufnahme werfen mehrere Fragen auf, denen hier nachgegangen werden soll:

- Wie konnte sich die Ungleichheit so entwickeln, obwohl es doch in der Vergangenheit „Vermögenspolitik" gab, die eine schon früher als ungleich erkannte Vermögensverteilung korrigieren sollte? Welche Schwächen hatte diese Vermögenspolitik möglicherweise?
- Wenn heute die Vermögensverteilung mindestens so ungleich ist wie vor 30 Jahren, warum gibt es nicht eine ähnlich intensive politische Debatte darüber wie früher? Hat es in der „Bonner Republik" inzwischen eine Zäsur gegeben, die diesen Begriff als Ausdruck für die Einheitlichkeit einer Epoche zumindest aus verteilungspolitischer Sicht in Frage stellt?
- Welche vermögenspolitischen Vorstellungen bzw. Vorschläge gibt es heute? Und welche davon wären geeignet einzulösen, was in der Vergangenheit zur Korrektur einer ungleichen Vermögensverteilung nicht möglich war?

Hier soll der Versuch gemacht werden, die möglichen Antworten auf das wesentliche zu konzentrieren.

III. Die Vermögenspolitik der Vergangenheit: Zwischen „Erbsünde" und Illusion, zwischen deklarierter und „heimlicher" Vermögenspolitik

1. Die Währungsreform 1948 als vermögenspolitische „Erbsünde"

Eine außerordentliche Hypothek für jede Vermögenspolitik war von Anfang an die durch die Währungsreform geschaffene extrem ungleiche Ausgangsposition: Während Realvermögen in Form von Immobilien und Fabriken bei ihren relativ wenigen Eigentümern ungeschmälert erhalten blieb, wurde Geldvermögen weitgehend entwertet, obwohl letzteres bei den meisten Bürgern die einzige Vermögensform nach dem Zweiten Weltkrieg war. Im Endeffekt wurde durch die Währungsreform 93,5 Prozent des Geldvermögens vernichtet, weil es für 100 Reichsmark nur 6,50 DM gab. Wer viel Geldvermögen besaß, konnte allerdings auch relativ viel „konvertiert" behalten. Und das Kopfgeld von 60 DM für alle bis zu

---

3 Die wenigen Wissenschaftler, die dies heute noch regelmäßig oder gelegentlich analytisch festhalten, sind z.B.: Rüdiger Liedtke mit seiner zweijährlich erscheinenden Veröffentlichung: Wem gehört die Republik? sowie Hermannus Pfeiffer (1987 und 1995).

einem bestimmten Stichtag Geborenen erhielt neben dem völlig mittellosen Flüchtling oder Kriegsopfer auch der (Schwarzmarkt-)Millionär. Während der verordnete Lohnstop erst fünf Monate nach der Währungsreform aufgehoben wurde, sind die Preise vom Tag der Währungsreform freigegeben worden, sodass Lebensmittel schon zum Ende des Lohnstops knapp ein Fünftel mehr als zum Reformzeitpunkt kosteten (Bickerich 1998; Deutsche Bundesbank 1998). Und auch anschließend wurde zum Aufbau der Wirtschaft die Gewinnerzielung der Unternehmen wie die Wiederinvestition in vielerlei Hinsicht so begünstigt, während die meisten Bürger kaum sparen konnten, dass die ungleiche vermögenspolitische Ausgangslage in kurzer Zeit potenziert war. Der Lastenausgleich, der ab den 50er Jahren zur Kompensation dieses Prozesses von den Unternehmen gezahlt werden musste, belastete vor dem genannten Hintergrund die Unternehmen nicht spürbar und konnte deshalb seine Ausgleichsintention auch nicht erfüllen.

Es kann hier nicht gefragt werden, ob dieser Prozess durch den „Wirtschaftswunder-Erfolg" der Nachkriegszeit gerechtfertigt war und welche Alternativen es gegeben hat. Aber es wird wegen der vielen Legenden um diese Gründungszeit der sozialen Marktwirtschaft zumindest darauf verwiesen, dass die Währungsreform keine Erhard'sche Erfindung war, sondern auf Pläne der westlichen Alliierten zurückgeht (auf den Colm-Dodge-Goldsmith-Plan vom Mai 1946). Und es soll vor allem betont werden, dass die Verteilungswirkungen der Reform auch unter den Alliierten nicht unumstritten waren. Ein prominenter Kritiker dieser Wirkungen war der damalige oberste US-Repräsentant in Deutschland, General Lucius D. Clay, der sich mit seinen explizit verteilungspolitischen Bedenken aber nicht durchsetzen konnte.

„Abweichend vom Bild des ebenso zielbewußten wie unnachgiebigen Offiziers (...) hatte Clay ein bemerkenswertes Gespür für die sozialpsychologischen Konsequenzen einer einseitigen Geldreform entwickelt, die die Klassenspaltung zwischen der Masse der expropriierten Geldbesitzer und einer Minderheit von Sachvermögenseigentümern bedrohlich vertiefen mußte. (...) Dabei war es ihm sehr wichtig, daß die kleinen Sparer und Einkommensbezieher, welche die soziale Basis eines neuen demokratischen Deutschlands bilden sollten, nicht mit einseitigen Maßnahmen abspenstig gemacht würden. Unter anderem deshalb setzte sich Clay zumindest auch für die gleichzeitige Durchführung von Geldreform und Lastenausgleich ein. Er hatte jedoch mit seinem Widerstand keinen Erfolg. (...) Im berühmten Konklave von Rothwesten bei Kassel, das seit dem 20. April 1948 die Währungsreform vorbereitete, fanden sich die deutschen Vertreter bereitwillig mit der Abtrennung des Lastenausgleichs und seiner Zuweisung an die deutschen Stellen ab. Auch Ludwig Erhard, der zwar den Lastenausgleich als Teil der Währungsreform ansah, konnte sich die Durchführung des Lastenausgleichs im Anschluß an den Geldschnitt vorstellen. (...) Die mit der Währungsreform einhergehende Wirtschaftsreform wirkte verstärkend, wurde sie doch von dem Prinzip geleitet, daß Umverteilung erst dann erfolgen könne, wenn vorher produziert worden sei. So gelangte der Lastenausgleich in den Sog einer Wirtschaftspolitik, die den Markt als solchen bereits als sozial klassifizierte. Der Lastenausgleich wurde allen Maßnahmen zur Kapitalbildung nachgeordnet" (zit. nach Uffelmann 1989, S. 3 ff.).

Aktuell erinnern schließlich die internationale Debatte über den Verbleib des Nazi-Goldes bei deutschen und anderen Banken sowie die Kollaboration von Banken und Unternehmen mit dem Nazi-Regime daran, dass die damalige vermögenspolitische Ausgangssituation zusätzlich belastet war durch einen nicht unerheblichen, aber kaum quantifizierbaren Anteil an Realvermögen, der durch unrechtmäßige „Arisierungen" jüdischen Vermögens wie auch generell durch „Kriegsgewinne" zustandegekommen war.

2. Keine Vermögensumverteilung über „Bestandspolitik"

Den rasch zu Gunsten der Unternehmensbesitzer (und auch der Wohnungsvermieter sowie Wohngrundstücksverkäufer) wachsenden Vermögensbestand korrigierend umzuverteilen – und dies in einer überschaubaren Zeit –, vermag Politik mit Erfolg nur, wenn sie direkt in den Bestand eingreift. Dazu stehen im Prinzip nur wenige staatliche Mittel zur Verfügung – direkte über Enteignungen u.ä. sowie indirekte über „konfiskatorische" Steuern, insbesondere Vermögensteuern und Erbschaftsteuern. Diesen steuerlichen Weg sind Labour-Regierungen in England nach dem Zweiten Weltkrieg teilweise gegangen und haben damit zumindest das Vermögen des englischen Adels kräftig „gestutzt". In Westdeutschland wurde dieser Weg kaum diskutiert (als Ausnahme z.B. von Kisker 1964) – relativ intensiv dagegen die Vergesellschaftung von Schlüsselindustrien, die im Wesentlichen von SPD, KPD und Gewerkschaften gefordert wurde, innenpolitisch aber nicht zuletzt wegen der Nationalisierungspraxis der DDR immer umstritten blieb und schließlich mit zunehmender Akzeptanz der „sozialen Marktwirtschaft" und der deutlicher werdenden Misserfolge des „realen Sozialismus" ständig weniger Anhänger fand oder durch marktkonformere Konzepte wie z.B. „Investitionslenkung" – mit nicht viel mehr Realisierungserfolg – ersetzt wurde. Und den jeweiligen Bundesregierungen schienen solche Wege allemal mit zu viel politischem Widerstand und Risiko verbunden. So sind denn auch die Vermögensteuer und die Erb- und Schenkungssteuer in Westdeutschland nach dem Krieg bis in die Gegenwart im Vergleich zu anderen wichtigen Industrieländern wie USA oder Japan besonders zurückhaltend gewesen (RWI 1996). Zuletzt hat die private Vermögensteuer vor ihrer Aussetzung 1997 mit einem Jahresaufkommen von 5,5 Mrd. DM das deutsche Privatvermögen im Jahr mit 0,00055 Prozent belastet – und trotzdem wurde sie faktisch abgeschafft statt erhöht, obwohl sie eigentlich eine klassische Ergänzungs- und Nachholfunktion zur Einkommensteuersphäre haben sollte. Und die deutsche Erbschaft- und Schenkungssteuer, die immer schon relativ großzügig war, erlaubt nach ihrer letzten Novellierung durch die Regierung Kohl bzw. die christlich-liberale Regierungskoalition das Übertragen von mehreren Millionen DM an Vermögen von Eltern auf ihre Kinder im Zeitverlauf, bevor die Steuer über die kumulierbaren Freibeträge hinaus erstmals wirksam wird.

Dennoch gab es eine historisch einmalige Chance, eine kräftige Bestandspolitik ohne große „Schmerzen" zu betreiben, als durch die deutsche Wiedervereinigung die Volkseigenen Betriebe (VEB) und anderes DDR-Staatsvermögen unverhofft zur Disposition stand. Es gab Vorschläge, so auch des Autors an die Regierung Kohl, in Anlehnung an das von der IG Metall entwickelte „Sömmerda-Modell" für den ehemaligen VEB „Robotron" die DDR-Betriebe generell den jeweiligen Belegschaften „zur gesamten Hand" kostenlos zu übereignen, sie damit zu „Herren ihres eigenen Schicksals" zu machen und einen wirkungsvollen Anreiz für den Einstieg in die Marktwirtschaft zu liefern (Schäfer 1990). Ein solches Vorgehen wäre zwar auch nicht ohne Entlassungen und die Suche nach neuem Geld bzw. neuen Anteilseignern ausgegangen, die letztlich durchaus auch Mehrheitseigentümer hätten werden können. Aber bekanntlich hat sich die damalige Bundesregierung in Erwartung erheblicher zusätzlicher Geldeinnahmen auf den Verkauf der VEBs und anderen DDR-Vermögens durch die Treuhand eingelassen. Doch diese Erwartung hat erheblich getrogen; und das Geld, das die Bundesregierungen bis heute der Treuhand und ihren Nachfolgern „draufzahlen" mussten, hätten sie genauso gut und wahrscheinlich mit mehr Effekt bzw. auch weniger Betrug den verhinderten VEB-Eigentümern „zur gesamten Hand" zahlen können.

Heute ist das entsprechende Vermögen vernichtet oder in anderen, weit überwiegend westdeutschen Unternehmenshänden gelandet – im letzteren Fall aber erheblich angereichert und aufgestockt aus westdeutschen Staatseinnahmen, die im Wesentlichen die westdeutschen Arbeitnehmer aufbringen mussten. Auch in dieser historischen Phase wurde in einer gewissen Parallelität zur westdeutschen Nachkriegszeit durch den „Verzicht" breiter Kreise – im Osten der VEB-Belegschaften auf „ihr" Vermögen und im Westen der Steuer- und Beitragszahler – neues Vermögen in wenigen anderen Händen geschaffen. Selbst die im Handwerksbereich der DDR dominierenden Produktivgenossenschaften, die der Republik insgesamt ein belebendes Unternehmenselement vergleichbar etwa dem in Nordspanien hätten bringen können, besaßen im Zuge der Wiedervereinigung keine Chance. Schlecht bzw. falsch beraten und gesetzgeberisch nicht flankiert waren sie bald in GmbHs umgewandelt und wenig später meist ebenfalls vom Westmarkt bzw. -kapital „absorbiert".

Es fehlte zum Zeitpunkt der Wiedervereinigung bezüglich des ostdeutschen Produktivvermögens nicht nur eine nüchterne Einschätzung der Lage, sondern überhaupt die Bereitschaft zur Diskussion über ungewöhnliche Wege, die negative Erfahrungen des westdeutschen Wiederaufbaus hätten vermeiden helfen. Allein beim Geldvermögen wurde der Fehler der westdeutschen Währungsreform nicht ganz wiederholt. Das DDR-Geldvermögen wurde bis zu verschiedenen Kappungsgrenzen im Verhältnis 1:2 und 1:3 in DM eingetauscht. Aber auch das entsprechende neue DM-Vermögen wurde in der Regel wegen des angestauten Nachholbedarfs der neuen Bundesbürger aus dem Osten relativ schnell in mehr kurzlebige als langlebige Waren investiert und damit bald verzehrt. Auch dieses Geld landete als Verkaufserlös weit überwiegend in westdeutschen (Unternehmens)Kassen.

3. Keine Vermögensumverteilung über „Zuwachspolitik"

Wie gesagt: Bestandspolitik beim Vermögen war Sache der westdeutschen Politik nicht. Sie konnte sich allenfalls vorstellen, die ungerechte Vermögensverteilung über die Lenkung des jährlichen Vermögenszuwachses zu verändern. Alle auf der Ebene des Bundes jeweils in Erwägung gezogene oder beschlossene, mit dem Etikett „Vermögenspolitik" versehene Maßnahmen waren und sind bis heute von der Intention her „zuwachswirksame" Maßnahmen. Aber selbst diese Intention konnte niemals realisiert werden – zumal sie im Prinzip schon schwer genug ist: Denn den Vermögensbestand per Zuwachs-Lenkung zu verändern heißt, jedes Jahr mehr als 50 Prozent des volkswirtschaftlichen Vermögenszuwachses von den „Vermögenden" auf „Vermögenslose" umzuleiten, um damit peu á peu die Besitzstruktur des Bestands zu verändern; eine Umverteilungsquote von weniger als 50 Prozent würde zwar auch die Vermögenslage der Besitzlosen verbessern, aber der Verteilungsabstand zwischen „arm" und „reich" würde trotzdem weiter wachsen.

Der radikalste Plan in diesem Zusammenhang war der 1973 bis zum Referentenentwurf, also dem Vorstadium eines Gesetzentwurfs, gediehene Vorschlag von SPD und Gewerkschaften zur Regierungszeit Willy Brandts für eine „überbetriebliche Ertragsbeteiligung der Arbeitnehmer an den großen deutschen Unternehmen". Danach sollten alle Unternehmen ab einer bestimmten Größe jedes Jahr von ihrem Gewinn einen bestimmten Prozentsatz in neues Grundkapital umwandeln, das in Form von Anteilsscheinen kostenlos an alle deutschen Arbeitnehmer weiterzureichen war (einschließlich die Arbeitnehmer in nichtabgabepflichtigen Unternehmen und auch die im öffentlichen Dienst). Als Verwahrstelle der Anteilsscheine und zugleich als Verwalter des an die Anteilsscheine gekoppelten Stimmrechts sollten mehrere „Arbeitnehmerfonds" gegründet werden, die von den Gewerkschaften bzw. von gewählten Arbeitnehmervertretern zu führen waren (Schäfer 1977). Es gab bis zuletzt heftige, ja gegensätzliche Positionen zu diesem Vorschlag innerhalb von SPD und DGB selbst. Vor allem die IG Metall bezweifelte die Funktionsfähigkeit des Modells, das je nach der Höhe des jährlichen Abführungsprozentsatzes eine Sperrminorität der Arbeitnehmer beim Grundkapital der abgabepflichtigen Unternehmen u.U. erst nach Jahrzehnten oder gar Jahrhunderten realisierte (Pitz 1973). Es gab aber auch innerhalb der Befürworter Streit um Details, etwa um die Frage, ob die individuellen Anteile für den einzelnen Arbeitnehmer jemals verkäuflich sein dürften, um das daran geknüpfte Stimmrecht nicht zu verlieren, im schlimmsten Fall sogar an die Alteigentümer der abgabepflichtigen Unternehmen als „Aufkäufer". Immerhin aber versprach der Anteilsschein auch bei „ewiger" Verkaufs-Sperrfrist eine jährliche Dividende und verband so zumindest teilweise die Ziele von materieller und immaterieller Vermögensbeteiligung gleichermaßen.

Aber die Sache wurde von anderen entschieden: Weil die Gewerkschaften schon die paritätische „Mitbestimmung aus Arbeit" im Aufsichtsrat forderten, fürchtete die FDP als damaliger Juniorpartner der Bundesregierung durch die „überbetriebliche Ertragsbeteiligung" eine zusätzliche Mitbestimmung der Arbeitnehmer „aus Kapitalbesitz" und damit eine Überparität bzw. Übermacht der Arbeitnehmer im Aufsichtsrat. Sie stellte die Koalitionsfrage, und Willy Brandt gab nach. Dies fiel dem Bundeskanzler umso leichter, als der innergewerkschaftliche Streit über den Beteiligungsvorschlag anhielt, und der DGB – vor die Wahl gestellt zwischen den beiden Mitbestimmungs-Modellen – sich für die Mitbestimmung aus Arbeit entschied, die die Kräfteparität im Aufsichtsrat sozusagen über Nacht mit einem Federstrich herbeiführen würde. Zwar bekamen die Gewerkschaften im 1976er Mitbestimmungsgesetz nicht die volle Parität; jetzt hatte Bundeskanzler Helmut Schmidt der FDP erneut nachgeben müssen. Aber die Gewerkschaften kamen weder zur Kompensation dieses „Paritätsdefizits" noch aus anderen Gründen auf die „überbetriebliche Ertragsbeteiligung" zurück. Die vereinzelte Idee, dies auf gesetzlicher Ebene gescheiterte Projekt auf tarifpolitischer Ebene für eine Branche zu versuchen, wurde angesichts des zu erwartenden Widerstands der Arbeitgeber, die sich ja faktisch selbst hätten auf Dauer entmachten sollen, schnell wieder aufgegeben (Schäfer 1983). Die später in Schweden mit dem adaptierten Meidner-Plan für „Arbeitnehmerfonds" gemachten Erfahrungen gaben den deutschen Kritikern solcher Lösungen nachträglich scheinbar Recht, zumindest was den möglichen gesellschaftspolitischen Widerstand angeht. Immerhin erlebte das damals sozialdemokratisch regierte Schweden wegen des von Sozialdemokraten und Gewerkschaften entwickelten Gesetzesvorhabens zu Arbeitnehmerfonds eine erste spektakuläre öffentliche Arbeitgeber-Demonstration, erfuhr der schwedische Entwurf im weiteren Gesetzgebungsverfahren eine deutliche Verwässerung seiner ursprünglichen, der deutschen sehr ähnlichen Intention, und verlor Olof Palme trotzdem die nächste Reichstagswahl.

4. Keine Vermögensumverteilung über Sparförderung

Was sich an expliziter Vermögenspolitik wirklich in Deutschland durchsetzen konnte, war nur materieller Art, noch genauer: war Sparförderung, d.h. mit fiskalischen Geldanreizen versehene Maßnahmen mit dem Ziel einer Erhöhung der privaten Ersparnis, anreizbedingt aber faktisch Maßnahmen zur Privilegierung oder Diskriminierung bestimmter Sparformen, womit letztlich auf die Struktur der Ersparnis Einfluss genommen wurde. Die bekanntesten und dauerhaftesten Maßnahmen sind die zum Wohnungsbausparen und zum Sparen von vermögenswirksamen Leistungen. Allein die letztgenannten diesbezüglichen Gesetzesbündel zielen exklusiv auf Arbeitnehmer – und die entsprechenden fiskalischen Anreize nur auf solche unterhalb einer bestimmten Einkommensschwelle, die in den Augen des Gesetzgebers die Förderungsbedürftigen markiert. Zwar heißen die jeweiligen Gesetze unbeschadet ihrer zahlreichen Novellierungen immer: „Gesetz zur Vermögensbildung (...)" – aber zur Erhöhung der Sparfähigkeit bzw. der Vermögensbildungsfähigkeit der Arbeitnehmer führten diese Gesetze alle nicht. Denn die Ersparnisse, deren Anlage bzw. Verwendung diese Gesetze regeln, werden meist aufgebracht durch besondere Tarifverträge über vermögenswirksame Leistungen. Und damit sind sie Sparlohn bzw. vorübergehend für die Dauer der gesetzlichen Mindestanlagefrist vorenthaltener Barlohn. Gäbe es die Tarifverträge über vermögenswirksame Leistungen nicht, wäre die Barlohnerhöhung der jeweiligen tariflichen Lohnrunde größer ausgefallen. Mit anderen Worten, die vermögenswirksamen Leistungen sind kein zusätzlicher Lohn, sondern ein anders als üblich, nämlich unbar ausgezahlter Lohn, der frühestens nach Ende der gesetzlichen Mindestanlagezeit zur Verfügung steht.

Ohne zusätzliches Einkommen kann aber die Sparfähigkeit bzw. Vermögensbildungsfähigkeit nicht wachsen. Es gibt auch keine Anzeichen dafür, dass Arbeitnehmer wegen ihres tarifvertraglichen Anspruchs auf vermögenswirksame Leistungen die Illusion eines zusätzlichen Einkommens entwickelt hätten und allein aus psychologischen Gründen mehr gespart haben. Vielmehr sprechen alle Informationen über das Sparverhalten dafür, dass Arbeitnehmer sparen, was sie vor ihrem individuellen oder familiären Hintergrund zu erübrigen können glauben; und mit der so festgelegten freiwilligen Ersparnis wird die Anlage vermögenswirksamer Leistungen verrechnet. Allein bei Arbeitnehmern, die auf Grund sehr niedriger laufender Einkommen überhaupt nicht sparen können, ist die Anlage vermögenswirksamer Leistungen dann eine unfreiwillige bzw. tarifpolitisch „erzwungene" Ersparnis. Aber der freie Wille dieser „unfreiwilligen" Sparer setzt sich spätestens nach Ablauf der gesetzlichen Mindestanlagefrist (je nach Sparform sechs bis sieben Jahre) durch, indem die Ersparnis aufgelöst und dem Konsum zugeführt wird.

Die Tarifverträge über vermögenswirksame Leistungen und die Vermögensbildungsgesetze, die die Anlage ersterer und damit verbunden auch fiskalische Anreize wie die Arbeitnehmersparzulage regeln, haben also nicht zu einer Erhöhung von Sparfähigkeit oder Sparbereitschaft der Arbeitnehmer geführt. Aus ökonomischen Gründen war das von vornherein abzusehen. Aus politischen Gründen gab es ursprünglich andere Hoffnungen, die etwa mit dem Gewerkschaftsvorsitzenden Georg Leber verbunden waren; er schloss den ersten Tarifvertrag über vermögenswirksame Leistungen ab und öffnete damit den Weg für viele Nachahmer und die „symbiotische" Arbeitsteilung zwischen Tarifvertrag und Vermögensbildungsgesetz. Aber diese Hoffnungen sind zumindestens im Gewerkschaftslager schon lange verflogen; der Abschluss neuer Tarifverträge über vermögenswirksame Leistungen stagniert ebenso wie die Erhöhung der Ansprüche aus bestehenden Tarifverträgen, die im gesamtwirtschaftlichen Durchschnitt heute rund 530 DM pro tarifvertraglich begünstigtem Arbeitnehmer ausmachen und damit weder den gesetzlichen Förderrahmen ausschöpfen noch ökonomisch eine relevante Dimension darstellen.[4]

5. Aber „heimliche" Vermögensbildung über Steuerpolitik

Das einzig Zusätzliche, das Arbeitnehmer bei der Anlage vermögenswirksamer Leistungen erhalten haben, war die vom Staat bei niedrigen Arbeitseinkommen gewährte Arbeitnehmersparzulage von zuletzt maximal 94 DM im Jahr (und ab 1.1.1999 nach der noch von der Regierung Kohl realisierten letzten Novelle des Vermögensbildungsgesetzes 254 DM). Aber auch diese Aussage gilt nur unter der – immer unwahrscheinlicheren – Voraussetzung, dass die staatliche Finanzierung der Sparzulage nicht aus den Steuerabgaben der Arbeitnehmer selbst erfolgt. Doch selbst wenn man von dieser Prämisse ausgeht, wurde in der Vergangenheit im Vergleich zu den wenigen Milliarden DM für Arbeitnehmersparzulage jährlich ein Vielfaches dieses Betrages allein an legalen Steuererleichterungen (und auch an Subventionen) nur für Unternehmen, Gewerbetreibende, freie Berufe und Vermögende gewährt. Und jede Steuererleichterung heißt: mehr verfügbares Einkommen und zusätzliche Vermögensbildungsfähigkeit. Die ungleiche Vermögensverteilung in Deutschland geht zu einem erheblichen Teil auf die ungleiche steuerliche Behandlung der Steuerpflichtigen zurück, die einerseits Arbeitnehmer und Konsumenten diskriminiert (welche wiederum in der Regel aktive oder ehemalige Arbeitnehmer sind) und andererseits Unternehmen, Selbstständige und Vermögende privilegiert. Neben die aktive Privilegierung durch bewusste gesetzgeberische Aktion tritt in letzter Zeit immer mehr die passive Privilegierung, womit die staatliche Hinnahme bzw. Inkaufnahme der zunehmenden illegalen Steuervermeidung gemeint ist.

Das deutsche Steuersystem ist schon lange ein „duales" (siehe Tabelle A5 im Anhang); und deshalb ist Steuerpolitik von Anfang an auch die unerklärte, die „heimliche", aber äußerst wirkungsvolle eigentliche Vermögenspolitik. Aber diese dient leider den „Falschen" bzw. begünstigt die weitere Vermögenskonzentration. Allein die Aussetzung der privaten Vermögensteuer durch die Regierung Kohl erspart den Vermögenden seit 1997 jährlich 5,5 Milliarden DM. Oder die Hinnahme der massenhaften Steuerhinterziehung bei Zinseinkommen – selbst nach einem Einspruch des Bundesverfassungsgerichts nur kosmetisch von der Regierung Kohl mit dem Zinsabschlaggesetz überdeckt – ermöglicht Besitzenden jährlich einen zusätzlichen Vermögensbildungsbeitrag von mindestens 30 Milliarden DM usw. Und schließlich ist ein Großteil der Einkommen aus Unternehmertätigkeit und Vermögen entweder legal von der Steuer befreit oder er wird dem Fiskus

---

4 Zur ausführlichen Darstellung und Bewertung von vermögenswirksamen Tarifverträgen und Vermögensbildungsgesetzen s. Schäfer/Rürup (1998).

wegen des Fehlens wirksamer Kontrollen und Sanktionen gar nicht erst angegeben und so die Steuer auch vermieden (ausführlich Schäfer 1998a und 1998c).

IV. Vermögenspolitik und Verteilungsgerechtigkeit als Spiegel des Zeitgeistes

Die in der Amtszeit der Regierung Kohl wesentliche verschärfte „Dualität" des Steuersystems ist zugleich der augenfälligste Ausdruck eines schleichenden Paradigmenwechsels bei der Einschätzung von Ungleichheiten in der Vermögensverteilung (wie ebenfalls in der Einkommensverteilung), die auch die heute öffentlich fehlende Unruhe angesichts der ungleichen Vermögensverteilung miterklärt. Wurde früher, vor dem Antritt der christlich-liberalen Bundesregierung 1982, die Ungleichheit von großen Teilen der Öffentlichkeit als sozialer und politischer „Skandal" empfunden, so wurde sie nach 1982 immer mehr zu einer notfalls bedauernswerten, aber für die ökonomische Leistungs- und Wettbewerbsfähigkeit letztlich unverzichtbaren Strukturkomponente eines Landes im globalen Wettbewerb.

Die „Skandalisierbarkeit" einer ungleichen Vermögensverteilung in den 60er und 70er Jahren hatte auch von einem günstigen gesellschaftspolitischen Umfeld profitiert, an das kurz erinnert werden soll: Schon Ludwig Erhard hatte „Eigentum für alle" versprochen. Und je mehr sich „Arbeit für alle" in den Wiederaufbaujahren realisieren ließ, wuchs die Erwartungshaltung zur Einlösung auch dieses Eigentums-Versprechens der „sozialen Marktwirtschaft". Teils hatte diese Erwartungshaltung eine ganz materielle Basis wie vor allem die häufig noch beengten und kriegsschadenbelasteten Wohnverhältnisse, die den Wunsch nach einem neuen, größeren, von Vermieterzwängen unabhängigen „Eigenheim" erzeugten. „Vermögensbildung in Arbeitnehmerhand" und insbesondere „Beteiligung der Arbeitnehmer am Produktivvermögen" als besondere Ausprägungen entsprechender Forderungen waren aber auch auf verschiedenen Ebenen politisch begründet: So mit dem Kalten Krieg bzw. mit dem Widerstand gegen auch im Westen existente Forderungen nach „Vergesellschaftung des Großkapitals" oder von „Schlüsselindustrien", was eine Stärkung des „Eigentumsgedankens" gerade bei den Arbeitnehmern als häufigen Mitgliedern von Gewerkschaften, SPD und KPD/DKP nahe legte. Ein besonderer Anhänger dieser Eigentums-Idee war außerhalb der konservativen Parteien die katholische Kirche, die hier sogar an Vorkriegs-Enzykliken zur sozialen Frage anknüpfen konnte. Dagegen standen die Gewerkschaften dieser Idee eher skeptisch gegenüber, weil sie ihre aus der positiven Beschäftigungssituation und der Kalte Kriegs-Konfrontation gestärkte Macht in „Mitbestimmung aus Arbeit" und nicht etwa in „Mitbestimmung durch Teilhabe am Kapitalbesitz" ummünzen wollten. Bezeichnenderweise war es der engagierte Katholik Georg Leber, der als Vorsitzender der Gewerkschaft Bau, Steine, Erden mit einem ersten Tarifvertrag über vermögenswirksame Leistungen in den Gewerkschaften die Bereitschaft zu einer Spielart der Vermögenspolitik schuf. Und schließlich gab es eine weit verbreitete und ursprünglich auch nicht auf die politische Linke beschränkte Kapitalismuskritik, die sich aus historischen Erfahrungen nährte, zuletzt aus der Verflechtung zwischen Kapital und Nationalsozialismus sowie personellen, finanziellen und strukturellen Kontinuitäten über Kriegsende, Republikgründung und Währungsreform hinaus. Auch die neue Machtkonzentration von Industrie und Banken „an sich", die die Wissenschaft zunehmend quantifizierte, war für die Kapitalismuskritiker eine Bedrohung. In der 1968er-Bewegung wurde diese Kritik noch einmal verschärft. Zum Teil war die Kritik sogar institutionalisiert, am deutlichsten vielleicht im Kartellrecht und im Kartellamt, das selbst aus konservativer Sicht ursprünglich als „Vierte Macht" im Staat für notwendig erachtet wurde. Dieses notgedrungen sehr grob skizzierte Umfeld hat bis in die 70er Jahre hinein den Ruf nach Vermögenspolitik erleichtert und unzählige vermögenspolitische Pläne inspiriert.

Seit den 80er Jahren dagegen hat die Kapitalismus-Kritik nachgelassen, nicht zuletzt wegen des immer deutlicher werdenden Niedergangs des „realen Sozialismus". Staatliche Steuerung im ökonomischen Bereich wurde wegen ihrer behaupteten Dysfunktionalitäten immer stärker zurückgenommen zu Gunsten von vermeintlich einzig effizienter Marktsteuerung. Viele Märkte wurden in dem Glauben an die Verbesserung ihrer Lenkungsfähigkeit sogar von staatlichen Regulierungen befreit; und tarifvertragliche Regulierungen wurden ebenfalls als obsolet hingestellt. Und heute gilt unternehmerische Größe auf den Märkten im Sinn von wachsenden Marktanteilen und steigendem Kapital nicht mehr als Indikator von Vermachtung, sondern als unverzichtbares Rüstzeug für „global player", die im weltwirtschaftlichen Wettbewerb bestehen wollen. Das Kartellamt, das ohnehin schon lange durch Ausnahmegenehmigungen des Bonner Wirtschaftsministeriums bei Fusionen „im volkswirtschaftlichen Interesse" entmachtet war, kritisiert nicht etwa die zunehmenden Unternehmenszusammenschlüsse, sondern stattdessen die deutschen Wohlfahrtsverbände, weil sie sich mit ihren sozialen Leistungen angeblich der marktwidrigen Vermachtung schuldig machen (Verbände der Wohlfahrtspflege 1998).

Und vor allem gilt die öffentlich verbreitete Einschätzung: „Es gibt nichts mehr zu verteilen" zu Gunsten der Arbeitnehmer, sondern nur noch zu Gunsten der Arbeitgeber, weil diese als volkswirtschaftliche Leistungsträger wie als Arbeitsplatzbeschaffer entlastet werden müssen. In den Dienst dieser Entlastung sollen sich Steuerpolitik, Lohnpolitik und andere Politikfelder stellen. Und dies gelingt zum großen Teil – spätestens nach der deutschen Einheit und der Auflösung des ehemaligen Ostblocks – durch die Ausrufung des Globalisierungsdrucks und des unbarmherzigen Wettbewerbs durch „kleine Tiger" überall, durch den Hinweis auf den kommenden Euro und den verschärften Wettbewerb in Europa, durch das Steuerdumping selbst innerhalb der europäischen Union usw. Lohnzurückhaltung und Lohnkostensenkung sind nur einige begleitende Schlachtrufe. Entscheidend ist das Ergebnis; und das kann man zu Gunsten von Unternehmen, Selbstständigen und Vermögenden schon lange in den Verteilungsstatistiken für die Einkommen und die Vermögen ablesen (siehe oben). Die deklamierte Vermögenspolitik wird vor diesem Hintergrund quasi absurd, die „heimliche" Vermögenspolitik dagegen feiert als Steuerentlastungspolitik Triumphe. Wo Arbeitseinkommen relativ und sogar absolut sinken, wo Lohnersatzleistungen Arbeitseinkommen ersetzen und Vermögen als Voraussetzung für Sozialhilfebezug aufgebracht werden muss, kann Vermögensbildung in Arbeitnehmerhand immer weniger Sinn machen.

Hinter dieser Entwicklung steht letztlich der Glaube – zumindest ein als ökonomische Überzeugung getarntes Interesse –, dass soziale Gerechtigkeit und ökonomische Effizienzen nicht (mehr) miteinander vereinbar seien. Damit wird der Idee der sozialen Marktwirtschaft eine Absage erteilt, bevor diese Idee in jeder Beziehung verwirklicht werden konnte – obwohl sich die Verfechter der neuen Entwicklung ohne Hemmung weiter als Anhänger dieser alten Idee bezeichnen. Aber Beleg für ihren neuen Glauben sind nicht nur die vielen von ihnen gefällten politischen Entscheidungen, sondern auch die von ihnen bemühten internationalen Glaubensbeweise, allen voran das „Vorbild" der USA, wo zwar die Einkommensverteilung – und vermutlich auch die Vermögensverteilung – doppelt so ungleich wie in Deutschland ist, aber auch deshalb das bekannte „Beschäftigungswunder" eintrat.

Nun lässt sich inzwischen – nach einer beunruhigend langen widerspruchsfreien Pause – empirisch genau das Gegenteil belegen: Soziale Gerechtigkeit und ökonomische Wettbewerbsfähigkeit stehen eben nicht konfliktbeladen, sondern gerade komplementär in Beziehung zueinander. Und internationale Belege dafür sind nicht nur positiv das deutsche Beispiel bis heute – auch wenn es teilweise schon von der Substanz zehrt (Schäfer 1998c) –, sondern auch das zuletzt insbesondere beschäftigungspolitisch so erfolgreiche Hochsteuerland Dänemark (Köhler 1998). Und ausgerechnet die USA entpuppen sich bei genauerem Hinsehen als das negative, ja abschreckende Beispiel, weil hier wegen großer sozialer Konflikte – und vor allem der ungleichen Verteilung – die ökonomische Leistungsfähigkeit sogar behindert wird. Insbesondere kann das US-Beschäftigungswunder „entzaubert" werden, nicht zuletzt weil außerhalb der US-Arbeitsmarktstatistik viele Millionen US-Bürger als versteckte Arbeitslose existieren, darunter auch erschreckend viele, nicht zuletzt von der Armut „erzeugte" und vom Arbeitsmarkt „weggeschlossene" Gefängnisinsassen. Diese und andere Indikatoren stellen den beschäftigungspolitischen Erfolg wie die generelle ökonomische Performance des „Modells" USA in Frage.[5]

---

5 Vgl. dazu im Einzelnen Thurow (1996); Freeman (1997); Wacquant (1998); Western/Beckett (1998); US-Handelsministerium (1998); Schmitt et al. (1998).

V. Zukünftige Vermögens- und Verteilungspolitik vor der Wahl: Akzeptanz oder Überwindung von „Globalisierungszwängen"

Diese beiden Grundmuster für die generelle soziale und ökonomische Organisation einer Gesellschaft und ihrer Volkswirtschaft stehen heute zur Wahl: einerseits das neoliberale, in angelsächsischen Ländern und noch häufiger und zügelloser in Entwicklungsländern praktizierte; andererseits das „europäische" oder „rheinisch-kapitalistische", das in seiner besten Form heute wahrscheinlich in Dänemark herrscht bzw. für ganz Europa aus den erprobtesten Teilen seiner Mitglieder noch zusammenzubauen wäre. Hinter beiden Modellen steht immer auch die Wahl einer entsprechenden Verteilungspolitik, d.h. entweder einer steilen, ungleichen oder einer flachen, gerechten Einkommens- und Vermögensverteilung:

Bei einer Fortsetzung oder gar Vertiefung des neoliberalen Kurses, den die alte Bundesregierung eingeschlagen hatte, würde Verteilungspolitik bzw. Vermögenspolitik immer mehr in den Dienst der Kapitalmarkt-Stärkung gestellt. Noch deutlicher als schon in der Vergangenheit möglich – durch den Kauf von Anteilen an Investmentfonds oder gar am Kapital des eigenen Arbeitgebers – könnten dann vermögenswirksame Leistungen durch den Gesetzgeber vom Bausparen oder sonstigem risikolosen Sparen weg zu „Risikobeteiligungen" oder sogar zu „Wagniskapital" hingeführt werden. Es gibt bekanntlich auch schon Forderungen, die betrieblichen Pensionsansprüche wie die gesetzlichen Rentenansprüche in diesen Weg einzubeziehen und vom Umlageverfahren auf das im volkswirtschaftlichen Maßstab gar nicht tragfähige Kapitaldeckungsverfahren umzusteigen. Vermögensbildung würde mehr und mehr zur reinen Altersvorsorge, ohne wegen der Anlagerisiken sicher sein zu können, dass die Kapitaldeckung für ein armutsfreies Alter reicht.[6] Die soziale Sicherheit von heute würde durch „Risikopolitik" ersetzt, die umso größer wäre, je mehr es den Arbeitgebern gelänge, auch den laufenden Lohn teilweise ertragsabhängig zu machen, also nur im Gewinnfall zu zahlen. Zu unsicheren zukünftigen Alterseinkommen kämen unsichere Arbeitseinkommen in der Gegenwart hinzu. Die Binnennachfrage würde immer mehr ausgezehrt, der Arbeitsmarkt immer stärker belastet, weil die Auslandsnachfrage immer weniger kompensieren könnte. Es gibt zwar konservative Strategen, die glauben mit dem ernst gemeinten Hinweis beschwichtigen zu können, dass man Arbeit und Arbeitseinkommen völlig durch Kapital und Kapitaleinkommen auf breiter Basis ersetzen könne und so den Bedeutungsverlust von Erwerbsarbeit nicht zu scheuen brauche (Kommission für Zukunftsfragen Bayern/Sachsen 1997). Aber sie übersehen, dass ihre Vorschläge nicht nur erst die Beschäftigung gefährden und dadurch den Bedeutungsverlust von Arbeit provozieren, sondern auch mangels Produktions-

---

6 Vgl. zuletzt Hans-Jürgen Krupp, Präsident der Landeszentralbank „Nord" (1999), der die geforderte Kapitaldeckung problematisiert und das heutige Umlageverfahren für weiter tragfähig und machbar hält.

und Absatzmöglichkeiten die Renditemöglichkeiten für Kapitalanlagen selbst schmälern.[7] Bei dieser Wahl also hätte Vermögenspolitik endgültig die Funktion einer „weißen Salbe" auf einem selbstzerstörerischen gesellschaftspolitischen Generalkurs.

Ganz anders, viel wirksamer und ihren ursprünglichen Intentionen angemessen, könnte Vermögenspolitik bei der Wahl des zweiten gesellschaftspolitischen Grundmusters sein: Allerdings müsste dazu Vermögenspolitik in ihren jeweiligen Teilen als materielle wie als immaterielle Politik, die in einem einzigen Instrument ohnehin nicht zu verwirklichen ist, erst wieder entdeckt werden. Dann aber sind die Prioritäten für entsprechende politische Maßnahmen ganz eindeutig. In der materiellen Abteilung steht eine Steuerreform an, die ihren Namen verdient und insbesondere die „Dualität" zu Lasten der Arbeitnehmer und zu Gunsten von Unternehmen, Selbstständigen und Vermögenden überwindet. Steuerpolitik wird dann automatisch die einzig richtige Vermögenspolitik, weil mehr Steuergerechtigkeit auch mehr Einkommensgerechtigkeit und Vermögensbildungsfähigkeit zu Gunsten von Arbeitnehmern und insbesondere solchen mit niedrigem Einkommen bedeutet. Ob die von der neuen Bundesregierung zur Jahreswende 1998/99 vorgelegten Pläne ein erster kleiner Schritt in diese Richtung sind, ist noch offen. Das Nettoaufkommen einer solchen Reform durch Mehrbelastung von Unternehmen, hohen Einkommen und Vermögen kann selbst unter den gegebenen konjunkturellen Vorzeichen deutlich positiv statt wie bisher geplant negativ ausfallen. Und außerdem gehört zur Reform der Einkommensteuer ebenfalls die der Vermögensteuer, Erbschaft- und Schenkungssteuer unbedingt hinzu, weil letztere eine Nachhol- und Ergänzungsfunktion zur Einkommensteuersphäre haben – und deshalb Preußen 1893 bei der erstmaligen Einführung der Vermögensteuer in Deutschland die ausdrückliche Bezeichnung „Ergänzungssteuer" gewählt hat (ausführlicher zu Reformperspektiven Schäfer 1998b). Vermögenspolitik im herkömmlichen Sinn, also Sparförderung, kann dann sogar völlig entbehrlich werden, weil eine solche Steuerreform insbesondere untere Einkommen durch weniger Steuern und Abgaben, aber auch durch mehr Kindergeld, Wohngeld usw. deutlich entlastet. Allein Wohnungsbauförderung als Spezifikum bliebe übrig, müsste aber viel stärker als bisher in Landschafts- und Städtebau eingebunden werden, um die Versiegelung des Bodens wie die Verödung der Innenstädte zu vermeiden.

In der immateriellen Abteilung ist die ursprüngliche Bedeutung von Kartellpolitik und Antimonopolpolitik wiederzubeleben, die auch die Entflechtungsmöglichkeit heutiger Großunternehmen einschließen muss. Hier kann sogar die Anti-Trust-Gesetzgebung der USA teilweise ein Vorbild sein. Daneben liegen für die durchgreifende Reform des Depotstimmrechts, die Begrenzung des Anteilsbesitzes von Banken an Produktionsunternehmen, die Einschränkung von Aufsichtsrats-

---

7 Vgl. zur Auseinandersetzung mit den Positionen der bayerisch-sächsischen „Zukunftskommission" (1997) die von einer Autorengruppe verfasste „Streitschrift" im Auftrag des Berliner Senats (1998).

mandaten, die Stärkung der Aufsichtsräte gegenüber dem Management, die bessere Publizität von Kapitalgesellschaften usw. schon lange viele gute Vorschläge auf dem Tisch. Über allem aber sollte man eins nicht vergessen: Eine breite Mitbestimmung aus Kapitalbesitz für Arbeitnehmer ist weder ökonomisch möglich noch sinnvoll, denn das kann man über eine bessere Mitbestimmung aus Arbeit leichter, schneller und effizienter haben.

Vermögenspolitik, die aus allen Arbeitnehmern oder gar allen Bürgern Millionäre macht, kann es nicht geben. Insofern haftete dem bisherigen Begriff a priori etwas hochstaplerisches an. Und wenn die Vermögenspolitik gar wie von Norbert Blüm zum „dritten Weg zwischen Kapitalismus und Sozialismus" hochstilisiert wurde – obwohl die *offene* Vermögenspolitik nur harmlose Sparförderung ist, während die *heimliche* Vermögenspolitik als Steuerpolitik die Kluft zwischen Arm und Reich vergrößert –, dann verdeutlicht dieses Beispiel nur die Bandbreite der Illusionen wie Täuschungsmöglichkeiten, die mit diesem Begriff verbunden sind. Es ist an der Zeit, mit diesem Begriff nüchterner umzugehen. Diesen Begriff ganz zu streichen, scheint dagegen nicht hilfreich. Denn schließlich ließ und lässt sich vorerst mit keinem anderen Begriff als mit Vermögensverteilung und Vermögenspolitik so gut die „Systemfrage" stellen, d.h. die fundamentale Frage nach der Einkommens- und Vermögensverteilung sowie dem nötigen bzw. möglichen Verhältnis zwischen sozialer Gerechtigkeit und ökonomischer Effizienz formulieren. Die Systemfrage stellen heißt zwar nicht: Kapitalismus oder Sozialismus, sondern: welche Einkommensverteilung und welche Steuerpolitik bzw. welche soziale Gerechtigkeit brauchen wir für eine zukunftsfähige, leistungsfähige und demokratische Gesellschaft. Diese Frage reicht allerdings gesellschaftspolitisch wie ökonomisch-konzeptionell weit über bisherige Strategieüberlegungen hinaus, auch über die in diesem Band von Manfred G. Schmidt gestellte Frage nach einem „mittleren Weg" der deutschen politischen Ökonomie im nächsten Jahrhundert. Die frühere Vermögenspolitik hat sich vor dieser Frage gedrückt, weil sie so getan hat, als könne man die Vermögensverteilung unabhängig oder sogar gegen die Einkommensverteilung wie auch gegen die Steuer-, Abgaben- und Subventionspolitik durch den Staat korrigieren. Insoweit war diese Vermögenspolitik wirklich illusionär; und Vermögensbildung mit dieser Politik war „Vermögenseinbildung". Vermögenspolitik heute kann aber gerade die Einheitlichkeit der Verteilungspolitik und hierbei auch die Vorrangigkeit der Einkommensverteilung ins Bewusstsein rücken. Denn wichtiger als erst im Alter „vermögend" zu sein ist es, während des ganzen Lebensverlaufs teilhaben zu können an materiellem Wohlstand, an Bildungschancen und dem ganzen sozialen, kulturellen und politischen Leben. Und vor allem gilt es, die positive Beziehung zwischen sozialer Gerechtigkeit und ökonomischer Effizienz zu sehen und zu nutzen, sollen Wirtschaft und Gesellschaft nicht langfristig erheblichen Schaden nehmen.

Wie gesagt: heute steht mehr denn je die bewusste Wahl zwischen den beiden Wegen und den dazugehörenden Verteilungsverhältnissen an, zwischen entweder einer „Chronik des angekündigten politökonomischen Selbstmords" oder „sozialer Gerechtigkeit, die die andere Seite von ökonomischer Vernunft" ist. Angesichts der empirischen Erfahrungen zu Gunsten einer flachen Verteilungshierarchie und komplementär einer leistungsfähigen Volkswirtschaft, angesichts der offensichtlichen Schäden von Globalisierung und Deregulierung und angesichts der vielen sozialdemokratisch geführten Regierungen in Europa sollte die Wahl eigentlich eindeutig ausgehen. Aber warten wir die „Berliner Republik" ab.

Anhang

Tabelle A1: Vermögen der privaten Haushalte (und privaten Organisationen ohne Erwerbszweck) in der Bundesrepublik Deutschland 1970 bis 1997 (ohne Produktivvermögen)

Vermögensart	Westdeutschland				Ostdeutschland		Gesamtdeutschland	
	1970	1980	1990	1997	1990	1997	1990	1997
	Mrd. DM am Jahresende							
Geldvermögen^1	518	1.475	3.061	5.006	137	353	3.198	5.359
Immobilienvermögen^2	811	2.402	4.905	6.547	178	545	5.082	7.092
Bruttovermögen insgesamt	1.329	3.877	7.966	11.553	315	898	8.280	12.451
Kredite	207	615	1.082	1.745	14	76	1.096	1.822
Reinvermögen	1.122	3.262	6.884	9.808	301	822	7.184	10.629
	DM je Haushalt							
Bruttovermögen	60.400	156.300	278.700	377.100	47.200	130.200	234.900	331.700
Kredite	9.400	24.800	37.900	57.000	2.100	11.000	31.100	48.500
Reinvermögen	51.000	131.500	240.800	320.100	45.100	119.200	203.800	283.200
	Mrd. DM am Jahresende							
nachrichtlich: Gebrauchsvermögen^3	209	617	1.008	1.395	115	223	1.123	1.618

1 Wertpapiere zu Tageskursen.
2 Wohnbauten (nach Berücksichtigung der Abschreibungen) und anteilige Grundstücke zu Wiederbeschaffungspreisen.
3 Wohnungseinrichtungen, PKW u.ä. nach Berücksichtigung von Abschreibungen, zu Wiederbeschaffungspreisen.
Quellen: Deutsche Bundesbank (1993, 1999); Becker (1999); Berechnungen des WSI.

Tabelle A2: Das Nettogeldvermögen[1] je Haushalt nach sozialen Stellungen 1983 und 1993 in Deutschland

Soziale Stellung des Haushaltsvorstands	Westdeutschland						Ostdeutschland	
	Nettogeldvermögen ohne Versicherungsguthaben				Nettogeldvermögen incl. Versicherungsguthaben		Nettogeldvermögen incl. Versicherungsguthaben	
	1983		1993		1993		1993	
	DM/ Haushalt	alle HH = 100	DM/ Haushalt	alle HH = 100	DM/ Haushalt	alle HH = 100	DM/ Haushalt	alle HH = 100
Selbstständiger	44.000	206,2	70.000	176,0	156.000	254,6	42.000	196,5
Landwirt	32.000	147,1	61.000	152,4	107.000	175,5	44.000	207,4
Beamter	26.000	123,3	51.000	127,0	75.000	122,0	20.000	92,9
Angestellter	22.000	103,9	41.000	101,7	67.000	109,2	29.000	135,7
Arbeiter	16.000	72,4	26.000	65,2	45.000	73,9	17.000	79,8
Nichterwerbstätiger[2]	20.000	91,9	40.000	101,0	49.000	80,9	14.000[3] 19.000[4]	66,9[3] 90,0[4]
alle Haushalte	21.000	100,0	40.000	100,0	61.000	100,0	21.000	100,0

1 Nettogeldvermögen: = Sparguthaben + Bausparguthaben + Wertpapierguthaben + sonstiges Geldvermögen + (ab 1993) Versicherungsguthaben abzüglich Kreditverpflichtungen.
2 Einschließlich Arbeitslosen-Haushalte.
3 Arbeitslosen-Haushalte.
4 Haushalte von sonstigen Nichterwerbstätigen.
Quelle: Statistisches Bundesamt, EVS (1983-1993); Hauser u.a. (1997); Grimm (1998).

Tabelle A3a: Das Nettogrundvermögen[1] je Haushalt nach sozialen Stellungen 1988, 1993 und 1998 in Westdeutschland

Soziale Stellung des Haushaltsvorstands	1988			1993			1998		
	DM/Haushalt[1]	Anteil der Haushalte mit Grundeigentum[2]	alle Haushalte mit Grundeigentum = 100	DM/Haushalt[1]	Anteil der Haushalte mit Grundeigentum[2]	alle Haushalte mit Grundeigentum = 100	DM/Haushalt[1]	Anteil der Haushalte mit Grundeigentum[2]	alle Haushalte mit Grundeigentum = 100
Selbstständiger	383.000[3]	73,5	146,2[3]	557.000	72,1	153,0	624.000	64,6	162,9
Landwirt	252.000	92,1	96,2	581.000	87,5	160,5	653.000	90,8	170,5
Beamter	254.000	56,8	96,9	341.000	64,0	94,1	385.000	65,1	100,5
Angestellter	254.000	48,3	96,9	336.000	51,7	92,8	340.000	49,1	87,7
Arbeiter	229.000	48,5	87,0	302.000	49,0	83,4	303.000	45,6	79,1
Arbeitsloser	221.000	22,0	84,4	331.000	29,7	91,4	343.000	28,2	89,6
sonstiger Nichterwerbstätiger	255.000	40,6	97,3	365.000	47,2	100,8	392.000	44,1	102,3
alle Haushalte	262.000	46,7	100,0	362.000	50,7	100,0	383.000	47,8	100,0

1 Bebaute Grundstücke für Wohnzwecke bzw. Immobilien zum angegebenen Verkehrswert abzüglich Restschulden im Zusammenhang mit Erstellung oder Kauf der Immobilie.
2 Anteil an der Gesamtheit aller Haushalte in der jeweiligen Haushaltsgruppe einschließlich der Haushalte ohne Grundvermögen.
3 Landwirte und sonstige Selbstständige zusammen.
Quelle: Statistisches Bundesamt, EVS (1988-1998); Grimm (1998); Hauser/Stein (1999); Münnich (1999), Berechnungen des WSI.

Tabelle A3b: Das Nettogrundvermögen[1] je Haushalt nach sozialen Stellungen 1993 und 1998 in Ostdeutschland

Soziale Stellung des Haushaltsvorstands	1993			1998		
	DM/ Haushalt[1]	Anteil der Haushalte mit Grundeigentum[2]	alle Haushalte mit Grundeigentum = 100	DM/ Haushalt[1]	Anteil der Haushalte mit Grundeigentum[2]	alle Haushalte mit Grundeigentum = 100
Selbstständiger	276.000	54,3	150,0	257.000	52,9	146,9
Landwirt	–	[87,7]	–	379.000	[76,5]	216,6
Beamter	[200.000]	[18,8]	108,7	186.000	41,1	106,3
Angestellter	185.000	30,5	100,5	176.000	40,2	100,6
Arbeiter	195.000	30,3	106,0	169.000	39,8	96,6
Arbeitsloser	188.000	18,7	102,2	185.000	24,8	105,7
sonst. Nichterwerbstätiger	151.000	22,8	82,1	150.000	23,4	85,7
alle Haushalte	184.000	27,4	100,0	175.000	33,3	100,0

1 Bebaute Grundstücke für Wohnzwecke bzw. Immobilien zum angegebenen Verkehrswert abzüglich Restschulden im Zusammenhang mit Erstellung oder Kauf der Immobilie.
2 Anteil an der Gesamtheit aller Haushalte in der jeweiligen Haushaltsgruppe einschließlich der Haushalte ohne Grundvermögen.
Quelle: Statistisches Bundesamt, EVS (1993, 1998); Hauser/Stein (1999); Münnich (1999).

Tabelle A4: Relative Einkommenspositionen der privaten Haushalte in Westdeutschland Bruttoeinkommen[1], verfügbares Einkommen[2] und Umverteilungseffekte[3] in vH des Durchschnittseinkommens aller Haushalte

Haushaltsgruppe[4]	1980[5]			1993[5]			1996[6]		
	Brutto[1]	Verfügb.[2]	Umv.[3]	Brutto[1]	Verfügb.[2]	Umv.[3]	Brutto[1]	Verfügb.[2]	Umv.[3]
Selbstständige (ohne Landwirte)	312,4	227,6	-30,8	347,2	283,4	-23,2	393,8	348,5	-17,4
Arbeitnehmer	132,8	107,7	-23,0	135,3	105,9	-26,3	129,8	97,0	-30,3
– Beamte	143,3	132,1	-12,5	143,4	130,7	-14,2	137,6	119,6	-18,9
– Angestellte	146,6	113,3	-26,6	148,3	110,3	-30,0	142,3	101,0	-33,8
– Arbeiter	118,7	97,6	-21,9	118,5	94,7	-24,8	113,7	86,7	-28,8
Nichterwerbstätige	21,9	69,8	+202,7	26,2	68,8	+147,5	–	–	–
– Arbeitslose	19,4	60,7	–	16,9	55,4	–	–	–	–
– Sozialhilfeempfänger	4,5	40,8	–	2,4	44,9	–	–	–	–
– Rentner	19,9	69,0	–	23,9	70,0	–	–	–	–
– Pensionäre	21,2	98,9	–	26,3	99,5	–	–	–	–
alle Haushalte	100,0	100,0	–	100,0	100,0	–	100,0	100,0	–
(nachrichtlich: in DM/Monat)	(3308)	(3142)		(5225)	(4917)		(5842)	(5452)	

1 Bruttoeinkommen der Haushalte aus Erwerb und Vermögen (einschließlich öffentliche Entnahmen der Unternehmen ohne eigene Rechtspersönlichkeit); nicht gewichtet mit der Personenzahl pro Haushalt.
2 Nach Abzug von direkten Steuern und Sozialabgaben, zuzüglich öffentliche Einkommenstransfers; nicht gewichtet mit der Personenzahl pro Haushalt.
3 Differenz zwischen Bruttoeinkommen und verfügbarem Einkommen in vH des Bruttoeinkommens; sie wird mit dem Saldo der Umverteilungsmaßnahmen des Staates gleichgesetzt, also im Wesentlichen dem Saldo zwischen direkten Steuern und Sozialabgaben einerseits sowie öffentlichen Einkommenstransfers andererseits.
4 Definiert nach der sozialen Stellung des Haushaltsvorstands.
5 Originäre Angaben des Statistischen Bundesamtes.
6 Vom WSI auf der Basis von 1993 hochgerechnet mit verschiedenen Zuwachsraten für adäquate Brutto-, Netto- und verfügbare Einkommen aus der Volkswirtschaftlichen Gesamtrechnung.

Quelle: Statistisches Bundesamt, Berechnungen des WSI.

Tabelle A5: Ausgewählte Kennziffern des „dualen" Steuersystems in Deutschland

Zwangs-Steuersystem (bei Arbeitnehmern und Verbrauchern)					*Gestaltungs-Steuersystem* (bei Unternehmen, Selbstständigen, Beziehern hoher Einkommen, Vermögenden)				
1. *Deklarationsquote* der (empirisch feststellbaren) Arbeitseinkommen gegenüber dem Fiskus: *über 90 vH*					1. *Deklarationsquote* der (empirisch feststellbaren) Einkommen aus Unternehmertätigkeit und Vermögen gegenüber dem Fiskus: *55 vH*				
2. Anteil der „*Massensteuern*" am gesamten Steueraufkommen in vH:					2. Anteil der *Gewinnsteuern* am gesamten Steueraufkommen in vH:				
	1960	1970	1980	1996[1]		1960	1970	1980	1996[1]
– Lohnsteuer	11,8	22,8	30,6	32,9[2]	– veranlagte Einkommensteuer	13,1	10,4	10,1	1,5[2]
– Umsatzsteuern	21,7	17,4	25,6	31,1	– nicht veranlagte Steuern vom Ertrag	1,2	1,3	1,2	1,7
– Mineralölsteuer	3,9	7,5	5,8	8,9	– Körperschaftsteuer	9,5	5,7	5,8	3,8
					– Gewerbesteuern	10,9	7,9	7,8	6,0
					– Zinsabschlag	–	–	–	1,6
zusammen	37,5	47,7	62,0	72,9	zusammen	34,7	25,2	24,9	14,6
					3. Zahl der eingesetzten finanzamtlichen *Betriebsprüfer*				
								1980	1996[2]
								9.031	9.160
					4. Durchschnittliche Zeitabstände der *Betriebsprüfungen* 1996[1]				
					– Großbetriebe: 4,9 Jahre (1992: 4,7)				
					– Mittelbetriebe: 13,9 Jahre (1992: 11,5)				
					– sonstige Betriebe: etwa 20 Jahre				
					5. Anzahl der 1996 von *Betriebsprüfungen betroffenen Betriebe*: ca. 3 vH von 5,3 Mill. Betrieben				

1 Ganz Deutschland.
2 Ohne Solidaritätszuschlag (nicht aufgeteilt; insgesamt 3,4 vH des Steueraufkommens).
Quelle: Bundesfinanzministerium, DIW, Berechnungen des WSI.

Literatur

Arbeitsgemeinschaft der Verbraucherverbände und Deutsches Rotes Kreuz, 1998: Schuldenreport 1999, Bonn.
Bach, Stefan und Bernd Bartholmai, 1998: Immobilienvermögen privater Haushalte in Deutschland 1995, in: DIW-Wochenbericht 35, S. 630 ff.
Becker, Irene, 1998: Zur Entwicklung der Einkommens- und Vermögensverteilung in den 80er und 90er Jahren. Gibt es eine Tendenz zur sozialen Polarisierung?, in: EVS-Projekt „Personelle Einkommensverteilung in der Bundesrepublik Deutschland", gefördert durch die Hans-Böckler-Stiftung, Arbeitspapier Nr. 19, Frankfurt a.M.
Becker, Irene, 1999a: Zur Verteilungsentwicklung in den 80er und 90er Jahren – Gibt es Anzeichen einer sozialen Polarisierung in der Bundesrepublik Deutschland? – Teil 1: Veränderungen der personellen Einkommensverteilung, in WSI-Mitteilungen 3, S. 205 ff.
Becker, Irene, 1999b: Zur Verteilungsentwicklung in den 80er und 90er Jahren – Gibt es Anzeichen einer Polarisierung in der Bundesrepublik Deutschland? – Teil 2: Zum Ausmaß der Vermögenskonzentration, in: WSI-Mitteilungen 5, S. 331 ff.
Bedau, Claus-Dietrich, 1998: Geldvermögen und Vermögenseinkommen der privaten Haushalte 1997, in: DIW-Wochenbericht 30, S. 541 ff.
Berliner Senat (Hrsg.), 1998: Die Sackgassen der Zukunftskommission – Streitschrift wider die Kommission für Zukunftsfragen der Freistaaten Bayern und Sachsen, Schriftenreihe der Senatsverwaltung für Arbeit, Berufliche Bildung und Frauen, Bd. 33, Berlin.
Bickerich, Wolfram, 1998: Die D-Mark. Eine Biographie, Hamburg.
Christlich-Demokratische Arbeitnehmerschaft, Christlicher Gewerkschaftsbund u.a., 1997: Eckpunkte für einen tariflichen Investivlohn, Bonn.
Czada, Roland, 1997: Das Prinzip „Rückgabe". Die Tragweite des Eigentums. Studieneinheit 11, Funkkolleg, „Deutschland im Umbruch", Tübingen: Deutsches Institut für Fernstudien.
Deutsche Bundesbank (Hrsg.), 1998: Fünfzig Jahre Deutsche Mark, München.
Deutsche Bundesbank, 1993: Zur Vermögenssituation der privaten Haushalte in Deutschland, in: Monatsbericht Oktober 1993, S. 19 ff.
Deutsche Bundesbank, 1999: Zur Entwicklung der privaten Vermögenssituation seit Beginn der neunziger Jahre, in: Monatsbericht Januar 1999, S. 33 ff.
Die Woche, 1997: Wem gehört der Osten? Kaum ein Unternehmen in den neuen Ländern wird heute noch von Ostdeutschen geführt, in: Nr. 24 vom 06.06.
Empirica, 1999: Vermögensbildung im Lebenszyklus, Projektbericht im Auftrag der LBS Bundesgeschäftsstelle Bonn, Bonn.
Freeman, Richard B., 1997: Immer mehr Armut – Die USA in einer Apartheid-Wirtschaft?, in: Harvard Business Manager 1, S. 69 ff.
Frick, Jochen und Hans Lahmann, 1996: Wohnungsmieten in Deutschland im Jahre 1995, in: DIW-Wochenbericht 22-23, S. 379 ff.
Grimm, Michael, 1998: Die Verteilung von Geld- und Grundvermögen auf sozio-ökonomische Gruppen im Jahr 1988 (und teilweise 1993) im Vergleich zu früheren Ergebnissen, ebenda, Arbeitspapier Nr. 14, Frankfurt a.M.
Hauser, Richard, Irene Becker, Jürgen Faik und Johannes Schwarze, 1997: Entwicklung und Verteilung von Einkommen und Vermögen der privaten Haushalte in Deutschland, Gutachten im Auftrag der Kommission für Zukunftsfragen der Freistaaten Bayern und Sachsen, Frankfurt a.M.
Hauser, Richard und Holger Stein, 1999: Abschlußbericht für den ersten Abschnitt des Forschungsprojekts: „Die Vermögensverteilung in der Bundesrepublik Deutschland – eine mikroökonomische Analyse für Ost- und Westdeutschland für 1993": Das Immobilienvermögen, Frankfurt a.M.

Huster, Ernst-Ulrich: (Hrsg.), 1993: Reichtum in Deutschland – Der diskrete Charme der sozialen Distanz, Frankfurt a.M.
Institut für Städtebau, Wohnungswirtschaft und Bausparen e.V., 1949-1985: Materialien zur Vermögensbildung in Arbeitnehmerhand. Thesen – Pläne – Gesetze, sechs Folgen seit 1949, zuletzt für den Zeitraum 1981-1985, Bonn.
Kirner, Ellen und Johannes Schwarze, 1996: Zur Einkommenssituation und Einkommensverwendung von Familien mit jüngeren Kindern, in: DIW-Vierteljahreshefte zur Wirtschaftsforschung 2, S. 190 ff.
Kisker, Klaus Peter, 1964: Die Erbschaftsteuer als Mittel der Vermögensredistribution – Eine empirische und theoretische Untersuchung, Berlin.
Köhler, Peter, 1998: Soziale Sicherheit in Dänemark. Mit gesetzgeberischer Phantasie zu beeindruckenden Erfolgen, in: Soziale Sicherheit 6, S. 222 ff.
Kommission für Zukunftsfragen der Freistaaten Bayern und Sachsen, 1997: Erwerbstätigkeit und Arbeitslosigkeit in Deutschland – Entwicklung, Ursachen und Maßnahmen. Bd. III: Maßnahmen zur Verbesserung der Beschäftigungslage, Bonn.
Krelle, Wilhelm, Johann Schunck und Jürgen Siebke, 1968: Überbetriebliche Ertragsbeteiligung der Arbeitnehmer, Bd. I und II, Tübingen.
Krupp, Hans-Jürgen, 1999: Rentenreform ohne Systemwechsel, in: Frankfurter Rundschau vom 4.2.
Liedtke, Rüdiger, 1998: Wem gehört die Republik? Die Konzerne und ihre Verflechtungen. Namen – Zahlen – Fakten, zuletzt Frankfurt a.M.
Münnich, Margot, 1999: Haus- und Grundbesitz sowie Wohnverhältnisse privater Haushalte in Deutschland, in: Wirtschaft und Statistik 3, S. 210 ff.
Pfeiffer, Hermannus, 1987: Das Imperium der Deutschen Bank, Frankfurt a.M./New York.
Pfeiffer, Hermannus, 1995: Sieger der Krise. Der Deutsche-Bank-Report, Köln.
Pitz, Karl-Heinz (Hrsg.), 1973: Das Nein zur Vermögenspolitik, Hamburg.
Prokla – Zeitschrift für kritische Sozialwissenschaft, 1998: Schwerpunkt: Konzentration, Internationalisierung, Vernetzung, Heft 113, 28. Jg., Heft 4, Berlin.
RWI: Rheinisch-Westfälisches Institut für Wirtschaftsforschung, 1996: Stellungnahme zum Entwurf eines Jahressteuergesetzes 1997 (zur Abschaffung der Vermögensteuer) vor dem Finanzausschuß des Deutschen Bundestags und seiner Anhörung am 26./27.6.1996, Essen.
Schäfer, Claus, 1977: Zur gegenwärtigen vermögenspolitischen Diskussion, in: WSI-Mitteilungen 10, S. 598 ff.
Schäfer, Claus, 1983: Ist Vermögensbildung nur Vermögenseinbildung? Zur Brauchbarkeit von Vermögenspolitik als gewerkschaftliches Instrument, in: WSI-Mitteilungen 7, S. 443 ff.
Schäfer, Claus, 1990: Möglichkeiten einer breiten Streuung des volkseigenen Vermögens in der DDR im Zusammenhang mit seiner Privatisierung. Gutachten des WSI im Auftrag des Bundesministers für Arbeit und Sozialordnung, Düsseldorf.
Schäfer, Claus, 1993: „Armut" und „Reichtum" sind die verteilungspolitischen Aufgaben (WSI-Verteilungsbericht 1993), in: WSI-Mitteilungen 10, S. 617 ff.
Schäfer, Claus, 1995: Soziale Polarisierung bei Einkommen und Vermögen (WSI-Verteilungsbericht 1995), in: WSI-Mitteilungen 10, S. 605 ff.
Schäfer, Claus, 1996: Mit falschen Verteilungs-„Götzen" zu echten Standortproblemen (WSI-Verteilungsbericht 1996), in: WSI-Mitteilungen 10, S. 597 ff.
Schäfer, Claus, 1998a: Die Verteilung der Steuerlast in Deutschland, Gutachten im Auftrag der Friedrich-Ebert-Stiftung, Bonn.
Schäfer, Claus, 1998b: Wen drücken denn die Steuerlasten?, in: Frankfurter Rundschau, (Dokumentationsseite) vom 5.5.
Schäfer, Claus, 1998c: Das Ende der Bescheidenheit wäre der Anfang der Vernunft (WSI-Verteilungsbericht 1998), in: WSI-Mitteilungen 10, S. 675 ff.

Schäfer, Claus, 1999: Von massiven Verteilungsproblemen heute zu echten Standortproblemen morgen. Ein Beitrag zur Entmytholosierung der „Standortdebatte", in: Christoph Butterwege, Martin Kutsch und Sabine Berghahn (Hrsg.), Herrschaft des Marktes – Abschied vom Staat? Folgen neoliberaler Modernisierung für Gesellschaft, Recht und Politik, Baden-Baden.

Schäfer, Claus und Bert Rürup, 1998: Der Investivlohn – Förderung der Arbeitnehmer-Vermögensbildung? Möglichkeiten, Grenzen, Transformationen. Gutachten im Auftrag der Enquete-Kommission „Zukunft der Erwerbsarbeit" des Landtags von Nordrhein-Westfalen, Darmstadt/Düsseldorf.

Schmitt, John, Lawrence Mishel und Jared Bernstein, 1998: Unterschätzte soziale Kosten, überbewertete ökonomische Vorteile des „US-Modells", in: WSI-Mitteilungen 4, S. 271 ff.

Sinn, Gerlinde und Hans-Werner Sinn, 1991: Kaltstart – Volkswirtschaftliche Aspekte der deutschen Vereinigung, Tübingen.

Szydlik, Marc, 1999: Erben in der Bundesrepublik Deutschland: Zum Verhältnis von familialer Solidarität und sozialer Ungleichheit, in: Kölner Zeitschrift für Soziologie und Sozialpsychologie, 51. Jg., Heft 1, S. 80 ff.

Thurow, Lester, 1996: Die Illusion vom Jobwunder (in den USA) – Viele Arbeitslose werden von Amts wegen gar nicht mehr registriert, in: Die Zeit 44.

Uffelmann, Uwe, 1989: Gesellschaftspolitik zwischen Tradition und Innovation in der Gründungsphase der Bundesrepublik Deutschland, in: Aus Politik und Zeitgeschichte, Beilage zur Wochenzeitung Das Parlamente, B 6-7.

US-Handelsministerium, 1998: Drei von zehn in den USA leben in Armut, zitiert nach Handelsblatt vom 01.10.

Verbände der Wohlfahrtspflege, 1998: Gutachten empört Verbände der Wohlfahrtspflege. Stellungnahme der Monopol-Kommission nennt Bundesarbeitsgemeinschaft „staatlich unterstützte Kartellbildung", in: Frankfurter Rundschau vom 27.8.

Wacquant, Louis, 1998: In den USA wird die Armut bekämpft, indem man sie kriminalisiert – Niedergang des Sozialstaats, in: Le Monde Diplomatique, deutsche Ausgabe vom 08.07., S. 8 f.

Western, Bruce und Katherine Beckett, 1998: Der Mythos des freien Marktes. Das Strafrecht als Institution des US-amerikanischen Arbeitsmarkts, in: Berliner Journal für Soziologie, Bd. 2, S. 159 ff.

Willgerodt, Hans, Karl Bartel und Ulrich Schillert, 1971: Vermögen für alle. Probleme der Bildung, Verteilung und Werterhaltung des Vermögens in der Marktwirtschaft. Schriftenreihe der Ludwig-Erhard-Stiftung, Bd. II, Düsseldorf/Wien.

VI. Staat und Wirtschaft

Edgar Grande / Burkard Eberlein

Der Aufstieg des Regulierungsstaates im Infrastrukturbereich

Zur Transformation der politischen Ökonomie der Bundesrepublik Deutschland

I. Europa im Zeitalter der Privatisierung und Liberalisierung

Die Privatisierung staatlichen Eigentums und öffentlicher Aufgaben sowie die Liberalisierung von Märkten zählt zu den signifikantesten neueren Entwicklungen in der politischen Ökonomie westlicher Industriegesellschaften. Privatisierung und Liberalisierung sind inzwischen in allen europäischen Ländern zu beobachten – im Westen wie im Osten – und es scheint kaum einen Bereich zu geben, der hiervon ausgenommen ist (vgl. Vickers/Wright 1989; Wright 1994; Lane 1997). Besonders bemerkenswert ist diese Entwicklung im Bereich der Infrastruktur- und Versorgungsleistungen, in denen traditionell aus verschiedenen Gründen (natürliches Monopol, öffentliche und meritorische Güter, externe Effekte) Marktversagen unterstellt und die staatliche Bereitstellung von Leistungen und der Ausschluss von Wettbewerb als unverzichtbar angesehen wurde.

Der Bereich der Infrastruktur- und Versorgungsleistungen zählte folglich in allen entwickelten Industriegesellschaften zum Staatssektor oder zumindest zu den „staatsnahen" Sektoren, das heißt zu jenen gesellschaftlichen Funktionsbereichen, in denen der Staat ein hohes Maß an Verantwortung übernommen hatte (vgl. Mayntz/Scharpf 1995). Idealtypisch ließen sich in diesem Bereich in der Vergangenheit zwei staatliche Steuerungsregime unterscheiden, die diesen besonderen Umständen Rechnung trugen. Der Staat übernahm die Bereitstellung dieser Leistungen entweder selbst oder er überließ sie Privaten und kontrollierte deren Aktivitäten mittels Regulierung. Im Anschluss an die Arbeit von Seidman und Gilmour (1986) lässt sich im einen Fall vom „produzierenden Staat" (Schuppert 1997) bzw. vom „Leistungsstaat" (Grande 1993, 1997) sprechen, während der andere Fall unter den Begriff des „Gewährleistungs"- oder „Regulierungsstaates" (Majone 1994; Grande 1993, 1997; Schuppert 1997; Gusy 1998) gefasst werden kann.

Die Praxis staatlicher Aufgabenwahrnehmung war zwar in allen entwickelten Industrieländern charakterisiert durch komplexe Kombinationen dieser beiden

Grundtypen und durch höchst differenzierte Variationen. Dennoch lässt sich sagen, dass für die westeuropäischen Staaten traditionell für zahlreiche Infrastruktursektoren ein Steuerungsregime typisch war, das auf öffentlichem Eigentum und staatlichen Monopolen basierte, während die USA der klassische Fall einer staatlichen Regulierung privater Leistungserbringung im Infrastrukturbereich sind. Die fortschreitende Privatisierung und Liberalisierung im Bereich der Infrastruktur- und Versorgungsleistungen stellt folglich in den westeuropäischen Länder einen Strukturbruch in ihrer politischen Ökonomie dar. In allen Mitgliedsländern der Europäischen Union befindet sich der Infrastrukturbereich im Umbruch, ist eine Erosion des Leistungsstaats alter Prägung erkennbar, sofern er nicht, wie in Großbritannien mit seiner marktradikalen Privatisierungspolitik, gänzlich abgeschafft wurde.

Für die Privatisierung und Liberalisierung des staatlichen oder staatsnahen Infrastruktursektors in Westeuropa gibt es zahlreiche, sich teilweise ergänzende oder gegenseitig verstärkende Ursachen: Dazu zählt die Wirtschafts- und Finanzkrise in den westlichen Industriestaaten, die eine staatliche Subventionierung unrentabler Industrien und ineffizienter Wirtschaftssektoren immer weniger zuließ; die Hegemonie neoliberaler Ordnungsvorstellungen, durch die marktwirtschaftliche Lösungen bei der Suche nach Reformoptionen begünstigt wurden; zumindest in einigen Sektoren eine dynamische technologische Entwicklung, durch die neue marktwirtschaftliche Reformoptionen auch technisch machbar wurden; der zunehmende internationale Wettbewerb, durch den nationale Monopole von außen ökonomisch unter Druck gesetzt wurden; und, nicht zuletzt, die europäische Binnenmarktintegration mit ihrer supranationalen Dynamik der Marktöffnung, durch die nationale Marktzugangsbeschränkungen unter externen politischen Druck geraten sind (vgl. Henig et al. 1988; Vickers/Wright 1989; Hancher/Moran 1989; Clarke/Pitelis 1993; Wright 1994; Schmidt 1998).

Die Bundesrepublik Deutschland bildet keine Ausnahme von diesem allgemeinen Trend, wenngleich die Entwicklung hier zumeist später, zögerlicher und moderater vor sich ging (vgl. König 1988; Ambrosius 1994; Esser 1994; König/Benz 1997). Im Vergleich zu den radikalen Reformen in Großbritannien, aber auch in anderen westeuropäischen Ländern, lag es hier nahe, von „symbolischen Privatisierungen" (Esser 1994) und „halbherzigen Reformen" (Grande 1989) zu sprechen, von moderaten Veränderungen, die den Kern der Staat-Ökonomie-Beziehungen in der „sozialen Marktwirtschaft", wie sie in der Bundesrepublik nach dem Zweiten Weltkrieg etabliert wurde, unangetastet gelassen haben. Der folgende Beitrag versucht, dieses Bild zu korrigieren. Er will zeigen, dass in den 90er Jahren zumindest im Infrastrukturbereich ein signifikanter Wandel im Verhältnis von Staat und Ökonomie eingesetzt hat, der noch keineswegs abgeschlossen ist, der aber bereits jetzt zu einer Transformation der politischen Ökonomie des Infrastrukturbereichs geführt hat. Zu diesem Zweck soll zunächst der „Leistungsstaat" im Infrastrukturbereich innerhalb der politischen Ökonomie der Bundesrepublik Deutschland systematisch verortet werden. Danach wird seine Demontage exemplarisch anhand einiger zentraler Infrastrukturbereiche (Telekommunikation, Eisenbahn und Elektrizitätswirtschaft) nachgezeichnet werden. Schließlich werden wir zeigen, dass im Infrastrukturbereich nicht einfach ein Rückzug des Staates erfolgte, sondern ein komplizierter Funktionswandel. Der „Infrastrukturstaat" konstituierte sich neu, nämlich als „Regulierungsstaat", in einer neuen institutionellen Form und mit neuen Aufgaben und Zielen.

II. Soziale Marktwirtschaft und Infrastrukturstaat: Der Januskopf der politischen Ökonomie der Bundesrepublik Deutschland

Eines der wichtigsten Merkmale der politischen Ökonomie der Bundesrepublik Deutschland ist der geringe Umfang des staatlichen Industriebesitzes. Im internationalen Vergleich ist der Anteil der staatlichen Unternehmen am Gesamtumsatz der Industrie äußerst klein, 1978 betrug er gerade 3,9 Prozent (vgl. Esser 1994, S. 109).[1] Die wenigen staatlichen Industrieunternehmen, die es in der Bundesrepublik gibt, sind eine Hinterlassenschaft der Weimarer Republik und des NS-Staates. In der Geschichte der Bundesrepublik hat es weder eine Verstaatlichung von „Schlüsselindustrien" gegeben, wie sie nach dem Zweiten Weltkrieg in Frankreich und Großbritannien stattgefunden hat, noch hat es später eine Verstaatlichung von Krisenindustrien (Stahl, Schiffbau, Automobil) gegeben, wie sie in den 60er und 70er Jahren in einigen Ländern zu beobachten war. Die Regulierung industrieller Krisen erfolgte zwar häufig unter Einbeziehung des Staates (vgl. Esser/Fach/Väth 1983), die Grenzlinie zwischen Staat und Wirtschaft blieb jedoch lange Zeit bemerkenswert stabil.[2]

Der geringe Umfang des staatlichen Industriebesitzes wurde überwiegend nicht als Handicap angesehen. Er passte durchaus zum Modell einer „sozialen Marktwirtschaft", in dem direkte staatliche Interventionen in die Wirtschaft verpönt waren. Der Staat sollte nach dem in Wirtschaft, Wissenschaft und Politik vorherrschenden Verständnis grundsätzlich nicht an die Stelle der Wirtschaft treten oder den Preismechanismus außer Kraft setzen, er sollte allenfalls indirekt, durch Korrekturen am Ordnungsrahmen der Wirtschaft, das Wirken der Marktkräfte korrigieren und stimulieren oder durch sozialpolitische Aktivitäten die uner-

---

1 Zum Vergleich: In Frankreich lag der Anteil des staatlichen Industriebesitzes 1978 – also noch vor der zweiten großen Verstaatlichungswelle in den frühen 80er Jahren – bei 24,9 Prozent (Esser 1994, S. 109).
2 Die Zahl der Industrieunternehmen im Besitz des Bundes hat in den 70er Jahren zwar erheblich zugenommen. Dies lag aber in erster Linie daran, dass die staatlichen Unternehmen, die sich überwiegend in wettbewerbsschwachen „Altindustrien" befanden, versucht haben, durch den Aufkauf von Unternehmen ihre Geschäftstätigkeit zu diversifizieren, um so ihre Überlebensfähigkeit zu verbessern. Weiter gehende politische Steuerungsabsichten waren damit nicht verbunden (vgl. Esser 1994, S. 108 f.).

wünschten Folgen ökonomischen Handelns kompensieren. Ökonomische „Planung", sofern man in der Bundesrepublik hiervon überhaupt reden kann, erfolgte nicht durch den Staat, sondern durch die Banken (vgl. Shonfield 1965).

Aus diesem Grund war das Potenzial für eine Privatisierungspolitik, zumindest soweit sie die Industrieunternehmen des Bundes betraf, nur gering. Die Privatisierung staatlicher Aufgaben und Unternehmen war zwar ein zentraler Punkt im konservativ-liberalen Reformprogramm der Jahre 1982/83. Im Hinblick auf die Verbesserung der internationalen Wettbewerbsfähigkeit der bundesdeutschen Wirtschaft war der staatliche Industriebesitz jedoch insignifikant, sodass das Privatisierungsprogramm der konservativ-liberalen Koalition in diesem Bereich in der Tat weitgehend symbolische Funktion hatte. Und selbst von diesem moderaten Programm wurde zunächst nur ein kleiner Teil realisiert (vgl. Grande 1986; Esser 1994).

Ein weiteres Charakteristikum der politischen Ökonomie der Bundesrepublik – und gleichzeitig die wichtigste Ergänzung zum Modell der „sozialen Marktwirtschaft" – war lange Zeit die umfassende staatliche Präsenz im Infrastrukturbereich. Das Post- und Fernmeldewesen, die Wasser- und Energieversorgung, das Verkehrswesen (Straßenbau, Eisenbahn, Luftverkehr), Rundfunk und Fernsehen, Bildung und Wissenschaft waren bis vor wenigen Jahren allesamt im staatlichen Besitz oder zumindest monopolistisch verfasst und wurden von umfangreichen öffentlichen Versorgungsansprüchen und staatlichen Versorgungsleistungen bestimmt. In diesem Bereich war der Staat nicht nur korrigierend und kompensierend tätig, um private Risiken abzusichern, er war in die Erbringung von Leistungen direkt und zentral einbezogen. Kurz gesagt: Im Infrastrukturbereich war der bundesdeutsche Staat „Leistungsstaat" in einem umfassenden Sinn. Und dabei handelte es sich um keinen „Betriebsunfall" bei der Etablierung der „sozialen Marktwirtschaft", diese Funktion war politisch gewollt und sogar konstitutionell abgesichert (u.a. in Art. 87 GG).

Die politische Ökonomie der deutschen Vereinigung war – bei aller Vielfalt der sektoralen Transformationspfade (vgl. Czada/Lehmbruch 1998) – im Großen und Ganzen durch beide der hier skizzierten Logiken geprägt. Das hieß zum einen, dass die Übernahme des staatlichen Industriebesitzes in den neuen Bundesländern nicht als Chance zur effektiveren Steuerung des ökonomischen Transformationsprozesses verstanden wurde (soweit dies überhaupt möglich war), sondern als Auftrag zu seiner raschen und umfassenden Privatisierung. Die ursprüngliche Privatisierungsstrategie wurde 1993 zwar modifiziert, um eine völlige De-Industrialisierung in Ostdeutschland zu verhindern und den Bestand „industrieller Kerne" zu sichern. Das Ziel einer möglichst weit gehenden Privatisierung der ehemaligen DDR-Ökonomie blieb jedoch dominant. Die Folgen dieser Privatisierungspolitik sind bekannt: Allein in Treuhandunternehmen und Ex-Treuhandunternehmen sind in den Jahren von 1990 bis 1994 knapp drei Millionen Arbeitnehmer entlassen worden, was zu erheblichen sozial- und arbeitsmarktpolitischen Belastungen geführt hat (vgl. Czada 1998a,b).

Gleichzeitig erlebte der Leistungsstaat im Infrastrukturbereich seinen letzten und größten Triumph. Während im Vereinigungsprozess im industriellen Bereich auf private Initiative gesetzt wurde, waren „staatsnahe" Sektoren wie der Infrastrukturbereich charakterisiert durch den Transfer der überkommenen Institutionen des Leistungsstaats und die Mobilisierung der Leistungsreserven staatlicher Institutionen und Unternehmen. Der Telekommunikationssektor zum Beispiel erlebte den „letzten Kraftakt des Staatsmonopols" (Robischon 1998). Unmittelbar nach der Vereinigung beschloss das damals noch staatliche Telekommunikationsunternehmen, die Deutsche Telekom, unter dem Druck von Politik und Wirtschaft ein voluminöses Investitionsprogramm in Höhe von 55 Mrd. DM, mit dessen Hilfe bis zum Jahr 1997 in den neuen Bundesländern eines der modernsten Telekommunikationsnetze der Welt aufgebaut werden sollte. Und die durchaus erfolgreiche Realisierung dieses Programmes ist ein eindrucksvolles Beispiel für die Stärken des „developmental state" (Johnson 1982).

Charakteristisch für die bundesdeutsche politische Ökonomie der 90er Jahre ist jedoch nicht der *Triumph* des Leistungsstaates im Infrastrukturbereich, sondern seine *Demontage* (vgl. Denkhaus/Schneider 1997; König/Benz 1997). Wo man auch hinschaut, der gesamte Infrastrukturbereich befindet sich im Umbruch. Staatliche Leistungsverwaltungen werden zu Unternehmen transformiert (Bahn, Post, Telekommunikation) und, wo dies lukrativ ist, privatisiert (Telekommunikation, Lufthansa); staatliche Monopole werden aufgegeben und private Programm- und Diensteangebote zugelassen (Rundfunk, Fernsehen, Post, Fernmeldewesen), staatlich geschützte Versorgungsmonopole werden dem Wettbewerb geöffnet (Stromwirtschaft); privates Kapital wird zur Finanzierung öffentlicher Aufgaben herangezogen (Straßenbau); und wo all dies nicht möglich oder durchsetzbar ist, da soll zumindest Wettbewerb zwischen öffentlichen Einrichtungen ihre Leistungsfähigkeit verbessern (Wissenschaft, Hochschulen). Jüngste Privatisierungsschritte zielen vor allem auf Infrastruktur- und Versorgungsleistungen ab (z.B. Börsengang Deutsche Telekom AG 1996, Deutsche Lufthansa AG 1997). Daran hat auch der Regierungswechsel im Herbst 1998 nichts geändert. Auch die neue Bundesregierung hat inzwischen deutlich gemacht, dass dieser Bereich im Mittelpunkt zukünftiger Privatisierungen stehen wird (Deutsche Post AG, Deutsche Postbank, Flughäfen).[3] Diese Demontage des Leistungsstaates im Infrastrukturbereich soll im Folgenden anhand ausgewählter Sektoren dargestellt werden.

---

3 Vgl. entsprechende Stellungnahmen im Bericht des Bundesministeriums der Finanzen über den „Beteiligungsbericht 1998" vom Dezember 1998. Dieser Beteiligungsbericht weist aus, dass die Zahl der unmittelbaren und mittelbaren Beteiligungen des Bundes und seiner Sondervermögen Ende September 1998 auf den historischen Tiefstand von 379 (Vorjahr: 446) gesunken ist, wobei der Nennwert unmittelbarer Bundesbeteiligungen (Geschäftsjahr 1997) noch ca. 28,8 Mrd DM beträgt (Vorjahr: 31,5 Mrd. DM). Die Schwerpunkte der verbliebenen Bundesbeteiligungen liegen bei Post und Telekommunikation, im Verkehrswesen, in der Wohnungswirtschaft sowie im Bank- und Kreditwesen.

III. Die Demontage des Leistungsstaates: Privatisierung und Liberalisierung bei Telekommunikation, Eisenbahn und Elektrizitätswirtschaft

Das augenfälligste Beispiel für die Demontage des Leistungsstaates in Deutschland liefert der *Telekommunikationssektor*, der in allen Industrieländern zu den staatlichen Infrastrukturaufgaben zählte. Das Fernmeldewesen wurde typischerweise als staatliche Verwaltung mit Hoheitsaufgaben und umfassenden Leistungspflichten betrieben. So lagen die Zuständigkeiten für das Fernmeldewesen in Deutschland beim Bund und wurden in Form eines eigenständigen Ministeriums, dem Bundesministerium für Post und Fernmeldewesen, organisiert. Dieses Ministerium vereinte die politische Leitung, die hoheitlichen Aufgaben, die Regulierungskompetenzen und die unternehmerischen Aufgaben im Telekommunikationssektor. Die operativen Aufgaben wurden durch die Deutsche Bundespost (DBP) wahrgenommen, die außerdem für das Postwesen zuständig war und die Postbank betrieb. Die Aktivitäten des öffentlichen Netzbetreibers wurden durch umfassende Monopolrechte (Netze, Dienste und Benutzereinrichtungen) vor privater Konkurrenz geschützt.

Die institutionellen Strukturen des Telekommunikationssektors sind spätestens mit dem Beginn der 80er Jahre in allen Industrieländern unter erheblichen Veränderungsdruck geraten. In Deutschland wurde das alte Modell des Leistungsstaates binnen eines Jahrzehnts in allen wesentlichen Aspekten radikal umgestaltet (Grande 1989; Werle 1990; Kubicek 1994; Schmidt 1996; Doll 1997). Ausschlaggebend für diesen tief greifenden Wandel waren weit reichende technologische Innovationen, insbesondere im Bereich der Übertragungs- und Vermittlungstechnik („mikroelektronische Revolution"). Dadurch wurden die Voraussetzungen für die Stabilität und Effizienz der alten institutionellen Arrangements brüchig (Mansell 1993; Steinfield et al. 1994). Technologische Innovationen haben insbesondere zur einer weit gehenden Erosion des natürlichen Übertragungsmonopols geführt. Zusätzlich übte die internationale Marktdynamik des Telekommunikationssektors, beginnend mit der frühen Liberalisierung des Sektors in den USA in den 60er und 70er Jahren (Wieland 1985), einen starken Änderungsdruck auf das etablierte Modell der staatlichen Fernmeldeverwaltung aus. Schließlich trieb die EU-Kommission seit 1987 auf europäischer Ebene marktorientierte Reformen des Sektors voran und erhöhte damit den Anpassungsdruck (Fuchs 1994).

Die Reform des deutschen Telekommunikationssektors erfolgte seit 1989 in drei rasch hintereinander folgenden Schritten. Das Poststrukturgesetz (1989) sorgte für die organisatorische Trennung von Hoheits- und Unternehmensaufgaben und die Aufteilung des Post- und Fernmeldewesens in drei öffentliche Unternehmen unter dem Dach der DBP. Das Monopol der staatlichen Anbieter wurde allerdings nur in Randbereichen gelockert. Im Mittelpunkt der zweiten Postreform (1994) stand die Umwandlung der öffentlichen Unternehmen in Aktiengesellschaften. Dazu bedurfte es einer Änderung des Artikels 87 GG, des konstitutionellen Eckpfeilers des „alten" Leistungsstaates. Mit der Verfassungsreform wurde die Voraussetzung für die Privatisierung des Netzbetreibers DBP Telekom geschaffen, die in einem ersten Schritt im November 1996 erfolgte: 25 Prozent des Unternehmens wurden für ca. 20 Mrd. DM an der Börse veräußert.[4] Der dritte und letzte Schritt der Telekommunikationsreform (1996) stand unter dem Zeichen der auf europäischer Ebene vereinbarten vollständigen Liberalisierung der Märkte. Seit dem 01.01.1998 sind (nicht nur) die bundesdeutschen Telekommunikationsmärkte vollständig dem Wettbewerb geöffnet. Das Bundesministerium für Post und Telekommunikation wurde mit Ablauf des 31.12.1997 aufgelöst.

Im *Verkehrsbereich* stellt die Umgestaltung der Deutschen Bundesbahn (DB) das herausragende Beispiel für die Transformation des Leistungsstaates alter Prägung dar. Die *Eisenbahn* galt lange Zeit als Paradebeispiel für ein natürliches Monopol und wurde weltweit als vertikal integriertes, staatliches Monopol geführt. Im „alten" Modell war die DB als staatliche Verwaltung unter Aufsicht des Verkehrsministeriums organisiert, wobei sie haushaltsrechtlich als nicht-rechtsfähiges Sondervermögen des Bundes geführt wurde. Unter Ausnutzung „gemeinwirtschaftlicher" Leistungsverpflichtungen wurde die DB von Bund und Ländern zur Verfolgung diverser wirtschafts-, sozial- und strukturpolitischer Ziele eingesetzt, deren Kosten dem Sonderhaushalt aufgebürdet wurden. Die streng regulierende Verkehrsmarktordnung ließ Wettbewerb als Steuerungsmechanismus nicht zu.

Ähnlich wie in anderen europäischen Ländern war in der Bundesrepublik die sich zuspitzende finanzielle Krise der Staatsbahn Ausgangspunkt und Motor von marktorientierten Reformen (Denkhaus 1997; Lehmkuhl 1996). Im deutschen Fall trat die in Folge der deutschen Einigung zu bewältigende Erblast der Deutschen Reichsbahn (DR) problemverstärkend hinzu. Gleichzeitig konnten die steigenden finanziellen Aufwendungen den weiteren Verlust von Marktanteilen des Verkehrsträgers Bahn nicht aufhalten. Der Ruf nach Deregulierung und Liberalisierung der Verkehrsmärkte, der sich auf positive Erfahrungen anderer Länder stützen konnte, wurde auch in den Wirtschaftsverbänden immer lauter (BDI 1988). Vor dem Hintergrund des europäischen Binnenmarktes wurde das etablierte Modell strikt regulierter Verkehrsmärkte als Wettbewerbsnachteil für die deutsche Wirtschaft kritisiert. Schließlich unterstützte die auf europäischer Ebene durch die EU-Kommission vorangetriebene Liberalisierung des Schienenverkehrs, die auf frühere Erfolge in anderen Verkehrsmärkten (Luftfahrt, Straßengüterverkehr) aufbauen konnte (Kassim 1995; Héritier 1997), nationale Reformbestrebungen.[5]

---

4 Im Dezember 1997 übertrug der Bund weitere 13,48 Prozent seiner Anteile im Gesamtwert von 10 Mrd. DM auf die (staatliche) Kreditanstalt für Wiederaufbau, sodass die direkte Beteiligungsquote an der Deutschen Telekom AG auf 60,51 Prozent sank (Bundesministerium der Finanzen 1998, S. 4).
5 Die EG-Richtlinie 91/440 (1991) verpflichtete die Mitgliedstaaten, zumindest rechnerisch

Die Demontage des alten Leistungsstaates wurde mit der Strukturreform der Deutschen Bahn, die zum 01.01.1994 in Kraft trat, eingeleitet (Lehmkuhl/Herr 1994; Lehmkuhl 1996; Benz 1997). Auch hier war die Revision der konstitutionellen Basis des Leistungsstaates, des Artikels 87 GG, Voraussetzung. Die Staatsbahnen (DB und DR) wurden zusammengeführt, entschuldet[6] und in die privatrechtliche und unternehmerisch geführte Deutsche Bahn AG überführt. Gemäß europäischer Vorgaben wurden Infrastruktur (Schienennetz) und Fahrbetrieb organisatorisch getrennt, indem ein Geschäftsbereich „Fahrweg" unternehmensintern den Sparten „Güterverkehr, Personenfern- und Personennahverkehr" gegenüber (sowie gegenüber externen Wettbewerbern, denen der Zugang zum Fahrweg eröffnet wurde) als „Netzanbieter" auftrat. In einem zweiten Schritt wurden die einzelnen Geschäftsbereiche zum 01.01.1999 als selbstständige Aktiengesellschaften unter dem gemeinsamen Dach der DB AG Holding ausgegliedert. Für gemeinwirtschaftliche Verkehrsleistungen gilt seit 1994 das Bestellerprinzip, die Verantwortung für den Schienenpersonennahverkehr ging dabei zum 01.01.1996 auf die Länder über.

Im Unterschied zur Telekommunikation ist es vor dem Hintergrund der spezifischen Sektormerkmale bisher weder zu einem Börsengang des früheren Staatsunternehmens noch zu einer vollständigen Liberalisierung des Marktes gekommen. Gleichwohl finden wir drei ähnliche Ansatzpunkte der Demontage des Leistungsstaates vor: die Trennung unternehmerischer und hoheitlicher Aufgaben sowie die Überführung einer staatlichen Verwaltung in ein privat-rechtliches Unternehmen; die Rückführung staatlicher Leistungspflichten und Eingriffsmöglichkeiten; sowie die Entmonopolisierung der Diensterbringung.

Im Bereich der *Versorgungsleistungen* lässt sich die Erosion des „Leistungsstaates" am Beispiel der jüngsten Marktreformen in der *Elektrizitätswirtschaft* zeigen. Die Stromwirtschaft weist spezifische technische Merkmale (Leitungsgebundenheit, Mangel an Speicherbarkeit, Größen- und Verbundvorteile) auf, mit denen traditionell der Ausschluss von Wettbewerb und weit reichende staatliche Eingriffe, die vorrangig das Ziel der Versorgungssicherheit verfolgten, begründet wurden. Zentrales Merkmal des deutschen, dezentralen Versorgungssystem, das auf das Zusammenwirken öffentlicher, gemischtwirtschaftlicher und privater Träger auf unterschiedlichen territorialen Ebenen abstellt, war die Aufteilung des Strommarktes durch Konzessions-, Demarkations- und Verbundverträge in regionale Versor-

---

für die Trennung zwischen Infrastruktur und Betrieb bei ihren Bahnen zu sorgen und in sehr begrenztem Umfang anderen Eisenbahnunternehmen Zugang zum nationalen Schienennetz zu gewähren. Wettbewerb soll also erreicht werden, indem das bestehende Schienennetz verschiedenen Wettbewerbern zur Nutzung geöffnet wird (vgl. Knill/Lehmkuhl 1998). Die Möglichkeit der Desintegration des hochintegrierten Staatsbahnsystems ist erst durch neuere technischen Entwicklungen bei Verkehrsinformationssystemen (z.B. Zugkontrolle) eröffnet worden.

6 Die Altschulden von DB und DR wurden vom „Bundeseisenbahnvermögen" (EBV) übernommen.

gungsgebiete mit jeweils nur einem Monopolanbieter. Das Gesetz gegen Wettbewerbsbeschränkungen (GWB) fand hier nur sehr bedingt Anwendung, da die Stromwirtschaft als „Ausnahmebereich" betrachtet wurde. Im Gegenzug unterliegen die Gebietsversorger traditionell einer Anschluss- und Versorgungspflicht sowie der staatlichen Preiskontrolle, so etwa der Preisaufsicht der Länderbehörden im Fall der Tarifkunden (Haushalte), während die Gesamtaufsicht über die Stromwirtschaft beim Bundesministerium für Wirtschaft angesiedelt ist.

Seit Beginn der 90er Jahre befindet sich die Elektrizitätswirtschaft weltweit im Umbruch (vgl. Gilbert/Kahn 1996; OECD 1997; ICC 1998). Marktorientierte Reformen, die auf eine Trennung des natürlichen Übertragungsmonopols (Stromleitungen) von den wettbewerbsfähigen Systemkomponenten (Erzeugung und Vertrieb) abstellen, wurden nicht nur von der neoliberalen Agenda vorangetrieben, sondern auch durch neuere technologische Entwicklungen begünstigt. Der verstärkte Einsatz kleiner, gasbetriebener Turbinenkraftwerke macht die dezentrale Stromerzeugung zur einer wirtschaftlich interessanten Option und begünstigt damit den Markteintritt neuer Wettbewerber. Skalenerträge verlieren hingegen an Bedeutung. Hinzu treten informationstechnische Fortschritte, die eine wettbewerbliche Organisation des integrierten Netzes bei einer Vielzahl kleiner Erzeuger ermöglichen.

Im deutschen Fall trugen nicht nur diese neuen Sektorcharakteristika und die internationalen Vorbilder für marktorientierte Umgestaltungen zur Reform des schon lange als überkommen kritisierten Energiewirtschaftsgesetzes (EnWG) von 1935 bei. Entscheidende Impulse erhielt die deutsche Reformdiskussion durch die auf europäischer Ebene forcierte Liberalisierung der Stromwirtschaft, die auf Grundlage der 1996 verabschiedeten Direktive (96/92/EG) in einem ersten Schritt zum Februar 1999 umgesetzt wurde (Eising 1998).

Die zum 29.04.1998 in Kraft getretene Reform des EnWG ging schließlich weit über den europäischen Anforderungskatalog begrenzter und progressiver Marktöffnung hinaus. Der Bestandsschutz für die regionalen Versorgungsmonopole wurde aufgehoben. Der Strommarkt wurde vollständig und ohne Übergangsfristen dem Wettbewerb geöffnet und unterliegt damit der uneingeschränkten, wettbewerbsrechtlichen Aufsicht durch das Bundeskartellamt. Neue Wettbewerber sind allerdings auf die Nutzung der bestehenden Leitungsnetze, die im Besitz der (vertikal integrierten) Energieversorgungsunternehmen verbleiben, angewiesen (Durchleitung).

IV. Der Aufstieg des Regulierungsstaates: Institutionelle Form und politische Aufgaben

Die Demontage des Leistungsstaates bedeutete jedoch nicht das Ende jeglicher staatlicher Aktivität und die Aufgabe sämtlicher staatlicher Verpflichtungen im

Infrastrukturbereich. In der Bundesrepublik wie auch in anderen entwickelten Industrieländern handelt es sich bei den skizzierten Privatisierungsmaßnahmen um keine „materielle" Privatisierung, also um einen völligen Rückzug des Staates aus seinem Aufgabenbereich.[7] So heißt es im neu formulierten Art. 87 f. des Grundgesetzes: „Nach Maßgabe eines Bundesgesetzes, das der Zustimmung des Bundesrates bedarf, gewährleistet der Bund im Bereich des Postwesens und der Telekommunikation flächendeckend angemessene und ausreichende Dienstleistungen". Analog ist in Art. 87 e. GG die Pflicht des Bundes zur Berücksichtigung des „Wohls der Allgemeinheit" beim Ausbau und Erhalt von Netzen und Verkehrsangeboten im Schienenverkehr festgeschrieben. Das eigentlich Neue ist, dass diese staatlichen Infrastrukturaufgaben inzwischen auf eine andere Weise durchgesetzt werden (müssen), nämlich durch *staatliche Regulierung*. Regulierung in diesem Sinne ist eine spezifische Form staatlicher Aufsicht und Kontrolle über – in der Regel – private Wirtschaftsunternehmen. Dabei handelt es sich um einen *neuen Modus staatlicher Intervention* im Infrastruktursektor, der sich von gesetzlichen Regelungen oder der gesetzlichen Rahmensetzung für die Wirtschaft insbesondere dadurch unterscheidet, dass es sich um eine *dauerhafte* und *einzelfallbezogene* Kontrolle des Marktgeschehens durch staatliche Akteure handelt, die in einem (mehr oder weniger) formalen Verfahren Regeln im „öffentlichen Interesse" festlegen und anwenden (vgl. Noll 1985).[8]

Hinter der Privatisierung und Liberalisierung der Infrastruktur verbirgt sich also im Kern, wie im Folgenden noch ausführlicher gezeigt wird, ein komplizierter Übergang vom „Leistungsstaat" zum „Regulierungsstaat" (vgl. Grande 1994, 1997; Majone 1990, 1994; König/Benz 1997; Schuppert 1997; Gusy 1998; Eberlein 1999). Damit rückt die Frage nach der institutionellen Ausgestaltung und der Funktionsweise des Regulierungsstaates in der Bundesrepublik in den Mittelpunkt nicht nur des politikwissenschaftlichen, sondern auch des politischen Interesses. Handelt es sich bei dieser Transformation der politischen Ökonomie tatsächlich nur um einen bloßen „Formwandel"? Ist der Regulierungsstaat wirklich in der Lage, die bisherigen Leistungen zu gewährleisten? Oder ist mit diesem Übergang doch eine nachhaltige Grenzverschiebung zwischen Staat und Ökonomie und eine Neuverteilung von Lasten und Nutzen verbunden? Diese Fragen können hier nicht alle beantwortet werden. Im Folgenden soll lediglich ein erster Einblick in die institutionelle Ausgestaltung des Regulierungsstaats in der Bundesrepublik und seine komplizierte politische Aufgabenstellung gegeben werden.

---

7 In der Privatisierungsliteratur findet sich eine Vielzahl von Privatisierungsbegriffen. Unter „materieller" Privatisierung wird dabei „die völlige Verlagerung der Aufgabe in den privaten Bereich unter Aufgabe staatlicher Verantwortung für die Aufgabenerfüllung" verstanden (König/Benz 1997a, S. 30 f.).

8 Damit wird der Regulierungsbegriff bewusst eng – im Sinne von „public regulation" – definiert, wie dies auch in der amerikanischen Regulierungsforschung der Fall ist (vgl. Noll 1985).

1. Institutionelle Architekturen des Regulierungsstaats im Infrastrukturbereich

Der Übergang vom Leistungsstaat zum Regulierungsstaat hat in Westeuropa zu einem umfangreichen Prozess des „institution building" und „re-building" geführt, also zum Aufbau von Regulierungsinstitutionen oder zum Umbau bestehender Institutionen für Regulierungszwecke. Dabei sind eine Vielzahl von institutionellen Formen zu beobachten, unter denen sich mehrere Grundtypen von Regulierungsinstitutionen identifizieren lassen. Regulierungsinstitutionen können zunächst danach unterschieden werden, ob sie in Form einer unabhängigen Behörde organisiert sind (Agenturmodell) oder ob diese Funktion einem Ministerium übertragen wird (Ministeriumsmodell). Diese beiden Fälle lassen sich dann wieder danach unterscheiden, ob es sich um eine sektorspezifische oder um eine sektorunspezifische Institution handelt, sodass sich idealtypisch vier Formen der Institutionalisierung von Regulierungskompetenzen identifizieren lassen. Das Bild wird jedoch erheblich komplizierter, wenn zusätzlich in der vertikalen Dimension differenziert und gefragt wird, wie Regulierungskompetenzen auf die unterschiedlichen territorialen Ebenen verteilt sind, so etwa zwischen Bund und Ländern oder dem Bund und der Europäischen Union. Analysiert man mit Hilfe dieser Typologie die „Regulierungsregime", die sich in den drei betrachteten Sektoren in Deutschland in Folge von Privatisierung und Regulierung herausgebildet haben, so finden sich einerseits Beispiele für die idealtypisch unterschiedenen Institutionalisierungsformen, andererseits stößt man bei näherer Betrachtung auf oftmals recht komplizierte institutionelle Gemengelagen.[9]

Die institutionelle Ausgestaltung des bundesdeutschen Regulierungsstaates im *Telekommunikationssektor* lässt sich dem Typus des sektorspezifischen Agenturmodells zuordnen. Die hoheitlichen Aufgaben werden seit der völligen Liberalisierung der Telekommunikationsmärkte zum 01.01.1998 von einer neu geschaffenen Regulierungsbehörde für Telekommunikation und Post (RegTP) wahrgenommen, die als weitgehend selbstständige Bundesoberbehörde im Geschäftsbereich des Bundesministeriums für Wirtschaft angesiedelt ist. Zur Erfüllung ihrer Aufgaben erhielt die Regulierungsbehörde durch das neue Telekommunikationsgesetz weit reichende Befugnisse, so etwa bei der Überwachung der Auflagen, die in den Lizenzen der Diensteanbieter niedergelegt sind. Wichtige Streitfragen werden justizähnlich arbeitenden „Beschlusskammern" zugewiesen, Entscheidungen der Behörde können mittels einer Klage vor dem zuständigen Verwaltungsgericht gerichtlich überprüft werden.

Doch die Regulierungsbehörde für Telekommunikation und Post ist nicht die einzige Regulierungsinstitution in diesem Sektor: Mit dem Übergang vom Mo-

---

9 Mit dem Begriff „Regulierungsregime" werden jene Akteure, Institutionen, Verfahren, Instrumente, Normen und Regeln bezeichnet, die für den Verlauf und das Ergebnis staatlicher Regulierung in einem Sektor von Bedeutung sind.

nopol zum Wettbewerb beansprucht auch das Bundeskartellamt – eine sektorunspezifische Agentur mit Zuständigkeit für Wettbewerbsfragen – Kompetenzen, so z.B. in Form der Missbrauchsaufsicht. Noch komplizierter wird das Bild, wenn man über den nationalen Rahmen der Regulierung hinausgeht. Hier ist insbesondere die europäische Ebene von Bedeutung. Zwar ist es bisher nicht zu der schon länger diskutierten Einrichtung einer europäischen Regulierungsbehörde für Telekommunikation, also einer sektorspezifischen Agentur, gekommen (vgl. NERA 1997). Aber die Generaldirektion Wettbewerb (DG IV) in der Europäischen Kommission überwacht als das zuständige europäische „Ministerium" die Umsetzung wettbewerbspolitisch ausgerichteter Direktiven für den europäischen Telekommunikationsmarkt durch die nationalen Regulierungsbehörden, d.h es existiert eine Art sektorunspezifisches Ministeriumsmodell auf europäischer Ebene.[10] Stellt man schließlich die aktuelle Konvergenz von Telekommunikation, Datenverarbeitung und Unterhaltungselektronik zu neuen „Multimedia-Industrien" in Rechnung, dann sind zusätzlich die Regulierungskompetenzen der deutschen Länder im Bereich von Rundfunk und Fernsehen berührt.

Die institutionelle Ausgestaltung der Regulierung des *Schienenverkehrs* folgt ebenfalls im Grundsatz dem sektorspezifischen Agenturmodell (vgl. Benz 1997). Das neu geschaffene Eisenbahnbundesamt (EBA) als selbstständige Bundesoberbehörde im Geschäftsbereich des Verkehrsministeriums nimmt seit 1994 eine Fülle hoheitlicher Aufgaben im Bereich der Planung, Aufsicht und Genehmigung wahr: Planfeststellung für die Schienenwege, technische Aufsicht über Betriebsanlagen und Fahrzeuge, Erteilung und Widerruf von Betriebsgenehmigungen. Eine wettbewerbsrechtliche Regulierung durch das EBA stößt allerdings insofern auf enge Grenzen, als die Kontrolle über die Schieneninfrastruktur bei der DB Netz AG unter dem Dach des früheren Monopolisten DB AG-Holding verblieben ist.[11]

Das Verkehrsministerium behielt die Zuständigkeit für die Verkehrsplanung im Rahmen des Bundesverkehrswegeplans, der von den für die bundesdeutsche Politikverflechtung typischen „Zwangsverhandlungen" zwischen Bund und Ländern geprägt ist. Die Länder sind jedoch vor allem deshalb als staatliche Ebene im Aufbau des Regulierungsstaates von Bedeutung, als ihnen, wie schon erwähnt, im Zuge der Bahnreform die Zuständigkeit für den Schienenpersonennahverkehr

---

10 So legt die europäische Direktive zum Zusammenschalten von Netzen (Interconnection Directive 97/33/EC) z.B. einerseits Prinzipien zur Sicherstellung der Transparenz, der Nicht-Diskriminierung und des gleichberechtigten Zugangs zum Festnetz für die Wettbewerber fest, und sie bestimmt andererseits detailliert die Aufgaben der nationalen Regulierungsbehörden bei der Durchsetzung dieser Prinzipien.

11 An dieser Konstellation wird kritisiert, dass sie in der Praxis (Konditionen des Netzzugangs) zu einer Begünstigung der DB-eigenen „Netzkunden", d.h. der nun als Aktiengesellschaften geführten DB Reise & Touristik AG, DB Regio AG und DB Cargo AG, führt, während neue Wettbewerber benachteiligt werden (vgl. Lehmkuhl 1996, S. 87). Ein regulatives Gegengewicht, wie es etwa die RegTP in der Telekommunikation darstellt, fehlt.

übertragen wurde und sie damit für einen zentralen Bereich der gemeinwohlorientierten Verkehrsregulierung die Verantwortung tragen.

Im Gegensatz zu den bisher betrachteten Sektoren ist es in der deutschen *Stromwirtschaft* in Folge der Liberalisierung nicht zur Einrichtung einer neuen, sektorspezifischen Regulierungsbehörde gekommen. Die staatlichen Regulierungskompetenzen bleiben aufgeteilt zwischen ministerieller Fachaufsicht einerseits (z.B. Preiskontrollen auf Landesebene im Rahmen der weiter gültigen Versorgungspflichten) und der durch den Wegfall des Gebietsmonopolschutzes (Reform des GWB) deutlich gestärkten Aufsicht durch das Bundeskartellamt andererseits. Hinzu tritt ein an sektorale Traditionen anknüpfendes Element der verbandlichen Selbstregelung bei der zentralen Frage des Netzzugangs für Wettbewerber. Die Durchleitungsregeln sowie die Festsetzung von entsprechenden Transportentgelten wurden durch eine „Verbändevereinbarung"[12] getroffen. Auf eine mögliche staatliche Durchleitungsregelung auf dem Verordnungswege und weitere marktorganisatorische Maßnahmen wurde hingegen verzichtet. Diese Regelungsstruktur wird als schwer wiegendes Hindernis für effektiven Wettbewerb kritisiert, da sie den früheren Gebietsmonopolisten erlaubt, den gleichberechtigten Zugang potenzieller Wettbewerber zu erschweren (z.B. Schneider 1998, S. 555-559).

Dieser spezifisch deutsche Weg der Netzzugangsregelung unterliegt insofern detaillierter wettbewerbsrechtlicher Aufsicht durch die Europäische Kommission, als die Binnenmarktrichtlinie (96/92/EG 1996) zur Liberalisierung des europäischen Strommarktes, ungeachtet der den Mitgliedstaaten eingeräumten Flexibilität bei Tempo und Modalität der Marktöffnung, einige zwingende Vorgaben trifft, so vor allem was die Sicherung eines diskriminierungsfreien Netzzugangs betrifft.[13] Der Aufbau einer sektorspezifischen Regulierungsbehörde auf europäischer Ebene ist allerdings nicht vorgesehen, auch wenn die Grenzen einer rein wettbewerbsrechtlichen Aufsicht des Energiemarktes zunehmend diskutiert werden.

Dieser kurze Überblick über die institutionelle Ausgestaltung des Regulierungsstaates in Deutschland verdeutlicht die sektorale Vielfalt von staatlichen Akteuren und Institutionen mit unterschiedlichen Kompetenzen, Ressourcen, Interessen und normativen Zielvorstellungen. Im Vergleich zu den Strukturen im alten Leistungsstaat finden wir eine *ausdifferenzierte und weit kompliziertere Architektur von spezifischen Regulierungsregimen mit unterschiedlichen Steuerungsprinzipien (Hierarchie, bürokratischer Wettbewerb, Selbstregulierung)* vor. Das Zusammenwirken verschie-

---

12 Die Vereinbarung wurde am 22.05.1998 zwischen den drei Wirtschaftsverbänden BDI, VDEW (Vereinigung Deutscher Elektrizitätswerke) und VIK (Vereinigung Industrielle Kraftwirtschaft) geschlossen und gilt noch bis zum 30.09.1999. Derzeit laufen Neuverhandlungen.
13 In dieser Hinsicht hegt die Europäische Kommission offenbar „ernsthafte Bedenken", dass die in der Verbändevereinbarung getroffenen Durchleitungsregeln den europäischen Wettbewerbsvorschriften entsprechen. Ebenso äußerte der Wettbewerbskommissar Karel van Miert deutliche Kritik an der Höhe der in Deutschland zunächst praktizierten Transportentgelte (Süddeutsche Zeitung vom 14./15./16.08.1998).

dener Akteure und Ebenen kann sowohl negative wie positive Interaktionseffekte hervorbringen. Negative Interaktionseffekte in Form von Domänenkonflikten und administrativem Wettbewerb lassen sich beispielsweise in jenen Sektoren des bundesdeutschen Regulierungsmodells beobachten, in denen eine neue, sektorspezifische Regulierungsagentur sich die Marktkontrolle mit der traditionellen, sektorunspezifischen Wettbewerbsagentur teilt. Dies gilt etwa für das spannungsreiche Konkurrenzverhältnis zwischen der neuen Regulierungsbehörde für Telekommunikation und Post und dem Bundeskartellamt.

Mit der vertikalen Ausdifferenzierung einer europäischen Entscheidungsebene kommen Konflikte zwischen europäischer und nationaler Regulierung hinzu, so etwa am Beispiel des möglichen Konflikts zwischen europäischer Wettbewerbsregulierung und staatlich sanktionierter, verbandlicher Selbstregelung im Fall des Netzzugangs in der Stromwirtschaft. Die europäische Ebene kann aber auch als Beispiel für positive Interaktionseffekte in Form von regulativem Lernen und Politikdiffusion herangezogen werden. So unterstützt die europäische Ebene als „Netzwerk-Koordinator" die jeweils zuständigen nationalen Regulierungsbehörden durch die Organisation von Informationsaustausch und die Bereitstellung von handlungsrelevantem Wissen (vgl. Dehousse 1997).

2. Aufgaben und Probleme des Regulierungsstaates im Infrastrukturbereich

Die bisherige Praxis staatlicher Regulierung hat gezeigt, dass die Regulierungsinstitutionen eine Vielzahl von Aufgaben zu bewältigen haben und recht vielfältigen Zielvorgaben nachkommen müssen. Dabei sind sie häufig mit einem Zielkonflikt konfrontiert. Bei ihren Entscheidungen müssen sie sowohl die ökonomische Effizienz der regulierten Sektoren im Blick haben, sie müssen aber auch – politisch definierten und vermittelten – gesellschaftlichen Versorgungsansprüchen gerecht werden. Wie die bisherigen Erfahrungen in der Bundesrepublik, aber auch in anderen Ländern zeigen scheint dieser Zielkonflikt und das daraus resultierende Regulierungsdilemma typisch zu sein für die Regulierung von Infrastruktursektoren.

Das vorrangige Ziel staatlicher Regulierung, insbesondere in der Phase unmittelbar nach der Liberalisierung von Märkten und der Privatisierung öffentlicher (Monopol-)Unternehmen, ist die Schaffung und Erhaltung von Wettbewerbsmärkten. Dies lässt sich als ökonomische bzw. marktschaffende Regulierung bezeichnen. Diese Aufgabe, die *ökonomische Effizienz* der regulierten Sektoren sicherzustellen, erweist sich im Infrastrukturbereich als höchst kompliziert und voraussetzungsvoll. Auf Grund der spezifischen Merkmale von Infrastruktursektoren (Marktversagen, natürliche Netzmonopole) bedarf die Durchsetzung der ökonomischen Effizienz der ständigen staatlichen Kontrolle und Intervention. Nur dort nämlich, wo tatsächlich intensiver Wettbewerb herrscht und keine ungleichgewichtigen staatlichen

Auflagen für einzelne Wettbewerber bestehen, kann erwartet werden, dass die ökonomische Effizienz eines Unternehmens tatsächlich über den Markt durchgesetzt wird. Gerade in den netzgebundenen Infrastrukturen sind diese Voraussetzungen vielfach nicht gegeben. Daher ist die Zulassung von Wettbewerb und der Verkauf von Besitzanteilen nur ein erster, keineswegs hinreichender Schritt auf dem Weg zu den gewünschten Wettbewerbsmärkten.

In den netzgebundenen Infrastruktursektoren (Telekommunikation, Eisenbahn, Elektrizität) besteht insbesondere das Problem, dass der Umfang und die Intensität des Wettbewerbs wesentlich davon abhängen, ob und unter welchen Bedingungen es neuen Diensteanbietern bzw. Wettbewerbern möglich ist, die vorhandenen Netze zu nutzen bzw. ihre eigenen Netze an diese anzuschließen. In einer solchen Konstellation muss vor allem verhindert werden, dass der etablierte Netzbetreiber seine Position opportunistisch nutzt, um sich Wettbewerbsvorteile zu verschaffen oder gar den Wettbewerb überhaupt zu verhindern. Die Reichweite und die Intensität des Wettbewerbs hängen unter diesen Umständen ganz wesentlich vom Umfang und der Effektivität der staatlichen Regulierung ab.

Zwei Beispiele mögen genügen, um das Problem zu illustrieren. In Folge der vollständigen Liberalisierung der Telekommunikationsmärkte zum 01.01.1998 versuchte der frühere Monopolist und Netzbetreiber Deutsche Telekom zunächst, durch hohe Wechselgebühren für Kunden, die dauerhaft die Dienste eines neuen Wettbewerbers in Anspruch zu nehmen beabsichtigten, die Wettbewerbschancen der neuen Konkurrenten zu beeinträchtigen. Damit stieß die Deutsche Telekom jedoch auf den Widerstand der Regulierungsbehörde, die in diesem Sektor auch die Kompetenz besitzt, die Entgelte, die von Wettbewerbern für die Nutzung des Netzes zu entrichten sind, festzulegen. Im liberalisierten Strommarkt hingegen müssen die potenziellen Wettbewerber bei der Durchsetzung diskriminierungsfreien Zugangs auf Verhandlungen mit dem Netzbetreiber bzw. den gerichtlichen Klageweg oder auf eine Intervention des Bundeskartellamts (etwa in Form einer kartellrechtlichen Abmahnung) setzen, da eine staatliche Durchleitungsregelung und die entsprechende sektorspezifische Behörde fehlen.

Für die Regulierung von Infrastruktursektoren charakteristisch ist nun, dass sie sich nicht ausschließlich am Ziel der ökonomischen Effizienz orientieren kann, sondern zusätzlich auch noch andere, soziale Versorgungsansprüche berücksichtigen muss. Mit anderen Worten, sie darf nicht nur ökonomisch effizient sein, sie muss auch *Effizienz* in einem weiteren, sozialen Sinn anstreben. Während die staatliche Regulierung im einen Fall vor der Aufgabe steht, die Voraussetzungen für funktionierende Märkte zu schaffen, steht sie hier vor der Aufgabe, im Sinne eines *politisch* definierten Verständnisses von Gemeinwohl unerwünschte Ergebnisse oder Folgen funktionierender Märkte zu korrigieren oder zu kompensieren. Dies lässt sich als soziale bzw. marktkorrigierende Regulierung bezeichnen. Soziale Regulierung basiert auf der Annahme, dass gesellschaftliche Versorgungsansprüche im Infrastrukturbereich auch durch effizient funktionierende Märkte nicht optimal erfüllt werden können. Aus diesem Grund haben in die Regulierung nicht nur ökonomische Erwägungen einzugehen, sondern auch jene sozialen und politischen Leistungsansprüche, die im „Leistungsstaat" die wettbewerbliche Allokationsfunktion politisch überlagerten. Und diese (aus ökonomischer Sicht „sachfremden") Erwägungen müssen vor allem dann in die Regulierung einfließen, wenn die bestehenden sozialen Versorgungsansprüche mit der Privatisierung und Liberalisierung nicht vollständig abgestreift werden konnten. Dies ist in der Bundesrepublik in allen Infrastrukturbereichen der Fall. So wurden beispielsweise ein Infrastrukturauftrag bzw. eine Gewährleistungspflicht des Bundes für die Telekommunikation und für den Schienenverkehr in Artikel 87 (f. bzw. e.) GG gleichzeitig mit der Reform dieser Sektoren in der Verfassung festgeschrieben.

Für die Funktionsweise des Regulierungsstaates und dessen politische Qualität ist nun wichtig, dass die beiden hier skizzierten Regulierungsfunktionen sich nicht einfach addieren lassen, sondern sich vielfach in einem höchst prekären und mitunter politisch konfliktgeladenen Spannungsverhältnis zueinander befinden. Nicht alles, was dem Wettbewerb in Infrastrukturbereichen dient, kommt auch sozialen Versorgungsansprüchen zu Gute. Mitunter ist das eine nur auf Kosten des anderen zu erreichen.

Auch dies kann an zwei Beispielen verdeutlicht werden: Eine rein wettbewerbsorientierte Gestaltung des Schienenverkehrs, insbesondere im Kontext eines starken intermodalen Wettbewerbs mit der Straße, könnte den Rückzug des Verkehrsträgers Bahn aus wenig profitablen Räumen und Geschäftssparten zu Lasten umwelt-, regional- und sozialpolitischer Ziele beschleunigen. In gleicher Weise droht eine marktkonforme Ausrichtung der Stromwirtschaft die schon heute günstigere Position der großen, industriellen Nachfrager weiter zu Lasten der Haushaltskunden auszubauen. Zusätzlich dürfte eine nun stärker an kurzfristigen Erträgen orientierte Elektrizitätswirtschaft, die verstärkt auf günstige Primärenergien wie Gas und entsprechende Investitionen (dezentrale GuD-Kraftwerke) setzt, mit langfristigen umweltpolitischen Zielsetzungen (Emissionsreduktion, Förderung regenerativer Energiequellen) in Konflikt geraten.

Der Regulierungsstaat befindet sich offensichtlich in einem *Dilemma*. Ob und in welcher Weise in einer solchen Problemkonstellation dem reibungslosen Funktionieren von Wettbewerbsmärkten Vorrang vor deren sozial- oder umweltpolitischer Korrektur und Kompensation eingeräumt wird, hängt nicht nur von politischen Präferenzen und Kräfteverhältnissen ab, sondern auch von der jeweiligen institutionellen Strukturierung des Regulierungsstaates. Dies deshalb, weil die unterschiedlichen Regulierungsinstanzen unterschiedliche Zielvorgaben haben und mit jeweils anderen Adressaten konfrontiert sind. Erste Erfahrungen mit der Regulierung der liberalisierten Telekommunikations- und Strommärkte bestätigen die Vermutung, dass sektorübergreifende Wettbewerbsbehörden, sei es das Bundeskartellamt oder die Generaldirektion Wettbewerb der Europäischen Kommission, sich stärker an ökonomischer Effizienz orientieren als die traditionell aufsichtsführenden Ministerialabteilungen, die – wie etwa die für die Stromwirtschaft zuständige Abteilung im Bundesministerium für Wirtschaft – konkurrierende Sektorziele einschließlich der etablierten Klientelinteressen stärker berücksichtigen.

Es ist nicht zu erwarten, dass es für diese Regulierungsprobleme eine optimale oder gar eine einfache Lösung gibt. Dies zeigen nicht nur die ersten Erfahrungen mit dem Regulierungsstaat in Deutschland, dagegen spricht auch ihre Persistenz in Ländern mit langen Erfahrungen mit der Regulierung von Infrastrukturbereichen. Die „Deregulierungswelle" der 70er und 80er Jahre in den USA war ja nicht allein das Resultat neokonservativer Obsession, sie nahm ihren Ausgang von realen Defiziten und Ineffizienzen des Regulierungsstaates. Wie auch immer die staatliche Regulierung institutionell organisiert ist, in jedem Fall werden die Regulierungsentscheidungen und ihre materiellen Folgen für politischen Zündstoff sorgen. Der Aufstieg des Regulierungsstaates dürfte deshalb auch in Deutschland mit einer beträchtlichen Politisierung des einstmals so „unpolitischen" Infrastrukturbereichs und einer nachhaltigen Verschiebung der politischen Konfliktlinien verbunden sein. Im Mittelpunkt politischer Konflikte im Infrastrukturbereich stehen künftig nicht mehr Eigentumsfragen oder die Leistungsfähigkeit der staatlichen Bürokratie, sondern Regulierungsprobleme. Und diese Konflikte, die sich etwa an der angemessenen Reichweite der öffentlichen Gewährleistungspflicht für Infrastrukturleistungen in liberalisierten Märkten entzünden, sind alles andere als trivial. Im Kern geht es dabei – dies macht die *politische Qualität* des Regulierungsstaats aus – um nicht weniger als um die Verteilung von Lebenschancen in einer zunehmend durchkapitalisierten Ökonomie.

Literatur

Ambrosius, Gerold, 1994: Privatisierung in historischer Perspektive: Zum Verhältnis von öffentlicher und privater Produktion, in: Staatswissenschaft und Staatspraxis 5, S. 415-438.
BDI (Bundesverband der Deutschen Industrie), 1988: Liberalisierung der Verkehrsmärkte. Erfahrungen des Auslands: wissenschaftliche Erkenntnisse, politische Konsequenzen, Köln: BDI.
Benz, Angelika, 1997: Privatisierung und Regulierung der Bahn, in: Klaus König und Angelika Benz (Hrsg.), Privatisierung und staatliche Regulierung. Bahn, Post und Telekommunikation, Rundfunk, Baden-Baden: Nomos, S. 162-199.
Bundesministerium der Finanzen, 1998: Beteiligungsbericht 1998, Bonn: Bundesanzeiger Verlagsgesellschaft.
Clarke, Thomas und Christos Pitelis (Hrsg.), 1993: The Political Economy of Privatization, London: Routledge.
Czada, Roland, 1998a: „Modell Deutschland" am Scheideweg: Die verarbeitende Industrie im Sektorvergleich, in: Roland Czada und Gerhard Lehmbruch (Hrsg.), Transformationspfade in Ostdeutschland. Beiträge zur sektoralen Vereinigungspolitik, Frankfurt a.M.: Campus, S. 367-410.
Czada, Roland, 1998b: Vereinigungskrise und Standortdebatte, in: Leviathan, 26. Jg., Nr. 1, S. 24-59.

Czada, Roland und Gerhard Lehmbruch (Hrsg.), 1998: Transformationspfade in Ostdeutschland. Beiträge zur sektoralen Vereinigungspolitik, Frankfurt a.M.: Campus.

Dehousse, Renaud, 1997: Regulation by Networks in the European Community: the Role of European Agencies, in: Journal of European Public Policy 4, S. 246-261.

Denkhaus, Ira, 1997: Competition for Cooperation – The Internal Market Program of the EC-Commission and the European Railway Reforms of the 1990s, in: Australasian Transport Research Forum (Hrsg.), Papers of the Australasian Transport Research Forum Adelaide, Vol. 21, Part 2, S. 757-772.

Denkhaus, Ira und Volker Schneider, 1997: The Privatization of Infrastructures in Germany, in: Jan-Erik Lane (Hrsg.), Public Sector Reform. Rationale, Trends and Problems, London: Sage, S. 64-113.

Doll, Roland, 1997: Das neue Telekommunikationsgesetz, in: Jahrbuch Telekommunikation und Gesellschaft 1997, Heidelberg: R. v. Decker's Verlag, S. 350-366.

Eberlein, Burkard, 1999: L'État régulateur en Europe, in: Revue Française de Science Politique, 49. Jg., Nr. 2, S. 205-230.

Eising, Rainer, 1998: Liberalisierung und Europäisierung. Die regulative Reform der Elektrizitätsversorgung in Großbritannien, der Europäischen Gemeinschaft und der Bundesrepublik Deutschland. Dissertation Universität Mannheim.

Esser, Josef, 1994: Germany: Symbolic Privatizations in a Social Market Economy, in: Vincent Wright (Hrsg.), Privatization in Western Europe: Pressures, Problems and Paradoxes, London: Pinter, S. 105-121.

Esser, Josef, Wolfgang Fach und Werner Väth, 1983: Krisenregulierung. Zur politischen Durchsetzung ökonomischer Zwänge, Frankfurt a.M.: Suhrkamp.

Fuchs, Gerhard, 1994: Policy-making in a System of Multi-level Governance – the Commission of the European Community and the Restructuring of the Telecommunications Sector, in: Journal of European Public Policy 1, S. 177-194.

Gilbert, Richard J. und Edward P. Kahn (Hrsg.), 1996: International Comparisons of Electricity Regulation, Cambridge: Cambridge University Press.

Grande, Edgar, 1986: Neoconservatism and Conservative-liberal Economic Policy in West Germany, in: European Journal of Political Research 15, S. 281-296.

Grande, Edgar, 1989: Vom Monopol zum Wettbewerb? Die neokonservative Reform der Telekommunikation in Großbritannien und der Bundesrepublik Deutschland, Wiesbaden: Deutscher Universitätsverlag.

Grande, Edgar, 1993: Entlastung des Staates durch Liberalisierung und Privatisierung? Zum Funktionswandel des Staates im Telekommunikationssektor, in: Rüdiger Voigt (Hrsg.), Abschied vom Staat – Rückkehr zum Staat?, Baden-Baden: Nomos, S. 371-392.

Grande, Edgar, 1994: The New Role of the State in Telecommunications, in: Wolfgang C. Müller und Vincent Wright (Hrsg.), The State in Western Europe: Retreat or Redefinition?, Ilford: Frank Cass, S. 138-157.

Grande, Edgar, 1997: Vom produzierenden zum regulierenden Staat: Möglichkeiten und Grenzen von Regulierung bei Privatisierung, in: Klaus König und Angelika Benz (Hrsg.), Privatisierung und staatliche Regulierung. Bahn, Post und Telekommunikation, Rundfunk, Baden-Baden: Nomos, S. 576-591.

Gusy, Christoph, (Hrsg.), 1998: Privatisierung von Staatsaufgaben. Kriterien – Grenzen – Folgen, Baden-Baden: Nomos.

Hancher, Leigh und Michael Moran (Hrsg.), 1989: Deregulation in Western Europe, Dordrecht: Kluwer.

Henig, Jeffrey R., Chris Hamnett und Harvey B. Feigenbaum, 1988: The Politics of Privatization: A Comparative Perspective, in: Governance 1, S. 442-468.

Héritier, Adrienne, 1997: Market-making Policy in Europe: its Impact on Member State Policies. The Case of Road Haulage in Britain, the Netherlands, Germany and Italy, in: Journal of European Public Policy 4, S. 539-556.
ICC (International Chamber of Commerce), 1998: Liberalization and Privatization of the Energy Sector (Full Report), Paris: ICC.
Johnson, Chalmers, 1982: MITI and the Japanese Miracle. The Growth of Industrial Policy, 1925-1975, Stanford: Stanford University Press.
Kassim, Hussein, 1995: Air Transport Champions: Still Carrying the Flag, in: Jack Hayward (Hrsg.), Industrial Enterprise and European Integration, Oxford: Oxford University Press, S. 188-214.
Knill, Christoph und Dirk Lehmkuhl, 1998: An Alternative Route of Legal Integration: The Community's Railways Policy. European University Institute, Florenz (unveröffentl. Manuskript).
König, Klaus, 1988: Die Entwicklung der Privatisierung in der Bundesrepublik Deutschland. Probleme, Stand, Ausblick, in: Verwaltungs-Archiv 79, S. 241-271.
König, Klaus und Angelika Benz (Hrsg.), 1997: Privatisierung und staatliche Regulierung. Bahn, Post und Telekommunikation, Rundfunk, Baden-Baden: Nomos.
König, Klaus und Angelika Benz, 1997a: Zusammenhänge zwischen Liberalisierung und Privatisierung, in: dies. (Hrsg.), Privatisierung und staatliche Regulierung. Bahn, Post und Telekommunikation, Rundfunk, Baden-Baden: Nomos, S. 13-79.
Kubicek, Herbert, 1994: Steuerung in die Nichtsteuerbarkeit. Paradoxien in der Entwicklung der Telekommunikation in Deutschland, in: Ingo Braun und Bernward Joerges (Hrsg.), Technik ohne Grenzen, Frankfurt a.M.: Suhrkamp, S. 107-165.
Lane, Jan-Erik (Hrsg.), 1997: Public Sector Reform. Rationale, Trends and Problems, London: Sage.
Lehmkuhl, Dirk, 1996: Privatizing to Keep it Public? The Reorganization of the German Railways, in: Arthur Benz und Klaus H. Goetz (Hrsg.), A New German Public Sector? Reform, Adaptation and Stability, Aldershot: Dartmouth, S. 71-92.
Lehmkuhl, Dirk und Christoph Herr, 1994: Reform im Spannungsfeld von Dezentralisierung und Entstaatlichung: Die Strukturreform der Deutschen Bahnen, in: Politische Vierteljahresschrift, 35. Jg., S. 631-657.
Majone, Giandomenico (Hrsg.), 1990: Deregulation or Re-Regulation? Regulatory Reform in Europe and the United States, London: Pinter.
Majone, Giandomenico, 1994: The Rise of the Regulatory State in Europe, in: Wolfgang C. Müller und Vincent Wright (Hrsg.), The State in Western Europe: Retreat or Redefinition?, Ilford: Frank Cass, S. 77-101.
Mansell, Robin, 1993: The New Telecommunications. A Political Economy of Network Evolution, London: Sage.
Mayntz, Renate und Fritz W. Scharpf, 1995: Steuerung und Selbstorganisation in staatsnahen Sektoren, in: dies. (Hrsg.), Gesellschaftliche Selbstregelung und politische Steuerung, Frankfurt a.M.: Campus, S. 9-38.
NERA (National Economic Research Associates), 1997: Issues Associated With the Creation of a European Regulatory Authority for Telecommunications. A Report for the European Commission (DG XIII), London.
Noll, Roger G., 1985: Government Regulatory Behaviour. A Multidisciplinary Survey and Synthesis, in: ders. (Hrsg.), Regulatory Policy and the Social Sciences, Berkeley: University of California Press, S. 9-63.
OECD (Organization for Economic Cooperation and Development), 1997: The OECD Report on Regulatory Reform, Bd. I: Sectoral Studies, Paris: OECD.

Robischon, Tobias, 1998: Letzter Kraftakt des Staatsmonopols: Der Telekommunikationssektor, in: Roland Czada und Gerhard Lehmbruch (Hrsg.), Transformationspfade in Ostdeutschland. Beiträge zur sektoralen Vereinigungspolitik, Frankfurt a.M.: Campus, S. 61-86.

Schmidt, Susanne K., 1996: Privatizing the Federal Postal and Telecommunications Services, in: Arthur Benz und Klaus H. Goetz (Hrsg.), A New German Public Sector? Reform, Adaptation and Stability, Aldershot: Dartmouth, S. 45-70.

Schmidt, Susanne K., 1998: Liberalisierung in Europa: Die Rolle der Europäischen Kommission, Frankfurt a.M.: Campus.

Schneider, Jens-Peter, 1998: Liberalisierung der Stromwirtschaft durch regulative Marktorganisation. Habilitationsschrift (Fachbereich Rechtswissenschaft), Universität Hamburg.

Schuppert, Gunnar F., 1997: Vom produzierenden zum gewährleistenden Staat: Privatisierung als Veränderung staatlicher Handlungsformen, in: Klaus König und Angelika Benz (Hrsg.), Privatisierung und staatliche Regulierung. Bahn, Post und Telekommunikation, Rundfunk, Baden-Baden: Nomos, S. 539-575.

Seidman, Harold und Robert Gilmour, 1986: Politics, Position and Power. From the Positive to the Regulatory State, 4. Aufl., Oxford: Oxford University Press.

Shonfield, Andrew, 1965: Modern Capitalism. The Changing Balance of Public and Private Power, London: Oxford University Press.

Steinfield, Charles, Johannes M. Bauer und Laurence Caby (Hrsg.), 1994: Telecommunications in Transition. Policies, Services and Technologies in the European Community, London: Sage.

Vickers, John und Vincent Wright (Hrsg.), 1989: The Politics of Privatization in Western Europe, London: Frank Cass.

Werle, Raymund, 1990: Telekommunikation in der Bundesrepublik, Frankfurt a.M.: Campus.

Wieland, Bernhard, 1985: Die Entflechtung des amerikanischen Fernmeldemonopols, Berlin: Springer.

Wright, Vincent, (Hrsg.) 1994: Privatization in Western Europe. Pressures, Problems and Paradoxes, London: Pinter.

Susanne Lütz

Vom koordinierten zum marktorientierten Kapitalismus?

Der deutsche Finanzsektor im Umbruch

I. Variationen des Kapitalismus zwischen Divergenz und Konvergenz

Der organisierte Kapitalismus der Bundesrepublik geriet im letzten Jahrzehnt der Bundesrepublik unter einen vorher unbekannten Anpassungsdruck. Die Gründe sind vielfältig. Die Integration globaler und europäischer Märkte, die Entfesselung des Kapitalismus nach dem Zusammenbruch des Sozialismus, die deutsche Vereinigung und das Aufkommen der neoliberalen Wirtschaftsdoktrin spielten eine wichtige Rolle. Neue ökonomische Anpassungszwänge resultierten jedoch in entscheidender Weise aus der grenzenlosen Mobilität des Finanzkapitals. Die erst in jüngster Zeit frei verfügbar gewordene „exit-Option" des Kapitals, aber auch politische Bestrebungen, die Spielregeln auf Finanzmärkten international zu vereinheitlichen, setzen nationale Kapitalismusregime unter Konkurrenzdruck. Dieser schränkt nicht nur wirtschaftspolitische Handlungsspielräume nationaler Regierungen entscheidend ein. Weit folgenreicher ist der Druck auf die Konvergenz nationaler und sektoraler Institutionen der Marktkoordination. Hierzu gehören historisch verfestigte Muster der Staatsintervention in die Industrie, das Vorhandensein von Institutionen kollektiver Selbsthilfe oder Modelle der Unternehmensfinanzierung über Banken oder Kapitalmärkte.

Im Kern geht es derzeit um den Wettbewerb zwischen zwei Idealtypen kapitalistischer Regime – dem „rheinisch"-koordinierten Kapitalismus, am ehesten in Deutschland zu beobachten und dem „atlantisch"-marktorientierten Kapitalismustyp, der am ehesten in den Vereinigten Staaten und Großbritannien zu finden ist (vgl. Albert 1992).[1] Beide Modelle konnten sich noch bis in die frühen 80er Jahre eigenständig, ohne gravierende wechselseitige Beeinträchtigung entwickeln. Sie unterscheiden sich grundsätzlich durch die Dichte der den nationalen Markt prägenden Institutionen, so durch die Organisiertheit von Industrie- und Finanzkapital, durch die Form staatlicher Intervention in den Markt und letztlich durch

---

1 Mittlerweile wird diese Typologie weiter ausdifferenziert. So unterscheidet V. Schmidt einen dritten Typ des „Staatskapitalismus" (vgl. Schmidt 1999); Fukuyama hingegen charakterisiert die südostasiatischen Kapitalismusregime als „family capitalism" (Fukuyama 1995).

die Ausrichtung des Marktgeschehens auf längerfristig und kollektiv angelegte Wohlfahrtsgewinne oder auf eher kurzfristig und individuell erzielbare Erfolge:[2]

Das deutsche Modell des „organisierten" oder *„koordinierten Kapitalismus"* zeichnet sich in Anlehnung an Shonfields Analyse der Nachkriegsperiode durch einen hohen Grad an kollektiver Handlungsfähigkeit im Industrie- und Finanzsektor aus (vgl. Shonfield 1965). Eine Vielzahl kartellartiger Arrangements sowie zentralisierte Spitzenverbände mit oftmals halb-öffentlichem Status (so genannte „private Interessenregierungen", (Streeck/Schmitter 1985) auf Seiten von Wirtschaft und Arbeitnehmerschaft erleichtern die Koordination sektoraler Anpassungsprozesse. Im System der Unternehmensfinanzierung spielen Banken und nicht der Kapitalmarkt die zentrale Rolle. Als Kreditgeber, Anteilseigner, Inhaber von Mandaten im Aufsichtsrat des Firmenkunden sowie durch die Ausübung von Aktionärsstimmrechten bündeln die deutschen Universalbanken eine Vielzahl von Funktionen, die ihnen eine kontinuierliche Einflussnahme auf die Politik des Firmenmanagements ermöglichen. Weil den Banken auf vielen Wegen Informationen über die Firmenpolitik zufließen, sind sie eher bereit, längerfristige Investitionsstrategien durch umfangreiche und zinsgünstige Kredite zu fördern *(patient capital)* und auch in Krisensituationen stützend einzugreifen. Das Unternehmen ist nach außen somit in ein stabiles Teilhabernetzwerk integriert, welches die einzelne Firma gegenüber Versuchen „feindlicher Übernahmen" durch andere Firmen weitgehend abschottet. Kooperative Arbeitsbeziehungen im Innern werden durch Mitbestimmungsrechte der Arbeitnehmerschaft im Aufsichtsrat abgestützt. Eingebettet in ein solches Insider-Netzwerk, bleibt die Firmenpolitik undurchsichtig für Außenstehende, insbesondere auch für Kleinaktionäre. Hierzu trägt nicht zuletzt ein Börsen-, Aktien- und Recht der Unternehmensrechnungslegung bei, welches Marktakteuren erhebliche Spielräume in Bezug auf die Geheimhaltung von Geschäftsinformationen bietet, es zudem dem Unternehmensmanagement ermöglicht, Gewinne und Verluste über längere Perioden hinweg zu kalkulieren und verlustreiche Phasen mit Hilfe von steuerbegünstigt aufgebauten Rücklagen besser zu überstehen *(Vorsichtsprinzip der Bilanzierung)*. Aktionären gegenüber bedeutet dies eine Garantie kontinuierlicher Dividendenausschüttung, welche jedoch unterhalb des Marktwertes von Unternehmensbeteiligungen verbleiben kann *(Dividendenkontinuität)*. Vorteil eines solchen Ordnungsmodells sind enge und längerfristig angelegte Beziehungen, die eine Art Infrastruktur für das Unternehmen darstellen und koordinierte Strategien der Krisenüberwindung erlauben. Nicht verwunderlich, dass der Staat in einem Modell, welches auf den Schultern korporativer

---

2 Die hier vorgestellte Unterscheidung lehnt sich an die in der Wirtschaftssoziologie geführte Diskussion um Variationen nationaler „Produktionsregime" (vgl. Soskice 1999; Streeck 1997; Zysman 1983) an; gleichwohl sollen in diesem Beitrag verstärkt die politikwissenschaftlich relevanten Aspekte nationaler Modelltransformation in den Blick genommen werden (Veränderung politisch-ökonomischer Akteurkonstellationen, Rolle und Handlungsspielräume des Staates sowie Änderungen von Akteurstrategien und Politikinhalten).

Akteure wie Kartellen, Verbänden und dem Unternehmensmanagement ruht, weitgehend entlastet ist. Als Bündnispartner und Mitglied einer Vielzahl von Abstimmungsgremien ist er jedoch in das System inkorporiert.

Das angelsächsische Modell des *marktorientierten Kapitalismus* lässt sich durch eher lockere Beziehungen zwischen Industrie, Finanzsektor und Staat charakterisieren. Innerhalb von Industrie- und Finanzsektor ist die kollektive Handlungsfähigkeit eher gering; Verbände agieren eher als Lobbyorganisationen denn als Institutionen der Selbststeuerung, eine restriktive Wettbewerbspolitik verhindert zumindest in den Vereinigten Staaten die Ausbildung kartellartiger Strukturen der Selbsthilfe in der Wirtschaft. Im System der Unternehmensfinanzierung spielen Banken keine herausragende Rolle; sie agieren vielmehr als Käufer und Verkäufer von Wertpapieren, streuen ihre Aktienanteile an Unternehmen und tendieren dazu, diese in Krisenzeiten abzustoßen. Unternehmen nutzen in erster Linie den organisierten Kapitalmarkt zur Finanzierung und streuen ihre Eigentümerstruktur durch den Gang zur Börse. Die Erfolgskontrolle über das Unternehmensmanagement unterliegt nicht einem stabilen Netzwerk von Aktionären und Finanzierungsinstitutionen, sondern in weit stärkerem Maße dem Markt beziehungsweise der Börsennotierung von Unternehmen. Schlechtes Management wird mit nachgebenden Aktienkursen und Aktionärsdividenden bestraft und es droht sehr rasch die Gefahr einer feindlichen Übernahme. Umgekehrt wird die Ausschüttung häufiger und in kurzfristigen Perioden anfallender Gewinne an die eigenen Aktionäre belohnt. Vorteil eines auf kurzfristige Kontakte ausgerichteten Systems ist der Druck zur unmittelbaren Anpassung an Marktveränderungen. Eine solche *shareholder value*-Orientierung kennzeichnet tendenziell auch die Arbeitsbeziehungen. Leitende Angestellte werden mit Hilfe von Aktienoptionsprogrammen und leistungsabhängigen Sondervergünstigungen auf die Firmeninteressen verpflichtet. Abgestützt wird ein auf die Anlegerinteressen ausgerichtetes System, zumindest in den USA, durch eine rigide und formalisierte Kapitalmarktverfassung (im Bereich der Unternehmensrechnungslegung und Börsenregulierung), welche die Offenlegung von Informationen über Unternehmenssituation und Marktverhalten erzwingt *("true and fair view"-Prinzip)* – und dies teilweise unter Androhung polizeilicher Gewalt. Ähnlich wie im Modell des koordinierten Kapitalismus steht der Staat auch im marktorientierten Modell nicht im Zentrum des Geschehens; allerdings agiert er als liberaler Regulierungsstaat, der es als zentrale Aufgabe betrachtet, für die Einhaltung von Markttransparenz Sorge zu tragen.

Die friedliche Koexistenz unterschiedlicher Modelle des Kapitalismus erscheint zunehmend gefährdet. Technologischer Wandel, die Privatisierung und Deregulierung vormals verstaatlichter oder zumindest national abgeschotteter Wirtschaftssektoren verstärken den Wettbewerb zwischen nationalen Unternehmen und damit den Druck auf schnelle Produktinnovationen und niedrige Kosten von Arbeit und Kapital. Eine im internationalen Wettbewerb prämiierte höhere Reaktionsgeschwindigkeit verteuert institutionelle Arrangements, die auf „voice" statt „exit"

(Hirschman) setzen und Entscheidungen firmenintern vom Konsens zwischen Management und Arbeitnehmerschaft abhängig machen oder in externe Koordinationsprozesse mit Verbänden, Banken und staatlichen Vertretern einbinden. Die durch Deregulierung und Fortschritte in der Informations- und Kommunikationstechnik erheblich forcierte Globalisierung der Finanzmärkte erlaubt prinzipiell eine schnelle und weltweite Beschaffung von Kapital sowie die *Handelbarkeit* von Kreditverhältnissen in Form spezifisch zugeschnittener Finanzinnovationen. Eine Vermarktlichung der Beziehungen zwischen Geldgebern und -nehmern ist die Folge. Wachsende Marktgröße und Anonymität schließlich erfordern eine Offenlegung und Formalisierung der Spielregeln für das Verhalten auf dem Markt.

Die wachsende Integration von Produkt- und Kapitalmärkten scheint also nicht nur die Erosion des koordinierten Kapitalismusmodells zu begünstigen, sondern auch dessen Anpassung an das angelsächsische Gegenstück gezielt zu forcieren. Der Beitrag will die Reichweite dieser Konvergenzthese für den deutschen Fall ausloten. Im Mittelpunkt der Betrachtung steht der Finanzsektor, seine Beziehungen zur Wirtschaft und zum Staat. Bislang war der Finanzsektor immer Teil einer nationalen Konfiguration von Kapitalismus und prägte deshalb nationalspezifische Mechanismen kapitalistischen Wirtschaftens entscheidend mit. Im deutschen Modell zeigt sich jedoch ein erheblicher Umbruch in der Verteilung von Eigentumsrechten, Machtkonstellationen zwischen den relevanten Akteuren, institutionellen Regelsystemen und Politikinhalten, welcher Charakterzüge des angelsächsischen Modells in sich trägt. Gleichwohl verhindern institutionelle „Bremsen" wie föderale Strukturen sowie die Rücksichtnahme auf parteipolitisch nahe stehende Klientele möglicher Modernisierungsverlierer bislang eine systemweite Konvergenz.

II. Das alte Modell: Kartelle, Korporatismus und Selbstregulierung

Die traditionelle Struktur des deutschen Bankenmarktes zeichnete sich dadurch aus, dass der Wettbewerb wesentlich zwischen unterschiedlichen Institutsgruppen ausgetragen wird *(Gruppenwettbewerb);* so verteilen sich fast 80 Prozent des Geschäftsvolumens auf drei große Typen von Kreditinstituten, die sich durch ihre Geschäftsstrategie und Unternehmensform unterscheiden: die Gruppe der privaten Banken, darunter Groß- und Regionalbanken sowie Privatbankiers, Institute des öffentlich-rechtlichen Sparkassensektors einschließlich der Landesbanken sowie Kreditgenossenschaften. In allen drei Sektoren handelt es sich um Universalbanken, die neben dem Einlagen- und Kreditgeschäft auch mit Wertpapieren handeln dürfen. Im Unterschied zu privaten Banken verfolgen Institute der föderalistisch aufgebauten Sparkassen- und Kreditgenossenschaftssektoren über rein erwerbswirtschaftliche Interessen hinaus einen Gemeinwohlauftrag. Bei den Sparkassen und Landesbanken zielt dieser auf die flächendeckende Versorgung von Regionen mit Finanzdienstleistungen *(Regionalprinzip)* und auf den Einsatz der Landesbanken zur Verfolgung industriepolitischer Ziele. Entsprechend liegt der Tätigkeitsschwerpunkt der Sparkassen im Einlagengeschäft mit Privatkunden *(Retail Banking)* und in der Kreditvergabe an den Mittelstand. Beides wird mit der öffentlich-rechtlichen Trägerschaft der Sparkassen durch die Kommunen und der Landesbanken durch das jeweilige Bundesland untermauert. Der Staat haftet als Gewährträger für alle Verbindlichkeiten der Sparkassen und verpflichtet sich, im Notfall mit eigenen Geldern für den Erhalt eines Sparkasseninstitutes einzustehen *(Anstaltslast)*. Bei den Kreditgenossenschaften besteht der kollektive Zweck in der Förderung ihrer Mitglieder, bei denen es sich traditionell um Privatkunden und Kleinbetriebe in Handel und Handwerk handelt. Ähnlich wie im Sparkassensektor ist der Bestand einzelner Institute gesichert, denn der Genossenschaftsverbund ist im Krisenfall zur Finanzhilfe verpflichtet *(Nachschusspflicht)*.

Ein solchermaßen eingeschränkter Wettbewerb wird nicht zuletzt durch *Spitzenverbände mit quasi-öffentlichem Status* abgestützt. Ein Blick auf die Entwicklungsgeschichte des *Deutschen Sparkassen- und Giroverbandes (DSGV)* und des *Bundesverbandes der Volks- und Raiffeisenbanken (BVR)* zeigt, dass diese sehr frühzeitig Aufgaben der Geschäftsprüfung bei ihren Mitgliedern übernahmen, welche im Rahmen des preußischen Revisionserlasses bzw. im Genossenschaftsgesetz kodifiziert wurden. Auch der *Bundesverband deutscher Banken (BdB)* als Spitzenverband des privaten Kreditgewerbes übernimmt gewissermaßen „öffentliche Aufgaben", weil er den Einlagensicherungsfonds für seine Mitglieder betreibt. Hierbei handelt es sich um einen von Mitgliedsbanken finanzierten Solidarfonds, der Kundeneinlagen gegen Konkurs und Illiquidität absichern soll. Dem privaten Bankenverband bringt die Aufgabe der Einlagensicherung faktisch eine Zwangsmitgliedschaft ein, denn private Kreditinstitute erhielten die Erlaubnis zum Betreiben des Einlagengeschäftes bislang nur, wenn sie ihre Mitgliedschaft im Einlagensicherungsfonds nachweisen konnten (vgl. hierzu Ronge 1979). Alle drei Bankenverbände entsprechen damit dem Idealtyp „privater Interessenregierungen", die gegenüber ihren Mitgliedern sehr verpflichtungsfähig sind und nach außen deshalb korporatistische Bündnisse für die gesamte Branche abschließen können. So stellt der *Zentrale Kreditausschuss (ZKA)* das wichtigste Koordinationsforum des deutschen Kreditgewerbes dar. Das Kreditwesengesetz sichert den deutschen Bankenverbänden ein Anhörungsrecht zu, wenn es um die Festlegung von Standards zur kapitalmäßigen Absicherung von Geschäftsrisiken geht. Weil Verbandspositionen üblicherweise im ZKA koordiniert werden, fungiert dieser als quasi-öffentliche, korporatistische Abstimmungsplattform.

Innerhalb des Bankensektors besteht damit ein ausgeprägter Grad an interner Koordination, der in erster Linie auf die Bestandssicherung von beteiligten Firmen und somit auf sektorale Stabilität abzielt. Ähnliche Strukturen und Funktionsmuster zeigen sich auch im Verhältnis zwischen *Banken und der Industrie.* Ursprünge der für das deutsche Modell konstitutiven *Hausbankbeziehung* liegen in der Mitfinanzierung des Industrialisierungsprozesses im letzten Drittel des 19. Jahrhunderts durch die Aktienbanken. Alexander Gerschenkron erklärt die quasi symbiotischen Beziehungen zwischen „trust banks" und der Geldaristokratie bzw. den Größen aus Handel und Industrie mit dem hohen Kapitalbedarf strategischer Schlüsselindustrien (Kohle, Eisen und Stahl, Elektronik, Chemie, Schwerindustrie) und der relativen Rückständigkeit eines Landes, welches als „nachholender Industrialisierer" gilt (Gerschenkron 1962). Die großen drei Universalbanken wurden von Industriellen gegründet mit dem Ziel der Mobilisierung von Kapital durch Aktienausgabe und Börsengang; umgekehrt erwarben die Banken Anteilsbesitz an multinationalen Konzernen (Dyson 1986, S. 120-123). Mit zunehmender Dauer der Geschäftsbeziehung verpflichteten die Konsortialbanken ihre industriellen Vertragspartner zunehmend dazu, Bankgeschäfte ausschließlich bei ihnen abzuschließen und dehnten ihre Geschäftsbeziehung auch auf das Kredit- und Girogeschäft aus (Gall 1995).

Besonders in Krisensituationen nutzten die Großbanken enge Kreditbeziehungen dazu, (zusätzliche) Mandate im Aufsichtsrat des Firmenkunden zu erwerben, den eigenen Anteilsbesitz zu erweitern und letztlich weitere eigene Stimmrechte in der Hauptversammlung des Unternehmenskunden zu erhalten. Hinzu kamen *Depotstimmrechte*, die die Banken stellvertretend für Aktionäre ihres eigenen Kundenkreises ausüben konnten. Als geradezu legendär gelten die von Großbanken in der Stahl- und Elektronikindustrie initiierten Rettungskartelle von Krupp (1966) und AEG-Telefunken (1979). In beiden Fällen organisierten die jeweiligen Hausbanken zunächst ein stützendes Bankenkonsortium sowie zusätzliche Darlehensgarantien von Bund und Land; im Gegenzug übernahmen Bankenvertreter Aufsichtsratsmandate, um die Rettungsaktionen besser überwachen zu können. Als Folge dieser Strategie waren industrieller Anteilsbesitz und Stimmrechtsverteilung im Kreise der Großbanken sehr konzentriert: 1980 hielt die Dresdner Bank in 15 Firmen mehr als 25 Prozent der Anteile. Nach einem Bericht der Monopolkommission aus dem Jahre 1976 hielten die Banken fast 15 Prozent aller Aufsichtsratsmandate in den größten 100 Firmen und stellten in 31 Fällen den Vorsitzenden.

Zeitlich parallel zum deutschen Universalbanksystem und seiner engen Verflechtungen zur Industrie bildeten sich die zentralen Elemente des deutschen *Unternehmens-, Aktien- und Kapitalmarktrechtes* heraus. Weit reichende Autonomie des Unternehmensvorstandes in Bezug auf die Preisgabe von Firmeninformationen und die Kontrolle der Unternehmenspolitik durch ein Insider-Netzwerk sind dessen Hauptmerkmale. Im Zuge des sich andeutenden Gründerbooms wurden im Jahre 1870 der staatliche Konzessionszwang für Aktiengesellschaften abgeschafft und das Handelsgesetzbuch von 1861 zur Rahmenvorgabe für Unternehmensgründer. Handelsüblichen Normen folgend, hatten diese im Sinne des Grundsatzes der „kaufmännischen Vorsicht" lediglich eine „ordnungsgemäße Buchführung" in der Jahresbilanz vorzuweisen. Bestimmungen zum Schutz von Kleinaktionären existierten noch nicht; so brauchten Gründer ihre finanzielle Unternehmensbasis nicht offen zu legen und waren auch im Konkursfall nicht haftbar. Im Zuge der darauf folgenden Gründerkrise und zahlloser Konkurse von Aktiengesellschaften wurde 1884 der rechtliche Rahmen für das Betreiben von Aktiengesellschaften verschärft. An die Stelle des Staates als formalem Kontrollorgan trat jetzt ein Aufsichtsrat, der für die Ernennung und Kontrolle des Unternehmensvorstandes verantwortlich war und bestimmten Unternehmensentscheidungen zuzustimmen hatte. Das Gremium repräsentierte die wichtigsten Aktionärsgruppen, also meist Banken oder den Familieneigentümer sowie Angestellte der Firma (Tilly 1999, S. 139). In den 50er Jahren wurde die Arbeitnehmerschaft Teil des stakeholder-Netzwerkes, das die Arbeit des Unternehmensmanagements kontrolliert. So praktizierte man in Montanbetrieben mit mehr als 1.000 Beschäftigten ein Modell paritätischer Mitbestimmung des Aufsichtsrates durch Vertreter von Gewerkschaften und Aktionärsgruppen; 1976 wurde dieses Prinzip grundsätzlich für alle Unternehmensgesellschaften mit mehr als 2.000 Beschäftigten im Mitbestimmungsgesetz fixiert.

Auch die Verfassung des organisierten Kapitalmarktes in Deutschland spiegelt Selbstverwaltungstraditionen und das Vertrauen in die Selbstregelungskapazitäten korporativer Institutionen wider. So entstanden Börsen zunächst als Vertretungskörperschaften der Kaufleute, wurden dann von Handelskammern übernommen und durch Selbstverwaltungsgremien der Börsenteilnehmer (Makler, Banken) regiert. In der Praxis bestanden die Ordnungen der organisierten Märkte aus einer Mischung formeller Normen und auf Kaufmannsethik basierenden Handelsbräuchen. Entsprechend fehlten Publizitätsvorschriften für die Emission von Wertpapieren oder gar gesetzlich festgelegte Sanktionen bei Verstößen gegen die Handelsusancen. Nach dem Zweiten Weltkrieg ging die formale Börsenaufsicht auf die Bundesländer über; ansonsten blieb das Modell informeller Selbstregulierung weitgehend unangetastet.

In einem Ordnungsmodell, welches auf ausgeprägter Selbstregulierung durch Banken, Industrie und Arbeitnehmerschaft beruht, spielt der *Staat* keine herausragende Rolle; bereits der fehlende Zugriff auf die in Deutschland ja autonome Bundesbank verhindert einen dirigistischen Zugriff auf die Geldpolitik (vgl. Hall 1986). Gleichwohl trägt der Staat auf indirekte und oftmals entscheidende Weise zum Funktionieren von Koordinationsprozessen bei. Zum einen befähigt er korporative und kollektive Akteure des Bankensektors erst zur Selbstregulierung, indem er Verbänden einen öffentlichen Status und daraus resultierende Zwangsmitgliedschaft der Mitglieder verleiht und implizit auf die Verfolgung „öffentlicher" Ziele verpflichtet. Zudem kodifiziert er kollektiv-verbandlich ausgehandelte Lösungen in Gesetzesform wie im Fall der durch Bankenverbände festgelegten Eigenkapitalstandards und macht diese dadurch für alle sektoralen Marktakteure verbindlich. Als Mitglied in korporatistischen Bündnissen investiert er Ressourcen, welche die Bündnispartner für ihre Zugeständnisse kompensieren und auf diese Weise Vereinbarungen erleichtern. So bildeten staatliche Darlehens- oder Exportgarantien in Situationen sektoraler Krisenbewältigung oftmals die entscheidende

Voraussetzung dafür, dass auch die Banken zur Vergabe erneuter Darlehen an die Industrie bereit waren.

Zusammengenommen ergibt sich damit ein koordiniertes Wirtschaftsmodell, das wesentlich auf kollektiver Selbstregulierung von Industrie und Bankensektor beruhte, während der Staat eine direkte und offene Einbindung vermied und eher im Hintergrund verblieb. Vorteil des Modells war die Koppelung von Stabilität mit sozialem Ausgleich: Risiken wurden durch kollektive Selbsthilfe internalisiert, Unternehmensentscheidungen durch ein Insider-Netzwerk kontrolliert, Verlierer struktureller Modernisierungsprozesse wurden kompensiert. Wesentlicher Nachteil des Modells war jedoch, dass die Spielregeln der Kooperation von Insidern bestimmt wurden und für Außenstehende, darunter auch Kleinaktionäre, intransparent waren.

III. Neue Rahmenbedingungen: Globalisierung, Europäisierung und ihre Auswirkungen

Die Erosion nationaler Marktgrenzen wurde im Finanzsektor durch Fortschritte in der Informationstechnologie und durch Deregulierungspolitiken nationaler Regierungen eingeleitet. Mit dem Zusammenbruch des Bretton-Woods-Systems und dem Übergang zu flexiblen Wechselkursen setzte in den 70er Jahren zunächst ein internationaler Trend des Abbaus nationaler Kapitalverkehrskontrollen ein. Nationale Regierungen erlaubten den Handel von Finanzinnovationen und senkten die Barrieren für die Mitgliedschaft von Ausländern an den heimischen Börsen. In Europa forcierte das Binnenmarktprogramm seit Mitte der 80er Jahre die Integration der nationalen Finanzmärkte. Mit dem „Europa-Pass" erhielten Banken, Börsen, Makler und Wertpapierhäuser die Möglichkeit, ihre Dienstleistungen bei Einhaltung von Mindeststandards der Kapitalabsicherung und des Anlegerschutzes europaweit anzubieten. Das Projekt der europäischen Währungsunion verringert Gewinnspannen im Bereich des Devisenhandels und setzt damit nationale Finanzplätze unter zusätzlichen Wettbewerbsdruck. Eine forcierte und mit Sonderkompetenzen der Europäischen Kommission ausgestattete europäische Wettbewerbspolitik nimmt zudem Hemmnisse weiterer Marktintegration ins Visier.

Nicht zuletzt als Folge dieser von der Politik angestoßenen Deregulierungsprozesse zeichnet sich seit den 80er Jahren ein fundamentaler Strukturwandel auf den internationalen Finanzmärkten ab. Dieser besteht in der wachsenden Attraktivität des Geschäftes mit der Ausgabe und dem Handel von Wertpapieren gegenüber der Kreditvergabe. Besonders für kreditwürdige Großunternehmen ist die Finanzierung an internationalen Kapitalmärkten durch Ausgabe von Aktien oder Anleihen oftmals günstiger als das Darlehen ihrer Hausbank („Verbriefung" von Finanzbeziehungen). Banken als die klassischen Finanzintermediäre sehen sich von früheren Kreditkunden umgangen („Disintermediation") und betätigen sich stattdessen eher im lukrativen Geschäft mit dem Handel von Wertpapieren. Institutionelle Anleger schließlich erlebten in den letzten 15 Jahren insbesondere in den USA und Großbritannien einen Wachstumsschub, der sie zu den zentralen Mitspielern auf internationalisierten Wertpapiermärkten macht. Versicherungen, Pensionsfonds oder Investmentfonds wurden in ihrer Funktion als Kapitalsammelstellen, Anteilseigner großer Unternehmen und als Käufer von Wertpapieren zur umworbenen Zielgruppe von Banken und Großunternehmen. Weil institutionelle Investoren zudem mit großen Blöcken der liquidesten Aktien operieren und ihre Portfolios international diversifizieren, befinden sie sich in einer günstigen strategischen Position, nationale Finanzplätze, Finanzvermittler und kapitalsuchende Unternehmen gegeneinander auszuspielen, um ihren Interessen Nachdruck zu verleihen.

Die Expansion des Marktes wird begleitet von politischen Bestrebungen, die rechtlichen Rahmenbedingungen des Finanzgeschäftes und der Unternehmensverfassung international anzugleichen. Nach Vorstellungen der Europäischen Kommission beinhaltet ein integrierter europäischer Kapitalmarkt auch die gezielte Förderung des Anlegerschutzes durch Schaffung von Transparenz über das Verhalten der Teilnehmer am Kapitalmarkt und über die Geschäftssituation börsennotierter Unternehmen. Gleichwohl brachten erst nationale Alleingänge Dynamik in den europäischen Prozess der Rechtsangleichung: In einer Vielzahl von Ländern (darunter Großbritannien, Frankreich, Spanien und Italien) vollzog sich seit 1986 ein Prozess der Kodifizierung und Formalisierung von Regeln des Anlegerschutzes, der mit einer Ausweitung bzw. dem Aufbau staatlicher Aufsichtskompetenzen über den organisierten Kapitalmarkt einherging. Motor dieses Prozesses waren die Vereinigten Staaten, deren Regulierungsbehörde für den nationalen Kapitalmarkt (*Securities and Exchange Commission, SEC*) ihre „Mission" dem Schutz der Investoren gewidmet hat. Zur Aufsicht über unmittelbar kapitalmarktbezogene Aktivitäten zählt auch die Gewährleistung einer im amerikanischen Verständnis „transparenten" Rechnungslegung der Unternehmen, die an einer amerikanischen Börse notiert werden möchten. Auf internationaler Ebene agiert die SEC als durchsetzungsstarke Verfechterin eines auf Transparenz ausgerichteten Regulierungsmodells und behinderte immer dann erfolgreich Standardisierungsversuche internationaler „Regime" des Kapitalmarktsektors,[3] wenn amerikanische Interessen bedroht erschienen. Auf europäischer Ebene wurde der Prozess der Angleichung an amerikanische Standards mit den Richtlinien zum „Insiderhandel" (89/592/EWG vom 13. November 1989) und den „Wertpapierdienstleistungen" (93/22/EWG vom 10. Mai 1993) faktisch nachvollzogen – so wurden der Insiderhandel erstmals strafrechtlich

---

3 Hierzu zählen die IOSCO (International Organization of Securities Commissions) und das IASC (International Accounting Standards Setting Committee); während sich die IOSCO der Abstimmung wertpapierbezogener Normen im weitesten Sinne widmet, versuchen sich die Vertreter innerhalb des IASC auf einen internationalen Standard der Unternehmensrechnungslegung zu einigen.

verboten und ein Netz zwischenstaatlicher Kooperation in der Kapitalmarktregulierung aufgebaut.

Mitte der 80er Jahre gerieten deutsche Banken, Großunternehmen und nicht zuletzt staatliche Akteure unter Anpassungsdruck. In einem veränderten ökonomischen und politischen Umfeld wurden (ausländische) institutionelle Anleger zur neuen umworbenen Zielgruppe, deren Bedürfnisse bei der eigenen Unternehmenspolitik oder der Umgestaltung des heimischen Finanzplatzes zu berücksichtigen waren. Wichtige Elemente des alten deutschen Ordnungsmodells drohten jedoch zum zentralen Wettbewerbsnachteil zu werden. Hierzu zählte zum einen der im Börsen- und Aktienrecht fixierte Fokus auf selbst gesetzte und durch ein Insider-Netzwerk überwachte Regeln für das Verhalten der Finanzdienstleistungsanbieter am Kapitalmarkt oder des Unternehmensmanagements gegenüber Investoren. Ausländische institutionelle Anleger und die SEC kritisierten das bestehende System informeller Selbstregulierung am Kapitalmarkt als intransparent und wenig vertrauenserweckend. Zudem verweigerte die SEC den Vertrieb neuer Börsenprodukte auf dem amerikanischen Territorium mit der Begründung, diese stammten von einem Markt, der mit niedrigeren Standards operiere als der eigene (vgl. hierzu Lütz 1997). Eine ähnliche Haltung amerikanischer Regulierungsbehörden und Anleger besteht auch gegenüber dem deutschen bzw. kontinentaleuropäischen Modell der Unternehmensrechnungslegung, welches dem Management Spielräume der längerfristigen Kalkulation und somit auch des periodenübergreifenden Ausweises von Gewinnen und Verlusten belässt. Bislang erkannte die SEC weder das deutsche *Handelsgesetzbuch (HGB)* noch die auf internationaler Ebene koordinierten *International Accounting Standards (IAS)* als „Eintrittskarte" zum amerikanischen Kapitalmarkt an. Stattdessen haben ausländische Firmen, die eine Notierung an einer amerikanischen Börse anstreben, nach amerikanischen Standards *(General Accepted Accounting Principles, GAAP)* zu bilanzieren.

Galten die sprichwörtlich engen Verflechtungen innerhalb der Industrie, aber auch zwischen Banken und der Wirtschaft bislang als Schlüssel kooperativer Krisenbewältigung oder als Schutzschilde gegen „feindliche Übernahmen", so wird die „Deutschland AG" für ausländische Anleger zum Investitionshindernis. Krisenfälle wie die Konkurse der Firmen Schneider und der Metallgesellschaft ließen die Banken als unwissende Kreditgeber und die Aufsichtsräte als unfähige „closed shops" erscheinen. Internationale Zusammenschlüsse institutioneller Anleger formulieren zudem Prinzipien für „good corporate governance", in denen eine größere Unternehmensferne der Aufsichtsräte und eine Begrenzung der Zahl ihrer Mandate in Deutschland gefordert wird. Für Großbanken, die sich nun verstärkt im Investmentbanking engagieren und als Wertpapierhändler und Unternehmensberater auftreten, können umfangreicher industrieller Anteilsbesitz und eine Vielzahl von Aufsichtsratsmandaten zum Wettbewerbsnachteil werden – viele Unternehmen wollen nicht von einer Bank beraten werden, die an einem ihrer Wettbewerber beteiligt ist oder Mandate in deren Aufsichtsrat unterhält (Financial Times vom 3.9.1997, S. 15).

Nicht nur die Marktteilnehmer, sondern auch der Staat sah sich seit Mitte der 80er Jahre verstärkt unter Druck, das heimische Terrain als „Finanzplatz" international wettbewerbsfähig zu machen. Zudem berührte auch der von ausländischen Anlegern monierte Mangel an kodifizierten und in öffentliches Recht eingebetteten Normen des Anlegerschutzes in Deutschland politische Zuständigkeiten der Rechtsetzung. Dies betraf in erster Linie die Bundesministerien für Justiz (BMJ) und für Finanzen (BMF), die für Unternehmens- und Aktienrecht bzw. für alle kapitalmarktbezogenen Fragen zuständig sind. Beide Ministerien hatten auf europäischer Ebene lange Zeit versucht, Traditionen kontinentaleuropäischer Rechnungslegung bzw. informeller Selbstregulierung des Kapitalmarktes zu verteidigen. Im Bereich der Bilanzierung war diese Strategie spätestens 1990 gescheitert, als die Europäische Kommission weitere Richtlinienarbeiten auf diesem Feld aufgab und die Harmonisierung dem International Accounting Standards Committee (IASC) überließ; in diesem Gremium sind neben ausgewählten europäischen Staaten sowie Japan überwiegend Länder der angloamerikanischen Rechnungslegungstradition (wie die USA, Großbritannien, Australien, Kanada, Neuseeland) repräsentiert, deren Stimme bei Entscheidungen in aller Regel ausschlaggebend ist. Das deutsche Finanzministerium versuchte hingegen, die Verabschiedung der Insider-Richtlinie im Ministerrat zu verhindern, sah sich letztlich jedoch isoliert und der Möglichkeit gegenüber, von einer qualifizierten Mehrheit der Mitgliedsstaaten überstimmt zu werden. Zudem entwickelte sich das Fehlen einer für den nationalen Kapitalmarkt zuständigen staatlichen Aufsichtsinstanz zunehmend zum Hindernis zwischenstaatlicher Kooperation.

IV. Auf dem Weg zum neuen Modell - Vermarktlichung, Pluralisierung und Regulierung

Zunehmend wettbewerbliche Spannungen kennzeichnen das *Verhältnis der drei deutschen Bankengruppen* zueinander, die sich bislang eher im Zustand friedlicher Koexistenz befanden. So scheuen sich die Verbände des privaten und des öffentlichen Bankensektors nicht, ihre Konflikte in der Presse auszutragen. Gemeinsame Stellungnahmen des ZKA werden zwar nach wie vor erarbeitet, erscheinen jedoch nach Ansicht von Beobachtern mehr und mehr „inhaltsleer". Strukturelle Verschiebungen auf internationalen Finanzmärkten und daraus resultierend heterogene Interessen insbesondere von privaten und öffentlichen Banken sind der Hintergrund dieser vordergründigen Konflikte. Sinkende Gewinnmargen im klassischen Kredit- und Spareinlagengeschäft führen zu Konzentrationstendenzen bei Sparkassen und Kreditgenossenschaften, die den ausgeprägt dezentralen Charakter beider Bankenverbünde in Frage stellen. Bei den Kreditgenossenschaften wurde bislang keine einzige Bank geschlossen; vielmehr behob man Schieflagen in bewährter Manier durch verbandlich koordinierte Fusionen. Angesichts derart teurer „Reparaturmaßnahmen" plant der Bundesverband der Volks- und Raiffeisenbanken jedoch, das System verbandlicher Einlagensicherung effizienter zu gestalten und zur bloßen „Notreserve" umzufunktionieren (Handelsblatt vom 14.6.1999, S. 31).

Im Sparkassensektor planen einige Bundesländer Fusionen ihrer Landesbanken. Sollte das Projekt der unionsgeführten Länder Bayern, Baden-Württemberg und Hessen gelingen, die Bayerische Landesbank, die Landesbank Baden-Württemberg und die Helaba zu einer „Südbank" zu verschmelzen, entstünde damit nach der Deutschen Bank das zweitgrößte deutsche Kreditinstitut (Handelsblatt vom 7.7.1999, S. 1). Für die zukünftige Struktur und Geschäftsstrategie des Sparkassenverbundes wird entscheidend sein, ob die in Europa mittlerweile einzigartige öffentlich-rechtliche Trägerschaft erhalten bleibt. Sollte es zur Privatisierung des Sparkassensektors kommen, wären beschleunigte Konzentrationsprozesse durch Zusammenschlüsse von Sparkassen und Genossenschaftsbanken oder auch zwischen größeren Sparkassen und privaten Banken die Folge. Bislang wollen Bundesregierung und die Mehrheit der deutschen Bundesländer das öffentlich-rechtliche Bankwesen erhalten. Seine Gegner greifen allerdings verstärkt auf das europäische Wettbewerbsrecht zurück, um dessen Legitimität in Zweifel zu ziehen. 1994 legte der deutsche private Bankenverband zusammen mit den britischen und französischen Verbänden privater Banken eine Beschwerde bei der Europäischen Kommission ein, die den Vorwurf illegaler Beihilfen des Landes NRW an die Westdeutsche Landesbank (WestLB) beinhaltete. Die Landesregierung hatte dem Institut 1992 eine Kapitalspritze in Form landeseigenen Wohnungsbauvermögens zu einem Minimalzins von 0,6 Prozent zur Verfügung gestellt. Von Seiten der privaten Banken wird argumentiert, ihre öffentlichen Konkurrenten erhielten auf Grund der staatlichen Garantien einen erheblichen Refinanzierungsvorteil. Im Juli 1999 entschied die EU-Kommission, dass die WestLB Beihilfen in Höhe von knapp 1,6 Mrd. DM an das Land NRW zurückzahlen muss. Diese Entscheidung hat Signalwirkung für andere deutsche Bundesländer, in denen ähnliche Praktiken üblich sind. Parallel hierzu prüft die EU-Kommission, ob Anstaltslast und Gewährträgerhaftung als Besonderheit der deutschen Kreditwirtschaft eine unzulässige Beihilfe des Staates an die öffentlichen Banken darstellen. Auch in diesem Fall könnte die Kommission bei Eingang einer Beihilfebeschwerde ein Untersuchungsverfahren einleiten (Handelsblatt vom 7./8.5.1999, S. 2).

Bereits dieses Beispiel zeigt, wie empfindlich der private Bankensektor auf vermeintlich ungleiche Startbedingungen im nun europäischen bzw. globalen Wettbewerb reagiert. Die zunehmend global ausgerichteten Groß- und Privatbanken konzentrieren ihre Aktivitäten auf das provisionsbezogene Wertpapiergeschäft. Im Ausland betreiben sie eine aggressive Fusionsstrategie, um sich das Know-How britischer und amerikanischer Investmentbanken anzueignen.[4] Gleichwohl zeigten die bisherigen Erfahrungen, dass die angelsächsische Kultur des Investmentbanking

---

4 So fusionierte die Deutsche Bank zunächst mit Morgan Grenfell und zuletzt mit Bankers Trust, während sich die Dresdner Bank mit Kleinwort Benson zusammenschloss.

nicht ohne weiteres in den heimischen Konzern integrierbar ist und Großkunden oftmals gleich die Wissensvorsprünge amerikanischer Banken wie Goldman Sachs und J.P. Morgan nutzen wollen. Im Inland betreiben Großbanken, die ein internationales Profil als Wertpapierhändler und Unternehmensberater gewinnen wollen, gezielt die *Lockerung der Beziehungen zur Industrie* (vgl. bereits Esser 1990; Edwards/Fischer 1994; Deeg 1999). Besonders sichtbar wurde die wachsende Scheu des privaten Bankengewerbes, sich in risikoreiche und damit teure Rettungsaktionen alter Prägung zu begeben, jedoch während des deutschen Vereinigungsprozesses. Vielen Beobachtern schien die deutsche Vereinigung den Beweis für die Funktions- und Überlebensfähigkeit korporatistischer Muster der Krisenbewältigung zu liefern, wurden doch die Beiträge von Staat, Industrie, Arbeitnehmerschaft und Banken zum Wiederaufbau Ostdeutschlands im Rahmen eines Solidarpaktes koordiniert und verbindlich festgelegt (vgl. hierzu Sally/Webber 1994). Nach erheblichem Druck von Bundesregierung, Treuhandanstalt und nicht zuletzt der Öffentlichkeit erklärten sich Vertreter der Bankenverbände bereit, die Privatisierungsbestrebungen der Treuhand mit einer Milliarde DM zu unterstützen. 200 private Banken gründeten im Juni 1993 zu diesem Zweck eine Beteiligungsgesellschaft, welche Treuhandfirmen aufkaufen sollte. Mitte 1995 erklärten die Banken ihre „Bankenmilliarde" bereits für erreicht. Bis dahin hatte die Beteiligungsgesellschaft 340 Millionen DM in 13 Firmen investiert; hinzu kamen Investitionen des Sparkassensektors in Höhe von 412 Millionen DM (Deeg 1999, S. 195). Im Unterschied zu früheren Situationen sektoraler Krisenbewältigung agierten die Banken im Umgang mit der Treuhand und den zu privatisierenden Firmen oftmals als Investmentunternehmen: So nutzte die Deutsche Bank ihre Tochterfirmen Morgan Grenfell und die Unternehmensberatung Roland Berger, um die Treuhand beim Verkauf ihrer Firmen, die potenziellen Käufer von Treuhandunternehmen und auch die Manager von privatisierten Unternehmen zu beraten (Deeg 1999, S. 191-192). Umgekehrt griff auch die Treuhand zur eigenen Refinanzierung nicht auf die Hilfe der Banken zurück, sondern emittierte eigene Anleihen auf dem internationalen Kapitalmarkt (Czada 1993, S. 167-168).

Im Zuge der deutschen Vereinigung zeigten die deutschen Banken wenig Interesse am Erwerb von Anteilsbesitz an Privatisierungsobjekten – grundsätzlich investierten sie nur in solche Firmen, die vergleichsweise wenig Restrukturierung benötigten, und in diesen Fällen hielten sie allenfalls Minderheitsbeteiligungen (Deeg 1999, S. 197). Dies entspricht einer generellen Strategie der Großbanken, schrittweise ihren Besitz an dividendenlosen Aktienpaketen zu reduzieren. Gleichwohl erweist sich die Besteuerung von Veräußerungsgewinnen dieser Größenordnung bislang als wichtiges Hindernis größerer Aktienverkäufe. Schätzungen des IFO-Institutes zufolge befanden sich Ende 1996 ohnehin nur knapp 10 Prozent der im Inland gehaltenen Aktienbestände in den Händen der Banken und machten zudem nur 2 Prozent des gesamten Bankenvermögens aus (IFO 1997, S. 10).

Auch die Bündelung von Aufsichtsratsmandaten in Bankenhand scheint nicht länger Element eines im bisherigen Sinne koordinierten Modells von Kapitalismus zu sein. Verfügten die Privatbanken 1974 in den 100 größten Unternehmen noch über 20 Prozent der Aufsichtsratsmandate, so betrug dieser Anteil 1993 lediglich 6,3 Prozent (IFO 1997, S. 11). Zudem signalisiert der Versuch einer feindlichen Übernahme der Firma Thyssen durch Krupp im Jahre 1997, dass strukturelle Bindungen unter neuen Rahmenbedingungen auch dazu benutzt werden können, alte Konsensprinzipien aufzubrechen: So wurde der Übernahmeversuch von den Investmentbanktöchtern (Morgan Grenfell und Kleinwort Benson) der im jeweiligen Aufsichtsrat von Krupp und Thyssen vertretenen Hausbanken vorbereitet. Damit stellten sich deutsche Kreditinstitute erstmals offen auf die Seite eines „feindlichen" Angreifers, während sie bisher deutsche Aktiengesellschaften gegen unerwünschte Dritte eher verteidigt hatten. Zwar wurde die Übernahme in korporatistischer Manier unter Mitwirkung der NRW-Landesregierung zunächst abgewendet und damit der Weg zu einer „friedlichen Fusion" geebnet; dennoch hatten die Banken mit dieser Aktion ein Exempel für den deutschen Finanzplatz statuiert und insofern ihr Ziel erreicht (FAZ vom 19.3.1997, S. 15).

Großunternehmen betreiben ihrerseits die Lockerung der Beziehungen zum Bankensektor. In den letzten Jahren weiteten sie ihre Eigenfinanzierung gegenüber der Nutzung von Bankkrediten zunehmend aus. Im Zuge der derzeitigen Welle grenzüberschreitender Akquisitionen, Fusionen und Restrukturierungen entwickelt sich der internationale Kapitalmarkt zur entscheidenden Drehscheibe für die Neudefinition von Eigentumsverhältnissen, Spielregeln und Akteurskonstellationen. Besonders deutsche Unternehmen gelten als mögliche Objekte feindlicher Übernahmen, weil ihre Aktienpreise auf Grund angesammelter stiller Reserven als unterbewertet gelten. Deals wie die Fusionen von DaimlerChrysler, die Verschmelzung von Degussa mit Hüls oder von Hoechst mit Rhône-Poulenc werden zudem von Investmentbanken über die Bühne gebracht, die dann Kontakte zu Investoren herstellen. Derzeit verfügen ausländische Aktionäre bei 13 Prozent der im Deutschen Aktienindex notierten Unternehmen über mehr als 30 Prozent der Firmenaktien (Mannesmann 60 Prozent, DaimlerChrysler 50 Prozent, Veba 44 Prozent) (FAZ vom 10.5.1999, S. 35).

Dieses global ausgerichtete Firmensegment macht sich zumindest verbal zum Vorreiter einer an shareholder value-Prinzipien wie hoher Dividendenausschüttung und Bilanzpublizität ausgerichteten Unternehmenspolitik: Firmen wie Hoechst, Schering, BASF oder SAP planen, in Zukunft verstärkt angelsächsische Instrumente wie Aktienrückkaufprogramme einzusetzen; durch den Rückkauf eigener Aktien verringert das Unternehmen das auf dem Markt befindliche Aktienangebot und kann an die eigenen Aktionäre mehr Dividende pro Aktie ausschütten, weil jetzt weniger Anteilsscheine bedient werden müssen. Zudem gerät die Pflege der Investorenkontakte immer mehr in den Mittelpunkt der eigenen Unternehmenspolitik. Ein 1990 gegründeter *Deutscher Investor Relations Kreis e. V. (DIRK)* aus mittlerweile 110 börsennotierten Firmen widmet sich dem Erfahrungsaustausch im

Umgang mit Anlegern im In- und Ausland; zudem verpflichteten sich die Beteiligten zur Einhaltung bestimmter Berufsgrundsätze (Transparenz über die Firmenpolitik, jedoch keine Weitergabe von Insider-Informationen, Gleichbehandlung verschiedener Investorengruppen).

Internationalisierung der Unternehmensfinanzierung bedeutet für immer mehr deutsche Konzerne auch den Gang an eine ausländische, vornehmlich amerikanische Börse. Die Nicht-Anerkennung deutscher und sogar international vereinbarter Standards der Rechnungslegung (IAS) durch die SEC hielt deutsche Firmen lange Zeit vom Gang an den amerikanischen Kapitalmarkt ab. 1993 verließ Daimler-Benz als erstes Unternehmen die heimische Abwehrfront und bilanzierte beim Gang an die New Yorker Börse nach den US-GAAP, ein Vorgehen, das auf heimischem Boden heftig kritisiert wurde, schwächte dies doch die Position der Deutschen in internationalen Standardisierungsgremien der Rechnungslegung. Bis heute sind mit Bayer, BASF und SAP weitere Firmen dem Vorbild von Daimler-Benz gefolgt.

Die Ausdifferenzierung eines auf globale, kapitalmarktbezogene Interessen ausgerichteten Firmensegmentes nicht nur im Unternehmenssektor, sondern auch in der deutschen Bankenlandschaft deutet auf die wachsende Heterogenisierung von Interessenlagen hin. Während das Gros klein- und mittelständischer Firmen bislang klassische Hausbankbeziehungen zu Sparkassen- und Kreditgenossenschaften dem Gang an die Börse vorzieht,[5] und sich von Diskussionen über die Übernahme angelsächsischer Standards der Bilanzierung unbeeindruckt zeigt, ist das global ausgerichtete Firmensegment Teil einer neuen *kapitalmarktbezogenen policy community*. Diese entspricht nicht mehr alten Kartell- oder Verbandsstrukturen, sondern umfasst Lobbygruppen börsennotierter Unternehmen, die gleichzeitig Werbung und Fortbildung in Fragen der Aktie anbieten (wie das *Deutsche Aktieninstitut (DAI)*, Aktionärsvereinigungen wie den *Verband der Kleinaktionäre (VdK)* und die *Deutsche Schutzvereinigung für Wertpapierbesitz e.V. (DSW)*, die ähnlich wie der *Bundesverband Deutscher Investmentgesellschaften (BVI)* Anlegerinteressen in Diskussionen einbringen und vor allem neue professionelle Gruppen wie Finanzanalysten *(Deutscher Verband der Finanzanalysten, DVFA)* und Wirtschaftsprüfer *(Institut der Wirtschaftsprüfer, IdW)*, deren Wissen im Umgang mit neuen Produkten, Kunden und Spielregeln jetzt verstärkt gefragt ist.

Alle diese geschilderten Veränderungen wären ohne die Wegbereitung durch den *Staat* nicht möglich gewesen. War dieser im alten Modell eher Partner in korporatistischen Bündnissen, welcher ausgehandelte Lösungen ermöglichte und kodifizierte, so fungiert er jetzt als *Förderer, Regulierer* und *Interessenvertreter* des heimischen (Finanz-)Marktes. Seit Mitte der 80er Jahre erfolgte ein bis dahin beispielloser Schub an Gesetzgebungsaktivitäten mit dem Ziel der Förderung des „Finanzplatzes Deutschland". In insgesamt sieben Gesetzen, bei denen es sich nur

---

5 Deeg (1999) argumentiert, dass sich die Beziehungen des Mittelstandes zum Bankensektor besonders im Zuge der deutschen Vereinigung eher intensiviert haben.

zum Teil um die Umsetzung von europäischen Richtlinien handelte, wurden schrittweise Barrieren der Nutzung des heimischen Kapitalmarktes und des Vertriebes neuer Finanzprodukte abgebaut. Die seit fast 100 Jahren erste Novelle des Börsengesetzes schuf 1989 die rechtlichen Voraussetzungen für die Gründung der *Deutschen Terminbörse (DTB)*, an der eine Vielzahl von im Ausland bereits vorhandenen Finanzinnovationen wie Optionen, Futures und Swaps gehandelt werden konnten. Zwischen 1990 und 1998 kam es zu drei Finanzmarktförderungsgesetzen, von denen das Dritte allein 100 Einzelmaßnahmen enthielt. Zu den zentralen Maßnahmen zählte die Zulassung von Geldmarktfonds im Jahre 1994 sowie einer Variante von Pensionssondervermögen im Jahre 1998. Hierdurch wurde die Grundlage für die Ausweitung des Fondsgeschäftes in Deutschland geschaffen. Gleichwohl verhinderte der Widerstand der deutschen Versicherungswirtschaft bislang die Einführung steuerbegünstigter Pensionsfonds amerikanischer Prägung; im Zuge der zurzeit diskutierten Reformen der betrieblichen Alterssicherung zeichnet sich für die Zukunft jedoch ein mögliches Umdenken ab. Im Bereich des Aktienhandels wurde mit dem *Gesetz zur Kontrolle und Transparenz im Unternehmensbereich (KonTraG)* 1998 erstmals der Erwerb bzw. Rückkauf von maximal 10 Prozent eigener Aktien zugelassen.

Entscheidend für die Umgestaltung des deutschen Ordnungsmodells war jedoch, dass Liberalisierungsmaßnahmen begleitet wurden von einem Schub an Reregulierung der Rahmenbedingungen des Finanzmarktes. Novellierungen zunächst im Börsenrecht, später dann im Unternehmens- und Aktienrecht zielten auf die Schaffung von größerer Transparenz über das Verhalten der Teilnehmer am Kapitalmarkt, aber auch über die Geschäftssituation börsennotierter Unternehmen. Das Zweite Finanzmarktförderungsgesetz von 1994 bedeutete einen Einschnitt in der deutschen Börsengeschichte, denn nach heftigen Konflikten mit den Ländern wurden erstmals Bundeskompetenzen in der Börsenaufsicht geschaffen und ein *Bundesaufsichtsamt für den Wertpapierhandel (BaWe)* im Geschäftsbereich des Finanzministeriums gegründet. Zu dessen Aufgaben gehören die Verfolgung von jetzt kriminalisierten Insider-Geschäften sowie die Kontrolle der Einhaltung neuer „Wohlverhaltensregeln" für Kreditinstitute und Wertpapierfirmen. Mit dem Dritten Finanzmarktförderungsgesetz von 1997 unterstellte man weitere 7000 Wertpapierhandelshäuser, die qua „Europa-Pass" auch in Deutschland Wertpapiergeschäfte betreiben dürfen, der Aufsicht durch das BaWe.

Weitere Reformbemühungen konzentrierten sich auf das Unternehmens- und Aktienrecht. Mit dem bereits erwähnten *KonTraG* vom März 1998 wurde das Vollmachtstimmrecht der Banken eingeschränkt; wenn eine Bank mit mehr als 5 Prozent an einem Unternehmen beteiligt ist, darf diese nicht mehr automatisch das Vollmachtstimmrecht für ihre Depotkunden wahrnehmen. Zudem müssen Bank und Unternehmen Beteiligungsverhältnisse von über 5 Prozent offen legen. Die beabsichtigte Verkleinerung der Aufsichtsräte von 20 auf 12 Mitglieder war wegen des Widerstandes von Arbeitsministerium und Gewerkschaften, die um ihre Mitbestimmungskompetenzen fürchteten, nicht durchsetzbar. Unangetastet blieb entgegen den ursprünglichen Vorstellungen des Justizministeriums auch das VW-Gesetz, nachdem kein anderer VW-Aktionär als die niedersächsische Landesregierung mehr als 20 Prozent der Stimmrechte hat und diese als Anteilseigner nicht überstimmen kann. Auch die Höchstzahl von 10 Aufsichtsratsmandaten pro Person wurde beibehalten, allerdings werden Vorsitze jetzt doppelt angerechnet.

Eine für die deutsche Rechnungslegung entscheidende Neuerung führte das Justizministerium mit dem *Kapitalaufnahmeerleichterungsgesetz (KapAEG)* im April 1998 ein. Mit diesem Gesetz wird es deutschen börsennotierten Unternehmen möglich, einen Konzernabschluss nach international anerkannten Rechnungslegungsstandards (IAS oder US-GAAP) zu erstellen; ein Jahresabschluss nach deutschem Recht ist dann nicht mehr erforderlich. Damit reagierte man auf die faktische Übernahme amerikanischer Bilanzierungsstandards durch deutsche Konzerne beim Gang an die New Yorker Börse. Allerdings befristete das Ministerium die Befreiung vom deutschen Konzernabschluss zunächst auf sechs Jahre; in dieser Zeit sollen eine grundlegende Reform des deutschen Konzernrechts durchgeführt und deutsche Interessen in internationalen Standardisierungsgremien effektiver eingebracht werden. Zu diesem Zweck gründete man im März 1998 ein *Deutsches Rechnungslegungs Standards Committee (DRSC)*, das mit Vertretern des Justizministeriums, der privaten Banken, vornehmlich aber professioneller Organisationen wie den Wirtschaftsprüfern besetzt ist und in Zukunft Bilanzregeln erarbeiten sowie die Vertretung in internationalen Gremien übernehmen soll (FAZ vom 30.3.1998, S. 16).

Die Vielzahl dieser Aktivitäten macht deutlich, dass der Staat seine gesetzlichen und regulativen Ressourcen in den Dienst der Finanzplatzförderung stellt. Hinzu kommt sein Monopol legitimer Gewalt, das wie im Fall der Kriminalisierung des Insiderhandels Regelverstöße sanktionieren und damit die internationale Akzeptanz heimischer Spielregeln untermauern soll. Auf europäischer und globaler Ebene agieren Ministerien und Regulierungsbehörden als *Interessenvertreter* der heimischen Banken und Unternehmen. Die Verbreitung weitgehend amerikanisch geprägter Transparenzstandards im Kapitalmarkt-, Aktien- und Gesellschaftsrecht über internationale Verhandlungsgremien hinweg zeigt jedoch, welch erheblichem Anpassungsdruck Vertreter deutscher Regulierungstraditionen unter neuen Rahmenbedingungen ausgesetzt sind.

V. Schlussfolgerungen – Konvergenz oder „dritter Weg"?

Im Finanzsektor ist, möglicherweise viel ausgeprägter als in anderen Wirtschaftssektoren und Politikfeldern, ein struktureller Umbruch zu beobachten, der alte Muster der Verteilung von Eigentumsrechten, Machtkonstellationen zwischen Akteuren, Verhaltensregeln und Politikinhalte zunehmend unter Anpassungsdruck setzt. Das auf Kartellen, korporatistischer Selbstregulierung und informellen Normen beruhende institutionelle Gleichgewicht zwischen Banken, Industrie und Staat besteht zumindest in seiner bisherigen Ausschließlichkeit nicht mehr fort. Stattdessen sind eine grundsätzliche Pluralisierung des Akteursspektrums und deutliche Tendenzen zugespitzten Wettbewerbes zwischen und innerhalb der drei zentralen Bankengruppen zu beobachten; eine derartige Vermarktlichung kennzeichnet insgesamt auch das Verhältnis zwischen Banken und Industrie. Bei der Umgestaltung der Unternehmensverfassung treten die Interessen des ausländischen Investors, aber auch des Kleinaktionärs stärker in den Vordergrund, während eine durch Insidernetzwerke ausgeübte Kontrolle von Unternehmenspolitik zunehmend an Legitimation verliert. Aktiver als bisher tritt der Staat als Förderer, Regulierer und Interessenvertreter des heimischen Finanzplatzes im In- und Ausland auf und stellt seine Ressourcen somit in den Dienst der Wettbewerbsförderung. Die Kodifizierung und Formalisierung des nationalen Ordnungsmodells entspricht damit dem neuen übergeordneten Leitbild aller Transformationsaktivitäten – der Schaffung von *Transparenz* über Marktteilnehmer und Marktverhalten.

Kann aus diesen Entwicklungen nun auf die Konvergenz des deutschen, koordinierten Modells kapitalistischer Wirtschaft hin zum marktorientierten Kapitalismus angelsächsischer Prägung geschlossen werden? Diese Frage muss differenziert beantwortet werden. Zunächst spricht vieles dafür, dass der deutsche Finanzsektor weitere Schritte auf dem Weg zu einem kapitalmarktfreundlicheren Ordnungsmodell gehen wird. So werden Investmentfonds mangels attraktiver Alternativen im Bereich der privaten Geldanlage weiter an Boden gewinnen; auf Grund der Finanzierungsprobleme bei der sozialen Sicherung kommt der privaten und betrieblichen Altersvorsorge über Pensionsfonds mittelfristig eine zumindest ergänzende Rolle im deutschen Sozialversicherungssystem zu. Ob sich daraus nach britischem Vorbild ein pensionsfondsgestützter „grey capitalism" (Blackburn 1999) entwickeln wird, kann bislang noch nicht abgesehen werden. In jedem Fall wird mit der Verbreitung des Fondsgeschäftes in Deutschland eine von den Banken zunehmend unabhängige Lobby institutioneller Anleger die Finanzszene betreten und weiter gehende Reformen im Bereich von Aktienrecht und Unternehmensverfassung in der politischen Auseinandersetzung anmahnen.

Gleichwohl sollte die Reichweite der bisher erfolgten Transformation nicht überschätzt werden; bislang erfasste der Umbau lediglich das obere, weil global ausgerichtete Marktsegment von Banken und Unternehmen. Dort, wo es um mittelständische Klientele und national ausgerichtete Arten von Banken- und Unternehmensgeschäften geht, blieben enge Verflechtungen zwischen Banken und Industrie, verbandlich koordinierte Formen der Abstimmung oder korporative Autonomie zulassende Formen der Unternehmensverfassung durchaus fortbestehen. Beispielhaft sind die auf Länderebene nach wie vor existierenden Formen von Industriepolitik (vgl. Deeg 1999),[6] durch Spitzenverbände koordinierte Abstimmung

---

6 (...) welche gleichwohl durch das Beihilfeverbot der EU zunehmend erschwert wird.

der Eigenkapitalstandards in der Bankenregulierung (vgl. Lütz 1999) oder die kollektive Einlagensicherung. Zudem sind in Krisensituationen offenbar nach wie vor Bündnisse zwischen Sozialpartnern und dem Bund möglich, wie der Solidarpakt im Rahmen der deutschen Vereinigung und derzeitige Gespräche im Rahmen des Bündnisses für Arbeit belegen; Großbanken jedoch sind in diesen Netzwerken nicht vertreten. Mittelfristig wird sich zeigen, wie eine aus globaler Betroffenheit resultierende *Spaltung* des nationalen Ordnungsmodells intern verarbeitet wird. Zunehmende Konzentrationsprozesse im mittelständischen Sparkassen- und Genossenschaftssektor deuten darauf hin, dass auch diese Klientel durch Globalisierungsprozesse zu teuren und für sie möglicherweise existenzgefährdenden Anpassungsleistungen gezwungen wird.

Die bisherige Transformation hat jedoch auch demonstriert, wie wirkungsvoll institutionelle Strukturen extern induzierte Anpassungsprozesse bremsen können. Allen voran erwies sich der deutsche Föderalismus als Bremse der Privatisierung und Konzentrationstendenzen im Sektor öffentlicher Banken. Die aktuellen Pläne der Südländer zur Bündelung der Kräfte ihrer Landesbanken, aber auch der Widerstand Niedersachsens gegenüber der Abschaffung eigener Mehrheitsstimmrechte bei VW zeigen, dass die Bundesländer mehr als bestrebt sind, ihren Zugriff auf Landesbanken und Unternehmen für industriepolitische Zwecke wenn möglich zu erhalten. Im Bereich der Aktienrechtsreform erwiesen sich die Gewerkschaften – unterstützt vom Arbeitsministerium – als einflussreiche Lobby, deren Widerstand eine weit gehende Verringerung der Zahl von Aufsichtsratsmandaten in mitbestimmten Unternehmen verhinderte.

Zusammenfassend zeigt sich also, dass sich der deutsche koordinierte Kapitalismus nicht zum Abbild des atlantischen Kapitalismus entwickeln wird. Wahrscheinlicher ist der Einbau marktorientierter Elemente in das herkömmliche System und deren Verknüpfung zu einem neuen „hybriden" Modell. Welche Spielräume der Politik verbleiben, diesen Prozess „sozialverträglich" zu gestalten, bleibt abzuwarten.

Literatur

Albert, Michel, 1992: Kapitalismus contra Kapitalismus, Frankfurt a.M./New York: Campus.
Blackburn, Robin, 1999: Grey Capitalism and Pension Reform, in: New Left Review 233, S. 3-65.
Czada, Roland, 1993: Die Treuhandanstalt im Umfeld von Politik und Verbänden, in: Wolfram Fischer, Herbert Hax und Hans-Karl Schneider (Hrsg.), Treuhandanstalt. Das Unmögliche wagen, Berlin: Akademie Verlag, S. 148-172.
Deeg, Richard, 1999: Finance Capitalism Unveiled. Banks and the German Political Economy, Ann Arbor: University of Michigan Press.
Dyson, Kenneth, 1986: The State, Banks and Industry: The West German Case, in: Andrew Cox (Hrsg.), State, Finance and Industry. A Comparative Analysis of Post-War Trends in Six Advanced Industrial Economies, Brighton: Wheatsheaf Books, S. 118-142.

Edwards, Jeremy und Klaus Fischer, 1994: Banks, finance and investment in Germany, Cambridge: Cambridge University Press.
Esser, Josef, 1990: Bank Power in West Germany Revised, in: West European Politics 13/4, S. 18-32.
Fukuyama, Francis, 1995: Konfuzius und Marktwirtschaft. Der Konflikt der Kulturen, München: Kindler.
Gall, Lothar, 1995: Die Deutsche Bank von ihrer Gründung bis zum Ersten Weltkrieg 1870-1914, in: Lothar Gall et al., Die Deutsche Bank 1870-1995, München: Beck, S. 1-113.
Gerschenkron, Alexander, 1962: Economic Backwardness in Historical Perspective, New York: Praeger.
Hall, Peter A., 1986: Governing the Economy. The Politics of State Intervention in Britain and France, Cambridge: Polity Press.
Lütz, Susanne, 1997: Die Rückkehr des Nationalstaates? Kapitalmarktregulierung im Zeichen der Internationalisierung von Finanzmärkten, in: Politische Vierteljahresschrift 3, S. 475-498.
Lütz, Susanne, 1999: Zwischen „Regime" und „kooperativem Staat" – Bankenregulierung im internationalen Mehrebenen-System, in: Zeitschrift für Internationale Beziehungen 1, S. 9-41.
O.N., 1997: Die deutschen Banken und ihr Einfluß auf Unternehmensentscheidungen, in: IFO-Schnelldienst 23, S. 3-20.
Ronge, Volker, 1979: Bankpolitik im Spätkapitalismus, Frankfurt a.M.: Suhrkamp
Sally, Razeen und Douglas Webber, 1994: The German Solidarity Pact: A Case Study in the Politics of the Unified Germany, in: German Politics 3/1, S. 18-46.
Schmidt, Vivien A., 1999: Still Three Models of Capitalism? The Dynamics of Economic Adjustment in Britain, Germany and France, in: Roland Czada und Susanne Lütz (Hrsg.), Die politische Konstitution von Märkten, Opladen: Westdeutscher Verlag (i.E.).
Shonfield, Andrew, 1965: Modern Capitalism. The Changing Balance of Public and Private Power, Oxford: Oxford University Press.
Soskice, David, 1999: Divergent Production Regimes: Coordinated and Uncoordinated Market Economies in the 1980s and 1990s, in: Herbert Kitschelt et al. (Hrsg.), Continuity and Change in Contemporary Capitalism, Cambridge: University Press, S. 101-134.
Streeck, Wolfgang, 1997: German Capitalism: Does it Exist? Can it Survive?, in: New Political Economy 2/2, S. 237-256.
Streeck, Wolfgang und Philippe C. Schmitter, 1985: Community, Market, State – and Associations?, in: European Sociological Review 2, S. 119-137.
Tilly, Richard, 1999: Public Policy, Capital Markets and the Supply of Industrial Finance in Nineteenth-Century Germany, in: Richard Sylla et al. (Hrsg.), The State, the Financial System and Economic Modernization, Cambridge: Cambridge University Press, S. 134-158.
Zysman, John, 1983: Governments, Markets and Growth. Financial Systems and the Politics of Industrial Change, Oxford: Martin Robertson.

Gisela Färber / Marika Sauckel

Die Krise der föderalen Finanzverfassung

I. Einleitung

Mit der deutschen Finanzverfassung sind inzwischen alle unzufrieden: Bund, Länder und Gemeinden beschweren sich unisono über zu geringe Einnahmen. Der Bund leidet unter den Lasten der deutschen Einheit und transferiert seiner Ansicht nach ausreichende Mittel an die Länder. Auch die Sozialversicherungsträger, die unter der Gesetzgebungskompetenz des Bundes stehen und damit finanzpolitisch ihm zuzurechnen sind, leiden unter Einnahmenverlusten und strukturell und konjunkturell bedingten Mehrausgaben. Alle Versicherungszweige stehen vor schwierigen Strukturreformen. Arbeitslosen- und Rentenversicherung beziehen außerdem nach unterschiedlichen Regeln hohe Zuschüsse aus dem Bundeshaushalt.

Die Länder werfen dem Bund mangelnde Solidarität bei der Bewältigung der Finanzlasten vor und klagen darüber, dass der Bund Gesetze verabschiedet und die Verwaltung einschließlich der damit verbundenen Kosten aber auf sie abwälzt. Die drei finanzstärksten Länder haben Klage vor dem Bundesverfassungsgericht wegen ihrer Meinung nach verfassungswidriger Ungerechtigkeiten des Länderfinanzausgleichs eingereicht. Die Gemeinden und Gemeindeverbände wiederum beklagen die Aufgaben- und Ausgabenüberwälzung von Seiten des Bundes und der Länder gleichermaßen und der damit verbundenen Aushöhlung ihrer grundgesetzlich verankerten Autonomie. Als Konsequenz dieser ungelösten finanzpolitischen Probleme sehen sich die BürgerInnen nicht nur – im internationalen Vergleich – objektiv hohen Steuern und Sozialabgaben gegenüber, sondern empfinden sie vor dem Hintergrund schrumpfender Realeinkommen inzwischen auch subjektiv als zu hoch.

Allein die Unzufriedenheit aller Betroffenen mit der Konzeption und den Folgen dieser Finanzverfassung i.w.S. hätte also schon ausreichen müssen, um einen Konsens über eine fundamentale Reform herbeizuführen. Stattdessen verschärften historische Reformanlässe wie die Wiedervereinigung die Probleme, weil sich die politischen Akteure nicht zu einem Kurswechsel, sondern nur zu marginalen Korrekturen durchringen konnten. Es muss also zunächst konstatiert werden, dass sich die Finanzverfassung – trotz gegenteiliger Aufträge an die Verfassungsreformkommission nach der deutschen Einigung – gegen jede elementare Reorganisation resistent gezeigt hat. Die in den letzten Jahren erfolgten Bewegungen waren nur Änderungen im System, nicht aber eine grundlegende Neuordnung der finanziellen Beziehungen im Staatssektor.

Wenn aber ein allseits unbeliebtes System im Kern beibehalten wird, drängen sich zwei Vermutungen auf: Entweder ist das System gar nicht so schlecht, wie es immer dargestellt wird, und das „Jammern" gehört einfach zum „politischen Handwerk" auch im Föderalismus, oder aber die Beteiligten fürchten durch eine Neuorganisation größere Nachteile, als sie jetzt haben. Von besonderem Interesse sind dabei die Bedenken der Bundes- und Landesregierungen als zentrale Akteure im politischen Machtgleichgewicht. Die finanzschwachen Länder scheinen z.B. finanzielle Nachteile durch die Neuzuteilung der Finanzquellen oder durch die Einführung von Steuerautonomie zu befürchten. Das damit verbundene Finanzierungsrisiko für ihre Aufgabenerfüllung, auf das sie dann über eine – nur wegen ihrer Finanzschwäche – erforderliche Erhöhung der Steuersätze reagieren müssten, bringt die Bedrohung des Machtverlustes bei der nächsten Wahl mit sich.

Als „eigene Interessen" kann in Anlehnung an die ökonomische Theorie der Politik dabei das Streben nach persönlicher Wiederwahl und Regierungsbeteiligung angesehen werden. Daneben gibt es aber auch „institutionelle Interessen" z.B. in Form des Erhalts oder der Gewinnung der Parteienmehrheit im Bundesrat, mit deren Hilfe die persönlichen Interessen der PolitikerInnen strategisch abgesichert werden können. Welche Handlungsmöglichkeiten die Politik zur Verfolgung dieser Interessen hat, hängt wiederum von der Verteilung von Kompetenzen zwischen den Institutionen und den Regeln und Prozeduren ab, mit denen konkrete Entscheidungen herbeigeführt werden.[1]

Die Finanzverfassung enthält mit den Grundregeln für die finanziellen Beziehungen wesentliche „Instrumente". Ihre besondere Verankerung im X. Abschnitt des Grundgesetzes hatte auch den Sinn, „diesen für Mißbräuche derartig empfindlichen und für Machttendenzen verlockenden Bereich so gut wie möglich gegen die rein politische Sphäre abzuschirmen" (Strickrodt 1951, S. 8). Unter Finanzverfassung wird im umfassenden Sinn deshalb aus gutem Grund eben nicht nur das föderative Gefüge der Finanzbeziehungen zwischen Bund, Ländern und Gemeinden verstanden, sondern durchaus auch bestimmte Grundsätze des staatlichen Haushaltswesens sowie der Staatsverschuldung und schließlich des Verhältnisses des Staates zu seinen BürgerInnen, wenn es um die Erhebung von Steuern geht.

1 Wir danken Herrn Kollegen Lehmbruch für Anregungen und Diskurs darüber, inwieweit die Spieltheorie an Stelle von und ergänzend zu den Ansätzen der ökonomischen Theorie der Demokratie (Public Choice) bessere und/oder weiterführende Erklärungsansätze für das von uns untersuchte Phänomen der Reformresistenz gebracht hätte. Unter Anlegung der auch formal strengeren Anforderungen an Modellbildungen in der Ökonomie hätte allerdings das Betreten dieses „Neulandes" im Kontext von Fragestellungen zur deutschen Finanzverfassung der Rahmen der Ausarbeitung gesprengt. Wir werden allerdings den Gedanken im Rahmen fortzusetzender Forschungen gerne weiterverfolgen.

Erst wenn die Finanzverfassung auch in diesem weiteren Sinne verstanden wird, wird verständlich, warum Bund, Länder und Gemeinden in den alten wie in den neuen Ländern in den letzten Jahren die finanzpolitischen Probleme verschärft und sich bis jetzt den notwendigen grundlegenden Reformen entzogen haben. Als Folge der Wahlorientierung sind schon früher u.a. die kurzfristige Orientierung politischer Entscheidungen durch ihre Bewertung ausschließlich nach ihren Wirkungen auf die nächste Wahl und die Flucht in die Verschuldung zur kurzfristigen Maximierung der verfügbaren Mittel ausgemacht worden. Verwerfungen sind allerdings auch im komplexen Gefüge der Finanzverfassung zu erwarten.

Der Beitrag soll zeigen, dass die Reformdringlichkeit der Finanzverfassung unter dem Druck der Kosten der deutschen Einigung leicht nachgewiesen werden kann, wenn man ausschließlich eine ökonomische Rationalität zu Grunde legt. Bei Anlegung einer politischen Rationalität dagegen wird sich die Beibehaltung des Systems insofern als politisch „optimale" Lösung herausstellen, als ein Übergang zu einer „besseren" Finanzverfassung den am alten System ausgerichteten Handlungsoptionen den Boden entziehen und für die PolitikerInnen unkalkulierbare Finanzierungsrisiken aufwerfen würde. Ohne Berücksichtigung dieser „Rationalitätsfallen" wird es freilich nie zu einer erfolgreichen Neuordnung der deutschen Finanzverfassung kommen.

Im 2. Abschnitt werden deshalb zunächst einige Reformvorschläge im Kontext der Finanzierung der deutschen Einheit den tatsächlich getroffenen Entscheidungen gegenübergestellt. Danach werden Hypothesen überprüft, warum die Politik den Empfehlungen nicht gefolgt ist, warum also auch nicht zu erwarten gewesen wäre, dass eine von vielen Experten geforderte, sachlich und politisch erfolgreiche Reform der Finanzverfassung hätte zu Stande kommen können.

II. Finanzpolitische Forderungen und finanzpolitische Realitäten

1. Ökonomisch notwendige Reformen

Die letzte DDR-Regierung beschloss den Beitritt der DDR zum Gebiet der Bundesrepublik nach Art. 23 GG und verzichtete auf die mögliche Existenz der DDR als souveränem Staat. Als Konsequenz hatten die Regierungen von Bund und westdeutschen Ländern einschließlich ihrer Gemeinden die ökonomischen „Sünden" der alten DDR-Führung abzuarbeiten. Dazu gehörten die Übernahme des DDR-Staatshaushalts inklusive der darin verbuchten Verbindlichkeiten, die Sanierung der ostdeutschen Infrastruktur und der Aufbau einer leistungsfähigen Verwaltung. Als „Gegenleistung" bekam Deutschland fast 20 Millionen neue BürgerInnen mit entsprechendem Humankapital und Konsumbedürfnis nach westdeutschen Produkten.

Alle am Vereinigungsprozess Beteiligten hätten eigentlich übersehen müssen, dass zum Aufbau Ostdeutschlands Investitionen in Milliardenhöhe nötig sein würden und dass der notwendige Strukturwandel in der ostdeutschen Wirtschaft – erst recht nicht nach der Entscheidung des Bundeskanzlers über den Umtauschkurs der DDR-Mark (vgl. Hartwich 1992, S. 263 f.), der eine „Aufwertung" der Währung um rd. 400 Prozent bewirkte[2] – kaum ohne große Friktionen auch auf dem Arbeitsmarkt vonstatten gehen würde.

Stellvertretend für eine Vielzahl auch materiell durchaus unterschiedlicher Vorschläge zur finanzpolitischen Bewältigung der deutschen Einheit sei hier der Sachverständigenrat zur Begutachtung der gesamtwirtschaftlichen Entwicklung zitiert. Er riet bei der Finanzierung der deutschen Einheit zur Minimierung vor allem langfristiger unerwünschter Nebeneffekte zu einem policy mix (JG 1990/91, S. 184 ff.) aus:

- Steuererhöhungen,[3]
- Kreditaufnahmen in begrenztem Umfang zur Zwischenfinanzierung,
- Privatisierungen in Form der Eigentumsveräußerung oder in Form von Leistungserbringung durch Private zur effizienteren Bereitstellung von Infrastruktur. Beide Varianten verstärken den Haushalt durch Einnahmenerzielung bzw. durch Ausgabeneinsparung.[4]
- Ausgabenkürzungen, z.B. im Verkehrshaushalt des Bundes bei umstrittenen westdeutschen Autobahn- oder Wasserstraßenprojekten zu Gunsten ostdeutscher Infrastrukturvorhaben und bei Subventionsleistungen.

Die westdeutschen Länder und ihre Gemeinden waren ebenfalls aufgefordert, Ausgabenkürzungen durchzuführen und die freiwerdenden Mittel spätestens 1995 mit der Vollintegration der neuen Länder in den Länderfinanzausgleich „solidarisch" in die neuen Länder zu „transferieren" (JG 1992/93, S. 208 ff. und JG 1993/94, S. 213 ff.).

Die außergewöhnliche politische und wirtschaftliche Situation sollte außerdem zum Anstoß für eine grundlegende Reform der föderativen Finanzverfassung mit dem Ziel der effizienteren Aufgaben-, Ausgaben und Einnahmenverteilung der föderalen Ebenen genommen werden:

---

2 Der durchschnittliche Wechselkurs betrug laut Sinn/Sinn (1993, S. 78) DM 0,23 zu 1 Ostmark.

3 Steuererhöhungen können nach Auffassung des Sachverständigenrats zur Begutachtung der gesamtwirtschaftlichen Entwicklung nur die „Ultima ratio" sein (Jahresgutachten (JG) 1991/92, S. 190). Sind sie unvermeidbar, sollten aus Gründen der Lastverteilung allgemeine Verbrauchsteuern oder die Mehrwertsteuer erhöht werden (JG 1990/91, S. 194). Eine Erhöhung der Einkommen- bzw. Körperschaftsteuer bzw. die 1991 erfolgte Einführung des Solidaritätszuschlags lehnt der Sachverständigenrat wegen der ohnehin schon hohen Grenzsteuersätze und der damit verbundenen Wachstumsrisiken ab (JG 1991/92, S. 190).

4 Vgl. Sachverständigenrat (JG 1990/91, S. 193). Welche Möglichkeiten bestanden hätten, zeigt Hartwig (1993, S. 41 ff.).

- Die föderalen Ebenen sollten durch eine „gesamtstaatliche Aufgabenzuordnung und Ausgabenplanung" (JG 1993/94, S. 215) die Voraussetzungen für solide Haushalte schaffen.
- Die damit verbundene Ausgabenautonomie müsse mit Einnahmenautonomie korrespondieren. Wolle man die Ausgabenautonomie nicht beschränken, müsse man zusätzlich zu der klaren Aufgabentrennung und der Konnexität von Kompetenz und Finanzierung den Ebenen ein gewisses Maß an Steuerhoheit einräumen.[5]
- Auch sollte der Länderfinanzausgleich nach Ansicht des Sachverständigenrats im Zusammenwirken mit der Neuordnung der Steuerverteilung wieder auf seine Funktion als Spitzenausgleich reduziert werden, zumal die neuen Länder eine so geringe Finanzkraft hatten und immer noch haben, dass die Transferdimensionen innerhalb des deutschen Staatssektors vorher nie gekannte Größenordnungen erreicht haben. Dazu sollte der Ausgleichsgrad gesenkt werden. Hierzu passt wiederum die Einräumung einer gewissen Steuerautonomie für die Länder in Gestalt eines Zuschlagsrechts zur Einkommen- und Körperschaftsteuer.

Insgesamt wurden also ordnungspolitische Reformen für die Finanzpolitik gefordert. Steuererhöhungen und Staatsverschuldung wurden als schnell wirksame Mittel zur Finanzierung der Kosten der deutschen Einheit akzeptiert. Sie sollten allerdings vorübergehend sein, indem eine Revision aller staatlichen Budgets, d.h. auch von Ländern und Gemeinden, die notwendige Konsolidierungsmasse erbringen sollte. Die Finanzverfassung i.e.S. und insbesondere der Länderfinanzausgleich sollten auf einen neuen, stärker auf Eigenverantwortung ausgerichteten Rahmen hin reformiert werden. Bereits in seinem Jahresgutachten 1991/92 mahnte der Sachverständigenrat außerdem angesichts der bis dahin angerichteten Konfusion und offenbar in weiser Voraussicht dessen, was noch kommen sollte, eine verlässliche Konzeption der Finanzpolitik an, die „(...) anders als im Jahre 1991, den wirtschaftlichen Akteuren eine klare und eindeutige Perspektive über ihren längerfristigen Kurs (...)" (JG 1991/92, S. 182) bieten sollte.

2. Die empirische Finanzpolitik der deutschen Einigung

Im November 1990 war zwar der Bundeshaushalt 1991 mit der Maßgabe aufgestellt worden, dass zur Finanzierung der einigungsbedingten Kosten keine Steuererhöhungen erforderlich wären. Aber bereits zu Beginn des Jahres 1991, kurz nach der Bundestagswahl, wurden die „Schleusen" für Steuererhöhungen geöffnet:

---

5 Der Sachverständigenrat bezieht die Steuerhoheit namentlich auf die Länder (JG 1993/94, S. 215).

- Zum 1. Juli 1991 erfolgt zunächst befristet für ein Jahr die Einführung des Solidaritätszuschlags. Gleichzeitig wurden Versicherung-, Mineralöl-, Erdgas- und Tabaksteuer erhöht (Solidaritätsgesetz, BGBl. I 1991, S. 1318).
- Zum 1. Januar 1993 erhöhte sich der allgemeine Umsatzsteuersatz von 14 auf 15 Prozent (Steueränderungsgesetz 1992, BGBl. I 1992, S. 297).
- Die Erwartung weiterer Steuereinnahmen durch das Zinsabschlagsgesetz vom 9. November 1992 (BGBl. I 1992, S. 1853) wurde allerdings nicht erfüllt. Außerdem verursachte die Zinsabschlagsteuer Mindereinnahmen bei der veranlagten Einkommensteuer in Höhe von 11 Mrd. DM (vgl. Renzsch 1998, S. 79).

Die Steuereinnahmen kamen fast ausschließlich dem Bund zugute, während die alten Länder bereits 1992 die neuen am Umsatzsteueraufkommen partizipieren ließen (Haushaltsbegleitgesetz 1991, BGBl. I 1991, S. 1314) und ihre Mehreinnahmen aus der Umsatzsteuererhöhung ebenfalls an die neuen Länder abtraten. Gleichzeitig wurden ihnen aber die Mittel aus den Mischfinanzierungen nach Art. 91a GG gekürzt und die Strukturhilfe gestrichen.[6]

In die Einflusssphäre des Bundes gehören überdies die steigenden Beiträge zu den Sozialversicherungen. Die Erhebung der Pflegeversicherungsbeiträge ab dem 1.1.1995 bzw. 1.7.1996 sowie insbesondere Belastungen der Arbeitslosenversicherung und der Gesetzlichen Rentenversicherung in der Folge der deutschen Einheit haben außerdem die kumulierten Beitragssätze zu den Sozialversicherungen drastisch ansteigen lassen: Gegenüber 35,6 Prozent im Jahr 1990 waren die Einkommen der abhängig Beschäftigten 1997 mit 42,5 Prozent belastet!

Der effektive Schuldenstand der Gebietskörperschaften hatte Ende 1989 928,8 Mrd. DM betragen. Er erhöhte sich nach der deutschen Einigung jedes Jahr um 200 Mrd. DM bis auf fast 2,22 Bill. DM Ende 1997 (Deutsche Bundesbank 1998, S. 56 f.). Davon sind 1,70 Bill. DM direkte Verbindlichkeiten von Bund, Ländern und Gemeinden. Der restliche Betrag von fast 520 Mrd. DM verteilt sich auf Nebenhaushalte überwiegend des Bundes:

- Das Bundeseisenbahnvermögen übernahm die Verbindlichkeiten der Deutschen Bundesbahn und der Deutschen Reichsbahn, um der Deutschen Bahn AG einen schuldenfreien Start in ihre privatrechtlich organisierte Zukunft zu ermöglichen. Die Schulden in Höhe von 77,2 Mrd. DM per Ende 1997 waren zusätzlich durch die Erlaubnis der eigenständigen Kreditaufnahme des Bundeseisenbahnvermögens erhöht.
- 1990 errichteten Bund und Länder den Fonds „Deutsche Einheit" mit einem zunächst geplanten Volumen von 115 Mrd. DM, davon sollten 95 Mrd. DM bis 1994 über Kredite finanziert werden. Bundesregierung und Bundesrat hiel-

---

6 Vgl. Gesetz zur Aufhebung des Strukturhilfegesetzes und zur Aufstockung des Fonds „Deutsche Einheit", BGBl. I 1992, S. 674. Einen Versuch der Saldierung der verschiedenen Maßnahmen liefert Renzsch (1998, S. 73 ff.).

ten damals die Höhe des Länderanteils an der Finanzierung der deutschen Einheit für endgültig geregelt.[7] Bereits zum 1.1.92 fand eine Aufstockung um 31,3 Mrd. DM statt, im Rahmen des Föderalen Konsolidierungsprogramms im März 1993 trugen Bund und Länder noch einmal 14,4 Mrd. DM bei. Bis zum 31.12.1994 diente er als Ersatz für die Nichteinbeziehung der neuen Länder in den Länderfinanzausgleich.[8]

- Im Zuge der Vereinigung wurde das sich bis dahin revolvierende ERP-Sondervermögen zu einem neuen „Schuldenhaushalt" (Deutsche Bundesbank 1993, S. 45), indem es am Kapitalmarkt Kredite für Darlehensprogramme des Bundes aufnahm (1992 allein 8 Mrd. DM), der Bund die Differenz zwischen Marktzinsen und den verbilligten Zinsen der Darlehensnehmer und die Haftung für die Rückzahlung der Kredite des ERP-Sondervermögens übernahm. Der Schuldenstand der Kreditanstalt für Wiederaufbau betrug 1989 knapp 7 Mrd. DM, zum Jahresende 1997 beliefen sich die Schulden auf 33,6 Mrd. DM.
- Mit dem 1. Treuhandgesetz vom 1. März 1990 gründete die letzte DDR-Regierung die Treuhandanstalt zum Erhalt des volkseigenen Vermögens. Erst das 2. Treuhandgesetz und die Manifestierung im Einigungsvertrag stellten die Privatisierung und Reorganisation von 6.100 als überlebensfähig eingestuften Unternehmen in den Vordergrund. Bereits in der DM-Eröffnungsbilanz zum 1. Juli 1990 standen einem Vermögensposten von 114 Mrd. DM Rückstellungen in Höhe von 267 Mrd. DM und Verbindlichkeiten von 56 Mrd. DM gegenüber. Von 1990 bis 1994 nahm die Treuhandanstalt hauptsächlich aus Privatisierungen mit rund 40 Mrd. DM nur 10 Prozent der erwarteten Erlöse ein, in der gleichen Zeit wurden Verbindlichkeiten in Höhe von 205 Mrd. DM angehäuft.[9]
- Der Kreditabwicklungsfonds startete 1990 mit einer Verbindlichkeit von ca. 27 Mrd. DM aus der Verpflichtungsübernahme des DDR-Haushalts. Hinzu kamen 1992 die Verbindlichkeiten gegenüber dem Ausgleichsfonds Währungsumstellung in Höhe von 64,6 Mrd. DM.

7 „Risiken, die über die festgelegten Beträge hinausgehen, sind daher vom Bund zu tragen." (BT-Drs. 11/7351, S. 5 ff.)

8 Hätte man die neuen Länder von Beginn an in die Systematik des Länderfinanzausgleichs einbezogen, wären alle westdeutschen Empfängerländer bis auf Bremen zu Zahlungspflichtigen geworden (vgl. Renzsch 1991, S. 275).

9 Zum einen konnten die Betriebe nicht verkauft werden, sodass die Treuhand Zuschüsse zu Sozialplanregelungen und Verlustausgleich leisten musste. Andere Unternehmen konnten nur – und dann auch noch unter Preis – nach umfangreichen Sanierungsleistungen abgesetzt werden. Verkaufsmaxime der Treuhandanstalt war das Konzept des Investors zur weitgehenden Erhaltung der Arbeitsplätze. Dafür wurde auch ein geringerer Verkaufserlös akzeptiert. Vgl. dazu und zu anderen Gründen des Preisverfalls Sinn/Sinn (1991, S. 135 f.).
Zu den Sanierungsleistungen gehörte auch die Schuldendienstübernahme von Altkrediten, hinzu kamen die Zinsen für die wegen der fehlenden Einnahmen ebenfalls vorzufinanzierenden anderen Sanierungsleistungen, sodass bis Ende 1992 allein über 30 Mrd. DM an Zinsen zu bezahlen waren (vgl. Deutsche Bundesbank 1993, S. 50 ff. und 1997, S. 22).

– 1995 wurden die Schulden der Treuhandanstalt und die des Kreditabwicklungsfonds im Erblastentilgungsfonds zusammengefasst und begonnen, die aufgelaufenen Kredite mit Bundesbankgewinnen, die über 7 Mrd. DM liegen, und den Erträgen aus dem 1995 wieder eingeführten Solidaritätszuschlag zu tilgen. Ende 1997 standen die Verbindlichkeiten bei 322 Mrd. DM.

Der Einbezug der neuen Länder in den Länderfinanzausgleich wurde durch das Gesetz zur Umsetzung des *Föderalen Konsolidierungsprogramms* vom 23. Juni 1993 (FKPG, BGBl. I 1993, S. 944) vollzogen. Neben Sonder-Bundesergänzungszuweisungen und Investitionshilfen in Höhe von jährlich 20,6 Mrd. DM wurden andere Bundesergänzungszuweisungen weitergeführt bzw. neu geschaffen: Fehlbedarfs-Bundesergänzungszuweisungen, durch die nach Länderfinanzausgleich noch defizitäre Finanzkraft zu 90 Prozent aufgefüllt wird, jährlich um 10 Prozent abnehmende Bundesergänzungszuweisungen für die finanzschwachen alten Länder, Bundesergänzungszuweisungen in Form von Festbeträgen für die kleinen finanzschwachen Länder zum Ausgleich für deren überdurchschnittliche Kosten der politischen Führung sowie Haushaltsnotlagendotationen für die Länder Saarland und Bremen in der Folge eines Urteils des Bundesverfassungsgerichts von 1992 (BVerfGE 86, S. 148 ff.).

Auch der Tarif des horizontalen Länderfinanzausgleichs blieb fast unverändert. Lediglich auf der Seite der Zahlerländer wurden der Grenzabgabensatz von 100 Prozent reduziert und die ausgleichsfreie Zone abgeschafft, sodass seit 1995 drei Grenzabgabesätze existieren: 15 Prozent für Finanzkraftüberschüsse zwischen 100 und 101 Prozent, 66 Prozent für Überschüsse zwischen 101 und 110 Prozent und 80 Prozent für Finanzkraftüberschüsse von mehr als 110 Prozent des Finanzbedarfs. Die Seite des Empfängertarifs incl. Umsatzsteuervorwegausgleich wird unverändert angewandt, obwohl alle wussten, welche Größenordnung die Transferleistungen zwischen Bund, finanzstarken und finanzschwachen Ländern erreichen würden.

Die Verhandlungen um die Neuordnung des Länderfinanzausgleichs wurden überdies begleitet von einem recht einseitigen, aber offen ausgetragenen Streit zwischen dem Bund und den alten Ländern, wer denn mehr Leistungen für die neuen Länder erbringe. Der Bund machte Rechnungen dahingehend auf, dass er von den 93 Mrd. DM p.a. Transferleistungen von rd. 73 Mrd. DM aufbringen würde, die alten Länder hingegen nur 20 Mrd. DM (BT-Drs. 12/4401). Gegenrechnungen jedoch, die die Refinanzierungen des Bundes über Steuererhöhungen einbeziehen und die Zeitspanne von 1990, dem Jahr der Vereinigung, und 1995, dem Jahr der Volleinbeziehung der neuen Länder in den Länderfinanzausgleich, als Vergleichsperiode heranziehen, kommen zu dem Ergebnis, dass die alten Länder (und ihre Gemeinden, die über den kommunalen Finanzausgleich und die Gewerbesteuerumlage landesintern zur Finanzierung „ihres" Lastenanteils herangezogen wurden) Nettolasten in der Größenordnung von 35 Mrd. DM gegenüber

25 Mrd. DM Belastungssaldo des Bundes zu tragen haben (vgl. Färber 1993, S. 308 f.).

Überdies ist die Abschaffung des Solidaritätszuschlags, der ausdrücklich zur Finanzierung der Kosten der deutschen Einheit eingeführt worden war, schon nach einem Jahr nicht nur auf die Bemühungen des kleineren Koalitionspartners zurückzuführen, sondern durchaus im Kontext der Verhandlungen über die Neuordnung des Finanzausgleichs zu sehen. Denn es ging nicht nur darum, welche horizontalen Zahlungen zwischen finanzstarken und finanzschwachen Ländern in Zukunft zu leisten wären, sondern insbesondere auch um eine Neujustierung der vertikalen Finanzbeziehungen zwischen Bund und Ländern, die am Ende in einer Neufestlegung der Einnahmenanteile am Umsatzsteueraufkommen münden musste.

Schon im Frühjahr 1992 konnte die Bundesregierung nämlich feststellen, dass u.a. infolge nur langsamer Abflüsse der Mittel für die neuen Länder und konjunkturell bedingt guter Einnahmen die in die Finanzplanung eingestellte Nettoneuverschuldung stark rückläufig war (Bundesministerium der Finanzen; Sachverständigenrat JG 1992/93, S. 141). Bei Beibehaltung des Solidaritätszuschlags im 2. Halbjahr 1992, was aus konjunktureller Sicht im Übrigen hätte begrüßt werden können, wäre dann der Bundeshaushalt 1992 fast ausgeglichen gewesen, während alte und neue Länder eine weit höhere Neuverschuldung auswiesen. In Anbetracht der Tatsache, dass die Umsatzsteuer zwischen Bund und Ländern so verteilt werden soll, dass beide Ebenen eine in etwa gleich hohe Deckung ihrer „notwendigen" Ausgaben erzielen, wäre eine äußerst ungünstige Startposition des Bundes für die im Herbst 1992 begonnenen Verhandlungen um das Föderale Konsolidierungsprogramm entstanden.

Vergleicht man die eingeschlagene Finanzpolitik im Zeichen der deutschen Einigung mit dem, was nach Meinung von Ökonomen hätte getan werden sollen, so fällt auf, dass im Grunde genau das Gegenteil von dem unternommen wurde, was „vernünftig" gewesen wäre: Es wurden nämlich keine notwendigen ordnungspolitischen Reformen durchgeführt. Der finanzielle Druck, der zunächst aus dem Finanzbedarf der Integration der neuen Länder, später außerdem aus der schlechten konjunkturellen Entwicklung resultierte, wurde nicht zu grundlegenden Reformen genutzt, sondern im Gegenteil zu einem Gutteil mit Verschuldung finanziert. Auffällig ist außerdem, dass der Bund einen wesentlichen Teil der aus Einigungskosten resultierenden Verschuldung in Nebenhaushalten ansammelte, die bis zum „Kassensturz" per 1.1.1995 außerhalb der föderativen Finanzbeziehungen gehalten wurden. Mit Ausnahme des Fonds „Deutsche Einheit", an dem die Länder zur Hälfte beteiligt sind, waren die Länder an den meisten Entscheidungen auch nicht beteiligt, obwohl von ihnen bei den Verhandlungen zum Föderalen Konsolidierungsprogramm verlangt wurde, dass sie mitbezahlen sollten.

Trotz diverser Kürzungen von Leistungen des Bundes an die alten Länder, z.B. bei den Mischfinanzierungen und bei der Strukturhilfe, fand keine grundlegende

Konsolidierung der Staatsfinanzen statt. Vielmehr versuchte der Bund zunehmend und erfolgreich, Lasten für neue Gesetze auf die ausführenden Länder und ihre Gemeinden abzuwälzen, eine Spar-Technik, die die Länder ihrerseits – verstärkt durch Kürzungen der Mittel im kommunalen Finanzausgleich – auch mit ihren Gemeinden betreiben (vgl. Färber 1998, S. 45 ff.). Die reaktiven Sparmaßnahmen aller Gebietskörperschaften vor allem in den letzten Jahren konnten nur bei ihren nicht gesetzlich festgelegten Leistungen erfolgen, wobei die sich angesichts der jüngsten Bundestagswahl zuspitzenden Konflikte zwischen Bundesregierung und Bundestag einerseits und dem von der Opposition dominiertem Bundesrat andererseits Kürzungen von Leistungen unmöglich machten, für die die Zustimmung des Bundesrates erforderlich war.

Steuern und Beiträge zu den Sozialversicherungen erreichten schließlich Rekordniveau, nachdem die durch Verschuldung überbrückte Phase zum 1.1.1995 beendet wurde. An diesem Befund ändert auch nicht die Umstellung des Kindergeldes auf steuerliche Abzüge etwas. Es hat den Anschein, als würden alle „Sünden", die bei der Finanzierung der deutschen Einheit begangen wurden, nunmehr unübersehbar auftauchen: Exzessiv vergebene Steuervergünstigungen, insbesondere Investitionszulagen und Sonderabschreibungen für die neuen Länder, haben die Bemessungsgrundlage der Einkommen- und Körperschaftsteuer ebenso ausgehöhlt, wie der auch steuerpolitisch betriebene Ansiedlungswettbewerb anderer europäischer Länder um mobiles Kapital zu denkwürdigen Umwegkonstruktionen führt, die die Bemessungsgrundlagen weiter auszehren. Steigende Umsatzsteuersätze und Sozialversicherungsbeiträge verstärken den Anreiz, in die Schattenwirtschaft abzutauchen, was die Finanzierungsprobleme des öffentlichen Sektors wiederum verschärft. Die Flucht aus der Zinsabschlagsteuer ist offensichtlich auch durch eine intensivierte Steuerfahndung nicht zu stoppen. Es scheint so, als würde jede Bemühung, die Einnahmebasis der öffentlichen Hand wenigstens stabil zu halten, zum Scheitern verurteilt, weil der Teufelskreis zwischen steigenden Grenzabgabesätzen – wie z.B. auch die schon absehbare nächste Erhöhung der Mehrwertsteuer – und wegbrechenden Bemessungsgrundlagen nicht mehr verlassen werden kann. Zu der Lösung, die Budgets der Gebietskörperschaften und Sozialversicherungen über die Ausgabeseite zu konsolidieren, scheint es allerdings auch keinen Weg zu geben.

III. Gründe für die Resistenz des Systems

Zur Erklärung des nunmehr mit äußerst unbehaglichen Folgen verbundenen Beharrens auf wesentlichen Teilen der Finanzverfassung auch in der Nachwendezeit bieten sich zwei Möglichkeiten an: Zum einen könnten die politisch Verantwortlichen z.B. durch das konkrete Ereignis des Beitritts der DDR zur Bundesrepublik überrascht und mit der Bewältigung der politischen, sozialen und wirtschaftlichen

Folgen überfordert gewesen sein. Zum anderen ist es denkbar, dass Regierungen, Parteien und/oder BürgerInnen wegen der nicht zu überschauenden Wirkungen oder effektiv drohender Nachteile keine Änderungen wollten oder aber dass die Änderungswünsche einer Gruppe nicht gegen die andere durchsetzbar waren.

Die Transformation einer sozialistischen Planwirtschaft in eine soziale Marktwirtschaft war wirtschafts- und finanzpolitisches Neuland, es gab keine Erfahrungen hierzu. Man könnte also annehmen, dass die Bundesregierung die Kosten der deutschen Einheit tatsächlich nicht einschätzen konnte. Allerdings gab es nicht nur in der Wiedervereinigungsphase warnende Stimmen: Bereits nach Schätzungen des Ministeriums für Staatssicherheit betrugen die Mittel für den dringendsten Investitionsbedarf ca. 500 Mrd. DM (vgl. Schröder 1998, S. 14). Der Sachverständigenrat zur Begutachtung der gesamtwirtschaftlichen Entwicklung rechnete unter Zugrundelegen des westdeutschen Kapitalbestandes mit 480 Mrd. DM (JG 1991/92, S. 183). Daher lässt der Dilettantismus mit der niedrigen Bezifferung des Fonds „Deutsche Einheit" und die zweimalige notwendige Aufstockung eher den Schluss zu, dass hier Tatsachen bewusst übersehen und die Schattenverschuldung in Kauf genommen worden sind. Dazu passt die Einschätzung des DDR-Finanzminister Walter Romberg, „dass die Bundesregierung die notwendigen Transferleistungen aus ihrer kurzfristigen Interessenlage heraus herunterrechne und dass die neu entstehenden Länder nach der Herstellung der Einheit alle Mühe haben würden, das verlorene Terrain gutzumachen" (Dästner 1998, Fn. 4).

Die Realitäten treten allerdings – wie auch bei anderen langfristig angelegten finanzpolitischen Entwicklungen, z.B. der Probleme der alternden Bevölkerung für die Sozialversicherungen oder der Alterslast im öffentlichen Dienst – irgendwann ein und sind schwieriger zu lösen, als wenn rechtzeitig sachgerechte Lösungen implementiert worden wären. Dieses Wissen ist auch in der Politik grundsätzlich vorhanden. Also liegen die Gründe in der „Pathologie" des föderativen politischen Systems und den Regeln seines Zusammenwirkens. Im Einzelnen können folgende Strukturprobleme des finanzpolitischen Immobilismus ausgemacht werden:

– Es ist möglich, Einsparungen zu vermeiden, weil Lastverschiebungen auf andere Gebietskörperschaften weiterhin erlauben, dass Gesetze mit Leistungen zu Gunsten wahlwirksamer Gruppen verabschiedet werden, ohne dass die veranlassende Ebene für die Kosten aufkommen muss.
– Offene und verdeckte Staatsverschuldung insbesondere im Zusammenhang mit der Finanzierung der deutschen Einheit, die üblicherweise dazu führt, dass über ansteigende Zinszahlungen Ausgaben für andere Zwecke eingeschränkt oder Steuern erhöht werden müssen, bleibt ohne wesentliche Folgen für die sich überdurchschnittlich verschuldende Haushaltsebene, weil auch die anderen föderativen Ebenen über die vertikale Umsatzsteuerverteilung daran mitfinanzieren.

- Die Asymmetrie der Ausstattung der föderativen Ebenen mit finanzpolitischen Aktivitäten bewirkt, dass Länder*parlamente* ausschließlich Wahlkampf über staatliche Ausgabenprogramme betreiben können, mithin Einsparungen im Bereich der nicht bundesrechtlich determinierten Ausgaben von der jeweiligen Regierungsmehrheit kaum ohne reale Bedrohung durch Machtverlust vorgenommen werden können,
- Landes*regierungen* haben hingegen über den Bundesrat durchaus ein auch offen dokumentiertes Interesse an steuerpolitischen Fragen, können Einnahmenausfälle indes nur in äußerst begrenztem Umfang hinnehmen, weil sie schließlich neben ihren eigenen Aufgaben auch die des Bundes und in zunehmendem Umfang auch der EU ausführen müssen.
- Die föderative Ebene, die als Erste anfängt zu sparen, verliert Einnahmenanteile. Infolgedessen wird keine Gebietskörperschaft eine Politik der strukturellen Konsolidierung betreiben, sondern allenfalls auf Einnahmenausfälle reagieren, solange noch irgendein finanzpolitisches „Schlupfloch" offen steht.

Diese materiellen Folgen der deutschen Finanzverfassung müssen allerdings auch von Seiten der demokratischen Willensbildungsprozesse unterstützt werden. Folgende Interessen sind entsprechend verschiedener Ansätze der ökonomischen Theorie der Demokratie (Public Choice) hier zu unterscheiden:

- die Interessen der MedianwählerIn,
- die besonderen Interessen und Durchsetzungsmöglichkeiten im föderativen politischen System und
- Parteiinteressen, die sowohl die Interessen der WählerInnen als auch die der föderativen Institutionen überlagern (können).

1. Die Interessen der MedianwählerIn

In der Theorie geht man davon aus, dass es für jede BürgerIn eine nutzenoptimale Kombination an öffentlichen und privaten Gütern gibt. Wegen der besonderen Eigenschaften öffentlicher Güter[10] bestehen grundsätzlich Möglichkeiten ihrer Inanspruchnahme, ohne einen entsprechenden Steuerpreis zu entrichten. Trittbrettfahrerverhalten und nicht aufgedeckte Präferenzen der WählerInnen sind demnach Quellen systemisch angelegter Ineffizienz. Insbesondere über Staatsverschuldung ist eine nicht durch intertemporale Nutzenabgabe gedeckte Lastverschiebung auf eine spätere Steuerzahlergeneration möglich. In föderativen Systemen sind außerdem mehr oder weniger große Möglichkeiten angelegt, die SteuerzahlerInnen anderer Gebietskörperschaften zur Finanzierung der Kosten der „eigenen" öffentlichen Güter heranzuziehen. Die taxpayers werden den Lastverschiebungen solange

---

10 Nichttrivialität im Konsum und Nichtausschließbarkeit von Konsumenten (vgl. Musgrave et al. 1990, S. 53 ff.).

per Wahl zustimmen, wie sie, genauer: die jeweiligen MedianwählerInnen Netto-Nutzenüberschüsse (vgl. Buchanan/Wagner 1977, S. 140 ff.) u.U. bei verzerrten Zeitdiskontraten und/oder mangelhafter Information über die Lastverschiebungen haben.

Ihre Präferenzen diesbezüglich legt die BürgerIn bzw. SteuerzahlerIn durch ihre Stimmabgabe in politischen Wahlen oder durch eine „Abstimmung mit den Füßen" (Tiebout 1956, S. 416 ff.) offen. Die WählerIn wird folglich der PolitikerIn ihre Stimme geben, die ihr glaubhaft die beste Nettonutzenrelation verspricht. Wenn also die SteuerzahlerInnen anderer Gebietskörperschaftsebenen oder zukünftiger Generationen zahlen, dann ist die jeweilige Nettonutzenposition über das Wohlfahrtsoptimum ausgedehnt. Ausgabeneinsparungen werden nur dann vorgenommen, wenn entweder

- keine Steuererhöhungen unter der Voraussetzung entsprechender Nutzengewinne mehr durchgesetzt werden können oder
- Ausgabenverlagerungen mit interregionalen oder interpersonellen Verteilungswirkungen einen Wählerstimmenzuwachs erwarten lassen, der größer ist als der Verlust aus der Ausgabenkürzung.

Da die Politik offensichtlich i.a.R. nicht genau weiß, welches ihre MedianwählerIn (vgl. Frey 1994, S. 302 f.) ist – bei gruppenbezogenen, nur teilöffentlichen Gütern können sich mehrere Gruppen strategisch günstig platzieren – wird sie in jedem Fall Lastverschiebungen bevorzugen, zumal ihre eigene zeitliche Diskontrate nur bis zur nächsten Wahl bzw. wenige Legislaturperioden weit reicht.

Diese Grundannahmen erklären plausibel, warum weder die west- noch die ostdeutschen WählerInnen Einwände gegen die massive Ausweitung der Staatsverschuldung im Zusammenhang mit der deutschen Einheit hatten, da sie dadurch in der aktuellen Situation nur geringe Ausgabenkürzungen und unterdurchschnittliche Steuererhöhungen zu erleiden hatten. Die ostdeutschen WählerInnen hatten überdies infolge ihrer nur geringen Steuerzahlungen mehrheitlich signifikante Nutzenüberschüsse. Umschichtungen des Bundeshaushalts und – wie gefordert – auch die Umwidmung von Mittel der alten Länder zu Gunsten der neuen Länder brachten deshalb der *Bundes*regierung neue Wählerstimmen, was durch die Wahlergebnisse der Bundestagswahlen 1990 und 1994 eindrucksvoll belegt wird. Transfers aus den Haushalten der alten Länder indes führten zu Verlusten bei Wählerstimmen der dort amtierenden Regierungen zumindest dann, wenn die WählerInnen nur geringe altruistische Motive neben ihrem konstitutiven Eigennutz aufwiesen. Desweiteren konnten alle Länder keinen Kürzungen von bundesrechtlich verankerten Leistungen zustimmen: Die alten Länder mussten als zunehmend SPD-regierte Länder um ihr Ziel, die Mehrheit im Bundesrat zu erreichen bzw. zu halten, fürchten. Die Regierungen der neuen Länder konservierten die Nettonutzenüberschüsse ihrer WählerInnen erfolgreich.

Die deutsche Einigung war allerdings auch eine Situation, in der seitens der westdeutschen SteuerzahlerInnen eine wenigstens zeitweise ausgeprägte „Opferbereitschaft" zu Gunsten der neuen Länder vorhanden war, entweder weil sie ihre Einkommenssituation als vergleichsweise „reich" und sich damit als einer begrenzten solidarischen Umverteilung verpflichtet sahen oder weil sie z.B. die Notwendigkeit der Umstrukturierung des ostdeutschen Arbeitsmarktes nachvollziehen konnten. Diese Einschätzungen haben sicherlich gleich zu Beginn des Vereinigungsprozesses die Bereitschaft zu höheren Steuerzahlungen und Beitragssätzen insbesondere der Arbeitslosenversicherung bei den Westdeutschen unterstützt, sodass sie auch ohne Stimmenverlust der PolitikerInnen durchzusetzen waren.

Es wäre außerdem auch verfehlt, den WählerInnen völlige zeitliche Perspektivlosigkeit im Hinblick auf die finanzpolitischen Folgen der eingeschlagenen Finanzierung der deutschen Einheit zu unterstellen. Anfangs mögen viele noch nicht gewusst haben, welcher der widersprüchlichen Informationen über die Gesamtkosten der deutschen Einheit sie Glauben schenken sollten. Darüber hinaus dürfte sich bei einem Teil der WählerInnen schon bald die Erkenntnis durchgesetzt haben, dass die Lasten der kurzfristig bequemen Staatsverschuldung in der Zukunft nicht irgendjemanden treffen, sondern die eigenen Kinder und Enkel (vgl. Barro 1974, S. 1095 ff.). Desweiteren wurden viele WählerInnen über die Massenmedien informiert, dass übermäßige Staatsverschuldung schon kurz- und mittelfristig hohe Zinslasten verursacht und damit Mittel für andere Ausgaben blockiert.

Die durchaus differenzierte Einstellung der WählerInnen hätte sie also höchstwahrscheinlich unter dem Eindruck der Einheitseuphorie wahrheitsgemäß bezifferte Steuermehrbelastungen an Stelle der eingeschlagenen Finanzierung über Verschuldung akzeptieren lassen. Hier ergibt sich deshalb eine „Sollbruchstelle" zwischen den mehrheitlichen Interessen der WählerInnen und der Politik. Es wäre allerdings gewagt, die geringe Wahlbeteiligung bei der Bundestagswahl 1994 allein mit der Unzufriedenheit am finanzpolitischen Kurs der Bundesregierung zu erklären, aber sie wird allgemein bereits als Protestwahl bezeichnet (vgl. Feist 1992, S. 40 ff.).

2. Politische Interessen und ihre Durchsetzungsmöglichkeiten im föderativen System

2.1 „Spielmöglichkeiten" im föderativen System

Die Perspektive der PolitikerInnen ist in mehrfacher Hinsicht eine andere als die der WählerIn. Sie wollen (wieder)gewählt werden und üben entweder auf Bundes-, Landes- oder Kommunalebene Funktionen als Regierungsverantwortliche, Parlamentsvertreter der Regierungs- oder Oppositionspartei oder Parteimitglieder aus. Je nach ihrer Funktion bzw. je nach ihrem Status können die konkreten Ziele ihrer Nutzen- bzw. Wählerstimmenmaximierungsfunktion variieren. Bestimmend für ihren Erfolg ist auch, welche realen Chancen sie auf Grund ihrer Position im föderalen System zur Durchsetzung ihrer (Wieder-)Wahlinteressen haben.

Will eine Regierung wieder gewählt werden und benötigt sie deshalb Mittel zur Finanzierung eines Programms, kann sie andere Ausgaben senken oder die Einnahmen erhöhen. Gelingt es ihr indes, die Lasten auf eine andere föderale Ebene zu verschieben, muss sie keine Wählerstimmenverluste aus eigenen Budgetvariationen befürchten, die die -gewinne übersteigen könnten. Ist jedoch eine Steuererhöhung unvermeidbar, so wird sie diese zunächst zu Gunsten ihres eigenen Budgets beschließen. Eine Erhöhung von Gemeinschaftssteuern würde eine andere Ebene ebenfalls zu mehr Ausgaben befähigen, ohne dass diese Wählerstimmenverluste zu gewärtigen hätte. Dies könnte den Nutzen aus dem eigenen politischen Vorhaben überlagern, wenn die Oppositionspartei davon profitiert.

In der jetzigen Finanzverfassung kann der Bund, weil nach Art. 104a GG die Ausgabenverantwortung der Verwaltungskompetenz folgt, den Ländern und Kommunen Aufgaben und damit Ausgaben ohne die entsprechenden Einnahmentransfers übertragen. Paradoxerweise findet sich keine Mehrheit für eine Abhilfe schaffende Verfassungsänderung. Selbst die Opposition hält still, weil bei ihr die Identität als Mitglied der Bundesebene stärker ausgeprägt ist als die Parteimitgliedschaft, womit sie hoffen kann, nach einem späteren Regierungswechsel von der Regel zu profitieren. Außerdem können Landesregierungen die notwendige Zustimmung zu anderen Bundesgesetzen davon abhängig machen, dass der „Bogen der Belastungen" nicht überspannt wird und dass auch der Bund den Ländern bei Gesetzen, die aus ihren Interessen entspringen und die häufig von den sog. vertikalen Fachbruderschaften vorkoordiniert werden, entgegenkommt. Dass bei diesem Spiel keine Rücknahme von Leistungen erreicht werden kann, sondern allenfalls neue Gesetze und zusätzliche Leistungen, ist eine logische Folge der angelegten Rollenverschränkungen.

Im Übrigen nutzen die Länderregierungen dasselbe Instrumentarium ebenfalls und verlagern Lasten auf ihre Kommunen. Hierzu sind keine offenen politischen Verhandlungen und Rechtfertigungen nötig, weil die Kommunen über keinen effektiven politischen Riegel verfügen wie die Länder im Bundesrat. Trotz mittlerweile einiger landesgesetzlicher Finanzierungsgarantien, die u.E. allerdings wenig wirksam sind, haben die Länder außerdem über den kommunalen Finanzausgleich ein Instrument, um ihre eigenen finanziellen Lasten ganz oder teilweise weiterzugeben. Die Kommunen verfügen nur über wenige Möglichkeiten der Lastenverschiebung, weil diese überwiegend von „oben nach unten" wirkend angelegt sind.

Die „Opferrolle" der belasteten Gebietskörperschaften scheint allerdings auch politische Vorteile zu haben: Den WählerInnen gegenüber können sich die Regierungen der belasteten Ebenen nämlich rechtfertigen, dass sie in größerem Umfang nicht für die Ausgaben des Haushaltes verantwortlich sind, weil sie durch Gesetze der oberen föderalen Ebenen verpflichtet sind. Bei den belastenden föderalen Ebenen lassen sich dennoch Finanzhilfen mit dem Argument fordern, dass die Ausgaben von jenen verursacht seien. Außerdem finden doch gewisse finanzielle Kompensationen statt, indem übergeordnete Gebietskörperschaften ihren Parteifreunden im Wahlkampf Unterstützung gewähren. Auch im Innenverhältnis wird die Argumentation bei Nichtverantwortlichkeit erleichtert: Über die Ausgaben auf Grund gesetzlicher Verpflichtungen seitens Dritter muss nicht debattiert werden. Gerade in Zeiten knappen Geldes können dadurch FachpolitikerInnen die Sparauflagen der FinanzministerIn oder der KämmererIn unterlaufen.

Auch das kaum vorhandene Interesse der Länder an eigenständig bestimmbaren Steuerquellen ist mit dem Rollengefüge im föderativen System erklärbar. Denn so fehlt ihnen gegenüber den WählerInnen das „Spielbein" der Steuervariation. Es droht ihnen realiter kein Machtverlust, wenn der Bund – auch zu Gunsten ihrer Budgets – hohe Steuern erhebt. Dafür, dass sie zumindest im Regelfall über relativ zu den anderen föderativen Ebenen hinreichende Einnahmen verfügen, sorgt ihr Mitspracherecht bei der allgemeinen Gesetzgebung und bei der besonderen Steuergesetzgebung über den Bundesrat. Da beide aufkommenswichtigen Steuern, die Einkommen- und Körperschaftsteuer und die Umsatzsteuer, die rd. 70 Prozent aller Steuereinnahmen einbringen, Gemeinschaftssteuern sind, kann auch der Bund hier niemals alleine über Bemessungsgrundlagen und Tarife entscheiden, sondern benötigt die Zustimmung des Bundesrates.

Bei jeder Steuerrechtsänderung dieser vielfach unter steuersystematischen Gesichtspunkten regelrecht missbrauchten Steuern, sei es um neue Steuervergünstigungen zu gewähren, sei es, um die Inflationsgewinne, die der progressive Steuertarif bewirkt, wieder an die WählerInnen oder an besondere Gruppen unter ihnen (z.B. Familien mit Kindern) zurückzugeben, müssen die Länderregierungen mehrheitlich zustimmen. Im Regelfall lassen sie sich zumindest einen Teil ihrer Steuerausfälle über die Erhöhung ihres Anteils an der Umsatzsteuer kompensieren. Damit wird deutlich, dass die Grundidee der flexiblen vertikalen Umsatzsteuerverteilung nur bei größeren einnahmenseitigen Veränderungen funktioniert. Bei einseitigen Einsparungen wird die Ebene „bestraft", die anfängt zu sparen. Auch unterschiedliche Steueraufkommenselastizitäten führen nicht zu Veränderungen des vertikalen Verteilungsschlüssels, wenn – und dies wird rationalerweise unternommen – jede Steuermehreinnahme sofort wieder ausgegeben wird. Bei Steuerrechtsänderungen mit Aufkommenswirkungen zu Lasten von Ländern und Gemeinden können die Länder ihre Zustimmung von der Änderung des Umsatzsteuerschlüssels abhängig machen, was erklärt, warum dies bis jetzt mit Ausnahme der Kindergeldreform 1975 immer zu Gunsten der Länder geschah.

Der Bund ist allerdings nicht benachteiligt in der deutschen Finanzverfassung. Kann er sich doch ohne Einmischung der Länder Steuermehreinnahmen aus den ausschließlich ihm zustehenden Steuern verschaffen. Mit den Sozialversicherungen verfügt er außerdem über ein exzellentes Instrumentenbündel, heute Umverteilungen zu Lasten der Zukunft und damit kurzfristige Wählerstimmenoptimierung vorzunehmen, ohne dass sich die Länder einmischen können. Sie werden allerdings vor allem über ihre Gemeinden dann negativ tangiert, wenn Rücknahmen und Verschiebungen von Leistungen der Sozialversicherungsträger zu Mehrausgaben bei der Sozialhilfe führen. Es darf vor diesem Hintergrund nicht verwundern, dass bei – nach vorübergehendem Anstieg Anfang der 90er Jahre – sinkender Steuerquote die Sozialversicherungsbeiträge Rekordniveau erreicht haben: Im Grunde sind fast alle sozialen Probleme der deutschen Einigung über z.T. recht großzügige Regelungen der Sozialversicherungen finanziert worden. Auf diese Weise hat der Bund – fast unbemerkt von wissenschaftlichen Diskussionen – seinen Anteil am gesamten Staatssektor einnahmen- wie ausgabenseitig ohne Mitspracherecht der Länder erhöht.

2.2 Die Anwendung der „Spielmöglichkeiten" in der Sondersituation der deutschen Einheit

Das Phänomen, dass die deutsche Einigung zum überwiegenden Teil zunächst über die Verschuldung von Schattenhaushalten des Bundes und über die Expansion der – ebenfalls dem Bund zuzuordnenden – Sozialversicherungen finanziert wurde, ist mit den besonderen Bedingungen der deutschen Einheit, der Größenordnung der durch sie verursachten finanziellen Belastungen und den Spielregeln im föderativen System erklärbar. Dass mit dem Föderalen Konsolidierungsprogramm die alten Länder und ihre Gemeinden entgegen allen Veröffentlichungen einen absolut größeren Teil der kurzfristig anfallenden Ausgabenbelastungen aufgebürdet bekamen als der Bund, bereitet mehr Erklärungsprobleme, zumal sie den Rechnungen des Bundes über ihre unzureichende Beteiligung an den Lasten nie wirksam entgegentreten konnten. Dass es im Rahmen der Verhandlungen um das FKPG zu keinen nennenswerten Änderungen der Finanzverfassung kam, ist vor dem Hintergrund der Verteilungsergebnisse für die alten Länder wiederum sehr plausibel. Am Anfang stand hier die völlig unzureichende Beteiligung der Länder bei den Verhandlungen über die deutsche Einigung:

Bereits im Dezember 1989 war sich die damalige Bundesregierung mit dem letzten Ministerpräsidenten der DDR, Modrow, über eine Staatsvertragsgemeinschaft einig geworden. Bei dieser Form der staatlichen Zusammenarbeit waren zunächst weder der Bundestag noch der Bundesrat zu beteiligen. Zum 1. Juli 1990 trat dann die Wirtschafts-, Währungs- und Sozialunion (BGBl. II 1990, S. 518) in Kraft. Dästner verweist darauf, dass die Regierung die Mitwirkungsrechte des Bundesrats bei der Ratifizierung verkürzt hatte, sodass es für die Länder keine Möglichkeit zur sorgfältigen Prüfung des Vertragstextes gab (1998, Fn. 2). Der Bund hatte also seine Möglichkeit als Agenda-Setter[11] genutzt und den Zeit-

---

11 Zur Beeinflussung des Ergebnisses durch die Reihenfolge der Abstimmung vgl. Musgrave (1966, S. 90 ff.).

plan bestimmt, was ihn in eine vorteilhafte Rolle für die späteren internen Verhandlungen brachte.

Die Ministerpräsidenten der alten Länder haben mehrfach gegen den Nichteinbezug in die Verhandlungen über den ersten Staatsvertrag protestiert. Eine rechtliche Möglichkeit zur Durchsetzung ihrer Forderung hatten sie aber nicht. Erst nach mehrmaligem Drängen wurden sie in die weiteren Verhandlungen mit einbezogen. Allerdings blieben die Kompetenzen auf verschiedene Gremien aufgeteilt: Alle Diskussionen über den Inhalt des Einigungsvertrags (BGBl. II 1990, S. 885) fanden auf der Ebene der Staatskanzleien statt. Deren Koordinierung übernahm Nordrhein-Westfalen wegen seines damaligen Vorsitzes in der Ministerpräsidentenkonferenz. Die Koordinierung der Verhandlungen über die (Neu)Ordnung der Finanzbeziehungen zwischen Bund und Ländern und der DDR oblag den Finanzministerien. Über den Fonds „Deutsche Einheit" war gerade abgestimmt, als die Länderregierungen die Endfassung des ersten Staatsvertrags zu Gesicht bekamen. Eine Koordination der Landesminister war nicht mehr möglich (vgl. Dästner 1998, Fn. 2).

Bei den ersten Verhandlungen um die finanzielle Beteiligung der alten Länder an den Kosten der Vereinigung präferierten die Länder den Fonds „Deutsche Einheit". Sie lehnten trotz kurzfristig gleicher materieller Auswirkungen die Forderung des Bundes ab, ihm Umsatzsteuerpunkte in Höhe ihrer Beteiligung zurückzuübertragen. Neben den Vorteilen einer Schuldenfinanzierung befürchteten sie offensichtlich, die Umsatzsteuerpunkte nach Ende der Finanzierung nicht wieder zurückzuerhalten und bevorzugten eine Lösung mit klaren Zahlungsbedingungen (vgl. Dästner 1998, S. 36; Renzsch 1998, S. 77).

Die Länder haben ihre Beteiligung am Einigungsvertrag als großen Erfolg des Föderalismus und ihrer Durchsetzungskraft gegenüber der Bundesregierung gefeiert. Allerdings muss sich die Bundesregierung über die Notwendigkeit der Zustimmung des Bundesrates wegen der anstehenden Verfassungsreform früh im Klaren gewesen sein. Insofern waren die Länder ohnehin unvermeidbare Verhandlungspartner. Über den Vorsitz des SPD-regierten Nordrhein-Westfalens konnte außerdem ein breiter parteipolitischer Konsens zur notwendigen Zweidrittelmehrheit auch im Bundestag erreicht werden.[12]

Die Länderregierungen schreiben sich einen weiteren Erfolg gegenüber der offensichtlichen Taktik des Bundes während der Verhandlungen zum Finanzausgleich zu, als es ihm nicht gelang, einen Keil zwischen die SPD- und die CDU-regierten Länder zu treiben. Unabhängig von der parteipolitischen Betrachtung sollte man aber nicht darüber hinwegsehen, dass die Verhandlungen wieder in dem Gremium der Finanzminister bzw. der Regierungschefs und zunächst nicht in den parlamentarischen Gremien geführt wurden. Die Länder hätten durch ihre Verweigerung den Schauplatz wieder in die Parlamente zurückverlegen können.

---

12 Nach Einschätzung von Dästner erfüllten die SPD-geführten Länder die Vermittlerrolle zwischen Regierungskoalition und Opposition (Dästner 1998, S. 39 und 47).

Aber keine Seite hat während der langen, oft vor dem Scheitern stehenden Verhandlungen die „Notbremse" gezogen und den Vermittlungsausschuss von Bundestag und Bundesrat angerufen. Renzsch verweist darauf, dass im Vermittlungsausschuss alle politischen Parteien des Bundestages vertreten gewesen wären. Die Strategie, Verhandlungspartner und -positionen auf ein Mindestmaß zu beschränken, war vom Bund wie von den Ländern rational, solange sie sich davon Vorteile versprachen.[13]

Schwieriger wird indes die Erklärung, warum die Länder in Form des FKPG einer finanzpolitischen Lösung zustimmten, die sie per Saldo relativ gesehen mehr Geld kostete als den Bund. Hier ist von Bedeutung, dass die Länder zunächst der Meinung waren, sie würden weniger als der Bund belastet. Sie haben allerdings auch weitaus schlimmere Belastungen verhindert, die der Bund von ihnen während der Verhandlungen verlangt hatte. Indes stammen alle Berechnungen über die Lastenverteilung vom Bund. Die Länder haben trotz der Zentralen Datenstelle der Länderfinanzminister (ZDL) keine eigenständigen Möglichkeiten wahrgenommen, unabhängige Berechnungen anzustellen. Die Rechnungen des Bundes wurden lediglich nachgerechnet. Damit beließen sie dem Bund wiederum – und dieses Mal ohne Not – die Agenda-Setter-Position, zu bestimmen, welches die für das Ergebnis ausschlaggebenden Eckpunkte der Berechnungen waren. Die verschiedenen Nettolastpositionen sind nun einmal sehr unterschiedlich, je nachdem, ob die Nettobelastungen zwischen 1990 und 1995 oder im Übergang zwischen 1994 und 1995 zu Grunde gelegt werden. In Anbetracht der verschiedenen in den Jahren 1990 und 1994 eingeführten und über den 1.1.1995 hinausreichenden Saldenveränderungen zur Finanzierung der Kosten der deutschen Einheit durch Steuererhöhungen und Minderausgaben beim Bund und durch Transfers der alten Länder an die neuen wären Verhandlungen über die Nettolasten über die lange Zeitspanne sachgerechter gewesen. Insofern haben sich die Länder auf Agenden eingelassen, aus denen sie realiter nur als Verlierer hervorgehen konnten.

Darüber hinaus waren die Länder zusätzlich „abgelenkt", weil für ihre Finanzausstattung untereinander außerdem hochkomplexe Verhandlungen über einen neuen Tarif im Länderfinanzausgleich zu bewältigen waren. Die auch die Bundesratsmajorität bestimmende Mehrheit der finanzschwachen Länder konnte den Fortbestand des Empfängertarifes durchsetzen. In die für sie folgenlose Änderung des Zahlertarifs brauchten sie sich nicht einzumischen. Der die westdeutschen finanzschwachen ehemaligen Empfängerländer überdurchschnittlich belastende Einbezug der neuen Länder in den horizontalen Länderfinanzausgleich wurde außerdem über die Gewährung von Übergangs-Bundesergänzungszuweisungen vorübergehend abgefedert. In Anbetracht der Tatsache allerdings, dass die deutsche Einigung die alten Länder etwa 10 Prozent ihrer Steuereinnahmen gekostet hat, wird verständlich, warum insbesondere die finanzschwachen unter ihnen – in West-

---

13 Auf diese Weise musste die CDU/CSU bei wichtigen Entscheidungen noch nicht einmal ihren Koalitionspartner F.D.P. fragen (vgl. Renzsch 1994, S. 130).

wie in Ostdeutschland – einer weiter gehenden Absenkung des Ausgleichstarifes genauso wenig zustimmen konnten wie Vorschlägen, ihnen ein Zuschlagsrecht zur Einkommen- und Körperschaftsteuer einzuräumen. Denn dies hätte ihre Finanzausstattung relativ zu der der finanzstarken Länder noch weitaus stärker geschwächt und ihnen den „schwarzen Peter" zugeschoben, sich zusätzliche Mittel bei ihren eigenen SteuerzahlerInnen zu holen. Es gibt keinen rationalen Grund, warum sie einer derartigen Lösung hätten zustimmen sollen, die ihnen keine Vorteile, sondern nur Risiken und Nachteile gebracht hätte.

3. Die „Nebenrolle" der Parteien und der PolitikerInnen als Parteimitglieder

In der Public-choice-Theorie werden Parteien u.a. als Clubs betrachtet, die einer begrenzten Anzahl von BürgerInnen mit gleichen Interessen die Möglichkeit zur Zusammenarbeit bieten, aus der diese Netto-Vorteile ziehen können. Mitglieder unterwerfen sich dabei bestimmten Regeln, bei deren Nichtbeachtung Ausschluss droht (vgl. Mueller 1989, S. 150 ff.). Die gemeinsamen Ziele können in den parteipolitischen Grundansichten bestehen. Jede PolitikerIn mit berufspolitischen Karriereabsichten im föderativen System braucht außerdem die Partei, damit sie überhaupt bei Wahlen Zugang zu den Positionen z.B. durch Nominierung auf einem Listenplatz bekommt. Bei nichtparteikonformem Verhalten droht Kandidaturverlust. Zumindest genauso stark sind die Parteizwänge in den demokratischen und föderalen Gremien selbst. Die nur ausnahmsweise Aufhebung des Fraktionszwanges im Bundestag wird als absolut basisdemokratisch herausgestellt. Ansonsten werden die Abgeordneten in den verschiedenen Fraktionsgremien auf die gemeinsame Linie eingeschworen. Ein Abstimmungs-Fauxpas im Sinne von abweichenden Voten gilt für Regierungspartei und Opposition gleichermaßen als Zeichen von Schwäche der (Wieder)WählerIn gegenüber, weil hierdurch die Ziele der konkurrierenden Partei unterstützt werden.

Warum ging nun die Taktik des Bundes, die Länder während der Finanzausgleichsverhandlungen parteipolitisch auseinander zu treiben, nicht auf? Neben den finanzpolitischen Interessen der Länder verstärkt sich der Eindruck, dass die Parteien als Träger einer bestimmten Ideologie und als politische Heimat einer PolitikerIn nur im Wahlkampf in den Vordergrund treten sollen. Damit können sie zwar ihre Reformforderungen darstellen. Entscheidend für ihren zukünftigen persönlichen Erfolg ist aber ihre innerparteiliche Position nach der Wahl, die Einfluss und zukünftige Karrierechancen bestimmt. Dästner verweist auf diesen „Aufstieg" der Parteien als solcher bzw. als Fraktion in den parlamentarischen Gremien vor Wahlen, als er die Machtverschiebung innerhalb der Verhandlungsgruppe der Opposition ab August 1990 schildert. Zuständig in der Beratungsgruppe mit der Bundesregierung „(...) war für die SPD mit dem Chef der nordrhein-westfälischen Staatskanzlei weiterhin die Länderseite; aber das politische Gewicht der SPD-Fraktion und des Kanzlerkandidaten *Oskar Lafontaine* war deutlich spürbarer geworden" (Dästner 1998, S. 52; Hervorhebung im Original). Bei späteren, außerhalb von Bundeswahlkampfterminen stattfindenden Verhandlungen über die Finanzverfassung spielen die Partei und die Bundestagsfraktion höchstens eine untergeordnete Rolle.

In finanzpolitischen Belangen indes dürften die materiellen Interessen jenseits der parteipolitischen Perspektiven dominieren. Denn Voraussetzung jedes Wahlerfolges ist eine hinreichende Ausstattung jedweder Regierungspolitik in allen Gebietskörperschaften mit finanziellen Mitteln. Da diese in der deutschen Finanzverfassung allerdings insbesondere auf der Ebene der Länder von kooperativen Strategien abhängt, um die notwendige Sperrmehrheit im Bundesrat zu erhalten bzw. mit ihr erfolgreich „drohen" zu können, sind parteiübergreifende Agreements der Regelfall, parteipolitische Disziplin wohl eher die Ausnahme.

Hierfür spricht die seit Jahren bewährte Kooperation der beiden ehemals „halbstarken" Länder Bayern und Nordrhein-Westfalen in finanzpolitischen Angelegenheiten. Außerdem erscheint es für den Bund sehr viel billiger, sich gerade die notwendige Mehrheit über im Zweifel ein einziges finanzschwaches Land zu „kaufen", als alle Länder der oppositionellen Bundesratsmehrheit abfinden zu müssen. Beispiele hierfür sind die materiell nachvollziehbare Zustimmung von Brandenburg zur Umsatzsteuererhöhung 1992 entgegen der Position der anderen SPD-regierten Bundesländer ebenso wie die über den Haushalt des Landes Niedersachsen beeinflusste Zustimmung von Bremen zum Strukturhilfegesetz 1988. Die Haltung der SPD-regierten Länder gegenüber den Plänen der letzten Bundesregierung zur Reform der Einkommensteuer steht dieser Einschätzung nicht entgegen, weil sie außer materiell anderen steuerpolitischen Vorstellungen außerdem von sehr viel höheren Steuerausfällen bedroht wurden.

IV. Gibt es eine Lösung des finanzpolitischen Gordios'-Knotens?

In Anbetracht der hochkomplexen Rollenverschränkungen und individuellen wie institutionellen Rationalitäten der MitspielerInnen in der deutschen Finanzverfassung erscheint es überaus schwierig, die notwendigen Mehrheiten für eine sachgerechte und für einen längeren Zeitraum wieder tragfähige Reform der Finanzverfassung zu erhalten. Für jeden einzelnen Vorschlag, sei es die Einführung von Steuerautonomie, sei es eine Absenkung des Finanzausgleichstarifs oder die Einführung des Veranlassungsprinzips für die Ausgabenverantwortung, wird es in Anbetracht der logischen Interessenlagen nie Mehrheiten geben. Warum sollte auch der Bundestag einer Verfassungsänderung zustimmen, die ihn in Zukunft immer dazu zwingen würde, die Kosten seiner Gesetzgebung zu tragen? Warum sollte ein finanzschwaches Land einer Schlechterstellung seiner Finanzausstattung gegenüber dem heutigen Finanzausgleichssystem zustimmen? Genauso wenig wird sich rationalerweise eine Mehrheit von Ländern für eine Lösung finden, die ihnen allein das Aufkommen aus der Einkommen- und Körperschaftsteuer – ggf. mit gewissen eigenständigen Besteuerungsrechten – zuweist (im Zweifel das Gesetzgebungsrecht aber in der konkurrierenden Gesetzgebungskompetenz des Bundes belässt), was nur zu einer weiteren Aufspreizung der Unterschiede im regionalen Steueraufkommen führen würde. Sachgerechtere Vorschläge, die auch die Auswirkungen auf die horizontale Verteilung der Steuereinnahmen unter den Ländern berücksichtigen, könnten vielleicht schon eher zu ernsthaften Verhandlungen führen. Sie wären allerdings ebenso wirkungslos, wenn sich nicht aus ebenso guten Gründen bei allen beteiligten politischen Institutionen die Einsicht durchsetzen würde, dass ihnen die Beibehaltung des derzeitigen Systems in Zukunft mehr schaden als nützen würde, wiewohl es sich alle – inzwischen allerdings mit wachsendem Unbehagen – in ihm „gemütlich" eingerichtet haben.

Der Schlüssel zur Reform ist dann gefunden, wenn die BürgerInnen auf die zur Finanzierung des bestehenden Systems auch zukünftig notwendigen Steuer- und Abgabenerhöhungen endgültig „satt" sind, wenn Schattenwirtschaft, Steuerhinterziehung, Leistungsverweigerung schneller wachsen als die offizielle Wertschöpfung, wenn dadurch auch die internationale Wettbewerbsfähigkeit der deutschen Volkswirtschaft nachhaltig bedroht wird und – essenziell! – auch die Finanzierungsbasis der ausgabenmaximierenden Politik unwiederbringlich zerstört wird. Die nächste, noch dementierte Umsatzsteuererhöhung, die allerdings in Anbetracht der Programme der Bundesregierung und der finanzpolitischen Nöte der Länder schon angelegt ist, wird somit zum Meilenstein für eine Umkehr. Außerdem scheint doch bei zunehmend mehr PolitikerInnen die Einsicht zu wachsen, dass eine Beibehaltung der föderativen Finanzpolitik ihre Wiederwahlchancen mehr beeinträchtigt als eine Reform. Sie sollten indes bedenken, dass ihnen nicht mit marginalen Korrekturen geholfen ist, die den Namen Reform nicht verdienen. Nur eine wirklich umfassende Neugestaltung der deutschen Finanzverfassung, die die finanziellen Beziehungen der Gebietskörperschaften auf eine *selbstverantwortliche und faire* Basis *für alle Beteiligten* stellt, kann das derzeitige „System der organisierten Unverantwortlichkeit" ablösen.

Literatur

Barro, Robert J., 1974: Are Government Bonds Net Wealth?, in: Journal of Political Economy, Nr. 6, S. 1095-1117.
Buchanan, James M. und Richard E. Wagner, 1977: Democracy in Deficit, New York.
Bundesministerium der Finanzen, div. Jahre: Finanzbericht, Bonn.
BT-Drs. Nr. 11/7351: Stellungnahme des Bundesrates zum Gesetzentwurf der Wirtschafts- und Währungsunion, Bonn.
BT-Drs. Nr. 12/4401: Gesetzentwurf der Fraktionen von CDU/CSU und F.D.P. zur Umsetzung des Föderalen Konsolidierungsprogramms, Bonn.

Dästner, Christian, 1998: Die Mitwirkung der Länder bei den Entscheidungen zur Wiederherstellung der Einheit Deutschlands, in: Eckart Klein (Hrsg.), Die Rolle des Bundesrates und der Länder im Prozeß der deutschen Einheit. Schriftenreihe der Gesellschaft für Deutschlandforschung, Bd. 66, Berlin, S. 33-59.

Deutsche Bundesbank, 1993: Die Bedeutung von Nebenhaushalten im Zuge der deutschen Vereinigung, in: Monatsberichte, Mai 1993, S. 43-57.

Deutsche Bundesbank, 1997: Die Entwicklung der Staatsverschuldung seit der deutschen Vereinigung, in: Monatsberichte, März 1997, S. 17-32.

Deutsche Bundesbank, 1998: Monatsbericht Dezember.

Färber, Gisela, 1993: Reform des Länderfinanzausgleichs; in: Wirtschaftsdienst, Heft 6, S. 305 ff.

Färber, Gisela, 1998: Finanzverflechtungen von Bund, Ländern und Gemeinden; in: Bundestagsfraktion Bündnis 90/Die Grünen (Hrsg.), Umsteuern! Wege aus der Finanzkrise, Bonn, S. 36 ff.

Feist, Ursula, 1992: Niedrige Wahlbeteiligung – Normalisierung oder Krisensymptom der Demokratie in Deutschland?, in: Karl Starzacher (Hrsg.), Protestwähler und Wahlverweigerer, Köln, S. 40-57.

Frey, Bruno S., 1994: Theorie demokratischer Wirtschaftspolitik, 2. Aufl., München.

Hartwich, Hans-Hermann, 1992: Die Beziehungen zwischen Bundesregierung und Bundesbank im deutschen und westeuropäischen Einigungsprozeß, in: Hans-Hermann Hartwich und Göttrik Wewer (Hrsg.), Regieren in der Bundesrepublik Deutschland, Band IV – Finanz- und wirtschaftspolitische Bestimmungsfaktoren des Regierens im Bundesstaat unter besonderer Berücksichtigung des deutschen Vereinigungsprozesses, Opladen, S. 247-276.

Hartwig, Karl-Hans, 1993: Privatisierung in Westdeutschland: Vertane Chancen bei der deutschen Wiedervereinigung, in: Jörg H. Thieme, (Hrsg.), Privatisierungsstrategien im Systemvergleich, Berlin, S. 41-64.

Mueller, Dennis C., 1989: Public choice II, Cambridge.

Musgrave, Richard A., 1966: Finanztheorie, 2. Aufl., Tübingen.

Musgrave, Richard A., Peggy B. Musgrave und Lore Kullmer, 1990: Die öffentlichen Finanzen in Theorie und Praxis, Bd. 1, 5. Aufl., Tübingen.

Renzsch, Wolfgang, 1998: Die finanzielle Unterstützung der neuen Länder durch die alten Länder, in: Eckart Klein (Hrsg.), Die Rolle des Bundesrates und der Länder im Prozeß der deutschen Einheit. Schriftenreihe der Gesellschaft für Deutschlandforschung, Bd. 66, Berlin, S. 73-86.

Renzsch, Wolfgang, 1994: Föderative Problembewältigung: Zur Einbeziehung der neuen Länder in einen gesamtdeutschen Finanzausgleich ab 1995, in: Zeitschrift für Parlamentsfragen, Heft 1, S. 116-138.

Renzsch, Wolfgang, 1991: Finanzverfassung und Finanzausgleich, Bonn.

Sachverständigenrat zur Begutachtung der gesamtwirtschaftlichen Entwicklung, div. Jahre: Jahresgutachten (JG), Stuttgart.

Schröder, Klaus, 1998: Der SED-Staat, München: Bayrische Zentrale für politische Bildung.

Sinn, Hans-Werner und Gerlinde Sinn, 1993: Kaltstart, 3. Aufl., Tübingen.

Strickrodt, Georg, 1951: Die Finanzverfassung des Bundes als politisches Problem, Tübingen.

Tiebout, Charles, 1956: A Pure Theory of Local Expenditures, in: Journal of Political Economy 64, S. 416 ff.

Hellmut Wollmann

Staat und Verwaltung in den 90er Jahren

Kontinuität oder Veränderungswelle?

I. Fragestellung und Analyserahmen

Die Entwicklung des Vereinigten Deutschlands hat sich in den 90er Jahren unter dramatisch veränderten internationalen und nationalen Rahmenbedingungen abgespielt, in deren geradezu singulärer Konstellation und Bündelung mit guten Gründen die Anzeichen einer *Zeitenwende* erblickt werden können. Im Gleichklang mit dem Leitmotiv dieses Bandes kreist der nachstehende Beitrag um die Frage nach Tempo, Ausmaß und Richtung der *Veränderungen*, die sich in *Staat und Verwaltung* der Bundesrepublik – in deren Übergang von der *Bonner zur Berliner Republik* – vollzogen haben.

Hierbei interessiert insbesondere die Frage, ob diese in den 90er Jahren eingetretenen Veränderungen weiterhin jenes Grundmuster der *Kontinuität* widerspiegeln, das die *alte* Bundesrepublik über weite Strecken gekennzeichnet hat,[1] oder ob sie das Tempo und das Ausmaß einer Veränderungs*welle* und als *Diskontinuität* erreicht haben, für die in der politik- und institutionengeschichtlichen Analyse die Phase der *60er und frühen 70er Jahre* als ein (in der Geschichte der *alten* Bundesrepublik das einzige) Beispiel genannt wird.[2]

Unsere Überlegungen und Ausführungen werden sich an einem in Untersuchungen zur Institutionenentwicklung *(institution building)* angewandten Analyserahmen orientieren,[3] in dem diese als Auswahlentscheidungen *(institutional choice)* begriffen werden, die von einer bestimmten Konstellation fördernder und hemmender (restriktiver) Bedingungen und Faktoren beeinflusst werden.

Als *fördernde* Faktoren der Veränderungen in *Staat und Verwaltung in den 90er*

---

1 Vgl. hierzu insgesamt die Beiträge im Sammelband Blanke/Wollmann (1991), zusammenfassend in diesem insbesondere Schmidt (1991), Wollmann (1991).
2 Zur These von „Wellenbewegungen" vgl. Wollmann (1996a, S. 12 ff.) am Beispiel der – kommunalen – Verwaltungsmodernisierung, Bönker/Wollmann (1996, 1999) sowie in diesem Band am Beispiel der Erbringung sozialer Dienstleistungen. In ähnlichem Argumentationszusammenhang am Beispiel der „Wellen" der Entwicklung der Evaluierungsforschung als politik- und praxisbezogener Forschung, vgl. – international vergleichend – Wagner/Wollmann (1986), Derlien (1990).
3 Vgl. etwa Wollmann (1991).

Jahren sind vor allem die folgenden in Betracht zu ziehen und seien hier in wenigen Stichworten in Erinnerung gerufen:

- Im *internationalen Kontext:* Der *Diskurs*[4] zur Modernisierung von Staat und Verwaltung wurde seit den mittleren 70er Jahren in den westlichen Industrieländern von den akuten Budgetproblemen geprägt, die, im Gefolge der Erdölpreiserhöhung von 1973 und der hierdurch ausgelösten weltweiten Wirtschaftsrezession, den Sparzwang und die Kostenreduzierung *(retrenchment,* Haushaltskonsolidierung) immer drängender auf die Tagesordnung setzten (vgl. etwa König/Füchtner 1998; Naschold 1993 jeweils mit Nachweisen). Der Modernisierungsdiskurs wurde zunehmend von neo-liberalen und neo-konservativen Positionen bestimmt und beherrscht, die die Verantwortung für die krisenhafte Entwicklung in erster Linie dem „Politik- und Bürokratieversagen" des in den 60er und frühen 70er Jahren ausgebauten *(sozialdemokratischen)* Sozial- und Interventionsstaates zuschrieben, und wurde dadurch politisch bewaffnet, dass in England 1979 die Konservativen unter *Margaret Thatcher* und in den USA 1980 die Republikaner unter *Ronald Reagan* die Regierung übernahmen. Auch wenn *NPM* weitgehend Kurzformel ist, die ein Bündel von Organisations- und Verfahrensprinzipien birgt, kaum aber in einem kohärenten Konzept wurzelt (Hood 1991), lassen sich vor allem die Reduzierung der Staatsaufgaben (durch Privatisierung und Aufgabenabbau), der Abbau der Regelungen für öffentliches und privates Handeln (durch Deregulierung) und die Erhöhung administrativer Effizienz *(interne Ökonomisierung, value for money)* durch binnenstrukturelle Managementreformen sowie durch die Einführung von Wettbewerb darunter fassen (vgl. etwa König/Füchtner 1998, S. 1989 ff.; Schröter/ Wollmann 1998, S. 59 ff.). Zugespitzt gesprochen, hat *NPM* seinen konzeptionellen Bezugsrahmen im *privatwirtschaftlichen Unternehmens- und Marktmodell* und will dessen Managementlehren und *ökonomische Rationalität* auf den Öffentlichen Sektor übertragen. In der internationalen, von der OECD geradezu kanonisierten Diskussion ist NPM zur Vorstellung und Lehre von dem *einen* Entwicklungspfad avanciert, der vom klassisch europäischen *(sozialdemokratischen)* Wohlfahrtsstaat zum *(neo-liberalen) schlanken* Staat und von der staatlichen Dienstleistungsproduktion zu funktionierenden Wettbewerbsmärkten führen soll. „Ein idealisiertes angelsächsisches Modell verheißt den effektivsten Weg zur Modernisierung des Wohlfahrtsstaats" (Naschold 1995, S. 69).
- Im *europäischen Kontext:* Die fortschreitende Europäische Integration, die von einer ständigen Expansion europäisch gesetzten, von den nationalen Verwaltungen zu vollziehenden Rechts und damit von der Ausdehnung eines europäisch bestimmten Verwaltungs*regimes*[5] begleitet ist – mit dem Ergebnis einer

---

4 Zum *Diskurs*konzept vgl. Wittrock/Wagner/Wollmann (1991).
5 Zum *Regime*konzept vgl. Kohler-Koch (1991, S. 47 ff.).

„Internationalisierung oder Europäisierung der öffentlichen Verwaltung" (Siedentopf 1997, S. 712) in den Mitgliedsländer und einer Erosion von deren institutionen- und verwaltungspolitischer Entscheidungs- und Gestaltungsmacht als überkommenen „Innenhofes souveräner Staatsmacht" (König/Füchtner 1998, S. 7).

- Im *nationalen Kontext:* Die *Deutsche Vereinigung* war beim Um- und Neubau der politischen und administrativen Strukturen in Ostdeutschland zwar (zunächst) von einem massiven Institutionen-, Personal- und Finanztransfer *von West nach Ost* geprägt,[6] jedoch kann dieser institutionelle Umbruch (zumindest mittelfristig) auf die Politik- und Institutionenwelt des *vereinigten* Deutschlands zurückwirken.
- Durch die finanziellen Lasten der Deutschen Einigung, die sich in einer rapide ansteigenden *Staatsverschuldung* und Zinsenlast niederschlagen, sowie durch den fiskalpolitischen Imperativ der *Maastricht-Kriterien* gerieten die politischen Akteure auf Bundes-, Landes- und Kommunalebene unter immer stärkeren Druck, eine forcierte Staats- und Verwaltungsmodernisierung als „Haushaltskonsolidierung mit anderen Mitteln" zu betreiben.
- Mit der Regierungsübernahme durch die *konservativ-liberale* Koalition unter Kanzler *Helmut Kohl* (1982) war nunmehr auch in der Bundesrepublik – jedenfalls auf der Bundesebene – eine politische *Akteursskonstellation* gegeben, die politisch-ideologisch disponiert schien, den Anschluss an das international dominierende neo-liberale Modernisierungscredo herzustellen und dieses in der Bundesrepublik politisch und administrativ umzusetzen.

Diesen die Veränderungen von *Staat und Verwaltung* antreibenden Faktoren stehen *restriktive Bedingungen* gegenüber, die diese hemmen oder verlangsamen können. Von diesen seien nur zwei hervorgehoben.

- Wie die Politik- und Institutionenentwicklung der *alten* Bundesrepublik gezeigt hat (vgl. oben FN 1), neigt ihr Entscheidungssystem mit seiner Vielzahl horizontaler und vertikaler politischer, administrativer und gesellschaftlicher Entscheidungsbeteiligter zu einem inkrementalen, mitunter an Immobilismus grenzenden Entscheidungsmuster – in einer Art von institutioneller *Fesselung,* die pointiert als die eines *semi-souveränen Staats* (Peter Katzenstein) apostrophiert worden ist. Im Gegensatz zum sehr viel stärker zentralistisch und unitarisch regierten Vereinigten Königreich, wo, wie besonders eindringlich nach 1979 unter der Regierung Thatcher zu beobachten war, tief greifende, die kommunale Ebene einschließende Staats- und Verwaltungsreformen innerhalb kurzer Zeit zentralstaatlich durchgesetzt wurden, lässt die föderativ-dezentrale Verfassung der Bundesrepublik von vornherein eher vertikal und sektoral fragmentierte Veränderungen in Staat und Verwaltung erwarten.

6 Vgl. Lehmbruch (1993), Wollmann (1996b).

- Eine von den (in erster Linie betriebswirtschaftlichen) Maximen des *New Public Management* angeleitete Modernisierung von Staat und Verwaltung kann auf Widerstand und Schranken in der deutschen (Rechts- und Sozial-)Staatstradition, in dem hierin verankerten Typus der rechtlich gesteuerten, gerichtlich überprüfbaren und politisch-demokratisch kontrollierten Öffentlichen Verwaltung sowie in der traditionellen begrifflichen, rechtlichen und institutionellen Trennung zwischen Öffentlichem und Privatem Sektor stoßen. Dies steht im Gegensatz zur *angelsächsischen* Politik- und Verwaltungswelt mit einer *civil culture*-Tradition, der die Vorstellung vom „Staat" als eigene (juristische) Rechtsperson unbekannt ist,[7] in der die Grenzen zwischen dem privaten und dem öffentlichen Sektor fließend sind und damit die Übertragung von Organisationsprinzipien *(managerialism, contractualism*[8] usw.) von jenem auf diesen unschwer vorzustellen und zu bewerkstelligen ist (vgl. König/Füchtner 1998, S. 8 f.). In diesen geschichtlichen und kulturellen Unterschieden zwischen der kontinental-europäischen, zumal deutschen und der angelsächsischen Politik- und Verwaltungswelt dürfte ein wesentlich Grund dafür liegen, dass sich die deutsche Verwaltung und der hiesige Modernisierungsdiskurs den Konzepten des *New Public Management,* die in ihrem ökonomisch-betriebswirtschaftlichen Grundzug deutlich die Geburtsmerkmale ihrer angelsächsischen Herkunft und der dortigen anders gearteten Politik- und Verwaltungstradition trugen, bis in die späten 80er Jahre weitgehend verschlossen.

Um die Frage nach dem Veränderungsmuster *(Kontinuität oder Diskontinuität)* von *Staat und Verwaltung* in den 90er Jahren auf ein in Aufsatzform traktierbares Format zu bringen, sollen die Veränderungen des *Staates* als solche der *Staatsaufgabenpolitik,* d.h. der Konzepte und Entscheidungen, durch die Aufgaben und Reichweite des Staates bestimmt werden, und die Veränderungen der *Verwaltung* als solche der *Verwaltungspolitik* verstanden werden, d.h. der Konzepte und Entscheidungen, die in Sonderheit auf die Gestaltung der Organisations-, Personalstrukturen und Verfahren der (öffentlichen) Verwaltung gerichtet sind (vgl. Böhret 1998, S. 42; Jann/Wewer 1998, S. 230). Als weitere thematische Eingrenzung sollen die Staatsaufgabenpolitik im Wesentlichen mit Blick auf die *Bundesebene* und die Verwaltungspolitik mit Bezug auf die *organisationsstrukturellen* Reformen (unter Vernachlässigung von Personal/Dienstrecht und Finanzen als den anderen *klassischen* Feldern der Verwaltungsreform) erörtert werden.

Der Aufsatz wird sich in drei Schritten voranbewegen:

- Zunächst werden die in den 90er Jahren beobachtbaren Veränderungen in der *Staatsaufgabenpolitik* (unten 2),
- sodann die in der *Verwaltungspolitik* (unten 3) identifiziert.

---

[7] Zur „staatslosen" *(stateless)* angelsächsischen Vorstellungswelt vgl. Dyson (1987).
[8] Zur Geläufigkeit des *contractualism* in der angelsächsischen Verwaltungstradition vgl. Schäfer (1998, S. 242).

- Abschließend und zusammenfassend (unten 4) wird die Frage nach *Kontinuität oder Diskontinuität* diskutiert.

II. Staatsaufgabenpolitik

1. Staatsaufgabenpolitik der christlich-liberalen Bundesregierung unter Kanzler Kohl

1.1 „Vorgeschichte" der 80er Jahre

Damit, dass 1982 die neugebildete christlich-liberale Koalition unter Kanzler *Helmut Kohl* die sozial-liberale Bundesregierung ablöste, war auf der Bundesebene eine Akteurskonstellation gegeben, die politisch-ideologisch darauf eingestimmt und machtpolitisch im Stande schien, den Anschluss an den inzwischen, insbesondere seit der Regierungsübernahme der Torys unter *Margaret Thatcher* in Großbritannien im Jahr 1979, international dominierenden *neo-liberalen* Modernisierungsdiskurs und seine Leitbilder *lean state* und *New Public Management* herzustellen und diesen in der deutschen Politikarena umzusetzen.

Tatsächlich kündigte der neue Bundeskanzler – mit unverkennbaren Anklängen an den neo-liberalen Politikdiskurs – in seiner ersten Regierungserklärung am 13.10.1982 – einen „historischen Neuanfang"[9] und als programmatisches Ziel seiner Regierung an, „den Staat auf seine ursprünglichen und wirklichen Aufgaben zurück (zu)führen, zugleich aber dafür (zu) sorgen, dass er diese zuverlässig erfüllen kann" (zit. Jann/Wewer 1998, S. 229). In ihren ersten Regierungsjahren konzentrierte (und beschränkte) sich die konservativ-liberale Koalition *staats(aufgaben)politisch* im Wesentlichen auf zwei Felder.

Zum einen forcierte sie den (von der sozial-liberalen Vorgängerregierung in einer Art „Wende vor der Wende" eingeleiteten) Kurs einer *kontraktiven Ausgabenpolitik*, wobei der Hebel der *Haushaltskonsolidierung* – unter Berufung auf eine sozialpolitische „Atempause" (CDU-Arbeitsminister *Norbert Blüm*) und einen *Umbau des Sozialstaates* – insbesondere bei den Sozialausgaben ansetzte. In einem beachtlichen Kraftakt schaffte es die Regierung Kohl, die Staatsausgabenquote[10] von 49,8 Prozent (in 1982) auf 45,3 Prozent (in 1989) zurückzuführen (vgl. Homeyer 1998, S. 347; Schmidt 1998, S. 77).

Zum andern betrieb die konservativ-liberale Bundesregierung den vollständigen Rückzug des Bundes aus dessen noch bestehenden Industriebeteiligungen (Volkswagen AG, VEBA AG, VIAG AG) und nahm gegen Ende der 80er Jahre als staatsaufgabenpolitisch einschneidendes Projekt die Privatisierung der Bundespost

---

9 Regierungserklärung von Bundeskanzler *Helmut Kohl* am 13.10.1982, Verhandlungen des Deutschen Bundestages, 9WP, Sten.Ber., Bd. 122, S. 7216.
10 Anteil der Staatsausgaben am Bruttosozialprodukt.

und Bundesbahn in Angriff, deren öffentlicher Status als „Sondervermögen des Bundes" im Grundgesetz (Art. 87 GG alt) festgeschrieben war – gegen den Widerstand der oppositionellen SPD, die in Bundestag und Bundesrat über die verfassungsgeberische Sperrminorität verfügte.

Während die konservativ-liberale Bundesregierung einen staatsaufgabenpolitischen Kontraktionskurs mit in einer Sache durchaus neo-liberaler Stringenz verfolgte und auch durchsetzte, vollzog sich dies innenpolitisch bemerkenswert konflikt- und geräuscharm (Schmidt 1998; Offe 1991) und ohne explizit neo-liberale Begleitmusik und -rhetorik. Scheinen einerseits die oppositionellen Sozialdemokraten und die Gewerkschaften den Sparkurs hingenommen (wenn nicht insgeheim sogar gebilligt) zu haben, so blieben die regierenden Christdemokraten gleichzeitig (in einem bemerkenswerten Widerspruch) sowohl in ihrem öffentlichen Erscheinungsbild als auch im Ausbalancieren ihrer parteiinternen Strömungen und Gruppen jener eigentümlichen Mischung aus „christdemokratisch geprägtem 'sozialen Kapitalismus' und 'sozialdemokratischem Wohlfahrtsstaat'" (Schmidt 1998, S. 79) verpflichtet.

1.2 Staatsaufgabenpolitik in den 90er Jahren
   (Kurzlebige) Renaissance des „aktiven Sozial- und Interventionsstaats" im Zuge der Deutschen Einigung

Auf die Herausforderungen der Deutschen Einigung und ihrer wirtschaftlichen und sozialen Folgeprobleme reagierte die Bundesregierung mit einem Strategiewechsel, in dem sie ihre (in der Sache neo-liberal orientierte) Staatsaufgaben- und Staatsausgabenpolitik der späten 80er Jahre (zumindest vorübergehend) verließ und den Kurs einer prononcierten *Sozial- und Interventionspolitik* einschlug (vgl. König 1995a). Mit dem Ziel, Ostdeutschland möglichst rasch in das Institutionensystem der *alten* Bundesrepublik zu integrieren und die zentralistischen Organisations- und Personalstrukturen des DDR-Staats (mit – im Frühjahr 1990 – schätzungsweise 2,1 Mio. Staatsbediensteten) sowie dessen Staatswirtschaft möglichst rasch aufzulösen, ergriffen die westdeutschen Akteure, an ihrer Spitze die Bundesregierung, Handlungsstrategien, die in ihrer staatsinterventionistischen, zentralistischen und exekutivischen Zuspitzung zwar in auffälligem Widerspruch zur *Normalität* der Verfassungs- und Institutionenwelt der *alten* Bundesrepublik standen, jedoch – nur scheinbar paradox – als kaum vermeidlich angesehen wurden, um dem zentralistischen Leviathan der DDR-Staatlichkeit in möglichst kurzer Zeit ein Ende zu bereiten. Hierzu nur einige Punkte (ausführlich etwa Wollmann 1996b).

- Der *Einigungsvertrag*, der im Wesentlichen das Werk der Bonner Ministerialbürokratie war, bildete einen verfassungsrechtlich und -politisch schier einzig-

artigen Akt *exogener* legalistischer Regelung und Steuerung (Quaritsch 1992), der das Institutionen- und Rechtssystem der DDR am 3.10.1990 außer Kraft setzte und weitgehend durch das der *alten* Bundesrepublik ersetzte. Der frühe Vereinigungsprozess wurde zur „Staatsveranstaltung" (König 1995b). Unter anderem enthielt der Einigungsvertrag Regelungen für befristete Ausnahme- und Eingriffsrechte, vermöge derer sich der Bund und die neuen Länder der von der DDR „geerbten" Organisations- und Personalstrukturen kurzfristig – sei es durch *Abwicklung* oder Sonderkündigungsrechte – entledigen konnten.
- Auch darin, dass der institutionelle Umbau in Ostdeutschland – jedenfalls zunächst – maßgeblich von den Grundmustern des westdeutschen Institutionensystems angeleitet war *(Institutionentransfer,* vgl. Lehmbruch 1993) und von der Bereitschaft des Bundes, der westdeutschen Länder und Kommunen begleitet war, den Verwaltungsum- und -neubau in Ostdeutschland mit einem massiven *Personentransfer* zu unterstützen,[11] machte sich die Bestimmungsmacht der *alten* Bundesrepublik geltend.
- Ein besonders anschauliches Beispiel bot die *Treuhandanstalt,* die, um das einigungs- und ordnungspolitische Ziel einer möglichst raschen Auflösung und Privatisierung der DDR-Staatswirtschaft – unter dem ordnungspolitisch radikalen Motto „privatisieren statt sanieren" – zu bewerkstelligen, als zentralistische und dirigistische staatliche Privatisierungsagentur eingerichtet wurde – mit (nur scheinbar paradoxen) Anklängen an den staatswirtschaftlichen Zentralismus der DDR, auf dessen rasche Überwindung und Beseitigung sie angelegt war (vgl. etwa Czada 1993; Seibel 1997b).

Die den Prozess der Deutschen Einigung begleitende erneute Expansion des sozial- und interventionsstaatlichen Profils der Bundesrepublik schlug sich in einem steilen Anstieg der Staatsausgabenquote nieder. Von 45,3 Prozent, auf die sie bis 1989 gesenkt worden war und die noch 1990 nur geringfügig überschritten wurde, sprang sie 1991 auf 48,9 Prozent, um zwischen 1993 und 1995 mit knapp über 50 Prozent (1996: 50,6 Prozent) einen neuen Höhepunkt zu erreichen und damit die von der sozial-liberalen Koalition 1982 hinterlassene bisherige Höchstmarke von 49,5 Prozent noch zu übertreffen (Zahlen nach: von Homeyer 1998, S. 347).[12] Diese fiskalische Entwicklung spiegelte sich in einem rapiden Wachstum der Gesamtverschuldung des Bundes wider. Hatte diese 1985 noch 435 Mrd. DM betragen, kletterte sie (einschließlich der Sonderhaushalte, insbesondere des Fonds Deutsche Einheit und Erblastentilgungsfonds) bis 1998 auf knapp 1.500 Mrd.,

---

11 Vgl. Derlien (1993), zur Verwaltungshilfe vgl. Grunow (1996).
12 Allerdings ist darauf zu verweisen, dass der Anstieg der Sozialausgaben, von dem die Staatsausgabenquote maßgeblich hochgetrieben wurde, nur etwa zur knappen Hälfte durch unmittelbare Sozialtransfers nach Ostdeutschland und zur reichlichen Hälfte auf westdeutsche Entwicklungen zurückzuführen war, insbesondere durch den Anstieg der Arbeitslosigkeit, höhere Ausgaben für Alterssicherung sowie die Kosten der neuen Pflegeversicherung (vgl. Schmidt 1998, S. 66).

also um das fast Dreifache.[13] Mussten 1982 noch rund 12 Prozent der Steuereinnahmen des Staates für die Verzinsung seiner Gesamtverschuldung aufgewandt werden, so waren dies 17 Prozent im Jahr 1997.[14]

1.3 Rückkehr zum (neo-liberalen) Staatsum- und -rückbau: „Schlanker Staat" und Aufgabenreduzierung

Zeitlich parallel zur säkularen Privatisierung der gesamten Staatswirtschaft der DDR wurde, an die Privatisierungspolitik der 80er Jahre anknüpfend, auch in der *alten* Bundesrepublik die Privatisierung von staatseigenen Unternehmen vorangetrieben, wobei zu den bisherigen ordnungspolitischen Motiven zunehmend fiskalische traten (vgl. Jann/Wewer 1998, S. 234). Von herausragender staatsaufgaben- und zugleich ordnungs- und wirtschaftspolitischer Bedeutung war, dass, von heftigen Konflikten mit den jeweils involvierten Gewerkschaften begleitet, am 1.1.1994 die Bahnreform mit der Umwandlung der Bundesbahn (1992: 423.000 Beschäftigte) in die Deutsche Bahn AG (unter Aufspaltung in mehrere Gesellschaften unter fortbestehender öffentlicher Trägerschaft) und am 1.1.1995 die Postreform (521.000 Beschäftigte) mit der Bildung von drei Aktiengesellschaften (Deutsche Telekom AG, Post AG und Postbank AG) in Kraft traten; während die materielle Privatisierung der Deutschen Telekom durch den Gang an die Börse (bzw. durch „Parken" eines weiteren Bundesanteils bei der KfW) fortgeschritten ist, steht die Privatisierung der Postbank (voraussichtlich im Laufe von 2000) noch aus (Robischon 1998).

Sieht man von der ordnungspolitisch radikalen (und industrie- und wirtschaftspolitisch außerordentlich folgenreichen und problematischen) Entscheidung der Bundesregierung, den staatswirtschaftlichen Sektor der DDR in kürzester Zeit zu privatisieren („privatisieren statt sanieren"), sowie von der staatsaufgaben- und ordnungspolitisch einschneidenden Privatisierung von Post und Bahn ab, zeigte sich die konservativ-liberale Bundesregierung (im deutlichen Gegensatz etwa zur britischen Konservativen Regierung unter *Margaret Thatcher)* bemerkenswert zurückhaltend, eine politisch-programmatische Auseinandersetzung und Offensive zu einer umfassenderen Staatsmodernisierung zu eröffnen, und dies, obgleich der Beschluss des Bundestages vom 20.6.1991, die Hauptstadtfunktion des vereinigten Deutschlands von Bonn nach Berlin zu verlegen, Anlass und Anstoß geboten hätte, nicht nur eine grundlegende Regierungs- und Verwaltungsreform, sondern auch eine Staatsreform an Haupt und Gliedern auf die politische Tagesordnung zu bringen und darin eine Meinungsführerschaft zu ergreifen. Stattdessen belebten

---

13 Nach: DER SPIEGEL (Nr. 26/1999, S. 23). Vgl. auch die Zahlenreihe bei von Homeyer (1998, S. 343) – mit Zahlenangaben *ohne* die Sonderhaushalte Fonds Deutsche Einheit, Erblastentilgungsfonds usw.
14 Berechnet nach Zahlen bei von Homeyer (1998, S. 344 f.).

auf der Bundesebene die oppositionellen GRÜNEN und Sozialdemokraten mit der Vergabe von Gutachten und politisch-parlamentarischen Initiativen die öffentliche Diskussion über die Modernisierung von Staat und Verwaltung. Hierbei ging es den GRÜNEN ersichtlich darum, mit dem Konzept eines *Bürgerstaats* einen *alternativen* Modernisierungsdiskurs[15] zu eröffnen und zu besetzen – in Abgrenzung vom neo-liberalen *minimalen* Staat einerseits und vom „alten" *obrigkeitlich-etatistisch-bürokratischen* Sozialstaat andererseits.[16] Die Sozialdemokraten nahmen den bevorstehenden Umzug der Bundesregierung von Bonn nach Berlin zum Anlass, eine umfassende Regierungs- und Verwaltungsreform vor allem auf Bundesebene anzumahnen und entsprechende Konzepte öffentlich zu präsentieren.[17]

Erst am 18.7.1995 setzte die Bundesregierung einen Sachverständigenrat *„Schlanker Staat"* ein, in den sie insgesamt 20 (überwiegend der CDU/CSU angehörende oder nahe stehende) Mitglieder aus Politik, Gewerkschaften, Wirtschaft und Wissenschaft berief (näheres bei Wewer/Jann 1998, S. 248 ff.; König/Füchtner 1998, S. 38 ff.). Dieser legte im September 1997 seinen Abschlussbericht vor, der, nebst Anlagen 1000 Seiten umfassend, eine „beeindruckende Sammlung der derzeit aktuellen verwaltungspolitischen Diskussion" (Jann/Wewer 1998, S. 249) gibt. Zwar forderte der Sachverständigenrat darin programmatisch eine „Verschlankung des Staates",[18] distanzierte sich jedoch bemerkenswert deutlich von der pauschalen Forderung nach einer Beschränkung des Staates auf „Kernaufgaben"[19] und bekannte sich stattdessen zu einem politisch und gesellschaftlich flexiblen „Prinzip der offenen Staatsaufgaben" (Sachverständigenrat *Schlanker Staat* 1998, S. 49). Insgesamt zeichnet sich das Votum für einen staatsaufgabenpolitisch eher mittleren Weg ab, der auf der einen Seite Abstand zu einer (radikal) neo-liberalen Position hält[20] und auf der anderen die „Grenzen der staatlichen Leistungsfähigkeit oder Kapazitäten" (ebd., S. 45) in Rechnung stellt. Als Verfahren zur Neubestimmung der Staatsaufgaben setzt der Sachverständigenrat auf eine „excessive und systematische Aufgabenkritik" (ebd., S. 47).

Indessen wurden die von ihrem Sachverständigenrat gelieferten Stichworte und Anstöße von der Regierung Kohl in ihrer Spätphase nicht mehr aufgegriffen. Viel-

---

15 Zum „alternativen" Modernisierungsdiskurs vgl. auch Wollmann (1996b, S. 28 f.). mit Nachweisen.
16 Vgl. das von der Bundestagsfraktion der GRÜNEN veranlasste Gutachten Clasen/Schröter/Wiesenthal/Wollmann (1995), vgl. etwa Antrag der Gruppe BÜNDNIS 90/DIE GRÜNEN, BT-Drs. 12/8308 vom 20.7.1994.
17 Vgl. die Gutachten Eichhorn/Hegelau (1993), Jann (1994), Pfeiffer/Faller (1997).
18 „Reduzierung der Staatsaufgaben tut not (...) 'Verschlankung des Staates' heißt vor allem Reduzierung und Begrenzung der Staatsaufgaben", Sachverständigenrat (1998, S. 48).
19 „(...) Forderung, der Staat solle sich wieder auf seine 'Kernaufgaben' besinnen oder beschränken, (laufe) von vornherein und weitgehend ins Leere" (ebd., S. 44).
20 „(...) ist die Verantwortung des liberalen und sozialen Rechtsstaats (...) auf diesen Aufgabenbereich (Sicherheit und Ordnung, HW) nicht beschränkt" (ebd., S. 44).

mehr richtete diese ihre (erlahmende) politische Energie darauf, angesichts der immer bedrängenderen finanziellen Probleme der öffentlichen Haushalte und des finanzpolitischen Imperativs der Maastricht-Kriterien das fiskalpolitische Steuer, an ihren Konsolidierungskurs der 80er Jahre anknüpfend, noch einmal herumzureißen. Das von der Regierungskoalition durchgesetzte *Programm für mehr Wachstum und Beschäftigung* sah u.a. die Absenkung der gesetzlichen Lohnfortzahlung und eine den Rentenanstieg begrenzende *demographische Komponente* vor. Die fiskalischen Auswirkungen des neuerlichen Sparkurses der Regierung Kohl lassen sich daran ablesen, dass die Staatsausgabenquote nach über 50 Prozent im Jahr 1996 auf 48,8 Prozent im Jahr 1997 zurückging (Zahlen nach: von Homeyer 1998, S. 347). Anders als bei ihrem Konsolidierungskurs der späten 80er Jahre stieß die konservativ-liberale Koalition nunmehr freilich auf die heftige Ablehnung der Sozialdemokraten, die jetzt – sei es von ihrem traditionalistischen Flügel bestimmt, sei es aus wahlkampftaktischem und machtwechselstrategischem Kalkül – als entschiedene Verfechter des *alten* Sozialstaats auftraten; der *Sozialstaatskonsens* zwischen den beiden großen Parteien war erstmals seit den späten 50er Jahren ernsthaft aufgekündigt.

1.4 Rot-Grüne Koalition (seit September 1998): Radikaler Sparkurs und „aktivierender Staat"

Die bisherige einjährige Regierungszeit der rot-grünen Koalition bietet auch in ihrer Staatsaufgabenpolitik bislang ein unklares und unfertiges Bild. Nachdem sie, wie von der SPD im Wahlkampf versprochen, eine Reihe sozialpolitischer Konsolidierungsentscheidungen der Vorgängerregierung rückgängig gemacht hatte, vollzog sie – nach dem Rücktritt von *Oskar Lafontaine* am 11.3.1999 als Bundesfinanzminister und SPD-Vorsitzender und unter dem neuen Bundesfinanzminister *Hans Eichel* (SPD) – einen abrupten fiskalpolitischen Strategiewechsel, dessen Einsparvorgaben (Kürzung der Bundeshaushalte 2000 bis 2003 um 160 Mrd. DM) darauf zielt, die Staatsausgabenquote auf (mindestens) 45 Prozent zurückzuführen.

Die politische Diskussion um die Neubestimmung eines Staats(aufgaben)modells wird von den Auseinandersetzungen um Art und Umfang geplanter Ausgabeneinschnitte und vom Protest der jeweils betroffenen Interessengruppen überlagert. In dem Maße, wie innerhalb der SPD eine „soziale Schieflage" in dem von der rot-grünen Bundesregierung geschnürten Sparpaket entdeckt und kritisiert wird, gerät die Partei in eine Zerreißprobe zwischen den – mit *Oscar Lafontaine* identifizierten – *Traditionalisten* als Anhängern eines („alt-sozialdemokratischen") Sozialstaats und eines Verständnisses von „sozialem Kapitalismus" einerseits und den – von *Gerhard Schröder* dargestellten – *Modernisierern* als Verfechtern eines den neuen *(globalen* usw.) Herausforderungen angepassten Sozialstaats andererseits.

Der rot-grüne Koalitionsvertrag vom Oktober 1990 bekannte sich – in einem knappen Kapitel „Moderner Staat" – zur Staatsmodernisierung und zum Leitbild des „aktivierenden Staates".[21] Als maßgebliches Verfahren der Staatsmodernisierung wurde die „umfassende Aufgabenkritik" hervorgehoben. Mit der programmatischen Erwähnung des *aktivierenden Staats* erhielt ein Konzept seine koalitions- und regierungsoffizielle Weihe, das seit den mittleren 90er Jahren von einem Wissenschaftler- und Beraterkreis um den damaligen niedersächsischen Ministerpräsidenten *Gerhard Schröder* entwickelt wurde[22] und offenkundig darauf zielt, dem neoliberalen Leitbild vom *lean state* einerseits und der („alt-sozialdemokratischen") Vorstellung vom „klassischen" Sozialstaat andererseits den Entwurf eines „modernen" (Sozial-)Staates entgegenzustellen. Dieser soll sich nicht zuletzt dadurch auszeichnen, dass er in seinem Verhältnis zur Gesellschaft eher „kooperativ" und „moderierend" denn hierarchisch verbietend und gebietend agiert[23] – eine Vorstellung, die augenfällig von in der politikwissenschaftlichen *Steuerungsdiskussion* formulierten (und vom Beraterkreis offenkundig transportierten) Konzepten und Sichtweisen beeinflusst ist. Neuerdings hat öffentliche ebenso wie SPD-interne Diskussion um ein neues (Sozial-)Staatsverständnis Auftrieb durch das im Juni 1999 veröffentlichte sog. *Schröder/Blair-Papier* erhalten.[24] In reichlich allgemeinen Formulierungen geht es dessen Autoren ersichtlich darum, den staatsaufgaben- und gesellschaftspolitischen Standort einer „modernen" (europäischen) Sozialdemokratie in einer „Neuen Mitte" bzw. in einem „Dritten Weg" – zwischen (amerikanischem?) Kapitalismus und („alt-sozialdemokratischem") Sozial-und Interventionsstaat – erkennbar zu machen.[25]

---

21 Zitiert nach Bürsch/Müller (1999, S. 5).
22 Vgl. Bandemer u.a. (1995), Schröder (1995) vgl. insbesondere Bandemer/Hilbert (1998, S. 29 ff.) zur Konzeption eines „die Gesellschaft aktivierenden Staates, eines Staates als Entwicklungsagentur (...) 'Regieren' wird definiert (...) als alle Aktivitäten sozialer, politischer oder administrativer Akteure, die darauf gerichtet sind, Gesellschaften zu führen, zu steuern, zu kontrollieren oder zu managen (...) Die Rolle der Politik wird die eines Moderators und Aktivators, aber auch Schiedsrichters gesellschaftlicher Entwicklungen".
23 Vgl. von Bandemer/Hilbert (1998, S. 29).
24 „Der Weg nach vorne für Europas Sozialdemokraten. Ein Vorschlag von Gerhard Schröder und Tony Blair", uv. Ms. (Juni 1999).
25 Vgl. Schröder/Blair-Papier: „Markenzeichen dafür ist die 'Neue Mitte' in Deutschland, der 'Dritte Weg' im Vereinigten Königreich" (S. 1). „Wir sollen den Sozialstaat modernisieren, nicht abschaffen (...) Die beiden vergangenen Jahrzehnte des neoliberalen Laissez-faire sind vorüber. An ihre Stelle darf keine Renaissance des 'deficit-spending' und massiver staatlicher Intervention im Stile der siebziger Jahre treten. Eine solche Politik führt heute in die falsche Richtung" (S. 7).

2. Verwaltungspolitik

Zu Beginn der 90er Jahre war die Verwaltungsentwicklung in der Bundesrepublik von einer auffälligen West-Ost-Spaltung und dem Nebeneinander zweier unterschiedlicher Diskurs- und Veränderungsschübe gekennzeichnet.

- In der *alten* Bundesrepublik wurde die modernisierungspolitische Debatte, die den international dominierenden New Public Management-Diskurs bis in die späten 80er Jahre weitgehend ignoriert hatte, von diesem dann doch bemerkenswert plötzlich und heftig erfasst.[26]
- In Ostdeutschland war der Um- und Neubau der politischen und administrativen Strukturen weitgehend von der Übernahme und Rezeption der in der *alten* Bundesrepublik über die Jahre ausgeformten Organisations- und Verfahrensmuster geprägt.

2.1 Modernisierungsdebatte und -praxis in der *alten* Bundesrepublik

Angesichts dessen, dass sich der verwaltungspolitische Modernisierungsdiskurs in der Bundesrepublik in den 80er Jahren dem NPM auffallend verschlossen hatte, muss die Schnelligkeit erstaunen, mit der die betriebswirtschaftlich-manageriale NPM-Lehre im bundesdeutschen Modernisierungsdiskurs dann doch aufgegriffen wurde, die eher *traditionellen* Modernisierer an den Rand drängte und die Meinungsführerschaft errang.[27] War die Modernisierungsdebatte bis dahin fachdisziplinär überwiegend von Juristen, Politik- und Verwaltungswissenschaftlern geführt worden, hatten nunmehr insbesondere Ökonomen und Unternehmensberater das Sagen (vgl. Budäus 1994, S. 33).

Einen wesentlichen Auslöser für diesen Diskursumschwung bildeten die *Finanzprobleme* der öffentlichen Haushalte. Aufmerksamkeit erregte die publizistisch verbreitete Einschätzung, dass es Ländern wie Neuseeland, Australien und Großbritannien wesentlich mit Hilfe einer umfassenden, durch Ansätze des *New Public Management* konzeptionell munitionierten „Ökonomisierung" ihrer öffentlichen Verwaltung gelungen sei, ihre Budgetprobleme in den Griff zu bekommen (vgl. Reichard 1994, S. 25).

Als ein wahres Schockereignis, das im deutschen Modernisierungsdiskurs das weithin geteilte selbstgewisse Bild von der eigenen Verwaltung erschütterte, erwies sich zudem ein 1993 von der Bertelsmann-Stiftung veranstalteter internationaler Wettbewerb, der in einer weltweiten Ausschreibung die modernisierungspolitisch

---

26 Vgl. hierzu und zum Folgenden etwa Wollmann (1996a, S. 19 ff.) mit Nachweisen.
27 Zur Entwicklung des Modernisierungsdiskurses und zur Unterscheidung zwischen *NPM-*, *traditionellen* und *alternativen* Modernisierern vgl. Wollmann (1996a, S. 15 ff.).

innovativsten Städte ermitteln sollte und in dem die deutschen Städte weit abgeschlagen endeten.

Einen entscheidenden Anteil daran, dass sich der deutsche Modernisierungsdiskurs, nachdem er sich bis in die späten 80er Jahre beharrlich der internationalen NPM-Diskussion verschlossen hatte, ihm schließlich doch – und dies geradezu schlagartig – öffnete, hatten die *KGSt* und insbesondere ihr damaliger Vorstand *Gerhard Banner*. Unter Verweis auf ein Modernisierungsprojekt, das die holländische Stadt *Tilburg* in den 80er Jahren entwickelt hatte, legte die KGSt ihre als *Neues Steuerungsmodell (NSM)* terminologisch-konzeptionell und instrumentell eingedeutschte Version einer durchgreifenden kommunalen NPM-Verwaltungsmodernisierung vor. Dadurch, dass die 1949 gegründete KGSt aufgrund ihrer langjährigen Organisationsberatung der deutschen Kommunen bei diesen eine ungewöhnliche fachliche Autorität genoss, konnte sie ihrer Botschaft, die deutsche Kommunalverwaltung sei äußerst reformbedürftig *(Gerhard Banner* beschwor – wohl in durchsetzungsstrategischer Absicht und Übertreibung – das (Schreckens-?) Bild von einer die deutsche Kommunalverwaltung heimsuchenden „organisierten Unverantwortlichkeit", vgl. etwa Banner 1991) und das *Neue Steuerungsmodell* böte wirksame Abhilfe, im Handumdrehen Gehör verschaffen.

In der gegenwärtigen Modernisierungsdiskussion wird der Begriff NSM vielfach als eine Art Sammel- („catch all"-)Bezeichnung für alle derzeit laufenden Reformkonzepte und -maßnahmen reklamiert und verwendet, „einerlei, ob es sich um neuartige oder, wie es oft der Fall ist, im Prinzip um altbekannte Reformvorschläge handelt" (Jann 1998; NSM, S. 70).

Zugespitzt und verkürzt gesagt, lassen sich die Kernelemente des NSM vor allem in drei Dimensionen festmachen:[28]

- Im Verhältnis von Politik und Verwaltung: Steuerung und Kontrolle der Verwaltung durch die Politik mittels Leistungs- und Wirkungs-*(output)* orientierte Budgets, „politische" Kontrakte (Zielvereinbarungen) und Berichtswesen *(Controlling),*
- verwaltungsintern (Binnenorientierung): Erhöhung der Leistungsfähigkeit und Wirtschaftlichkeit durch dezentrale Ressourcenverantwortung, Kosten-Leistungs-Rechnung, administrative Kontrakte (Zielvereinbarungen) und Controlling,
- im Verhältnis von Verwaltung und Bürger: Einführung von Wettbewerb, Kundenbefragung usw.

Im Folgenden müssen einige Stichworte genügen, um den Stand der Modernisierungsdebatte und -praxis zu skizzieren, wobei die kommunale Ebene, die sich als Vorreiter erwiesen hat, an den Anfang gestellt werden soll.

---

28 Vgl. etwa Reichard (1994); Jann (1998, S. 73 ff.); Kißler/Bogumil/Greifenstein/Wiechmann (1997, S. 29 ff.).

2.2 Kommunen

Seit den frühen 90er Jahren hat sich die Diskussion um das NSM in den Kommunen „wie ein Buschfeuer" (Reichard 1994, S. 5) verbreitet. Gemessen an der Modernisierungsprogrammatik und -rhetorik des NSM fällt eine empirische Zwischenbilanz indessen noch recht bescheiden aus.[29] Zum einen zeichnet sich ab, dass es sich bei den inzwischen tatsächlich realisierten oder in der Verwirklichung fortgeschrittenen Veränderungen vor allem um solche handelt, die eher den *traditionellen*, auf die 60er und 70er Jahre zurückreichenden Reformkonzepten zugerechnet werden können.[30] Die Umsetzung von Schlüsselkonzepten des NSM steht jedoch vielfach noch an ihrem Anfang und weist überdies verwaltungspolitisch problematische Verkürzungen und Entführungen auf. Dies gilt zum einen für die *Budgetierung* als ein Herzstück der NSM-Programmatik. Durch Ergebnis-*(output)* Orientierung soll sie das Verhältnis zwischen Politik und Verwaltung neu gestalten, durch *Globalbudgetierung* und *dezentrale Ressourcenverantwortung* die Innovations- und Leistungsfähigkeit der dezentralen Verwaltungseinheiten stärken. In der kommunalen Praxis wird die Budgetierung bislang jedoch vielfach auf Verfahren zur „Deckelung" der kommunalen Ausgaben und zur Überwälzung der Sparkonflikte und -entscheidungen auf die dezentrale Ebene verkürzt. Zum andern sind die „Produkte" zu nennen, die als maßgebliche Informationsträger für Leistungen und Kosten dienen und auf denen die anderen Kernelemente des NSM (Kosten-Leistungs-Rechnung, Controlling und output-Budgetierung) aufbauen sollen. In der kommunalen Modernisierungspraxis wurden zwar vielerorts *Produktdefinitionen* und *-kataloge* – unter Aufwendung teilweise sehr hoher zeitlicher, personeller und finanzieller Kosten – ausgearbeitet, jedoch herrscht derzeit verbreitet Ratlosigkeit und „Frust" (Plamper 1998, S. 15; Grunow 1996, S. 9), wie es weitergehen soll.

2.3 Bundesländer

Seit den späten 80er Jahren hat eine wachsende Zahl von Bundesländern – unter ausdrücklicher Berufung auf die internationale NPM- und die deutsche NSM-Debatte und ausländische Erfahrungen – verwaltungspolitische Initiativen ergriffen, Reformkommissionen eingesetzt, Gutachten und Reformprojekte in Gang gesetzt.[31] Einschneidende Änderungen in der gesamten Landesorganisation zeich-

---

29 Für empirisch fundierte Zwischenbilanzen vgl. insbesondere Kißler u.a. (1997); Jaedicke u.a. (1999); Wollmann (1999b) mit Nachweisen zum Forschungsstand.
30 Wie die Einführung von Team-Strukturen in den Verwaltungsprozess zur *Enthierarchisierung* und Flexibilisierung von Verwaltung oder die Einrichtung von *Bürgerämtern/-büros* zur Verbesserung ihrer *Bürgernähe*.
31 Für aktuelle Übersichten vgl. Bürsch/Müller (1999), Bogumil (1999), letzterer mit ausführlicher Bibliographie.

nen sich insbesondere in *Rheinland-Pfalz* (vgl. Rüter 1997) und *Nordrhein-Westfalen* ab; in beiden Ländern wird mit der Abschaffung der staatlichen Mittelinstanz bzw. deren Umwandlung in „regionale Dienstleistungszentren" ein in den 70er Jahren stecken gebliebenes Reformprojekt nach einem Vierteljahrhundert letztlich verwirklicht (vgl. Stöbe/Brandel 1996, S. 15 ff.).[32]

2.4 Bund

Zu Beginn der 90er Jahre blieb die konservativ-liberale Bundesregierung in den klassischen Feldern der Verwaltungspolitik (Regierungs-/Verwaltungs-, Dienstrechts- und Finanz-/Haushaltsreform) – wie in den vorausgehenden 80er Jahren – zunächst weitgehend inaktiv (Jann/Wewer 1998, S. 231).

Auch der Beschluss des Bundestages vom 20.6.1991, die Hauptstadtfunktion des vereinigten Deutschlands von Bonn nach Berlin zu verlegen, und dessen Festschreibung und Konkretisierung des sog. Kombinationsmodells (der Hauptsitz eines Teils der Ministerien soll nach Berlin verlegt, der anderer Ministerien in Bonn bleiben) im sog. Berlin/Bonn-Gesetz vom 26.4.1994 (vgl. Jann/Wewer 1998, S. 242) vermochten zunächst nicht die Bundesregierung dazu zu bewegen, sich des Themas Regierungs- und Verwaltungsreform intensiver anzunehmen. Erst am 18.7.1995 wurde, wie erwähnt, der *Sachverständigenrat Schlanker Staat* vorgelegt, der in dem im September 1997 vorgelegten Abschlussbericht einen breiten Katalog von Vorschlägen unterbreitete, in denen „klassische" (bereits in den 70er Jahren gemachte) Reformkonzepte, wie die Reduzierung der Zahl der Abteilungen und die Abschaffung von Unterabteilungen, ebenso wie vom NPM-/NSM-inspirierte Modernisierungsbausteine, wie Produktbildung, Kosten-Leistungs-Rechnung, Controlling usw., zusammengetragen wurden (für eine Übersicht vgl. König/Füchtner 1998, S. 60 ff.).

Teilweise bereits im Vorgriff auf den Abschlussbericht des *Sachverständigenrats*, überwiegend diesem nachfolgend, begannen die Bundesministerien, nach Überprüfung ihrer organisatorischen Strukturen eine Zielstruktur „Regierungsumzug" zu erarbeiten. Besonders der nachgeordnete Bereich der Bundesoberbehörden zeigte sich bei der Einführung moderner Managementkonzepte, wie Qualitätsmanagement und betriebswirtschaftlicher Rechnungsmethoden, durchaus aktiv.[33]

Im Spätsommer 1999 wurde der Umzug durchgeführt. Die dislozierten Ministerien nahmen im späten August und frühen September 1999 ihre Arbeit auf. Erste Erfahrungen bestätigen die von Wissenschaftlern und Praktikern frühzeitig geäußerte Befürchtung, dass die modernisierungspolitische Umzugsdividende durch das Kombinationsmodell nicht zuletzt dadurch nachhaltig gefährdet scheint,

---

32 Unter den *Stadtstaaten* sei das ehrgeizige konzipierte (1994 eingeleitete) Reformprojekt in Berlin hervorgehoben, vgl. Engelniederhammer u.a. (1999), Wollmann (1998b).
33 Vgl. Einzelheiten und Nachweise bei König/Füchtner (1998, S. 63 ff.).

dass die Arbeitsfähigkeit der – mit jeweils unterschiedlichen Haupt- und Nebensitzen operierenden – Ministerien[34] durch auch mit modernsten Kommunikationstechniken schwerlich zu bewältigende Interaktionsprobleme nicht selten blockiert und behindert ist. Verwaltungsarbeit zwischen Bonn und Berlin droht zur administrativen Selbstbeschäftigung zu geraten.[35]

So kann es nicht verwundern, dass, kaum ist der physische Umzug von wesentlichen Teilen der Bundesregierung nach Berlin vollbracht, aus der neuen Berliner Regierungspraxis bereits Stimmen zu hören sind, die dem Kombinationsmodell ein kurzes Leben vorhersagen.[36]

III. Umbau, Neubau, Modernisierung der Verwaltung in Ostdeutschland – zwischen Rezeption, Eigenentwicklung und Innovation

Die Verwaltungsmodernisierung war in der *vereinigten* Bundesrepublik Anfang der 90er Jahre, wie erwähnt, durch eine West-Ost-Scheide geprägt, die sich nicht nur darin geltend machte, dass in Ostdeutschland der fundamentale Um- und Neubau von Verwaltungsstrukturen zu leisten war, sondern sich auch in dem (nur scheinbaren) Paradox zeigte, dass bei der Schaffung der neuen Verwaltungsstrukturen in Ostdeutschland weitgehend die überkommenen Organisationsmuster der westdeutschen Landes- und Kommunalverwaltung zu einem Zeitpunkt rezipiert und übertragen wurden, als in Westdeutschland in der *alten* Bundesrepublik die Diskussion über deren grundlegende Modernisierung nach Vorstellungen des *Neuen Steuerungsmodells* einsetzte und eine Modernisierungswelle in Gang kam.

Im Rückblick ist dieses Vorgehen, in dem das überkommene (westdeutsche) Verwaltungsmodell auf den Verwaltungsaufbau in Ostdeutschland übertragen wurde, als „Blaupausen"-Ansatz kritisiert worden. Es wurde beklagt, es sei damit die Chance verspielt worden, in Ostdeutschland von vornherein eine „moderne" Verwaltung aufzubauen (vgl. Reichard/Röber 1993). Wenn indessen keiner der verantwortlichen Akteure (selbst nicht die KGSt und die westdeutschen Partnerländer und -kommunen) zu jenem Zeitpunkt daran dachten, den Wiederaufbau der ostdeutschen Verwaltung auf das Neue Steuerungsmodell (NSM) zu fußen, so gab es hierfür gute Gründe. Unter dem enormen Zeitdruck und inmitten der Turbulenz

---

34 Zwei Drittel aller Ministerialbeschäftigten, gleichviel ob „Berlin"- oder „Bonn-Ministerien", verbleiben in Bonn.
35 „Die hocken den ganzen Tag bloß noch vor dem Computer und schicken sich E-mails und Aktenvorgänge", beschreibt ein Mitglied des Planungsstabes die neue Arbeitsweise (in: DER SPIEGEL, Nr. 26/1999, S. 29).
36 Bundestagspräsident Wolfgang Thierse sprach Mitte August 1999 von der Vermutung und Erkenntnis, dass „diejenigen, die in Bonn bleiben, sich plötzlich als zurückgesetzt, als zweite Wahl" empfänden und dass mit einer baldigen Revision des Kombinationsmodells zu rechnen sei, zit. nach SÜDDEUTSCHE ZEITUNG vom 23.8.1999.

des Transformationsprozesses, in dem alles darauf ankam, möglichst rasch einigermaßen funktionierende Verwaltungsstrukturen zu schaffen, sprach alles dafür, auf das überkommene, durchaus bewährte Organisationsmodell zurückzugreifen, anstatt auf das NSM als ein Modernisierungsrezept zu setzen, das zu jenem frühen Zeitpunkt auch in der *alten* Bundesrepublik noch in den konzeptionellen Kinderschuhen steckte und weitgehend unerprobt war.[37]

Der (ausgiebig analysierte und dokumentierte) Um- und Neubau der ostdeutschen Verwaltungsstrukturen und deren NSM-Modernisierung, die mit einigen Jahren Verspätung inzwischen auch in den ostdeutschen Ländern und Kommunen diskutiert und eingeleitet wird, soll hier nicht ausgebreitet werden.[38] An dieser Stelle seien lediglich einige Überlegungen dazu verfolgt, ob und in welcher Weise der Um- und Neubau der ostdeutschen Institutionenwelt auf die der alten Bundesrepublik beobachtbar zurückgewirkt hat oder Rückwirkungen absehbar sind.

Auch wenn am Anfang des institutionellen Umbruchs in Ostdeutschland einerseits die *Rezeption* und *Übernahme* der Organisationsmuster und -erfahrungen aus der alten Bundesrepublik überwogen, so waren andererseits ebenfalls von Anfang an – und mit fortschreitendem Zeitverlauf zunehmend – Beispiele der institutionellen *Eigenentwicklung* und *Innovation* zu beobachten, die nicht nur wichtige Schritte in der ostdeutschen Institutionenbildung markierten, sondern auch das Potenzial für Lernanstöße und institutionellen Rücktransfer von Ost nach West bergen.[39]

IV. Zusammenfassung: Staat und Verwaltung in den 90er Jahren in einer Veränderungswelle

Abschließend und resümierend sei auf die Ausgangsfrage des Aufsatzes nach den Veränderungen, die sich in *Staat und Verwaltung in den 90er Jahren* vollzogen

37 Zu der Kontroverse vgl. Wollmann (1997b, S. 280 f.).
38 Zum Umbruch der ostdeutschen Politik- und Verwaltungsstrukturen vgl. etwa die Beiträge in Wollmann u.a. (1997), auf Landesebene Bürsch (1996), König/Heimann (1997), Wollmann (1998a), Bürsch/Müller (1999); auf Kommunalebene Wollmann (1997b, 1999a), Wegrich u.a. (1997).
39 Ein Beispiel dürfte der von den ostdeutschen Ländern Brandenburg und Mecklenburg-Vorpommern 1990 vor vornherein beschlossene Verzicht auf eine staatliche Mittelinstanz liefern. Es liegt nahe, in der gegenwärtig in westdeutschen Ländern (insbesondere Rheinland-Pfalz und Nordrhein-Westfalen) vorbereiteten Abschaffung bzw. Umgestaltung der Mittelinstanz eine institutionenpolitische Fernwirkung jener innovativen Entscheidung der beiden ostdeutschen Länder zu vermuten. Ein weiteres instruktives Beispiel ist in den direktdemokratischen Verfahren, insbesondere auf der kommunale Ebene (Direktwahl der Bürgermeister und Landräte, Abwahlverfahren, Referenden) zu sehen (vgl. Luthardt in diesem Band); ihr in den frühen 90er Jahren einsetzender Siegeszug erhielt durch die basisdemokratischen Elemente des Umbruchs in der DDR und deren frühe Verankerung in der DDR-Kommunalverfassung vom Mai 1990 durch die demokratisch gewählte DDR-Volkskammer erkennbare Anstöße, vgl. Wollmann (1999b).

oder in Gang gekommen sind, und auf deren Einschätzung zurückgekehrt: *Kontinuität oder Diskontinuität?*

Um Anhalts- und Vergleichspunkte für die Beantwortung dieser Frage zu gewinnen, sei zunächst die Entwicklung von *Staat und Verwaltung* bzw. von *Staatsaufgaben- und Verwaltungspolitik* in der *alten* Bundesrepublik bis in die späten 80er Jahre – im Telegrammstil – skizziert.[40]

1. Die Entwicklung in der *alten* Bundesrepublik zwischen Kontinuität und Veränderungswelle

In ihrer *Gründungs- und unmittelbaren Nachkriegs*phase war die Bundesrepublik angesichts der beispiellosen Aufgabe der Kriegsfolgenbewältigung – ungeachtet der grundsätzlichen Entscheidung der CDU-geführten Bundesregierung für die *Ludwig Erhardsche soziale Marktwirtschaft* als *sozialen Kapitalismus* (und gegen einen von der SPD verfochtenen *demokratischen Sozialismus)* (vgl. Hartwich 1970) – durch „ein hohes Maß an Staatsinterventionismus im Allgemeinen und ein hohes Maß an sozialstaatlicher Sicherung (...) (und) durch wesentlich 'mehr Staat' als in den meisten anderen westlichen Industrieländern gekennzeichnet" (Schmidt 1990, S. 62). Dadurch, dass in vielen Handlungsfeldern politikinstrumentell und institutionell an in der Zwischenkriegszeit, wenn nicht in der Gründerzeit des *Bismarckschen* Reichs entstandene Grundstrukturen angeknüpft wurde, stellte sich die unmittelbare Nachkriegszeit institutionenpolitisch „insgesamt (...) als Phase institutioneller Restauration" (Alber 1989, S. 60) dar. Zwar gestalteten der Neuzuschnitt der Länder und die Schaffung der Bundesrepublik (mit Bonn als ihrer Hauptstadt) in den Westlichen Besatzungszonen die politisch-administrativen *Makro-Strukturen* auf der Länder- und der zentralstaatlichen Ebene tief greifend um, jedoch verlief der Aufbau von deren Verwaltung in den „pfadabhängigen" Spuren des überkommenen Verwaltungssystems (z.B. Dreistufigkeit der Landesverwaltung, Berufsbeamtentum, juristisch-bürokratisch bestimmter Verwaltungsvollzug, wobei der letztere als der der deutschen Rechts- und Gesetzesstaatstradition eigentümliche Typus rechtsregelgesteuerter, hierarchisch kontrollierter und gerichtlich überprüfbarer Ordnungsverwaltung in Reaktion auf den soeben überwundenen NS-Unrechtsstaat eher noch bestimmender wurde). „Für Innovationen und grundlegende Reformen meinten die Akteure, wie so oft in kritischen Umbruchsituation, weder Kraft noch Zeit aufbringen zu können" (Jann 1999, S. 2 f.).

Im Verlauf der 60er Jahre öffnete sich – durch das Zusammenwirken internationaler *(exogener)* wie innerstaatlicher *(endogener)* Bestimmungsgründe – ein

---

[40] Für Überblicke über die verwaltungsgeschichtliche Entwicklung in Deutschland bzw. in der Bundesrepublik vgl. Ellwein (1997), Seibel (1997a), König (1999, S. 143 ff.), Jann (1999), Wollmann (1999a, 1999d). Für eine überaus informative Sammelbesprechung vgl. Ruck (1997, 1998).

„Gelegenheitsfenster" *(window of opportunity)* für eine umfassende Staats- und Verwaltungsreform (vgl. Schema 1 und 2, in dem für die *60er und 70er Jahre* – ebenso wie für die *90er Jahre* versucht wird, deren spezifische Profile hinsichtlich der Rahmenbedingungen und Ausprägungen anhand einer Reihe von Merkmalen – auf die Gefahr idealtypisierender Verkürzung und Vereinfachung – hervortreten zu lassen):

- Im internationalen Kontext: Vordringen eines politischen und ideologisch-konzeptionellen (sozialdemokratischen) *Diskurses*, der auf den Ausbau eines *modernen* Sozial- und Interventionsstaates *(advanced welfare state)* mit einem breiten (wirtschafts-, sozial-, infrastrukturpolitischen usw.) Aufgabenprofil gerichtet war.
- In der innerstaatlichen Arena: wachsender Problemdruck („Bildungskatastrophe", Sorge um die internationale wirtschaftliche Wettbewerbsfähigkeit, „Ende der Nachkriegszeit", Studentenrevolte usw.).
- Wachsender Konsens zwischen den maßgeblichen politischen und gesellschaftlichen Akteuren über die Notwendigkeit weitreichender Reformen („Reformstau").

Von der Großen Koalition aus CDU/CSU und SPD (1966-1969) in wichtigen Teilen vorangebracht[41] und von der sozial-liberalen Koalition unter Kanzler *Willy Brandt* (1969-1974) als Bestandteil einer *Politik der inneren Reformen* zum Regierungsprogramm erhoben, wurde eine umfassende Staats- und Verwaltungsmodernisierung angestrebt, die auf der Vorstellung beruhte, dass „der Staat als zentrale gesellschaftliche Steuerungsinstanz fungieren, 'aktive Politik' betreiben und die Gesellschaft langfristig planend gestalten sollte" (Mayntz 1997, S. 68). Die Erweiterung der Handlungs- und Gestaltungsfähigkeit des Staates wurde insbesondere von der Einführung neuer Planungsverfahren und -instrumente erwartet. Die Realisierung des *expansiven* Staatsaufgabenmodells (insbesondere in Infrastruktur-, Sozial- und Beschäftigungspolitik) schlug sich in einem markanten Anstieg der *Staatsausgabenquote*[42] nieder – zunächst eher moderat von unter 40 Prozent in den späten 60er Jahren (1969: 38,6 Prozent) auf 42 Prozent (in 1973), dann steil ansteigend auf knapp 50 Prozent (in 1975).[43]

Institutionen- und verwaltungspolitisch wurden Reformprojekte in praktisch allen relevanten Aspekten des Institutionensystems der Bundesrepublik – Verfassung/

---

41 Zur in der politikwissenschaftlichen Diskussion anzutreffenden Unterschätzung der politik- und institutionenverändernden Wirksamkeit der Großen Koalition vgl. etwa Wollmann (1991, S. 567), zuletzt nachdrücklich Lehmbruch (1999).
42 Anteil der Staatsausgaben am Bruttosozialprodukt.
43 Vgl. Alber (1998, S. 210, Schaubild 11), Naschold (1993, S. 13). Das Hochschnellen der Staatsausgabenquote nach 1973 (und ihr weiterer Stand auf hohem Niveau) dürfte allerdings zum erheblichen Teil auf die massiven Arbeitsbeschaffungsprogramme, mit denen die durch die Erdölkrise von 1973 ausgelöste Rezession bekämpft wurde, sowie auf die steigenden Aufwendungen für Arbeitslosen- und Sozialhilfe zurückzuführen sein.

Recht, Organisation, Personal und Finanzen – und auf allen gebietskörperschaftlichen Ebenen (Bund, Länder und Kommunen) in Angriff genommen. Wohl die einschneidendsten und folgenreichsten Veränderungen brachten die (von der Großen Koalition mit ihrer verfassungsändernden Mehrheit beschlossene) Finanzreform von 1969 sowie die von den Ländern zwischen den späten 60er und den mittleren 70er Jahren als „eine territoriale Generalreform des Staates" (Seibel 1997, S. 94) durchgesetzten kommunalen Gebietsreformen.[44] Die Einführung neuer Planungs- und Informationsverfahren löste auf allen Ebenen umfangreiche organisations- und personalstrukturelle Veränderungen aus. Die Besetzung neuer Politikfelder (z.B. Stadterneuerung, Umweltpolitik) erforderte, zumal auf der kommunalen Ebene, die Schaffung neuer Verwaltungsstrukturen, Verfahren und Handlungsmuster. Das reformpolitische „Gelegenheitsfenster" wurde in Fachpolitiken und -verwaltungen (z.B. in der Sozialverwaltung) genutzt, schon seit längerem diskutierte Reformkonzepte zu verwirklichen. Insgesamt brachte dieser Modernisierungsaufbruch einen „großen Reichtum an Reformideen" (Lenk 1998, S. 44) hervor.

Durch die weltweiten ökonomischen und fiskalischen Auswirkungen der (ersten) Erdölpreiserhöhung von 1973 wurde der Modernisierungswelle ab den mittleren 70er Jahren politisch, finanziell, konzeptionell-ideologisch und motivational weitgehend ein Ende gesetzt, sei es, dass die Reformprojekte auf dem erreichten Niveau stagnierten oder ausliefen, sei es, dass Schlüsselelemente des breit gefächerten Reform- und Modernisierungsanlaufs überhaupt auf der Strecke blieben.[45] Jedoch ist kaum zu bezweifeln, dass die Modernisierungswelle der 60er und frühen 70er Jahre die bis dahin einschneidendsten institutionellen Veränderungen und organisatorischen ebenso wie individuellen Lernprozesse ausgelöst hat und diese – in der für die bundesstaatlich-dezentrale Politik- und Institutionenwelt der Bundesrepublik eigentümlichen horizontalen und vertikalen Fragmentierung, die ihre handlungs- und lernstrategische Schwäche und Stärke zugleich ist, zumal auf der kommunalen Ebene[46] – vielfach überdauert und fortgewirkt hat. Die Reformkonzepte und -bausteine der 60er und frühen 70 Jahre erweisen ihre Anstoß- und Anschlussfähigkeit darin, dass sie, wie die Modernisierungspraxis der *90er Jahre* zeigt, in dieser vielfach übernommen, wiederbelebt und „amalgamiert" werden und einen wesentlichen Bestandteil der trag- und überlebensfähigen Reformprojekte dieser neuerlichen Modernisierungswelle bilden. Auch wenn die Dienstrechtsreform damals stecken geblieben ist, haben viele Verwaltungsleute – von einem weit reichenden Generationswechsel und auch von einer Ausbildungsreform (z.B. Gründung der Fachhochschulen!) begleitet – in jener Phase nicht nur einen signifikanten Qualifikations- und Bewusstseinswandel erlebt, sondern sind überdies

---

[44] Durch sie wurde – mit unterschiedlicher Radikalität von Land zu Land, die Gesamtzahl der Landkreise von 563 auf 328 und der Gemeinden von über 24.000 auf 8.500 verringert.
[45] So insbesondere die gescheiterte Dienstrechtsreform als der „augenfälligste Misserfolg", Seibel (1997a, S. 97), oder auch die stecken gebliebene Abschaffung der staatlichen Mittelinstanz in den Ländern, vgl. Mittelinstanzbericht (1973).
[46] Für eine Übersicht vgl. etwa Wollmann (1996a) mit weiteren Nachweisen.

in den 90er Jahren – inzwischen in Führungspositionen aufgestiegen – zu wichtigen Trägern des neuerlichen Modernisierungsanlaufs geworden.

Ist in den 60er und frühen 70er Jahren mithin einerseits eine institutionenpolitische und -geschichtliche Entwicklung zu erkennen, in der die Organisationsstrukturen, Verfahren und auch das Personal der Verwaltung tief greifende und auch nachhaltige Veränderungen erfahren haben und die damit als eine Veränderungs*welle* – die *erste* in der Nachkriegs-Republik – und *Diskontinuität* zu bezeichnen ist,[47] weist sie andererseits institutionelle *Kontinuitäten* auf, die in die Gründungsphase der Bundesrepublik und teilweise noch weiter zurück in die deutsche Verwaltungsgeschichte und -tradition reichen. Hierzu rechnet insbesondere die fortbestehende Dominanz des Typus rechtsregelgesteuerter und hierarchisch vollziehender (Ordnungs-)Verwaltung und damit des *Max Weberschen* Bürokratiemodells. Wenn dieser traditionelle Grundtypus vom Modernisierungswind der 60er und 70er Jahre weitgehend unberührt blieb, so möglicherweise deshalb, weil er, sieht man von der institutionellen Neuigkeit der *Planenden* Verwaltung ab, als traditionelles Vollzugsmodell dem *aktiven Interventionsstaat* durchaus zupasse kam.

In der *zweiten Hälfte der 70er Jahre* nahm die *(späte) sozial-liberale* Koalition unter *Helmut Schmidt* – angesichts der sich vertiefenden Wirtschafts- und Fiskalkrise (in Übereinstimmung mit dem international vordringenden neo-liberalen und neo-konservativen Diskurs) – in einer „Wende vor der Wende" – deutliche Abstriche an dem von der (frühen) sozial-liberalen Koalition verfochtenen *expansiven* Aufgaben- und Ausgabenprofil vor hin zu einer von *Haushaltskonsolidierung* und *fiscal austerity* diktierten *kontraktiven Aufgabenpolitik* (König 1995a), was allerdings – vermutlich bedingt durch die weiter ansteigende Arbeitslosigkeit – einen Anstieg der Staatsausgabenquote auf 49,4 Prozent (in 1982) nicht verhindern konnte.

Demgegenüber setzte, wie weiter vorn ausführlicher dargestellt, die *konservativ-liberale Bundesregierung* unter *Helmut Kohl* nach ihrer Amtsübernahme, insbesondere durch Kürzung der Sozialausgaben („Umbau des Sozialstaats"), die Senkung der Staatsausgabenquote auf 45,5 Prozent durch – in einer bemerkenswerten *Diskontinuität*, mit der eine tief greifende Änderung und neo-liberale Korrektur des Staatsaufgabenmodells der 60er und frühen 70er Jahre eingeleitet schien.

In den *späten 70er und 80er Jahren* wurden die *verwaltungspolitischen* Debatten und Aktivitäten zum einen insbesondere von der Kritik am „Bürokratismus" und „Etatismus" der Sozialstaatsverwaltung bewegt. Abhilfe wurde – in den meisten Bundesländern durch die Einsetzung von *Gesetzes- und Verwaltungsvereinfachungs*-Kommissionen vorbereitet – in *Deregulierung* und *Privatisierung* gesehen (vgl. Seibel 1997a, S. 98). Ein anderer von Bürokratiekritik genährter Reformstrang wurde

---

47 Ähnlich Seibel (1997a, S. 96), König (1997), deutlich anderer Auffassung und Einschätzung Reichard (1997): „Nahezu alle bisherigen Verwaltungsreformen seit dem Bestehen der Bundesrepublik waren ganz oder teilweise gescheitert". Naschold (1995: 65): „Reformen im öffentlichen Sektor in Deutschland hatten eine große, letztlich jedoch erfolglose Phase in den 70er Jahren".

vor allem auf der kommunalen Ebene mit dem Konzept einer *bürgernahen Verwaltung* (vornehmlich in Gestalt von *Bürgerhäusern* und *Bürgerläden)* verfolgt (vgl. Kißler u.a. 1997). Mit dem Ziel schließlich, Genehmigungsverfahren für Investitionsvorhaben zu beschleunigen und zu entrümpeln, strebte man Gesetzesvereinfachungen ebenso wie verwaltungsinterne Verfahrensoptimierungen an.

Zum andern rückten unter dem Druck der leeren Kassen Verfahren zum Aufgabenabbau und zu erhöhter *Kosten-Effizienz* in den Mittelpunkt verwaltungspolitischer Aufmerksamkeit, so insbesondere die von der KGSt seit den mittleren 70er Jahren propagierte *Aufgabenkritik* (vgl. Mäding 1974).

Zwar waren diese (und andere) verwaltungspolitischen Ansätze geeignet, dem in der *juristisch* geprägten deutschen Verwaltungswelt eher vernachlässigten *Wirtschaftlichkeits- und Kosten*denken und entsprechenden Analyseverfahren vermehrt Geltung zu verschaffen. Jedoch hatte die Verwaltungsmodernisierung in den 80er Jahren ein insgesamt niedriges Sichtbarkeits- und Aktivitätsprofil. Gegenüber dem internationalen Modernisierungsdiskurs, in dem die Botschaft des *New Public Management* längst dominierte, hielt sich die Modernisierungsdebatte in der Bundesrepublik, wie erwähnt, bis in die späten 80er Jahre auffällig verschlossen.

2. Modernisierungswelle der 90er Jahre

Vor diesem Hintergrund sei die Entwicklung der 90er Jahre (unter Verweis auf die Schemata 1 und 2) wie folgt zusammengefasst und interpretiert.

2.1 Staats(aufgaben)politik

Auf die Staatsaufgabenpolitik der 90er Jahre wirkte eine ungewöhnliche Konstellation *exogener* wie *endogener* Faktoren ein.

- Aus dem internationalen Kontext gewann der um *New Public Management* kreisende *neo-liberale* Modernisierungsdiskurs[48] in den frühen 90er Jahren schließlich Zugang und bestimmenden Einfluss in der deutschen Modernisierungsdiskussion.
- Die internationalen (globalisierten) Finanz- und Wirtschaftsmärkte und deren Regulierungs*regime*[49] setzen sich immer bestimmender in den finanziellen und wirtschaftlichen Rahmenbedingungen für das nationalstaatliche Staatsaufgabenmodell durch (so der *amerikanische Kapitalismus* mit seinem *share-holder value-Regime* gegen den überkommenen *rheinischen Kapitalismus).*

---

48 Zum *Diskurs*konzept vgl. Wittrock/Wagner/Wollmann (1991), Wollmann (1996a), S. 24 ff.).
49 Zum *Regime*konzept vgl. Kohler-Koch (1991, S. 47 ff.).

Schema 1

Phasen Analytische Dimension	60er und frühe 70er Jahre	90er Jahre
Internationalisierung der Wirtschafts- und Finanzmärkte	fortschreitend (Multinationale Unternehmen)	weit fortgeschrittene Verflechtung *(Globalisierung)* der Finanz- und Warenmärkte, transnationale „Mega-Mergers", wachsende Dominanz des *shareholder value*-Regimes des *amerikanischen Kapitalismus*
Europäische Integration	fortschreitend	weit fortgeschritten (z.B. Währungsunion seit 1.1.1999)
internat. dominierender Diskurs zu Staatsfunktionen und -aufgaben	aktiver Sozial- und Interventionsstaat *(sozialdemokratisches Modell)*	retraktiver, auf *Kernaufgaben* beschränkter Staat (lean state, minimal state), *(neo-liberales Modell)*
wirtschaftliche Rahmenbedingungen	stetiges Wirtschaftswachstum, Vollbeschäftigung	strukturelle Wirtschaftskrise, Dauerarbeitslosigkeit
fiskalische Rahmenbedingungen	günstig, fiskalische „Wachstumsdividende"	ungünstig, in der Schere zwischen *angebotspolitischer* Steuersenkung und fortgesetztem Ausgabendruck
Staatsschulden	Moderat	steil ansteigend, insb. als fiskalische Folge der Deutschen Einigung
Deutsche Einigung	–	singuläre politische, administrative, finanzielle, wirtschaftliche usw. Herausforderung der *alten* Bundesrepublik, umfassende *Systemtransformation* Ostdeutschlands durch *Beitritt/Integration*
Wirtschaftsmodell	*soziale Marktwirtschaft* *(„rheinischer Kapitalismus")*	*Globalisierung* d. *rheinischen Kapitalismus* durch Eindringen von Elementen des *amerikanischen Kapitalismus* (u.a. share holder value, Deregulierung der Arbeitsbeziehungen)
„Staats-/Gesellschafts"-Modell	Staat tritt Gesellschaft hoheitlich anordnend gegenüber *(„Hoheitsstaat")*	Staat interagiert mit Gesellschaft „verhandelnd" und setzt auf „gesellschaftliche Selbststeuerung", Verhandlungsstaat, (spätmoderner) funktionaler Staat
Verfassungstradition	Ausgeprägte Variante des *(klassischen* kontinental-europ.) Gesetzes- und Rechtsstaats *(rechtsstaatlicher Etatismus)*	Infragestellung u. Erosion durch angelsächsisches Verfassungsmodell *(civil culture-Tradition)*
Demokratiemodell	Dominanz der repräsentativ-demokr.-parlament. Strukturen und Verfahren	Vordringen direktdemokratischer Verfahren (Direktwahl von Bürgermeister, Referenden)

Fortsetzung Schema 1

Staatsaufgabenmodell	*expansiv*, Ausdehnung der Rechts-, Infrastruktur-, Wirtschafts-, Sozial-, pol. Staatsaktivitäten, steigende Staatsausgabenquote (60er Jahre: unter 40%, 1975: knapp über 50%), *(Interventionsstaat)*	*retraktiv*, Rückzug auf Kernaufgaben, Gewährleistungs-*(enabling)* Funktion, Staatsausgabenquote angestrebt: 45% (langfristig 40%?), *Schlanker Staat* (CDU), *Aktivierender Staat* (SPD). Jedoch: (Vorübergehende) Renaissance des *aktiven Sozial- u. Interventionsstaats* zur ostdeutschen Systemtransformation
Nationalstaatl. Bestimmungsmacht zum Staatsaufgabenmodell	Verhältnismäßig hoch – ungeachtet der politischen, wirtschaftlichen und militärischen West-Einbindung der BRD	zunehmend beeinflusst durch europäische Integration und internationale Regelungs- und Diskurs*regime*
Eigenwirtschaftliche Tätigkeit des Staates	eher Ausdehnung als Reduzierung	Entschiedener Abbau (z.B. Privatisierung von Bundesbahn und -post), Privatisierung der DDR-Staatswirtsch. in Ostdt.
Sozialstaatsmodell	expansiver Sozialstaat, Ausweitung der staatl. Regulierung u. *Vergemeinschaftung* der individ. Lebensrisiken *(Rundum-Versorgungs- und Betreuungsstaat)*	retraktiver Sozialstaat, (Re-)*Individualisierung* der individuellen Lebensrisiken und deren Kosten
Grundprämissen des sozialen Sicherungssystems	Generationenvertrag und Beitragszentrierung begründet u. legitimiert in Alters- bzw. Erwerbs struktur (Vollbeschäftig.)	zunehmend erodiert und de-legitimiert durch fortschreitende Überalterung bzw. strukturelle Arbeitslosigkeit
(Sozial-)Staatsmodell tragende politisch-gesellschaftliche Koalition	expansives Sozialstaatsmodell getragen von Grundkonsens einer („großen Koalition") aus SPD, (linkem Flügel der) CDU und Gewerkschaften	Konflikthafte Suche eines neuen Grundkonsenses für retraktives („modernes") Sozialstaatsmodell zwischen (*Modernisierern* in der) SPD, *(mittlerer)* CDU und (Teilen der) Gewerkschaften
Akzeptanz und Unterstützung des (Sozial-)Staatsmodells in der Bevölkerung/Wählerschaft	breite *Legitimität* und Unterstützung des expansiven (Sozial-)Staats in Bevölkerung und Wählerschaft	hinhaltender (wahlwirksamer) Widerstand und Protest der vom Aufgaben- u. Ausgabenabbau betroffenen Interessen- und Klientengruppen, ausgeprägte sozialstaatliche Sensibilität in Ostdeutschland

- Die *Europäische Integration* mit ihrer Europäisierung der Regelungsregime und Wettbewerbsbedingungen setzt zunehmend Spielregeln auch für den Öffentlichen Sektor.

Konnte just die Staats(aufgaben)politik (wie auch die Verwaltungspolitik) bis in die 80er Jahre noch immer als „Innenhof souveräner Staatsmacht" (König/Füchtner 1998, S. 7) sowie als Wirkungsfeld *nationaler* Politik- und Verwaltungs*traditionen* gelten, so entfalten die inter- wie supra-nationalen Faktoren in den 90er Jahren mithin eine wachsende Bestimmungskraft, die die innerstaatliche Gestaltungsmacht einzuschränken und die Prägekraft nationaler Politik-, Staats- und Verwaltungstraditionen und -stile zu erodieren beginnt.

Dieser Prozess der fortschreitenden Infragestellung des überkommenen Staatsmodells wird noch verstärkt, da dieses Gegenstand eines Bündels weiterer *(endogener)* Veränderungen und Diskussionsstränge geworden ist.

- Hierzu ist der Übergang vom hoheitlich und obrigkeitlich agierenden zum *verhandelnden* und *informal* handelnden Staat zu rechnen, eine Entwicklung, in der, wie in der politikwissenschaftlichen *Steuerungsdiskussion* thematisiert wird,[50] das Verhältnis von Staat und Gesellschaft und die Steuerungs- und Handlungsformen des ersteren neu bestimmt werden.
- Gleichzeitig ist die Demokratieform des Staates dadurch in Bewegung gekommen, dass die *direktdemokratischen* Teilhabe- und Entscheidungsrechte der Bürger – vor allem auf der kommunalen Ebene durch die Einführung der Direktwahl der Bürgermeister/Landräte, deren Abwahlmöglichkeit und von kommunalen Referenden – deutlich erweitert wurden.
- Als inzwischen mächtigster (und nachhaltiger) Treibsatz für eine tief greifende Neubestimmung des überkommenen Staatsaufgabenmodells erweist sich indessen die (in Reaktion auf die enormen Folgekosten der Deutsche Einigung im Laufe der 90er Jahre steil angestiegene) *Staatsverschuldung*.

Insgesamt wird eine Mehrzahl von Diskurs- und Entwicklungssträngen sichtbar, die zwar jeweils in unterschiedlichen Prämissen und Konzepten wurzeln und in ihren Gestaltungsoptionen und Wirkungen durchaus widersprüchlich sein können; jedoch ist ihnen gemeinsam, dass sie – mit unterschiedlicher Schärfe – das überkommene Staats(aufgaben)modell in Frage stellen.

In der Bündelung und Zusammenschau der Veränderungen, die in Schema 1 versucht werden, und in der Verdichtung und Beschleunigung, die diese in den 90er Jahren erfahren haben, werden Tempo und Ausmaß einer *Metamorphose* sichtbar, in die der Staat in den 90er Jahren – in zunehmender Ablösung vom aktiven Sozial- und Interventionsstaat der 60er und 70er Jahre – eingetreten ist. Gleichzeitig wird der *internationale* und auch *gesamtgesellschaftliche* Zusammenhang des in Gang gekommenen Veränderungs- und Modernisierungsprozesses sichtbar (vgl. Mayntz 1997).

Zwar steht die politische Konturierung und Durchsetzung eines neuen Staats(aufgaben)modells – in der zeitlichen Sequenz der späten Ära Kohl und der um die Verwirklichung ihrer *Sparpolitik* ringenden rot-grünen Bundesregierung – weit-

---

50 Zu dem in der (politikwissenschaftlichen) *Steuerungsdiskussion* herausgearbeiteten und betonten Profil eines mit den gesellschaftlichen Akteuren „verhandelnden" (anstatt obrigkeitlich „befehlenden") Staates vgl. etwa Heinelt (1998) mit Nachweisen der inzwischen unübersehbaren Diskussion. Vgl. pointiert Mayntz (1997). Zu dem mit ähnlichem Akzent diskutierten Konzept vom „funktionalen Staat" vgl. Böhret (1998).

hin noch am Anfang, zumal es die oppositionelle CDU bislang vorgezogen hat, sich in der Serie der 1999er Landtagswahlen als Hüterin der (alt-sozialdemokratischen) Sozialstaatlichkeit wählerwirksam zu profilieren. Die Auseinandersetzung um ein modernisiertes, den drastisch veränderten internationalen und auch nationalen, insbesondere fiskalischen Rahmenbedingungen Rechnung tragendes Staats(aufgaben)modell stürzt vor allem die SPD – als die bisher klassische Sozialstaatspartei – und damit die von ihr getragene Bundesregierung in eine Zerreißprobe (zwischen sog. Modernisierern und Traditionalisten), deren Ausgang noch nicht abzusehen ist. Jedoch kann plausibel vermutet werden, dass, ist erst einmal der Schlachtenlärm der Serie von Landtagswahlen des Herbstes 1999 verklungen, die beiden großen Parteien die Suche nach einem (in den frühen 90er Jahren erstmals seit den 50er Jahren aufgekündigten) Grundkonsens über die anstehende Modernisierung des Staates wieder aufnehmen werden – in einem Spagat und Kompromiss zwischen überkommenem *rheinischen* und *amerikanischen Kapitalismus*, zwischen *aktivem Sozial- und Interventionsstaat* und neo-liberalem *minimalen Staat*.[51]

Indessen bleiben Tempo und Ausmaß der politisch entschiedenen Veränderung des Staats(aufgaben)modells letztlich von der Willensbildung und vom Wählervotum der Bevölkerung abhängig, die, wie die Ergebnisse der jüngsten Runde von Landtagswahlen nahe legen, am überkommenen Sozialstaat und seinem Leistungsprofil gewissermaßen als Gründungs- und Bestandsmythos der Bundesrepublik (zum in Ostdeutschland mit einer noch ausgeprägteren sozialstaatlichen Angewiesenheit und Anspruchlichkeit) nach wie vor festhalten will und damit raschen und durchgreifenden Veränderungen (zumindest vorerst) einen wahlsoziologischen Riegel vorzuschieben scheint. Demgegenüber ist freilich auf eine jüngste Umfrage zu verweisen, dass Einsicht in die Notwendigkeit des von der Bundesregierung vorgelegten 30-Mrd.-Sparpakets (für 2000) inzwischen von knapp drei Vierteln der Bevölkerung – zumindest abstrakt – geteilt wird;[52] auch wenn man das gruppenegoistische Sankt-Florians-Prinzip in Rechnung stellt,[53] könnten

---

51 Vgl. hierzu die – ungeachtet unterschiedlicher Schlüsselterminologie („schlanker Staat" versus „aktivierender Staat" – inhaltlich weithin übereinstimmende Argumentation im Schlussbericht des von der Kohl-Regierung eingesetzten *Sachverständigenrats Schlanker Staat* einerseits und im *Schröder/Blair-Papier* andererseits.
52 Vgl. SZ vom 25./26.9.1999, S. 15: „Politbarometer im September": In einer zwischen 20. und 23.9.1999 durchgeführten repräsentativen Befragung stimmten 72 Prozent dem Vorhaben der Bundesregierung zu, bei den Staatsausgaben 30 Mrd. DM einzusparen. Allerdings könnte, wie die zahlreichen Proteste und Demonstrationen von Interessengruppen nahe legen, die generelle Zustimmung zum Sparkurs leicht in Ablehnung bei den hiervon konkret berührten Interessengruppen und Einzelnen umschlagen.
53 Vgl. die jüngste Runde der Demonstrationen von Interessenverbänden vor dem Brandenburger Tor in Berlin mit der Ablehnung von Spareinbußen, darunter auch des Deutschen Beamtenbundes, der „seinen" Demonstranten nicht nur die Reisekosten erstattete, sondern sogar Tagegelder bezahlte (vgl. DER SPIEGEL, Nr. 44/1999, S. 17).

diese Daten auf eine grundsätzlich vorhandene (und politisch mobilisierbare) Reformbereitschaft hindeuten.

2.2 Verwaltungsmodernisierungspolitik

Schema 2

Phasen Analytische Dimension	60er und frühe 70er Jahre	90er Jahre
Internationaler Diskurs zur Verwaltungsreform/ -modernisierung	Modernisierung durch Planungs-, Informations- und Analysekapazitäten („*Planungseuphorie*")	Modernisierung durch *New Public Management* („Ökonomisierung", „Verwettbewerblichung" öffentl. Handelns) („*Managerismus-Euphorie*")
Europäische Integration	Geringe Einwirkung auf nationale Verwaltung	Steigende Einwirkung (EU-Recht, Implementation von EU-Strukturfonds)
Fiskalpolitische Rahmenbedingungen	günstige Budgetsituation („Wachstumsdividende") fördert ausgaben*steigernde* Verwaltungsmodernisierung	Ungünstige Budgetsituation erzwingt ausgaben*senkende* Verwaltungsmodernisierung
Nationalstaatliche Bestimmungsmacht in der Verwaltungspolitik	Verwaltungspolitik nach wie vor Domäne der (national-)staatlichen Gestaltungsmacht	(National-)staatlicher verwaltungspolitischer Gestaltungsspielraum zunehmend durch Europäische Integration (EU-Normen, Implementation von EU-Strukturpolitik) und internationale Regelungs- und Diskurs*regime* beeinflusst
Verwaltungstradition	Ausgeprägte Variante des („klassischen" kontinentaleuropäischen) Verwaltungsmodells: primär rechtliche Steuerung, hierarchischer Vollzug, verwaltungsgerichtliche Überprüfbarkeit, Trennung von öffentlichem und privatem Sektor	Infragestellung durch angelsächsisches Verwaltungsmodell (geringere Akzentuierung von rechtlicher Steuerung und von verwaltungsgerichtlicher Überprüfung, größere Nähe von Öffentlichem und Privatem Sektor)
Deutsche Einigung	–	Um- und Neubau der ostdeutschen Verwaltungsstrukturen durch (zunächst) massiven Institutionen- und Personaltransfer West-Ost, beginnende Rückwirkungen auf *alt*republikanische Institutionenwelt
Hauptstadt	–	Verlagerung des Sitzes der Bundesregierung von Bonn nach Berlin (Umzug Herbst 1999)

Fortsetzung *Schema 2*

Verwaltungspersonal	Überwiegen von Juristen in Führungspositionen („Juristenmonopol")	Verstärkte Besetzung von Führungspositionen durch Nicht-Juristen (Ökonomen, Sozialwissenschaftler usw.)
Verwaltungsmodernisierungsdiskurs und -praxis	intensive (insb. Von Juristen, Verwaltungs- und Politikwissenschaftlern geführte) Reformdebatte *(Planungsdiskussion)* und (vor allem *binnenstrukturelle)* Modernisierungs*welle* auf Bundes-, Länder- und Kommunalebene	intensive (insbesondere von Ökonomen und Unternehmensberatern geprägte, betriebswirtschaftl. angeleitete) Modernisierungsdebatte *(New Public Management, Neues Steuerungsmodell)* und Modernisierungs*welle* zunächst vor allem auf der Kommunalebene
Verwaltungskultur	weiterhin Dominanz „juristischen Denkens" ungeachtet des Vordringens des „politischen (d.h. für das gesell. Problemumfeld sensiblen) Bürokraten"	Abschwächung der Dominanz des *juristischen* und Verstärkung des *wirtschaftlichen Denkens* in der Verwaltung
Verwaltungs"klima"	Arbeitsplatzsicherheit der Verwaltungsbeschäftigten durch expansives Staatsmodell und Vollbeschäftigung	Arbeitsplatzunsicherheit/-angst durch Personalabbau und Arbeitslosigkeit
Informations- und Kommunikationstechnologie	Beginnende Einführung von EDV (ADV) als (überwiegend binnenadministrative) Verwaltungsautomation	rasch fortschreitende „Elektronisierung" (Internet, E-Mail) der Binnen- und auch der Außen-Kommunikation von Verwaltung
Steuerung der Verwaltung	Modell primär *recht*licher Steuerung des Verwaltungshandelns. Leittypus: hierarchische Ordnungs- u. Vollzugsverwaltung *(Max Weber'sche* Bürokratie)	Zunehmende Kennzeichnung des Verwaltungshandelns durch *Verhandeln* u. *Tausch* mit den ökonomischen u. gesellschaftlichen Akteuren und *Klienten*. Leittypus: *Dienstleistungsunternehmen*
Leistungserbringung	Administrative „Eigenproduktion" von öffentlichen Leistungen bzw. deren Erbringung durch Gemeinnützige Träger (als quasi-öffentl. Sektor)	Auslagerung *(outsourcing)* der Erfüllung öffentlicher Aufgaben bzw. ihre „Verwettbewerblichung" (Märkte, Quasi-Märkte)
Binnenadministrative Kontrollverfahren	auf Leistungs*verbesserung* („Output-Optimierung") gerichtete Analyseverfahren (z.B. Evaluierung)	auf Aufgaben*abbau* und Kostenreduzierung („Input-Minimierung") gerichtete Analyse- und Kontrollverfahren (Aufgabenkritik, Controlling, Kosten-Leistungs-Rechnung)
Politische Kontrolle der Verwaltung	Politisch-parlamentarische Kontrolle durch „parlamentarische Verantwortlichkeit" der Verwaltungsspitze	neue *direktdemokratische* Teilhabe- und Kontrollrechte bes. auf kommunaler Ebene (Direktwahl und Abwahl der Bürgermeister/Landräte)

- Auch die (mit der Staats(aufgaben)politik in einem engen Zusammenhang stehende) *Verwaltungspolitik* wurde in den 90er Jahren von einer ungewöhnlichen Konstellation *exogener* wie *endogener* Faktoren beeinflusst.
- Aus dem internationalen Kontext trifft dies auch hier auf die (in den späten 70er Jahren zunächst in der angelsächsischen Wissenschafts-, Politik- und Verwaltungswelt entstandene und vorrangig ökonomisch-betriebswirtschaftlich inspirierte) Lehre vom *New Public Management* zu, die Anfang der 90er Jahre in der sprachlichen und konzeptionellen „Eindeutschung" als *Neues Steuerungsmodell* auch im deutschen Modernisierungsdiskurs bestimmend wurde.
- Wachsenden *(exogenen)* Einfluss auf die Verwaltungspolitik hat auch die fortschreitende *Europäische Integration* mit ihrer „Europäisierung der öffentlichen Verwaltung" (Siedentopf 1997, S. 712), insbesondere durch europäische Normsetzung und Verwaltungsangleichung (etwa bei der Implementation der EU-Strukturpolitik durch die nationalen Verwaltungen). Damit ist auch im Feld der Verwaltungspolitik (vielleicht noch stärker als in der Staats(aufgaben)politik) das überkommene nationalstaatliche Monopol auf die Institutionenpolitik im Schwinden.

Außer diesen Anstößen aus dem internationalen und europäischen Kontext wird die überkommene Dominanz des Grundmodells einer rechtsregelgesteuerten, hierarchisch vollziehenden Verwaltung durch mehrere *endogene* Diskussionsstränge in Frage gestellt.

- Auch hier ist an den Übergang von der *hoheitlichen* und *obrigkeitlichen* Verwaltung zur *verhandelnd und informal* agierenden Verwaltung und den Wandel von der hierarchischen Ordnungs- und Vollzugsverwaltung zur *Leistungs*verwaltung oder gar zum Dienstleistungs*unternehmen* hinzuweisen.
- Desgleichen ist an die vermehrte Einbettung der Verwaltung in *direktdemokratische* und *partizipative* Teilhabe- und Kontrollrechte der Bürger und die Stärkung der *politischen Bürgergemeinde* zu erinnern und sind darüber hinaus die *zivilgesellschaftlichen* Varianten hin zur *zivilen* oder *zivilgesellschaftlichen Bürgergemeinde* zu erwähnen.
- Schließlich wird der Einzug der *elektronischen Informations- und Kommunikationstechnologie* in die öffentliche Verwaltung sein die Außen- wie die Innenbeziehungen umstürzend veränderndes Potenzial immer stärker entfalten (vgl. Reinermann 1999).
- Der stärkste Antrieb geht inzwischen freilich auch in der Verwaltungsmodernisierung von der Fiskalkrise aus.

Hemmnisse und Hürden für eine durchgreifende Modernisierung der überkommenen Verwaltung sind indessen in einer Reihe teils *struktureller* (d.h. aus empirischen und rechtlich-normativen Gründen kaum veränderbarer), teils *kontingenter* (d.h. in der aktuellen Handlungssituation begründeter) Faktoren zu erkennen.

- Den ersteren sind in der (bundes-)deutschen (Rechts- und Sozial-)Staats- und Verwaltungstradition und -kultur verankerte Eigentümlichkeiten zuzurechnen, infolge derer sich die hiesige Verwaltungswelt für eine durchgreifende *Ökonomisierung* als in deutlich geringerem Maße zugänglich erweist (und dies aus verfassungs- und verwaltungspolitisch-normativen Gründen wohl auch bleiben sollte), als dies beispielsweise in der angelsächsischen Politik- und Verwaltungswelt aufgrund ihrer ganz anderen Politik-, Rechts- und Verwaltungstradition und -kultur der Fall ist. Der Einführung primär betriebswirtschaftlich geprägter, der *ökonomischen Rationalität* Vorrang sichernde Verfahren und Instrumente in die Verwaltung sind verwaltungstraditionell und -kulturell *empirische*, aber auch verfassungsrechtlich und -politisch *normative* Grenzen dadurch gezogen, dass die Verwaltung im *demokratischen Verfassungs- und Rechtsstaat* der Bundesrepublik – und dies gilt auch und gerade für die kommunale Ebene als das „Arbeitspferd" der Öffentlichen Verwaltung – in einem weit stärkeren Maße der rechtlich-*justiziellen* Überprüfung und der politisch-*demokratischen* Verantwortlichkeit unterliegt, als dies beispielsweise für Großbritannien – wiederum aufgrund anderer Politiktradition und deren ungebrochener Rechts- und Demokratiesicherheit – zutrifft.
- Hemmnisse und Rückschläge in der jüngsten Modernisierungspraxis sind erkennbar nicht zuletzt darauf zurückzuführen, dass in der Formulierung von Modernisierungsbausteinen des *Neuen Steuerungsmodells* die strukturellen Unterschiede zwischen dem Öffentlichen und dem Privaten Sektor übersehen wurden und dass die sozusagen am betriebswirtschaftlichen Reißbrett entworfenen Modernisierungskonzepte (beispielsweise der „Produktbegriff" als Dreh- und Angelpunkt des *Neuen Steuerungsmodells)* mit dem gravierenden Fehler *(Theoriefehler)* einer unzulässigen Übertragung und damit Fehlanwendung behaftet waren.[54]

Eher *kontingente*, d.h. der gegenwärtigen Handlungssituation geschuldete Modernisierungshürden sind in der grundlegenden Ambivalenz der aktuellen Fiskalkrise zu erkennen. Erweist sich diese einerseits als Antrieb und Peitsche für (insbesondere in der Erwartung rascher Kosteneinsparungen unternommene) Modernisierungsaktivitäten, so birgt just dieser Spardruck die Gefahr ihres Scheiterns, sei es dadurch, dass die Modernisierungsschritte auf die enge Spur der Kostenreduktion geraten, sei es dadurch, dass die Verwaltungsbeschäftigten, mit deren Mitwirkung die Reformprojekte stehen oder fallen, diese als Verfahren der Stelleneinsparung beargwöhnen und ablehnen, anstatt sich aktiv zu beteiligen.

Unter dieser Konstellation teils antreibender, teils aber auch restringierender Faktoren ist in den 90er Jahren in der *Verwaltungspolitik* eine Veränderungs*welle* ausgelöst worden, die eine beachtliche konzeptionelle und empirische Breite und

---

54 Zu solchen „Theoriefehlern", insbesondere zur „Falle unzulässiger Übertragung" *(ecological fallacy)* vgl. Wollmann (1999a, S. 13).

Tiefe erreicht hat und, wie wiederum die Gegenüberstellung im Schema 2 vor Augen führt, das überkommene Verwaltungsmodell konzeptionell wie empirisch tief greifend umzugestalten begonnen hat. In der inzwischen (zumal auf der kommunalen Ebene) verbreiteten Modernisierungspraxis werden vielfach Modernisierungsbausteine, die dem *New Public Management* bzw. dem *Neuen Steuerungsmodell* entnommen sind, und eher *traditionelle* Reformschritte verknüpft und *amalgamiert*, die konzeptionell und praktisch auf den Reformschub der 60er und frühen 70er Jahre zurückgehen und im Sog der neuen Modernisierungsdebatte wieder aufgegriffen wurden.[55] Auch wenn der Modernisierungsschub, der ursprünglich, etwa in der Propagierung des *Neuen Steuerungsmodells* durch die KGSt, teilweise die Züge einer Modernisierungs*kampagne* angenommen hatte, inzwischen an Schwung einzubüßen scheint und manches dafür spricht, dass er – zumindest in seiner betriebswirtschaftlichen Zuspitzung und Engführung – seinen Zenit (insoweit den Zyklus der Planungsdiskussion der 60er und frühen 70er Jahre nicht unähnlich) erreicht und überschritten hat, bleibt festzuhalten, dass das deutsche Verwaltungssystem in den 90er Jahren tiefreichend umgekrempelt worden ist und, wie immer es mit dem *Neuen Steuerungsmodell* als bisheriger Generallinie und -melodie der neueren Verwaltungsmodernisierung weiter gehen mag, die Prinzipien des *Managerialismus* und der *Kostentransparenz* kaum umkehrbar in die deutsche Verwaltungswelt eingeführt hat und damit die traditionelle Dominanz des Typus einer rechtsregelgesteuerten, hierarchisch vollziehenden und in gewissem Sinne kostenblinden Verwaltung überwunden hat. Allein darin ist eine tief greifende *Metamorphose* des überkommenen deutschen Verwaltungssystems zu erkennen.

2.3 Politik- und Verwaltungsentwicklung in der Geschichte der Bundesrepublik: zwischen Kontinuität oder Veränderungswellen

Betrachtet man die Entwicklung von *Staat und Verwaltung* in der Bundesrepublik im Zusammenhang ihrer inzwischen 50-jährigen Politik- und Institutionengeschichte und im Vergleich der sich hierin ausprägenden verschiedenen Phasen, so zeichnet sich einerseits über weite Strecken ein hohes Maß jener *Kontinuität* ab, die – mit teilweise anderer Konnotation – auch als *mittlerer Weg* (vgl. Schmidt 1991) umschrieben wird. Die Grundmelodie von *Kontinuität* durchzieht die Gründungs- und unmittelbaren Nachkriegsjahre der Bundesrepublik (mit ihrer restaurierenden Anknüpfung an Basisinstitutionen der Zwischenkriegsjahre und deutschen Verwaltungstradition) sowie die späten 70er und beginnenden 80er Jahre (mit ihren eher *inkrementalen* Anpassungen und Korrekturen). Auf der anderen Seite treten Veränderungs*wellen* in den Blick, in denen *Staat und Verwaltung* einen tief greifenden Wandel durchlaufen haben und auf ein deutlich verändertes Mo-

---

55 Vgl. etwa Wollmann (1999a, S. 9 ff.), Jaedicke u.a. (1999).

dernisierungsniveau und -profil gehoben worden sind. Eine erste solche Veränderungs- und Modernisierungs*welle* in der Nachkriegs-Republik ist in den *60er und 70er Jahren,* eine neuerliche (zweite) in den 90er Jahren in der Nach-Vereinigungs-Republik zu erkennen.

2.4 „Gelegenheitsfenster" für Veränderungswellen

Der Überblick und Vergleich der Politik- und Verwaltungsentwicklung in der bisherigen Geschichte der Bundesrepublik legen den Schluss nahe, dass sich das „Gelegenheitsfenster" *(window of opportunity)* für einen Anlauf zu einem Veränderungs- und Modernisierungs*schub* (und damit zu einer Abweichung vom *inkrementalen* Muster) dann öffnete, wenn insbesondere drei Rahmenbedingungen gegeben waren (vgl. auch Wollmann 1996a, S. 11 f.).

- *(Internationale) Diskursebene:* Ausbildung und (internationale) Dominanz eines Modernisierungs*diskurses* und dessen Einfluss auf den innerstaatlichen *(nationalen)* Diskurs und auf dessen Beitrag, das bisherige Staats- und Verwaltungsmodell legitimatorisch in Zweifel zu ziehen (zu „de-legitimieren") und einem neuen („sozialdemokratischen" bzw. „neo-liberalen") Staats- und Verwaltungsmodell Anerkennung und Gefolgschaft zu leisten. So wirkte die im internationalen Modernisierungsdiskurs dominierende *New Public Management*-Lehre im deutschen Modernisierungsdiskurs durch ihre Rezeption in der deutschen Debatte nach 1990 auf den hiesigen Modernisierungsprozess maßgeblich ein.
- *(Sozio-ökonomischer, fiskalischer usw.) Problemdruck.* Der durch die Veränderung der (sozio-ökonomischen usw.) Rahmenbedingungen erzeugte Problemdruck steigert den politisch-administrativen Handlungs- und Modernisierungsbedarf („Reformstau"); in den 60er Jahren etwa: „Ende der Nachkriegszeit", in den 90er Jahren, Globalisierung und Staatsüberschuldung.
- *Handlungsbereitschaft und -fähigkeit der relevanten Akteurskonstellationen:* Konsens zwischen den relevanten politischen, administrativen und gesellschaftlichen Kräften über die Modernisierungsdringlichkeit und Bildung von – formalen (so die Große Koalition von 1966/69) oder informellen – „Modernisierungskoalitionen".

2.5 „Lange Wellen", Modernisierungs„treppen" und Lebenszyklen der Politik- und Verwaltungsmodernisierung

Der Über- und Rückblick lässt zwei (lange) Modernisierungs*wellen* erkennen, die die Bundesrepublik – im Abstand von 20 Jahren – durchlaufen hat bzw. durchläuft und die sich – ungeachtet von Ebbe- und Stagnationsphasen – *over time* als Bewegung auf einer, um es so zu sagen: Modernisierungs*treppe* abbilden lassen. Während – insbesondere in der *Verwaltungs*welt – die aktuelle Veränderungs*welle* einerseits in den vom *New Public Management-* und *Neues Steuerungsmodell*-Diskurs inspirierten Modernisierungskonzepten und -bausteinen modernisierungspolitische *Innovation* und – institutionengeschichtlich gesehen – *Diskontinuität* signalisiert, verrät sie andererseits darin ein beachtliches Maß an institutionengeschichtlicher *Kontinuität,* dass sie in erheblichem Umfang eher *traditionelle* Reformkonzepte und -elemente nutzt und amalgamiert, deren konzeptionelle Ursprünge, erste Umsetzungen und (Erfolgs- wie Misserfolgs-)Erfahrungen auf die 60er, 70er und auch 80er Jahre zurückgehen und die in der Verwaltungspraxis – ungeachtet der zwischenzeitlichen modernisierungspolitischen Rückschläge, Abschwünge und Durchhänger – institutionell und personell überlebt und weitergewirkt haben. Diese *Kontinuitäten* (die bei einer *a-historischen* Fokussierung auf die je aktuellen Modernisierungsereignisse leicht übersehen werden) weisen die Verwaltungsmodernisierung in der Bundesrepublik als einen langfristigen institutionenpolitischen Lern- und Innovationsprozess aus, der sich zwar über weite Strecken eher in inkrementalen „Trippelschritten", jedoch in bestimmten Phasen über ausgeprägte „Treppenstufen" bewegt. (Die in den „Treppen"phasen zu beobachtende Verbindung und Amalgamierung von *Diskontinuität* und *Kontinuität* könnte man – etwas hochgestochen – als eine modernisierungspolitische *Dialektik* deuten, in der diese im geradezu Hegelschen Doppelsinne *aufgehoben* werden).

Innerhalb der einzelnen Modernisierungs*wellen* ist ein sozusagen *biologistischer* Zyklus zu erkennen, in dem der jugendlichen Aufbruchphase eine Reife-, wenn nicht Alterungsperiode folgt. Manches spricht dafür, dass der in den 90er Jahren in Gang gekommene Modernisierungsschub inzwischen in eine Phase der Konsolidierung, wenn nicht Stagnation eingetreten ist, in der der frühe (rhetorische) Überschwang von der (selbst-)kritischen Überprüfung und Zwischenbilanzierung abgelöst wird und die erreichten (teilweise einschneidenden) Veränderungen von den politischen, administrativen und gesellschaftlichen Akteuren erst einmal organisatorisch, kognitiv, qualifikatorisch usw. *verarbeitet, sozusagen „verdaut"*[56] werden (müssen).

2.6 Metamorphose der Berliner Republik – eine unvorhergesehene Folge (und ironische Pointe) der Deutschen Vereinigung?

Abschließend sei noch einmal daran erinnert, dass sich die Staatsverschuldung, die im Laufe der 90er Jahre vor allem als fiskalische Folge der Deutschen Vereinigung und ihrer Bewältigung in die Höhe geschossen ist, als die wirkungsmächtigste und auch nachhaltigste Treibkraft der Staats- und Verwaltungsmodernisie-

---

56 So in ähnlichem thematischen Zusammenhang bildhaft Carl Böhret im Verwaltungspolitischen Kolloquium Berlin-Brandenburg am 5.11.1999 an der Humboldt-Universität zu Berlin.

rung erweist. Dies birgt eine *ironische Pointe* der Deutschen Vereinigung in sich. Während die politische Klasse der *alten* Bundesrepublik im frühen Prozess der Deutschen Vereinigung nach Kräften bemüht war, politische und institutionelle Rückwirkungen von dieser auf die *alte* Bundesrepublik zu verhindern, erweist sich die Deutsche Vereinigung vermöge ihrer finanziellen Folgelasten nunmehr als ein fiskalischer Sprengsatz, der, als ein eindringliches Beispiel für *unbeabsichtigte Folgen,* maßgeblich die Entwicklung vorantreibt, in der sich, wie in diesem Aufsatz kenntlich gemacht werden sollte, *Staat und Verwaltung* im Übergang von der *Bonner* zur *Berliner Republik* bereits durchaus tief greifend verändert haben und die Voraussetzungen für weitere möglicherweise noch einschneidendere Veränderungen angelegt sind. So gesehen, trägt die Deutsche Vereinigung wesentlich dazu bei, dass in der Rede von der *Berliner Republik* nicht nur auf das schiere Faktum der geographischen (Rück-)Verlegung der Hauptstadt und des politischen Machtzentrums der Republik nach Berlin angespielt wird, sondern damit auch *inhaltlich* das *veränderte politische und institutionelle Profil* der *vereinigten* und einer im Doppelsinn *neuen* Republik gemeint ist.

Literatur

Alber, Jens, 1989: Der Sozialstaat in der Bundesrepublik 1950-1983, Frankfurt a.M./New York.
Alber, Jens, 1998: Der deutsche Sozialstaat im Licht international vergleichender Daten, in: Leviathan, 26. Jg., Heft 2, S. 199-227.
Bandemer, Stephan von, Bernhard Blanke, Josef Hilbert und Josef Schmid, 1995: Staatsaufgaben – von der „schleichenden Privatisierung" zum „aktivierenden Staat", in: Fritz Behrens u.a. (Hrsg.), Den Staat neu denken. Reformperspektiven für die Landesverwaltungen, Berlin, S. 41-57.
Bandemer, Stephan von und Josef Hilbert, 1998: Vom expandierenden zum aktivierenden Staat, in: Stephan von Bandemer u.a. (Hrsg.), Handbuch zur Verwaltungsreform, Opladen, S. 25-32.
Banner, Gerhard, 1991: Von der Behörde zum Dienstleistungsunternehmen. Die Kommunen brauchen ein neues Steuerungsmodell, in: VOP, Heft 1, S. 6-11.
Blanke, Bernhard und Hellmut Wollmann (Hrsg.), 1991: Die alte Bundesrepublik. Kontinuität und Wandel (Leviathan Sonderheft 12), Opladen.
Bönker, Frank und Hellmut Wollmann, 1996: Incrementalism and reform waves: the case of social service reform in the Federal Republic of Germany, in: Journal of European Public Policy 3:3, September, S. 441-460.
Bönker, Frank und Hellmut Wollmann, 1999: Von konservativen Wohlfahrtsstaaten, institutionellen Restriktionen und Reformwellen: Einige politikwissenschaftliche Überlegungen zu den gegenwärtigen Veränderungen im Bereich der sozialen Dienste, in: Thomas Olk und Hans-Uwe Otto (Hrsg.), Soziale Arbeit als Dienstleistung, Neuwied/Darmstadt.
Böhret, Carl, 1998: Verwaltungspolitik als Führungsauftrag, in: Stephan von Bandemer u.a. (Hrsg.), Handbuch zur Verwaltungsreform, Opladen, S. 41-46.
Bogumil, Jörg (Hrsg.), 1999: Modernisierung der Landesverwaltungen, Polis Nr. 42 (Fern-Universität Hagen), Hagen.
Budäus, Dietrich, 1994: Public Management, Berlin: Sigma.

Bürsch, Michael, 1996: Modernisierung der deutschen Landesverwaltungen, Bonn: Friedrich Ebert Stiftung.
Bürsch, Dieter und Brigitte Müller, 1999: Verwaltungsreformen in den deutschen Bundesländern, Bonn: Friedrich Ebert Stiftung.
Clasen, Ralf, Eckhard Schröter, Helmut Wiesenthal und Hellmut Wollmann, 1995: Effizienz und Verantwortung, Berlin (Schriftenreihe des Instituts für Sozialwissenschaften der Humboldt-Universität zu Berlin).
Czada, Roland, 1993: Die Treuhandanstalt im Umfeld von Politik und Verbänden, in: Wolfram Fischer u.a. (Hrsg.), Treuhandanstalt. Das Unmögliche wagen, Berlin, S. 148-173.
Czada, Roland, 1998: Vereinigungskrise und Standortdebatte, in: Leviathan, 26. Jg., Heft 1, S. 24-59.
Derlien, Hans-Ulrich, 1990: Genisis and Structure of Evaluation Efforts in Comparative Perspective, in: Ray C. Rist (Hrsg.), Program Evaluation and the Management of Government, New Brunswick/London: Transaction, S. 147-177.
Derlien, Hans-Ulrich, 1993: Integration der Staatsfunktionäre der DDR in das Berufsbeamtentum, in: Wolfgang Seibel, Arthur Benz und Heinrich Mäding (Hrsg.), Verwaltungsreform und Verwaltungspolitik im Prozess der deutschen Einigung, Baden-Baden, S. 190-206.
Dyson, Kenneth, 1987: The State Tradition in Western Europe, Oxford 1980.
Eichhorn, Peter und Hans-Joachim Hegelau, 1993: Zur zukünftigen Struktur von Bundesregierung und Bundesverwaltung, Bonn: Friedrich-Ebert-Stiftung.
Ellwein, Thomas, 1997: Geschichte der öffentlichen Verwaltung, in: Klaus König und Heinrich Siedentopf (Hrsg.), Öffentliche Verwaltung in Deutschland, Baden-Baden, S. 39-53.
Engelniederhammer, Stefan, Bodo Köpp, Christoph Reichard, Manfred Röber und Hellmut Wollmann, 1999: Berliner Verwaltung auf Modernisierungskurs. Bausteine – Umsetzungsstrategien – Hindernisse, Berlin: Edition Sigma.
Grunow, Dieter, 1996: Verwaltungstransformation zwischen politische Opportunität und administrativer Rationalität, Bielefeld.
Hartwich, Hans-Hermann, 1970: Sozialstaatspostulat und gesellschaftlicher Status quo, Opladen.
Heinelt, Hubert 1998: Vom Verwaltungs- zum Verhandlungsstaat, in: Bernhard Blanke, Stefan von Bandemer u.a. (Hrsg.), Handbuch zur Verwaltungsreform, Opladen, S. 18-24.
Homeyer, Immo von, 1998: Die Ära Kohl im Spiegel der Statistik, in: Göttrik Wewer (Hrsg.), Bilanz der Ära Kohl, Opladen, S. 333-356.
Hood, Christopher, 1991: A Public Management for All Seasons, in: Public Administration, Nr. 1, S. 3.
Jaedicke, Wolfgang, Heinrich Thrun und Hellmut Wollmann, 1999: Evaluierungsstudie zur Modernisierung der Kommunalverwaltung im Bereich Planen, Bauen, Umwelt, Endbericht, Berlin (IfS).
Jann, Werner, 1994: Moderner Staat und öffentliche Verwaltung, Bonn: Friedrich Ebert Stiftung.
Jann, Werner, 1998: Neues Steuerungsmodell, in: Stephan von Bandemer u.a. (Hrsg.), Handbuch zur Verwaltungsreform, Opladen, S. 70-79.
Jann, Werner, 1999: Zur Entwicklung der öffentlichen Verwaltung, in: Thomas Ellwein und Everhard Holtmann (Hrsg.), 50 Jahre Bundesrepublik Deutschland. Rahmenbedingungen – Entwicklungen – Perspektiven (PVS-Sonderheft 30), Opladen, S. 520-543.
Jann, Werner und Göttrik Wewer, 1998: Helmut Kohl und der „schlanke Staat". Eine verwaltungspolitische Bilanz, in: Göttrik Wewer (Hrsg.), Bilanz der Ära Kohl, Opladen, S. 229-266.
Kißler, Leo, Jörg Bogumil, Ralph Greifenstein und Elke Wiechmann, 1997: Moderne Zeiten im Rathaus?, Berlin.

König, Klaus, 1995a: Prozedurale Rationalität. Zur kontraktiven Aufgabenpolitik der achtziger Jahre, in: Verwaltungs-Archiv, S. 1-20.
König, Klaus, 1995b: Transformation als Staatsveranstaltung in Deutschland, in: Hellmut Wollmann, Helmut Wiesenthal und Frank Bönker (Hrsg.), Transformation sozialistischer Gesellschaften. Am Ende des Anfangs (Leviathan Sonderheft 15), Opladen, S. 609-631.
König, Klaus, 1997: Öffentliche Verwaltung im vereinigten Deutschland, in: Klaus König und Heinrich Siedentopf (Hrsg.), Öffentliche Verwaltung in Deutschland, Baden-Baden, S. 13-37.
König, Klaus, 1999: Verwaltungsstaat im Übergang, Baden-Baden.
König, Klaus und Jan Heitmann, 1997: Vermögens- und Aufgabenzuordnung nach Üblichkeit, in: Hellmut Wollmann, Hans-Ulrich Derlien, Klaus König, Wolfgang Renzsch und Wolfgang Seibel (Hrsg.), Transformation der politisch-administrativen Strukturen in Ostdeutschland, Opladen: Leske und Budrich, S. 119-167.
König, Klaus und Natascha Füchtner (Hrsg.), 1998: „Schlanker Staat" – Verwaltungsmodernisierung im Bund: Zwischenbericht, Praxisbeiträge, Kommentare, Speyer.
Kohler-Koch, Beate, 1991: Insellillusion und Interdependenz: Nationales Regieren unter den Bedingungen von „international governance", in: Bernhard Blanke und Hellmut Wollmann (Hrsg.), Die alte Bundesrepublik, Opladen, S. 45-67.
Lehmbruch, Gerhard, 1993: Institutionentransfer. Zur politischen Logik der Verwaltungsintegration in Deutschland, in: Wolfgang Seibel, Arthur Benz und Heinrich Mäding (Hrsg.), Verwaltungsreform und Verwaltungspolitik im Prozess der deutschen Einigung, Baden-Baden: Nomos, S. 42-66.
Lehmbruch, Gerhard, 1998: Zwischen Institutionentransfer und Eigendynamik. Sektorale Transformationspfade und ihre Bestimmungsgründe, in: Roland Czada und Gerhard Lehmbruch (Hrsg.), Transformationspfade in Ostdeutschland, Opladen, S. 17-60.
Lehmbruch, Gerhard, 1999: Die Große Koalition und die Institutionalisierung der Verhandlungsdemokratie, in: Max Kaase und Günther Schmid (Hrsg.), Eine lernende Demokratie. 50 Jahre Bundesrepublik Deutschland, Berlin, S. 41-61.
Lenk, Klaus, 1998: „New Public Management" und kommunale Innovation – Perspektiven der Innovationsforschung, in: Dieter Grunow und Hellmut Wollmann (Hrsg.), Lokale Verwaltungsreform in Aktion: Fortschritte und Fallstricke, Basel usw.: Birkhäuser, S. 44-59.
Mäding, Erhard, 1974: Aufgabenkritik, in: H. Bauer u.a. (Hrsg.), Aufgabenplanung und Finanzplanung, Wien, S. 27-42.
Mayntz, Renate, 1997: Verwaltungsreform und gesellschaftlicher Wandel, in: Edgar Grande und Rainer Prätorius (Hrsg.), Modernisierung des Staates?, Baden-Baden, S. 65-72.
Mittelinstanzbericht, 1973: Bericht des Sonderarbeitskreises der Ständigen Konferenz der Innenminister der Länder zur Neuordnung der Staatlichen Mittelinstanz, o.O.
Naschold, Frieder, 1993: Modernisierung des Staates, Berlin.
Naschold, Frieder, 1995: Ergebnisorientierung, Wettbewerb, Qualitätspolitik, Berlin.
Offe, Claus, 1991: Smooth Consolidation in the West German Welfare State, in: Frances Fox Piven (Hrsg.), Labor Parties in Postindustrial Societies, Cambridge, S. 124-146.
Pfeiffer, Ulrich und Bernd Faller, 1997: Qualität des Verwaltungshandelns. Zur Modernisierung der Bundesministerien, Bonn: Friedrich-Ebert-Stiftung.
Plamper, Harald, 1998: Herausforderungen an die öffentliche Verwaltung, in: Hermann Hill und Helmut Klages (Hrsg.), Zwischenbilanz der Verwaltungsmodernisierung, Düsseldorf, S. 17-21.
Quaritsch, H., 1992: Eigenarten und Rechtsfragen der DDR-Revolution, in: Verwaltungsarchiv, S. 314-321.
Reichard, Christoph, 1994: Umdenken im Rathaus, Berlin.

Reichard, Christoph, 1997: Deutsche Trends der kommunalen Verwaltungsmodernisierung, in: Frieder Naschold, Maria Oppen und Alexander Wegener (Hrsg.), Innovative Kommunen, Stuttgart, S. 50-67.

Reichard, Christoph und Manfred Röber, 1993: Was kommt nach der Einheit? Die Öffentliche Verwaltung in der ehemaligen DDR zwischen Blaupause und Reform, in: Gert-Joachim Glaeßner (Hrsg.), Der lange Weg zur Einheit, Berlin: Dietz, S. 215-247.

Reinermann, Heinrich, 1999: Das Internet und die Öffentliche Verwaltung, in: Die Öffentliche Verwaltung, Heft 1, S. 20-25.

Robischon, Tobias, 1998: Letzter Kraftakt des Staatsmonopols: Der Telekommunikationssektor, in: Roland Czada und Gerhard Lehmbruch (Hrsg.), Transformationspfade in Ostdeutschland, Opladen, S. 61-86.

Ruck, Michael, 1997: Beharrung im Wandel: Neue Forschungen zur deutschen Verwaltung im 20. Jahrhundert (I), in: Neue Politische Literatur 42, S. 200-207.

Ruck, Michael, 1998: Beharrung im Wandel: Neue Forschungen zur deutschen Verwaltung im 20. Jahrhundert (I), in: Neue Politische Literatur 43, S. 67-72.

Rüter, Klaus, 1997: Rheinland-Pfalz auf dem Weg zu einer modernen öffentlichen Verwaltung, in: Die Öffentliche Verwaltung, Heft 21, S. 908-911.

Sachverständigenrat „Schlanker Staat", 1998: Abschlussbericht, Bonn.

Schäfer, Ingeborg-Eleonore, 1998: Kontrakte als Steuerungsmodell für die öffentliche Verwaltung. Erfahrungen aus Neuseeland, in: Die Verwaltung, 31. Jg., Heft 2, S. 242-252.

Schmidt, Manfred G., 1990: Staatsfinanzen, in: Klaus von Beyme und Manfred G. Schmidt (Hrsg.), Politik in der Bundesrepublik Deutschland, Opladen, S. 36-50.

Schmidt, Manfred G., 1991: Machtwechsel in der Bundesrepublik (1949-1990), in: Bernhard Blanke und Hellmut Wollmann (Hrsg.), Die alte Bundesrepublik. Kontinuität und Wandel (Leviathan Sonderheft 12), Opladen, S. 179-203.

Schmidt, Manfred G., 1998: Sozialstaatliche Bilanz in der Ära Kohl, in: Göttrik Wewer (Hrsg.), Bilanz der Ära Kohl, Opladen, S. 59-88.

Schröder, Gerhard, 1995: Der aktivierende Staat aus der Sicht der Politik, in: Fritz Behrens u.a. (Hrsg.), Den Staat neu denken. Reformperspektiven für die Landesverwaltungen, Berlin, S. 277-282.

Schröter, Eckhard und Hellmut Wollmann, 1998: New Public Management, in: Stephan von Bandemer, Bernhard Blanke, Frank Nullmeier und Göttrik Wewer (Hrsg.), Handbuch zur Verwaltungsreform, Opladen, S. 59-69.

Seibel, Wolfgang, 1997a: Verwaltungsreformen, in: Klaus König und Heinrich Siedentopf (Hrsg.), Öffentliche Verwaltung in Deutschland, Baden-Baden, S. 87-106.

Seibel, Wolfgang, 1997b: Die Treuhandanstalt – eine Studie über Hyperstabilität, in: Hellmut Wollmann u.a (Hrsg.), Transformation der politisch-administrativen Strukturen in Ostdeutschland, Opladen, S. 169-222.

Siedentopf, Heinrich, 1997: Die Internationalität der öffentlichen Verwaltung, in: Klaus König und Heinrich Siedentopf (Hrsg.), Öffentliche Verwaltung in Deutschland, Baden-Baden, S. 711-730.

Stöbe, Sybille und Rolf Brandel, 1996: Die Zukunft der Bezirksregierungen, Berlin.

Wagner, Peter und Hellmut Wollmann, 1986: Fluctuations in the development of evaluation research: do 'regime shifts' matter?, in: International Social Science Journal, Nr. 108, S. 205-218.

Wegrich, Kai, Wolfgang Jaedicke, Sabine Lorenz und Hellmut Wollmann, 1997: Kommunale Verwaltungspolitik in Ostdeutschland, Basel usw.

Wittrock, Björn, Peter Wagner und Hellmut Wollmann, 1991: Social science and modern state, in: Peter Wagner, Carol Weiss, Björn Wittrock und Hellmut Wollmann (Hrsg.) Social Sciences and Modern States, Cambridge (U.K.), S. 28.

Wollmann, Hellmut, 1991: Vierzig Jahre Bundesrepublik zwischen gesellschaftlich-politischem Status-quo und Veränderung, in: Bernhard Blanke und Hellmut Wollmann (Hrsg.), Die alte Bundesrepublik. Kontinuität und Wandel (Leviathan Sonderheft 12), Opladen, S. 547-576.

Wollmann, Hellmut, 1996a: Verwaltungsmodernisierung: Ausgangsbedingungen, Reformanläufe und aktuelle Modernisierungsdiskurse, in: Christoph Reichard und Hellmut Wollmann (Hrsg.), Kommunalverwaltung im Modernisierungsschub?, Basel usw., S. 1-46.

Wollmann, Hellmut, 1996b: Institutionenbildung in Ostdeutschland: Neubau, Umbau und „schöpferische Zerstörung", in: Max Kaase, Andreas Eisen, Oskar Niedermayer und Hellmut Wollmann (Hrsg.), Politisches System, Opladen, S. 47-153.

Wollmann, Hellmut, 1997a: Entwicklung des Verfassungs- und Rechtsstaats in Ostdeutschland als Institutionen- und Personaltransfer, in: Hellmut Wollmann u.a. (Hrsg.), Transformation der politisch-administrativen Strukturen in Ostdeutschland, Opladen, S. 25-48.

Wollmann, Hellmut, 1997b: Transformation der ostdeutschen Kommunalstrukturen: Rezeption, Eigenentwicklung, Innovation, in: Hellmut Wollmann u.a (Hrsg.), Transformation der politisch-administrativen Strukturen in Ostdeutschland, Opladen, S. 259-328.

Wollmann, Hellmut, 1998a: Um- und Neubau der politischen und administrativen Landesstrukturen in Ostdeutschland, in: Aus Politik und Zeitgeschichte, B 5/98, S. 18-28.

Wollmann, Hellmut, 1998b: Licht und Schatten des Berliner Verwaltungsreformprojekts, in: Dieter Grunow und Hellmut Wollmann (Hrsg.), Lokale Verwaltungsreform: Fortschritte und Fallstricke, Basel u.a., S. 218-242.

Wollmann, Hellmut, 1999a, Kommunale Verwaltungsmodernisierung in Ostdeutschland. Zwischen Worten und Taten, in: Landes- und Kommunalverwaltung, Beilage.

Wollmann, Hellmut, 1999b: Kommunalpolitik: Mehr direkte Demokratie wagen, in: Aus Politik und Zeitgeschichte, B 24-25, S. 13-22.

Wollmann, Hellmut, 1999c: Entwicklungslinien lokaler Demokratie und kommunaler Selbstverwaltung im internationalen Vergleich, in: Hellmut Wollmann und Roland Roth (Hrsg.), Kommunalpolitik, 2. Aufl., Opladen, S. 186-205.

Wollmann, Hellmut, 1999d: Politik- und Verwaltungsmodernisierung in den Kommunen: Zwischen Managementlehre und Demokratiegebot, in: Die Verwaltung, Bd. 32, Heft 3, S. 345-375.

Wollmann, Hellmut, Hans-Ulrich Derlien, Klaus König, Wolfgang Renzsch und Wolfgang Seibel (Hrsg.), 1997: Transformation der politisch-administrativen Strukturen in Ostdeutschland, Opladen.

Verzeichnis der Autorinnen und Autoren

Prof. Dr. Klaus Armingeon, geb. 1954, Studium der Politikwissenschaft und der osteuropäischen Geschichte in Tübingen. Forschung und Lehre an den Universitäten Konstanz, Mannheim und Heidelberg. Seit 1993 Ordinarius für Politikwissenschaft, an der Universität Bern und Direktor am Institut für Politikwissenschaft, Lerchenweg 36, Unitobler, CH-3000 Bern 9, Tel.: +41-31-6318329, E-Mail: klaus.armingeon@ipw.unibe.ch.

Dr. Uwe Berlit, geb. 1956, Studium der Rechtswissenschaften in Hannover. Richter am Oberverwaltungsgericht (z.Zt. Niedersächsisches Finanzministerium), Lehrbeauftragter am Fachbereich Rechtswissenschaften der Universität Hannover, Heidornstraße 2, D-30171 Hannover, Tel.: 0511/281841, Fax: 051/281803, E-Mail: uberlit@debitel.net.

Prof. Dr. Bernhard Blanke, Studium der Rechtswissenschaft, Ökonomie und Politischen Wissenschaft in Tübingen und Berlin. Seit 1975 am Institut für Politische Wissenschaft der Universität Hannover. Visiting Prof. an der School of Policy Studies der Universität Bristol (GB). Leiter der Abteilung Sozialpolitik und Public Policy an der Universität Hannover, Im Moore 13, D-30167 Hannover, E-Mail: blanke@mbox.ipw.uni-hannover.de.

Dr. Frank Bönker, geb. 1965, Studium der Volkswirtschaftslehre und Politikwissenschaft in Berlin, seit 1994 wissenschaftlicher Mitarbeiter an der Wirtschaftswissenschaftlichen Fakultät der Europa-Universität Viadrina, Postfach 1786, D-15207 Frankfurt (Oder), Tel.: 0335-5534-491, Fax: 0335-5534-807, E-Mail: boenker@euv-frankfurt-o.de.

Prof. Dr. Roland Czada, geb. 1952, Studium der Politikwissenschaft, Psychologie und Empirischen Kulturwissenschaft in Tübingen und der Verwaltungswissenschaft in Konstanz. Forschung und Lehre in Berlin (FU und HU) und Konstanz, Mitarbeiter am Max-Planck-Institut für Gesellschaftsforschung Köln. Seit 1995 Professor für Politikfeldanalyse und Verwaltungswissenschaft an der Fernuniversität Hagen, Feithstraße 140, D-58084 Hagen, Tel.: 02331-9874843, E-Mail: roland.czada@fernuni-hagen.de.

Dipl.-Pol. Patrick Donges, geb. 1969, Studium der Politischen Wissenschaft und Journalistik in Hamburg, seit 1998 Assistent am IPMZ – Institut für Publizistikwissenschaft und Medienforschung der Universität Zürich, Kurvenstraße 17, CH-8035 Zürich, Tel.: 0041-1-634 46 70, Fax: +41-1-634 49 34, E-Mail: donges@ipmz.unizh.ch.

Dr. Burkard Eberlein, geb. 1965, Studium der Politischen Wissenschaft und Verwaltungswissenschaft in Konstanz, London, Paris und Florenz. Wissenschaftlicher Assistent am Lehrstuhl für Politische Wissenschaft (Prof. Dr. E. Grande), TU München, Lothstraße 17, D-80335 München, Tel.: 089/289-24230, Fax: 089/289-24275, E-Mail: Burkard.Eberlein@pol.wiso.tu-muenchen.de.

Prof. Dr. Gisela Färber, Studium der BWL und VWL an der TH Darmstadt und der Universität Mainz, 1994 bis 1996 Professorin an der Universität Trier (Kommunalfinanzen und Kommunalwirtschaft). Seit 1996 auf dem Lehrstuhl für Wirtschaftliche Staatswissenschaften, insbesondere Allg. VWL und Finanzwissenschaft an der Deutschen Hochschule für Verwaltungswissenschaften, Freiherr-vom-Stein-Straße 2, D-67324 Speyer, Tel.: ++49-6232-654-363, Fax: ++49-6232-654-306, E-Mail: faerber@dhv-speyer.de.

Dr. Martin Gornig, geb. 1960, Studium der Volkswirtschaftslehre und der Stadt- und Regionalplanung an der Technischen Universität Berlin. 1985 bis 1988 wissenschaftlicher Mitarbeiter am Institut für Volkswirtschaftslehre der TU Berlin. Seit 1989 wissenschaftlicher Referent am Deutschen Institut für Wirtschaftsforschung. Lehrbeauftragter am Institut für Stadt- und Regionalplanung der TU Berlin und am FB Wirtschaftswissenschaften der Gesamthochschule/ Universität Kassel. Deutsches Institut für Wirtschaftsforschung (DIW), Königin-Luise-Straße 5, D-14195 Berlin, Tel.: 030/897 89-352, Fax: 030/897 89-114, E-Mail: nscheremet@diw.de.

Prof. Dr. Edgar Grande, geb. 1956, Studium der Politikwissenschaft, Empirischen Kulturwissenschaft, Soziologie und Volkswirtschaftslehre an der Universität Tübingen; 1989 Promotion zum Dr. rer. soc. an der Universität Konstanz; 1989-1996 wissenschaftlicher Mitarbeiter am Max-Planck-Institut für Gesellschaftsforschung in Köln; 1994 Habilitation in den Fächern Politik- und Verwaltungswissenschaft an der Universität Konstanz; seit 1996 Professor für Politische Wissenschaft an der Technischen Universität München, Lehrstuhl für Politische Wissenschaft, Lothstraße 17, D-80335 München, Tel.: 089-289-24310, E-Mail: grande@pol.wiso.tu-muenchen.de.

Dr. Vladimir Handl, geb. 1957, Studium der Internationalen Beziehungen in Moskau. 1982-1996 im Institut für Internationale Beziehungen, Prag; 1996-2000 Mitarbeiter im Institute for German Studies, University of Birmingham, seit Ende 1999 wohnhaft in Prag und mit dem Institut für Internationale Beziehungen assoziiert: Nerudova 3, 118 50 Prag 1, Tschechische Republik, E-Mail: Handl@iir.cz, und V.Handl@bham.ac.uk.

Prof. Dr. Hartmut Häußermann, Studium der Soziologie und Politikwissenschaft an der Freien Universität Berlin, 1976 bis 1993 Professor an den Universitäten Kassel und Bremen. Seit 1993 an der Humboldt-Universität zu Berlin, Institut für Sozialwissenschaften, Unter den Linden 6, D-10099 Berlin, Tel.: 030-2093-4208, Fax: 030-2093-4213, E-Mail: hartmut.haeussermann@sowi.hu-berlin.de.

Prof. Arnold J. Heidenheimer, Studium der Politikwissenschaften an der Cornell University und der London School of Economics. Seit 1967 an der Washington University, St. Louis. Gastprofessor in Berlin, London Stockholm. Political Science Department, Washington University Campus Box 1063, St. Louis, MO 63130-4899, Tel.: +1-314-935-5857, Fax: +1-314-935-5856, E-Mail: heidenhe@artsci.wustl.edu.

Prof. Dr. Adrienne Héritier, Studium der Politikwissenschaft und Soziologie in Gießen, Forschung und Lehre an den Universitäten Konstanz und Bielefeld sowie am Europäischen Hochschulinstitut in Florenz. Seit Februar 1999 Direktorin der Max-Planck Projektgruppe „Recht der Gemeinschaftsgüter" in Bonn, Poppelsdorfer Allee 45, D-53115 Bonn, Tel./Fax: 0228-9141620/21, E-Mail: heritier@mpp-rdg-mpg.de.

Prof. Dr. Otfried Jarren, geb. 1953, Studium der Publizistik, Politikwissenschaft, Soziologie und Volkskunde in Münster, seit 1995 nebenamtlicher Direktor am Hans-Bredow-Institut für Medienforschung an der Universität Hamburg, seit 1997 Ordinarius für Publizistikwissenschaft am IPMZ – Institut für Publizistikwissenschaft und Medienforschung der Universität Zürich sowie seit 1999 Direktor des Swiss Centre for Studies on the Global Information Society (SwissGIS) der Universität Zürich. IPMZ, Kurvenstraße 17, CH-8035 Zürich, Tel.: +41-1-634-46-61, Fax: 0041-1-634-49-34, E-Mail: jarren@ipmz.unizh.ch.

Dr. Sven Jochem, geb. 1966, Studium der Politikwissenschaft, Neuen Geschichte und Philosophie an den Universitäten in Tübingen, Heidelberg und Stockholm. Seit 1997 Wissenschaftlicher Assistent am Zentrum für Sozialpolitik der Universität Bremen, Abteilung Theorie und Verfassung des Wohlfahrtsstaates, Parkallee 39, D-28209 Bremen, Tel.: 0421-218-4381, E-Mail: sjochem@zes.uni-bremen.de.

Diplom-Sozialwiss. M.P.H. Helga Kania, Studium der Sozialwissenschaften an der Universität Hannover und von Public Health an der Medizinischen Hochschule Hannover (MHH). Mitarbeiterin in der Abteilung Sozialpolitik und Public Policy der Universität Hannover und der Abteilung Epidemiologie und Sozialmedizin der MHH. Seit 1997 Mitarbeiterin an der Forschungsstelle für Gesundheitsökonomie und Gesundheitssystemforschung der Universität Hannover, Königsworther Platz 1, D-30167 Hannover, E-Mail: kania@mbox.ipw.uni-hannover.de.

Prof. Dr. Helmut König, geb. 1950, Studium der Politikwissenschaft, Geschichte, Religionswissenschaft und Philosophie in München und Berlin. Professor am Institut für Politische Wissenschaft der RWTH Aachen, Ahornstraße 55, D-52074 Aachen, E-Mail: Koenig@ipw.rwth-aachen.de.

Prof. Dr. phil. Gerhard Lehmbruch, geb. 1928, Studium der evangelischen Theologie und Philosophie in Berlin, Tübingen, Göttingen und Basel (1947-1953), 1. theologische Dienstprüfung 1952, Studium der Politikwissenschaft und der osteuropäischen Geschichte in Tübingen und Paris (1953-1959). Promotion (1961) und Habilitation (1969) in Tübingen, Hochschullehrer an den Universitäten Heidelberg (1969-1973), Tübingen (1973-1978) und Konstanz (seit 1978; 1996 emeritiert), E-Mail: Gerhard.Lehmbruch@uni-konstanz.de.

Prof. Dr. Claus Leggewie, Studium der Sozialwissenschaft und Geschichte in Köln und Paris, Forschung und Lehre seit 1974 an den Universitäten Göttingen und Gießen sowie an der New York University, seit Oktober 1999 Fellow am Wissenschaftskolleg zu Berlin Wallotstraße 19, D-14193 Berlin, Tel./Fax: 030-890010, E-Mail: leggewie@wiko-berlin.de.

Dr. Anne-Marie Le Gloannec, Studium der Politikwissenschaften am Institut d'Etudes Politiques, Paris. Als Senior Research Fellow am CERI (Centre d'Etudes et de Recherches Internationales), Paris, tätig sowie, seit 1997, am Centre Marc Bloch, Berlin. Gastforscherin am MIT, Cambridge, an der SWP, Ebenhausen. Adresse: Centre Marc Bloch, Schiffbauerdamm 19, D-10117 Berlin, und CERI-FNSP, 27 rue Saint-Guillaume, 75337 Paris Cedex 07, E-Mail: anne-marie.legloannec@cmb.hu-berlin.de.

Dr. Susanne Lütz, geb. 1963, Studium der Sozialwissenschaften, Volkswirtschaft und Geschichte in Duisburg; Promotion im Graduiertenkolleg für Sozialwissenschaften an der Universität Köln; Post-Doctoral Fellow am Center for European Studies, Harvard University, Cambridge, MA.; seit Juni 1993 wissenschaftliche Mitarbeiterin am Max-Planck-Institut für Gesellschaftsforschung, Paulstraße 3, D-50676 Köln, Tel.: 0221/2767-222, E-Mail: luetz@mpi-fg-koeln.mpg.de.

Prof. Dr. William E. Paterson, geb. 1941, Studium der Politologie, Geschichte, Europäischen Integration, Internationalen Politik in St. Andrews und London. Seit 1994 Gründungsdirektor des Instituts für Deutschlandstudien an der University of Birmingham (England), Pritchatts Road, Edgbaston, Birmingham B15 2TT, Tel.: 0044-121-414-7182, Fax: 0044-121-414-7329, E-Mail: g.u.campden@bham.ac.uk.

Prof. Dr. Detlef Pollack, geb. 1955, Studium der Theologie und Religionswissenschaft in Leipzig, der Soziologie und Religionswissenschaft in Zürich und Princeton, USA; seit 1995 Prof. für vergleichende Kultursoziologie an der Europa-Universität Frankfurt (Oder), Postfach 1786, D-15207 Frankfurt (Oder), Tel.: 0335-5534924, E-Mail: Pollack@euv-frankfurt-o.de.

Prof. Dr. Rolf Reißig, geb. 1940, Studium der Geschichte und Philosophie in Leipzig, Vorsitzender des Brandenburg-Berliner Instituts für Sozialwissenschaftliche Studien e.V., Erich-Weinert-Straße 19, D-10439 Berlin, Tel.: 030/445-20-74, Fax: 030/445-34-97, E-Mail: BISS.eV@t-online.de.

Prof. Dr. Volker Ronge, geb. 1943, seit 1982 Lehrstuhl für Allg. Soziologie an der Bergischen Universität-GH Wuppertal. Gauss-Straße 20, D-42097 Wuppertal, Tel.: 0202-439-2168, Fax: 0202-439-3942, E-Mail: ronge@uni-wuppertal.de.

Dipl. Ökonomin Marika Sauckel, Wissenschaftliche Mitarbeiterin am Lehrstuhl für Wirtschaftliche Staatswissenschaften, insbesondere Allgemeine Volkswirtschaftslehre und Finanzwissenschaft, Deutsche Hochschule für Verwaltungswissenschaften Speyer, Postfach 1409, D-67324 Speyer, Tel.: ++49/6232/654-368, Fax: ++49/6232/654-306, E-Mail: sauckel@dhv-speyer.de.

Dr. Claus Schäfer, geb. 1948, Studium der Volkswirtschaftslehre in Münster, seit 1972 im Wirtschafts- und Sozialwissenschaftlichen Institut der Gewerkschaften (WSI) in Düsseldorf, Forschungsreferent u.a. für Fragen der Verteilung und Umverteilung von Einkommen und Vermögen. Wirtschafts- und Sozialwissenschaftliches Institut (WSI) in der Hans Böckler Stiftung, Bertha-von-Suttner-Platz 1, D-40227 Düsseldorf, Tel./Fax: 0211/7778-205/-190, E-Mail: Claus.Schaefer@boeckler.de, Internet: http://www.wsi.de.

Prof. Dr. Manfred G. Schmidt, geb. 1948, Studium der Politikwissenschaft und der Anglistik an der Universität Heidelberg; Promotion zum Dr. rer. pol. an der Universität Tübingen im Fach Politikwissenschaft; Habilitation im Fach Politikwissenschaft an der Universität Konstanz; 1984 Heisenberg-Stipendiat der DFG, Professuren an der Freien Universität Berlin, der Rupecht-Karls-Universität Heidelberg und seit 1997 am Zentrum für Sozialpolitik (Universität Bremen), Parkallee 39, D-28209 Bremen, Tel.: 0421-218-4062, E-Mail: mgs@zes.uni-bremen.de.

Dipl. Pol. Kai-Uwe Schnapp, geb. 1966, Studium der Politischen Ökonomie, Politologie und Verwaltungswissenschaft an der Hochschule für Ökonomie Berlin-Karlshorst, an der Freien Universität Berlin und der University of Minnesota. Wissenschaftlicher Mitarbeiter im DFG-Projekt „Deutsche Elite 1995", seit 1997 am Wissenschaftszentrum Berlin für Sozialforschung, Reichpietschufer 50, D-10785 Berlin, Tel.: 030-25491-317, E-Mail: kuschnap@medea.wz-berlin.de.

Prof. em. Dr. jur. Jürgen Seifert, geb. 1928, Studium der Rechtswissenschaft, Philosophie und Sozialwissenschaften in Münster, Bristol (GB), Bologna (John Hopkins Univ.). Akademische Lehrtätigkeit an der TH Darmstadt, in Saarbrücken und Hannover (seit 1970). Mitgl. Der Kommission nach Art. 10 Grundgesetz des Deutschen Bundestages, Fax: 0511/709263, E-Mail: J.Seifert@mbox.ipw.uni-hannover.de.

Nico A. Siegel, geb. 1970, Studium der Politikwissenschaft und Germanistik an der Universität Heidelberg. Seit 1997 Wissenschaftlicher Mitarbeiter am Zentrum für Sozialpolitik der Universität Bremen, Abteilung Theorie und Verfassung des Wohlfahrtsstaates, Parkallee 39, D-28209 Bremen, Tel.: 0421-218-4363, E-Mail: nsiegel@zes.uni-bremen.de.

Prof. Dr. Michael Staack, geb. 1959, Studium der Politologie, Rechtswissenschaft und Neueren Geschichte in Hamburg, Bonn, Berlin und Washington, D.C., seit Juni 1998 Gründungsdirektor des Instituts für Deutschlandstudien an der Europäischen Humanistischen Universität in Minsk (Weißrussland), Prospekt F. Skorina 24, 220030 Minsk; Tel./Fax: +375-17-284-02-97, E-Mail: staack@ehu.unibel.by.

Prof. Dr. Frank Stern, Studium der Politikwissenschaft, Geschichte, Jüdischen Studien und Literaturwissenschaft an der Hebräischen Universität Jerusalem, der Freien Universität Berlin und der Universität Tel-Aviv. Von 1989 bis 1996 Dozent für moderne Geschichte in Tel-Aviv und stellvertretender Leiter des Instituts für deutsche Geschichte. Seit 1996 Professor für moderne deutsche Geschichte und Direktor des Zentrums für deutsche Studien an der Ben-Gurion Universität des Negev. 2000 Gastprofessor am Center for German an European Studies, School of Foreign Service, Georgetown University, Intercultural Center 501, Washington, D.C. 20057, USA, Tel.: +1-202-687-3621, Fax: +1-202-687-8359, E-Mail: fas@gunet.georgetown.edu.

Dr. Richard Stöss, geb. 1944, Studium der Politischen Wissenschaft in Berlin, Privatdozent und wissenschaftlicher Angestellter am Fachbereich Politik- und Sozialwissenschaften der Freien Universität Berlin, Ihnestraße 26, 14195 D-Berlin, Tel.: 030/838-2023, Fax: -4960, E-Mail: rstoess@zedat.fu-berlin.de.

Prof. Dr. Hellmut Wollmann, geb. 1936, Studium der Rechtswissenschaften („Volljurist") und der Politikwissenschaft in Heidelberg, Berlin und an der Wesleyan University, USA. Professor für Verwaltungswissenschaft an der FU Berlin (1974-1993) und an der Humboldt-Universität (seit 1993). Institut für Sozialwissenschaften, Unter den Linden 6, D-10099 Berlin, Tel.: 030/20931532, Fax: 030/2093500, E-Mail: hellmut.wollmann@rz.hu-berlin.de.

Dr. Ute Wachendorfer-Schmidt, geb. 1950, Studium der Politikwissenschaft, Soziologie und Romanistik, Habilitandin am Institut für Politische Wissenschaft der Universität Heidelberg, Tel.: 06221/80-14-80, E-Mail: bg3@ix.urz.uni-heidelberg.de.

Dr. Christian Welzel, geb. 1964, Studium der: Politikwissenschaft, Neueren Geschichte, Wirtschafts- und Sozialgeschichte. Wissenschaftlicher Mitarbeiter an der Universität Mainz (1992), der Universität Potsdam Lehrstuhl „Regierungssystem/Innenpolitik der BR Deutschland" (1992-96), seit 1997 am Wissenschaftszentrum Berlin für Sozialforschung, Abteilung III/2 („Institutionen und sozialer Wandel"), Reichpietschufer 50, D-10785 Berlin, E-Mail: welzel@medea.wz-berlin.de.

GPSR Compliance

The European Union's (EU) General Product Safety Regulation (GPSR) is a set of rules that requires consumer products to be safe and our obligations to ensure this.

If you have any concerns about our products, you can contact us on

ProductSafety@springernature.com

In case Publisher is established outside the EU, the EU authorized representative is:

Springer Nature Customer Service Center GmbH
Europaplatz 3
69115 Heidelberg, Germany